CONFESSION

GÉNÉRALE

PAR FRÉDÉRIC SOULIÉ.

Les abonnés de l'ESTAFETTE reçoivent gratuitement
UNE LIVRAISON
DE 32 PAGES PAR SEMAINE.

PARIS
BOULÉ, ÉDITEUR, RUE COQ-HÉRON, 5.

1848

CONFESSION
GÉNÉRALE

PAR

FRÉDÉRIC SOULIÉ.

PREMIÈRE PARTIE.

I

Le Champ des Batailles.

Le **19** décembre 1793, l'armée républicaine entra à Toulon : le lendemain, un ordre du jour des représentans du peuple enjoignit aux habitans de cette ville de se rendre tous au Champ-des-Batailles : hommes, femmes, enfans et vieillards ; il prescrivait en outre à chacun de laisser ouvertes toutes les portes de sa maison pour que les patrouilles qui devaient parcourir les rues pussent pénétrer partout et s'assurer que nul ne se tenait caché chez soi. Cet ordre portait peine de mort contre quiconque désobéirait à ces deux injonctions.

Le **21** décembre donc, toute la population inquiète et consternée se dirigea en troupes nombreuses vers la place désignée. Qu'allait-il arriver ? tout le monde l'ignorait. Dans le petit nombre de groupes où l'on osait échanger quelques mots à voix basse, on croyait deviner dans cette mesure extraordinaire l'organisation d'un pillage facile et qui n'éprouverait aucune résistance ; on supposait qu'en enlevant tous leurs biens mobiliers aux habitans de Toulon, la république voulait leur faire payer la perte immense que cette ville avait fait subir à la France, en se donnant aux Anglais avec sa marine et ses arsenaux. On disait que les représentans du peuple avaient préféré ce châtiment aux exécutions sanglantes dont le pays commençait à se lasser.

Ceux qui pensaient ainsi s'attendaient à ne retrouver, à leur retour du Champ-de-Mars, que des maisons vides et dévastées, et cependant ils marchaient vers le rendez-vous général avec une sorte de résignation satisfaite, car ils s'estimaient heureux de ne pas payer plus cher la trahison de leur ville. D'autres, qui se souvenaient des massacres de Lyon et de ces rapports furieux où Fouché ne parlait pas moins que d'effacer du sol français cette ville entière; d'autres, dis-je, en voyant de quel châtiment on avait puni une simple révolte, jugeaient de celui qu'on pouvait réserver à la rébellion d'une cité qui avait appelé l'étranger dans son sein, et s'imaginaient que tout ce peuple n'était appelé au Champ-des-Batailles que pour y mourir. Parmi ceux-ci, les uns croyaient aller au martyre, les autres à l'expiation, mais tous y marchaient avec la même résignation sombre et taciturne, et nul ne pensait à se soustraire à la mort qui l'attendait.

En effet, ç'a été un des phénomènes les plus inouïs de cette époque sanglante, que le courage de tous pour mourir, et la lâcheté de tous pour se défendre. On conçoit aisément qu'un homme isolé, condamné à mort par la loi, ne tente pas sur l'échafaud une lutte désespérée avec le bourreau, bien que cette lutte ne puisse pas avoir un résultat plus fatal que celui auquel il marche. A côté de l'exécuteur, qui n'est qu'un homme, il y a une force toute-puissante, qui n'est qu'une ombre invisible, mais qui s'appelle la société, et qui tient dans sa main ce glaive immense qu'on appelle la loi et qui atteint partout. C'est cette ombre colossale qui frappe le condamné du sentiment de son impuissance, et qui lui enlève jusqu'à l'idée de lutter avec un être qu'il est impossible de fuir et de vaincre. Car c'est toute une contrée à franchir ou des millions d'hommes à exterminer.

Mais, dans les temps de guerre civile, quand les condamnés sont aussi nombreux que les juges, et les victimes plus fortes que les bourreaux; quand la conscience du crime n'accable pas le coupable; quand la toute-puissance du bon droit ne soutient pas la rigueur des arrêts, on ne conçoit pas cette obéissance moutonnière des masses qui vont, dans un désespoir muet, tendre leur tête au glaive du bourreau, lorsqu'il leur suffirait de la moindre résistance pour la sauver; ce n'est plus alors qu'un sentiment de lâche terreur qui domine ces masses, ou plutôt c'est une défiance et un mépris insurmontables qui isolent tous les individus; chacun s'abandonne lui-même, en se croyant abandonné de tous; et quoiqu'il reste souvent du courage à tous, on ne le met plus en commun pour se défendre : on le garde pour soi et pour la dignité de sa mort. En de pareilles circonstances, un cri suffirait quelquefois pour éveiller et réunir toutes les volontés séparées; mais chacun craint ou dédaigne de le pousser, et il arrive alors que les plus faibles et les plus méchans peuvent exterminer sans danger les plus forts et les plus vertueux.

Sans doute, la conscience du crime qu'elle avait commis devait peser sur la population de Toulon et ajouter la honte de sa faute à la terreur qui planait alors sur toute la France, pour qu'elle obéît si paisiblement à une mesure aussi exorbitante que celle qui avait été ordonnée par les représentans du peuple. En effet, à l'heure dite, tout le monde était réuni sur le vaste emplacement du Champ-des-Batailles, et bientôt toutes les issues en furent fermées.

Les canons, la gueule tournée vers les prisonniers, menaçaient de leur mitraille le moindre mouvement violent qui se fût manifesté dans cette foule. Des soldats formaient un mur hérissé de baïonnettes et qui semblait prêt à se resserrer sur ces infortunés et à achever l'œuvre de destruction de l'artillerie, lorsque celle-ci aurait assez éclairci les rangs des victimes pour que les coups ne tuassent plus assez d'hommes à la fois. Un silence solennel, une consternation glacée planaient sur cette vaste enceinte. C'est à peine si quelques hommes osaient se regarder et échanger un dernier adieu dans un muet serrement de mains. C'est à peine si quelques mères pressaient avec plus d'inquiétude leurs enfans sur leur sein : il y avait dans toutes ces âmes une attente morne, hébétée, stupide; on ne pensait plus ni à soi ni aux autres, on ne pensait ni à la vie mortelle qu'on allait perdre, ni à la vie éternelle où on allait entrer : on attendait, voilà tout.

Tout à coup un long roulement de tambours vint interrompre le silence, et tout à coup aussi cette foule tomba à genoux; elle fit ainsi d'elle-même son premier pas vers la mort, et ce premier pas fut une prière à Dieu, tant il est vrai que Dieu est la dernière espérance et le dernier recours de l'homme. C'en était fait, chacun avait accepté son sort; le canon n'avait qu'à gronder, la mitraille n'avait qu'à passer comme un sanglant bûcheron à travers cette forêt humaine, tous seraient tombés à leur place, et peut-être aucune clameur, aucun cri de désespoir ne fût venu se mêler au retentissement de l'artillerie. Mais aucun bruit, si ce n'est le murmure de dix mille bouches qui priaient, aucun bruit ne suivit le roulement des tambours, et quelques hommes s'étant hasardés à lever les yeux pour voir quel obstacle retardait la mort, ils aperçurent une troupe d'hommes pénétrant dans le Champ-des-Batailles par une de ses issues. C'était un assez grand nombre de matelots portant chacun une longue perche à la main, au haut de laquelle était attaché un écriteau avec ces mots : PATRIOTES DU THÉMISTOCLE.

Le *Thémistocle* était le seul vaisseau qui ne se fût point rendu aux Anglais, et voici quelle récompense les représentans du peuple avaient imaginé d'offrir à cette noble fidélité.

Tous les marins de ce vaisseau entrèrent dans cette foule, qui s'était relevée à leur aspect; chacun d'eux, armé de sa perche et accompagné de deux soldats, se mit à la parcourir lentement; de temps à autre, il s'arrêtait, désignait du doigt un individu, quel qu'il fût, et il lui suffisait de dire : — Voici un traître ! — pour que cet individu fût immédiatement entraîné hors du Champ-des-Batailles, et fusillé à l'instant même. Il n'y eut pas d'autres informations, d'autres procès, d'autres condamnations. Jamais le boucher ne marqua avec plus d'autorité le bétail qu'il fait conduire à l'abattoir.

Combien périrent ce jour-là, comme traîtres à la patrie, parce que leur visage paraissait suspect à ces hommes qui ne les connaissaient pas; combien d'autres expièrent par la mort le tort d'être connus de l'un de ces hommes; combien enfin durent mourir parce que chacun de ces juges, voulant avoir ses victimes comme les autres, fit tuer les premiers qu'il rencontrait pour ne pas se donner la peine d'aller plus loin ! Mais ce qui envoya les plus nombreuses victimes à cet holocauste public, ce furent les ressentimens particuliers : ceux-là on les reconnaissait à l'activité et à l'inquiétude de leurs recherches. Ils allaient à travers la foule, écartant les indifférens, se levant sur la pointe des pieds pour découvrir de plus loin les proies qu'ils s'étaient promises; tout à coup on les entendait s'écrier d'un ton triomphant : — Celui-là, celui-là ! — Puis, lorsque la victime choisie passait à côté d'eux, ils avaient soin de lui dire pourquoi ils la tuaient, et plus le motif était misérable, plus ils s'en vantaient avec une vanité féroce.

Cependant, parmi ces hommes qui poursuivaient leur vengeance à la trace, on pouvait en remarquer un qui avait plusieurs fois parcouru le Champ-de-Mars dans tous les sens, sans avoir encore marqué une seule tête pour la mort. Ce n'était pas générosité, ce n'était pas indifférence, car on voyait, à l'ardente perquisition de ses regards et à la déception furieuse qu'ils exprimaient, que cet homme n'avait pas rencontré la proie qu'il s'était réservée. Quelquefois, lorsqu'il avait traversé un groupe nombreux, où il croyait la reconnaître, et qu'il s'apercevait de son erreur, il jetait sur tous ceux qui l'entouraient des regards où il semblait dire qu'il avait soif de se venger sur eux de l'inutilité de ses recherches; mais la haine qui le guidait lui tenait sans doute trop au cœur pour que le sang de vingt victimes pût remplacer celui qu'il voulait répandre, car il reprenait sa course avec une nouvelle ardeur, et recommençait avec rage ses actives investigations.

Mais le jour avançait, et toutes les vengeances semblaient

épuisées ; déjà les patriotes du *Thémistocle*, réunis en un coin du Champ-des-Batailles, annonçaient par leur inactivité qu'ils croyaient avoir largement accompli leur tâche de mort. Quelques uns, attardés, errans dans la foule, s'en revenaient les yeux baissés et ne cherchant même plus à reconnaître les victimes qu'ils avaient pu oublier ; les représentans du peuple qui présidaient à cette sanglante cérémonie allaient ordonner qu'un nouveau roulement annonçât à tous que l'heure de cette effroyable justice était passée, lorsque le matelot dont nous avons parlé s'arrêta tout à coup devant une jeune fille qui, la tête inclinée sur la poitrine, le regard fixé à terre, semblait être restée étrangère aux horreurs et aux dangers de cette scène. A son aspect, le matelot tressaillit d'une joie funeste, et, levant lentement la main vers cette jeune fille, il la désigna à un soldat en lui disant d'une voix sourde :

— La voilà !

A ce mot, la jeune fille releva la tête, et, sans porter les yeux sur l'homme qui avait parlé, elle sembla chercher autour d'elle à qui cette désignation pouvait s'adresser. Cette indifférence et cet étonnement parurent exciter dans le matelot un furieux mouvement de rage, car il s'élança vers la jeune fille, et, la jetant avec violence aux soldats qui attendaient, il s'écria :

— C'est elle, c'est celle-là !

Alors elle regarda en face l'homme qui l'envoyait ainsi à la mort, et, à travers l'épouvante qui la saisit tout à coup, on put lire de nouveau l'étonnement qu'elle éprouvait elle-même de sa proscription. A une époque où mourir était la chance de tous les jours, tuer n'était qu'une pitoyable satisfaction pour la vengeance, si la mort qu'elle infligeait n'était assaisonnée de quelque circonstance particulière qui la rendît terrible à ceux qu'elle frappait. Sans doute, le matelot fut désappointé du peu d'effet que produisit sa condamnation, et sans doute il supposa que sa victime comprendrait mieux l'horreur de son sort en connaissant la main qui le lui faisait, car il se posa devant elle en se croisant les bras, et il lui dit :

— Je suis Jean Mirot.

— Jean Mirot, répéta la jeune fille avec la même expression de surprise ; Jean Mirot, redit-elle une fois encore en semblant chercher ce nom dans ses souvenirs.

Puis elle secoua lentement la tête comme quelqu'un qui ne l'y avait pas retrouvé. La colère du matelot sembla s'accroître encore, et il allait se porter à quelque violence contre l'infortunée, lorsqu'un soldat l'arrêta en lui disant :

— Prenez garde, vous vous trompez peut-être.

Jean Mirot se recula d'un pas pour mieux mesurer du regard l'audacieux qui s'opposait à sa volonté, et répondit en serrant les poings :

— Je te dis, moi, que c'est elle.

— Qui elle? répartit le soldat en posant la crosse de son fusil à terre, comme un homme décidé à vider la contestation qui s'élevait, avant de conduire cette femme à la mort.

— Elle, mademoiselle du Premic de Kerolan.

— C'est moi, en effet, dit la jeune fille.

— Tu vois bien, répartit le matelot en s'adressant au soldat. Allons, emmène-la, et qu'elle soit fusillée comme les autres.

La première parole du soldat n'avait point été un acte formel de résistance et d'opposition ; il n'avait point pensé qu'on pût soustraire à la mort une personne quelconque désignée par un patriote du *Thémistocle*. Il avait craint seulement que celui-ci ne se trompât, et il l'en avait averti ; mais du moment que la plus légère discussion se fut engagée sur l'exécution de cette volonté homicide, tout ce qu'elle avait d'arbitraire et d'horrible apparut aux yeux de l'exécuteur, et il répondit résolument :

— Et pourquoi la fusiller ?

— Parce que je le veux, parce que je suis Jean Mirot, le patriote du *Thémistocle*.

La foule s'était amassée autour de ces hommes et soutenait de ses murmures approbateurs la résistance du soldat, lorsqu'à côté de lui parut un autre matelot du *Thémistocle* qui demanda d'un ton assez insouciant ce qui se passait.

— Il se passe, répondit Jean Mirot en désignant le soldat, que voilà un traître qui refuse d'exécuter ce que je dis, et qui ne veut pas emmener cette aristocrate avec les autres.

— Ah ! fit le nouveau matelot en regardant mademoiselle du Premic, elle est jolie l'aristocrate, et le soldat n'a pas mauvais goût.

En parlant ainsi, il releva le menton de la jeune fille, tourna autour d'elle pour l'examiner à son aise, et ajouta :

— Je la sauverais bien, moi, si elle voulait.

— Ni toi, ni lui, ni personne au monde, s'écria Jean en s'avançant une fois encore vers mademoiselle du Premic.

— Tu crois cela ? dit le second matelot en se postant en face de lui.

— J'en suis sûr, répondit Jean.

A ce moment ces deux hommes se mesurèrent du regard, et l'on put voir que la lutte qui allait s'engager entre eux serait soutenue des deux parts avec acharnement. Il y avait dans leur posture l'expression d'une haine depuis long-temps jurée, et on voyait que c'étaient en eux deux forces rivales qui n'avaient attendu que l'occasion de se mesurer. La foule alors se prit à les considérer.

Jean Mirot pouvait avoir une quarantaine d'année, il était court, ses membres épais et charnus attestaient une grande force physique, et son visage plat et carré, son front bas et abruti, ses cheveux d'un blond rougeâtre, lui prêtaient un air de férocité stupide. Quant à son adversaire, c'était un homme de vingt-quatre ans tout au plus, d'une taille élevée ; ses membres grêles étaient cependant assez musculeux pour faire croire que sa force ne le céderait pas à celle de Mirot. Les traits de son visage étaient d'une grande pureté, et ses cheveux d'un noir de corbeau ombrageaient un front vaste et d'un beau dessin. Les mêmes habitudes avaient produit des effets bien différens chez ces deux hommes ; l'usage excessif du vin et de l'eau-de-vie avait empourpré les joues rebondies du premier matelot et répandu une pâleur livide sur le visage avachi du second. L'un était vêtu avec l'exacte propreté du matelot obéissant, l'autre affectait une espèce d'élégance flétrie ; ainsi Jean Mirot portait à son cou une cravate de couleur, soigneusement nouée, tandis que l'autre laissait flotter sur sa poitrine un mauvais mouchoir de soie passée, attaché avec une épingle d'argent. Tous deux avaient des boucles d'oreilles ; mais celles de Mirot étaient d'or et fort étroites, tandis que celles de son adversaire pendaient jusque sur ses épaules, tout enjolivées d'ancres en sautoir, enfermées dans un vaste cercle d'argent. C'était d'un côté le type du matelot bas-breton dans toute la force de sa nature brute, c'était de l'autre côté le type du matelot provençal dans tout le développement de sa nature corrompue. De ces deux hommes, l'un était vieux et l'autre jeune, l'un était laid et l'autre beau, l'un avait un courage froid et silencieux, l'autre une témérité exaltée et vantarde ; ils étaient nés tous deux sur la rive de deux mers rivales, dans des populations qui se disputent la prééminence du courage et de l'habileté maritimes ; ils avaient toutes les raisons du monde de se haïr : aussi se haïssaient-ils cordialement.

Or donc, à ce mot : « J'en suis sûr, » prononcé par Jean Mirot, le matelot provençal avait étendu ses deux bras de chaque côté comme pour écarter la foule et faire un champ plus vaste à la lutte qui allait s'engager, puis il avait répondu en secouant la tête d'un air railleur :

— Eh bien ! moi, j'en doute.

— C'est ce que nous allons voir, dit Jean Mirot.

Il défit froidement sa cravate, la ploya avec soin et la mit dans l'une des poches de son pantalon. Il ôta sa veste et la confia à l'une des personnes qui l'entouraient, puis il serra sa ceinture et se posta à quelques pas du Provençal. Mais, avant de l'attaquer, il lui dit assez tranquillement :

— Tu es bien décidé, Nicolas Gabarrou, tu veux sauver l'aristocrate ?

Le Provençal regarda mademoiselle du Premic par dessus l'épaule, tandis qu'il relevait ses manches en sifflotant du bout des lèvres.

— Ce n'est pas pour l'aristocrate, ce que j'en fais, crois-moi, c'est pour avoir l'occasion de t'écumer un œil, si c'est possible.

— Ce n'est que pour ça? dit Jean en appuyant ses poings sur sa hanche; il réfléchit un moment, et, tendant la main à Nicolas, il reprit: Eh bien, tope là; je suis à toi dans cinq minutes; aussitôt qu'on aura fait son compte à mademoiselle du Prémic, je te jure, foi de matelot breton, que nous nous exterminerons jusqu'à ce qu'il y en ait un qui ne puisse plus remuer.

Nicolas sembla hésiter; mais, s'étant retourné pour considérer encore la jeune fille qui faisait l'objet de ce débat, il la vit jeter sur lui un regard plein de terreur et de prière, et il répondit en se dandinant d'un air avantageux et en passant ses doigts dans ses grands cheveux noirs:

— Ma foi, non, je ne veux pas.

— Eh bien donc, à qui l'aura! s'écria Jean avec un sourd rugissement.

Et avant que Nicolas eût pu se mettre en défense, il se précipita sur lui en lui lançant un de ces fameux coups de tête dont usent avec tant d'adresse les paysans bas-bretons, et qui eût enfoncé la poitrine du Provençal, s'il l'avait rencontrée. Mais, au moment où il l'attaquait si traîtreusement, le soldat qui le premier avait pris la défense de mademoiselle du Prémic écarta vivement Gabarrou, et Mirot, ne rencontrant pas d'obstacle contre lequel il s'était lancé avec tant de violence, alla tomber quelques pas plus loin, au milieu des rires et des huées de tout le monde. Le Provençal, voyant son ennemi se relever, se jeta à son tour sur lui, et alors commença une lutte affreuse entre ces deux hommes. La foule, en se resserrant autour d'eux, en avait séparé le soldat et la jeune fille, et celui-ci en profita pour lui dire:

— Echappez-vous.

Elle s'éloigna aussitôt, en passant rapidement à travers les groupes qui s'épaississaient peu à peu vers cette partie du Champ-des-Batailles. Presque aussitôt se fit entendre le roulement du tambour qui rappelait les patriotes du *Thémistocle*. Les deux matelots se séparèrent tout couverts de boue, sanglans et défigurés. Jean Mirot regarda autour de lui, et n'apercevant pas sa victime, il se retourna vers le soldat et lui dit:

— Toi, au moins, tu paieras pour elle.

— Ne crains rien, l'ami, répartit Nicolas; tu m'as empêché d'être défoncé comme une vieille barrique, et je ne te laisserai pas raccourcir par cette lâche canaille.

— Eh bien! dit Jean Mirot en se dirigeant du côté où se trouvaient les représentans du peuple, c'est ce que nous verrons.

Nicolas le suivit à quelque distance en l'accompagnant de menaces et d'injures, et en réparant le désordre de sa toilette. Le soldat, qui venait de comprendre qu'il venait de risquer sa tête pour sauver celle d'une femme qu'il ne connaissait pas, regagna tristement le rang d'où il était sorti pour assister la justice du patriote Jean Mirot.

II

Le Sergent.

Le soir même de ce jour, les représentans du peuple Albite, Saliceti et Barras étaient enfermés pour aviser aux mesures ultérieures qu'ils avaient à prendre pour la réorganisation de la ville, lorsqu'on leur annonça qu'un des patriotes du *Thémistocle* demandait instamment à les voir. Quoique l'autorité de sang dont on avait investi ces hommes fût expirée depuis plusieurs heures, les représentans reçurent sur-le-champ celui qui s'annonçait sous un titre si redoutable. Jean Mirot fut introduit devant les trois conventionnels, et il leur avait à peine expliqué comment un soldat avait refusé de conduire à la mort une victime désignée par lui, qu'on annonça un second patriote du *Thémistocle*, et Nicolas Gabarrou parut à son tour. Comme il l'avait promis, il venait défendre le soldat qui avait sauvé mademoiselle du Promic; il expliqua aux représentans du peuple le reste de la scène, et ceux-ci furent fort embarrassés de donner satisfaction aux prétentions de ces deux grands citoyens. Cependant Barras finit par trouver un moyen terme qui devait tous deux les mettre d'accord, et, s'adressant d'abord à Jean, il lui dit :

— Citoyen patriote, ta vertu civique sera récompensée ; tu obtiendras la mort de celle que tu as proscrite : tâche de la découvrir dans la ville, et l'aristocrate sera immédiatement exécutée.

Puis, se tournant vers Nicolas, il continua ainsi :

— Quant à toi, brave citoyen, tu auras aussi la récompense : le soldat qui a désobéi à Jean Mirot mérite la mort; nous accordons sa vie à ta puissante protection.

Après cette décision, les représentans du peuple mirent à la porte les deux vaillans patriotes, et ceux-ci se retirèrent, l'un assez mécontent qu'on lui eût abandonné une victime qu'il ne savait plus où retrouver, l'autre assez peu satisfait d'avoir obtenu une grâce dont il ne se souciait guère. Cependant aucun des deux ne voulut avoir l'air de se croire vaincu par l'autre, et Jean Mirot dit en s'éloignant à Nicolas Gabarrou :

— C'est égal, la demoiselle y passera malgré toi.

— C'est égal, répondit celui-ci, le soldat n'y passera pas, malgré toi non plus.

Deux jours après la scène que nous venons de rapporter, et sur le Champ-des-Batailles encore, eut lieu la revue du bataillon auquel appartenait le soldat qui s'était opposé à la volonté de Jean

Mirot. Pendant ces deux jours, ce soldat n'avait pas quitté sa caserne, et, se fiant à son peu d'importance, il avait espéré échapper à la vengeance du patriote Mirot. Gabarrou, qui n'avait qu'une bonne action à accomplir, ne s'était pas donné la peine de chercher le soldat pour lui apprendre qu'il avait obtenu l'oubli de sa faute de la générosité des représentans du peuple; mais le Bas-Breton n'avait pas négligé sa vengeance comme le Provençal sa bonne action, et, après avoir inutilement parcouru toute la ville dans l'espoir de découvrir mademoiselle de Kerolan, il se décida à aller à la recherche du soldat, imaginant qu'il se serait informé de la demeure de sa protégée.

Pour cela, il s'était établi sur le Champ-des-Batailles, et, s'approchant le plus près possible de la ligne des troupes, il l'avait suivie dans toute sa longueur, sans pouvoir y découvrir celui qu'il cherchait. Il n'en avait pas été de même du soldat : il n'était pas depuis cinq minutes sur le Champ-des-Batailles, qu'il avait reconnu le matelot, et qu'il avait deviné le motif de sa présence. A la manière dont celui-ci passait dans les rangs, le soldat comprit que Jean Mirot n'était là que pour le découvrir, et il supposa que ce ne pouvait être que pour le dénoncer et l'envoyer à la mort. Il se dissimula donc le mieux qu'il put derrière ses camarades, et il se crut sauvé lorsque le Bas-Breton eut parcouru deux fois toute la ligne sans paraître l'avoir aperçu. Cependant Mirot ne s'éloigna point et se porta à un des angles de la place, dans l'espérance sans doute d'être plus heureux au moment du défilé des troupes.

Un moment après parut l'état-major avec les représentans du peuple; ils parcoururent tous les rangs, et le malheureux soldat se sentit pris d'un effroi mortel lorsqu'il aperçut le commandant de son bataillon qui le désigna du bout de son épée au représentant Barras. Celui-ci se contenta de faire un petit signe affirmatif, et la revue continua. L'état-major revint ensuite se placer au centre de la place, et un papier fut remis à l'un des représentans. On battit aux champs. Un nom fut appelé : c'était celui de Pierre Varneuil; ce nom, parti de l'état-major, fut répété par le commandant du bataillon, puis par le capitaine de la compagnie à laquelle appartenait notre soldat. Personne ne répondit, mais on entendit la voix d'un gros sergent qui se mit à crier:

— Hé! Pierre Varneuil, tu n'entends pas? c'est toi qu'on appelle.

Et tout aussitôt le sergent poussa de sa main vigoureuse le soldat tremblant hors des rangs. Pierre Varneuil, car tel était le nom de celui qui, le premier, avait voulu sauver mademoiselle du Premic, Pierre Varneuil, le visage pâle et le pas mal assuré, s'avança lentement du côté de l'état-major et en jetant des regards épouvantés sur Jean Mirot, qui témoignait par ses gestes l'avoir reconnu. Arrivé en présence de Barras, il baissa la tête, s'imaginant qu'il allait entendre prononcer son arrêt de mort. Ce fut alors que le représentant du peuple lui dit :

— Pierre Varneuil, la République française une et indivisible, voulant récompenser ceux de ses enfans qui l'ont bravement et patriotiquement servie, te nomme sergent de la compagnie à laquelle tu appartiens. Je te remets les insignes de ce grade en son nom.

Pierre Varneuil avait relevé la tête à ces paroles, et il regardait Barras d'un air si stupéfait, que le représentant se mit à rire et dit :

— Est-ce que ce garçon est devenu imbécile ?

Le commandant s'empressa de répondre qu'il n'avait pas cette timidité dans le combat, et qu'il était sans doute saisi d'une crainte patriotique à la vue des personnages devant lesquels il avait été appelé. Sur un signe de son commandant, Pierre tendit machinalement la main, reçut ses galons de sergent, et regagna lentement son rang, non sans avoir jeté un coup d'œil furtif du côté où se tenait le matelot bas-breton.

Il paraît que Pierre avait bien mérité le grade qu'on venait de lui donner, car il fut accueilli par des cris d'enthousiasme, au moment où il s'approcha de sa compagnie, et les félicitations les plus vives et les plus sincères ne lui manquèrent pas de la part de ses camarades; mais Pierre y resta insensible, et, lorsqu'il prit le rang que son nouveau grade lui assignait, son regard alarmé alla encore chercher le visage de Jean Mirot.

En effet, Pierre présentait la singulière réunion du courage du soldat dans ce qu'il a de plus héroïque et de la pusillanimité civile dans ce qu'elle a de plus honteux. Vingt canons braqués sur lui ne l'eussent pas fait reculer, et l'idée de paraître devant un juge lui faisait perdre la tête. L'aspect de la guillotine l'eût tué. Aussi se sentit-il pris d'une terreur glacée, lorsque le matelot lui fit de la main un signe de reconnaissance.

Bientôt le spectacle des nouvelles promotions qui se proclamaient rapidement détourna l'attention des soldats qui s'étaient d'abord étonnés de la tristesse et de l'abattement du nouveau sergent; mais rien ne put triompher de l'effroi qui dominait Varneuil, et cet effroi devint presque de l'idiotisme, lorsque le bataillon reprit le chemin de la caserne, et que Pierre vit Jean Mirot se placer près de sa compagnie et la suivre de manière à ne pas le perdre de vue. Enfin Pierre crut toucher à la guillotine quand le matelot, s'étant approché de lui au moment où il franchissait la porte de la caserne, lui dit d'un ton assez grondeur :

— Hé ! sergent, quand vous aurez fini là-dedans, revenez un peu par ici, j'ai deux mots à vous dire.

Le bataillon était rentré, les rangs étaient rompus, les soldats remontaient dans leurs chambres pour y déposer leurs armes, et

Pierre Varneuil était resté seul au milieu de la grande cour, immobile et tristement appuyé sur son fusil. Un capitaine, un homme de trente ans tout au moins, le considéra quelque temps d'un air d'intérêt, puis s'approcha de lui, et, le touchant légèrement sur l'épaule, il lui dit avec gaîté :

— A quoi diable penses-tu donc?

Le sergent bondit comme si on lui avait donné un coup violent; puis, ayant reconnu son capitaine, il baissa la tête et regarda la porte de la caserne qui était ouverte et sur le seuil de laquelle Jean Mirot était posté.

Il fit un pas pour s'éloigner, mais il s'arrêta soudainement et se prit à crier avec un effroi mêlé de colère :

— Tenez, le voilà, le scélérat, le gueux, le jacobin ! Ce que j'ai de mieux à faire, c'est d'aller lui passer ma baïonnette au travers du ventre ; fusillé pour fusillé, j'aime autant l'être pour avoir tué ce buveur de sang que pour avoir sauvé cette jeune demoiselle.

— Quel diable de galimatias me fais-tu là? répartit le capitaine tout étonné de cette soudaine explosion; pense à ce que tu dis, et surtout ne crie pas comme un sourd, si tu as quelqu'un à appeler jacobin et buveur de sang.

— C'est que vous ne savez pas, reprit Pierre, ce qui m'est arrivé. Eh bien ! je vais tout vous dire, monsieur le vicomte.

— Appelle-moi ton capitaine, tâche d'oublier que je suis le vicomte d'Ambret, et parle plus bas, répondit l'officier avec impatience; est-ce que tu as perdu la tête depuis deux jours?

— Pas encore, mais ça pourrait bien ne pas tarder. Je vous dis que voilà là-bas le scélérat qui m'en veut.

— Et pourquoi t'en veut-il ?

— Mais, je vous l'ai déjà dit ; à cause de la demoiselle du Champ-des-Batailles.

— Quelle demoiselle? tâche de t'expliquer, si tu veux que je comprenne.

— C'est vrai, vous ne savez pas. Voici donc comment cela s'est passé.

Là-dessus le soldat se mit à raconter ce qui lui était arrivé avec Jean Mirot, la rencontre des deux matelots et la menace dont lui-même avait été l'objet.

A mesure qu'il avançait dans son récit, le visage de l'officier devenait soucieux et pensif, et Pierre, croyant lire dans cette préoccupation que le capitaine partageait ses craintes, se remit à crier d'un ton désolé :

— Vous voyez bien que je suis un homme mort.

Et une larme brillait déjà dans ses yeux lorsqu'une voix rauque fit résonner tout à coup la cour de la caserne.

— Oh hé! là-bas, du sergent, avez-vous bientôt fini? je vais monter en graine pour peu que je reste planté là plus long-temps.

— Vous l'entendez, capitaine, reprit Varneuil, à qui les jambes flageolaient sous lui.

— J'entends, répondit le jeune homme, que cet homme veut te parler. Va voir ce qu'il te veut.

— Il veut me dénoncer, il veut me faire guillotiner.

— Mais s'il avait voulu te dénoncer, ce serait déjà une chose faite.

— Oui, s'il m'avait connu, c'est pour ça que depuis deux jours je ne quittais pas la chambrée ! aujourd'hui, il a bien fallu aller à la revue, et le septembriseur m'y a attendu, et voilà que...

— Il me semble qu'il n'a pas besoin de toi maintenant pour aller te dénoncer, et que, s'il veut te parler, c'est qu'il n'y pense plus.

— Ah ! fit Varneuil, si je savais que ça fut possible, j'irais...

Au moment où Pierre Varneuil se décidait enfin à aller parler au matelot, celui-ci entra dans la cour, s'approcha des deux interlocuteurs, et s'adressant à l'officier, il lui dit d'un ton assez bourru :

— Dis-moi donc, citoyen capitaine, est-ce que tu ne pourrais pas dire un peu à ton sergent de répondre à ceux qui l'appellent.

A cette interpellation, l'officier laissa échapper un vif mouvement de dégoût et d'indignation, mais il se contenta de répondre :

— Tu connais les devoirs du service, citoyen matelot ; ils passent avant tout.

— C'est possible, répartit Jean avec une humeur de dogue mécontent, mais on peut répondre : J'y vais tout à l'heure.

— Eh bien, tout à l'heure, dit le capitaine avec hauteur, en faisant signe au matelot de s'éloigner.

Jean Mirot serra les poings et ne bougea pas.

— M'avez-vous entendu ? dit vivement l'officier.

— Je t'ai entendu.

— En ce cas sortez d'ici !

— Qui m'en fera sortir ?

— Qui ? reprit le capitaine avec colère en portant la main sur la garde de son épée.

— Qui, qui ? répartit Jean ; qui osera porter la main sur un patriote du *Thémistocle ?*

Le capitaine fit un pas vers l'insolent, mais le sergent, se jetant au devant de lui, s'écria vivement :

— Prenez garde, monsieur le vicomte !

— Ah ! vicomte ! dit Jean ; vous vous traitez de vicomte, c'est bien.

— Allons ! toi, répartit Pierre, dont toutes les terreurs semblaient s'être effacées tout d'un coup, allons, toi, défile devant moi ; houp ! plus vite que ça.

— Hein ! fit le matelot.

— Demi-tour à droite, et pas accéléré ; vite, ou je te sale les reins d'un coup de baïonnette.

— Ah ! c'est comme ça, dit Jean ; tu es bien insolent, parce que le représentant Barras a donné ta grâce à Gabarrou.

— Hein ! fit Pierre à son tour... le représentant...

— Eh ! ne fais pas l'étonné. Cette caque provençale te l'aura déjà dit, mais il a dû te dire aussi que, si je retrouvais mademoiselle du Premic, elle ne m'échapperait pas cette fois-ci.

— Mademoiselle du Premic ! s'écria le capitaine ; c'est de mademoiselle du Prémic qu'il s'agit ?

— Est-ce que vous la connaissez, mon officier ? s'écria Jean, oubliant son rôle de républicain ; oh ! tenez, si vous pouvez me la livrer, si vous voulez me dire où elle est... oh ! je ne sais pas ce que je vous donnerais pour ce service-là... Excusez de la façon dont je vous ai parlé... dites-moi seulement où je trouverai cette femme, et je vous proclamerai le plus grand patriote de l'armée.

Le capitaine d'Ambret, qui avait eu le temps de se remettre de la surprise qu'il avait éprouvée pendant que Jean parlait avec volubilité, lui dit avec un air de familiarité amicale :

— Est-ce que c'était pour vous informer d'elle que vous vouliez parler à Varneuil ?

— Oui, mon capitaine ; il doit la connaître, il doit savoir où elle est, puisqu'il l'a sauvée.

— Mais, dit Varneuil, je ne l'ai pas sauvée ; j'ai dit seulement qu'on ne pouvait pas tuer comme ça une femme sans savoir... C'est Gabarrou qui a tout fait... D'ailleurs, je ne sais pas où elle est...

— Vrai ? fit Jean.

— Vrai ! répartit Pierre, je le jure ; tiens, je le jure sur les autels de la patrie.

— Alors, je vas la chercher ailleurs.

— Un moment, dit M. d'Ambret ; peut-être qu'à nous trois nous serons plus heureux, car moi aussi je désire beaucoup découvrir la belle Angélique du Premic.

— Ah ! vous savez son nom de baptême ? fit le matelot d'un air soupçonneux.

— Tu vois, citoyen, dit le vicomte en affectant le tutoiement.

— Et vous voulez la retrouver ?

— Certainement.

— Pour la sauver, peut-être ?

— Tu m'insultes, citoyen ! dit le capitaine.

— A la bonne heure, fit le matelot.

— Comment donc, répartit le capitaine, mais du moment que c'est pour la faire raccourcir, j'en suis, comme tout bon patriote.

Pierre ouvrait de grands yeux pendant que le vicomte parlait ainsi, puis il s'écria tout d'un coup :

— Au fait, le capitaine a raison : je ne sais pas, moi, quelle idée m'a pris de m'intéresser à cette aristocrate, car enfin je suis pour la république, une, indivisible ou la mort...·c'est mon devoir, je lui ai prêté serment et je le tiendrai.

Le capitaine haussa les épaules et ajouta :

— En ce cas, citoyen matelot, faites-moi le plaisir de monter dans ma chambre avec le sergent, vous nous direz un peu ce que vous savez de mademoiselle du Premic et pourquoi vous lui en voulez tant, et alors nous pourrons combiner nos mesures pour la retrouver.

— C'est ça, dit Jean.

— Et comme il n'y a rien qui dessèche le gosier comme de causer, reprit le capitaine, sergent, fais-nous monter une demi-douzaine de bouteilles de vin.

— Et une bouteille d'eau-de-vie, dit le matelot.

— Tu aimes mieux l'eau-de-vie? dit le capitaine.

— Oui, après le vin, ça dégrise, répartit Jean.

Le matelot et le capitaine montèrent dans la chambre de celui-ci, Pierre les y rejoignit bientôt avec ses provisions liquides, et tous trois s'étant attablés autour des bouteilles débouchées, Jean Mirot entama son récit de la façon suivante.

III

Le Matelot.

— Or, puisque vous connaissez mademoiselle du Premic, je n'ai pas besoin de vous dire qu'elle est de Brest ; ce qu'il faut que vous sachiez, c'est que j'en suis aussi. Elle avait deux ans tout au plus, et moi j'en avais vingt-cinq, lorsque je fus pris pour le service de l'ex-roi et obligé de m'embarquer sur la frégate que commandait M. le baron du Premic, son père. J'aimais la mer ; j'y ai vécu depuis que je vis, mais le régime de la marine royale ne m'allait pas. Je rechignai au service tant que je pus, ça ne dura pas longtemps ; le capitaine du Premic ne plaisantait pas avec les mutins. Je compris qu'il n'y avait rien à gagner que des coups de garcette et autres douceurs à faire le méchant ; je me soumis, et il ne me dit plus rien ; du reste, ce fut notre bon temps : le capitaine était sévère, mais il était juste. Au bout de deux ans, nous revînmes à Brest.

C'était un drôle d'homme que le capitaine : pendant les deux ans que dura notre expédition, il ne faisait pas autre chose que se lamenter avec ses officiers de ce que le bon Dieu lui avait fait avoir une fille. A son arrivée, voilà qu'il apprend que sa femme vient d'accoucher d'un garçon, et voilà qu'au lieu de s'en réjouir, il entre dans des fureurs atroces.

Le capitaine d'Ambret se mit à rire en disant :

— Je le comprends facilement...

— Je le comprends aussi, moi, vis-à-vis de la femme et du bambin de contrebande, répartit Jean ; aussi je n'ai rien dit du tout quand j'ai appris qu'il avait souffleté la baronne et l'avait renvoyée dans sa famille avec le marmot ; je comprenais bien même qu'il pût avoir du chagrin de ça, vu qu'il y a des gens à qui ça fait de l'effet ; mais c'était pas une raison pour en faire souffrir l'équipage, qui au fond n'était pas fautif de la chose. Le baron ne resta à terre que le temps nécessaire pour se débarrasser de sa femme, puis il prit sa fille Angélique, qui avait alors quatre ans, et l'emmena à bord avec sa nourrice, qui était restée chez la baronne comme servante. Huit jours après, nous nous remîmes en mer avec la bonne et la petite fille. Ce n'était pas dans l'ordre, mais il paraît qu'on fut si touché de la chose arrivée au capitaine, qu'on ferma les yeux sur cette infraction à la règle. Voilà d'où est venu le malheur.

— Et de là aussi sans doute, dit M. d'Ambret, votre haine pour mademoiselle du Premic ?

— Ma haine pour mademoiselle du Premic ? reprit Jean, je ne la déteste pas, je vous jure ; elle ne m'a rien fait : c'est son père que je voudrais exterminer.

— Ah ! j'entends, dit le capitaine d'Ambret, et, ne pouvant vous venger sur lui, c'est sa fille que vous voulez faire condamner.

— Tout juste ! pour qu'il apprenne en Angleterre, où il sera bientôt, que c'est Jean Mirot, son ancien matelot, qui lui a fait tuer sa fille qu'il aime tant. Je vous réponds que ça lui fera plus de peine que si j'étais parvenu à le prendre lui-même.

D'Ambret fronça le sourcil, et le Bas-Breton continua :

— Comme je vous l'ai dit, quand le capitaine revint à son bord, il était comme un enragé ; à la moindre faute, c'étaient des punitions terribles ; il ne dormait ni jour ni nuit ; toujours allant, venant, courant, furetant comme un rat empoisonné, et bousculant, tapant, abîmant tout le monde, comme un bœuf qu'on aura manqué, si bien qu'on avait coutume de dire, dès qu'on le voyait paraître :

— Gare aux cornes du capitaine !

Cependant on ne murmurait que de loin, lorsque vint un jour où tout ça changea en un tour de main ou, pour mieux dire, en un tour de langue. Voici comment ça se passa. J'étais appuyé le dos sur l'affût d'un canon, dandinant mes jambes de ci, de là, et ne pensant à rien de mal, qu'à me figurer que la nourrice de la petite Angélique était diantrement jolie, une fine fille de Bretagne, quoiqu'elle eût fait un poupon, ferme sur l'avant et sur l'arrière, et qui pourtant filait vite et serré entre tous les galants de l'équipage, qui eussent bien voulu l'aborder. Je songeais, à part moi, que ce serait un bon quart d'heure que celui... V'lan ! au même instant, je me sens un coup de pied dans les chevilles, qui coupa court à mon bonheur. Cré matin ! je me retire d'un bond, les poings fermés : c'était le capitaine.

— Qu'as-tu à dire ? me fait-il en me regardant de travers.

J'étais hors de moi, et je lui réponds sans considérer rien du tout :

— J'ai à dire que parce que votre femme vous a fait cocu, ce n'est pas une raison pour traiter le matelot comme ça.

— Tu lui as dit ça ? reprit le capitaine d'Ambret avec une expression particulière de hauteur, comme si toute sa vanité de gentilhomme se fût intéressée à l'injure adressée à un autre gentilhomme ; car, en ce moment, ce n'était pas le capitaine républicain qui tutoyait le citoyen matelot, mais le vicomte qui tutoyait le manant.

— Tu lui as dit ça, et il ne t'a pas jeté par dessus le bord ou passé son épée à travers du corps ?

Probablement l'influence de ses souvenirs avait ramené Jean Mirot au temps où il se considérait lui-même comme le considérait M. d'Ambret, car il lui répondit tranquillement :

— Je crus qu'il allait le faire ; il devint pâle-vert, il me regarda avec des yeux qui me semblèrent rouges comme des charbons, je me crus mort ; mais tout ça se passa comme un éclair, et il me répondit après un moment de silence :

— Tu as raison, Jean, tu n'étais pas en faute.

Là-dessus il se retira dans la cabine et ne reparut pas de la journée. A partir de ce moment, ce ne fut plus le même homme, ou, pour mieux dire, il redevint l'homme d'avant son affaire, froid et sévère, si ce n'est pour moi, à qui il passait tout ; j'en prenais à mon aise, du service, et mes camarades me faisaient des complimens de mon bonheur, qui leur profitait aussi bien qu'à moi, et un soir j'entendis notre aumônier, M. l'abbé d'Arvilliers, disant à un officier...

— L'abbé d'Arvilliers, dit le vicomte en interrompant ce récit, est-ce que c'est le même que l'évêque de ce nom ?

— Le même, répartit Mirot : c'est un cousin-germain de M. du Premic.

— Ah ! bien ! fit M. d'Ambret, un oncle à la mode de Bretagne de mademoiselle de Kerolan.

— Juste. Vous le connaissez aussi ?

— De nom, voilà tout, comme ayant été condamné à mort par le tribunal révolutionnaire à Nantes.

— C'est ça.

— Et qu'est-ce qu'il disait à un officier ?

— Il lui disait : Il semble que le reproche de ce matelot a frappé M. du Premic comme un avertissement du ciel, et tout ce que n'avaient pu mes exhortations depuis trois mois, une seule ap roleùla ovérité parlait dans toute sa naïveté l'a fait en un instant. — Vous voyez donc que j'avais eu raison de répondre comme j'avais répondu ; tout le monde en était mieux traité et moi aussi. Tout allait comme sur des roulettes, et je ne me défiais de rien. Il n'y avait que ce singe de Gabarrou qui me répétait toujours : Ohé! matelot, prends garde aux cornes du capitaine !

— Gabarrou, dit Pierre Varneuil, c'est le nom de votre camarade qui s'est battu avec vous?

— C'est lui-même ; Nicolas était alors mousse de chambre de M. du Premic qui le choyait beaucoup, parce qu'il était très gentil, à ce que disait le lieutenant.

— Alors, dit le capitaine d'Ambret, il a reconnu mademoiselle du Premic au Champ-des-Batailles ?

— Pas du tout, j'ai eu bien soin de ne pas la nommer devant lui, et comme il a quitté la frégate le lendemain de mon affaire, il y a de ça quatorze ans, et que la petite en avait alors quatre et demi, il n'y a pas de chance qu'il l'ait reconnue.

— Dites donc, vous, farceur, dit Varneuil, comment arrangez-vous ça? vous prétendez que Gabarrou vous disait de prendre garde au capitaine, et vous venez de nous conter qu'il avait quitté la frégate le lendemain de votre affaire avec M. du Premic.

— Ai-je dit un mot de ça, capitaine? répartit Mirot ; j'ai dit, cancre de sergent, qu'il avait quitté la frégate le lendemain de ma grande affaire ; mais c'est d'une autre que je ne vous ai pas encore contée.

— Parlez donc, répartit M. d'Ambret.

— Très bien, mais ne m'interrompez plus, parce que ça m'embrouille.

Ce n'étaient pas les interruptions parlées de ses confidens qui embrouillaient Jean Mirot, mais bien les interruptions silencieuses qu'il se faisait lui-même avec les bouteilles. D'Ambret fit signe au sergent de le pousser encore à boire, et le matelot continua ainsi :

— J'étais donc heureux comme un poisson dans l'eau, faisant du service tout juste de quoi me dégourdir les membres, et passant le reste de mon temps à reluquer Mariolle et à lui glisser dans l'oreille toutes sortes de séductions. C'était difficile, mais heureusement j'avais gagné le mousse de chambre du capitaine, en lui faisant siroter en cachette des petits verres de genièvre qu'il aimait déjà solidement; et comme son service l'appelait toujours sur le gaillard d'avant que Mariolle ne quittait presque jamais, nous pouvions nous entendre, car elle m'aimait, j'en suis sûr, et je jurerais encore aujourd'hui qu'elle n'était pour rien dans la trahison qu'on m'a faite.

— Une trahison? dit le capitaine.

— Oui, une trahison abominable. Voici : J'étais donc amouraché de Mariolle et Mariolle de moi. Les rendez-vous n'étaient pas commodes; mais enfin, grâce à Gabarrou, qui m'introduisait dans une cabine séparée où Mariolle demeurait avec la fille du capitaine, nous y arrivions tout de même. Comme c'est l'usage, nous nous étions fait de petits présens : je lui avais donné une croix d'or qui venait de défunt ma mère, et elle m'avait fait cadeau en retour d'une demi-douzaine de mouchoirs bleus, en vrai cholet.

Je n'aurais pas donné mon sort pour celui du maître d'équipage, lorsque voilà un matin qu'un remue-ménage extraordinaire a lieu sur le vaisseau : on raconte qu'il y a eu un vol de commis. L'état-major s'assemble, on visite partout, on fouille dans tous les paquets des matelots, et j'entends qu'on dit, après avoir visité le mien :

— Voilà les objets volés, c'est Jean Mirot qui est le coupable.

— Jean Mirot, un voleur! que je m'écrie en fureur; qui dit ça?

— Moi, répond l'officier qui commandait la visite; Mariolle Deschamps a déclaré qu'une demi-douzaine de mouchoirs bleus lui avaient été volés, et on vient de les retrouver dans ton paquet.

— C'est un mensonge, que je fais, Mariolle n'a pas dit ça... Mariolle en est incapable.

— C'est ce que nous verrons, dit l'officier, mettez les fers à ce misérable, et enchaînez-le à fond de cale.

J'y demeurai trois jours au pain et à l'eau, et j'eus le temps de réfléchir sur ce qui m'arrivait; je cherchais sans rien découvrir, car je ne pouvais m'imaginer que Mariolle m'eût accusé; il ne tenait qu'à elle de ravoir ses mouchoirs, pourvu quelle me rendît ma croix; j'étais bien loin de penser que ce pût être une vengeance du capitaine. Je n'y pensai qu'au moment où l'on me fit remonter sur le pont pour me juger. J'aperçus au haut de l'écoutille le visage de ce petit scélérat de Gabarrou : il ne me dit rien, mais il me fit les cornes. Ce fut comme une lumière pour moi; je devinai tout de suite comment le capitaine m'avait amené dans le piége en ayant l'air de ne plus faire attention à moi. Voici ce qui me perdit tout à fait. J'étais si sûr de mon affaire, que je me figurai qu'il n'y aurait rien à répondre à ce que j'allais déclarer; je n'eus pas le temps de réfléchir sur la sottise que j'allais faire, et au premier mot qu'on me dit, je me mis à crier que c'était une vengeance du capitaine sur ce que je lui avais reproché de sa femme; je jurai, je criai, et je ne m'aperçus que j'avais envenimé mon affaire, que lorsque le mal était fait.

Le lieutenant qui présidait le tribunal me fit bâillonner, et je fus forcé d'entendre sans mot dire la déposition de Mariolle, qui déclara (en pleurant, il est vrai) qu'elle ne m'avait pas donné ses mouchoirs. Des matelots m'avaient vu quitter mon hamac dans la nuit; d'autres m'avaient aperçu me faufilant au côté de l'avant; quant à Gabarrou, le petit brigand répondit qu'il ne savait rien du tout. Depuis quatre ans que je l'ai retrouvé, je ne sais pas encore si ce fut par méchanceté qu'il ne voulut rien dire, ou de peur d'être puni pour m'avoir aidé à entrer chez Mariolle; toujours est-il que je fus condamné à courir la bouline et à dix ans de galères par dessus le marché.

Tout autre que moi eût crevé à la première course, car on ne m'épargnait guère; les gredins tapaient de toutes leurs forces. Je passai six fois comme ça sous la bordée de tout l'équipage. Quand j'eus fini, j'étais une plaie vivante; mais j'avais pris un remède intérieur qui me soutint; j'avais juré que je me vengerais du capitaine, qui, j'en suis sûr, avait mené la chose et forcé Mariolle à m'accuser. En trois semaines j'étais sur pied, et en un mois j'étais aux galères. J'y suis resté mes dix ans; c'est là que j'ai appris que le capitaine avait renvoyé Gabarrou le lendemain de ma bouline, et l'avait donné au capitaine d'un brick qu'il avait rencontré en mer. C'est là que j'appris aussi qu'après son retour à Brest, il avait renvoyé sa fille à terre et l'avait confiée à une vieille tante, mademoiselle d'Arvilliers, la sœur aînée de notre aumônier, qui demeurait à Lorient. C'est chez cette dame qu'elle demeura depuis ce temps; et c'est de chez elle qu'elle partit avec l'évêque son oncle pour venir rejoindre M. du Premic, son père, qui était en rade de Toulon; car c'est un des scélérats qui ont livré la flotte aux Anglais. Aussi s'est-il enfui avec eux, quand vous avez eu pris la ville.

— Il est donc parti seul? reprit le capitaine.

— Seul, non, car l'évêque l'a rejoint sur le vaisseau anglais où il était.

— Mais comment mademoiselle du Premic n'est-elle pas partie aussi avec M. d'Arvilliers et son père?

— C'est ce que je ne peux pas vous dire; ce que j'ai su tout récemment, c'est qu'on les avait vus ensemble à Toulon, la veille du jour où la ville a été prise, et que l'évêque s'est embarqué seul le matin de votre entrée.

— Ah! fit le capitaine, et comment as-tu su cela?

— Ah! ça, je l'ai su bien par hasard.

— Ah! par hasard?

— Ma foi oui. Le jour même de l'entrée des troupes, j'avais eu une permission de venir à terre, lorsqu'au moment de descendre dans le canot qui devait m'y amener, je vis filer à l'entrée du goulet une petite embarcation; elle était conduite par un galérien. J'approche et je le reconnais pour un ancien camarade avec qui j'avais fait deux ans de galère à Lorient. Vous savez que ce sont les forçats qui ont éteint l'incendie de l'arsenal et qui l'ont sauvé quand ces canailles d'Anglais ont voulu y mettre le feu.

Ça fait que personne ne s'est étonné d'en voir un à bord, en liberté dans un canot. Comme il passait à côté de nous, il me fit un signe d'argot, pour me dire qu'il m'attendait à terre ; à peine débarqué, je vois Lafaufile, c'est son nom, debout sur le quai.

— En voilà une drôle qui m'arrive, me dit-il ; tu sais bien ton capitaine du Premic, le scélérat, le gueux, il s'est sauvé.

— Comment ça ? que je lui dis.

— Voilà la chose. Hier, comme j'étais sur le pont, un homme d'une cinquantaine d'années, accompagné d'une jeune fille, vint à moi, et me dit :

— Veux-tu gagner cinquante louis ?

Je les regarde et je leur réponds :

— Que faut-il faire pour ça ?

— Me procurer une embarcation et quelqu'un capable de la conduire pour demain à quatre heures du matin.

— J'ai votre affaire, voici l'embarcation, lui dis-je, lui montrant ce canot ; l'homme, c'est moi.

— Suffit.

— Où allons-nous ?

— Je te le dirai.

— Quand ?

— Demain.

— C'est bon, je me prépare. A quatre heures, j'étais à mon poste ; à quatre heures une minute, le vieux était arrivé. — Tiens, vous êtes seul ? que je lui dis.

— Oui, qu'il me répond, ma nièce est restée à la maison. Allons vite, je suis pressé, je veux être de retour avant le jour.

— J'embarque, nous filons.

— Sortons de la rade, me dit-il.

— J'avais bien idée qu'on ne payait pas un bateau cinquante louis pour traverser le port ; pourtant ça me chiffonne, et je veux faire une observation. A l'instant, le vieux chien tire une paire de pistolets de sa poche, et, me les montrant par le mauvais bout, il me dit : — Si tu dis un mot, tu es mort ; si nous sommes découverts, tu es mort, car je suis prêtre et condamné ; ainsi, arrange-toi pour me sauver et toi aussi. Ça n'était pas aisé ; mais on n'a pas été forçat pour rien. Je file doucement entre les navires, je gagne le goulet, et, une fois là, le calotin me montre un petit point rouge à l'horizon en me disant :

— Mène-moi là.

— C'était donc le capitaine ? dis-je à Lafaufile.

— Du tout, qu'il me répond, tu vas voir : je rame, je rame ; enfin, nous approchons, et à deux pieds du bord, je reconnais une chaloupe en panne, et tout aussitôt une voix qui s'écrie :

— Est-ce vous, d'Arvilliers ?

— Oui, c'est moi, dit l'homme en sautant dans la chaloupe.

— Et ma fille? s'écrie celui qui avait parlé.

— Dieu la sauvera, répondit le cafard en tombant à genoux. Alors, vois-tu, voilà une scène d'attendrissement qui commence; le père qui voulait monter dans mon bateau et venir à terre pour chercher sa fille ; le vieux qui lui disait qu'elle avait disparu sans qu'il pût savoir ce qu'elle était devenue. De tout ça, je n'aurais rien appris si le commandant de la chaloupe ne s'était mis à dire : « Du courage, monsieur du Premic, votre fille sera sauvée, il faut l'espérer ; si M. l'évêque d'Arvilliers n'a pu la retrouver à Toulon, vous ne serez pas plus heureux. » Pendant qu'ils se débattaient ainsi, voilà que je me mets à réfléchir à ce nom de du Premic que tu m'as dit tant de fois; je devine que la jeune personne était cette demoiselle que Mariolle avait nourrie et qui est une belle fille aussi, maintenant.

— Je le sais bien, dis-je à Lafaufile, puisque je l'ai revue, il y a un an, à Brest, quand je suis revenu dans le pays; continue.

— Soit, fit-il donc, je pensais à la drôlerie de tout ça, lorsque l'officier anglais se met à dire :

— Vous avez sans doute réglé vos comptes avec ce marin (il parlait de moi) ; alors, en route et au vaisseau.

— Pas du tout, que je me mets à crier ; le calotin m'a promis, mais il n'a pas payé. Là-dessus, le capitaine regarde de mon côté. Un forçat ! s'écrie-t-il, un misérable qui sait que ma fille est à Toulon, et qui va la dénoncer sans doute. Voilà toute la récompense qu'il mérite ! Et, sans crier gare, voilà qu'il saute sur les pistolets de l'abbé ; je n'ai que le temps de donner un coup d'aviron, et j'entends deux balles me siffler aux oreilles. Je gagne le large, et comme la nuit était noire en diable, j'esquive les sept ou huit coups de fusil qu'on m'offrait en échange de mes cinquante louis. Enfin, je revenais de cette belle expédition, quand je t'ai reconnu.

— Voilà, continua Jean Mirot, comment j'ai su que mademoiselle du Premic était à Toulon ; et maintenant je compte sur vous pour la retrouver, vous me l'avez promis. Le père m'est échappé, mais je tiens la fille, et elle paiera pour lui.

— C'est trop juste, dit le capitaine d'Ambret, mais où la retrouver? toi qui connais Toulon, tu n'as pas quelque idée de l'endroit où elle a pu se cacher.

— Si j'en avais une idée, répartit Jean Mirot, qui commençait à balbutier, je ne vous dirais pas de m'aider.

— C'est juste, fit M. d'Ambret, mais tu pourrais nous dire les quartiers où tu as cherché, nous irions d'un autre côté.

— Je suis allé partout.

— Partout, dit le capitaine en hésitant, même dans la rue...

— Heim ! fit le matelot en se redressant, dans la rue de... Vous connaissez drôlement Toulon ; comment croyez-vous qu'une demoiselle comme mademoiselle du Premic soit dans la rue d... Il n'y a que des cabarets et des...

— C'est vrai, dit le capitaine, ce n'est pas là qu'il faut la chercher. Eh bien! si tu veux, dès demain, nous nous concerterons, et je te promets, foi de républicain, de te la livrer.

— Accepté, dit le matelot, à qui le reste de la bouteille d'eau-de-vie qu'il venait d'absorber avait donné le coup de grâce; soit, à la vie et à la mort de la du Premic; vous êtes de bons patriotes, vive la république, une et indivisible, ou la mort !

Et, en disant cela, il tomba la tête sur la table, où il continua à grogner encore quelques mots sourds, jusqu'à ce que ce murmure entrecoupé, passant par diverses modulations, arrivât à un ronflement sonore et régulier.

Quand le capitaine se fut assuré que le matelot avait jeté l'ancre dans un fond solide de sommeil (style maritime, 1835), il fit un signe à son sergent, et tous deux quittèrent la chambre.

— Eh bien ?... fit Varneuil en regardant le capitaine.

— Eh bien ! dit M. d'Ambret, il faut sauver cette jeune fille.

— J'ai bien compris que c'était votre idée, répartit le sergent: mais, pour la sauver, il faut savoir où elle est.

— Elle est rue de..., n°.

— Dans cet affreux quartier ! s'écria le sergent.

— Il me semble qu'un prêtre et une honnête fille n'avaient pas de meilleur endroit pour se cacher ; qui eût pu les soupçonner là? c'est moi qui leur ai indiqué cette maison.

— Vous ! reprit le sergent d'un air stupéfait.

— Ecoute, Pierre, dit le capitaine ; tu te rappelles peut-être que, l'avant-veille de notre entrée à Toulon, nous étions de garde aux avant-postes?

— C'est vrai.

— Tu te rappelles qu'un charretier qui avait amené le matin des légumes m'a fait demander sous prétexte d'une vente qui ne lui avait pas été soldée ?

— Oui ; je me rappelle très bien ; une paysanne était avec lui; il faisait déjà nuit, et vous vous êtes éloigné avec eux.

— Eh bien! c'était M. d'Arvilliers et sa nièce. Depuis plus de dix jours, il était caché dans les environs du camp, sans pouvoir pénétrer à Toulon ; il savait que je faisais partie de l'armée de siége, car mon nom a été mis deux fois à l'ordre du jour, et mon père et lui avaient été amis de collège. Cependant M. d'Arvilliers n'avait pas encore osé venir, lorsqu'il apprit que la ville était sur le point de se rendre, et que, par conséquent, il n'aurait bientôt plus la chance de s'embarquer, s'il n'y pénétrait avant notre occupation ; en désespoir de cause, il a pensé que, si je lui refusais de le servir, du moins je ne le livrerais pas, et il est venu à moi; il m'a raconté la position dangereuse où il se trouvait, caché chez un paysan dont il ne s'assurait le silence qu'à force d'argent. Je lui ai su bon gré de sa confiance, et c'est moi qui lui ai conseillé de venir au camp sous prétexte de vendre des légumes, d'en refuser le prix ou de s'arranger de manière à avoir quelques réclamations à m'adresser ; de cette façon, il a pu rester au camp jusqu'à la nuit, il est arrivé jusqu'aux avant-postes ; c'est moi qui lui ai servi de guide pour les traverser, et qui...

Le capitaine s'arrêta, et Pierre, levant sur lui un regard curieux, ajouta en baissant la voix :

— C'est vrai, vous avez pris par le petit sentier des Oliviers, et... C'est donc ça que, lorsque le caporal a été pour relever la sentinelle qui était au bout, il l'a trouvée morte.

— Tu as bien dû voir, reprit vivement le capitaine, par le récit de Jean Mirot, que l'évêque ne craint pas de se servir de pistolets à défaut de burettes ?

— Oui... c'est possible, dit le sergent, mais la sentinelle n'avait autre chose qu'un coup de sabre à travers le cœur... et l'évêque n'avait pas de sabre, ajouta-t-il en regardant celui du capitaine.

Celui-ci pâlit et garda le silence ; mais un moment après il reprit :

— Tu n'as pas oublié, Pierre, que ta mère a été ma nourrice.

— Non, monsieur le vicomte, dit Varneuil, je ne l'ai pas oublié ; l'autre est mort, c'est bon, n'en parlons plus, ajouta-t-il, en secouant la tête comme pour chasser une mauvaise pensée. Maintenant, que voulez-vous faire pour sauver la demoiselle ? je suis avec vous, pourvu qu'il n'en coûte pas mort d'homme.

Le capitaine pinça ses lèvres avec colère, et, après un moment de réflexion, il répartit :

— Pierre, tu paieras tôt ou tard ce que tu as fait au Champ-des-Batailles, comme ce que j'ai fait au chemin des Oliviers, pour peu que cela se découvre ; songes-y bien, et pense que, si tu as mon secret, j'ai le tien.

— Est-ce que je vous ai menacé d'en parler ?

— Non, mais je te dis cela seulement pour bien établir les choses.

— Soit donc, n'en parlons plus, c'est le mieux, et dites-moi maintenant ce que vous voulez faire.

— Tu vas retenir Jean Mirot dans ma chambre jusqu'à ce que je sois allé dans la maison que je t'ai désignée voir si mademoiselle du Prentic s'y trouve encore.

— Allez donc.

Le capitaine parut près de partir, mais il jeta un regard sur la porte de la chambre, il sembla hésiter, et reprit :

— Non, vas-y plutôt toi-même, je... je garderai Jean Mirot.

— Vous avez peur que je jase, vous devez pourtant savoir que je suis discret, et que...

— Oui, tu as raison, dit M. d'Ambret. Mais tu comprends que je ne puis en plein jour entrer dans une maison comme celle où se trouve mademoiselle du Premic.

— Au fait, c'est moins compromettant pour un sergent. Du reste, je veux bien courir le risque de passer pour un mauvais libertin; comme je ne mérite pas cette réputation, elle me fait moins peur qu'à vous.

— Pierre, reprit le capitaine avec colère, tu abuses...

— Oui, c'est vrai, j'ai tort... c'est pas le moment de parler de ça. Mais aussi, pourquoi tuer la sentinelle? C'est un assassinat ça, et un chef qui approche avec le mot d'ordre, et qui, lorsqu'un soldat lui parle de confiance, lui enfonce son sabre par derrière...

— Pierre!

— Oui, reprit le sergent, le sabre était entré par le dos, je l'ai vu, c'est une infamie, c'est...

L'officier serrait les poings et mordait sa moustache; Pierre Varneuil s'en aperçut et reprit :

— Mais j'ai dit que je n'en parlerais plus; adieu, adieu, capitaine, attendez-moi là, je reviens.

— Tu demanderas Louise Firon.

— Louise Firon! dit Pierre en se retournant violemment.

— Eh bien! oui, dit le capitaine avec embarras, j'ai dit à l'évêque de prendre le nom de Martial Firon, et à mademoiselle du Premic celui de Louise Firon.

— C'est bien, dit Pierre avec un ton et un regard de mépris; le nom du mari et de la femme. Que Dieu vous protège, mon capitaine, vous qui jouez avec toutes ces choses-là. Mais je pars, je pars... pour qu'il n'en soit plus question.

Le soldat s'éloigna, et le capitaine demeura pendant quelque temps pensif devant la porte de sa chambre, puis il rentra et regarda le marin qui continuait à ronfler le plus paisiblement du monde. Alors il se promena quelque temps avec agitation, discutant en lui-même quelque question d'un grand intérêt sans doute, car il passa près d'une heure dans un état visible d'exaltation. Enfin il sembla avoir pris son parti, car il ouvrit son porte-manteau, le fouilla avec soin, et cacha sous sa chemise quelques papiers soigneusement déposés au fond. Il en tira aussi une grosse bourse de cuir remplie d'or, et le distribua dans ses poches, de manière à ce que le volume, ainsi réparti, ne se montrât nulle part. Il finissait à peine de se munir de plusieurs autres bijoux, que Pierre rentra dans la chambre et le surprit dans cette occupation. Le sergent considéra un moment son capitaine, et lui dit tout à coup, comme s'il avait parfaitement compris son dessein :

— Au fait, monsieur le vicomte, vous ferez bien de vous en aller; vous avez beau faire, vous n'êtes pas de cœur avec nous. Je ne suis pas le seul à m'en apercevoir, il y en a d'autres qui le disent tout bas. Ça finira par se découvrir, et alors gare la Magdelaine (1) !

Le capitaine essaya de rire et répartit :

— Ah ça! quelles idées t'es-tu donc mises en tête aujourd'hui?

— Voyons, capitaine, reprit Varneuil, ne faites pas le fin avec moi. Vous vous êtes engagé pour qu'on ne vous coupât pas le cou; je vous ai fait élire capitaine par les volontaires, en disant qu'en votre qualité de cadet vous étiez enragé pour la révolution; mais le fait est que tout ce qui se passe vous fait mal au cœur. Je suis patriote, moi, c'est tout simple, je suis paysan; mais vous êtes noble, vous, ça ne peut pas être la même chose. Partez, émigrez, ça vaudra mieux; d'ailleurs, vous n'aurez jamais eu une plus belle occasion, car vous pourrez sauver du même coup une pauvre fille qui est bien malheureuse et qui court grand risque d'y passer si elle ne s'en va pas bientôt de Toulon.

— Quoi! mademoiselle du Premic?

— L'autre l'a découverte.

— Qui ça, l'autre?

— Eh bien! l'autre matelot, Gabarrou.

A ce nom de Gabarrou, Jean Mirot se souleva de la table; on eût dit que ce nom exerçait sur lui une puissance particulière, car Pierre l'avait prononcé à voix basse.

— Où est-il, Gabarrou? s'écria le matelot en essayant de se poser sur ses jambes dans l'attitude de combat qu'il avait prise au Champ-des-Batailles.

Après cette exclamation, Jean regarda autour de lui, et, reconnaissant le capitaine et le sergent, il retomba sur sa chaise en disant :

— Qui parle de Gabarrou? qu'a-t-il fait?

— Il a fait, dit le sergent, qu'il s'est vanté qu'il sauverait l'aristocrate.

— Il a dit ça, le scélérat! s'écria Jean Mirot.

— Oui, il a dit ça.

— Il faut que je le trouve et que je l'extermine, reprit Jean en essayant de sortir et en se heurtant aux murs.

— Pardieu, reprit le sergent, il ne sera pas difficile de le trouver; je l'ai laissé, il n'y a qu'un instant, sur le port, au cabaret de la Fédération, où il se vantait de t'avoir battu au Champ-des-Batailles, en ajoutant que, si tu voulais donner un coup de pied à un chien, il t'en empêcherait, rien que pour le plaisir de te vexer.

Ces paroles de Pierre Varneuil excitèrent jusqu'au plus haut point la fureur de Mirot; il s'élança hors de la chambre, et Pierre

(1) Nom populaire de la guillotine.

Varneuil, après avoir fait signe à son capitaine de l'attendre, reconduisit Mirot jusqu'à la porte de la caserne, en ayant grand soin de l'entretenir dans ses dispositions furieuses contre Gabarrou. Un moment après, il rentra, et le capitaine lui dit aussitôt :

— Pourquoi envoyer ce drôle près de Gabarrou ? celui-ci peut se vanter d'avoir rencontré mademoiselle du Premic pour narguer son ennemi et lui apprendre ainsi où elle est cachée, sans pouvoir la sauver ensuite.

— D'abord, dit Jean, si Mirot va où je lui ai dit et qu'il rencontre Gabarrou, qui est sorti de la ville, il aura bien du bonheur ; ensuite, il faut que mademoiselle du Premic ait quitté l'abominable maison où elle se trouve avant une heure : allons chez elle.

— Et pourquoi cela ?

— Pourquoi ! elle me l'a raconté, la malheureuse, et ça m'a fait frémir... Mais nous n'avons pas de temps à perdre, il faut lui trouver un autre logement. Sortons ensemble, je vous expliquerai cela.

Ils sortirent, et Pierre Varneuil dit à son capitaine les raisons qui exigeaient que mademoiselle du Premic changeât de logement ; ce récit parut faire une singulière impression sur M. d'Ambret, car il l'écouta d'abord avec une sorte d'horreur ; puis ensuite, au lieu de répondre aux questions du sergent sur ce qu'il comptait faire, il s'abandonna à une préoccupation sans doute fort agréable, car un sourire moqueur parut plusieurs fois sur ses lèvres, et déjà Varneuil commençait à s'étonner de ce silence, lorsqu'il aperçut un petit écriteau annonçant une maison garnie.

— Voilà notre affaire, dit-il.

— Oui, sans doute, dit le capitaine ; mais il faudra donner là le nom de mademoiselle du Premic.

— Pourquoi pas celui de Louise Firon, puisque vous le lui avez donné ?

— Oui, mais on lui demandera des papiers ; et il vaudrait mieux, ajouta le capitaine après un moment de réflexion, dire que c'est ta sœur ou ta femme.

— Et pourquoi pas la vôtre ? dit Jean.

— On s'étonnerait que la femme d'un officier ne logeât pas à la caserne, au lieu que tu sais bien que celles des sous-officiers n'ont pas droit au logement.

— C'est juste, dit Pierre Varneuil ; va donc pour ma femme. Je vais entrer pendant que vous allez la chercher, je vous attends ici.

— Tiens, voilà de l'argent, dit le capitaine, aie soin de prendre une chambre qui n'ouvre pas sur la rue ; une femme seule toute la journée s'ennuie, la curiosité peut la pousser à se mettre à la croisée, au risque de sa vie, et...

— C'est bon, c'est bon, fit le sergent, tout sera fait comme il est dit.

Le capitaine s'éloigna et revint une demi-heure après, accompagné de mademoiselle du Premic, qu'il installa dans la chambre ; puis il ressortit avec le sergent et lui dit :

— Rentre à la caserne et dis que je ne rentrerai peut-être pas.

Varneuil regarda le capitaine en face ; celui-ci baissa les yeux.

— C'est que vous espérez, lui dit-il à voix basse et en faisant un geste significatif, c'est que vous espérez pouvoir cette nuit même...

— Oui, oui, fit le capitaine avec empressement ; le plus tôt sera le mieux : un bateau et trois hommes, et dans trois jours je peux être en Italie.

— J'aimerais autant ça pour vous deux : car elle aussi m'intéresse ; elle est si belle, si bonne, si douce, si malheureuse !

— Tu trouves ?... dit le capitaine en souriant. Tu vois que Gabarrou n'a pas si mauvais goût.

— Quelle horreur ! dit le sergent, un misérable qui a voulu abuser !...

— C'est bon, fit le capitaine, ne t'inquiète pas de moi, et ne viens pas rôder par ici demain : il y a deux gaillards intéressés à découvrir mademoiselle du Premic, et qui pourraient te suivre.

— C'est entendu, fit le sergent, et il s'éloigna.

Le lendemain, à dix heures, le capitaine n'avait pas reparu, et le sergent supposait qu'il avait trouvé le moyen de quitter Toulon sûrement, et de gagner la frontière ou de s'embarquer, lorsqu'il le vit traverser la cour d'un air très préoccupé. M. d'Ambret fit signe à Varneuil de le suivre, ils montèrent dans la chambre du capitaine, et celui-ci, en ayant fermé la porte avec soin, dit aussitôt à Pierre :

— Eh bien ! tu vois ce qui est arrivé.

— Quoi donc ?

— Une défense expresse à tout bateau de sortir du port.

— Bon, fit le sergent, il me semble que c'est comme cela depuis notre arrivée.

— Oui, sans doute, fit le capitaine avec embarras : mais on ne tenait pas d'abord la main à l'exécution de la mesure, tandis qu'à présent il paraît que la surveillance est devenue très rigoureuse. Toujours est-il que j'ai erré sur le port toute la nuit, espérant trouver quelque pêcheur qui voulût m'emmener, mais rien ; et, pour comble de malheur, j'ai rencontré Gabarrou et Mirot ce matin ensemble.

— Ensemble, vous voulez dire s'assommant ?

— Non, bras dessus, bras dessous. Ils ont eu la maladresse de s'expliquer avant de se battre. Comme Gabarrou n'avait pas pu sortir de la ville, il est retourné chez mademoiselle du Premic, et ne l'ai pas retrouvée ; et comme, d'un autre côté, Jean Mirot n'a pas rencontré Gabarrou au cabaret de la Fédération, ils ont compris que tu les avais joués, et ils sont furieux contre toi.

— Ils sont allés me dénoncer ! s'écria Pierre qui devint tout pâle.

— C'est bien autre chose, reprit le capitaine, ils ne parlent pas moins que de t'assommer s'ils te rencontrent.

Le sergent fit un geste particulier en montrant son briquet, et répartit avec un air de dédain :

— Si ce n'est que ça, passons ; pourvu que la guillotine n'en soit pas, je suis leur homme.

— Tu as raison, fit le capitaine, qui, tout en parlant, avait l'air fort inquiet de l'effet que ses paroles produisaient sur le sergent, tu as raison, et cependant j'ai pensé qu'ils pourraient bien en venir à leurs fins, surtout Gabarrou, à qui l'on a accordé la grâce : c'est un Marseillais, c'est-à-dire un féroce gredin. Alors j'ai voulu prévenir le danger.

— Et comment ? fit le sergent, à qui la peur commença à reprendre.

— Je suis allé chez Barras.

— Hein ! fit Varneuil tout alarmé.

— Je lui ai tout dit.

— Vous ! s'écria Pierre en pâlissant.

— Il s'est très bien souvenu de ton affaire, et il m'a dit alors : Je suis de votre avis, la vengeance de ce matelot est odieuse ; mais qu'y faire, j'ai promis. Puis il a ajouté : quel diable d'intérêt ce soldat avait-il à sauver cette fille ?

— Je ne savais trop que dire, mais ma foi une idée m'est venue, et j'ai répondu aussitôt :

— C'est que je crois qu'il en est amoureux.

— Tiens ! s'écria Pierre avec un gros sourire niais, vous avez dit ça.

— Ma foi oui, reprit le capitaine ; Barras a fait comme toi, il a souri, et m'a demandé d'un air tout singulier :

— Est-ce qu'elle est jolie ?

— Charmante, à ce qu'il dit. Tu vois, j'ai fait semblant de ne pas la connaître et j'ai ajouté : Voyons, n'y a-t-il pas moyen de sauver cette fille ? — Que le sergent la cache bien, m'a-t-il répondu : une aristocrate, c'est un crime impardonnable. À ce moment une nouvelle idée m'a frappé. — Mais si ce n'était plus une aristocrate ?

— Comment ça ?

— Si elle épousait Pierre Varneuil.

— M'épouser, moi, mademoiselle du Prenic ! dit le sergent d'un air ébahi ! est-ce qu'elle voudrait ? Puis il ajouta en balançant la tête : D'ailleurs, moi, je ne suis pas d'âge, j'ai vingt-un ans à peine... et puis... je veux faire mon temps de garçon.

— Eh ! mon Dieu, fit le capitaine, qui te parle de l'épouser sérieusement ; tu sais bien que par le temps où nous sommes, on se marie en vingt-quatre heures et on divorce au bout de six mois. Barras a très bien compris, quoi qu'il n'en ai rien dit. Tu épouserais mademoiselle du Premic qui court grand risque d'être guillotinée ; mais personne n'oserait plus demander la tête de la citoyenne Varneuil, de la femme du brave républicain Pierre Varneuil ; ça durerait quinze jours, un mois, deux mois, et au bout de ce temps-là, quand je pourrais m'enfuir avec elle, tu demanderais le divorce.

— Oui dà, fit le sergent, et je passerai pour...

— Pour quoi ?

— Tiens, pour un mari dont la femme s'est en allée avec un autre, merci !

— Voilà un drôle de scrupule, puisque ce ne sera pas ta femme.

— C'est égal, la réputation vous en reste ; je ne pourrais pas dire à tout le monde le dessous des cartes... et puis, plus tard, si je me mariais véritablement, ma femme pourrait se dire : Il l'a été une fois... il en a l'habitude... je puis bien... Non, merci, je ne veux pas de ce moyen-là.

Le capitaine se mordit les lèvres, il semblait embarrassé. Enfin il reprit :

— Mais si je la laissais partir seule comme quelqu'un qui émigre.

— Oh ! alors, c'est différent. Cependant, c'est ennuyeux de prendre une femme comme ça.

— Tu veux donc la laisser guillotiner ?

— Mais, après tout, il faut une permission à un militaire pour se marier.

— La voilà, dit le capitaine, Barras me l'a donnée.

Le sergent regarda son capitaine en face ; mais celui-ci continua :

— Tu sais bien que les représentans du peuple ont tout pouvoir.

— Ç'a été vite, dit Varneuil d'un ton soupçonneux ; et même, ajouta-t-il en lisant le papier, on nous dispense des formalités.

— C'est que Barras a compris que ce n'était qu'un mariage postiche pour sauver une malheureuse.

— C'est drôle, fit le sergent.

— Crois-tu qu'on puisse perdre du temps pour sauver mademoiselle du Premic. Maintenant c'est de toi que cela dépend ; c'est à toi à finir ce que tu as commencé.

— J'ai commencé, c'est-à-dire c'est vous... et c'est moi...

— Voyons, il faut te décider, veux-tu abandonner cette fille malheureuse à la vengeance de Mirot et aux infâmes projets de Gabarrou ?

Le sergent réfléchit et répondit bientôt d'un air résolu :

— Non, je la sauverai, c'est dit, c'est une bonne action ; ça m'a porté bonheur la première fois, ça me portera bonheur la seconde.

— Viens donc, dit le capitaine, je vais te conduire près d'elle.

En 1793, dans une ville comme Toulon, qui venait d'être reprise par l'armée révolutionnaire, les actes de l'état civil ne se faisaient pas avec toute la régularité possible. D'un autre côté, une permission donnée d'une façon si extraordinaire, par les pro consuls de la Convention, et accordée à un soldat pour épouser une fille noble dont le père avait émigré, était ou un châtiment infligé à cette fille ou une conquête de l'esprit d'égalité : on supposa donc ne pouvoir célébrer trop vite une pareille union. En conséquence, dans la journée, le mariage fut municipalement enregistré, et mademoiselle du Premic de Kerolan, devint légalement la citoyenne Varneuil.

Avant la cérémonie, les deux futurs ne s'étaient pas adressé la parole ; seulement Pierre avait remarqué qu'Angélique était la plus jolie femme du monde, et qu'elle portait en elle un air de charmante naïveté. Puis, pendant que l'officier municipal leur faisait un sermon civil et patriotique, la pensée lui vint plus d'une fois qu'il serait ravi si le mariage qu'il contractait avec l'intention de le rompre, eût pu être sérieux. Mais l'air d'affliction d'Angélique, les larmes qui roulaient dans ses yeux, et qu'elle ne retenait qu'à grand'peine, prouvaient à Pierre que le sacrifice qu'elle faisait à sa sûreté lui coûtait beaucoup. Il remarqua même que les regards qu'il jetait sur elle l'embarrassaient étrangement, et il s'interdit de l'admirer plus long-temps, malgré le plaisir qu'il y prenait. Ce fut alors qu'en portant ses yeux au hasard autour de lui, il aperçut un homme d'assez mauvaise mine qui faisait un signe au capitaine, qui répondit en mettant son doigt sur sa bouche.

Pierre, qui cherchait à se distraire le plus qu'il pouvait de l'acte important qu'il faisait, se promit d'observer ce que deviendrait cette muette intelligence, et lorsqu'il quitta la salle du mariage, il vit cet homme aborder le capitaine. M. d'Ambret sembla se refuser d'abord à écouter l'inconnu, mais celui-ci lui ayant répondu assez haut pour que le sergent pût l'entendre :

— Aujourd'hui ou jamais,

Pierre vit le capitaine se rapprocher de cet homme, et après un moment de conversation animée, ils se séparèrent, et il entendit qu'ils se disaient pour adieu :

— Ce soir donc, à six heures.

Le sergent crut deviner qu'il s'agissait de la fuite du capitaine, et il lui dit en sortant de la municipalité :

— Si c'était pour ce soir six heures, ce n'était pas la peine de...

DEUXIÈME LIVRAISON.

— Conduis ta femme chez elle, et rentre à la caserne, je te dirai ce dont il s'agit.

Le sergent obéit ; il offrit respectueusement le bras à sa femme, et celle-ci, le visage caché dans son mouchoir et la tête basse, marcha à côté de son mari, qui lui dit pour toute consolation :

— N'ayez pas peur, ça ne durera pas long-temps, nous trouverons bien moyen de vous faire partir, le capitaine et moi, et alors vous ne serez plus la citoyenne Varneuil.

Il était quatre heures à peu près quand Pierre quitta sa femme sur la porte de la maison qu'elle habitait ; il rentra à la caserne, mais le capitaine n'était pas chez lui ; une heure, deux heures se passèrent, le capitaine ne revint pas. A six heures, Pierre commença à s'alarmer. Est-ce qu'il s'est défié de moi ? se disait-il, il me fait rentrer à la caserne ; où est-il allé ? est-il parti, quel diable de rôle m'a-t-il fait jouer dans tout ça ?...

Une heure se passa dans cette attente, et M. d'Ambret ne parut pas. Il était sept heures, Varneuil ne put résister à son impatience, et voulut voir jour dans une affaire qui lui semblait fort louche ; il quitta la caserne et se dirigea vers la demeure de mademoiselle du Premic ; il en approchait lorsqu'il vit la porte s'ouvrir, et une femme en sortir précipitamment ; il crut la reconnaître et courut à elle, c'était Angélique.

— Où allez-vous donc comme ça ? lui dit-il avec un peu d'humeur.

— Laissez-moi, s'écria-t-elle, je veux mourir.

— Mourir, dit Pierre en l'arrêtant avec force, et pourquoi ça ?

— Il m'abandonne, il s'est enfui.

— Qui, le capitaine ? s'écria Pierre.

— Oui, il est parti seul.

Pierre lâcha un jurement confortable en ajoutant :

— C'est bien digne de lui.

— Je suis perdue, dit Angélique.

— Non, s'écria Jean, vous ne l'êtes pas... je vous ai déjà sauvée, e vous sauverai encore ; je suis votre mari, après tout, devant tout le monde, et je vous jure sur mon nom de Pierre Varneuil qu'on ne vous touchera pas, ou j'y passerai le premier.

— Non, non, laissez-moi mourir... dit Angélique.

— Mais soyez donc raisonnable, un brave garçon comme moi qui ira de tout cœur pour vous sauver vaut mieux qu'un mauvais gueux sans âme ni honneur qui n'a pensé qu'à lui.

— Oh ! non, vous ne me sauverez pas, vous non plus ; non, c'est encore une trahison.

— Voyons, est-ce que vous croyez que j'ai fait semblant de vous épouser pour vous laisser guillotiner ; non, pas de ça. Soyez ranquille, car maintenant vous pouvez attendre une occasion favorable ; jusque-là vous passerez pour ma femme, et au fait vous l'êtes, sur les registres du moins, et nous n'avons pas besoin de nous alarmer comme ça.

Angélique se mit à pleurer, et sa résolution sembla s'en aller avec ses larmes, car elle répondit en éclatant en sanglots :

— Ah! ne me trompez pas, vous... ne me trompez pas.

— Jamais, dit le sergent, jamais, sur ma vie, voyez-vous; mais rentrons, nous nous expliquerons mieux là-haut, et nous pourrons aviser plus tranquillement à ce qu'il faut faire pour vous sauver.

Angélique baissa la tête, Pierre la prit doucement sous le bras et la fit rentrer dans la maison, où il la suivit.

IV

Une Mère.

Plus de vingt-deux ans s'étaient écoulés depuis les événemens que nous avons racontés dans les chapitres précédens; on était au mois de septembre 1816, dans un appartement assez modeste de la rue Chantereine; une femme, qui pouvait avoir de trente-huit à quarante ans, était assise à côté d'une cheminée où brûlait un feu assez vif, quoique le froid ne se fît pas encore sentir. Cependant la pâleur qui régnait sur le visage de cette femme expliquait pourquoi ce foyer avait été allumé. Affaissée dans une large bergère, enveloppée de fourrures, elle tendait encore vers le feu ses mains tremblantes et glacées. Ses tempes creusées, son nez aminci, ses lèvres blanches, disaient que la mort occupait déjà par une extrémité ce corps délabré, et qu'elle le gagnerait incessamment tout entier. A ses pieds était assis un beau jeune homme qui, les yeux fixés sur elle, la contemplait avec anxiété, et semblait vouloir deviner le sujet de la préoccupation profonde où elle était plongée. Cette préoccupation semblait triste, car une larme venait de temps en temps mouiller les yeux caves et la paupière brûlante de la malade. Le jeune homme, craignant que la pensée de l'infortunée ne s'arrêtât sur la gravité de son mal et n'en augmentât ainsi le danger, lui prit doucement les mains, et lui dit en les baisant et en les gardant dans les siennes :

— A quoi pensez-vous, ma mère?

La mère tourna alors ses yeux mourans sur son fils, et contempla long-temps son visage. Ce regard d'une mère arrêté sur son enfant avait une expression qui n'était pas ordinaire. Il n'avait pas cette adoration protectrice qui fait du regard d'une mère quelque chose de si doux à l'âme; ce n'était pas l'intime révélation de la plus puissante et de la plus soumise des affections; car l'amour d'une mère pour son enfant, c'est un culte, mais un culte qui vient d'en haut; qui tend les mains à son idole pour la soutenir, et non pour l'implorer; c'est quelque chose qui doit ressembler à la sollicitude de Dieu pour l'humanité. Il y avait cependant un amour passionné et profond dans le regard de cette femme; mais il y avait en même temps quelque chose d'agité et d'inquiet. Ce n'était pas seulement à la contemplation de ce beau visage de jeune homme qu'elle s'abandonnait : c'était à l'examen de ses traits, et cet examen ne lui donnait pas la joie que l'âme maternelle puise si facilement dans la confiance qu'elle a en son enfant, car des larmes plus abondantes vinrent mouiller ses yeux.

— Ma mère, reprit le jeune homme avec plus de douceur encore, à quoi donc pensez-vous qui vous attriste à ce point?

— A toi, Noël! à toi, mon fils, qui vas rester seul en ce monde, sans guide, sans appui, sans conseils.

— Oh! vous me resterez, ma mère, reprit le jeune homme; j'en ai en mon cœur l'heureux pressentiment, la sainte conviction.

— Ne me dis pas cela, mon fils, répartit la malade, ne t'habitue pas à cette fausse pitié qu'on appelle dans ce monde des ménagemens. Il arrive un jour où ce langage devient familier à l'âme comme aux lèvres; on donne par faiblesse des espérances qu'on sait impossibles, et l'on se croit quitte envers la douleur, parce qu'on l'a trompée. Ce n'est pas là ce qu'il faut que tu sois jamais, ne le sois pas pour moi. Je dois mourir bientôt, je le sais et tu le sais aussi. Le médecin ne t'a pas laissé d'illusions, et je ne m'en fais aucune. Maintenant donc, Noël, si tu veux me prouver que tu me plains, si tu veux me consoler de mourir, promets-moi de vivre en honnête homme. Tu en as besoin plus qu'un autre, car tu es pauvre, et tu n'as pas de famille.

A ce mot, le jeune homme regarda sa mère avec stupéfaction.

Mais elle continua :

— Je te comprends; je sais que tu portes un nom honorable : le fils du comte Pierre de Varneuil, général de division, sera sans doute bien accueilli partout où son père voudrait le présenter. Mais tu ne connais pas le général; tu sais, car tu m'en as souvent demandé la cause, que, dès le lendemain de notre mariage, son devoir de soldat l'emmena loin de moi. Il y a de cela vingt-trois ans bientôt. Depuis, je ne l'ai jamais revu. Je lui ai souvent écrit; il m'a toujours renvoyé mes lettres cachetées avec l'argent nécessaire à mon existence. Cet argent, je n'y ai pas touché; il est toute ta fortune; car la pension viagère que je tiens de mon père finira avec moi, et c'est sur lui moins que sur tout autre que tu dois compter. Tu baisses les yeux, Noël, et tu te demandes sans doute quel crime si odieux a commis ta mère pour que son mari et son père l'aient si rigoureusement traitée. Ce crime a été d'avoir peur de mourir quand je n'avais que la vie à regretter ; ce crime, tu le sauras peut-être. Ecoute-moi bien maintenant, car ce que je vais te dire est ma dernière volonté, et je te demande, au nom de vingt ans de soins passés à faire de toi un honnête homme, je te demande de l'exécuter fidèlement.

Noël ne répondit pas à sa mère, car ses larmes le suffoquaient ; il pencha sa tête sur les mains de la mourante, et pleura longtemps en silence. Cette émotion gagna assez madame de Varneuil pour qu'elle fût sur le point de perdre connaissance ; mais la pensée d'un devoir impérieux à accomplir lui fit commander à cette faiblesse ; elle se redressa sur sa bergère, et, ramenant, pour ainsi dire, à son cœur les restes épars d'une vie qui la quittait, elle y concentra assez de force pour achever ce qu'elle avait commencé.

— Ecoute-moi bien, reprit-elle d'une voix plus faible et plus ferme à la fois ; car si la force physique s'en allait, un dernier effort de courage la soutenait encore : écoute-moi bien, mon Noël, reprit-elle, tu trouveras dans mon secrétaire quatre lettres et un paquet assez volumineux et cacheté avec soin. Ce paquet, tu le garderas jusqu'à ce que tu aies fait ce que je vais te dire : tu iras porter chacune de ces lettres à son adresse ; tu iras toi-même, et tu ne les remettras qu'aux mains des personnes à qui elles sont adressées, puis tu leur demanderas quelle réponse ils ont à te faire.

Ici, la voix de la malade s'affaiblit sensiblement ; elle s'appuya au fond de sa bergère, comme pour prendre un peu de repos et rappeler ses forces ; mais, lorsqu'elle voulut se pencher vers son fils pour continuer, elle ne put plus se tenir sur son séant. Il voulut appeler pour lui donner des secours, un mouvement de tête et un faible signe de la main de la mourante l'arrêtèrent.

— Ecoute-moi bien, reprit-elle encore, en parlant cette fois par saccades et avec effort, écoute-moi bien : si l'un des quatre hommes auxquels tu remettras une lettre, si un seul t'accueille avec empressement et affection, je t'ordonne de brûler ce paquet dont je t'ai parlé. Et cet homme, mon fils, tu l'honoreras, tu lui obéiras comme à un père, jure-le-moi.

— Oui, ma mère, répondit Noël, je vous le jure.

— Mais, reprit la malade avec un accent plus prononcé et qui avait plus d'exaltation qu'elle n'en avait montré jusque-là, si ceux à qui tu remettras ces lettres restent froids devant toi, s'ils te repoussent avec indifférence, écoute-moi bien, voici ce que tu feras.

Encore une fois le souffle faillit manquer à la malade, mais encore une fois la volonté qui l'animait surmonta cette faiblesse, et elle continua plus rapidement :

— Ecoute-moi bien, tu les feras venir tous les quatre chez toi le même jour, à la même heure, mais sans qu'aucun d'eux se doute de la présence des autres. Puis, quand tu les tiendras ainsi réunis, tu prendras ce paquet, tu l'ouvriras, c'est mon testament, et tu le leur liras à tous quatre.

Et comme Noël ne répondait pas, sa mère lui dit :

— Le feras-tu ?

— Je le ferai, ma mère, répondit-il, et alors ?...

— Alors, dit-elle, tu sauras tout.

— Tout ? reprit-il en regardant sa mère avec anxiété.

— Tout, répéta-t-elle.

Et, comme si ce mot eût emporté avec lui son âme et sa vie, sa tête tomba sur sa poitrine, ses bras levés pour embrasser son fils tombèrent en dehors de la bergère, pendans et glacés ; elle s'affaissa tout entière sur son siége : elle était morte.

Le lendemain, Noël seul conduisit, d'abord à l'église, ensuite au cimetière, les restes d'Angélique du Premic de Kerolan, comtesse de Varneuil.

Maintenant, imaginez-vous un jeune homme de vingt-deux ans, et par conséquent maître de ses actions ; supposons-le en 1838, élevé à Paris dès sa plus tendre enfance, ayant, bien jeune encore, entamé des relations avec ces beaux fils de famille qui ne se servent du nom de leur père que pour l'exploiter à la petite semaine, en empruntant sur sa bonne réputation ; dont l'importance sociale se réfugie tout entière dans le glacé de leurs gants beurre frais et le lustre de leurs bottes vernies ; supposons qu'à vingt-deux ans il se fasse honneur de savoir boire quatre bouteilles de vin sans se griser et fumer autant de cigares qu'il en faudrait pour payer le dîner d'une honnête famille ; faites que la virginité de ses mœurs soit restée depuis assez long-temps dans une orgie de mauvais lieu pour que ce passage d'une existence qui dort à une existence qui veille ait été pour lui comme si elle n'avait pas été ; figurez-vous, je vous prie, qu'il a payé à quelques figurantes de l'Opéra, avec de l'argent qu'il doit à des juifs, le droit qu'il prend de parler de ses bonnes fortunes ; mettez-vous enfin devant les yeux un de ces postulans fashionables qui se donnent plus de peine pour arracher quelques centaines de francs à des prêteurs qu'il ne leur en faudrait pour gagner le double de cette somme, et le surlendemain de la mort d'une mère, voici quelles seront leurs occupations : appeler le tailleur pour commander un deuil de meilleur goût, en promettant au fournisseur de solder le mémoire passé dès que la succession considérable qui vient de s'ouvrir sera liquidée ; car, dans les premiers jours, tant que les formes judiciaires peuvent expliquer la non perception de capitaux retenus jusqu'à inventaire, la succession est énorme, on la grossit indifféremment en vertu de qualités ou de vices qu'on prête à sa mère, selon les circonstances.

— Ma mère était immensément riche, dit-on, elle était si avare ou si économe!

Le mot n'a guère d'importance.

Plus tard, quand les délais sont passés, et que les demandes arrivent, on répond :

— Ma mère n'avait rien, elle avait tant de désordre!

Toutefois, en attendant ce revirement inévitable, on se dit riche, et après le tailleur on fait venir le chapelier. Quoiqu'il ne tienne que peu de place dans la supériorité du beau fils, le chapelier est important, surtout en cette circonstance, car il décide de toute l'élégance du deuil : il sait la manière dont on porte le crêpe.

— M. A....., dit-il, qui a une loge à l'Opéra, mit, à la mort de son père, un crêpe qui montait aux deux tiers de la forme du chapeau, avec une bande du côté gauche.

— Ce n'est pas sur M. A.... que je prendrais modèle, je n'aime pas sa manière de s'habiller.

— Nous avons M. B.... qui, lorsqu'il perdit sa mère...

— C'est mon affaire.

— Mit un crêpe qui enveloppait toute la forme du chapeau, et sans bande.

— Sans bande, n'est-ce pas? j'en étais sûr. C'est ce qu'il a le mieux porté. Faites-moi un chapeau sans bande.

Puis, quand il a été décidé qu'on pleurera sa mère sans bande, et que sa mémoire doit être satisfaite, on compte avec chagrin, — car la mort d'une mère cause quelque chagrin, même à ces messieurs, — on compte avec chagrin les jours de solitude et de retenue que vous impose la bienséance la plus commode. Et comme une telle douleur serait insupportable, on s'en distrait en rêvant à tous les plaisirs qu'on pourra se procurer quand on aura le bonheur d'être consolé. Voilà l'emploi des deux premiers jours de deuil d'un beau-fils de 1838; mais heureusement Noël n'en était pas là. On était en 1816, à une époque où la fashion n'existait pas encore, où les malheurs de la France avaient empreint les esprits d'une certaine gravité. D'ailleurs, Varneuil avait été élevé dans une ville de province où rien n'avait pu lui apprendre cet esprit de licence qui a toujours été celui de la jeunesse de Paris à toutes les époques. Noël n'avait jamais quitté sa mère; ses études d'enfant et ses études de jeune homme s'étaient faites sous ses yeux et sous sa surveillance de toutes les heures, et ce n'était que le jour où il les avait closes, en se faisant recevoir avocat, que sa mère avait quitté la ville de Poitiers pour venir habiter Paris.

Ce fut vers le commencement du mois d'août que cette immense révolution se fit dans l'existence de Noël Varneuil.

Madame Varneuil, après avoir fait de son fils un homme avait-elle pensé enfin à elle-même, et était-elle venue à Paris pour y trouver des soins qui pussent rétablir sa santé délabrée? ou bien, certaine de ne pouvoir échapper au mal qui la rongeait, avait-elle voulu conduire les premiers pas de son fils dans cette dangereuse ville? c'est ce que nous ne saurions dire; mais ce qu'il y a de certain, c'est que la fatigue du voyage n'ayant fait qu'aggraver sa position, elle tomba malade en arrivant dans le petit appartement que son homme d'affaires lui avait fait préparer, et qu'elle ne le quitta point jusqu'au jour de sa mort.

Noël demeura constamment auprès de sa mère, ignorant dans quelle nouvelle existence il se trouvait jeté, mais sentant tressaillir autour de lui cette vie bruyante, active, dévorante de la capitale, qui lui arrivait par le bruit, par le mouvement, par l'aspect de tout ce qui l'entourait. Au fracas et à l'animation de la rue, il sentait que la vie marchait vite et devait s'user rapidement sur ces pavés usés, dans cette atmosphère étroite pour tant d'aspirations, et il lui prit quelquefois des désirs ardens de s'y mêler, ne fût-ce qu'au dehors. Mais il refoulait avec indignation ces vagues besoins de sentir et de connaître, et se résignait à veiller au pied du lit où sa mère se mourait.

Son malheur même ne lui servit point à savoir la moindre partie des obligations de cette vie. L'homme d'affaires de madame Varneuil arriva chez elle le matin du jour qui suivit sa mort, et, par pitié pour le désespoir du fils, il s'occupa du soin de l'inhumation de la mère. Un conducteur des pompes funèbres traça le lendemain l'ordre et la marche de la cérémonie à Noël. Celui-ci, en rentrant chez lui, y trouva l'homme d'affaires qui venait lui rendre compte de sa fortune. Ce n'était pas difficile. La fortune consistait en une inscription au grand livre de six mille francs de rente, dont un semestre devait échoir le lendemain; et à cela il fallait joindre le mobilier du petit appartement de la rue Chantereine, qu'il était même inutile de faire inventorier, car, par une singulière prévoyance, madame Varneuil avait fait inscrire le bail de son appartement au nom de son fils, de façon que tout passait dans les mains de Noël, sans aucunes mesures à prendre pour faire constater ses droits. Il résulta que, le 24 septembre 1816, Noël Varneuil se trouva à Paris, absolument seul au monde, avec un revenu de six mille francs et un joli appartement, sans obligations envers personne, sans devoirs à remplir, si ce n'est ceux que sa mère lui avait légués.

On ne peut dire qu'il espéra trouver une distraction à sa douleur dans l'accomplissement de ces devoirs; ce serait calomnier ce cœur qui avait encore toute la virginité de son désespoir, et qui pleurait sa mère parce qu'il aimait sa mère, et non parce que sa mort le laissait dans l'isolement. Mais on ne peut nier qu'il éprouvât quelque soulagement à l'idée que les dernières volontés de celle qui avait fait tout pour lui l'aideraient encore à sortir de l'effrayante solitude où il passa trois jours; et que peut-être il trouverait, grâce à sa sage prévoyance, un nouveau guide à suivre dans l'une des quatre personnes à qui elle l'avait recommandé. Donc, le quatrième jour qui suivit la mort de sa mère, il ouvrit son secrétaire et y trouva le paquet qui lui avait été annoncé. Il portait une singulière inscription:

A TOI ET A EUX,

OU

A PERSONNE.

Les quatre lettres étaient enveloppées d'un papier qui indiquait dans quel ordre elles devaient être remises. La première était adressée:

A monseigneur d'Arvilliers, évêque de (ici le nom d'une ville d'Afrique), rue Saint-Dominique.

La seconde, à M. le baron de Gabarrou, rue des Mathurins.

La troisième, à M. le vicomte d'Ambret, rue de Chartres, en face du Vaudeville.

Et la quatrième et dernière enfin, à M. le comte de Varneuil, à Passy.

Sans doute Noël s'étonna que, de ces quatre lettres, la dernière qu'il dût remettre fût celle qui était à l'adresse de son père. Noël n'était pas arrivé à l'âge de vingt-deux ans sans redemander souvent à sa mère pourquoi il ne voyait jamais son père. Tant qu'il fut assez enfant pour qu'une excuse illusoire pût le satisfaire, sa mère lui répondit que le comte de Varneuil était à l'armée, et le bruit incessant des guerres de la république et de l'empire ne permettait pas à l'enfant de douter de la vérité de ce qu'on lui disait. Mais lorsque la jeunesse succéda à l'enfance, et que Noël put se rendre compte de la réalité des faits, sa mère ne put l'empêcher de savoir par les journaux que son père n'était pas toujours hors de France. Alors il demanda pourquoi il ne venait pas voir sa femme et son fils, ou pourquoi ils ne se rendaient pas près de lui. Alors il fallut imposer silence à ces questions auxquelles on ne pouvait répondre, et madame Varneuil lui dit enfin:

— Un jour viendra, mon enfant, où tu sauras tout.

Ce jour était venu, sans doute; mais, avant qu'il arrivât, Noël avait cherché toutes les raisons qui pouvaient expliquer cette séparation de son père et de sa mère. Il était difficile de les supposer honorables pour tous deux. D'ailleurs, quelle que fût la solitude dans laquelle Noël vivait avec sa mère, il avait assez appris la vie de ce monde pour savoir que de telles séparations sont toujours le résultat des désordres de la femme ou de ceux du mari.

Accuser sa mère ne pouvait entrer ni dans le cœur ni dans l'esprit de Noël. Sa tendresse eût refusé d'admettre un soupçon injurieux pour elle, si la raison en eût pu élever. En examinant sur quels fondemens se basait l'estime qu'on accordait aux femmes, il voyait bien que sa mère méritait cette estime plus qu'aucune autre au monde. Une vie régulière, pieuse, retirée, la mettait à l'abri de toute calomnie. Les souvenirs d'enfance de Noël ne lui rappelaient aucune de ces circonstances équivoques qu'il voyait interpréter souvent contre la vertu des femmes. C'était donc son père dont les torts avaient sans doute amené cette séparation. Tout devait le lui faire croire. Mais à ce compte, la famille de sa mère eût dû prendre son parti, et madame de Varneuil en était également abandonnée. D'un autre côté, ne pouvait-on pas croire que la tristesse qui ne la quittait jamais était un remords, et la pureté de sa conduite une expiation ?

Tous ces doutes, toutes ces incertitudes avaient longuement et cruellement torturé le cœur de Noël au milieu de ses études et jusque sous le regard de sa mère. Le jour était venu où ils allaient cesser, mais cette noble mère n'était plus là pour qu'il la respectât davantage, si elle n'avait été que malheureuse; pour qu'il l'aimât plus qu'il n'avait fait, si elle avait été coupable. Cette pensée fit couler ses larmes avec plus de désespoir ; car il craignait de n'avoir pas été pour elle ce qu'il eût dû être.

Puis, enfin, il considéra long-temps ces lettres, comprenant qu'elles renfermaient à la fois l'explication de son passé et la direction probable de son avenir, et un vague effroi s'empara de lui. Il eût préféré rester dans son ignorance ; il comprit qu'un pareil mystère ne pouvait avoir qu'une explication funeste, et il hésita. Cependant la dernière volonté de sa mère parla plus haut que la crainte, et il sortit pour l'accomplir.

V

Visites.

Il était neuf heures du matin, et Noël pensa qu'avec de l'activité il lui serait facile de faire en un jour les quatre visites qui lui avaient été imposées. Il prit donc les quatre lettres et se dirigea de la rue Chantereine vers la rue Saint-Dominique. Nous n'avons pas à dire ici quelles furent les sensations de Noël, à l'aspect de cette ville si animée, si populeuse.

De telles sensations sont, en général, assez confuses pour que celui qui les éprouve ne puisse même s'en rendre compte. Presque toujours il y a moins d'étonnement qu'on ne pense dans la contemplation d'une si grande nouveauté. Soit que l'imagination, en vertu des récits qu'elle a entendus, ait supposé plus qu'elle ne voit ; soit que les sens, sollicités tous ensemble par ce rapide et grand spectacle, n'en puissent pas voir nettement la grandeur et la diversité, toujours est-il que l'on trouve peu de provinciaux frappés soudainement de l'aspect de la ville de Paris. Leur premier mot est presque toujours de dire :

— Quoi ! ce n'est que cela ?

Ce n'est que la réflexion qui les amène peu à peu à la juste comparaison de ce qu'ils voient avec ce qu'ils ont vu, ce qui leur fait enfin sentir l'énormité de la différence qui existe entre la vie qu'ils ont quittée et celle à laquelle ils se trouvent mêlés. Nous ne pouvons affirmer que ceci soit vrai pour tout le monde, mais cela fut vrai du moins pour Noël. Il passa au travers de cette ville, souvent avec dédain, quelquefois avec dégoût, et arriva rue Saint-Dominique, avec un pressentiment de désillusion qui devait ajouter à la timidité naturelle d'un jeune homme qui portait, pour la première fois et si complétement, la responsabilité de sa vie.

Noël, élevé par une femme, avait une élégance personnelle trop remarquable pour qu'il risquât d'être considéré par un laquais comme un de ces solliciteurs qu'on peut renvoyer dix fois avant de les annoncer. Dès qu'il parut, et sans lui demander son nom, un vieux domestique passa chez M. d'Arvilliers, pour lui annoncer qu'un jeune homme en grand deuil désirait lui remettre une lettre. L'évêque donna l'ordre de l'introduire, et Noël fut admis en présence de monseigneur.

M. d'Arvilliers était un beau vieillard ; il avait ce visage arqué qui, par un singulier contraste, a tout ensemble un grand air de noblesse et un grand caractère de sottise. M. d'Arvilliers portait la poudre, il était vêtu d'une redingote noire, d'une élégance mixte entre le prêtre et l'homme du monde ; il avait une culotte courte et des bas de laine noire d'une finesse remarquable, dessinant une jambe admirable, aussi bien qu'eût pu faire la soie la plus éclatante. Ses mains étaient blanches et d'une délicatesse plus que sacerdotale, et il caressait un horrible petit carlin qui faillit dévorer les jambes de Noël. L'évêque finit par rappeler Finette, et l'animal ayant sauté sur ses genoux, M. d'Arvilliers lui donna un petit coup sur la croupe, en lui disant :

— Eh bien ! Finette, voulez-vous vous taire ! qu'est-ce que c'est que cette conduite, mademoiselle, est-ce qu'on aboie comme ça ? vous êtes bien mal élevée. Je serai forcé de vous corriger... Allons... eh bien ! encore ? Dominique, ajouta l'évêque en s'adressant au domestique, portez ce chien à sa maîtresse.

Dominique prit le chien, et, traversant le salon, entra dans une partie encore plus intérieure de l'appartement.

Noël n'observa rien de ces petites circonstances, qui lui disaient qu'il y avait une femme dans la maison ; que cette femme était la maîtresse d'un petit chien que l'évêque prenait sur ses genoux, et que cette femme logeait sans doute dans le fond de l'appartement après l'antichambre et le salon, c'est-à-dire dans les environs de la chambre à coucher. Mais Noël n'observait pas, il restait debout, embarrassé de sa personne, sa lettre à la main, et suivant de l'œil le carlin qui lui montrait encore les dents en cherchant à échapper à Dominique.

Pendant ce temps, M. d'Arvilliers le considérait avec attention et se demandait quel pouvait être ce jeune homme. La grande prétention de l'évêque était de deviner au premier aspect d'un individu ce qu'il était et ce qu'il faisait. Noël lui parut un jeune néophyte qui se destinait à l'état ecclésiastique, et qu'on lui recommandait. En conséquence, il prit un air de mansuétude protectrice, et lui dit, avec un sourire paternel, en tendant vers lui ses belles mains blanches :

— Vous avez une lettre à me remettre, monsieur?

— La voilà, monsieur, répondit Noël rapidement, en présentant la lettre à l'évêque.

Celui-ci fronça légèrement le sourcil, pinça la lèvre et prit la lettre du bout des doigts, car le mot monsieur lui avait semblé une impertinence; l'air modeste de Noël ne pouvait laisser croire qu'elle fût volontaire, mais c'était en même temps une trop grossière ignorance des règles de la bienséance pour que la bonne tournure du jeune homme ne fût pas un manteau d'emprunt, qui ne cachait rien que de tout vulgaire.

Ce fut sous cette impression que l'évêque ouvrit la lettre, il la déplia lentement; puis, prenant une loupe déposée sur une table qui était à portée de sa main, il commença à en lire les premières lignes comme un homme qui n'a pas envie d'aller plus loin. Mais presque aussitôt une vive surprise parut sur le visage de M. d'Arvilliers, il porta la loupe au bas de la lettre pour en voir la signature et à l'instant il leva les yeux sur Noël, et lui dit d'une voix assez embarrassée :

— Vous êtes le fils de madame de Varneuil?

— Oui, monsieur.

L'évêque ne prit pas garde cette fois qu'on l'avait appelé monsieur, il regarda quelque temps Noël avec une singulière expression de curiosité, puis il reporta les yeux sur la lettre et l'acheva avec une attention extrême.

Quand il eut fini sa lecture, il demeura encore quelque temps absorbé dans des réflexions qui ne paraissaient pas être sans combat et sans inquiétude. Enfin il se tourna vers Noël, plutôt pour faire cesser ce silence embarrassant que comme un homme qui a pris un parti dans ses incertitudes, et il lui dit :

— Et c'est en mourant que votre mère vous a remis cette lettre pour moi?

— Oui, monsieur.

— Asseyez-vous, mon enfant, reprit l'archevêque, après avoir jeté autour de lui un regard qui semblait craindre des indiscrets; puis il continua à voix plus basse :

— Ne vous a-t-elle rien dit?

— Rien, si ce n'est de venir vous porter cette lettre.

M. d'Arvilliers était en proie à une vive agitation; on sentait que les idées les plus confuses et les plus contradictoires se pressaient en lui, car il retomba dans ses réflexions en articulant machinalement :

— Ah ! elle ne vous a rien dit?

Puis il murmura avec impatience :

— C'est grave, très grave...

Et un moment après il redit à Noël :

— Ainsi, vous ne savez rien?

— Rien, monsieur.

Après cette réponse, le silence recommença, et l'évêque le rompit par une question dont la forme eût appris à Noël l'importance de sa visite pour M. d'Arvilliers, s'il eût eu cette expérience du monde qui enseigne à lire la pensée d'un homme dans un mot ou une inflexion. Ainsi, M. d'Arvilliers, qui semblait errer dans un labyrinthe de projets confus, se retourna vivement vers Noël, et lui dit :

— Mais vous, monsieur, quels sont vos desseins ?

— Je vous avoue, monsieur, que je n'en ai encore formé aucun. Ma mère avait été, jusqu'à ce jour, le guide qui m'a dirigé, et j'espérais, continua Noël en hésitant, trouver des conseils auprès du petit nombre de personnes auxquelles elle m'a recommandé.

— Ah! fit l'évêque d'un ton plus calme, je ne suis donc pas le seul pour qui elle vous ait remis une lettre pareille?

— Non, monsieur.

— Appelez-moi monseigneur, dit M. d'Arvilliers avec une douceur importante, c'est plus convenable ; madame de Varneuil eût dû vous instruire de ces choses-là.

— Pardonnez à mon trouble, monseigneur, dit Noël, c'est moi qui ai oublié...

— C'est bien, c'est bien, mon enfant; mais à qui madame votre mère vous a-t-elle encore recommandé?

Au moment où Noël allait répondre, une porte s'ouvrit, et une femme entra. Avait-elle trente ans ou quarante? c'était difficile à décider. Un visage rose et plein, des lèvres appétissantes, un œil noir, vif, longuement fendu ; des cheveux bruns et abondans lui donnaient un air de sève et de vie qui accusait à peine la trentaine ; mais, d'un autre côté, une taille qui manquait de souplesse et qui ne devait sa rondeur qu'au *carcere duro* du corset, un double menton très prononcé, une gorge qui s'y joignait, des hanches très volumineuses vieillissaient un peu ce visage coquet et pétillant. D'un autre côté, un amateur plus expert eût remarqué que le pied, d'ailleurs fort petit, ne participait pas à l'embonpoint du reste de la personne ; il avait cette sécheresse que l'âge donne quand il n'amène point l'enflure ; en même temps, les mains étaient d'une blancheur et d'un lustre qui ne vient que lorsque l'ardeur juvénile du sang commence à s'éteindre.

En entendant ouvrir cette porte, l'évêque cacha vivement sa lettre dans la poche de sa redingote, et, prenant tout à coup un grand air de gentilhomme plutôt que de prêtre, il dit à Noël :

— Eh bien ! monsieur, revenez me voir dans quelques jours... dans une quinzaine, je saurai ce que je puis faire pour vous, j'examinerai votre demande.

Noël sentit le rouge lui monter au visage, et répartit assez fermement :

— Je crois que j'ai déjà trop importuné monseigneur, et je...

— Non, certainement, mon enfant, dit l'évêque en se ravisant, mais vous comprenez, ajouta-t-il, en mesurant ses phrases, que je ne puis prendre un parti si soudain... vous pouvez compter sur moi ; revenez me voir dans quelques jours, j'aurai réfléchi, consulté... votre mère a des droits à mon souvenir...

A ce moment, la dame, qui était demeurée à quelque distance à examiner l'embarras de M. d'Arvilliers, s'avança vivement, et l'évêque reprit avec encore plus d'embarras :

— La mère de monsieur est morte, et elle veut bien me recommander son fils.

— Est-ce que monsieur se destine à l'état ecclésiastique ? dit la dame en le lorgnant.

— Au fait, reprit l'évêque qui semblait frappé d'une idée lumineuse, si c'était votre vocation, monsieur, je serais heureux de vous servir dans un si louable projet ; j'ai quelque crédit, et certes...

— Je suis avocat, monsieur, reprit Noël, et toutes mes études ont été dirigées du côté du barreau.

— Alors, répartit l'évêque qui parlait avec une volubilité étrange et sous l'influence d'un embarras qu'il ne faisait que montrer en essayant de le cacher, alors, monsieur, vous comprenez combien l'appui d'un homme comme moi vous serait inutile dans une pareille carrière, et je suis vraiment désolé de ne pouvoir rien pour vous... Croyez à mes regrets... ils sont sincères...

Et, en parlant ainsi, M. d'Arvilliers marchait du côté de la porte et y poussait, par conséquent, Noël, qui, confondu de cette singulière réception, allait se retirer, lorsque la dame inconnue prit la parole pour dire :

— Vous pourriez cependant donner quelques mots de recommandation à monsieur, pour M. le président Larcher...

— Sans doute, sans doute, fit l'évêque, tout en continuant son expulsion amicale : je ferai pour monsieur tout ce que je pourrai.

— Alors, dit la dame, monsieur aura la bonté de revenir.

— Je ne veux pas lui donner cette peine, dit l'évêque.

— En ce cas, monsieur peut nous laisser son adresse, répartit la dame en interrompant.

— Je demeure rue Chantereine, n° 7.

— Ah! fit la dame, rue Chantereine, n° 7 ; monsieur?...

— Noël Varneuil, répondit le jeune homme.

— Varneuil! s'écria la dame stupéfaite et en attachant sur l'évêque des yeux où se peignaient à la fois le plus grand étonnement et la plus vive irritation.

L'évêque se tut, et un silence non moins étrange que les rapides interlocutions qui l'avaient précédé s'étant établi entre ces trois personnes, Noël salua et se retira sans qu'on lui adressât de nouveau la parole.

VI

Le Baron.

L'accueil que Noël venait de recevoir était si extraordinaire, qu'une fois seul il se demanda ce qu'il pouvait signifier. Noël n'ignorait pas que M. d'Arvilliers ne fût son parent à un degré assez rapproché ; mais, à ce titre, Noël eût dû à la fois rencontrer plus d'intérêt et moins d'embarras ; il crut deviner que sa position vis-à-vis de M. d'Arvilliers devait avoir quelque chose de secret et de particulier, et ce qui lui donnait lieu de croire d'autant plus à cette supposition, c'est l'étonnement de la dame inconnue en entendant prononcer le nom de Varneuil. Ces réflexions reportaient Noël sur le mystère de sa vie, et il se demanda, avec plus de curiosité que jamais, ce qu'il était et pourquoi sa mère avait constamment vécu séparée de son mari. Il prit aussi, dans ses réflexions, la conviction que les personnes à qui sa mère mourante l'avait adressé étaient pour quelque chose dans ce mystère et qu'il pouvait l'apprendre d'elles ; ce fut donc avec la détermination d'examiner soigneusement l'accueil qu'on lui ferait qu'il se rendit chez M. le baron de Gabarrou, à qui était destinée la seconde lettre que sa mère lui avait laissée.

Il arriva dans cette disposition rue des Mathurins, et frappa à la porte d'un très bel hôtel, où un concierge en riche livrée l'envoya à une antichambre du rez-de-chaussée. Un valet, en bas de soie, lui demanda son nom pour pouvoir l'annoncer à M. le baron.

Noël, qui pensait que ce nom pouvait être un avertissement

pour le baron, refusa de le dire, et répondit que c'était inutile, qu'il avait à remettre une lettre à M. de Gabarrou lui-même.

— De quelle part? lui demanda insolemment le valet.

— C'est ce que je dirai à votre maître.

— En ce cas, repartit le valet, monsieur peut se retirer, car j'ai l'ordre de M. le baron de ne laisser entrer personne sans qu'on dise qui l'on est ou de quelle part on vient.

— Je vous dis, s'écria Noël, qu'il faut que je parle à M. de Gabarrou en personne, et tout de suite.

— Je ne dis pas non; mais comme je n'ai pas envie de me faire chasser par vous, je ne vous annoncerai pas.

Noël fut désappointé de la tenacité du valet; mais, fort décidé en même temps à ne pas se nommer, pour juger de l'effet de son apparition, il demanda au domestique s'il pouvait écrire à son maître, et s'il lui lui remettrait un billet; le valet n'y vit point d'inconvénient, et Noël écrivit sur un morceau de papier les quelques mots que voici :

« Monsieur, une personne que vous ne connaissez pas désire vous remettre une lettre fort importante et très pressée; elle vous prie de vouloir bien la recevoir. »

Noël remit ces deux lignes au valet qui crut devoir en prendre lecture, tout en se dirigeant vers l'appartement de son maître.

Noël était fort ignorant des usages de la domesticité des barons, mais il lui sembla d'instinct qu'il eût donné avec plaisir un coup de pied au cul de ce drôle. Cependant il attendit patiemment, et au bout de quelques minutes le domestique reparut et lui rendit son papier en lui disant :

— M. le baron n'a que faire de recevoir des intrigans.

— Insolent misérable, s'écria Noël avec colère, sais-tu à qui tu parles? Va dire à ton maître que c'est M. le vicomte de Varneuil qui veut le voir.

A ce titre de vicomte, le valet prit un air fort étonné; le titre était nouveau en 1816 : il était revenu en France avec la restauration, de façon que, pendant quelque temps, il partagea avec le titre de marquis un air d'aristocratie particulière que n'avaient point les titres de baron, de comte et de duc prodigués par l'empire. Par la même raison, il avait en même temps quelque chose d'antique et d'anti-révolutionnaire qui laissait croire qu'il ne pouvait guère être porté que par des émigrés en ailes de pigeon, ou par ces vieux officiers de la royauté connus alors sous le nom de voltigeurs de Louis XIV. Quant à Noël, qui savait que le titre de son père lui donnait le droit de prendre celui de vicomte, il ne fit pas attention à l'ébahissement du valet et attendit le résultat de son message. Le domestique reparut, et l'air impertinent et joyeux qui éclatait sur son visage annonça à Noël que le drôle avait de quoi se venger du respect involontaire que le vicomtat de Noël lui avait inspiré.

— M. le baron, dit-il, ne connaît pas monsieur le vicomte.

La bonne pensée qui était venue à Noël, que ce maître laquais méritait une correction, le prit tellement à la gorge qu'il lui fallut le souvenir de la sainteté du message qu'il apportait, pour ne pas la lui administrer ; toutefois, il ne voulut pas accepter si facilement cette insolence, et il lui dit :

— J'écrirai à votre maître ; mais en attendant vous lui direz de ma part que vous êtes un manant.

— Hein ! fit le domestique, qui ça un manant ?

— Vous, car je ne veux pas croire que M. de Gabarrou m'eût refusé sa porte, si vous lui aviez annoncé ma visite comme vous le deviez.

— Pardieu, dit le valet d'un ton et avec un geste où les allures de la canaille de cabaret percèrent l'enveloppe de la livrée, vous pouvez écrire ce que vous voudrez, je m'en soucie comme de...

Le valet n'avait pas achevé qu'une femme parut ; celle-ci pouvait avoir vingt-cinq ans ; elle était grande, maigre, d'une élégance éblouissante de parure, d'une beauté contestable, mais d'une physionomie supérieurement impertinente.

— Qu'est-ce que c'est ? dit-elle en entrant.

— Pardon, mademoiselle, fit le domestique en s'inclinant, c'est monsieur qui veut absolument voir M. le baron.

— Eh bien ? fit la demoiselle.

— Monsieur le baron ne veut pas le recevoir.

— Et pourquoi ? reprit-elle en lorgnant attentivement le jeune homme.

— Parce qu'il ne le connaît pas.

— Eh bien, il le connaîtra.

— Je lui ai déjà dit le nom de monsieur.

— Et il n'a pas voulu le recevoir ?

— Non, mademoiselle.

— Qu'est-ce qu'il a donc ? Est-ce qu'il est malade ?

— Non, mademoiselle.

— Avez-vous absolument besoin de voir M. Gabarrou ? dit la dame en s'adressant à Noël.

— Oui, madame, car j'ai pour lui une lettre que je ne dois remettre qu'en ses mains.

— Eh bien, monsieur, si vous voulez me suivre, je vais vous annoncer.

— C'est trop d'obligeance.

— Et où est-il, le baron ? reprit la dame en s'adressant au valet.

— Il s'habille.

— Oh ! c'est différent ! repartit-elle avec un accent plein

d'emphase ; il s'habille ! alors je comprends. Puis elle se retourna vers Noël et lui dit d'un air de gravité plaisante :

— Si monsieur peut repasser dans trois ou quatre heures, je puis lui promettre qu'il verra M. Gabarrou.

Le ton libre de cette femme étonnait fort Noël, et il se demandait ce qu'elle pouvait être près de M. de Gabarrou, chez qui elle parlait en maîtresse et dont elle semblait disposée à parler avec assez peu d'égards ; il se contenta de répondre :

— Si M. de Gabarrou avait bien voulu me faire dire qu'il s'habillait, j'aurais...

— Vous auriez attendu, reprit la dame en l'interrompant, croyant que c'était l'affaire d'un quart d'heure, et vous auriez perdu votre temps : plaisanterie à part, revenez dans une heure, je l'aurai averti de votre visite. De qui dois-je lui parler ? fit-elle en se dirigeant vers la porte pour entrer.

— On me nomme Noël Varneuil.

— Eh ! s'écria-t-elle tout à coup, que dites-vous là ? Noël Varneuil ! et elle l'examina de la tête aux pieds avec une curiosité extraordinaire, puis elle se mit à rire intérieurement, en murmurant :

— Oh ! je reconnais bien le baron à ça... il lui refuse sa porte... mais il ne sera pas dit qu'une fois en sa vie il ne sera pas puni par où il a péché... Suivez-moi, monsieur, je vais vous faire parler à M. Gabarrou.

Noël commença à croire que son nom était un talisman, et sa personne quelque chose de mystérieux à quoi étaient attachées les plus étranges destinées ; il suivit donc cette dame dans un trouble singulier d'idées. Elle passa devant lui, le laissa dans un salon et entra dans une pièce où sans doute devait se trouver M. le baron de Gabarrou, car Noël put entendre une conversation ou plutôt une discussion assez animée. Cet entretien dura une demi-heure, au bout de laquelle Noël entendit les portes s'ouvrir et se fermer, puis un silence absolu remplaça l'éclat des voix, et presque aussitôt le baron de Gabarrou parut. C'était un homme jeune encore et d'une beauté commune admirable ; il avait un pantalon collant, couleur serin, qui affichait avec impudicité des formes athlétiques ; d'épais favoris noirs, lustrés avec soin, encadraient un visage brun sur lequel se dessinait une bouche rose comme celle d'une jeune fille ; ses cheveux étaient arrangés en coup de vent, et les pointes de sa cravate empesée s'élançaient hors des revers de son habit comme les paratonnerres horizontaux qu'on met à l'angle des monumens. Sa main petite, mais velue, était chargée de bagues, et on voyait à son poignet des bracelets d'or et de cheveux ; il portait haut comme certains chevaux, et eût eu besoin d'une martingale pour que sa tête fût maintenue dans une position convenable ; il s'avança les bras tendus vers Noël.

— Eh! mon garçon, c'est toi! sans rancune, n'en parlons plus, la mère est morte, c'était une pauvre fille bien malheureuse ; mais enfin ce qui est fait est fait... elle m'a écrit, donne-moi ta lettre, voyons ce qu'elle me dit... Comment diable s'est-elle souvenue de moi et m'a-t-elle écrit?... Je sais qu'il y avait de quoi... tu es bel homme, mon cher... très bel homme, nous te ferons faire ton chemin... mais tu te mets mal, ça n'est pas bon genre cette mise ; tu me diras que tu es en deuil, mais encore y a-t-il deuil et deuil... Ah! voilà la lettre, n'est-ce pas?... je la lirai plus tard...

— Je pense, monsieur le baron, que vous feriez mieux de la lire tout de suite, répartit Noël, à qui cet accueil paraissait bien autrement extraordinaire que celui de l'évêque.

— Tu le veux, répartit Gabarrou, c'est sans doute de l'argent que tu viens chercher... mais je t'avertis que tu t'adresses mal, je suis ruiné ; cette folle de Carmélite me mange tout,... Ah! mon cher, les femmes, ne te fourre jamais dans leurs griffes... Voyons ce que chante cette lettre... hum! hum!

Noël regardait M. le baron de Gabarrou dans un muet étonnement, et quoiqu'il sût que c'est presque une indiscrétion que de ne pas quitter des yeux un homme qui lit, il ne put s'empêcher de considérer attentivement le baron pendant qu'il parcourait la lettre de madame Varneuil. Cette lecture étonna probablement le baron, car son air délibéré disparut, il se gratta l'oreille en homme qui se trouve en face d'un cas embarrassant, et il dit assez haut :

— Diable! diable! ceci change bien la thèse, mon cher monsieur, vous sentez que maintenant que je sais... que vous ne savez pas... Vous vous n'avez pas lu cette lettre du moins?

— Elle n'eût pas été scellée, monsieur, répartit fièrement Noël, que, du moment qu'elle ne m'était pas destinée, j'aurais cru manquer à l'honneur...

— Tant mieux, dit M. de Gabarrou, vous avez bien fait... et maintenant, mon cher, que me voulez-vous?

— La lettre que je viens de vous remettre ne vous dit-elle rien sur ce que je puis vous demander?

— Est-ce que vous l'avez lue? dit le baron.

— Je vous ai dit que non, monsieur, répondit Noël d'autant plus sèchement que M. Gabarrou, avec ses beaux habits et ses somptueux appartemens, lui paraissait un manant du dernier ordre ; mais puisque ma mère a cru devoir m'adresser à vous, je pense qu'elle avait des raisons.

— Mais oui, dit Gabarrou en se posant devant une glace, elle avait ses raisons...

Puis il reprit après avoir considéré Noël :

— Ma foi, mon cher, je ne peux pas m'en dédire, tu es très bel homme, mais c'est tout ce que tu auras de moi.

Le rouge monta au visage de Noël qui s'écria :

— J'avoue, monsieur, que je ne vous comprends pas.

— Je l'espère bien, répartit Gabarrou, ainsi n'en parlons plus. Maintenant, je vais vous dire ce que je puis faire pour vous. J'ai besoin d'un jeune homme instruit pour tenir les comptes de la maison, je vous donnerai cette place, je tâcherai de vous faire donner mille ou douze cents francs d'appointemens, vous mangerez avec l'intendant et la femme de charge, et vous serez heureux comme un poisson dans l'eau.

— Vous oubliez à qui vous parlez, répondit Noël en mettant son chapeau, et si je pouvais en vouloir à ma mère morte, je ne lui pardonnerais pas de m'avoir exposé à un pareil affront.

— Comme il vous plaira, mon cher, dit Gabarrou, bon voyage et quittons-nous bons amis.

Noël sortit sans saluer, et, comme il traversait l'antichambre dans un état de colère rentrée, il rencontra le domestique qui lui dit :

— Mademoiselle Carmélite vous attend pour savoir ce qui est arrivé.

— Qu'est-ce que c'est que ça, mademoiselle Carmélite? répartit Noël avec un superbe mépris.

— Eh pardieu! dit le valet, celle qui vous a fait entrer chez M. le baron de Gabarrou, la couturière de la princesse.

— De quelle princesse? répartit Noël avec emportement.

— Pardieu, de la princesse chez qui vous êtes, la princesse Cadacoff.

— Cet hôtel n'appartient donc pas à M. le baron de Gabarrou?

— Pas encore, que je sache.

— Et en quelle qualité y est-il? demanda Noël.

— En quelle qualité? répéta le valet en ricanant, en quelle qualité... Il s'arrêta, et reprit en s'éloignant : Ce n'est pas mon affaire, je vous ai dit que mademoiselle Carmélite vous attend, elle est dans un fiacre au coin de la rue, allez-y ou n'y allez pas, ça ne me regarde pas... Bonjour.

Les étonnemens de Noël se succédaient avec une telle rapidité, qu'il commençait à douter de sa raison ; il quitta l'hôtel et suivit la rue sans intention d'aller d'un côté plutôt que d'un autre; il était à quelque distance de l'hôtel lorsqu'un : St! st! parti d'une voiture, lui fit lever la tête. Noël vit un fiacre rangé le long d'une porte ; une femme qui était dans la voiture lui fit signe d'approcher, et, pendant qu'il traversait la rue, elle appela le cocher, lui dit d'ouvrir la portière, puis, se rangeant d'un côté de la banquette, elle laissa une place libre près d'elle, et Noël monta dans cette voiture sans se douter, pour ainsi dire, de ce qu'il faisait.

— Rue de Chartres! cria la dame, et la voiture se mit en route.

— Eh bien, dit à Noël l'élégante couturière, car c'était elle, qu'est-ce qu'il vous a dit?

Noël regarda alors mademoiselle Carmélite, et s'aperçut seulement à ce moment de l'action machinale à laquelle il s'était laissé aller.

— Pardon, lui dit-il, j'étais si distrait; ce n'est pas moi sans doute que vous attendiez?

— C'est vous, mais qu'avez-vous donc? est-ce que Gabarrou vous a mal reçu? est-ce qu'il a refusé de vous reconnaître?

— Moi? reprit Noël, et en quelle qualité voulez-vous que ce misérable pût me reconnaître?

— Comment, dit mademoiselle Carmélite, en quelle qualité? mais... mais vous ne savez donc rien de ce que M. Gabarrou est pour vous?

— Pour moi! répartit Noël avec surprise; il avait été un inconnu pour moi jusqu'à ce jour, et je regrette qu'il ne soit pas resté ce qu'il était, mais j'espère que je n'entendrai plus parler de cet homme, car il n'entendra plus parler de moi.

— Bah! fit la demoiselle d'un air étonné... et... il ne vous a rien offert... rien proposé?

— L'insolent! répartit Noël, il m'a parlé d'une place de commis, de domestique, que sais-je?...

— C'est bien digne de lui! reprit la couturière. Et ce n'est pas faute d'argent qu'il est avare comme ça : il a plus de cinq cent mille francs de bon bien qu'il a amassé déjà dans les affaires de la princesse. Est-ce qu'il ne vous devait pas au moins trois ou quatre mille livres de rente?.... Ah! si j'étais à votre place, je les aurais bien vite, moi, je vous en réponds.

— Trois ou quatre mille livres de rente, moi? dit Noël, et que je les reçoive de M. Gabarrou? et à quel titre?

Carmélite regarda Noël un moment et parut sur le point de lui dire un grand secret, mais elle s'arrêta et répartit :

— D'ailleurs, il n'y a peut-être pas de preuves, et je n'ai pas intérêt à me brouiller avec Gabarrou. Mais, ajouta-t-elle lentement, si j'étais assez adroite pour vous obtenir ça de lui, vous n'êtes pas assez ingrat pour ne pas reconnaître un pareil service?

— Mais je n'ai aucune envie de le demander à personne.

— Vous êtes donc bien riche, dit assez aigrement la couturière, pour refuser comme ça une fortune?

— Je serais plus pauvre que je ne le suis, dit Noël, que je ne voudrais rien de M. Gabarrou, me dût-il quelque chose, ce que je ne crois pas.

— C'est ce qui vous trompe, monsieur, répondit Carmélite

mais je ne puis rien vous dire quant à présent. Si vous voulez revenir me voir, je vous en apprendrai peut-être plus que vous ne pensez.

La dignité de Noël, qui d'abord avait été révoltée de se trouver en contact avec la couturière, amie de M. de Gabarrou, fit place à un vif sentiment de curiosité, et il reprit :

— Mais, mademoiselle, ce que vous pourrez me dire plus tard, ne pouvez-vous me le dire tout de suite ?

Carmélite regarda encore le jeune homme et répondit avec une hésitation assez franche :

— Dame ! ça n'est pas facile... et puis, il m'a dit ça une fois un peu en l'air, et c'est un miracle, qu'en entendant votre nom, ça me soit revenu tout d'un coup ; et puis, Gabarrou est le plus grand menteur de la terre, surtout en fait de ces choses-là, quoiqu'il n'y ait guère de quoi se vanter de ce qu'il a fait.

Elle s'interrompit, et prenant un ton tout particulier, elle ajouta :

— Votre mère était-elle jolie ?

Noël rougit, et reprenant sa retenue, il répartit avec hauteur :

— Ma mère était la plus sainte et la meilleure des mères, la plus noble et la plus vertueuse des femmes.

— Pauvre jeune homme, reprit Carmélite d'un air de pitié sincère... Je ne sais pourquoi, mais vous m'intéressez... Venez me voir après-demain, le soir... j'aurai peut-être quelque chose à vous dire... Me voilà devant ma porte... à demain.

Le fiacre s'était arrêté ; Carmélite en descendit sans s'occuper de le payer, et après avoir fait un petit signe de la main à Noël, elle s'élança dans une allée assez profonde. Noël, qui se trouvait en voiture malgré lui, descendit à son tour, et tout en payant le cocher, il lui demanda la rue de Chartres.

— Vous y êtes, dit le cocher.

— Ici ?

— Oui, cette dame m'a dit rue de Chartres.

Noël n'avait pas entendu l'ordre, mais il s'étonna du hasard qui l'avait amené précisément à l'endroit où il devait aller, et il tira la lettre destinée à M. le vicomte d'Ambret : c'était bien rue de Chartres, n° 8 ; il leva les yeux en l'air pour voir le numéro, il était précisément devant le n° 8, dans la maison où était entrée mademoiselle Carmélite. Cette réunion de petites circonstances le frappa presque autant que la singularité des visites qu'il venait de faire, et il restait immobile, la lettre d'une main, et son argent de l'autre, lorsque le cocher se mit à murmurer :

— Ah ça ! est-ce qu'il est fou celui-là ? Hé ! donc, monsieur ! on m'a dit, rue de Chartres, n° 8, nous y voilà : avez-vous envie d'aller plus loin ?

— Non, je reste, dit Noël.

— En ce cas, vous pouvez me payer mon heure.

— Qu'est-ce que c'est que votre heure?

Le cocher à son tour regarda Noël comme pour s'assurer si le jeune homme n'était pas quelque peu pris de vin, et, après une petite grimace qu'il s'adressait sans doute à lui-même, il répondit :

— Mon heure... c'est... c'est cent sous.

— Les voilà, dit Noël.

Le cocher les prit et les retourna avec hésitation; puis, un moment après, il repartit :

— Est-ce qu'il n'y a rien pour boire?

Noël lui donna quelque monnaie, et le cocher lui répondit :

— Au plaisir de vous voir, bourgeois.

Cela dit, il laissa Noël sur la porte, et tandis qu'il s'éloignait, il se retourna sur son siège, pour examiner l'étrange original qu'il venait de conduire. Enfin, Noël se décida à entrer, et s'adressa au portier en demandant le vicomte d'Ambret.

— Au second, lui dit-on, la petite porte en face de celle où il y a une plaque de cuivre.

Noël monta, et arrivé à l'étage désigné, il lut sur cette porte : MADEMOISELLE CARMÉLITE, COUTURIÈRE DE LA COUR DE RUSSIE. Alors il jugea que le hasard seul avait amené cette rencontre, qui d'abord lui avait paru si étrange, et il reprit un peu de sang-froid.

Il sonna à la porte qu'on lui avait indiquée comme étant celle de M. d'Ambret, et une servante de bonne mine vint lui ouvrir : elle était jeune, jolie, et avait un air décidé.

— Qui demandez-vous? dit-elle à Noël.

— M. le vicomte d'Ambret.

— Il est chez lui. Par ici : monsieur déjeûne.

Elle passa la première, et entra dans une chambre à coucher, en se dirigeant vers une commode ouverte, où elle paraissait ranger du linge, et dit sans faire autrement attention ni à son maître ni à celui qu'elle annonçait :

— Voilà quelqu'un qui vous demande.

— Cécile, repartit aigrement le vicomte assis dans un vieux fauteuil, à côté d'un guéridon sur lequel il y avait un maigre déjeûner consistant en une tranche de jambon, du pain et une bouteille de vin; Cécile, dit-il, je vous ai dit cent fois de ne jamais introduire quelqu'un sans lui demander son nom et l'annoncer.

Cécile ne répondit pas; mais le vicomte ayant pris la bouteille et s'étant versé un verre de vin, elle s'élança vers lui, et la lui arrachant, pour ainsi dire, elle secoua la bouteille, et l'ayant trouvée vide, elle s'écria avec un accent de mauvaise humeur :

— J'en étais sûre. Le temps d'aller jusqu'à la porte et de revenir, et vous avez tout bu. Ma parole d'honneur, c'est à n'y pas tenir !

— Cécile!... reprit le vicomte d'un ton solennel.

— Ah! laissez-moi donc tranquille, répliqua la servante en enlevant les restes du déjeûner, répondez à monsieur, si vous pouvez.

A cette injonction, faite avec toute l'aigreur possible, le vicomte se leva pour s'avancer vers Noël. C'était un homme de cinquante ans, coiffé en poudre avec une queue. Son visage couperosé était étroit et maigre, ses yeux rouges et chassieux n'avaient plus de cils aux paupières. Il était vêtu d'une grande robe de chambre en bazin blanc. Je dis bazin blanc, parce que tel avait dû être autrefois le nom de l'étoffe. Quant au moment dont je parle, c'était une guenille d'un fond roussâtre, tatouée de taches de vin et de tabac, sur laquelle se dessinait un ruban rouge de saint Louis. Le reste du costume consistait en une chemise aussi sale que la robe de chambre, une culotte de soie, des bas chinés, et des souliers à boucles, dont le quartier était replié pour servir de pantoufles, et dont les oreilles traînaient sur le carreau mal balayé de la chambre.

Le vicomte d'Ambret se leva et s'approcha de Noël avec une volonté de bonne grâce qui trahit l'indécision de ses jambes ; il trébucha et retomba sur son fauteuil en balbutiant :

— Qui ai-je l'honneur de recevoir chez moi, monsieur ?

Noël était prêt à remettre à cet homme la lettre de sa mère ; mais il lui sembla que ce serait une profanation, et il se contenta de répondre :

— Je m'appelle Noël Varneuil.

— Noël Varneuil ! répéta le vicomte, à qui ce nom produisit un effet assez extraordinaire pour le faire pâlir. Puis il baissa les yeux et se mit à dire, comme s'il parlait seul :

— C'est Pierre Varneuil, je me souviens... il était soldat dans ma compagnie, à Toulon.

— Vous avez servi sous la république ? dit Noël étonné.

— Oui, parbleu ! j'ai servi, dit le vicomte toujours absorbé dans ses réflexions avinées : c'est ce qui a nui à mon avancement militaire. On a dit que je n'étais pas pur, et on m'a retraité comme colonel, tandis que d'autres, qui ont été assez heureux pour émigrer tout de suite sans se battre, sont aujourd'hui mestres-de-camp et lieutenans-généraux.

— Ainsi, dit Noël, vous avez connu mon père à Toulon ?

— Votre père ! répéta le vicomte, il n'est donc pas mort ?

— Non, monsieur.

— Vous êtes en deuil, pourtant ?

— C'est de ma mère.

— Votre mère ? dit le vicomte en balbutiant ; et comment l'appeliez-vous, votre... votre mère ?

— Son nom était Angélique du Premic de Kerolan.

Le vicomte se recula en saisissant les bras de son fauteuil, se leva, et se mit à crier avec épouvante :

— Cécile, Cécile, Cécile !

La servante entra, et le vicomte, lui montrant Noël, lui dit en tremblant :

— Pourquoi as-tu laissé entrer cet homme ? Je n'ai rien à lui dire, je ne le connais pas. Qu'il s'en aille.

Le visage de M. d'Ambret avait quelque chose d'égaré et d'imbécile à la fois.

Cécile le força à se rasseoir sur son fauteuil, et lui dit :

— Eh bien ! que vous a-t-il dit, ce monsieur ?

— Ce qu'il m'a dit ?... s'écria M. d'Ambret. Sa tête retomba sur sa poitrine, et il ajouta lentement : Il ne m'a rien dit.

Noël fut encore plus stupéfait qu'il ne l'avait été jusqu'à ce moment de l'impression produite par son nom ; et, ne sachant que faire et que répondre, il chercha du regard les yeux de la servante, qui, placée à côté de son maître, lui fit signe, en posant son doigt sur son front, que la raison du vicomte était dérangée.

Noël se leva pour se retirer ; mais la servante l'appela du regard, et lui dit à voix basse :

— Si vous avez quelque affaire sérieuse avec monsieur, venez de très bon matin. A cette heure, il a encore toute sa tête ; mais une fois la journée commencée, tout déménage.

— C'est donc une habitude sans ressource, que celle de M. d'Ambret ? dit Noël en montrant la bouteille vide.

— Ce n'est pas ça qui l'a mis dans cet état, répondit-elle en secouant la tête ; il n'a bu qu'une bouteille de vin à son déjeûner ; mais, dame, on ne fait pas la vie qu'il a faite sans avoir à s'en repentir.

Noël ne se souciait guère d'interroger une servante sur le compte de son maître ; mais il avait à accomplir la volonté de sa mère, et bien qu'il ne comprît pas à quoi pourrait arriver la remise de la lettre qu'il avait pour le vicomte d'Ambret, il la tira de sa poche, et dit à Cécile :

— J'avais cette lettre à remettre à M. d'Ambret.

— Est-elle pressée ?

— Je l'ignore.

— Eh bien ! je la lui remettrai ce soir ; le directeur de monsieur doit venir dans la soirée, et il ne sera plus dans l'état où il est maintenant.

— Comme il vous plaira, dit Noël, qui avait hâte de quitter ce lieu qui lui inspirait un dégoût étrange.

Noël remit sa lettre et se dirigea vers la porte ; mais s'étant tourné, par un mouvement machinal, vers le vicomte, il le vit à genoux, se frappant la poitrine, et marmottant des prières. Cécile lui fit signe de ne point le troubler, et le reconduisit jusqu'à la porte. Noël hésita à sortir, car il entendait la voix de mademoiselle Carmélite sur le palier, causant avec action. Cependant

Cécile avait ouvert la porte, et, en se rangeant, elle lui dit assez haut :

— Monsieur viendra-t-il chercher la réponse ?

— Je ne sais, répondit-il en passant et en saluant rapidement mademoiselle Carmélite, qui reconduisait une jeune dame en grand deuil d'une exquise beauté.

— En ce cas, reprit Cécile, où faudra-t-il envoyer la réponse ?

— Chez M. Noël Varneuil, rue Chantereine, répartit le jeune homme en descendant l'escalier.

Mais il n'avait pas franchi deux marches, qu'une voix répéta avec une vive surprise ce nom fantastique de Varneuil ; Noël se retourna, et vit la belle dame en deuil, qui le regardait avec une curiosité extrême. Décidément, il pensa qu'il était doué d'une existence fabuleuse, et fut sur le point de remonter, pour interroger cette dame sur sa surprise. Mais elle rentra dans l'appartement de mademoiselle Carmélite, avec celle-ci, et Cécile avait fermé la porte de M. d'Ambret.

A la manière dont cette dame avait entraîné la couturière dans l'intérieur de son magasin, Noël ne put douter que ce ne fût pour l'interroger sur son compte ; car cette étrangère devait supposer que mademoiselle Carmélite le connaissait, puisqu'il l'avait saluée d'un air de connaissance. Noël demeura immobile sur l'escalier, et il lui prit une espèce de vertige. Il douta un moment de la réalité de ce qui lui arrivait, et il se secoua pour s'éveiller du rêve fantastique auquel il lui semblait être en proie. Mais il était bien éveillé, et la certitude qu'il ne rêvait pas lui rendait encore plus incompréhensibles les rencontres extraordinaires dont il paraissait le jouet. Un seul espoir restait à Noël de trouver le fil du labyrinthe dans lequel il marchait en aveugle : c'était sa visite au comte de Varneuil, son père. Celui-là devait savoir le mystère de sa vie, et il avait le droit de le lui demander. Noël se décida donc à aller à Passy ; mais il voulut mettre quelques heures de réflexion entre sa résolution et sa visite, il voulut interroger un moment cette destinée passée qui ne pouvait lui répondre ; mais sa tête s'égarait dans ce dédale inextricable, et il voulut aussi mettre un intervalle entre son trouble et sa réflexion. Il fut sur le point de retourner chez lui. Mais Noël recula devant la solitude qui l'y attendait, et dans un premier moment, s'imaginant que le bruit et le mouvement étaient des compagnons, il s'achemina vers le jardin des Tuileries, où les derniers beaux jours de l'automne avaient amené une foule comme on n'en voit plus guère de nos jours.

VII

Rencontre.

Ce fut d'abord pour Noël un spectacle curieux que celui de toutes ces jeunes femmes se promenant en étalant l'éclat de leur parure ou celui de leur beauté ; il suivait des yeux tous ces jeunes gens qui les saluaient en passant ou qui les abordaient avec un respect souriant ou une familiarité amicale ; il voyait se former et se dénouer des groupes dont quelques uns se disaient au revoir. Noël s'intéressa pendant quelques instans à ce tableau mouvant, mais bientôt ce spectacle finit par l'attrister, comme tout ce qui tombe dans un cœur triste. Tous ces gens qui se connaissaient, qui s'abordaient, qui se tendaient la main, l'avertirent qu'il n'y avait là personne à qui lui-même pût envoyer un bonjour ou rendre un salut : il y avait bien moins un ami à qui il pût dire au revoir.

Accablé par cette nouvelle conscience de son isolement, Noël s'était retiré pour s'asseoir dans une allée plus écartée, et là, les yeux fixés devant lui, il voyait, sans la regarder, cette foule animée et brillante passer et repasser ; pour ce regard sans attention, c'était comme une troupe d'ombres sans formes, s'agitant dans un monde idéal, où il ne pouvait pas mettre le pied. Vrais fantômes, en effet, puisqu'il n'y avait rien de commun entre eux et lui, puisqu'il n'en pouvait attendre ni un regard ni une parole. Jamais il ne s'était senti plus seul, et l'effroi que son isolement lui avait d'abord inspiré commençait à se changer en désespoir, lorsqu'il fut arraché à cette fatale préoccupation par une voix qui lui dit son nom.

Noël tressaillit comme si c'eût été un appel presque surnaturel ; il regarda avec anxiété d'où venait cette voix, et reconnut un visage qu'il avait vu souvent à Poitiers lorsqu'il y faisait ses études de droit. C'était un homme jeune encore, mais plus âgé que Noël. Celui-ci ne connaissait François Valvins que comme un original qui avait fait de l'étude des sciences exactes son unique occupation. En raison de cette occupation, lorsqu'il était à Poitiers, il vivait en dehors des plaisirs bruyans des autres jeunes gens, et ne se plaisait même guère aux relations des plus sérieux, dont les études s'adressaient à des choses que Valvins méprisait souverainement. Pour lui, le commerce était une friponnerie, le droit une école de spoliation, les arts une illusion décevante à laquelle manquait la qualité essentielle de toute chose durable, la certitude de leur vérité.

— Deux et deux font quatre, disait-il quelquefois à Noël, dans leurs solitaires promenades à Blossac, le jardin public et désert de la ville de Poitiers ; deux et deux font quatre, le carré de l'hypothénuse est égal à la somme des carrés élevés sur les autres côtés du triangle ; voilà qui est vrai pour moi, pour toi, pour tous, pour les temps présens comme pour les temps futurs. Mais ce qui est honnête et ce qui ne l'est pas, ce qui est juste et ce qui ne l'est pas, ce qui est beau et ce qui ne l'est pas, qui le sait ? qui peut le dire ? Malheur à qui se voue à la recherche de ces fallacieuses vérités ! au moment où il croit les saisir, elles lui échappent, ombres vaines, sans corps, sans durée, sans forme. Malheur à qui livre son esprit à ce jeu fatal de déception, il y perdra ses soins, son repos, son bonheur, et il arrivera au terme de sa carrière en tendant encore la main à une espérance aussi vaine que les autres, la foi en une meilleure vie ! Quant à moi, j'ai assez parcouru de ce chemin pour savoir que c'est un désert sans limite, avec un mirage qui brille et trompe sans cesse.

— Mais, lui répondait Noël, la science elle-même a ses doutes, ses incertitudes, et le temps a détruit ces vérités comme toutes les autres.

— Le temps n'a détruit que les mensonges, au contraire, répliquait Valvins ; sans doute, elle n'atteint pas la vérité du premier coup, mais une fois qu'elle y est arrivée, ce qu'elle a inscrit dans son livre d'or reste à jamais ineffaçable et incorruptible. Aussi pour l'homme qui a expérimenté la vie, et qui n'a trouvé partout que déceptions, c'est le seul refuge qui lui soit ouvert. S'il a l'esprit ardent et le besoin d'action, il faut qu'il choisisse entre le vice et l'étude ; il n'y a pas de milieu.

Assurément, l'humeur chagrine de Valvins ne sympathisait pas avec la jeune imagination de Noël ; ce caractère entier, ces vues moroses sur l'humanité, heurtaient la facile douceur et les rêves enchantés d'un cœur enthousiaste ; mais Valvins était, à part ceci, le seul homme qui vécût à peu près comme Noël, loin des orgies et des mauvaises habitudes des autres étudians ; aussi était-ce le seul avec lequel Varneuil eût entamé une liaison dont l'habitude avait presque fait une amitié. On conçoit donc aisément que, dans la triste disposition d'esprit où se trouvait Noël, il accueillit avec joie cet homme qui savait son nom et qui pouvait lui tendre la main. Ils s'assirent donc l'un près de l'autre, et Valvins, ayant interrogé son ami sur la position où il se trouvait à Paris, sembla le regarder avec une pitié tendre.

— Seul, lui dit-il, avec des revenus qui, pour beaucoup de femmes peuvent être considérés comme une fortune, ou du moins comme une proie, jeune et assez beau pour plaire, assez confiant pour aimer, assez faible pour pardonner ; sais-tu ce qu'il y a au bout de tout cela ?

— Quoi donc ? lui dit Noël.

— Il y a la misère assurément, et peut-être le déshonneur.

Noël répondit par un sourire mélancolique, et ajouta doucement :

— Est-ce donc là que tu en es venu ?

— Moi, dit Valvins, c'est bien différent ; je suis né pauvre, et comme j'ai gagné le peu que j'ai, je saurai le conserver en raison des peines que cela m'a coûtées ; je suis laid, et aucune femme n'a essayé de me plaire pour avoir la joie de me tromper ; et puis, je ne pardonne pas, moi ; je n'aime pas, moi ; je me venge et je hais.

— Tu dois être bien malheureux ?

— Je l'ai été beaucoup et long-temps ; maintenant je ne le suis plus.

— Qui t'a donc consolé ?

— Moi seul.

— Toi !

— Oui, moi : je suis devenu insensible et égoïste.

— Triste bonheur !

— Qui du moins n'est pas à la merci des autres.

Comme ils causaient ainsi, Valvins fit un mouvement de surprise et murmura :

— A qui en veut-elle ?...

Noël suivit le regard de son ami, et rencontra celui de cette même femme habillée de deuil qu'il avait vue chez mademoiselle Carmélite, et à qui son nom avait causé une si vive émotion.

Elle donnait le bras à un homme de quarante-cinq ans, à qui ses décorations et ses bottes éperonnées donnaient l'aspect d'un militaire.

— Quelle est cette femme ? s'écria vivement Noël, qui s'aperçut de l'affectation avec laquelle elle le désignait à l'homme qui l'accompagnait...

— Cette femme, répondit Valvins en examinant le trouble de Noël... la connais-tu, toi ?

— Non, puisque je te demande qui elle est.

— Eh bien ! dit Valvins avec une expression cruelle de mépris, c'est... c'est une femme.

— Mais son nom ?...

— Parce qu'elle te regarde comme si ses yeux voulaient fouiller dans ton cœur, la crois-tu amoureuse de toi ?

— Tu es fou ! Je te demande qui elle est, parce que je ne puis douter qu'elle ne me connaisse.

— Et je ne vois pas pourquoi elle ne te connaîtrait pas ; elle habitait Poitiers quand tu l'habitais.

— Et on la nomme ?

— Madame Cantel.

— Je me rappelle ce nom ; c'est celui d'un vieux militaire, mort il y a un an tout au plus, quelques jours avant que tu arrives à Poitiers.

— Et de quelle maladie est-il mort? demanda Valvins avec un ton singulier.

— Je ne m'en suis pas informé; mais pourquoi cette question?

Valvins ne répondit pas. Mais comme cette madame Cantel repassait encore devant eux, et que ses regards et ceux de l'homme qui l'accompagnait cherchaient Noël avec une curiosité encore plus inquiète que la première fois, Valvins reprit :

— La vipère regarde le rossignol pour le dévorer; tu as raison, il y a quelque chose de commun entre toi et cette femme; je voudrais bien savoir quel intérêt elle a à te perdre.

— A me perdre, moi! s'écria Noël.

Elle était passée, et Valvins, au lieu de répondre à Noël, fit un signe à un jeune homme qui se promenait en compagnie de trois ou quatre personnes. Parmi celles-ci se trouvait un tout jeune homme d'une beauté remarquable, il avait à peine seize ans; et, pendant que celui que Valvins avait appelé s'approchait, Noël put remarquer que ce bel enfant suivait cette dame Cantel d'un œil inquiet, et qu'en même temps il examinait Noël comme s'il eût voulu lui demander compte des regards que cette belle inconnue lui adressait. Puis il continua à la suivre, pendant que son ami s'asseyait près de Valvins, qui lui dit, en lui montrant madame Cantel :

— Avec qui est-elle?

— Avec le général Varneuil.

— Mon père! s'écria vivement Noël en se levant.

Le jeune homme qui avait parlé à Valvins regarda Varneuil avec un étonnement qu'expliquait cette singulière exclamation d'un fils qui ne connaît pas son père. Valvins lui-même sembla stupéfait et répéta :

— Ton père?

— Oui, répondit Noël en rougissant, il y a si long-temps que je ne l'ai vu...

— Que tu ne l'as pas reconnu, n'est-ce pas? dit Valvins... Mais depuis un mois que tu es à Paris, pendant toute la maladie de ta mère, tu n'es pas allé le voir... il n'est pas venu?...

Noël courba la tête; tout le désespoir de sa destinée lui revint dans le cœur, et ne sachant ni ne voulant expliquer la singularité de sa position, il s'éloigna. Valvins le suivit après avoir causé un moment avec le jeune homme qu'il avait appelé.

— Eh bien! qu'as-tu? lui dit-il.

— Rien.

— Tu ne connais pas ton père, dit Valvins, avec un brusque intérêt, cela se voit : c'est un mystère. Je ne te demande pas ton secret. Du reste, tu n'es pas le seul en ce monde. Moi, je suis encore plus ignorant que toi, qui sais au moins qu'il y a un homme à qui tu peux donner ce nom. Je suis un orphelin ramassé sur le bord d'un fossé, et à qui l'on a donné le nom de Valvins, parce que c'est dans le village qu'on nomme ainsi que j'ai été élevé.

— Tu ne m'avais jamais dit cela.

— A quoi bon ? Il n'y a que les malheureux qui ne méprisent pas les malheureux. Je te voyais aimé d'une mère qui devait te donner de l'orgueil, portant un nom dont tu pouvais tirer vanité. Tu m'aurais peut-être traité avec une pitié protectrice ; je t'en aurais voulu, Noël... Et toi, Lucien Deville, celui que je viens de quitter, et ce jeune homme qui partage entre toi et madame de Cantel ses jalouses attentions, vous êtes peut-être les seuls hommes auxquels je serais fâché d'en vouloir. Mais aujourd'hui que je te crois plus à plaindre que moi, je puis te dire ce que je suis : un enfant trouvé.

— Et tu as pu devenir ce que tu es ?

— C'est que j'ai été élevé de bonne heure à l'école du malheur. Mais toi, ne veux-tu pas me dire par quelles circonstances extraordinaires tu ne connais pas ton père ?

— Non, je ne puis te le dire, car c'est un secret que j'ignore encore ; mais mon père me l'apprendra sans doute.

— Alors, hâte-toi d'aller le lui demander.

— Pourquoi ?

— Parce qu'il est avec une femme qui l'éloignera de toi ou qui t'éloignera de lui, si tu nuis à ses projets.

— Et quels sont ses projets ?

— De devenir comtesse de Varneuil.

— D'où le sais-tu ?

— De sa vie passée.

— Tu la connais donc ?

— Oui.

— Mais ce que tu en sais ne peut-il me guider dans la manière dont je dois me conduire avec mon père ?

— Peut-être.

— Veux-tu me le dire ?

— Pas maintenant, Noël, tu ne sais pas encore comment on peut se servir du mal qu'on sait des autres ; c'est une arme qui blesse trop souvent celui qui la manie imprudemment. Quand tu auras vu le comte de Varneuil, je te dirai quelle est cette femme.

— Ce sera donc ce soir.

— Ce soir soit.

— Je vais à Passy.

— Il est trois heures ; à six heures nous dînons au Palais-Royal. Nous t'attendrons.

— Il suffit.

— Tu peux aller à Passy tout de suite, voilà le général qui est remonté dans sa voiture avec madame Cantel, ils rentrent chez eux.

— Chez eux? dit Noël.

— Oui, dans deux petites maisons contiguës, où, s'il y a deux chambres à coucher, il n'y a presque jamais qu'un lit à faire.

— Ainsi, madame Cantel...

— Est la maîtresse du comte Varneuil, en attendant qu'elle soit sa femme.

— Oh! ce n'est pas possible.

— Tu verras.

Noël s'éloigna, prit une voiture et se fit conduire à Passy; presque aussitôt un autre cabriolet prit le même chemin. L'impatience de Noël, et le pour-boire excellent qu'il promit au cocher lui firent suivre d'assez près la voiture de son père pour qu'il le vît rentrer chez lui. Quelques minutes après, il était à la grille de sa maison, et le concierge lui répondait que le général était sorti et ne rentrerait pas.

L'indignation de Noël fut si vive, qu'il s'emporta avec une violence extrême; mais le concierge lui répondit par des menaces de le chasser. A ces mots, l'exaspération de Noël fut à son comble, et il s'écria avec assez d'éclat pour être entendu:

— Voyons donc si un valet osera me chasser de la maison de mon père!

Le concierge demeura stupéfait, et il allait se confondre en excuses, lorsqu'une voix partie du perron de la maison, lui cria:

— Laissez entrer.

Noël alla vers l'endroit d'où partait cette voix, et vit le général Varneuil, qui, pâle et tremblant de colère, tenait entr'ouverte la porte d'un salon, et qui d'un geste impératif lui fit signe d'entrer.

Il était seul, mais un châle noir oublié sur un fauteuil montra à Noël que la veuve qu'il avait rencontrée avec le général venait de quitter ce salon. Le général avait fermé la porte avec colère, et Noël s'était avancé jusqu'au milieu de la pièce.

M. de Varneuil s'approcha de son fils sur lequel il attacha un regard irrité; celui-ci fit un pas pour se jeter dans les bras du général, mais ce n'était pas un père qui semblait être devant lui, c'était un ennemi, prêt à lui demander compte de l'esclandre que lui, Noël, venait de faire dans sa maison.

— Vous vous appelez Noël Varneuil, n'est-ce pas, monsieur? lui dit le général d'une voix sombre.

— C'est mon nom, puisque c'est le vôtre, mon père.

A la douceur triste de l'accent avec lequel ce peu de paroles furent prononcées, le général parut, pour ainsi dire, changer de colère, et, au lieu d'être irrité contre la violence de son fils, il sembla fâché de sa résignation et se mit à parcourir la chambre en murmurant:

— Oui, monsieur, oui, mon nom est le vôtre... il l'a bien

fallu... et cependant j'aurais dû... mais non, ce qui est fait est fait...

Puis il s'arrêta et s'écria en reprenant son humeur :

— Enfin, que me voulez-vous ?

Noël était atterré. Pour cette fois, il sentait véritablement sa raison le quitter. Il fit un dernier effort, et, tendant à son père la lettre qu'il devait lui remettre, il tomba sur un fauteuil, incapable de se soutenir plus long-temps contre de pareilles émotions. Il ne perdit pas complétement l'usage de ses sens; mais il demeura pendant quelques minutes dans un état alarmant de faiblesse et presque de délire : il ne voyait plus rien qu'à travers un voile, et tout ce qui l'entourait n'avait plus ni forme, ni couleur, les sons ne lui arrivaient plus que confusément et sans qu'il distinguât le sens des paroles prononcées autour de lui. Cependant il lui sembla, après un moment de silence, qu'une voix d'homme s'était fortement élevée appelant du secours; puis une voix de femme paraissait avoir dominé ensuite, puis un nouveau silence, pendant lequel on lui faisait respirer des sels.

Jamais Noël n'eût pu dire combien de temps dura ce demi-évanouissement; mais, au moment où il revint à lui, il put apercevoir son père assis à un bureau et écrivant; il ne se sentit ni la force, ni le courage de lui parler; il vit seulement le général prendre un papier, le plier, le cacheter et le remettre à une femme qui s'empressait près de Noël. Cette femme était madame Cantel, mais Noël était incapable de la reconnaître. Presque aussitôt le général se retira, et madame Cantel regarda avec anxiété si Noël avait la conscience de ce qui se passait autour de lui. La pâleur du jeune homme la rassura sans doute, car, profitant de ce que le pain à cacheter était encore trop frais pour lui résister, elle ouvrit cette lettre et la parcourut rapidement. Il sembla à Noël que cette lettre servait de pli à d'autres papiers, dont cette femme enleva une partie, mais tout cela était si confus, que ce ne fut que par la réflexion que plus tard il arriva à se rendre raison de ce qui avait passé devant lui comme un rêve.

Cependant les soins de madame Cantel parvinrent à rappeler Noël à lui-même; avec la conscience de sa vie, il reprit sa force, et avec sa force son désespoir. Mais cette fois son désespoir, au lieu de l'abattre, sembla lui donner plus de force, et il se releva avec une violence qui fit reculer madame Cantel. Cependant elle se remit, et, tendant à Noël la lettre que le général lui avait confiée, elle lui dit :

— Voici, monsieur, ce que le général m'a chargé de vous remettre.

— Mon père n'a-t-il rien à me dire? répartit Noël.

— Il a cru devoir vous écrire, monsieur.

— En ce cas, madame, cette lettre est inutile.

— Peut-être, quand vous en connaîtrez le contenu, penserez-vous le contraire.

Noël réfléchit, et, après un moment de silence, pendant lequel il rappela ses idées et l'espèce de songe qu'il venait de faire, la soustraction qui lui semblait avoir été faite, il se souvint aussi que les ordres de sa mère ne s'arrêtaient pas à la remise des quatre lettres. Il prit celle que lui présentait madame Cantel, et répondit avec un accent qui parut épouvanter cette femme :

— Je prends donc cette lettre, madame, je la prends, et j'espère qu'elle ne me sera pas inutile.

Et tout aussitôt il sortit de la maison de son père, et s'enfuit pour pouvoir à son aise éclater en larmes et en sanglots.

A ce moment, Noël avait tout oublié, son rendez-vous avec Valvins et les avertissemens de cet ami sur madame Cantel. C'était à son père seul qu'il en voulait; c'était à sa destinée, surtout. Un peu moins de malheur, et peut-être Noël eût-il pensé au suicide; mais il était frappé par trop de côtés à la fois pour ne pas ressentir cette douleur qui pousse à la vie par la colère. Mille désirs de vengeance se succédaient dans son esprit; mais comment les satisfaire, et d'ailleurs, comment et de quoi se venger?

Il supposa que la lettre qu'il venait de recevoir pouvait lui en fournir les moyens, et il voulut en connaître le contenu.

Pour l'intelligence des événemens qui vont suivre, il faut dire que Noël était remonté dans le cabriolet qui l'avait amené, lorsqu'il se décida à ouvrir sa lettre. Il était trop troublé pour faire une attention scrupuleuse à ses actions; il brisa le cachet de la lettre, et la déplia sans s'apercevoir qu'il s'en échappait quelques chiffons de papier, et que ces papiers, après être tombés sur ses genoux, avaient glissé jusque dans la paille du cabriolet. Sans doute le cocher s'en aperçut et comprit l'importance des papiers qui s'échappaient ainsi, car, à partir de ce moment, son cheval qui, jusque-là, avait marché de ce trot imperceptible propre à la voiture prise à l'heure; le cocher, dis-je, lança l'animal d'une façon vraiment extravagante, feignant de ne pouvoir le maintenir, et l'excitant sous le prétexte de le corriger. De cette façon et grâce aux rudes secousses que cette allure procurait à Noël, il fut impossible à celui-ci de lire la lettre qu'il tenait. Un plus léger obstacle eût suffi à Noël pour l'y faire renoncer, car il en était arrivé à n'avoir plus ni désir, ni volonté. Il n'avait aucun projet, et, en eût-il eu un, il eût manqué de résolution pour l'exécuter. Cependant, le cocher lui ayant demandé plusieurs fois où il fallait le conduire, Noël avait répondu:

— Où vous voudrez.

— Au Palais-Royal, mon maître?

Le Palais-Royal alors, plus encore qu'aujourd'hui, était le centre de toutes les oisivetés.

— Oui, soit, au Palais-Royal, répondit Noël, qui se rappelle que Valvins devait s'y trouver.

Grâce au singulier empressement du cocher, Noël fut bientôt arrivé. Il erra un moment dans le jardin, et ne fut pas peu étonné, en reconnaissant Valvins au bout d'une allée, de le voir en grande conférence avec Carmélite. Il les aborda, et l'élégante couturière parut encore plus contrariée que surprise de la connaissance de Valvins et de Noël. Lorsqu'elle les eut laissés ensemble, Noël dit à son ami :

— Tu connais cette femme ?
— Oui.
— C'est singulier.
— Pourquoi ?
— Parce qu'elle est aussi liée à mon existence.
— Et en quoi ?
— Je l'ignore; mais je dois le croire... Qui est-elle ?
— Une femme, répartit Valvins avec un peu de ce pédantisme de méchanceté qu'il affectait en parlant des femmes ; c'est-à-dire fausseté, vanité, lâcheté.
— Ce n'est pas me répondre.
— Si c'est son histoire que tu veux savoir, je te la dirai. Celle-là, je la sais mieux que personne.

Comme ils parlaient ainsi en se promenant sous les galeries, ils furent violemment poussés par un homme qui passa rapidement, en s'élançant dans une de ces sombres allées qui alors menaient aux maisons de jeu.

— Qu'est-ce que c'est que ça ? s'écria Noël, tout étourdi de la rudesse de la rencontre ; un fou ou un voleur ?
— C'est plus que tout cela.
— C'est ?...

A l'instant où il allait répondre, Valvins se détacha du bras de Noël, et, s'approchant d'une jeune fille qui parcourait le jardin d'un air inquiet, il lui dit :

— Vous cherchez votre maître ; il vient d'entrer au 113.
— Encore ! s'écria la jeune fille. Heureusement que les garçons de salles le connaissent, et qu'ils lui refuseront la porte.
— Oui, fit Valvins en riant ; mais il est peut-être monté plus haut dans la maison...

La moue méprisante avec laquelle la servante répondit à cette supposition fut aussi significative que possible. Valvins la comprit ; mais Noël demeura encore plus stupéfait qu'il ne l'avait été jusque-là, car cette fille était Cécile, la servante du vicomte d'Ambret. Noël crut deviner une telle fatalité dans ce concours de rencontres véritablement invraisemblables, qu'il arrêta Valvins, et lui dit :

— Connais-tu M. d'Arvilliers ?

— L'évêque?
— Oui.
— Oui, et je connais aussi madame Dulong, sa gouvernante.
Noël sourit.
— Oui, murmura-t-il, il y a une fatalité en tout ceci.
— Est-ce que tu as affaire à l'évêque? dit Valvins.
— Oui, repartit Noël.
— En quoi?
— Je te le dirai. Je te dirai tout; mais je ne le puis avant quelques jours.
— Soit; où dînes-tu?
— Nulle part.
— Dîne avec nous.
— Volontiers.

Lucien Deville les avait rejoints.

Tant que dura le repas, Noël prit peu de part à la conversation. Quand il fut terminé, Noël, qui semblait avoir médité un projet, pria son ancien et son nouvel ami de l'accompagner chez lui. Ils le suivirent. Au moment où il passait devant la loge du portier, celui-ci lui remit trois lettres. Noël, monté chez lui, les ouvrit. Il les parcourut rapidement, et une singulière expression parut sur son visage; c'était comme s'il eût dit : Je m'y attendais. Il fit signe à Valvins et à Lucien Deville de s'asseoir, et, après avoir fait apporter un bol de punch et des verres, il leur dit :

— Écoutez-moi avec attention l'un et l'autre. Voici ce qui m'est arrivé aujourd'hui.

Et tout aussitôt il leur raconta les visites du matin les unes après les autres, jusqu'au moment où il les avait rencontrés aux Tuileries. Puis il ajouta : — Ces lettres que je viens de recevoir me prouvent que les quatre femmes qui se trouvent connues de vous ne sont pas étrangères à ce qui m'arrive. Valvins, dis-moi donc ce que tu sais, et puis après je vous ferai part de ce qui m'a été écrit.

— Mais, dit Valvins, ta visite chez ton père, tu n'en parles pas.
— Elle a été comme les autres, elle m'a valu une lettre.
— Comme les autres?
— Je l'ignore. Je ne l'ai pas lue.
— Il faut la lire, dit Valvins.
— Pourquoi?
— Il faut la lire, il faut que tu saches si ton père t'a repoussé aussi.

Alors Noël leur raconta encore ce qui lui était arrivé à Passy, son évanouissement et ce qu'il avait cru voir dans cette espèce de songe éveillé qu'il avait fait.

Valvins regarda Lucien et sourit amèrement; puis il ajouta
— Raison de plus pour lire cette lettre.

— Sais-tu donc quelque chose?

— Je ne sais rien, fit Valvins. Mais lis.

Noël tira la lettre de sa poche, et Valvins put voir qu'elle était décachetée.

— Tu dis ne pas l'avoir lue?

Noël lui expliqua ce qui lui était arrivé dans le cabriolet, et se mit à lire, mais bientôt il pâlit et parut prêt à se trouver mal ; tout à coup cependant il regarda autour de lui, chercha par terre et dans ses poches...

— Qu'est-ce que c'est? dit Valvins.

— Regarde, s'écria Noël, en lisant un paragraphe de la lettre.

« La somme que vous trouverez sous ce pli est tout ce que vous recevrez de moi. »

— Eh bien! cette somme? dit Valvins.

— Elle n'y est pas, je l'aurai perdue dans ce cabriolet.

— Ou on te l'a volée.

— Qui donc?

— Nous le saurons. Donne-moi de quoi écrire, reprit Valvins.

Il écrivit un mot et chargea le domestique de Varneuil d'aller porter sur-le-champ le billet à son adresse.

La conduite de Valvins n'était pas moins mystérieuse que celle des autres personnes à qui Noël avait eu affaire, et il regrettait presque le commencement de confiance qu'il lui avait montrée. Valvins le devina et lui dit :

— C'est à moi à commencer, Noël, je vais te dire ce qu'il faut que tu saches, et ensuite tu agiras comme tu le croiras convenable. A l'exception de la phrase que tu as lue, j'ignore ce que contient la lettre de ton père ; je ne sais pas non plus si tu as perdu ou si l'on a fait disparaître la somme qu'elle renfermait, mais ce qui t'importe surtout de savoir, c'est qu'elle est la femme sous l'empire de laquelle il agit. Quand tu en seras instruit, tu verras ce que tu auras à faire vis-à-vis de lui et vis-à-vis des autres hommes chez qui tu t'es présenté.

— Parle donc, je t'écoute.

— La vie de madame Cantel n'est pas longue, elle se résume toute en une aventure à laquelle manquait le dénouement lorsque je l'ai écrite, ce qui arrive aujourd'hui peut le rendre ce qu'il doit être.

— Et cette aventure, dit Noël, pendant que Valvins déposait un manuscrit sur la table, tu l'as écrite?

— Oui.

— Et pour qui?

— Tu as vu ce jeune homme qui était ou bras de Lucien Deville?

— Oui.

— C'est pour lui qu'elle a été écrite.

— Et dans quel but?

— Si tu veux attendre un moment, tu le sauras.

A l'instant on sonna à l'appartement, et une voix jeune demanda M. Valvins.

Valvins ouvrit la porte du petit salon et cria assez haut :

— Entre, Fabien, entre.

Noël vit entrer aussitôt le jeune homme dont Valvins parlait, et celui-ci lui dit :

— Je te présente à M. de Varneuil.

— M. de Varneuil! dit ce jeune homme en le saluant.

— Dis-moi, Fabien, reprit Valvins, quand tu as vu monsieur suivre la voiture de M. de Varneuil et de madame Cantel, tu as suivi monsieur?

Le jeune homme rougit.

— Oui, reprit Lucien, tu avais remarqué les regards curieux dont Victorine le poursuivait, et tu as cru que c'était un rival.

— C'est vrai, monsieur, dit Fabien en s'adressant à Noël, mais à présent que je sais...

— Tu sais quelque chose de plus important dit Valvins. Tu sais le numéro du cabriolet qui a conduit Varneuil.

— Oui, dit Fabien en ouvrant un carnet, c'est le numéro 901.

— Lucien, un mot à Eugène ; il faut que le cocher de ce cabriolet soit arrêté ce soir, et nous pourrons peut-être alors écrire le dénouement de cette histoire.

— Quelle histoire?

— Celle que je t'ai promise, Fabien.

— Une calomnie.

— Une vérité, dit Lucien, dont je me porte garant.

— Toi, Lucien? dit le jeune homme.

— Écoute, et tu verras si j'ai été en position de tout savoir.

— Chacun de vous y a son intérêt, messieurs, reprit Valvins en s'adressant à Noël et à Fabien ; soyez donc attentifs ; toi, Noël, n'oublie pas que s'il y a des détails qui te sont inutiles, puisque tu connais la ville où elle s'est passée, c'est que cette histoire s'adressait d'abord à quelqu'un qui ne les connaît pas.

— Nous écoutons.

Et Lucien leur lut l'histoire suivante.

VIII

Une Femme.

Nous sommes à Poitiers. Au pied de la ville coule une petite rivière qu'on nomme le Clain. Elle est encaissée entre deux collines chargées d'arbres qui se mirent dans son lit. A hauteur de la ville, la vallée que forment ces deux collines se développe comme une vaste coupe au fond de laquelle la gracieuse rivière, retenue par une large chaussée, étale une belle nappe d'eau qui s'échappe ensuite par nombreuses tranchées en faisant tourner des fabriques, des moulins, des usines de toute sorte. Mais si vous remontez ce petit courant d'eau, peu à peu les collines se rapprochent, la vallée se rétrécit, et vous arrivez à une espèce de petite gorge où le Clain n'est plus qu'un ruisseau que les grands arbres du rivage couvrent presque entièrement d'un côté à l'autre.

A cet endroit et à cent pas du rivage tout au plus, s'élève une assez grande maison, ou plutôt un assemblage de petites bâtisses qui se touchent et dont on a fait une habitation unique. Autrefois cet endroit s'appelait encore la ferme du Préssoir, et dépendait du beau château de Graverend qui est situé au sommet de la colline. Mais toutes les terres dépendantes de ce château ayant été vendues pendant la révolution, cette ferme devint la propriété du colon partiaire qui l'exploitait pour son compte et celui du marquis de Graverend. Ce colon s'appelait Cantel ; il mourut en laissant cette ferme pour héritage à son fils unique, Joseph Cantel, alors capitaine de grenadiers dans la garde impériale. C'était en 1808 Joseph était déjà à cette époque un homme de quarante-six ans ; il était veuf, et avait une fille de huit ans, qui, grâce aux services de son père, avait été admise à Écouen. Au moment où son père était mort, Joseph ne pouvant s'occuper de l'exploitation de sa propriété, l'avait louée par parcelles aux paysans dont elle touchait les exploitations, et ne s'en était réservé que les bâtimens et un jardin de quatre arpens qui s'étendait de ces bâtimens jusqu'à la rivière. Je ne puis dire si ce fut hasard ou prévoyance qui fit garder au capitaine Cantel cette habitation : mais il fut ravi de la retrouver en 1815, lorsqu'après le licenciement de l'armée de la Loire, il fut mis à la retraite avec le grade de commandant, qu'il avait gagné dans la campagne de Russie. Ce fut à cette époque qu'il donna une nouvelle destination à tous ces bâtimens contigus ; il ouvrit des fenêtres, perça des portes, fit carreler et parqueter le sol, cacha les poutres sous des plafonds, restaura les toits, recrépit les murs, et parvint à se créer une maison d'habitation d'une apparence extérieure assez désagréable, mais dont l'intérieur était aussi confortable que pouvait le désirer un vieux soldat qui possédait un revenu de 3,600 fr., indépendamment de ses 1,900 fr. de retraite et de sa croix d'officier de la Légion-d'Honneur.

Grâce à tous les travaux qu'il avait fait exécuter, l'écurie des chevaux était devenue un grand salon, l'étable une salle à manger, et une grange à battre le blé une belle salle de billard. Il avait distribué en quatre jolies pièces contiguës les deux immenses chambres qui servaient autrefois à l'habitation du colon partiaire et de ses gens. La plus petite de ces pièces, donnant sur la cour, était la chambre du commandant; la seconde, celle de sa fille; les deux plus belles, dont les fenêtres ouvraient sur le jardin du côté de la rivière, étaient la chambre et le cabinet de travail de madame Cantel : car j'ai oublié de dire qu'en **1815 M.** Cantel s'était remarié. Je ne puis affirmer qu'il fit une sottise; mais, ce qu'il y a de sûr, c'est qu'il crut faire une bonne action; ce qui, au dire de certains mauvais esprits, est absolument la même chose. Comme cette histoire a besoin d'authencité, j'ai lieu d'expliquer comment cela arriva; je préfère citer une pièce originale, et cette pièce n'est autre qu'une lettre écrite alors sous l'influence d'un testament qui ne peut être accusé de prévention, car cette lettre ne devait pas servir alors à l'usage auquel elle est destinée aujourd'hui : Du reste, la voici :

EUGÈNE DE FREMERY A LUCIEN DEVILLE.

Mon cher Lucien,

Grande nouvelle, merveille, prodige ! la perle est retrouvée; j'ai retrouvé le bel ange brun : les Parisiens sont des niais; il n'y a qu'eux d'exilés en France. Tu vas être furieux : elle est ici, ici à Poitiers, dans cette abominable ville où l'on ne sait quel est le plus pointu, ou de ses pavés ou du visage de ses femmes. Mais je te connais, tu es homme à ne rien comprendre à mes exclamations, et à prendre tes grands airs, en disant du bout des lèvres :

— Hein ! qu'est-ce que c'est ?
— Voici ce que c'est.

Te souviens-tu du sermon en trois cents points que tu me fis, le jour où je me décidai à entrer dans la magistrature et à suivre la carrière du parquet ?

— Si l'on te donne quelque chose à Paris, me dis-tu, fais-toi greffier, si tu veux, fais-toi expéditionnaire ou moins encore, si c'est possible; car, une fois l'audience levée ou l'heure du bureau passée, on redevient l'homme qu'on veut ou plutôt l'homme qu'on est. A Paris, la profession ne classe que là où elle s'exerce. Dans le monde, c'est l'esprit, les manières, la distinction, qui marquent la place qu'on vous y donne. En province, la hiérarchie vous suit partout : à la promenade, à table, dans un salon. Il faut presque demander la permission à son chef pour avoir de l'esprit devant lui. Personne ne s'inquiète de ce que vous valez, mais de ce que vous êtes ; et quand on aura dit que tu es substitut du procureur du roi, tu seras immédiatement classé, dans l'estime de la société, juste à la place que t'assigne ton emploi dans l'Annuaire du département.

Ce n'est qu'à Paris qu'on est homme du monde; en province, on est procureur général, directeur de l'enregistrement ou douanier; le titre ne vous quitte jamais : il vous dénonce partout et vous classe partout.

T'en faut-il une preuve matérielle ? Vois les militaires. A ceux qui sont en garnison à Paris, il est permis, dès que l'heure de leur service est passée, de se dépouiller de leur habit à revers, et alors les voilà des hommes comme les autres : c'est leur affaire d'être beaux, spirituels, élégans ; rien ne les en empêche. Mais en province, l'ordonnance les condamne à l'uniforme et à l'épaulette ; ils restent partout M. le colonel, M. le major et M. le sous-lieutenant ; ils portent sur l'épaule le degré de considération qu'ils méritent ; et ce qui est matériellement vrai pour eux seuls est moralement vrai pour tous.

Qu'iras-tu donc faire en province ? Te mettre au dernier rang d'une société tracassière, bavarde, médisante ? Y comptes-tu sur quelques hommes de plaisir ? Mais, s'il y en a, ils te seront interdits ; tu ne dépouilleras jamais ta robe de substitut, et on ne va pas en bonnet carré à une joyeuse orgie. Espères-tu y trouver des femmes ?... Mais... d'abord je nie qu'il y ait des femmes en province. Il y a des mères et des filles, des tantes, des nièces, des épouses fidèles et infidèles, mais des femmes !... Une femme, ce produit indéfinissable de la civilisation et de la corruption parisiennes, cet être doux, méchant, gracieux, spirituel, volontaire, faible, emporté, naïf, hypocrite, qui résiste ou qui se donne, qui vous domine ou qui vous obéit, qui vous aime ou qui vous trompe, qui vous perd ou qui vous sauve, mais qui, bon ou mauvais, fatal ou heureux, devient votre pensée, votre vie, votre ambition ; cet étrange assemblage de vices et de qualités, dont la beauté même est indéfinissable, car elle ne tient ni à des traits ni à des formes parfaites, car elle est toute dans un ensemble admirable de détails imparfaits ; dans une harmonie remplie de beautés franches et apprêtées ; ce quelque chose de précieux, d'exquis qui prête des grâces à tout et qui en reçoit de tout, qui pare son luxe et qui en est paré, qui va bien à sa vie et à qui sa vie va bien ; cette âme qui a du tact pour tout comprendre, du goût pour tout faire, cette fée mortelle et visible qui possède cependant le pouvoir le plus tyrannique et le plus inaperçu, le charme ! une femme enfin, ce que j'appelle une femme, il n'y en a pas en province, il n'y en a qu'à Paris.

Eh bien ! mon cher Lucien, il y en a à Poitiers, une du moins, et tu ne nieras pas que ce ne soit la femme comme tu l'entends ; car toi-même, tu l'as dix fois proclamée la reine de ces magiciennes que tu déchires et que tu adores si cordialement.

Du reste, il faut également que je te raconte comment je l'ai retrouvée, puisqu'à mon départ de Paris je t'ai promis de te faire un récit exact de mon arrivée à Poitiers, de mes visites et de mes présentations.

Mais je te fais grâce d'une douzaine de caricatures que j'ai esquissées à ton intention ; car je ne pense pas que tu tiennes beaucoup à savoir que nous avons un président de chambre, vieux galantin qui se vante de n'avoir pas mis son chapeau sur sa tête depuis quarante-sept ans ; un capitaine de gendarmerie qui joue de la guitare, et qui, au dessert, chante : *Fleuve du Tage ;* un avocat général qui va de son hôtel à l'audience en robe rouge, avec des patins et un parapluie ; et un maire qui dit tous les soirs avec la même satisfaction de son esprit et le même gros rire :

— Je suis père et maire de mes administrés.

Tout cela sent son Pigault-Lebrun d'une lieue, et mes prétentions à peindre des originaux ne me fourniraient que d'assez plates copies. Ce qui t'intéresse, c'est de savoir comment je l'ai retrouvée. Le voici.

Je suis arrivé à Poitiers il y a près de quinze jours, et je suis allé sur-le-champ à l'hôtel de mon oncle, M. d'Ertenel. Je n'y ai trouvé qu'un vieux concierge maussade qui m'a déclaré ne point avoir la clé des appartemens. Il m'a donc fallu retourner à l'auberge, et le lendemain, après avoir fait mes visites d'étiquette, j'allai voir mon oncle à son château de Grand-Pin, qu'il habite maintenant toute l'année. Il est toujours vert, malgré ses quatre-vingts ans, et m'a reçu avec affection, mais sans se départir de ses habitudes cérémonieuses et de ses airs de vieille cour. Il m'a retenu près de quinze jours, pendant lesquels on m'a préparé un appartement dans un des coins de son immense hôtel.

Je ne te parle pas de la morale que ce cher oncle m'a faite, des conseils qu'il m'a donnés sur les gens que je devais voir fréquemment, sur ceux qu'il est bon de visiter de temps à autre, et particulièrement sur ceux qu'il faut éviter comme la peste.

Tu dois aisément te douter que, parmi ceux-ci, les buonapartistes ont été les premiers signalés. Mais ce qui m'a fort étonné, c'est qu'après m'avoir tracé avec une vraie gravité de vieillard une règle sévère de conduite comme magistrat et comme politique, il a consacré toute une soirée à me prémunir contre les dangers d'une liaison. Le bon oncle a ses théories comme toi, mais elles ont moins de poésie.

— Mon neveu, m'a-t-il dit, vous avez vingt-un ans ; vous allez entrer dans le monde avec un état qui exige une grande discrétion dans le choix de ses intimités ; vous serez exposé à voir des femmes de trois classes bien différentes : celles de la noblesse, chez lesquelles votre nom vous fera admettre ; celles de la robe, que votre profession vous oblige à voir, et celles de l'administration, que vous rencontrerez chez nos premiers magistrats. En thèse générale, vous ne vous adresserez jamais à une demoiselle. La séduire, si elle est pauvre, est une sottise, car on s'expose à l'épouser en cas de malheur ; si elle est riche, c'est une infamie, car on semble avoir eu sa fortune en vue plus que son amour; et dans tous les cas, vous êtes trop jeune pour un établissement, quel qu'il soit. Restent les femmes mariées.

Je regardai mon oncle pour voir s'il ne se moquait pas de moi; mais il avait son air princier et sévère, et ne parlait pas moins doctoralement que lorsque la veille il m'avait expliqué mes devoirs de magistrat. Il prit une prise de tabac dans la tabatière d'émail que lui donna jadis madame Dubarry, dont tu sais qu'il est grand admirateur, et continua ainsi :

— Restent donc les femmes mariées. Si vous m'en croyez, vous ne tenterez rien du côté des femmes de la noblesse. D'abord elles sont de trop bonne compagnie pour prendre un amant qui n'est pas fait. Aussi dans ce monde il est très difficile de réussir à votre âge, et l'on y est ridicule dès qu'on ne réussit pas. C'est un immense danger, à part celui d'être tué par un frère, oncle ou cousin. Ce danger, vous ne le trouverez pas près des femmes de robe, mais un autre vous y attend : elles sont prudes, dévotes, casanières, et ont des propriétés dans le pays. Il en résulte que, pour elles, une affaire de cœur est une chose grave, persistante, qui fait partie du ménage, et qui doit durer autant que les baux à ferme de leurs terres : neuf, dix-huit ou vingt-sept ans. Il y a telle femme de conseiller à la cour qui vous fera rester quinze ans substitut, de peur que le moindre avancement ne vous éloigne d'elle. D'un autre côté, elles commencent presque toutes assez tard, entre trente et trente-cinq ans. Ajoutez à cela une liaison de dix ans, c'est le moins, et à trente ans vous vous trouverez l'amant d'une vieille femme acariâtre qui vous tiendrait de toute l'énergie d'un dernier amour, et qui, pour comble de malheur, serait capable de devenir veuve, et par conséquent libre. Je ne parle pas des cas où il y a scandale : c'est affreux, c'est toute une famille renversée, désunie, vingt procès honteux, et la rancune de toutes les robes rouges : on est perdu. Donc, si vous voulez suivre mes conseils, vous vous tournerez du côté des femmes de l'administration. Cela est ramassé dans tous les coins de la France, cela n'a point de famille à sa suite qui la dénonce à son mari. Elles ont du monde, et savent se conduire avec adresse dans l'occasion ; mais ce qu'il y a de mieux, c'est qu'habituées à de fréquens changemens de résidence, elles savent que la plus tendre liaison peut être rompue par un ordre ministériel, et elles ont cela d'admirable, qu'elles poursuivent avec une rare persévérance l'avancement de leur mari, dût-il les séparer de leur amant : quant à l'avancement de celui-ci, c'est son affaire; mais elles n'y font point obstacle sous le prétexte du désespoir que leur causera une séparation. Vous aurez donc à vous pourvoir de ce côté, si vous voulez être sage. Ce que vous devez vous interdire aussi, ce sont les femmes de la bourgeoisie ; là, s'il y a honnêteté, c'est un crime que de la tenter ; car chez ces gens-là l'honneur des mères est le patrimoine des filles ; s'il n'y en a pas, alors ce n'est plus que le vice abject où vous ne devez pas vous mêler.

J'écoutai le cher oncle, je lui promis de suivre ses avis, et mon appartement à Poitiers se trouvant enfin prêt, je revins à la ville. C'est là que j'appris qu'un domestique s'était présenté de 2 fois pendant mon absence pour réclamer un petit paquet dont j'avais dû être chargé pour un M. Cantel. Je me rappelai, en effet, avoir mis un rouleau à cette adresse au fond d'une des malles que j'avais laissées à Paris, et qui devaient m'arriver par le roulage. Je fis dire au domestique, qui se présenta une troisième fois, qu'aussitôt ce paquet arrivé, je le ferais remettre à son adresse. Ces malles me parvinrent il y a trois jours ; je trouvai le rouleau, et j'allais l'expédier par un domestique, lorsqu'en l'examinant, je vis que c'était de la musique : la cavatine de *Jean de Paris*, de *François de Foix*, quelques parties de la *Serva enamorata*, plusieurs duos, mais tous des morceaux de femmes. Des femmes, des virtuoses de province ; je pensai au capitaine de gendarmerie avec lequel j'avais dîné la veille, et je sonnai pour envoyer le fameux rouleau. Le domestique était absent, et je pensai alors qu'il serait plus poli d'aller porter moi-même une chose qu'on avait attendue avec tant d'impatience. Je fis demander où demeurait ce M. Cantel, et je vis que j'avais une promenade charmante à faire.

Je partis préoccupé de je ne sais quelle idée involontaire que je marchais à une aventure. Cependant je commençai à douter de mes prévisions à l'aspect de la bicoquerie où demeure M. Cantel. (Je dis bicoquerie, attendu que c'est un vrai faisceau de bicoques.) J'entrai dans une cour assez bien tenue, mais faite tout de travers ; une grosse fille rouge vint me dire que M. Cantel était absent. J'allais remettre mon rouleau à la servante, lorsque j'aperçois sur le seuil d'une porte une robe blanche, une taille de nymphe, un visage de fée. Je regarde mieux, c'était elle... elle, Victorine... — Mademoiselle Landais ici ! m'écriai-je. — Madame Cantel, me répondit-elle avec ce sourire si fin et ce léger clignement d'yeux qui, comme tu disais, prêtent un air de confidence au moindre mot de cette femme... — Je n'étais pas encore revenu de ma surprise, qu'elle m'avait fait entrer dans un salon coquet, gracieux, irrégulier et charmant comme elle. « Mon mari et sa fille Amélie sont absens, me dit-elle : j'en suis ravie, nous pourrons causer. » J'avoue que j'avais besoin de ce qu'elle m'apprit pour m'expliquer comment cette Victorine Landais, qui se faisait entendre pour quelques louis dans les grandes soirées musicales de Paris, se trouvait à la fois exilée en province, loin de tout ce qui peut apprécier son admirable talent ou le rendre profitable, et mariée solennellement, quand nous nous faisions un jeu de rire de ses airs de princesse. Tu sais qu'elle disparut soudainement, lorsque nous allions essayer de percer le mystère de sa position misérable et de sa parfaite éducation. C'est alors qu'elle se maria avec M. Cantel. Et voici comment cela arriva : Victorine Landais est orpheline et fille d'un officier mort au service de l'empereur. Elle fut élevée à Ecouen, où elle était restée comme sous-maîtresse ; mais la franchise de ses opinions la fit renvoyer au commencement de 1814. (Elle a des opinions, elle est bonapartiste, elle m'a fort amusé quand elle m'a dit cela.) Privée de toutes ressources, elle se servit de son talent pour vivre, en cachant ce qu'elle était, ce qui l'eût peut-être fait exclure de certaines maisons royalistes. C'est alors que nous l'avons rencontrée. Grâce à tes conseils (elle t'estime comme un homme très fort), grâce à tes conseils, elle allait se décider à prendre la carrière du théâtre, lorsqu'un jour elle rencontra Amélie, une fille d'officier, qui avait été élevée comme elle à Écouen. Celle-ci est cependant beaucoup plus jeune que Victorine, qui doit avoir vingt-deux ou vingt-trois ans, tandis qu'Amélie a tout au plus seize ans. La jeune fille présenta son ancienne compagne à son père, en lui contant comment sa reconnaissance pour l'empereur l'avait compromise. Le vieux commandant en pleura d'admiration ; il invita mademoiselle Landais à venir les voir pendant leur séjour à Paris. Victorine y alla ; le commandant la trouva charmante ! Sa fille était bien jeune pour lui être d'une compagnie assidue ; elle avait d'ailleurs besoin d'être encore guidée et protégée par une femme accomplie pour le devenir elle-même. Victorine était déjà une amie ; elle était belle, jeune et bonapartiste : c'en était trop pour la tête du vieux commandant ; il en devint fou et lui demanda sa main. Victorine était pauvre, sans famille, sans avenir certain ; le commandant est un digne homme encore fort bien : elle se laissa aller et consentit.

Elle m'a conté tout cela avec cet air candide et fin que tu lui connais ; il y a, à la fois, de l'enfant et du démon, de la timidité et de la malice dans le langage de cette femme. Elle est heureuse, m'a-t-elle dit ; elle aime son mari, qui est noble et bon pour elle ; elle aime sa belle-fille, qui est un ange de candeur et de grâce, et que j'ai aperçue dans le jardin, vêtue absolument de blanc comme sa belle-mère. Celle-ci est allée la rejoindre un instant, et je ne puis te dire quel charme j'éprouvai à suivre ces deux ombres blanches et sveltes allant doucement à travers le feuillage des grands arbres qui bordent la rivière. Au milieu d'une nature agreste et rude, ces deux corps aériens si fluides, si souples, si gracieux ; dans ce pays si brute, parmi ses habitans si grotesques, ces deux modèles de grâces élégantes et achevées, ces deux femmes enfin, comme tu les appelles, c'était comme une apparition céleste, et je me suis laissé aller à une rêverie à laquelle elle seule a pu m'arracher. Sans doute, elle allait reprendre le cours de ses confidences, lorsqu'on a annoncé une visite : c'était un M. de Graverend, un homme de trente ans, décoré et fort beau, de la beauté d'un officier de cuirassiers; il est capitaine du régiment qui tient garnison dans cette ville, et je l'avais déjà rencontré une fois chez le général : c'est un officier de l'empire, très brave et très distingué, dit-on, je le crois, parmi les cuirassiers. Il est entré comme un ambassadeur, avec une suite de saluts infinis. Elle l'a accueilli assez froidement, mais presque aussitôt mademoiselle Cantel est entrée, et, au trouble qui l'agitait, j'ai deviné ce qui l'appelait au salon. J'ai pris congé, et, en sortant, j'ai dit à Victorine : — Est-ce que c'est un futur gendre? — Je le crois, m'a-t-elle dit avec un sourire et un regard adorables. C'était à la fois une confidence de famille et une prière d'être discret qu'elle me faisait par ce sourire et ce regard; j'étais déjà de l'intimité de la maison; je partis et je revins à Poitiers dans l'état d'un homme ivre d'opium. Il me semblait que je marchais en l'air; je regardais avec mépris cette sale ville, ses femmes baroques, aux gestes serrés et à la voix criarde; je sentais que j'avais près de moi un refuge où je pourrais aller oublier le boston et le sirop de vinaigre des soirées poitevines, une oasis où je respirerais un parfum délicieux de nos beaux salons de Paris; j'allai chez le préfet, où je trouvai toutes les femmes abominables et mises comme des revendeuses de chansons, et je me retirai de bonne heure, pour emporter mon bonheur, sans qu'il se flétrît au contact de tous ces petits ridicules de province. Voilà deux jours qu'il dure; mais ce n'est qu'en recevant ta lettre ce matin que j'ai pensé à te l'écrire. Je n'ai pas revu Victorine depuis trois jours; mais demain je dîne chez elle : je viens de recevoir une invitation de M. Cantel. Dans quelques jours je répondrai à ce que tu me demandes relativement à ton procès. Pas un mot de ma rencontre à nos amis. C'est à toi seul que j'écris, entends-tu bien? Je les connais, ils riraient de moi et médiraient d'elle, et je ne le veux pas. Adieu, mon cher Lucien; ne me plains pas trop, et amuse-toi, puisque tu prends le plaisir pour le bonheur.

EUGÈNE DE FREMERY.

Quand Valvins eut fini la lecture, Noël et Fabien se regardèrent comme pour se demander en quoi toute cette histoire pouvait les intéresser, Valvins les devina et leur dit froidement :

— Messieurs, vous êtes jeunes, et peut-être ne prévoyez-vous pas où ce récit va nous mener; c'est qu'il y a une grande différence entre le vice du monde et le vice des tribunaux. Celui-ci peut se dire en un mot, il s'appelle le vol ou le meurtre; mais l'autre a besoin d'être saisi dans ses plus légers détails pour être compris, car c'est surtout par là qu'il est hideux.

Les deux jeunes gens firent un léger mouvement d'impatience, et Valvins continua :

— Deux mois s'étaient écoulés depuis le jour où Eugène de Fremery écrivit à Lucien Deville la lettre que j'ai citée au commencement de cette histoire. On était au mois de juillet, et Eugène de Fremery, seul dans son cabinet, se promenait en gesticulant et en murmurant à voix basse une espèce de monologue sans fin. Quelqu'un qui eût pu le voir et l'entendre de loin, se rappelant qu'il était substitut du procureur du roi, eût jugé à sa pantomime et au bruit de sa parole, tantôt lente, tantôt rapide, qu'il répétait une improvisation dont sa mémoire n'était pas encore bien sûre; mais quelqu'un qui l'eût vu et entendu de près eût deviné à l'exaltation de ses regards et au retour périodique de certains sons, qu'Eugène faisait des vers. Faire des vers à vingt-un ans, faire des vers pour la femme qu'on aime, dire avec des mots sonores et doux les espérances et les angoisses de son amour; à ces émotions, si charmantes parce qu'elles sont jeunes, ajouter le charme d'une douce harmonie, écouter le murmure de son cœur et se le répéter dans un écho poétique, aimer et croire à l'amour et à la poésie, à l'amour comme à une vérité, à la poésie comme à un ami, c'est le privilége de la jeunesse, c'est l'ineffable bonheur de ces heures qui font tant souffrir et qu'on pleure dès qu'on n'en souffre plus. Eugène en était là; il aimait de cet amour qu'on n'a pas deux fois en sa vie : car celui-là n'a eu encore ni remords ni déception. Amour délicat qui ne s'est pas encore heurté aux calomnies ou aux trahisons; amour chaste qui n'est pas flétri dans une faute, et qui ne tremble pas devant son bonheur. Aussi, le visage d'Eugène rayonnait d'une joie sérieuse; on sentait qu'il était heureux, mais d'un bonheur qui caressait son âme sans l'alarmer. Après avoir longuement modulé les vers qu'il composait, il se mit devant une table pour écrire; et, à mesure qu'il les écrivait, il semblait leur sourire comme à des confidens intelligens qui avaient bien compris son âme, et qui lui répétaient harmonieusement ce qu'il leur avait confié. Il achevait d'écrire ses stances, lorsque la porte s'ouvrit brusquement; Eugène prit son papier pour le cacher, mais il s'arrêta à l'aspect de son ami Lucien Deville, qui entra rapidement, en jetant avec humeur son chapeau dans un coin du cabinet.

— Qu'as-tu donc? lui dit Eugène; tu as vu ton notaire, ton avoué; aurais-tu de mauvaises nouvelles de ton procès?

Lucien se posa en face de son ami, et lui répondit d'un ton assez sardonique :

— Je suppose que les nouvelles de mon procès t'intéressent fort peu; car, depuis deux mois et demi que tu es à Poitiers, tu n'as pas daigné t'en informer, malgré la promesse que tu m'avais faite dans la première et la seule lettre que j'ai reçue de toi. Depuis lors, je t'ai écrit cinq ou six fois, je n'ai pas eu une seule réponse ; il m'a donc fallu venir moi-même dans cette ville pour m'occuper de mes intérêts ; ce n'est donc pas ma faute si je suis ici, mais la tienne.

— La manière dont tu me reproches ma négligence, répondit Eugène, n'est pas généreuse. Hier, quand tu es arrivé, je me suis excusé, comme je le devais, d'un tort que tu m'avais promis d'oublier. Toutefois, je ne puis t'en vouloir de ta mauvaise humeur, car je crains que ton affaire ne soit désespérée, et que ma négligence y ait contribué pour beaucoup.

— Mon affaire est excellente, mon cher Eugène, répartit Lucien, et je ne la crois pas douteuse, quoique j'aie un avoué ; il l'avait déjà suffisamment embrouillée pour me la faire perdre, mais, en quelques mots, je l'ai débarrassée de tout le fatras de subtilités dont il l'avait entourée, et, pourvu qu'il veuille suivre mes conseils, et n'avoir raison que par la raison, je crois pouvoir être sûr de ne pas perdre mes cinquante mille francs.

— Je t'en félicite, dit Eugène ; cela te rendra d'autant plus fort dans l'entrevue que je t'ai ménagée avec M. de Graverend, ton adversaire. Tu sais que j'aime mieux la plus mauvaise conciliation que le meilleur procès, et j'ai pensé que deux hommes d'honneur, mis en présence par des amis loyaux, termineraient plus vite et plus justement un arrangement d'argent que le tribunal le plus impartial.

Lucien considéra un moment Eugène, et, après un silence assez long, il finit par lui dire :

— Soit, j'accepte cette entrevue : pour beaucoup de raisons, je suis bien aise de connaître ce M. de Graverend ; où dois-je le rencontrer ?

Eugène sembla hésiter à répondre à cette question ; mais Lucien l'ayant répétée, il lui dit :

— Nous le verrons chez M. Cantel.

— Chez M. Cantel ! répéta Lucien d'un ton surpris.

— C'est ce qu'il y avait de plus convenable, fit Eugène avec impatience. M. de Graverend dîne aujourd'hui chez le commandant ; je vais passer presque toutes mes soirées chez lui ; tu es mon ami, tu connais madame Cantel, tu m'accompagnes, tu rencontres comme par hasard ta partie adverse, et cela n'a pas la solennité d'une entrevue arrangée à l'avance, et à laquelle, jusqu'à un certain point, je ne pouvais pas prêter mon concours en ma qualité de magistrat.

Un sourire assez moqueur fut d'abord la seule réponse de Lucien aux paroles d'Eugène. Il sembla encore les méditer assez long-temps, et répartit avec le même ton sardonique :

— Soit : je suis non moins charmé du lieu de l'entrevue que de 'entrevue elle-même ; mais ce qui me plaît surtout dans ce que tu viens de me dire, c'est l'observation exacte des convenances que t'impose ton rôle de substitut de procureur du roi.

— Penses-tu que je les aie jamais oubliées? dit Fremery avec quelque hauteur.

— Je crois toujours le mal qu'on dit de mes amis, répondit Lucien.

— Cela est flatteur pour eux, répartit Eugène ironiquement, et cela est d'un véritable ami.

— Cela est d'un véritable ami, précisément parce que ce n'est pas flatteur; les gens qui boivent à longs traits l'éloge qu'on leur fait de ceux qu'ils aiment et le blâme qu'on jette sur leurs ennemis, sont des niais qui tendent la main pour mendier de la fausse monnaie; moi, je croirai le mal qu'on m'a dit de toi, jusqu'à ce que tu m'aies juré sur l'honneur que tout ce que j'ai appris n'était pas vrai.

— Et qu'as-tu donc appris dont j'aie à me justifier? s'écria Eugène à qui le rouge monta au visage.

— Oh! calme-toi, on ne t'accuse ni de délit, ni de crime honteux prévus par le code pénal; ce dont on t'accuse est bien pis à mes yeux : car il s'agit tout bonnement de ton avenir et de ta considération, que tu perds.

— M'expliqueras-tu cette énigme?

— C'est ce que je vais faire sur-le-champ, si tu veux bien te donner la peine de m'écouter.

Lucien fit signe à Eugène de s'asseoir, puis il commença ainsi :

— Tu te rappelles sans doute la belle lettre que tu m'écrivis sur l'importante découverte que tu venais de faire à Poitiers? L'ange brun, la perle des femmes était retrouvée, dis-tu : c'était une ombre blanche, une vision céleste, une oasis, enfin mille sottises de cette force... Laisse-moi parler, et ne brise pas cette vieille chaise vermoulue, que le concierge de ton oncle porterait à ton mémoire de dépenses, comme si elle était neuve. Tu m'écrivis donc que tu avais retrouvé Victorine, et voici ce que je te répondis : « Tu as raison, il y a de l'enfant et du démon dans cette femme : de l'enfant, parce qu'elle est volontaire, capricieuse et sans cœur; du démon, parce qu'elle est flatteuse, hypocrite et persévérante. J'ajoutai : Je ne sais pas ce que cette femme veut faire de toi, mais prends-y garde, et de tous les rôles qu'elle te proposera, n'accepte pas surtout celui de son amant. »

— Je ne suis pas son amant! s'écria Eugène avec vivacité.

— Sur l'honneur? dit Lucien.

— Sur l'honneur! répondit Eugène.

— C'est déjà quelque chose, dit Lucien. Je vois que tu vaux mieux que ta réputation.

— Que ma réputation? répéta le substitut, qui ose dire une telle calomnie?

— Quelqu'un avec qui on ne se bat pas en duel, tout le monde.

tu passes pour l'amant de madame Cantel; tu es tous les jours chez elle; tu as abandonné tous les salons, où ton devoir et les convenances t'appellent, pour lui consacrer toutes tes soirées; on ne te voit plus nulle part, quelque temps qu'il fasse, si ce n'est à l'audience, ou sur le chemin qui conduit au Pressoir.

— N'ai-je donc pas le droit de choisir les gens que je veux voir?

— C'est parfaitement juste. Mais quand on est substitut du procureur du roi Louis XVIII, on ne fait pas son unique société d'un commandant de l'ex-garde impériale : voilà ce que pensent les magistrats.

— Eh! mon Dieu! qu'ils me dénoncent et me fassent destituer, ce sera un acte inique à ajouter à tous ceux de l'intolérance politique du parti qui nous gouverne.

— Voilà précisément ce que je te disais tout à l'heure; voilà où en est ton avenir, à l'espérance d'une destitution.

— Il en sera tout ce qu'on voudra; mais je ne sacrifierai pas mes affections à de si misérables exigences, et si ce que tu me dis est vrai, je veux bien reconnaître que je perds mon avenir.

— Tu oublies ta considération; car si les magistrats trouvent que tu as tort de voir un buonapartiste, les honnêtes gens se demandent qu'est-ce que tu vas faire si assidument dans une maison où il n'y a que deux femmes, dont l'une est fiancée à M. de Graverend, et dont l'autre est mariée. Nécessairement tu trahis quelqu'un.

— Ah ça! mon cher Lucien, dit Eugène en ricanant, est-ce que nous sommes au sermon? est-ce que tu entres dans les ordres, et viens-tu t'essayer chez moi à l'éloquence sacrée?

— D'abord, mon cher Eugène, répartit Lucien très froidement, d'abord ceci n'est pas du tout, du tout spirituel; et d'ailleurs, si c'est sur ce ton-là que tu veux le prendre, j'en suis : c'est le mien. Je ne suis point magistrat, moi; je n'ai pas à faire appliquer la loi; je ne tonne pas, au nom de la vertu et de la morale, contre les crimes la société; je ne suis pas le gardien des bonnes mœurs; j'ai le droit de rire des maris dupés, quand ce n'est pas moi qui les trompe; mais, à ce compte, j'ai le droit de rire des amoureux dupés, fussent-ils mes amis les plus chers.

— C'est pour moi que tu dis cela? s'écria Eugène.

— C'est pour toi.

— Victorine me tromperait! répéta-t-il en pâlissant.

— Si tu n'es pas son amant, je ne vois pas en quoi elle peut te tromper, reprit Lucien.

— Son amant, Lucien! non, je ne le suis pas; et cependant, ajouta-t-il avec rage, si je le savais!... Mais tu ne peux pas comprendre cela, toi.

— Si fait, si fait, dit Lucien; je le comprends. Et maintenant, écoute-moi bien, et sois franc comme tu le dois avec moi, ton frère, ton ami.

— Je le serai.

— Eh bien, reprit Deville, n'est-ce pas que Victorine est une femme qu'il faut aimer avec passion? n'a-t-elle pas des grâces inconnues pour tout faire, pour parler, s'asseoir, se lever, marcher, écouter? N'est-ce pas que, lorsqu'elle s'assied à son piano et qu'elle se prend à chanter un air d'amour, elle, Victorine, l'habile cantatrice qui ne connaît point de difficultés en musique, hésite souvent et semble ne pouvoir franchir certaines notes, prononcer certaines syllabes? n'est-ce pas que tous ces lieux communs de nos faiseurs de romances : *Celui que j'aime* — *Celui que je n'ose nommer* — *Bonheur d'amour est d'être aimé;* n'est-ce pas que toutes ces phrases banales ne sortent de sa bouche qu'avec un tremblement qui semble dire combien elle craint une passion qu'elle n'a pas éprouvée ou qui la dévore en secret?

— C'est vrai, dit Eugène.

— Et alors, comme on sent un ardent désir d'être celui à qui parlera d'amour cette âme qui jusqu'à présent crie au hasard dans la solitude, comme un enfant perdu!

— Oh! tu as raison, dit Eugène; on donnerait sa vie pour un tel bonheur.

— N'est-ce pas? Et lorsqu'elle se croit seule, et qu'à demi couchée dans un large fauteuil elle oublie que ce doux affaissement de son corps en trahit toutes les grâces, dans ce mol abandon où sa tête s'incline sur sa main, tandis que ses yeux se lèvent au ciel, ne semble-t-il pas qu'on peut suivre leur regard ardent et humide, cherchant en haut une espérance voilée? et s'il arrive qu'avertie tout à coup de votre présence elle baisse ce regard sur vous, au trouble qui la prend, puis à l'effroi qui la saisit, n'est-il pas vrai qu'on peut croire que son âme a murmuré en elle-même : Le voilà celui que tu rêves; prends garde qu'il ne te devine?

— Lucien... Lucien... dit Eugène en regardant son ami en face, tu as aimé Victorine.

— Comme un fou, comme un fou furieux!

— Et tu ne m'en as jamais rien dit.

— M'as-tu parlé de ton amour, toi?

— Mais, dit Eugène embarrassé, c'est bien différent; d'ailleurs, je t'ai écrit.

— Une lettre, une seule lettre, et si tu avais attendu un jour de plus, tu ne m'aurais pas écrit du tout. En revenant de dîner de chez M. Cantel, tu aurais racheté pour beaucoup la lettre que tu m'avais envoyée le matin. Est-ce vrai?

Eugène hésita encore à répondre; mais la vérité l'emporta, et il lui dit :

— Oui, c'est vrai.

— C'est toujours le même procédé, dit Lucien.

— Qu'entends-tu par là?

— C'est qu'elle t'a imposé le silence comme elle me l'avait imposé.

— Elle ne m'a rien dit; et comment d'ailleurs eût-elle pu ordonner la discrétion à un amour qu'elle ignorait encore?

— Qu'elle ignorait, répartit Lucien en souriant. Crois-tu qu'une femme moins adroite qu'elle ne devine pas aisément le trouble qu'elle inspire? Et dès que Victorine a été sûre de ta folie, elle a dû vouloir qu'elle n'eût pas de confident, et surtout que ce confident ne fût pas moi.

— Elle ne m'a rien dit pour cela, je te le répète.

— Elle ne t'a rien dit? répartit Lucien.

— Rien, absolument.

— C'est-à-dire qu'elle ne t'a pas pris à part, et qu'elle ne s'est pas textuellement exprimée ainsi : Monsieur, je vous prie de ne dire à personne que vous m'aimez. Mais rappelle-toi bien : Est-ce qu'elle n'a pas développé quelque charmante théorie sur le bonheur de ces amours secrets profondément ensevelis dans l'âme de ceux qui les éprouvent, et qui ne se sont jamais révélés que l'un à l'autre? ou bien, à défaut d'une théorie dont tu n'eusses pas fait une application intelligente toi-même, n'a-t-elle pas raconté quelque aventure d'une femme qui avait fini par se donner à celui qui l'aimait, parce que jamais une plainte, une confidence, un mot, n'avait fait soupçonner cet amour à personne? ou bien encore n'a-t-elle pas dit, en te regardant, que l'homme qui se vante de l'amour qu'il éprouve est aussi coupable que celui qui se vante de l'amour qu'il inspire? car souvent une femme souffre, grâce à la malignité du monde, autant de l'amour qu'elle fait naître que de l'amour qu'elle ressent... Ou bien...

— Lucien, Lucien, s'écria Eugène épouvanté de voir raconter si formellement tout ce qui lui était arrivé, Lucien, as-tu été l'amant de Victorine?

— Non; mais j'ai été assez adroit pour ne pas être son mari.

— Et tu lui en veux de ce qu'elle ne t'a pas cédé?

— Non, j'avais même oublié tout le mal qu'elle m'a fait; je lui avais pardonné sa coquetterie, perfide comme une trahison; elle était alors une pauvre fille assez abandonnée, et le désir d'un mari et d'un nom peut excuser bien des crimes. Mais aujourd'hui que je te trouve entre ses mains, livré sans défense aux mêmes séductions, je me demande ce qu'elle veut faire de toi.

— En vérité, Lucien, reprit Eugène avec impatience, tu te sers d'expressions dont l'étrangeté dépasse l'inconvenance. Je suis livré *sans défense*, dis-tu; tu cherches ce qu'on veut faire de moi? Prends garde! quoique je n'aime pas madame Cantel comme tu le dis, je ne souffrirais pas d'un autre des expressions pareilles.

— Elles sont cependant justes, ces expressions qui te révoltent. Oui, tu es livré sans défense à la coquetterie la plus impitoyable que je connaisse. A Paris, quelque amour qui vous tienne, on peut s'y arracher par un autre amour, car vois-tu, c'est une grande erreur de croire que le cœur oublie : il remplace, voilà tout. Mais dans une ville comme celle-ci, que deviendras-tu, le jour où tu découvriras que ces regards furtifs, ces demi-mots, ces silences rêveurs, ces tressaillemens soudains, ces joies de te revoir, ces craintes de demeurer près de toi, ces tristesses de te quitter. tout cela n'est qu'un jeu, une trahison froidement calculée, un piége ignoble?

— Et pourquoi un jeu, un piége ignoble? à quoi bon?

— C'est ce que je ne sais pas. C'est ce qui m'épouvante : car enfin elle ne s'est pas donnée à toi.

— Mais si elle l'avait fait, que ne dirais-tu pas d'elle, toi qui la juges si cruellement lorsqu'elle est encore pure?

— Si elle s'était donnée à toi, je lui pardonnerais. Dans ce crime de l'amour où elle t'entraîne, elle ne peut avoir d'excuse qu'en t'y suivant. Qu'une femme s'empare du cœur d'un homme, lui fasse tout oublier au monde, amitié, devoirs, fortune, avenir, et qu'elle oublie tout à son tour, je le comprends. Qu'elle perde la vie de son amant, mais en risquant la sienne; qu'il ne puisse périr sans qu'elle périsse; qu'elle l'aime enfin comme il l'aime; ce peut être un malheur, mais il est pour tous deux. Et, crois-moi, Eugène, je ne t'eusse pas dit un mot de Victorine, si j'avais supposé qu'elle t'aimât.

— Mais elle m'aime! répartit Eugène d'une voix basse où vibrait toute l'exaltation de son amour.

— Te l'a-t-elle dit?

— Oui.

— Comment?

— Écoute : un soir, j'avais trouvé près d'elle M. de Graverend ; il me sembla qu'ils causaient avec une familiarité que je n'avais pas remarquée ; je ne puis te dire quelle douleur j'éprouvai, mon cœur se serra et devint froid : un soupçon s'empara de moi. Je me crus trompé, et je pensai que je tuerais Victorine si c'était vrai ; cette sensation ne fut que d'un moment, la raison me revint avec le doux sourire dont elle m'accueillit, et dans le morne silence où je demeurai après ce mouvement si violent et si rapide, je me demandai de quel droit je me faisais l'arbitre des sentimens de Victorine. J'avais cru sentir qu'elle m'aimait, à l'ivresse que j'éprouvais près d'elle, mais elle ne me l'avait pas dit; moi-même je n'avais jamais osé donner un nom à cet hommage absolu que je lui portais tous les jours; savait-elle que je l'aimais, et ne s'abusait-elle point sur mes sentimens, comme je me trompais peut-être sur ceux que je lui supposais? Ce nouveau doute me fit trembler, je ne voulus pas rester plus long-temps dans une incertitude qui me rendait presque fou, depuis un moment à peine que je l'éprouvais. Je me résolus à parler, et M. de Graverend s'étant éloigné, je m'assis près d'elle, et là, avec une audace inouïe, ou plutôt avec un désespoir qui fit toute ma hardiesse, je lui dis :

— Madame, je vous aime.

Elle pâlit et resta immobile; je repris d'une voix haletante et brisée, car j'étais presque fou dans ce moment :

— Je vous aime et je suis jaloux.

Elle me regarda d'un air stupéfait et répéta :

— Jaloux ! Et de qui ?

— De cet homme qui vous quitte, et qui parlait assis près de vous.

Et un sourire triste d'indignation passa sur ses lèvres, et elle répondit en se levant :

— M. de Graverend et Amélie vous devront des remercîmens, car vous aurez hâté leur mariage.

— Serait-il vrai ? m'écriai-je.

— C'est ma seule réponse à de honteux soupçons.

Je la retins et elle se rassit près de moi, la tête baissée, les yeux fixes devant elle, les lèvres contractées.

— Oh ! pardonnez-moi cette injure, lui dis-je : si vous saviez de quel amour je vous aime, combien vous êtes devenue l'unique espérance de ma vie, vous auriez pitié de moi.

Elle garda le silence, et je repris avec plus de désespoir :

— Oh ! après mon injure, pardonnez-moi cet aveu. Jamais, peut-être, jamais, sans cet affreux soupçon qui m'a glacé le cœur, je n'aurais osé vous parler ainsi. Car je n'avais pas besoin de vous dire que je vous aime : vous deviez le sentir, vous deviez comprendre que je ne vivais que de vous, que votre présence était mon rêve de toutes les heures et l'unique joie de ma vie. Et, s'il faut tout vous dire, j'ai cru...

Elle tressaillit et se recula de moi.

— J'ai cru que vous aviez pitié de ce délire... que vous-même...

Elle se détourna.

— Oh ! je n'ai pas cru que vous m'aimiez !... J'ai cru que, bonne et sainte comme les anges, vous vouliez bien me permettre de vous aimer, pour ne pas me faire mourir en me chassant loin de vous. Est-ce vrai ? Victorine, me suis-je trompé ? ignoriez-vous cet amour ? et maintenant que vous le savez, faut-il vous quitter, dois-je ne plus vous revoir ?

Pendant que je parlais ainsi, Victorine, les lèvres serrées, le regard immobile, les mains contractées, ne trahissait son émotion que par le mouvement haletant de sa poitrine qui semblait ne pouvoir contenir sa colère ou sa douleur : je m'approchai d'elle je voulus lui prendre la main en lui disant :

— Victorine, m'aimez-vous?

Elle s'éloigna en cachant son visage dans ses mains, et en murmurant d'une voix désespérée :

— Oh! mon Dieu, c'est affreux!

Ce soir-là, nous ne fûmes plus seuls un moment, mais elle avait repris sa grâce, elle était calme, gaie, souriante. Je souffris les plus poignantes angoisses quand je sortis de chez elle. Je quittai M. de Graverend à l'entrée de la ville, et je revins sur mes pas. Ne ris pas de la folie que je vais te dire; car puisque tu m'as arraché mon secret, tu vas tout savoir. Son appartement est du côté d'un jardin clos par deux murs et par le Clain. Je voulais voir la lumière de la lampe qui veille à côté d'elle. Je ne pouvais franchir les murs. Je descendis dans l'eau, je remontai le courant jusqu'à ce que je fusse en face de sa maison, et là, au milieu de la nuit, je demeurai deux heures, immobile, à regarder ce mur noir; car les fenêtres, bien closes, ne laissaient pas même percer cette lueur qui fût venue me dire : Elle est là! Enfin, au risque de la perdre, de me perdre, j'entrai dans le jardin, j'allai jusqu'à sa fenêtre; ne pouvant la voir, il me sembla que je l'entendrais. C'était un silence glacé. Elle dormait d'un sommeil léger et heureux sans doute, tandis que je pleurais et que je souffrais si près d'elle. Cela m'irrita. Je fus sur le point de heurter à cette croisée, d'éveiller Victorine, de lui faire peur, d'appeler son mari, de provoquer une scène, un crime, que sais-je? Je souffrais trop pour ne pas vouloir qu'elle souffrît avec moi. Je compris que ma tête se perdait; je m'enfuis et je rentrai chez moi au point du jour, dévoré d'une fièvre ardente, et animé d'une colère que je ne puis te dire. Le médecin ordonna un application de sangsues sur la poitrine. Je n'eusse peut-être pas suivi cette ordonnance, si je n'avais été décidé à ne pas retourner chez madame Cantel. Mais je voulus ajouter un obstacle physique à la force de ma volonté. Jusqu'à l'heure où j'avais coutume d'aller chez elle, je ne doutai pas un moment de mon courage à tenir ma résolution; mais quand cette heure sonna, je ne puis rien te dire, mais c'est une puissance surnaturelle, inouïe... Je compris la voix des démons, qui appellent à certaines heures les âmes maudites à d'infernales assemblées. Malgré moi je quittai mon lit; j'étreignis, je comprimai sous des bandes nouées autour de moi mes blessures saignantes; je m'habillai, je sortis, et, sans pouvoir dire que je l'aie voulu, j'allai chez elle et j'y arrivai pâle, tremblant, défait. Elle était calme, belle, réjouie. Oh! cette fois, je me sentis un courage plus fort que mon amour. Le soir était venu et l'obscurité avec lui. Elle était devant son piano et au bout du salon. Je m'approchai, et je lui dis tout bas, avec un désespoir qui eût dû me tuer : « Adieu ! jamais je ne vous reverrai. » Je ne voulus pas entendre sa réponse, et je m'éloignai ; mais je n'étais pas au bout du salon, que j'entendais le son de l'instrument ; il préludait tristement... Je m'arrêtai, et bientôt ces sons vagues et distraits chantèrent doucement cet air dont les paroles étaient un aveu :

> Las ! il se plaint de ma rigueur ;
> Suis-je donc trop sévère ?
> Quand il m'exprime son ardeur,
> Ai-je un air de colère ?

Il me sembla que le ciel s'ouvrait ; mais j'avais trop souffert ; je doutai, ou plutôt je ne voulais plus douter. Je retournai près d'elle : elle avait quitté son piano, comme honteuse de sa faiblesse. Je fus sans pitié à mon tour, et je lui dis comme elle passait près de moi :

— Il me semble que cet air doit plaire à M. de Graverend.

Elle s'arrêta comme terrassée, et ne répondit qu'un mot, mais d'une voix qui me dit que je l'avais fait souffrir autant que je souffrais :

— Oh ! ingrat ! me dit-elle, et elle s'enfuit.

N'était-ce pas un aveu ? ne m'aimait-elle pas ? ne dois-je pas croire qu'elle m'aime ?

Lucien avait écouté son ami avec un air d'intérêt compatissant ; et, quand celui-ci lui demanda s'il ne devait pas se croire aimé, il lui répondit avec une amertume sérieuse :

— Oh ! oui, tu dois le croire : je l'ai bien cru, moi qui avais déjà été trompé ; moi qui savais qu'il est des femmes pour qui les tortures du cœur d'un homme sont une volupté dont elles ont soif.

— La crois-tu donc si désireuse d'inspirer de l'amour ?

— Non, reprit Lucien brutalement ; je ne lui fais pas même cet honneur. Il doit y avoir un but plus vil encore dans le manége de cette femme.

— Je te dis qu'elle m'aime, s'écria Eugène ; je le sens, je l'éprouve, elle me l'a dit.

— Quel gage en as-tu ?

Eugène parut embarrassé de répondre ; mais, surmontant la crainte qui le retenait, il reprit en montrant à Lucien un médaillon renfermant un morceau de papier :

— Tiens, le voilà ce gage.

— Une lettre ? voyons...

— Non, mais sur ce papier il y avait écrit...

— Il y avait ? dit Lucien.

— Écoute-moi, et tu verras si je suis aussi trompé que tu feins de le croire. Quelques jours après la scène dont je viens de te parler, j'arrivai chez elle par l'extrémité du jardin dont la petite porte reste ouverte jusqu'à la nuit. A travers sa croisée ouverte je l'aperçus; elle dessinait, et semblait tellement préoccupée de ce qu'elle faisait, qu'elle ne s'aperçut point de ma venue. Je m'avançai doucement, j'entrai dans le salon : elle n'entendit rien. Elle avait bien un dessin devant elle, mais elle écrivait. Je voulus savoir quelle pensée la préoccupait si profondément. Je m'approchai, et je pus lire, sur le papier où elle essayait son crayon, mon nom écrit dix fois... « Eugène! Eugène! Eugène! » et enfin, au coin de ce papier à qui elle confiait son cœur, ces mots : « Eugène, je t'aime! « Je poussai un cri de bonheur : elle se retourna, me vit, et devint rouge et confuse. Je voulus saisir ce papier, mais elle s'en empara; et, tandis que je lui tenais une main en la suppliant de me le donner, elle le déchirait de l'autre main et avec ses dents, en murmurant d'une voix étouffée : « Jamais! jamais! » Il semblait qu'elle voulût faire rentrer dans son cœur cet aveu que j'avais surpris : car elle mâchait ce papier en pleurant, et je n'ai pu saisir que ce débris que j'arrachai à ses lèvres, au moment où elle allait le détruire. Elle me le redemanda avec des larmes; mais je le gardai, quoiqu'il ne restât pas une lettre de ce qu'elle avait écrit; je le gardai, et il est pour moi un gage d'autant plus sacré, que je puis seul y lire l'aveu qu'il a reçu...

— Et qui n'y est plus, dit Lucien; et sans doute depuis elle te l'a laissé?

— Oui, elle me l'a laissé en me disant : « Il vous appartient; il a reçu mes confidences, et il a touché mes lèvres. »

— Infamie! s'écria Lucien en se levant avec violence. Oh! quelle femme! quelle femme!

— Mais qu'as-tu donc? reprit Eugène.

— Rien, rien, dit Lucien. Mais nous allons aujourd'hui chez elle, partons de bonne heure; je veux la voir, je veux lui parler... ou plutôt, cela vaut mieux, tu vas lui écrire. Demande-lui une réponse, un mot, mais une réponse écrite, un mot écrit.

— En veux-tu faire un usage contre elle? dit Eugène avec hauteur.

— Si elle t'aime, non. Je l'ai aimée, moi, c'est vrai; mais si elle t'aime, je croirai que je suis un fou d'avoir pensé d'elle ce que j'en pense. Je ne serai pas jaloux de ton bonheur; il te coûtera assez cher. Mais, quoi qu'il doive te coûter, je ne serai plus un censeur fâcheux; je te plaindrai, mais je te servirai. Oh! quand l'amour est vrai, quand il est puissant comme le tien et qu'il rencontre un amour égal, qu'importe ce qu'il coûte, fût-ce l'honneur, fût-ce la vie! Mais il faut lui écrire, il faut lui dire que je suis venu te chercher, que tu pars, et que tu ne resteras que si elle t'aime... que si... tu me comprends... et elle te comprendra.

— Et si elle me laisse partir?

— C'est qu'elle ne t'aimera pas et qu'elle te trompe.

— Ou peut-être qu'elle ne voudra pas être coupable, même en m'aimant.

— Et, s'il en est ainsi, ce sera une honnête femme, qui préfère son honneur à son amour, et toi, tu serais un malhonnête homme de prolonger un combat où elle finirait par succomber. Quoi qu'il en soit, laisse-toi guider par moi. J'ai des raisons d'agir comme je le fais, qui te révolteraient si je te les disais; si je me suis trompé, je te les cacherai éternellement. Je ne te répèterai pas une calomnie sur une femme que tu aimes avec cette passion ; je ne verserai pas sur cet amour une goutte d'un poison qui te le rendrait amer au milieu de ses plus pures délices. Je vous laisserai au hasard qui peut vous protéger assez long-temps pour que cette passion s'éteigne ; au hasard qui peut vous perdre, avant même que cette passion ne vous ait perdus l'un et l'autre.

— Oui, je lui écrirai, dit Eugène ; car tu as fait ce que tu ne voulais pas faire, tu as assez troublé la sécurité de mon âme, pour que maintenant il me faille tout ce que peut me donner encore Victorine pour croire à ce qu'elle m'a déjà donné.

Eugène se mit à son bureau, écrivit et montra la lettre à Lucien.

« Victorine, il faut que je vous parle cette nuit, cette nuit même. Ne me refusez pas si vous m'aimez. Je puis rentrer par la petite porte du jardin, vous pouvez y venir ; venez-y, c'est de ma vie, de la vôtre peut-être qu'il s'agit. Ne l'oubliez pas. »

Lucien lut la lettre ; il parut la méditer, et dit lentement :

— Oui, tu l'aimes bien, car tu écris en le sentant un de ces billets insensés avec lesquels on trompe les femmes, quand on ne les aime pas. Si tu penses ce que tu dis là, il y va véritablement de ta vie et de la sienne.

— Oui, oui, dit Eugène.

— N'importe, dit Lucien, remets cette lettre. Je serai là.

Eugène cacheta la lettre, et un moment après les deux amis partirent pour la ferme du Pressoir.

Eugène et Lucien arrivèrent bientôt chez M. Cantel. Une sombre préoccupation qui leur avait fait garder le silence durant tout le chemin avait suivi leur entretien. Mais ils réussirent l'un et l'autre à la dissimuler pour répondre comme ils le devaient à l'accueil plein de cordialité que leur fit M. Cantel. Le commandant, en les voyant venir de loin, s'était porté à leur rencontre, et, après les premières salutations et la présentation de Lucien, il dit aux deux amis :

— Je suis venu au devant de vous pour vous prévenir de ce que nous avons décidé avec ma femme, relativement à l'entrevue qui va avoir lieu. Je ne vous cache pas que le résultat de cette entrevue peut être un grand événement pour ma maison. C'est de l'issue du procès dont vous allez parler que dépend le mariage de ma fille avec M. de Graverend ; car les cinquante mille francs dont il s'agit sont à peu près toute sa fortune. Amélie se flatte de l'espoir qu'un arrangement amiable va tout terminer, à des conditions qui laisseront à M. Philippe de Graverend une somme encore assez considérable pour que j'accepte ses propositions. Amélie peut avoir raison, et alors sans doute nous ferions un bon et joyeux dîner, presqu'un dîner de fiançailles. Mais il peut arriver tout le contraire de ce qu'espère Amélie, et alors notre réunion à table, à supposer même qu'elle pût avoir lieu après une explication fâcheuse, notre réunion, dis-je, serait tout au moins gênante. Nous aurions des adversaires déclarés en présence, des visages chagrins, des larmes mal dissimulées, un éclat, peut-être : j'ai voulu prévenir tout cela. Pas un mot d'affaires avant ni pendant le dîner. D'ailleurs, durant ces trois heures d'attente, M. Deville et M. de Graverend auront pour ainsi dire le temps de faire connaissance ; il y aura plus de laisser-aller dans cette entrevue, et, si après tout elle ne mène à rien, on pourra se quitter immédiatement sans être obligé de se faire bonne mine à contre-cœur.

— Voilà qui est d'une précaution charmante, répondit Lucien en souriant, c'est tout à fait l'hospitalité suzeraine de nos premiers barons que vous nous offrez. Nous en acceptons les lois en loyaux chevaliers ; nous suspendrons nos armes au foyer avant de nous asseoir au festin, et nous ne les reprendrons que lorsque notre hôte nous en donnera la permission.

A cette réponse, M. Cantel fronça légèrement le sourcil, et il répartit d'un ton contrarié :

— Je ne suis ni suzerain ni baron, monsieur ; mais je suis officier et non chevalier de la Légion-d'Honneur, et je tâcherai de vous recevoir du mieux que je pourrai, quoique ma maison ne soit pas une hôtellerie. Je vous quitte et je vais prévenir ces dames que nos conventions sont acceptées.

Dès que M. Cantel fut à quelques pas, Lucien se tourna vers son ami en lui faisant une grimace, sans doute très significative, car Eugène répondit sur-le-champ avec humeur :

— Pourquoi diable aussi vas-tu lui parler de barons-suzerains, de chevaliers, d'hôte, d'hospitalité ? Ne pouvais-tu pas lui dire tout simplement que tu le remerciais de son attention, sans t'embrouiller dans une phrase stupide ? tu as bien réussi avec ton esprit gothique et féodal, e t'en félicite.

— Au contraire, dit Lucien, je sais à qui j'ai affaire : M. Cantel ne connaît de barons et de chevaliers, que les barons de l'empire et les chevaliers de la Légion-d'Honneur ; un hôte veut dire pour lui un maître d'hôtellerie. C'est bien, c'est bien...

Eugène laissa échapper de vifs mouvemens d'impatience et répondit :

— Ne vas-tu pas en faire tout de suite un imbécile ? Cependant il me semble que son accueil a été plus qu'obligeant, et qu'il nous en a exprimé la délicate intention d'une manière au moins convenable.

— Oui, fit Lucien, c'est très bien récité.

— Oh ! c'est insupportable, dit Eugène ; il valait mieux ne pas accepter que de venir avec cette disposition hostile contre tout le monde.

— Tu te trompes, dit Lucien ; M. Cantel me plaît beaucoup : je lui trouve un air d'honnête homme qui me fait mal...

— Lucien ! s'écria Eugène en colère.

— Qui me fait mal, répéta Lucien en regardant Eugène, et qui me fait peur. On doit le tromper aisément, je le crois ; mais il faudra le tromper toujours, ce qui est bien difficile, et gare à l'instant où il découvrirait !...

— Voici Amélie, dit Eugène en interrompant son ami, en lui montrant une jeune personne qui était sur le seuil de la porte du salon.

— La fille de M. Cantel ? demanda Lucien.

— Oui.

— Et tu aimes Victorine ? s'écria Lucien tout bas.

Eugène ne répondit pas et s'avança rapidement vers la jeune fille qui s'éloigna et disparut dans la maison presque aussitôt ; M. et madame Cantel et M. de Graverend s'avancèrent jusqu'à la porte d'entrée, tandis qu'Amélie, toute honteuse d'avoir été surprise faisant le guet pour voir arriver les deux amis, se tenait dans un coin du salon. Les saluts furent passablement empesés de part et d'autre, et surtout de la part de M. Philippe de Graverend, qui semblait fort inquiet de la manière dont Victorine et Lucien s'aborderaient ; car il promena ses gros yeux de l'un à l'autre avec une singulière curiosité. Lucien s'en aperçut, et, prenant tout aussitôt un air gracieux, il dit au commandant :

— N'aurais-je pas l'honneur d'être présenté à mademoiselle votre fille ?

Le commandant lui fit signe de vouloir bien passer dans le salon où il le suivit, et il le présenta à Amélie, qui salua en baissant les yeux et en rougissant avec un embarras et un trouble qui voulaient dire qu'elle se savait en présence de l'ennemi de son bonheur. Lucien la trouva si charmante, et lui sut si bon gré de cette peur où se montrait toute la vérité de son amour, qu'il l'eût rassurée, s'il n'avait craint de la troubler encore plus en lui faisant voir qu'il l'avait comprise. Alors, fort embarrassé lui-même, il se tourna vers M. Cantel pour lui parler, mais celui-ci le quitta en lui disant :

— Pardon, j'ai un mot à dire à votre ami.

Le commandant sortit du salon, et prit Eugène par le bras.

Cela donna lieu à Lucien de se retourner vers l'endroit où Eugène était resté avec Victorine et M. de Graverend, et de remarquer que, lorsque Eugène se fut éloigné avec M. Cantel, il fallut une invitation de Victorine à M. de Graverend pour le faire rentrer dans le salon. Dans cette petite circonstance, il y eut tout un chapitre d'obervations pour Lucien. D'abord il s'étonna que M. de Graverend, qui avait l'air si curieux de la manière dont lui, Lucien, aborderait Victorine, n'eût pas pris le moindre souci de la façon dont il serait accueilli par sa prétendue. Ensuite, il lui sembla que, si le geste avec lequel madame Cantel avait invité Philippe à rentrer au salon avait été simple et convenable, l'inflexion de la voix qui avait dit : — Rentrons ! avait un accent de prière qui n'était pas naturel. Enfin, le peu d'empressement de M. de Graverend à obéir pouvait faire croire que ce n'était pas près d'Amélie qu'il désirait se trouver ; et comme on ne pouvait guère supposer une grande timidité d'amoureux à ce bel officier à la moustache rousse et ardue, et à l'œil luxurieux et gris, Lucien en conclut que des soupçons qu'il n'avait pas encore révélés à Eugène n'étaient peut-être pas aussi extravagans qu'ils le semblaient au premier abord. Il essaya de se les mieux justifier à lui-même pour pouvoir les faire partager à son ami, et, s'avançant vers Victorine, il lui adressa quelques phrases banales, tandis que celle-ci, montrant du regard Amélie à M. de Graverend, lui disait tout bas :

— J'ai à causer avec monsieur.

Puis elle alla s'asseoir à l'extrémité du salon, bien loin d'Amélie et de Philippe, et fit signe à Lucien de prendre place auprès d'elle.

— N'est-ce pas que je suis une mère de famille bien indulgente ? lui dit-elle tout bas, en clignant les yeux et en mordant sa lèvre inférieure, comme pour en comprimer le gai sourire. Je ménage des entretiens aux amoureux.

Lucien voulut tout de suite prendre position auprès de Victorine, et il lui répondit avec une humilité pleine d'impertinence :

— Ce n'est pas la première fois que vous m'accordez cette faveur.

Une vive rougeur monta au visage de Victorine, et un éclair de colère brilla dans ses yeux ; un léger tressaillement l'agita, mais elle se contint, et contint d'un regard le mouvement visible que fit M. de Graverend pour s'approcher. Elle se tourna vers Lucien, et, le regardant en face, elle lui dit en riant :

— Vous êtes donc toujours le plus méchant homme du monde ?

— Non, mais je n'en suis plus le plus niais.

— Peut-être, répondit Victorine avec un de ces sourires railleurs qui irritent comme un défi.

— Vous vous trompez, je ne vous aime plus, répartit Lucien d'un air désintéressé.

— Ce que vous me dites me prouve au contraire que j'ai raison.
— Je ne comprends pas comment, dit Lucien.
— C'est que vouloir aujourd'hui me convaincre que vous ne m'aimez plus, c'est croire que j'ai été persuadée autrefois que vous m'aimiez, et pour un homme comme vous ce n'est pas adroit.

Lucien fut pris à son tour d'un vif mouvement de colère, et répartit :
— A ce compte, ce n'est pas moi qui ai été trompé.
— Ni moi, reprit Victorine, quoique vous ayez été un très habile comédien.
— J'avais un excellent modèle sous les yeux, répondit Lucien, emporté par l'envie de répondre railleries pour railleries.
— Vous avouez donc que votre prétendue passion n'était qu'un mensonge? dit Victorine.
— J'avoue... j'avoue..., dit Lucien avec humeur en sentant que Victorine prenait l'avantage sur lui.

Il ne continua pas; car, ayant rencontré les yeux de M. de Graverend fixés sur lui, il préféra répondre par une attaque brutale et directe, et il repartit :
— Prenez garde, M. de Graverend vous observe.
— Vous m'y faites penser, dit Victorine, sans paraître le moins du monde émue de cette apostrophe. Je me suis chargée de vous convaincre pour lui que vos droits aux cinquante mille francs étaient fort douteux, que vous aviez intérêt à transiger... et sans doute il examine si vous avez l'air persuadé de ce que je vous dis.
— Pardon, dit Lucien froidement, mais M. Cantel m'a fait promettre de ne pas parler d'affaires avant ce soir.
— Oui, entre hommes, quand toutes les paroles sont graves et précises, mais avec une femme, c'est presque sans conséquence.
— Et il en résulte alors que c'est inutile, dit Lucien en se levant presque impoliment.

M. Cantel et Eugène arrivèrent; chacun quitta sa place, et Victorine, s'étant approchée d'Amélie, jeta en passant ces deux mots à Philippe, de manière à être entendue de lui seul :
— Soyez tranquille, il ne cédera rien, il est furieux.

Malgré les précautions de M. Cantel, la réunion ne promettait pas d'être cordiale et gaie. Eugène, préoccupé de l'explication qu'il voulait demander à Victorine, était soucieux et distrait; Lucien avait la conscience de son infériorité en face de madame Cantel, et gardait la mine d'un homme battu; M. de Graverend était sombre comme un ours muselé qui a bien plus envie de dévorer les spectateurs que de faire des grâces devant eux; M. Cantel battait la campagne en essayant de parler de la pluie et du beau temps; et Amélie ressemblait à une accusée qui attend son jugement. Victorine seule, gracieuse, affable, souriante, ne paraissait éprouver aucune gêne, et quelquefois on eût pu deviner dans le regard qu'elle jetait autour d'elle un sentiment d'orgueil dédaigneux qui semblait dire :

— Pauvres gens ! n'avoir que cela à tromper !

Cependant Lucien, dégagé de l'étrange fascination de cette femme, avait eu le temps de se remettre. Il en était revenu à ses premiers soupçons, et s'était fait un plan de conduite pour les éclaircir. Mais, prévoyant qu'il en laisserait échapper quelque chose, s'il retombait dans l'entretien de Victorine seule, il demanda à M. Cantel la permission de visiter sa propriété, et le commandant s'offrit à l'accompagner.

— Mon ami, dit Victorine à son mari, je crois que le petit pavillon est fermé ; prenez-en la clé.

— Remerciez ma femme, dit le commandant avec gaîté, vous verrez sa retraite : c'est une faveur qu'elle n'accorde pas à tout le monde.

— C'est que j'ai envie de séduire monsieur, dit Victorine en montrant Amélie du coin de l'œil.

— Chut ! chut ! fit M. Cantel en allant chercher la clé. Ne parlons pas de cela : après dîner seulement, c'est convenu.

— Je n'en suis pas moins fort reconnaissant à madame de son extrême obligeance, dit Lucien.

— Et mon extrême obligeance vous remercie de votre extrême reconnaissance, dit Victorine en riant au nez de Lucien, de ce petit rire qui signifie clairement : Je me moque de vous, mon petit monsieur.

Lucien sortit furieux, et Victorine, ayant aperçu M. de Graverend qui avait laissé sa future dans son coin, lui dit vite, et bas :

— Ne quittez pas Amélie d'un moment.

— Mais pourquoi ?

— Vous le saurez.

Et, sans attendre de réponse, elle alla s'asseoir près d'une des fenêtres du salon, d'où elle voyait le jardin dans toute son étendue ; alors, prenant un métier de tapisserie, elle se mit à travailler, la tête penchée et le corps incliné en avant. Eugène se plaça devant elle de manière à la cacher à Philippe, et lui dit assez haut :

— C'est toujours le meuble de votre pavillon que vous brodez ?

— Toujours, lui répondit-elle d'un air distrait, en cherchant des soies autour d'elle ; et dans ce simple mouvement elle eut le temps de jeter un regard à Philippe pour lui recommander d'être attentif près d'Amélie, et un coup d'œil dans le jardin pour voir ce que faisaient Lucien et son mari. Eugène se pencha vers le métier et reprit :

— Ces fleurs sont délicieuses ; puis il ajouta plus bas :

— Je vous ai écrit.

— Voyons, répondit-elle tout haut, prêtez-moi vos mains pour dévider cet écheveau ; et elle ajouta tout bas à son tour, pendant qu'elle en défaisait les premiers nœuds : Pourquoi m'écrire aujourd'hui?

— Si vous saviez ce que je souffre !

Elle ne répondit que par un soupir étouffé.

— Prendrez-vous ma lettre? dit Eugène.

— Mon Dieu ! que vous êtes maladroit aujourd'hui, repartit Victorine gaîment ; tendez donc vos mains comme cela.

Et en lui montrant comment il fallait tenir ses mains, elle lui montra, en y cachant son écheveau, comment on pouvait y cacher un papier, et elle ajouta :

— Comprenez-vous?

Il comprit, plaça sa lettre dans sa main pendant que Victorine déroulait son écheveau de soie, et tendit ses bras ; elle passa l'écheveau dans les mains d'Eugène, et y prit la lettre avec une dextérité merveilleuse. Mais à ce moment Eugène fit un mouvement assez vif ; Victorine tourna la tête, et vit son mari et Lucien qui venaient de s'arrêter à l'instant même derrière le carreau de la fenêtre. Victorine fit un petit signe d'amitié à son mari, plaça le bout de son fil de soie entre ses dents, plia soigneusement en sept ou huit plis le papier qu'elle tenait visiblement dans sa main, et se mit tranquillement à pelotonner sa soie sur la lettre d'Eugène, sans que la moindre émotion pût faire croire qu'elle venait d'être surprise dans une faute qui était presque un crime.

Son mari, ravi du gracieux sourire qu'elle lui adressait pendant cet adroit manége, lui envoya de sa main un tendre baiser d'amoureux, et reprit sa promenade avec Lucien.

— Ah ! lui dit Eugène d'une voix tremblotante, j'ai cru que nous étions perdus !

— Oh ! taisez-vous, répondit Victorine en serrant les dents comme une femme qui comprime un violent mouvement nerveux ; taisez-vous, vous me rendrez folle !

Et elle continua à dévider la soie, tandis que ses mains tremblaient et que de grosses larmes roulaient dans ses yeux. Eugène la regardait, admirant à la fois ce courage et cette présence d'esprit qui l'avaient sauvée, mais qui n'avaient pu survivre au danger et la laissait en proie à l'émotion qui l'accablait. Il voulut parler ; mais Victorine, lui imposant silence du regard, se prit à dire d'une voix qui tremblait encore :

— Eh bien, Amélie, tu es donc bien occupée de ta broderie? Vous êtes bien silencieux là-bas ! si vous n'avez rien à vous dire, venez causer avec nous. M. de Fremery est sérieux comme un diplomate, aujourd'hui.

M. de Graverend s'approcha, Amélie le suivit, et alors il s'établit entre eux une conversation générale sur rien, comme il arrive d'ordinaire quand personne n'a envie de dire ce qu'il pense. Amélie seule se taisait; de temps à autre elle regardait avec inquiétude sa belle-mère et Eugène, et puis Philippe, qui semblait l'encourager du regard; alors elle baissait les yeux et poussait de profonds soupirs, et quand Victorine lui dit en souriant :

— Allons, enfant, ne sois donc pas triste comme cela ! A nous tous, nous viendrons bien à bout de faire entendre raison à M. Deville. Je l'ai trouvé fort disposé à tout ce qu'on voudra.

Amélie répondit en secouant la tête :

— Ce n'est pas à cela que je pense maintenant.

— A quoi donc? dit Victorine, dont la voix décéla un trouble plus fort qu'elle, tandis que, au lieu de jeter son peloton dans le petit panier où étaient tous les autres, elle le serrait dans sa poche.

— Je te le dirai, répondit Amélie en levant les yeux sur Philippe.

— Quand tu voudras, dit Victorine assez sèchement.

Et elle donna congé à Eugène et au prétendu, en leur disant :

— Vous n'êtes pas aimables, vous oubliez que M. Cantel est seul à faire les honneurs de son jardin, et que M. Deville s'ennuie peut-être de l'exactitude de son propriétaire à lui faire visiter les moindres coins de notre domaine.

Ces messieurs se levèrent, et cette fois le dernier regard de Philippe s'adressa à Amélie, regard sévère et impératif.

IX

Coquine.

A peine Amélie et Victorine furent-elles seules, que celle-ci dit à sa belle-fille :

— Eh bien ! Amélie, qu'as-tu? M. de Graverend t'a-t-il dit quelque chose de blessant ? Pauvre enfant, tu es si douce et si faible, et il est quelquefois si brusque et si dur ! Ah ! tiens, votre avenir me fait peur !

— Victorine, reprit la jeune fille avec un accent de vraie douleur, ce n'est de moi qu'il s'agit : Philippe m'aime, et je l'aime. Je l'aime, et je comprends que l'amour est un sentiment qu'on ne peut dominer... et cependant...

— Cependant?... dit Victorine en observant Amélie. Voyons, parle, qu'as-tu? que veux-tu dire?

— M. de Fremery t'aime, dit Amélie en baissant la tête et en se cachant comme si elle eût fait l'aveu de sa propre faute.

Victorine pâlit; mais, habile à se contraindre, elle reprit presque aussitôt, en souriant :

— Comment as-tu fait cette charmante découverte?

QUATRIÈME LIVRAISON. 7

— Ne ris pas, Victorine; mon père seul peut-être ne s'en doute pas. Il y a long-temps que je m'en suis aperçue.

— Ah! fit Victorine amèrement, et pourquoi ne m'en as-tu parlé qu'aujourd'hui?

— Parce qu'il l'a exigé impérieusement.

— Qui? dit Victorine avec une colère concentrée.

— M. de Graverend, répondit Amélie.

— Philippe!... s'écria Victorine avec un mouvement de dépit.

— Il y a long-temps aussi qu'il m'a priée de t'en parler, mais je niais toujours, je lui soutenais qu'il se trompait; mais tout à l'heure, lorsque M. Eugène t'a remis une lettre...

— A moi? dit Victorine, vous êtes fous tous deux.

— Victorine, reprit Amélie, je t'en prie, prends garde, je l'ai vue, cette lettre, sois prudente; tu pourrais l'aimer; tu reçois ses lettres!... Songe que si mon père le soupçonnait, ce n'est pas sur lui seulement qu'il se vengerait; je connais mon père mieux que toi, il est implacable. Donne-moi cette lettre; je la ferai rendre à M. de Fremery.

— Par M. de Graverend, peut-être? dit Victorine amèrement.

— Je la lui remettrai moi-même, si tu veux, dit Amélie, qui s'enhardissait dans sa démarche à mesure qu'elle avançait. Je parlerai à M. Eugène, je l'oserai. Je lui dirai que ce n'est pas d'un galant homme de venir troubler la paix d'une famille, de chercher à séduire la femme d'un ami, d'un vieillard qui le reçoit comme un fils; je lui dirai de s'éloigner; oui, Victorine, je t'arracherai au danger de le revoir... donne-moi cette lettre.

— Non, dit Victorine avec froideur. C'est à moi à éloigner M. de Fremery; une rupture soudaine serait plus dangereuse que la continuation de ses visites. Je veux parler avec M. de Graverend, je me confierai à lui... C'est un homme d'honneur et plus raisonnable que toi... Je suivrai ses conseils... Le voici avec ton père, je vous laisse un moment, j'ai besoin de me remettre.

— Elle quitta aussitôt le salon, et son mari, l'ayant arrêtée, lui dit avec un doux reproche :

— Tu t'en vas, quand nous venons?

Elle pencha vers lui son front comme pour quêter un baiser, et répondit avec une charmante expression de tendresse :

— C'est pour m'occuper de faire honneur à votre maison. Je vais voir si tout est prêt pour le dîner.

Pendant ce temps, les deux amis, Eugène et Lucien, continuaient leur promenade dans le jardin.

— Soyez tranquilles, disait M. Cantel à sa fille et à Philippe; j'ai arrangé tout ça. Eugène est pour nous, je l'ai gagné; quant à M. Deville, je crois qu'il ne sera pas récalcitrant. Les voyez-vous comme ils gesticulent, ils parlent de l'affaire.

Voici de quoi ils parlaient :

— Eh bien! disait Lucien à Eugène, as-tu remis ta lettre à Victorine?

— Si je lui ai remis ma lettre! répondit Eugène étonné. Que M. Cantel n'y ait rien vu, cela se conçoit, c'est son rôle; mais toi qui te dis si fin, si adroit, et qui savais tout, que tu ne l'aies pas vu!...

— Quoi! dit Lucien, ce papier qu'elle t'a pris dans la main, puis qu'elle a plié si paisiblement, et sur lequel elle a pelotonné sa soie?...

— C'était ma lettre, dit Eugène.

— Oh! fit Lucien d'un œil stupéfait, ceci passe toute croyance. On n'est pas d'une telle audace, on n'est pas...

— Brisons là, dit Eugène; j'ai fait ce que tu as voulu. Mais ce que je ne veux pas à mon tour, c'est que tu parles d'elle d'un ton qui me déplaît... d'un ton que je ne souffrirai pas plus longtemps.

Lucien parut très peu ému de la colère de son ami, et lui dit:

— Nous verrons ce qu'elle te répondra ce soir, si toutefois elle a le temps de dégager ta lettre des mille liens qui l'enveloppent. Du reste, compte sur moi pour vous ménager un tête-à-tête suffisant pour une explication.

Presque aussitôt, on annonça le dîner. Là comme partout, chacun demeura avec ses préoccupations, et Victorine seule avec sa liberté d'esprit et sa grâce enjouée.

A mesure que le dîner s'avançait, chacun devenait plus sérieux en sentant approcher le moment décisif de l'explication; et tout le monde s'étant levé, M. Cantel pria ses trois hôtes de passer dans sa chambre.

— Pardon, dit Lucien au moment où Eugène allait entrer, je ne veux pas que les bons offices que mes amis me rendent puissent leur porter préjudice. A supposer que votre affaire ne s'arrange pas, elle peut arriver entre les mains de Fremery en sa qualité de magistrat. Ce sera son devoir d'y donner les conclusions qu'il croira justes, et je suis assuré que son amitié pour moi ne l'empêchera pas d'être équitable pour mon adversaire. Mais si l'on venait à savoir qu'il a assisté à une conférence relative à cette affaire, on pourrait trouver cela mauvais et l'en blâmer avec raison; sa position me commande cette réserve qu'il était près d'oublier.

— Comme il vous plaira, dit M. Cantel; vous causerez avec ces dames, monsieur de Fremery.

— Très volontiers, répondit celui-ci.

Pendant ce temps, Philippe s'était approché d'Amélie et lui disait tout bas:

— Et la lettre?

— Elle n'a pas voulu.

— Allons, venez-vous? dit M. Cantel. Philippe, on dirait que vous faites un adieu éternel à Amélie.

— Me voilà, me voilà, dit Philippe; et en passant devant Eugène, il lui lança un regard furieux.

— Vous serez bon et facile, dit Victorine à Lucien, dont elle s'était approchée avec une grâce humble et suppliante; vous aurez compassion de leurs peines d'amour, et bientôt vous viendrez nous apprendre leur bonheur.

— Bientôt, répondit Lucien avec un sourire froid et méprisant, bientôt je saurai si M. de Graverend est votre amant.

A cette parole, Victorine resta immobile et anéantie comme si la foudre venait d'éclater sur sa tête et d'éclairer le dédale de perfidies où elle se conduisait avec tant d'habileté.

Lorsque Victorine eut entendu ce dernier mot de Lucien : « Je saurai bientôt si M. de Graverend est votre amant, » nous avons dit qu'elle demeura anéantie. Elle n'ignorait point la colère de Lucien contre elle; mais elle avait supposé que ce n'était qu'un vain dépit d'amoureux, qu'elle pouvait railler sans crainte. Coquette, ardente et avide d'inspirer cet amour qui fait d'un homme le jouet et l'esclave d'une femme, elle n'avait cependant jamais compris la portée de cet amour, parce qu'elle était incapable de le ressentir; comme elle ne savait pas jusqu'à quelles folles douleurs peut aller cet amour trompé, elle n'avait pu prévoir jusqu'à quels excès peut se porter la haine qui le remplace.

Les dernières paroles de Lucien semblèrent l'en avertir: leur brutalité sourtout l'épouvanta. Une menace de mort l'eût moins effrayée peut-être que cette grossière apostrophe. Un amant jaloux, à quelque classe qu'il appartienne, peut tuer dans un transport furieux la femme qui le trompe, et cependant l'aimer encore; mais pour qu'un homme du monde, renommé par la retenue de ses manières, ose tenir froidement un pareil langage à une femme, il faut qu'il éprouve pour elle une haine bien vive et un mépris bien profond.

Tout l'orgueil de Victorine se révolta à l'idée d'un pareil mépris; mais presque aussitôt son cœur se glaça à la supposition d'une pareille haine. Supporter ce mépris était horrible, mais braver cette haine était trop dangereux. Victorine chercha à deviner quel sentiment avait fait parler Lucien; mais, avant d'avoir pu le découvrir, elle s'avoua à elle-même qu'elle souhaitait que ce fût le mépris. C'est assez dire que Victorine était coupable, et qu'elle l'était honteusement. Le crime a aussi sa dignité; et pour une femme qui a failli, rejeter le mépris au risque de se perdre, c'est presque relever sa honte à la hauteur du courage; mais accepter l'affront qu'on lui jette dans l'espoir de cacher sa faute, c'est la ravaler au niveau du vice.

Un moment suffit à toutes les réflexions et à toutes les craintes de Victorine, et durant ce moment elle demeura immobile et muette. Lorsqu'elle regarda autour d'elle, elle vit Amélie et Eugène qui l'observaient avec curiosité. Mais cette attention ne la troubla point, car son parti était pris. C'est alors, qu'avec une audace inouïe, elle s'adressa à Eugène d'un air d'autorité :

— J'ai à vous parler, monsieur, lui dit-elle.

Puis elle s'approcha d'Amélie, qui semblait vouloir la suivre, et l'arrêta en lui disant tout bas :

— J'en veux finir avec M. de Fremery.

Amélie les laissa s'éloigner, s'imaginant que sa belle-mère, touchée de ses remontrances, allait signifier un congé positif à Eugène. Mais ce n'était point là le but de Victorine. Dans la lutte qu'elle prévoyait avoir à soutenir contre Lucien, elle voulait s'assurer un auxiliaire; et elle n'en pouvait trouver un plus dévoué que l'homme qui l'aimait avec une folle passion. Toutefois, cet homme, poussé par les conseils de Lucien, pouvait lui échapper; il s'agissait donc pour Victorine de détruire cette influence au profit de la sienne, et c'est ce qu'elle était bien résolue à faire.

Vis-à-vis d'Eugène, il n'y avait pas grand mérite à réussir, et cependant Victorine employa les moyens les plus extrêmes de la coquetterie pour égarer tout à fait sa raison. Ainsi, quand Eugène lui demanda :

— Avez-vous lu ma lettre? Elle lui répondit :

— Puisque je l'avais reçue, je devais la lire; ce n'est pas impunément qu'on fait un pas hors de la route de ses devoirs : c'est maintenant que je le sens.

— Eh bien ! lui dit Eugène, me refusez-vous l'entretien que je vous demande?

Victorine s'arrêta avec l'expression d'une femme dominée par sa position, elle lui répondit amèrement :

— En ai-je le droit, Eugène?

— Que voulez-vous dire? s'écria celui-ci qui doutait du bonheur qui lui était si facilement accordé.

— Ce que je veux dire, répartit Victorine avec la même amertume, c'est que le jour où je vous ai permis de me dire que vous m'aimiez, je me suis perdue; c'est qu'une femme n'accepte l'amour d'un cœur comme le vôtre que parce qu'elle est prête à le lui rendre; et puis, quand cet amour a été deviné, c'en est fait d'elle; car on demande à cet amour des preuves, des sacrifices, on lui demande tout enfin... jusqu'à l'oubli de son honneur.

— Victorine! s'écria Eugène, avez-vous pu le penser?

— Et me croyez-vous assez folle pour n'avoir pas compris votre lettre? Vous me demandez un rendez-vous la nuit; vous me le demandez, et j'irai.

— Vous y viendrez? reprit Eugène en baissant sa voix.

— Et qui pourrait m'y soustraire? ne suis-je pas à votre merci?

n'avez-vous pas mon secret? ne l'avez-vous peut-être pas déjà dit à un homme qui me hait, et qui se dit votre ami?...

— A Lucien? dit Eugène.

— Oui, à Lucien, oui, à M. Deville, qui déjà vous a fait douter de moi, qui peut-être vous a dicté lui-même la lettre que vous m'avez écrite, et qui, j'en suis sûre, vous a dit que je ne vous aimais pas!

Eugène baissa les yeux devant le regard ardent de Victorine, et celle-ci continua :

— Il vous l'a dit et vous l'avez cru ; et vous, ingrat envers un amour qui ne vit que par vous, vous avez voulu l'honneur d'une femme pour garant de son cœur ; vous lui avez impérieusement ordonné de vous recevoir à l'heure où rien ne la protégera, ni la présence de son mari, ni celle de sa fille, ni le jour qui fait rougir ; et la malheureuse obéira, monsieur, elle viendra, elle se déshonorera, parce qu'un faux ami l'aura calomniée.

— Oh! Victorine, dit Eugène d'un ton suppliant, en cherchant à calmer l'exaltation qui semblait la dominer, Victorine, que dites-vous?

— Oui! s'écria-t-elle avec violence, oui, j'irai ; j'oublierai tout : j'en mourrai ou j'en deviendrai folle ; mais vous serez content, vous serez sûr que je vous aime.

— Victorine! Victorine! s'écria de nouveau Eugène, pendant qu'elle marchait avec précipitation au milieu du jardin.

— Oh! laissez-moi, lui dit-elle ; car je sais que je le suis déjà, oui, je suis déjà folle.

Puis elle s'arrêta ; et joignant les mains en levant les yeux au ciel, elle reprit avec désespoir :

— Oh! mon Dieu! l'avoir aimé à ce point, lui avoir donné toutes les pensées de ma vie, n'avoir qu'une ambition, celle de son amour ; qu'un bonheur, celui de sa présence ; n'avoir de volonté que la sienne, d'affection que pour lui, et ne lui demander pour tout cela que de ne pas briser le dernier lien qui me rattache à mes devoirs, ne lui demander que de n'avoir pas à rougir même devant lui, et ne pas obtenir ce misérable sacrifice! Oh! mon Dieu, c'est affreux, c'est horrible!

Et, en parlant ainsi, elle prenait sa tête dans ses mains et elle semblait retenir ses larmes avec tout l'effort d'un désespoir violent. Et alors Eugène lui disait d'un ton soumis et suppliant :

— Oh! non, Victorine, non, je ne veux rien, je ne demande rien. Maintenant que je sens que vous m'aimez, je ne troublerai pas cet ineffable joie de mon cœur par une douleur du vôtre ; non, ce rendez-vous, je ne le sollicite plus, je ne l'exige plus. Rassure-toi, Victorine, je t'aime comme l'on aime les anges, à genoux sur la terre, lorsqu'ils sont dans le ciel.

— Vous me le dites à présent, répondit tristement Victorine ;

mais bientôt; mais demain, vous aurez oublié ce serment que vous me faites; non, Eugène, il vaut mieux ne plus nous revoir; il vaut mieux nous séparer. Ayez ce courage, je tâcherai de l'avoir.

— Ne plus nous revoir! s'écria Eugène, et vous dites que vous m'aimez?

— Ah! reprit Victorine avec un soupir triste, vous m'aimez bien peu vous-même, si vous ne comprenez pas pourquoi je vous demande de me fuir.

— Je vous comprends, je vous comprends, dit Eugène, vous avez peur des regards qui vous entourent.

— Oh! non, s'écria Victorine les yeux vers le ciel, et avec une exaltation singulière, oh! non... c'est de moi que j'ai peur.

— Ah! il est donc vrai que tu m'aimes, Victorine! dit Eugène en s'approchant d'elle.

Elle lui tendit la main, et baissant devant lui ses beaux yeux pleins de larmes, elle lui répondit d'une voix résignée :

— Eugène, vous savez tout de moi, je vous l'avoue avec la faiblesse d'un cœur qui ne sent plus la force de combattre, je suis à vous, je vous appartiens : si vous voulez que je sois criminelle, je le serai, et maintenant je me fie à votre honneur. Je vous dis en pleurant : n'abusez pas du cœur que vous avez égaré, je vous demande grâce pour mon honneur et pour ma vie; soyez d'autant plus généreux que je suis davantage en votre pouvoir, et je vous serai reconnaissante, Eugène, plus reconnaissante que vous ne pouvez croire.

Et en parlant ainsi, sa voix était devenue plus lente et plus basse, et quand elle prononça les derniers mots de cette prière ils se mêlèrent sur ses lèvres aux larmes qui tombaient de ses yeux. Alors Eugène lui promit, par les sermens les plus sacrés, que jamais il n'alarmerait par la moindre exigence une vertu qui combattait avec tant de désespoir; et Victorine, heureuse de cette promesse, l'en remerciait avec la confiance et la joie d'un cœur qui a trouvé un asile assuré; et bientôt, tandis que Victorine allait trouver Amélie qui les observait de loin, il s'enfonça sous les grands arbres du jardin pour y respirer à l'aise l'atmosphère de bonheur dans laquelle il flottait; et Amélie s'étant approchée de sa belle-mère pour lui demander ce qui était arrivé de son entretien avec Eugène, Victorine lui répondit d'un ton aussi indifférent que dédaigneux :

— J'ai fait très bien entendre raison à ce monsieur, et il a compris que ses soupirs étaient aussi inconvenans que ridicules.

Voilà comment finit la comédie jouée par Victorine et dont Eugène fut assez la dupe pour prendre la résolution de n'en rien raconter à Lucien. Il eût dû cependant lui suffire de cette idée de cacher son entretien à son ami pour comprendre qu'il était trompé. Il est rare qu'en ce monde-ci on soit discret sur les choses dont on espère convaincre les autres. On ne se tait guère que dans la prévision de leur incrédulité, et plus cette incrédulité doit être raisonnable, plus on la fuit. On respecte son erreur et on la gare de toute main impitoyable qui voudrait la détruire. Du reste, cette misérable faiblesse n'est pas particulière à l'amour, et l'amant qui fuit les conseils d'un ami pour ne pas encourir la preuve qu'il est trompé est encore beaucoup moins fou que le négociant qui détourne toujours la tête de ses livres pour ne pas y lire qu'il est ruiné.

X

Transaction impossible.

Quoi qu'il en soit, la comédie que Victorine avait jouée était finie, et pendant ce temps Lucien en avait tenté une qui n'avait pas eu un moindre succès. Comme Victorine, il s'était proposé un but dans son entrevue avec Philippe et M. Cantel : ce but il y avait marché pas à pas, et il l'avait atteint complétement. Tout le commencement de la discussion entre ces trois personnages de notre histoire avait été de la part de Lucien un assez long plaidoyer en faveur de ses droits à la somme que lui disputait M. de Graverend.

M. Cantel avait écouté ce plaidoyer d'un air assez soucieux, tandis que Philippe avait montré par de nombreux signes d'assentiment qu'il reconnaissait la validité des raisons de M. Deville. Puis il arriva que, par un étrange contraste, le visage de Graverend s'assombrit quand cette espèce de plaidoyer arriva à une conclusion qui ramena la joie sur la figure de M. Cantel.

— Vous le voyez, avait dit Lucien, mes droits sont antérieurs aux vôtres; ils sont assurés par des actes qui vous manquent. J'ai tout lieu d'espérer que ces droits seront reconnus; et cependant, telle est ma haine des procès, que j'ai accepté des propositions de transaction, et que je suis tout prêt à en conclure une qui soit convenable.

C'est à ces paroles que M. Cantel avait repris espérance, tandis que M. de Graverend avait montré un vif mouvement d'humeur.

— Voyons, monsieur, avait-il dit sèchement, quelle est cette transaction que vous voulez me proposer?

Lucien ne parut pas tenir compte du ton assez rogue dont cette question lui fut faite, et il répondit aussitôt :

— Entre gens d'honneur qui se croient un droit égal à la possession d'une somme d'argent, il ne peut y avoir qu'une transaction convenable : c'est celle qui attribue à chacun d'eux une part égale dans l'objet contesté. Il s'agit de cinquante mille francs entre nous. Je vous en offre vingt-cinq mille.

M. Cantel se retourna vers son futur gendre avec un regard rayonnant qui semblait dire qu'il avait obtenu du premier coup tout ce qu'il pouvait espérer ; mais M. de Graverend détourna la tête d'un air assez maussade et répartit :

— Vous m'offrez vingt-cinq mille francs et vous en gardez vingt-cinq mille : c'est trancher entre nous deux une difficulté qui, pour moi, n'existe pas ; je crois à la bonté de ma cause, je suis persuadé que je la gagnerai, et ce n'est pas sur de pareilles bases que je puis transiger.

— Quelles sont les vôtres, monsieur ? dit Lucien.

— Les miennes, les miennes, dit Philippe en grommelant, je ne puis vous les dire ; je crois être sûr que, d'après la manière dont vous venez de parler de votre affaire, vous les refuseriez.

— Qui sait ? dit Lucien ; il me semble que j'ai du moins le droit de connaître les vôtres, après vous avoir dit les miennes.

— C'est tout simple, dit M. Cantel ; allons, Philippe, que demandez-vous ?

M. de Graverend parut embarrassé de répondre, et c'est en mâchant la moitié de ses mots entre ses dents qu'il prononça la phrase suivante :

— Moi, voyez-vous, je ne connais rien aux affaires ; mes droits sont clairs, on me l'a dit, et ce que je pourrais en abandonner serait si peu de chose, que... j'aime autant ne pas vous le proposer.

Lucien, qui observait Philippe, lui dit en le regardant fixement :

— Eh bien ! voulez-vous trente mille francs, je me contenterai de vingt mille.

— Ah ! fit M. Cantel, il me semble, Philippe, que la proposition...

— Non, monsieur, non, dit de Graverend en interrompant M. Cantel, mes droits sont clairs... et ce n'est pas là... ce que j'ai promis à Amélie.

— Vous savez, lui dit M. Cantel, qu'en fait de fortune elle s'en occupe fort peu ; que c'est moi seul qui jugerai si la vôtre est ou n'est pas suffisante pour vous faire obtenir la main de ma fille.

— Certainement, dit Philippe, certainement ; mais trente mille francs c'est si peu de chose ! je ne dis pas, si c'était quarante mille francs ; encore...

— N'est-ce que cela ? s'écria vivement Lucien ; eh bien ! va pour quarante mille francs ; j'en garderai dix mille ; je les emploierai à un voyage en Italie, et ce titre de cinquante mille francs que je voulais faire valoir, sera comme si je ne l'avais jamais retrouvé dans les papiers de mon père.

M. Cantel s'approcha de Lucien, et, lui serrant les mains, il lui dit :

— C'est plus que de la justice, c'est de la générosité, monsieur; je ne me connais guère en affaires, mais ce que mon avocat m'a dit de la vôtre me fait croire que ce n'est point par crainte de les perdre que vous y renoncez.

Pendant que M. Cantel parlait ainsi, M. Graverend se promenait avec humeur dans l'appartement, et il interrompit les félicitations que son futur beau-père adressait à Lucien, en s'écriant :

— Tout cela c'est très bien, mais c'est encore dix mille francs que je perds.

— Ah ! vous n'êtes pas raisonnable, s'écria M. Cantel; certes, je n'engagerai pas M. Deville à aller au delà de ce qu'il a déjà fait.

— Mon Dieu, je ne lui demande rien, répartit Philippe; j'ai mes droits, je tiens à mes droits, je ne m'en départirai pas.

A cette déclaration, M. Cantel regarda M. de Graverend d'un air fort étonné, et Lucien ayant observé le regard sévère avec lequel le commandant regardait Philippe :

— Soit, monsieur, n'en parlons plus.

— N'en parlons plus, répartit M. de Graverend.

— Vous n'avez pas voulu renoncer à vos droits, reprit Lucien; j'agirai autrement que vous, j'abandonne complétement les miens; vous aurez vos cinquante mille francs, vous épouserez mademoiselle Cantel, et je n'aurai pas été un obstacle à votre bonheur.

— Je ne vous demande pas l'aumône ! s'écria Philippe avec hauteur; nous avons un procès, il se videra devant les tribunaux, et du moins celui qui gagnera ne devra rien à l'autre.

M. Cantel garda le silence; mais son regard sévère et soupçonneux ne quitta pas M. de Graverend. Lucien s'approcha du commandant, et lui dit en le saluant :

— Vous comprenez, monsieur, que, venu ici pour une transaction, je ne puis la pousser plus loin que l'abandon de tous mes droits; puisque cela ne suffit pas, je n'ai plus qu'à me retirer.

— Et moi, dit M. Cantel en le reconduisant, je n'ai qu'à m'excuser près de vous de vous avoir dérangé dans une démarche où vous deviez trouver si peu de convenance, et, je dirai plus, si peu de bonne foi dans votre partie adverse.

— Monsieur ! s'écria Philippe en s'avançant vers Lucien, et sans s'apercevoir que, dans sa colère aveugle, il allait lui demander compte de paroles qu'il n'avait pas dites.

— C'est moi qui parle, monsieur, lui dit M. Cantel en s'avançant à son tour vers lui, et vous me permettrez d'avoir avec vous une explication que cette entrevue vient de rendre nécessaire.

A ces mots, il quitta l'appartement avec M. Deville, et, ayant aperçu Eugène au fond du jardin, ils allèrent le rejoindre.

Le projet de Lucien n'eût pas été accompli si son ami n'eût été parfaitement instruit de la manière dont les choses s'étaient

passées, et cela surtout de la bouche d'un témoin dont il ne pût
soupçonner la véracité. Il dit donc à M. Cantel, dès qu'ils eurent
rejoint Eugène :

— Monsieur, veuillez conter à mon ami et au vôtre ce qui vient
d'avoir lieu ; je sais tout l'attachement qu'il a pour votre famille,
et s'il supposait que je n'ai pas mis dans cette affaire toute la
condescendance possible, il m'en voudrait assez pour que notre
amitié en fût altérée ; j'ose donc vous prier de me justifier à ses
yeux : vous seul avez ce pouvoir.

D'après cette invitation, M. Cantel crut de son honneur de raconter longuement à Eugène tout ce qui s'était dit, les offres de
Lucien et les refus de Philippe ; et comme M. de Fremery l'interrompait à chaque instant par des exclamations d'étonnement,
la colère de M. Cantel contre Philippe ne fit que s'accroître, et
au bout d'une demi-heure de conversation, il quitta les deux
amis en leur disant d'un ton irrité :

— Et maintenant, je vais savoir quel est le mystère de cette
étrange conduite, et je jure que j'en aurai raison.

XI

Un Paravent.

Eugène étant resté seul avec Lucien, lui dit à son tour :

— C'est étrange, en effet ; et il doit y avoir un mystère dans
tout ceci.

— Ce mystère, répartit froidement Lucien, je le soupçonnais
depuis long-temps, et je l'ai dit à Victorine avant d'entrer en
conférence avec ces messieurs : ce mystère, c'est que M. de Graverend est l'amant de madame Cantel.

Eugène pâlit à cette parole ; un cri sourd de rage s'échappa de
sa poitrine, et il s'avança contre son ami, le regard en feu et les
poings serrés.

— Encore ! s'écria-t-il en menaçant son ami qui ne savait pas
au milieu de quelle ivresse d'amour il avait jeté cette insultante
parole. Encore ! répéta Eugène avec un geste menaçant.

— Sortons de cette maison, lui dit froidement Lucien ; demain
matin nous nous couperons la gorge si cela te convient ; et, si
cela te convient, ce sera pour sept heures du matin. La seule faveur que je te demande au nom de notre vieille amitié, c'est de
m'attendre à six heures, et de me donner une heure d'audience,
tu seras plus calme ; j'en saurai davantage, et peut-être recon-
naîtrai-je que j'ai eu tort.

— Quoi ! s'écria Eugène avec indignation, vous n'êtes pas sûr
d'une pareille infamie, et vous osez la proférer.

— J'en suis aussi sûr, répartit Lucien, que l'on peut être sûr d'une chose que l'on n'a pas vue ; mais remettons toute cette explication à l'heure que je t'ai dite ; tu n'es pas en état de m'entendre.

— Au contraire, reprit Eugène, je veux savoir sur l'heure, à l'instant même, ce que tu as vu, ce que tu as entendu, ce qui peut t'avoir donné un pareil soupçon !

— Tu le veux? dit Lucien, eh bien, soit. Mais il faut, avant, que tu me répondes franchement à une question : Victorine t'a-t-elle donné le rendez-vous que tu lui as demandé?

— Ce n'est pas de cela qu'il s'agit, dit Eugène.

— C'est absolument de cela qu'il s'agit, reprit Lucien ; car si elle te l'a donné, je suis un sot, j'ai cherché ailleurs qu'où ils étaient les motifs de M. de Graverend ; si elle te l'a refusé, au contraire, j'ai raison, et tu joues ici le rôle qu'on m'a fait jouer autrefois, et qui est plus dangereux que tu ne penses ; sois franc, t'a-t-elle donné ce rendez-vous ?

Eugène se tut encore ; il sentait bien malgré lui qu'avouer à Lucien qu'il n'avait rien obtenu, c'était lui donner de nouvelles raisons de persister dans son opinion ; et, bien que lui-même fût déchiré par les soupçons que faisait naître en lui la conduite de Philippe, il ne put se résoudre à les confirmer dans l'esprit de son ami, et il répondit par un mensonge.

— Eh bien ! oui, dit-il, elle m'a donné ce rendez-vous.

La nuit était déjà avancée, Lucien ne put juger de la contenance de son ami ; mais il devina à l'inflexion de sa voix qu'Eugène avait voulu le tromper. Cependant il ne répondit rien, et, après quelques minutes de silence, il tira sa montre et la fit sonner.

— Il est dix heures, lui dit-il, ton rendez-vous doit être pour minuit, c'est l'heure des amans ; je ne suppose pas que tu veuilles aller jusqu'à la ville pour revenir ensuite jusqu'ici. A demain donc, et puissé-je être la seule dupe dans tout ceci !

— J'ai plus de temps qu'il ne m'en faut, reprit Eugène, je puis bien t'accompagner un peu.

— Le fait est que la nuit est admirable, reprit Lucien, en reprenant son ton railleur, et c'est un grand charme que de se promener au murmure des eaux, aux hurlemens des chiens de ferme et aux cris des chouettes !

Eugène ne parut pas très empressé d'aborder ce genre de conversation ; et, après un moment de silence, il dit à Lucien, en essayant de prêter à sa voix un ton très dégagé :

— Tu es plus discret que je ne le pensais, toi : voilà le second secret que j'apprends aujourd'hui sur ton compte ; car tu ne m'as jamais parlé de cette aventure à laquelle tu faisais allusion tout à l'heure.

— C'est qu'elle n'en vaut pas la peine, et qu'il est bien peu d'hommes à qui elle ne soit arrivée à leur début dans le monde : c'est un état par lequel tout naïf jeune homme est appelé à passer au moins une fois en sa vie.

— Et quel est cet état ? dit Eugène.

— Les vieux roués, répartit Lucien, lui ont donné un nom assez drôle : ils appellent un homme dans cette position, ils l'appellent...

— Eh bien ? dit Eugène.

— Voici ce que c'est, reprit Lucien : une femme a un amant, elle a un mari jaloux, elle rencontre un bon et naïf enfant plein de cœur : elle lui fait juste assez d'agaceries pour le rendre fou amoureux d'elle ; le pauvre garçon se laisse prendre au piége, et, comme il n'a rien à cacher, le mari devine bientôt sa passion. Alors c'est lui qu'il observe, c'est lui dont il est jaloux, c'est lui qu'il espionne, tandis que la femme et l'amant, abrités derrière le pauvre niais, jouissent de leur amour dans la plus douce quiétude du monde et à l'abri de tout danger : c'est pour cela que les vieux libertins appellent cet amant supposé un paravent.

— Un paravent ! s'écria Eugène avec une expression si furieuse, que Lucien ne put s'empêcher de rire du contraste de l'accent et du mot.

— Un paravent, répartit Deville, c'est un rôle, je te l'ai dit, qu'on joue toujours une fois en sa vie. Mais il se fait tard, je te laisse, car il me semble que le temps se couvre ; je crains qu'il ne pleuve, et il y a plus loin d'ici à la ville que d'ici au pavillon du Pressoir.

A ces mots, Lucien s'éloigna rapidement, et Eugène demeura seul.

Lorsque Eugène fut demeuré seul, il n'éprouva pas l'embarras plaisant qui semblait résulter de sa situation. En effet, en disant à Lucien qu'il avait obtenu un rendez-vous de Victorine, il s'était mis dans la nécessité de ne rentrer à l'hôtel, où ils logeaient dans le même appartement, que lorsqu'un temps assez long se serait écoulé pour qu'il eût pu se trouver à ce rendez-vous et en être revenu. C'était donc pour Eugène une promenade solitaire de quelques heures dans la campagne.

Il y a plus d'hommes qu'on ne pense, que la vanité de faire croire à une bonne fortune a soumis à de bien plus rudes épreuves. J'en pourrais citer qui prennent des chevaux de poste et qui font quinze lieues à franc étrier. Arrivés à l'auberge d'un village quelconque, ils y laissent leur monture et leur postillon, et vont sentimentalement errer le long des chemins d'alentour ou dans quelque bois voisin, où ils mangent des mûres et cueillent des noisettes. Deux heures après ils reviennent, remontent à cheval, et rentrent à Paris, où on les attend, tout haletans, brisés, éreintés. Ils ont manqué un rendez-vous d'affaires, oublié un devoir, mais ils ont acquis le droit de raconter qu'ils ont fait trente lieues à cheval pour passer une heure avec *elle.*

ELLE, ce mot qui veut dire la femme qui est la pensée, l'âme, la vie d'un homme quand elle existe ; ELLE, ce mot derrière lequel on cache la belle dame inconnue, qui échappe pour vous à la surveillance de son mari et de sa famille ; ELLE, pour laquelle on a des préoccupations qui frappent tous les regards ; ELLE, pour qui l'on fait des voyages secrets ; ELLE, dont personne ne saura jamais le nom, car ELLE n'existe pas.

Je sais aussi un homme qui affectait de se troubler en voyant passer certaines femmes, et qui ne pouvait entendre prononcer leur nom sans tressaillir ; il se laissait modestement railler sur ses passions secrètes, jurant qu'on se trompait. Mais s'il était d'un dîner, il arrivait trop tard, arrêté par un incident qu'il ne pouvait expliquer, et, quand il était sûr d'être aperçu, il sortait secrètement le soir de sa maison pour aller coucher dans une détestable petite auberge où personne ne l'attendait et où personne ne venait le joindre.

Probablement celui-ci dormait pendant les heures fortunées qu'il ménageait pour le lendemain à sa vanité de lovelace : c'est le meilleur emploi à faire d'un pareil temps ; mais je voudrais bien que quelqu'un pût me dire ce que doivent penser ceux qui, comme Eugène, s'amusent à se promener à la belle étoile pendant qu'on les suppose occupés à un tendre entretien.

Je comprends que leur prodigieuse vanité les étourdisse sur l'immensité de leur sottise, quand ils partent pour de tels rendez-vous ou en reviennent sous l'inspection de mille regards jaloux et curieux. Le dépit ou l'envie qu'ils excitent les enivre comme s'ils les méritaient, mais c'est lorsqu'ils sont seuls en face d'eux-mêmes, grelottant sous un arbre, ou arpentant les rues et les carrefours, à l'abri d'un manteau couleur de muraille, qu'ils doivent être fort embarrassés d'eux-mêmes.

Du reste, le seul individu de cette espèce qui ait inventé une heureuse manière de remplir ce tête-à-tête solitaire, est un jeune poète qui, dans ces momens d'un souvenir ineffaçable, composait pour le lendemain des élégies délirantes sur les voluptés ineffables qu'il était supposé avoir goûtées la veille.

Bien qu'Eugène se fût réduit à ce rôle ridicule en prétendant que Victorine lui avait donné un rendez-vous, il n'éprouva pas, comme je l'ai dit, l'embarras de sa situation. En effet, son mensonge n'avait pas été celui d'une sotte vanité : c'était celui d'une passion aveugle qui fuit la vérité, parce qu'elle apporte avec elle le désespoir ; car elle vous conduit au mépris de la religion qu'on s'est faite.

Ainsi, dès qu'Eugène fut seul, il ne se trouva ni honteux ni embarrassé de lui-même; il était resté avec les soupçons que la conduite de Philippe et les paroles de Lucien avaient jetés dans son cœur. Si on veut bien se rappeler cette comédie par laquelle Victorine avait échappé aux sollicitations d'Eugène, si on se figure ce qu'il avait dû rêver d'amour pour lui, dans cette femme qui se débattait avec tant de désespoir contre la passion qui la dominait, on conviendra qu'il devait être affreux de retomber de ces hauteurs célestes au rôle niais et grotesque si grossièrement désigné sous le nom de paravent.

Il lui fallait dépoétiser tout d'un coup cet ange appelé Victorine, qu'il avait adoré à genoux; et ce qu'il y avait de plus douloureux, c'est que cet ange tombé ne descendait pas dans sa chute jusqu'à l'abîme pour y devenir un démon superbe qui s'était joué de son cœur et l'avait déchiré de sa main de feu; car on peut adorer l'ange devenu Satan : il reste grand devant l'esprit et le cœur; ce qu'il y avait de plus poignant, c'est qu'il s'arrêtait dans un milieu vulgaire, ignoble, repoussant.

Hélas! pauvre cœur déçu, ce n'est ni l'ange ni le démon, c'est tout simplement une femme du monde, très-habile, très-corrompue, qui trompe son mari, qui se moque de vous et vous préfère un gros beau, bel homme avec qui elle fait l'amour.

Horreur! damnation! malédiction! Oh! que d'horribles combats Eugène eut à soutenir! Parfois il admettait l'horrible supposition de Lucien. Oui, Philippe était l'amant de madame Cantel; mais, dans ces momens mêmes, Eugène ne pouvait se résoudre à accepter ce fait dans sa vulgarité, et il en faisait un malheur. Il supposait un secret entre cette femme et cet homme; elle était dominée par quelque mystérieux antécédent qui la livrait à la merci de M. de Graverend. Elle était dans sa main comme Marguerite dans celle de Méphistophélès. Ne pouvant la poser sur un autel comme une divinité bonne ou mauvaise, il l'y jetait comme une victime.

C'est qu'il est si cruel pour le cœur de perdre sa foi! c'est qu'il sait si bien que le doute où il va tomber est un océan sans rivage où toute félicité s'engloutit, qu'il se rattache de tout son pouvoir au moindre brin d'erreur qui peut le ramener à sa croyance.

On s'étonne beaucoup de ce que, parmi ses mœurs dissolues et son indifférence politique, l'Italie eût jadis gardé tant de crédulité religieuse. Ne serait-ce pas plutôt une conséquence naturelle et forcée de cet état de démoralisation et de cynisme matériels? Faut-il s'étonner, quand tous les cultes humains sont détruits, qu'on se réfugie dans ceux qui ne sont pas de ce monde?

Quand la vie où l'on passe vous défend de croire à aucune vertu d'ici bas, n'est-il pas tout simple que les instincts croyans de l'homme s'adressent plus ardemment à la vertu suprême d'en haut, et, comme toute l'activité de cette foi innée en nous ne tend plus que vers un même point, ne serait-il pas permis d'en conclure qu'elle doit d'autant plus aisément dépasser le but et arriver à la superstition ? Ceci ne serait-il pas une explication assez juste de la coexistence de certains crimes, et par exemple, de la dissolution et du fanatisme religieux de nos grands siècles féodaux ?

Mais ceci veut-il dire qu'Eugène voulait se faire moine ou trappiste ? Non, certes ; car, au milieu de ses plus cruels soupçons, il laissait toujours un petit coin à l'espérance que la conduite de Philippe s'expliquerait d'une façon inattendue, mais qui ne serait pas celle de Lucien.

Quoi qu'il en soit, Eugène avait de quoi occuper sa solitude ; car il flottait entre les sentimens les plus opposés, et, après avoir plaidé jusqu'à la folie la cause de Victorine, il l'accusait aussi jusqu'à la folie, car une nouvelle passion venait de naître en lui : il était jaloux.

Il était en proie à cet horrible sentiment qui recommence toute l'histoire d'un amour avec une nouvelle manière de le comprendre.

C'est un livre allégorique dont la fantaisie vous a charmé comme une réalité charmante, et dont on vous a expliqué le sens caché. A cette nouvelle lecture, tout change d'aspect : les hideuses vérités remplacent les sémillantes bouffonneries, et là où vous avez souri ou pleuré, vous détournez la tête avec dégoût.

Ainsi fait la jalousie ; elle a de honteux commentaires pour tous les regards, toutes les paroles, tous les sourires ; elle dégrade les plus doux sentimens ; elle arrache à l'amour son fard, ses parures, ses voiles, et n'en laisse au cœur qu'un squelette aride et difforme. Assurément, jamais Lucien, avec son esprit froid et railleur, n'eût prêté à Victorine toute l'infamie dont l'accusait Eugène dans les momens où c'était la jalousie qui parlait en lui.

Dans cette tempête de l'esprit et du cœur, les mouvemens sont rapides et violens, et il n'y avait pas une demi-heure que Lucien avait quitté Eugène, que déjà celui-ci avait épuisé toutes les raisons possibles d'accuser ou de défendre Victorine.

Et pendant ce temps, il errait autour de cette maison où était enfermé le secret de son existence. Il regardait fixement ces murs, comme s'il eût pu voir à travers ; il cherchait l'endroit où devait être Victorine, et il se figurait où elle pouvait être, ce qu'elle disait, ce qu'elle faisait. Il arrivait qu'alors il lui semblait la voir dans les bras de Philippe, et alors il s'élançait comme un furieux contre ces murailles ; il y appliquait l'oreille pour entendre leurs paroles d'amour ; il croyait reconnaître le murmure des voix. Il se frappait le front de rage, et puis il reconnaissait que ce n'était qu'un gémissement des arbres, une rafale de vent, et il s'éloignait de quelques pas, en se maudissant de sa folie.

Mais il revenait aussitôt, et la dernière fois qu'il revint, bien résollu, comme toutes les autres, à s'éloigner tout à fait s'il n'entendlait rien, il crut reconnaître un bruit de pas dans l'allée qui bordlait le mur.

Ces pas étaient précipités, un gémissement sourd mêlé de sanglots étouffés s'y mêlait. C'était Victorine, Victorine, sans doute, Victorine qui pleurait, et, à quelque titre que ce fût, il fallait sauver Victorine si elle était malheureuse. Ces pas se dirigèrent vers la porte du jardin qui ouvrait sur la campagne. Eugène y courut; il arriva comme la porte s'ouvrait, une femme sortit : c'était Amélie.

XII

Trompés.

A l'aspect de la fille de M. Cantel, Eugène demeura interdit; à l'aspect de M. de Fremery, Amélie poussa un cri et s'arrêta; mais elle ne ne put contenir ses larmes ni ses sanglots. et ils ne firent que redoubler lorsque Eugène, s'étant approché d'elle, lui dit d'une voix tremblante :

— Où allez-vous ainsi, mademoiselle? Qu'avez-vous à pleurer, que vous a-t-on fait?...

Et comme elle ne répondait pas, il reprit à voix basse :

— Qu'avez-vous appris ?

— Tout, répondit-elle d'un accent désespéré, je sais tout...

— Tout !... répéta Eugène d'une voix sourde.

Et Amélie, éclatant alors en larmes, s'écria dans un de ces puissans mouvemens de cœur qui disent tant de choses en un mot :

— Ah ! monsieur Eugène, comme elle nous a trompés !

Associant ainsi dans un désespoir commun son innocent amour à la passion coupable d'Eugène; car, dans des tortures de l'âme comme du corps, il s'établit une fraternité de douleur entre ceux qui souffrent, et qui les met au même niveau.

A ces mots d'Amélie : « Comme elle nous a trompés ! » Eugène répondit de même par une interrogation qui disait aussi tout ce qu'il soupçonnait, sans avoir besoin de l'expliquer :

— C'est donc vrai? s'écria-t-il.

— Oui, répondit Amélie.

— Et où sont-ils maintenant? dit-il en s'avançant vers la porte.

— Ils sont avec mon père ; ils le trompent aussi... lui, mon père... mon bon et noble père qui l'a ramassée dans la misère... qui en a fait sa femme. Oh ! la misérable... et M. de Graverend, un militaire qui a été le camarade de mon père, de mon père qui l'a reçu comme un fils, et qui le déshonore. Avouez, monsieur, qu'il est aussi misérable qu'elle.

Elle dit cela à Eugène, oubliant qu'il méritait presque autant que Philippe une pareille injure ; et lui, à son tour, ne pensant pas que Philippe n'avait d'autre tort vis-à-vis d'un rival, que d'avoir été plus heureux, s'écria avec violence :

— Oh ! celui-là me le paiera de sa vie !

— Ah ! vous êtes heureux, vous, s'écria Amélie, vous êtes un homme, vous pouvez vous battre... mais moi, il faut que je pleure, que je souffre et que je me taise.

— Et pourquoi vous taire ?

— Pourquoi ? dit Amélie, qui, dans le désordre de sa douleur, se laissait aller aux idées les plus contradictoires, pourquoi ? Voulez-vous que ce soit moi qui aille dire à mon père qu'on le trompe, qu'on l'outrage ! Vous ne connaissez pas mon père, monsieur Eugène ; on peut l'abuser long-temps : lui qui n'a jamais trahi personne, il ne suppose jamais le mal. Mais, ajouta-t-elle en baissant la voix, s'il soupçonnait la vérité, il tuerait M. de Graverend, ou M. de Graverend le tuerait. Mon père est vieux, monsieur, et Philippe est renommé pour son adresse. Oh ! non, je ne dirai rien, je me tairai, j'en mourrai, mais je ne ferai pas assassiner mon père.

Cependant Eugène s'était remis du trouble extrême que lui avaient causé cette rencontre et cette confirmation soudaine de ses soupçons ; et, comme tous les cœurs frappés par une grande douleur, après être resté étourdi sous la douleur du premier choc, il en voulut connaître tous les détails.

— Mais, dit-il en se rapprochant d'Amélie, comment avez-vous surpris leur secret ?

— Je vais vous le dire ; mais éloignons-nous de cette porte ; quelqu'un peut passer dans le jardin et m'entendre. Un mot peut être redit à mon père, et Dieu sait ce qui arriverait !

Amélie s'avança donc du côté des grands arbres qui bordaient la rivière, ne redoutant point pour son honneur d'être surprise la nuit, seule, avec un jeune homme, tant elle avait la conscience de la noble action qu'elle faisait, en s'oubliant elle-même pour l'honneur de son père.

Arrivés à une certaine distance de la maison, ils s'arrêtèrent, et Amélie commença ainsi son récit :

— Il y a deux heures encore, je croyais à l'amour de Philippe, je croyais à son honneur : l'espoir d'être sa femme était ma seule ambition. Être aimée et honorée, n'est-ce pas tout le bonheur d'une femme en ce monde ? Aussi ne vous dirai-je pas toutes les angoisses que j'ai éprouvées pendant la durée de la conférence de mon père avec votre ami et M. de Graverend. Je savais que mon mariage dépendait de ce qui serait décidé. Bien des espérances bien des craintes, bien des suppositions sont passées dans mon cœur durant cet entretien; mais il n'en est pas une qui eût rapport à Philippe. Je croyais tant à son amour, que je n'ai pensé qu'à sa fortune. Lorsque cette conférence fut finie, vous savez que mon père alla vous rejoindre avec M. Deville. Au moment où j'entendis ouvrir la porte, je quittai malgré moi la chaise sur laquelle j'étais assise. Philippe parut; je m'étais mise sur son passage : n'était-ce pas lui avoir demandé suffisamment ce qu'on avait décidé de nous? Il avait l'air irrité; il passa sans m'adresser ni une parole ni un regard, et se dirigea vers le pavillon où était Victorine. L'amour est bien aveugle, monsieur Eugène : j'interprétai ce silence et cette fuite en faveur de Philippe; je crus que, n'ayant que de fâcheuses nouvelles à m'annoncer, il n'avait osé me les dire à moi-même. Je ne doutai pas que votre ami n'eût été inexorable; mais déjà Philippe et Victorine s'étaient enfermés dans le pavillon; on y parlait sans doute de moi : c'était mon sort qu'on y disait à un autre. Dans ma folle anxiété, je me crus le droit de le savoir; je me glissai vers le pavillon, pour écouter derrière une persienne. Croyez-moi, monsieur Eugène, c'était le secret du destin de ma vie que je voulais surprendre, un secret qui devait m'être révélé quelques minutes plus tard; j'avais hâte de ma douleur. Oh! je vous le jure, si j'avais supposé un moment que j'y pusse entendre ce que j'ai entendu, je n'y serais pas allée; jamais je n'eusse voulu savoir le secret de mes ennemis d'une manière si basse, ma vie eût-elle dû en dépendre. Mais, je vous l'ai dit, j'allais écouter le récit de l'entrevue de Philippe et de M. Deville... J'approche... c'était Victorine qui parlait.

— Voyons, disait-elle, en aurez-vous bientôt fini avec vos exclamations et vos juremens; qu'avez-vous fait?

— Ce que vous avez voulu, dit Philippe avec emportement; j'ai tout refusé; je n'ai voulu entendre à aucun accommodement; le procès se jugera, et mon prétendu mariage avec Amélie est ajourné encore pour long-temps.

— Il me semble, répartit Victorine avec humeur, que c'était convenu, et qu'il n'y a pas là de quoi paraître si colère.

— Oui-dà! fit M. de Graverend; mais ce qui n'était pas si convenu, c'est que M. Deville, que vous m'aviez annoncé devoir être si récalcitrant sur ses droits, s'est montré accommodant au point de ne plus vouloir plaider et de m'abandonner la somme en litige entre nous.

— Il a fait cela! dit Victorine d'un ton surpris.

— Oui, il l'a fait, et vous pouvez juger de mon embarras pour ne pas accepter.

— Voilà ce qu'il méditait, murmura Victorine, quand il m'a menacée.

Elle s'arrêta, et Philippe s'écria :

— Il t'a menacée, lui ! et de quoi ?

— Oui, dit Victorine à voix basse, il m'a menacée, car il m'a dit : « Je vais savoir enfin si M. de Graverend est votre amant; » et maintenant il doit le savoir. Il n'est pas homme à expliquer autrement vos refus.

— Voilà qui m'importe peu, dit Philippe, car je suis homme aussi à faire taire ses explications ; mais une chose à laquelle vous ne pensez pas, Victorine, c'est la manière dont votre mari les expliquera.

— Oh ! reprit Victorine, je me charge de lui persuader que votre dignité n'a pu accepter des offres pareilles.

— Le moyen est ingénieux, répartit Philippe amèrement, mais je l'ai tenté, et le commandant n'en a pas été dupe ; et, lorsque je me suis écrié que je ne demandais pas l'aumône, il a jeté sur moi un regard où il y avait peu de sympathie pour une fausse modestie.

— C'est que vous êtes si maladroit dans tout ce que vous faites ! reprit ma belle-mère avec impatience ; je vous avais bien donné le conseil de rendre cette entrevue inutile ; mais, en voyant la tournure qu'elle prenait, il fallait biaiser, il fallait accepter...

— Accepter, n'est-ce pas ? dit Philippe, pour fixer mon mariage avec Amélie dans un mois au plus tard...

— Eh bien ! d'ici là, nous aurions trouvé un moyen ; et, après tout, eussiez-vous été réduit à l'épouser, ce mariage ne nous séparait pas.

— Oh !... s'écria Eugène à cette parole.

— Oui, monsieur, reprit Amélie, elle a dit cela. L'horreur que j'en ai éprouvée a été si violente, que je n'ai pu entendre ce qu'a répondu M. de Graverend. Je suis demeurée anéantie et confondue devant tant de bassesse et de vice, et, lorsque j'ai pu retrouver la force de les écouter, ils étaient déjà bien loin de penser à moi, ils parlaient de vous.

— De moi ! dit Eugène.

— Oui ; il disait, lui, que ce n'étaient pas les soupçons de mon père qui faisaient peur à Victorine, mais ceux de votre ami, qui vous les ferait partager, et il ajoutait :

— Écoute-moi, Victorine, j'ai laissé venir ici ce jeune homme, parce que tu m'as dit que l'amour que je feignais pour Amélie ne suffisait pas à nous cacher, et que l'activité jalouse de ton mari, en surveillant l'amour de M. Eugène, l'aveuglerait sur le nôtre.

— Eh bien ! n'ai-je pas réussi ? répondait Victorine.

— A quoi ? M. Cantel ne s'occupe pas plus de lui que de moi ; mais moi, je m'en occupe. Je ne suis pas si aisé à duper. Eugène vous a écrit ?

— Oui, une lettre comme toutes celles que je vous ai déjà montrées.

— Je veux la voir.

— La voici, lui dit-elle en la lui montrant.

Il y avait de la lumière dans le pavillon, et je jugeai, au silence qui succéda à ce dernier mot, que Philippe la lisait; tout à coup j'entendis un mouvement très vif; et Victorine lui dit :

— Ne déchirez pas cette lettre... elle peut nous sauver.

Ce fut à ce moment aussi que j'entendis le pas de mon père qui s'avançait rapidement vers le pavillon. Je voulus m'échapper, il m'aperçut, et, s'avançant vers moi, il me dit :

— Que faisais-tu là, Amélie?

— Moi?... lui dis-je.

— Tu écoutais, n'est-ce pas?

— Non, mon père...

— Tu pleures, reprit-il, tu sais tout. Mais sois tranquille, M. de Graverend m'expliquera la cause de son refus; et, s'il ne t'aime pas, comme je dois le croire d'après sa conduite, s'il a eu des raisons d'éluder un mariage arrangé depuis long-temps, je le saurai, et alors j'agirai en conséquence.

Je laissai parler mon père, qui me serrait dans ses bras et qui tâchait de me consoler. Mais je pleurais toujours, et telle est la bonté de son noble cœur, qu'il finit par me dire :

— Eh bien, mon enfant, s'il était possible que les refus de Philippe tinssent à des motifs honorables, fût-ce même à une folle susceptibilité, comme il a essayé de me le faire croire, j'arrangerais tout cela : un peu moins de fortune pour moi, et ce que je lui donnerai remplacera ce qu'il a perdu par sa sotte obstination à repousser les offres de M. Deville. Beaucoup de bonheur pour ma pauvre Amélie, cela vaut bien un peu d'argent que cela me coûtera.

— Oh! monsieur Eugène, reprit Amélie, si vous saviez de quelle profonde pitié pour mon père mon cœur était rempli, tandis qu'il parlait ainsi; j'étouffais et ne pouvais parler.

C'est alors qu'il m'a dit de rentrer chez moi; c'est alors qu'il a pénétré dans le pavillon... c'est alors que, la tête perdue, je me suis élancée hors de la maison.

— Où voulez-vous aller? dit Eugène, qui craignit que des pensées de suicide n'eussent passé dans cette douleur exaltée.

— Que sais-je? répartit Amélie; depuis une heure que je rongeais la douleur de mon âme, j'avais besoin d'éclater; et j'allais loin de tous les yeux, loin de toutes les oreilles, pour pleurer en liberté, pour crier comme je souffrais.

— Vous ne voulez pas mourir? dit Eugène.

— Mourir, moi!... s'écria Amélie; mourir, abandonner mon père, lorsqu'il va avoir besoin de tout l'amour de sa fille!... Oh!

non, monsieur, je lui serai fidèle, moi ; et, s'il faut que tout ceci ait une fin fatale, je resterai du moins près de lui. Songez donc que je suis son enfant, et qu'il peut pleurer devant moi...

Au milieu de sa propre douleur, Eugène ne put s'empêcher d'admirer cette noble résignation, ce sublime dévoûment, et il estima pour ce qu'il valait ce cœur candide et bon, près duquel il avait jusque-là passé avec indifférence. A son tour, il essaya de consoler Amélie et de l'encourager dans sa résolution.

— Quant à M. de Graverend, lui dit-il, c'est moi qui me charge de sa punition.

Mais l'exaltation de la douleur d'Amélie s'était calmée ; elle avait eu le temps de peser le sens des paroles d'Eugène, et elle lui répondit :

— De quel droit voulez-vous punir M. de Graverend ? Est-ce de n'avoir point été aussi coupable que lui ?

— Mademoiselle... dit Eugène avec embarras.

— Tenez, monsieur, reprit-elle avec une angélique douceur, je vous plains. Je souffre trop de l'amour innocent qu'ils ont trompé, pour ne pas me faire une idée de ce que vous devez souffrir. Mais je vous le demande, monsieur : n'ajoutez pas aux malheurs dont nous sommes menacés, par votre imprudente intervention. C'est moi que cela regarde ; et maintenant que cela est passé, maintenant que je suis plus calme, je comprends quel est mon devoir. Je saurai éloigner M. de Graverend, ramener Victorine à ses devoirs ; je romprai un amour qui fait le déshonneur de mon père ; il ignorera tout, et je serai heureuse, si je réussis, de penser qu'il n'y a que moi de victime de leur trahison.

— Noble cœur !... dit Eugène ; et l'infâme, l'infâme qui a pu vous préférer cette femme !

Amélie ne put s'empêcher de sourire et de répondre :

— Vous l'aimiez bien, vous !

Eugène allait répondre, lorsqu'elle s'écria soudainement :

— On vient vers la porte... Adieu !

Elle s'enfuit ; mais, avant d'être arrivée, la porte se ferma ; elle appela, et elle se rouvrit.

— Tiens, c'est vous, mamselle Amélie ! dit une voix.

C'était le jardinier qui venait clore la maison, car M. de Graverend était déjà parti. Amélie passa près de lui sans répondre, et le jardinier étonné, ayant fait un pas en dehors, poussa un ah ! prolongé qui prouva à Eugène qu'il avait été aperçu, et que le manant donnait une explication peu flatteuse pour la fille de son maître à la rencontre d'Amélie et d'Eugène.

DEUXIÈME PARTIE.

I

Commentaires.

Arrivé de cet endroit de sa lecture, Valvins s'était arrêté pour examiner l'effet qu'elle produisait sur ses auditeurs. Noël l'écoutait, il faut le dire, avec plus de curiosité que d'intérêt. Il apprenait bien, à la vérité, que la femme entre les mains de laquelle son père était tombé était une de ces âmes sans pudeur à qui la soif du plaisir peut inspirer les actions les plus honteuses en fait d'amour et d'honneur conjugal; mais il ne lui semblait pas que jusque-là elle eût mérité cette épithète de vipère que lui avait appliquée Valvins, lorsqu'il l'avait rencontrée aux Tuileries. Enfin il ne se rendait pas un compte exact du mal que cette femme pouvait lui faire à lui-même; car, malgré sa candeur de jeune homme, il savait très bien que le libertinage n'est pas toujours une raison de méchanceté.

Mais il n'en était pas de même de Fabien: ce qu'il aimait en Victorine, c'était ce qu'avaient aimé Lucien et Eugène Fremery; c'était la femme, l'âme chaste et pure, le corps amoureux et pudique; mais ce cœur secret et plein de duplicité, cette beauté qui se livrait grossièrement aux désirs d'un gros beau bel homme, comme le disait l'histoire qu'il venait d'entendre, tout cela lui faisait bondir le cœur de colère et de dégoût. D'une part, il ressentait la conviction de la vérité de cette aventure; d'une autre, sa passion la repoussait comme une vile calomnie. Cependant son amitié pour Valvins et Lucien répugnait en même temps à leur imputer une si basse vengeance; et il flottait dans une cruelle incertitude, lorsque sa passion lui suggéra de considérer ce récit sous un aspect qui pouvait absoudre Victorine sans accuser directement les deux amis.

Quoi qu'on en dise, la passion est admirablement habile à se justifier, et c'est peut-être en cela seulement qu'on peut affirmer qu'elle est aveugle. Car le mal, elle le voit, elle le comprend aussi bien et mieux que les plus froids et les plus intéressés, mais elle le nie, l'excuse, le dénature, pour tromper les autres, et finit ainsi par se tromper elle-même. Mais si l'on considérait de quelle manière procède d'une part la conviction réelle, et de l'autre la passion extravagante, on ne pourrait méconnaître que celle-ci n'aurait pas besoin d'appeler à son aide tant de raisons astucieuses, tant d'argumens irrités, tant de subtilités logiques, si elle n'avait la conscience que de l'existence du mal qu'elle nie. Sur cent amans qui ont une foi sincère en l'amour de leur maîtresse, il n'y en a pas deux qui ne répondent par le mépris à une calomnie sur son compte. Sur cent amans qui doutent de la fidélité de leur maîtresse, il y en a quatre-vingt-dix-huit qui la défendront de tout leur pouvoir, s'ils rencontrent dans un autre le doute qu'ils ont eux-mêmes.

C'est pour cela qu'on se trompe presque toujours quand on veut détourner un homme passionné d'un mauvais amour, en lui montrant que celle qui en est l'objet est indigne de l'inspirer. Ils le savent aussi bien que vous, mais ils ont accepté cette indignité en secret, tout bas, en la cachant à tous; malheur donc aux amis qui, ne pouvant détruire cette passion, la forcent à accepter sa honte, tout haut, au grand jour, devant tous : ils ne font qu'avilir celui qui la subit, et ne le corrigent pas.

C'était la faute que commettait Valvins en ce moment; il croyait pouvoir traiter l'âme folle et passionnée de Fabien comme Lucien Deville avait traité le cœur amoureux d'Eugène, ne s'apercevant pas que celui-ci avait subi directement une hideuse trahison, et que Fabien n'en écoutait que le récit. Valvins ne savait pas non plus que lors même qu'il eût persuadé Fabien de la vérité de tout ce qu'il lui révélait, il ne faisait peut-être que donner un nouvel attrait à cette femme, en ce que la passion espère toujours qu'elle dominera tout, jusqu'aux plus mauvais penchans, et qu'une fois cette idée admise, elle en fait sa vie, son avenir, sa gloire, et lutte pour elle de toute ses forces. C'est peut-être pour cela que les dévotes aiment tant les libertins.

Cependant Fabien n'en était pas encore là; il n'en était qu'à ce premier degré de la passion qui abonde en subterfuges plus ou moins adroits pour écarter les obstacles qu'on lui présente. Ainsi, lorsque Valvins le regarda comme pour lui demander ce qu'il pensait sérieusement de la femme dont on venait de lui raconter un exploit, il se prit à dire d'un ton assez léger :

— Voilà un petit roman fort bien arrangé, et je remercie votre amitié des frais d'imagination qu'elle a faits pour me détourner du précipice vers lequel je marche.

— Quoi ! lui dit Valvins, tu oses supposer...

— Ce n'est pas que je vous en veuille, lui dit Fabien. Vous vous êtes dit en toute conscience : Notre ami Fabien se perd; nous allons lui faire horreur de la femme qu'il aime, et rien n'est plus facile avec un peu de calomnie.

— De la calomnie! reprit Lucien avec un peu de colère et de dédain.

Oh ! dit Fabien d'un ton railleur qui cachait mal l'amertume de ses pensées, calomnie sans importance, puisque nous avons juré sur l'honneur que toute confidence faite entre nous sur le compte de qui que ce soit, ne sortirait jamais du cercle étroit de notre intimité. Vous y avez admis monsieur, qui, je le suppose, a fait le même serment : il n'en résultera donc qu'une chose, c'est que je serai désabusé sur le compte de Victorine, et qu'après tout, si personne de nous ne parle de ce que nous venons de nous dire, cela ne pourra lui faire de mal. Valvins la méprise, Lucien la déteste, monsieur, qui est sans doute tout disposé à accepter vos opinions, la détestera et la méprisera ; voilà tout ce qu'il en sera : une honnête femme qui aura trois ennemis. En vérité, messieurs, ce n'est guère par le temps qui court, et je l'estime bien heureuse.

— Oh ! dit Valvins d'un ton tout à fait dégagé et indifférent, c'est ainsi que tu le prends ? soit, n'en parlons plus. Mais comme il est nécessaire à l'intérêt et probablement à l'honneur de Varneuil qu'il entende la fin de cette histoire, tu peux t'en dispenser, car je suppose qu'elle t'ennuierait beaucoup.

— Comment donc... au contraire, reprit Fabien en ricanant, elle m'amuse infiniment. Je suis charmé de connaître le talent littéraire de mes amis, et ce petit roman ne me paraît pas mal commencé ; je serai curieux de savoir s'il se soutient jusqu'à la fin à la même hauteur de conception.

— Comme il te plaira, dit Valvins, qui jeta un regard à la dérobée sur Lucien, qui répondit par un sourire ; car tous deux avaient compris combien, malgré son air joué d'indifférence, Fabien avait été blessé, et combien il était avide plus qu'un autre d'entendre la fin de cette aventure.

— Oui, vraiment, cela me plaît fort, répartit Fabien, à qui mille récriminations cruelles bouillonnaient dans le cœur, et qui, malgré ses efforts pour se contenir, ne put s'empêcher d'en laisser échapper quelques unes : oui, cela me plaît fort ; ces rôles sont bien posés, et particulièrement celui de notre ami Deville ; c'est tout à fait l'homme supérieur de la comédie, le raisonneur spirituel de Molière, celui qui voit juste au milieu de tous les niais qu'on trompe ou qui se trompent.

— Je te remercie, Fabien, lui dit Deville d'un ton sérieux, comme s'il croyait sincère le compliment ironique qui venait de lui être adressé ; je te remercie, car, en vérité, je n'ai jamais eu d'autre prétention que de ne pas être tout à fait aussi niais que beaucoup de nos amis.

Valvins se prit à sourire, et Fabien répartit avec humeur :

— Eh bien ! tu ne continues pas, Valvins ?

— M'y voici, dit celui-ci.

Et, reportant les yeux sur le manuscrit, il ajouta :

— Nous en sommes restés, je crois, au moment où Amélie

rentre dans la maison de son père, et où le jardinier fait, à part lui, une observation peu obligeante pour la fille de son maître, ce qui fait craindre à Eugène qu'il n'ait compromis mademoiselle Cantel.

— C'est cela, dit Deville.
— Or, je reprends, fit Valxins.
Et il continua ainsi sa lecture.

II

Le Mari.

Malgré lui, cette idée préoccupa vivement Eugène, et la pensée d'avoir compromis mademoiselle Cantel vint ajouter aux angoisses et aux incertitudes où il était plongé, car il ignorait quelle avait été l'issue de l'explication du commandant et de Philippe, et il cherchait à deviner les projets de Victorine, lorsqu'elle avait arraché la lettre de M. de Graverend, en disant :

— Cette lettre peut nous sauver !

Toutefois, Eugène ne rentra point chez lui ; il ne voulut pas reparaître devant Lucien sans avoir mis entre lui et ses railleries une action qui pût l'en garantir. Il attendit donc que le jour fût levé, et, dès qu'il put paraître décemment dans les rues de Poitiers, il rentra à la ville et se rendit chez M. de Graverend pour le provoquer.

L'officier était à la manœuvre, et son domestique dit à M. de Fremery que son maître ne rentrerait pas sans doute, car il lui avait ordonné d'aller le rejoindre après l'exercice et de lui apporter ses épées de combat.

Ce renseignement tout inattendu fit croire à Eugène que, malgré le silence d'Amélie, M. Cantel avait découvert la vérité et qu'un duel en était la conséquence nécessaire. Ne pouvant plus le prévenir, il rentra chez lui et trouva Lucien, déjà habillé, qui l'attendait avec inquiétude.

— Tu m'as fait une peur horrible, lui dit celui-ci. Je me suis trompé. Je l'ai compris quand je ne t'ai pas vu rentrer tout de suite... mais alors j'ai craint un oubli de votre part, une surprise de M. de Cantel ; voilà une heure qu'il fait grand jour, et... Enfin te voilà, je te félicite.

— Railles-tu ou parles-tu sérieusement ? dit Eugène à Lucien.

— Très sérieusement, je te jure ; je ne te fais pas l'injure de croire que tu aies passé une nuit à la belle étoile, rien que pour me convaincre d'un succès qui n'existe pas.

— Eh bien ! alors, dit Eugène, écoute-moi.

Et, s'étant assis en face de son ami, il lui raconta, avec une franchise rare, tout ce qu'il avait ressenti de colère contre lui, tout ce qu'il avait bâti de romans pour excuser Victorine, toutes ses folies et toutes ses fureurs; puis il lui dit sa rencontre avec Amélie, et combien elle avait été sainte et bonne.

— Et tu as aimé Victorine à côté de cet ange! s'écria Lucien. Oh! les femmes font bien de tromper les hommes, car ils le méritent!

Eugène ne répondit point à cette exclamation, et continua son récit. Il dit à Lucien la visite qu'il avait faite chez M. de Graverend, ce qu'il y avait appris, et la supposition très raisonnable d'une rencontre entre lui et M. Cantel.

A cette dernière confidence, Lucien fronça le sourcil et devint tout pensif. Eugène ajouta :

— Je te préviens seulement que, si M. de Graverend échappe à M. Cantel, il faudra qu'il me fasse raison aussi de sa conduite.

Lucien haussa les épaules.

— Tu voudrais, s'écria Eugène, que je permisse à ce misérable de se jouer de moi?

— Je voudrais... dit Lucien.

Comme il allait continuer, un domestique parut et annonça M. de Graverend et M. Cantel.

— Je m'en doutais, dit Lucien.

— Quoi! s'écria Eugène, tu penses?...

— Priez ces messieurs d'attendre, dit Lucien, je vais les recevoir. Le domestique se retira, et Lucien dit à Eugène qui le regardait fixement :

— Écoute, Eugène, me crois-tu ton ami?

— Oui.

— Alors tu es sûr que je mettrai ton honneur à couvert de tout soupçon, dût-il t'en coûter la vie?

— Oui.

— Alors tu me crois aussi plus calme que toi pour démêler les fils d'une intrigue où il serait pas trop niais de périr sans se défendre ou se venger?

— Oui.

— Eh bien! reste là... reste là, te dis-je, et laisse-moi recevoir ces messieurs. Tu te battras s'il le faut, fût-ce avec M. Cantel, mais ce ne sera du moins qu'à bon escient.

Eugène demeura dans la chambre de son ami, et Lucien passa dans la pièce où se trouvaient Philippe et M. Cantel.

A l'instant où Lucien entra dans le salon pour y aller rejoindre M. Cantel et Philippe, le domestique rentra dans la chambre d'Eugène, et lui remit une lettre fort pressée, apportée par un paysan qui avait dit être chargé d'attendre la réponse. Eugène reconnut une écriture de femme, et, supposant que c'était une lettre de Victorine, il désira la communiquer à Lucien pour qu'il pût agir en conséquence des avertissemens ou des aveux que cette lettre devait sans doute renfermer ; mais il était trop tard, Lucien était déjà avec le commandant et M. de Graverend.

D'une part, Eugène pensa que la prudence seule de Lucien le servirait probablement mieux que s'il se fiait à des renseignemens qui étaient peut-être de nouveaux mensonges ; de l'autre, il réfléchit que l'issue la plus fâcheuse de cette conférence ne pouvait être qu'un duel, et dans sa situation de cœur et d'esprit, un duel avec M. de Graverend était tout ce qu'il souhaitait ; car il ne pouvait penser que, malgré ce qu'il avait dit, Lucien pût consentir à le laisser se battre avec M. Cantel.

Puis, en définitive, c'était à lui, Eugène, qu'appartenait le dernier mot dans cette affaire, et il se gardait le droit d'en user comme il l'entendrait. Il ne fit donc point avertir Lucien, et resta seul, comme je l'ai dit. Pendant ce temps, Lucien recevait le mari et l'amant de Victorine. Il les aborda d'un air gracieux, comme un homme qui n'a aucun soupçon du motif de leur visite. Il se réservait ainsi l'avantage de les forcer à une explication complète.

— Eh bien, dit-il au commandant, auriez-vous fait entendre raison à M. de Graverend ? est-il plus accommodant, et son amour pour mademoiselle votre fille s'est-il décidé à accepter mes propositions ?

Quoi qu'il en eût, Lucien ne put s'empêcher de laisser percer un léger accent d'ironie en parlant de l'amour de Graverend pour Amélie, et M. Cantel s'étant reculé d'un pas, lui répondit froidement :

— J'accepte ce que vous venez de dire comme une nouvelle insulte : je l'accepte pour M. de Graverend, et alors ils ne m'enviera plus le droit auquel je tiens d'être le premier à venger notre commune cause ; car je pense que vous pousserez le dévoûment pour votre ami M. de Fremery non seulement jusqu'à lui servir de témoin, mais encore de second ?

Lucien fut véritablement étonné de la réponse de M. Cantel. Dans la persuasion où il était que l'on avait dénoncé au commandant l'amour d'Eugène pour sa femme, il ne comprenait point que ce qu'il venait de dire de l'amour de Philippe pour Amélie fût une insulte pour l'un ou l'autre de ces messieurs ; il les considéra l'un après l'autre, et put remarquer que Philippe baissa les yeux ; son trouble était visible, et il le manifesta d'autant plus, qu'il reprit avec un emportement mal contenu :

— M. Cantel a raison, et j'avoue que je ne serais pas fâché de vous donner une verte leçon pour vous apprendre à vous mêler de ce qui ne vous regarde pas.

Lucien, auquel il avait sans doute compté faire peur, garda un moment le silence comme pour se recueillir, puis il dit avec le plus grand calme :

— Je n'accepte pas cette provocation.

— J'en étais sûr, s'écria Philippe ; ces petits messieurs qui sont si lestes à conter fleurette à des femmes, ont plus de prudence quand il s'agit de répondre aux hommes.

— Au fait, dit M. Cantel, monsieur peut agir comme il l'entendra, j'y tiens fort peu ; mais M. de Fremery me rendra raison, ou je le soufflette en plein tribunal.

La violence de cette menace n'étonna point Lucien ; elle était assez dans les habitudes militaires de l'empire, qui s'imaginaient volontiers que tout le courage français était sous l'habit d'uniforme ; mais si elle n'étonna point Lucien, elle l'irrita assez pour qu'il fût près d'oublier la prudence qu'il s'était promise, et il répartit avec colère :

— Vous n'aurez besoin de souffleter personne, messieurs, et peut-être recevrez-vous plus tôt que vous ne pensez la leçon que vous voulez donner.

— En ce cas, dit Philippe, toute autre explication est inutile ; nous avons des armes, et vous pouvez nous suivre.

L'empressement de Philippe rappela à Lucien le motif pour lequel il avait voulu voir seul les deux officiers, et, se remettant aussitôt, il répondit d'un ton railleur :

— Je vous demande mille pardons, messieurs, une explication est nécessaire.

— Vous parlementez, monsieur ! s'écria de Graverend.

Lucien se tourna vers lui, la pâleur de la colère sur le visage, et lui dit :

— Écoutez-moi bien : vous voulez vous battre avec moi ; eh bien, je vous donne ma parole d'honneur que c'est un plaisir que je vous procurerai. Ainsi donc, tenez-vous tranquille, et permettez-moi, s'il vous plaît, d'avoir avec M. Cantel l'explication que je lui demande.

— Tout cela n'est que bravades, dit Philippe, venez, monsieur Cantel, il est inutile d'écouter des gens de cette espèce.

Lucien s'élança vers la porte et la ferma.

— Vous ne sortirez pas ! Vous êtes entré chez des hommes d'honneur, pour les provoquer ; vous me direz quelle est l'action dont vous nous demandez compte, ou prenez garde : je fais appeler ici tous les officiers de votre régiment, qui logent à deux pas, et je les rends témoins de votre conduite.

M. de Graverend s'avança contre Lucien, mais le commandant, se jetant au devant de lui, l'arrêta en lui disant :

— Monsieur a raison ; il est tout simple qu'il soit informé du motif de notre visite, puisqu'il prétend l'ignorer.

— Monsieur, ajouta-t-il, je suis venu demander raison à M. de Fremery de sa conduite envers ma fille.

— Envers votre fille ! répéta Lucien d'un air si stupéfait que

M. Cantel en fut étonné, tandis que Philippe battait le parquet avec rage du talon de sa botte éperonnée.

—Oui, monsieur, je viens demander raison à M. de Fremery de sa conduite envers ma fille; et si je vous ai associé à cette provocation, c'est que j'avoue que j'ai dû croire que vous étiez son complice.

—J'avoue, dit Lucien de l'air d'un homme qui rêve, j'avoue que je ne comprends rien à ceci, et que...

—Vous voyez bien, commandant, s'écria Philippe, c'est toujours la même comédie; vous n'obtiendrez rien de ces deux freluquets.

—Mais taisez-vous donc, monsieur, lui dit Lucien avec dédain; il est convenu qu'on se battra avec vous. Mais vous trouverez bon que je sache pourquoi je me bats.

—Eh bien! vous le savez, lui dit Philippe.

—Pas assez clairement, monsieur; car je vous prie de remarquer que, si j'accepte votre provocation, ce n'est point parce que j'ai à rendre compte de ma conduite vis-à-vis de vous, mais parce que je trouve la vôtre indécente vis-à-vis de moi.

—Que ce soit pour cette cause ou pour l'autre, finissons-en, dit Philippe.

—Pas si vite, monsieur, reprit Lucien qui avait retrouvé tout son sang-froid. Je ne suis pas de ceux qui pensent qu'un duel absout un homme de ses torts, surtout lorsqu'il tiennent à des sentimens bas et lâches. Je vous le répète pour la dixième fois, on se battra... Mais je ne veux pas, moi, qu'après avoir été plus que loyal vis-à-vis de M. Cantel, que j'estime, lui, comme un homme d'honneur, il puisse garder de moi la pensée que j'ai prêté les mains à une infamie quelconque.

—Toujours la même comédie, répéta Philippe en ricanant.

—Etes-vous bien sûr que c'est moi qui la joue, monsieur, dit Lucien d'un ton menaçant, et pensez-vous que ma patience soit inépuisable? Mais je vous avertis que vous remplissez fort mal le rôle dont on vous a chargé, et que vous êtes aussi maladroit ici que vous l'avez été dans notre entretien d'hier.

Ce fut le tour de Philippe de rester aussi étonné qu'épouvanté en entendant cette parole qui lui rappelait le reproche qui lui avait été fait par Victorine. M. Cantel n'y comprit rien; mais le silence de M. de Graverend sembla réveiller en lui des soupçons éteints, car il ajouta assez sèchement:

— N'oubliez pas, monsieur de Graverend, que je vous ai prié de m'accompagner ici comme témoin, et que jusqu'à présent vous vous êtes trop souvenu que vous êtes intéressé à cette affaire.

—Ne m'y avez-vous pas associé en entrant? répartit Philippe en grondant.

—Eh bien, je vous prie de ne pas vous en mêler, quant à

présent du moins, répartit sévèrement M. Cantel ; car je ne vois rien que de raisonnable dans la demande de M. Deville.

Rien ne peut exprimer la rage de Philippe à ces paroles de M. Cantel ; et Lucien, qui commençait à démêler dans tout ce qui se passait quelque nouvelle perfidie de Victorine, comprit qu'en ce moment M. de Graverend eût volontiers cherché querelle à M. Cantel, comme à lui-même, s'il l'avait osé. Il voulait toutefois prévenir le retour des violences de l'officier, et, tandis qu'il offrai un siège à M. Cantel, il dit tout bas à Philippe :

— Rassurez-vous, monsieur, je ne suis pas homme à perdre une femme, s'il y a moyen de la sauver.

Le regard de reconnaissance que M. de Graverend lui adressa pour cette parole, toucha presque Lucien. Celui-là aussi, dans ce qu'il faisait, lui parut être un instrument plus aveugle que coupable de la volonté de Victorine, et il se résolut à le ménager, si la révélation de M. Cantel le lui permettait. Le commandant commença ainsi :

— Lorsque je vous quittai hier, pour aller demander compte à M. de Graverend des motifs de ses refus, je le trouvai avec ma femme. Il est inutile que je vous dise tout ce que j'avais imaginé de fou et de déraisonnable, pour expliquer la conduite de M. Philippe ; mais il faut que vous sachiez ce qui a complétement détruit ces soupçons. J'étais peu disposé à entendre sa justification, et peut-être, avec la violence de son caractère et du mien, notre explication eût-elle commencé par une provocation ; mais heureusement Victorine était là : cet ange de bonté et d'indulgence se mit entre nous, et M. de Graverend s'étant éloigné un instant, elle osa m'avouer la vérité.

— Ah ! fit Lucien en regardant Philippe, elle vous a dit la vérité ?

De Graverend était sur des charbons ardens ; M. Cantel continua :

— Oui, monsieur, elle m'a dit la vérité. Philippe avait pris ombrage des visites trop fréquentes de M. de Fremery ; il avait cru remarquer de la froideur dans la conduite d'Amélie, depuis que M. Eugène était admis dans notre intimité. Toutefois, dans la crainte trop délicate peut-être d'accuser ma fille à mes yeux, il n'avait fait part de ses soupçons qu'à Victorine. Victorine aussi, qui évitait de m'affliger, m'avait caché les confidences de M. de Graverend, et elle avait dû croire que ces soupçons partaient d'un cœur jaloux ; mais hier elle les partagea, car votre conduite parut les justifier.

— Ma conduite ? dit Lucien, qui ne pouvait comprendre comment il se trouvait mêlé à cela.

— Oui, monsieur, reprit M. Cantel ; on sait votre amitié pour M. Eugène ; vos projets ont toujours été de lui faire faire un très riche mariage avec une personne de votre famille : son amour pour ma fille y eût fait obstacle, et cet obstacle était facile à faire disparaître, en assurant, par l'abandon de vos droits, le mariage d'Amélie et de Philippe.

— Et vous pensez, dit Lucien, que, pour un pareil but, j'eusse fait si facilement le sacrifice d'une somme de cinquante mille francs ?

— Vous conviendrez, répartit M. Cantel, que, puisque vous avez fait devant moi ce sacrifice, il était plus naturel de croire que vous le faisiez plutôt pour votre ami que pour le bonheur d'Amélie et de Philippe, que vous ne connaissiez pas.

Lucien ne put méconnaître que ce commentaire de son désintéressement était beaucoup plus raisonnable que celui qu'il pouvait donner ; car il ne pouvait guère avouer que ce désintéressement n'était qu'une épreuve qu'il avait tentée et qu'il n'avait véritablement poussée jusqu'au bout que lorsqu'il avait été moralement sûr que Philippe n'accepterait aucune condition d'arrangement. Il répondit donc à M. Cantel :

— J'avoue, monsieur, que, sous ce point de vue, vous avez pu soupçonner ma conduite d'intérêt personnel ; mais, dans ce cas, je n'aurais pas été le complice, mais plutôt l'ennemi d'Eugène.

— C'est que, répartit sévèrement M. Cantel, nous savons quelle est l'insolente légèreté avec laquelle certains hommes du régime nouveau se croient autorisés à agir envers des hommes comme nous. On rencontre une jeune fille jeune et pure ; on tâche de lui plaire. On lui plaît même ; on tâche de la séduire, et si l'on y parvient, on en est quitte pour l'abandonner ou la marier à un autre ; quand on est riche, un sacrifice d'argent est peu de chose en pareille matière, et vous étiez admirablement placé pour le faire, sans que M. Eugène eût l'air d'y prendre part.

— Mais, dit Lucien, une telle action serait le comble de l'infamie.

— Non pas dans vos opinions, messieurs les royalistes, dit amèrement le commandant ; avec un gouvernement qui veut nous ramener peu à peu au régime de la féodalité, de la dîme et des droits du seigneur, il faut bien retourner aussi aux mœurs de la régence et de la Dubarry. Messieurs les marquis vos ancêtres n'en faisaient pas d'autres.

Lucien de put s'empêcher de sourire de la bonne foi libérale de M. Cantel, qui croyait véritablement que le retour des Bourbons devait reconstituer la société et les mœurs détruites depuis quarante ans, et il répondit :

— Je ne suis ni assez riche ni assez marquis de l'ancien régime pour avoir de ces rouëries, et j'avoue qu'il faut un esprit plus délié que le mien pour inventer et mettre en œuvre des menées aussi subtiles. Je suppose que madame Cantel, qui me connaît, n'a pu partager vos soupçons à cet égard.

— Je ne puis vous dissimuler, monsieur, que c'est elle qui me les a inspirés.

Lucien n'en doutait pas; mais il fut bien aise d'en avoir l'assurance, et il répondit sans se déconcerter :

— Je croyais ne pas avoir donné à madame Cantel le droit de soupçonner ma franchise ; toutefois, je comprends que les apparences qui vous trompent aient pu lui paraître des raisons irréfutables ; mais un fait que je veux et que je dois affirmer sur l'honneur, dût-il ne rien changer à votre conviction, c'est que j'ignorais absolument ce prétendu amour d'Eugène pour Amélie, et que vous m'en voyez aussi surpris qu'un homme peut l'être d'une chose au monde.

— Mais, reprit M. Cantel assez sévèrement pour que Lucien reconnût qu'il doutait de ses paroles, mais comment expliquerez-vous les assiduités de M. de Fremery chez moi?

— Ce n'est pas mon affaire, répartit sèchement Lucien, et c'était peut-être à ceux qui y étaient intéressés, à ne pas les souffrir.

— Ils en puniront du moins le résultat! s'écria le commandant, à qui la leçon était trop bien arrivée pour qu'il ne la sentît pas.

— Eh bien ! dit Lucien, c'est ce résultat que je voudrais connaître ; car je ne puis m'imaginer que mademoiselle Amélie soit aussi coupable...

— Coupable! s'écria M. Cantel, ma fille !... Vous ne m'avez pas compris, monsieur, à ce que je vois ; si j'avais soupçonné ma fille d'avoir manqué à ses devoirs, ce ne serait pas pour me battre avec M. de Fremery que je serais ici, ce serait pour le tuer ; ce ne serait pas le bonheur détruit de ma fille dont je voudrais lui demander compte, ce serait sa mort ; car je l'aurais tuée aussi. Coupable, monsieur ! reprit-il avec une fierté superbe, non, elle ne l'est pas, elle ne l'eût pas osé, elle, ni personne !... le nom que je porte est pur, monsieur !...

Lucien et M. de Graverend baissèrent les yeux devant cette confiance d'un père en l'honneur de son nom. Leur embarras fut visible, et Cantel, trompé par cette apparence, s'écria :

— En sauriez-vous plus qu'on ne m'en a dit? Parlez ! parlez !

Lucien se remit et répartit :

— Sur l'honneur, monsieur, je vous le répète encore, je n'avais aucune idée du prétendu amour d'Eugène pour mademoiselle Amélie, et je vous avoue qu'avant de consentir à le laisser se battre pour cette cause, il me faudra son aveu ou des preuves.

— Des preuves ! reprit M. Cantel avec colère ; nierez-vous donc celle-ci ?

— Laquelle ? dit Lucien qui passait de surprise en surprise.

— Cette lettre, que ma femme a arrachée à M. de Fremery, lorsqu'il allait la remettre à ma fille.

— Une lettre?

— La voici.

Lucien la prit : c'était celle d'Eugène à Victorine ; et telle était l'audace de cette femme, qu'elle avait osé s'en servir pour sa justification, en en effaçant le premier mot, qui n'était que son propre nom.

Lorsque l'impudence du mensonge arrive à ce degré, elle doit réussir ; qui pourrait en effet soupçonner une démoralisation si profonde qu'elle joue l'existence d'une autre avec une telle cruauté ? Lucien resta silencieux, les yeux fixés sur cette lettre, puis il dit à M. de Graverend :

— Vous ne connaissiez pas cette preuve, monsieur ?

— Je vous ai dit, reprit M. Cantel, que M. de Graverend n'était pas présent à cette explication, il n'est rentré que lorsque j'avais tout appris.

— Mais, reprit Lucien, mademoiselle Amélie vous a-t-elle fait des aveux qui confirment cet amour et cette correspondance ?

— Dispensez-moi, monsieur, dit M. Cantel en se levant, de vous raconter des détails qui sont un secret même pour M. de Graverend, et veuillez me dire ce que je dois attendre de ma démarche auprès de vous ?

— S'il est vrai, dit Lucien, qu'Eugène ait eu des torts, ils ne me semblent pas d'une gravité telle...

— C'est possible, monsieur, dit M. Cantel ; mais je ne tiens pas compte à M. Eugène de n'avoir pas eu tous ceux qu'il pouvait avoir ; toujours est-il qu'il a réussi à troubler le repos de ma fille et à rompre son mariage ; car, lorsque M. de Graverend l'accepterait encore, ma fille a déclaré ne plus vouloir y consentir. Pensez-vous que cette rupture ne sera rien pour son honneur et pour le mien ?

— Un duel, dit Lucien, leur serait peut-être encore plus fatal, et si vous vouliez consentir à m'entendre...

— Prenez garde, monsieur, dit M. Cantel, vous justifiez les emportemens de M. de Graverend. Je dois vous faire observer aussi, monsieur, que ce n'est qu'à ma volonté formellement exprimée de venger moi-même mon injure personnelle, qu'il a bien voulu céder, pour ne pas se charger lui-même de ce soin. Donc, si ce n'est pas le père qui se bat pour sa fille, ce sera le prétendu refusé, et croyez-vous que l'éclat de ce duel sera moins fâcheux ?

— Le plus sage serait qu'il n'y en eût aucun, dit Lucien.

— Vous avez raison, Philippe, s'écria M. Cantel, tout cela est une comédie de monsieur, et...

— Monsieur, dit Lucien, M. de Graverend est votre témoin, et je serai celui d'Eugène, jusqu'à ce que cette première affaire soit vidée ; si cela convient à monsieur, nous reprendrons ensuite notre querelle. En attendant, nous restons juges de la manière dont le combat doit avoir lieu. Si vous étiez assez bon pour nous laisser seuls un instant, nous en réglerions les conditions.

— C'es trop juste, dit M. Cantel.

— Veuillez passer par ici, dit Lucien, en montrant au commandant une pièce voisine.

— Merci, monsieur, répartit M. Cantel, je me promènerai fort bien dans la cour pendant cet entretien, qui, ce me semble, ne peut pas être bien long.

A ces mots, il se retira, et Lucien ayant regardé M. de Graverend en face lui dit :

— Eh bien, monsieur, qu'en dites-vous ?

— Je ne laisserai point battre M. Cantel, assurément.

— En ce cas, je ne laisserai pas battre Eugène ; car nous nous comprenons, je suppose. Je n'ai pas été dupe un moment de l'infâme supercherie de Victorine.

— Monsieur, s'écria M. de Graverend, vous en parlez en termes...

— Qu'elle mérite, monsieur, dit Lucien ; et j'estime assez votre caractère pour être persuadé que si vous aviez été présent à cette explication, vous ne l'eussiez point acceptée.

— Je vous remercie de l'avoir pensé ; mais lorsque M. Cantel m'a rappelé dans le pavillon, tout était fini, il tenait la lettre, et il m'a bien fallu confirmer par mon silence tout ce qu'avait supposé Victorine. Que pouvais-je dire ? que devais-je faire ?... la perdre en disant la vérité ? Vous ne me l'eussiez pas conseillé...

— C'était embarrassant, en effet, dit Lucien, et cependant il est impossible que nous permettions un pareil duel.

— Je ne vois aucun moyen de le prévenir.

— Oh ! Victorine, l'infâme, l'infâme ! s'écria Lucien.

— Monsieur, encore une fois, s'écria Philippe, n'oubliez pas...

— Ce que je n'oublie pas, monsieur, c'est que, par son indigne coquetterie, elle a mis en jeu le repos, le bonheur et la vie de trois hommes, l'honneur de sa fille ; qu'Amélie et nous sommes dans les plus affreuses angoisses, que nous avons tous plus ou moins subi les soupçons de M. Cantel, et qu'elle seule demeure pure et sans crainte au milieu de tous ces désastres. Car je vous prie bien de récapituler avec moi : à supposer la chance la plus favorable de toutes, à supposer que nous puissions persuader à M. Cantel que ce duel ne doit pas avoir lieu, vous êtes exilé de la maison ; car à quel titre vous représenteriez-vous chez lui désormais ? Eugène en est déjà exclu. Que deviendra la malheureuse Amélie, à qui sa générosité interdira de se défendre, et qui peut-être ne le pourrait plus, car on l'accuserait de mensonge si elle osait dire la vérité ? une si horrible vérité passerait pour calomnie. C'est tout un avenir perdu. Et lui, M. Cantel, pensez-vous qu'il sera un père bien heureux en présence de sa fille qui lui aura désobéi ? Il est vrai qu'il aura pour se consoler la tendresse fidèle et pure de sa femme !

— Eh ! monsieur, laissons faire au temps, s'écria Graverend en détournant la tête comme un homme qui répugne à voir en face le hideux tableau qu'on lui montre.

— Voilà cependant ce qu'elle a fait, dit Lucien.

— Tout cela est très bien, sans doute, dit de Graverend ; mais cela ne nous fait pas sortir de l'embarras où nous sommes, et, pour ma part, je n'y vois qu'un moyen.

— Et lequel ?

— De me battre avec M. Eugène ; il doit me haïr assez pour accepter, et quant à moi, je lui dois toutes les satisfactions qu'il peut exiger de moi.

— En ce cas, monsieur, reprit Lucien froidement, il faut prier M. Cantel de vouloir bien nous laisser sortir de l'hôtel, car je le vois dans la cour, où il s'est établi comme un garde de commerce.

Philippe regarda et poussa un cri de surprise.

— Qu'est-ce donc ? dit Lucien.

— Quelque nouvelle, car je vois le jardinier de M. Cantel, que celui-ci semble interroger avec colère.

En effet, le commandant tenait par le collet un paysan tout tremblant, qui semblait ne répondre qu'en balbutiant aux questions de son maître. Enfin, il parut que M. Cantel l'obligea à parler, car presque aussitôt le commandant le repoussa avec violence, et revint rapidement dans l'appartement.

— Où est M. de Fremery ? s'écria-t-il ; où est-il ?

— Mais, Monsieur... dit Lucien.

— Pas une minute, pas un instant, pas une seconde de retard... Oh ! le misérable ! Savez-vous ce qu'il fait maintenant, Philippe ? il lit une lettre de ma fille, qu'on vient de lui remettre. Et savez-vous ce que faisait Amélie, pendant que vous m'imploriez généreusement pour elle, et que vous me faisiez promettre de ne pas l'accabler ? ajouta-t-il en se tournant vers Philippe. Elle était au rendez-vous indiqué par cette lettre, et que M. de Fremery aura eu encore l'infâme audace de lui demander quand il s'est vu surpris par Victorine. Mais où est-il donc ; ou se cache-t-il ?

— Me voilà, monsieur, dit Eugène, en entrant.

— Enfin ! s'écria Cantel, en saisissant les épées.

— Vous venez me demander compte de l'honneur de votre fille, monsieur ?

— Oui, et un compte sanglant !

— Dans un instant, monsieur, je serai à votre disposition ; mais, auparavant, veuillez lire cette lettre.

— D'Amélie à vous ? dit Cantel.

— Oui, monsieur... Quant à toi, Lucien, lis ceci, dit Eugène à son ami, en lui tendant une lettre.

— Je veux voir ce papier ! s'écria Cantel.

— Pardon, monsieur, dit Eugène ; c'est un secret de famille qui doit influer beaucoup sur la détermination que j'aurai à prendre tout à l'heure ; cela ne regarde que Lucien.

— Comme il vous plaira, reprit Cantel, supposant qu'il s'agissait du prétendu mariage d'Eugène avec une parente de Lucien ; mais n'y cherchez pas un moyen d'échapper à ma vengeance.

— Veuillez lire, monsieur, dit Eugène. Je vous ai promis d'être à votre disposition, et je ne quitte pas cette chambre.

M. Cantel se retira dans un coin, Lucien dans l'autre, et ils commencèrent leur lecture, pendant que M. de Graverend et Eugène prenaient chacun un livre pour n'avoir pas à se parler.

Voici les deux lettres dont Eugène avait remis l'une à Lucien et l'autre à M. Cantel.

III

Un Ange.

LETTRE D'AMÉLIE A EUGÈNE,

Lue par Lucien.

Monsieur,

Figurez-vous une pauvre fille en larmes, presque déshonorée et perdue, qui se met à genoux devant vous, et qui vous écrit, ne pouvant vous parler. Je ne sais si je suis folle dans ce que j'espère, ou si c'est le ciel qui m'inspire ; mais ce ne peut être une mauvaise pensée que celle d'une fille qui, pour sauver la vie et l'honneur de son père, ose dire à un homme qui lui est presque étranger : Monsieur, vous qui me semblez noble et bon, vous qui avez été trahi comme moi, venez à mon aide, tendez-moi la main pour sauver mon père, je vous bénirai toute ma vie, si vous le faites ; toute ma vie, je serai pour vous une... Mon Dieu ! monsieur, je ne puis écrire ce mot, vous ne comprendriez pas. Daignez lire le récit de mes angoisses que j'ai souffertes depuis quelques heures, et peut-être alors m'excuserez-vous sans m'exaucer. Ah ! je pleure et je rougis en vous écrivant ; mais Dieu sait, et vous aussi, monsieur, que je n'ai à rougir de rien, et cependant on m'a fait un malheur qui est une honte, un malheur qui me met à genoux devant vous, et qui me force à vous parler les yeux baissés. Me comprendrez-vous, monsieur ? Oh ! ayez pitié du désespoir qui m'égare, si vous n'avez pitié de moi ; et si vous ne voulez pas me sauver, ne riez pas de ce que j'ai cru à la protection du ciel en faveur d'une infortunée. Mais je commence, je commence, car l'heure passe, et le danger presse.

Lorsque je vous quittai, cette nuit, je rentrai immédiatement dans ma chambre ; Victorine y était. Dans mon désordre, je ne l'aperçus pas d'abord, mais elle m'avertit de sa présence, en me disant d'un ton d'autorité sévère :

— D'où viens-tu ?

Je me reculai d'elle en poussant un cri, et je la mesurai du regard, comme un fantôme hideux qui vous menace. Mais l'indignation surmonta rapidement l'effroi qu'elle m'avait inspiré, et je lui répondis avec un accent qui la troubla à son tour.

— D'où je viens, je vais vous le dire, madame; je viens...

Je n'avais pas achevé ma phrase, que la porte de ma chambre s'ouvrit, et que mon père parut. Il était pâle; je devinai, au tremblement convulsif de ses lèvres, l'effort qu'il faisait pour contenir sa colère; il me sembla voir entrer en même temps le juge qui allait condamner et l'exécuteur qui allait punir. J'eus peur pour ma belle-mère; j'eus presque pitié d'elle. Je fus près de m'élancer entre son mari et la coupable; mais je contemplais encore avec effroi la contenance terrible de mon père, que Victorine était dans ses bras, et qu'elle lui disait avec une voix pleine d'amour, de prière et de confiance :

— Oh! mon ami, vous m'aviez promis de ne pas venir, et de me laisser seule interroger Amélie!

Elle ! m'interroger, moi ! pourquoi ? je ne pus comprendre, et cependant ce mot m'épouvanta. J'avais bien des choses à répondre à mon père, s'il m'eût interrogée, et ma réponse eût peut-être été un arrêt de mort pour Victorine; mais elle, qu'avait-elle à me demander? Je vous l'ai dit, je ne compris rien à ce mot; mais j'eus peur, et cette peur me glaça tout à fait le cœur, lorsque mon père, écartant de lui Victorine avec une tendre sollicitude, lui répondit tristement, tandis qu'il jetait sur moi des regards irrités :

— Victorine, Amélie n'est pas votre fille, moi seul ici dois être son juge, moi seul dois l'interroger.

Et comme il achevait ces paroles, il me marqua d'un geste impératif la place où il voulait m'entendre, en face de lui, près d'une lumière qui éclairait mon visage. J'obéis, et les regards stupéfaits que je promenais de mon père à Victorine témoignaient tellement de la confusion de mes pensées, que ma belle-mère murmura tout bas à l'oreille de mon père :

— Ménagez-la, voyez dans quel état la terreur l'a jetée.

Je crus que je rêvais ; je passai avec violence mes mains sur mon front et sur mes yeux, pour en arracher le sommeil qui me livrait à une si horrible vision, et ce geste eut tant de désespoir qu'ils me crurent folle, et que Victorine s'écria :

— Laissez-la, mon ami, laissez-la... Vous le voyez, sa tête se perd, sa raison s'égare.

Mon père, que l'aspect de mon épouvante et de mon trouble

touchait sans doute au milieu de sa colère, mon père tomba assis sur un siége, et je le vis cacher ses larmes dans ses mains. Alors je retrouvai la force d'agir, sinon celle de penser, et je me précipitai aux genoux de mon père, en l'appelant de ce nom sacré. Je pleurais aussi, je ne puis dire de quoi. Il ne me repoussa pas, et appuyant ses mains sur ma tête il la retint sur ses genoux, et il me dit d'une voix qui tremblait à travers des sanglots:

— Amélie, si tu avais été coupable, je t'aurais tuée; mais ils m'ont dit que tu ne l'étais pas... répète-le-moi.

Je m'arrachai à l'étreinte de mon père, et, le regardant en face à mon tour, je lui criai:

— Coupable! moi! et de quoi?

A cette question, il me repoussa avec violence et se releva; je me me relevai aussi, et j'osai l'approcher: il leva la main sur moi: Victorine l'arrêta en s'écriant:

— Mon ami! épargnez-la! épargnez-la!

— Elle demande de quoi elle est coupable! répartit mon père avec fureur, elle ajoute l'impudence à sa faute.

— Oh! dit Victorine, pardonnez à son effroi.

— Oui, s'écria mon père, j'eusse tout pardonné à un aveu sincère, à son repentir. Mais elle ose me demander de quoi elle est coupable, l'infâme!

Et, en parlant ainsi, il s'avançait vers moi, et ma belle-mère le retenait à grand'peine. Un mouvement d'indignation et de désespoir me saisit, et je me jetai de nouveau à genoux devant lui, les bras levés au ciel, la poitrine découverte, et je lui criai avec audace:

— Tuez-moi, mon père, tuez-moi tout de suite, j'irai dire à Dieu pourquoi vous m'avez tuée, et peut-être il vous pardonnera ce crime.

Il s'arrêta devant moi, il eut le temps de me regarder; ses mains levées sur ma tête, s'abaissèrent lentement, de nouvelles larmes coulèrent de ses yeux, et il s'écria en retombant encore sur son siége:

— Si elle me disait encore qu'elle n'est pas coupable!

Je me relevai encore, et j'allais encore demander de quel crime on m'accusait, quand ma belle-mère m'arrêta, et me dit d'une voix suppliante et assez rapide pour ne pas me laisser le temps de l'interrompre:

— Ne mens pas, Amélie, il sait tout; il sait que la cause des refus de M. de Graverend vient des assiduités de M. de Fremery près de toi.

A ces mots, je reculai sous l'impression d'un sentiment indéfinissable, mais je ne puis vous le dire autrement que comme je l'ai senti. Je ne vis plus Victorine, ce n'était plus une femme qui me parlait; je croyais voir, et je le voyais, un serpent hideux à la voix flatteuse et douce ; son regard avait cette puissance infernale qui attire et donne le vertige ; j'étais comme entourée de ténèbres, et je n'avais pour toute lumière que la clarté sanglante de ces yeux qui me dévoraient, puis j'entendais cette voix qui me disait :

— Oui, ton père a tout appris, M. de Graverend a tout dit ; il il lui a bien fallu expliquer la cause de ses refus ; M. Eugène t'aime, et ton prétendu a cru deviner que tu partageais cet amour. Mais cet amour n'est pas coupable, j'en suis sûre, je le jurerais devant Dieu. Mais tu me le diras à moi qui suis ton amie et ta mère aussi, quoi que dise ton père... tu me l'avoueras. Cet aveu, si tu veux le faire, te méritera ton pardon. Amélie, parle ! parle, je t'en supplie !... songes-y, ton père ne te pardonnerait pas plus ton silence obstiné qu'ils ne te pardonnerait un crime.

A mesure que j'entendais ces paroles, il me semblait que j'étais entraînée par une force irrésistible dans un abîme du fond duquel me parlait cette voix humaine ; je me sentais y aller sans force pour résister et comprendre le vrai sens de tout ce qui venait de m'être dit. Mais la voix de mon père vint briser ce vertige et l'éclairer d'une lueur effrayante, et il reprit en voyant mon immobilité profonde :

— Écoute-moi bien, Amélie, un père doit avoir devant Dieu le droit de tuer sa fille coupable, comme devant la loi il a le droit de tuer sa femme coupable.

Je vis Victorine tressaillir : il se croyait le droit de la tuer, et je compris alors comment elle m'avait perdue pour se sauver. Mon père s'approcha de moi, et, me relevant la tête pour le forcer à le regarder en face, il ajouta :

— Je ne te méprise pas jusqu'au point de croire que tu aies peur de mourir si tu n'as pas craint de me déshonorer ; Amélie, réponds-moi sur l'honneur de ta mère morte, de ta mère qui fut si vertueuse ; Amélie, es-tu coupable ?

Depuis que j'avais deviné aux regards haletans de Victorine par quelle épouvantable duplicité elle avait rejeté sur ma tête la honte de son crime, j'avais perdu tout mon courage... Je me sentis prise d'une horreur et d'un dégoût invincibles d'une vie soumise à de si basses et de si effroyables trahisons, et je fus sur le point de répondre que j'étais coupable. Mais sans doute Dieu me détourna de ce suicide de ma vie et de mon honneur en m'en faisant voir les horribles conséquences. C'était plus que la mort, c'était mon père se croyant déshonoré que j'allais frapper, mon père à qui j'imposais le crime de me tuer ou le désespoir de me laisser vivre ; et puis, n'était-ce pas votre vie aussi dont je disposais ? n'était-ce pas mentir à l'honneur de ma mère morte ? Je compris tout cela dans un éclair indicible de raison, et c'est alors que je lui répondis en le regardant avec assurance :

— Ce n'est pas pour me sauver que je vous le dis, mon père,

mais c'est parce que je vous dois la vérité : non, je ne suis pas coupable.

Et croyez, monsieur, que, lorsque je disais que ce n'était pas pour me sauver que j'attestais mon innocence, je ne faisais point de fausse fierté, je parlais selon mon cœur. Mon père ne répondit rien.

L'accent avec lequel j'avais fait ce serment avait dû l'étonner ; ce n'était pas celui d'une fille accusée qui se lave d'un crime, mais à qui cependant reste une faute ; car mon amour pour vous en eût été une ; c'était plus que cela : c'était l'accent de l'innocent dans toute sa conscience. J'avais été trop loin dans la vérité, car, après un moment de silence, mon père reprit :

— Et cependant tu l'aimes, cet homme !

Hélas ! monsieur, on peut bien accepter une accusation qui vous frappe d'un seul coup, et ma résolution était bien prise de ne pas démentir le mensonge qui devait cacher à mon père le déshonneur de sa femme et le mien ; mais je ne savais pas tout ce qu'il me faudrait encore de courage pour accomplir mon sacrifice. Je vous l'ai dit : on peut se précipiter dans un abîme ouvert, c'est l'effort d'un moment ; mais y descendre peu à peu, avec la certitude de ne pouvoir plus s'en arracher, c'est une bien horrible torture, et je l'ai soufferte dans tous ses détails. A cette question de mon père, de savoir si je vous aimais, je courbai la tête ; puis il me demanda quand avait commencé cet amour, comment je l'avais accueilli, si je n'avais pas eu des remords de l'éprouver ; il me demanda ce que vous m'aviez dit, par quelles paroles mensongères, par quelles promesses vous m'aviez abusée.

— Mais enfin, s'écria-t-il, quelle était son espérance, à ce misérable ? car c'est lui qui a dû te forcer à me cacher cet amour ; sans cela, Amélie, tu me l'aurais dit ; je ne suis pas un père inflexible, tu te serais réfugiée vers moi ; et si son espérance eût été celle d'un honnête homme, pourquoi ne l'aurais-je pas accueillie ? mais non, il te trompait, c'était ton déshonneur et le mien qu'il voulait.

Jusqu'à ce moment, monsieur, je n'avais répondu que par des larmes ; je laissais toutes ces accusations frapper sur mon cœur sans oser, sans pouvoir en repousser aucune ; mais, lorsque je vis que vous alliez les subir, je voulus vous défendre, et je m'écriai :

— Oh ! non, mon père, M. de Fremery n'est pas coupable.

— Tu l'aimes donc bien, me dit-il, que tu le défends encore ? Mais enfin que voulait-il ?

Il s'arrêta et ajouta amèrement :

— M. le comte de Fremery t'a-t-il bercé de l'honneur de son noble nom ?

J'oubliai encore combien chacune de mes paroles avait de contradiction avec l'accusation que j'avais acceptée, et je m'écriai :

— Oh! jamais... jamais...

— Jamais il ne t'a parlé de t'épouser? s'écria mon père.

— Il ne peut en avoir la pensée.

— Mais que voulait-il donc? s'écria-t-il.

Et moi, je dus encore baisser la tête et répondre par des larmes qui devaient encore m'accuser. Oui, monsieur, je pleurai, je pleurai sur moi, sur vous, sur mon père; mais, dans les inextricables nœuds dont l'infamie de Victorine m'avait enveloppée, je l'avoue, ma raison était comme enchaînée; je ne prévoyais pas où nous allions; je ne me demandais pas comment tout cela finirait; j'espérais mourir à la peine avant la fin de cette horrible scène, lorsque le dernier mot de mon père vint pour ainsi dire me révéler que tant de sacrifices avaient été inutiles.

— Oh! s'écria-t-il en sortant et en fermant la porte avec violence, il me le dira, lui, ce qu'il voulait!

C'était un duel avec vous pour l'honneur de sa fille qu'il m'annonçait ainsi; il pouvait y mourir en me croyant coupable. Je m'élançai vers cette porte; Victorine osa se placer devant moi. Victorine!

Oh! si vous saviez de quel mouvement furieux de haine et de vengeance je me sentis prise à son aspect! Je la saisis par les mains, et avec une force irrésistible, je la jetai à genoux devant moi, puis je la traînai à travers ma chambre jusqu'à la sienne, en lui disant d'une voix sourde :

— Venez, venez, il ne faut pas que mon père nous entende, madame; il ne faut pas qu'il sache que vous êtes la maîtresse de M. de Graverend.

Oui, monsieur, je la traînai ainsi, sans qu'elle osât résister. Je l'enfermai avec moi, et, lorsque je la tins en mon pouvoir, si je ne l'ai pas souffletée, oui, monsieur, si je ne lui ai pas craché au visage, c'est parce que nous n'étions que deux femmes, et que les femmes ne peuvent se battre pour de telles injures. Mais si vous saviez avec quelle lâcheté elle a accepté toutes celles que je lui ai jetées, la misérable! Victorine, l'infâme qui joue la vie des hommes comme un hochet, elle n'a dit qu'un mot, qu'un mot ignoble et tremblant :

— Ah! ne me perdez pas, Amélie, il me tuerait!

Elle qui venait de me perdre, elle me demandait à genoux ce qu'elle appelait son honneur; elle qui m'avait livrée à mon père, elle avait peur : pas un autre sentiment qu'une basse frayeur n'a battu dans son âme. Mais j'aurais été coupable, moi, que je me serais relevée, que j'aurais ouvert cette porte fermée pour prier à mon mari :

— Venez vous venger; mais délivrez-moi de tant d'outrages!

Mais non, monsieur, elle a tout accepté, tout, et rien ne lui a fait tressaillir le cœur que cette épouvante honteuse qui répétait sans cesse :

— Oh! ne me perdez pas, il me tuerait!

Ce que cette scène a duré, monsieur, je ne puis vous le dire; car alors j'ai été dans le délire de la colère. J'ai jeté sur elle et sur vous tous, sur vous aussi, monsieur, toutes les imprécations de mon âme. Car que nous avions-nous fait, moi et mon père, pour venir ainsi nous précipiter l'un et l'autre dans le désespoir? Pourquoi maintenant doute-t-il de sa fille, et pourquoi suis-je flétrie et privée de son amour? car je ne parle pas de celui d'un autre. Oh! monsieur... si, dans un tel désespoir, il s'est glissé un moment de joie, c'est celui où j'ai pensé que j'avais échappé au danger d'appartenir à l'homme qui avait pu pousser aussi loin que M. de Graverend la bassesse et la duplicité. Mais dites-moi, ai-je mérité mon malheur? mon père a-t-il mérité le sien? N'est-ce pas une affreuse fatalité, et ceux qui l'ont assumée sur leur tête ne sont-ils pas bien coupables?

Voilà ce que je pensais durant cette scène cruelle; voilà ce que je disais tout haut, en me tordant de désespoir... Et ce n'était pas tout : dans mon exaspération, j'avais oublié les dernières paroles de mon père. C'était une menace contre vous, une menace contre lui-même; car ce ne pouvait être qu'un duel... mais enfin j'y pensai.

Alors j'interpellai Victorine; je demandai à ce génie, si adroit pour faire le mal, d'inventer un moyen, une perfidie nouvelle, s'il le fallait, pour faire le bien et prévenir ce duel : mais je ne trouvai rien, rien... Je parlais à un esprit anéanti sous sa terreur, et, comme je l'accablais encore, elle m'épouvanta à mon tour en me faisant part de l'effroi qui la glaçait.

— S'il va provoquer Eugène, Eugène lui dira tout, puisque vous m'avez dit qu'il savait tout.

Comprenez-vous, monsieur, ce que c'est qu'une si horrible position? Mon père se battra avec vous, si le hasard ou votre amour pour Victorine vous force à vous taire; et si vous parlez pour me sauver, il faut qu'il se batte avec M. Graverend; si ce n'est pour sa fille, ce sera pour sa femme qu'il risquera sa vie... Il peut périr pour l'une, et même s'il était vainqueur, il ne peut échapper à son désespoir comme père ou comme mari... Que vous dirais-je? C'est alors qu'à mon tour, accablée et éperdue, ce n'est plus avec des menaces que j'ai supplié Victorine de le sauver, ç'a été avec des larmes... ç'a été à genoux... Efforts inutiles! Hors l'art des basses intrigues, il n'y a rien en elle; car un mensonge, pour sauver mon père, l'eût rachetée à mes yeux; elle n'en a pas trouvé un, car c'est moi qui ai trouvé celui que je vous propose, et quel mensonge!... vous le dirais-je?...

Arrivée à ce moment, je m'arrête, comme je me suis arrêtée...

Oh! monsieur... dites-moi... avez-vous lu ma lettre d'un bout à l'autre? l'avez-vous comprise? me comprenez-vous, maintenant?... Je ne puis le croire... Non, cette idée est une folie... Que suis-je pour vous? qu'est mon père? deux étrangers indifférens. Que j'aie voulu sacrifier ma vie et mon honneur pour lui, cela se comprend; mais vous, que viens-je vous demander; quel sacrifice me devez-vous?... Non, jamais je n'écrirai le mot qui doit vous dire mon espérance... Et cependant, si vous aviez pitié de moi, si vous vouliez nous sauver tous... lisez la lettre que je joins à celle-ci; vous pourriez la montrer à mon père... ce serait la meilleure justification du mensonge auquel il croit. Lisez, et puis décidez-vous...

(Ici la lettre était interrompue, et reprenait plus bas.)

Je viens d'écrire cette lettre. Ma tête brûle de honte, et mon cœur se soulève de désespoir. N'importe, il faut que je sauve mon père, ou, du moins, que je le tente jusqu'au bout. Peut-être suis-je folle... Ce serait un bienfait du ciel de m'enlever la raison; si je me suis trompée... décidez-en. Je finis, car je reculerais devant ce que j'ose faire... Vous recevrez ces deux lettres avant la visite de mon père. J'attends votre réponse à genoux... Oh! croyez-moi, la reconnaissance d'un cœur comme le mien vaudrait peut-être l'amour d'un autre.

AMÉLIE.

LETTRE D'AMÉLIE A EUGÈNE,
Lue par M. Cantel.

Voici cette lettre qu'Eugène avait remise à M. Cantel:

Eugène,

Je vous l'avais bien dit que notre amour nous serait fatal! Tant d'obstacles nous séparaient! vos engagemens avec M. Deville, les miens avec M. de Graverend; et cependant, comme deux insensés, nous avons cédé à une passion qui ne pouvait être que coupable. Aujourd'hui, nous en recueillons la fatale conséquence; aujourd'hui, je suis perdue, car je sais que vous ne pouvez m'épouser. Et cependant, Eugène, si vous vouliez rompre les liens qui vous retiennent, si vous ne teniez point compte de mon peu de fortune, si vous oubliiez que je ne suis qu'une pauvre fille qui a un cœur reconnaissant, je serais sauvée. Oh! croyez-moi, monsieur, j'aimerai sincèrement et saintement celui qui sera mon mari, surtout si je lui dois le repos et le bonheur de mon père; car il vous pardonnera et à moi aussi. Hélas! hélas! je rougis en vous écrivant ainsi; car je n'ai aucun droit, vous ne m'avez fait aucune promesse; ce n'est que votre... (Ici Amélie, emportée par la vérité de sa position, avait écrit le mot de *générosité*; mais elle l'avait effacé, et y avait substitué le mot *amour*.) « ce n'est que votre amour que j'implore. Eugène, Eugène, ayez pitié de moi !

AMÉLIE.

Si tout autre que M. Cantel eût lu la lettre, il en eût été assez étonné, pour comprendre qu'elle ne pouvait être l'expression d'un sentiment vrai. La pauvre Amélie avait failli au mensonge, du moment qu'il lui avait fallu le mettre en action. Et peut-être M. Cantel lui-même, s'il eût relu cette lettre, eût-il deviné qu'elle cachait un mystère ; mais un singulier sentiment d'indignation le domina assez pour qu'il la déchirât avec colère. Et cette indignation ne vint pas de ce qu'Amélie parlait de son amour ; il vint de l'humilité de cet amour. Il s'irrita de ce que sa fille implorât qui que ce pût être, et il fut sur le point de renouveler la querelle dans toute sa violence, lorsque Lucien, qui n'avait pas terminé la lettre explicative d'Amélie, s'interposa, et lui dit avec un ton de franchise qui l'arrêta :

— Monsieur Cantel, il y a dans certaines familles des secrets qu'on ne peut expliquer à tout le monde ; j'en apprends un en ce moment qui peut-être est un bonheur pour nous tous. Au nom du ciel, encore quelques minutes, et j'espère que vous serez satisfait comme vous méritez de l'être.

Quelle que fût sa colère, le commandant ne se dissimulait pas qu'un duel avec Eugène serait toujours fatal à l'honneur de sa fille ; il se contint donc ; mais sitôt qu'il vit que Lucien avait fini de lire la lettre, il se leva en disant :

— Eh bien ! monsieur ?

— Eh bien ! dit Lucien, dont le regard alla chercher celui d'Eugène, je vous demande au nom de M. de Fremery, la main de mademoiselle Amélie.

Le commandant parut peu étonné de la proposition, mais M. de Graverend bondit dans son coin. M. Cantel semblait embarrassé de répondre. Eugène s'approcha de lui d'un air de confiance ; le commandant, qui tenait les épées, les jeta loin de lui et lui tendit la main, puis, se tournant vers Philippe, il lui dit :

— Quant à vous, mon cher ami, vous comprenez...

— M. de Graverend, dit froidement Lucien, comprend parfaitement qu'il doit renoncer à revoir madame de Fremery, et si un changement de garnison lui pouvait être agréable... je me chargerais volontiers de l'obtenir pour lui.

— Et pourquoi ? dit Philippe, assez irrité de voir ainsi disposer de sa personne.

— Le voici, dit Lucien en l'entraînant hors de la pièce ; et il lui montra quelques passages de la lettre d'Amélie, qui lui expliquèrent le sacrifice de cette noble fille, et il lui dit ensuite :

— Et, maintenant, faites comme M. de Fremery, décidez.

— Je partirai demain, dit Philippe.

— Sans regret pour Victorine? dit Lucien.

— On appelle cela une coquette, répartit Philippe; moi je dis que c'est...

— Chut! on peut nous entendre, fit Lucien.

Quand ils rentrèrent dans la chambre, Cantel et Eugène se parlaient avec effusion.

— Allons, dit le commandant, partons pour le Pressoir.

— Permettez-moi de vous y devancer, dit Lucien; il faut ménager les bonnes nouvelles au cœur, comme les mauvaises.

Nous ne répèterons pas ici la leçon sévère que Lucien donna à madame Cantel, ni l'admiration et le respect qu'il voua à Amélie; et quelques mots suffiront à dire complétement comment se dénoua cette histoire si compliquée. Lorsque Eugène parut devant Amélie, elle rougit, baissa les yeux, et de grosses larmes s'en échappèrent. Lucien emmena M. Cantel et Victorine. Quand Eugène et Amélie furent seuls, celle-ci, joignant les mains et ployant les genoux, lui dit avec l'inspiration d'une sainte reconnaissance:

— Oh! merci, monsieur, merci!

Il lui prit les mains, la releva et lui dit tristement:

— Amélie, m'aimerez-vous?

— Oh! s'écria-t-elle, je vous aime!

— Par reconnaissance?

— Eugène, lui dit-elle, si l'on aime un homme parce qu'il est bon, généreux, parce qu'il vous a comprise, parce qu'il vous a sauvée, je vous aime!... Mais vous?

— Amélie vous êtes sainte pour moi! lui dit-il. Je n'avais pas encore aimé, je le sens.

— Eugène, dit-elle en baissant les yeux, ne dites pas cela.

— Oh! non, Amélie, je le sens, je n'avais pas aimé, et tu seras mon premier et unique amour!

Elle se tut et reprit après un moment:

— Nous nous étions donc trompés tous deux.

IV

Encore un.

La lecture était finie, et un complet silence régnait parmi les quatre jeunes gens réunis chez Noël. Celui-ci était en proie à de vives anxiétés sur l'avenir de sa position. Bien que la lettre qu'il avait reçue de son père, et par les mains de madame Cantel, lui eût déjà appris qu'il n'avait à attendre du général qu'un misérable secours pécuniaire, qui lui échappait (soit qu'il eût perdu dans le cabriolet la somme que renfermait la lettre, soit qu'elle lui eût été soustraite), Noël se refusait à croire à un abandon si complet et si brutal; et il avait gardé l'espérance de voir revenir son père sur une décision si cruelle, jusqu'au moment où il avait eu une connaissance parfaite de la femme entre les mains de laquelle il était tombé.

Quant à Fabien, on voyait, malgré ses efforts, s'agiter en lui les mouvemens les plus violens de la colère et du désespoir. Il était honteux de ce qu'il venait d'apprendre, et furieux contre ceux qui le lui avaient appris. Il y croyait en dépit de lui-même, et ne détestait pas moins ses amis que s'ils eussent écrit la plus indigne calomnie. Enfin ce dernier sentiment l'emporta, et il se leva soudain d'un air menaçant, et, affectant un ton hautain et plein de sarcasme, il s'écria :

— Et puis-je savoir lequel de vous deux, messieurs, a écrit cet ignoble libelle?

Walvins, à qui le domestique de Noël qui venait d'entrer avait remis un billet, ne répondit pas; mais Lucien prit la parole, et dit d'un air très froid :

— Ni moi, ni Valvins.

— Ah! s'écria Valvins en montrant le billet, comme s'il n'eût entendu ni la demande de Fabien ni la réponse de Deville, c'est Eugène Fremery qui m'écrit qu'il vient de donner des ordres à la police pour que le cocher du cabriolet n° 901 soit arrêté cette nuit même. En s'assurant de cet homme avant qu'il ait pu disposer de la somme qu'il a dû trouver dans sa voiture, nous saurons demain si madame Victorine Cantel n'a pas jugé à propos de s'en approprier une partie.

— Que voulez-vous dire? s'écria Fabien.

— Je veux dire, répartit Valvins, qu'il est très probable que ton ange adoré n'est pas seulement une coquine, mais encore une voleuse.

— Valvins, tais-toi! s'écria Fabien avec une colère extrême.

— Mon cher ami, lui dit Valvins en passant à Deville le billet d'Eugène de Fremery, je n'ai pas envie de recommencer avec toi, à propos de cette femme, les scènes qui se sont déjà passées entre nous à propos de Carmélite.

Fabien baissa la tête à ce mot, comme si on lui eût poussé un argument sans réplique.

Puis il répartit d'un ton plein d'humeur :

— Parce que tu as eu raison une fois à propos de cette fille...

— Que tu appelais aussi un ange, fit Valvins en interrompant Fabien.

— C'est possible, répartit le jeune homme; mais ce n'est pas une raison pour abuser de l'injure à tout propos.

— D'abord, ce n'est pas à tout propos, reprit Valvins, mais bien à propos de Victorine; ensuite, attendu que ce que je viens de te lire est vrai, j'ai le droit de l'appeler coquine, et, si elle a véritablement soustrait les billets de banque du général, elle méritera le nom de voleuse.

— Elle aurait plus fait encore, s'écria Fabien avec une colère croissante, que l'homme qui se sert de pareilles expressions pour parler d'une femme, est un...

— Manant, veux-tu dire ? c'est le mot propre qui peut seul exprimer ta pensée. Ose t'en servir, comme je me sers de ceux qui disent la mienne. Crois-moi, mon cher Fabien, il y a un plus grand mal que tu ne penses dans ce mensonge perpétuel de la langue si fort en usage aujourd'hui. A force de ne pas oser appeler les choses par le vrai mot qui dit véritablement ce qu'elles sont, on finit par oublier un peu ce qu'elles sont véritablement ; depuis qu'une femme qui trompe adroitement son mari deux fois la semaine s'appelle une femme légère, depuis qu'une femme qui trompe passionnément son mari tous les jours avec un goujat qui ne le vaut pas, n'est qu'une femme égarée, l'adultère marche le nez au vent et les coudes en dehors, car cela ne fait trop peur de braver ces doucereuses qualifications ; mais si dans le monde on voulait bien les appeler de leur vrai nom, et dire en propres termes madame A.... est une catin, et madame B.... une gueuse, ces charmantes femmes y regarderaient à deux fois avant de risquer que de semblables épithètes s'accolassent à leurs noms. Toi-même, si j'avais bien voulu dire de Victorine qu'elle avait fait une faute avec M. de Graverend, ou bien qu'elle s'était laissé aller à une soustraction peu honorable vis-à-vis de Noël, tu aurais été modéré dans ton indignation. Ce sont donc les mots coquine et voleuse qui te révoltent ; puisqu'ils te paraissent si odieux, qu'ils te révoltent donc, s'il est possible, contre les actions qu'ils expriment.

Fabien avait écouté, les dents serrées et la pâleur sur le visage, le discours de Valvins. Quand celui-ci eut fini, Fabien prit son chapeau et s'apprêta à sortir ; mais avant cela il s'approcha de Valvins et lui dit :

— Tu es bien sûr, n'est-ce pas, Valvins, que, sans les conditions de notre association, je t'aurais souffleté ou fendu la tête d'un coup de pincette ?

— J'aime à le croire, dit Valvins.

— En ce cas, adieu.

— Adieu.

Il sortit, et Noël regarda Valvins comme pour lui demander ce que voulaient dire de pareilles menaces entre hommes qui paraissaient amis intimes. A son sens, cette intimité devait les exclure ; mais, une fois jetées en avant, elles lui semblaient exiger ou une explication, ou une rétractation, ou une réparation.

— Ceci t'étonne, lui dit Valvins, mais c'est un secret dans lequel tu seras probablement admis un jour. Jusque-là, occupons-nous de toi. Du reste, je ne suis pas fâché que Fabien soit parti : il est bien jeune encore pour qu'il ne faille pas ménager sa sensibilité, et le récit que tu as à entendre lui aurait fait un mal inutile sans lui rien apprendre, puisqu'il est un des héros de l'histoire.

— Et quel est ce récit? reprit Noël.

— C'est simplement celui de la vie de mademoiselle Carmélite, qui, à ce qu'il me semble, n'est pas étrangère à tes intérêts, dit Valvins.

— Elle me connaît mieux que je ne me connais moi-même, répartit Noël, je dois le croire du moins; mais je n'ai aucune relation directe avec elle.

— Sans doute, mais tu en as avec le barron de Gabarrou.

— Sans doute, ou plutôt je *dois* croire aussi que je *devrais* en avoir, car tout ce qui me concerne maintenant est un doute pour moi; je marche dans des ténèbres sans savoir si jamais quelqu'un y pourra allumer un flambeau pour m'éclairer.

— Nous pouvons, en attendant, dit Valvins, mettre un lampion sur quelques tas d'ordures où il est inutile que tu te salisses.

— S'agit-il donc du baron de Gabarrou dans cette histoire?

— Un peu, assez même pour te guider dans tes rapports avec lui.

— Pourquoi donc me dis-tu que c'est la vie de Carmélite que tu vas me raconter?

— C'est que c'est la sienne; mais comme le fiel de cette drôlesse est l'âme de ce mannequin qu'on appelle Gabarrou, tu connaîtras par le moteur la machine à qui tu dois avoir affaire.

— Soit, dit Noël, qui, sorti de cette espèce de vie murée que lui avait faite la réclusion de sa mère pour entrer dans une succession active de surprises, s'imaginait qu'il apprenait le monde et que la vie de tous les jours était faite comme cette première journée; soit donc, dit-il, je veux savoir ce que c'est que mademoiselle Carmélite, mais je ne serai pas fâché d'apprendre aussi ce que c'est que M. Gabarrou.

— C'est une envie que nous pourrons satisfaire plus tard, si c'est nécessaire.

— Et possible, dit Lucien Deville.

— Pourquoi ne serait-ce pas possible? dit Valvins.

— Parce que, si le livre des femmes est ouvert à tous ceux à qui nous croyons devoir le confier, le livre des hommes ne l'est que pour les associés.

— Eh bien, nous associerons Noël.

— Es-tu sûr qu'il sera accepté?

— Lui... j'en suis sûr, il sera des nôtres, car il le mérite.

— Ce n'est pas de son mérite que je doute, mais de la première qualité requise, fit Deville.

— D'être sans famille? répliqua Valvins.
— Oui.
— J'ai bien peur que cette qualité lui manque moins que toute autre, à la tournure que prennent ses affaires; en attendant, il faut que je tienne ma promesse.

Noël s'étonnait toujours, et cette manière de disposer de sa personne lui eût paru presque impertinente, si, dans l'ignorance profonde où il était des choses de ce monde, il n'eût craint de paraître blessé d'une chose toute naturelle. Il restait cependant plongé dans ses réflexions, lorsque Valvins déploya un nouveau manuscrit et en commença la lecture, sans s'inquiéter du peu de désir que Noël paraissait montrer à l'écouter.

V

Décoration.

La ville de Rennes est comme beaucoup de villes de province, elle est divisée en deux parties fort distinctes; comme Bordeaux, Marseille, Nantes, elle a ses vieux quartiers et sa ville neuve. Mais, au contraire des cités actives et commerçantes que nous venons de nommer, la ville neuve de Rennes est beaucoup plus triste que la vieille ville. Celle-ci a gardé, en effet, sa population de petites maisons occupées par une fourmilière d'artisans qui posent un visage à chaque porte et à chaque fenêtre, qui vont, qui viennent, parlent, s'occupent, énorme bourg où la vie se sent enfin.

Dans la ville neuve, au contraire, avec ses maisons de pierre noire, droites et bien alignées, l'activité, la vie est pour ainsi dire interrompue à chaque pas.

Ce sont d'abord de grands hôtels retirés au fond de vastes cours, et abrités par des murs, sans autre ouverture qu'une porte cochère qui ne s'ouvre que bien rarement; à côté de ces hôtels, de vastes maisons dont les fenêtres regardent à la vérité dans la rue, mais où personne ne regarde par ces fenêtres. Il y a bien dans le voisinage de droit une partie de cette ville neuve où resplendissent quelques riches magasins; mais ils sont peu nombreux, et malgré leur belle apparence, le mouvement y manque, car le commerce et le luxe n'ont pas encore pénétré dans cette ville (1).

Elle vit sur les revenus bornés de ses propriétés foncières, de son beurre que Paris dévore, et de quelques misérables toileries

---

(1) Ceci est écrit en 1846; il ne faut pas l'oublier durant tout le cours de cette narration. (*Note de l'Éditeur.*)

dont elle envoie plus particulièrement les produits à Nantes, Lorient et Brest. Malgré vingt-cinq ans de révolution, on sait que ce pays est resté en arrière du grand mouvement imprimé au reste de la France ; il a conservé encore des traces de ce qu'on peut appeler une existence personnelle. La Bretagne produit peu et produit à peu près pour elle seule. Comme dans l'absence de toute industrie elle n'a presque rien à donner en échange du luxe que produit l'industrie, elle vit d'économies et mange paisiblement ses revenus sans chercher à les augmenter.

Il advient de cet état de choses que la vie physique est fort peu coûteuse à Rennes, mais, en même temps, que la vie élégante y est plus ruineuse qu'en tout autre endroit, si elle n'y est pas impossible. Ainsi, l'on trouve pour un prix fort modique une chambre à louer dans une maison particulière, avec un lit, une vieille commode et deux chaises ; on y trouve pour peu de chose aussi une pension où l'on déjeûne et où l'on dîne grassement pour moitié moins de ce que vous coûteraient à Nantes et à Bordeaux un maigre déjeûner et un dîner étique.

Mais, une fois ces deux choses obtenues, n'en demandez pas davantage à la vieille capitale de la Bretagne. Des meubles élégans, des tapis, des bronzes, des cristaux, elle n'en fabrique pas ou elle n'en possède pas, ou, s'il s'en trouve quelques uns dans son enceinte, le négociant qui a eu l'audace de les faire venir de Paris les tient à un prix exorbitant ; comme à Paris même, on fait payer au poids de l'or les hideuses babioles de la Chine, qui sont marchandise courante à Londres ou à Amsterdam, et qui sont raretés dans notre capitale. Ainsi, à Rennes, un ameublement d'acajou et de velours, des tentures de soie, des glaces, ces mille futilités surtout dont regorgent nos appartemens parisiens, sont une exception qui équivaut à un palais qu'on visite par curiosité.

Il résulte de ceci une chose assez singulière : c'est qu'il y a une classe de femmes qui manque complètement à la ville de Rennes : c'est cette classe intermédiaire entre la fille publique et la bourgeoise galante, et qu'on appelle à Paris femmes entretenues.

Aucun habitant de cette ville, en effet, n'oserait guère donner à sa maîtresse ce qu'il ne donne pas à sa femme ; tout ce qu'i pourrait lui procurer ne serait pas assez en dehors de ce qu'une fille du peuple possède dans sa misère pour lui faire quitter le bon chemin, pour peu qu'elle y tienne. Dans notre Paris, on arrache une fille à ses guenilles et à sa mansarde, et on la couvre d'habits, on la loge dans un appartement, qui la mettent, aux yeux des passans, à la hauteur des belles dames qu'elle envie depuis son enfance.

Mais, à Rennes, tout cela pourrait se borner à donner à une pauvre ouvrière de l'argent pour acheter quelques nippes qui, si elles la rendent plus propre que ses compagnes, la signalent à leur mépris, sans lui donner les jouissances d'une vie plus luxueuse. Rennes ignore donc jusqu'à un certain point cette débauche parée qui séduit tant les jeunes gens à Paris, et qui les corrompt en leur montrant le vice avec des mains blanches, les ongles faits, et des souliers non éculés aux pieds.

De cette façon, la plupart des étudians n'ont d'autre ressource que les plus honteuses et les plus misérables filles de la ville ; car, pour ce qui est des femmes du monde ou de la bourgeoisie, il n'y faut point penser. Dans cette bonne cité de Rennes, la qualité d'étudiant est un titre à l'exclusion de toute maison particulière, même dans la plus mince bourgeoisie.

Je ne puis dire si c'est la conduite des étudians qui les fait exiler de toute réunion de famille, ou si c'est cet exil qui les relègue dans une conduite désordonnée : toujours est-il que les seuls plaisirs anxquels ils puissent prétendre se bornent à trois : boire, tapager dans les mauvais lieux, et aller au spectacle siffler les actrices que les officiers de la garnison protègent, et applaudir avec fureur celles que ces messieurs n'aiment pas.

Un quatrième plaisir dont je n'ai pas parlé, parce que, pour d'autres que pour les étudians de Rennes, le mot jurerait trop avec la chose, c'est le duel. Se battre est l'apogée de la joie scolaire, c'est un jour de gala, surtout si le duel a lieu avec un officier de la garnison, ennemi naturel de l'étudiant.

Cependant, à l'époque où commence cette histoire, ce plaisir était assez rare : cela tenait à quelques circonstances particulières. La garnison était composée, comme à l'ordinaire, d'artillerie, d'infanterie et de cavalerie. La première était presque toujours exceptée des haines des étudians. Les études par lesquelles on arrive à cette arme, et qui lient les officiers à la science, en leur faisant un mérite de leur savoir, donnent à leur carrière quelque chose de plus analogue avec les carrières civiles, où l'étude est aussi le meilleur moyen de parvenir. Il y avait donc entre les officiers d'artillerie et les étudians une relation plus facile, à laquelle les uns et les autres cédaient le plus souvent sans se rendre compte de la cause déterminante.

Pour ce qui concernait les simples officiers d'infanterie, la modicité de leurs appointemens ne les rendait pas un objet de comparaison choquante pour ces mêmes étudians; comme eux, ils étaient exclus du monde par la réserve extrême des habitans, et tous leurs priviléges se bornaient à être forcés de s'abonner au spectacle, et à aller aux premières, pour un jour de solde, tandis que les étudians restaient au parterre. Quant aux officiers supérieurs, ils étaient assez séparés des jeunes gens de la ville par leur position et leur âge, pour que ceux-ci n'en prissent pas plus d'ombrage que des autres fonctionnaires de l'administration. D'ailleurs, il faut dire aussi qu'au commencement de cette année **1816**, le régiment d'infanterie qui se trouvait à Rennes avait laissé son dépôt dans cette ville depuis longues années, et qu'il avait conquis, pour ainsi dire, droit de bourgeoisie.

Mais il n'en était plus de même pour les officiers de cavalerie : la plupart étaient des jeunes gens de bonne famille, ayant un nom et une fortune considérable. C'étaient les beaux de la garnison ; ils avaient des chevaux pour aller coqueter au Champ-de-Mars, sous les yeux des belles dames qui s'y trouvaient aux jours de fête et de soleil. Recommandés par les noms aristocratiques de quelques uns à la noblesse de la ville, ils étaient reçus dans ce monde inabordable pour tant d'autres ; les plus connus y introduisaient les plus obscurs à leur suite, de façon que les officiers de cavalerie faisaient une classe à part, non seulement dans la ville, mais encore dans la garnison.

Or, toutes les haines des étudians se concentraient sur ces messieurs. Il faut dire aussi que, si les officiers de l'artillerie et de l'infanterie, contenus d'une part par l'esprit militaire et de l'autre par la sévérité de la discipline, ne se montraient pas ostensiblement hostiles à leurs camarades de la cavalerie, ils les jalousaient au fond de leur âme, ne les aimaient pas, et ne prenaient point parti pour eux dans les querelles qui avaient lieu entre ce qu'ils appelaient eux-mêmes les traîneurs de sabre et les étudians.

Ceux-ci le savaient, et ce n'était pas la moindre raison pour laquelle la bonne intelligence de l'école avec la plus large partie de la garnison n'était presque jamais troublée. A ce moment même, il arrivait que, par un hasard assez rare, le régiment de cavalerie en garnison dans la ville, vieux débris de l'armée impériale, mutilé par le licenciement et reconstruit avec les restes épars d. quelques escadrons de la garde, signalé comme un foyer de bonapartisme, et subissant par extraordinaire l'ostracisme de la noblesse, s'était insensiblement rapproché des étudians, et vivait avec eux sinon dans une parfaite concorde, du moins dans une espèce de paix et d'indifférence. Cet état accidentel cependant menaçait de ne pas durer long-temps. Ce régiment de cavalerie allait quitter Rennes, et l'on annonçait deux escadrons brillans, tout composés de jeunes officiers nommés à leurs grades par la restauration. On savait les noms de quelques uns, noms éclatans et rehaussés de grandes fortunes. On racontait des propos, disait-on, tenus par eux.

— Nous apprendrons à vivre à MM. les étudians, avaient dit quelques uns des plus jeunes et des plus bretteurs.

C'en était assez pour que toute la partie turbulente de l'école, dont j'ai parlé plus haut, se préparât à apprendre à vivre aux traîneurs de sabre ; et, littéralement parlant, on récurait les épées et on nettoyait les pistolets. Je viens de dire que la *partie turbulente* de l'école se tenait en arrêt, parce qu'il y avait, même parmi les étudians, deux classes fort distinctes, et qu'il est bon que je fasse connaître avant d'entamer la partie anecdotique de ce récit.

Comme partout, il y avait les studieux, cette portion d'êtres médiocres à qui leur organisation a donné la persévérance dans le travail, comme unique ressource de leur nature stérile : ceux-là se plaçaient chez les avoués et les avocats de la ville, et menaient plutôt la vie de clerc que celle d'étudiant. Ils logeaient et mangeaient chez le patron ; et comme ce qu'on appelait l'école existait encore plus en dehors de la salle des cours que dans son enceinte, on peut dire que ceux-là ne lui appartenaient pas. Mais, outre ceux-là, il y avait encore une autre classe bien distincte parmi les étudians qui vivaient dans leurs chambres et allaient prendre leurs repas dans les pensions bourgeoises; c'était celle des muscadins, nom qui s'était conservé en province beaucoup plus tard qu'à Paris.

On appelait muscadins ceux qui, au lieu de venir des petites villes de la circonscription de l'académie de Rennes, étaient de quelque grande cité, où le luxe de la parure avait pénétré, et qui dédaignaient de se loger dans les habits et les pantalons des tailleurs de Rennes, comme un écu dans un grand sac.

Ceux-là s'abonnaient au spectacle et lorgnaient les femmes du monde. Il est vrai qu'ils n'allaient pas plus loin. Il y avait aussi ceux à qui une première éducation reçue dans la famille et l'habitude de mœurs plus convenables rendaient insupportables les grossières débauches de leurs camarades.

Enfin il y avait la partie sentimentale de cette jeunesse rude et brutale qui joignait les désirs de l'âme aux désirs des sens, et pour qui l'amour n'était pas un assouvissement brutal d'un désir physique, mais une douce occupation avec ses rêves, ses mystères, ses croyances. Ceux-là finissaient toujours par découvrir dans quelque maison obscure quelque jeune fille d'une âme semblable à la leur. Alors c'étaient des amours d'enfans qui se cachaient, amours pleins de ruse pour se rencontrer, pleins de joie quand ils trompaient la surveillance sacrée de la famille et l'espionnage envieux des autres écoliers. Aussi, quand un de ceux-là avait découvert et conquis une jeune et jolie fille qui l'aimait et qui n'était qu'à lui seul, il cachait son bonheur comme un avare entouré de larrons. C'étaient des rendez-vous de nuit, de longs détours pour y arriver, des craintes d'être surpris, ni plus ni moins que s'il se fût agi d'une aventure avec une châtelaine des temps de chevalerie. Sans doute ceux-là ne ressemblaient en rien à ceux dont la distinction consistait à être mieux vêtus et mieux logés que les autres ; mais ils n'en étaient pas moins compris sous la distinction générale de muscadins. Voilà donc posé l'état général de la population et des sentimens parmi lesquels va se passer notre histoire. Et maintenant nous pouvons commencer.

VI

Madame Proserpine.

C'était un jour de fête et un samedi, il était cinq heures de l'après-midi, du moins une vieille pendule en marqueterie, posée sur une cheminée en pierre peinte en granit, marquait cette heure. La pièce où se trouvait cette cheminée était une salle à manger, car il y avait une table dressée, avec douze à quinze couverts. Il suffisait de regarder cette table pour savoir à qui elle était destinée. Les serviettes roulées et attachées avec de petits cordons, d'où pendait un numéro imprimé au feu, sur un petit carré de bois, montraient qu'ils s'agissait d'une table de pensionnaires. La nappe, tatouée de taches de vin et de graisse, disait en même temps que ce n'était pas une pension de premier ordre, et que ceux qui la fréquentaient n'avaient qu'une ration hebdomadaire de linge blanc, c'est-à-dire que les serviettes et la nappe ne se renouvelaient qu'une fois la semaine, quelque accident qui pût leur arriver.

Comme de coutume, cette toilette de la table n'avait jamais lieu que le dimanche, de façon que le jour du samedi, la salle à manger était dans toute sa splendeur de malpropreté.

A ces signes certains qui révélaient la pension bourgeoise, s'en joignaient quelques autres qui disaient par qui elle était fréquentée. Deux exemplaires des cinq codes et un des institutes, posés sur la cheminée, attestaient la fréquentation de MM. les étudians. Ils avaient laissé là leurs livres d'études, la veille au soir, pour aller au spectacle, se promettant de venir les reprendre le lendemain pour travailler; mais probablement que le lendemain ils avaient été charmés de ne pas les avoir chez eux, et s'en étaient fait une excuse à eux-mêmes pour ne rien faire.

Donc la table était mise; deux servantes horribles avaient disposé autour des quinze couverts quatorze chaises en paille et une espèce de fauteuil en jonc, dont les pieds trop courts avaient été allongés au moyen de quatre petites cales de bois qui faisaient une large base à chaque pied. De cette façon, le fauteuil se trouvait plus élevé que les chaises; mais il paraît que celui ou celle qui devait l'occuper était de bien petite taille ou avait une grande nécessité de dominer l'assemblée, car le siége était lui-même exhaussé avec un coussin en maroquin vert, coussin circulaire avec un vide convenable au milieu, coussin dont l'usage est particulièrement recommandé aux commis que l'habitude d'être assis rend sujets à des infirmités hémorrhoïdales. On prétend que ce coussin est encore propre à un tout autre usage; mais, dans ce cas, ce n'est pas dans une salle à manger qu'on s'en sert.

Cette place si particulièrement distinguée était celle de la maîtresse de la maison, madame Proserpine ; voici ce qu'était physiquement madame Proserpine.

Une femme de quarante ans, grasse, ferme, belles dents, beaux yeux, belles mains, jolis pieds, tout ce qui fait d'une femme de cet âge un objet fort désirable pour certains appétits ardens, lorsque tout cela est gracieusement encadré, demi-voilé, éclatant de soin, de propreté et de recherche. Mais il n'en était pas ainsi de madame Proserpine. Après avoir été l'une des plus jolies femmes de son temps et certainement la plus coquette, elle en était devenue la plus abandonnée et la plus parcimonieuse.

Toute sa toilette consistait en deux vieilles douillettes dont l'une bleu-saphir pour les dimanches ; et l'autre vert-bouteille, pour les jours de la semaine.

Indépendamment de la crasse qu'elles devaient à une longue existence, ces deux douillettes avaient encore de-ci de-là de nombreuses taches venues de tous les coins de la maison, ce qui leur donnait des effets changeans d'un luisant fort peu agréable. Ce qu'on voyait du reste de la toilette de madame Proserpine était à l'avenant : une collerette sale, des bas honteux, des souliers en pantoufles complétaient son accoutrement, et, saisissant le goût et l'odorat, faisaient que tout ce qu'il y avait encore de bonne grâce et d'attraits dont cette femme, ne pouvait surmonter le dégoût qu'inspirait un tel abandon de soi.

Avant d'aller plus loin, il est bon de dire que le nom de Proserpine qu'elle portait, n'était pas son vrai nom. Elle se nommait légalement madame Guillot. Voici comment ces deux noms lui étaient venus.

Madame Proserpine avait été danseuse sous le nom de Paméla ; et elle avait été attachée long-temps, à ce titre, au grand théâtre de Bordeaux.

Tout acteur, quelque médiocre qu'il soit, rencontre, une fois en sa vie, un rôle où il est assez bon pour que le public lui fasse un succès et une réputation, comme cela est arrivé à mademoiselle Alexandrine Saint-Aubin, qui, après avoir fait courir tout Paris, dans le rôle de Cendrillon, est restée toute sa vie une comédienne médiocre et une chanteuse détestable. Or, ce rôle de bonheur arriva pour Paméla dans un ballet ayant pour titre l'*Enlèvement de Proserpine.*

Elle y obtint un de ces vifs succès qui donnent ensemble les amours et les haines, et qui amènent les madrigaux et les épigrammes. Paméla en eût pu faire un recueil, mais nous nous contenterons de citer la dernière épigramme qui lui valut le nom de Proserpine. Cette épigramme était d'un pauvre diable de journaliste qui avait fait une cour assidue à Paméla, et qui s'était vu enlever son élève par les libéralités d'un gros armateur qui parlait en écus, et cela au moment où la danseuse, enivrée des éloges du journaliste, lui avait donné un rendez-vous.

Ce rendez-vous, arrangé au commencement d'une représentation, devait avoir lieu immédiatement après le spectacle. Sitôt la toile baissée, le journaliste sortit, le cœur plein de joie, pour attendre Paméla à la sortie des acteurs et la reconduire chez elle, où on lui avait promis de le laisser monter. Il se promenait fièrement devant la porte de derrière du théâtre, par laquelle il vit passer tout le personnel, mais point de Paméla. Il attendit encore, pensant qu'elle ne voulait pas être vue par ses camarades, rentrant chez elle avec un monsieur, et qu'elle les laissait sortir; mais Paméla ne parut pas, lorsque personne déjà ne paraissait plus. L'amoureux osa alors se décider à monter au théâtre ; le portier était couché, et il était assuré qu'il n'y avait plus personne dans les loges des comédiens. Il avait même la clé de Paméla.

Le journaliste, s'imaginant qu'il avait manqué sa conquête au passage, courut chez la danseuse. Elle n'était pas rentrée. Il passa une affreuse nuit, supposant, dans sa modestie, que, poussée par le désespoir de ne pas avoir rencontré son adoré, elle avait été se précipiter dans la rivière.

Mais le lendemain il apprit que l'armateur, enivré des grâces de Paméla, était monté sur le théâtre, et avait fait de telles offres d'amour sonnant, qu'aussitôt la toile baissée, et sans changer de costume, Paméla, enveloppée d'une mante qui la cachait jusqu'aux talons, avait quitté immédiatement le théâtre pour monter dans un fiacre qui l'attendait à la porte.

Le galant trompé eut la bêtise de raconter l'histoire, et ce second enlèvement de Proserpine eut encore plus de succès que le premier. On hua le journaliste, qui crut se venger par l'épigramme suivante, et qui ne fit que constater sa défaite. Du reste, la voici :

> Cédant au rapt, cédant à la rapine,
> Au théâtre on la voit se donner à Pluton ;
> Mais ailleurs, aimât-elle ou même lui plût-on,
> C'est à Plutus qu'appartient Proserpine.

Le seul succès de l'épigramme fut de remplacer le nom de Paméla par celui de Proserpine, et depuis la danseuse fut tellement désignée sous ce nom, que ses camarades les plus bienveillans ne lui en donnaient pas d'autre, et qu'elle-même finit par l'accepter.

Cependant cette gloire ne fut pas de longue durée, et il se trouva que l'épigramme était une indigne calomnie, car la pauvreté de la danseuse lui donna un démenti solennel. Proserpine n'avait rien amassé pour les jours d'abandon, et ce fut ce qui la contraignit au mariage. Voici comment cela arriva :

Quelques années après ces aventures, un musicien du 65ᵉ faisait sa partie dans l'orchestre du grand théâtre ; il y était clarinette, et jouait souvent ses solos sur lesquels madame Proserpine dansait les pas les plus mutins. Durant tout le temps qu'elle était en scène, Guillot ne la quittait pas des yeux ; aussi voyait-il autre chose que les rondes et les croches de son cahier de musique, de façon qu'il lui arrivait de temps à autre de faire pousser à sa clarinette des soupirs tout à fait hors de la mesure et hors de la mélodie.

La première fois, la colère du public fut rapide et prompte, et la clarinette fut sifflée unanimement. On pense quelle dut être à son tour la colère de Proserpine et quelle averse d'invectives et de noms outrageans le malheureux musicien eut à subir. L'infortuné Guillot ne trouva d'autre excuse que de dire la vérité ; il demanda grâce pour sa clarinette en faveur de son amour. C'était mettre de l'huile sur le feu de la fureur de Proserpine, qui le traita en reine offensée, et Guillot fut tellement furieux, qu'il lui promit sur son honneur qu'elle n'aurait plus à se plaindre de lui.

— J'y compte, fit Proserpine d'un accent qui lui eût fait le plus grand honneur dans la tragédie, si elle eût voulu aborder ce genre.

Guillot tint parole, mais il tint parole à sa manière ; c'est-à-dire qu'il mit Proserpine dans un désarroi encore bien plus grand. Il joua son solo les yeux baissés, rien ne vint le distraire. Malheur affreux, vengeance horrible ! lorsqu'avant ce jour fatal Proserpine ralentissait la mesure ou la précipitait, Guillot, le regard fixé sur elle, ralentissait, ou précipitait la musique au gré de la danse : cela produisait un accord charmant, et qui faisait trépigner d'aise parterre et loges.

Mais ce jour-là Guillot, à qui la rage tenait au cœur, exécuta son solo avec une rigueur implacable ; point de complaisance : la mesure, l'exacte mesure, marchant régulièrement sur ses quatre temps ; pas la plus petite attente ni le plus petit mouvement. Ce fut un bien autre désordre ; Proserpine, qui avait l'habitude d'attendre, avant de reprendre son pas après une pirouette agaçante jusqu'aux reins, que le public l'eût applaudie, Proserpine s'aperçut que la clarinette ne s'était pas arrêtée comme elle.

En effet, Guillot avait déjà soufflé trois mesures de sa reprise, que Proserpine était encore immobile ; elle espéra le rattraper, mais impossible ! elle allait trop vite ou trop doucement ; elle dansait à côté de la musique, elle tombait à faux ; elle le savait, elle perdit la tête : enfin elle quitta la scène au milieu des murmures les plus significatifs.

Cette fois, il n'y eut pas de scène à faire à Guillot, car il ne quitta point l'orchestre : on lui ordonna de monter ; il s'y refusa. Le directeur s'en mêla ; Guillot déclara que son état était de jouer en mesure, et qu'ayant joué en mesure, personne au monde ne pouvait rien lui demander. On voulut lui faire promettre d'être plus complaisant pour l'acte suivant; il ne voulut rien promettre, que si madame Proserpine lui faisait des excuses. La vanité de la danseuse l'emporta sur l'orgueil de la femme : elle céda; et Guillot lui procura au second acte un succès immense, en lui permettant de donner à sa danse une foule d'intentions capricieuses et pleines de charmes.

Cela commença entre le clarinette et la danseuse une espèce de coquetterie assez drôle. Les beaux des avant-scènes, qui avaient appris tout cela, trouvèrent plaisant de défier Proserpine de faire tromper le clarinette amoureux : elle accepta le pari, et dès lors, tant qu'elle était en scène, elle ne faisait autre chose qu'envoyer des œillades passionnées, des moues gracieuses, des sourires enivrans au tendre musicien. Il n'en fallait pas tant à Guillot; les couacs et les couics recommencèrent, les sifflets et les huées aussi, et si bien et si fort et si dru, qu'il y en eut pour Proserpine autant que pour Guillot. L'engagement des deux artistes finissait, et le directeur, que tout ce manége ennuyait, ne trouva rien de mieux que de les mettre tous deux sur le pavé.

Ils s'y rencontrèrent bientôt, car une actrice sans engagement perd plus que sa beauté, elle perd ses attraits, et l'armateur avait laissé là la Garbel bordelaise. On doit penser quels furent les reproches dont Guillot fut accablé; parmi ceux-ci, il en fut un qui se formula en ces termes :

— C'est vous qui m'avez fait perdre mon état.

— Eh bien, lui répondit Guillot, je vous en ferai un digne d'une honnête femme, épousez-moi.

On voit que Guillot ne manquait pas d'une certaine présence d'esprit pour s'emparer des mots, et y rattacher ce qu'il voulait dire. De son côté, Proserpine ne s'attachait pas moins aux choses que Guillot aux mots; elle saisit à merveille l'idée du mariage, et, sans l'accepter immédiatement, elle la remit à une prochaine entrevue. Nous n'avons pas à raconter ici les amours de madame Proserpine et de Guillot, toujours est-il qu'ils s'épousèrent.

— Il n'est permis qu'aux riches d'avoir des femmes inutiles : il fallut penser à se servir de madame Guillot; et quelques officiers suggérèrent à son mari l'idée de lui faire tenir une table d'hôte, d'autant que Guillot avait été cuisinier dans sa jeunesse, et qu'il excellait dans l'art culinaire.

A cette époque, le 65e quitta Bordeaux et vint à Rennes; et là, madame Guillot se décida à trôner sur le fauteuil de la maîtresse de pension. Quant à Guillot, fier de son double talent, il s'attacha d'une part à l'orchestre du théâtre de Rennes, et de l'autre il se remit à cuisiner. Pour cela il obtint une exemption de service, quoiqu'il restât véritablement au régiment. Comme il ne pouvait s'asseoir à la table de ses officiers, c'était madame Guillot seule qui en faisait les honneurs.

En conséquence, Guillot s'habitua peu à peu à se considérer comme le chef de cuisine de sa femme, et, dès que son service était fait, il se rendait au théâtre, après avoir dépouillé le tablier blanc et lavé ses mains. Or, durant ce temps, madame Proserpine (car les officiers du 65e avaient transplanté ce nom de Bordeaux à Rennes), madame Proserpine, dis-je, restait à la maison; or, elle était encore leste, jolie et fringante à cette époque, et les officiers habitués de sa table, qui préféraient la blancheur d'une vraie peau satinée à l'ignoble teinte rosée des maillots de théâtre, faisaient à madame Proserpine une petite cour joyeuse et pleine de bonnes folies.

Elle était bonne femme, madame Proserpine, elle détestait les querelles, et ne fit point de jaloux. Tous ou presque tous ses convives furent préférés durant quelques mois. Du reste, elle les quitta tous comme maîtresse, et pas un ne la quitta comme habitué. Car, ainsi que le disait le quartier-maître: « Madame Proserpine, les pieds par terre, est la plus honnête femme de France. » Et c'était vrai : argent, linge, bijoux, les officiers lui confiaient tout ce qu'ils possédaient, et un notaire ne leur en eût pas rendu meilleur compte. Elle ne prit d'eux que du plaisir, et, s'il faut en croire les bons souvenirs de ces messieurs, à ce compte encore, ce sont eux qui lui redevaient quelque chose.

Cependant, durant quelques années que cela dura, les époux Guillot, qui en valaient quatre à eux deux, comme on peut s'en faire une idée, amassèrent de quoi se meubler, s'acheter la maison où ils demeuraient, et lorsque le 65e dut changer de garnison, c'eût été ruiner les époux Guillot que de les forcer à le suivre.

Le cuisinier-clarinette avait son congé définitif, et Proserpine tenait à sa maison : elle demeura à Rennes. Mais elle ne voulut pas donner de successeurs au 65e, et, dans un dîner d'adieu général, elle jura qu'elle lui resterait fidèle. Que vous dirais-je? Proserpine était bonne, désintéressée, jolie encore, et cependant elle tint sa parole, et, lorsque le 65e fut parti, elle changea sa table d'officiers en une table d'étudians.

Ils y arrivèrent en foule, espérant trouver près d'elle ce que les officiers y avaient trouvé; mais ils ne prirent place qu'à sa table. Le destin des femmes a cela de particulier qu'il faut qu'une passion les domine pour qu'elles soient bonne à quelque chose. Tant que l'amour avait été le dieu de madame Proserpine, elle avait été la femme la femme la plus coquettement et la plus proprement attifée. Une fois le désir de plaire et le bonheur de réussir envolés, le soin et l'élégance les suivirent, et, en moins de deux ans, elle devint ce que nous avons dit qu'elle était : une véritable petite bourgeoise souillon, faisant avec dégoût un métier qui ne lui plaisait plus.

On trouvera peut-être étonnant que, parmi les nombreux étudians qui se présentèrent chez elle, aucun ne parvint à vaincre cette résolution de sagesse prise *ex abrupto*. C'est qu'à vrai dire madame Proserpine n'était ni ardente, ni amoureuse : c'était une bonne, très bonne femme, qui ne pouvait se décider à refuser à quelqu'un un plaisir lorsqu'on le lui demandait à mains jointes. Il y en a beaucoup plus qu'on ne pense de cette espèce, qui sont heureuses du bonheur qu'elles donnent, plus que de celui qu'elles reçoivent. Telle était madame Proserpine, et heureusement ou malheureusement pour elle, parmi les nombreux étudians qui se succédèrent à sa table, il ne s'en trouva pas un qui s'y prît de la seule manière par où on pouvait arriver.

Les uns voulurent faire de l'impertinence, elle les mit à la porte; les autres cherchèrent à se poser en héros passionnés, elle leur rit au nez. Une fois ces premiers assauts soutenus sans aucune brèche faite à sa résolution, on la laissa tranquille ; puis peu à peu on s'habitua à ne plus voir en elle qu'une maîtresse de pension. Elle-même oublia qu'elle pourrait être encore autre chose, et bientôt personne ne songea à découvrir sous la crasse de la douillette bleu-lapis, la femme blanche, potelée, gracieuse, qui eût encore mérité d'être recherchée.

VII

Les Étudians.

Or, le samedi où commence notre histoire, madame Proserpine était venue plusieurs fois dans la salle à manger pour interroger la pendule : cinq heures avaient sonné, cinq heures un quart, cinq heures et demie, et de ses nombreux pensionnaires dont l'estomac trouvait ordinairement la pendule en retard, aucun n'était venu. De temps en temps une voix grondeuse d'homme partait de la cuisine, demandant s'il fallait servir.

— Pas encore, répondait madame Proserpine.

— Que diable font-ils donc aujourd'hui? répondait M. Guillot en remettant un peu d'eau dans les sauces, qu'une trop longue cuisson commençait à tarir. Est-ce qu'il y a eu du bruit à l'école ce matin?

— Je n'en ai pas entendu parler; mais je suppose qu'ils sont allés voir l'entrée du nouveau régiment de cavalerie.

— Comme si, dans une ville de garnison, un régiment de cavalerie était une chose curieuse!

— C'est qu'il y a régiment et régiment.

— Ça, c'est vrai, et jamais, par exemple, le 65ᵉ n'aura son pareil...

Madame Proserpine ne répondit pas, et son mari reprit :

— N'est-ce pas que c'était un beau corps d'officiers ?

— Vous voulez dire de beaux corps d'officiers, répartit une petite voix flûtée, de la porte de la salle à manger.

Madame Proserpine, qui s'était approchée de la cheminée pour y ranger quelques objets, se retourna à cette voix, et, sans paraître avoir compris l'impertinence du petit jeune homme qui venait de parler, elle lui dit :

— Vous venez toujours bien tard, monsieur Fabien.

— Il me semble que je suis venu trop tôt, puisque personne n'est encore arrivé. Où sont-ils donc tous ?

— Je disais tout à l'heure à mon mari que je croyais qu'ils étaient allés voir entrer le nouveau régiment.

— Ah ! fit l'étudiant avec la plus parfaite indifférence.

— Au moins, lui dit madame Proserpine, qui le regardait avec un intérêt presque maternel, vous ne serez pas aujourd'hui à l'amende, puisque vous êtes arrivé le premier.

— Tiens, c'est juste, dit Fabien ; et comme l'heure est passée, ils la paieront tous.

— Prenez donc un verre de vin, monsieur Fabien : vous avez chaud, vous allez vous faire mal.

— C'est que j'ai marché vite.

— Et que vous venez de loin ?

— Moi ! dit Fabien, en rougissant, je viens de chez moi.

— Vous demeurez donc du côté du Mail maintenant ? car je vous ai vu de loin, et vous veniez de ce côté.

— C'est possible, dit le jeune homme en jouant l'indifférence ; j'avais été me promener par là.

— Et un peu jusqu'à la Prévalée.

— Pour y manger du beurre, peut-être, dit Fabien en ricanant.

— Peut-être pour y voir Carmélite, dit madame Proserpine en examinant Fabien.

— Carmélite ! s'écria celui-ci. D'où savez-vous ? qui vous a dit ?

Avant que madame Proserpine eût eu le temps de répondre, on entendit la voix tumultueuse de tous les convives, et Fabien n'eut que le temps de dire tout bas à la bonne dame :

— Ne parlez pas de Carmélite devant les autres, surtout !

— Je ne suis pas méchante, moi, dit madame Proserpine d'un ton de reproche.

Elle s'éloigna de Fabien, et cria à son mari de servir.

— Il est temps, répondit celui-ci ; le spectacle commence à six heures, et c'est tout au plus si j'arriverai pour l'ouverture.

Si l'on me met à l'amende, ce n'est pas ces messieurs qui la paieront.

— Ils ne paieront pas la vôtre, dit Fabien; mais ils paieront la leur, car ils sont tous en retard.

— Tiens! fit l'un des nouveaux arrivés; il est excellent, avec son amende : aujourd'hui il n'y en a pas.

— Parce que c'est à vous à la payer? dit Fabien.

— Non, dit l'étudiant; mais parce que ç'a été convenu ce matin à l'école, attendu que nous devions aller tous sur la route de Vi..., au devant du 4ᵉ de chasseurs.

— Est-ce vrai, Poyer? dit Fabien en s'adressant à un autre étudiant plus âgé que lui d'au moins cinq ou six ans.

— C'est vrai, lui répondit celui qu'il avait appelé Poyer; et si tu étais venu au cours, tu l'aurais su comme les autres.

— Ah ça! dis-moi donc un peu, Fabien, reprit le premier étudiant, qu'on nommait Charles Joulu, il me semble que quand je dis une chose, tu n'as pas besoin d'aller prendre des informations, comme si tu doutais de ce que j'affirme.

— Et quand j'en douterais?... reprit Fabien d'un air décidé à une querelle.

— Quand tu en douterais, dis-tu, mon gars, reprit Joulu, qu'à cette seule expression il était facile de reconnaître pour un pur Breton; eh bien! je te dirais quelque chose dont tu ne douterais pas, c'est que tu n'es...

— Voulez-vous vous taire! cria d'une voix de Stentor qui commanda le silence, celui qu'on nommait Poyer, voulez-vous vous taire. N'allez-vous pas vous battre maintenant; nous en avons assez avec les nouveaux officiers, sans nous quereller entre nous.

— Bast! fit Charles, un coup d'épée, ça remet la main.

— Messieurs, pas de querelle chez moi, dit madame Proserpine.

— Ni chez vous ni hors d'ici, répartit Poyer. Allons, toi, Charles, donne la main à Fabien, et toi, Fabien...

— Très volontiers, dit celui-ci.

— Comme tu voudras, ajouta Charles, mais demandez-moi un peu où il était ce matin pendant le cours, et ce soir pendant que nous étions sur la route.

Fabien fit un mouvement assez vif d'impatience, et tout aussitôt Poyer lui dit :

— Il a raison; que diable deviens-tu? on ne te voit plus du tout ni matin ni soir : il faudra que tu m'expliques cela un peu.

Madame Proserpine jeta un regard de côté sur Fabien, et, voulant probablement lui venir en aide, elle s'empressa de dire :

— Messieurs, j'ai une demande à vous faire.

— Et qu'est-ce donc? lui cria-t-on de toutes parts.

— De recevoir un nouveau pensionnaire.

— Est-il étudiant en droit?

— Je ne crois pas, mais il a l'air d'un très brave jeune homme.

— C'est ce que nous saurons bientôt, dit Charles; je me charge de l'affaire.

Celui qu'on nommait Poyer regarda Charles de travers, et dit assez haut et en manière de monologue :

— Avez-vous jamais rencontré un roquet plus hargneux et plus méchant que ce petit Joulu?

— Qu'est-ce qui m'appelle petit Joulu? reprit l'étudiant, en se redressant sur son siége.

— Dis donc, répartit Poyer, j'ai l'épaule qui me démange, prends une chaise, monte dessus et viens me gratter.

— N'aie pas peur, j'atteindrai plus haut, s'écria le petit homme en se levant.

— Veux-tu rester en paix, dit un autre étudiant qui ne s'était pas mêlé à la conversation; et toi Poyer, est-ce que tu ne peux pas le laisser tranquille?

— Alors qu'il se tienne tranquille lui-même; ça devient insupportable, on ne peut plus dire un mot sans que Joulu soit toujours prêt à chercher querelle; nous n'avons pas mangé la soupe, et voilà, de compte fait, trois fois qu'il parle de se battre; d'abord avec Fabien, puis avec le nouveau venu et enfin avec moi, avec le président.

— C'est vrai, c'est vrai, dit-on de tous côtés. A bas Joulu, tais-toi !

— Mais, messieurs... s'écria celui-ci.

— Hu! hu! répondit-on de tous côtés.

Et immédiatement tous les couteaux placés sur les verres dirigèrent leurs pointes vers le récalcitrant. Ce signe était significatif; il voulait dire que toute la table prenait fait et cause contre le même individu, et qu'il fallait se soumettre.

— Comme vous voudrez, dit Charles; tiens, Poyer, donne-moi la main.

Poyer répondit cordialement à cette réconciliation, et le dîner continua pendant quelques instants avec assez de tranquillité.

Mais avant d'aller plus loin, il est bon de faire connaître les divers individus qui ont pris part à cette conversation.

Fabien était un jeune homme de seize ans, d'une belle et douce figure, la taille élancée et bien prise; il était étudiant de première année, ainsi que Charles. Celui-ci, quoique âgé de dix-huit ans, avait tout au plus quatre pieds dix pouces. Un visage à traits prononcés, une structure carrée annonçaient un caractère résolu et une vigueur peu commune. Mais l'exiguité de sa taille, objet éternel de plaisanterie, avait fait chez lui deux défauts de ces deux qualités en le poussant à en abuser; et, comme il était le plus petit des étudians, il en était devenu le plus querelleur et le plus libertin. Du reste assez bon garçon, toutes les fois qu'il ne croyait pas avoir à défendre la dignité de sa personne, ce qui à la vérité arrivait rarement, attendu qu'il était sans cesse occupé de lui-même.

Quant à Poyer, c'était le contraire de Joulu. Poyer, à vingt-deux ans, était un homme de cinq pieds huit pouces : une tête petite et admirablement belle, reposant sur des épaules larges, une taille forte et cambrée, des membres puissans où les muscles saillissaient même sous le drap, un cou de taureau, tout lui donnait l'aspect d'un Hercule, et la réalité ne mentait pas à l'apparence.

A Rennes, Poyer était célèbre par sa force extraordinaire, son adresse à tous les exercices du corps et par les preuves extravagantes qu'il en avait données. On citait de lui des traits presque incroyables de vigueur et d'audace : d'abord il avait épuisé tout le répertoire usuel des Alcides de province; comme de boire à la régalade avec une feuillette de vin, qu'il élevait au dessus de sa tête aussi facilement qu'un autre eût fait d'un broc, ou bien de saisir un cabriolet par le marche-pied de derrière, et de l'empêcher d'avancer, tandis que le propriétaire fouettait vainement son cheval. En diverses occasions, il avait rossé les plus rudes paysans des environs de Rennes, quand ceux-ci, se fiant à leur vigueur, avaient cru pouvoir insulter un bourgeois, classe qu'ils supposent en général assez faible de corps.

Mais ce qui mettait Poyer hors de toute comparaison avec les héros de même nature dont on gardait le souvenir, c'est qu'un jour il avait parié sauter d'un premier étage dans la rue, avec une fille dans ses bras, et qu'il l'avait fait sans qu'il en fût résulté le moindre accident pour lui ni pour elle; car il avait trouvé une femme qui avait été aussi extravagante que lui, et qui avait accepté d'être de moitié dans l'épreuve. Enfin une autre fois, surpris par un orage dans la campagne, il déracina un tilleul qui, sans être énorme, avait bien au moins huit ou dix ans, et rentra dans la ville en s'en servant comme d'un parapluie. Ainsi, dans un pays où une grande force physique est assez ordinaire, Poyer était une exception comme on n'en avait jamais vu.

Quoique de nos jours cet avantage n'ait pas la valeur qu'on y attachait autrefois, il avait cependant donné à celui qui le possédait une autorité remarquable sur tous ses camarades. Et d'abord, lorsqu'il s'agissait de quelque bruyante partie de plaisir, soit à la ville, soit à la campagne, il n'était pas indifférent d'avoir pour compagnon un homme qui pouvait défendre à lui seul tous ses camarades contre l'exaspération que faisaient naître le plus souvent les folies dont ils se rendaient coupables.

D'une autre part, quoique toute querelle engagée avec Poyer dût se terminer, comme avec un autre, par un combat à l'épée ou au pistolet, et que l'usage de ces armes fît disparaître, en grande partie du moins, l'avantage de cette force supérieure, il n'en était pas moins vrai que, dans un premier mouvement de colère, Poyer pouvait user de cette force et punir cruellement qui l'aurait insulté.

Ainsi, tel étudiant ou tel officier bretteur qui eût voulu provoquer un duel avec le premier venu eût trouvé fort simple de donner un soufflet à son adversaire. Mais personne ne s'en fût avisé vis-à-vis de Poyer, non par crainte de l'amener sur le champ de bataille, mais de peur d'être immédiatement assommé ou défiguré d'un coup de poing qui eût riposté au soufflet.

Poyer était donc une espèce de tyran accepté par tout le monde, et il se persuadait être le vrai roi de l'école, quoiqu'il obéît sans s'en douter à deux individus assis à la même table que lui. Le premier était ce jeune Fabien dont nous avons parlé, et pour lequel Poyer avait une amitié de frère, si l'on peut donner ce nom à une affection soumise et qui pardonnait tous les torts de Fabien ; amitié indulgente et grondeuse, amitié dévouée qui avait quelque chose de protecteur et d'esclave à la fois, comme eût pu être l'amour d'un homme pour une femme, ou d'une mère pour son fils, amitié du reste dont Fabien abusait, comme une maîtresse capricieuse ou comme un enfant gâté.

Le second individu qui exerçait sur Poyer une influence dont il ne se doutait pas était un autre étudiant qui s'était interposé entre lui et Charles : on le nommait Valvins...

A ce moment du récit, Noël arrêta le lecteur et lui dit :

— C'est toi dont il s'agit ?

— Moi, repartit Valvins.

— J'avoue que je suis comme Fabien, et que je m'étonne de ces récits où votre vie est racontée avec une singulière naïveté de bonne opinion pour vous-mêmes ; et, à moins que ce ne soient des romans que vous comptez faire imprimer, je ne comprends pas l'usage que vous en voulez faire.

— Jusqu'à présent, du moins, dit Lucien, ces récits vous ont servi à vous, monsieur, car le premier vous a éclairé sur une femme dont il est probable que votre destinée dépendra, du moins en partie.

— Vous voulez parler de madame Cantel, dit Noël, et vous avez raison. Mais avouez que, dans cette lecture, je n'ai pas appris grand'chose, jusqu'à présent du moins, sur le compte de mademoiselle Carmélite.

— Si cela t'ennuie, dit Valvins, qu'il n'en soit plus question.

— Pas le moins du monde, fit Noël ; seulement il me semble que, si ce récit m'était fait de vive voix pour me dire quelle est cette femme, cela serait beaucoup plus naturel, et, pour tout vous dire, enfin, je ne sais si je ne suis pas encore dupe d'une mystification.

— Il a raison, dit Valvins, et certes, tant qu'il ignorera l'origine et le but de ces récits, ceci doit lui paraître une lecture littéraire, et je crois que nous ferions bien de l'initier d'abord.

— Nous ne le pouvons pas répondit Lucien, et nous n'en avons pas le droit, tu le sais bien.

— C'est vrai.

— Voilà encore qui me semble étrange, répartit Noël. Déjà deux fois vous avez parlé d'initiation et d'une espèce de société secrète où l'on veut probablement me donner place. Avant d'aller plus loin, je désire savoir quelle est cette société.

— Impossible quant à présent ; mais dans huit jours peut-être tu pourras tout savoir ; nous pouvons retarder cette lecture jusque-là, si tu le veux.

Noël réfléchit un moment et reprit :

— Non, continuez.

Il pensa que peut-être dans ce récit il apprendrait quelque chose sur le passé de Valvins et de ses amis ; et ce fut plutôt pour les connaître que pour savoir ce qu'était mademoiselle Carmélite, que Varneuil écouta la suite du manuscrit. Ce manuscrit continuait ainsi :

On le nommait Valvins, et il était étudiant en droit de troisième année. Ce n'était pas le même genre d'affection que celle qu'il éprouvait pour Fabien, qui agissait sur Poyer de la part de Valvins.

Celui-ci n'avait besoin de la protection de personne ; et, entre lui et Poyer, si quelqu'un était le protégé, c'était ce dernier. Mais, comme il ne l'était dans aucune des choses dont il tirait vanité, Poyer ne mettait aucune vanité à résister à son ami.

Il avouait volontiers que le calme et la froideur du caractère lui donnaient sur tous une véritable supériorité, et que ses bons conseils l'avaient très souvent empêché de faire des sottises qui eussent pu le compromettre gravement.

Valvins aimait aussi très particulièrement le jeune Fabien ; mais celui-ci se refusait à cette amitié, en ce qu'elle le dominait trop, car elle était presque aussi inflexible que celle d'un père. Sous ce rapport, Poyer, quoique plus rude et plus âpre à manier en apparence, était bien plus juste envers Valvins que ne l'était Fabien lui-même avec son air de douceur et de soumission modeste. Ainsi, il reconnaissait si bien la supériorité morale de leur ami commun, que toutes les fois que Fabien avait une discussion avec Valvins, Poyer prenait toujours le parti de ce dernier et disait à Fabien :

— Écoute-le, il a raison.

Seulement il prenait Valvins à part, et lui demandait un peu d'indulgence pour ce pauvre Fabien, qui n'était qu'un enfant ; et, quand Valvins lui disait d'un air mécontent :

— C'est toi qui le perds, c'est toi qui l'entraînes à faire des sottises.

Il répliquait humblement :

— Eh bien, oui, tu as raison, je serai plus rigoureux pour lui une autre fois.

Et puis il allait aider à quelque folie de son nouveau camarade.

VIII

Conversation.

Voilà donc quels étaient les principaux personnages de la table de madame Proserpine. Nous les avons laissés au moment où l'intervention de Valvins venait de prévenir une nouvelle querelle. On commençait le dîner, et, comme dans toutes les tables, il s'établit un premier silence qui dura pendant tout le premier service. Ce fut Fabien qui reprit la conversation.

— Ah çà! dit-il, puisque je n'y étais pas, vous allez me dire au moins ce que c'est que ce régiment qui est arrivé ce soir?

— Ma foi, fit Valvins, c'est tout bonnement un régiment de cavalerie.

— Tu trouves? répartit Poyer. Et que te semble de ces deux ou trois petits freluquets de sous-lieutenans qui se sont mis à nous lorgner en défilant?

— Il y en a un surtout, dit Joulu, un grand mince, long comme une perche.

— Ah! celui qui était monté sur une espèce de grande rosse? fit un étudiant.

— C'est-à-dire, reprit Poyer, sur un cheval anglais magnifique.

— Ça, un cheval anglais! fit Joulu; il est maigre et efflanqué comme une bière sur quatre échalas.

— Si c'était un gros limousin, ça t'irait mieux, n'est-ce pas? dit Poyer.

— Je ne sais pas si le cheval m'irait mieux, reprit Joulu; mais je suis sûr que, quel que soit le cheval, le cavalier ne m'ira pas du tout, et que je ne serais pas fâché d'avoir quelque chose à démêler avec lui.

— On te le gardera, fit Poyer; je crois que, si je ne me trompe, il y a déjà quelqu'un ici qui a jeté son dévolu sur lui.

— Et, en parlant ainsi, il lança un regard à la dérobée sur Valvins. Celui-ci baissa les yeux et parut ne pas avoir compris l'allusion de Poyer.

— Il me semble, fit Charles en ricanant, que ceux-là ne sont pas pressés de profiter de leur dévolu.

Valvins ne bougea pas, et Poyer se prit à dire avec humeur :

— Dis donc, toi, Valvins, est-ce que tu étudies la question *de commodo et incommodo* sur le fond de ton assiette? Qu'est-ce que c'est que ce lieutenant, tu le connais? Il s'est arrêté en ricanant quand il t'a aperçu; et, lorsque le régiment a défilé, vous vous êtes abordés et vous vous êtes parlés tout bas. Que t'a-t-il dit? que s'est-il passé?

— Il s'est passé, dit Valvins froidement, qu'il m'a demandé comment je me portais.

— Tu le connais donc?
— Oui.
— Et tu l'appelles?
— Le marquis Melchior de Lesly.
— Le fils de ce vieux royaliste de Lesly qui est à la chambre des pairs?
— Lui.

Et tu connais ça, toi, Valvins? dit Poyer en grondant.
— Je le connais.
— Et tu es son ami, peut-être?
— Non.
— A la bonne heure.
— Ça doit être lui, s'écria Charles, qui a dit qu'il apprendrait à vivre aux étudians?

Valvins se troubla, et répondit, après un moment de silence:
— Je ne crois pas.
— D'où le sais-tu? fit Poyer; le lui as-tu demandé?
— Non.
— Eh bien, alors, pourquoi dire que ce n'est pas lui?
— Alors, alors... fit Valvins, pourquoi dire que c'est lui?
— C'est parce qu'il me déplaît plus qu'un autre, fit Poyer, et qu'il nous regardait d'un œil...

En parlant ainsi, l'étudiant serra les poings d'un air de menace.
— Tu te trompes, lui dit Valvins, ce n'est pas un méchant garçon.
— Est-ce à lui le tilbury qui suivait par derrière, avec un domestique en livrée? s'écria Charles Joulu.
— Oui, dit Valvins; j'ai reconnu ses armes sur le panneau.
— Ah! dit Charles, il a un tilbury et des armes; j'en suis charmé pour ma part. Ah! ce monsieur a un tilbury... un tilbury! reprit-il avec un accent furieux... un tilbury!... il n'y a jamais eu de tilbury à Rennes... Mais si on les laissait faire, ces officiers, on ne pourrait plus aller dans les rues. Il n'y aura pas de tilbury dans la ville, je vous en réponds, moi!
— Voyons, veux-tu te taire, sacré gringalet! s'écria Poyer. Si ce marquis fait l'insolent, je m'en charge, moi.
— Ni toi, ni lui, dit Valvins; je le recommande.
— Comment, tu le recommandes? s'écria-t-on de toutes parts.
— Oui, fit Valvins; je demande et je désire qu'à moins qu'il

ne cherche querelle à quelqu'un, personne ne s'adresse à lui sans motif.

— Pourquoi ça?

— Je n'ai pas besoin de vous le dire.

— Est-ce que c'est très sérieux, ce que tu dis là? demanda Poyer.

— Très sérieux, fit Valvins en faisant un signe particulier à Poyer.

— Si c'est comme ça, on le respectera... c'est bon. D'ailleurs, il y en a assez d'autres qui ont l'air d'être aussi crânes, et nous verrons.

Puis il ajouta :

— Vous entendez, vous autres?

— On entend, dit Charles, quoique ça me vexe. Mais enfin, c'est le premier individu que Valvins recommande, et il a son droit; on ne lui dira rien.

— Tu entends, Fabien, dit Poyer au jeune étudiant, qui, après avoir lancé la conversation sur le chapitre du régiment, ne s'en était plus mêlé, et qui était tombé dans une rêverie profonde.

— Hein? fit-il tout à coup; qu'est-ce que c'est?

Madame Proserpine et Valvins se regardèrent en même temps, et échangèrent à la dérobée un coup d'œil d'intelligence.

— Ah ça! fit Poyer avec humeur, qu'est-ce que tu as donc? est-ce que tu dors sur le rôti?

— Je n'écoutais pas : voilà tout, je pensais...

— Hum! dit Poyer, tu penses beaucoup depuis quelques jours.

— Il me semble que ce n'est pas défendu... Mais enfin de quoi s'agit-il?

— Il s'agit, reprit Charles, qu'il est défendu de chercher querelle au marquis de Lesly, le beau lieutenant qui a des chevaux anglais et des tilburys.

— Ça m'est bien égal, répartit Fabien en se levant de table.

— Est-ce que tu n'attends pas le dessert? dit Poyer.

— Non, j'ai affaire ce soir de bonne heure.

— Où ça?

— Est-ce que je te demande où tu vas, toi, pendant des journées entières qu'on n'entend pas parler de toi? dit Fabien.

— Moi, fit Poyer, c'est différent; j'ai des raisons.

— Et moi, j'ai des raisons aussi.

— Restez, monsieur Fabien, dit madame Proserpine, le dessert est excellent, et, si vous demeurez, je vas faire faire un petit punch, et vous passerez la soirée ici.

— C'est ça, répondit toute la tribu.

— Merci, dit Fabien en prenant son chapeau; vous êtes bien aimable, mais je n'ai pas le temps.

Et aussitôt il quitta la salle à manger. Poyer le regarda s'éloigner d'un œil irrité ; et, se levant immédiatement, il s'écria :

— Il faut que je sache où va ce petit mâtin-là.

— Poyer, dit Valvins en l'arrêtant par le bras, espionner un camarade !

— Allons donc ! fit Poyer ; moi espionner Fabien... c'est seulememt pour savoir où il va.

— Ce n'est pas pour autre chose qu'on espionne, dit Charles.

— Qu'as-tu dit là ? fit Poyer en s'avançant vers le petit bonhomme.

— Parbleu ! monsieur Poyer, dit madame Proserpine, on sait bien que c'est par amitié pour M. Fabien que vous voudriez savoir où il va. Vous avez idée qu'il se dérange, et vous avez peutt-être raison ; mais il ne faut pas le suivre, parce que, quoique ce ne soit pas pour ça, ça n'aurait pas moins l'air de... enfin de...

— De l'espionner. Vous avez peut-être raison, fit Poyer ; mais si je ne découvre pas où il va comme ça tous les soirs, depuis un mois, il faudra qu'il me le dise... sans ça !... Je n'aime pas les hypocrites.

Poyer était triste, et, comme la tristesse était pour lui une maladie dont il n'aimait pas à être attaqué long-temps, il y chercha un remède, il était écrit d'avance dans la pharmacopée de Poyer. Il reprit :

— Vous nous avez parlé de punch, madame Proserpine ; il ne faut pas que l'absence de Fabien nous empêche de le boire.

— Je vous en offre un bol, dit la maîtresse de la maison.

— Et moi un, répondit Poyer.

— Et moi un, répondit Charles.

— Alors nous allons rire, fit Poyer, avec une expression où il y avait ce que l'on pourrait appeler une effrayante menace de joie.

Il est inutile de raconter comment se passa cette soirée ; mais ce ne fut un bol, ni deux, ni trois, qui furent *consommés* par les étudians. Il en fut du budget voté par eux comme de tous les budgets de ce monde : à moitié de l'orgie, il était dépassé de moitié.

A neuf heures, à joyeuse bande des étudians en était à son sixième bol de punch, et à dix heures ils avaient assez gagné le temps de vitesse pour que le punch donnât le même nombre que la pendule. C'est pourquoi il fallut que ces messieurs connussent bien exactement le chemin qui les conduisait de la pension de madame Proserpine chez eux, pour ne pas s'égarer dans les circuits auxquels ils se laissaient aller, même dans les rues les plus droites.

Deux d'entre eux avaient seuls résisté à l'entraînement général : c'étaient Valvins, qui s'était ménagé, et Poyer, dont la force ne connaissait point d'excès. C'était ce que les Anglais appellent un profond buveur. Admirable expression ! en ce qu'elle peint d'un seul mot le pieux recueillement avec lequel il se livrait à l'exercice de la bouteille, et l'immensité de l'abîme où il la versait.

Ils étaient demeurés seuls auprès de madame Proserpine, qui mettait à les retenir une coquetterie qui n'eût peut-être pas été sans succès, surtout vis-à-vis de Poyer, si cette coquetterie avait été appuyée de l'élégance et de la parure d'autrefois. Cependant on ne peut dire que tous ses frais furent perdus; car Valvins, à qui ils n'étaient pas adressés, sembla y faire une sérieuse attention, et laissa échapper quelques éloges assez vifs sur la finesse du pied, la bonne grâce de la main, la fraîcheur des dents, l'éclat de l'œil. Or, madame Proserpine, qui n'avait pu préparer le punch sans le goûter, montra en riant jusqu'aux gencives et en feignant de cacher son pied jusqu'à la cheville, qu'avec elle ce n'était pas chose nouvelle, et qu'elle savait très bien tout ce qu'elle avait gardé d'agaçant. Cependant tout ce petit manége de Valvins finit assez singulièrement; et il tomba dans une profonde réflexion, et Poyer, qui ne voyait plus rien à boire, finit par lui dire plusieurs fois :

— Voilà dix heures et demie: allons-nous-en.

— Allons-nous-en, répartit chaque fois Valvins, mais sans quitter sa place.

Excellente manière de résister, bien préférable à un refus formel, qui pousse celui qui demande à prendre une décision immédiate, tandis que cette concession apparente, non suivie d'effet, rompt le plus souvent l'effort des volontés les plus violentes. Cependant toute chose a un terme, et enfin Poyer prit son chapeau en disant :

— Voyons, viens-tu? est-ce que tu as envie de passer la nuit ici?

Valvins se leva: mais en passant devant madame Proserpine il lui dit en lui serrant les genoux :

— C'est une envie bien concevable, si on voulait bien le permettre.

Cette fois, madame Proserpine ne put s'empêcher de comprendre, et elle devint assez sérieuse pour montrer qu'elle croyait que Valvins avait parlé sérieusement. Cependant les deux jeunes gens sortirent, et, contre son ordinaire, madame Proserpine, au lieu de se mettre à ranger le désordre que la bande joyeuse avait laissé après elle, se mit à rêver.

A quoi rêva-t-elle? il n'est pas difficile de le deviner, en l'observant un peu. Rentrée dans sa chambre, elle en retourna toutes les armoires, et à minuit pendant que Guillot son mari ronflait avec autant de conscience que s'il eût soufflé dans sa clarinette, son épouse se mit à chercher un corset oublié depuis un an, une robe encore assez fraîche, de petits souliers mignons, et elle se vêtit, et, après s'être vêtue elle posa deux chandelles allumées sur sa cheminée, et, montant sur une chaise, elle regarda dans sa glace la tournure qu'elle avait encore et le parti qu'elle pouvait en tirer.

On nous fera peut-être observer que madame Proserpine avait bu plus de punch que nous ne l'avons dit : c'est à quoi nous ne pourrions répondre; mais s'il nous était permis d'anticiper sur les événemens, nous dirions que le lendemain matin, à sept heures, madame Proserpine sortit de chez elle pour aller prendre un bain. Pense-t-on que les fumées du punch aient duré jusque-là, et ne faut-il pas croire que les propos de Valvins avaient monté à la tête de madame Proserpine plus encore que l'alcool?

Mais il nous faut quitter cette bonne petite mère, faisant des gentillesses de petite fille, pour rejoindre Valvins et Poyer. Cependant il ne faut pas abandonner l'ex-Paméla de Bordeaux en laissant dire à nos lecteurs que, malgré ce qu'elle venait de faire, il y avait du tact et du sens dans cette femme, et que si madame Proserpine n'eût pas été très satisfaite d'elle-même, elle eût repris sans sourciller sa douillette bleu-saphir. Elle avait quarante ans, c'est vrai; on dit que cet âge est ridicule; mais il n'y a que la laideur de ridicule, et quel que fût l'âge de la beauté et de la grâce de cette charmante femme, cette beauté était si ferme, si avenante, si bien portée; elle avait quelque chose de si naïf, que tout cela lui allait à merveille.

Pendant ce temps, Poyer et Valvins, au lieu de rentrer chez eux, s'étaient mis silencieusement en marche, Poyer allant, et Valvins le suivant. C'est à peine s'ils échangeaient quelques mots; enfin, ils arrivèrent à l'entrée de la longue promenade qu'on appelle le Mail, et Poyer dit à Valvins :

— Bonsoir, je vais là-bas.

— Les portes de la ville sont fermées, lui dit Valvins, et tu ne pourras sortir. D'ailleurs, il me semblait que tu m'avais dit que tu n'irais pas cette nuit.

— J'ai changé d'avis, dit Poyer. C'est demain dimanche, je ne la verrai pas, car elle sera toute la journée avec sa mère et ses frères, et je ne serai pas fâché de lui dire deux mots.

— Pourquoi? dit Valvins.

— C'est qu'elle est curieuse comme une chatte, et qu'elle ne manquera pas de venir demain se promener avec sa famille au Champ-de-Mars, pour y voir les nouveaux arrivés, et j'aimerais autant lui fournir un prétexte pour qu'elle n'y vînt pas.

— Est-ce que tu te défies d'elle?

— Non, mais elle est assez jolie pour que quelqu'un de ces traîneurs de sabre la remarquât; il aurait bientôt fait de la suivre; et alors... ma foi...

— Crois-tu que Carmélite, dit Valvins avec intention, soit une fille assez légère pour en remarquer quelqu'un?

— Je ne le crois pas, je te le jure, et bien lui en prend, dit

Poyer d'un ton sombre; mais enfin ça pourrait amener quelque malheur. Certainement je crois qu'elle m'aime, et je crois à sa fidélité comme à l'Évangile (il est bon de noter que Poyer se vantait de ne pas croire à l'Évangile, mais l'habitude du mot l'emportait); oui, je crois à sa fidélité, et je crois avoir assez fait pour la mériter, mais enfin c'est égal, si je voyais tourner un homme, quel qu'il fût, autour d'elle, je ne sais, mais je ne pourrais m'empêcher d'être jaloux; et alors...

— Eh bien! dit Valvins, qui parut alarmé du ton menaçant dont fut prononcé ce mot alors, eh bien! alors?...

— Je la tuerais!

— Elle? dit Valvins.

— Elle et lui! s'écria Poyer; fût-ce mon meilleur ami, fût-ce toi, fût-ce..,

Il s'arrêta encore. Le nom de Fabien lui était venu, et, par une singulière réticence, Poyer avait hésité à le prononcer : était-ce pressentiment, affection? c'est ce que lui-même n'eût pas pu dire. Valvins, qui avait deviné devant quelle supposition s'était arrêtée la menace de Poyer, et qui ne voulait pas laisser à son ami le temps d'examiner cette supposition, lui dit assez brusquement :

— Ce que je ne comprends pas, c'est qu'avec de pareilles idées sur une femme, tu l'aimes comme tu fais !

— C'est qu'il y a autre chose que mon amour, vois-tu, lui répondit Poyer avec humeur ; c'est que je lui ai promis... Une folie... c'est une folie.

— Quoi donc ?

— Je le lui ai promis sur ma parole d'honneur de gentilhomme breton !

— De gentilhomme ! fit Valvins, avec un petit ricanement méprisant.

— Tu sais bien que je n'y tiens guère, et que je l'oublie le plus que je peux, au grand déplaisir de ma famille.

— Et c'est le cas de l'oublier plus que jamais, fit Valvins, pour te dégager d'une parole que, peut-être, tu te repens déjà d'avoir donnée.

— Je ne sais pas si je m'en repens, répartit Poyer, car si elle me le demandait, je la lui donnerais encore... et pourtant, ajouta-t-il en frappant la terre du pied, je voudrais ne pas la lui avoir donnée.

— Mais quelle est donc cette parole? demanda Valvins.

— Tiens, dit Poyer en lui serrant la main, je te le dirai une autre fois. Adieu pour ce soir ; et à demain.

— Pourquoi donc? fit Valvins en le retenant.

— C'est que, quand je te le dirai, tu me feras sans doute un sermon, et que ce soir je ne suis pas d'humeur à en entendre un.

Poyer parlait avec une impatience inquiète; il était dans ce singulier état d'irritation qu'on appelle mal aux nerfs, quand on ne peut assigner aucune cause précise à l'agitation interne qu'on éprouve; du reste, on conçoit quel pouvait être le mal aux nerfs d'un jeune taureau de cinq pieds huit pouces, dont la force était si redoutable. Cependant Valvins n'en parut pas autrement alarmé et lui répondit assez durement :

— Encore quelque sottise, et probablement tu ne me la caches que pour la pousser à bout, c'est-à-dire pour pouvoir me répondre, le jour où je te ferai quelque remontrance : « Il n'y a plus rien à dire, le mal est fait; n'en parlons plus. »

Poyer, loin de s'irriter de cette admonestation, se tut et parut devenir triste, puis il répondit doucement :

— Tu te trompes, Valvins, il n'y a plus rien à ajouter à la sottise, car c'est peut-être une sottise que j'ai faite... Je te dirai cela demain.

— Pourquoi pas ce soir?

Poyer passa les mains dans ses cheveux avec un mouvement de rage, et répondit :

— Non, pas ce soir, vois-tu... je ne sais pas... mais, ce soir, j'ai peur de parler d'elle et de moi.

Valvins voulut essayer de plaisanter et répartit d'une voix qu'il ne put rendre moqueuse :

— C'est aujourd'hui samedi, ce n'est pas ton jour de malheur comme le vendredi...

— Je ne sais pas quel jour c'est, dit Poyer en éclatant; mais vois-tu, il y a quelque chose dans l'air qui m'épouvante; il m'arrivera malheur, ou je ferai un malheur d'ici à quelques jours... c'est sûr...

— Soupçonnes-tu? lui dit Valvins d'un ton indécis, soupçonnes-tu quelqu'un? Carmélite... par exemple?

— Je ne soupçonne rien, et je ne soupçonne personne; mais je ne sais pas pourquoi j'ai été comme ça toute la journée. Tiens, continua-t-il avec un accent singulier, tiens, moi Poyer, qui les mangerais tous en capilotade, ces officiers de cavalerie; je ne peux pas te dire quel sentiment j'ai éprouvé aujourd'hui, quand j'ai vu défiler ce régiment. Ça a été si fort que, lorsque tu t'es approché de ce marquis de Lesly, il a baissé son sabre pour te parler; eh bien, à ce moment, un rayon de soleil s'est réfléchi sur la lame et m'a ébloui ; eh bien, malgré moi, j'ai baissé les yeux, et j'ai senti dans le corps un froid, comme si cette lame m'eût traversé le cœur!

— Mauvaise disposition de santé, dit Valvins affectueusement.

— Non, Valvins, pressentiment!... Vois-tu... je m'y connais... il y a des pressentimens comme ça dans ma famille, mon père a été averti de sa fin de cette façon-là. Un menuisier à qui l'on avait commandé une bière pour un de nos voisins la porta chez nous. Mon père la vit et eut peur... il était mort trois jours après... Jules, mon frère aîné, avait vu son convoi en rêve huit jours avant sa mort, il eut peur, il tomba malade ;... et pourtant il se portait bien quand il fit ce rêve-là! Enfin, mon grand-père, le Poyer qu'on appelait le sanglier, le jour où il fut tué à la chasse, avait entendu un paysan qui, passant sous la fenêtre, avait dit en riant :

— En voilà qui vont chasser la perdrix et qui rapporteront peut-être un sanglier.

Il eut peur aussi. Il alla tout de même à la chasse; et, au coin d'un bois, son fusil partit, et il reçut une balle qui l'étendit raide mort. Qui avait mis une balle dans le fusil quand il allait chasser à la perdrix?... C'est un sort... vois-tu...

— Et tu crois à ces sottises-là, toi, Poyer? lui dit Valvins.

— N'appelle pas ça des sottises, répartit Poyer sérieusement. Si tu étais Breton, Valvins, tu saurais que toutes les vieilles familles du pays ont leur sort auquel elles n'ont jamais manqué... Ainsi j'ai eu peur... J'ai...

— Allons donc! fit Valvins.

— Vous ne savez pas ça, vous autres Parisiens, vous n'êtes pas des hommes d'autrefois... Mais nous, vois-tu, c'est dans le sang... oui... Enfin, c'est comme ça.

— Mais, répartit Valvins, qui savait qu'aucun raisonnement n'est possible contre la superstition, mais, à supposer que cela soit vrai, je ne vois pas dans tout ce que tu me dis un avertissement formel comme celui qui a annoncé la mort de tes parens.

— Je ne puis te rien dire là-dessus, répartit Poyer, mais enfin écoute : tu sais bien que j'ai mes jours et mes heures pour aller voir Carmélite, car enfin je ne peux pas la forcer à quitter la maison tous les matins et tous les soirs pour faire un quart de lieue, et venir chez la mère Leleu, quand elle n'y a pas à faire. Tu sais, toi, que, tous les jours où je n'y vais pas, je les passe tranquillement avec toi au café ou au spectacle; eh bien, ce soir... je ne peux pas te dire, mais il m'a pris une rage d'y aller, un besoin de la voir... il me semble qu'il lui arrive quelque chose. Si ce n'est pas moi, c'est elle qui court un danger... Tiens, vois-tu, je ne dormirais pas tranquille, il faut que j'y aille.

En disant ces mots, Poyer s'avança du côté de la petite rivière qui sert de ceinture à la ville de ce côté; mais Valvins l'arrêta encore en lui disant :

— Mais à cette heure-ci, il est minuit, tu ne la trouveras pas chez la mère Leleu; sa journée est finie.

— C'est vrai, dit Poyer... c'est égal, j'irai jusqu'à la ferme, c'est samedi, elle veille d'ordinaire jusqu'à deux ou trois heures du matin pour repasser les robes et le linge qu'elle rapporte le dimanche, elle sera encore levée.

— Mais comment pourras-tu la voir?
— Pardieu, en entrant chez son père.
— Une visite à minuit?

— Bon, je dirai que je me suis attardé en revenant de chez mon oncle, qui demeure à deux lieues d'ici, je dirai que je n'ai pas pu rentrer dans la ville, et que je viens lui demander à coucher.

— Et tu penses qu'ils te croiront.
— Il faudra bien qu'ils me croient; d'ailleurs, je ne tiens pas à coucher là-bas. Pourvu que j'entre et que je la voie, c'est tout ce que j'en veux. Une fois que je l'aurai vue, je m'en retourne, et... En voilà un qui n'est pas fort, fit tout à coup Poyer en s'interrompant et en montrant dans la nuit à Valvins une ombre qui s'agitait au milieu de l'eau bourbeuse de l'Ille que beaucoup d'étudians, renommés pour leur légèreté, franchissaient sans difficulté.

Valvins tressaillit et regarda avec inquiétude du côté que désignait Poyer. Celui qu'ils observaient gravit le bord qu'il avait manqué, et aussitôt il s'éloigna rapidement.

— Qui diable est ça? dit Poyer, en avançant vers l'individu.
— Ne vas-tu pas courir après lui? fit Valvins en l'arrêtant; puisque tu es si décidé à aller chez Carmélite, dépêche-toi, et comme tu m'as tout attristé avec tes idées funèbres, j'attendrai pour me coucher que tu sois rentré.

— Merci, Valvins, lui dit Poyer en lui serrant les mains, tu m'aimes plus que je ne mérite. Mais, puisque tu ne vas pas te coucher tout de suite, entre donc dans la chambre de Fabien, et tâche de savoir un peu ce qu'il devient. Celui-là aussi me fait du chagrin... parce que je l'aime, ce petit... Il ne se doute pas pourquoi je l'aime, lui... Mais toi, tu le sais... Eh bien, tâche de le rendre raisonnable... Moi, vois-tu, je ne sais pas, il m'enjôle... Pense à lui, je t'en prie.

— J'y vais, dit Valvins avec un soupir si profond, qu'il eût étonné Poyer, s'il ne s'était déjà éloigné.

Comme un cheval vigoureux, le fort étudiant franchit d'un bond la petite rivière qui le séparait de la campagne et disparut bientôt dans l'ombre. Valvins le regarda un moment s'éloigner; puis, murmurant sourdement quelques mots de colère et de pitié, il se détourna et s'élança à la poursuite de celui qui avait si maladroitement franchi la rivière et qu'il pouvait apercevoir encore fuyant rapidement.

IX

Les Amis.

Quelle que fût la rapidité de sa marche, Valvins gagnait peu de terrain sur celui qu'il poursuivait ainsi ; cet individu semblait aussi désireux de ne pas être atteint, que Valvins pouvait l'être de l'atteindre.

Ce ne fut donc qu'après avoir parcouru un grand nombre de rues que Valvins parvint à approcher assez le fugitif pour pouvoir le reconnaître certainement. Mais, lorsqu'il était encore à cinquante pas, il le vit ouvrir une porte et entrer rapidement dans la maison. Cette maison était celle où demeuraient Valvins, Poyer, Fabien, et un assez grand nombre d'autres étudians.

— C'est bien lui, murmura Valvins.

Entré à son tour, il prit sa chandelle, qui, ainsi que toutes celles des habitans de la maison, était déposée sur une planche, à côté du guichet par où le portier examinait les entrans et les sortans, et l'alluma à la petite lampe à bec qui veillait toute la nuit dans l'allée qui conduisait à un escalier obscur.

Il monta jusqu'au premier étage, où régnait un long corridor sur lequel ouvraient toutes les portes des étudians qui logeaient dans cet endroit. Devant toutes ces portes étaient déposées les bottes et les habits des étudians, que le domestique commun enlevait au point du jour pour les brosser et les cirer avant l'heure des cours. Valvins vit aussi que la clé était sur toutes les portes de ses camarades. A vingt ans, on ne craint pas les assassins, et on ne pense pas aux voleurs.

Quand il fut en face de la porte de Fabien, il remarqua que celui-ci avait non seulement retiré la clé de sa porte, mais qu'il ne s'était pas conformé à la coutume de tous les jours, et que ni bottes ni vêtemens n'attendaient les soins du domestique. Valvins hésita un moment ; mais enfin il se décida à frapper. On ne répondit pas. Il demeura tout étonné. Peut-être s'était-il trompé, peut-être n'était-ce pas Fabien qu'il avait suivi ; Fabien n'était peut-être pas rentré.

Alors ses soupçons étaient injustes ; ce n'était pas lui qui avait si maladroitement tenté de franchir l'Île. C'était quelque autre étudiant qui était rentré en ville, et alors Fabien ne revenait pas de chez Carmélite. Mais cette supposition remplaça les doutes fâcheux de Valvins par une crainte encore plus vive. Peut-être Fabien était-il encore chez Carmélite, et peut-être Poyer pourrait-il l'y rencontrer. A cette pensée, Valvins éprouva un véritable effroi, et il frappa avec vivacité à la porte.

— Qui est-ce qui diable vient m'éveiller? dit Fabien, comme s'il eût été arraché à un profond sommeil.

— C'est moi, dit Valvins.

— Eh bien ! dit l'autre, qu'est-ce qui t'arrive ?

— Ouvre-moi, j'ai à te parler.

— Demain... tu m'ennuies.

— Non, tout de suite. Ouvre, reprit Valvins.

Fabien se leva, ouvrit, et se rejetant dans son lit, il marmota avec humeur :

— Dépêche-toi, qu'as-tu à me dire?

— Est-ce qu'il y a long-temps que tu es rentré.

— Pardieu, dit Fabien, voilà deux heures que je me retourne dans mon lit sans pouvoir dormir, et maintenant que je commençais à sommeiller, voilà que tu me réveilles. Je ne sais quelles lubies te poussent, mais je vais en avoir encore pour deux heures avant de pouvoir me rendormir.

— Ah ! il y a deux heures que tu es couché, dit Valvins, qui venait d'apercevoir dans un coin le pantalon et les bottes souillés de fange, qui lui attestaient que c'était Fabien qui était tombé dans l'Ille; que c'était bien lui qu'il avait vu et qu'il avait suivi : ah! il y a deux heures que tu es couché?

— Deux heures moins une minute ou deux heures cinq secondes, je n'ai pas exactement compté, dit Fabien avec humeur, mais il y a assez long-temps pour que je n'eusse pas été fâché de profiter du sommeil qui me venait.

Valvins s'assit près du lit sans prendre garde au ton de Fabien, et lui dit sérieusement.

— Fabien, j'ai une affaire demain matin.

Fabien bondit dans son lit, il se leva sur son séant et s'écria avec un vif accent d'intérêt :

— Toi, Valvins! et avec qui ?

Puis, sans attendre la réponse, il ajouta :

— Est-ce que Poyer ne le sait pas?

Valvins réfléchit un moment, puis il ajouta tristement :

— C'est avec Poyer que je dois me battre.

— Toi avec Poyer... toi! s'écria Fabien, ce n'est pas possible; voilà ce que c'est, vous êtes restés à boire du punch, Poyer se sera grisé, tu auras voulu lui faire de la morale, et il t'aura dit quelque chose, mais vous ne vous battrez pas... allons donc; je ne veux pas, Poyer te fera des excuses... je m'en charge... Toi et Poyer vous battre! c'est comme si nous nous battions ensemble; est-ce que c'est possible ?

— Tu es plus jeune que nous, Fabien, et cependant je veux te faire juge de notre querelle, et tu décideras toi-même si c'est une affaire qui puisse finir autrement que par la mort de l'un de nous deux.

Fabien ouvrit de grands yeux et répondit d'un ton surpris :

— Je veux que le diable m'emporte si j'imagine quelque chose qui puisse brouiller deux amis comme vous.

— Ecoute donc, reprit Valvins ; tu connais la Buchard ?

— Oui, la marchande de mercerie qui a deux filles qu'elle garde sous clé comme si elles avaient quelque chose à perdre.

— N'en parle pas légèrement, Fabien ; il y en a une des deux qui ne mérite pas la mauvaise réputation qu'on lui a faite.

— Ah bah ! fit Fabien.

— Oui, Jacqueline est une honnête fille.

— Jolie fille, oui, tant que tu voudras, c'est une des plus belles créatures que j'aie vues, mais voilà tout.

— Je te dis que tu te trompes, reprit Valvins avec impatience, et une preuve que c'est une honnête fille, c'est que je l'aime et que...

— Tu es son amant, je m'en doutais, mais ça ne me semble pas une preuve de son honnêteté.

— Si tu aimais comme moi, dit Valvins, tu saurais ce qu'il en est.

— Si j'aimais comme toi... si j'aimais comme toi... dit Fabien ; d'abord, je n'aimerais pas une fille qui a appartenu au tiers et au quart.

— Ceux qui disent ça en ont menti, dit Valvins.

— Bon, fit Fabien... c'est ça, ne m'en dis pas davantage... tu es amoureux... amoureux fou.

— Eh bien ! alors tu dois comprendre ce que je dois éprouver de colère contre Poyer. Imagine-toi que, ce soir, comme j'allais chez Jacqueline, je l'ai rencontré qui en sortait.

— Lui !... dit Fabien d'un ton tout à fait étonné... ça n'est pas possible... tu te trompes...

— J'en suis sûr, dit Valvins.

— Je te dis que tu te trompes, reprit Fabien, ce n'est pas à Jacqueline que Poyer en veut.

— Mais à qui donc ?...

— A qui ?... à une autre. Du reste, reprit Fabien, ce n'est pas de ça qu'il est question.

— C'est vrai, mais il est question que c'est Poyer qui sortait de chez Jacqueline, et c'est de cette trahison qu'il faudra qu'il me rende raison.

— Vous battre pour une Jacqueline, allons donc !... fit Fabien en levant les épaules.

— Je te dis que je l'aime ! reprit Valvins en affectant une grande colère ; qu'elle soit ce qu'elle voudra, je l'aime.

— C'est possible, dit Fabien, mais Poyer ne le savait peut-être pas...

— Il le savait.

— En es-tu sûr?

— Oui, sûr, bien sûr... Il savait mieux encore, il savait que je lui avais donné tout ce qu'elle a, il savait enfin que je lui avais promis de l'épouser et que je l'aurais épousée.

— Toi, dit Fabien, épouser Jacqueline?

— Oui, moi, parce que je la crois une honnête femme, quoi qu'on en dise.

— Mais si Poyer est aussi son amant, tu vois bien...

— Je vois que Poyer l'a séduite et qu'il s'est fait mon rival; qu'il m'a trahi, et qu'il faut que j'aie sa vie ou qu'il ait la mienne.

A cette déclaration, faite avec violence, Fabien se leva tout à fait et se mit à parcourir la chambre avec colère.

— Ah ça! vous êtes tous fous et enragés. Comment, toi, le mentor, le Caton de l'école, tu vas t'amouracher de la Jacqueline, d'une catin, et puis Poyer s'amuse à te la souffler! C'est une bêtise de ta part, c'est vrai, tu n'es qu'un niais, mais c'est une lâcheté de la sienne. Oui, c'est lâche, ce qu'il a fait, puisqu'il savait, lui, ton ami... que tu étais fou de cette femme; sacrebleu! nous ne pourrons donc jamais vivre en paix... et faut-il qu'une mauvaise coquine brouille les meilleurs amis... Tiens, voilà quelqu'un qui entre... c'est Poyer.

— Poyer, qui revient de chez Carmélite, dit Valvins en prenant les habits de Fabien et en les jetant dans un cabinet: cache tes bottes et ton pantalon.

— Pourquoi ça?

— Parce que... ce que je viens de dire n'est qu'un conte.

— Un conte?

— Ce n'est pas moi, Fabien, répartit Valvins d'un ton triste et incisif, ce n'est pas moi qui ai été trompé par Poyer et Jacqueline, mais c'est Poyer qui a été trompé par Carmélite et...

— Et... qui? dit Fabien en pâlissant.

— Par celui qui, il y a une demi-heure, s'est laissé tomber dans l'Ille.

— Vous m'avez vu?

— Oui, mais je t'ai reconnu seul. Maintenant n'oublie pas ce que tu as dit à propos de ma prétendue histoire: qu'il y avait, dans tout cela, un niais... Si tu as bien jugé, c'est Poyer... Une coquine... si je l'ai bien compris, c'est Carmélite... Quant au troisième, si tu es juste... tu te rappelleras que tu as dit que c'est un lâche...

— Eh bien! s'écria Poyer en entrant d'un air joyeux, eh bien, c'est gentil à vous de m'avoir attendu en causant.

Fabien était resté debout, en chemise, immobile.

— Il paraît que tu te donnes de l'air, reprit Poyer; si tu avais fait comme ce lourdeau que nous avons vu tout à l'heure, Valvins et moi, tu ne serais pas si échauffé: il a pris un bain de siége bien complet!

Fabien ne répondit pas, et Valvins, qui ne voulait pas que Poyer s'aperçût de son trouble, lui dit en riant :

— Te voilà revenu bien gai?

— C'est que je suis content... très content... c'est que...

Il s'arrêta et ajouta à voix basse en parlant à Valvins :

— C'est que je suis sûr d'elle.

Fabien entendit, et se laissa tomber sur une chaise.

— Eh bien, qu'est-ce que tu as donc? est-ce que tu es malade?

— Ce n'est rien, dit Valvins, il a fait des sottises, il est triste.

— Quoi donc, dit Poyer, qu'est-ce qu'il a fait?

— Voyons, laisse-le tranquille ce soir... je te dirai ça!

— Mais je veux savoir...

— Laisse-le donc, et allons nous coucher.

— Tu ne dis rien, toi, Fabien, est-ce que tu dors?

— Je te dis de le laisser, reprit Valvins; allons-nous-en.

Il emmena Poyer qui, à peine dans le corridor, reprit avec une inquiétude pleine d'affection :

— Mais enfin, qu'est-ce qu'il a?

Et, comme Valvins ne voulait pas déclarer la vérité, il donna la première raison qui lui vint à l'idée, et lui répondit :

— Il n'a pas voulu me l'avouer, mais je crois qu'il a perdu son argent au jeu.

— Au jeu! dit Poyer; c'est donc ça qu'il nous fuit depuis quinze jours, au jeu!... Oh! non... non... non, fit-il en s'animant, pendant qu'il se promenait dans la chambre de Valvins; non, non... non, mon petit Fabien, pas de ça, Lisette, je te passerai tout ce que tu voudras... mais le jeu! non... Fabien, joueur! et que dirait ma pauvre mère... elle qui... Ah! non, non... c'est qu'un joueur, vois-tu, Valvins, j'aime autant un voleur!...

Valvins, qui d'une part était charmé d'avoir détourné les idées de Poyer de la vérité, mais qui était fâché de donner à Fabien un tort dont il était innocent, Valvins l'interrompit en disant :

— Ce n'est peut-être pas si grave que tu le penses...

— Ça doit être ça, il nous échappe dès qu'il le peut, on ne sait plus où le trouver; il aura découvert quelque infâme bouge où on l'escroque; si je savais l'endroit, j'irais à l'instant même, et je jetterais par la fenêtre tout ce qui me tomberait sous la main!

— Demain, dit Valvins, je saurai ce qu'il en est; mais, je t'en prie, ne lui en parle pas.

— Que je ne lui en parle pas! oh! si...

— Mais...

— Si, si, si, je lui en parlerai, et ferme encore!

— Eh bien, avant de le voir, entre chez moi demain matin.

— Pour quoi faire?

— Parce que je t'en prie... Mais parlons d'autre chose... Tu as donc trouvé Carmélite?

— Oui... oh! si tu avais vu comme elle est devenue tremblante quand elle m'a vu entrer chez son père... Elle était à l'ouvrage, et elle repassait, elle n'a pas levé les yeux sur moi... mais elle m'a compris lorsque j'ai parlé de l'arrivée des officiers, de leur impertinence et de la manière dont ils parlaient des femmes... Enfin, je lui ai fait entendre adroitement qu'il n'y aurait demain que des gueuses au Champ-de-Mars.

Valvins avait souri au mot adroitement, et il répartit:

— Il est possible qu'elle ait compris, mais si son père et sa famille veulent aller à la promenade, il faudra bien qu'elle y vienne.

— C'est vrai, dit Poyer... Ses parens sont si bêtes, ils ne comprennent pas le danger qu'il y a à exposer une jeune fille aux regards d'un tas de freluquets. Mais, enfin, c'est égal, je l'ai vue, et c'est tout ce que j'en voulais.

— Et tes pressentimens?

— Au diable mes pressentimens; je n'y pense plus depuis que je l'ai vue. C'est que Carmélite, vois-tu, Valvins, c'est comme un rayon du soleil pour moi. Elle dissipe tout ce que j'ai de triste dans le cœur, quand par hasard j'ai quelque chose de triste. C'est que je l'aime, vois-tu... oui, je l'aime... Enfin, il faut que je l'aime bien, je lui ai promis de l'épouser.

— Quand tu m'as dit que tu avais fait une sottise, je me suis douté que c'était celle-là. Mais cette sottise, elle n'est que dite, et tu ne la feras pas.

— Je la ferai... ou peut-être... Mais, tiens, ne parlons pas de ça, je suis content, ce soir je suis heureux, et je ne suis pas en train d'entendre tes sermons.

— Pas plus que quand tu es triste et de mauvaise humeur.

Poyer se mit à rire de bon cœur, puis il s'écria:

— Après tout, ce n'est pas fait... si on épousait toutes celles à qui on le dit... Ma foi, qui vivra verra... Il n'y a que ce petit mâtin de Fabien qui m'ennuie... Aller perdre son argent au jeu, au jeu!

— Encore!...

— Eh bien, soit, n'en parlons pas ce soir... je ne lui en parlerai pas du tout si tu veux, mais à condition que tu le sermonneras... Lui, c'est une autre affaire, il faut qu'il t'écoute, et il t'écoutera, ou sans ça...

— Tu lui prêcheras d'exemple, n'est-ce pas?

— Bonne nuit, dit Poyer en riant... Fais-lui un beau discours en trois points... As-tu de l'argent?

— Peu.

— En ce cas, je vas écrire à ma mère de m'en envoyer.

— Pour quoi faire?

— Ne faut-il pas que j'en donne à ce petit?

— Ça n'est pas pressé; d'ailleurs, tu ne peux pas dire à ta mère que Fabien...

— Tu es un bon enfant... Pardieu, je dirai que c'est pour moi... Ah! oui, aller dire cela à la pauvre femme... elle en pleurerait huit jours... Je me charge de la faute, ça lui fera moins de peine.

Et il sortit en sifflant gaîment un air.

Valvins, resté seul, murmura doucement:

— Oh! si la nature avait donné un peu de tête à ce cœur-là, quel noble cœur cela ferait!

Un quart d'heure après, Poyer dormait, et Fabien frappait doucement à la porte de Valvins.

X

Carmélite.

Avant de raconter l'entrevue qui eut lieu entre Fabien et Valvins, il est nécessaire de faire connaître celle dont le nom a déjà été cité tant de fois dans le cours de ce récit, cette Carmélite enfin qui occupait si particulièrement la pensée des deux amis.

Carmélite était, du moins en apparence, la fille d'un fermier des environs de Rennes, appelé Pierre Leroëx. C'est ce que croyaient la plupart des habitans de la ville ; mais ceux de la campagne se rappelaient que, vingt-deux ans avant le temps où commence notre récit, et au plus fort de la révolution, Jérôme Leroëx s'était tout à coup trouvé le père d'une petite fille d'un an, et qu'à la même époque, il avait augmenté sa ferme, acheté des bestiaux, et vécu d'une manière beaucoup plus aisée, quoique dans les campagnes la venue d'un enfant, et surtout d'une fille, soit considérée comme une charge, jusqu'à l'âge où la famille peut tirer parti de son travail.

La supposition fort naturelle qui courut à cette époque fut que cette enfant appartenait à quelque noble famille proscrite, qui, ne pouvant l'emmener à travers les dangers dont sans doute elle était menacée, l'avait confiée à la bonne foi de Jérôme Leroëx.

Comme cette supposition pouvait faire courir quelques dangers au bon fermier, on l'ébruita très peu, puis on n'en parla plus du tout. Les années se passèrent, et Carmélite fut élevée avec les fils qui vinrent plus tard au fermier : ils l'appelaient leur sœur, elle les nommait ses frères. Leroëx la traitait comme sa fille, et, si elle ne fut pas employée aux rudes travaux des champs, c'est que sa santé frêle et délicate ne pouvait supporter de si rudes fatigues.

Cela valut à Carmélite un peu de cette éducation première dont manquent d'ordinaire les habitans de la campagne, surtout en Bretagne. Inutile aux champs, inutile à la maison, sa mère l'envoya à l'école, comme elle l'eût envoyée mendier, seulement pour s'en débarrasser. Le maître d'école trouva dans cette enfant une élève docile, et lorsque l'exercice de la religion fut rétabli, le curé de la commune la remarqua pour son petit savoir parmi les premières communiantes qui se présentèrent à la sainte table. Elle lisait son catéchisme, et elle écrivait déjà passablement.

Le bon prêtre cultiva ces dispositions en l'attirant chez lui, et, à seize ans, on parlait d'envoyer Carmélite à la communauté d'Évron, pour en faire une sœur de la charité, capable de diriger une école de village. Mais, à seize ans, Carmélite n'était encore qu'une grande fille, mince, maigre, pâle, avec de grands yeux bêtes, une jolie bouche niaise, et l'allure traînante d'un malade qui n'est pas pressé d'arriver au cimetière. Il fallut ajourner encore le projet d'envoyer Carmélite au couvent, et l'on décida en famille qu'on ne prendrait ce parti que lorsque l'enfant aurait atteint ses dix-huit ans.

Mais l'enfant n'avait pas dix-sept ans accomplis que c'était une femme ; ce corps maladif avait pris tout à coup de la force et de l'embonpoint, ces yeux noirs s'étaient allumés du feu d'une vie ardente, sa bouche souriait avec amour, et maintenant elle courait, légère comme Diane dont elle avait la taille, et dont elle avait aussi la vigueur.

Or, le paysan breton, bien qu'il ne sache pas faire une addition selon les règles, est un trop bon calculateur pour avoir une force quelconque à sa disposition, sans songer à en faire un utile emploi.

Lorsque Jérôme Leroëx reconnut que sa fille était bonne à quelque chose, il lui demanda de faire ce quelque chose : mais que devait être ce quelque chose ? voilà quelle fut la difficulté. Carmélite n'avait aucune disposition à devenir une bergère bretonne en sabots : elle avait de trop jolis pieds pour cela ; elle n'eût pu manier la houe ou la bêche, comme la plupart des femmes du pays : elle avait de trop jolies mains aussi. Elle cousait et brodait fort bien, mais elle ne savait coudre que pour elle imitant à ravir les jolies robes des dames de la ville, mais incapable de trousser convenablement une cotte et un casaquin. Or, il y avait, aux environs de la ferme du père Leroëx, une vieille femme appelée Leleu, et qui était blanchisseuse : elle proposa à Carmélite de la prendre chez elle, non pour aller au lavoir gercer à l'eau et à l'air, ses mains blanches et potelées, mais pour être repasseuse ; repasseuse, entendons bien, l'état élégant des belles filles de province. Et pour qu'on nous comprenne, il faut bien apprendre ici à nos lecteurs de petits détails de ménage nécessaires à l'intelligence de la position de Carmélite.

A Paris, les soins de la maison sont autant que possible confiés au dehors : en province, ils s'accomplissent autant que possible à l'intérieur. A Paris, les familles les plus aisées confient chaque semaine ou chaque mois leur linge de toute sorte à une blanchisseuse, qui le leur rapporte blanc et repassé ; en province, il n'en est pas de même : les familles de tout rang ont l'habitude de faire lessiver et blanchir leur linge chez elles ; c'est une opération qui a lieu une fois tous les trois mois ou tous les six mois.

Cette opération une fois terminée, il faut repasser ce linge, et alors on fait venir pour cela des ouvrières du dehors, surtout pour tout ce qui demande un certain soin et une certaine habileté. En conséquence, une bonne repasseuse est précieuse pour une bonne ménagère ; et comme en province les plus belles dames daignent s'occuper de leur ménage, il s'ensuit qu'une fille comme Carmélite se trouvait souvent appelée à travailler, soit à la ville, soit à la campagne, dans les maisons les plus considérables. Donc comme au bout d'un an de séjour chez la Leleu, Carmélite était devenue la plus excellente ouvrière ; et que ses journées rapportaient par conséquent un pécule convenable, il n'avait plus été question d'envoyer la repasseuse à Évron, pour en faire une maîtresse d'école.

Or, dans les maisons où Carmélite allait travailler assidûment, il était impossible qu'il ne se rencontrât pas quelque vieillard libertin ou quelque jeune homme battu de ses premiers désirs, qui ne fissent attention à une belle fille aux yeux ardens, aux joues roses, aux lèvres cerises, portant un buste souple, mince et cambré sur des hanches hardies, où bondissaient les plis d'une robe assez courte pour laisser voir des pieds flûtés et des chevilles d'une attache adorable. Ce ne fut pas un, ce furent dix qui s'aperçurent de toute cette grâce qui semblait promettre beaucoup d'amour.

Mais il paraît que la grâce était menteuse, car l'amour ne vint pour aucun d'eux, du moins à ce que narrait la chronique. Personne n'avait jamais touché, disait-elle, le cœur de Carmélite, et la meilleure preuve qu'on pût donner était que la belle fille allait toujours droit devant elle, la tête haute, chantant gaîment, ripostant avec une joyeuse impertinence aux propos des grands et des petits. Aussi l'appelait-on indifféremment la belle Carmélite, ou la chaste Carmélite.

C'est qu'il faut le dire, on ne peut rien imaginer de plus agaçant, de plus fin, de plus distingué, que cette paysanne marchant lestement avec un balancement ferme et vif, qui faisait flotter derrière elle les plis gracieux de sa robe. Et puis, si on l'appelait, elle avait des mouvemens de tête si brusquement hautains pour se retourner quand la voix lui déplaisait, des poses si gracieuses pour écouter quand elle aimait à entendre, des petits sourires si impertinens quand elle raillait, des moues si suppliantes quand elle voulait obtenir ; il y avait en elle enfin un charme si élégant sous sa grossière toilette, qu'on ne pouvait la voir sans l'admirer, et la revoir sans la désirer. S'il est vrai qu'une femme soit une rose, comme cela paraît prouvé par beaucoup d'auteurs, on peut dire que jamais femme n'a mieux représenté que Carmélite cette espèce de rose qu'on appelle rose mousseuse, c'est-à-dire la plus exquise délicatesse de la couleur, de la forme et du parfum, s'échappant d'une rustique enveloppe.

Or, voilà ce qu'était Carmélite, la plus jolie fille de Rennes et des environs, et la plus gaie aussi ; car on ne pouvait compter comme tristesse réelle quelques jours de larmes et d'inquiétudes qu'elle avait passés chez la mère Leleu, après avoir été travailler durant tout un mois dans le château de Pierrebrune. Ce château appartenait au comte de Chastenex, qui l'habitait avec sa femme et son fils.

On ne sait ce qui fit que Carmélite fut si triste pendant les jours qui suivirent sa sortie du château ; mais on remarqua que, le jour même de son départ, Louis de Chastenex quitta le château de son père ; que, moins d'un mois après, le comte partit pour Paris, où il demeura, et que la comtesse retourna à Nantes, où était sa famille, et n'en revint pas davantage. Quelques mauvais esprits essayèrent de rattacher cet événement à la présence de Carmélite au château ; d'autant qu'à partir de cette époque Carmélite refusa obstinément d'aller travailler chez aucun particulier et s'associa à la mère Leleu, qui voulait lui léguer sa clientelle toute composée d'étudians. Mais les domestiques, cette race qui sait les dissensions de la maison avant même qu'elles aient éclaté, les domestiques ne purent prêter aucune consistance à ces bruits. Carmélite était partie du château lorsque l'ouvrage qui l'y avait fait appeler était terminé, et puis tout le reste avait eu lieu sans scènes et sans mystère.

La médisance fait beaucoup avec peu de chose, mais il n'est donné qu'à Dieu de faire quelque chose avec rien.

Or, il n'y avait rien qui témoignât que Carmélite fût pour quelque chose dans le départ de la famille Chastenex, et la belle fille demeura ferme sur sa réputation de chasteté.

D'une autre part, on ne peut pas douter que les demandes de mariage n'eussent abondé chez le vieux Leroëx ; mais le fermier était assez singulier à cet endroit.

— Adressez-vous à ma fille, disait-il. Celui qu'elle voudra, je le lui donnerai.

Mais Carmélite ne voulait de personne, et quelques uns disaient que le vieux Leroëx n'était si prompt à promettre que parce qu'il était sûr des refus de sa fille. Enfin, quoi qu'il en pût être de tous les propos, voilà ce qu'était Carmélite lorsque Poyer arriva à Rennes.

XI

Rencontre.

Poyer, comme on a pu le voir, était un de ces rudes jeunes gens dont la vie trop puissante a besoin de se dissiper de mille manières. Donc Poyer le tapageur de Rennes, après une orgie qui avait duré jusqu'au matin, jetant de côté ses habits souillés, se plongeant dans une cuve d'eau froide, à quelque degré que fût la température, prenait sa veste de chasse, ses guêtres de cuir, son fusil à deux coups, et allait encore batre les champs toute la journée en compagnie des gentilshommes campagnards des environs.

Un jour que la chasse l'avait attardé avec quelques amis, Poyer entra dans une maison de paysan, et, comme lui et ses compagnons étaient épuisés de soif et de fatigue, ils demandèrent à boire et à manger : cette maison était celle de Leroëx. On servit les chasseurs comme on le pouvait, c'est-à-dire qu'on leur donna quelques galettes et une cruche de cidre. La soif était plus large que la cruche, de façon qu'on la vida et qu'on la remplit plusieurs fois, très souvent même, et, tout cidre qu'il était, le cidre monta à la tête des buveurs.

Cependant, après une dernière libation, les chasseurs qui ne rentraient pas à la ville quittèrent Poyer, qui demeura un moment après eux dans la ferme. Il s'apprêtait à en sortir après avoir amicalement causé labourage avec le fermier, lorsqu'il entendit un cri : Au secours! partir à trois ou quatre cents pas environ de la maison. Il cherchait à reconnaître la direction de ce cri, que déjà le père Leroëx, ses deux fils et quelques valets de ferme, s'armant de fourches et de fléaux, avaient courut de ce côté, en ciant :

— C'est Carmélite, c'est la voix de Carmélite.

Poyer les suivit d'assez près ; mais avant qu'il fût arrivé sur le lieu d'où les cris partaient, il entendit un nouveau tumulte et la voix d'un de ses camarades, s'écriant :

— Ah! je suis assassiné!

Poyer s'avança de toute sa vitesse vers le lieu du combat, que les paysans frappaient à coup redoublés sur ses amis, tandis qu'une femme qu'il aperçut dans l'ombre se tenait à l'écart en disant d'un ton suppliant :

— Ne les tuez pas, ne les tuez pas!

Si Poyer était venu en même temps que les paysans, il est probable qu'en voyant une jeune fille se débattre entre les mains de quatre ou cinq vauriens, il eût fait comme les manans, et se fût attaqué à ceux qui, abusant de leur force, insultaient une jeune fille sans défense.

Mais, lorsque Poyer arriva sur le lieu de la rencontre, la position avait complétement changé, et c'étaient maintenant ses amis qui étaient opprimés et les paysans qui abusaient de leur supériorité. Ce ne fut pour Poyer que l'affaire de quelques coups de poing, pour mettre le holà dans tout ce tapage. Il renversa deux ou trois garçons de ferme, et le fils aîné du fermier ayant voulu s'attaquer à lui, il le prit au collet et l'envoya rouler à dix pas avec une violence qui arrêta tous les autres assaillans.

— Misérable canaille, s'écria Poyer, pouvez-vous assassiner des gens comme ça !

— Des gueux qui ont insulté ma fille ! s'écria Leroëx.

— Attends, attends, dit le second fils du fermier, en faisant voltiger son fléau autour de la tête de Poyer, à qui il asséna un coup qui eût assommé un bœuf.

Poyer reçut sans broncher cette affreuse atteinte et y répondit par un coup de poing qui étendit le jeune gars par terre comme s'il était mort. Ce nouvel exploit épouvanta les assaillans, et les chasseurs, revenus de l'effroi très naturel qu'ils avaient éprouvé en se voyant en proie à la fureur d'une dizaine de butors résolus, se mirent à crier :

— Il faut assommer toute cette canaille, Poyer a raison.

Poyer se plaça devant eux, et leur dit de sa voix de Stentor :

— Je les ai appelés canaille, mais vous ne l'êtes pas moins qu'eux.

— Qu'est-ce que c'est ? fit un des jeunes gens de la bande.

— C'est la vérité, dit Poyer, vous vous valez les uns les autres ; vous vous êtes mis quatre pour insulter une fille, et ils se sont mis dix pour vous en empêcher : voilà tout... si ce n'est qu'ils avaient plus raison que vous, à qui cette fille n'avait rien dit.

— M. Poyer oublie qu'il parle à des hommes comme il faut, reprit celui qui s'était mis en avant, et il fera bien de se rappeler qu'entre gens qui se respectent, la raison du poing n'est pas toujours la meilleure.

— Est-ce que vous m'en demandez une autre ? dit Poyer.

— Si vous voulez bien le permettre !

Poyer haussa les épaules et répondit froidement :

— Je suis ravi de ne pas vous avoir laissé assommer, mon petit monsieur ; cela vous prouve du moins que la raison du poing a été bonne à vous procurer le pouvoir d'en demander une meilleure. Où vous trouvera-t-on ?

— Ici.

— Avec quoi ?

— Avec des épées.

— J'apporterai la mienne.

— A demain ?
— A demain.

Les chasseurs s'éloignèrent, et Poyer resta seul au milieu des paysans, qui avaient bien compris un peu que Poyer avait pris moralement leur parti, mais qui sentaient encore mieux sur leurs épaules qu'il avait physiquement pris le parti de ses compagnons.

La reconnaissance n'est pas une vertu champêtre, et les trois ou quatre malotrus que Poyer avait plus particulièrement admonestés, enragés de s'être vu arracher leurs victimes, se mirent à crier :

— Eh bien, il faut que celui-là paie pour les autres.

Un cri général d'approbation répondit à cette provocation ; mais Carmélite s'élança près de Poyer, et s'écria que c'était une indignité de l'attaquer.

— Lui, dit le fils qui avait été si rudement lancé au loin, lui qui nous a attaqués par derrière, lui, ah ! il ne l'échappera pas !

— Si vous le touchez, s'écria Carmélite, je vous renie ; vous êtes des lâches.

— Merci, ma fille, merci, dit Poyer tranquillement ; ils seraient encore douze comme ça qu'ils ne me feraient pas peur... Mais j'ai encore du chemin à faire, et j'ai un mal de tête qui m'est venu tout à coup... je me sens besoin de dormir. Adieu, vous autres, et souvenez-vous de moi quand vous repasserez par ici.

— Tu te souviendras de nous, mon gars, dit le père... Allons, Carmélite, va devant à la maison.

— Pourquoi ça, mon père ?

— Je te dis d'aller devant, voilà tout, dit le fermier, et plus vite que ça.

— Eh bien ! reprit Carmélite avec force, je n'irai pas. Vous voulez tirer vengeance de ce monsieur, et je ne veux pas, moi...

— Qu'est-ce que c'est que je ne veux pas ? dit le père en s'avançant vers sa fille la main levée.

Poyer saisit le père à la gorge et s'écria :

— Ne bouge pas, ou je t'étrangle.

Puis il ajouta, en s'adressant aux paysans :

— Écoutez, mes gars, je ne veux pas me battre contre vous, mais je tiens votre père et votre maître : vous êtes dix, et vous pouvez me tuer ; mais je vous déclare que si l'un de vous fait un pas, je le casse sur mon genou comme un échalas.

Et, en parlant ainsi, il enleva le vieillard de terre et le posa sur son genou, comme si véritablement il eût voulu le casser en deux. Les paysans se mirent à pousser des cris, mais sans avancer

— Lâchez mon père, disait Carmélite, lâchez-le...

— Je veux bien ; mais qu'ils marchent devant : je n'ai pas envie d'être assommé par derrière d'un coup de fléau ou embroché d'un coup de fourche.

— Eh bien ! lâchez notre père et nous nous en allons, dirent les fils.

— Soit ; je vous le rendrai quand vous serez là-bas à cet arbre, dit Poyer, en désignant un noyer qui s'étendait sur le bord de la route.

Les paysans, qui s'étaient concertés entre eux, obéirent ; et, quand ils furent à la distance convenue, Poyer laissa aller le fermier qui se mit à fuir. Mais, dès qu'il fut hors de la portée de l'étudiant, Leroëx se mit à crier :

— A moi ! maintenant, les gars, haut les fourches sur l'étudiant.

Poyer s'apprêtait à faire face au danger, lorsqu'il se sentit tirer par la main et entendit Carmélite lui dire :

— Par ici... par ici... suivez-moi...

Elle l'entraîna par un petit sentier, et, le conduisant de champ en champ et de haie en haie, elle le fit échapper à la poursuite des paysans qu'ils entendaient jurer et menacer en appelant Carmélite, qui ne répondait pas.

Tout cela s'était fait avec cette rapidité et cette intelligence particulière qui viennent à l'homme résolu, lorsqu'il veut échapper à un danger imminent, et Poyer et Carmélite étaient déjà bien loin qu'ils n'avaient pas encore échangé une parole. Cependant, lorsque la jeune fille crut avoir mis l'étudiant à l'abri de la poursuite des paysans, elle dit à Poyer :

— Maintenant, fuyez par là ; je vais retourner près d'eux, et je les ferai rentrer à la maison.

— Mais, j'y pense, dit Poyer, votre père et vos frères vous battront peut-être pour m'avoir voulu sauver, et je suis un capon de vous avoir laissé faire.

— Aussi, dit Carmélite, je ne vais pas rentrer à la maison ; je vais aller passer la nuit chez la mère Leleu, dont vous voyez la maison à ce petit coin là-bas.

— Eh bien, je vais vous y accompagner.

— C'est inutile pour moi et c'est dangereux pour vous, car, dans une heure, mon père, ne me voyant pas rentrer, y va venir sans doute.

— Et alors, dit Poyer, il vous y trouvera, et Dieu sait ce qui arriverait si je n'étais pas là.

— Dans une heure sa colère sera passée, et je vous réponds que ce n'est pas moi qui prierai pour que je retourne chez nous, mais s'il vous retrouvait, je ne répondrais de rien.

— Et moi, je réponds de tout, dit Poyer, je ne vous quitterai que quand je vous verrai en sûreté.

— Venez donc, dit Carmélite, et, s'ils arrivaient pendant que vous y serez encore, la mère Leleu vous cachera ; d'ailleurs, ils n'oseraient pas vous attaquer dans sa maison.

— Je me soucie d'eux comme d'une troupe d'oies, dit Poyer,

et je vous réponds qu'une fois dans la maison, ils n'y entreront qu'avec ma permission, fussent-ils cinquante contre moi tout seul.

Ils marchèrent alors vers la cabane de la mère Leleu. Mais à peine en eurent-ils franchi te seuil, qu'ils se trouvèrent en face des paysans qui les y avaient devancés. La porte se ferma violemment derrière Poyer et Carmélite; et peut-être un véritable assassinat allait-il se commettre, sous le prétexte de donner une bonne correction à l'étudiant, lorsque tous ces hommes s'arrêtèrent à l'aspect de Poyer.

Il était blessé, couvert de sang, et paraissait déjà dans un plus piteux état que celui où on comptait le mettre.

— Bon ! s'écria un garçon de ferme, qu'est-ce qui lui a donné cet atout-là ?

— C'est celui-là, dit Poyer en montrant le fils aîné de Leroëx, qui avait une joue grosse comme le reste de la tête; le mien vaut bien le sien, quoique je n'aie frappé qu'avec le poing, et qu'il se soit servi de son fléau.

— Et le sien vaut bien le vôtre, monsieur Poyer, dit la mère Leleu en s'avançant. Ainsi, vous autres, déguerpissez plus vite que ça !

Un long murmure disant : C'est M. Poyer ! c'est le fameux Poyer ! passa parmi tous les paysans. Carmélite répéta comme eux : C'est M. Poyer; mais elle fit une variante à la suite de la phrase, et ajouta mentalement : C'est le bel étudiant.

La renommée du terrible lutteur avait produit son effet, et il était maintenant en sûreté.

— Ah ! fit Poyer, c'est la mère Leleu, ma blanchisseuse. Vous ne m'aviez pas dit que c'était elle, la belle fille.

— Je vous ai dit, monsieur, répartit Carmélite, que je vous cacherais chez la mère Leleu.

— C'est possible, fit Poyer, qui pâlit et s'assit sur une chaise. Mais je n'ai pas bien compris : c'est que ça m'a un peu étourdi, ce coup que j'ai reçu.

— C'est que j'ai la poigne bonne aussi, monsieur Poyer, dit le fils Leroëx.

— Oui, quand elle est emmanchée d'un fléau de quatre pieds.

Poyer s'arrêta et se prit à crier :

— Hé ! la mère, donnez-moi un peu d'eau, je veux que le diable m'emporte si je ne vais pas me trouver mal !

La vieille femme apporta le pot d'eau : Poyer en but à même quelques gorgées ; puis, se penchant en avant, il se versa le reste sur la tête, et, lavant ainsi le sang qui l'inondait, il découvrit une blessure qui fendait le crâne sur une longueur de plus de deux pouces.

Les paysans se regardèrent, et devinrent assez inquiets du résultat d'une blessure pareille ; car il y avait de quoi tuer tout autre homme que le jeune Hercule qui l'avait reçue.

— Il a tapé trop fort, le gars, dit le fermier en s'approchant de l'étudiant. Mais, que voulez-vous, monsieur Poyer, dans la nuit, on ne voit pas ce qu'on fait.

— C'est bon, c'est bon, fit Poyer, dites-lui seulement de ne pas venir me demander son reste.

— Dame! quand on ne sait pas à qui on a affaire!...

— La mère Leleu, fit Poyer sans répondre au paysan, un peu de sel et d'eau et un peu de linge.

La mère Leleu apporta du sel et dit à Carmélite, qui était devenue pâle et tremblante à l'aspect de cette horrible blessure :

— Eh bien! toi, donne donc du linge.

— C'est que je n'en trouve pas, répartit celle-ci, tant elle était troublée.

— Que diable! fit Poyer, il y a bien ici quelque chemise à moi, déchirez-la, et donnez-moi du linge. Je n'ai pas envie de saigner là comme un bœuf toute la nuit; il faut que je me batte demain matin avec ce gredin qui vous a insultée, la belle fille, et je ne me soucie pas d'arriver sur le terrain, pâle comme une serviette : ils diraient que j'ai peur.

A ces paroles, Carmélite se retourna en se laissant arracher des mains une chemise que la mère Leleu se mit bravement à déchirer, sans s'occuper si elle appartenait à Poyer ou à quelque autre de ses pratiques, et la jeune fille dit lentement et avec un air de stupéfaction toute particulière :

— Vous allez vous battre pour moi, monsieur Poyer?

— Eh! fit Poyer, qui s'était enveloppé la tête, il me semble que vous en valez bien la peine, la belle fille.

— Ah! par exemple! dit le fermier, nous ne vous laisserons pas battre, s'ils viennent au rendez-vous, nous les assommerons plutôt tous.

— J'espère que vous vous tiendrez tranquilles, les gars, dit Poyer en se levant. Il ne s'agit plus d'une batterie maintenant, c'est un duel, une affaire d'honneur, et c'est bien différent. Ces messieurs ont insulté une femme, je leur ai dit qu'ils étaient de la canaille ; ils m'ont demandé une réparation, et je la leur dois, ou je suis déshonoré. Bonsoir donc, la compagnie.

— Est-ce que vous allez retourner à la ville comme ça? dit le père Leroëx.

— Pourquoi donc pas?

— Mais les portes sont fermées.

— Bon! je sauterais les fossés à cloche-pied.

— Oui, dit Carmélite, un autre jour ; mais, dans l'état où vous êtes, vous feriez mieux de venir coucher chez mon père.

— Pourquoi est-ce qu'il ne coucherait pas ici? dit la mère Leleu.

— Et demain? et des habits? fit Poyer; je ne peux pas aller comme ça sur le terrain: j'ai l'air d'un boucher.

— Pour quand votre duel? dit la mère Leleu.

— Pour sept heures.

— Eh bien, à cinq heures je serai chez vous. Le concierge me laissera monter, il me connaît; quel habit voulez-vous que je vous prenne?

— Eh bien, dit Poyer, qui se sentait tout à fait abattu depuis que le danger d'une lutte ne le soutenait plus, — eh bien, prenez mon habit bleu, un pantalon blanc, des bottes, enfin du linge, tout ce qu'il faut; je veux être beau!

— Je prendrai l'habit et les bottes, voilà tout; nous avons ici du linge à vous.

— Mais il n'est pas préparé, dit Carmélite.

— Eh bien, tu peux bien passer une heure ou deux à le finir, dit la mère Leleu.

— Soit, dit le père Leroëx, et, si vous voulez, un de mes gars vous accompagnera pour porter le paquet?

— C'est bon, fit la mère Leleu. Entrez par là, monsieur Poyer, déshabillez-vous et couchez-vous... je vas vous faire un peu de vulnéraire; quant à toi, dit-elle à Carmélite, allume tes charbons.

— Ah, fit Poyer, j'oubliais le plus important, passez chez Valvins, et dites-lui de venir ici avec un autre et mon épée.

— Je ne l'oublierai pas; mais allez donc vous coucher, fit la vieille blanchisseuse en le poussant dans la chambre où il devait reposer.

— Ah çà! les gars, dit Poyer en se retournant, sans rancune, vous autres!

Tous les paysans se précipitèrent vers lui, et lui serrèrent cordialement la main. Tous se retirèrent, et le fermier dit à sa fille en se retirant:

— Et toi, soigne un peu le linge de l'étudiant; entends-tu?

— Oui, mon père.

— Le gars Jacques va rester, et il t'accompagnera quand tu auras fini, pour rentrer à la maison.

— C'est inutile, je veillerai avec la mère Leleu, puisqu'elle ne va pas se coucher.

— Comme tu voudras, dit le fermier.

Puis il s'éloigna en criant:

— Bonsoir, monsieur Poyer!... bonsoir, la mère!

— Bonsoir, leur répondit la blanchisseuse, qui était entrée dans la chambre pour arranger le lit, pendant que Poyer se déshabillait.

XII

Explication.

Carmélite conduisit tous ces hommes jusqu'à la porte de la chaumière, et demeura un instant sur le seuil, laissant son front et sa poitrine exposés à l'air froid de la nuit. — Cette fraîcheur la soulageait sans qu'elle s'en rendît compte : c'est que son front était plein d'idées confuses qui le brûlaient, et son cœur de sentimens nouveaux, qui le faisaient battre d'une étrange façon.

Pendant ce temps, Poyer disait à la mère Leleu :

— C'est donc là cette belle Carmélite dont on parle tant?

— Est-ce qu'elle a volé son nom, monsieur Poyer?

— Non pardieu pas! c'est la plus belle fille que j'aie rencontrée. Elle est sage, n'est-ce pas?

— Comme une image, monsieur Poyer.

En répondant ainsi, la blanchisseuse regarda l'étudiant comme pour découvrir s'il y avait dans sa question une prétention à s'attaquer à cette sagesse ; mais Poyer s'empressa de répondre :

— Tant mieux... tant mieux... ce n'est pas parce que je vais me battre pour elle, car j'ai soutenu des coquines qui ne valaient pas l'ongle de son petit doigt... mais ça me fait plaisir de penser qu'elle est sage.

— Pourquoi ça? dit la mère Leleu assez indifféremment.

— Oh! fit Poyer... pour rien... parce que...

Il ne répondit pas autrement, car il ne se souciait pas de dire comment il lui était arrivé dans la pensée que, s'il avait appris que cette fille eût un amant, il eût désiré étrangler cet amant sans autre raison.

La mère Leleu quitta la chambre, et Poyer se coucha.

— Eh bien! que fais-tu donc avec cette chemise à la main? dit la blanchisseuse en voyant Carmélite qui était immobile à considérer la marque du linge; voilà ton fer qui va être rouge.

— C'est que je ne trouve pas le linge à la marque de M. Poyer.

— Et ce que tu tiens là?

— Il y a bien un P, dit Carmélite, mais il y a ensuite deux autres lettre, un B et un C.

— Eh bien! dit la mère Leleu, c'est juste ça : M. Poyer de Berbins de Caradec.

— Tiens, fit Carmélite, c'est donc un noble?

— Et de la meilleure noblesse.

— Pourquoi donc qu'il s'appelle Poyer tout court?

— Oh! c'est une histoire, ça, vois-tu, répondit la mère Leleu tout en mettant une bouilloire devant le feu et préparant le vinnéraire qu'elle avait annoncé. Le père Poyer, qui était un brave homme dans son temps, un peu comme son fils, un peu braque, s'amouracha d'une paysanne et l'épousa ; la famille ne voulut jamais la reconnaître; alors le père Poyer les envoya à tous les diables; il se mit à la tête de ses biens, les exploita, et ne se fit plus appeler que M. Poyer tout court, au lieu du vicomte de Poyer qu'il était.

— Comment! fit Carmélite, le vicomte de Poyer épousa une paysanne?

— Une honnête fille, par exemple; mais vois-tu, tout ça tourna mal; au bout de quelques années, son mari la laissa là pour toutes les maritornes du pays, et la pauvre femme n'a cessé de souffrir que le jour où son mari est mort.

— Ah! dit Carmélite, il est mort?

Et l'on eût dit qu'en prononçant ces paroles elle avait ouvert la porte à une foule de réflexions; car elle semblait bien plus écouter sa pensée que le bavardage de la mère Leleu, qui continuait ainsi :

— Oui, il est mort, il y a de ça une dizaine d'années, en laissant à sa veuve une fortune à moitié ruinée. Mais la bonne femme y a si bien travaillé qu'elle a rétabli toutes les affaires de son mari, et maintenant ce beau gars qui est de l'autre côté est un des plus riches héritiers du pays.

— Le vicomte Poyer, n'est-ce pas? dit Carmélite.

— Ne va pas l'appeler comme ça, il n'entend pas de cette oreille-là.

— Et il est fils unique?

— Ça, c'est une autre histoire, vois-tu; il est bien fils unique, mais il y a chez la mère Poyer un petit bonhomme qu'on appelle Fabien; les uns disent que c'est un enfant du père Poyer que sa femme a recueilli et élevé par charité. D'autres disent... mais que ne dit-on pas?... toujours est-il qu'on ne l'avait pas vu dans la maison avant la mort du vieux Poyer. Il est probable qu'on laissera bien quelque chose à ce petit-là ; mais enfin le vrai fils c'est M. Poyer, et il y a au moins trente bonnes mille livres de rente dans la maison.

Carmélite réfléchissait toujours.

— Mais voilà que tu m'écoutes sans penser à ton ouvrage, dit la vieille blanchisseuse. Allons, dépêche-toi, et tâche de ne pas roussir le linge ; quant à moi, je vas me jeter sur ce tas de paille et je ferai un petit somme. C'est que je n'ai plus vingt ans comme toi, pour résister à la fatigue. Mais avant, il faut lui donner une goutte de vulnéraire.

La mère Leleu entra dans la chambre, et revint presque aussitôt en disant :

— Bon, il dort comme une souche; s'il s'éveille, tu lui donneras une tasse de tisane; je vas dormir un peu.

Elle se jeta sur un petit tas de paille, au coin de la chambre, et bientôt tout dormait dans la cabane, à l'exception de Carmélite; et pourtant, quoique ce fût Carmélite qui fût éveillée, il n'y avait qu'elle qui rêvait.

A qui rêvait-elle ?

XIII

Rêve éveillé.

Carmélite rêvait à ce beau jeune homme qui dormait près d'elle. Carmélite était une fille de la campagne, qui n'avait pas de fausses idées sur ce qu'on appelle l'élégance des mœurs et la valeur intellectuelle d'un homme. Ces mille petites qualités de bonne grâce, de savoir-vivre, de finesse de la pensée, de distinction de l'esprit, d'originalité supérieure, qui font, pour les femmes du monde, ce qu'on appelle des héros d'hommes chez qui tout vient du monde; ces niaises subtilités avec lesquelles on a remplacé tous les dons véritables de la nature par une valeur de convention, étaient complétement ignorées de Carmélite.

Elle avait vu Poyer. Poyer était beau de cette forte et magnifique beauté qui montre la puissance de l'homme physique dans son plus splendide développement. Elle l'avait vu agir, et son action était celle du plus juste et du plus hardi des hommes; juste, en ce qu'il avait également châtié et repoussé les violences des uns et des autres; hardi, en ce qu'il s'était fièrement posé entre tous pour soutenir contre tous la cause de la justice.

Elle l'avait entendu parler, et dans cette parole s'était révélé ce courage opiniâtre et téméraire qui ne veut pas céder un pouce de son droit devant quelque danger que ce soit. Il y avait eu aussi de la bonté dans cette parole; car, avant de penser à lui-même, il s'était occupé de ce que deviendrait Carmélite.

Beauté, force, courage, bonté : quelle noble créature ! Peut-être, pour une belle dame, tout cela eût-il paru trop grossier, trop brutal, trop manant; mais le rêve d'une femme comme Carmélite, type de jeunesse et de vigueur aussi, ne pouvait aller au delà de ce que Poyer réalisait en sa personne.

Ce n'était pas tout, ce n'était pas seulement ce qu'il avait fait et ce qu'était Poyer qui occupait l'imagination de la jeune fille, c'était ce qu'il était prêt à faire. Dans quelques heures il allait se battre pour elle; et, comme il le disait lui-même, ce n'était plus une batterie, c'était un duel, un duel entre gentilshommes, un duel pour Carmélite; et non pas un duel comme ceux dont ce parlait souvent à Rennes, un duel à propos de quelque fille perdue, mais un duel pour venger l'honneur de Carmélite qu'on avait insultée.

La jeune fille ne pensait pas que Poyer, en provoquant ses compagnons, avait encore plus soutenu ses propres paroles que défendu les intérêts de l'honneur de Carmélite. Elle avait déjà un secret besoin de se persuader que c'était elle dont Poyer avait pris la cause en main, Poyer, le bel étudiant, le terrible jouteur, un noble gentilhomme. Et quel gentilhomme? le fils d'un père qui n'avait pas craint d'oublier son rang pour épouser une paysanne, une femme qui n'était pas plus que Carmélite, qui ne la valait pas sans doute en grâce et en beauté; et Poyer avait les goûts, la volonté de son père; n'y avait-il pas là de quoi rêver?

Mais cet hymen mal assorti n'avait pas été heureux: était-ce une raison pour qu'il en fût de même une autre fois. Et après tout, dût-elle être un jour abandonnée, maltraitée, Carmélite acceptait ce malheur. Elle ne pensait qu'à ce titre de madame Poyer, de la vicomtesse Poyer. La vicomtesse Poyer de Berbins de Caradec! Cela n'était pas impossible, et l'exemple du père pouvait certainement encourager le fils.

Les rêves vont vite dans le silence et la solitude, et toutes ces idées et mille autres encore avaient passé dans la tête de Carmélite, pendant qu'elle traçait les plis pressés de cette chemise qu'il lui fallait repasser en attendant ce bel avenir. A ce moment, elle s'arrêta, et se prit à considérer ce linge blanc et léger, cette toile qui bientôt allait passer de ses mains sur le corps de ce beau jeune homme. Un frisson étrange parcourut Carmélite de la tête aux pieds, et elle se leva soudainement en disant assez haut:

— Je suis folle.

Ce mouvement brusque et cette parole éveillèrent la mère Leleu.

— Eh bien! qu'est-ce qu'il y a? dit-elle, est-ce qu'il se trouve mal?

— Ce n'est rien, répartit Carmélite; c'est moi qui ai remué ma chaise.

— Et lui? fit la vieille.

— Il n'a pas bougé.

— Tu as été voir s'il dormait et s'il avait besoin de quelque chose?

— Je n'y ai pas pensé.

— Eh bien! tu es gentille, tu as bon soin des malades qu'on te confie. Je vas y aller.

— Ne vous dérangez pas, répartit vivement Carmélite... je vais entrer sur la pointe du pied.

— Prends la lampe, pour voir si la compresse qu'il a sur sa blessure n'est pas dérangée.

Carmélite fit ce que lui disait la mère Leleu, et sitôt qu'elle fut sur la porte elle dit à la blanchisseuse :
— Il dort.
— C'est bon, ne fais pas de bruit, répartit la vieille.
Et tout aussitôt elle reprit son sommeil.

Carmélite s'assura que la vieille femme dormait, et alors seulement elle entra dans la chambre de Poyer ; puis, se plaçant près de lui, avec la lampe fumeuse à la main, elle se mit à le considérer.

Les Grecs, qui possédaient le véritable instinct de la beauté, ont compris que le repos était le plus noble aspect de la force. C'est que c'était un peuple plein d'imagination, et dont l'imagination travaillait encore à ses chefs-d'œuvre, une fois qu'elle les avait pour ainsi dire arrêtés en marbre et en bronze.

Qu'on lui eût montré Hercule tuant les oiseaux du lac Stymphale ou abattant les têtes de l'hydre de Lerne, ce n'était qu'une action bornée, finie, qui arrête l'imagination du spectateur dans le fait de son accomplissement. Mais lorsqu'on posait, devant les regards de cette multitude poétique, un magnifique corps qui resplendit de vigueur dans son calme, l'imagination qui le contemple le met en mouvement de mille manières, car elle comprend que cette forte organisation physique suffira à tout ce qu'elle peut lui demander, et combien ne lui demandera-t-elle pas, alors! Par conséquent, l'idée qu'on s'en formera sera à la fois une et multiple, une et diverse.

Voilà en quoi les anciens avaient un sentiment bien plus élevé et bien plus délicat que nous de la représentation de la beauté.

Ce n'est pas que l'on veuille dire que lorsque Carmélite se mit à contempler Poyer endormi, elle fit tous ces longs raisonnemens pour le trouver plus beau. Non sans doute, mais elle subissait le charme dont on disait plus haut que la multitude anime la beauté. En regardant cette tête si noble, cette poitrine si large, ces bras si nerveux doucement abondonnés sur la blancheur de la toile, elle se figurait ce jeune homme comme elle ne l'avait pas vu, parce que la nuit le lui cachait, mais comme il devait être lorsqu'il avait dégagé ses compagnons de l'agression des paysans et lorsqu'il avait si hautement reproché à ses amis leur indigne conduite ; assurément, l'imagination de Carmélite se représentait Poyer plus beau, plus noble qu'il ne l'avait été véritablement.

Enfin, cette pensée de la belle fille alla du passé à l'avenir, et elle se représenta Poyer, l'épée à la main en face de celui qu'il avait provoqué.

Le premier mouvement de l'admiration qu'elle éprouvait pour cet homme le lui montra vainqueur; mais bientôt la réflexion vint plus froide et plus prévoyante, et cette réflexion lui laissa entrevoir la possibilité que, dans une lutte où l'adresse pouvait l'emporter sur la force, ce beau et jeune athlète succombât sous l'épée d'un adversaire misérable.

Et, s'il en était ainsi, adieu, adieu à tout le long rêve de Carmélite : plus d'amour, plus de mariage, plus rien de ce qui lui paraissait possible. On peut dire que, dans cette prévision, Carmélite ne pensât qu'à elle seule. Assurément le bel étudiant, sa vie ou sa mort entraient pour beaucoup dans cet intérêt; mais il est fort douteux que, si tous les rêves de Carmélite avaient été des projets réels, faits par Poyer en faveur d'une autre femme, Carmélite fût demeurée si long-temps à le contempler, et que des larmes lui fussent venues aux yeux sous l'impression de ces tristes craintes.

Il n'est pas bien prouvé cependant que ce ne soit pas là de l'amour, comme l'entendent les femmes raisonnables. Or, Carmélite se persuada qu'elle aimait Poyer, ou plutôt que, s'il voulait faire ce qu'elle espérait, elle l'aimerait.

Cependant l'heure se passait, et Poyer dormait profondément, accablé qu'il était de la fatigue de la journée et de la blessure de sa lutte. Carmélite se retira, et revint à cet ouvrage abandonné, et qui cette fois lui parut insupportable. Pourquoi cela ? c'est qu'elle venait de passer quelques heures dans l'espoir d'une tout autre existence, et qu'elle retombait tout à coup devant sa table en présence de ses fers et de son linge à repasser.

Cependant elle acheva ce qu'elle avait entrepris, et le jour commençant à paraître, elle éveilla la vieille blanchisseuse afin qu'elle se rendît à la ville, et elle demeura seule dans la chambre avec le bel étudiant endormi.

Bientôt il s'éveilla à son tour et appela la mère Leleu.

— Elle n'est pas encore revenue de la ville, repondit Carmélite.

A cette voix nette, décidée et jeune, Poyer secoua un reste d'assoupissement, et se rappela tout à fait ce qui s'était passé la veille.

Il se ressouvint de cette belle et charmante fille qu'il avait voulu sauver de la colère de ses frères, et il se ressouvint qu'il l'avait trouvée si belle et si charmante, qu'il désira la revoir pour s'assurer que ce n'était pas une illusion.

Cependant, il n'osa l'appeler sans prétexte; comme il l'eût fait pour tout autre fille de sa classe. Quelque chose l'avertissait que Carmélite avait plus que de la beauté, et qu'entre elle et lui, la familiarité du supérieur à l'inférieur ne saurait exister. Il y avait un moyen bien simple, c'était de se lever, mais Poyer regarda sa veste de chasse en coutil, tout ensanglantée, ses vêtemens salis et tachés de boue, et il répugna à se présenter ainsi devant cette jeune fille, si accorte et si belle. Le moyen que son imagination ne lui offrait pas, sa position le lui fournit. Il avait de la fièvre et se sentait dévoré d'une soif ardente, et, comme il ne savait guère résister à un besoin, il dit du fond de la chambre :

— Mademoiselle, quand la mère Leleu rentrera, priez-la de m'apporter de l'eau, je meurs de soif.

— Tenez, tenez, dit Carmélite, voici du vulnéraire qu'elle avait préparé pour vous.

Et elle entra dans la chambre une tasse à la main.

Lorsqu'elle eut remis la tasse à Poyer, elle resta pour la reprendre et attendit qu'il eût bu; mais, au lieu de prendre ce vulnéraire, Poyer se mit à regarder Carmélite, qui baissa les yeux devant l'assurance et l'ardeur de ce regard.

Quand on est dans une position gauche, c'est une grande affaire que d'en sortir. Tous deux se taisaient. Poyer, qui n'avait pas même remercié cette jeune fille de son attention, ne trouvait rien à dire, et Carmélite, qui avait attendu pour reprendre la tasse des mains de Poyer, était bien obligée d'attendre encore qu'il voulût bien la vider pour la lui remettre.

Ce silence dura quelques minutes avant que l'un ou l'autre s'aperçût de leur embarras mutuel ; mais enfin il paraît que Carmélite, qui n'osait lever les yeux, craignit que l'inspection qu'on faisait de sa personne ne se prolongeât trop long-temps, et elle dit d'une voix tremblante à Poyer :

— Ce vulnéraire vous déplaît peut-être, et vous auriez préféré de l'eau.

— Non, dit Poyer, cela ou autre chose, ça m'est égal à présent.

Il but l'affreuse tisane de la Leleu, et fit une horrible grimace.

— C'est bien mauvais, à ce qu'il paraît, dit Carmélite en souriant et en reprenant la tasse.

— Non... Mais... Je vous remercie du reste, de votre complaisance.

— Il n'y a pas de quoi. Apporter une tasse de tisane, ce n'est pas difficile.

— C'est vrai, dit Poyer; mais il y a autre chose. Hier soir, vous m'avez fait échapper à ces mauvais gars qui voulaient m'assommer... vous êtes une brave fille, et je ne l'oublierai jamais.

— Il n'y a pas de quoi.

— A la façon dont ils y allaient, dit Poyer, en montrant sa blessure, je vous promets qu'il y avait de quoi ; et si jamais vous avez besoin de moi, souvenez-vous que pour le mal comme pour le bien, je rends toujours plus que je n'ai reçu.

— Et puis, ajouta-t-il, je vous ai fait passer une mauvaise nuit, vous avez veillé tandis que je dormais tranquillement...

— Et c'est vrai, dit-elle, vous avez dormi tranquillement, cependant vous devez vous battre ce matin.

— Avec ce freluquet, dit Poyer... bon... je lui couperai une oreille, et ça sera fini par là.

— Et c'est pour moi que vous allez vous exposer comme ça.

La franchise de Poyer allait l'emporter, et il eût répondu certainement que, s'il se battait, c'était pour lui. Mais un coup assez violent frappé à la porte prévint sa réponse ; Carmélite courut ouvrir, comme si elle eût craint qu'on ne la trouvât avec l'étudiant, et pendant ce temps, Poyer eut le loisir de se dire :

— Pour elle ! elle croit que je vais me battre pour elle, et au fait c'est vrai ; quoiqu'après tout, eût-elle été laide et tortue, c'eût été absolument la même chose, d'après la manière dont les choses se sont passées. Mais enfin, elle le croit, je ne peux pas lui dire le contraire : ce serait trop grossier.

Et après ce petit monologue, vinrent les réflexions sur Carmélite, et Poyer se dit que jamais femme ne l'avait troublé comme celle-là. Il avait eu pour maîtresses les plus jolies filles de Rennes ; mais, vis-à-vis de toutes ces femmes qu'il achetait le plus souvent, Poyer jouait le rôle d'un sultan qui impose ses désirs, les satisfait et n'y pense plus.

Il n'en était pas de même de celle-ci : Carmélite l'avait ému au cœur ; il avait éprouvé devant elle ce trouble qui vous avertit qu'une domination inconnue va s'étendre sur vous, et de tout cela Poyer conclut qu'il dirait à Carmélite, quand elle rentrerait, que c'était pour elle qu'il allait se battre ; car il sentait qu'il voulait avoir des droits à sa reconnaissance.

XIV

Niaiseries d'amour.

Mais il ne fut pas permis à Poyer de se donner ce petit avantage ; la personne qui avait frappé était un valet de ferme de Leroëx, qui venait chercher Carmélite, et qu'elle laissa dans la chaumière dont elle s'éloigna immédiatement.

Était-ce habileté, honte, coquetterie, qui fit sortir Carmélite sans qu'elle revît Poyer, c'est ce qu'on ne pourrait dire ; mais ce qu'il y a de certain, c'est que cette retraite précipitée préoccupa Poyer, bien plus que ne l'eût fait peut-être la présence de Carmélite.

Il se chercha des torts ; il se demanda pourquoi elle n'était pas rentrée. Avait-il manqué de convenance vis-à-vis d'elle, en l'appelant près de lui et en la laissant lui offrir ses soins comme une servante ? Avait-il laissé voir ce brutal sentiment qu'il ne se battait pas pour elle ? Enfin ne l'avait-il pas blessée en quelque chose ?

Pour un homme comme Poyer, de telles inquiétudes annonçaient un sentiment bien particulier pour celle qui les lui inspirait ; car il n'y avait qu'une femme au monde pour qui il les eût ressenties, et cette femme était sa mère. Carmélite était donc déjà pour lui un être à part, et dont l'approbation ou la désapprobation lui importait, dont la joie ou la douleur retentissait en lui : il aimait donc déjà Carmélite.

Et puis, de même que Poyer avait dû être pour cette jeune fille le beau idéal de l'homme, de même Carmélite était pour Poyer la femme dans toute la grâce et la force de son plus beau développement. L'élévation de la taille, la vigueur de la santé, la splendeur des proportions, telle était la beauté comme l'entendait Poyer.

Il faut un goût plus raffiné qu'il ne l'avait pour comprendre l'élégance de la mièvrerie, l'attrait d'un teint maladif, l'agaçant des mousselines empesées et des corsets élastiques. Ces deux êtres enfin, types d'une race vigoureuse, se devaient choisir l'un l'autre dès qu'ils se rencontreraient.

Toutefois, avant d'aller plus loin, qu'il nous soit permis de répondre d'avance à une objection qui pourrait être faite à ce que nous venons de dire. En effet, le monde donne le plus souvent un démenti formel à ces beaux appareillages ; et il est assez commun de voir un homme un peu moins grand qu'une petite femme, attaché à la chaîne de quelque haute virago dont il fait ses délices ; tandis qu'on voit des colosses prendre des extraits de femme, devant lesquelles ils se mettent à genoux pour qu'elles puissent les souffleter.

Mais ce n'est jamais que dans la foule corrompue des grandes villes que ces anomalies se rencontrent ; et partout où le sentiment naturel est resté pur, la force cherche la force, et la beauté la beauté.

Or, il y avait entre Carmélite et Poyer tous les attraits qui pouvaient les unir, et chacun d'eux les avait subis en soi-même.

Cependant Poyer, qui avait entendu Carmélite s'éloigner, s'ennuyait dans son lit ; et, comme chez lui la pensée était un acte rapide et concis, et non une rêverie sans fin, lorsqu'il se fut demandé une fois pourquoi Carmélite l'avait quitté sans le revoir, il voulut en être instruit, et appela le valet de ferme qui était resté dans la chaumière.

— Ah çà, mon gars, lui dit-il, est-ce que la fille de ton maître me t'a rien laissé pour moi ?

— Hein ! fit le valet, laissé quoi ?

— Elle ne t'a rien dit en partant ?

— Rien... seulement elle m'a dit...

— Elle t'a donc dit quelque chose, animal ?

— Elle m'a dit tout bêtement : Tiens, voilà, sur la table, le linge de ce monsieur ; tu le lui donneras.

— Ah ! fit Poyer assez désappointé, elle ne t'a dit que ça ?

— Pas autre chose.

— Eh bien, reprit Poyer, donne-moi ce linge, et va me chercher une cruche d'eau, car je suis encore tout tatoué de sang.

— C'est que le gars Leroëx tape bien, dit le paysan en quittant la chambre pour aller chercher le linge de Poyer.

Quand le valet rentra, l'étudiant, assis sur son séant, avait la tête appuyée dans ses mains; il était non seulement mécontent, ce qui n'était pas rare, mais triste, ce qui étonnait Poyer lui-même. Le valet posa le linge sur le lit, et lui dit :

— Voilà votre chemise.

— C'est bon, répondit Poyer; laisse-moi tranquille.

— Vous m'avez demandé de l'eau?

— Va m'en chercher, et file.

Lorsque Poyer fut seul, il recommença ses questions à propos de Carmélite; mais, comme il n'avait pas de réponse à se faire, il se secoua violemment et se décida à se lever. Pour cela, il porta la main sur cette chemise, et au moment de la mettre il s'arrêta. Carmélite s'était sentie humiliée d'avoir à remplir ce soin pour un homme dont elle s'était faite l'égale dans son cœur. Par un sentiment tout contraire, Poyer fut malheureux de revêtir ce linge que venait de toucher cette blanche main de jeune fille. Il lui sembla qu'elle y avait laissé quelque chose de sa chasteté, et qu'il la profanerait au contact de son corps.

Cette idée mal comprise lui était à peine venue, que Poyer s'était levé et avait été dans la chambre où se trouvait la provision de linge de la mère Leleu.

Il y chercha et y trouva une de ses chemises non repassée, et l'emporta. Puis, lorsque la mère Leleu fut arrivée, et qu'elle vit Poyer avec du linge non repassé, elle s'écria que Carmélite était une paresseuse qui ne faisait rien. Poyer donna une bonne gratification à la vieille pour l'empêcher de crier; mais il se garda bien de dire que, comme un enfant, il avait posé sur sa poitrine cette chemise repassée par Carmélite, et qu'il l'y portait toute pliée avec autant de bonheur qu'un autre eût fait d'un portrait ou d'une mèche de cheveux.

Nous ne doutons pas que les belles dames et les jolis hommes du monde ne trouvent ceci fort ridicule et très grotesque. Mais nous n'avons pas la prétention d'inventer de belles petites ingéniosités d'amour bien élevé : nous racontons des choses vraies, et surtout des choses sincèrement faites et sincèrement éprouvées.

Cependant Valvins arriva quelques instans après la bonne femme; et bientôt on se rendit au lieu assigné pour la rencontre. Poyer raconta à son ami la cause de la querelle; mais il ne dit pas un mot ni de Carmélite ni de sa beauté, ni de la veille de la jeune fille près de lui.

Poyer et Valvins rencontrèrent leurs ennemis sur le terrain; et, comme d'ordinaire, les témoins tentèrent une réconciliation. La cause qui l'empêcha peint trop bien un des côtés du caractère breton, pour que nous ne la rapportions pas.

L'adversaire de Poyer convint qu'il avait eu tort, ainsi que ses camarades; il convint que, sans Poyer, ils eussent été justement assommés par les paysans, et qu'ils avaient mérité l'admonestation un tant soit peu brutale de Poyer ; mais en même temps il déclara qu'il ne quitterait pas le terrain sans s'être battu avec lui.

— Tenez, dit-il à Valvins, j'aurais affaire avec un de ces messieurs, ou avec vous, que je ferais des excuses et arrangerais l'affaire ; mais vis-à-vis de Poyer ça n'est pas possible.

— Mais pourquoi ça? dit Poyer, qui avait entendu cette dernière phrase, et à qui elle avait paru insultante.

— Parce que, lui répondit son adversaire, comme tu es le plus fort tireur d'épée de l'école, si je ne me battais pas avec toi, on dirait que j'ai eu peur.

Poyer se sentit encore plus ému que fier de cette franche explication, et il répartit :

— Allons, tu es fou ! personne ne dira une pareille impertinence. Allons, nous étions un peu gris hier tous... eh bien ! c'est moi qui t'en fais des excuses, si tu veux, ajouta-t-il en lui tendant la main.

— Merci, Poyer, merci, fit l'autre en pressant cette main et en la secouant franchement ; mais, c'est égal, il faut que nous nous battions.

— Mais ça n'est pas possible, dit Valvins, maintenant que vous vous êtes serré la main.

— C'est comme ça, reprit Poyer tout bas à Valvins ; je le connais, il n'en démordra pas ; mais, sois tranquille, je le ménagerai.

Bientôt les habits furent dépouillés, et les adversaires en garde. Poyer, au contraire de sa manière vive et ferme de tirer l'épée, rompit tout d'abord pour fatiguer son adversaire, sans être obligé de l'attaquer.

— Tu ne te bats pas, tu ne te bats pas, lui dit celui-ci : pas de ménagemens, je t'en préviens.

Et, excité par l'idée que Poyer le traitait avec pitié, il lui adressa un coup d'épée si furieux, que Poyer fut atteint au milieu de la poitrine.

— Touché ! dit son adversaire.

— Non, dit Poyer, qui n'avait senti aucune douleur.

Et, attaquant à son tour son adversaire avec chaleur, il eut bientôt repris son avantage, et il lui traversa le bras d'un coup d'épée. L'arme tomba des mains du blessé, qui s'écria :

— Mais il a donc un corps de fer ! je suis sûr de l'avoir touché.

— Je te dis que non, répartit Poyer ; je n'ai rien senti. Il n'y a pas de sang, ajouta-t-il en montrant sa chemise.

Il est impossible d'exprimer le sentiment de honte et le remords dont Poyer fut pris en voyant sa chemise déchirée, et en comprenant que celle qu'il avait placée toute ployée sur sa poitrine avait amorti, dans son épaisseur, le coup d'épée de son adversaire.

Il se sentit devenir rouge, et l'idée qu'on pouvait lui reprocher de s'être garanti, par un pareil moyen, du danger du combat, le frappa d'un trouble qui, heureusement pour lui, échappa à ses amis et à ses adversaires.

Le blessé venait de s'évanouir, et tout le monde s'empressa près de lui. Poyer profita de ce premier moment pour remettre son habit, et lui-même aida ses amis à transporter son adversaire dans une maison voisine.

Lorsque les premiers soins qui lui furent prodigués eurent rappelé ce jeune homme à la vie, Poyer et Valvins s'éloignèrent; mais l'étudiant, qui avait dans le cœur une espèce de remords qui le tourmentait, ne voulut pas rentrer à Rennes, et, ne voulant pas davantage dire à Valvins les motifs de l'inquiète tristesse dont il était tourmenté, il quitta son ami, et, sans trop se rendre compte de ce qui le poussait, il retourna chez la mère Leleu.

Il en était loin, lorsqu'il aperçut une jeune fille entrant rapidement dans un chemin creux, bordé de haies. Il reconnut Carmélite. A la direction du sentier qu'elle venait de quitter, il n'était pas douteux qu'elle ne vînt du lieu du combat, et peut-être en avait-elle été témoin.

Carmélite marchait si vite, qu'elle n'aperçut point Poyer; et bientôt après celui-ci la vit entrer chez la vieille blanchisseuse. Par un sentiment étrange, lui qui n'y allait peut-être que pour y rencontrer cette belle fille quand il ignorait encore si elle y était, hésita à entrer dans cette maison, quand il fut sûr de l'y trouver. Cependant cette hésitation n'était pas un parti assez décidément pris, pour qu'il ne continuât pas à marcher dans la direction de la chaumière de la vieille femme; mais il est plus que probable qu'à quelques pas du seuil il s'en fût détourné, s'il n'eût entendu la voix aigre et grondeuse de la Leleu, articulant les plus grossières invectives contre Carmélite, qui ne répondait que par des pleurs et des sanglots. Poyer hâta le pas, et entra dans la chambre au moment où la vieille femme disait :

— Mais, si tu l'as repassée cette chemise, qu'est-ce qu'elle est devenue? elle manque à mon compte.

— Mais si M. Poyer l'a mise.

— Je te dis qu'il en avait une qui n'était pas repassée. En tous cas, il y en a deux de moins : où sont-elles?

— Mais vous l'avez peut-être déchirée hier soir pour panser la blessure.

— La voilà celle que j'ai déchirée : où est l'autre?

— L'autre, dit Poyer en entrant; eh bien! elle est perdue; n'en parlons plus.

— Eh! c'est vous, dit la vieille, vous l'avez donc déjà expédié ce godelureau ? Il n'a que son compte... Je voudrais être comme lui, et avoir le mien.

— Mais je ne l'ai pas, votre chemise, dit Carmélite, qui avait cessé de pleurer en apercevant Poyer. Je l'ai laissée là toute repassée, en disant au valet de ferme de la donner à M. Poyer. Voyons, monsieur Poyer, vous l'a-t-il donnée, oui ou non ?

— Il me l'a donnée, répartit Poyer.

— Eh bien ! où est-elle ? dit la vieille ; tout ça n'est pas clair. Vous pouvez bien vouloir l'excuser, cette drôlesse ; mais je ne suis pas facile à tromper.

— Ah çà ! dit Poyer avec colère, est-ce que vous allez accuser cette enfant d'avoir volé cette chemise ?

La vieille se retourna avec une vivacité inouïe, et jeta sur l'étudiant un regard empreint d'une indignation vraiment admirable.

— Volé ! s'écria-t-elle, qui est-ce qui a parlé de ça ? volé ?... Carmélite, une voleuse... Ce n'est pas ça, monsieur Poyer ; ce n'est pas ça, entendez-vous. Mais cette jeunesse ne pense pas toujours à ce qu'elle fait. On rêve à la danse et à l'amour tout en faisant son ouvrage, on laisse trop long-temps le fer sur le linge, on le roussit, on le brûle ; et puis, au lieu de dire la vérité, on le cache et on dit qu'on l'a perdu ! Volé ! répéta-t-elle... Tu sais bien, Carmélite, toi, que je n'y ai pas pensé un moment... Volé... volé !...

Et la vieille se rapprocha de Carmélite et l'embrassa comme pour la consoler de ce que ces reproches avaient pu faire naître une pareille idée dans l'esprit de Poyer ; puis elle ajouta :

— Enfin, je vais la chercher cette chemise ; le valet de ton père est si bête, qu'il est bien capable de l'avoir fourrée dans quelque coin de la maison.

Et, en disant cela, elle quitta la chambre pour aller à cette recherche si pressante.

A peine fut-elle partie, que Carmélite, redevenue un moment la pauvre ouvrière à la solde de la vieille, s'écria :

— Mon Dieu, mon Dieu, qu'est-elle devenue cette malheureuse chemise ?

— Je l'ai, dit Poyer tout bas.

— Mais pourquoi ne pas le dire tout de suite ? fit Carmélite étonnée.

— La voilà, dit-il en lui imposant silence du geste ; et il la lui montra toute pliée sur sa poitrine.

Elle le regarda, et elle ne comprit pas.

— Ne voulez-vous pas que je la laisse sur mon cœur ? dit Poyer avec une gaucherie pleine de passion.

Un éclair d'amour illumina d'un sens brûlant ce peu de paroles de l'étudiant, et Carmélite baissa les yeux, en rougissant d'un bonheur indicible.

La mère Leleu rentra aussitôt en continuant ses lamentations.

— Mais où donc a-t-il mis cette chemise, cet animal de valet!... Je vas aller chez son père la lui demander un peu...

— Eh bien! la mère Leleu, dit Carmélite en balbutiant, vous avez dit vrai, voyez-vous... Cette nuit, je dormais un peu; je l'ai brûlée et j'ai eu peur, je l'ai jetée dans le feu.

— Là! fit la vieille, j'en étais sûre... ça devait arriver... Je ne sais pas ce qu'elle avait hier, mais elle était tout ahurie.

— Il me semble qu'il y avait de quoi, dit Carmélite, qui, en femme qu'elle était, ne voulait pas qu'on fît trop vite pour elle l'aveu du trouble qui l'avait dominée, une batterie avec mon frère, et puis un duel ce matin.

— A propos, reprit la bonne femme, comment ça s'est-il passé votre affaire?

— L'autre est blessé au bras, fit Carmélite.

— Qui te l'a dit? demanda la vieille.

— C'est M. Poyer qui vient de me le dire, répartit Carmélite.

Or, comme Poyer n'avait pas ouvert la bouche sur son duel, il lui fut tout à fait prouvé que Carmélite avait été témoin de son combat.

— Ça n'a pas été long, à ce qu'il paraît, reprit la mère Leleu, qui allait et venait dans la maison tout en parlant ainsi.

— Non, dit Poyer, et cependant je l'ai échappé belle; j'ai reçu un coup d'épée dans la poitrine.

— Dans la poitrine! reprit la mère Leleu, et vous n'êtes pas blessé?

— Non, dit Poyer, grâce...

Il chercha et trouva le regard de Carmélite; et il lui montra du doigt la place où était la chemise pliée.

— Grâce à quoi? dit la blanchisseuse.

— Grâce au ciel probablement, dit Carmélite en souriant à Poyer.

Jamais Poyer n'avait été heureux à ce point. Lui qui ne connaissait d'amours que ceux des orgies, initié tout à coup à ces mystères si doux d'un innocent amour, s'il l'eût osé, il se serait mis à genoux devant Carmélite et lui aurait baisé les pieds; mais son visage le lui fit comprendre, et il lui sembla que le ciel qui, au dire de Carmélite, l'avait sauvé, s'en allait avec elle lorsqu'elle sortit après avoir dit à la vieille blanchisseuse:

— J'étais venue pour vous dire que je ne ferais pas ma journée aujourd'hui, il faut que je reste près de mon frère qui est malade.

— Eh bien, c'est bon! fit la mère Leleu, tu brûles une chemise la nuit, et tu ne travailles pas le jour: tu ne t'amasseras pas une dot comme ça, ma fille.

Poyer pensa qu'elle n'en avait pas besoin, et il s'égarait dans cette pensée, que Carmélite était déjà bien loin. La blanchisseuse, qui ne pensait guère à autre chose qu'à ce qui frappait ses yeux ou ses oreilles, ramassa les dernières paroles de Carmélite et se mit à dire :

— Il paraît que vous lui avez donné un fameux coup au gars Leroëx.

— Est-ce que c'est de cela qu'il est malade? dit Poyer tout surpris.

— De quoi diable voulez-vous que lui soit venue la fièvre? Mais, bah! il guérira, et ça lui apprendra à avoir une autre fois la main moins légère.

— Vous voulez dire moins lourde.

— Comme il vous plaira, mais il en aura bien pour huit jours sans travailler.

— Vous croyez? dit Poyer; en ce cas, je veux que vous vous chargiez de lui remettre une petite somme d'argent. Je ne veux pas être cause d'une perte de travail pour lui.

— Bon, fit la vieille, est-ce que vous croyez que, s'il avait attrapé ce horion a une assemblée (1), on lui paierait le médecin?

— Ce n'est pas la même chose, répliqua Poyer, et vous m'obligerez, mère Leleu, de leur porter cet argent.

— Est-ce qu'ils l'accepteraient d'ailleurs, répartit la bonne femme, le père Leroëx a de quoi. Ça n'est pas pour rien qu'il a élevé Carmélite.

— Que voulez-vous dire? reprit Poyer, élevé Carmélite?

— Oui, oui, Carmélite n'est pas la fille du vieux Leroëx.

— Et qui est-elle donc? fit Poyer.

— Voilà la question.

La Leleu s'arrêta, poussa un soupir et reprit :

— Il y a vingt ans à peu près, car elle doit avoir vingt un ans, on vit un matin une petite fille chez les Leroëx. D'où elle venait et qui elle était, personne n'en a jamais rien su, mais ce qu'il y a de certain, c'est que depuis ce jour, les Leroëx qui étaient pauvres comme des Jobs, sont devenus tout à coup les plus aisés du canton.

Poyer interrogea vainement la vieille blanchisseuse, mais elle n'en savait pas plus, ou elle n'en voulait pas dire plus sur le compte de Carmélite, et il fut forcé de s'en tenir aux conjectures que nous avons émises nous-mêmes au commencement de ce récit, et qui avaient couru le pays.

— Mais, dit Poyer, Carmélite ne s'occupe pas de ce qu'elle peut être ?

— Carmélite ne sait pas un mot de tout ça, j'en suis sûre, dit la vieille; les Leroëx ne lui en ont jamais parlé.

— Mais vous, ne le lui avez-vous jamais dit?

— Moi, fit la vieille, et pourquoi voulez-vous que j'aille lui faire

(1) Nom des fêtes de village, en Bretagne.

de la peine, à cette enfant? c'est une bonne et brave fille, travailleuse et honnête, quand elle n'a pas de lubies comme cette nuit, par exemple. Je n'ai pas besoin d'aller lui jeter un mauvais compliment en face, en lui disant :

— Tu te crois la fille d'un honnête homme, tu n'es qu'un enfant trouvé, ramassé par charité... Allons donc, ça serait pour la faire mourir de honte et de chagrin.

Poyer ne considérait pas ainsi cette confidence. Pour lui, dès que Carmélite n'était pas ce qu'elle paraissait être, les suppositions ne tendaient pas à la faire descendre, mais plutôt à l'élever au dessus de la position empruntée où elle se trouvait. Cet incident lui donna encore un plus vif désir de revoir Carmélite, et en véritable Breton qu'il était, il revint à sa première idée, à celle d'envoyer de l'argent au fermier, persuadé que cela amènerait quelque incident dont il pourrait profiter; mais heureusement pour lui, la mère Leleu vint à son aide sans s'en douter.

— Ne faites pas ça, lui dit-elle, ça les humilierait, et Carmélite plus qu'une autre. Faites mieux, allez les voir, ça leur fera plaisir, et on ne pensera plus à rien.

— Vous avez raison, dit Poyer; pardieu! je vais y aller tout de suite.

— Oh! ce n'est pas la peine, répartit la vieille, je vous ai dit ça en l'air; d'ailleurs, à cette heure-ci, vous ne trouveriez guère que le malade et Carmélite à la ferme, et, si vous voulez leur faire véritablement une bonne visite, il faut que toute la famille y soit.

XV

Adresses d'amour.

Poyer comprit la justesse de l'observation; d'ailleurs, quelque désir qu'il eût de revoir Carmélite, il voulait mettre un plus long intervalle entre ce moment et le bonheur qu'il venait d'éprouver.

Il serait difficile d'expliquer pourquoi, mais lorsque l'âme a reçu une vive émotion de joie, elle a besoin de recueillement et de temps pour s'en pénétrer. Il semble qu'une nouvelle joie lui serait importune, si elle venait avant que l'autre fût pour ainsi dire absorbée par le cœur.

Aussi Poyer se promit-il de ne retourner chez les Leroëx que le soir lorsqu'ils y seraient tous. L'amour a des instincts admirables de bonheur : Poyer se fit ainsi les plus douces heures qu'il eût encore passées. Il eut toute une journée pleine d'un enivrant souvenir, avec une espérance au bout de cette journée. Et voyez comme l'amour a soin de lui-même. Poyer ne retourna point à la ville, il ne voulut pas exposer la première fleur de cet amour si nouveau au contact brutal des plaisanteries graveleuses et des propositions d'orgie qui l'auraient sans doute atteint et blessé, sans s'adresser toutefois à lui.

Poyer, le bel étudiant, le fier-à-bras des cafés, le grand tapageur de tous les lieux mal famés, Poyer passa toute la journée à errer dans la campagne, à rêver, à se coucher sur l'herbe, à regarder le ciel et la verdure. Si Poyer avait su faire des vers, il eût fait une élégie. Mais Poyer ne savait de sa langue que juste ce qu'il en faut pour être avocat, c'est-à-dire fort peu de chose.

Cependant, le soir venu, il alla chez Leroëx, il s'annonça comme venant visiter le malade, et, montrant l'énorme cicatrice qu'il avait à la tête, il leur fit comprendre en riant qu'il se montrait ennemi généreux.

— A la bonne heure, dit le père Leroëx, voilà un gars... mais cette poule mouillée, il est là à geindre sur un lit pour un méchant coup de poing.

— Eh! dit le fils, si vous l'aviez sur la tête, vous ne crieriez pas tant.

— Et toi, si tu avais reçu ce coup que tu as donné, tu serais mort, chiffe que tu es.

Carmélite n'avait pas encore paru, Poyer prolongea sa visite, espérant qu'elle se montrerait; mais enfin il lui fallut s'en aller sans la voir. Il n'avait osé demander si elle était à la ferme, et l'on n'avait pas plus parlé d'elle que du dernier valet de labour qui n'était pas présent. Poyer s'en étonnait, il s'étonnait de ce que tout le monde ne parlât pas de Carmélite, et, à chaque instant, il avait le cœur si plein de ce nom, qu'il se sentait envie de le crier comme pour se *désétouffer*. Poyer sortait donc tout attristé et déjà tous ses beaux rêves d'amour s'en allaient, lorsque, traversant la cour, il entendit la voix de Carmélite, disant à un petit bonhomme d'une dizaine d'années.

— Petit gars, en allant demain conduire le bétail aux champs, passe chez la mère Leleu, et dis-lui que je n'irai qu'après-demain.

— Je le lui dirai.

— Après-demain, entends-tu bien?

— Oui, après-demain.

— De bonne heure.

— C'est bien.

— A cinq heures du matin, entends-tu?

— Je le lui dirai.

Poyer écouta; était-ce pour lui que cette indication de l'heure et du jour où il pourrait rencontrer Carmélite avait été donnée?

Il en douta, car il n'était pas fait aux ruses d'amour. Cependant il en voulut profiter, et le surlendemain, il était de grand matin sur la route qui menait de la ferme de Leroëx à la maison de la mère Leleu. Il aperçut bientôt Carmélite marchant, vive et légère comme un enfant, sans souci et sans pensées : il courut à sa rencontre; et, comme il allait l'arrêter, quand il fut à quelques pas d'elle, Carmélite continua sa route sans se détourner ; mais elle lui dit avec rapidité :

— Passez vite, mon père me suit,

C'était un aveu formel du rendez-vous qu'elle lui avait donné. Mais Poyer n'eut pas le temps d'en comprendre toute la portée.

En effet, à quelques pas de là, il trouva le père Leroëx qui lui dit en l'abordant :

— Tiens, c'est vous; est-ce que vous n'avez pas rencontré ma fille?

— Celle qui vient de passer?

— Eh bien, oui, c'est Carmélite, pour qui vous vous êtes battu.

— Ah oui ! nous nous sommes dit bonjour, répartit Poyer d'un air embarrassé.

— Je parie, fit le fermier, que vous ne l'avez pas reconnue ; vous ne l'avez vue que de nuit, et le soir chez la mère Leleu, et le coup que vous aviez sur la tête vous avait rendu la vue un peu trouble.

— C'est vrai, dit Poyer; et puis j'allais si vite et elle aussi.

— Il n'y pas de mal à ça, dit le père Leroëx d'un air ravi ; d'ailleurs, elle ne vous a guère vu aussi que le visage tout barbouillé de sang; puisqu'elle m'a dit que vous n'étiez pas encore levé, lorsqu'elle est partie de chez la mère Leleu.

— C'est vrai, reprit Poyer. Bonjour, père Leroëx.

— Bonjour et au revoir, dit le fermier.

Poyer venait d'aider une fille à tromper son père, car il comprenait qu'elle l'avait trompé. Mais l'amoureux ne voyait dans tout cela que son amour. Carmélite lui parut un ange; il y avait cependant bien du démon dans cette astuce et cette audace mêlées ensemble.

Cependant Poyer revint sur ses pas après que Leroëx se fut éloigné : mais il ne revit point Carmélite, qui était sans doute chez la mère Leleu; Poyer n'osa pas y entrer. Il passa toute la journée dans les environs sans apercevoir celle qu'il cherchait. Le soir vint, la nuit tomba, elle ne parut point : il s'en retourna bien triste. Il revint le lendemain à l'endroit où il l'avait rencontrée la veille; mais elle était déjà passée, ou elle ne devait pas aller chez la vieille : il ne la vit pas. Deux ou trois jours se passèrent ainsi, Poyer ne savait plus que faire. Depuis quelques jours, il était devenu étranger à toutes les habitudes précédentes de sa vie d'écolier; il refusait les soupers tumultueux et les bacchanales nocturnes de ses camarades.

Enfin, un samedi qu'il avait rôdé une partie de la journée autour de la maison de la mère Leleu, et qu'il avait aperçu deux ou trois fois Carmélite sur le seuil de la porte, sans qu'elle fît semblant de le voir, bien qu'elle eût tourné les yeux de son côté, il rentra à Rennes dans un état de colère et de dépit contre lui-même qui produisit la fameuse orgie où il paria qu'il sauterait par une fenêtre, et gagna ce dangereux pari.

Le matin de ce jour, il rentra chez lui tellement ivre qu'il ne se croyait plus amoureux : il se coucha et ne s'éveilla qu'à midi, au bruit que fit quelqu'un en entrant dans sa chambre : c'était la mère Leleu. Poyer, mal dégrisé, la reçut assez brutalement et lui dit :

— Voyons, mettez tout cela dans la commode, et laissez-moi dormir.

La vieille était accoutumée à ces façons rudes de messieurs les étudians, et elle se mit à ranger le linge qu'elle apportait et à chercher celui qu'elle devait emporter. Poyer l'entendit marmotter pedant un quart d'heure en comptant une, deux, trois, etc., jusqu'à vingt-trois, vint-quatre.

— Ah ça ! s'écria-t-il en se levant sur son séant, est-ce que vous dites votre messe ici ? que diable est-ce que vous marmottez là depuis deux heures ?

— Je dis, je dis, fit la vieille, que voilà votre compte de chemises : six sales, une sur vous, et dix-sept dans la commode, c'est votre compte.

Et en parlant ainsi, la mère Leleu les prenait l'une après l'autre en les secouant.

— Ah bien ! s'écria-t-elle, en voilà une qui est dans un joli état ; on dirait qu'on s'est amusé à la piquer à coups de canif.

— Donnez-moi ça, dit Poyer, moitié fâché et moitié honteux, où l'avez-vous trouvée ?

— Par terre, dans le cabinet noir avec les autres.

Poyer rougit ; la veille, dans un moment de rage, il avait jeté dans un coin cette chemise qui lui avait sauvé la vie : n'était-ce pas une ingratitude ? Il pensa alors qu'elle retournerait entre les mains de Carmélite, qu'elle la reconnaîtrait, et il lui sembla qu'elle serait indignée du peu de cas qu'il en avait fait ; il dit donc à la blanchisseuse :

— Laissez là, cette chemise.

— Je vous la ferai raccommoder.

— Je ne veux pas.

— Mais...

— Je vous dis que je ne veux pas.

— Enfin, comme vous voudrez... mais ça fera bien plaisir à Carmélite qu'elle soit retrouvé.

— Ah ! fit Poyer, et pourquoi ?

— Parce que, puisqu'elle l'avait brûlée elle voulait vous la payer... Mais au fait, reprit-elle, pourquoi m'a-t-elle dit qu'elle l'avait brûlée, puisque ce n'était pas vrai ? car enfin la voilà.

— Eh! fit Poyer, c'est pour ne pas vous entendre lui dire des injures qu'elle ne méritait pas... car vous la maltraitez, cette pauvre enfant...

— Bon, bon, fit la vieille, il faut tenir la jeunesse, sans ça, on ne sait pas où ça irait.

— Et où voulez-vous que ça aille?

— Je vous le demande! dit la vieille; vous n'en savez rien, vous, le plus coureur des étudians?

— Mais Carmélite est une honnête fille.

— Et je m'en vante, dit la mère Leleu; ah! si je la voyais laisser rôder quelqu'un autour de la maison, son compte serait bientôt fait.

Ceci commença à excuser Carmélite aux yeux de Poyer, et il se demandait s'il n'irait pas encore du côté de la ferme, lorsqu'il vit la vieille femme qui s'en allait.

— Vous êtes bien pressée ce matin, dit Poyer.

— J'ai encore du linge à rendre à six personnes de la ville, et je dois aller retrouver Carmélite, qui est venue entendre la grand'messe à la cathédrale.

— Elle est à la messe à la cathédrale? fit Poyer en se levant.

— Oui, oui; c'est qu'elle a de la religion aussi bien que de l'honnêteté, voyez-vous.

— Je n'en doute pas, fit Poyer.

— Et la mère Leleu n'était pas à cent pas de la maison, que Poyer était habillé de pied en cap, et courait à l'église, où il n'était pas entré depuis de longues années.

Etait-ce pour que la mère Leleu l'aperçût tout d'abord, ou pour que tout autre la reconnût plus facilement, qu'elle s'était placée à l'entrée? c'est encore un de ces petits secrets que les amoureux attribuent au hasard et que les gens bien appris reconnaissent appartenir à une habile précaution: toujours est-il que Poyer fut bientôt à peu de distance de Carmélite, qui leva les yeux sur lui et le regarda long-temps fixement, au point que ce regard finit par troubler Poyer lui-même.

En suite de cela, Carmélite baissa les yeux et elle ne le regarda plus.

Il n'y comprenait rien et raisonnait sur ce qui lui arrivait, à en perdre la raison. Cependant la messe finit avant que la mère Leleu revînt; Carmélite ne quitta point sa place.

En désespoir de cause, Poyer se hasarda à l'aborder, mais à peine avait-il fait un pas, que Carmélite s'éloigna de la chaise qu'elle occupait, elle le fuyait donc. Il s'arrêta, elle s'arrêta; il fit un autre pas, elle s'éloigna encore; il s'arrêta encore, et elle s'arrêta comme lui. Alors il se décida à sortir d'un autre côté, et il s'en alla sans la perdre des yeux; elle le regarda en dessous, et revint à sa chaise, et il la vit y reprendre le livre de messe qu'elle avait oublié ou fait semblant d'oublier. Poyer fut si stupéfait de sa niaiserie qu'il s'écria tout haut :

— Imbécile !

Tout le monde se retourna ; on murmura contre lui, et, quand il fut remis un peu de la honte qu'il avait éprouvée, en se voyant l'objet de toutes les attentions, Carmélite n'était déjà plus dans l'église, et il lui fut impossible de la rejoindre.

Une idée lui vint, c'était d'écrire à Carmélite. Idée neuve sans doute. Mais Carmélite savait-elle lire ? Nos lecteurs savent bien que savoir lire la messe, ce n'est pas savoir lire ; et, d'après l'instruction que les fermiers donnent à leurs enfans, surtout en Bretagne, un pareil doute pouvait venir à l'esprit de Poyer, sans que ce fût une injure pour Carmélite.

Et puis d'ailleurs, comment lui faire remettre sa lettre ? Car ce que Poyer voyait de plus clair dans la conduite de Carmélite, c'était la crainte d'être devinée par tout autre que par lui, et assurément elle s'irriterait de recevoir un message dont le porteur serait nécessairement une espèce de confident.

Poyer pouvait bien aller chez la mère Leleu ; mais, avant le hasard qui l'y avait amené, il n'y avait jamais mis les pieds, et il n'y avait pas plus affaire maintenant qu'avant ce temps. Elle chercherait donc un motif à sa venue, et elle le pourrait bien deviner.

Cependant Poyer se tourmentait sans pouvoir sortir d'embarras. Enfin voici ce qu'il inventa. Ce n'était pas assurément bien ingénieux, mais cette pauvre graine de ruse allait tomber sur un terrain si fertile, qu'elle devait pousser comme si c'eût été une semence de première qualité.

Il écrivit à la mère Leleu, oui, il écrivit à la mère Leleu, et, en vérité, si ceci n'était une pauvre histoire véritable, qui s'est passée mot pour mot, minute à minute, comme nous la racontons, c'est à peine si nous oserions entrer dans des détails si puérils. Mais la moralité de ce récit et de ce livre tout entier ne ressortirait pas assez complétement si nous les négligions. Voici donc ce qu'écrivit Poyer :

« Je pars après-demain pour demeurer un mois à la campagne ; j'ai besoin de tout mon linge, il est inutile que madame Leleu me l'envoie : comme je passe devant sa porte, je le prendrai en passant. Je désire seulement savoir l'heure précise où tout sera prêt. »

Ceci était stupide de mille façons ; mais on n'est pas le plus beau et plus vigoureux garçon d'une ville pour en être aussi le plus spirituel : ce seraient trop d'avantages à la fois. Poyer, le libertin fanfaron, était bien plus naïf qu'il ne croyait, et la meilleure preuve qu'il était naïf, c'est qu'il ne devina pas encore à quelle fine fille il avait affaire, lorsqu'il trouva pour réponse au bas de sa lettre :

« *Tout* ce que M. Poyer désire sera chez la mère Leleu, mardi matin, à quatre heures précises. »

Le mot tout était souligné, et la phrase était d'une écriture assez bonne. Était-ce Carmélite qui avait répondu ainsi? Poyer l'espéra sans le croire.

Cependant le mardi à quatre heures du matin il était à cheval, devant la porte de la mère Leleu ; ce fut Carmélite qui lui ouvrit la porte, et qui lui fit signe de se taire.

— La mère Leleu dort... elle croit que vous ne viendrez qu'à six heures, lui dit-elle.

— Quel bonheur qu'elle se soit trompée! dit Poyer.

Carmélite sourit ; peut-être sa vanité eût-elle désiré que l'étudiant devinât que c'était elle qui avait trompé la vieille blanchisseuse ; mais Carmélite était encore plus prudente que vaniteuse, et elle comprit tout le parti qu'on pourrait tirer d'une bonne foi si naïve que celle de Poyer.

XVI

Dénoûment inévitable.

Il en est du cœur comme de toutes choses au monde, lorsqu'elles ont été comprimés: plus la compression a été forte, plus elles s'échappent avec vigueur. C'est l'arc qui lance sa flèche d'autant plus loin qu'il a été courbé.

De même, si nos deux jeunes gens s'étaient vus le lendemain et le surlendemain de leur première rencontre, tous les jours et avec facilité, peut-être l'un et l'autre en eussent-ils été encore à ces demi-mots de l'amour, qui tantôt persuadent et tantôt font douter ; mais cette rencontre si vivement désirée des deux parts, et éloignée tant de fois, avait trop pesé sur leur cœur pour qu'il n'éclatât pas en protestations et en aveux, du moment qu'il put parler.

Ainsi Carmélite et Poyer, à cette première entrevue secrète, s'en dirent plus qu'ils n'eussent peut-être osé en d'autres circonstances et après de longs mois d'amour. C'est là que furent convenues, après les sollicitations les plus vives de Poyer, les heures où lui et Carmélite se pourraient voir.

Chaque soir, lorsqu'elle retournait à la ferme, et que la nuit commençait à venir, car elle ne quittait son ouvrage qu'à la fin du jour, Carmélite prenait des sentiers étroits, obscurs, cachés, et là elle rencontrait Poyer. Le plus souvent, ce n'étaient que quelques minutes d'entretien, deux ou trois mots vivement échangés; ils n'avaient pas le temps de rêver l'un près de l'autre. Ils ignoraient le silence, ce doux et suprême bonheur de l'amour, le silence, l'entretien le plus dangereux qu'il puisse y avoir entre deux cœurs.

Cependant il ne faut pas croire qu'en de tels rendez-vous il y eût autre chose que les doux aveux et les tendres promesses d'une passion encore innocente. Ce n'est guère que dans la corruption élégante du monde que la première faute de l'amour conduit rapidement à la dernière; dans la naïve bonne foi des mœurs de province, chaque action ne compte que pour ce qu'elle est véritablement, chaque pas fait hors de la ligne du devoir ne vous écarte que de sa longueur.

Il n'en est pas de même pour une femme du monde : à l'heure où elle ose se décider à faire ce que fait Carmélite, tout son crime est moralement accompli. La fille ou la femme d'une classe élevée qui quitterait la maison de son père ou de sa mère, pour aller à un rendez-vous nocturne, est aussi perdue que si elle avait reçu son amant dans son lit.

Mais Poyer et Carmélite ne marchaient que très lentement à cet inévitable résultat; chaque faveur demandée était long-temps refusée et difficilement obtenue. Était-ce que Carmélite ayant sans cesse devant les yeux le but où elle voulait conduire Poyer se défendît avec plus d'opiniâtreté? ce n'est pas cela, car son astuce de femme, si rusée qu'elle fût, avait malgré elle ses illusions et ses faiblesses.

Carmélite voulait bien devenir la femme de Poyer; mais Carmélite ne savait pas encore que, le désir de la possession une fois satisfait, l'amour qu'elle inspirait s'affaiblirait tous les jours. D'un autre côté, la femme qui calcule le mieux a des heures où la jeunesse de son âme et de son corps parle en elle, et Carmélite ne posait pas impunément ses mains dans les mains de Poyer, elle n'appuyait pas sa tête de jeune fille sur l'épaule de ce beau jeune homme, sans frissonner et avoir peur d'elle-même.

Elle sentait ses desseins s'évanouir devant son trouble; ils entraient bien encore pour quelque chose dans ses rendez-vous secrets; mais son cœur s'y intéressait autant que ses calculs lorsqu'elle s'y rendait; et, une fois qu'elle y était, elle les oubliait tout à fait pour aimer.

Enfin, un jour où elle osa se consulter d'une façon plus calme, elle se résolut à faire expliquer Poyer. Carmélite comprenait enfin que c'en était fait de sa force contre lui, s'il ne venait lui-même à son secours en lui refusant la promesse qu'elle lui demanderait. Trop faible contre lui, tant qu'elle aurait cette vague espérance dans le cœur, elle espérait trouver le pouvoir de lui résister, dans l'assurance qu'en se donnant à lui elle ne faisait que se perdre.

Ce jour-là, donc, elle alla à ce rendez-vous, bien décidée à en revenir avec une promesse, ou à n'y plus retourner; comme d'ordinaire, la nuit était à moitié close, mais le jour avait été orageux, et l'atmosphère était pleine de ces langueurs tourmentées qui brûlent les corps jusqu'à la moelle. Agitée de l'agitation de cette atmosphère où elle marchait, agitée de la résolution qu'elle avait prise, elle arriva près de Poyer. Elle était triste, irritable et aussi prête à se laisser emporter à la colère qu'à fondre en larmes.

— Enfin vous voilà, dit Poyer... j'ai eu peur que vous ne vinssiez pas, car l'orage menace.

— L'orage, dit-elle, oh! je puis braver l'orage, puisque je brave tant de choses.

Elle s'arrêta puis elle reprit brusquement :

— D'ailleurs, j'étais venue pour vous dire que... je ne peux puis plus revenir.

— Et pourquoi? s'écria Poyer, pourquoi?

— Parce que je fais mal en venant ici, parce que je veux rester une honnête fille... parce qu'enfin je ne veux plus revenir.

— Vous ne m'aimez plus, Carmélite, dit Poyer amèrement.

— C'est possible, dit-elle, et je le voudrais; mais enfin adieu, monsieur Poyer, adieu pour toujours.

— Carmélite, reprit Poyer en l'arrêtant, que s'est-il passé, qu'y a-t-il de nouveau?... On vous a dit du mal de moi... on nous a découverts?...

— Non, on ne m'a rien dit, on ne sait rien... c'est moi... c'est moi qui ne veux plus revenir.

— Et pourquoi?

— Oh! pourquoi... pourquoi, s'écria Carmélite avec impatience. Que suis-je pour vous? une pauvre fille dont vous vous moquez sans doute.

— Moi, Carmélite, moi qui t'aime.

— Oui, vous m'aimez pour un jour...

— Pour la vie.

— Si vous m'aimez pour la vie, je serai heureuse... Mais, tenez, non, laissez-moi...

— C'est toi, Carmélite, qui ne m'aimes pas.

— Je ferais bien, car enfin à quoi mon amour me mènera-t-il?... vous ne pouvez pas m'épouser, moi.

La déclaration étonna Poyer, mais il répondit bien plus entraîné par ces vaines formes de réponses qui sont toutes faites dans l'esprit que par une décision véritable :

— Et pourquoi ne puis-je pas t'épouser, Carmélite, si je le veux...

Peut-être que si Poyer eût pu voir l'éclair de joie avide dont s'illumina le regard de Carmélite à cette réponse, peut-être qu'il eût compris le but de son âme ambitieuse, mais il était nuit close, et Carmélite se hâta de répondre :

— Oui, si vous le vouliez... mais votre famille...

Présenter un obstacle à Poyer, c'était lui inspirer le désir de le braver, et l'étudiant répartit avec dédain :

— Ma fille ! que m'importerait ma famille, si tu m'aimais, toi !

Carmélite ne répondit pas, et Poyer, l'attirant vers lui, reprit :

— Tu ne m'aimes donc pas, réponds !

Carmélite fondit en larmes en se laissant aller dans les bras de Poyer. Il chercha ses lèvres, elle voulut s'arracher à lui ; mais il la tenait dans ses bras de fer, et elle ne put lui échapper.

— Oh ! s'écria-t-elle, laisse-moi ! laisse-moi !

— Je t'aime, Carmélite, et tu seras à moi !

— Non, disait-elle en se débattant. Non, jamais !

— Tu seras à moi ; car tu seras ma femme !

— Ce n'est pas vrai !

— Je te le jure.

— Non ! criait-elle en se tordant dans cette étreinte de fer.

— Devant Dieu, je te le jure !

— Mon Dieu, s'écria-t-elle, s'il me trompe, secourez-moi...

— Je te le jure sur l'honneur, Carmélite. Je te le jure, répétait Poyer, à qui elle faisait de vains efforts pour échapper.

Cette lutte était-elle jouée de la part de Carmélite, on n'oserait l'affirmer ? La pudeur se débat toujours, quand l'âme se donne, et cette lutte fut assez longue pour que Poyer dût croire qu'il triomphait d'une résistance désespérée. Cela devait être vrai, car la pauvre fille y mit toutes ses forces, mais elle finit enfin par tomber affaissée entre les bras de son amant, en murmurant :

— Tu me le jures, tu me le jures, n'est-ce pas ?

— Oui, devant Dieu, je te le jure !

A ce moment, plusieurs voix se firent entendre, appelant Carmélite. Elle voulut se dégager en reconnaissant la voix de son père ; mais Poyer jeta autour de lui un regard pareil à celui du tigre qui entend un lion qui vient pour lui disputer sa proie ; il enleva Carmélite dans ses bras, comme il eût fait d'un enfant ; et, s'élançant vers un bois voisin, il l'emporta d'une course rapide, pendant que l'orage éclatait, et que la jeune fille, la tête penchée sur l'épaule du ravisseur, brisée de son corps, laissant flotter ses bras sans force, murmurait d'une voix sourde :

— Tu me le jures, tu me le jures, n'est-ce pas ?

Voilà cette promesse que Poyer n'avait pas encore avouée à Valvins, plus d'un an après le jour où il l'avait faite. Voilà cette promesse qui le tourmentait plus qu'un remords ; car, ainsi qu'il l'avait dit lui-même, il eût voulu ne pas l'avoir faite, et cependant il sentait qu'il la ferait encore, tant il aimait Carmélite.

C'est que cet amour avait gardé ses mystères, ses dangers, ses obstacles, ses séparations, tout ce qui fait le pouvoir de l'amour ; il avait aussi ses inquiétudes et ses jalousies, Carmélite s'était embellie encore d'aimer et d'être aimée ; et chaque jour elle venait dire à Poyer :

— J'ai refusé hier de me marier avec tel riche fermier, ou tel honnête propriétaire.

Et Poyer, en qui l'honneur parlait aussi haut que la passion, demandait à Carmélite d'attendre qu'il eût atteint l'âge où il pourrait se marier sans le consentement de sa mère ; car malheureux, malgré son amour, d'être obligé de tenir sa promesse, il était décidé à la tenir.

Mais pourquoi Poyer était-il si triste de cette promesse qu'il voulait tenir, et qu'il était prêt à faire encore? C'est qu'il était à la fois dominé par la passion la plus effrénée, et tourmenté des doutes les plus cruels. Il n'avait rien à reprocher à Carmélite, pas une action, pas une parole, mais il sentait par un instinct particulier du cœur qu'il n'avait pas trouvé l'amour qu'il donnait.

Lui qui était tout prêt à se perdre pour Carmélite, il s'irritait de la voir si soigneuse de ne pas se compromettre ; lui qui l'eût épousée immédiatement s'il eût cru l'avoir compromise, il résistait, malgré lui-même, à donner la protection de son nom à une femme qui se servait si habilement du mensonge et du mystère pour se protéger. Enfin Poyer était dans un de ces états inexplicables du cœur où l'on fait avec obstination ce qu'on a regret de faire.

Et cependant il ignorait que ces secrets avertissemens de son âme fussent justifiés par la conduite de Carmélite ; mais comment cette fille, qui fondait de si hautes espérances sur l'amour de Poyer était-elle arrivée à le tromper et à le tromper avec Fabien, avec un enfant de qui elle ne pouvait rien attendre?

Ceci mérite un nouveau récit.

XVII

A un autre.

Fabien était venu à Rennes pour y commencer son droit, lorsque déjà Poyer achevait ses études ; autant celles de Poyer avaient été tardives, autant celles de Fabien commençaient de bonne heure. C'est que leur nature morale était aussi dissemblable que leur nature physique. La vivacité de l'intelligence, la promptitude de la conception, la puissance de la mémoire étaient le partage de Fabien, comme toutes les qualités d'agilité et de forces corporelles étaient celles de Poyer. Ils se trouvèrent donc concurremment à Rennes, étudians tous deux, malgré une assez grande différence d'âge.

Quoique dans le peu de paroles que nous avons rapportées de

Fabien on ait vu qu'il n'était guère moins querelleur et disposé à la bataille que les autres, il faut dire que ces défauts tenaient bien plus aux habitudes de ceux avec lesquels il vivait, qu'à sa propre nature.

Fabien était un de ces enfans gâtés par l'éducation qu'ils reçoivent d'une femme. Opiniâtres et capricieux parce qu'on a cédé sans cesse à leurs opiniâtretés et à leurs caprices, ils ont aussi de ces heures de caresse et de charme où ils obtiennent tout ce qu'ils veulent en se faisant humbles et soumis. Enfin, pour nous servir d'un mot qu'on a tort de laisser dans le dictionnaire du peuple, Fabien était câlin autant qu'on peut l'être.

Lorsqu'il voulait avoir quelque chose de quelqu'un, il allait pour ainsi dire se poser sous sa main, s'y frotter et y faire des minauderies comme un jeune chat. Du reste, entier dans ses volontés et luttant à force ouverte lorsqu'il n'avait pu réussir par la douceur flatteuse de ses prières ; moqueur et confiant, faisant, bien jeune encore, le procès à la vérité de tous les sentimens humains, et destiné par cela même à être le plus dupe des hommes, il raillait la foi des autres, et était lui-même d'une crédulité admirable.

La surveillance active de Poyer, chez la mère duquel il avait été élevé, avait long-temps préservé Fabien des excès auxquels ses camarades eussent voulu l'entraîner ; mais cette protection de Poyer n'avait pu épargner à Fabien le sort réservé à tous les nouveaux étudians : comme tous, il avait été essayé. Poyer lui-même n'eût pas voulu soustraire son protégé à cette épreuve ; mais lorsque Poyer fut témoin du premier et unique duel de Fabien, on put remarquer sur son visage une altération qui ne s'y était jamais montrée ; et, lorsque Fabien eut blessé son adversaire, Poyer l'embrassa avec un transport de joie extraordinaire. L'adversaire de Fabien était un camarade de Poyer, et l'un des témoins dit à celui-ci :

— Diable ! qu'aurais-tu donc fait, si c'était lui qui eût attrapé la blessure ?

— Si c'eût été lui, reprit Poyer, oh !...

Il s'arrêta, et reprit :

— En tout, il a bien fait de se faire blesser, l'autre, car je l'aurais tué comme un chien, s'il avait touché à Fabien.

Ce jeune homme passa quelques mois à Rennes, vivant fort studieusement et très retiré, logeant dans le même hôtel que Valvins et Poyer, mais ignorant jusqu'à l'existence de Carmélite.

La mère Leleu, qui continuait à venir tous les dimanches chez les étudians, avait pris sa nouvelle pratique en amitié ; il était si gentil, si propre, si bien mis, il faisait tant d'honneur à une chemise bien repassée, et il s'y connaissait si bien ! Elle ne faisait autre chose que de parler à Carmélite de ce charmant petit jeune homme, et celle-ci, sans toutefois s'en occuper, en parlait souvent, en disant que la vieille femme était amoureuse du petit jeune homme.

Un des grands principes de la mère Leleu, qui avait presque toujours chez elle des ouvrières jeunes et jolies, était d'interdire l'entrée de sa maison aux étudians qui faisaient toute sa clientèle; aussi Poyer, que le hasard y avait amené une fois, n'y avait plus remis les pieds. Mais il n'était pas venu une fois dans la pensée de la vieille femme que Fabien, cet enfant de quinze ans, en apparence si timide et si chétif, dût être exclu de chez elle comme les autres, si par hasard il s'y présentait. Or, la mère Leleu l'y amena, et il y retourna ensuite de lui-même. Voici comment.

Poyer, en écartant Fabien des orgies et des tapages licencieux auxquels il prenait part, malgré sa liaison avec Carmélite, Poyer laissait à Fabien la liberté de presque toutes ses soirées; et le jeune homme restait le plus souvent dans sa chambre et se plaignait de s'y ennuyer. Poyer n'y faisait pas autrement attention, croyant faire assez, s'il écartait Fabien de la fréquentation des cafés et des coulisses.

Il lui inventait le plus qu'il pouvait des occupations, mais il ne continuait pas moins à le laisser seul.

On était en hiver et au mois de décembre; un réveillon de premier ordre avait été ordonné à la Baraque, restaurant fameux alors dans la ville de Rennes. Valvins avait voulu y conduire Fabien, mais Poyer s'y était opposé.

— Dieu sait comment ça finira, avait-il dit, et je ne me soucie pas qu'il se mette au régime par lequel nous passerons; il n'est ni assez fort ni assez âgé pour cela, et puis ma bonne femme de mère ne me le pardonnerait pas, s'il en devenait malade ou autre chose.

Valvins n'insista pas, et Fabien dépité déclara qu'il n'avait besoin de personne pour s'amuser, qu'il s'amuserait bien sans eux.

— Avise-t'en, lui dit Poyer.

— Eh bien! après, que me feras-tu? dit l'enfant mutin.

— A toi, rien, mais ceux qui t'entraîneront auront affaire à moi, voilà tout; tu peux le leur dire de ma part.

Fabien était resté dans sa chambre, enragé de cette tutelle qui lui déplaisait, mais à laquelle il n'osait se soustraire. Il jurait de sa petite voix flûtée comme un charretier embourbé, lorsque la mère Leleu entra chez lui et apprit la cause de cette colère.

La vieille blanchisseuse était femme en ce point qu'elle commençait tout d'abord à prendre parti contre toute volonté masculine : elle trouva que M. Poyer était un tyran, et elle proposa à Fabien de venir faire le réveillon avec elle dans une maison où elle allait.

Sans doute il n'était pas du goût de Fabien de se mêler à la compagnie de la mère Leleu, mais en allant où elle voulait l'emmener, ce qui plaisait surtout au jeune étudiant était de pouvoir dire le lendemain à Poyer : — J'ai passé la nuit à réveillonner.

— Avec qui ? aurait dit Poyer.

— Cherche, eût répondu Fabien.

Et, pour cette seule raison de vanité, il accepta.

— Eh bien ! dit la vieille, ce soir à onze heures, dans la rue de la Préfecture, n° 9, vous demanderez M. Pipot, c'est mon neveu... un honnête homme qui est établi... Allez, monsieur Fabien, il n'y a pas de déshonneur.

Ceci convenu, la vieille alla chez le neveu et leur annonça l'arrivée d'un nouveau convive extraordinaire ; au mot étudiant, le maître de la maison se révolta ; mais la Leleu lui expliqua que ce n'était qu'un pauvre enfant abandonné, et qui n'avait pas les vices de ses camarades. Et le menuisier voulut bien lui accorder l'hospitalité de son réveillon.

— Ah ! dit une jeune fille de la réunion, est-ce ce petit si gentil qui est toujours avec M. Poyer ?

— Oui, dit la mère Leleu, ce pauvre orphelin qui a été élevé par la mère Poyer, et qu'on laisse ici abandonné comme un petit Saint-Jean.

— Il a l'air tout drôle, dirent les jeunes filles, tant mieux, il nous chantera des romances.

Où diable les femmes prennent-elles ces soudaines illuminations ? Aucune ne savait que Fabien chantait des romances ; mais elles avaient deviné qu'il devait chanter des romances.

Carmélite était de la réunion, et bien qu'elle fût peut-être la moins curieuse de toutes les filles qui s'y trouvaient, elle ne fut pas fâchée de voir ce jeune homme qui tenait sans doute par quelque lien secret à la famille de Poyer.

Bientôt Fabien arriva ; les hommes le mesurèrent du regard ; mais en le voyant si jeune et si timide, ils n'en prirent aucun ombrage et le livrèrent sans crainte aux agaceries des jeunes filles comme une poupée dont elles pourraient s'amuser.

Les jeux de ces demoiselles étaient rudes, et, lorsqu'elles eurent fait accepter à Fabien une main chaude, elles trouvèrent fort drôle de meurtrir les mains blanches du petit jeune homme de toute la force de leurs grosses mains. Fabien supporta courageusement la plaisanterie ; mais comme on désirait la prolonger, on s'arrangeait de manière à ce qu'il ne pût jamais deviner.

Carmélite eut pitié de lui, et, l'ayant frappé légèrement, elle montra si coquettement ses belles mains de princesse, qu'il vit bien qu'il n'y avait que cette peau délicate qui eût pu le toucher si gracieusement.

Il fallut alors que Carmélite se mît à genoux et cachât sa tête sur le giron de la mère Leleu. Fabien avait remarqué combien celle qui l'avait délivré de son supplice était belle et distinguée, mais il n'eût pas osé la regarder long-temps en face ; mais lorsqu'elle fut à genoux, cette posture, qui dessinait la finesse et la splendeur de ce corps souple et vigoureux, appela son regard et le retint long-temps. Il admirait cette main pure et gracieuse qu'on ne ménageait pas plus que la sienne ; il eût voulu la baiser, et il tremblait à l'idée de la toucher ; il l'osa cependant, mais si doucement, qu'avant de se tourner Carmélite avait reconnu cette peau douce comme la sienne. Lorsqu'elle jeta les yeux sur lui, il était si rouge et si embarrassé qu'elle en fut tout à fait persuadée. Elle eût bien voulu ne pas faire subir de nouveau au gentil étudiant le supplice auquel il avait été déjà soumis, mais elle ne put résister au désir de lui montrer qu'elle savait qui l'avait ainsi ménagée.

Elle le désigna donc, mais en déclarant ce jeu ennuyeux, et en proposant de danser aux chansons. Là comme ailleurs, Fabien fut sacrifié à la joie de tous ; quand c'était son tour, selon les lois de la ronde, d'embrasser une fille de la danse, elle s'y refusait avec une rigueur qui ne ménageait pas l'étudiant. Carmélite eût bien voulu y consentir, mais elle ne l'osa pas sans se défendre, et comme il l'avait poursuivie dans un coin, elle lui dit tout bas :

— Ne m'embrassez pas, les autres m'en voudraient.

Tout enfant qu'il était, Fabien comprenait le consentement que ce mot exprimait, et il cessa la poursuite. Enfin le souper vint, et grâce à la mère Leleu, Fabien se trouva près de Carmélite. La table était étroite et les convives nombreux ; on était sur des bancs et point sur des chaises : il n'y avait pas par conséquent de vide qui séparât les convives les uns des autres, et Fabien passa toute une heure pressé contre Carmélite. Ne pensez pas que le contact de cette femme arrivât aux sens de Fabien, ce n'est pas à seize ans que l'on désire le plus ; Fabien était heureux, de quoi, il n'eût pu le dire ; mais une flamme électrique partie de cette femme arrivait à son cœur et le bouleversait, il était si heureux qu'il paraissait triste. Carmélite elle-même n'avait pas compris le charme dont elle dominait ce jeune homme, et elle lui dit doucement :

— Vous vous ennuyez ici, monsieur ?

— Moi, dit Fabien, oh non !... je suis content...

Sa voix était si altérée quand il répondit ainsi, que Carmélite le regarda ; Fabien eût voulu prendre la main de Carmélite pour la mettre sur son cœur, mais il n'osa lui parler.

— Qu'a-t-il ? se demanda Carmélite.

Elle qui ne connaissait que l'amour impérieux et terrible de Poyer, ne pouvait s'imaginer que ce trouble craintif fût aussi de l'amour, mais malgré qu'elle en eût, elle finit par s'apercevoir de la domination qu'elle exerçait sur cet enfant ; et comme nous avons dit qu'il avait au plus haut degré cette douce câlinerie qui fait sourire et flatte celle qui en est l'objet, Carmélite, qui était dominée par Poyer, rêva qu'il y avait quelque charme aussi à dominer à son tour.

Fabien, avec cette forme d'esprit que la nature lui avait donnée, avait facilement appris de Carmélite qui elle était et ce qu'elle faisait tous les jours.

Le lendemain, il allait et venait autour de la maison de la mère Leleu, et, plus hardi que Poyer, il osait y entrer en se faisant un prétexte de quelque ordre à donner à la vieille blanchisseuse, et, plus habile encore que hardi, il persuadait à la bonne femme qu'il lui était bien reconnaissant de la charmante soirée qu'elle lui avait fait passer, tout cela sans parler de Carmélite, sans lui avoir adressé autre chose qu'un salut très froid ; et, comme on était en plein hiver, il demanda la permission de se chauffer un peu ; et, au bout d'un quart d'heure, il faisait croire à la mère Leleu que sa conversation était instructive et amusante, que sa société lui plaisait fort, et que, s'il osait, il lui demanderait la permission de venir de temps en temps causer avec elle et lui demander des conseils.

La vieille y consentit, et à peine fut-il parti qu'elle s'écria, tandis que Carmélite s'étonnait du chemin que le petit bonhomme avait fait en si peu de temps :

— C'est une bénédiction du bon Dieu, que les bonnes idées qu'a ce jeune homme, et assurément je le recevrai tant qu'il voudra, car toutes les fois qu'il sera ici, ce sera autant qu'il ne passera pas avec les garnemens d'étudians.

Carmélite ne répondit pas, et la mère Leleu reprit :

— Tu sais qu'ils ont tout cassé la nuit dernière à la Baraque, et que si M. Poyer n'a pas été arrêté, c'est parce qu'il a sauté par une fenêtre.

Carmélite ignorait la conduite de Poyer, et, comme elle ne prononçait jamais son nom, il fallait ce hasard pour la lui apprendre. La pensée que l'amour qu'il avait pour elle ne le détournait pas de ses mauvaises habitudes l'empêcha de penser à ce qu'elle avait supposé du projet de Fabien ; et elle fut toute à une crainte grave sur l'avenir d'un amour si peu puissant.

Or, le lendemain, quand Fabien revint, elle lui voulut faire raconter ce que faisaient les autres étudians, et elle laissa échapper le nom de Poyer. Fabien aimait trop son ami pour n'en pas faire l'éloge, même à des indifférens, et Carmélite lui sut bon gré de lui avoir ôté une crainte du cœur.

Autant l'amour qu'elle avait conçu pour Poyer avait été brusque et envahissant, autant le plaisir qu'elle prenait à voir tous les jours cet enfant tremblant et soumis, devint pour elle un besoin sans qu'elle s'en aperçût. Il arrivait le soir tout gelé, tout grelottant, et Carmélite, tout apitoyée sur lui, pressait ses mains dans les siennes pour les réchauffer. Et puis, quelle différence entre les soirées de travail où elle restait seule avec la mère Leleu, et celles où était Fabien ; elle s'amusait à lui faire faire tout ce qui lui passait par la tête ; il allait chercher le charbon, il l'allumait ; il rangeait le linge : elle voulut le faire repasser, et il repassa.

Mais, pour tout cela, il fallait bien lui donner quelque chose : tantôt, c'était un petite fleur qu'elle avait portée, puis le velours de sa croix d'or, et il adorait si saintement ces douces reliques, ce bel enfant, qu'on ne pouvait guère les lui refuser.

Or, il advint que Fabien manqua trois jours à venir ; on s'en inquiéta ; mais, quand il reparut, on le reçut mal et durement ; il était de ceux avec qui les femmes jouent l'autorité. Mais que Carmélite se repentit de sa cruauté lorsqu'elle le vit pâle, grelottant la fièvre : et il était venu malgré cela au risque de se rendre plus malade, au risque de mourir. Oh ! il y avait bien plus d'amour que dans tout ce que pouvait faire Poyer, lui, dont le corps de fer n'était altéré par aucun excès.

Pauvre enfant, on l'assit, on le réchauffa, et, comme il était sur une chaise basse, assis près de Carmélite, sa tête brûlée de fièvre s'affaissa et tomba sur les genoux de la jeune fille, qui l'y regarda dormir. Puis, quand, quelques jours après, on exigea quelque chose de lui, il demanda pour récompense d'appuyer sa tête sur ses genoux, comme lorsqu'il était malade ; mais cette fois, ce n'était pas pour dormir. Ainsi posé, il regardait Carmélite, et, comme elle souriait à ce regard, il lui prit la main et la posa sur son cœur et ferma les yeux : elle l'y laissa.

— Merci, lui dit-il.

Et il y avait dans ce mot une extase de bonheur si suave, si léger, si gracieux, que Carmélite eut honte un moment, en pensant au terrible bonheur de celui à qui elle s'était donnée.

Dès ce moment, sans le croire, elle aima Fabien, et elle l'aima d'autant plus facilement, qu'elle ne le supposa pas un moment redoutable ; il lui semblait non pas une rivalité, mais une consolation de l'amour de Poyer. Et cependant cet enfant gagnait chaque jour une faveur, il demandait si étrangement les choses les plus étranges, et il y arrivait si doucement quand on les lui refusait, qu'on ne savait comment s'en défendre ; et cependant, il eût été bien facile de l'arrêter, le moindre mot sévère, le moindre geste le tenait en respect ; mais il souffrait tant alors, qu'on lui pardonnait, à la condition qu'il ne recommencerait plus... et il recommençait.

Toutefois, il eût été difficile qu'avec l'inexpérience et la timidité de cet enfant, les torts de Carmélite vis-à-vis de Poyer eussent été complets ; car, assez faible pour se laisser prendre, elle n'était pas assez passionnée pour se donner : le hasard la perdit. Un soir que la mère Leleu était sortie pendant un froid rigoureux, la chaumière était exactement close, Carmélite, qui avait allumé une assez grande quantité de charbon, se sentit fortement indisposée, elle pâlit, se trouva mal, et n'eut que la force de se traîner jusqu'au lit de la mère Leleu. Fabien ouvrit les fenêtres, la fraîcheur de l'air eut bientôt dissipé cette espèce d'abattement soudain. Carmélite, en revenant à elle, se trouva couchée sur le lit, et vit assis près d'elle Fabien, qui avait posé sa main sur son cœur.

Elle le regarda, il était pâle et bouleversé, elle se rappela quel cri il avait poussé en la voyant pâlir, quel effroi il avait éprouvé. Alors, en le voyant ainsi près d'elle, les yeux avidement fixés sur son visage, elle lui fut reconnaissante d'une si tendre alarme, et, pressant dans ses mains la main qui était sur son cœur, attachant sur lui des yeux languissans, elle lui répéta ce mot, merci, qu'il lui avait dit le premier.

Long-temps, tous deux ignorant peut-être ce qu'il y a d'enivrement dans le regard, quel fluide brûlant court dans ce rayon qui part des yeux et arrive aux yeux, long-temps ils restèrent ainsi immobiles à se regarder : aspirant l'un et l'autre cette lumière indécise d'un œil amoureux, tous deux se sentaient emportés dans un vague indicible, tous deux frissonnaient ; la tête de Fabien se courba sur celle de Carmélite ; un baiser, le premier que cet enfant eût donné et reçu, le fit homme, et Carmélite éperdue, cédant à l'émotion vague et voilée dans laquelle flottait son regard, se livra sans combat, ivre d'un amour qui ne la soumettait pas, mais qu'elle était heureuse de ressentir.

Ce fut au réveil de cette ivresse, qu'elle s'épouvanta de ce qu'elle avait fait, et qu'elle osa avouer à Fabien qu'elle avait trahi pour lui l'homme qui devait l'épouser, Poyer.

Fabien l'apprit, et Fabien ne bondit pas de colère, il ne pensa qu'à garder et à partager furtivement le bien qu'il avait volé. C'est que ce n'était pas une âme de cette rude trempe, qui fait entrer la dignité de l'homme dans les droits de l'amour ; c'était un de ces cœurs faciles qui peuvent être jaloux, s'ils pensent qu'on peut les remplacer, mais qui ne s'alarment pas qu'on les ait précédés. Ce sont ceux qui aiment une femme, qui la méprisent, et qui peuvent l'aimer en la méprisant, quoiqu'ils ne se rendent pas compte de ce sentiment.

Pour Fabien, Poyer était comme le mari de Carmélite, et il trompait le mari, voilà tout. Sur cent hommes, il y en a quatre-vingt-dix qui acceptent cette position, Fabien l'accepta.

Ce qu'elle lui coûta, il serait difficile de le dire : jamais esclave ne fut plus misérable. On lui marquait ses heures, son jour ; on l'accueillait mal, on le raillait ; mais enfin, on était à lui, parce que Carmélite n'eût osé refuser, malgré la honte qu'elle en éprouvait quelquefois, ce qu'elle avait une fois donné dans un moment d'erreur, car elle n'aimait pas Fabien.

Celui qu'elle aimait, c'était Poyer, parce que Poyer était l'homme de cette femme, celui qui la dominait, qui lui commandait, qui lui faisait peur ; en même temps, elle ne pouvait se séparer de Fabien à qui elle imposait toute la tyrannie de son caractère.

Lui aussi, il avait promis de l'épouser ; mais à son âge une telle promesse était plus qu'illusoire ; et eût-il pu la tenir, mener une âme faible comme celle de Fabien à une pareille résolution, cela n'eût point satisfait Carmélite.

La conquête qu'elle voulait c'était Poyer, le beau Poyer, le terrible étudiant ; car celui-là était assez fort pour faire respecter la plus extrême faiblesse qu'il eût pu commettre.

Les choses étaient ainsi depuis trois mois, au moment où ce récit a commencé ; maintenant que l'on connaît tous les antécédens de cette histoire, nous pouvons la continuer et dire ce qui se passa entre Valvins et Fabien, qui venait d'entrer dans la chambre de son ami.

XVIII

Séductions.

En voyant entrer Fabien, Valvins le regarda comme pour lui dire : Je t'attendais.

— Ah ça ! dit Fabien, expliquons-nous un peu : d'où sais-tu ce que tu viens de me dire ?

— Il t'importe fort peu de savoir de qui je le tiens, puisque tu as avoué que c'était la vérité.

— Ce n'est pas la question, répartit Fabien ; il y a des espions autour de moi, on s'occupe de ce que je fais plus que je ne veux le permettre, et ces espions, je veux les guérir de leur curiosité.

Valvins se mit à se déshabiller, et répondit froidement :

— La curiosité est un sot défaut, c'est vrai, mais l'hypocrisie est un vice honteux.

— Je ne suis pas venu te demander un sermon, mais un service ; dispense-toi donc de professer, quoique je sache que tu es très fort en axiomes de la plus haute morale ; mais ce que je sais aussi, c'est que les curieux qui se font espions deviennent vite des délateurs, et c'est ce que je veux prévenir.

— Diable ! dit Valvins, voilà une proposition fort bien rédigée, et je la retiens pour mon premier sermon, quoique j'en conteste la vérité.

— Et pourquoi ça ? dit Fabien.

— Parce que, répartit Valvins, je n'ai pas encore dit à Poyer que tu le trompais.

— C'est donc toi, s'écria vivement Fabien, c'est toi qui m'as suivi, toi qui as découvert...

— C'est moi qui l'ai soupçonné le premier, c'est moi qui seul en suis sûr maintenant, et il faut qu'il n'y ait que moi qui le sache.

— Voilà qui se simplifie tout à fait, dit Fabien.

— Tu trouves? répartit Valvins.

— Sans doute... garde-moi le secret, et tout s'arrange à merveille.

— Qu'entends-tu par te garder le secret?

— Ne dis rien à Poyer, voilà tout.

— Et tu continueras à voir Carmélite?

— Oui, certes, dit Fabien ; puis comme un homme qui fait une grande concession, il ajouta : Mais je te jure que j'y mettrai de telles précautions...

— Que Poyer ne pourra rien découvrir, n'est-ce pas?

— Je te le promets.

— Eh bien ! moi, je te promets que, si tu retournes chez cette fille, je dis tout à Poyer dès demain matin.

— Ah ! c'est comme ça, reprit Fabien en se préparant à sortir ; eh bien ! tu peux lui dire ce que tu voudras, et, s'il n'est pas content, nous verrons.

— Qu'est-ce que nous verrons? fit Valvins en arrêtant Fabien.

— Pardieu ! reprit Fabien, quelque chose qui n'est pas assez extraordinaire pour te faire ouvrir de si grands yeux: deux étudians qui se donnent un coup d'épée pour une maîtresse, ça s'est déjà vu.

— Ainsi tu te battrais avec Poyer?

— Pourquoi pas?

— Fabien, tu te battrais avec Poyer, toi?

L'accent avec lequel Valvins prononça cette parole arrêta le jeune étourdi, car il y avait, dans cet accent, tout le reproche de son ingratitude.

— Mais enfin, lui dit-il, que veux-tu que je fasse?

— Je veux que tu ne revoies plus Carmélite ; je veux qu'à l'instant même tu m'en donnes ta parole d'honneur.

— C'est impossible, reprit l'étudiant d'un air soucieux, j'y manquerais. J'ai voulu plus d'une fois renoncer à elle, et cela par de meilleures raisons que celles que tu peux me donner, et cela parce qu'elle a fait de ma vie un véritable supplice, un esclavage honteux ; j'ai tenu bon un jour, deux jours ; mais au bout de ce temps, j'y retournais malgré moi ; elle m'accueillait mal, elle me traitait comme le dernier des hommes, peu m'importait, je supportais plus aisément ses mépris que son absence. Écoute, Valvins, je l'aime tant que je l'ai aidée à tromper la mère Leleu, pour qu'elle pût aller à ses rendez-vous avec Poyer.

A cette déclaration, Valvins demeura pensif ; mais la réponse

HUITIÈME LIVRAISON. 15

ne se fit pas attendre, et elle dut surprendre Fabien, car son ami lui prit la main en lui disant :

— A la bonne heure, je te comprends ; voilà qui est parler raison.

— Ah ! s'écria Fabien, point de plaisanterie.

— Ce n'est pas une plaisanterie. Il y a de la raison encore dans la tête de l'homme qui dit : Pardonnez-moi de trébucher, je suis ivre. Et en vérité, tu l'es moins que Poyer ; et c'est pour cela que tu es le premier qu'il faut que j'arrache à cette passion qui vous conduira l'un et l'autre à votre perte.

— Mais, dit Fabien, si l'un de nous deux doit renoncer à Carmélite, pourquoi n'est-ce pas lui que tu choisis ?

— Écoute, Fabien, sincèrement veux-tu me comprendre, oui ou non ? toi qui qualifiais si sévèrement la conduite des autres quand tu croyais qu'il ne s'agissait pas de toi, veux-tu être franc ?

Fabien voyait bien où en voulait venir Valvins, et comme sous ce point de vue il comprenait qu'il serait battu, il s'écria :

— Eh bien ! oui, je veux être franc, et, quoi qu'il puisse arriver, je ne renoncerai pas à Carmélite.

— Et que penses-tu qui puisse en arriver ?

— Eh ! mon Dieu, je te l'ai dit, un duel, et voilà tout.

— Tu te trompes, Fabien ; car, si tu as assez peu d'honneur pour te battre contre Poyer, il a trop de cœur, lui, pour se battre avec toi.

— Trop de cœur ! dit Fabien d'un ton qui annonçait qu'il prenait cette parole pour une insulte.

— Oui, dit Valvins d'une voix touchée d'une émotion sérieuse, tu peux oublier, toi, que tu as été élevé dans la maison de sa mère ; tu peux oublier que c'est ta seule protectrice en ce monde, que tu lui dois ce que tu es ; tu peux oublier que Poyer, loin de s'irriter contre l'introduction d'un étranger dans sa famille, t'a accueilli comme un ami ; tu peux ne pas te souvenir qu'il a dédaigné pour toi ces misérables jalousies qui rendent souvent ennemis les enfans d'une même mère, et que, lorsque la sienne semblait te préférer même à son fils, il l'encourageait dans cette préférence ; tu peux compter pour rien cette affection qu'il te porte, cette faiblesse qui excuse tes plus grandes fautes ; tu peux enfin accepter un duel contre lui, mais il le refusera, lui.

— Je n'en crois rien, dit Fabien ; ou je connais mal Poyer, ou il est homme à se battre contre son propre frère, qui l'eût trompé comme je le trompe.

— Tu le juges bien, dit Valvin ; oui, il se battrait contre son propre frère, posé comme lui dans le monde, riche comme lui...

— Mais tu crois donc, dit Fabien, en interrompant Valvins,

qu'il ne me ferait pas cet honneur, parce que je ne suis rien de tout cela ?

— Pauvre garçon ! dit Valvins d'un ton dédaigneux.

Puis il reprit avec une exaltation triste et colère :

— Mais ce sera toujours comme ça ; les affections nobles et pures des âmes élevées s'attacheront toujours à des cœurs secs et sans intelligence. Dieu n'a pas créé une bonne et grande créature sans lui attacher au flanc un ver misérable et avide qui le ronge et qui s'en nourrisse.

— Pour qui parles-tu ? dit Fabien avec rage.

— Pour toi, répliqua Valvins, pour toi qui es un de ces êtres qui reçoivent affection, bienfaits, bonheur, comme si cela leur était dû, et qui s'étonneraient fort si demain ils perdaient tout cela, car ils ne se sont pas demandé une fois pourquoi on le leur accordait.

— Valvins, reprit Fabien, ce n'est pas en m'humiliant de ma position que tu me feras céder à Poyer.

— Ah ! reprit Valvins, tu ne vois dans tout ceci que l'humilité de ta position ?

— Il me semble que c'est tout ce que tu me montres.

— Un autre, reprit Valvins, un autre qui n'eût pas toujours regardé en lui, eût porté les yeux sur la conduite de ceux qui t'ont fait ce que tu es, et, au lieu de se sentir humilié, il se fût senti reconnaissant ; car, enfin, tout jeune que tu es, tu as cependant assez vu le monde, comme il est fait, pour n'avoir pas rencontré souvent une famille où l'on adopte un étranger, où on le traite aussi bien que l'héritier de la maison, où une mère l'aime du même amour et peut-être d'un amour plus empressé ; tu n'en as pas, je te le dis, rencontré beaucoup, tu n'en as pas trouvé une seule, excepté celle qui t'a accueilli, et en présence de cette exception, tu ne t'es pas dit qu'il y avait là une vertu rare et suprême. Mais cette conduite exciterait ton admiration, si ce n'était pas à toi qu'elle s'adressât, et parce que tu en es l'objet, tu crois pouvoir même te dispenser de reconnaissance...

— Tu as raison, reprit Fabien en interrompant son ami, mais ne me parle plus comme tu l'as fait, ne me dis pas que Poyer refuserait de se battre parce qu'il a plus de cœur que moi.

— Et pourquoi ne veux-tu pas que je te dise la vérité, dût-elle t'offenser ? Mais je vois ce qui te révolte dans mes paroles ; toujours préoccupé de ta personne, tu t'imagines que je veux te ravaler dans le seul point par où tu es sensible, la vanité : tu te trompes, Fabien ; Poyer aurait plus de cœur que toi, en ce sens qu'il ne tournera jamais son épée contre l'enfant qui est le préféré de sa mère. Il ne t'aimerait pas lui, qu'il te respecterait de même, comme un bien qui est nécessaire à l'existence d'une pauvre femme ; il se croirait un misérable de la blesser dans une affection si tendre, mais toi tu lui tuerais son fils sans remords, sans pitié, sans penser à elle. Voilà ce que je voulais dire, Fabien, voilà pourquoi Poyer ne se battra pas... voilà pourquoi il a plus de cœur que toi.

Cette fois, les paroles de Valvins atteignirent leur but, et Fabien, touché des remontrances de son ami, lui fit la solennelle promesse de renoncer à Carmélite; mais on doit aisément comprendre qu'un pareil serment, surpris à une émotion passagère, ne dut pas rassurer Valvins, et il comptait sur un autre moyen pour empêcher Fabien d'y manquer.

Ce moyen, on l'a sans doute deviné si on se rappelle comment Valvins avait essayé de réveiller la coquetterie de madame Proserpine. Toutefois, avant d'en diriger les batteries contre la passion du jeune étudiant, il lui raconta ce qu'il avait dit à Poyer pour détourner ses soupçons, et Fabien consentit à s'accuser d'une faute qu'il n'avait pas faite, pour cacher la véritable trahison qu'il avait commise envers son ami.

Malgré les craintes que donnait à Valvins la légèreté de Fabien, il espéra au bout de quelques jours que son plan arriverait à bonne fin. Il y avait d'abord éprouvé quelques difficultés, et elles étaient venues de son principal auxiliaire, c'est-à-dire de madame Proserpine. Lorsque Valvins lui avait adressé ces complimens qui avaient averti madame Proserpine du tort qu'elle avait de ne pas profiter de ses derniers avantages, la bonne femme s'était facilement imaginé que Valvins parlait pour lui. Donc, le lendemain de ce jour où la maîtresse de pension avait essayé une parure un peu plus coquette, tous les honneurs en furent pour Valvins. Le rôle de l'étudiant fut assez embarrassant, en ce qu'il ne voulait point la détourner par une indifférence trop marquée des soins attrayans qu'elle avait donnés à sa personne, et qu'il n'osait lui en témoigner une trop vive reconnaissance, de peur d'écarter à tout jamais madame Proserpine de la voie où il voulait la lancer.

Cependant Valvins tint un assez juste milieu entre les félicitations et les déclarations, pour que d'un côté la dame de la pension y puisât un plus vif désir de paraître belle; et pour qu'en même temps il ne s'engageât point envers elle, ce qui eût pu persuader à ce cœur de femme, qui mettait tant de probité dans ses faiblesses, qu'elle était engagée envers lui.

Ce petit manége dura quelques jours; il n'échappa point aux yeux des étudians, qui se mirent à railler Valvins; celui-ci jura si solennellement sur son honneur qu'il n'y avait aucune intrigue entre lui et la maîtresse de pension, qu'on le crut.

Mais quelques uns de ces messieurs s'aperçurent que cette femme, qu'ils avaient négligée jusque-là, valait beaucoup mieux que toutes celles à qui ils livraient la fleur de leur jeunesse et le plus clair de leur argent, et il se reforma autour de madame Proserpine une petite cour dont le plus entreprenant et le plus assidu était Charles Joulu, et le moins empressé était celui en faveur de qui s'était opérée cette immense révolution. Non seulement Valvins se montrait fort insensible à toutes les avances de madame Proserpine, mais encore il demeurait bien moins souvent près d'elle qu'il ne faisait autrefois. Il y avait deux excellentes raisons à cette conduite : la première c'est la peur qu'il avait d'un tête-à-tête définitif; la seconde, c'est qu'il s'attachait aux pas de Fabien pour le maintenir dans sa résolution, et ne pas lui laisser une heure de solitude où il pût penser à retourner près de Carmélite. Du reste, Fabien était le seul des habitués de la pension qui eût vu indifféremment la renaissance de la maîtresse du lieu, si même il s'en était aperçu.

Cependant Valvins commençait à craindre que tous ses soins ne fussent inutiles; la surveillance qu'il exerçait sur Fabien ne pouvait être si exacte qu'il n'y pût échapper un moment, et il savait qu'une fois retourné sous le pouvoir de Carmélite, il ne pourrait plus l'en arracher. Enfin une occasion se présenta pour Valvins de mettre Fabien sur la piste où il voulait le lancer, afin de le détourner de la voie où il brûlait de rentrer. Ce ne fut pas un bon sentiment qui l'y poussa, mais Valvins, qui se montrait si sévère pour les autres, s'en servit cependant sans remords, tant il est vrai que l'ambition d'atteindre le but qu'il s'est proposé aveugle tout homme, si austère qu'il soit.

Un soir que Fabien était demeuré chez madame Proserpine avec quelques étudians, parmi lesquels Valvins et Charles Joulu, les attentions de celui-ci pour madame Proserpine et les attentions de madame Proserpine pour Valvins furent si prononcées qu'elles frappèrent Fabien et qu'en se retirant il se laissa aller à plaisanter son ami sur sa conquête surannée. Valvins connaissait trop bien la nature dédaigneuse du petit jeune homme pour vouloir discuter avec lui le mérite de madame Proserpine, et se contenta de nier la conquête, mais sans en faire fi.

— Oui, dit-il, je crois que madame Proserpine ne serait pas fâchée de se laisser faire la cour par quelques uns d'entre nous; mais quant à en laisser arriver un seul, c'est ce qui n'aura pas lieu.

— Tu te moques de moi, répartit Fabien ; ah! si tu lui voulais seulement la centième partie de ce qu'elle te veut, il y a long-temps que tu serais arrivé.

— C'est parce que je l'ai voulu, et que je n'ai pas réussi, que je te parle ainsi.

— C'est que tu auras fait comme cet imbécile de Joulu, tu y auras mis une ardeur qui aura donné à la vieille une si haute opinion de sa personne, qu'elle aura fait la cruelle; mais ton rôle de dédaigneux me semble l'avoir ramenée à solliciter ce qu'elle a refusé, et il ne tient qu'à toi de réussir.

— Erreur, reprit Valvins ; elle n'est pas si aisée que tu crois, et je parierais dix contre un que de plus adroits que moi y échoueraient.

— Allons donc, s'écria Fabien, mais moi qui ne suis pas assurément un très habile séducteur, je voudrais en avoir le cœur net en une semaine.

Le grand mot qu'attendait Valvins venait d'être prononcé, la ruse avait engrené, il ne s'agissait plus que d'y maintenir Fabien, et c'était la moindre des choses.

— Toi, reprit Valvins avec un air d'incrédulité dédaigneuse, toi ?

— Oui, moi, reprit Fabien ; et pourquoi pas moi ?

— Toi pas plus qu'un autre.

— Et peut-être moins qu'un autre... dit Fabien en ricanant.

— Qui sait ? mon cher ami, répartit Valvins du même ton, la vieille, comme tu l'appelles, est connaisseuse, et je ne crois pas qu'en fait d'amour elle aime à faire des sevrages.

— Que veux-tu dire par là ?

— Rien qui soit offensant pour ta personne ; mais tu es trop naïf pour elle, et je parierais encore plutôt pour Joulu que pour toi.

— Je te réponds que si cela en valait la peine... dit Fabien, en haussant les épaules.

— C'est juste, fit Valvins en l'interrompant : *ces raisins sont trop verts et bons pour les goujats.*

— Oh ! oh ! voilà qui est joli.

— Soit, mais je voudrais te voir essayer.

— Il y a des choses où la crainte du succès fait reculer.

— Pardieu, dit Valvins, ce n'est pas une entreprise si monstrueuse pour que tu ne puisses l'entreprendre ; eh bien ! procure-moi ce plaisir, je serais ravi de voir ta fatuité recevoir une leçon qu'elle mérite si bien.

— Parles-tu sérieusement ?

— Très sérieusement, si sérieusement que je te parie ce que tu voudras que tu ne réussis pas.

— Eh bien ! fit Fabien, un souper splendide pour toute la table.

— Un souper, soit.

— Je te demande huit jours.

— Je te donne deux mois.

— Je ne les prendrai pas, car je te jure bien que, si cela devait me coûter deux mois, je paierais le souper demain soir.

— Comme tu voudras.

La partie se trouvait donc engagée, et Valvins supposait qu'il n'y avait plus d'obstacle à ses projets. Il ne s'imaginait pas que madame Proserpine pût être cruelle pour un aussi charmant garçon que Fabien ; et, une fois celui-ci vainqueur, il supposait qu'elle était assez experte pour le retenir.

Or, le lendemain, Fabien commença ses opérations par une attaque d'une habileté très supérieure. Il faut le reconnaître, de même qu'on naît général on naît séducteur, c'est une aptitude très particulière qui met les plus novices au niveau des plus rusés, comme le génie met les capitaines inexpérimentés au dessus des plus habiles. Du reste, les deux qualités nécessaires à cette supériorité ont une grande similitude. C'est une grande confiance en soi et un plus grand mépris pour ses ennemis.

Donc, ce jour-là, Fabien, qui depuis quelque temps ne prenait plus guère part aux propos de la table, s'y mêla tout à coup, et prenant à partie Charles Joulu, il lui demanda d'un ton fort dégagé quelle grande passion il avait dans le cœur, qu'il fût tellement changé.

— En quoi changé? dit l'étudiant.

— En ce qu'on ne te voit plus au café, en ce que tu n'as pas eu une querelle depuis quinze jours au moins, malgré l'arrivée du nouveau régiment, en ce qu'enfin tu mets tous les jours ton habit neuf?

— Il me semble, dit Charles, que je ne me mêle pas de tes affaires; tu peux, par conséquent, te dispenser de t'occuper des miennes.

— Oh! ne te fâche pas, dit Fabien avec un air indifférent, je ne veux pas savoir de qui tu es amoureux. Mais enfin, tu es amoureux, voilà qui est fini. Tant pis! parce que j'ai découvert dans un coin deux sœurs qui sont quelque chose de bien tentant, et je comptais sur toi pour en venir à bout.

— Sur moi? répartit Charles Joulu; il me semble que tu ferais mieux tes affaires tout seul, et que, dans le cas où tu ne réussirais pas d'un côté, tu pourrais te tourner de l'autre sans craindre de trouver un concurrent.

Fabien se contenta de hausser les épaules et murmura à part soi:

— C'est fâcheux.

— Ah! dit un étudiant, est-ce que tu as besoin d'aide-de-camp dans tes campagnes amoureuses?

— C'est bon, c'est bon... dit Fabien, n'en parlons plus, je trouverai quelqu'un. Mais j'avoue que j'aurais préféré Charles à tout autre.

— Merci! fit celui-ci, probablement quelque sœur laide, jaune et bossue à occuper, pendant que tu filerais le sentiment avec la jolie.

— Non, je te le jure, dit Fabien, toutes deux jolies comme des amours, et tournées comme des anges.

— Deux filles comme ça à Rennes, dit Poyer, et je ne les connais pas! où diable ce petit furet-là a-t-il été les découvrir?

— Où tu ne les trouveras pas, et où je sais seul qu'on les cache.

— Et il te faut un second? dit Poyer.

— Oui, répartit Fabien négligemment. J'ai sondé le terrain, elles sont très disposées toutes deux à en finir avec la retraite où elles sont enfermées; mais ce sentiment, elles l'ont chacune de leur côté, et il est d'autant plus vif qu'elles se le cachent l'une à l'autre, persuadées qu'elles sont de la vertu farouche l'une de l'autre. C'est une assez drôle de comédie qu'elles se jouent mutuellement; mais cette comédie pourrait être sérieuse, si l'une d'elles avait seule le bonheur de faillir, et sa sœur délaissée ne manquerait pas de la dénoncer; tandis que, si on les attaquait ensemble, au lieu de se séparer pour se nuire, ou, si vous l'aimez mieux, pour protéger leur vertu, elles se réuniraient pour la perdre, ce qui amènerait infailliblement le résultat suivant au bout de quelques mois. Une des sœurs entrerait chez l'autre en lui disant :

— Ma chère sœur, viens à mon aide; mon amant me trompe.

A quoi l'autre répondrait :

— Bien volontiers; mais j'ai aussi besoin de toi : j'ai envie de tromper le mien.

Toute la table était restée le nez et la fourchette en l'air, à écouter cette impertinente théorie de mauvaises mœurs, débitée avec un calme et un laisser-aller admirables.

— Hein! qu'est-ce que c'est que ça? fit Poyer en regardant Valvins, où diable a-t-il appris cette tirade?

— Oh!... murmura madame Proserpine, oh! le petit scélérat

— Qu'est-ce que dit madame Proserpine? dit Fabien sans la regarder, et en prenant du sel avec la pointe de son couteau.

— Je dis que vous êtes un petit monstre, d'avoir des idées comme ça à votre âge.

— Au vôtre, on est plus candide, n'est-ce pas? dit Fabien d'un air notoirement impertinent.

— Ah ça! mais qu'est-ce qu'il a donc aujourd'hui? reprit Poyer.

— Que voulez-vous dire, s'il vous plaît? s'écria madame Proserpine d'un air fort irrité.

— Rien qui vous concerne, vous, ma chère madame, dit Fabien avec son sourire câlin, mais quelque chose qui concerne une femme comme vous pourriez l'être, si vous n'étiez pas la bonté et la franchise en personne.

— Et qu'est-ce que c'est? dit Valvins qui observait depuis quelque temps le manége de Fabien sans en pouvoir deviner le but.

— Ce que c'est, ma foi, je puis bien vous le dire, car je suis sûr qu'aucun de vous ne connaît cette femme.

— Est-ce que c'est celle-là chez qui tu vas tous les soirs? dit Poyer.

— Peut-être, reprit Fabien, je ne dis ni oui ni non.

— Mais quelle est cette femme enfin? reprit madame Proserpine.

— C'est une femme, dit Fabien, en s'accoudant sur la table, que je ne saurais mieux comparer qu'à madame Proserpine ici présente.

— Et en quoi, s'il vous plaît? répartit la maîtresse de pension, choquée de se voir ainsi mettre en scène.

— En ce que, reprit Fabien, c'est la petite mère la plus gentille que je connaisse. Elle a même quelque chose de votre tournure, jolis pieds, jolies mains, jambe moulée, taille ronde, visage riant, dents blanches, sourire agaçant, beaux yeux, seulement je lui crois quelques années de plus qu'à vous.

Il fallait que Fabien eût un grand instinct de la vanité du cœur des femmes pour avoir trouvé ce dernier trait. Tous ses camarades trouvèrent que c'était une grossièreté de dire à une femme qu'une plus âgée était aussi jolie. C'était à leur sens lui dire qu'elle était plus vieille que son âge. Mais madame Proserpine ne le prit pas ainsi, elle n'y vit qu'une chose, c'est qu'elle avait encore quelques années à être belle, et elle dit en riant :

— Et qu'est-ce qu'elle a fait, cette dame qui me ressemble si bien?

— Elle a fait, dit Fabien, ce que vous n'eussiez certainement pas fait, parce que, si elle vous ressemble d'un côté, elle ne vous ressemble guère de l'autre, du moins au fond; elle a l'air bon et doux, on la dirait sans prétention et bien éloignée de vouloir tromper quelqu'un; absolument comme vous.

— Encore! dit madame Proserpine d'un ton sec.

— C'est-à-dire elle paraît être ce que vous êtes.

— Eh bien! après?

— Eh bien! cette bonne et douce femme est tout simplement une des plus rusées coquettes que je connaisse. Elle s'est fait un petit cercle de pauvres garçons qui y ont été bon jeu, bon argent. Il y en a deux ou trois qui en sont devenus amoureux à en perdre la tête; mais amoureux à ne plus vouloir rien entendre.

— Elle est donc bien charmante cette femme? dit madame Proserpine d'un air piqué.

— Oui, elle est charmante, et si en elle tout était vrai, le cœur comme la beauté, on serait, je crois, le plus heureux homme de la terre de lui plaire. Si cette bonté qu'on veut dans les moindres paroles, si cet abandon caressant avec lequel elle vous attire, si cette affection avec laquelle elle vous tend la main, si tout cela n'était pas un jeu, ce serait une femme à aimer toute sa vie.

— A aimer quinze jours, dit madame Proserpine.

— Long-temps comme une maîtresse, dit Fabien en reprenant ses airs dégagés, toujours comme une amie.

— Mais, reprit Poyer, à la façon dont tu en parles, on dirait que tu en es amoureux comme les autres imbéciles dont elle se moque.

— Je ne dis pas non, dit Fabien, mais au moins elle ne peut se moquer de moi, attendu que je ne le lui ai pas dit.

Madame Proserpine était devenue rouge, et pour preuve qu'elle avait compris, elle répartit d'un air précieux :

— Et probablement, si vous le lui aviez dit, elle aurait bien fait de vous croire, n'est-ce pas? surtout après la proposition que vous venez de faire à M. Charles.

— Si elle avait tout l'esprit que je lui suppose, dit Fabien, cela le lui eût confirmé mieux que tous les sermens du monde. C'est quand on est bien malade qu'on pense à se guérir par les remèdes les plus extraordinaires.

— Et tu crois Joulu atteint de la même maladie, reprit Valvins, que tu lui proposes de partager ton traitement?

— Je le crois plus désespéré, car il ne voit pas son mal.

Cette dernière répartie avait été jetée à Valvins de manière à ce que madame Proserpine, qui était près de lui, l'avait parfaitement entendue. Du reste, à l'exception de celle qui en était l'objet, et qui, en sa qualité de femme, avait une intelligence très active de tout ce qui était d'amour; à l'exception de Valvins, pour qui chacune des paroles de Fabien était un sujet de curiosité et de réflexion, et à l'exception de Poyer, qu'elles plongeaient dans un étonnement profond et qui les avait écoutées avec cet intérêt qu'il portait à tout ce qui concernait Fabien ; à l'exception, dis-je, de ces trois personnages, cette conversation avait passé par dessus la tête de tous les autres auditeurs. Ils l'avaient d'abord écoutée comme on regarde des nuages auxquels l'on trouve une espèce de forme humaine, mais dont on détourne bientôt la vue, parce qu'ils n'offrent qu'une masse confuse et vague où rien n'est précis. Charles Joulu lui-même, bien qu'il eût été mis en cause, se leva en disant à l'un de ses voisins :

— As-tu compris quelque chose à ce galimatias que Fabien vient de nous débiter? Je crois, le diable m'emporte, qu'il fabrique des romans et qu'il nous en a récité quelque passage.

Pendant ce temps Valvins disait à Poyer :

— Emmenons tout le monde, excepté Fabien.

— Pourquoi ?

— Je te le dirai.

Une offre d'un punch au café décida tous les étudians sans difficulté, à l'exception de Charles Joulu, qui disait :

— Et Fabien, tu ne l'invites pas?...

— Bah ! dit Valvins, laisse-le tranquille, il nous assommerait avec son histoire des deux sœurs et ses femmes sur le retour... Il va raconter tout ça à madame Proserpine, elle nous dira les noms, et ça nous amusera.

Il n'y a qu'à proposer une perfidie à un homme en lui prêtant un air de plaisanterie, pour obtenir de lui ce qu'on en désire. C'est ce qui arriva pour Charles, qui suivit Valvins sans observation.

Madame Proserpine était restée seule avec Fabien ; elle parut ne pas s'en apercevoir, et ce ne fut que lorsque les autres étudians furent assez loin pour qu'il ne pût pas les rejoindre, qu'elle lui dit :

— Est-ce que vous ne suivez pas ces messieurs ?

— Non, lui dit Fabien d'un air décidé, je ne les suis pas, car je croyais que vous m'aviez compris.

Madame Proserpine mit un doigt sur sa bouche, pour imposer silence à l'étudiant ; car son mari, débarrassé de son tablier de cuisine, et sa clarinette sous le bras, entrait dans la salle à manger.

— Eh bien ! lui dit-il, viens-tu au spectacle ? le directeur m'a donné une place pour *Joconde*, que tu désires voir depuis si long-temps.

— Je n'irai pas, lui répondit madame Proserpine. J'ai depuis une heure une migraine qui me tue : c'est à croire que ma tête va se fendre.

— C'est possible, dit Guillot, tu es rouge comme un radis, il faut y prendre garde... C'est le sang, vois-tu, qui te tourmente ; à ton âge, ça devient dangereux ; tu devrais prendre du vulnéraire.

Si M. Guillot eût prononcé exprès ces horribles paroles, il eût fait un coup de maître, et peut-être madame Guillot lui eût-elle pardonné. Quand un mari défend sa propriété, même par des moyens passablement brutaux, une femme d'esprit les déjoue, mais elle les excuse. Un droit, quel qu'il soit, inspire toujours une certaine déférence, et il y a dans le cœur une justice secrète qui le reconnaît, même quand la passion le brave.

Mais ce qui ne se pardonne pas, c'est la bêtise grossière ; et madame Proserpine venait d'en subir une dont elle se promit bien de punir monsieur son époux. Un scrupule d'émotion et un grain de vengeance forment une potion bien excitante à l'occasion de mal faire ; et madame Proserpine se trouva à ce point, quand M. Guillot l'eut encore une fois laissée seule avec Fabien ; mais ce qui avait été un caustique pour le cœur de madame Proserpine avait été un antiphlogistique pour Fabien, et la pauvre femme aperçut

Cette observation la remit par coquetterie au point où elle eût dû rester par raison; elle prit un air sérieux, et fit signe à Fabien de la suivre au jardin. Seulement elle passa devant lui.

Ce n'était rien, mais pour arriver à ce jardin, il fallait monter quelques marches, et une femme qui monte a des avantages de position que la ligne horizontale développe moins pleinement; et si l'œil descend, il distingue mieux la grâce d'un joli pied et la rondeur d'un commencement de jambe. Ce petit manége eut le succès qu'elle en attendait; Fabien regarda, et jura qu'il n'en avait pas trop dit, lorsqu'il avait fait un portrait si attrayant de cette prétendue coquette qui se jouait des passions qu'elle inspirait. Ainsi, en moins d'une minute, et par deux ou trois petites transitions, il avait eu l'avantage d'avoir ému madame Proserpine; on lui avait donné celui de la piquer au jeu, mais, en ayant l'air de dédaigner la partie, il avait rendu son sang-froid à son antagoniste et il avait perdu le sien en reprenant un goût plus vif à la plaisanterie. Ce fut dans cette position qu'ils arrivèrent dans une assez longue allée de tilleuls bordée de clématites et de jasmins aux parfums pénétrans. Il était six heures, et le soleil, commençant à se perdre déjà dans un horizon rougeâtre, jetait sur madame Proserpine des teintes roses qui lui allaient à ravir.

Lorsqu'ils eurent fait quelques pas dans cette allée, madame Proserpine prit la parole tandis que Fabien la regardait de côté, poursuivant d'un œil assez satisfait la ligne de ces formes qu'il avait trouvées si avenantes d'un côté, et qui ne lui paraissaient pas moins agréables d'un autre. Un fichu entr'ouvert lui faisait voir la blancheur d'une poitrine qui tenait bien son rang d'elle-même, et pour la première fois il s'aperçut qu'il y avait une distinction singulière dans la forme d'une oreille petite et animée, et combien 'abondance d'une riche chevelure empreint encore de jeunesse e de sève le visage qu'elle couronne.

Il faut le reconnaître, la plupart des hommes ignorent la véritable beauté. Un petit bout de visage agaçant, force voiles pour tout ce qu'il faut cacher, beaucoup de chiffons pour ce qu'il faut remplacer, et ils sont ravis. Quoi qu'il en soit, quand madame Proserpine et Fabien entrèrent dans le jardin, elle était calme et lui touché, voici ce qui en résulta.

TROISIÈME PARTIE.

I

Révélation.

Madame Proserpine dit à Fabien :
— J'ai des reproches à vous faire, monsieur Fabien.
— A moi ? s'écria le jeune homme avec un peu de fatuité ; en tous cas, mes torts sont bien involontaires.
— C'est le fait des imbéciles d'avoir de ces torts-là, répartit madame Proserpine, car ils ne savent ce qu'ils disent.
— Comme votre mari, répliqua Fabien qui ne put résister à sa nature moqueuse.
— Comme mon mari, oui, monsieur Fabien, répartit madame Proserpine d'un ton piqué ; il parle souvent sans penser ce qu'il dit, faute d'y penser, et même faute de penser ; mais vous n'en êtes pas là ; vous savez, vous, ce que valent vos paroles, et c'est bien volontairement que vous m'avez fait de la peine.
— Oubliez-vous, dit Fabien, que si l'on est quelquefois le maître de son esprit, on ne l'est pas toujours de son cœur ?
— Vous n'êtes pas de ceux dont le cœur emporte l'esprit, répartit madame Proserpine, je crois que c'est tout le contraire, au moins vis-à-vis de moi.
— Vraiment ! reprit Fabien, qui commençait à sentir qu'il avait affaire à une femme qui ne se laissait étourdir ni par la vanité ni par le désir, et pourquoi me dites-vous tout cela ?
— Parce que je vous en veux de vous être moqué de moi.
— Moi ? fit Fabien.
— Vous. Que vous ai-je fait pour me mettre en scène à table, à propos de je ne sais quoi ?
— Vous, madame Proserpine, dit l'étudiant d'un ton railleur, vous croyez donc que c'est de vous que je voulais parler ?
Madame Proserpine regarda le jeune homme en face, puis, haussant les épaules avec un sourire de dédain, elle reprit :
— Vous me croyez donc bien bête, monsieur Fabien ?
— Ah ! madame Proserpine... fit l'étudiant.
— Je le serais autant de ne pas vous avoir compris que de vous avoir cru ; c'est de moi que vous avez voulu parler, c'est de moi que vous avez voulu me faire croire que vous étiez amoureux.
Cette franche déclaration déconcerta un peu la suffisance de Fabien ; cependant il reprit aussitôt :

— Est-ce un crime de dire ce qu'on éprouve?

— Et, en parlant ainsi, il prit madame Proserpine par la taille et voulut l'embrasser. Elle le repoussa vivement et répartit :

— C'est un pari que vous avez fait, lui dit-elle.

Fabien crut que Valvins l'avait trahi, et le dépit qu'il en éprouva donna à l'exclamation qu'il laissa échapper un caractère plus sérieux qu'à tout ce qu'il avait dit jusque-là.

— Ma foi, reprit madame Proserpine, ça doit être quelque chose comme ça, ou bien c'est une vengeance.

— Une vengeance?... reprit Fabien, fort étonné cette fois.

— Mais, dame, dit madame Proserpine en regardant Fabien dans le blanc des yeux, quand on a une maîtresse qui vous trompe, on essaie de s'en venger ou à s'en consoler en en prenant une autre.

— Une maîtresse qui vous trompe!... reprit d'abord Fabien d'un ton de stupéfaction et de colère ; mais ensuite il crut que madame Proserpine, qu'il soupçonnait instruite de ses relations avec Carmélite, faisait allusion à Poyer, et il répéta d'un ton tout différent, avec un air de parfaite insouciance :

— Ce n'est ni vengeance ni consolation, madame Proserpine, c'est que je vous aime.

— Ah! vous m'aimez, dit-elle, en le regardant en dessous, et comment ça?

— Mais, reprit Fabien en la caressant du regard, comme on aime une jolie femme; y a-t-il plusieurs manières de l'aimer?

— Oui, dit madame Proserpine, il y en a beaucoup : il y a manière de l'aimer pour elle, parce que l'on veut la rendre heureuse ; ça ne peut pas être la vôtre vis-à-vis de moi, vous êtes un enfant, et pour aimer une femme comme ça, il faut être un homme, il faut vouloir se dévouer à elle, la protéger, la secourir.

— Et vous croyez que je ne le voudrais pas?...

— Je le crois; mais, vous le voudriez, que vous ne le pourriez pas.

— Plaît-il? s'écria Fabien.

— C'est comme ça, dit madame Proserpine.

Puis elle ajouta :

— Il y a manière de l'aimer, parce qu'on a les mêmes goûts et les mêmes habitudes, parce qu'on a confiance en elle, et qu'on se fait à sa vie; ça ne peut pas encore vous regarder.

Fabien ne répondit pas, et madame Proserpine reprit :

— Vous ne dites rien.

— J'attends, dit Fabien, que vous soyez arrivée à la manière dont je vous aime.

— Eh bien, dit madame Proserpine, la voici:

— Eh! eh! se dit-on quand on est jeune et gentil, mais la petite mère Proserpine est assez charmante ; elle a de jolis pieds, la taille encore assez ronde, les dents blanches, les bras potelés, je me passerais bien un caprice avec elle.

— Ah! madame Proserpine, fit Fabien, pouvez-vous penser?...

— Oh! mon Dieu, dit-elle, il n'y a pas de mal à ça. Je vous conçois très bien, j'en vaux bien la peine, malgré mes trente-huit ans sonnés, et vous êtes assez joli homme pour qu'on ne vous refuse pas.

— Vrai! dit Fabien qui se croyait à mille lieues du succès, et qui s'y voyait tout à coup ramené par une transition si brusque qu'elle l'étourdit.

— Oui, reprit madame Proserpine, vous êtes assez gentil pour qu'on ne vous refuse pas.

Fabien ne retrouva pas la parole, mais il embrassa madame Proserpine, qui le repoussa encore, mais moins vertement que la première fois, en disant :

— Doucement, doucement, monsieur Fabien; on ne vous refuserait pas si vous étiez un bon garçon, loyal et franc comme on devrait l'être à votre âge. Tenez, M. Poyer serait à votre place, et me dirait avec sa grosse voix : « Voyons, madame Proserpine, vous êtes gentille comme un amour ce soir. Je suis bon enfant, moi; est-ce qu'il sera dit qu'une jolie femme comme vous et un beau garçon comme moi auront été si long-temps l'un près de l'autre sans se rien dire. » Je répondrais à M. Poyer : Eh bien! causons.

— Bah! s'écria Fabien.

— Oui, répartit madame Proserpine, et le lendemain j'aurais été sûre que M. Poyer ne m'aurait pas tournée en ridicule, et qu'il ne serait pas allé se vanter au tiers et au quart, avec un petit air de morveux, d'avoir eu les faveurs de cette chère madame Proserpine.

— Me croyez-vous capable de le faire? dit Fabien, à qui l'épithète de morveux avait donné un vif dépit.

— Très capable, dit madame Proserpine. Je suis sûre que vous n'avez envie de moi que pour en faire niche à Charles Joulu.

— Non, s'écria Fabien, ce n'est pas pour cela, je vous le jure.

— C'est donc pour quelque chose?... dit madame Proserpine.

La question était singulière, en sorte que, soit que Fabien ne la comprit pas comme l'entendait madame Proserpine, soit qu'il fît semblant de ne pas la comprendre, il répartit d'un air plein de désir :

— Pour quelque chose, sans doute : c'est ce quelque chose que je vous demande à genoux, ajouta-t-il en serrant la taille de madame Proserpine.

— Je ne parle pas de ça, dit celle-ci en se dégageant; ce quelque chose-là ne vous tente que par rapport à un autre.

— Je ne vous comprends pas, dit Fabien.

— Oh que si, fit-elle ; tenez, je m'y connais, un vertigo comme ça ne passe pas par la tête d'un homme sans qu'il y ait pensé quelquefois avant ; ou je ne suis plus femme, ou je suis sûre que que vous n'y avez jamais pensé avant ce soir.

— C'est que je craignais de vous laisser voir ce que j'éprouvais.

— C'est vrai, dit-elle, vous avez l'air si timide...

— Vous voyez bien que je le suis. Voilà le jour fini, nous sommes loin de tous les regards, et cependant qu'est-ce que je fais ici ? Je vous écoute, je me défends, lorsque...

— Lorsque c'est moi qui devrais écouter et me défendre, dit madame Proserpine en lorgnant Fabien à mi-prunelle ; et peut-être, ajouta-t-elle avec un malicieux sourire, je ne me défendrais pas si vous attaquiez franchement.

Fabien se trouva pris au dépourvu, et commença à craindre de n'être pas le plus fort vis-à-vis de cette femme dont il avait fait si bon marché dans ses prétentions. Pour la première fois il se trouva piqué au jeu, et ne voulut pas en avoir véritablement le démenti ; et, quittant aussitôt ses petits airs sans façon, il se rapprocha de madame Proserpine, et lui dit à voix basse :

— Eh bien, soit, c'est vrai, je n'y avais jamais pensé ; mais, en vous voyant si jolie aujourd'hui, il y a trois heures, je me suis dit : Par Dieu, nous sommes de grands nigauds d'aller courir après une demi-douzaine de grisettes, lorsqu'on a près de soi la plus charmante petite femme que j'aie vue. Une fois cette idée-là en tête, je me suis mis à vous regarder, et tout à l'heure, tenez, quand vous avez monté l'escalier devant moi, je n'ai rien vu, mais j'ai deviné, et... Tenez, madame Proserpine, lui dit Fabien en s'asseyant sur un banc et l'attirant sur ses genoux, vous avez raison, je me suis moqué de Valvins, j'ai fait le fat, j'ai dit... je ne sais pas ce que j'ai dit ; mais maintenant je vous aime, oui, je vous aime. En vérité, je crois que, si vous ne m'aimez pas un peu, j'en deviendrai fou.

Madame Proserpine était trop expérimentée pour ne pas savoir quelle espèce d'amour montait ainsi à la tête de Fabien, mais elle n'en était pas moins flattée. Une femme qui avait une très grande portée dans l'esprit, madame de***, prétendait qu'un homme commandait à tout, à ses paroles, à sa physionomie, à ses regards, à ses sermens, et qu'à ce compte le plus habile pourrait passer pour le plus amoureux, mais qu'il y avait une émotion dont il n'était pas autant le maître, une émotion qui ne venait que de la vérité d'un désir réel, et que c'était là un hommage bien brutal sans doute, mais si sincère, qu'il ne fallait guère se fier qu'à celui-là. Si nous disions le nom de cette grande dame qui fut un grand écrivain, et qui inspira de l'amour à un autre grand écrivain masculin de notre époque, on comprendrait facilement la validité de son opinion.

En effet, le grand écrivain mâle avait fait pour l'écrivain femelle tous les frais d'un amour délicieux, spirituel, galant, ingénieux ; il en était même résulté un roman très célèbre ; mais il paraît qu'il n'en put résulter davantage, et voilà probablement ce qui mit si fort en crédit auprès de cette belle dame la supériorité de l'hommage réel.

Or, madame Proserpine, sans avoir autant d'idées et de subtilité pour estimer ce qu'éprouvait Fabien, ne lui en savait pas moins bon gré. Les yeux du jeune homme brillaient, sa voix avait cette altération qui annonce l'ardeur du désir ; ses mains brûlaient de ce feu fébrile qui est contagieux ; elle le regarda et sourit, fière de son triomphe, et, toute prête à achever ce triomphe par sa défaite, elle se laissa aller sur les genoux de Fabien, et lui dit, avec un gros soupir :

— Est-ce donc pour vous venger de ce que Carmélite vous trompe avec le marquis de Lesly ?

En disant ces paroles, madame Proserpine se pencha vers Fabien pour lui laisser prendre le baiser qu'il cherchait ; mais au lieu d'un regard ivre d'amour, au lieu de lèvres tendues vers les siennes, elle rencontra un œil fier et courroucé, des lèvres blanches et tremblantes de colère, et Fabien se releva avec violence, en s'écriant :

— Carmélite me trompe avec M. de Lesly, cela n'est pas possible !

— Eh bien ! qu'est-ce qui vous prend ? s'écria madame Proserpine ; est-ce que vous ne le saviez pas ?

Nous ne pouvons rapporter textuellement les épithètes dont Fabien gratifia Carmélite dans un premier mouvement de colère, notre langue écrite n'a pas les mêmes libertés que notre langue parlée, et en cette circonstance les libertés que lui donna Fabien allèrent jusqu'aux plus extrêmes licences. Cependant, une fois que le torrent d'indignation fut passé, Fabien voulut avoir des preuves de la trahison qu'on venait de lui apprendre.

En toute autre circonstance, madame Proserpine, dont le cœur était très tendre pour les hommes et fort indulgent pour les femmes, chose qui se rencontre bien rarement en ce monde, où les plus coquines sont d'ordinaire les plus acariâtres, madame Proserpine, disons-nous, céda aussi à un très vif mouvement de dépit, et n'épargna ni la passion de Fabien ni l'innocence de Carmélite.

Malgré sa belle résolution de donner une leçon à l'impertinente assurance de Fabien, la jolie maîtresse de pension s'était laissé aller avec plaisir à cette émotion qui naît de l'émotion qu'on produit, et voilà que tout à coup ce petit triomphe s'évanouit, ce doux plaisir s'envole au seul nom d'une autre femme ; madame Proserpine avait beaucoup de philosophie, mais beaucoup de philosophie féminine c'est bien peu de chose, et, ma foi, on venait de lui faire trop de mal pour qu'elle ne voulût pas en rendre un peu.

Or, Fabien eut toutes les preuves qu'il voulait avoir, rien ne lui fut épargné, et il faut même reconnaître que les confidences de madame Proserpine furent épicées de quelques réflexions caustiques qui ne manquèrent pas d'enflammer à un point excessif la blessure qu'elle venait de faire à Fabien. Toutefois, nous n'en dirons que le résultat, et ce résultat n'était rien moins qu'une intrigue en règle entre Carmélite et le marquis de Lesly ; cela semblait assez difficile à croire, car les momens de Carmélite étaient comptés ; c'était une ouvrière qui avait à rendre compte en argent de l'emploi de toutes ses heures, et comment se pouvait-il qu'elle trouvât assez de temps pour mener de front ses amours avec Poyer, avec Fabien et le marquis.

D'abord il faut se rappeler que Fabien ayant disparu du concours, les amans étaient réduits à deux, et que, d'un autre côté, Poyer mettait moins d'assiduité dans ses visites à Carmélites.

D'ailleurs, le marquis de Lesly avait agi en cette circonstance avec un certain grandiose de séduction qui n'avait éveillé les soupçons de personne. Mais ceci mérite un chapitre à part.

II

Une Duègne de province.

Le lendemain de son arrivée à Rennes, Melchior de Lesly, comme tous les officiers de son régiment, avait été faire la reconnaissance des ressources de plaisir que pouvait fournir la ville de Rennes. La première de ces reconnaissances et la plus facile fut poussée au théâtre. C'était un grand jour pour la troupe chantante et parlante des actrices. En effet, le départ de l'ancien régiment avait laissé la plupart de ces dames sur le pavé, et il s'agissait pour elles de nouveaux engagemens ; il ne faut pas entendre par ce mot les engagemens sur papier timbré, passés entre elles et le directeur, mais d'engagemens non écrits, et dont les appointemens étaient bien autrement importans à leurs yeux que ceux qu'elles allaient toucher chez le caissier, qui, selon les règles d'une bonne administration théâtrale, ne payait pas toujours.

Indépendamment de ce fonds d'existence supplémentaire qui allait se décider dans deux ou trois soirées, les intérêts d'amour-propre étaient mis en jeu. Celle qui n'avait été que la pensionnaire d'un capitaine pouvait passer au grade de chef d'escadron, tandis que la colonelle était menacée de descendre jusqu'à un sous-lieutenant. Ce fut donc une très belle représentation que celle à laquelle assistaient en masse les officiers du nouveau régiment. Les robes étaient aussi blanches que possible, quelques unes même sortaient de chez la couturière. La soirée fut bonne pour le coiffeur à qui l'on donna en cachette bon nombre de petits écus, non seulement pour être bien coiffées, mais pour que les rivales fussent coiffées de travers.

— Ce serait drôle, disait la dugazon Corset, qui était fort laide, mais qui avait de très beaux cheveux, si pendant la représentation le peigne de madame Saint-Phar venait à tomber et détachait toutes ses fausses nattes, de manière à la laisser avec sa pauvre petite queue de rat. (Madame Saint-Phar était la chanteuse à roulades de l'endroit, et passait pour jolie.)

Le coiffeur comprenait l'insinuation, mais en habile Talleyrand, il se contentait de sourire avec approbation sans rien promettre ni rien refuser, et recevait le petit écu.

— Comment coiffez-vous Sainte-Luce? disait madame Saint-Phar en parlant de la dugazon Corset.

— Je crois qu'elle se fera coiffer à l'anglaise avec ses grands cheveux.

— Ah! fit la chanteuse à roulades, elle fait bien, ça cache le creux de ses joues, mais comme ses cheveux ne tiennent pas long-temps la frisure, si vous ne les serrez pas beaucoup, au second acte, tout ça pendra comme des ficelles, et elle aura l'air d'un chien noyé.

Et le coiffeur souriait encore et empochait encore, mais c'était un galant homme, et il ne se crut payé que pour faire de son mieux. La calvitie de madame Saint-Phar fut très-habilement dissimulée, et les beaux cheveux de madame Sainte-Luce furent développés dans tout leur luxe abondant. Il en fut de même pour tous les emplois, de façon qu'au moment de lever le rideau, toute la troupe fut sous les armes dans la meilleure tenue. La représentation fut belle et animée, et les entr'actes bruyans et pleins de chaudes discussions ; chacun prenait parti et laissait voir ses préférences. Cependant, au milieu de l'un des groupes où se débattait l'avenir de madame Saint-Phar et de madame Sainte-Luce, le plus jovial et le plus tapageur des lieutenans restait muet, écoutant d'un air moqueur les projets furibonds des plus entreprenans. L'un de ces messieurs lui dit :

— Mais toi, Melchior, qui as-tu choisi de ces deux dames?

Lesly n'eut pas le temps de répondre, car un de ses camarades reprit aussitôt :

— En effet, tu ne dis rien, et tu as un petit air moqueur et fat; est-ce que par hasard tu ferais le sournois et que tu viendrais écouter nos plans de campagne pour les déjouer en dessous ? je ne te reconnaîtrais pas à ce trait, Lesly.

— Tu as raison, répondit Melchior d'un ton très content de lui-même, je ne demande que le combat au soleil; mais comme je n'ai envie d'aller sur les brisées de personne, j'écoute, voilà tout.

— Est-ce que tu es pour la petite amoureuse?
— Non.
— Pour la soubrette?
— Non.
— Pour la seconde chanteuse?
— Non.
— Pour l'utilité?
— Non.
— Alors, s'écria l'un des assistants, tu as donc choisi la duègne?
— Juste, dit Lesly.
— Bah! madame Maricot? s'écria-t-on de tous côtés.
— Madame Maricot.

Tout le monde regarda Melchior d'un air soupçonneux, et l'on se demanda dans quel dessein l'élégant lieutenant faisait cette plaisanterie.

— Est-ce que madame Maricot a une fille ou une nièce qui n'est point au théâtre et que Lesly a découverte?

Des informations furent prises et on apprit que madame Maricot n'avait qu'elle-même à vendre. Aussi, pendant le reste de la représentation, fut-elle curieusement examinée : c'était peut-être, se disait-on, une jolie femme, assez bien grimée et accoutrée pour avoir trompé tous les regards. Hélas! non; il n'y avait pas la moindre supercherie, ses rides appartenaient en propre à madame Maricot, et l'énormité de ses appas antérieurs et postérieurs n'avait aucun gonflement artificiel. Cependant Lesly ne se déconcerta point des rires qui bourdonnaient autour de lui, et à plusieurs reprises il témoigna à la digne madame Maricot la préférence qu'il accordait à sa personne.

La duègne s'en aperçut et ses camarades aussi, et comme le fait paraissait incroyable à tout le monde, on essaya de s'amuser dans les coulisses aux dépens de la bonne femme ; on savait déjà que son admirateur était le marquis de Lesly, le plus beau, le plus riche, le plus galant des officiers du régiment; on adressa à madame Maricot mille complimens moqueurs, et, contre sa coutume, la duègne, au lieu d'y répondre par quelque verte répartie, se laissa accabler et prit un air soucieux et rêveur. La chose, remarquée, courut le théâtre, et, en moins d'une minute, tout le monde en riait, depuis le régisseur jusqu'au garçon d'accessoire. On entrait dans le foyer pour voir madame Maricot prise d'une passion subite et langoureuse; mais elle ne bougeait pas, les yeux attentivement fixés devant elle: on la croyait devenue folle, et pourtant madame Maricot passait pour une femme d'esprit, très retirée des vanités de ce monde et fort abandonnée à la passion des serins et des petits chiens.

Toutefois, l'étonnement fut à son comble dans la salle et dans les coulisses, lorsque, durant le dernier acte de la pièce où elle jouait, on la vit intrépidement lancer une œillade au marquis, œillade qui voulait dire incontestablement :

— Est-ce bien à moi que vous en voulez?

Mais ce grand étonnement arriva à un comble encore plus élevé quand on vit le marquis répondre par une autre œillade accompagnée d'un petit mouvement de tête qui signifiait aussi très clairement :

— Oui, c'est à vous.

Ce petit événement fit le plus grand tort aux autres prétendans de la troupe ; on s'occupa tellement de la singulière plaisanterie de Lesly, que personne ne pensa à s'occuper de lui-même. Le marquis fut raillé, interrogé, mais on n'en put rien tirer que ce mot :

— Je vous donne ma parole de ne jamais parler à aucune femme du théâtre, excepté à madame Maricot.

Cet engagement ne fit qu'accroître la curiosité, mais elle se trouva bridée par un mot de Melchior :

— Messieurs, dit-il à ses camarades, je vous ai donné ma parole de ne pas vous disputer le cœur d'aucune de ces dames, je vous demande la vôtre de me laisser libre dans mes amours avec madame Maricot, et de ne les gêner ni de les espionner en rien.

L'engagement fut pris, et, à partir de ce jour, on ne vit plus le marquis au théâtre que de temps en temps, et lorsqu'il y accompagnait par hasard une des nobles familles de la ville, près desquelles il avait été introduit. Quant à la duègne, sa vie était complétement changée ; elle avait quitté le misérable entresol où elle logeait en garni à douze francs par mois, et s'était établie dans une charmante petite maison à un quart de lieue de la ville, où un cabriolet de louage à ses ordres la conduisait. Dès lors on sut à quoi s'en tenir sur le choix de Lesly ; madame Maricot occupait ostensiblement une maison où se rendait sans doute en cachette quelque grande dame de la ville ; on eût bien voulu la connaître, mais les officiers avaient donné leur parole de ne point chercher à apprendre quelque chose, les autres personnes intéressées à s'informer n'avaient guère le temps d'espionner ; d'ailleurs, tout cela resta enfermé dans les entretiens de quelques officiers et de quelques comédiennes, et, comme au bout de quinze jours on ne découvrit rien, on ne s'en occupa plus.

Mais ce qui était un mystère pour tout le monde ne le devait pas être pour madame Proserpine. En effet, de toutes ses anciennes liaisons de théâtre, celle-ci n'avait conservé que la vieille amitié de madame Maricot, laquelle avait jadis guidé les premiers pas de Paméla hors de la danse, lorsqu'elles étaient toutes deux à Bordeaux. Madame Maricot était venue voir madame Proserpine, et l'étonnement fut égal des deux parts. La duègne trouva la maîtresse de pension pimpante et rajustée, et lui en fit compliment à sa manière, c'est-à-dire qu'elle supputa que, pour un célibataire, madame Proserpine valait bien encore une petite pension de douze cents francs par an. Madame Proserpine trouva la duègne toute rappropriée et lui demanda qui elle avait vendu pour toutes ses nippes neuves.

— Venez me voir, lui avait dit madame Maricot, je vous conterai tout cela à ma maison de campagne.

En parlant ainsi, elle examina très attentivement madame Proserpine et ajouta avec un accent qui fit rougir madame Guillot :

— Et qui sait ?

— Allons donc ! fit madame Proserpine avec une moue assez satisfaite.

— Bah ! ma chère, ce n'est pas pour rien que tu t'es remise à la toilette.

— J'aime quelqu'un, dit madame Proserpine.

— Pauvre femme !... fit la duègne.

Et après un nouveau silence elle ajouta encore :

— Bah ! ça n'empêche pas, viens me voir et nous causerons.

Madame Proserpine, y alla en effet: elle trouva une petite maison fort propre, fort bien tenue, et n'eut pas besoin de grandes explications lorsque la duègne, après lui avoir montré le premier, l'emmena au second en lui disant : Viens dans ma chambre. Puisque la maîtresse apparente de la maison logeait au second, il y avait donc des habitans pour le premier ; le récit suivant en instruisit madame Proserpine. Laissons parler madame Maricot, et Dieu nous garde d'altérer en rien sa narration !

— Imagine-toi, ma chère, que j'avais bien compris à ses lorgneries que le beau sous-lieutenant avait quelque chose à me demander. Ça me rendit soucieuse, parce que j'avais peur de me tromper. Dans cette vieille ville de Rennes, il n'y a que la garnison qui donne, et comme les officiers n'ont guère d'argent qu'à leurs épaulettes, ils font d'ordinaire leurs commissions eux-mêmes, pour ne pas doubler les frais. Cependant j'appris que j'avais affaire au marquis de Lesly, un jeune homme riche ; je me rassurai. Nous nous entendîmes à l'œil, et le surlendemain matin à sept heures, je le vis entrer avec le jour. Je m'étais apprêtée, et j'allais lui demander à laquelle de ces dames il en voulait. Mais c'est un gaillard qui sait son affaire, et avec qui je fis une bêtise de me mettre en frais ; au bout d'une minute ou deux, il me coupa la parole et me dit tranquillement :

— Vous allez déménager, madame Maricot ; vous occuperez, tout près de la Prévalée, une petite maison qui est meublée et que vous allez louer à votre nom ; voici de l'argent ; je vous abandonne le second et je me réserve le premier.

— Et après ? lui dis-je.

— Après j'irai vous voir et je vous donnerai mes dernières instructions; que tout cela soit fait demain au plus tard; vous aurez pour vous servir Philopœmen, un nègre que je vous prête.

— Comment, m'écriai-je, un nègre pour femme de chambre!

— Philopœmen est un gaillard qui ne vous regardera pas si vous le lui défendez; c'est la discrétion en personne et l'obéissance en peau noire : d'ailleurs, il est fort habitué au service des femmes.

— C'est bon, et après?

— Après j'irai vous voir dans deux jours, et tâchez d'être un peu mieux habillée.

— C'est selon ce qu'il y a là-dedans, lui dis-je un peu choquée de cette façon cavalière de recruter une femme de mon âge.

— Il y a cinq cents francs.

— Pour qui? lui dis-je.

— Pour vous, me dit-il.

— La maison est donc à part?

— Oui.

— Et...

Il me comprit et me répondit :

— C'est mon affaire.

— Cinq cents francs sans partage, rien que pour les confidences, c'était admirable! Je pris la chose à cœur, car dans ce gueux de pays on n'a pas souvent pareille aubaine. Tu me connais, ma chère, tu sais si je suis expéditive. Le lendemain j'étais installée ici avec le nègre Philopœmen.

— Et est-il aussi obéissant qu'on te l'a dit? reprit madame Proserpine.

— C'est un véritable esclave, ma chère, dit madame Maricot d'un air particulier; je crois que je lui dirais de monter au ciel, qu'il lèverait le pied pour essayer.

— C'est du reste un beau gaillard, dit madame Proserpine qui avait aperçu en entrant l'étrange valet de son amie, espèce de nègre avec un profil grec.

— J'y ai bien pensé, reprit madame Maricot en clignant de l'œil, mais il ne faut pas se compromettre avec ses domestiques.

Madame Proserpine n'avait point pensé à la même chose que madame Maricot, et les larges épaules et les bras nerveux de Philopœmen ne lui avaient semblé qu'une sécurité contre le danger d'une attaque dans une maison isolée; la réflexion morale et domestique de madame Maricot l'éclaira. Cependant celle-ci reprit son récit comme si elle venait de prononcer un aphorisme de haute sagesse :

— Je restai deux jours sans voir le marquis; le troisième jour, il vint avec le cabriolet qui depuis ce temps est à mon service; un de ses domestiques blancs apportait une malle qu'il laissa dans la chambre d'en bas. Devine un peu ce que contenait cette malle?

Le ton dont cette question fut faite fit croire à madame Proserpine que ce devait être quelque chose dans le goût des mélodrames auxquels elle avait participé dans son temps, et elle répondit d'un air triomphant :

— C'était la Dulcinée du marquis, quelque belle jeune fille qu'il avait enlevée.

— Pas du tout, ma chère, reprit madame Maricot d'un ton éclatant, c'était du linge sale.

— Du linge sale !

— Oui, ma chère, un tas de robes, de collerettes, tout linge de femme neuf, mais chiffonné et sali exprès. Je regardais le marquis sans savoir ce que voulait dire cette plaisanterie, il était sérieux comme un orgue de cathédrale.

— Vous allez faire blanchir tout cela, me dit-il.

— Moi? est-ce que je sais savonner?

— Philopœmen vous aidera, c'est un garçon qui s'entend à tout.

— Et après? dis-je au marquis d'un ton assez réchigné.

— Après, me dit-il, cela me regarde. Que tout cela soit fait demain matin.

— J'avoue que je ne comprenais rien aux façons du marquis, et si ce n'eût été le sac de cinq cents francs dont je ne pouvais pas douter, j'aurais cru que c'était une mystification. J'obéis, ou plutôt je fis obéir Philopœmen, qui savonnait à cœur joie et en riant comme un coffre ; mais juge de mon étonnement lorsque j'aperçus qu'à force de savonner, ses mains étaient devenues plus blanches que le linge. Oui, ma chère, c'était un faux nègre, un nègre blanc, le valet de chambre du lieutenant, le plus impertinent goujat que j'aie rencontré.

— Bah ! dit madame Proserpine, est-ce qu'il a osé ?...

— Oui, dit madame Maricot, oui, il a osé me dire que j'étais une vieille femme. Mais ce n'est pas de ça qu'il s'agit. Le lendemain, le marquis arriva pendant que le linge séchait dans le jardin.

— Maintenant, me dit-il, il faut faire repasser ça.

— Est-ce que je connais des repasseuses?

— J'en connais, moi, me dit-il. Écoute, vieille bobie, ajouta-t-il : à un demi-quart de lieue d'ici tu trouveras une vieille femme appelée la mère Leleu ; tu lui diras que tu as besoin de faire repasser du linge, que tu es fort difficile, que tu veux que cela se fasse sous tes yeux, que tu lui demandes sa meilleure ouvrière, et que, si par hasard elle pouvait t'envoyer une certaine fille appelée Carmélite, et dont tu as entendu vanter l'habileté, tu la paieras fort cher.

— Ah ! Carmélite, avait fait madame Proserpine.

— Est-ce que tu la connais?

— Oh! oui; mais enfin c'est donc elle?

— Oui, c'est elle.

— Et ça n'a pas été long?

— C'est-à-dire que je ne sais pas comment ça s'est fait : c'est que le marquis est un drôle d'original. En effet, le jour où il me donna cette commission, je lui demandais ce qu'il fallait dire à la petite lorsqu'elle serait ici.

— C'est mon affaire, me répondit-il avec son imperturbable sang-froid.

— Je ne suis pas bégueule, reprit la Maricot, mais enfin quand on se mêle d'une affaire, on aime à savoir où l'on va, et avec M. de Lesly mon métier était un véritable rôle d'automate; ça me blessait dans mon amour-propre, et je fus sur le point de refuser; il me dit que tout ce linge était pour moi, et je fis encore ce sacrifice. Je vis la mère Leleu, et deux jours après la belle Carmélite était installée chez moi avec ses fers. Ce ne fut que le second jour que le marquis arriva. Il est joli homme, mais il ne fit pas d'effet; la fille le trouva trop parisien; heureusement qu'il ne tenta rien ce jour-là, car je crois que la belle ne serait pas revenue le lendemain. Mais il y mit de la prudence et se conduisit en vrai rusé, en jouant le soupirant timide; il ne se vantait que d'une chose, c'était de sa fortune, et cela comme un homme qui ne sait qu'en faire, et qui la donnerait volontiers à gaspiller à qui voudrait s'en charger.

— Mais enfin, dit madame Proserpine, comment en est-il arrivé à ses fins?

— Je ne puis pas te le dire; je les laissais souvent seuls, et quand je n'étais pas forcée de quitter la maison, ce gueux de Philopœmen me tenait si bonne compagnie, que je ne pouvais pas écouter une parole derrière les portes; mais je sais bien qu'un jour Carmélite arriva ici le visage bouleversé de colère, et que le soir elle envoya dire chez son père qu'elle passait la nuit ici, attendu que l'ouvrage la pressait et qu'elle veillerait trop tard pour rentrer. Je ne puis te dire ce qui se passa, car vers huit heures du soir, étant rentrée dans ma chambre pour y prendre quelque chose, j'entendis Philopœmen monter derrière moi, et en un tour de clé je me trouvai enfermée dans ma chambre.

Nous arrêterons ici les confidences de madame Maricot, mais nous y ajouterons pour notre propre compte que ce fameux jour d'irritation où s'accomplit la reddition volontaire de Carmélite fut celui où Poyer, sommé par elle de s'expliquer sur sa promesse de mariage, lui avait fait croire par ses hésitations qu'il n'était pas très décidé à tenir son serment. Ce fut de la part de Carmélite une résolution de colère qui la donna à M. de Lesly. D'un autre côté, elle ne voyait plus Fabien. Tout lui échappait donc, et à défaut de cette fortune de nom et de position qu'elle avait espérée avec Poyer, elle voulait au moins s'assurer celle de l'argent. C'était donc madame Maricot qui avait si bien instruit madame Proserpine. Ce secret, celle-ci l'avait gardé jusqu'au moment où le changement de Fabien à son égard lui fit soupçonner qu'il en était instruit, car sans cela elle eût été incapable de procéder par dénonciation. Le malheur qui en résulta n'en fut pas moins grand.

III

Secret.

À peine Fabien sut-il ce qu'il voulait apprendre, qu'il quitta madame Proserpine et se rendit au café où se trouvaient tous ses camarades. Le punch était en train, et il fut reçu par un triple salut de joie. Toutefois, quelque effort qu'il fît pour se mettre à l'unisson, Valvins remarqua son air soucieux; mais il l'attribua au dépit de ne pas avoir réussi auprès de madame Proserpine. Quant à Poyer, la tristesse de Fabien lui avait donné beaucoup d'humeur, non point contre lui, mais contre madame Proserpine qu'il trouvait souverainement impertinente de ne pas s'être estimée trop heureuse de se mettre à la disposition du charmant petit jeune homme. Cependant Fabien avait attendu patiemment l'heure où tout le monde se retirait, et tandis que Valvins et Poyer marchaient en avant, il avait retenu Charles Joulu et lui avait appris qu'il voulait se battre le lendemain avec un officier de la garnison, et qu'il le priait de l'accompagner chez cet officier.

Bien qu'une pareille proposition fût une bonne nouvelle pour le bretailleur Joulu, cependant il s'étonna que Fabien l'eût choisi au lieu de s'adresser à Poyer ou à Valvins; et lorsque Fabien lui donna rendez-vous pour le lendemain matin, afin de se rendre au Champ-de-Mars où l'on devait rencontrer l'officier en question et le provoquer, Joulu lui dit:

— Mais ce n'est donc pas une querelle qui a eu lieu entre toi et lui?

— Non, dit Fabien, c'est une querelle que je veux lui chercher.

— Et à propos de quoi?

— Parce qu'il me déplaît.

— Ce n'est pas une raison.

— Plus d'une fois c'en a été une suffisante pour toi.

— C'est possible, dit Joulu, mais ce qui est une bonne raison pour une mauvaise tête n'est pas une bonne raison pour un témoin, et je ne t'accompagnerai pas.

— Ah ça! dit Fabien, est-ce que tu te moques de moi?

— Pas le moins du monde; mais c'est bien différent de se

battre ou de laisser battre quelqu'un. Quand ça me regarde, je ne mets pas tant de façons, mais quand je suis témoin, je veux savoir pourquoi on se bat.

Quelque étrange que paraisse cette distinction, elle est cependant un des traits distinctifs des caractères les plus querelleurs. Ainsi Charles Joulu, devenu tout à coup prudent et réservé pour le compte d'un autre, ne se laissait point persuader par Fabien qui persistait à ne pas lui vouloir dire le motif de la querelle qu'il voulait faire à cet officier.

— Mais enfin, qui est-ce? lui demanda Joulu après une assez longue discussion.

— Eh pardieu! lui répondit Fabien, précisément celui qui t'a tant déplu : le muscadin à tilbury.

— Ah! fit Charles, mais tu oublies que Valvins l'a recommandé.

— A-t-il recommandé de nous laisser insulter par lui?

— Il t'a donc insulté?

Fabien, qui venait de dire le contraire, se contenta de répondre:

— Voyons, veux-tu venir, oui ou non? si tu as peur, j'en choisirai un autre.

— C'est comme ça, dit Joulu, je serai chez toi demain, et, si ça te va, nous ferons la partie carrée.

Aussitôt Fabien s'éloigna et essaya de rattraper Poyer et Valvins; mais son explication avait été si longue, que, lorsqu'il arriva chez lui, Valvins et Poyer étaient rentrés depuis longtemps. Fabien alla écouter à leurs portes pour savoir s'ils causaient de lui, mais il entendit Poyer sifflant gaîment dans sa chambre, tandis que le silence le plus absolu régnait dans celle de Valvins. Fabien se retira furtivement chez lui, craignant une explication avec Poyer. Il se coucha dans l'espoir que le sommeil chasserait la préoccupation que lui donnait l'attente du lendemain; mais il n'était pas de cette nature puissante de Poyer qui accomplissait sans effort les plus dangereuses résolutions et sur qui elles n'avaient point de prise.

Fabien ne put dormir, non qu'il eût peur, mais parce que chez lui le courage était plus dans l'esprit que dans la constitution, et que l'esprit préoccupé d'un acte si important ne saurait s'endormir. Cependant quelques heures s'étaient passées dans cette fatigante insomnie; Fabien commençait à céder à ce sommeil fiévreux et inquiet qui unit dans une sorte de rêve éveillé les pensées dues aux choses réelles qui arrivent jusqu'aux sens. Il lui semblait être sur le terrain avec le lieutenant Lesly; ils allaient se battre au pistolet, le lieutenant tirait; mais, par une étrange transformation de ce rêve, il lui sembla voir Poyer tomber mort à sa place.

Fabien s'éveilla tout d'un coup; en effet, un bruit violent avait retenti près de lui ; il écouta et entendit des pas qui gravissaient l'escalier ; il reconnut que c'était la porte de la rue qui venait d'être chassée avec force, et que c'était sans doute un des habitans de la maison qui rentrait. Ces pas se dirigèrent du côté de sa chambre ; et bientôt il entendit frapper à sa porte. Fabien avait si peu la conscience de son état de veille, qu'il s'imagina avoir dormi plus qu'il ne pensait, et qu'il crut que le matin était venu et que c'était Charles Joulu qui venait au rendez-vous. Ce fut Valvins qui entra dans l'obscurité.

— Quelle heure est-il donc? dit Fabien.

— Deux heures du matin.

— Ah! dit le jeune étudiant, c'est toi, Valvins ; qu'est-ce que tu as donc à courir la nuit comme un loup-garou? Tu as donc juré de ne pas me laisser dormir?

— Est-ce que tu dors? lui dit Valvins.

— Il me semble que je n'ai rien de mieux à faire.

— Tu m'as ouvert trop vite, dit Valvins, tu ne dormais pas ; c'est quelque chose au moins quand on médite une mauvaise action.

— Ah çà! s'écria Fabien, t'imagines-tu que je souffrirai longtemps le ton que tu prends avec moi?

— Si tu en souffrais, cela vaudrait mieux ; mais ce n'est pas ton cœur, c'est ta vanité qu'il blesse, et à ce compte tu le souffriras, entends-tu bien?

En parlant ainsi, Valvins avait allumé une chandelle, et Fabien et lui purent se voir. Le visage de Valvins avait une si sérieuse expression de chagrin, qu'il imposa à Fabien.

— Eh bien! dit celui-ci, qu'y a-t-il? que se passe-t-il, que tu aies l'air si bouleversé?

— Il se passe, dit Valvins, que je sais tout.

Fabien haussa les épaules, et répartit en ricanant :

— C'est ainsi que commencent les lettres qu'on écrit à sa maîtresse quand on ne sait rien et qu'on veut apprendre quelque chose.

— Tu crois, reprit Valvins ; eh bien! j'ai vu ce soir madame Proserpine, et je sors de chez Charles Joulu.

Fabien fit un mouvement d'impatience ; mais, au lieu de répondre, il se jeta dans son lit, et, s'enveloppant dans sa couverture, il tourna le dos à Valvins ; mais celui-ci n'en tint compte, il reprit d'un ton d'autorité :

— Tu comprends bien que tu ne te battras pas demain?

— Laisse-moi dormir, dit Fabien, ce sont mes affaires, je ne me mêle pas des tiennes, je ferai ce qu'il me conviendra.

— Vrai! dit Valvins, et cela sans prendre garde à tout le mal qui peut en résulter?

— Et quel mal en résultera-t-il ? je tuerai ce monsieur ou il me tuera, cela ne regarde que moi.

— Et Poyer ?

— Eh bien ! Poyer, qu'est-ce qu'il a à voir là-dedans ?

— Tu lui diras donc la cause de la querelle que tu vas chercher au marquis de Lesly ?

— Il me semble, dit Fabien, qu'il y est aussi intéressé que moi.

— Alors, laisse-le la vider, si jamais il apprend la vérité.

— Tu me prends donc pour un lâche de me faire une pareille proposition ?

— C'est parce que je te crois quelque honneur, que je te la fais. Que Poyer apprenne qu'il a été trompé par Carmélite avec le lieutenant Lesly et qu'il se batte avec lui, c'est tout simple, et peut-être oubliera-t-il alors cette misérable fille, et ce sera un grand bonheur ; mais que Poyer apprenne que Carmélite l'avait déjà trompé avec toi, ce serait horrible.

— Si ce n'est que ça, dit Fabien, il y a assez de moyens pour chercher querelle à un homme, et je te promets que le nom de Carmélite ne sera pas prononcé dans tout ceci.

Valvins sembla hésiter, et Fabien s'imaginait l'avoir convaincu. Cependant son ami se promenait activement dans la chambre, murmurant entre ses dents :

— Mais ce n'est pas possible, cela n'est pas possible.

Le jeune étudiant, craignant d'engager de nouveau une discussion où il croyait avoir triomphé, ne semblait pas entendre les sourdes exclamations de Valvins. Enfin celui-ci, poussé par un sentiment interne tout-puissant, se tourna vers Fabien et lui dit avec force :

— Écoute, Fabien, tu sais si je mens, tu sais si je suis homme à conseiller une démarche indigne à qui que ce soit, à dire une chose fausse.

— Tout le monde te connaît ; pourquoi me dis-tu cela ? répondit Fabien.

— Parce que j'ai besoin que tu croies à ce que je vais te dire.

— Je ne demande pas mieux, répartit l'étudiant.

— Eh bien ! reprit Valvins, je te donne ma parole d'honneur que tu ne peux te battre avec M. de Lesly.

— Pourquoi ? ne viens-tu pas de me dire que Poyer le pouvait ?

— Ne comprends-tu pas, reprit Valvins, que Charles, par exemple, puisse se battre avec Poyer et que tu ne le puisses pas ?

— Je ne le puis pas, c'est possible, dit Fabien avec humeur, puisque j'ai mangé le pain de sa mère ; mais je ne connais point M. de Lesly.

— Allons, s'écria Valvins vivement, il faut en finir, tu ne veux rien croire et rien entendre, Fabien ; tu me forces à dire ce que j'avais juré de taire toute ma vie, surtout à toi, eh bien ! écoute-moi donc, et après, si tu ne fais pas exactement tout ce que je te dirai, je te déclare le plus ingrat et le plus lâche des hommes.

A ce mot, Fabien se redressa sur son lit, mais Valvins lui répondit froidement :

— Ne fais pas le rodomont, Fabien, tout cela ne peut servir de rien ici, et je te le pardonne, car tu as été élevé dans un pays où le courage du duel passe pour le premier de tous ; mais il est temps que tu apprennes que c'est le plus misérable et le plus inutile dans la vie. Écoute-moi donc.

Il y a dix-huit ans, le marquis de Lesly, le père du lieutenant, venait de rentrer en France. Il était sous le poids d'une condamnation à mort, comme ayant pris part à l'insurrection de la Vendée, et par des motifs de haine particulière, de la part d'un des directeurs qui gouvernaient la France, sa démarche était des plus dangereuse. Il n'était pas douteux que, s'il était découvert, il serait exécuté. Le marquis s'était confié à un de ses amis, et celui-ci lui avait offert un asile dans sa maison. Cet ami, c'était le père de Poyer, c'était le vicomte Poyer de Berbins de Caradec.

Fabien, à qui le commencement de ce récit avait inspiré peu d'intérêt, se pencha vers Valvins qui continua rapidement :

— L'asile qui avait été offert à M. de Lesly était à l'abri de tout soupçon ; car, comme tu dois le savoir, M. Poyer père, ayant épousé une simple ouvrière, avait été renié par sa noble famille. Il en était résulté qu'à l'époque de la révolution, il en avait adopté les principes, et comme bien long-temps avant il avait renoncé à son titre de vicomte et à ses noms de Berbins et de Caradec, il passait pour un des meilleurs patriotes qui eussent donné l'exemple du mépris des titres. Personne n'eût donc osé supposer qu'un émigré eût pu trouver asile chez le citoyen Poyer, à moins d'indices très graves, et ces indices il ne fallait pas les donner. Pour cela, M. Poyer, malgré la présence du marquis dans sa maison, ne changea rien à sa manière de vivre. Il passait toute la journée à la chasse, laissant le marquis tout seul avec sa femme, caché dans un cabinet au fond de leur appartement.

Tu es trop jeune, Fabien, pour comprendre le danger qu'il peut y avoir pour une femme jeune, belle, charmante, à rester ainsi de longues heures tête-à-tête avec un homme qui avait appris dans les cours les plus corrompues de l'Europe l'art d'endormir la conscience des femmes et d'exciter leur vanité et leurs désirs. Toujours est-il que deux mois n'étaient pas passés, que madame Poyer avait cédé aux séductions de M. de Lesly.

— Ah ! fit Fabien d'un air d'indignation.

Valvins lui jeta un si souverain regard de mépris, que Fabien s'arrêta à cette exclamation.

— Sur qui entends-tu jeter le blâme ? lui dit-il amèrement.

— Sur celle qui trahissait ses devoirs.

Valvins ne put retenir un mouvement de colère et de dégoût.

— Bien, lui dit-il, tu ne mens pas à ta nature, tu la blâmes, toi qu'elle a nourri ; toi, ah ! Fabien, tu me fais peur ; prends garde ; mais écoute jusqu'au bout. Si M. Poyer ne se lassait pas de l'hospitalité dangereuse qu'il donnait à M. de Lesly, celui-ci se fatiguait de la solitude où il vivait. La femme qui lui avait paru une distraction convenable pour passer la journée, l'ennuyait de ses craintes, surtout de ses remords. Il insinua à M. Poyer le désir où il était de reprendre son exil ou d'aller solliciter sa grâce lui-même, aux risques de se perdre ; mais Poyer ne savait pas faire les choses à demi ; il se chargea d'obtenir cette grâce, et, pour cela, il partit lui-même pour Paris. Il y resta près de huit mois avant de pouvoir faire rayer le marquis de la liste fatale. Enfin le jour même et à l'heure où il venait d'obtenir cette radiation, il monta en voiture, partit et arriva à sa maison sans avoir fait annoncer son arrivée. Sais-tu ce qu'il y trouva ? Sa femme sur un lit de mort et son ami parti. Ce qui se passa entre M. Poyer et sa femme fut un secret pour tout le monde, mais, je puis te le dire, moi. Quand ils furent seuls, cette malheureuse femme se roula mourante au bas de son lit, pour se mettre à genoux devant son mari, et lui avouer sa faute. Tu connais les Poyer, tu sais la violence du sang qui coule dans leurs veines. M. Poyer leva un pistolet sur sa femme, mais tu connais aussi le noble instinct de protection de cette famille, un enfant de six ans était dans cette chambre, et se plaça à la gueule du pistolet en criant :

— Ne tuez pas maman, elle a tant pleuré !...

Celui qui parlait ainsi est devenu le noble jeune homme qui dort près d'ici, et que tu as si lâchement trahi. Cela donna à M. Poyer le temps de regarder sa femme ; alors, en la voyant si maigre, si pâle, si mourante, elle, si belle, si forte, si vivante autrefois, il comprit qu'il y avait plus de malheur que de crime dans cette faute, et il lui pardonna. Mais il ne pardonna pas à M. de Lesly, et le fit chercher partout. La seule chose qu'il put découvrir, c'est que, un mois avant son arrivée, un enfant avait été déposé chez un paysan du village voisin avec une assez forte somme d'argent. Sa vengeance lui échappait. Cependant le désespoir était entré dans cette maison. M. Poyer, déjà habitué à des excès de table qui n'avaient point de danger lorsqu'il se livrait perpétuellement à l'exercice violent de la chasse, M. Poyer, pour tuer a pensée qui l'obsédait sans cesse, se laissa aller à la funeste habitude d'éteindre ses souvenirs dans l'ivresse, et un jour il mourut frappé d'une attaque d'apoplexie foudroyante, et avant de pouvoir léguer sa vengeance à son fils, alors âgé de neuf ans.

—Quoi ! s'écria Fabien, Poyer ignore le nom de l'infâme qui a déshonoré sa mère ?

— Oui, car tout le temps que M. de Lesly resta au château, l'enfant ne le vit jamais, et son nom ne fut point prononcé devant lui.

— Mais moi, je le sais, s'écria Fabien, et le fils me rendra compte du crime de son père.

— Mais tu ne comprends donc rien! s'écria Valvins; mais cet enfant élevé dans une cabane et admis, depuis la mort de M. Poyer, dans la famille, comme un orphelin recueilli par charité...

— Quoi! s'écria Fabien.

— Comprends-tu maintenant pourquoi tu ne peux te battre avec ton frère Melchior de Lesly? pourquoi tu as été infâme de tromper Poyer, ton frère, qui sait qui tu es, et qui ne peut se venger de toi. Comprends-tu, maintenant?

Fabien était anéanti. Valvins profita de ce premier moment de trouble pour lui dire :

— Et maintenant il faut absolument faire ce que je vais te prescrire. Tu partiras demain matin pour aller près de ta mère, tu la connais maintenant. J'excuserai ton absence près de Poyer, Charles Joulu, prévenu par moi, ne viendra pas. Pendant ton absence, je verrai le lieutenant, j'éloignerai Poyer, je préviendrai une rencontre sanglante. Je ferai partir aussi Carmélite. M. de Lesly y consentira; je le connais; c'est un noble jeune homme. Eh bien! y consens-tu, réponds?

— Soit, dit Fabien. Oh! elle, Carmélite!... ajouta-t-il en serrant le poing.

— Elle a du sang de catin dans les veines, comme toi du sang d'égoïste; hypocrite, elle n'a pas menti à sa race; prends garde de ne pas mentir à la tienne.

— Oh! dit Fabien, emporté par un bon élan de jeunesse, oh! non, Valvins, je te le jure, je ne serai pas ce que tu penses.

— Dieu le veuille! dit Valvins; voilà quatre heures qui sonnent; à sept heures Poyer doit sortir; dès qu'il ne sera plus ici, tu partiras, c'est convenu.

— C'est convenu, dit Fabien. Ils se séparèrent. Valvins croyait avoir tout arrangé pour le mieux, mais il était écrit que tous les soins de Valvins seraient inutiles.

A cet endroit du récit dont Valvins faisait la lecture, Noël l'arrêta d'un air particulier et lui dit :

— Mais comment avais-tu appris un secret que Poyer lui-même ignorait?

— Par un moyen bien simple, reprit Valvins. Je connaissais M. de Lesly depuis long-temps; un matin il vint me voir et me raconta comment son père l'avait chargé de retrouver un enfant qu'il avait abandonné dans un village dont il n'avait pu lui dire le nom; mais M. de Lesly n'avait pas craint de confier à son fils le nom de la mère de cet enfant, et comme j'avais déjà reçu la confidence de Poyer et le serment qu'il avait fait de punir le séducteur de sa mère, si jamais il pouvait parvenir à le découvrir, j'avais arrêté les démarches de mon ancien lieutenant.

— Ah! fit Noël, ton ancien lieutenant, tu avais donc servi sous ses ordres?

Valvins regarda Noël en souriant et lui dit :

— Non, il avait servi sous les miens.

Noël regarda Valvins à son tour et reprit :

— Écoute, Valvins, je t'ai rencontré à Poitiers, et nous nous sommes liés sans que jamais je t'aie demandé qui tu étais; mais aujourd'hui que la décision de ma vie peut dépendre de ce que tu m'as dit, de la révélation que tu vas me faire, maintenant que je t'ai entendu parler d'association secrète, je veux savoir, avant d'aller plus loin, qui tu es et qui me conseille.

Valvins posa près de lui le manuscrit qu'il tenait, et en prenant un autre, il lui dit :

— Voici l'histoire de ma vie, elle t'apprendra à connaître la femme à qui est attaché l'un des hommes auxquels ta mère t'a adressé, ce M. le baron de Gabarou, intendant de cette noble princesse. Je te le laisse, lis-le, tu y trouveras aussi l'histoire de Lucien; puis, lorsque j'aurai achevé de te lire le manuscrit que je viens d'interrompre, tu sauras tout le secret de notre association, et je crois que tu ne refuseras pas d'y entrer.

Valvins et Henri quittèrent Noël, étourdi, abîmé de toutes les aventures de cette journée et des étranges choses qu'il venait d'apprendre. Cependant, après une heure de réflexion, il se décida à ouvrir le manuscrit que lui avait confié Valvins, et voici ce qu'il lut.

IV

Le Musicien.

On était au mois de septembre 1788; il sonnait dix heures du soir, la nuit était sombre et pluvieuse. A l'angle d'une des nombreuses routes qui traversent la forêt de Fontainebleau, s'élevait en ce temps-là une petite maison de chétive apparence, isolée, et dont la première sauvegarde devait être la pauvreté de ceux qui l'habitaient, car il n'y avait ni barreaux de fer ni contrevens aux fenêtres. Aussi, malgré l'heure avancée de la nuit, voyait-on reluire une lumière à l'une des croisées de cette maison. En regardant à travers les carreaux, si quelqu'un se fût trouvé là pour examiner l'intérieur de cette misérable cabane, on eût aperçu un homme assis à côté d'une étroite table de chêne. Une bouteille et un verre étaient sur cette table. De temps en temps cet homme remplissait son verre; une fois son verre plein, il le regardait assez longs-temps ; mais au lieu de le vider, il se croisait les jambes et les bras, puis, jetant ses regards en l'air, il demeurait ainsi plus d'un quart d'heure sans faire un mouvement de son corps. Son visage seul avait une pantomime extrêmement animée. Tantôt il affectait une préoccupation soucieuse, tantôt une rage concentrée ; quelquefois une expression de mépris hautain paraissait sur les lèvres de cet homme, un instant après des larmes brillaient dans ses yeux. C'est alors seulement que cet individu prenait son verre avec une espèce de colère et le vidait d'un seul trait ; mais à la grimace de dégoût qu'il faisait après avoir bu, on devinait aisément ou que le vin était détestable ou que celui qui le buvait ne le faisait point par plaisir.

Ce manége dura près d'une heure, jusqu'à ce que l'énorme bouteille fût à peu près vidée. A ce moment, cet étrange buveur se leva et se mit à parcourir la chambre où il se trouvait ; mais on eût dit que cet exercice donnait un plus actif essor à la lutte qu'il avait à soutenir. Car alors, non seulement on pouvait lire sur son visage l'expression des sentimens les plus divers, mais encore il gesticulait avec une violence qui avait quelque chose de furieux et de théâtral. Il se posait, levant les mains au ciel et semblait le prendre à témoin, puis il paraissait supplier et maudire ; enfin il alla jusqu'à s'emparer d'un bâton énorme et à le brandir comme s'il eût voulu tuer quelqu'un. Ce fut lorsqu'il fut arrivé à cet espèce de paroxisme qu'il retourna tout à coup à sa bouteille ; mais, au lieu de boire avec la mesure qu'il y avait mise jusque-là, il se versa trois ou quatre rasades de suite et les vida avec une fureur qui témoignait que boire, pour lui, était un acte auquel il se livrait par désespoir plutôt que par goût.

Il paraît que cette fois la dose était convenable, car, au bout de quelques minutes, au lieu de continuer sa promenade solitaire ou de retourner sur sa chaise pour se livrer à ses réflexions, le buveur se dirigea vers une porte située au coin de la chambre où il se trouvait, et qui ouvrait sur un cabinet au fond duquel on voyait un lit. Mais, avant d'y arriver, le buveur s'empêtra les pieds dans un vieux panier qui traînait par terre et tomba tout de son long sur un tas de paille jeté à l'un des coins de cette porte. Soit qu'il n'eût pas la force, soit qu'il n'eût pas la volonté d'aller plus loin, il se blottit de son mieux sur ce tas de paille et bientôt il y ronfla du sommeil le plus engourdi que puisse procurer à l'homme cet horrible breuvage qu'on récolte dans le département de Seine-et-Marne, sous le nom spécieux de vin. La chandelle demeura allumée, mais, faute d'être mouchée, la mèche se couronna d'épais champignons qui absorbaient l'éclat de la lumière, de manière que, si quelqu'un fût entré, c'est à peine s'il eût aperçu dans son coin l'ivrogne endormi.

Quel était cet homme dont le visage ne manquait pas d'une

certaine distinction, dont les mains frêles et blanches n'annonçaient pas l'habitude d'un travail grossier? Tout le monde croyait le savoir. En effet, si l'on eût consulté un des paysans des environs, il eût répondu, comme s'il se fût agi d'un voisin qu'il connût depuis vingt ans : C'est Grégoire, le serpent de la paroisse. — D'où vient-il? — Je ne sais pas. — N'a-t-il pas un autre nom que celui de Grégoire? — Je ne lui en ai jamais entendu donner d'autre. — Que fait-il? — Il joue du serpent et se grise tous les soirs. Et puis, je ne me suis pas occupé de ce qu'il était avant.

Ce qu'il y a de remarquable, c'est que, si l'on eût interrogé vingt paysans sur le compte de cet homme, ils eussent tous répondu de même. Or, voici déjà quelque chose de bien étrange, qu'un homme fût dans un village sans y avoir toujours été, et qu'à défaut de savoir quelque chose sur son passé, on n'eût pas fait déjà mille suppositions pour ou contre lui.

En effet, Grégoire était arrivé à Valvins, car nous sommes à Valvins, au mois de janvier 1790, par une nuit encore plus humide et plus froide que celle où commence cette histoire. Il était tombé, à moitié épuisé de fatigue et de faim, sur un banc devant la porte du curé. Il y avait passé la nuit, et le curé, qui s'était levé de grand matin, l'y avait trouvé presque mort. Aidé de sa vieille gouvernante, le bon prêtre avait fait entrer le mendiant dans la maison, car Grégoire en avait toute la tournure; il lui avait donné à manger devant un bon feu, et, une fois le malheureux remis en état, il l'avait interrogé sur ce qu'il était. Il paraît que la raison de Grégoire ne s'était pas reconfortée comme son estomac, car il se mit à battre la campagne, parlant de princesses, de marquises, d'exil, de Sibérie, de théâtre, et mille autres balivernes sans suite. La seule chose que le curé y comprit, c'est qu'il était musicien.

Or, à ce moment, la cure était profondément humiliée dans son orgueil, attendu que toutes les cures environnantes avaient les unes des orgues, les plus misérables un serpent. Une occasion se présentait de relever l'église paroissiale d'où dépend Valvins de cette disette, et le curé crut en revoir la possibilité de le faire immédiatement et de le faire à bon compte. Faire vite et économiquement est le suprême degré de l'industrie. En cette circonstance, le curé se montra admirablement industrieux ou industriel, comme on voudra, car une heure après, Grégoire était engagé comme serpent de la paroisse.

L'homme est vaniteux; il a la prétention de compter pour quelque chose dans son existence, et ne veut pas que le hasard fasse souvent pour lui ce qu'il ne sait ou ne peut pas faire lui-même. Le curé, dont l'ambition avouée depuis long-temps était d'avoir un serpent, ne voulut pas avoir l'air de devoir son succès à une rencontre fortuite. Il y avait cependant ici occasion à un sermon excellent sur le soin que Dieu prend de répondre aux justes désirs de ses serviteurs ; mais sans doute le curé pensa que la Providence divine n'avait pas besoin d'un si petit événement pour être démontrée à ses ouailles, tandis que lui-même pouvait recevoir un grand lustre de l'arrivée de son musicien. Le jour même il annonça donc au prône qu'il avait voulu ménager une surprise agréable à ses paroissiens, qu'il avait fait venir de loin un serpent pour les accompagner au lutrin, et que, s'il avait tenu cette négociation secrète, c'était pour que les paroisses rivales ne lui enlevassent pas cette conquête. Quelques jours après, le serpent débuta ; il eut le plus grand succès.

Voilà comment Grégoire fut établi à Valvins. Du reste, il vivait seul, ne jouait point au piquet, ne regardait point les filles et ne buvait que chez lui. D'une exactitude admirable dans son service, il ne donnait jamais prise aux reproches d'où partent ordinairement les enquêtes inquisitoriales. Sans prétention vis-à-vis de personne, il ne donnait pas lieu aux discussions qui amènent presque toujours les médisances. Un seul danger l'eût peut-être menacé : c'est qu'il était admirablement beau, et sans doute, si les filles de Valvins s'en fussent aperçues, cela eût donné à Grégoire pour ennemis tous les garçons laids du village, classe qui, à Valvins, comme dans toute notre belle France, forme la majorité des habitans valides. Mais son état sauvait Grégoire de ce danger ; Grégoire jouait du serpent, et il n'y a pas de beauté qui tienne contre un pareil exercice. Apollon jouant du serpent eût été ridicule, donc Grégoire l'était, et là où il y a du ridicule, il n'y a plus rien : ni beauté, ni esprit, ni vertu. Quant à l'âge de Grégoire, il eût été difficile de le déterminer d'une manière juste. Ses traits fatigués étaient d'un homme de quarante ans, mais la richesse de sa chevelure noire comme l'ébène et que ne nuançait encore aucun de ces fils d'argent que nos ancêtres combattaient avantageusement avec la poudre à poudrer, une taille svelte et cambrée, des dents pures et blanches, et une chaleur de regard qui brillait souvent malgré lui, donnaient à Grégoire un air de jeunesse en désaccord avec son visage.

Tel était l'homme dont nous venons de raconter l'occupation au commencement de cet article : et voilà tout ce qu'on savait de son histoire dans le pays qu'il habitait.

V

Événement.

Il dormait depuis une demi-heure, lorsque des cris assez violens se firent entendre à quelque distance de sa maison. La terre eût éclaté en volcans, que Grégoire n'eût rien entendu. Cependant ces cris semblèrent se rapprocher, ils arrivèrent jusqu'à la porte de la maison et bientôt on frappa à cette porte. Grégoire ne répondant point, on leva le loquet, et un homme d'une cinquantaine d'années, en habit de voyage, entra dans la maison. Il appela et n'obtint pour toute réponse qu'un ronflement plus prononcé que celui qui régnait avant son entrée. L'inconnu pénétra tout à fait dans la maison, s'arma de la lumière et chercha le dormeur; il le poussa du pied. Grégoire étendit la jambe et sembla se trouver plus à l'aise pour ronfler. Le voyageur le considéra un moment en silence et le poussa encore, comme pour s'assurer de la ténacité de ce sommeil; puis, comme s'il eût craint quelque piége, il s'arma d'un pistolet qu'il tira de sa poche, et la chandelle d'une main, le pistolet de l'autre, il se mit à visiter exactement non seulement la pièce où était Grégoire, mais celle où se trouvait un lit.

L'expression soucieuse du visage de cet étranger dénotait qu'un projet important venait de se présenter à lui, mais qu'il craignait d'en aborder l'exécution. En effet, il revint encore une fois près de Grégoire et le secoua violemment, mais sans l'éveiller. Cependant cela ne paraissait pas le rassurer, attendu qu'il était difficile de se rendre compte d'un sommeil si tenace. Ce fut alors qu'il aperçut la bouteille vide sur la table, il l'examina ainsi que le verre et murmura tout bas : « Il est ivre. » Toutefois, cette supposition ne parut pas satisfaire encore cet individu, car il retourna une quatrième fois près de Grégoire, et s'étant mis à genoux près de lui, il se pencha jusqu'à son visage pour respirer l'haleine avinée de l'ivrogne. Ce témoignage ne lui manqua pas, et cette fois il parut complétement rassuré. Aussitôt il se mit à l'œuvre, étendit son manteau devant la fenêtre et sortit après avoir placé la lumière dans la chambre du fond et s'être assuré qu'elle fermait en dedans. Immédiatement après il ressortit, et cinq minutes n'étaient pas écoulées, qu'il rentra accompagné de plusieurs personnes. Il marchait le premier, guidant et tenant par le bras un homme qui avait les yeux bandés, et qu'à son costume exactement noir il était aisé de reconnaître pour un avocat ou un médecin Ensuite venaient deux hommes d'une stature élevée, portant dans leurs bras un corps d'homme ou de femme enveloppée d'une pelisse doublée de martre zibeline. Quant au visage, il était couvert d'un voile épais. La figure de ces deux hommes était remarquable en ce sens qu'elle avait un type très particulier qui eût dit leur origine à des yeux observateurs. Ils avaient ce visage plat dans son ensemble et anguleux dans ses parties, qui appartient aux races caucasiennes, et leurs cheveux d'un roux ardent, taillés en brosse, descendaient presque jusqu'à leurs sourcils épais et blonds. Un front étroit et bas, des yeux presque gris et sans autre expression qu'une curiosité presque stupide, quelque chose de féroce dans le tour de la bouche, montraient qu'il n'y avait qu'à commander à ces natures dégradées, et que ces hommes obéiraient quoi qu'on leur commandât. Le premier individu dont nous avons parlé les laissa passer et leur dit quelques mots en langue étrangère. Aussitôt ils posèrent le corps qu'ils portaient sur le lit de Grégoire, et ils quittèrent la maison. Dès qu'ils furent partis, l'étranger alla fermer la porte extérieure, vint reprendre l'homme à l'habit noir et le fit entrer dans la seconde chambre en lui disant :

— Je m'étais trompé, docteur, nous sommes arrivés.

Il ferma cette porte, et ces trois personnes restèrent seules dans cette chambre. Grégoire dormait toujours.

Le lendemain, Grégoire s'éveilla quand le jour était déjà levé depuis long-temps. Il eut quelque peine à reprendre ses esprits et se secoua rudement pour chasser la lourdeur qui pesait encore sur lui. En parcourant la chambre où il était demeuré sur la paille, il vit la bouteille et le verre qui avaient servi à ses libations de la veille, et dans un mouvement d'humeur, il fut près de les briser ; mais il s'arrêta et murmura dans ses dents : « Après tout, j'ai dormi. » Et il posa soigneusement dans un coin le verre et la bouteille. C'était donc une bien précieuse conquête pour cet homme que le sommeil, qu'il l'achetât à un prix si honteux, et il fallait qu'il eût de bien poignans chagrins pour qu'il ne pût l'obtenir qu'à ce prix.

Cependant Grégoire continuait à remettre un peu d'ordre dans la maison, lorsque tout à coup il retourna vivement la tête comme si quelqu'un l'eût appelé, puis il écouta d'un air étonné, comme si la nature du bruit qu'il entendait avait quelque chose de très extraordinaire. Enfin, après avoir écouté, il courut vers sa chambre et demeura encore plus stupéfait en reconnaissant qu'il ne s'était pas trompé sur la nature de ce bruit. Un enfant nouveau-né gisait sur son lit, dont le désordre attestait que c'était là qu'il avait dû naître et qu'il n'y avait pas été apporté du dehors par une main furtive.

La surprise de Grégoire à cet aspect le cloua un moment à sa place. Une chose si étrange arrivée pendant son sommeil lui paraissait un rêve ; il se demanda un moment s'il était encore ivre ou endormi. Mais il lui fallut bien reconnaître la réalité de ce qu'il voyait, et tout aussitôt il chercha si quelque chose pouvait l'éclairer; il posa l'enfant sur un meuble et se mit à bouleverser le lit, à regarder dessous, à chercher dans tous les coins, mais il ne trouva rien qui pût lui servir à former la moindre conjecture. Pas un papier, pas un lange, rien : l'abandon était aussi complet qu'on avait pu le faire. Était-ce l'enfant de quelque misérable paysan du village? Était-ce celui de quelque femme étrangère? L'une avait-elle choisi sa maison parce qu'elle connaissait les habitudes de Grégoire? L'autre y avait-elle été amenée par le hasard? Rien ne pouvait répondre à ces questions que se faisait le serpent. Toutefois, les indices qu'il n'avait point trouvés dans cette chambre se montrèrent à lui lorsqu'il sortit de sa maison. L'empreinte des pas arrêtés à sa porte le frappa; il les suivit le long du petit sentier de quelques toises qui de sa maison aboutissait à la grande route, il les suivit sur la route même et les vit s'arrêter à une place où la terre humide était profondément labourée par le piétinement des chevaux. Ces chevaux étaient attelés de front, donc c'était une voiture; la voie des roues de devant, plus étroite que celle des roues de derrière, disait que c'était une voiture à quatre roues. Grégoire ne douta plus que ce ne fût le hasard qui eût amené chez lui une femme étrangère au pays, riche, et qui sans doute avait été surprise en route par les douleurs de l'enfantement. Mais tout cela n'expliquait pas cet abandon extraordinaire et le soin avec lequel on avait fait disparaître toutes les traces qui eussent servi à faire reconnaître l'enfant. La mère était-elle complice de cet abandon, ou en était-elle victime? Voilà ce qui restait un problème insoluble pour Grégoire. Il chercha vainement à l'endroit où la voiture avait stationné, espérant découvrir quelque objet tombé par hasard de cette voiture ou bien jeté exprès sur la route. Rien absolument, absolument rien ne lui put venir en aide. Ce fut alors qu'il retourna à sa maison et qu'il commença avec lui-même une longue consultation pour savoir ce qu'il ferait de cet enfant. La conclusion fut qu'il le garderait, mais elle n'arriva pas avec la soudaineté de bons mouvemens de pitié et de protection; l'abandon de cette innocente créature ne semblait pas toucher Grégoire, et quand il se fut décidé à s'en charger, ce fut plutôt comme pour accomplir un projet dont l'avenir révèlerait le mystère que pour faire un acte de bienfaisance.

Une fois cette décision arrêtée, Grégoire prit toutes les mesures nécessaires pour faire constater la naissance de cet enfant; il alla chercher le curé, il rédigea un procès-verbal détaillé de toutes les circonstances qu'il avait remarquées; il mesura l'empreinte des pieds, la largeur des roues de la voiture; il fit une description exacte de l'enfant, marquant jusqu'aux plus petits signes; il les fit reconnaître par le curé, quelques uns des notables du village, et la nourrice à qui il fut confié; il signa le procès-verbal et le fit signer aux témoins, et l'ayant enveloppé et cacheté avec le plus grand soin, il partit pour Paris afin de le remettre, disait-il, à un notaire.

Le lendemain, l'enfant fut baptisé sous le nom de Grégoire Valvins, recevant ainsi le nom de celui qui lui servait de père et le nom du village où il était né.

Comme on le pense bien, cet événement fit grand bruit dans le pays pendant quelques semaines, mais au bout de ce temps on pensa à toute autre chose ; on ne remarqua même pas combien était changée la conduite de Grégoire : il ne buvait plus et semblait beaucoup moins indifférent à sa vie présente et beaucoup moins préoccupé de sa vie passée. Pendant sa première année, il allait tous les jours voir son fils d'adoption chez la pauvre femme qui le nourrissait : il ne semblait plus vivre que pour lui, et dès que l'enfant put se passer des soins de sa nourrice, il le prit chez lui.

Cependant la révolution avait marché, les églises s'étaient fermées et par conséquent les serpens se trouvaient sans emploi. Grégoire et son fils disparurent de Valvins après le 10 août 1792, et personne ne sut ce qu'ils étaient devenus.

IV

Une Princesse russe.

Maintenant, franchissons un long espace de temps et transportons-nous au mois de décembre 1815. Nous voici rue des Mathurins, dans un hôtel magnifique ; les salons en sont tout de soie et de velours, l'éclat des tentures montre qu'elles ne sont posées que depuis quelques jours. La profusion des meubles amoncelés dans ces salons eût pu faire croire que c'était la demeure de quelque nouveau riche; si le goût parfait qui avait présidé à cet ameublement n'eût montré que celui qui l'avait choisi était accoutumé au luxe dans ce qu'il a de plus commode et de plus élégant. En décembre 1815, on eût pu croire aussi qu'il appartenait à une de ces familles revenues avec les Bourbons, et à qui la munificence des vingt-cinq millions de liste civile donnée à nos rois légitimes avait rendu une part de leur antique éclat. Mais cette supposition eût été fausse comme la première ; cet hôtel n'appartenait pas à un Français : il était occupé par une étrangère.

On se souvient avec quelle fureur s'abattirent à cette époque sur Paris tous les curieux de l'Europe. L'Angleterre nous envoya ses gentlemen, l'Allemagne ses barons, la Prusse ses majors, la Hollande ses *van* de toute sorte et la Russie ses princes et ses princesses en *off*, en *ieff* et en *ki*. Or, cet hôtel était celui de la princesse Kadicoff. Au fond de ce vaste appartement si luxueux, dans un boudoir autour duquel régnait un divan bas, et dont le dossier était composé d'une suite de coussins, sur la partie de ce divan la plus rapprochée de la cheminée, était étendue une femme enveloppée de fourrures et ramassée sur elle-même comme si elle eût gelé malgré l'ardeur du feu allumé. Cette femme était de cette nature étiolée particulière à la Russie.

Là, dans ce pays de glace, on trouve souvent de ces jeunesses hâtives qui semblent ne devoir appartenir qu'aux zones torrides de l'Asie. Dans l'atmosphère chauffée où on élève leur enfance, elles se développent languissantes et pâles comme des fleurs de serre. L'oisiveté du corps ainsi toujours enfermé leur donne une mollesse musculaire et une force nerveuse qui en font à la fois les êtres les plus indolens dans leur tenue et leur allure, et en même temps les plus fantasques et les plus volontaires dans leurs caprices.

L'éducation qu'elles reçoivent ne peut qu'augmenter cette disposition particulière. Ainsi la femme dont nous parlons, et qui pouvait alors avoir quarante-cinq ans, avait été élevée à Saint-Pétersbourg à l'époque où Catherine II accueillait avec tant d'enthousiasme les œuvres des philosophes de la fin du dix-huitième siècle. On comprend quelles étranges idées avaient dû jeter dans la tête d'une jeune femme vivant dans un pays d'esclaves les principes d'égalité humaine répandus dans ces écrits, et ce qu'elle devait croire de ses devoirs lorsqu'on la nourrissait des romans de Crébillon le fils et des ardentes déclamations de Diderot. Mais peut-être que la conversation de cette femme expliquera mieux que nous ne pourrions le faire ce qu'elle avait été et ce qu'elle était.

Qui dit conversation suppose au moins deux interlocuteurs : en effet, en face de la princesse, et assise dans une profonde bergère, était une autre femme d'une nature toute différente. La princesse cachait bien, sous le rouge dont elle était peinte, la pâleur mate de son teint, mais il lui était difficile de dissimuler la maigreur de son visage, et ses mains, qu'elle levait de temps en temps pour rétablir les boucles éclaircies par le temps de ses cheveux blonds, étaient d'une blancheur si fade et tellement décharnées, qu'elles semblaient être celles d'un malade à qui manquait la vie et le sang. L'autre femme, au contraire, brune, grande, robuste, respirait la force et la santé. Elle pouvait avoir trente ans, mais le commencement d'embonpoint qu'on remarquait en elle l'eût fait paraître plus âgée, si l'éclat d'un teint brillant et la plénitude des contours du visage n'eussent rétabli l'équilibre. Toutes deux gardaient le silence depuis quelques momens, lorsque la princesse l'interrompit par ces mots :

— Eh bien ?

— Eh bien ! répondit l'autre femme, je l'aime.

La princesse haussa les épaules, tira les mains de son vitchoura, atteignit une bonbonnière sur la cheminé, prit un carré de pâte de jujube (la pâte Regnault et toutes les pâtes inouïes qui guérissent de toutes les maladies n'étaient pas encore inventées à cette époque), la princesse, disons-nous, prit un carré de pâte de jujube et répondit d'une voix indolente en mâchonnant à la fois sa phrase et sa pâte de jujube :

— Vous êtes une folle, ma chère Léonie. Une femme comme vous, la fille du marquis de Lesly, la veuve du duc de Fosenzac, penser à un pareil homme !

— Mais je l'aime ! répéta la duchesse avec un mouvement de colère.

— Eh bien ! aimez-le tant que vous voudrez, puisqu'il vous plaît, mais ne l'épousez pas.

— Mais il le veut, répondit la duchesse.

— Il le veut ! répéta la princesse en se soulevant sur son séant comme si elle avait entendu quelque chose d'exorbitant ; il le veut ! dit-elle encore une fois en examinant la duchesse.

— Oui, il le veut, et...

La duchesse s'arrêta, se mordit les lèvres, se tourna et se retourna sur la bergère, comme si elle avait été prise d'un malaise subit, tandis que la princesse la suivait du regard avec une curiosité moqueuse.

— Et ?... fit celle-ci.

— Et, répartit vivement Léonie, il a le droit de le vouloir.

La princesse se laissa retomber sur son divan, prit une nouvelle tablette de jujube et la mâcha quelques temps en silence. A ce moment, elle réfléchissait probablement aux conseils qu'elle devait donner à son amie, et celle-ci semblait les attendre avec anxiété ; mais tout cela se termina par une phrase qui semblait être à mille lieues du sujet de la conversation.

— Il faut que je vous raconte une aventure qui est arrivée à l'une de mes amies avant la révolution.

— En Russie ?

— Non, à Paris, répartit la princesse.

— C'est vrai, dit la duchesse, vous êtes venue à Paris avant la révolution.

Un reste de sang féminin monta au visage de la princesse et la fit rougir. Était-ce de honte au souvenir de ce qu'elle se rappelait ? Cela eût pu être ainsi ; mais ce fut seulement de dépit d'avoir laissé échapper l'aveu que, vingt-cinq ans avant le jour où elle parlait, elle était d'âge à avoir des amies auxquelles il pût arriver des aventures. Aussi répondit-elle avec sa nonchalance ordinaire :

— Oui, j'y étais avec ma famille, et quoique bien enfant encore, cette histoire me frappa vivement. Je l'entendis souvent raconter à mon père, qui parlait devant moi sans soupçonner que j'y pouvais comprendre quelque chose, car j'avais alors cinq ou six ans tout au plus.

La princesse peinte ne se rajeunissait que de quinze ans, juste assez pour être de l'âge de la femme à qui elle parlait. C'était de la modération; une plus vieille se serait faite plus jeune que la duchesse. Celle-ci comprit la prétention, mais elle n'avait aucun désir de disputer de jeunesse avec son amie, et elle ne témoigna son incrédulité par aucun signe. La princesse avait examiné Léonie, et voyant que ce qu'elle avait avancé n'avait pas éprouvé même la contradiction d'un froncement de sourcils, elle se dit:

— Je n'ai l'air que d'avoir trente ans, c'est un fait certain, donc je n'ai que trente ans, c'est un point résolu. De son côté, Léonie s'était dit que, si elle voulait bien écouter l'histoire annoncée, elle pouvait y croire comme à un fait que madame de Kadicoff avait été en âge d'apprendre par elle-même et d'apprécier à sa juste valeur, si même elle n'y avait pas quelque peu participé.

Mais la duchesse n'était pas venue pour apprendre des aventures du temps passé, mais pour échapper à une position qui paraissait la rendre plus malheureuse qu'elle ne le disait; aussi se hâta-t-elle de répondre :

— Il ne s'agit pas de ce qui est arrivé il y a vingt-cinq ans, mais de ce qui m'arrive aujourd'hui.

— Pardon, ma chère; mais ce qu'a fait une femme qui avait alors une position aussi élevée que la vôtre pourrait vous servir de règle de conduite. Grégorio Massoni voulait aussi épouser la femme dont je vous parle.

— Mais... dit la duchesse.

— Et il en avait aussi le droit, comme je crois que vous l'entendez, continua la princesse en examinant malicieusement sa belle amie, et, reprit-elle avec un sourire particulier et un clignement d'yeux presque insolent, il y avait nécessité pour elle comme pour vous.

A ces mots, la duchesse devint pâle; elle se parcourut elle-même d'un regard d'effroi indicible, et s'enfonça dans la bergère en laissant échapper cette simple exclamation :

— Quoi !...

Un silence assez long succéda à cette grande péripétie de la conversation, où tout un mystère venait d'être surpris et avoué.

La princesse prit un troisième morceau de jujube et recommença de parler avec ce mâchonnement insouciant qu'elle n'eût pas mis peut-être si elle eût parlé à sa couturière d'une robe ou d'un volant.

— C'est parce que je le savais, lui dit la princesse, que je suis bien aise de vous apprendre qu'avec un peu de résolution tout cela est la moindre des choses.

La duchesse ne répondit pas; elle semblait anéantie; des larmes qu'elle ne pouvait contenir coulaient le long de ses joues et tombaient sur ses mains croisées devant elle. La princesse l'examinait avec une joie de chat sauvage. Elle n'avait cependant aucune raison d'en vouloir à cette femme ; mais elle avait failli laisser échapper devant elle le secret de ses quarante-cinq ans, elle avait souffert un moment de cette crainte, et elle ne pouvait se refuser cette petite délectation féminine de voir souffrir celle devant qui elle avait souffert. Mais ce petit plaisir une fois bien savouré, la princesse se retrouva toute disposée à servir sa meilleure amie.

— Eh bien, dit-elle alors, à quoi bon ces larmes ? Parce que je le sais, il n'est pas dit que personne s'en doute. Vous savez que l'œil d'une femme y voit plus clair que celui d'un père, d'un frère, d'un amant même, et ce qui est inconnu n'existe pas.

— Mais, reprit Léonie, êtes-vous la seule femme au monde qui ait pu pénétrer ce mystère ?

— Rassurez-vous, dit la princesse, car ce mystère, je le soupçonne seulement d'hier, et votre trouble seul me l'a confirmé à ce moment. Seulement ne recevez désormais personne que moi avant d'être en toilette ; c'est une chose fort simple, et qui du reste était tout à fait dans les habitudes de l'ancienne cour.

La duchesse fit un signe d'assentiment et la princesse reprit :

— Maintenant, ma chère, écoutez-moi ; je ne veux point vous donner de conseils, ou plutôt je ne veux pas vous raconter l'aventure dont je vous ai parlé, avant d'être sûre de votre détermination vis-à-vis de ce jeune homme : voulez-vous absolument l'épouser ?

La duchesse ne répondit pas.

— C'est bien, fit la princesse après avoir attendu quelque temps, vous n'en avez aucune envie.

— Mon père n'y consentirait jamais, dit la duchesse en baissan les yeux, honteuse qu'elle était de voir deviner et traduire ainst ses sentimens.

— Vous êtes riche de votre propre fortune, veuve, maîtresse de vous-même, dit la princesse ; donc le consentement de votre père est une chose fort inutile ; mais vous ne voulez pas, je le comprends, quitter votre titre de duchesse pour vous appeler madame... Comment donc s'appelle-t-il ?

— Son nom est inutile, dit Léonie.

La princesse se mordit les lèvres, désappointée de ne pas avoir appris le dernier mot du secret ; mais elle n'en continua pas moins, avec son imperturbable nonchalance et un cinquième morceau de jujube :

— Mais l'aimez-vous ?

— Oh ! oui, s'écria Léonie, je l'ai bien aimé !

— Donc vous ne l'aimez plus ?

— Ah ! madame !... s'écria la duchesse avec un mouvement involontaire d'indignation.

— Non, ma chère, vous ne l'aimez plus. Nous sommes en 1815 et non plus en 1812; le beau militaire de l'empereur, en route de devenir maréchal, tout resplendissant de gloire et de conquêtes, n'est plus qu'un pauvre officier à demi-solde. En 1812, quand il était de cette cour de princes dont vous n'étiez pas, il était presque votre égal, il vous faisait entrer à sa suite dans ces Tuileries dont la tenacité de votre père et de votre mère vous avait exilée. Aujourd'hui, ma chère, c'est tout le contraire, c'est lui qui vous en exilerait, et vous ne pourriez pas le faire admettre; le prestige est disparu, et vous ne l'aimez plus, c'est la chose du monde la plus concevable.

— Ah! dit la duchesse, croyez-vous que mon amour soit basé sur de si pauvres considérations? C'est sur la noblesse de ses sentimens, sur ce qu'il vaut...

— Vous le croyez peut-être, dit la princesse, mais ce n'est pas cela; supposez qu'après l'avoir aimé comme vous l'avez aimé, vous vinssiez à découvrir que c'est un misérable, un marchand d'eau de Cologne?

— Ah! fi! dit la duchesse, repoussant cette supposition avec dégoût.

— Mais on peut avoir toutes les vertus et être marchand d'eau de Cologne; seulement, comme j'ai posé la question dans des termes extrêmes, vous avez senti la justesse de ce que je vous ai dit; ici les couleurs sont tranchées, et le disparate vous frappe; dans votre position, la nuance est plus légère, voilà tout, vous n'y voyez rien, ou plutôt vous n'y voulez rien voir.

La duchesse se tut encore; une femme, quelque envie qu'elle en ait, ne se laisse pas dépouiller volontairement de la pudeur de son âme sans résister au moins par son inaction. Mais la princesse était implacable et ne voulait pas laisser à la duchesse un voile derrière lequel elle pût cacher ses mauvais desseins, et elle dit à Léonie :

— Voyons, point d'hypocrisie, l'aimez-vous encore?
— Non, dit Léonie rapidement.
— Vous ne voulez donc pas qu'il vous obsède de son amour?
— Je l'ai vainement supplié de me fuir.
— Vous craignez qu'il ne s'arme contre vous de ce que vous appelez ses droits?
— Il m'en menace sans cesse.
— Eh bien, reprit la princesse, écoutez-moi et décidez.

Aussitôt la princesse, qui s'était animée à la fin de ce dialogue au point de se mettre sur son séant, se reposa sur son divan et commença le récit suivant.

VII

Une Histoire.

— Ma chère duchesse, dit madame de Kadicoff, les hommes d'esprit et même les femmes de génie de votre pays ont souvent dit que les femmes devaient surtout se défier de leur cœur et de leurs sentimens. D'abord, les hommes d'esprit n'y connaissent rien, et les femmes de génie sont des hommes d'esprit à si peu de chose près, qu'elles ne s'y connaissent guère mieux. Ce n'est pas de leur cœur et de leurs sentimens que les femmes doivent se défier, mais de leurs idées : c'est presque toujours parce qu'elles veulent faire quelque chose en vertu de certaines raisons qu'elles font des sottises. Les passions, quoi qu'on en dise, produisent cent fois moins de malheurs que les utopies.

Ainsi, ma chère, à l'époque dont je vous parle, la mode était aux philosophes, aux penseurs. Ces messieurs, à force de se faire lire, avaient fini par persuader à toute la noblesse de l'Europe qu'ils valaient de leur personne comme de leurs écrits, et il y eut un moment où les grandes dames préféraient pour amant un écrivain athée au plus élégant gentilhomme ou à l'abbé le plus coquet. Vous comprenez bien que le cœur entrait pour fort peu de chose dans ces liaisons, et que, si ce n'eût été la folle idée qu'on avait alors qu'un peu d'esprit et de talent valait la naissance et la condition, aucune des femmes de la cour qui se compromirent alors avec ces messieurs ne les eût seulement regardés.

Du reste, vous n'ignorez pas, ma chère, qu'il ne faut pas attribuer toute la faute de cette manie à la noblesse seule. Les rois leur donnèrent l'exemple, et à la tête de ces souverains égarés, il est juste de mettre d'abord Frédéric, qui avait des correspondances avec M. de Voltaire, et notre grande impératrice Catherine II, qui se laissait écrire des lettres obscènes par votre philosophe Diderot.

Ce fut de là que partit le mal, et vous ne pouvez vous faire d'idée avec quelle rapidité il s'étendit parmi tous ceux que la grandeur de leur nom attachait à la cour. Nous ne rêvions que morale philosophique, égalité humaine, et entre un homme de rien et un homme de notre condition, amoureux tous d'une même femme, celle-ci eût préféré l'homme de rien, précisément parce qu'il n'était rien.

Avant de rapporter plus longuement cet exorde étrange de la princesse Kadicoff, il faut le commenter un peu pour le rendre intelligible.

Ce qu'elle disait était vrai, mais dans de certaines limites, et ce n'était pas sans quelque raison qu'elle s'était servie du mot *égalité humaine*. En effet, durant les années qui précédèrent la révolution, cette question que l'homme valait l'homme, humainement parlant, avait pénétré dans la société ; mais cette vérité, bien autrement importante, que l'homme valait l'homme, socialement parlant, n'était pas encore admise, si même elle était entrevue. Ainsi il s'établissait aisément des liaisons entre les plus grands noms aristocratiques et ceux dont l'éclat ne brillait que d'hier, mais il n'y avait pas d'alliances. Une duchesse pouvait avoir un amant de rien, comme disait madame de Kadicoff, mais elle n'épousait pas un homme de rien. Voilà pourquoi le mot égalité humaine nous semble parfaitement dit par la princesse. Nous pouvons maintenant la laisser continuer.

— Il y avait alors une jeune femme du plus haut rang, mariée de fort bonne heure à un prince riche de la plus immense fortune.

— Ah ! dit la duchesse qui n'était pas fâchée de reprendre un petit avantage, c'était une de vos compatriotes ?

— Oui, dit madame de Kadicoff sans se déconcerter.

— Portant aussi le titre de princesse ?

— Oui, répondit encore la Russe, ce n'est pas un titre rare dans un empire dont presque toutes les grandes familles ont été jadis souveraines de petits Etats ; toutefois, je ne prononcerai pas son nom. Mais pourquoi me regardez-vous ainsi ?

— C'est que, répartit la duchesse, vous oubliez que mon père a habité la Russie avant la révolution ; qu'il connaît tous les grands noms de la cour de Catherine II, et qu'il me sera facile de savoir quelle était la femme dont vous allez me révéler l'histoire.

La princesse, qui sentit l'attaque, sourit dédaigneusement et répartit :

— Si vous ne m'aviez pas interrompue, vous auriez vu que cela ne vous eût menée à rien, attendu que ce n'est point à Saint-Pétersbourg, mais à Paris, que cette aventure est arrivée.

— Ah ! fit la duchesse avec un air d'étonnement si naïf que madame Kadicoff s'y laissa prendre ; venons donc à l'aventure, car je vois bien que, pour les personnages, je ne pourrai les connaître.

En disant cela, madame de Fosenzac avait déjà la conviction que celle qui parlait était l'héroïne de l'aventure, mais elle voulait en avoir la certitude ; elle se promit de ne plus interrompre le récit.

— Je vous disais donc, reprit la princesse, qu'il y avait alors à la cour de Russie une femme du plus haut rang, et il faut que j'ajoute de la plus grande beauté. C'était un assemblage parfait de toutes les grâces que peut donner la nature et de toutes celles que peut enseigner l'éducation la plus soignée.

Cette phrase confirma la duchesse dans son opinion, mais elle n'en montra rien, de peur de mettre obstacle au torrent d'admiration dont les premiers flots venaient de paraître et qu'elle voulait laisser déborder pour son instruction particulière. La princesse continua :

— Imaginez-vous une petite femme légère, fluette, admirablement proportionnée, souple comme un gant, des yeux bleus d'une langueur céleste, des dents comme des perles, une bouche rose, des cheveux d'un blond doux et languissant, avec une taille de guêpe, un chef-d'œuvre de la nature enfin.

— C'est cela, se dit la duchesse, le portrait est si peu ressemblant qu'il est impossible de ne pas le reconnaître.

Cependant elle se tut encore, et la conteuse reprit avec une activité de babil qu'on ne lui eût pas supposé un instant avant :

— Quant à l'esprit de cette femme, il était à la fois naturel et orné, brillant et profond; son caractère était un mélange charmant de douceur et de fierté, de franchise et de retenue, c'était enfin...

— Une femme qui a dû inspirer de bien violentes passions, dit la duchesse avec un soupir, comme si elle eût rêvé que le ciel n'avait pas été juste de donner tant et de si supérieures qualités à une seule femme.

— Mais oui, répartit la princesse en caressant son reste de beaux cheveux, elle a été aimée... mais, avec tous ces dons de la nature pour être heureuse, cette femme avait un grand défaut.

— Ah ! fit la duchesse, voyons le défaut.

— Cette femme était d'une excessive sensibilité; l'idée de faire du mal à quelqu'un ne fût jamais entrée en son cœur, et la vue des souffrances d'un malheureux lui portait des atteintes dont elle avait toutes les peines du monde à se remettre. C'est ce qui amena son départ pour la France. Le prince son mari avait pour secrétaire un jeune Allemand nommé Mésinger, qui chantait à ravir et qui composait de charmante musique.

La princesse avait distingué ce jeune homme et voulut lui donner le moyen de se produire. Pour un homme de talent (et je dois dire qu'elle avait cette manie de protéger le talent, manie qui était alors celle de tout le monde), pour un homme de talent, dis-je, la meilleure protection qu'on lui puisse accorder, c'est de faire connaître ses œuvres. La princesse, qui comprenait les choses dans leur sens le plus élevé, voulut servir la gloire de Mésinger, et pour cela elle mit quarante esclaves à sa disposition.

— Quarante esclaves, dit la duchesse, pour servir la gloire d'un musicien !

— Oui, fit la princesse en souriant, c'était pour se composer un orchestre.

— Ah! dit la duchesse, ces esclaves savaient la musique.

— Vous ne me comprenez pas, dit madame de Kadicoff; la princesse donna à Mésinger quarante esclaves pour leur apprendre à exécuter sa musique, et pour que ce don lui fût profitable, elle assistait de temps en temps aux leçons. Aussi les progrès furent rapides. Sous les yeux de la princesse, le chef des esclaves n'osait se départir de la sévérité qui lui était commandée, et comme la princesse était fort bonne musicienne, à la moindre faute d'un violon ou d'un alto, elle n'avait qu'à faire un signe, et l'exécutant recevait une si rude correction, qu'il savait bientôt sa partie.

— Ah! fit la duchesse, je comprends que de pareilles leçons devaient être un véritable tourment pour cette pauvre femme.

— Vous ne pouvez vous en faire l'idée, reprit tranquillement la princesse; ce pauvre Mésinger était le plus malheureux des hommes, les choses allaient tout de travers, et il souffrait de véritables tortures quand une fausse note venait lui écorcher les oreilles; la princesse le prenait en pitié et lui venait en aide de son mieux; mais elle ne put jamais obtenir pour les œuvres de son musicien cette perfection qu'elle voulait absolument, quoique deux esclaves eussent déjà succombé à la bonne volonté qu'elle mettait à le servir.

Cette phrase commença à faire comprendre à la duchesse l'espèce de sensibilité particulière à un cœur de femme russe. Mais elle alla beaucoup trop loin en s'imaginant que, pour arriver à une pareille cruauté, il fût nécessaire que celle qui l'avait exercée fût dominée par une passion aveugle. Il était réellement vrai que la princesse anonyme protégeait à coups de knout les succès de son amant; mais il n'eût pas été nécessaire que le musicien Mésinger fût si tendrement chéri pour que les leçons fussent menées avec cette activité : un caprice à satisfaire en eût ordonné autant. La duchesse l'ignorait, et elle en resta à la supposition que nous avons dite, pendant que la princesse continuait ainsi :

— Cependant l'orchestre marchait assez passablement pour qu'on pût le risquer dans une grande fête où la princesse comptait éclipser tout ce qu'on avait tenté jusque-là. L'impératrice seule possédait un orchestre aussi complet et aussi nombreux, et c'était une véritable audace que d'oser rivaliser avec elle. Mais aussi quel triomphe si elle réussissait! La fête fut annoncée, et tout le monde en parla d'avance avec un enthousiasme qui ravissait Mésinger; on attendait l'épreuve avec une grande impatience. La princesse ne quittait plus les répétitions, et le secrétaire musicien passait toutes ses journées près d'elle. Comme je vous l'ai dit, ma chère, il était fort beau, et comme, dans cette occupation journalière à laquelle ils se livraient ensemble, la princesse avait quelquefois oublié les lois de l'étiquette, on osa dire que leurs entrevues n'étaient pas toutes consacrées à la musique.

Ces calomnies n'arrivèrent pas malheureusement aux oreilles

de la princesse, qui les eût fait cesser aisément, mais elles parvinrent à celles de son mari, et cela précisément le jour de la fête et dans des circonstances dont il profita avec un horrible raffinement de barbarie.

La soirée était à son plus haut degré de magnificence : c'était le moment où l'on devait entendre le fameux orchestre. Tous les regards étaient fixés sur Mésinger et sur la princesse. Il faut le dire, son trouble, qu'elle ne put suffisamment dissimuler, pouvait autoriser les soupçons qu'on avait élevés contre elle. Quant à Mésinger, il était comme un roi devant son pupitre, et toutes les femmes le contemplaient avec une admiration envieuse. Le moment solennel arriva enfin ; la princesse fit un signe, et l'orchestre commença. Mais, dès les premiers accords, voilà qu'un malheureux, qui était chargé d'une partie de trompette, commence à détonner d'une façon horrible ; des rires bruyans parcourent le salon de musique ; je rougis ; Mésinger devint pâle comme un cadavre.

La princesse était si animée à son récit, qu'elle ne s'aperçut pas du : *je rougis*, mais la duchesse ne le laissa pas passer. Madame de Kadicoff continua :

— On se regardait en chuchotant, les quolibets couraient de bouche en bouche ; Mésinger se montra un véritable héros : il se lève, arrache à l'esclave son instrument et joue sa partie avec une vigueur et une intrépidité qui enlèvent tout le monde ; le premier morceau eut un succès magnifique.

Mais, à dix pas de l'endroit où se tenait la princesse, dans un groupe près duquel se trouvait son mari, un mot affreux avait été prononcé :

— Comment peut-on aimer un homme qui joue de la trompette !...

Madame de Kadicoff s'arrêta, et après un moment de réflexion, elle reprit :

— Permettez-moi de ne pas vous répéter l'ignoble quolibet dit par un jeune gentilhomme prussien, et qui avait pour conclusion cette horrible phrase :

— Son triomphe est complet, mais fi des baisers qui sentent l'esclave.

Il faut remarquer que c'était une femme qui parlait à une femme, et qu'il y a dans ce sexe une intelligence qui comprend parfaitement les phrases les plus obscures : donc la duchesse comprit ce qu'avait voulu dire son amie. Celle-ci poursuivit avec une nouvelle animation :

— Ce mot fut entendu par le prince, et il lui apprit la vérité.

Comme c'est difficile de mentir ! En effet, déjà madame de Kadicoff a avoué par un *je* involontaire qu'elle était l'héroïne de l'histoire, et voilà maintenant qu'elle reconnaît comme vérité ce que, quelques phrases avant, elle appelait calomnie. Cependant elle n'avait pas interrompu son récit, et si nous sommes obligés de le faire, c'est que nous avons à rendre compte à la fois de ce que dit une femme et de ce qu'une autre en pense, deux choses bien différentes, vous le pouvez croire.

— Oui, ma chère, dit la princesse, il suffit de ce mot pour éclairer le prince, et comme c'était un homme d'une violence extrême, il résolut immédiatement d'en tirer vengeance. Punir sa femme eût été difficile : elle avait une famille qui ne l'eût pas souffert. Ce fut donc contre Mésinger que se tourna toute sa colère.

— La fête était terminée ; la princesse, retirée dans ses appartemens, recevait les félicitations de son mari, qui les lui prodiguait avec un empressement dont elle eût dû se défier ; mais l'éloge, même d'un mari, fait du bien à une femme, et celui de Mésinger dans la bouche du prince était si piquant, si original, si amusant, que la princesse s'amusait à le lui faire répéter à satiété. Tout à coup, au milieu de l'exaltation outrée du prince et de la joie sardonique de la princesse, des cris douloureux s'élèvent de l'une des cours intérieures du palais.

— Qu'est cela ? s'écria la princesse.

— Rien, ma chère, fit le prince, j'ai voulu que le misérable qui a failli compromettre votre succès fût puni de manière à ne pas donner aux autres l'envie de recommencer.

— Que voulez-vous dire ? répartit la princesse.

— J'ai fait, dit le prince, j'ai fait appeler le correcteur des esclaves aussitôt après le concert, et je lui ai ordonné d'appliquer deux cents coups de knout au drôle qui a joué de la trompette.

— Mais, s'écria la princesse dont les cris de plus en plus déchirans venaient frapper l'oreille, ce n'est pas la voix de l'esclave qui crie... c'est celle de Mésinger.

Le prince se mit à rire si bruyamment, qu'il couvrit l'éclat de ces cris de douleur.

— Vous êtes folle, ma chère ; comment voulez-vous qu'on se soit trompé à ce point ? le pauvre Mésinger, il en mourrait ; il n'y est pas accoutumé.

— Mais, reprit la princesse avec horreur, c'est sa voix, je la reconnais. Ah ! le correcteur s'est trompé.

Elle s'élança vers la fenêtre pour l'ouvrir et ordonner qu'on cessât cet horrible supplice.

Mais le prince, l'arrêtant d'un ton badin, reprit en ricanant :

— En vérité, ma chère, vous me feriez croire que vous n'avez dans les oreilles que la voix de ce Mésinger... Ah ! faites-y attention... on en parle !

— Ce dernier mot fut prononcé avec une expression telle que je ne pus m'y méprendre. (Encore un *je* indiscret.)

— Laissez donc finir cette expédition et parlons affaires, dit le prince. Il y a long-temps que vous désirez voir la France, il s'offre une admirable occasion pour vous de satisfaire votre curiosité.

À ce moment, les cris arrivèrent à une violence effrayante; il n'y avait plus moyen pour la princesse de les méconnaître, car le malheureux Mésinger invoquait le nom de celle qui l'avait perdu et les mots :

— Phœdora! Phœdora! à moi! parvenaient clairement à ses oreilles.

Le prince les entendait aussi, mais son visage était calme, et sa parole était aussi tranquille que s'il n'eût éprouvé ni le ressentiment de son outrage ni la joie de sa vengeance.

Il continua en disant :

— Ou je suis un mauvais courtisan ou votre triomphe de ce soir déplaira souverainement à l'impératrice. De deux choses l'une, ou il faut ne plus recommencer une pareille lutte, et ce serait témoigner une crainte servile pour un déplaisir de vanité, ou il faudrait la continuer, et ce serait alors vous attirer un véritable danger. Le plus sûr parti qu'il y ait à prendre pour vous et pour moi...

Et il appuya sur ce *pour vous et pour moi* de manière à lui donner toute la signification possible.

— Le plus sûr moyen, dit-il, est de quitter Saint-Pétersbourg sous deux jours et de vous rendre en France, où je vous suivrai dès que j'aurai terminé ici quelques affaires.

La princesse écoutait son mari, tandis qu'elle suivait avec anxiété le bruit mourant des cris de la victime. Déjà le malheureux se taisait et le prince ne parlait plus... il régnait un silence terrible dans le salon, on ne se plaignait plus dans la cour. Mais un bruit s'entendait encore; c'était celui d'un knout frappant toujours sur un corps où il n'y avait plus assez de vie pour exhaler une plainte. À ce moment, l'horreur de cette infortune égara la princesse au point qu'elle se précipita aux pieds de son mari en s'écriant :

— Oh! grâce! grâce! au moins pour sa vie!

Le prince fit l'étonné et répartit d'un air railleur :

— Comment, madame, vous avez tué deux esclaves parce qu'ils n'apprenaient pas assez vite la musique de M. Mésinger, et vous ne voulez pas que j'en corrige un seul pour le punir de ne pas l'avoir apprise du tout.

Je l'avoue, la princesse douta du témoignage de ses oreilles, elle crut que cette voix n'était pas celle de Mésinger, ou que son mari s'était trompé de bonne foi ; elle tremblait d'avoir laissé échapper un aveu fatal, lorsqu'une portière se leva et un esclave parut.

C'était l'exécuteur.

— Votre altesse, dit-il au prince, m'a ordonné de lui venir apprendre le résultat de l'exécution.

— Est-elle donc terminée? dit le prince.

— Non, monseigneur, mais comme master Mésinger est mort au cent vingtième coup, je venais demander à votre altesse s'il fallait continuer jusqu'à deux cents.

La princesse tomba sur un divan, attachant sur le prince des regards épouvantés. Il répondit par un léger sourire de raillerie, et se retournant aussitôt vers l'esclave, il lui dit :

— Ah! Masislhi est mort!

— Mais non, votre altesse : c'est le master Mésinger.

— Comment, Mésinger! s'écria le prince, en feignant une grande colère et une vive surprise; qui vous a donné cet ordre?

— Mais, reprit l'esclave tremblant, votre altesse ne m'a-t-elle pas dit de donner deux cents coups de knout à l'homme qui avait joué de la trompette pendant le concert? et ne m'a-t-elle pas répété...

— Assez! s'écria le prince en l'interrompant, tu paieras cette erreur de ta vie, misérable. Sors!

L'esclave partit, le prince et sa femme restèrent seuls; elle lui dit alors, au risque de se perdre :

— Vous êtes un lâche d'avoir tué Mésinger, un homme libre, comme un esclave, et vous êtes un bourreau de vouloir tuer cet esclave parce qu'il a accompli vos ordres.

Le prince lui répartit en la saluant de la main :

— Il faut bien justifier mon erreur. Adieu, ma chère, car je ne pense pas vous revoir avant votre départ pour la France.

Le lendemain, la princesse partit pour Paris, où l'attendait l'aventure que je voulais vous raconter d'abord, mais que vos questions m'ont fait retarder pour pouvoir vous expliquer ce qui avait amené cette femme en France.

VIII

Encore une Histoire.

Si l'on veut bien se rappeler que la duchesse de Fosenzac ne s'était résignée à écouter la princesse de Kadicoff que pour acquérir la certitude que celle-ci était l'héroïne des malheurs qu'elle racontait si maladroitement, on pourra s'étonner que la belle Léonie n'eût pas déjà interrompu la sensible Phœdora. Mais la duchesse avait pensé depuis un moment qu'il pouvait lui être nécessaire de connaître dans tous les détails l'aventure si pompeusement annoncée, et elle eût engagé la princesse à continuer, si celle-ci n'eût pas été entraînée d'elle-même à ces singulières confidences.

Cependant il y eut, entre le commencement de ce récit et la suite, un moment de silence et de repos, comme entre deux chapitres d'un roman. Il faut même croire que la princesse n'était pas tout à fait étrangère aux exigences de ce genre de composition, car elle crut devoir faire précéder cette seconde partie de quelques réflexions, soit pour préparer sa belle amie à ce qu'elle allait entendre, soit pour lui prouver, comme le fait un écrivain à son lecteur, que l'épisode qu'il vient de raconter se rattache par un fil très délié, mais très solide, au but moral de son œuvre. Voici donc comment elle reprit :

— En y réfléchissant bien, ma chère Léonie, je crois que ce que je viens de vous dire ne sera pas inutile à la manière dont vous devez considérer l'aventure spéciale que je vous ai promise. Comme vous le savez, la princesse était une femme d'une exquise sensibilité, et cette sensibilité, je vous l'ai dit aussi, fut ce qui l'égara. Après le malheur qui venait de lui arriver, elle se laissa aller aux idées les plus extravagantes. Elle s'imagina avoir contracté une dette sacrée envers ces hommes qui n'ont de valeur que leur talent, et dans sa folie elle se dit : — « Si j'aime encore, ce ne sera qu'un grand musicien comme Mésinger, qu'un homme sorti du peuple comme lui, qu'une de ces nobles existences sans cesse menacées par l'oppression des puissans. » Dans son désespoir, la pauvre princesse croyait voir dans tout gentilhomme une espèce de bourreau armé du fouet pour châtier par la force ceux qui le dépassaient par le mérite.

Ce fut dans cette disposition qu'elle arriva en France, et bien qu'en ce pays les habitudes du monde ne permettent pas que les choses pussent être poussées aussi loin qu'à Saint-Pétersbourg, cependant elle conserva les préventions que je viens de vous dire.

Ainsi, quoique son succès à Versailles, où elle fut présentée, eût été complet, elle se retira après les présentations nécessaires; et, quoique vingt des plus charmans courtisans de Trianon eussent juré qu'ils apprivoiseraient la sauvagerie de la belle Tartare, aucun ne fut écouté, et tous s'éloignèrent en peu de temps. Un seul résista à la résistance de la charmante Phœdora : ce fut le comte de Chastenex, gentilhomme breton, admirablement beau, qui partageait les idées philosophiques de la princesse, et qui en avait fait une courageuse application en épousant la fille d'un lapidaire juif de Rotterdam, qui lui avait apporté plusieurs millions de dot. Le comte avait ainsi rétabli sa fortune, complétement ruinée. Heureusement pour le comte, ce sacrifice aux idées révolutionnaires du temps n'avait pas été de longue durée, et la juive hollandaise, rejetée de tous les salons, refusée à la cour, mourut au bout de six mois de mariage.

Le comte était donc libre, et la princesse l'était devenue. Son mari, en venant la rejoindre en France, six mois après l'exécution sanglante qu'il avait ordonnée, fut insulté par un jeune Allemand qui était, je crois, le frère de Mésinger. Dans le premier transport de sa colère, le prince oublia son rang, se mesura avec cet homme, et fut tué d'un coup d'épée. Quand la princesse apprit cet événement, elle était encore si égarée par ses folles idées d'égalité, qu'elle n'y vit qu'un acte de réparation providentielle, et elle ne fit pas la moindre tentative auprès du gouvernement auquel appartenait l'agresseur pour venger la mort de son mari.

C'est bien malgré nous que nous sommes forcé d'interrompre encore le récit de madame de Kadicoff, pour mettre sous les yeux de nos lecteurs le commentaire explicatif de madame de Fosenzac; mais c'est notre devoir d'historien.

Ce ne fut point, se dit celle-ci, l'empire des idées philosophiques qui rendit la sensible princesse si indifférente à la catastrophe qui la priva de son mari : ce fut la crainte où elle était de son arrivée. Elle n'accueillit pas avec indifférence, mais avec joie, cet événement qui la sauvait; car ce n'était pas pour rien que le prince l'avait éloignée de sa patrie, l'avait isolée de sa famille, et probablement il comptait accomplir en France la vengeance qu'il n'avait fait que commencer en Russie. Et peut-être, ajouta encore à part soi la duchesse, peut-être n'était-ce plus seulement de Mésinger que le prince aurait eu à se venger, et il est probable que le comte de Chastenex eût pesé autant que Mésinger dans la balance des bonnes raisons que pouvait avoir le mari contre sa sensible compagne.

Si de telles réflexions n'eussent pas été faites par une femme contre une femme, nous n'eussions pas osé les avancer pour notre propre compte; mais puisque la duchesse avait si bien commencé, nous pouvons poursuivre dans cette voie et dire que Léonie avait mal compté, et que ce n'étaient pas deux, mais trois, dont le prince avait à se plaindre. Mais nous anticipons sur le récit de la princesse, et nous nous empressons d'y revenir.

— Oui, ma chère, cette pauvre femme était si égarée par les détestables idées de ce temps-là, qu'elle garda le silence sur cet affreux événement. Elle se trouva donc veuve, libre, et M. de Chastenex, devenu plus pressant, lui offrait non seulement son amour, mais encore son nom. Elle eût dû accepter, mais déjà elle en avait perdu le droit.

La duchesse, malgré sa résolution de rester impassible, ne put s'empêcher de laisser échapper une petite exclamation d'étonnement. Madame de Kadicoff la regarda d'un air véritablement triste, et reprit en baissant la voix comme il arrive presque toujours au moment où les confidences deviennent difficiles:

— Oui, duchesse, la pauvre femme s'était laissé encore emporter par sa sensibilité, et cette fois la faute était d'autant plus grave, que c'était un véritable amour. La princesse logeait à Paris dans un quartier alors fort retiré et où s'élevaient les premières maisons de la rue de Provence. Elle occupait un hôtel entouré d'un vaste jardin, ouvrant par plusieurs portes sur les sentiers qui desservaient ce que vous appelez en France les jardins des maraîchers. Le comte de Chastenex ne venait guère que le soir fort tard, quand son service à Versailles était terminé, et il repartait de grand matin; encore faut-il vous dire que la marche des événemens politiques qui commençaient à embarrasser la cour le retenait souvent la nuit à Versailles, et la princesse restait seule durant toutes ces longues journées.

Il n'est pas nécessaire sans doute que nous disions d'une manière précise les conséquences que la duchesse tira de cette phrase, elles se déduisent trop facilement d'elles-mêmes aux yeux des lecteurs les moins éclairés, mais il faut que nous consignions ici le sentiment que ce récit fit naître dans l'âme de Léonie. Ce fut un étonnement bien naturel pour la stupide effronterie de cette femme. Léonie ne pouvait s'expliquer l'assurance intrépide avec laquelle madame de Kadicoff affirmait dans ses préambules l'innocence de son héroïne et la facilité merveilleuse avec laquelle elle laissait échapper un moment après l'aveu des choses qu'elle avait d'abord niées. Nous-mêmes nous ne saurions expliquer cette étrange contradiction que par une analyse beaucoup trop longue de tout ce que peut enfanter l'hypocrisie la plus déterminée jointe à la corruption la plus profonde.

Nous dirons seulement que le danger du mensonge est de se mentir presque aussitôt à lui-même, et que la princesse se trouvait dans une circonstance particulière qui devait venir en aide à ce danger. En effet, en racontant sa propre histoire sous un nom supposé, elle était toujours dominée, en commençant, par le besoin de se défendre, quoique inconnue, de toutes les fautes dont elle était coupable, et quelques momens après la vérité du récit l'emportait et la forçait à tous les aveux. Donc, il était acquis à la duchesse qu'après Mésinger le comte de Chastenex avait été l'amant de madame de Kadicoff, mais ce n'était pas une chose si vulgaire qui lui avait été annoncée et qu'elle désirait ardemment savoir. Au trouble de la voix de la princesse, la duchesse sentit qu'elle approchait de la véritable confidence dont elle avait besoin, et elle l'écouta avec plus d'attention que jamais.

— Phœdora, poursuivit la princesse, passait donc ses longues journées dans la solitude. C'était une âme active, tourmentée d'un désir incessant d'émotions, et qui se consumait d'ennui dans la profonde retraite où elle s'était volontairement reléguée.

Ne vous impatientez pas, ami lecteur; mais il faut vous dire que le mot *volontairement* fut un trait de lumière pour Léonie. Il lui apprit certainement que la sensible Phœdora avait dû être honteusement exclue de tous les salons de Paris comme de ceux de Versailles.

Voilà comment elle traduisit le mot *volontairement*, prononcé par sa meilleure amie, qui continua sans se douter de l'effet qu'elle produisait :

— La pauvre captive ne sachant que faire de ses heures inoccupées, les passait le plus souvent à errer dans le vaste jardin de son hôtel. Quelquefois seulement elle allait, au jour tombant, et accompagnée d'une seule femme, se mêler à la foule qui encombrait le jardin des Tuileries. Comme vous le devez penser, la princesse s'y rendait dans la parure la plus simple, et le plus souvent à pied, car ce qu'elle craignait avant tout, c'était d'être remarquée.

Il faut bien le dire, une femme peut laisser chez elle sa parure, sa livrée, ses équipages, tout ce qui peut révéler ce qu'elle est, mais elle n'y peut dépouiller sa beauté, qui montre ce qu'elle vaut. Les précautions de la princesse pour passer inaperçue furent précisément ce qui la fit remarquer. Une femme dans tout l'éclat d'une brillante toilette, quelque belle qu'elle soit d'ailleurs, emprunte toujours, aux yeux des hommes, quelque chose de l'élégance de ses habits ; ils s'étonnent moins de la voir belle en la voyant bien parée ; mais lorsqu'ils rencontrent sous un vêtement modeste une de ces beautés parfaites qui ne doivent rien qu'à elles-mêmes, lorsqu'ils comprennent qu'aucun ornement ne saurait rien ajouter à une si rare perfection, alors une pareille femme devient pour eux une véritable merveille, et l'ardeur avec laquelle ils la poursuivent tient de ce sentiment qu'éprouve tout homme qui croit avoir découvert un trésor inconnu et qui brûle de s'en emparer, de peur qu'un autre ne fasse la même découverte et ne la lui ravisse.

Ce fut ce qui arriva à Phœdora. Un soir qu'elle était rêveusement assise sous un des hauts marronniers qui entourent le grand bassin, elle vit devant elle un beau jeune homme absorbé dans une admiration profonde. La princesse avait peu de prétentions ; cette âme pure, souffrante et résignée ignorait ce que son céleste visage avait d'attraits, et dans le premier moment, bien que ce jeune homme eût les yeux fixés sur elle, Phœdora ne put croire que ce fût elle qui produisît la profonde extase où il était plongé. Elle se détourna pour éviter ces regards enflammés qui semblaient vouloir pénétrer jusqu'à son cœur pour apprendre s'il était impitoyable ; mais elle ne put les éviter, et lorsqu'elle voulut regarder ce jeune homme, elle le retrouva immobile à sa place et comme transporté hors de lui par une vision céleste. La princesse ne put se méprendre sur l'effet que sa présence produisait sur cet inconnu, et comme il était *admirablement beau,* elle ne voulut pas lui laisser croire qu'elle pût partager ce trouble extraordinaire.

Remarquons avec la duchesse combien madame de Kadicoff devenait poétique en parlant des effets surprenans de sa beauté, et remarquons encore que voici le troisième jeune homme admirablement beau qui se prend à l'adorer. Faisons faire un demi-tour aux pompeuses phrases de la princesse, et convenons avec la duchesse que probablement Phœdora subissait l'empire qu'elle prétendait exercer, et qu'elle ne peignait si bien les extases prétendues où la beauté jetait certains hommes, que parce qu'elle avait éprouvé celles où la beauté des hommes jetait certaines femmes. Du reste, ceci est un don particulier à certaines natures féminines, et la meilleure preuve que madame de Kadicoff appartenait à ces natures sensibles, c'est qu'elle ne parlait jamais que de l'empire de l'âme et des égaremens de l'esprit.

Elle continua encore pendant que là duchesse faisait ses observations instructives.

— Phœdora se leva et le jeune homme la suivit. Elle marcha rapidement sans détourner la tête ; mais la femme qui l'accompagnait, et qui était une Française, ne possédait pas cette pudeur innée qui est le partage des femmes du nord ; cette femme, dis-je, fut assez curieuse pour regarder souvent derrière elle et pour voir le jeune homme les poursuivant avec cet empressement respectueux qui témoigne à la fois de l'entraînement auquel on cède et de la crainte qu'on éprouve de déplaire.

Oh ! que cette princesse russe était habile de voir tout cela sans se retourner, et seulement par les yeux de sa chambrière !

Phœdora arriva à son équipage, qui l'attendait au Pont-Tournant ; point d'armoiries, point de livrée, toutes ses précautions étaient prises ; la princesse dut croire qu'elle était délivrée de cette poursuite, et que celui qui semblait y vouloir mettre tant de persévérance n'aurait aucun indice pour découvrir la femme pour laquelle il s'était pris si soudainement d'une si violente passion. Mais quel fut l'étonnement de Phœdora lorsque, quelques jours après, étant venue s'asseoir, par hasard, précisément au même endroit, elle y retrouva le beau jeune homme qui, à son aspect, devint pâle de bonheur et fut près de tomber à ses genoux. Mais c'était encore un soupirant si timide, qu'un regard impérieux de la princesse le cloua sans force à sa place. Il ne la retrouva que lorsque Phœdora s'étant levée pour regagner son hôtel, il la suivit comme il avait fait la première fois.

— Hélas ! reprit la princesse avec un soupir profond, les femmes se perdent souvent par les précautions qu'elles croient prendre pour leur sûreté. La princesse, qui craignait que la femme qui l'accompagnait ne se laissât séduire par la grâce de ce jeune homme, ou que les gens qu'elle laissait à la porte du jardin, interrogés par lui, ne commissent quelque indiscrétion, la princesse était venue absolument seule, et lorsqu'il lui fallut se retirer, elle comprit à quel danger elle s'était exposée. En effet, à mesure qu'elle s'éloignait à pied aussi rapidement qu'elle le pouvait, elle rencontrait, à l'angle de chaque rue, où elle pouvait plus aisément se retourner sans témoigner trop ouvertement la crainte qu'elle éprouvait, elle rencontrait, dis-je, le regard de ce jeune homme, qui ne l'avait pas quittée d'un pas.

Ce que Phœdora voulait avant tout, c'était de ne pas être reconnue pour ce qu'elle était, et au risque que la fougue de ce jeune homme la forçât à entendre des paroles que sa pudeur eût considérées comme une insulte, elle prit de longs détours pour ne rentrer à son hôtel que par l'un des sentiers écartés dont je vous ai parlé.

Cette précaution lui réussit à merveille, car d'une part la timidité de ce jeune homme l'empêcha d'aborder Phœdora, et de l'autre il ne put deviner, à travers le dédale de rues obscures qu'elle eut à parcourir, à quel hôtel appartenait le jardin où il vit rentrer cette fée de beauté qu'il suivait comme par un enchantement dont il ne pouvait se rendre compte. Cela dura plusieurs jours de suite, et déjà la princesse n'éprouvait pas la moindre inquiétude pour un amour si respectueux, lorsqu'un jour où elle rentra plus tard, parce qu'elle apprit que M. de Chastenex ne viendrait pas lui rendre visite de plusieurs jours, elle oublia de fermer exactement la porte par laquelle elle avait l'habitude de rentrer. Elle avait déjà fait plus de vingt pas dans une longue et sombre allée de tilleuls qui conduisait de cette porte à un des salons les plus retirés de son appartement, lorsqu'elle entendit fermer tout à coup cette porte. Elle se retourna en poussant un cri, et vit presque aussitôt à ses pieds ce jeune homme qui était entré après elle, emporté malgré lui par son amour et épouvanté en même temps de l'action qu'il venait de faire.

A ce moment, l'attention de la duchesse devint extrême, tandis que madame de Kadicoff, les yeux fixés amoureusement au plafond, semblait y chercher des mots assez éthérés pour raconter la scène qui allait suivre.

Mais l'attention de la duchesse et l'extase de Phœdora furent troublés en même temps par un bruit venu du dehors, et un domestique entra, qui, après les excuses les plus humbles sur son audace, déclara qu'un jeune homme venait d'apporter pour madame de Fosenzac un billet avec un ordre exprès de le lui remettre sur-le-champ. Ce jeune homme avait insisté comme si quelque danger menaçait la duchesse, et le domestique n'avait osé le refuser.

La duchesse, fort troublée, prit ce billet et lut ce peu de mots :

« L'homme qui m'a servi de père, l'infortuné Grégorio Massoni, vient de me faire une confidence que je vous dois : venez, il n'y a pas une minute à perdre. »

A ce moment, le domestique était sorti. La princesse n'avait fait nulle attention au trouble de la duchesse à la lecture de ce billet, et, tout entière à son récit, elle le reprit, mais à quelque distance de l'endroit où elle l'avait laissé. Dans ce court moment de silence, il lui avait sans doute paru inutile de raconter les détails, pourvu qu'elle arrivât au résultat, et elle commença hardiment en disant :

— Le lendemain au point du jour, Grégorio Massoni...

— Quoi! s'écria la duchesse, c'était Grégorio Massoni?

— Vous le connaissez? dit la princesse, surprise de cette soudaine exclamation.

— Non! non! répartit la duchesse troublée... mais il me semble avoir déjà entendu prononcer ce nom.

— C'est vrai, reprit madame de Kadicoff qui attacha sur Léonie des yeux d'une inquiétude menaçante ; je l'ai déjà prononcé; mais ce nom ne vous a pas troublée la première fois comme en ce moment.

— C'est, dit la duchesse, qui voulut vainement donner le change à son amie, c'est cette lettre qui m'a troublée.

— Et que dit-elle?

— Rien ; mais elle est de...

— Ah! fit la princesse en dévorant Léonie du regard comme pour deviner la cause du trouble qu'elle éprouvait... de monsieur... mais son nom est inutile.

— Oui, reprit la duchesse en se remettant un peu, il veut me parler.

— Eh bien! obéissez, dit la princesse.

— Non, non, dit Léonie, ce que vous me racontez m'intéresse au plus haut point, et je désire vivement en savoir la fin.

— Une autre fois, répondit la princesse avec nonchalance.

— Non, continuez, je vous en prie, dit Léonie.

— Je ne veux pas aller sur les brisées d'un amant qui a des droits si incontestables que ceux du monsieur qui se permet de vous écrire jusque chez moi, reprit aigrement madame de Kadicoff; et l'insolence du regard qu'elle lança sur Léonie fut un commentaire insolent de cette impertinente réponse.

Léonie ne voulut pas accepter l'injure sans la rendre, et elle répondit avec un ton de laisser-aller méprisant :

— J'aurais pourtant bien voulu savoir la fin de vos amours avec Grégorio Massoni.

— De mes amours, s'écria Phœdora en se ramassant sur son divan comme une vipère qui se replie pour s'élancer plus loin.

— Croyez-vous, lui dit la duchesse, que je ne sache pas de qui vous avez voulu parler depuis une heure? Pensez-vous que l'aventure scandaleuse de Saint-Pétersbourg, dont j'ai entendu vingt fois le récit, ne m'ait pas éclairée sur l'héroïne des aventures cachées de Paris? Je sais votre secret.

— Ah! dit la princesse avec un accent de méchanceté et de menace féline, c'est moi qui sais le vôtre tout entier, madame, et vous ne savez encore que la moitié du mien.

— Eh bien! dit la duchesse, je vais en apprendre le reste.

— De qui? dit la duchesse en se levant cette fois jusque sur ses pieds.

— De Grégorio Massoni lui-même.

— Quoi! il n'est pas mort fou? s'écria madame de Kadicoff qui pâlit sous son rouge.

— Non, madame, répartit la duchesse, et vous devez savoir laquelle de nous deux aura le plus d'intérêt à se taire sur l'autre.

A ces mots, elle sortit en laissant madame de Kadicoff dans un effroi et un étonnement indicibles.

IX

Commentaires.

Pour comprendre ce que voulait dire le billet qui avait été écrit à Léonie, il faut savoir : 1º qui l'avait écrit; 2º comment celui qui l'avait écrit avait acquis le droit de l'écrire; 3º pourquoi il l'avait fait remettre d'une façon si pressante. Nous allons éclaircir ces trois points de notre histoire.

Vous vous rappelez sans doute cet enfant baptisé sous le nom de Grégoire Valvins et si étrangement déposé, en 1788, dans le domicile de cet autre Grégoire, dont le vrai nom était Grégorio Massoni. C'est lui, c'est-à-dire Valvins, qui avait écrit ce billet à la duchesse. Vous comprenez que ceci demande encore explication, et cette explication, il faut que vous ayez la patience de la lire, si vous voulez comprendre tout à fait.

Lorsque Massoni quitta la petite maison de Valvins avec son enfant d'adoption, il chercha des moyens de subsistance dans son talent de musicien.

Messieurs les gens de lettres ont la folle prétention de croire que leur art doit passer en première ligne, et ils prennent insolemment le pas sur la musique. Et cependant quelles sont les ressources d'un pauvre écrivain auprès de celles d'un musicien? La musique pénètre en mille endroits où la littérature reste à la porte. Elle entre de plain-pied dans l'église, elle se montre sans qu'on la cache furtivement sous un tablier de soie dans les plus austères pensionnats. Elle chante aux lumières de mille bougies dans les salons les plus aristocratiques, et grince un vieux air sur une vieille corde dans les tavernes dansantes de la barrière; elle se vend trente mille francs à l'Opéra sous le nom de Laïs, et tend la main à deux liards dans les rues d'un village. Avec un rien de musique, un aveugle vit et son chien avec lui; si le plus grand littérateur du siècle montait sur la borne pour y réciter son œuvre, la foule le sifflerait et les agens de police le mettraient en dépôt à la Souricière. La musique donc est bien préférable à la littérature, elle se mêle aux choses les plus saintes et aux plaisirs les plus délicieux ; elle se glisse même dans l'occupation la moins sainte et la moins délicieuse, elle a sa place à la guerre.

Or, ce fut de ce côté que Grégorio alla la chercher. Il s'engagea en qualité de clairon dans un régiment, emmenant toujours avec lui le petit Valvins, auquel il enseignait trois choses avec un soin extrême : la musique, les belles-lettres et le mépris des femmes. Quoique Grégorio fût brave, et il y a des occasions où il faut l'être beaucoup pour souffler juste et en mesure dans un tube de cuivre, lorsqu'il y a cinq ou six mille tubes de fer ou de bronze qui vous envoient des balles et des biscaïens ; donc, quoique Grégorio fût brave, il ne fit pas un chemin bien rapide, et, en 1805, il était tout simplement chef de musique d'un de ces beaux régimens de la garde impériale. Grégorio eût cependant obtenu une meilleure position, s'il avait voulu profiter de l'estime qu'on faisait de lui ; mais à toutes les offres de service qui lui étaient faites, il répondait par un refus pour lui et une demande de protection pour son petit Grégoire Valvins. De cette façon, il obtint que son fils adoptif fût admis gratuitement à l'école de Saint-Cyr, et notre enfant perdu en sortit en 1807 avec le grade de sous-lieutenant ; il avait alors dix-neuf ans. Ce n'était pas un de ces tendres adolescens qui aimaient autant à montrer leurs jeunes épaulettes dans un cercle de femmes qu'en face d'une batterie. Valvins, à dix-neuf ans, était un homme sérieux, décidé à faire sa fortune militaire, brave comme tous ceux qui n'ont rien à perdre en ce monde et qui ne seront une perte pour personne.

Point querelleur, mais têtu comme un Bas-Breton ; peu élégant, mais d'un corps de fer ; spirituel, si on peut appeler esprit une causticité froide et impitoyable ; beau soldat à la parade, où il portait cette tenue rigide qui est l'élégance des militaires ; plus beau soldat en campagne, où on sentait qu'il portait légèrement le poids des privations et de la fatigue ; très beau soldat sur le champ de bataille, où il était calme comme un marbre tant qu'il fallait recevoir les coups sans les rendre, et où il les rendait comme un furieux quand cela lui était seulement permis, la fortune d'un tel homme devait être facile. Il commença en Espagne, où il était déjà capitaine en 1812, et passa en cette qualité dans le régiment de la garde où Grégorio était chef de musique, pour suivre l'empereur dans cette gigantesque campagne de Russie, où les régimens entrèrent à flots, pour se perdre et disparaître dans ce désert glacé, comme le Rhône dans les sables de son embouchure.

Valvins en revint cependant, et il en revint commandant de son bataillon, dont il se trouva le plus vieux capitaine : il avait vingt-quatre ans. Il faut dire aussi qu'il était resté tout seul de son grade. Il fit, comme commandant, la campagne de 1813, qui fut si belle de défaites, et la campagne de 1814, merveille d'audace, de rapidité et de génie. Napoléon connaissait Valvins. Napoléon aimait Valvins. D'abord, cet enfant qui avait été élevé à ses frais dans son école de Saint-Cyr, était presque à lui, et puis il l'avait vu à l'œuvre, il admirait surtout la soumission exacte de cet esprit intelligent. Valvins, tout en comprenant la portée d'un ordre reçu, ne se croyait pas le droit de le discuter, parce qu'il l'avait compris; c'était un soldat enfin comme en voulait le grand empereur.

Valvins était à Fontainebleau en 1814, lorsque Napoléon fit ses adieux à sa garde. La veille, le commandant avait reçu la croix d'officier de la Légion-d'Honneur, et ce jour-là il pleura pour la première fois de sa vie. Ces larmes sérieuses qui lui vinrent aux yeux lui firent un effet bien singulier. En pleurant sur cette haute fortune tombée, il réfléchit sur sa propre existence. Beaucoup de ses camarades, qui disaient avec lui qu'ils ne voulaient plus porter l'épée, ajoutaient à cela des phrases comme celles-ci :

— Ma foi, s'écriait un jeune homme d'un ton presque consolé, je retournerai près de ma pauvre mère, qui ne comptait plus me revoir, et qui a tant pleuré quand je suis parti.

— Moi, disait un plus vieux avec résignation, j'ai ma sœur qui est veuve et qui a des enfans; il y aura toujours bien pour moi un coin dans sa maison, et je serai le vieil oncle qui gâte les nièces et les neveux.

Chacun disait son projet, et tous aboutissaient à une affection laissée derrière eux et à laquelle ils allaient retourner. Voilà ce qui fit que Valvins, après avoir pleuré sur Napoléon, qui était sa famille, se mit à dire :

— Et moi, où irai-je quand il sera parti?

Et alors, il pleura aussi sur lui-même. Sans doute Grégorio Massoni était là; c'était un père. Mais nous n'avons pas dit ce qu'était devenu Grégorio Massoni : blessé à Lutzen, rapporté mourant en France, ayant perdu une jambe, il fut admis aux invalides, et là Grégorio reprit l'usage du serpent pour ajouter, grâce aux bénéfices de la sacristie, quelques pintes de vin à celui que sa solde et sa croix lui permettaient de se procurer. Ce qui avait été autrefois un narcotique pour Grégorio était devenu pour lui un excitant; ce qui avait été un effet de son désespoir était devenu un vice d'habitude; et maintenant ce Grégorio Massoni, si admirablement beau, n'était plus qu'un vieil ivrogne hébété qui faisait rougir Valvins, malgré son respect et sa reconnaissance pour celui qui l'avait élevé.

L'affection d'un pareil homme ne pouvait donc être un refuge pour Valvins, et le jeune homme se trouva donc seul en ce monde où chacun avait un cœur qui l'attendait. Il eût voulu suivre l'empereur à l'île d'Elbe; mais, si distingué qu'il fût, Valvins ne l'était pas assez pour être placé parmi les élus de cette fidélité et de cet exil.

Il restait donc seul, abandonné, triste, ému, cherchant quelque chose à quoi se rattacher, et comme il ne trouvait aucune affection vivante vers qui tendre les bras, il lui prit soudainement un désir de revoir la maison où il était né. Il lui sembla que ces murs insensibles le recevraient avec joie, eux qui avaient donné asile à l'abandon qui l'avait frappé en naissant. Il se dit qu'il aimerait ce toit délabré, ces murailles lézardées où il avait vu le jour, et qu'elles le couvriraient avec amour. Il s'imagina que la maison natale l'aimerait; je ne puis vous dire tout ce qu'il rêva, mais, le soir venu, il quitta Fontainebleau et partit seul et à pied pour Valvins.

X

Scène militaire.

On était au mois d'avril, à cette époque de l'année où les jours appartiennent au printemps, selon le calendrier, et à l'hiver, selon le climat. Des feux étaient allumés de distance en distance le long des chemins, par des petits pelotons de soldats qui discutaient entre eux sur l'immense événement qui venait de s'accomplir. Ils arrêtaient Valvins à mesure qu'il passait près d'eux pour s'informer à lui s'il était arrivé quelque chose de nouveau. Ces pauvres soldats, qui s'étaient battus si souvent un contre dix, ne pouvaient s'imaginer que leur empereur eût véritablement renoncé à lutter contre l'ennemi, tant qu'il avait une division, un régiment, une compagnie à lui opposer. Décidés qu'ils étaient à mourir pour lui, ils ne comprenaient pas pourquoi il ne les faisait pas tuer jusqu'au dernier.

Ce n'est pas que bien souvent ces mêmes soldats n'eussent fait entendre des murmures contre les dangers incessans auxquels Napoléon les exposait. Cependant ces murmures qui se taisaient en sa présence ne s'étaient jamais fait entendre que lorsqu'ils croyaient servir seulement l'humeur belliqueuse du maître. En ces circonstances, ils trouvaient que l'on jetait trop légèrement leur vie à ce grand jeu des batailles auquel Napoléon prenait tant de plaisir; mais toutes plaintes avaient cessé le jour où la lutte avait reculé jusque sur le sol de la patrie : marches, fatigues, combats de tous les jours et de toutes les heures, attaques rapides, défenses obstinées, privations de vivres et de sommeil, ils avaient tout accepté, non plus comme un sacrifice, mais comme un devoir. Aussi les généraux qui ébranlèrent la résistance de Napoléon en lui parlant du découragement et de la désaffection de ses soldats lui mentirent-ils, du moins pour ce qui regardait le moment présent. Le soldat, qui avait la conviction de son dévoûment et qui en même temps voyait que l'on n'en profitait pas, se croyait trahi, non seulement par ceux dont la désertion avait été mise à l'ordre du jour, mais encore par tous ceux qui approchaient l'empereur.

C'était sous l'impression de cette pensée qu'ils s'adressaient à Valvins, et leurs questions étaient faites d'un ton qui annonçait qu'ils ne se croyaient plus obligés à une exacte subordination. Pour un homme qui, à ce moment, eût voulu changer son rôle d'officier obéissant en celui de partisan libre, il y avait là, dans les sentiers de cette forêt, une petite armée toute prête et qui eût pu devenir un obstacle redoutable au paisible rétablissement des Bourbons.

Mais, l'histoire le reconnaîtra, Napoléon, en créant la grande nation, avait absorbé les individualités dans l'enfantement de ce tout colossal. On n'avait appris à son école à servir la patrie que sous la direction souveraine qu'il imprimait à toutes les volontés; personne ne pensait qu'il pût faire quelque chose de lui-même, n'ayant jamais rien fait de cette sorte, et lorsque la clé de voûte du système impérial tomba, tout croula avec celui où tout aboutissait.

Quelques hommes seulement eurent une velléité de défendre encore la France sous leur responsabilité personnelle; mais ces idées n'allèrent pas même jusqu'à un commencement de tentative, et l'on est obligé de s'en rapporter aux confidences de quelques Mémoires contemporains pour croire que ces velléités même ont existé.

Comme nous avons la prétention de dire qu'un roman est une chose aussi véridique que tous les Mémoires du monde, nous osons dire que cette idée passa par la tête de Valvins: peut-être sa position et ses antécédens expliquent-ils qu'il l'ait eue plutôt qu'un plus considérable.

Isolé qu'il était, sans famille, sans avenir, mille raisons qui pouvaient en arrêter d'autres ne lui faisaient pas obstacle. D'un autre côté, il se souvenait de cette guerre d'Espagne où il avait commencé sa carrière. Là, quoi qu'on en dise et malgré toutes les déclamations libérales des faiseurs de charte, l'homme a une bien autre idée de sa valeur personnelle que chez nous. Il comprend sa nationalité d'une manière à la fois plus large et plus digne. Du jour où on attaque son pays, il se lève pour son pays; s'il se trouve dix hommes valides dans un village, ils prennent un chef, et voilà une guérilla organisée. S'il n'y en a qu'un qui puisse résister, il se met derrière un buisson, et tue son ennemi à l'affût, tout cela sans qu'il soit besoin d'un ordre du souverain, contresigné par un ministre, envoyé aux préfets, aux sous-préfets et aux maires, qui décrètent avec toutes les formes voulues par la loi qu'il est ordonné de ne pas se laisser conquérir, piller, brûler, saccager.

Valvins avait vu mille exemples de ces défenses partielles qui avaient entravé à chaque pas la grande guerre comme le faisaient nos généraux, au point de faire trébucher toutes les victoires et de les rendre presque insignifiantes. Il rêva qu'avec les soldats aguerris qui restaient encore en France, un chef de parti pourrait acquérir une gloire qui s'envolait désormais pour tous les militaires, avec l'aigle de Napoléon.

Cette pensée poussa Valvins à s'arrêter plus long-temps qu'il ne l'aurait fait dans les divers groupes qu'il rencontra. Comme nous l'avons dit, il y trouva le désir et la résolution de résister, mais à une seule condition, c'est que ce serait sous les ordres de Napoléon. Ceci tenait encore à un des plus mauvais résultats du gouvernement impérial. Il y avait, à vrai dire, deux peuples dans la nation, l'armée et le bourgeois. Comme l'armée, malgré son énorme disproportion numérique avec le reste de la France, était l'instrument actif et glorieux de la puissance nationale, elle avait une existence morale aux yeux de tous et à ses propres yeux, qui la rendait l'égale du reste de la nation. Il en arriva qu'en 1814, la France, oubliant qu'elle était en cause, ne fit aucun effort digne d'elle pour sa défense, chacun refusant de venir en aide à un homme et à ses cent mille soldats, dont, pensaient-ils, la cause n'était pas la sienne. D'un autre côté, l'armée, qui depuis long-temps suivait bien plus le drapeau napoléonien que le drapeau français, hésita à se sacrifier pour un peuple qui s'abandonnait, et le cri : La France trahit l'empereur! fut plus d'une fois prononcé par les soldats à qui notre commandant s'adressa. Pour eux, l'empereur c'était la patrie.

Valvins comprit et devina ce sentiment; cependant il pensait encore que, s'il ne pouvait entraîner ces hommes par l'héroïsme d'une affection qu'il eût fallu leur apprendre, il pourrait les exalter par un sentiment de haine qui était dans le cœur de tous. Mais il se trompa, et à ses imprécations contre les Russes et les Prussiens on répondit par des imprécations contre les traîtres et les gens qui parlaient du retour des Bourbons.

Les soldats n'avaient pas encore une idée bien exacte de ce que pouvait être un royaliste ; mais ils savaient qu'à côté de la nouvelle noblesse de l'empire il y avait une vieille noblesse d'autrefois qui avait des titres ridicules. Or, à peu de distance du groupe que venait de quitter Valvins, bien résolu à ne pas s'arrêter davantage, le jeune commandant aperçut la grille d'un château. Cette grille était brisée, les fenêtres brillaient de lumière à tous les étages, car la nuit était à peu près close; et un bruit confus de voix partait de la maison. Peut-être Valvins fût-il passé sans s'informer de ce qui arrivait dans ce château, lorsqu'il fut presque renversé par un domestique qui s'enfuyait et que deux ou trois soldats armés poursuivaient en criant : Arrêtez le Prussien ! Valvins, comme tout homme qui eût entendu un pareil cri, saisit le collet du malheureux qui voulait s'échapper, et les soldats étaient déjà près de lui avant qu'il reconnût qu'il avait affaire à un homme en livrée, et qui parlait un excellent français de domestique.

L'un des soldats arrivés près de Valvins porta la main à son schako en lui disant :

— Merci, commandant.

Et, sans autre explication, ces trois ou quatre hommes qui étaient à moitié ivres entourèrent le malheureux valet, et l'un deux, le sabre nu à la main, lui dit :

— Voyons maintenant, comment s'appelle ton maître ?

— Il s'appelle comme vous voudrez, répondit le domestique tremblant à cette question.

— Il a un nom, reprit le soldat, dis-le tout de suite.

— Mais je vous l'ai déjà dit, et vous m'avez donné plus de trente coups de plat de sabre parce que j'ai répondu.

— C'est parce que tu ne l'as pas bien dit, reprit le soldat ; recommençons ça, et pas de négligence, ou...

Tous les sabres levés en l'air en ce moment servirent d'explication à ce *ou* menaçant. Le malheureux portait des regards effarés sur toutes ces lames luisantes et qui n'étaient pas assez solidement tenues pour ne pas tourner dans leur chute et arriver sur le tranchant au lieu du plat, le malheureux, disons-nous, se mit à balbutier, l'œil humide et le dos rentré :

— Il s'appelle, monsieur...

— Bien, fit le soldat ; après ?

Il s'appelle M. le marquis de Lesly, dit le domestique tout d'un trait, comme si la rapidité de sa réponse devait en emporter le danger.

Mais à peine en eut-il prononcé les derniers mots, que voilà les soldats qui se mettent à tourner autour de lui en lui appliquant de vigoureux coups de plat de sabre en criant : Saute, marquis !

Valvins n'avait pas compris ce qui irritait si fort les soldats, et il intervint pour faire cesser cet acte de brutalité. A sa voix, les soldats s'arrêtèrent, et l'officier les ayant interrogés, l'un d'eux lui répartit assez grossièrement :

— Pourquoi est-ce que ce pékin ne veut pas répondre ?

— Mais il vous a répondu, dit Valvins.

— Il nous a répondu ? fit le plus ivre de la bande ; faites-nous donc le plaisir, commandant, de nous répéter ce qu'il nous a dit.

— Eh bien ! dit Valvins, à qui la mauvaise humeur commençait à prendre, il vous a dit que son maître s'appelait le marquis de Lesly.

— Le marquis de Lesly ! répéta l'ivrogne qui avait parlé le dernier; en voilà encore un qui trahit, ajouta-t-il en montrant Valvins de la pointe de son sabre. Ça reconnaît les marquis, c'est vendu aux royalistes.

— Oui, oui! répétèrent les autres soldats avec un air de menace.

Valvins hésitait à tirer son épée contre des gens qui avaient perdu la raison. C'était réduire à une lutte d'homme à homme l'autorité qu'il ne devait tirer que de son grade. Mais comment la faire respecter autrement que par la force? Le cas était embarrassant; heureusement un autre militaire accourait sortant de la maison et criant de toutes ses forces :

— Venez donc, là-bas! nous venons de faire une découverte.

A peine fut-il à quelques pas du groupe menaçant, que Valvins, s'adressant à lui de la voix la plus sévère, lui dit :

— Caporal, arrêtez cet homme qui vient de m'insulter.

Le caporal mesura du regard celui qui lui parlait; il reconnut les épaulettes, l'uniforme, et, pesant la main sur le bras du soldat récalcitrant, il lui dit sans la moindre émotion: — Allons, arrive, toi. Imbécile, reprit-il en s'adressant aux autres, qui va se faire fusiller la veille du jour où il ne sera peut-être plus soldat.

L'ivrogne laissa tomber son sabre avec un jurement affreux, mais prononcé bien plus contre lui-même que contre celui qui venait d'ordonner son arrestation et qu'il eût peut-être égorgé une minute avant. Les autres suivirent sans mot dire le caporal et le prisonnier, et tous rentrèrent dans la maison. L'habitude de la discipline avait parlé plus haut que l'ivresse.

Valvins était demeuré seul avec le domestique, qui avait l'air consterné.

— Je pense, lui dit-il, que vous profiterez de la leçon et que vous vous dispenserez de nouveau d'appeler votre maître M. le marquis de... comment avez-vous dit?

— De Lesly, répondit le domestique.

— De Lesly, c'est vrai, dit Valvins en paraissant réfléchir; et ce nom qui m'a étonné d'abord me frappe plus particulièrement maintenant. Je connais ce nom, ce n'est pas la première fois que je l'entends.

— C'est possible, dit le domestique, vu que c'est un des plus grands noms de France.

Valvins se mit à rire.

— Je ne crois pas le connaître comme cela... Lesly! Lesly! répéta-t-il, je ne connais pas de général de ce nom, et cependant je jurerais que ce nom m'a frappé autrefois.

— Oh! M. de Lesly ne servait pas, dit le valet, ce qui ne l'empêchait pas d'être noble.

— Ah! oui, dit Valvins dédaigneusement, un noble d'autrefois. Put! fit-il d'un ton insouciant, c'est quelque neveu de mestre-de-camp que j'aurai lu dans l'histoire des campagnes du grand Frédéric.

Et après cette supposition, le commandant allait s'éloigner lorsque des vociférations tumultueuses parmi lesquelles perçaient des cris de désespoir, vinrent l'arrêter.

— Ah! mon Dieu! monsieur, s'écria le domestique d'un ton désolé, ils vont tout massacrer, tout tuer.

— Mais qu'est-il donc arrivé? reprit Valvins.

— Imaginez-vous que nous étions bien tranquillement enfermés dans le château, lorsqu'il y a une heure des soldats, qui avaient l'air de maraudeurs, se présentèrent à la grille et demandèrent à boire un coup et à passer la nuit dans le moindre petit coin de grange qu'on voudrait leur céder. Rien n'était plus facile, et si j'avais été là, j'aurais arrangé les choses comme un gant. Mais monsieur s'y trouvait. Il faut vous dire que depuis trois jours il ne parle que du retour de ses souverains légitimes, et sans sa fille, qui heureusement l'en a empêché, il eût fait attacher un mouchoir blanc à la girouette du pigeonnier. Voilà donc que lorsque les soldats s'adressent à lui, assez poliment, il faut que je l'avoue, voilà qu'il leur répond avec fureur :

— Je ne donnerai rien aux soldats du tyran, aux... Là il s'est servi d'un mot que je n'ai pas bien compris... aux cides, aux cheïdes.

— Aux séides? dit Valvins.

— Oui, c'est ça, aux séides de l'usurpateur.

Valvins fronça le sourcil et lâcha un *hum!* si significatif, que le domestique reprit d'une voix plus tremblante :

— Il a eu tort, c'est vrai, il a eu tort; mais enfin, c'était bien assez d'entrer de force dans la maison, de défoncer la cave, de boire le vin et d'appeler, pour boire avec eux, tous ceux qui passaient ; ce qui fait qu'ils sont là-dedans une cinquantaine qui se grisent comme des grives. Je ne dis pas encore qu'ils n'ont pas eu raison de donner quelques coups de plat de sabre à M. le marquis, puisque enfin il les avait insultés, et même je n'ai pu m'empêcher de rire quand ils lui ont versé une carafe d'eau sur la tête, pour faire, comme ils disaient, des oreilles de chien avec ses ailes de pigeon ; mais ce n'était pas une raison pour battre tout le monde : comme si moi, par exemple, je n'étais pas innocent comme l'enfant qui vient de naître.

Valvins avait écouté ce récit d'un air assez indifférent, fort peu disposé à prendre parti pour le royaliste qui appelait Napoléon usurpateur, et ne voulant pas, d'un autre côté, donner une espèce de sanction à ce désordre par sa présence. Cependant il demeurait incertain, écoutant la sourde rumeur qui partait du château, lorsque de nouveaux cris d'angoisse, et cette fois des cris de femme, parvinrent jusqu'à lui.

— Ah! mon Dieu! mon Dieu! fit le domestique en recommençant ses lamentations, ils auront découvert madame!

— La marquise de Lesly? dit Valvins en riant. Il se représentait en ce moment l'image d'une vieille femme en poudre et en paniers, aux prises avec les quolibets des soldats.

— Non, la fille de M. le marquis.

— La fille de M. de Lesly! s'écria Valvins, comme si ce mot venait de réveiller en sursaut sa mémoire tourmentée par un rêve... Madame de Fosenzac? ajouta-t-il aussitôt.

— Oui, monsieur.

— Ah! pauvre femme! s'écria Valvins sans attendre de réponse, et tout aussitôt il s'élança vers le château.

Il monta rapidement le perron et entra dans une vaste salle à manger. Sur la table étaient des bouteilles en quantité, la plupart à peine entamées, mais toutes le goulot cassé, manière de déboucher très expéditive. Au bout de la table, et sur une chaise placée en équilibre sur deux autres, était un vieillard qui servait de point de mire au jet continu que quelques soldats faisaient sortir avec plus ou moins d'adresse des bouteilles de vin de Champagne comprimées par le pouce. C'était le marquis. Dans l'angle d'une croisée, une femme adossée au carreau brisé, et se défendant de son mieux contre la poursuite de deux ou trois soldats qui l'insultaient. Par-ci, par-là quelques laquais épouvantés apportant des paniers de vin et servant les soldats. C'étaient des cris, un tapage, un désordre affreux. Au moment où il parut, Valvins se trouva en face du caporal auquel il avait déjà parlé, et celui-ci, frappé de terreur à son aspect, s'arrêta tout court, au moment où il allait déboucher une bouteille de vin, en criant :

— Le commandant!

L'effroi de cette exclamation fut comme une étincelle électrique et atteignit tous les autres soldats. Ils se levèrent tous et restèrent immobiles. Quelques uns seulement de ceux qui étaient dans des coins obscurs murmurèrent tout bas :

— Qu'est-ce que c'est que ce commandant-là?

Valvins parcourut la salle d'un regard rapide et fit son plan de campagne. Il commença par frapper un grand coup.

— Soldats, s'écria-t-il, vous êtes des lâches!

Les uns baissèrent la tête, les plus ivres firent entendre quelques grognemens sourds.

— Vous êtes des lâches! reprit Valvins. Vous restez ici à insulter un vieil imbécile et une femme, tandis qu'on se bat à Essonne!

A ces mots : « Tandis qu'on se bat à Essonne! » tout le monde se précipita vers Valvins.

— Où ça, commandant, où ça?

— A Essonne, vous dis-je ; tous les régimens se concentrent sur Fontainebleau... Allez, vous n'avez pas de temps à perdre.

La phrase était à peine finie, une minute n'était pas écoulée, que tous les sacs abandonnés étaient repris, tous les fusils sur l'épaule, et que les soldats, se précipitant hors du château, le laissèrent aussi silencieux et désert qu'il était bruyant et peuplé un instant avant. Valvins demeura seul avec le vieux marquis et la duchesse qui, depuis qu'il était entré, le dévorait du regard. Si l'aspect de cette salle était effrayant quand le commandant y était entré, il était hideux à ce moment de solitude. Valvins le regarda tristement sans rien dire. Mais presque aussitôt il s'approcha du marquis et lui dit :

— Maintenant, monsieur, il faut partir. La nouvelle que je viens de donner à ces soldats est fausse : l'empereur a quitté Fontainebleau.

— Vive le roi ! s'écria M. de Lesly en s'agitant sur la chaise où il était lié.

— Votre père est fou, madame, dit Valvins à la duchesse. Faites-le mettre dans une voiture et emmenez-le à Paris.

La duchesse ne répondit pas ; elle regardait toujours Valvins.

— Faites ce que je vous dis, ou je ne réponds plus de rien. Les soldats peuvent apprendre, à cinq cents pas d'ici, que je les ai trompés ; ils peuvent revenir, et alors je ne réponds plus de leur exaspération. Voyons, reprit-il en descendant M. de Lesly de sa chaise et en le déliant, partez, partez !

Les domestiques entrèrent et emmenèrent le marquis en disant qu'une voiture allait être attelée sur-le-champ. Valvins donnait ses ordres ; la duchesse le suivait pas à pas, cherchant son visage, tressaillant à chaque mot qu'il prononçait. Le marquis était sorti, et Valvins, qui l'avait accompagné jusqu'à la porte en recommandant aux domestiques de ne pas l'écouter et de le conduire, fût-ce de force, à Paris, Valvins aperçut la duchesse restée immobile et lui dit de sa voix impérative :

— Allons, madame, allons, dépêchons-nous, il faut partir.

Elle obéit d'abord instinctivement et alla jusqu'à la porte ; mais tout à coup elle revint, et, prenant l'officier par le bras pour le mieux voir en face, elle s'écria :

— Mais vous êtes le commandant Valvins !

— Ah ! fit le jeune homme d'un air suffisant, madame la duchesse m'a reconnu ? Je lui présente mes hommages.

Madame de Fosenzac ne répondit pas, tant elle paraissait anéantie de cet accueil.

Valvins devint embarrassé et reprit d'un ton plus humble :

— Il faut partir, madame ; je vous l'ai dit, ces soldats peuvent revenir, et alors...

— Alors, dit la duchesse, ils ne me traiteront pas plus indignement que vous ne m'avez traitée, vous !

— Madame..., dit Valvins en s'inclinant et en essayant de reprendre son ton suffisant.

La duchesse s'élança vers une porte et appela. Un domestique parut.

— Dites à mon père de partir seul; monsieur vient de comprendre qu'il vaut mieux que nous nous échappions séparément. Allez.

— Que faites-vous, madame? dit Valvins.

— Je reste, monsieur, dit la duchesse; car je vous retrouve enfin, et il faut que tout s'explique maintenant.

Valvins fit un geste d'assentiment accompagné d'un léger sourire; et la duchesse, prenant un flambeau, ajouta :

— Daignerez-vous me suivre dans un appartement où l'on ne pourra entendre ce que j'ai à vous dire?... Passez... passez le premier, monsieur..., ajouta-t-elle en lui montrant un long couloir.

Il obéit, toujours avec l'air dédaigneux qu'il avait affecté depuis que la duchesse lui avait dit son nom. Ils arrivèrent dans un boudoir fort élégant. La duchesse montra un siége à Valvins, qui s'y assit; elle se plaça en face de lui, et aussitôt elle prit la parole en disant :

IV

Souvenirs.

— Vous rappelez-vous, monsieur, la première fois que nous nous sommes vus?

— Parfaitement, madame, dit Valvins en affectant toujours son sourire dégagé et presque impertinent.

— En êtes-vous bien sûr, monsieur? reprit la duchesse avec un accent de dignité hautaine.

— Je ne vois pas, répartit Valvins, ce qui eût pu me faire perdre le souvenir; les conséquences en ont été trop charmantes pour ne pas le protéger dans mon cœur.

— Et elles ont été trop douloureuses pour moi, monsieur, reprit la duchesse, pour que je n'y sois pas retournée cent fois dans ma pensée afin de le consulter et de chercher si, dans cette première rencontre, je ne trouverais pas un mot, un geste, un rien qui pût servir d'excuse à votre conduite envers moi.

— C'est vous donner beaucoup plus de peine que cela n'en mérite, madame, dit Valvins.

— Vous vous trompez, monsieur, reprit madame de Fosenzac en interrompant Valvins, et je suis convaincue qu'il doit s'être passé à ce moment quelque chose que je ne sais pas, et je vous prie de vouloir bien répondre franchement aux questions que je vais vous faire.

— Je suis tout prêt, dit Valvins, se maintenant toujours dans sa froide et dédaigneuse retenue.

La duchesse en devint pâle de colère, mais elle se maîtrisa et reprit après un moment de silence :

— J'étais sous le péristyle de l'hôtel de madame D.... ; vous descendiez encore l'escalier. J'allais monter dans ma voiture ; j'étais déjà sur le marchepied, lorsque mes chevaux se cabrèrent. Je chancelle, j'allais tomber, lorsque vous vous élancez vers moi, et, m'attirant vivement dans vos bras, vous me faites échapper au danger d'une chute qui pouvait m'être fatale. Est-ce bien cela, monsieur ?

— Oui, madame, dit Valvins, si ce n'est que vous donnez à ce service une importance qu'il n'a pas, en supposant à la chute que vous eussiez pu faire un danger qui n'a pas existé.

— J'ai cru le contraire, monsieur, répartit la duchesse ; la frayeur que j'ai éprouvée m'a sans doute mal fait voir les choses ; mais enfin, quoi qu'il en ait été, dites-moi si, pendant les quelques minutes que mon cocher a mises à calmer ses chevaux, je ne vous ai pas remercié comme je le devais, dites-moi si les expressions de ma gratitude ont été froides ou peu convenables, et si je vous ai paru manquer de reconnaissance.

— En vérité, madame, dit Valvins, vous me rendez honteux de me faire une pareille question ; vous me parlez de reconnaissance pour un mouvement bien naturel.

— Monsieur, reprit la duchesse avec impatience, répondez-moi franchement, comme vous me l'avez promis : ai-je été, vis-à-vis de vous, impolie ou dédaigneuse ?

— Non, madame, non, répondit sérieusement Valvins.

— Bien, dit la duchesse ; maintenant, et je vous en supplie, que votre réponse soit nette et franche, dût-elle être grossière. Dans mes remerciemens, ai-je au delà de ce qu'une femme peut et doit dire ? Y a-t-il eu dans mes expressions, dans mes regards, dans ma personne, quelque chose d'affecté... d'extraordinaire... de provoquant?... Vous me comprenez, monsieur ? Avez-vous pu croire que j'étais une de ces femmes qui ne cherchent qu'une occasion de montrer de la sensiblerie outrée, et qui font du moindre accident un événement romanesque pour en faire le point de départ d'une aventure sentimentale ? Ai-je été ainsi ?

— Non, madame, dit Valvins encore très sérieusement, et cette fois avec un accent de déférence.

— C'est bien, répartit la duchesse avec un soupir. Mais, reprit-elle avec plus de fermeté, avant d'aller plus loin, veuillez encore éclaircir un de mes doutes : était-ce bien la première fois que vous m'aviez vue ?

— La première fois.

— A ce moment précis, n'est-ce pas, quand j'étais sur le marchepied de ma voiture? Vous ne m'aviez pas aperçue dans les salons de madame D...., où nous avions passé la soirée tous deux?

— Je ne crois pas, dit Valvins.

— Rappelez-vous bien, monsieur, répartit la duchesse ; vous ne m'auriez pas invitée à danser, et je ne vous aurais pas refusé?

— Je n'ai invité personne.

— Je n'aurais pas été assise à côté d'une femme de votre connaissance, et par hasard je n'aurais pas été désobligeante pour elle? Un mot, un geste suffisent pour cela.

— Je ne connaissais dans ce salon aucune femme qui eût pu se plaindre à moi de pareille chose, si elle lui était arrivée.

— On a beaucoup parlé autour de moi de la campagne de Russie, à laquelle vous avez pris part ; aurais-je dit un mot qui vous blessât, je ne dis pas dans votre personne, puisque je n'avais pas l'honneur de vous connaître, mais dans vos affections, dans vos opinions, dans quoi que ce soit, enfin ?

— Non, madame, répondit encore Valvins ; je vous l'ai déjà dit, je ne vous ai vue pour la première fois en ma vie que sous le péristyle ; je n'ai entendu votre voix que lorsqu'elle s'est adressée à moi pour m'offrir les remerciemens les plus empressés, et, s'il faut tout dire, jusqu'à ce moment, je n'avais pas entendu prononcer votre nom.

— C'est bien, fit encore la duchesse avec l'expression particulière qu'elle avait déjà mise à prononcer ce mot. Ainsi donc, monsieur, ce premier jour, lorsque j'ai été remontée dans ma voiture et que vous vous êtes éloigné, vous n'avez emporté contre moi aucun ressentiment, si petit qu'il soit, aucune raison, si futile qu'elle pût être, de vous faire une espérance de cette rencontre ?

— Vous avez une bien étrange opinion de mes exigences ou de ma fatuité, répondit Valvins d'un ton plus digne.

— Non, monsieur, non, ce n'est pas à vous que je cherche des torts, c'est à moi seule ; et c'est dans cette rencontre que je dois les chercher ; car la seconde fois que je vous rencontrai, je suis persuadée que votre parti était pris vis-à-vis de moi ; et si ma conduite ultérieure vous y a laissé persévérer, j'ai la conviction que ce n'est pas elle qui vous l'a fait prendre.

La duchesse s'arrêta, mais Valvins ne répondit pas ; il mâchonnait ses moustaches et suivait les dessins du tapis du bout du fourreau de son sabre ; son visage, où perçait un triste mécontentement, cherchait vainement à reprendre cette expression de raillerie dédaigneuse qu'il avait d'abord affectée ; mais il n'y pouvait réussir.

La duchesse l'examina assez long-temps, et comme il se taisait toujours, elle reprit avec la même résolution :

— Encore une fois, monsieur, ai-je raison? Soyez franc, vous n'avez pas besoin de mentir avec moi.

— Eh bien! oui, madame, répartit Valvins avec brusquerie vous avez raison. Quand je me suis présenté dans votre loge au Théâtre-Français pour vous demander de vos nouvelles, mon parti était pris.

La duchesse rougit, et, perdant de son assurance, elle ajouta en hésitant :

— Complétement pris, n'est-ce pas, monsieur ?

— Oui, madame, répliqua Valvins.

— C'était, dit la duchesse dont la voix devint douloureuse, c'était un plan de campagne où, la victoire obtenue, vous saviez d'avance ce que vous feriez le lendemain ?

Valvins baissa la tête, et la duchesse l'entendant commencer une réponse évasive, s'écria vivement :

— Ah! monsieur, tenez votre parole jusqu'au bout, dites toute la vérité : vous étiez bien résolu d'avance, n'est-ce pas, à m'abandonner comme vous l'avez fait ? Est-ce vrai ?

— C'est vrai, dit Valvins en relevant la tête et regardant la duchesse en face, comme un coupable convaincu qui croit sauver sa dignité en acceptant son crime avec hauteur.

Madame de Fozensac regarda Valvins assez long-temps sans qu'il pût deviner ce qui se passait en elle, puis tout à coup elle se leva et lui tendit la main, en lui disant sans colère :

— Je vous remercie, monsieur... je vous remercie.

Valvins demeura stupéfait de cette étrange conclusion d'un si étrange entretien, et lui qui, un moment avant, eût tout fait pour y échapper, eût voulu le continuer en ce moment, mais la duchesse ajouta rapidement :

— Recevez mes adieux, monsieur, et croyez à la sincérité des remerciemens que je viens de vous adresser.

— Ces adieux et ces remerciemens, reprit Valvins fièrement, cachent des projets que je ne veux pas pénétrer, madame ; quelque hostiles qu'ils me puissent être, j'en reconnais d'avance toute la justice.

— Vous vous trompez, monsieur, répartit doucement la duchesse, je ne voulais de vous que ce que j'en ai obtenu ; que je devienne votre ennemie, cela se peut et cela m'est bien permis ; mais je ne suis pas comme vous, je n'ai pas de parti pris d'avance de faire du mal même à qui m'en a fait ; et, à moins que vous n'ayez à me punir encore du nouveau service que vous m'avez rendu, vous n'entendrez jamais parler de moi.

— Soit, madame, dit Valvins, j'ai mérité cette épigramme ; mais voulez-vous être aussi franche que je l'ai été ?

— Très volontiers, monsieur, répartit Léonie : je n'ai aucune raison de ne pas l'être.

— Veuillez donc me dire alors pourquoi vous m'avez demandé cette explication et à quoi elle vous a servi, si vous ne voulez pas vous en armer contre moi.

— C'est pour moi seule, monsieur, que je vous ai demandé cette explication, et ce n'est que pour moi que je veux m'en servir.

— J'avoue que je ne vous comprends pas.

— Si vous me connaissiez, monsieur, dit la duchesse, vous me comprendriez aisément.

— Si je vous connaissais?... dit Valvins avec un petit sourire important.

— Oui, monsieur, répartit Léonie avec dignité, si vous me connaissiez... Mais c'est une discussion dans laquelle je ne veux pas entrer, et du moment que vous êtes rassuré sur les suites de cette explication, je pense que vous n'avez plus rien à me demander.

— Vous vous trompez à votre tour, madame, dit Valvins; d'abord, pour me rassurer, il faudrait que j'eusse éprouvé de la la crainte, et je n'en ai pas eu un moment. Je suis homme à me défendre, alors même que les circonstances qui se préparent vous donneraient contre moi tous les avantages d'une position puissante.

Valvins avait dit cette dernière phrase avec la hauteur d'un homme qui croit braver un danger réel. La duchesse ne répondit que par un froid regard de dédain, et Valvins reprit ;

— Ensuite je dois vous dire que je n'ai pas compris le sens de ces mots : *Je vous remercie*, lorsque je venais de vous faire un aveu qui devait vous blesser.

— Ceci, monsieur, est mon secret.

— Je ne vous le demande pas, madame ; mais vous me permettrez d'y voir une réserve faite mentalement en faveur de vos projets de vengeance.

— Je vous ai répondu, monsieur, que je n'en avais pas et qu'il ne dépendait que de vous que je n'en eusse jamais.

— Cependant, reprit Valvins, si ce remerciement n'est pas une menace, qu'est-il donc ?

La duchesse parut troublée; au léger tressaillement de ses lèvres, devenues blanches, on pouvait juger qu'elle se laissait envahir par un ressentiment long-temps dominé; elle fut sur le point d'éclater; mais une fois encore elle se maîtrisa, et reprit d'une voix altérée par la lutte intérieure qu'elle subissait, mais sans exprimer de colère ou de menace :

— J'aurais voulu, monsieur, ne pas avoir à répondre à votre question. Cette réponse pourrait m'emporter, malgré moi, à dire des choses que je ne voudrais pas. Mais, si vous y tenez absolument, je vous la ferai. Veuillez en écouter le sens plutôt que les expressions; et s'il m'en échappait qui vous parussent blessantes, veuillez les oublier et ne les attribuer qu'au trouble bien naturel que je dois éprouver.

— Je vous écoute, madame, dit Valvins en attachant des regards scrutateurs sur Léonie.

Celle-ci se recueillit et répondit d'un ton tout à fait calme, cette fois :

— Lorsque je vous ai demandé cette explication, je vous avoue, monsieur, que j'ignorais quelle tournure elle prendrait. Votre air, vos manières en ont décidé. J'ai voulu savoir quels avaient pu être mes torts envers vous, et j'ai repris nos relations du premier instant où nous nous sommes vus. Vos réponses, je dois vous le dire, ont dicté mes questions; et ce n'a été que par une sorte d'illumination soudaine que je vous ai demandé si, la seconde fois que vous m'avez vue, vous n'aviez pas pris d'avance le parti de me traiter comme vous l'avez fait; vous voyez, monsieur, que je m'abstiens même de qualifier votre conduite, et j'espère que la confidence que je vous fais ne peut vous paraître blessante.

— Non, certes, madame, et j'en sollicite la fin.

La duchesse se recueillit encore un moment. Cette femme s'était imposé à elle-même des limites dans lesquelles son cœur bondissait d'indignation, mais qu'elle eut cependant la force de ne pas franchir. Elle reprit donc avec le même calme qu'elle avait montré jusque-là :

— Lorsque j'ai obtenu l'aveu que j'avais deviné juste, vous avez dû le voir, monsieur, j'ai hésité à continuer; mais je me suis arrêtée, et c'est alors que je vous ai tendu la main et que je vous ai dit : Je vous remercie. Oui, monsieur, je vous ai remercié du fond de l'âme dans ce moment, car vous avez fait pour moi de l'injure la plus humiliante un malheur que je n'ai pas mérité. Si un mot de moi dans cette première rencontre vous eût autorisé à me poursuivre de votre haine déguisée en amour, je me serais trouvée malheureuse et coupable de m'être attiré une pareille vengeance. Si plus tard ce que vous avez vu de moi, ma vie, mon cœur, mes sentimens, ma faiblesse, ma personne même, avaient pu vous inspirer l'idée d'un pareil abandon, j'aurais été bien cruellement humiliée d'avoir été aimée pour que cet amour ne survécût pas d'un jour à sa victoire. Votre réponse, monsieur, a détruit ces deux appréhensions de mon cœur. Vous n'aviez rien à me reprocher quand vous avez pris la résolution que vous avez si bien tenue, et cette résolution, ce n'est pas moi qui vous l'ai inspirée.

— Non, madame, dit Valvins amèrement, ce n'est pas vous, c'est...

— Voilà ce que je ne veux pas savoir, monsieur, dit la duchesse. J'ai obtenu de vous toute la satisfaction que je pouvais vous demander. Je me suis trouvée sur votre chemin par hasard; j'ai été la victime d'un ressentiment, d'une colère, d'une trahison; j'ai payé peut-être le mal qu'une autre vous avait fait; je ne sais pas, je veux ignorer ce qui vous a conduit; mais j'ai acquis la certitude que moi, du moins, je n'ai eu dans ce malheur ni le tort de vous provoquer, ni la honte d'avoir inspiré un tel abandon. Voilà, monsieur, voilà pourquoi je vous ai sincèrement remercié.

Après ces paroles, la duchesse poussa un profond soupir, comme quelqu'un qui a accompli à son gré la tâche pénible qu'il s'était imposée.

Valvins était devenu triste, inquiet, humilié; il voulut parler et se justifier.

— Si vous saviez, Léonie, lui dit-il, quel effroyable serment...

— Ah! monsieur, dit-elle en l'accablant d'un regard de mépris, n'allons pas plus loin l'un et l'autre. Je ne sais si vous pouvez vous justifier, mais je ne veux pas m'avilir en vous accusant.

Elle s'arrêta; puis, éclatant malgré tous ses efforts, elle s'écria :

— Mais pourquoi m'interrogez-vous? vous voyez bien que je me tais, que je ne vous dis pas que ç'a été une lâcheté infâme, un crime sans nom que vous avez commis; vous voyez bien que je ne vous dis pas que j'en ai perdu la raison durant long-temps, et que vous m'avez perdue; car, si je suis veuve aujourd'hui, c'est que mon frère, presque enfant, a tué en duel mon mari, qui avait deviné son injure dans mon désespoir, et qui m'avait chassée honteusement de chez lui. Vous voyez bien, monsieur, que je ne dis rien, que je ne demande rien. Pourquoi venez-vous donc me presser le cœur de vos questions, pour en faire sortir la rage désespérée? Oh! tenez, monsieur, en voilà assez... Nous ne nous connaissons plus... Je ne vous ai jamais vu, vous ne me reverrez jamais.

Après ces paroles, la duchesse sortit, laissant Valvins à des pensées bien nouvelles pour lui. Il réfléchit long-temps, et se leva enfin en disant :

— Ah! elle sera encore à moi.

XII

Amour tardif.

Alors commença entre cet homme et cette femme une lutte où les rôles étaient bien changés. Valvins, seul comme il l'était dans ce monde, comprit que, là où manque la famille, l'amour peut venir occuper cette place vide, l'amour qui étouffe souvent tous les autres sentimens et devient alors une faute du cœur, et auquel il pouvait se livrer tout entier, sans frustrer les droits d'aucune affection. Il plaignit en lui-même cette femme envers laquelle il s'était montré si lâchement brutal, et pensa qu'il lui devait une réparation. Ce fut d'abord dans sa pensée un besoin de justice qui lui fit désirer de la revoir; mais, dès qu'il l'eut revue, ce ne fut plus seulement pour elle qu'il voulut lui faire accepter son repentir, ce fut pour lui.

Dans le premier moment de son retour vers Léonie, Valvins lui écrivit.

Comme nous l'avons dit, il avait été élevé par Grégorio Massoni dans un froid mépris des femmes. Selon les préceptes du musicien, qui n'était pas encore devenu le vieillard ivrogne qui jouait du serpent aux Invalides, elles se dévouaient plus complétement à qui les maltraitait davantage, et plus on leur faisait sentir la tyrannie du maître, plus elles adoraient leur esclavage. En conséquence de ces principes, Valvins s'imagina que les droits d'un homme qui a été aimé sont si puissans, qu'une femme est trop heureuse de les voir réclamer, pour ne pas s'y soumettre avec empressement. Mais dix de ses lettres, renvoyées sans avoir été ouvertes, lui apprirent qu'il se trompait, et dès lors ce ne fut plus pour Valvins une réparation qu'il voulait offrir, mais un nouveau triomphe qu'il voulait remporter. La poursuite de Valvins commença donc par un bon sentiment, puis elle se continua par colère, et enfin elle devint une passion frénétique et humble qui menaçait et qui rampait à la fois : ce fut l'amour avec tous les délires de la jalousie et de ses désirs, et toutes les folies de l'abaissement le plus complet.

Mais les événemens expliqueront sans doute ces transitions du cœur de Valvins, mieux que ne le pourraient faire toutes nos réflexions.

Quelques jours après celui de l'explication que nous avons racontée, l'ordre s'était rétabli dans l'armée. Comme on le sait, la première restauration n'apporta point de révolutions considérables dans les positions existantes; elle en créa seulement de nouvelles, et, à peu de chose près, il est vrai de dire qu'on ne fit que changer les lits de draps et que la royauté légitime s'endormit dans la couche où avait veillé le despotisme impérial. Donc Valvins, comme tous les officiers de cette époque, avait gardé son épée, son grade, et il faisait partie de l'un des nouveaux régimens qui tenaient garnison à Paris. Il pouvait donc voir la duchesse, non dans les salons nouveaux qui s'ouvraient dans le faubourg Saint-Germain, mais dans les lieux publics, où l'on rencontre tout le monde et où cependant une poursuite assidue témoigne à une femme de l'empire qu'elle exerce.

Léonie, comme toutes les femmes qui avaient repris à cette époque le haut pavé de la mode et qui voulaient bien constater et établir leur puissance, se montrait souvent à l'Opéra, aux Français, aux Italiens. Un espion établi par Valvins à la porte de l'hôtel de M. de Lesly avertissait Valvins par un message de l'endroit où la voiture qui emmenait la duchesse s'était arrêtée, et un instant après Valvins y paraissait, et bientôt il faisait si bien que la duchesse finissait par rencontrer son regard implacablement fixé sur elle. La première fois, elle se détourna avec terreur; plus tard, elle crut devoir montrer un profond mépris à celui qui la poursuivait de son odieuse présence, et essaya de le chasser en le lui témoignant par ses regards. Mais Valvins parut les supporter humblement. La duchesse n'y vit qu'une basse hypocrisie, et Valvins put croire que ce mépris allait jusqu'au dégoût, un jour qu'ils se trouvèrent face à face dans un des couloirs de l'Opéra, et qu'à son aspect elle recula de lui avec l'horreur froide qu'inspire une bête venimeuse qu'on ne redoute pas cependant.

Si la duchesse eût cherché une vengeance dans cette conduite, elle eût éprouvé un mouvement de satisfaction. Valvins pâlit, et ce ne devait pas être la colère qui avait fait refluer tout son sang jusqu'à son cœur, ce devait être une douleur bien poignante, car il fut forcé de s'appuyer contre le mur pour ne pas tomber. Mais Léonie n'y prit pas garde, tant elle avait hâte de se soustraire à la vue de cet homme. Elle ne vit qu'une persécution insultante dans la présence assidue de Valvins, et chercha à l'éviter par tous les moyens possibles. Mais quelques précautions qu'elle prît, dans quelque lieu qu'elle allât, elle n'avait pas promené ses regards pendant cinq minutes autour d'elle, qu'elle rencontrait le visage de Valvins, froid, résigné, et qui avait perdu cette assurance arrogante des premiers jours. C'est que déjà la passion réelle, profonde, était née dans le cœur de cet homme; et, chose étrange, c'était par une influence tout à fait étrangère à la duchesse, c'était par une conversation entre deux inconnus qu'avait commencé ce sentiment vrai dans le cœur de Valvins. Il était assis à l'orchestre de l'Opéra, à côté de deux hommes qui parlaient d'elle.

— Monterez-vous dans la loge de la duchesse, monsieur Balbi? dit l'un d'eux, jeune homme de vingt ans, à son ami, qui paraissait en avoir cinquante.

— Ma foi non, reprit celui-ci, je ne sais ce qu'elle a ce soir, mais voilà deux fois que je surprends son regard de ce côté, et voilà deux fois qu'au moment où je la salue elle se détourne comme si c'était de ma part une prétention impolie.

— Cela pourrait bien être, répliqua le jeune homme; saluer une femme à pareille distance et la forcer à montrer qu'elle vous connaît à toute une salle, ce n'est pas d'une politesse respectueuse.

— Bien pour toi, Larrieu, dit Balbi, toi qui es un beau jeune homme, qui as la prétention d'être fort compromettant, même vis-à-vis des femmes que tu ne connais pas ; mais ces petites précautions ne peuvent pas me regarder, par deux raisons majeures. D'abord parce que je suis un vieux bonhomme que toute jeune femme peut saluer impunément, et ensuite parce que je suis notaire, et le notaire de la duchesse.

— Il y a des notaires qui sont très bien, dit celui qui s'appelait Larrieu.

— Et ces notaires, fussent-ils aussi charmans que toi, une cliente a le droit de les saluer sans qu'il y ait le plus petit mot à dire. C'est comme son médecin, on ne peut pas se compromettre avec lui.

— Tenez, fit Larrieu, la voilà qui regarde encore.

— Et la voilà qui se détourne encore, répartit le notaire, qui, sur l'avis de Larrieu, avait tourné sa lorgnette vers la loge de la duchesse : il y a quelque chose là-dessous.

— Bah ! fit le jeune homme, caprice de jolie femme, voilà tout.

— La duchesse est fort peu capricieuse, reprit M. Balbi, c'est une des meilleures et des plus honnêtes femmes que je connaisse.

Le jeune fat regarda le notaire en face et lui dit en riant :

— C'est cela : la duchesse ne vous salue pas parce que vous êtes amoureux d'elle.

— Moi ! fit le notaire.

— Vous... N'êtes-vous pas adorable avec vos éloges ? Que ce soit une bonne femme, je ne dis pas le contraire, elle en a la réputation ; mais une honnête femme, et la plus honnête que vous connaissiez, ceci atteste tout l'aveuglement de la passion.

— Tu n'es qu'un enfant, mon pauvre garçon, dit le notaire en haussant les épaules ; tu sors du lycée, voilà ta seule excuse à ce que tu viens de dire.

— Bon ! répartit le jeune homme piqué, pensez-vous que je ne sache pas quelle a été la cause de sa rupture avec son mari ? Et peut-être que sans son frère, qui a imposé silence au duc d'une façon à ne pas craindre les indiscrétions, peut-être qu'un procès en divorce nous eût révélé toutes les intrigues de la duchesse.

Le notaire prit un air sérieux, et, se rasseyant comme pour commencer un récit assez long, il dit à Larrieu :

— Écoute-moi, mon garçon, et corrige-toi, si c'est possible, de cette petite manie qu'ont les jeunes gens de mal parler des femmes et de les mépriser sur des bruits absurdes répandus contre elles.

— Bah ! répartit Larrieu en ricanant, allez-vous vouloir me persuader qu'elle est pure comme un ange ?

— Je veux t'apprendre que, du moins, elle est bonne comme un ange, et que, si elle a eu une faiblesse, elle l'a assez chèrement expiée pour qu'on la lui pardonne.

— Une? fit Larrieu en donnant un air de finesse à ce mot posé en interrogation.

— Une, pas davantage, dit le notaire, je le jurerais, et tu le jureras comme moi quand tu sauras le secret de cette affreuse aventure. M. de Fosenzac était un fort vilain homme, de cœur et de personne; cependant la duchesse, mariée avec lui depuis six ans, n'avait pas donné la moindre occasion à la médisance de parler contre elle. Un jour cependant son mari la trouva dans sa chambre, dans un état d'horrible désespoir et tenant dans ses mains crispées par une violente attaque de nerfs, une lettre dont il ne put lui arracher que quelques lambeaux. Cette lettre prouvait que la duchesse était coupable, sans doute; et l'insultant mépris avec lequel elle était traitée put faire croire au duc qu'elle avait dû descendre bien bas pour qu'on osât lui écrire de ce style. Voilà ce qui exaspéra surtout M. de Fosenzac : il crut voir dans cette lettre insultante les preuves d'une corruption que lui seul ignorait et à laquelle un amant ne s'était pas laissé prendre. Dans les premiers momens de cette découverte, tout le monde fut contre la duchesse, son père lui-même.

Cependant on essaya de dénouer sans scandale une union que le duc avait un intérêt de fortune à rompre violemment. Moi, qui avais fait le contrat de mariage, je dus être consulté sur les sacrifices qu'on pourrait faire afin d'obtenir le silence du mari offensé, et ce fut alors que j'appris à connaître cette pauvre femme. En voyant cette colère dont elle était poursuivie de tous côtés, je voulus apprendre si tant de haine avait pu être méritée par une seule faute, et je découvris qu'elle était l'œuvre du ressentiment de M. de Fosenzac.

En effet, le mariage de la duchesse avait été un sacrifice à la fortune de son père qu'il fallait rétablir, et lorsque je l'interrogeai sur ce qu'avait été sa fille jusqu'à ce jour :

— Bonne, dévouée, pleine des plus tendres égards, me dit-il.

Tu m'as parlé de ce frère qui a pris enfin sa défense, reprit le notaire; il est beaucoup plus jeune qu'elle, et sa sœur avait été pour lui la mère la plus empressée et la plus indulgente. Ses gens me dirent que c'était une maîtresse simple, bonne, généreuse. Dans quelques affaires où sa fortune était engagée, j'avais eu occasion de la voir; j'avais appris aussi que son opinion était toujours pour le parti de la plus exacte probité, et souvent pour celui d'une noble condescendance, quand le maintien exact de ses droits eût pu porter atteinte à la fortune de personnes qui n'étaient pas riches. Quand on a cinquante ans, mon cher Larrieu, la réunion de tant de qualités, qui suffiraient à la bonne réputation d'un homme, entrent pour quelque chose dans l'estime qu'on doit faire d'une femme. La faute était là, sans doute on ne pouvait la nier, puisque, dans le long égarement qui suivit son désespoir, elle en répétait sans cesse l'aveu. Mais ce désespoir, cet égarement lui-même, prouvaient que ce n'était pas une âme corrompue, un cœur habitué à tous les détours des intrigues cachées. Je vis la duchesse et je lui parlai avec respect, avec affection. J'étais un étranger pour elle; mais j'étais le premier qui la relevais à ses propres yeux. Alors elle voulut se relever tout à fait aux miens et me raconta toute la vérité. Écoute-moi bien, Larrieu. Imagine-toi une femme faible, tombée entre les mains d'un portefaix brutal; imagine-toi la violence la plus grossière suivie de l'abandon le plus insultant, et ce ne sera encore qu'un malheur bien au dessous de ce qu'a souffert cette pauvre femme; car ce malheur, ce n'est pas dans sa personne, c'est dans son cœur qu'elle l'a subi : car elle aimait celui qui l'a perdue. Prières, menaces de suicide, menaces contre son mari, contre elle-même, séductions de l'amour, il a tout employé pour arriver à son but; et le lendemain du jour où il a fait tomber cette âme dont il s'était emparé, il l'a foulée aux pieds avec un cynisme, une lâcheté, une barbarie qui font croire à ces monstres de débauche que je ne croyais exister que dans les romans.

On conçoit avec quelle honte et quelles tortures dans le cœur Valvins devait écouter ce récit, et si les deux interlocuteurs eussent pensé à le regarder, ils l'auraient vu pâle, anéanti, immobile. Il ne tressaillit qu'au moment où le jeune homme dit au notaire :

— Et quel est le misérable qui a pu se montrer si cruel et si lâche à la fois?

— Jamais elle n'a voulu dire son nom. A moi cela se conçoit; mais elle l'a refusé à son frère, qui voulait la venger de lui d'abord.

— Mais enfin vous a-t-elle dit pourquoi cet homme avait été si infâme envers elle?

— Elle n'en a jamais soupçonné la cause. Elle me l'a dit cent fois : j'ai servi d'expiation à un crime que je ne connais pas. On a voulu se venger sur moi de mon mari ou de mon père, et peut-être, si je nommais cet homme, le secret de sa conduite serait-il facilement expliqué. Mais ce nom je ne le prononcerai jamais de ma vie, je le jure.

Ce fut cette conversation qui, en peu d'instans, changea les sentimens de Valvins pour la duchesse et en même temps ses opinions sur les femmes; il les considéra d'un autre œil qu'il n'avait fait jusque-là, et ce fut par les remords qu'il arriva à la passion la plus sincère et en même temps la plus violente. Voilà ce qui fit qu'il subit avec humilité l'injurieuse expression des sentimens de la duchesse.

Mais quelques jours s'étaient à peine passés depuis la **rencontre** où elle lui avait témoigné tant d'horreur, qu'il avait déjà même perdu la consolation de se sentir haï.

La duchesse avait compris que, montrer à Valvins l'effroi qu'il lui inspirait, c'était lui prouver qu'il était encore pour elle quelque chose, qu'il agissait sur sa vie. C'était lui laisser une espérance de la dominer encore par la crainte ou par le scandale ; alors elle se promit de maîtriser encore ce sentiment, et Valvins put la voir causant sous ses regards avec une complète indifférence, passer près de lui comme auprès d'un inconnu, et rire, en le regardant, de la plaisanterie qu'on venait de lui dire, comme si ses yeux se fussent arrêtés sur le marbre d'une colonne. C'est alors aussi que commença le véritable supplice de Valvins. Lorsqu'il voyait Léonie dans sa loge, où se présentaient à l'envi les plus beaux jeunes gens, les hommes les plus distingués, et qu'il la voyait sourire aux uns, écouter les autres sérieusement, se plaire à leur entretien ; lorsqu'il la voyait si admirée, si recherchée, tout son cœur bondissait de rage contre lui-même, de jalousie impuissante contre elle.

— Je serais là, se disait-il, et tous ces sourires seraient pour moi, toute cette attention pour moi ; et peut-être plus heureux encore, j'aimerais à la voir ainsi triompher, avec cette joie dans le cœur que cette idole de tant d'adorations m'appartient, et que dans une heure, je serai le roi, le maître de cette femme si souveraine.

Alors il lui prenait des transports furieux, il voulait se tuer, il voulait la tuer ; il quittait sa place pour monter à cette loge, y entrer avec violence, à insulter Léonie, la réclamer, et à quelques pas de cette loge, il lui prenait envie de pleurer et de se mettre à genoux devant cette porte, pour crier grâce. Rentré chez lui, il passait ses nuits dans un morne abattement ou dans des accès de délire furieux ; sa santé s'altérait, et Léonie, en le voyant un jour près des colonnes du Théâtre-Français, pâle et défait comme un spectre, arrêta un moment sur lui un regard étonné. Elle crut comprendre qu'il y avait un remords dans ce cœur. Mais son parti était pris, et elle ne s'arrêta pas un seul instant à cette pensée. Peut-être Valvins eût-il fini par succomber à la tentation d'un suicide ou d'une scène de violence, si le hasard (et l'on peut s'apercevoir que le hasard est le grand acteur de l'histoire que nous racontons), si le hasard n'était venu à son aide. Un matin qu'il était allé voir son colonel, celui-ci, vieux soldat de l'empire comme lui, disait d'un ton de mauvaise humeur :

— Eh bien ! Valvins, voilà que ça commence ; on vient d'empoisonner le régiment d'un tas de petits freluquets qui ont gagné leurs épaulettes dans le castel de leurs pères ou les antichambres de la nouvelle cour. Du reste, votre bataillon est le moins mal partagé, et vous n'avez que deux sous-lieutenans de cette fabrique. L'un est un M. Larrieu, l'autre un certain comte de Lesly.

— Le comte de Lesly! s'écria le commandant... le frère de la duchesse de Fosenzac!

— Absolument, fit le colonel, un sous-lieutenant à qui vous n'avez qu'à déplaire pour qu'il vous fasse destituer en un quart d'heure.

— Quel bonheur! s'écria Valvins, qui n'écoutait plus son colonel.

Celui-ci le regarda, et se tournant vers quelques autres officiers, il leur dit en passant son doigt sur son front d'une manière expressive :

— Ce pauvre Valvins!... avez-vous remarqué depuis quelque temps.. pst!... il a un coup de marteau, c'est sûr.

En effet, Valvins était fou, mais fou d'une espérance que tout le monde ignorait.

XIII

Flatteries.

L'infortuné qui tombe dans un abîme profond et qui roule sur le flanc du précipice, en voyant le ciel s'éloigner rapidement de lui, a besoin de bien peu de chose pour croire au salut. Si une pointe de roc l'arrête, si une racine d'arbre suspend sa chute, il s'écrie : « Je suis sauvé ! » et éprouve un moment de joie suprême. Puis, lorsqu'il s'est remis de son épouvante et de sa joie, il cherche comment il profitera de ce secours que le ciel lui accorde, et souvent il arrive alors que, perdu dans les profondeurs obscures de l'abîme, il ne sait de quel côté se diriger ou se ressaisir; il cherche, il tâtonne long-temps sans trouver une issue, et finit quelquefois par maudire le ciel qu'il remerciait tout à l'heure ; ce secours qu'il lui a envoyé n'est qu'un supplice de plus, c'est un répit accordé à son agonie pour qu'il en sente bien toute l'horreur.

Ce désespoir se passe cependant comme s'était passée cette joie; la soif de vivre redevient plus ardente et donne à cet homme une force furieuse pour l'arracher à sa perte. Alors, sans calculer si l'effort qu'il va faire ne le mettra pas dans un danger plus pressant que celui auquel il veut échapper, il va en aveugle devant lui, s'accrochant aux moindres brins d'herbes, s'appuyant aux moindres aspérités ; puis enfin, s'il aperçoit une voie véritablement possible, il s'y attache avec fureur, et ce n'est que lorsqu'il tombe haletant sur la crête de la tombe à laquelle il vient de s'arracher, qu'il sent toutes les blessures qu'il s'est faites, tout le sang dont il a marqué sa marche, tous les lambeaux de chair qu'il a laissés aux ronces du précipice, aux arêtes du rocher.

Voilà ce qui arriva à Valvins; la nouvelle que lui avait donnée son colonel, l'admission du frère de la duchesse dans son régiment, lui avait paru un secours inattendu et qui devait le sauver. Mais, ce premier transport une fois passé, il regarda mieux cette circonstance et chercha vainement en son esprit comment il pourrait s'en servir. Cela ne pouvait-il pas se réduire à des relations de service; et par quels moyens, lui, Valvins, pourrait-il les rendre assez cordiales entre gens d'une position politique si différente, assez intimes entre un inférieur et un supérieur, pour qu'elles pussent sortir de ce cercle? Le moindre effort qu'il tenterait dans ce but ne pourrait-il pas le perdre? S'il arrivait par hasard qu'il gagnât l'amitié de ce jeune homme, ne deviendrait-elle pas impuissante du moment qu'elle voudrait lui être utile, et ne pourrait-il pas arriver qu'au premier mot prononcé en sa faveur, la duchesse ne révélât son secret à son frère? Dès lors ce n'était plus le mépris et la haine de Léonie, sentimens impuissans, c'étaient la haine et le mépris du jeune Lesly, c'était sa vengeance, c'étaient des insultes qu'aucun homme ne peut accepter sans déshonneur, qui le menaçaient, et qui n'en seraient pas moins une flétrissure, si Valvins osait en punir le jeune Lesly.

Or donc, comme cela devait arriver, à ce premier mouvement de joie qu'il avait ressenti, Valvins laissa succéder en lui un plus morne désespoir, et puis enfin, comme le malheureux dont nous avons parlé, sentant que la mort était pour lui dans l'inaction aussi bien que dans la lutte, il tenta son salut, dût-il le mener à une perte plus prochaine et avec quelques blessures et quelques douleurs de plus.

Dans les premiers mois de ses rapports avec le jeune Lesly, Valvins chercha à se rapprocher de lui en lui parlant souvent, en l'encourageant et le flattant même. Mais le lieutenant Melchior de Lesly, fort révérencieux quand son supérieur lui faisait une observation ou lui donnait un ordre relatif au service, rétablissait la distance qui séparait le comte héritier de la pairie du commandant Valvins, dès qu'il s'agissait de relations du monde. C'était, de la part de ce jeune homme, une réserve si absolue, que les efforts du commandant pour lui plaire, pour le séduire, frappèrent tous les regards, et que bientôt ce fut de la part de tous ses anciens camarades une réprobation unanime contre sa plate palinodie.

— Lui qui devait tout à l'empereur, disaient-ils, il se faisait le flatteur servile d'un blanc-bec, il avalait *doux comme miel* les humiliations et les dédains de ce gentillâtre, il rampait devant les puissans du jour.

Les plus indulgens l'appelaient un ambitieux éhonté, les plus sévères, un lâche intrigant.

Ce furent là les premiers lambeaux de chair, les premières gouttes de sang que Valvins laissa dans cette voie désespérée où il s'était aveuglément engagé. Sa considération commença à y périr. Le respect qu'une si jeune fortune, poussée déjà si loin, lui avait mérité de la part des plus vieux de ses camarades, se changea en un dédain profond ; et si Valvins n'avait été protégé par un courage dont ils savaient toute la résolution, des insultes plus directes l'eussent probablement averti de l'opinion qu'on avait de lui. Cela peut-être l'eût arrêté ; mais on préféra se retirer de lui que de lui faire obstacte, et chacun se dit : — Il n'y a pas besoin d'aller lui crier qu'il est un plat-gueux ; je saurai bien le lui faire sentir, et s'il vient me demander pourquoi je ne le salue plus et ne lui tends plus la main, je ne lui mâcherai pas ma réponse.

Mais Valvins, tout à sa passion, tout à son désespoir, tout à la rage que lui causait son impuissance, ne voyait plus rien de ce qui se passait autour de lui. Repoussé la veille par Melchior de Lesly, qu'il avait invité à quelques plaisirs de jeune homme, il revenait le lendemain plus empressé, plus humble, plus ouvert.

Cependant Valvins ne fût jamais arrivé à obtenir rien de ce jeune homme, si, comme il l'avait tenté jusque-là, il avait continué de le flatter dans ce qu'il avait de bon et de distingué, à le montrer comme le meilleur officier du régiment. Melchior de Lesly était si convaincu qu'être un bon officier est la chose du monde la plus aisée, qu'il ne se donnait pas la peine d'en être fier ; mais l'occasion se présenta enfin d'être utile au comte dans ses fautes et dans ses désordres, et alors Valvins gagna par une mauvaise voie la confiance qu'il n'avait pu conquérir par un bon chemin. Melchior de Lesly, une fois l'enthousiasme des premiers mois passé, trouva que rien n'était plus ennuyeux que de faire faire l'exercice à des malotrus imbéciles, que de passer les nuits dans un corps-de-garde enfumé. Il disait chevaleresquement : — Qu'on me mette en face de l'ennemi, et l'on verra si je fais mon devoir ; mais quant à ces obligations subalternes d'exactitude, de régularité, d'obéissance, c'est bon pour ces officiers de fortune dont c'est à peu près tout le mérite et tous les droits. En peu de temps, le jeune comte devint donc l'officier le plus indiscipliné du régiment. Des plaintes graves s'élevaient contre lui de la part de ses supérieurs immédiats, qui, sachant sa position en cour, dépensaient en eux-mêmes autant de courage, pour l'accuser, qu'il leur en avait fallu en d'autres temps pour attaquer une batterie. Cependant le sentiment de leurs devoirs l'emportait sur leurs craintes, et l'on conçoit quelle colère intérieure ils devaient éprouver lorsqu'ils voyaient les plus justes accusations s'arrêter devant l'inexplicable indulgence de Valvins.

Il faut faire remarquer que les deux autres bataillons du régiment de Valvins ayant été envoyés à Fontainebleau, il se trouvait le supérieur en dernier ressort auquel devaient s'adresser les officiers, et que leur mécontentement s'augmentait de ce qu'ils ne pouvaient en appeler au colonel de la conduite du commandant. Cette conduite était d'autant plus étrange à leurs yeux, que Valvins avait gardé vis-à-vis de tous les autres son inflexible fermeté. Ce ne fut donc plus bientôt les vieux officiers, mais encore les nouveaux qui murmurèrent de cette partialité révoltante, et ceux-ci le laissèrent voir à Valvins.

Ce jeune Larrieu dont nous avons parlé avait été mis aux arrêts pour une escapade où il avait été de moitié avec Lesly, tandis que celui-ci n'avait même pas reçu une admonestation du commandant. Larrieu s'emporta et écrivit à Valvins une lettre où il lui faisait l'histoire de sa conduite envers Lesly et la lui reprochait durement. Il n'y a de justice, disait cette lettre, que là où il y a empartialité.

Cette dernière observation frappa vivement l'esprit droit et un peu dogmatique de Valvins, que les plaintes du sous-lieutenant Larrieu n'avaient fait qu'irriter, et peut-être cette observation eût-elle suffi à le faire changer de conduite, si, dans ce moment même, Melchior de Lesly ne s'était présenté chez lui.

Pour la première fois le commandant le reçut d'un air sévère, et, pour la première fois aussi, Lesly crut deviner ce qu'il valait. Il le salua avec respect, tandis que Valvins cherchait à dominer les impressions diverses que lui causait cette visite. A cet instant il fallait conquérir ce jeune homme ou s'en faire un ennemi, et Valvins n'avait pas eu le temps de prendre de parti à ce sujet. C'est peut-être cette incertitude qui le servit, car elle lui donna l'avantage énorme de tirer parti des circonstances qui allaient naître de cet entretien, au lieu de vouloir les mener à son gré, chose qui eût été fort difficile avec un esprit aussi récalcitrant que celui du jeune comte.

— Commandant, lui dit celui-ci d'un air assez respectueux, je vais vous demander une faveur.

— Laquelle, monsieur? répondit sévèrement Valvins.

— C'est de me mettre aux arrêts comme Larrieu, ou...

— Vous irez, lui dit Valvins sèchement.

— Ou bien, reprit Melchior après un moment d'hésitation, de lever les arrêts de mon ami.

— Je ne puis revenir sur un ordre justement donné, monsieur.

— Vous avez raison, commandant, reprit Lesly avec un peu de hauteur; mais s'il est justement donné pour lui, il a été injustement oublié pour moi.

Valvins le regarda de son œil creux, où la fièvre qui le tenait depuis si long-temps ajoutait un feu sombre à l'intensité de son regard.

— Ah! dit-il après un moment, c'est là votre opinion? Eh bien, monsieur, c'est aussi celle de votre ami. Lisez la lettre insolente qu'il vient de m'écrire.

Melchior la prit, la lut d'un bout à l'autre, et, après l'avoir finie, il garda un moment de silence, et reprit d'un ton de franchise et d'embarras en même temps :

— C'est vrai, mon commandant, vous avez été toujours pour moi d'une indulgence que je conçois que mes camarades ne s'expliquent pas, puisque je ne la comprends pas moi-même.

Valvins poussa un profond soupir et se mit à parcourir la chambre, la tête basse, les mains derrière le dos et avec une agitation trop visible pour que Melchior ne s'en aperçût pas. Le jeune sous-lieutenant se taisait, lorsque le commandant, prenant la lettre de Larrieu, la montra encore à Lesly et lui dit d'une voix amère :

— Et voilà tout ce que vous voyez dans cette lettre, monsieur?

— Pardon, commandant, j'y vois une accusation que je puis, moi du moins, considérer comme une calomnie. On ose insinuer que ce n'est que dans un but intéressé que vous vous montrez si indulgent pour moi; on semble dire que vous cherchez ce que je pourrais demander au crédit de ma famille, le salaire de votre condescendance à mon égard. Voilà commandant, ce que j'ai cru voir aussi dans cette lettre, et voilà ce que je puis et veux démentir comme une insigne fausseté.

Valvins se tut encore assez long-temps, puis il revint au lieutenant et lui dit d'un ton affectueux :

— Ne vous mettez pas en peine de cela; j'ai gagné cette croix et cette épaulette d'une façon qui me défendra suffisamment. Je n'ai jamais reculé devant aucun danger, je ne reculerai pas devant des imputations injurieuses. Rentrez chez vous, lieutenant : vous n'irez pas aux arrêts, et M. Larrieu y restera.

Lesly demeura fort embarrassé de cette résolution à laquelle il ne s'attendait pas, et, s'approchant du commandant, il lui dit avec une véritable effusion de cœur :

— En vérité, commandant, je vous remercie, je vous remercie beaucoup de vos bonnes intentions pour moi. Mais, permettez-moi de vous le dire sincèrement, je ne les mérite pas... je n'y ai aucun droit... Enfin je me condamde moi-même, et, tenez, je vous demande votre sévérité... je vous la demande pour moi, et, si vous voulez que je vous le dise, pour vous aussi...

— Pour moi? dit Valvins.

— Oui, pour vous, répondit Lesly; je voudrais vous témoigner ma reconnaissance d'une façon quelconque, et vous me ferez plaisir en me punissant.

Tout cela avait été dit de ce ton moitié riant, moitié affectueux, qui témoigne si bien de la sincérité de celui qui parle. Valvins comprit le sentiment de noble délicatesse qui inspirait Lesly, et il lui dit en lui tendant la main et en essayant de rire aussi :

— Eh bien, mon cher lieutenant, allez donc aux arrêts.

Celui-ci sortit, ravi de ce qu'il venait de faire, mais fort intrigué en lui-même de cette faveur dont il était l'objet, et dont il n'avait pas osé demander l'explication.

XIV
Premier succès.

Ce fut un grand événement dans la famille du marquis que les arrêts de son fils, M. le comte ; pour le vieux marquis, une punition infligée à un gentilhomme avait encore toute la solennité des jours passés. Il lui semblait voir le roi redemandant son épée à l'un de ses serviteurs et l'envoyant en exil dans ses terres. Son nom était compromis par une mesure si outrageante, et il fallait, à son sens, que la faute de son fils fût bien grande, ou que celui qui l'avait ordonnée fût bien osé.

En conséquence, ce fut un concours extraordinaire de visites chez le jeune sous-lieutenant pendant toute la première journée de ses arrêts, et quand le marquis eut appris pour quelle faute son noble fils était si sévèrement condamné, il se révolta contre cette discipline de Prussiens, introduite dans l'armée par l'*usurpateur*, et qu'on appliquait à de bons gentilshommes ; mais son indignation ne connut plus de bornes lorsqu'il sut que ce n'était pas un autre gentilhomme comme lui qui l'avait appliquée à son fils, mais un parvenu, un soldat de fortune, un manant, un M. Grégoire Valvins tout court. En effet, ce fut seulement alors que le marquis apprit le nom du chef supérieur de son fils ; dans le temps, il s'était informé du nom du colonel, puis il ne s'était plus occupé de tout cela, et Lesly n'en avait jamais parlé, tant était séparée la vie de gentilhomme du comte de sa vie de militaire.

Cependant le marquis ne montra pas de colère à son fils. Il avait fait une faute, et bien que la punition lui parût insolente, il ne voulait pas la condamner devant le coupable. Il lui semblait seulement que ce M. Valvins eût dû lui demander la permission de punir son noble subordonné, et, en ce cas, disait-il, j'aurais fait mon devoir et je l'aurais soutenu dans sa sévérité.

Le marquis disait cela à sa fille, et ajoutait :

— Je me plaindrai au ministre de la guerre : j'y vais de ce pas, et j'aurai raison de ce M. Valvins.

La duchesse tressaillit à ce nom, et cet événement, dont elle trouvait que tout à l'heure son père s'exagérait l'importance, devint pour elle un événement immense. Léonie ignorait complétement le service militaire et la portée d'une punition comme celle que son frère subissait. Mais, du moment que c'était **Valvins** qui l'avait ordonnée, elle devait avoir un but terrible. Peut-être était-ce son frère que cet homme avait choisi pour victime, ne pouvant arriver jusqu'à elle; peut-être était-ce sa perte, son déshonneur qu'il voulait consommer.

Une fois cette supposition admise, voilà la duchesse qui prévoit d'affreuses catastrophes, et voulant savoir toute la puissance du danger pour le combattre, elle monte en voiture et se rend aussitôt chez son frère.

Il était étendu sur une chaise longue, jouant avec son chien de chasse, riant en lui-même de l'empressement de tous ses nobles parens à venir lui témoigner la part qu'ils prenaient à son malheur, lorsque la duchesse entra d'un air effaré.

En la voyant ainsi pâle, agitée, il se mit à rire en lui disant :

— Et toi aussi ?

La duchesse, dont l'imagination était montée aux plus sinistres prévisions, fut très étonnée de cet accueil; mais elle l'attribua à la légèreté du caractère de son frère, et lui répondit tristement :

— Cela t'étonne que je vienne lorsque tu es malheureux, persécuté...

Melchior redevint tout à coup sérieux ; il prit les mains de sa sœur, et après avoir considéré un moment combien elle paraissait tremblante, il reprit en souriant doucement :

— Tu es bonne, et je sais combien tu m'aimes; mais, sans vouloir méconnaître cette excellente tendresse que tu me montres, je te répèterai : Et toi aussi ?

— Que veux-tu dire ?

— C'est, dit Melchior en asseyant Léonie près de lui, qu'il n'y a ici ni persécution ni malheur ; je suis aux arrêts, c'est un des très petits inconvéniens de mon état, et j'y suis justement.

— Justement, dit la duchesse, ce ne peut pas être, tu es incapable d'avoir mérité...

— Mérité d'être mis aux arrêts ! s'écria Lesly en riant, je l'ai mérité vingt fois, et sans la protection d'un brave homme qui m'adore, je ne sais pourquoi, j'y aurais passé la moitié de mon temps.

La duchesse était si convaincue des idées qu'elle avait apportées chez son frère, qu'elle n'en voulait point départir, et elle répondit :

— C'est possible, mais cette protection sera-t-elle assez puissante contre les mauvaises intentions d'un homme qui a juré de te perdre ?

— Et quel est cet ennemi ? dit Lesly sérieusement.

— Celui qui t'a condamné, répartit la duchesse avec un profond soupir, comme si, avec ce mot, s'était échappé de son cœur l'aveu de sa faute.

— Bon ! reprit Lesly en riant. Mais c'est le meilleur homme du monde ; mais c'est lui, ma chère enfant, qui m'a sauvé de toutes les punitions que j'ai encourues.

— Lui ? dit la duchesse d'un air étonné.

— Lui, reprit Lesly, sévère entre tous, indulgent envers moi, il me passe tout, m'excuse, me défend... Ce que je dois dire, c'est que je ne sais pas ce qui lui inspire cette préférence.

— Ah ! fit la duchesse, ce n'est donc pas par vengeance qu'il t'a puni ?

— Par vengeance ? dit Lesly, et de quoi pourrait-il m'en vouloir, à moins que ce ne soit d'avoir assez sèchement refusé les avances qu'il m'a faites autrefois ?

— Ah ! tu as raison, dit rapidement la duchesse toujours préoccupée de ses pensées, et tu dois continuer à agir ainsi, dût-il t'en coûter encore des chagrins.

— Mais il ne m'en a rien coûté, ma sœur, dit Lesly affectueusement, mais c'est moi qui lui ai demandé à me mettre aux arrêts... Ah ça, qu'avez-vous donc ? on dirait que la foudre est tombée sur la maison Lesly !

— C'est peut-être pis, dit Léonie.

Son frère la regarda encore, et ne comprenant rien au trouble qu'elle montrait, il reprit :

— Voyons, écoute-moi, ma sœur, et sois raisonnable.

Aussitôt il lui commença le récit de sa vie d'officier, s'accusant franchement de tous ses torts, et faisant ressortir à chaque faute l'indulgence de Valvins ; enfin il finit par lui dire tous les détails de son entrevue avec le commandant, et ne lui cacha pas combien Valvins s'était attiré d'animosité par cette indulgence inconcevable.

La duchesse écoutait, car elle comprenait le sens de la conduite de Valvins, et elle fut épouvantée lorsque son frère conclut sa longue confidence par ces mots :

— Quant à ce brave commandant que j'avais toujours repoussé, je ne serai pas ingrat envers lui et je le lui montrerai.

— Garde-t-en bien ! s'écria la duchesse emportée par la terreur.

— Et pourquoi ?

— C'est... c'est, reprit-elle en cherchant une raison à ce qu'elle venait de dire. Mais elle n'en trouva qu'une mauvaise, et elle finit par ajouter rapidement :

— C'est que mon père est furieux contre lui, et qu'il doit être en ce moment chez le ministre de la guerre pour se plaindre de la conduite de ce M. Valvins à ton égard.

— Dénoncer le commandant ! s'écria le jeune homme en se levant avec indignation. Ce serait une mauvaise action, et de notre part une insigne lâcheté, une odieuse ingratitude. Un loyal militaire, après tout, et qui, s'il a des torts comme chef, ne les a eus que pour moi et par indulgence.

— Mais, mon frère... dit la duchesse.

— Ah! là-dessus, vois-tu, je n'entends pas raison; si cela arrivait, s'il arrivait au commandant le moindre désagrément venu de cette façon, mais ce serait une honte pour moi, je n'oserais pas me montrer dans le bataillon, je serais déshonoré!

— Déshonoré! s'écria sa sœur.

— Oui, et si mon père a fait cette démarche aujourd'hui, je donne ma démission demain.

— Ta démission! Mais mon père est chez le ministre à ce moment.

— Mais mon père est fou! s'écria le jeune homme avec emportement; il me perd; ce serait me faire arracher mes épaulettes par tous mes camarades.

— Mais que faire alors? s'écria la duchesse.

— Que faire? dit le jeune Lesly; il n'y a qu'une chose à faire, et toi seule peux me rendre ce service. Il faut, en sortant d'ici, tout de suite aller chez le ministre de la guerre. Tu entreras: avec ton nom on entre partout; tu lui diras que mon père s'est trompé, qu'il ne sait ce qu'il fait.

— Ah! Melchior...

— Tu lui diras ce que tu voudras, mais tu préviendras cette sotte démarche, ou du moins tu en détruiras l'effet.

— Moi! s'écria la duchesse avec épouvante.

— Toi! oui... toi qui es bonne, qui es juste, tu ne laisseras pas persécuter un brave et honnête homme à cause de moi... tu ne peux me refuser.

— Mais...

— Ah! tu ne peux pas. Je t'en supplie... Cela ne peut te coûter et tu m'épargneras le plus cruel chagrin que je puisse éprouver, tu m'épargneras une accusation de basse ingratitude.

La duchesse se tut et se leva pour sortir: elle était dans un état d'anxiété et de trouble extraordinaire.

— Mais qu'as-tu donc, Léonie? lui dit son frère. Tu t'en vas sans me répondre? Dis-moi, iras-tu?

— J'y vais, dit la duchesse en s'échappant de la chambre de son frère, qui la reconduisit jusqu'à sa voiture et qui cria au cocher, après avoir dit adieu à sa sœur:

— Au ministère de la guerre!

XV

Ils se revolent.

Il était temps que Léonie demeurât seule, car, dès qu'elle fut dans sa voiture, elle se laissa aller au plus vif désespoir; les sanglots et les larmes, long-temps comprimés, éclatèrent tout à coup avec des mouvemens convulsifs et des exclamations profondes. Ce n'était pas la démarche que son frère lui imposait qui la plongeait dans un pareil état, elle n'en était pas encore à calculer l'effet ou la nécessité de cette démarche, ce n'était rien de précis dans ce qui venait de se passer, mais tout ce qui venait de se passer. Cette pauvre femme dont l'unique soin avait été, durant des années entières, d'ensevelir dans son âme le pénible souvenir qui la rongeait, exposée une fois déjà à le remettre au jour par sa rencontre avec Valvins, mais du moins ne l'ayant fait que de sa volonté, et l'ayant de nouveau dérobé à tous les regards, voilà qu'une main étrangère vient l'y remuer sans soupçonner le mal qu'elle fait, et voilà que Léonie, qui s'imaginait que cette blessure de son âme était fermement cicatrisée, s'aperçoit qu'elle se déchire au premier contact, et qu'elle en souffre autant que les premiers jours. Ce premier transport de douleur calmé, elle put penser à ce qu'elle allait faire. Ce fut d'abord une révolte furieuse de son cœur à la pensée d'aller justifier cet homme : « Ah! qu'il périsse, s'écria-t-elle; qu'il meure déshonoré, couvert de honte et de mépris : il l'a bien mérité. »

Mais ce n'était pas cela qui devait arriver : ou Valvins sortirait vainqueur de la lutte, et ce serait une persécution impuissante dont il aurait le droit d'accuser Léonie, ou bien il y succomberait, et le voilà devenu aux yeux du monde victime d'une persécution politique, victime à ses propres yeux d'une vengeance de femme, et quelle vengeance ! Une destitution peut-être ! une destitution pour répondre à un si sanglant outrage que celui qu'elle avait subi.

Lorsque les âmes un peu nobles se déterminent à rendre le mal pour le mal, elles ne le comprennent que comme une juste compensation de ce qu'elles ont souffert; une fois cela fait, elles sont quittes et n'y pensent plus; il n'y a que les cœurs véritablement méchans qui acceptent de porter de si petits coups; pour ceux-là il ne peut y avoir jamais de compensation satisfaisante; eur persécution ne finira qu'avec leur ressentiment, qui est éternel; et un mal, si petit qu'il soit, est un commencement à la série de maux qu'ils promettent à leurs ennemis.

Il n'en pouvait être ainsi de Léonie; elle était trop juste et trop fière pour vouloir humilier son ressentiment à une si petite vengeance. Elle la repoussa donc par haine pour Valvins. C'était pour elle un ennemi qu'il fallait écraser d'un malheur infini ou d'un mépris impitoyable. D'ailleurs, il s'agissait aussi dans tout cela de son frère, et Léonie arriva chez le ministre de la guerre très décidée à lui demander de ne pas s'arrêter aux plaintes que le marquis de Lesly avait pu porter contre le commandant Valvins.

Le ministre était homme de sens et sortait de l'empire. Mais, quoique très rallié à la nouvelle monarchie, il faisait son métier du mieux qu'on le lui permettait. La duchesse de Fosenzac le trouva préoccupé de cette misérable affaire, et, contre son attente, il l'écouta en souriant et finit par lui répondre :

— Comme vous me l'avez dit, madame, j'ai déjà eu l'honneur de voir M. le marquis de Lesly, et je lui ai déjà fait sentir combien ses plaintes étaient injustes, car j'ai reçu sur M. Valvins des rapports qui me dénonçaient sa coupable indulgence envers quelques uns de ses subordonnés, et particulièrement pour monsieur votre frère. Quoi qu'il en soit, la démarche que celui-ci fait près de moi, par votre intermédiaire, est d'un homme d'honneur et prouve en faveur de sa loyauté.

— Cette affaire, dit la duchesse qui avait hâte de se retirer, n'aura donc aucune suite?

— Aucune, je vous le promets, et ce n'est pas celle-là qui fera destituer ce pauvre commandant.

Léonie n'était pas curieuse d'en apprendre davantage; mais il lui fallut bien écouter le ministre, qui reprit alors indifféremment:

— J'en suis fâché, car c'était un de nos meilleurs officiers, un de ces jeunes gens auxquels l'avenir est ouvert, pour peu qu'ils veuillent aider à leur fortune. Mais il paraît que la chute de Bonaparte l'a frappé d'un coup terrible. C'est du moins l'explication que son colonel donne à sa conduite; il paraît que le pauvre garçon devient tout à fait fou.

Léonie se retira sur cette parole, et elle y réfléchit malgré qu'elle en eût; elle se rappela ce jour où elle l'avait rencontré si pâle, si défait, et se dit :

— Est-ce qu'il n'y aurait pas quelque épouvantable secret dans tout ceci?

Sans doute cette réflexion n'ébranla pas la résolution immuable qu'elle avait prise de ne jamais revoir Valvins et de repousser toutes les tentatives qu'il ferait pour se rapprocher d'elle; mais, à son insu, elle éprouva moins d'horreur à le rencontrer, et, tout en jouant son indifférence accoutumée, elle l'examinait quelquefois à la dérobée pour suivre le progrès de cette lente décomposition de sa vie. Il arriva même des instants où il lui paraissait si faible, si souffrant, si perdu, que, s'il n'avait fallu qu'un mot pour le ramener à la vie, elle le lui eût dit, mais toujours à la condition de ne le revoir jamais.

Cependant les quinze jours d'arrêts du comte de Lesly étaient passés, et sa première visite fut pour son commandant; cet homme auquel il n'avait pas fait la moindre attention jusque-là, l'intéressait depuis son explication avec lui, et lorsque Lesly le vit dans cet état de sombre marasme où il était tombé, il le prit en pitié. Comme tout le monde, il s'imaginait que des chagrins politiques avaient altéré sa raison, et il lui en parla franchement.

— Je conçois, lui dit-il, que, lorsqu'à vingt-quatre ans on est chef de bataillon et officier de la Légion-d'Honneur, on voit avec désespoir se briser une carrière qui promettait une si brillante fortune. Mais il ne faut pas croire que nous soyons si niais qu'on veut bien le dire, et, croyez-moi, mon commandant, les hommes de mérite feront aussi bien leur chemin sous notre gouvernement que sous celui de l'empereur.

— Vous l'appelez l'empereur? dit Valvins en souriant.

— Bon! fit Melchior en riant, voulez-vous que je le nomme le marquis de Bonaparte? Est-ce que j'ai l'air d'un voltigeur de Louis XIV? Soyez franc avec moi, commandant : vous aurait-on fait quelque injustice?

— Je vous remercie de vos bonnes intentions, répliqua Valvins; mais, pour vous rassurer, je dois vous le dire, la politique et ma position comme militaire n'entrent pour rien dans ce que je souffre.

— C'est un chagrin d'amour peut-être? reprit Melchior en riant.

Valvins pâlit, et l'étourdi reprit d'un ton dégagé :

— Eh bien! je veux vous guérir; vous vivez comme un ours: il faut vous distraire, et, pour commencer, je vous mène ce soir chez madame D....

— Chez madame D....! dit Valvins en tressaillant à ce nom, car c'était dans cette maison qu'il avait rencontré la duchesse.

— C'est un bon tour que je lui jouerai, car vous devez la connaître : toute l'armée allait chez elle du temps de l'empire. Aujourd'hui qu'elle a fait volte-face, elle n'invite plus un seul de ses anciens habitués. Y alliez-vous autrefois?

— Oui... rarement, dit Valvins troublé.

— C'est égal... vous y avez été, votre arrivée fera un effet admirable.

— Mais... dit Valvins.

— C'est convenu, dit le jeune homme; je viendrai vous prendre ce soir à dix heures.

Melchior sortit, et Valvins demeura seul à réfléchir sur ce qu'il devait faire. L'inconvenance d'une présentation si légèrement faite et d'un retour qui devait déplaire à la maîtresse de la maison, cette raison qui eût arrêté Valvins en tout autre temps et vis-à-vis d'une autre personne, ne se présenta pas même à son esprit. Tout pour lui fut dans ce mot : « Elle y sera peut-être. » Et alors il fallait y aller; et, s'il y allait, que ferait-il, que dirait-il, que deviendrait-il, lui que la vue de Léonie, séparée de lui par une longue distance, troublait au point de le rendre insensé? aurait-il la force de la sentir près de lui, de la voir à deux pas, de respirer dans son air? Et si, par hasard, dans les mouvemens pressés d'un bal, elle passait assez près de lui pour que sa robe vînt l'effleurer, supporterait-il cette atteinte sans rien dire, sans pleurer, sans tomber à genoux, sans crier grâce ?

Oh ! ce n'était pas un bonheur, une consolation qu'il espérait trouver dans ce bal : c'était un désespoir de plus, une torture de plus, et cependant il résolut d'y aller. Cet homme qui ne vivait plus que de sa douleur, la voulait dans tout ce qu'elle pouvait avoir de plus poignant.

— J'y succomberai, se disait-il, ou je m'y endurcirai ; et qui sait si peut-être je ne m'y endurcirai pas ? Peut-être, en la voyant de près, en l'écoutant, il reconnaîtrait qu'elle ne valait pas l'amour frénétique que son remords lui avait inspiré, et qu'il avait eu raison de la traiter comme il avait fait.

Il attendit donc dans une cruelle anxiété, car il n'espérait rien de cette rencontre, si même elle avait lieu ; mais sa résolution fut sur le point de faillir quand sonna l'heure où devait arriver Melchior de Lesly. Il souhaita qu'il ne vînt pas, et chercha un prétexte pour refuser. Mais bientôt, quand les minutes se passèrent sans que le jeune comte parût, il fut saisi de la crainte d'avoir été oublié ; l'œil attaché aux aiguilles de la pendule, il se dévorait d'inquiétude et d'impatience ; il voulait envoyer chez le lieutenant, il voulait aller chez madame D.... Chaque bruit de voiture qui passait sous ses fenêtres lui donnait une espérance et la lui arrachait. On ne peut imaginer l'excès d'une si petite douleur. Valvins en devenait fou. Alors, pour se calmer, il marquait une heure à la pendule.

— Je lui donne dix minutes pour venir, et si alors il n'est pas ici, eh bien ! je prendrai un parti... je n'y penserai plus... ou j'irai.

Les dix minutes s'écoulaient, et il attendait plus impatient, plus inquiet que jamais.

Enfin Lesly arriva à onze heures. Valvins put se remettre dans les quelques minutes que le comte mit à monter chez lui ; car, dans le premier moment, il l'eût mal accueilli. Melchior lui jeta quelques excuses que Valvins n'écouta pas ; il descendit, monta dans la voiture de son jeune sous-lieutenant, et il lui sembla qu'il venait d'obtenir un triomphe d'où dépendait sa vie.

Cependant ses doutes le reprenaient, et il n'eût pas fait la moitié du chemin qu'il eût voulu retourner en arrière ; mais ce n'était plus possible, et Valvins fut obligé de faire sur lui-même un effort désespéré pour ne pas rentrer chez madame D.... comme un provincial ou comme un condamné.

Toutefois, Lesly s'était trompé dans ses prévisions ; madame D.... ne fit pas la plus légère attention à la présentation de Valvins ; elle fut polie pour lui, et lui dit avec assez de bonne grâce que, s'il avait bien voulu s_____ qu'elle demeurait faubourg Saint-Honoré, elle aurai_____ 'er une invitation, et que la présentation du comte eût été inutile ; puis deux ou trois mots à Melchior pour le remercier, et voilà tout, pas le moindre embarras. Le jeune comte fut très désappointé.

— Nous n'avons pas produit le moindre effet, dit-il au commandant. Cette femme est admirable de fausseté ; je suis sûr qu'elle est furieuse contre moi ; mais elle ne m'en a rien montré.

— C'est au moins du savoir-vivre, dit Valvins.

— Pas du tout, commandant, reprit le jeune sous-lieutenant : c'est tout bonnement un plaisir qu'elle me refuse.

— Est-ce le seul ? dit Valvins, qui voulut essayer de cette conversation vide qui s'accroche aux mots pour avoir l'air de penser à ce que l'on vous dit.

— Ah ! fit Melchior en regardant le commandant d'un air riant, vous voyez que j'avais raison : le bal vous gagne ; vous venez de vous moquer de moi.

Valvins ne l'entendait pas, il regardait autour de lui. Tout à coup il tressaillit ; il avait aperçu le sommet d'une tête sur laquelle se balançaient des fleurs aux couleurs tranchées. Sans la voir, sans l'entendre, il reconnut la duchesse. Il eût vu au coin d'une porte un pli de sa robe, qu'il l'eût reconnue de même : il la savait jusqu'au bout de ses gants.

— Ma foi, dit Lesly, je ne veux pas en avoir le démenti ; vous ferez un effet quelconque ce soir même.

Valvins, dont le cœur frissonnait, se laissa entraîner comme un homme étourdi par une chute, et qui cède à la main qui le tient, sans conscience de ce qu'il fait.

Ils arrivèrent ainsi dans un salon occupé seulement par quelques joueurs, et où madame de Fosenzac s'était assise avec un homme d'un certain âge que Valvins ne reconnut pas, mais qui n'était autre que M. Balbi.

— Léonie, dit Melchior en prenant Valvins par la main, je te présente mon excellent commandant, M. Valvins. Tu le connais, c'est pour lui que...

Il fit à sa sœur un petit signe d'intelligence pour lui rappeler son ambassade au ministère de la guerre, et tout aussitôt il ajouta :

— Ah ! parbleu, monsieur Balbi, je suis ravi de vous rencontrer ; je voulais aller chez vous demain matin : j'ai à vous parler. Tu permets, Léonie ?

Et il emmena le notaire sans ajouter autre chose. L'affaire était pressante ; en effet, il s'agissait de faire avancer un trimestre de la pension que lui faisait le marquis. La duchesse et Valvins demeurèrent en présence. Dans le premier moment de sa surprise, elle l'avait regardé bien en face, comme pour s'assurer si c'était lui.

Mais aussitôt elle avait baissé les yeux, et Valvins put la contempler tout à son aise, incliné qu'il était vers elle par le salut qu'il avait fait.

Un moment il voulait s'éloigner sans lui parler ; mais il n'avait pas le courage d'accepter l'accusation qu'elle portait peut-être contre lui pour ce qui venait de se passer, et il lui dit d'une voix éteinte par la douleur :

— Je ne suis pour rien dans cette rencontre, madame.

Il salua pour s'éloigner ; mais ses genoux fléchirent sous lui et il fut obligé de s'appuyer à un fauteuil près de lui. La duchesse s'en aperçut, elle devint plus pâle ; mais presque aussitôt, s'adressant à lui d'un air aussi naturel que possible, elle lui dit :

— Je suis ravie, monsieur, de connaître une personne que mon frère compte parmi ses amis.

Valvins la regarda comme si elle l'eût menacé d'un poignard.

— On nous observe, monsieur, lui dit-elle très vite et très bas.

Valvins s'assit en face d'elle et lui répondit assez haut pour que la conversation eût l'air d'un simple échange de politesses banales :

— Permettez-moi, madame, de remercier votre frère d'une si aimable surprise, car il ne m'avait pas dit que madame de Fosenzac serait à ce bal.

Léonie le regarda, moins parce qu'elle doutait de la vérité de ses paroles que parce qu'elle était étonnée du ton facile dont elles avaient été prononcées.

— J'espère, reprit-elle assez bas, que ceci ne se renouvellera plus.

— J'obéirai, dit Valvins humblement.

Melchior s'approcha, et Léonie s'étant levée, dit à Valvins d'un air plein d'aménité : « Adieu, monsieur ; je reçois quelques amis le vendredi, ceux de mon frère sont les miens. » Et elle s'éloigna avec un salut plein de grâce et de tranquillité. Valvins la regarda sortir. A ce moment, il venait de prendre son parti. Demain, se disait-il, elle ne me rencontrera plus. Il pensa que rien ne l'empêcherait de se brûler la cervelle dans la nuit. Cette résolution prise, il devint assez gai, assez maître de lui pour avoir quelques succès dans un petit cercle de femmes ramassées dans un coin, et il retrouva des personnes qu'il avait connues autrefois. Ce fut si remarquable, que Melchior dit à Léonie, dans le courant de la soirée :

— Mon commandant fait merveille.

— Comment ?

— Il est charmant ; dans huit jours il ne pensera plus à la folle passion qui lui fait perdre la tête. Je me charge de le guérir.

— Ah ! fit Léonie d'un ton piqué.

Melchior s'éloigna, et Léonie devint très maussade.

XVI

Contradictions.

Pourquoi Léonie changea-t-elle tout à coup d'humeur? Pourquoi fut-elle si vivement blessée de la conduite de Valvins? L'aimait-elle donc; et cet amour, qu'elle croyait depuis si long-temps changé en haine, venait-il de lui parler tout à coup? Non, ce n'était ni pitié ni tendresse pour cet homme, ce n'était non plus ni vengeance ni colère : c'était un de ces sentimens inexplicables si communs dans le cœur des femmes. Il y avait dix minutes qu'elle plaignait cet homme devenu si misérable, et qu'elle eût souhaité de voir indifférent, tant elle craignait un éclat de son désespoir; et maintenant elle lui en voulait de jouer cette indifférence au point de tromper les regards dont il était entouré. Inquiète, un moment avant, d'une douleur qui l'épouvantait, elle se sentit humiliée de l'empire qu'il avait repris sur lui-même. Enfin, ces vifs mouvemens de son cœur éclairèrent la duchesse sur ce qu'elle éprouvait pour Valvins, et elle comprit alors que la contemplation de l'existence torturée de cet homme était devenue une habitude où elle se complaisait. Sans s'en douter, elle savourait depuis long-temps cette vengeance, à laquelle elle croyait avoir renoncé.

En effet, dans sa pensée, Valvins lui était si odieux, que, dans les calculs qu'elle eût pu faire contre lui, elle n'eût jamais songé à devenir l'instrument direct de sa perte; un contact avec cet homme, fût-ce pour l'écraser, lui répugnait au point que, ne pouvant armer personne contre lui, elle n'avait plus songé qu'à l'éviter.

Mais la présence constante de cet homme sous ses yeux, sa douleur, son dépérissement; avaient fini par surmonter ce dégoût, elle s'était accoutumée à le voir sans horreur, et peu à peu à le regarder avec curiosité, peut-être quelquefois avec joie. Léonie ne s'était pas rendu un compte exact de ses sentimens, mais ils lui apparurent dans toute leur cruelle naïveté au moment où le changement de cet homme sembla devoir les tromper. C'est sa vengeance qui lui échappait, car véritablement sa vengeance était là. Et quelle vengeance de femme! comme elle satisfaisait son ressentiment en faisant subir à Valvins les mêmes tortures qu'elle avait souffertes! comme elle flattait sa vanité en la faisant seule l'instrument de ces tortures! combien cette vengeance lui épargnait de soins, de mensonges et d'hypocrisie vis-à-vis du monde, en lui livrant son ennemi sans qu'elle appelât personne à son aide, sans qu'elle se compromît par une confidence ou une accusation contre lui! Et cette vengeance lui allait échapper, pour ne pas avoir assez ménagé le supplice : la victime était près de s'enfuir. Oh! non pas. C'est ce que Léonie ne voulait plus, c'est ce qui fit qu'au lieu de quitter ce bal, où elle ne fût pas venue si elle avait su y rencontrer Valvins, elle y demeura tant qu'elle sut qu'il y était encore. Ne fallait-il pas, comme le cavalier mexicain, jeter au cou du buffle le lacet qu'il avait déjà rompu, et, une fois le terrible ennemi bien noué à sa ceinture, n'avait-elle pas à recommencer une course brillante, gaie, folle, en le traînant abattu et furieux à sa suite, se déchirant aux épines et se brisant aux pierres du chemin?

Cependant cela semblait difficile, car la nuit se passait, et Valvins demeurait dans le salon écarté où il avait retenu, à force de méchancetés cruelles et hardies, quelques unes des plus méchantes femmes de ce bal, qui l'écoutaient avec ravissement. Plusieurs fois Léonie avait été jusqu'à la porte de ce salon sans oser y entrer. C'eût été une imprudence et une maladresse ; c'était s'exposer aux atteintes de l'ennemi, s'il acceptait la lutte ; c'était l'engager à fuir, s'il voulait l'éviter. Oh! quelle révélation ce serait que celle des émotions intérieures de cette femme tournant autour de ce salon, se présentant à toutes les issues sans oser les franchir, presque toujours tantôt au bras d'une femme qu'elle accablait de témoignages d'amitié et surtout de flatteries, sachant bien qu'il n'est pas besoin de faire attention à ce qu'on dit quand on flatte ; que le tact, la retenue n'y sont pas nécessaires, et que celle qui écoute, acceptant tout sans commentaire, on peut avoir l'esprit ailleurs, pourvu que la flatterie en tienne lieu ; tantôt au bras de quelque élégant à qui elle laissait tout dire, sûre de le satisfaire, car elle savait encore que ces messieurs ont une si suprême bonne opinion de leur éloquence, qu'ils s'imaginent que les femmes ne leur résistent que parce qu'elles refusent de les écouter. Elle écoutait donc, ou plutôt elle laissait parler depuis cinq minutes le jeune Larrieu, qui, ne trouvant d'obstacle à rien de ce qu'il croyait faire entendre, osa en dire plus qu'il ne croyait que la duchesse voudrait en accepter, et dont le regard rayonnant faisait part de son triomphe à tous ceux qui passaient.

Léonie, pendant ce temps, la tête complaisamment penchée vers son adorateur, l'oreille tendue vers ce salon d'où il ne lui venait que le murmure sourd d'une voix amère et les rires étouffés de quelques femmes, Léonie cherchait un moyen de parvenir jusqu'à ce salon, non de sa personne, mais de sa volonté, de son empire, de l'amour désespéré qu'elle inspirait et qui lui échappait.

Tout à coup un mot de Larrieu l'éclaire, elle vient de comprendre que, depuis dix minutes, elle est en butte aux déclarations les plus directes. Elle s'arrête tout à coup et fait son plan de campagne. Elle quitte d'un air embarrassé le bras de Larrieu, et lui dit : « Il me semble que j'ai un engagement à remplir. Je danse, je crois, avec M. N... Je quitterai le bal aussitôt. J'ai laissé, je crois une écharpe dans ce salon... » et elle lui montrait le petit salon où était Valvins.

— Je vais... dit Larrieu.

— Non, reprit la duchesse, je ne voulais pas vous donner cette peine... Mais, avant de partir, j'irai la reprendre moi-même.

Ceci était un petit rendez-vous bien conditionné. Mais Larrieu pouvait la suivre dans le salon où elle allait danser; elle ne voulut pas et ajouta :

— Jusque-là, adieu.

Elle se sépara de lui et traversa assez rapidement la foule pour gagner une galerie assez éloignée. Quant à Larrieu, il entra dans le salon où était Valvins; la phrase de la duchesse était si admirablement conçue : Il *me semble* que j'ai un engagement; je doute, *je crois*, tout cela n'était qu'un doute, peut-être une supposition, et probablement elle serait revenue au rendez-vous sans avoir trouvé son danseur, qui n'existait pas ; il fallait donc ne pas quitter la place, et Larrieu s'installa dans un coin, le cœur gonflé des plus délirantes espérances. Cela fait, elle attend long-temps, assez long-temps pour qu'on s'aperçoive, dans le coin de Valvins, de la présence de Larrieu, que le commandant devait connaître. Puis, au bout de dix minutes, quand elle a vu que les profonds soupirs du jeune fat, ses petits chantonnemens, son impatience, ont attiré sur lui quelques regards malicieux, elle paraît tout à coup à une porte, enveloppée de cette écharpe qu'elle n'a point oubliée là, mais enveloppée comme une femme qui s'en va, et qui ménage une transition entre l'atmosphère brûlante du salon et celle de l'antichambre où l'attend son manteau fourré; et de cette porte, le dos tourné à Valvins, qu'elle ne doit point voir, elle fait un signe à Larrieu en lui disant :

— Où vous cachez-vous donc ?

La combinaison était admirable, d'autant plus admirable qu'elle trompa même les femmes qui s'en aperçurent.

Elles la trouvèrent maladroite et du plus mauvais goût.

Le mot : « Où vous cachez-vous donc ? » était inutile pour dire : Me voilà, puisqu'elle se montrait, et c'était pour faire voir qu'elle avait cherché Larrieu par tous les salons.

Mais le mot n'était pas pour les femmes, mais pour Valvins: il fallait qu'il crût que c'était par force qu'elle avait mis le pied dans un salon où il se trouvait. Et le ton sec dont ce mot fut prononcé devait lui apprendre la répugnance qu'elle avait éprouvée à en toucher le seuil; et cependant cette répugnance avait cédé au désir de retrouver Larrieu : c'était donc un désir bien vif, bien ardent, c'était donc de l'amour.

Léonie avait prévu tout cela; elle avait prévu aussi que, si Valvins ne tirait pas immédiatement toutes les subtiles conséquences de ce fait presque inaperçu, les femmes dont il était heureusement entouré se chargeraient de ce soin.

En effet, à peine Larrieu, transporté d'un témoignage si éclatant de bonne volonté pour lui, eut-il quitté le salon pour s'élancer vers Léonie, que la conversation, qui mordait à belles dents sur une pauvre comtesse de l'empire si compromise que ce n'était pas la peine de l'achever, se retourna l'œil en feu, la dent plus aiguë sur cette proie toute fraîche qui se jetait si imprudemment en pâture à ses morsures.

Ce fut un beau festin de corbeaux : la duchesse y fut dépecée jusqu'à la moelle. C'était encore une de ces aventures si profondément cachées et qui rappelaient celles qui avaient eu lieu du vivant de son mari. C'était une révélation, une lumière soudaine, car personne ne soupçonnait rien de cette intrigue. Elle avait failli enfin à son habile et ténébreuse hypocrisie, et tout s'expliquait. En cinq minutes, Larrieu fut proclamé l'amant adoré de la duchesse, et cela aux yeux de Valvins, qui ne parlait plus et se taisait.

Il avait le lacet au cou : il était jaloux ; la duchesse le tenait. Il quitta le salon dans un état d'irritation furieuse ; mais il ne pensait plus à se brûler la cervelle : il fallait qu'il se vengeât de cette femme. A ce moment, il ne redoutait plus de la voir ni de l'irriter, et, ayant rencontré Lesly, il lui dit avec un sourire et une gaîté que le jeune homme crut sincères :

— Quand me ferez-vous profiter de la charmante invitation de madame votre sœur ?

— Demain, lui répondit le jeune comte, c'est demain vendredi. Venez, je vous raccommoderai aussi avec mon père, à qui j'ai fait comprendre qu'il avait tort de vous en vouloir.

— De m'en vouloir, de quoi ? dit Valvins que tout alarmait dans ses rapports avec cette famille.

Melchior de Lesly avait pensé qu'il ne devait pas parler à son commandant de l'aventure des arrêts et des plaintes du marquis ; mais il avait laissé échapper un mot qui nécessitait une explication, et, du moment qu'elle lui fut demandée, il la donna franche et complète. Il dit à Valvins la colère ridicule de son père ; il avoua franchement l'indignation qu'il en avait éprouvée, sans prétendre s'en faire un mérite, et finit par raconter la démarche qu'il avait exigée de sa sœur, et qu'elle avait faite.

— Quoi ! dit Valvins, qui, jusqu'à l'intervention de Léonie dans cette affaire, avait écouté ce récit avec beaucoup d'indifférence ; quoi ! elle est allée chez le ministre de la guerre ?

— Avec une charmante bonne grâce, lui dit Melchior, qui se plaisait toujours à louer Léonie.

Puis il ajouta :

— Elle est si bonne, si noble! quand vous la connaîtrez, vous l'aimerez, et vous la connaîtrez bientôt. A demain.

Valvins demeura stupéfait à cette nouvelle, et il le fut encore davantage en retrouvant dans le bal Larrieu, à qui Léonie avait dit quatre mots très insignifians pour s'excuser de lui avoir fait chercher son écharpe, et lui prouver qu'elle ne lui avait pas demandé autre chose. Larrieu n'y comprit rien; mais il resta au bal avec un air dépité que Valvins remarqua et dont il voulut s'assurer en lui disant :

— Je vous croyais parti, lieutenant?

Larrieu, qui savait que Valvins avait été témoin de la petite scène du salon, haussa les épaules et répartit d'un air d'humeur contre lui-même :

— Non, commandant, je suis resté.

— Vous êtes resté? dit Valvins en marquant ces mots d'une intention facile à deviner.

— Non, non, reprit Larrieu en ricanant. Je n'y mets pas de fatuité : je ne suis pas resté, on m'a laissé.

Puis il s'éloigna, laissant Valvins en proie à des réflexions sans fin sur tout ce qui venait de se passer. Désespéré par l'implacable dédain de cette femme, et résolu de se délivrer de sa propre folie par le suicide, il avait été rattaché à la vie par la jalousie et le désir de changer son expiation en vengeance; puis il était averti à l'instant même que cette jalousie était peut-être sans cause, et que cette vengeance allait atteindre une femme qui l'avait défendu. Que faire? la poursuivre, la fuir? quant à mourir, il n'y pensait plus. Ou cette femme avait été assez noble pour le protéger dans une cause juste, quelque haine qu'elle eût pour lui, et alors il lui fallait le pardon de cette femme avant de mourir; ou elle était devenue assez indifférente pour faire sans effort pour lui ce qu'elle eût fait pour un inconnu, et alors mourir était un sacrifice inutile qu'elle n'eût pas compris.

L'aimerait-elle encore malgré sa résistance et sa cruauté? Ne serait-elle si implacable que parce qu'il lui fallait s'armer à la fois contre elle et contre lui? Il n'osa le croire, mais il y pensa.

Durant toute la journée du lendemain, il tourna dans ce cercle d'idées et de suppositions, comme un prisonnier dans un cachot obscur, sans pouvoir y faire pénétrer un rayon de jour qui l'éclaire sur la position où il est. Le soir le trouva dans cette affreuse incertitude, ne sachant s'il devait rester la victime soumise qui s'offre en holocauste, ou se présenter en adversaire décidé à lutter. Si, comme la veille, le jeune comte eût dû le prendre par la main et le mener en quelque endroit, même chez Léonie, il se fût laissé conduire, en abandonnant au hasard à décider ce qui arriverait d'une pareille démarche. Mais Valvins, ce cœur si robuste, cet esprit si ferme, en était venu à ne plus avoir la force de prendre une décision dans sa vie. Chez lui, la faiblesse physique ajoutait au désordre moral ; et enfin quand l'heure eut sonné où il eût dû se rendre près de Léonie, il se trouva en proie à une fièvre si brûlante qu'il ne put plus la dominer. Son domestique alla chercher le médecin, qui déclara que Valvins était dans un véritable danger.

Cependant Léonie, avertie dès le matin par son frère de la visite de Valvins, l'avait attendu avec une anxiété non moins grande. De quel air se présenterait-il ? serait-ce avec la légèreté railleuse qu'il avait affectée la veille ? serait-ce avec le désespoir profond qui le dominait quelques jours avant ? Elle l'ignorait ; mais elle voyait qu'elle avait remporté une première victoire. Ce qui, quelques jours avant, lui eût semblé une insulte grossière, ce qui lui eût paru, après les premières paroles qu'elle avait échangées avec lui, une révolte insolente, devenait un acte de désespoir après le trait empoisonné qu'elle lui avait lancé en partant. De quelque manière qu'il se présentât, c'est ainsi qu'elle le considérait. Elle l'attendit donc de pied ferme, toute prête à combattre avec quelques armes qu'il eût choisies, quoique, au fond et si brave qu'elle fût, elle tremblât à l'attente du combat.

Mais le chevalier provoqué manqua à l'appel, et son antagoniste usa toute sa force à se préparer au combat et à attendre dans son armure qu'elle avait fermée jusqu'au heaume.

L'impatience que la duchesse éprouva fut si vive qu'elle ne put s'empêcher de la témoigner à son frère et qu'elle lui dit en riant :

— Eh bien, ton charmant commandant te manque de parole.

— Bah ! fit Melchior, qui n'y avait pas même pensé de la soirée, c'est un original ; il l'a peut-être oublié ou il n'a pas osé y venir seul.

Deux jours se passèrent ainsi, et ce ne fut que par hasard que la duchesse, qui était de fort mauvaise humeur depuis le vendredi et qui querellait son frère en femme nerveuse, c'est-à-dire à propos de tout et à propos de rien, apprit la cause de l'absence de Valvins.

— Tiens, lui dit son frère, répondant à une autre accusation, c'est comme mon commandant. J'ai bien vu à ton air que tu m'accusais de t'avoir présenté un malotru. Eh bien ! sais-tu ce qui l'a empêché de venir ? C'est que vendredi soir il est tombé malade, et si malade, que ce matin Larrieu m'a dit qu'on désespère de le sauver.

La duchesse reçut cette nouvelle avec bonheur, non qu'elle fût contente du danger que courait Valvins, mais de ce qu'elle était rassurée sur l'empire qu'elle exerçait sur lui ; ce n'était pas de sa propre volonté qu'il n'était pas venu, c'est tout ce qu'elle voulait savoir ; aussi ne répondit-elle rien à son frère, mais aussi elle ne le querella plus ; la maladie de Valvins avait effacé tous les torts de Melchior. Et puis, il y a des hommes qui ont la prétention de comprendre les femmes ; et le petit comte, qui, après ce qu'il avait dit de Valvins, avait continué de le défendre, s'imagina que ses mauvaises raisons avaient persuadé la duchesse, et qu'il n'y avait qu'à la câliner pour lui faire croire tout ce qu'on voulait. Bon jeune homme! elle n'avait pas entendu un mot de ce qu'il avait ajouté.

Melchior quitta sa sœur quelques instans après, et elle lui demanda :

— Où vas-tu?

— D'abord, chercher moi-même des nouvelles du commandant, et puis...

La duchesse ne se souciait pas du reste et ne l'écouta pas davantage que sa justification.

Il faut remarquer que, quelque désir qu'elle eût que son frère fît cette visite, elle ne lui en avait pas dit un mot; elle était d'un monde, et son frère aussi, qui l'assurait qu'une visite d'une convenance si nécessaire ne serait pas oubliée; elle n'avait donc pas besoin de la lui recommander; mais elle voulait qu'il lui en fût parlé pour pouvoir s'y glisser par un mot.

— Si tu trouves par hasard ton ami, M. Larrieu, chez le commandant, fais-lui comprendre que ses visites, tous les matins à midi, ne me plaisent pas.

— Bah! dit Melchior d'un ton surpris; Larrieu?

— Ne fais pas de cela une affaire, je t'en prie; parle-lui-en seulement si tu le trouves. Il est fort ridicule, ton ami, et je ne veux pas partager cet avantage avec lui.

Melchior haussa les épaules et ajouta :

— Je ferai ta commission... si cependant je le trouve chez le commandant.

— J'espère que tu trouveras M. Valvins mieux portant, mais tu as eu tort de ne pas y aller hier.

— C'est vrai; je n'y ai pas pensé.

— Tu t'excuseras sur quelque devoir à remplir.

— Je mentirai.

— Oui, dit la duchesse en riant, tu feras comme pour madame D... quand elle t'attend; tu lui diras que je suis malade et que tu es resté près de moi.

— Excuse excellente! s'écria Melchior, et que je ne négligerai pas.

C'est tout ce que Léonie voulait.

XVII

Hameçon.

L'appât confié à la main de Melchior de Lesly était bien incertain, car l'excuse que sa sœur lui avait suggérée pouvait devenir inutile; s'il n'était pas admis près du commandant, Melchior pouvait l'oublier ou en chercher une autre; il semble donc que Léonie abandonnait beaucoup au hasard le succès de sa ruse. Que Valvins, averti que la duchesse était malade, attribuât cette indisposition à sa rencontre, ce n'était pas douteux; mais s'il ne l'apprenait pas, le fil imperceptible qui les tenait l'un à l'autre resterait-il brisé, ou faudrait-il que Léonie le renouât de sa propre main? N'en croyez rien. La duchesse avait jeté son premier hameçon; mais si Valvins ne devait point voir celui-là, elle en avait d'autres tout prêts. Elle hasardait le moins dangereux pour elle, puisque ce n'était pas elle qui semblait le tenir : voilà tout. Elle en avait déjà préparé un autre. A peine Lesly était-il chez le commandant, qu'un billet de la duchesse alla l'y chercher. Ce billet commençait par ces mots :

« Je t'écris de mon lit, etc. »

Le reste était une de ces commissions de femmes qui n'admettent pas une minute de retard. Il ne s'agissait de rien moins que d'avoir une loge à l'Opéra pour une représentation à bénéfice, et la duchesse venait d'apprendre de l'une de ses amies qu'il n'en restait plus que deux ou trois à louer, et qu'il faudrait même beaucoup intriguer pour en avoir une. Léonie avait prévu tous les petits incidens qui pouvaient résulter de ce billet : il était possible que Valvins apprît que la duchesse savait que son frère était chez lui et qu'elle n'avait pas craint de l'y poursuivre. Il était possible que ce billet fût remis à Melchior de Lesly, sans que Valvins fût informé de cette circonstance. Mais de tout cela il devait arriver quelque chose, et, quoi qu'il arrivât, elle saurait s'en emparer de manière à en profiter.

Du reste, tout lui réussit : Valvins crut que la duchesse étai malade; Valvins sut qu'elle avait fait chercher Lesly jusque chez lui, et l'on peut aisément comprendre ce que ces deux petits événemens lui donnèrent de pensées. A son tour, il crut que Léonie souffrait du malheur, de la haine, de la passion qui étaient entre eux; il y avait donc toujours un abîme qui les séparait; mais, en marchant chacun d'un côté de cet abîme, ils demeuraient sous l'influence l'un de l'autre, et il n'en fallait pas davantage à Valvins pour lui donner l'espoir que cette influence pourrait tourner à son profit. Il était malade de désespoir; une lueur d'espérance devait donc le guérir, et huit jours après il était en état de se présenter chez Léonie. Il la trouva calme et naturelle pour tout le monde, polie mais réservée vis-à-vis de lui, sans étalage insultant de légèreté, sans dédain provoquant. Léonie fut admirable toute la soirée, et la termina par un coup de maître. Elle osa aller à Valvins, à Valvins seul dans un coin; et, avant qu'il eût eu le temps de se remettre de la surprise que lui causa cette démarche, elle lui dit froidement :

— Monsieur, dans la position bien extraordinaire que l'amitié de mon frère vous a faite, j'ai compris que, malgré vous, nos rencontres pourraient être plus fréquentes ou plus intimes que cela ne devrait être. Des refus obstinés de votre part ou de la mienne pourraient donner lieu à des soupçons que votre conduite me prouve que vous ne voudriez pas faire naître. Malgré ce que je vous ai dit, je ne regarde donc votre venue chez moi que comme une obligation à laquelle vous n'avez pu vous soustraire. Moi-même, monsieur, il me faudra peut-être, pour obéir aux usages du monde, vous adresser des paroles qui puissent le tromper. Je n'ai pas besoin de vous dire qu'elles n'auront d'autre but que d'être entendues par d'autres que par vous, et j'espère que, si vous ne pouvez résister toujours à des invitations que mon frère vous fera d'une manière très pressante, vous n'y céderez qu'autant qu'il sera nécessaire pour que votre résistance ne soit pas mal interprétée.

Ce petit sermon achevé, Léonie salua Valvins qui l'avait écoutée avec une anxiété étrange. Le sens général de ce qu'il venait d'entendre était toujours une séparation infranchissable entre eux; mais quand il put peser tous les mots de cette déclaration, que de concessions il y découvrit!

Il pouvait revenir chez la duchesse; bien mieux encore, il devait y revenir pour que ses refus n'excitassent pas de soupçons. Ses relations avec elle seraient plus fréquentes et pouvaient être plus intimes. Léonie ne les acceptait que comme une cruelle nécessité, mais elle les acceptait. On ne lui remettait pas un iota sur la déloyauté de son crime passé, mais on paraissait s'en fier à son honneur pour l'avenir.

Que de victoires, que de progrès dont il était heureux. Et remarquez combien le machiavélisme de cette femme était admirable! elle avait donné à Valvins mille fois plus qu'il n'avait osé espérer; elle le lui avait donné de sa volonté, car un mot de la duchesse eût suffi pour changer le commandant à jamais, et cependant il ne croyait rien devoir qu'à un concours de circonstances amenées en sa faveur contre une pauvre femme qui les subissait.

Une fois cela posé, tous deux purent se dire : « L'avenir est à moi. » La lice était ouverte; Valvins y pouvait descendre à sa volonté, et la duchesse se disait : « Maintenant je suis sûre qu'il viendra. » Et elle se croyait si bien armée contre cet homme, qu'elle s'imagina qu'il ne l'y surprendrait jamais avant qu'elle pût s'y défendre.

Voilà donc Valvins admis dans les salons de la duchesse, n'y paraissant, à la vérité, que lorsqu'il y avait assez de monde pour qu'elle pût ne pas l'y voir. Mais il la voyait, lui, et ce fut alors que ce rêve d'amour, qui le saisissait en la voyant de loin si belle et si séduisante dans sa loge de l'Opéra, arriva à un véritable délire en la voyant de près si parfaite, si adorée. C'est alors qu'il la contemplait dans de longues extases de souvenir, auxquelles cette fois se mêlaient aussi des rêves d'espérance ; c'est alors qu'il aima cette femme non plus pour lui, mais pour elle, pour ce qu'elle valait, parce qu'elle était la plus belle, la plus noble, la plus pure créature qu'il eût rencontrée en ce monde ; et ce fut alors aussi que toute sa conduite changea vis-à-vis d'elle, ce fut un respect, une adoration soumise que la duchesse devina.

Léonie fut fière et heureuse de ce triomphe ; l'amour de cet homme qui l'avait si lâchement outragée ne touchait pas son cœur comme amour, mais comme réparation. Et il l'offrait si noblement, si humblement à la fois ; il l'offrait si bien et sans prier qu'on l'acceptât, que Léonie se demanda encore une fois s'il n'y avait pas dans sa conduite antérieure un mystère qui devait tout à fait le justifier.

Cependant ces pensées, si elle ne les accueillait que rarement et toujours avec crainte, n'était-ce pas de sa part une comédie admirablement jouée ; et si elle avait la faiblesse de s'y laisser prendre, ce qui s'était passé ne pouvait-il pas se renouveler, et un second outrage pareil au premier, ne serait-ce pas la mort ? Voyez comme l'amour est habile à jeter dans le cœur les pensées les plus étranges ; si Léonie s'était demandé à elle-même si jamais i pourrait advenir qu'elle pardonnât à cet homme, elle se serait révoltée contre cette idée ; mais voilà que, lorsqu'elle pense qu'il peut la tromper encore, elle mesure l'horreur de son infortune, si elle avait la faiblesse de succomber. Il y avait donc dans son cœur une crainte vague et presque inaperçue qu'elle pût céder ; cette crainte n'était pas réelle, à vrai dire, elle disparaissait lorsque Léonie la regardait en face ; mais il y avait des heures où elle apparaissait tout à coup, loin, bien loin à l'horizon, comme ces lueurs fugitives qui n'y sont plus dès qu'on y porte les yeux.

Du reste, comme nous l'avons dit, Léonie n'était pas pressée, elle n'avait plus rien à faire, et même elle sentait qu'elle avait obtenu de son ennemi tout ce qu'elle pouvait lui demander : c'était la soumission, le respect, l'adoration. Et cependant la saison étant venue où elle devait quitter Paris pour aller demeurer à Fontainebleau, dans ce même château où elle avait retrouvé Valvins, elle éprouva quelque ennui de rompre cette occupation du cœur à laquelle elle se plaisait. Et puis, alors qu'elle en était arrivée là où elle s'était marqué le but, elle souhaitait vaguement d'aller plus loin.

En effet, elle sentait son empire ; mais elle n'avait pas eu à en faire usage. Le respect de Valvins ne lui avait donné aucune occasion de repousser une parole hasardée. A quoi bon avoir un esclave à qui l'on ne peut pas un peu faire sentir qu'on est son maître, même quand c'est son obéissance qui vous en dispense ?

Aussi, à l'approche de son départ, Léonie devint-elle inquiète, impatiente ; elle eût voulu que Valvins témoignât la prétention de venir, pour pouvoir le lui défendre ; et ce fut avec un véritable sentiment de joie qu'elle entendit son père, qui était devenu un partisan déclaré de Valvins, l'engager à venir à son château. Elle l'entendit, et ne put défendre à Valvins d'en profiter ; mais elle fit semblant de n'avoir pas entendu, et laissa Valvins à ses perplexités. Elle savait bien qu'il hésiterait à venir, mais elle savait bien aussi qu'il viendrait, et lorsqu'elle fut à son château, elle l'attendit. Ici la lutte devenait plus intéressante, les ennemis étaient face à face, dans un terrain plus étroit. Mais, avant d'aller plus loin, il faut dire comment Valvins alla au château et comment il y fut accueilli.

XVIII

Rapprochement.

Comme la duchesse l'avait prévu, l'hésitation de Valvins fut longue. L'espèce d'autorisation qu'il avait reçue de Léonie n'était pas un titre suffisant pour accepter l'invitation du marquis. Il est bien difficile de trouver des motifs raisonnables au refus constant de se présenter à Paris dans une maison où des invitations incessantes vous appellent, et Melchior de Lesly en poursuivait Valvins ; donc celui-ci, en se montrant souvent chez Léonie, ne manquait que de bien peu à l'espèce de traité qui avait été passé entre eux ; mais entre sa présence dans un salon où il y avait deux cents personnes, et un séjour, ne fût-il que d'une semaine, dans un château où les conviés ne pouvaient être nombreux, il y avait une énorme différence. D'ailleurs, ici, les excuses se présentaient en foule, et les devoirs militaires de Valvins lui en eussent fourni d'excellentes, s'il avait eu envie de les opposer aux sollicitations de Melchior de Lesly. Sa seule occupation était, depuis quinze jours, de se faire contraindre à aller à la campagne, et voilà ce qu'il ne pouvait trouver.

Si nous disons ces hésitations de Valvins, c'est pour bien faire comprendre que la passion qu'il portait en lui était naturelle et, conséquemment, sérieuse. Ce n'était plus une de ces passions de parti, comme celle à laquelle il avait obéi dans les premiers temps de son retour vers la duchesse ; c'était un amour vrai, timide, qui, parvenu à s'introduire dans un petit coin obscur du temple, s'y tenait bien caché, s'y faisait bien petit, pour ne pas être aperçu et bientôt chassé. Il l'eût été sans doute si, dans cette foule, il eût voulu occuper la place d'un indifférent ; que serait-ce donc si, maintenant que la divinité se retirait dans un sanctuaire plus intime avec un petit nombre d'élus, il osait y pénétrer à leur suite ?

Le profane, long-temps abrité par la foule, ne saurait où se cacher, et peut-être que la divinité, indignée de tant d'audace, le chasserait non seulement du sanctuaire, mais lui interdirait l'entrée du temple.

Valvins craignait de perdre ce qu'il avait gagné, en voulant avoir davantage. Pour qu'il fût si timide à tenter les chances de ce jeu hasardeux de l'amour, il fallait qu'il y fût bien pauvre et qu'il tînt beaucoup au peu qu'il avait conquis. Du reste, il avait aussi mauvais jeu que possible, et il avait affaire à une antagoniste qui, de son côté, tenait ses cartes trop serrées pour qu'il pût voir que la duchesse ne l'avait guère meilleur.

Ainsi, tandis que d'un côté il se désolait de ne pas trouver un prétexte pour se présenter chez la duchesse, elle se dépitait de le voir si peu habile à lui désobéir.

C'est ce qui amena l'espèce de mezzo-termine auquel Valvins s'arrêta, et qui, par un bonheur qui suit rarement les demi-mesures, lui réussit à merveille.

On doit se rappeler que la majeure partie du régiment de Valvins était à Fontainebleau. Celui-ci trouva fort ingénieux d'aller chez Léonie en passant par son colonel. En effet, il se rend à Fontainebleau, va faire très officiellement sa visite officielle ; puis, deux heures après, il entrait dans le salon de M. de Lesly avec une phrase bien faite, bien arrêtée, et qu'il croyait bien ingénieuse.

Léonie était dans un coin de ce salon, et, après avoir échangé avec lui un salut glacé, elle avait bien vite abaissé la tête sur le livre qu'elle parcourait, pour écouter de toutes ses oreilles ce qu'il allait dire. Valvins s'attendait à cet accueil : il ne fut donc point pris à l'improviste et resta ferme sur sa fameuse phrase.

— Monsieur le marquis, dit-il de l'air le plus charmant qu'il put se donner, des affaires m'ayant appelé à Fontainebleau, je n'ai pas voulu me trouver si près de votre château sans venir vous rendre mes devoirs.

Cette introduction, que Valvins avait eu tant de peine à trouver, et qu'il croyait si triomphante, fut très mal reçue du vieux marquis. Celui-ci pensa que du moment qu'il avait bien voulu inviter M. Valvins, M. Valvins pouvait bien se donner la peine de venir pour lui, et il trouva que cette visite de raccroc était tant soit peu leste et sans façon. M. de Lesly répondit d'abord par une moue fort peu engageante, puis il ajouta d'un ton sec :

— Je me félicite, monsieur, que vos affaires m'aient procuré l'honneur de vous voir. Vous permettrez-elles de dîner avec nous?

L'air du marquis avait démonté Valvins, et il répondit en balbutiant, comme un pauvre garçon qui met pour la première fois de sa vie les pieds dans un salon :

— Je craindrais d'être indiscret, et...

— Je ne veux pas être exigeant, reprit le marquis; les affaires commandent, il faut obéir.

Ce ne fut qu'à cette dernière phrase et à l'accent avec lequel le mot *affaires* fut prononcé, que Valvins devina la sottise qu'il avait faite. Quelques secondes plus tôt, et en acceptant l'invitation, si peu gracieuse qu'elle fût, il s'emparait du terrain, du moins pour le reste de la journée, et il pouvait tout réparer; mais il n'était plus temps, et il en devint si troublé, si gauche, si maladroit, qu'il resta planté devant le marquis sans lui rien dire. Il se retourna à un petit bruit qui partait de l'angle du salon, et il vit la duchesse qui, la tête tout à fait cachée dans son livre, étouffait une folle envie de rire. Il y avait une glace près d'elle; il s'y regarda : il avait l'air d'un nigaud.

En tout autre temps, la pensée qu'on se moquait de lui eût remis Valvins de son trouble par la colère qu'elle lui eût inspirée ; mais à ce moment il se sentit malheureux et fut près de pleurer comme un enfant de dix-huit ans. Le dur Valvins était bien changé. Le marquis s'était aperçu du trouble de Valvins et avait vu le rire de la duchesse. Ce brave gentilhomme eut un moment de satisfaction complète de lui-même. La leçon qu'il venait de donner à Valvins avait porté coup, et la gaîté de Léonie était une approbation qui relevait à ses yeux l'effet qu'il avait produit. Or, il prit au marquis un de ces mouvemens chevaleresques qui tiennent aux grands cœurs, et il se sentit tout saisi d'indulgence et de bonne volonté pour l'ennemi vaincu. Il vint à son aide, il lui tendit la main; fier de l'avoir renversé, il voulut le relever, et il dit en souriant à Valvins :

— Ah ça! commandant, qu'avez-vous donc?

— Monsieur le marquis, je crains que ma visite ne vous soit importune, fit Valvins de plus en plus embarrassé, mais en tâchant de reprendre un peu de dignité.

— Mon cher monsieur Valvins, dit le marquis d'un ton particulièrement paternel, important et aristocrate, j'aime et je reçois avec plaisir les visites qu'on me fait; mais je suis moins flatté de celles qu'on m'accorde par occasion.

— Mais, s'écria Valvins avec une imprudence bien heureuse, je ne suis venu à Fontainebleau que pour vous.

— Eh bien! qu'est-ce que vous me parlez d'affaires qui vous ont amené...

— Ah! monsieur le marquis, répliqua Valvins d'un ton de petit jeune homme qui s'excuse, une invitation de vous à moi me semblait une si grande faveur, que je tremblais de m'être trompé, que je n'osais en être sûr; et alors je suis venu...

— Pour tâter le terrain, fit le marquis en riant. Ah! c'est trop de timidité et de modestie, mon cher commandant; quand un homme comme moi ouvre sa maison à quelqu'un, c'est qu'il l'estime, qu'il l'apprécie, et qu'il le croit de ses amis.

— Ah! monsieur... dit Valvins encore plus troublé de l'excellente tournure que prenait sa visite qu'il ne l'avait été du mauvais effet du commencement.

— Je n'ai pas besoin de vous demander si vous nous restez? dit le marquis.

Valvins salua, puis regarda Léonie; mais elle était redevenue sérieuse et glacée. A son sens, les choses allaient trop bien pour Valvins. Celui-ci eut donc à subir le coup d'œil impérieux qu'elle lui lança; il comprit qu'il fallait refuser, et il allait s'y soumettre, lorsqu'il vit que M. de Lesly avait quitté le salon : il se retourna alors vers Léonie, et, comme elle tenait ses yeux baissés, il lui dit d'une voix désolée :

— C'est que M. votre père est sorti...

Léonie comprit très bien que cela voulait dire qu'il était prêt à obéir et à refuser, mais qu'il ne le pouvait plus.

A ce moment, Valvins lui parut charmant : c'était l'amour tremblant, naïf, d'un cœur enfant. Si elle l'eût osé, elle lui eût ri au nez, tant elle était ravie. Mais elle se remit immédiatement à son rôle.

— Monsieur, il ne fallait pas venir, lui dit-elle durement.

— Je trouverai un prétexte pour me retirer, répondit humblement Valvins.

— Un prétexte aussi gauche et aussi maladroit que celui de votre visite, sans doute. Je vous en dispense.

Léonie était furieuse; mais c'était un ordre formel de rester. Le marquis reparut et s'excusa de sa brusque sortie : il avait cru comprendre que Valvins se sentait si déplacé dans une maison du rang de la sienne, qu'il n'oserait prendre les mesures nécessaires pour s'y installer, et le marquis avait tout à fait agi en bon prince, et avait fait donner l'ordre au domestique qui tenait les chevaux de Valvins d'aller à Fontainebleau, et de rapporter tout ce qui était nécessaire à son maître, qui demeurerait plusieurs jours au château. Le marquis ne dit pas un mot de tout cela : mais, tout grand seigneur qu'il fût, il avait son coin bourgeois de propriétaire, et il dit à Valvins :

— Voulez-vous que nous fassions une petite promenade dans le parc? C'était autrefois une belle habitation, et cette maison était un château avant la révolution ; je n'en ai retrouvé que les jardins, et encore sont-ils bien loin de valoir ce qu'ils étaient autrefois. J'ai fait construire ce bâtiment il y a peu d'années. Je sais qu'il offusquait Bonaparte, et il n'a pas tenu à lui que, dans les derniers temps de son règne de sang, il n'ait été renversé de fond en comble. Il avait envoyé pour cela un bataillon commandé par un officier.

Valvins écoutait le marquis comme s'il rêvait. En ce moment

seulement il se rappela la scène de désordre qui l'avait si merveilleusement rapproché de la duchesse, et il était non moins surpris de la tournure que le marquis prêtait à cette scène, que de voir qu'il lui en parlait comme d'une chose qu'il devait tout à fait ignorer. Que le marquis ne l'eût pas reconnu, cela s'expliquait aisément : c'est à peine s'il avait eu le temps de le voir, si même il l'avait vu ; que lui-même, Valvins, n'eût jamais fait allusion à cet événement, dont on ne lui parlait pas, c'était de bon goût, surtout vis-à-vis du marquis, qu'il avait vu dans une position plus ridicule que dangereuse ; mais que la duchesse n'eût jamais dit à son père que l'officier qui l'avait arraché aux mauvais traitemens des soldats fût le même que le commandant Valvins, c'est ce qu'il ne comprenait pas. Par un mouvement machinal, il se tourna vers la duchesse, mais elle était immobile dans son coin, ne levant pas les yeux. Valvins sentait qu'il marchait sur des épines, et il répondit au marquis :

— Oui, j'ai entendu parler de cela, des soldats débandés...

— Non monsieur, une horde de sicaires envoyés par l'usurpateur.

La duchesse laissa échapper un signe d'impatience et d'humeur ; elle souffrait de voir son père se montrer à Valvins sous un aspect si ridicule.

— Ah ! fit Valvins, en tâtant chacune de ses paroles avant de les lâcher, ce fut l'empereur lui-même qui envoya...

— Oh ! dit le marquis, cet homme avait une faculté immense, c'était de connaître tout le monde, et de n'oublier jamais aucune injure, et j'en suis une preuve évidente.

— Sans doute, dit Valvins qui acceptait bénévolement ce conte pour éclairer la marche qu'il faudrait suivre plus tard ; et comment se termina cette attaque, cette dévastation ?

— J'étais absent, dit le marquis ; mais, du moment que j'ai paru, j'ai réprimé ces misérables par ma seule présence.

Léonie trépignait d'impatience dans son coin ; elle détestait Valvins, elle le trouvait insupportable ; il prenait des avantages qu'elle ne voulait pas ; et, pour couper court aux forfanteries de son père, elle se leva avec vivacité, et, profitant de l'arrivée d'un domestique qui annonçait la visite de M. Balbi, elle lui dit :

— Mon père, si vous voulez recevoir M. Balbi, je vous remplacerai un moment près de M. Valvins ?

— Volontiers, dit le marquis.

Il sortit ; le domestique regardait Valvins de tous ses yeux. C'était celui qu'il avait arraché aux mains des soldats. Léonie le vit planté à la porte et la bouche béante.

— Que faites-vous là ? lui dit-elle.

— Rien, madame, c'est que... il me semblait...

Un geste lui coupa la parole et lui ordonna de sortir. La duchesse était irritée au dernier point, et elle dit amèrement à Valvins :

— Vous êtes bien content, n'est-ce pas, monsieur?
— Mais madame, dit Valvins, ce n'est pas ma faute.
— Et pourquoi êtes-vous venu?
— Mais tout ceci eût pu arriver à Paris comme ici.

La duchesse haussa les épaules avec colère, Valvins continua :

— Je m'imaginais que vous aviez dit à M. le marquis...

La duchesse était hors d'elle-même, et c'est ce qui lui fit sans doute répondre si crument :

— Vous imaginiez que j'avais dit à mon père qu'un homme que je recevais chez moi, qu'il invitait chez lui, l'avait appelé vieil imbécile?

C'était vrai, et Valvins se souvint alors qu'il avait gratifié le marquis de ce titre dans son allocution aux soldats.

— Mais enfin, dit Valvins désespéré, que voulez-vous que je fasse?

— Eh! le sais-je, moi, monsieur? mais ce domestique qui sort d'ici vous a reconnu; il peut parler à mon père, à mon frère, que sais-je? Et alors de quoi aurais-je l'air? D'avoir des secrets de moitié avec vous. Ah! c'est affreux, c'est horrible! Ah! je vous hais, monsieur, je vous hais!

— Je partirai, dit Valvins qui proposait toujours sa retraite comme résultat final de ce dont il était capable.

— Et à quoi cela mènera-t-il? car si ce n'est pas vous qui faites taire cet homme, il faudra que ce soit moi.

— Mais moi, comment puis-je le faire taire? m'obéira-t-il?

— Ah! vraiment, fit Léonie d'un air de dédain, je ne vous croyais pas si maladroit. Cherchez cet homme; faites-le parler, faites qu'il vous dise qu'il vous a reconnu, et puis niez que ce soit vous, persuadez-lui qu'il se trompe. Rien n'est plus aisé, si vous voulez vous y prêter.

— Oh! je le ferai, je le ferai, dit Valvins.

A ce moment, la duchesse s'aperçut qu'elle avait donné des ordres, des conseils à cet homme avec qui elle ne devait jamais avoir rien de commun. Elle eût voulu racheter tout ce qu'elle venait de dire, et se compromit cent fois plus en voulant réparer sa faute.

— Ce n'est pas pour moi, monsieur, que vous le ferez, je vous prie de le croire; ce sera pour vous.

— Pour moi, dit Valvins, cela est inutile; il en arrivera ce qu'il pourra, et votre père, dût-il découvrir la vérité et me chasser de chez lui, je m'y résignerai.

— Et vous vous résignerez à ce que je l'aurai laissé se compromettre vis-à-vis de vous! En vérité, si c'est ainsi que vous espérez vous faire pardonner, vos moyens ne sont pas heureux.

Valvins leva les yeux sur elle pour s'assurer s'il avait bien entendu... Mais l'impatience de Léonie venait d'être portée à son comble, et elle sortit en s'écriant :

— Ah! laissez-moi, monsieur, laissez-moi! vous m'êtes odieux!

Elle pouvait donc pardonner...

XIX

Insomnie.

Valvins était demeuré sous l'impression de cette idée qu'elle pouvait pardonner, et cependant il n'osa changer encore sa résignation en espérance. Bien lui en prit, car la duchesse était véritablement très irritée, non point de ce qu'il avait fait, mais de ce qu'elle lui avait dit, et il est de règle commune d'en vouloir beaucoup plus aux autres de ses propres fautes que de celles qu'ils ont commises. Elle se figurait que Valvins avait dû saisir aux cheveux le mot de pardon qu'elle venait de prononcer, et qu'il s'en armerait contre elle; il lui sembla avoir fait un aveu de sa faiblesse, et pour la première fois elle mesura l'immense chemin que cet homme avait fait. Et si nos lecteurs veulent bien se rappeler l'horreur que son seul aspect inspirait autrefois à celle qui avait été sa victime, ils penseront comme Léonie qu'il y avait de quoi s'épouvanter pour elle de le voir admis dans son intimité.

Par quel concours fâcheux de circonstances cela était-il arrivé? Léonie trouva d'abord que c'était par la faute de son frère et de son père; puis, lorsqu'elle s'interrogea froidement, elle trouva que c'était aussi de sa volonté; mais elle essaya de se persuader que c'était dans un but de vengeance, pour rendre à Valvins quelques unes des douleurs qu'il lui avait fait souffrir : et pour se faire une excuse à elle-même de la faiblesse qu'elle avait montrée, elle se résolut à pousser cette vengeance à bout. Cette résolution lui rendit un peu plus de calme et de force, et lorsqu'elle redescendit au salon, à l'heure où les huit ou dix personnes que le marquis y avait conviées s'y trouvaient, elle était rayonnante et parée de toute sa grâce et de toute sa beauté. D'ordinaire, elles le laissait aller à leur guise, sans aider à ce qu'elles avaient d'attrait. Ce jour-là, elle fut d'une coquetterie cruelle : paroles, gestes, démarche, attention, silence, tout fut empreint de cet abandon tendre et caressant qui charme ceux à qui il s'adresse et dont le spectacle devait déchirer le seul qui en fût exclus. Elle eut un tel succès, qu'elle inspira au vieux notaire un mot qui nous semble peindre admirablement le pouvoir de cette coquetterie :

— A mon âge, on n'aime plus d'amour, disait-il, mais on éprouve pour une femme comme celle-là un sentiment qui n'est pas non plus de l'amitié; c'est là une femme qui vous plaît au cœur.

Comment ce qui se traduisait ainsi dans l'âme du vieux notaire devait-il arriver à celle de Valvins? Pour lui ce fut en douleur et en désespoir, car mieux que personne il devina la coquetterie, et s'imagina, le pauvre homme qu'il était, qu'une femme doit avoir la liberté de son esprit pour être si aisément présente à tous les mouvemens d'une conversation futile. Léonie n'eut pas un instant de rêverie ou de distraction qu'il pût attribuer à l'embarras ou à la colère que lui causait sa présence ; il n'agissait donc plus sur elle ni en l'épouvantant ni en la gênant ; jamais il ne se sentit si malheureux et si humilié ; Valvins en était arrivé à ce point de ne plus avoir la force d'en vouloir à Léonie ; tous les ressorts de cette âme ardente s'étaient relâchés dans une perpétuelle souffrance, et si quelquefois il pensait à se révolter, ce n'étaient que d'incertains retours de violence qui le laissaient bientôt plus faible et plus livré à la main qui le tenait.

Cependant, ne pouvant ni ne voulant lutter, il voulut fuir du moins, et il se ménagea un moyen de le faire convenablement. Rentré chez lui, il s'écrivit une lettre à lui-même, la donna à son domestique, lui ordonna d'aller le lendemain matin de bonne heure à Fontainebleau, d'en revenir vers midi à l'heure du déjeûner et de lui remettre cette lettre devant ceux avec qui il se trouverait. Cette ruse n'était pas bien coupable. Il voulait supposer qu'une nouvelle importante le rappelait à Paris, et de cette façon il quittait convenablement le château vis-à-vis du marquis, et satisfaisait sans doute aux désirs de la duchesse.

Cela fait, il s'enferma dans la chambre qui lui avait été donnée, et qui, placée à l'extrémité de l'aile droite du château, faisait face à l'appartement de la duchesse, situé dans l'aile gauche. Il ne faut pas oublier que, si grave que fût l'esprit de Valvins, si sérieux que fût son caractère, il n'avait encore que vingt-quatre ans, l'âge où le cœur subit les passions de la vie dans leurs plus impérieuses exigences. Pour la plupart des hommes, cet âge est celui de l'inexpérience, de la foi, des rêves faciles, et quand ils cèdent aux volontés de l'amour qui les domine, c'est du moins en aveugles et sans prévoir les douleurs où ils courent, les sacrifices inutiles qu'ils tentent, la folie ou la sottise du rôle qu'ils jouent. Mais Valvins n'était point fait ainsi, il avait le don funeste de juger froidement ce qu'il sentait avec délire. Personne n'eût mieux apprécié que lui-même la maladresse de sa conduite vis-à-vis de la duchesse, mais il n'était pas en son pouvoir de faire ce qui eût pu le sauver. Sa raison lui disait que, malgré tout, il avait un avantage immense sur cette femme qui lui avait appartenu, et que, le jour où il le voudrait bien, ce serait elle qui tremblerait. Que pouvait-elle donc contre lui ? l'accuser ? Mais c'était se condamner à un aveu qui la déshonorait. Armer son frère contre lui ? Mais depuis quand donc Valvins avait-il peur d'un homme, quel qu'il fût ?

Voilà tout ce qu'il se dit durant cette longue nuit qu'il passa à la fenêtre, les yeux attachés sur les croisées de l'appartement de la duchesse.

Oh ! c'est un supplice bien difficile à dire que celui qu'il éprouva, un supplice bien épouvantable. Voir le salut, le comprendre, le calculer, se sentir la force de faire ce pas et ne pas pouvoir s'en donner la volonté ! c'est le malheureux qui se couche sur la neige pour dormir d'un sommeil qui sera la mort. On le lui crie, il le sait, il n'a qu'un effort à faire pour échapper, il le peut, mais il ne veut pas ; quand le corps est encore debout, la volonté est déjà par terre, quand les yeux veillent encore, l'esprit est déjà engourdi.

Eh bien ! ce fut là le long et horrible supplice de Valvins, se soulevant en lui-même à tous momens et retombant aussitôt dans l'atonie où il sentait qu'il se mourait, se disant qu'il valait mieux en finir par la perte de cette femme ou par la sienne, et n'ayant plus le courage ni de l'une ni de l'autre. Pour lui, ce n'était plus la peine de se guérir ou de s'achever : il regardait son mal et le laissait faire. C'est le lépreux qui suit d'un œil hébété la plaie qui le ronge, qui juge, au chemin qu'elle a fait, de l'heure où elle l'aura dévoré, et qui n'a plus la force ni de la combattre par des remèdes ni d'échapper aux morsures qu'il subit, par un suicide.

Cependant l'insomnie n'avait pas été pour Valvins seul : Léonie n'avait pas dormi non plus ; mais quelle différence dans leur veille ! Valvins, désolé, perdu, avait ouvert sa croisée pour voir et regarder les fenêtres de l'appartement de Léonie. Il n'avait pensé à rien, tant il souffrait, et dans l'obscurité de la nuit, sa chambre, vivement éclairée, laissait voir tout ce qui se passait dans son enceinte. Pour quelqu'un qui eût eu intérêt à y regarder, c'était une scène ouverte où l'on pouvait juger par la pantomime de l'acteur du drame qui s'y passait, surtout quand on avait le secret de ce drame.

Or, ce quelqu'un existait, et ce quelqu'un c'était Léonie ; cachée derrière le carreau obscur d'un petit cabinet, elle assista à ce long monologue du cœur, qui se traduisait par des gestes désordonnés. Elle le vit d'abord écrire sa lettre et la remettre à son domestique. Tant qu'il écrivit, elle espéra que c'était à elle, mais quand elle vit sa lettre passer dans les mains d'un valet, elle vit bien que cela ne pouvait la regarder. Elle en fut émue de pitié, car, si elle comprenait que Valvins n'osât lui dire de vive voix tout ce qu'il souffrait, elle ne devinait pas pourquoi il ne se hasardait pas à écrire. Elle avait refusé dix de ses lettres, c'est vrai, mais elle était disposée à recevoir la onzième ; et quoiqu'elle ne lui en eût rien dit, il devait s'en apercevoir.

A ce moment, elle fut sur le point de quitter son poste d'observation, mais elle y demeura quand elle le vit retomber accablé sur une chaise. Si à ce moment Valvins eût fermé sa fenêtre, tiré ses rideaux, éteint sa bougie, peut-être était-ce un homme perdu à tout jamais : les femmes aiment peu les cœurs qui peuvent dormir, et l'insomnie est un des triomphes les plus flatteurs de leur vanité. A ce compte, Léonie dut être satisfaite, et la veille de Valvins dut lui prouver combien elle occupait cette pensée. Bien des fois elle le vit se prendre la poitrine à deux mains à l'endroit du cœur, et s'étreindre à l'étouffer, comme pour y tuer une douleur trop vive ; bien des fois elle le vit tomber dans de longues rêveries, jusqu'au moment où sa main venait essuyer ses larmes qui l'empêchaient de voir cette chambre où lui s'imaginait que régnait le doux sommeil ; bien des fois encore elle le vit se relever soudainement en secouant la tête, en passant rapidement ses mains sur son front comme pour chasser ces idées envahissantes qui vous donnent la peur de devenir fou.

Léonie vit tout cela, et tout cela ne lui dit qu'une chose, c'est que cet amour sur lequel elle avait compté, elle l'avait enfin obtenu dans toute sa fureur et toute sa faiblesse. Mais ce qu'elle ne se demanda pas, c'est s'il n'était pas aussi étrange qu'elle passât cette nuit à être heureuse de cette douleur, comme Valvins la passait à souffrir. Cette curiosité la tenait si vivement, que, prise de fatigue et de froid, et s'étant jetée sur son lit, elle se releva presque aussitôt pour voir s'il veillait encore : il était toujours debout, le visage tourné vers cette fenêtre où il ne voyait rien, tandis que Léonie avait tant de joie à le voir ainsi. Elle sourit et retourna heureuse sur sa couche.

Alors commença pour Léonie un de ces rêves éveillés qui troublent si profondément le cœur des femmes. Dans cette vague somnolence où la plongeaient la fatigue et l'heure du sommeil, elle emporta l'image de cet homme qui veillait en face d'elle. Quelquefois il lui semblait le voir descendre de cette fenêtre ouverte, traverser furtivement la vaste pelouse qui les séparait, gravir le mur de son appartement et ouvrir mystérieusement sa croisée, tout cela comme un être aérien, sans toucher à la terre... il entrait ; à ce moment Léonie s'éveillait tout à fait et avec terreur ; elle était seule, la nuit était sombre, le silence profond : le souvenir lui revenait, elle quittait son lit, et allait jusqu'à cet endroit où elle avait passé une partie de la nuit, et regardait encore le malheureux, immobile, anéanti, mais qui veillait toujours. Alors elle regagnait lentement son lit en se disant : Oh ! oui, il m'aime. Et son cœur s'endormant dans cette joie, elle y retrouvait Valvins, mais non plus Valvins désespéré, mais Valvins heureux comme autrefois, Valvins qu'elle avait aimé, qu'elle aimait encore, qu'elle avait pardonné. Et, s'éveillant encore en sursaut, elle fut si épouvantée de ce rêve, qu'elle alla, par un mouvement rapide, fermer les volets intérieurs de son cabinet. Il lui sembla qu'elle avait besoin d'un obstacle entre elle et lui, et cette fois elle vit bien cette chambre toujours éclairée, mais elle n'y regarda plus.

Voilà l'une de ces nuits qui mûrissent l'amour plus vite que les plus ardens soleils, et souvent on appelle caprice un changement apporté par quelques heures, sans savoir qu'il en est du cœur qu'on a contenu à grand'peine comme des fleurs dont le froid a longtemps étreint le bouton. Au moment où l'atmosphère s'attiédit, elles s'ouvrent tout d'un coup et vous saisissent de leur parfum.

Ainsi, le lendemain de cette nuit, Valvins descendit au salon, pâle, abattu, d'autant plus défait qu'il avait mis plus de soin à cacher la dévastation de ses traits, soin qui suffisait pour tromper les indifférens, mais qui ne faisait que montrer davantage cette désolation à ceux qui en avaient le secret. Quant à Léonie, elle semblait souffrante ; mais elle n'essaya pas de le cacher, et tout le monde s'en étant aperçu, Valvins se dit :

— Oh ! c'est l'horreur que lui cause ma présence qui la fait souffrir ainsi ; et ce mot qu'elle m'a dit hier, ce mot de pardon, ce n'était pas, comme je l'ai cru un moment, une imprudence de son cœur qu'elle me révélait ; mais un espoir qu'elle me reprochait.

Il se décida donc tout à fait à partir. A l'heure du déjeûner, une lettre très pressée arriva pour Valvins, au moment où l'on sortait de table. Cette lettre avait été trouvée par son domestique à son logement de Fontainebleau. Valvins était près de la duchesse quand cette lettre lui fut remise ; avant qu'il eût demandé la permission de se retirer pour la lire, Léonie avait reconnu l'écriture de Valvins ; elle avait vu que cette lettre n'avait point de timbre, et, dans l'espace d'une seconde, elle avait pu se dire : — C'est quelque tentative désespérée, quelque scène peut-être dont je suis menacée ; — et elle se tint sur ses gardes. Valvins reparut, et, s'adressant au marquis, il lui dit d'un ton naturel :

— Mon Dieu, monsieur, il me semble que je ne doive pas profiter de votre bienveillance ; hier, j'ai été si maladroit, que mon arrivée a failli me la faire perdre, et voilà qu'aujourd'hui, lorsque vous avez bien voulu me pardonner, voilà qu'une lettre du ministre de la guerre m'enjoint de retourner immédiatement à mon poste.

— Ah ! fit le marquis, c'est fâcheux ; n'est-ce pas, Léonie ?

— Oui, vraiment, dit Léonie, touchée du but de cette ruse, dont elle avait redouté la portée. Cet ordre est donc bien formel ? ajouta-t-elle en regardant doucement Valvins.

Les larmes vinrent aux yeux du commandant ; mais il fut plus fort que son émotion, et répondit :

— Oui, madame, très formel.

— Cependant, dit M. de Lesly, nous vous garderons bien toute la journée : que vous partiez à deux heures ou ce soir, vous ne serez jamais à Paris que demain matin, et je vous retiens absolument.

M. de Lesly, invité par M. Balbi à une partie de trictrac que le notaire avait proposée dans un autre salon, quitta Valvins, qui n'avait pas eu la force de répondre : les autres personnes s'étaient dispersées... La duchesse et Valvins demeurèrent seuls.

— Madame, lui dit le commandant d'une voix presque éteinte,

j'ai fait tout ce que je pouvais pour vous épargner ma présence ; ah ! venez à mon aide : faites-moi partir sur l'heure.

Léonie eut pitié de lui. Il fallait que Valvins fût bien troublé pour avouer ainsi, et sans s'en douter, que cette lettre n'était qu'un prétexte ; mais il fallait que Léonie fût bien troublée aussi pour laisser voir qu'elle le savait. En effet, elle répondit :

— Mais supposer à cet ordre une telle rigueur, ce ne serait pas probable, et c'est déjà assez que mon père ait bien voulu y croire.

— Mais, dit Valvins stupéfait, d'où savez-vous qu'il est supposé ?

— Mais, dit Léonie embarrassée, ne venez-vous pas de me le faire comprendre vous-même en me disant que vous aviez fait ce que vous aviez pu ?

— Eh bien ! oui, c'est vrai, s'écria Valvins emporté par la douleur... oui... je vais vous le dire...

— Oh ! pas ici, reprit Léonie, que la vivacité de Valvins avait épouvantée ; pas ici, on peut vous entendre.

Et, sans ajouter un mot, elle quitta le salon et se dirigea vers une longue et sombre allée de tilleuls où Valvins la suivit.

XX

Tête-à-Tête.

Nous demandons bien pardon à nos lecteurs de commenter à chaque moment le moindre mot de l'histoire que nous leur racontons ; mais, dans un récit pareil, ce sont les petits mots qui font les grands événemens, et celui qui venait d'échapper à Léonie était le plus important qui fût encore arrivé.

— Oh ! pas ici, avait-elle dit à Valvins. N'était-ce pas un consentement à l'écouter ailleurs ? et dans le court espace de temps qui sépara cette phrase du moment où le commandant fut près d'elle, n'est-il pas naturel que la duchesse éprouvât un vif regret de son imprudence, et se fût déjà armée d'une froide sévérité ? Cependant il était accouru plein d'un triste espoir, de celui de pouvoir dire une fois avant de mourir toutes ses douleurs, dussent-elles ne pas exciter un mouvement de pitié. Mais, lorsqu'à la place de cette émotion que lui avait donnée cette triste espérance, il trouva un visage glacé et contraint, tous les aveux de son âme reculèrent en lui, et il ne put que balbutier ce peu de mots :

— Pardon, madame, pardon... Je n'ai rien à vous dire ; rien, absolument rien...

La duchesse se tut. Ce ne fut plus un mouvement de vanité qui s'empara d'elle en voyant quel empire elle exerçait sur cet homme, et comme son cœur bondissait ou s'humiliait au gré d'un seul mot, d'un seul regard, ce fut un moment de pitié profonde pour lui et de désespoir pour elle, et elle répartit avec un accent aussi douloureux que patient :

— Cependant il faut en finir, monsieur, cela ne peut durer plus long-temps.

— Vous avez raison, dit Valvins, et c'est moi qui mettrai un terme au supplice que je vous impose. Vous ne me reverrez plus, madame.

Léonie crut deviner dans ce mot une résolution de suicide, et elle n'avait plus le courage de l'accepter ; elle en avait perdu le droit en irritant à plaisir la passion de Valvins.

— Quoi ! lui dit-elle d'une voix amère, vous voulez mourir, monsieur !

— Non... oh ! non, madame, dit Valvins avec un accent profond. C'est une lâcheté dont je ne vous menace pas. Je n'ai pas le droit de léguer à votre vie le souvenir d'un homme qui s'est tué pour vous. Je vous connais, madame ; je sais que ce serait une douleur qui vous tourmenterait long-temps comme un remords. Un cœur comme le vôtre se croirait coupable peut-être de ce malheur comme d'un crime. Non, madame, non, je ne me tuerai pas ; je ne laisserai pas dans votre mémoire ce fantôme d'un suicide dont cependant vous seriez innocente... Je ne me tuerai pas de mon désespoir, je vous le promets... J'en mourrai peut-être ; mais ce n'est pas la même chose.

Une larme vint aux yeux de Léonie, et Valvins, qui ne la vit pas, continua douloureusement :

— Vous ne me verrez plus, mais seulement parce que je partirai, parce que je quitterai Paris pour long-temps, pour toujours !

— Soit, monsieur, dit Léonie émue et troublée, vous ferez bien.

— N'est-ce pas, dit Valvins, qu'une fois au moins je vous aurai complu en quelque chose ? N'est-ce pas qu'alors vous serez heureuse lorsque, comme un spectre de deuil, je ne gênerai plus de ma présence votre vie de plaisirs et de triomphes ? Alors vous oublierez tout à fait l'insensé qui se meurt d'amour pour vous.

— Oh ! monsieur, dit Léonie tristement et comme si elle adressait ses paroles au passé, est-ce que je puis vous oublier... moi ?

Valvins le comprit ainsi et répartit :

— Oui, c'est vrai, je resterai dans votre cœur, j'y resterai comme un misérable sans honneur, comme un hideux bourreau ; oui, j'y resterai ainsi, sans que rien, ni mes souffrances, ni mon désespoir, ni ma mort n'aient pu me justifier.

— Mais, s'écria la duchesse, y a-t-il au monde quelque chose qui puisse vous justifier ?

— Oh ! rien, rien ! fit Valvins avec une douloureuse résignation ; rien ! c'est un crime sans pardon possible !

— Et cependant, lui dit la duchesse, vous l'avez espéré, vous l'avez tenté, ce pardon.

— Oui, madame, autrefois, quand j'étais encore sous l'empire de cet égarement qui m'a poussé à ce crime détestable... quand j'avais encore dans le cœur et l'esprit les hideuses leçons qui m'avaient avili, j'ai cru qu'un tel outrage pouvait se pardonner, comme j'avais cru qu'il pouvait se faire sans être un infâme.

— Ah! monsieur! dit Léonie avec fierté.

— Non, madame, dit Valvins, mon crime n'est pas de moi... Mais que vous importe! je n'en suis pas moins coupable. Seulement, il faut que vous le sachiez, si on pouvait en demander pardon comme on demande pardon à Dieu de l'avoir ignoré ou méconnu, je me mettrais à genoux pour vous dire : Je vous vénère, madame, je vous respecte, et, si je vous aime, ce n'est pas comme une femme, mais comme une vertu.

En parlant ainsi, Valvins s'était arrêté presque incliné aux genoux de Léonie; elle continua à marcher la main sur son cœur pour en contenir les mouvemens tumultueux.

— Ah! s'écria Valvins avec désespoir, vous me fuyez toujours. Adieu donc, madame, adieu pour jamais!

Elle se retourna : son visage était inondé de larmes...

— Oh! non, non, reprit Léonie... Vous me devez votre justification.

— Quoi! vous consentez à l'entendre? dit Valvins tout tremblant de joie.

— Oh! lui dit-elle, pas maintenant, pas ici... mais...

— Mais quand?... en quel lieu?

— Ce soir... Je vous le dirai ce soir.

Et elle s'enfuit.

XXI

Imprudence.

Léonie, en donnant ce rendez-vous à Valvins, avait cédé à un mouvement irréfléchi de son cœur; mais la réflexion, au lieu de la faire revenir sur sa décision, ne fit que l'y confirmer davantage. Elle demeura convaincue qu'ainsi qu'elle l'avait dit, il fallait en finir avec cette situation que lui avaient faite l'injure et le repentir de cet homme. Au point où tous deux en étaient arrivés, une explication franche et précise était le seul moyen d'en sortir. L'éloignement de Valvins ne terminait rien; qu'il s'éloignât par la force de sa volonté ou par celle de son désespoir, ce n'était pas une solution que lui-même fût assuré de pouvoir toujours tenir. Il pouvait ne pas avoir le courage de supporter l'absence qu'il se serait imposée, et revenir plus désolé, plus malheureux que jamais; il pouvait ne plus regarder son éloignement comme un devoir, et reparaître près de la duchesse, la rage au cœur, menaçant et implacable cette fois. Une explication, sans détruire tous ces dangers, permettait cependant à la duchesse de pénétrer dans l'âme de Valvins et de juger comment elle devait agir avec lui pour le calmer, soit par une espérance lointaine, soit par un pardon immédiat du passé en échange d'une promesse de ne plus la poursuivre.

Léonie, qui n'avait jamais admis dans sa pensée que ce pardon de son injure pût aller ou delà de quelques paroles sacramentelles, raisonnait assez juste en s'imaginant que le remords entrait pour beaucoup dans la passion frénétique de Valvins, et qu'une fois qu'elle aurait donné satisfaction à ce remords en acceptant une justification, l'ardeur de cet amour s'éteindrait, ou du moins perdrait de cette violence qui l'épouvantait incessamment.

Tout cela était parfaitement raisonné ; mais les plus belles résolutions, les plans de campagne les mieux combinés, périssent quelquefois ou tournent contre ceux qui les ont inventés, par le plus léger obstacle ou la moindre difficulté d'exécution. Ainsi Léonie avait le droit d'attendre cet heureux résultat d'une explication avec Valvins; mais cette explication, il fallait l'avoir, et, pour l'avoir, il fallait indiquer un lieu et une heure : un lieu mystérieux et sourd où la douleur de Valvins pût éclater sans que sa voix arrivât au delà des murs qui devaient recevoir ses fatales confidences ; une heure mystérieuse aussi, où l'on ne pût les savoir ensemble, où l'on ne pût les interrompre. D'un autre côté, Valvins avait annoncé son départ pour le soir, et, s'il quittait le château au vu et au su de tout le monde, il fallait donc l'y faire rentrer furtivement, ou en sortir soi-même en secret. Que de raisons d'hésiter ! En effet, c'étaient toutes les apparences d'un rendez-vous d'amour données à un entretien qui devait être si douloureux. Et puis encore, tout le soin de ces précautions retombait sur Léonie ; elle avait promis d'indiquer l'heure et le lieu ; le lieu, il fallait non seulement le choisir, mais encore enseigner à Valvins le moyen d'y parvenir.

Pour la femme la plus emportée par un amour coupable, ces détails de sa faute ont toujours quelque chose qui révolte sa pudeur. La femme qui aime le plus leur doit quelquefois de ne pas succomber, tandis qu'une autre moins éprise cède à une occasion qui vient la surprendre.

Ce fut donc pour Léonie un tourment très vif que l'arrangement de cet entretien, d'autant plus qu'il fallait trouver l'occasion de parler à Valvin ; et ce jour-là, comme il arrive toujours, la préoccupation de la duchesse, son inquiétude, jointes à la pâleur qu'on avait remarquée le matin en elle furent prises pour de la maladie, et c'était à qui l'entourerait de questions. Ce furent ces petites hésitations, ce retard apporté à l'exécution de la promesse qu'elle avait faite, qui changèrent complétement la face des choses.

En effet, l'heure du départ de Valvins était passée; ses regards cherchaient ceux de Léonie qui les évitait avec soin. Le commandant commençait à craindre d'avoir été le jouet d'une comédie habilement jouée; son front se rembrunissait et l'expression en devenait menaçante. Valvins, qui n'eût pas osé, quelques heures avant, espérer un pareil entretien, se croyait maintenant le droit de l'exiger. Léonie, dont le regard glissait rapidement sur le visage de Valvins, y voyait se former cet orage de son cœur, et elle s'en épouvantait. Enfin son domestique, impatienté, vint annoncer à Valvins que ses chevaux étaient prêts, et Valvins alla vers Léonie comme pour la saluer; mais, arrivé près d'elle, sa colère était si violente, qu'il dit d'une voix qu'il ne put assez maîtriser pour que tout le monde ne l'entendît pas :

— J'attends, madame.

— Ah! fit Léonie que l'imminence du danger inspira, comme il arrive presque toujours aux femmes, c'est vrai, vous avez raison. Je vous avais promis une commission pour mon frère. Veuillez m'attendre un moment.

Cela fut dit d'un ton si naturel et si aisé que personne n'y prit garde. Valvins attendit. Un moment après, Léonie reparut tenant à la main une petite boîte et une lettre sur laquelle il y avait l'adresse de Melchior de Lesly. Valvins les reçut d'un œil froid; il les tenait encore à la main et il avait déjà pris congé de tout le monde, lorsque Melchior de Lesly entra bruyamment dans le salon.

Ce fut un coup de théâtre pour Léonie et Valvins : elle devint si pâle que celui-ci en fut épouvanté. Pour la première fois il se trouva qu'en face d'un danger pressant elle manqua de force et de présence d'esprit. Léonie oublia qu'elle ne devait rien demander à cet homme; elle regarda Valvins avec désespoir, et ce regard humble et suppliant voulait dire : « Sauvez-moi! » Valvins se sentit réhabilité en lui-même par ce regard; l'idée d'être chargé du salut de Léonie lui rendit sa force, et à ce moment il marcha de pair avec elle dans son cœur.

Cependant Melchior, après les premiers mots de bienvenue adressés à son père et à sa sœur dont il ne remarqua pas l'air de souffrance, s'écria :

— Ah ça, qu'ai-je donc vu dans la cour; les chevaux du commandant? Est-ce qu'il nous quitte quand j'arrive?

— Oui, vraiment, dit le marquis; un ordre du ministre de la guerre le rappelle à Paris.

— Comment! dit Melchior, un ordre du ministre! Mais je suis allé à la guerre ce matin, on ne m'en a point parlé; et ce qu'il y a de plus extraordinaire, c'est que le ministre, que j'ai eu l'honneur de voir, m'a dit qu'il était tout prêt à accorder un congé à M. Valvins, dont il croyait, m'a-t-il dit, que la santé exigeait des soins qu'il ne prenait pas, et en ajoutant que ses amis devaient avoir pour lui l'attention qu'il n'avait pas lui-même. Sur ce, je lui ai demandé ce congé, et j'espère bien que le commandant nous en accordera une bonne partie.

— C'est cela, s'écria Valvins impétueusement, on veut m'éloigner de mon commandement pour pouvoir me le retirer ensuite plus aisément. Mais je déjouerai l'intrigue qui marche sourdement à ma perte. Oui, monsieur le marquis, ajouta-t-il rapidement, comme pour justifier, par la vivacité avec laquelle il en parlait, le prétexte qu'il venait d'inventer, oui, monsieur, cette lettre que j'ai reçue ce matin n'était pas du ministre de la guerre, mais de l'un de mes amis du ministère qui m'avertissait de la destitution dont je suis menacé, et c'est pour ne pas avoir à vous faire confidence d'une affaire qui ne peut vous intéresser, que j'ai supposé cet ordre.

— Comment, dit le marquis, une affaire qui ne peut nous intéresser! Vous vous trompez fort, mon cher monsieur Valvins. Je ne veux pas, je n'entends pas qu'on vous tracasse. Je verrai le ministre, j'irai à Paris.

— Eh bien! dit Melchior, tout cela est fait. J'espérais que le commandant ignorait les mauvaises dispositions du ministre; mais puisque enfin il en est informé, je puis lui dire que je les ai combattues, détruites, et qu'il m'a promis de ne rien faire d'ici à trois mois, si le commandant veut devenir plus sage.

Ceci tombait comme une tuile sur la tête de Valvins, qui était bien loin de se douter que le danger qu'il croyait avoir supposé fût réel et si prochain.

Il ne put s'empêcher de montrer son étonnement, et ce fut le tour de Léonie de lui venir en aide.

Elle coupa court à ses exclamations et dit vivement:

— Oui, M. Valvins m'avait fait confidence de ses craintes, et c'est pour cela que je lui avais donné pour mon frère une lettre devenue tout à fait inutile.

Et, en parlant ainsi, elle arracha la lettre des mains de Valvins et la déchira.

Et cette boîte? dit le marquis.

— Oh! reprit la duchesse en souriant, c'était le *post-scriptum* de ma lettre, un bijou que je priais mon frère de donner au joaillier pour le réparer.

Et son regard significatif avertit Valvins que le danger était dans la boîte. Il la serra dans sa poche en disant:

— Eh bien! puisque je pars pour Paris, je prierai madame de Fosenzac de vouloir bien me permettre de me charger de sa commission.

Pendant ce temps, Melchior s'était approché de M. Balbi, et, en sa qualité de très jeune homme, il n'avait pas manqué de faire au sujet de sa sœur, une petite réflexion philosophique sur le sexe féminin.

— Ah ! lui dit-il en souriant, les meilleures sont toujours femmes par cet endroit. Elle m'écrit pour une affaire grave, et, au bout de tout cela, il y a une petite place pour un bracelet, un collier, un objet de toilette. Ah ! les femmes !

Melchior dit cela d'un ton très gai ; mais le vieux notaire, qui avait observé la scène depuis le commencement, secoua lentement la tête. Il ne dit rien à Melchior ; mais il se dit à lui-même :

— Ceci est louche, et il y a ici quelqu'un qu'on trompe.

Ce dernier mouvement de Melchior, celui du notaire et l'offre faite par Valvins eurent lieu instantanément, de façon que Melchior put répondre à ce que venait de dire Valvins de son départ pour Paris :

— Mais vous ne partez pas, commandant ; c'est inutile, je vous le jure, je vous le certifie ; et si vous voulez me permettre de vous dire la vérité, je crois que vous gâterez votre affaire en vous en mêlant : vous n'êtes pas très patient, et un mot trop vif de votre part ne serait peut-être pas excusé.

— Cependant... dit Valvins.

Léonie avait vu le petit mouvement de tête de M. Balbi, et, espérant détourner les soupçons, elle dit à Valvins :

— Vous pouvez vous fier à mon frère ; si c'est un étourdi pour son compte, il ne l'est pas pour celui de ses amis.

— D'ailleurs, reprit le marquis, je vais dans deux jours à Paris, et je fais mon affaire de la vôtre. Vous restez.

Valvins était dans une étrange position. Cette boîte qu'il avait gardée portait sans doute le secret de son rendez-vous, et, s'il ne partait pas, il fallait la rendre, la rendre avec le billet qu'elle devait renfermer, et il faut avoir été amoureux comme Valvins pour savoir de quel prix est pour un malheureux un manuscrit de la main de la femme qu'il aime. D'un autre côté, s'il ne partait pas, il demeurait en face de Melchior, qui savait ses affaires mieux que lui et à qui il avait fait croire qu'il les connaissait. Il hésitait, il ne savait que répondre, quand M. Balbi, qui remarquait combien son trouble commençait à étonner tout le monde, lui dit :

— Restez, commandant ; quand on a de bons amis, il ne faut pas les quitter lorsqu'on est malheureux.

Valvins se décida, prit la boîte et la remit à la duchesse en disant :

— Je dois croire qu'elle m'est inutile maintenant.

— Sans doute, puisque vous restez.

L'explication qu'il espérait avoir avec elle était donc indéfiniment ajournée, et il retombait dans cette incertitude si cruelle pour lui, qu'il n'avait pas reculé devant un violent effort pour s'y arracher. Cependant cette explication devait être plus prochaine qu'il ne pensait, mais c'était dans d'autres termes. Voici ce qui l'amena. Dans un des momens où il put se trouver près de la duchesse, elle lui dit tout bas :

— Vous ignoriez donc le danger qui vous menace?

— Oui, vraiment, et j'avoue que je ne sais qu'en penser et ce que j'en pourrai dire à votre frère, s'il vient à m'en parler.

— Soyez tranquille, lui dit la duchesse, je m'en informerai.

Les voilà donc tous deux avec de petits secrets qui n'étaient pas ceux de l'amour de Valvins, mais qui les rapprochaient forcément, qui établissaient une sorte de complicité dans leurs actions.

La nuit étant venue, et la duchesse, sous prétexte de respirer l'air frais du soir, pria son frère de l'accompagner.

A peine furent-ils éloignés du salon, qu'elle dit à Melchior.

— Qu'est-ce donc que ce danger de destitution qui menace M. Valvins?

— Que t'en a dit le commandant? reprit Melchior.

— Ah! fit Léonie, qui l'attendait à cette question, il m'a parlé vaguement d'intrigue. J'ai cru deviner qu'il croyait être la victime de dénonciations politiques, et je n'ai pas trop insisté pour le savoir, attendu qu'il lui aurait peut-être fallu accuser une opinion qui est la nôtre.

— Pauvre garçon! fit Melchior de Lesly, c'est encore une de ses lubies. Le commandant n'a pas de plus grand ennemi que lui-même.

— Pourquoi? dit Léonie.

— Et quand je dis qu'il est son propre ennemi, il sera difficile de le lui persuader, parce que...

Et ce parce que fut accompagné d'un geste qui signifiait clairement : Parce que sa raison déménage.

— Quoi! fit Léonie qui tressaillit à ce geste.

— Il y a long-temps que le colonel m'en avait parlé et le ministre de la guerre me l'a confirmé. Un homme auquel on ne connaît aucune mauvaise habitude, qui n'est ni dissipé, ni joueur, ni libertin, et qui néglige ses devoirs d'une façon si étrange!

Léonie écouta avec plus d'attention son frère qui continua ainsi :

— Un des meilleurs militaires de l'armée qui change si subitement : et puis cet allanguissement de sa santé, ses propos incohérens, l'ardeur sombre de ses regards, tous ces symptômes remarqués par les officiers du régiment, sa négligence dans toutes les affaires de service, tout cela ne laisse à aucun le doute que sa raison ne se dérange. J'ai voulu détourner le ministre de cette idée en cherchant à lui persuader ce que j'ai cru moi-même un moment. C'est que Valvins est amoureux. Mais il m'a répondu qu'il n'y a pas d'amour qui ravage si profondément l'existence d'un homme.

Léonie laissa échapper un petit sourire d'incrédulité et comme si elle accusait le ministre de ne pas savoir ce que c'était que l'amour. Melchior la comprit, car il reprit aussitôt :

— Il a raison, ma chère, car j'ai vainement cherché de quelle femme il peut être amoureux, et je n'ai pu le découvrir.

Léonie devint tremblante à ce mot de son frère, et celui-ci continua :

— Un moment j'ai cru que c'était toi qui lui avais tourné la tête, mais je me suis rappelé qu'il était déjà à moitié fou avant de te connaître.

Ceci rassura Léonie pour le moment présent, mais elle trembla bien plus quand elle se souvint de ce domestique qui avait cru reconnaître Valvins. S'il parlait, si son frère apprenait la vérité par un mot que le hasard pouvait amener plus facilement vis-à-vis d'un jeune homme qui ne tenait pas ses serviteurs à une distance aussi sévère que le marquis, elle était perdue ; la supposition de Melchior reprenait toute sa possibilité, et le silence de sa sœur lui donnait un caractère de certitude. Bien que le désespoir de Valvins prouvât qu'elle n'avait pas accepté cet amour, ce n'en était pas moins un éclat, un scandale, et comment Valvins le supporterait-il ?

Elle écouta donc à peine son frère pendant que celui-ci lui faisait confidence de ses plans pour dissiper la mélancolie du commandant, et dès qu'elle fut rentrée au salon, elle s'approcha de Valvins et lui dit avec une préoccupation qui lui fit oublier qu'entre eux il y avait un souvenir terrible :

— Il faut absolument que nous nous voyions avant demain.

— Mais en quel lieu ?

— Où je vous ai dit. Un billet qui est dans mon écrin, voyez.

Elle quitta Valvins en lui montrant la boîte qu'au moment de sortir elle avait posée sur une table.

Valvins tourna autour de l'écrin, et la duchesse se plaçant entre lui et quelques personnes, lui dit assez haut :

— Oui, cette parure est charmante ; c'est un cadeau de mon frère, et j'y tiens beaucoup. Regardez comme elle est de bon goût.

Valvins ouvrit l'écrin, mais il le retourna long-temps. La duchesse lui dit vite et bas : — Mais prenez donc mon billet.

— Mais il n'y est pas, fit Valvins.

En effet, le billet avait disparu.

QUATRIÈME PARTIE.

I

Un bon Notaire.

Comment le billet de la duchesse avait-il pu disparaître ? qui avait eu l'audace de s'en emparer ? ou bien dans quelles mains le hasard l'avait-il fait tomber ? Un rapide regard de Valvins et de Léonie alla interroger tous les visages, mais aucun ne répondit. Toutes les figures étaient calmes et attentionnées, les unes à une partie de wisth, d'autres à une partie d'échecs. Quand cette inspection rapide et silencieuse eut été passée sans donner de résultat, Léonie et Valvins se regardèrent avec effroi : il tremblait pour elle ; elle tremblait pour elle et pour lui. Valvins ne trouva ni colère ni reproches dans le regard de madame de Fosenzac. C'eût été trop de barbarie que de faire un tort de ce malheur à celui qui se mourait et se perdait de folie pour elle.

Cependant, après avoir échangé ce regard si important, puisqu'il les réunissait dans un sentiment commun, Léonie chercha encore à deviner qui était le maître de son secret, et elle aperçut les yeux du notaire qui la guignaient par dessus ses cartes et ses lunettes. Valvins restait immobile et anéanti ; un profond soupir s'échappa de sa poitrine.

— Rassurez-vous, lui dit tout bas Léonie, c'est Balbi.

Tout aussitôt elle reprit sa tranquillité et son sourire si doux, et s'avançant vers Balbi, elle lui dit en le caressant du regard :

— Eh bien ! paresseux, avez-vous pensé à moi ?

— Certainement, dit le notaire, et voilà des renseignemens que vous m'avez demandés.

En parlant ainsi, il tira un papier de sa poche et le présenta à Léonie. Le papier s'ouvrit et laissa voir de petites pattes de mouche.

— Ah ! s'écria le voisin du notaire, ce gros Balbi, il a une petite écriture de femme.

— Lui ? reprit le marquis qui se trouvait en face, bien au contraire, il a une véritable écriture du dix-septième siècle, une grande écriture seigneuriale.

— Oui, dit le notaire en mêlant négligemment les cartes, quelquefois.

— Vous avez donc deux écritures ? reprit la personne qui avait fait cette observation, et qui n'attachait pas à ses paroles d'autre sens que de parler sur ce dont on parlait.

— Cela tient à notre état, répondit en riant M. Balbi. Pour les actes qui se paient au rôle, un bon clerc de notaire doit faire une ligne avec un mot ; pour ceux qui sont d'un prix invariable, il doit mettre une page dans une ligne.

— Et les cliens ? dit le marquis en riant aussi.

— Ils paient, c'est leur état, répondit M. Balbi du même ton de gaîté.

Et la conversation continua sur ce texte vide, tandis que Léonie se remettait du trouble extrême que lui avait causé ce petit incident.

Ici se représentait un de ces obstacles que la duchesse avait eu déjà tant de peine à surmonter ; un de ces détails qui ne semblens rien en face de l'action à laquelle ils mènent, et qui souvent, dant l'histoire du cœur, sont plus importans que cette action elle-même.

La duchesse avait accordé un entretien nocturne et mystérieux à Valvins : ne semble-t-il pas qu'une fois cette grande résolution prise, le reste ne dût être compté pour rien ? Eh bien ! non. Cet entretien répondait à un grand danger, il avait pour but une explication solennelle, et pour un tel résultat une femme pouvait passer par dessus beaucoup de convenances. Mais ce fait de remettre ce billet à Valvins de la main à la main, furtivement, dans quelque coin obscur, tandis que leurs doigts se chercheraient, se toucheraient ; cette minime action, dans le grand acte que faisait la duchesse, lui répugna au point de lui faire abandonner sa résolution. Il fallut encore l'intervention de Melchior de Lesly pour l'y déterminer. En effet, il rentra bientôt dans le salon, et, prenant le commandant à part, il lui dit :

— Or çà, maintenant, parlons un peu de vos affaires.

C'était ce qui embarrassait surtout Valvins ; la duchesse se chargea de le tirer de cet embarras, et dit à Melchior :

— Ah ! tu es bien pressé de parler d'affaires ce soir ; n'aurez-vous pas le temps demain ?

Et, pour donner une bonne raison à cette interruption, elle fit à son frère un petit signe qui voulait dire : « Laisse un peu ce pauvre fou tranquille. »

Valvins vit ce signe et crut le comprendre ; une effroyable pensée pénétra dans son cœur : c'est qu'il devenait fou et qu'on le considérait comme tel. Cette pensée, lumineuse et sinistre comme un éclair, illumina d'un coup à ses yeux la voie où il marchait ; elle lui montra ce qu'il était devenu, où il était moralement et physiquement tombé ; elle l'éclaira donc, mais elle le frappa aussi comme la foudre : il pâlit, chancela et tomba sur un fauteuil.

Melchior s'écria et s'élança près de lui ; tout le monde accourut en tumulte ; on s'empressa, on le fit revenir à lui, on le questionna ; mais cette affreuse pensée le tenait ; et, sombre, l'œil fixe et visage renversé, il ne semblait rien entendre. Léonie était glacée jusqu'au fond du cœur de la crainte que cette fatale supposition ne fût une vérité, et lorsqu'au lieu de répondre à ceux qui l'entouraient, elle le vit se dresser par un mouvement violent et marcher droit à elle, la duchesse craignit tant une explosion terrible de ce cœur insensé, que toute l'expression de son visage lui demandait grâce et merci. Mais Valvins lui dit d'une voix calme et posée :

— Pardonnez-moi de vous avoir ainsi épouvantée. Ces faiblesses sont un mal auquel je suis sujet, et c'est parce que je voulais vous en épargner l'aspect, que j'avais tout fait pour partir ce soir, car je sens que je n'en suis plus le maître. Mes chevaux doivent encore être prêts : permettez-moi donc de vous dire adieu.

— Vous ne pouvez partir ainsi, lui dit Léonie ; ce serait une imprudence que mon père, mon frère... ni moi, ajouta-t-elle en baissant les yeux, ne pouvons vous permettre. Restez.

— Madame... dit Valvins comme pour refuser.

— Restez, reprit-elle avec un accent plein de prière.

Puis elle ajouta avec un gai sourire, et en voyant qu'on l'observait :

— Je suis peut-être un meilleur médecin que vous ne croyez... et...

Elle hésita, mais le vieux notaire vint à son secours, en disant d'un ton de joyeuse humeur :

— Suivez les ordonnances de madame la duchesse, jeune homme ; elle a raison, elle est un excellent médecin, car elle m'a guéri d'une bien triste maladie.

— Et de laquelle ? dit Léonie en riant.

— De la manie de mal parler des femmes, dit le notaire en lui baisant la main.

On se récria sur la charmante galanterie du notaire, et comme ceci avait dérangé toutes les parties, chacun y alla reprendre place. Il y eut un moment où tout le monde eut le dos tourné : à ce moment, Léonie glissa vivement sa main derrière elle, et Valvins y put prendre le billet qui lui était destiné.

Léonie s'éloigna sans se retourner ; elle avait senti une main glacée se poser sur sa main brûlante, et ce froid l'avait fait tressaillir. Melchior de Lesly rentra. A l'instant où Valvins était tombé sur un fauteuil, au lieu de sonner un domestique pour demander de l'eau ou du vinaigre, comme eût pu le faire le grave marquis, il avait fait comme un jeune homme qui prend sur lui d'oser se servir de lui-même : il avait couru à l'office et rapportait un verre de rhum. Il vit le commandant debout, l'œil en feu, la main violemment serrée sur son cœur. L'expression de son visage avait quelque chose d'exalté qui épouvanta Melchior.

— Allons, allons, commandant !... lui dit-il brusquement,

comme pour l'éveiller de cette extase fiévreuse. Voyons donc, vous vous laissez aller comme un enfant; buvez ceci, cela va vous remettre.

Valvins le repoussa doucement, et lui dit avec une voix où la joie avait encore un accent douloureux :

— Ce n'est rien, mon cher Melchior; quand j'éprouve de ces faiblesses, c'est que le sang quitte le cœur; puis, un moment après, il s'y précipite avec fougue, et je sens alors la vie qui me revient.

— Oh! c'est vrai, fit Melchior, on entend son cœur battre dans sa poitrine... Dis donc, ajouta-t-il en se tournant vers sa sœur, toi le grand médecin : qu'est-ce que cela signifie, ce symptôme?

— C'est que monsieur se sent mieux, répondit Léonie en le regardant curieusement du coin de l'œil.

— Ah! oui, madame, dit vivement Valvins en se rapprochant rapidement de l'endroit où elle était allée s'asseoir; mieux, beaucoup mieux!

— Mais, pour que ce mieux continue, jeune homme, dit le notaire qui intervint encore, mais sans quitter son jeu, il vous faut du repos, et, si vous m'en croyez, vous vous retirerez dans votre appartement... Atout!... N'est-ce pas votre avis, madame la duchesse?

— Je soumets mes lumières aux vôtres, fit la duchesse.

— Vous voyez, commandant, la consultation est unanime... Carreau!... Je vous souhaite une bonne nuit... Nous avons le tri.

Valvins salua et se retira; il avait hâte d'être seul. Léonie lui sut bon gré de ne pas être resté et d'avoir compris le bon avis de Balbi : après ce qu'elle venait de faire, elle n'eût pu supporter son regard.

En vérité, nous voudrions faire hâter le pas à cette histoire qui marche si lentement, ou plutôt qui passe par des sentiers si étroits, au lieu de courir bride abattue à travers les grands événemens; mais il faut bien la raconter comme elle est, puisqu'elle est si peu de chose. Voici donc qu'au moment où l'on croit toucher à cette grande explication promise depuis si long-temps, voilà qu'il faut que je fasse faire à mon récit une petite halte, et cela pour dire un petit bout de conversation qui eut lieu, après le départ de Valvins, entre la duchesse et le notaire, puis à table avec tous les convives.

Les parties étant finies, on allait souper, car on soupait chez le marquis de Lesly. Madame de Fosenzac prit le bras du notaire, et, devançant tout le monde, elle lui dit en suivant un long couloir qui menait à la salle à manger :

— Pourquoi avez-vous pris mon billet?

— Parce que, tout en causant, votre père examinait votre écrin par distraction, et que par distraction aussi il eût pu l'ouvrir.

— L'avez-vous lu?
— Non.
— Vous êtes bien discret, fit la duchesse avec intention.
— Pas plus que vous, qui ne m'avez rien dit.
— C'est que ce n'est peut-être pas mon secret, reprit-elle en essayant si ses paroles pourraient tromper le notaire.
— C'est le vôtre, lui répondit-il, puisque vous le niez.
— Voilà qui n'est pas si galant que ce que vous me disiez tout à l'heure.
— C'est que vous ne cherchiez pas à me tromper alors.
— Et en quoi chercherais-je à vous tromper?
— En ce que vous voulez me persuader qu'une femme donne un rendez-vous à un homme pour un secret qui n'est pas le sien.
— Vous avez donc lu mon billet? dit la duchesse plus vivement.
— Je vous ai dit que non, et je l'aurais gardé vingt ans que je ne l'aurais pas lu davantage.
— Hum! fit la duchesse en hochant la tête.
— Ce n'est pas pour vous seule que cela m'arriverait, dit le notaire avec un peu d'importance.
— Bah! dit Léonie qui ne pensait plus guère au notaire, vous êtes discret à ce point?
— Ma chère enfant, il y a vingt ans, et plus de vingt ans même, que j'ai reçu bien étrangement une lettre que j'ai encore dans les mains, sans l'avoir lue.
— Qu'est-ce que vous conte donc Balbi? dit le marquis en s'approchant.
— Une de ces belles histoires comme M. Galland les contait si bien, fit la duchesse en riant.
— Une histoire comme aucun romancier n'en pourrait inventer, si je voulais la dire, reprit le notaire un peu piqué.

On entrait dans la salle à manger, la duchesse quitta le bras du notaire, et, le pinçant doucement tout en lui faisant une moue pleine de grâce, elle lui dit:

— Vous êtes toujours méchant.

M. Balbi n'eut pas le temps de répondre, car Melchior, qui avait entendu ce que Léonie avait dit relativement à l'histoire dont lui parlait le notaire, lui dit:

— Eh bien! vous allez nous conter ça à souper, monsieur Balbi. Ma sœur a raison; vous avez une collection précieuse d'histoires plus ou moins touchantes et scandaleuses, et elles me procurent beaucoup de succès.

— Comment cela? fit M. Balbi.

— Elles sont un peu vieilles, mais je les rajeunis. Au lieu de les déguiser sous des noms supposés, comme vous, je leur mets des initiales qui ont l'air de cacher des noms véritables, et je les glisse dans quelque coin de salon, où on les écoute avec passion, comme une médisance voilée.

— Vous faites un bel usage de mon indiscrétion, dit le notaire.

— Y a-t-il indiscrétion là où les noms n'existent pas et où les acteurs sont probablement morts, car vos histoires datent au moins de vingt ans?

— Eh bien! dit Balbi, vous n'en ferez pas autant de celle-ci, car je ne vous la conterai pas.

— Ah! pourquoi ça? dit-on de tous côtés; Melchior promet d'être sage.

— Oui, je le jure! dit Melchior d'un air solennel.

— C'est possible, dit le notaire; mais je ne puis vous la raconter, attendu que je ne la sais pas.

Un immense éclat de rire répondit à M. Balbi, qui laissa passer l'accès avec son sourire fin et moqueur, et qui reprit :

— Et cependant je suis sûr que cette histoire est fort intéressante.

— Vous en connaissez au moins les héros?

— Pas le moins du monde.

— Ceci commence à être étonnant.

— Vous voyez bien, fit le notaire : de l'étonnement, c'est déjà de l'intérêt.

— On en éprouve toujours à vous entendre, dit Melchior en souriant.

— Vous trouvez? répliqua de même le notaire; eh bien! écoutez.

II

Épisode.

C'était en 1791, j'étais déjà notaire, mais je commençais et j'avais toute l'ardeur de ma lune de miel d'entrée en fonctions, surtout lorsqu'il s'agissait de belles clientes, quand un jour je vis entrer dans ma cour un équipage simple, mais dont la simplicité même attestait un luxe remarquable. La beauté des chevaux, la finesse des livrées sans galon, cela ne pouvait appartenir qu'à une personne fort riche.

Il descendit une femme de cet équipage et je la vis monter chez moi. Elle était voilée, mais le pied et la main me dirent qu'elle était d'un rang élevé; la voix m'apprit qu'elle était jeune. Je ne sais si elle était belle, mais assurément ce n'était pas pour cacher sa laideur qu'elle se voilait : c'était son visage, sa personne qu'elle voulait qu'on ne pût pas reconnaître. Elle s'assit en face de moi, et, d'un ton qui me parut plus qu'assuré, surtout lorsque j'eus tendu une partie de sa confidence :

— Monsieur, me dit-elle, une femme d'un grand nom, d'une immense fortune a été enlevée violemment de sa maison. Elle était dans un état de grossesse fort avancé : cette violence détermina l'accouchement, et, avant qu'elle fût arrivée au château où on la conduisait pour cacher cet état, il fallut s'arrêter ; on la transporta dans une chaumière, elle y mit au monde un enfant et on la ramena à Paris immédiatement. C'est cet enfant dont cette femme désire assurer la fortune sans qu'il sache jamais d'où elle lui vient et de qui il est né.

— C'est une affaire fort simple, madame, lui dis-je ; il suffit de remettre à un ami la somme que vous destinez à cet enfant.

— Ce n'est pas de moi qu'il s'agit, monsieur, reprit-elle sèchement ; je viens au nom de l'infortunée à qui l'on a ravi son enfant.

— Mais, lui dis-je, cela ne change rien à la question, il suffit d'un intermédiaire sûr à qui elle dise ce qu'est devenu son enfant pour lui faire parvenir ses dons.

— Elle l'ignore.

— Mais elle a des renseignemens qui peuvent la diriger ?

— Aucun.

— Mais en ce cas, madame, que prétend-elle qu'on fasse ?

— Le voici, monsieur. Je vais vous remettre une somme de soixante mille livres.

Et elle la posa sur mon bureau, puis elle continua ainsi :

— L'enfant est né le... du mois de... 1788. Voilà tout ce qu'il y a de sûr. Il est né dans un rayon de quinze lieues au plus de Paris ; la voiture n'a pu parcourir un plus long chemin. Tâchez de vous procurer la liste de tous les enfans nés dans ce rayon pendant cette nuit, et s'il en est un dont la naissance présente quelque circonstance extraordinaire, faites-vous-en dire tous les détails, et alors, vous m'entendez, seulement alors, ouvrez cette lettre.

Et elle me remit une lettre, puis elle ajouta :

— Et si ce qu'on vous aura raconté concorde avec ce qui est écrit sous ce pli, vous considérerez cet enfant comme celui dont on veut assurer l'existence. Vous lui remettrez cette somme et cet écrit.

— Et elle me donna un troisième écrit.

— Là-dessus elle se leva et me salua pour se retirer.

— Mais, madame, lui dis-je, si je ne retrouve pas cet enfant, que ferai-je de cette somme ?

— Vous la considérerez comme vous appartenant. Mais vous le retrouverez. J'ai des raisons pour en être sûre.

— Eh bien ! dit M. de Lesly, l'avez-vous retrouvé ?

— Non, et cela tient à des circonstances indépendantes de ma volonté. Je fis faire les relevés des naissances dans les villages les plus rapprochés de Paris ; j'employai deux hommes à ce travail. Je ne trouvai rien qui ressemblât à cela. Je continuais cependant, lorsque le comité de salut public crut voir une tournure de conspiration dans mes recherches ; j'étais le notaire de beaucoup de gens titrés : on me dénonça et je passai onze mois à la Conciergerie.

Quand j'en sortis, la plupart des registres des paroisses avaient été détruits, et je ne pus rien apprendre d'assez certain pour m'autoriser à ouvrir la lettre, et je l'ai encore...

Tout le monde se récria.

— Ainsi que les soixante mille livres, qui en valent deux cent mille aujourd'hui, ajouta M. Balbi.

— Mais vous devriez ouvrir cette lettre, dit-on de tous côtés.

— Non, fit le notaire.

— Est-ce que vous espérez retrouver cet enfant?

— Non, dit-il, mais j'espère revoir cette inconnue. C'est une femme qui émigrait, j'en suis sûr, et qui peut-être va pouvoir enfin revenir en France.

— Mais enfin, s'écria-t-on de tous côtés, peut-être auriez-vous trouvé dans cet écrit des renseignemens plus précis et qui vous eussent fait découvrir cet enfant, il fallait l'ouvrir.

— Sans doute, dit le notaire ; mais voici ce qui m'en empêcha : à peu près à la même époque, un homme vint chez moi, qui me remit un paquet en me disant :

— Veuillez me garder ces papiers ; vous ne les remettrez qu'à moi ou à une personne qui vous dira le mot suivant: *Cara vendetta*.

— J'acceptai ce paquet ; dans ce temps de désordre et d'anarchie, nous recevions souvent de pareils dépôts. Mais jugez de mon étonnement : lorsque je serrai ces papiers dans un profond tiroir, je remarquai qu'ils étaient scellés du même cachet que la lettre, portant cette devise : *Cara vendetta*.

— C'est étrange ! s'écria-t-on de toutes parts.

— Peut-être qu'à ma place cela vous eût engagés à les ouvrir l'un et l'autre comme ayant trait à la même affaire. Je n'en fis rien ; cependant cet homme m'avait dit qu'il reviendrait, et je lui devais son dépôt intact. Je n'avais pas les renseignemens exigés pour ouvrir l'autre. J'ai tout respecté ; seulement je me suis imposé un délai définitif, et si, d'ici à six mois, l'un de ces deux paquets ne m'est pas redemandé, je les ouvrirai tous deux. Voilà mon histoire, et quoique je ne la sache pas, je suis sûr qu'elle doit être ou bien touchante, ou bien terrible, ou bien scandaleuse.

On glosa beaucoup sur tous ces mystères, puis tout le monde se sépara pour aller dormir, excepté ceux qui ne dorment pas, les amoureux.

III

Enfin.

De toutes les personnes qui avaient écouté l'histoire de M. Balbi, Léonie était celle qui lui avait prêté le moins d'attention. Peut-être croira-t-on que sa préoccupation venait moins de l'entrevue qui allait avoir lieu entre elle et Valvins que de la découverte qu'en avait faite le vieux notaire. Nous devons à ce sujet une explication à nos lecteurs. S'ils se souviennent de l'exclamation rassurée de Léonie quand elle vit que c'était Balbi qui avait son billet, si nous avons bien rendu cette bonhomie amicale de leur petit entretien, on aura pu comprendre que l'intervention de M. Balbi dans cette affaire n'alarmait point du tout la duchesse. En effet, il y avait entre elle et lui une confiance si haute qu'elle ne craignait point de sa part des commentaires fâcheux, quelles que fussent les apparences, et que lui-même n'eût osé admettre un soupçon contre celle dont il pensait si bien, malgré le malheur qui l'avait frappée jadis. D'un autre côté, Léonie avait compris que le notaire avait deviné une bonne partie du secret de Valvins, et si ce n'eût été la honte que toute femme éprouve à dire : « Voilà un homme que j'ai aimé, et à qui j'ai appartenu, » elle l'eût déjà consulté sur ce qu'il y avait à faire dans sa position. Après le petit incident de la soirée, cet aveu était pour ainsi dire fait, et si à ce moment le rendez-vous avec Valvins n'eût pas été pris et donné, il n'est pas douteux qu'elle ne l'eût pas accordé sans en parler à M. Balbi. Il passa même dans la pensée de la duchesse de l'y faire assister ; mais cette pudeur de femme qui l'avait empêchée de parler la retint encore.

Donc, quand tout le monde fut retiré, que le châteaut fut sombre et désert, elle quitta son appartement, descendit un escalier dérobé, et attendit dans un boudoir du rez-de-chaussée, le même que celui où elle avait conduit Valvins quand elle l'avait rencontré si inopinément comme un sauveur.

Quant à Valvins, il avait passé ses longues heures d'attente dans un trouble inexprimable, dans des angoisses cruelles ; pourrait-il faire comprendre à Léonie l'erreur, le délire qui l'avaient dominé et rendu si coupable ? Il n'osait plus l'espérer. Enfin deux heures, l'heure marquée par le billet, venaient de sonner ; il quitta sa chambre pour gagner le boudoir. Il fallait pour cela que Valvins suivît tout un long corridor qui longeait l'aile du château qu'il habitait, il fallait qu'il gagnât le grand escalier, qu'il descendît, traversât dans toute sa longueur le corps de logis du centre et regagnât la salle à manger, qui, par un autre long couloir, tenait à ce boudoir situé juste au dessous de l'appartement de la duchesse, et qui lui permettait d'aller dans le parc par une porte-fenêtre, et sans passer dans les autres parties du château. Tant que Valvins n'eut à parcourir que le corridor démeublé et l'escalier, il alla à merveille ; mais lorsqu'il se trouva dans les appartemens du rez-de-chaussée, tout encombrés de meubles laissés au milieu de chaque pièce, il ne put avancer qu'avec beaucoup de précautions, et lorsqu'il fut dans la salle à manger, il eut beau tâter avec circonspection, il heurta la table, brisa quelques verres et fit un bruit qui retentit long-temps dans le château silencieux. La duchesse l'entendit et il sembla que seulement alors elle comprit les dangers de ce trajet nocturne, qui pouvait être surpris par quelqu'un ou l'éveiller. Au bruit que fit Valvins, elle s'élança toute tremblante vers la salle à manger, et appelant à voix basse :

— Par ici, dit-elle, par ici.

Et Valvins continuant à s'empêtrer dans les chaises répandues çà et là, elle s'avança jusqu'à lui, le prit par la main et l'entraîna vivement jusque dans son boudoir. Malgré sa terreur, Léonie avait senti cette main, tout à l'heure glacée, brûler et trembler dans la sienne. Mais il fallait s'arracher avant tout au danger présent, et ce ne fut que lorsqu'elle se crut à l'abri, qu'elle la quitta, et, cédant alors à son émotion, elle se laissa aller sur un divan en cachant sa tête dans ses mains et en pleurant avec de profonds sanglots.

— Ah! murmura-t-elle sourdement, je suis folle, folle tout à fait!...

Valvins n'était point préparé à cette douleur, dont il comprenait le sens et qui s'adressait à sa situation présente ; il ne savait que dire à Léonie, que faire pour la consoler, la calmer : c'était si loin de l'explication qu'il était venu chercher ! Léonie ne pouvait se remettre, elle lui dit avec désespoir :

— Ah! monsieur, vous l'avez juré, vous me perdrez tout à fait

— Vous perdre, madame, répartit Valvins, je ne le veux point, vous le savez.

— Vous ne le voulez pas, mais vous le ferez, s'écria la duchesse avec colère. Ah! pourquoi vous ai-je revu?

— C'est le hasard qui m'a amené près de vous, dit Valvins tristement.

— Mais pourquoi m'avez-vous poursuivie avec cet acharnement barbare après que je vous avais demandé de me laisser mon malheur?

— Pourquoi, madame? dit Valvins tristement et humblement, parce que je suis devenu fou. Vous le savez, vous qui le disiez du regard à votre frère il y a quelques heures.

La duchesse se remit un peu, et répartit avec un reste de cette émotion emportée qui l'avait dominée dans le commencement de cette scène :

— Maintenant, oui, monsieur, c'est vrai, je comprends l'égarement de votre conduite ; mais, dans les premiers jours, quand vous ne vous repentiez pas encore, pourquoi avoir cherché à me revoir, pourquoi vous être rapproché de moi?

— Ai-je été le seul coupable? dit timidement Valvins.

— Quoi! s'écria la duchesse en se levant avec fierté, vous osez dire que j'ai aidé...

— Madame, dit Valvins en l'interrompant avec force; oh! non, madame, mais les circonstances, votre frère, votre père lui-même.

Valvins hésitait en parlant, mais Léonie reconnaissait bien qu'il avait quelque raison apparente d'accuser le hasard, Melchior, le marquis, et quoiqu'elle se fût indignée si vivement d'être crue leur complice, elle ne pouvait se dissimuler dans son cœur qu'elle leur avait bien un peu prêté les mains; aussi, interrompant Valvins à son tour, lui dit-elle avec moins de colère, mais d'un ton sec :

— C'est possible, monsieur, que mon frère et mon père nous aient créé la pénible situation où nous nous trouvons; toujours est-il qu'il est temps d'en sortir. Vous êtes ici pour cela.

Valvins se tut : ce n'était pas pour échapper à cette position qu'il était venu, c'était pour se justifier et non pour prendre un parti qu'il avait offert plusieurs fois, qui était de s'éloigner, mais qu'elle avait refusé. Léonie attendit un moment, tandis que Valvins, désorienté dans la tournure que prenait cet entretien, cherchait vainement un moyen de le ramener à son but. La colère revint au cœur de Léonie, et elle reprit avec vivacité :

— Vous vous taisez, monsieur; je ne puis pourtant passer ma vie ainsi; mais j'aimerais mieux mourir que d'endurer plus longtemps ce que je souffre!

Valvins s'inclina et répondit comme un enfant qui a peur de ce qu'il va dire :

— Je vous ai offert de partir, madame.

— Eh! que ne l'avez-vous fait! répartit Léonie toujours irritée.

— Vous n'avez pas accepté, madame, dit Valvins du même ton tremblant.

— Moi? dit la duchesse, comme si on lui annonçait une grande nouvelle.

— Vous m'avez dit qu'avant cela je vous devais ma justification.

La duchesse se tut à son tour et baissa la tête. C'est elle, en effet, qui était la cause de ce qui arrivait. Mais, comme il advient toujours en pareil cas, elle s'irrita d'autant plus qu'elle était justement accusée.

Elle se mordit les lèvres et serra ses mains dans un violent mouvement nerveux, et répondit avec un accent amer et insultant :

— C'est bien, monsieur, j'admets que ce soit moi qui vous aie prié à deux genoux de vouloir bien vous justifier; je veux bien que vous puissiez penser que j'attends, que je désire cette justification, qu'elle est nécessaire à mon bonheur, à mon amour pour vous.

— Ah! madame... fit Valvins.

— Et pourquoi non, monsieur? Je vous ai retenu, dites-vous, je vous ai demandé votre justification, c'est vrai, vous avez raison. En ce cas, veuillez vous justifier,.. Je vous écoute... Voyons.

Tout ceci avait été dit d'un ton de cruelle raillerie, et Valvins restait anéanti de cette colère soudaine, implacable.

— Eh bien! monsieur dit la duchesse, est-ce là tout ce que vous avez à me dire... mais vous voyez bien que je vous écoute.

— Ah! madame, dit Valvins, avec désespoir, j'aurais mieux fait de partir.

— Mais vous n'êtes pas parti, je vous en ai empêché, c'est fini, cela, n'en parlons plus. Justifiez-vous.

— Mon Dieu, mon Dieu, fit Valvins en se pressant le front avec désespoir; était-ce là ce que j'avais espéré... ce que j'avais cru!

— Mais, monsieur, reprit Léonie avec la même colère, il ne s'agit pas de ce que vous avez espéré, mais de cette justification que j'ai sollicitée, que je sollicite.

— Mais, madame...

— Mais vous ne vous justifiez pas, monsieur.

Quand une femme qui a tort peut trouver une arme avec laquelle elle peut toucher l'homme qui lui a prouvé ce tort, elle l'en frappe jusqu'à le rendre furieux, jusqu'à le tuer; elle est impitoyable jusqu'à ce qu'un mot brise soudainement cette exaltation insensée qui la domine.

— Ah! madame, lui dit Valvins, j'aurais pu mourir sans cette nouvelle douleur; votre vengeance a voulu me l'infliger. Soit.

— Vous ne vous justifiez pas, monsieur, répondit froidement la duchesse.

— Ah! fit Valvins en se relevant d'un air menaçant, n'allons pas plus loin, madame, je pourrais oublier ce que vous avez souffert par moi. Quant à cette justification, elle est inutile.

— Inutile... dit la duchesse qui baissa d'assurance devant la résolution de Valvins.

— Oui, madame; car il eût fallu, pour l'écouter, un cœur disposé à plus de pitié que je ne puis vous en inspirer; il eût fallu, pour vous la dire, plus de raison que vous ne m'en avez laissé.

Léonie fit un geste d'impatience, et Valvins reprit plus doucement :

— Je ne vous accuse pas, madame; nous nous sommes trompés l'un et l'autre. Vous avez cru pouvoir m'entendre; j'ai cru pouvoir vous parler. Cela nous est impossible à tous deux. Adieu, madame.

Léonie ne répondit pas à cet adieu, mais elle se reprit à pleurer et à sangloter. Valvins s'arrêta et la contempla long-temps ainsi; il comprit alors cette tumultueuse colère qui l'avait emportée; il vit bien qu'elle n'acceptait pas cet adieu. Il tomba à genoux devant elle, et, écartant ses mains de ses yeux, il lui dit doucement :

— Léonie, voulez-vous que je meure?

Elle le repoussa faiblement en se détournant.

— Mais que voulez-vous donc, mon Dieu? s'écria Valvins.

— Je veux, dit la duchesse au milieu de ses sanglots, je veux que vous ayez pitié de moi ; mais si je voulais votre mort... seriez-vous ici, malheureux !

— Léonie!...

— Oh ! tenez, lui dit-elle en l'écartant... je ne veux pas vous tromper, moi, je ne le saurais pas. Savez-vous ce que m'a dit mon frère, monsieur? C'est qu'on voulait vous perdre, parce que votre raison s'égarait. Hélas ! moi qui suis devenue folle de la douleur que vous m'avez faite autrefois, je n'ai pas voulu vous rendre cet horrible malheur, et c'est pour cela que j'ai voulu vous voir, vous parler.

— Léonie!... dit Valvins pendant que la duchesse, essayant de cacher l'émotion qui la tenait et affectant une sorte de dignité naturelle, continuait ainsi :

— Il ne faut plus m'aimer, monsieur; vous êtes jeune, vous avez un brillant avenir, et pour une faute dont j'ai été seule victime, ce serait un trop affreux châtiment que votre perte.

— Mais ce crime, si vous saviez...

— Non, monsieur, non, je ne veux rien savoir... N'en parlons plus, je vous ai pardonné.

— Pardonné! s'écria Valvins.

— Oui, pardonné ; non pour ce qui l'a causé, mais pour ce que vous avez souffert. Ne me dites rien, il ne peut y avoir aucune excuse à votre abandon ; il n'y avait qu'une expiation qui fût possible : eh bien! vous l'avez assez expié, et si mon pardon peut vous rendre au calme, à la raison, au bonheur, emportez-le, monsieur, je vous l'accorde.

Tout en prononçant ces paroles, la voix de la duchesse, d'abord brève et agitée, s'était trempée de larmes, et elle les contenait à grand'peine.

— Ah ! Léonie, c'est maintenant que je vais souffrir, dit Valvins à qui les larmes vinrent aussi aux yeux.

— Vous ne pouvez m'en demander davantage, n'est-ce pas? ajouta la duchesse en éclatant en sanglots ; vous ne voulez pas que je vous aime, je suppose ?

— Non, dit Valvins tristement, je n'avais pas tant espéré. Je méritais moins de pitié.

Il se releva lentement, essaya de dominer l'émotion déchirante qu'il éprouvait, et, tandis que la duchesse se cachait la tête dans un coussin, en proie aux larmes les plus vives, il lui dit tristement :

— Madame, voici ce billet que j'ai reçu de vous ce soir. Reprenez-le ; il pourrait vous effrayer s'il demeurait entre mes mains. On peut pardonner à la douleur, mais on ne se confie pas à celui qu'on méprise et qu'on hait encore.

— Vous vous trompez, dit Léonie d'un ton également triste,

quand une femme pardonne un pareil outrage, ce n'est que parce qu'elle estime celui qui l'a offensée.

— Oh! Léonie... lui dit Valvins en se remettant à genoux devant elle.

— Ce n'est peut-être que parce qu'elle l'aime! s'écria la duchesse avec désespoir et en se cachant encore le visage.

Valvins n'avait plus besoin de se justifier, et, après cet aveu, un retour sur le passé les eût également humiliés l'un et l'autre. Voilà ce qui fit que cette histoire, qui eût pu se dénouer alors, arriva jusqu'au jour où la duchesse se trouvait chez la princesse de Kadicoff et reçut le billet que Valvins lui fit parvenir.

IV

Désenchantement.

Toutefois, après cette conclusion si inespérée entre Valvins et la duchesse, après ce retour passionné de l'un vers l'autre, comment se fait-il que cet amour arrivât au point où nous l'avons précisément montré dans l'entretien de la duchesse de Fosenzac et de la princesse de Kadicoff? C'est que, si l'histoire de l'amour est quelquefois une belle et consolante image de la vie du cœur, elle est bien souvent une triste et bien cruelle révélation. Et puis vous ne pouvez savoir ce qu'il nous en coûte à nous qui vous avons dit à plaisir chacune des émotions de ces deux âmes séparées par un crime, qui avons compté un à un chacun des mouvemens qu'elles ont faits pour se rapprocher; s'il est vrai que nous ayons pu vous intéresser un peu à cette souffrance si longue de Valvins, à ces hésitations si tremblantes de Léonie, à cet amour si étrange, né là où d'autres meurent, à cette résistance désespérée quand on avait déjà tout accordé, s'il est vrai, disons-nous, qu'après nous avoir suiv ligne à ligne dans la reconstruction de cet amour, déjà brisé une fois, et s'il est vrai que vous le trouviez assez heureusement rétabli pour désirer qu'il soit durable, il doit nous être pénible de prendre le marteau pour le briser une fois encore et le disperser lorsque nous avons eu tant de peine à en recueillir les plus minimes élémens.

Aussi, ne mettrons-nous pas à cette œuvre le soin minutieux et aimant que nous avons mis à la première, et tâcherons-nous de vous dire rapidement comment cet amour s'en alla, du moins de l'un de ces deux cœurs.

Après que ce cri de douleur échappé à Léonie l'eut rendue tout entière à Valvins, après qu'elle lui eut de nouveau confié son honneur et sa vie, quand le jour l'eut éloigné d'elle, le désespoir la prit. La femme qu'une première passion emporte à se donner à l'homme en qui elle croit a, dans ses heures de solitude, les remords de sa faute, la douleur de ses devoirs oubliés ; mais elle étouffe ce remords, elle échappe à cette douleur en se tournant du côté de celui qui en est la cause, et dans sa pensée elle redit tous les sermens, toutes les promesses qui doivent sinon l'absoudre, du moins la rassurer. Mais il n'en pouvait être ainsi pour Léonie, et, à la honte de sa chute, il s'ajouta pour elle la honte du pardon qu'elle avait accordé ; aux craintes qu'inspire un amour coupable, les craintes plus terribles que devait lui donner l'homme qui en était l'objet.

En effet, dès ce premier jour d'un amour si singulièrement renoué, la duchesse craignit qu'il ne se brisât encore, comme il s'était déjà brisé une fois. Renfermée dans son appartement, elle frissonnait en se demandant si elle retrouverait Valvins au château, et si une nouvelle lettre, froide, insultante, ironique, ne lui viendrait pas encore annoncer son abandon.

Cela n'arriva point, mais c'en était fait cependant : il n'y avait point et il ne pouvait pas y avoir de sécurité dans la faiblesse de Léonie. Chaque jour il lui semblait que cet homme qui lui avait déjà échappé une fois pourrait lui échapper encore. Ce n'était plus avec la brutalité de son premier abandon, mais avec la perfidie d'une retraite habilement calculée. Dès cet instant, tout devint suspect et menaçant pour Léonie ; la moindre absence lui faisait peur, la plus simple occupation lui semblait un oubli.

Toute la vie de Valvins, attachée à la sienne, ne suffisait pas pour la rassurer, et cependant il la lui donnait toute sans en réserver rien pour lui-même ; et après s'être perdu pour elle par désespoir, il continuait à se perdre encore pour elle pour la consoler. Seulement, ce qu'il avait fait jadis en aveugle, il en voyait maintenant et il en comprenait la portée. Si quelquefois il opposait aux exigences de Léonie une simple observation résultant des devoirs de sa position, elle n'en demandait pas de vive force le sacrifice, mais son silence résigné, ses larmes mal réprimées disaient assez à Valvins les récriminations de cette âme en peine.

— Autrefois, se disait-elle, ces devoirs, il les oubliait dans son désespoir, et il se les rappelle maintenant qu'il est heureux. Son bonheur tient donc moins de place dans son âme que n'en a tenu son malheur.

Valvins comprenait ce silence douloureux et il y cédait, et, pour quelques jours d'une confiance qu'il ne rassurait que momentanément, il sacrifiait son honneur de soldat, sa considération, sa fortune.

Ce fut la faute de Valvins, il faut le dire, ou plutôt celle de sa position. Si, dès les premiers jours, il était redevenu l'homme qu'il devait être ; si, en blessant les justes susceptibilités de la duchesse, il avait repris sa vie, sa dignité, sa force, il n'en eût pas été ainsi; si, au lieu de chercher à baser cette foi qu'on n'avait pas en lui sur le sacrifice perpétuel de ses devoirs, il eût essayé de la fonder sur sa propre volonté, Léonie eût souffert quelque temps encore, mais elle n'eût pas souffert si long-temps ni si cruellement.

Dans la route fausse où Valvins s'était engagé, chaque pas rendait son retour plus impossible. Supposons qu'il eût osé dire à Léonie :

— Vous m'aimez, madame, mais celui que vous aimez doit être digne de vous. Ces exigences de ma vie auxquelles je cède, ce n'est pas pour moi que je le fais, mais pour vous, pour que vous me regardiez avec orgueil et confiance.

Léonie eût sans doute pleuré, mais bientôt après elle eût été rassurée sur la puissance d'un amour qui revenait de soi-même, et non parce qu'on n'avait pas laissé s'allonger d'une ligne la chaîne avec laquelle on le tenait. Ainsi, et pour éclairer notre pensée par des faits, lorsqu'un ordre du ministre de la guerre vint chercher Valvins à Fontainebleau, s'il avait obéi, Léonie l'aurait sans doute vu partir avec la crainte de ne plus le revoir; mais à l'heure où il serait revenu, ce retour l'eût consolée de ce qu'elle avait souffert et l'eût rassurée pour l'avenir d'une nouvelle séparation. Elle ne le voulut pas et il n'eut pas la force de le vouloir; il demeura en inventant près de son supérieur des excuses mensongères et humiliantes pour son caractère. Plus tard cela devait se présenter encore, et, pour avoir cédé, il devait encore céder : « Vous avez pu faire cela, parce que vous m'aimiez, lui disait-on, si vous ne le faites pas maintenant, c'est parce que vous m'aimez moins ou que vous ne m'aimez plus. » Et Valvins cédait encore.

Ainsi de jour en jour, de mois en mois, cédant toujours à cette inquiétude, sans pouvoir la satisfaire, il se perdait dans l'estime de tous sans se remettre dans la confiance de celle pour qui il faisait toutes ces concessions. Chaque sacrifice accompli était une raison d'en offrir un autre : car plus il en avait fait, plus, le jour où il eût cessé d'en faire, il eût été soupçonné et eût mérité de l'être.

Mais le plus triste résultat de cette vie, ce n'était pas de déconsidérer Valvins dans l'opinion publique, c'était aussi de le déconsidérer dans le cœur de Léonie. Ceci est triste, et cependant ceci est vrai : la femme imprudente qui dégrade sans s'en apercevoir l'homme à qui elle s'est donnée, finit par le voir tel qu'il est, à un jour fatal, à une heure marquée. Et, comme dans un noble cœur, une passion coupable ne peut vivre que par la noblesse de celui qui l'inspire, il se trouve que l'amour s'enfuit au moment où l'âme fait cette funeste découverte.

En vérité, si nous avions voulu rester l'historien consciencieux de cette aventure, nous n'aurions pas dû vouloir résumer en quelques mots la destruction de cet amour, qui s'en alla parcelle à parcelle, comme il était venu. Mille petits incidens étrangers travaillèrent à sa perte, comme mille petits incidens étrangers avaient travaillé à sa fortune.

Ainsi, quand le séjour de Valvins au château de M. de Lesly se fut prolongé au delà de ce que permettaient les convenances de l'invitation la plus amicale, Valvins sentit qu'il était temps de se retirer. Mais Léonie ne voulut pas qu'il le sentît, et malgré cela il fallut qu'elle entendît quelques railleries d'abord légères, puis plus aigres, sur le manque de tact de ce commandant Valvins.

On voulut bien, pendant quelque temps, attribuer cet oubli à la maladie mentale dont il n'était pas encore bien guéri ; mais quand il sembla dans les conversations indifférentes que sa raison n'était plus dérangée par ces longues rêveries et ces tristesses distraites auxquelle il se livrait autrefois, on voulut lui faire comprendre ce qu'on pensait qu'il n'avait pas senti de lui-même : il le comprit comme il l'avait senti ; mais cette fois encore on lui défendit de le comprendre.

Valvins pouvait bien supporter un moment d'humeur, une parole d'ennui pour celle qui avait tant souffert pour lui.

A ce mot, il fallait bien céder. Léonie le remerciait tout haut du rôle pénible qu'il voulait bien accepter, mais elle se sentait tout bas humiliée de ce qu'inspiraient à son père, à des étrangers même ce qu'on appelait l'importunité tenace de cet homme, son inconvenante familiarité à s'établir là où l'on avait eu l'imprudence de l'accueillir pendant quelques jours.

Après ces petits incidens de conversation, Léonie, éclairée sur les dangers de la route qu'elle avait fait suivre à Valvins, Léonie lui proposait quelquefois d'elle-même de s'éloigner durant quelque temps. Mais l'empressement qu'il mettait à accueillir ces propositions et à la trouver plus raisonnable venait rendre à Léonie toutes ses craintes : « Il n'attendait que ce moment, disait-elle, et peut-être l'avait-il fait naître. »

Après lui avoir proposé de s'éloigner, elle ne voulait plus qu'il s'éloignât. Il restait donc, et ce qu'on avait appelé d'abord manque de tact, importunité, devenait sottise, manque d'éducation, et finissait par être qualifié en termes plus vulgaires et plus honteux, et il fallut qu'un jour la duchesse entendît flétrir celui qui était son amant du nom ignoble de pique-assiette, qui lui fut donné par une vieille femme de ses amies, qui, en sa qualité de grande dame, avait le privilége des mots de basse extraction.

Cependant celui-là blessa si profondément l'orgueil de la duchesse, qu'elle ne voulut pas soumettre Valvins à la nécessité de le subir ; elle l'en affranchit et lui permit de retourner à Paris, où cependant elle le retrouva bientôt.

Ici cette déconsidération qui s'était peu à peu opérée dans le cœur de la duchesse prit un tout autre caractère et se combina avec des craintes encore plus vives que celles qui l'avaient d'abord obsédée, mais d'une autre nature. Dans les quelques semaines que Valvins passa seul à Paris, plus tranquille d'esprit et de cœur qu'il n'avait été depuis long-temps, il essaya d'effacer les fâcheuses impressions qu'il avait laissées contre lui. Heureusement pour lui que ces fâcheuses impressions tenaient à des suppositions qui, une fois détruites, ne devaient pas laisser de traces honteuses après elles. On l'avait accusé de devenir fou, et c'est pour cela qu'on l'avait jugé incapable et indigne de son commandement; mais dès qu'il y reparut avec cette liberté d'esprit et d'action qui en faisait un des officiers les plus distingués de l'armée, on en conclut tout simplement qu'il était guéri, et il ne fut plus question du passé. C'était une blessure qui l'avait mis quelque temps hors de service, la blessure était cicatrisée. Tant mieux; c'était un brave valide de plus. « Reprenez votre rang, commandant, et n'y pensons plus, » lui avait dit le ministre de la guerre.

Or donc, quand la duchesse revint à Paris, les premiers mots de Melchior de Lesly, quand il lui parla du commandant, furent pour la féliciter de la cure merveilleuse qui s'était opérée au château. Valvins était redevenu l'homme d'autrefois, l'homme dont ses camarades de l'empire parlaient avec considération.

Ce qui en d'autres temps eût charmé Léonie, la blessa profondément. Dans une âme où a séjourné long-temps une douleur amère, tout se tourne facilement en amertume si l'on n'a pas eu le soin d'épurer le vase du limon qui repose au fond. Valvins n'avait pas eu ce soin, et Léonie lui en voulut d'avoir retrouvé sans elle un peu de cette considération qu'elle lui en voulait quelquefois d'avoir perdue pour elle. Mais tout ceci n'eût été rien sans cet affreux auxiliaire qui aide si bien le cœur à tuer les plus sincères affections. Cet auxiliaire, c'est le monde.

L'hiver était revenu, et avec lui les fêtes, les bals, les spectacles, le concours d'hommes empressés autour d'une veuve si belle, si riche, si charmante que la duchesse de Fosenzac.

Valvins, comme il avait déjà fait, se montrait dans les salons de la duchesse, obscur, inaperçu, plus obscur, plus inaperçu qu'autrefois, en ce qu'il avait perdu dans son amour cette causticité d'esprit, cette cruauté de verve satirique qui en faisaient un causeur si redoutable et par conséquent si ménagé et si distingué.

Autrefois aussi, dans cette foule de grands noms et de grandes fortunes où il était si perdu, c'était pour Léonie un plaisir de le voir, de le chercher, de se dire dans son cœur et sa vanité : « Ce pauvre jeune homme qui rêve là dans son coin, il se meurt d'amour pour moi. » Et quelquefois alors cet amour profond et désespéré lui paraissait préférable à cet amour charmant et gracieux qui tourbillonnait autour d'elle. En même temps il se passait entre elle et cet homme un drame dont le dénouement ne l'épouvantait pas encore et l'intéressait déjà. C'était une occupation pour la duchesse, une occupation mystérieuse et intime de son cœur parmi les frivoles bonheurs de ses succès.

Mais à l'heure où elle en était arrivée, lorsqu'elle cherchait Valvins dans cette foule qui l'entourait, elle ne pouvait plus trouver en lui que ce qu'il était, un pauvre et bon officier de fortune, qui ne se mourait plus, qu'on n'accusait plus de devenir fou, grâce à un délire dont elle seule savait la cause : c'était un homme consolé qui n'avait véritablement plus de distinction pour son cœur de femme que celle que son amour lui donnait. Autant elle avait été fière d'inspirer cette passion désespérée qui l'avait émue de pitié, autant elle était quelquefois humiliée d'appartenir à cet homme qui était si peu de chose, car il y en avait autour d'elle qui valaient autant que lui par leur esprit, et qui valaient bien plus de leur personne, de leur rang et de leur fortune.

Toutes ces pensées ne venaient pas d'elles-mêmes à la duchesse, mais mille petites circonstances les lui infligeaient chaque jour.

C'était lorsqu'elle désirait retrouver Valvins dans quelque grande maison de son monde où elle entrait de plain-pied ; si elle insinuait à son père ou à son frère d'y présenter M. Valvins, son père lui disait dédaigneusement :

— Qu'il vienne chez vous, sa position d'officier supérieur de votre frère explique son admission dans votre maison ; mais que je présente ailleurs un homme comme lui, ce serait au moins singulier, et je suis sûr que lui-même s'y trouverait fort déplacé.

Que si quelquefois elle parvenait par Melchior, qui était l'esclave de ses moindres désirs, à introduire Valvins dans un monde qui n'était pas le sien, elle comprenait bien qu'il n'y entrait que furtivement à sa suite et pour y être dédaigné. Que de fois, lorsque la noblesse de 1789, dispersée depuis trente ans, cherchait à se reconnaître dans les nouveaux salons du commencement de 1815, elle entendit demander près d'elle :

— Qu'est-ce que ce monsieur qui est décoré de la croix d'officier de la Légion-d'Honneur ?

— Je ne le connais pas, répondait quelque duc, quelque vicomte, quelque marquise.

Puis enfin, s'il arrivait par hasard qu'une voix pût placer son nom sur son visage, on disait :

— C'est un M. Valvins, commandant.

— Ah ! que fait-il ici ?

— Qui est-ce qui a amené cet homme ?

Cet homme-là, c'était son amant, et la duchesse se tordait le cœur de colère et d'humiliation.

Enfin les Cent-Jours arrivèrent sur ces entrefaites, et Léonie espéra qu'elle créerait au moins une supériorité de dévoûment à

Valvins, en lui faisant défendre la cause des Bourbons ménacés ; car déjà, comme nous avons essayé de le faire comprendre, il y avait entre elle et lui un lien qui devait lui faire désirer que cet homme pût être hautement un prétendant à la main de la duchesse de Fosenzac. L'occasion était belle ; un acte d'héroïsme en faveur de la famille des Bourbons pouvait l'élever assez pour cela. La duchesse rêva que Valvins pouvait combattre Napoléon, le vaincre et devenir un des soutiens les plus élevés de cette monarchie menacée, et dans laquelle il n'était encore rien. Valvins était parti avec son bataillon pour aller comme tant d'autres à l'encontre de l'ambitieux qui venait renverser la légitimité ; mais, comme tant d'autres, le bataillon, le régiment et le commandant retournèrent vers celui qui était véritablement leur chef ; et quand Valvins revint de Waterloo, il ne fut plus qu'un pauvre officier licencié qui avait trahi et qu'on épargnait par pitié. La duchesse avait vu s'enfuir depuis long-temps son amour brin à brin, et sa dernière espérance perdue l'emporta tout à fait. Voilà pourquoi, retenue encore dans cet amour par un secret terrible et que Valvins possédait, voilà pourquoi elle avait été chez la princesse de Kadicoff et lui avait dit ce mot fatal : « Je ne l'aime plus, » et lui avait laissé voir que cependant elle n'était plus maîtresse de ne pas l'aimer.

Et maintenant nous pouvons raconter à nos lecteurs le secret de ce billet écrit par Valvins à la duchesse.

V

Dédale.

Depuis long-temps Valvins comprenait combien il était perdu dans le cœur de la duchesse, et il retenait de tout son pouvoir cet amour qui s'en allait ; mais rien ne fait à un pareil malheur ; plus on veut enchaîner ce sentiment capricieux, plus il trouve de forces et de ruses pour s'échapper, et, le plus souvent, ce qui l'a fait naître est ce qui le tue. La douleur de Valvins, qui avait autrefois touché Léonie, était maintenant un ennui fatigant pour elle. Son silence triste l'importunait, ses plaintes l'irritaient au delà de toute expression. D'un autre côté, les événemens politiques les avaient séparés. M. de Lesly avait refusé de voir cet homme qui, selon son expression, avait trahi son maître ; les autres maisons où, avant les Cent-Jours, Valvins et Léonie pouvaient se rencontrer, avaient été de même fermées au commandant. Ils en étaient donc réduits à quelques entrevues secrètes, rendez-vous demandés avec instance, accordés avec regret. En y venant, Léonie obéissait à l'empire de sa fâcheuse position. Mais ces entrevues n'étaient plus qu'un échange cruel de récriminations qui exaspéraient la douleur de Valvins et la colère de Léonie. Hélas! entre la femme qui aime et celle qui n'aime plus il y a une si triste différence! Cette différence n'est pas seulement dans l'affection qui était et qui n'est plus, elle est dans l'esprit, dans le caractère, dans la personne. Léonie, si douce, si noble, si bienveillante, n'avait plus que des paroles aigres, des calculs égoïstes, des accusations méprisantes.

Quant à Valvins, il s'égarait de plus en plus dans l'appréciation de ce qui arrivait; il s'imaginait que l'amour seul a des torts vis-à-vis de l'amour, et lui qui avait été aimé, quoiqu'il ne fût rien, ne pouvait supposer qu'on pût cesser de l'aimer précisément parce qu'il n'était rien. Il aimait plus qu'il n'avait jamais aimé: on devait donc l'aimer encore. Alors il demandait avec obstination la cause de ce changement, mais Léonie n'avait pas le honteux courage de lui dire : « Je ne vous aime plus, parce que vous êtes un pauvre jeune homme sans fortune, sans nom, sans avenir; » ce qui était la vérité. Elle ne lui répondait que par des plaintes vagues, des impatiences sans raison, et presque toujours ils se séparaient plus irrités l'un contre l'autre.

Cependant, au milieu de leurs plus vives altercations, Valvins avait parlé plusieurs fois de mariage, d'abord comme un droit qu'il réclamait, ensuite comme une nécessité pour la duchesse. Mais la princesse de Kadicoff avait justement apprécié ce qui se passait dans l'âme de Léonie, lorsqu'elle lui avait dit que son orgueil de femme d'un grand nom et d'un grand rang répugnait à une pareille alliance. Léonie en était arrivée à ce point de préférer se perdre comme duchesse de Fosenzac, que de se réhabiliter comme madame Valvins. Cette résolution était fixe et invariable dans son cœur, et si quelquefois elle appelait à son aide la coupable logique des mauvais exemples qu'elle avait vus autour d'elle, c'était plutôt pour se colorer sa mauvaise action à elle-même que pour s'y confirmer.

Cependant, la veille du jour où nous avons vu la duchesse chez la princesse de Kadicoff, une explication violente avait eu lieu entre Valvins et Léonie. Le commandant avait nettement posé la question : « Vous êtes veuve, vous êtes libre, vous ne dépendez plus de la volonté de votre père. Il ne peut donc y avoir à notre union d'autres obstacles que ceux que vous y apporterez vous-même ; c'est donc un consentement ou un refus que je vous demande ; ce consentement ou ce refus, je le veux, je l'exige immédiatement ; il doit servir de règle à ma conduite ultérieure vis-à-vis de vous. »

La résolution de Valvins avait épouvanté Léonie, et, avant d lui dire ce qu'elle avait décidé irrévocablement, elle voulut savoir quelle serait cette conduite dont il semblait la menacer. Mais il fut aussi inflexible qu'elle, et lui répondit froidement :

— Vous agirez selon votre cœur, j'agirai de même.

Dans cette circonstance, la duchesse avait fait comme tous les caractères faibles, elle avait remis au lendemain une réponse à laquelle elle était bien résolue de ne rien changer, et que ces vingt-quatre heures de délai ne pouvaient dégager des dangers qu'elle prévoyait.

— Demain, dit-elle à Valvins, je quitterai l'hôtel pour aller voir la princesse de Kadicoff, qui demeure à quelques pas de chez vous, et je m'échapperai de cette visite pour venir vous voir.

Ils se séparèrent plutôt comme des ennemis qui hésitent à se déclarer la guerre que comme des amans qui avaient sacrifié leur vie l'un à l'autre.

Cependant voici ce qui se passa des deux côtés durant ces vingt-quatre heures.

La duchesse, qui n'avait véritablement pensé à la princesse que comme un prétexte à une visite, se demanda si elle ne pouvait pas s'en servir autrement. Elle se dit que, si elle lui confiait une partie de l'embarras de sa position, peut-être trouverait-elle auprès de cette étrangère des conseils, un appui qu'elle n'eût osé demander à aucune autre femme. Ce qui avait encouragé Léonie dans cette triste résolution, c'était précisément ce qui lui avait d'abord fait accueillir froidement les avances de cette femme, c'était sa réputation compromise. Forcée de prendre un parti honteux, elle s'était adressée à un auxiliaire honteux.

C'est comme le négociant ruiné par sa faute, qui est forcé d'emprunter à tout prix. Il ne s'adresse plus aux banquiers honorables qui le soutenaient autrefois, il s'en va furtivement chez l'usurier qu'il a mis jadis à la porte de ses bureaux. Et comme l'usurier sait bien qu'en entrant chez lui on y vient avec de mauvaises affaires, il vous les dit sans les savoir avec cet instinct de chacal qui sent un cadavre à six pieds sous terre : ainsi la princesse, dès les premiers mots de la demi-confidence de Léonie, avait deviné tout le reste, et comme le chacal ou comme l'usurier, elle avait mis le secret fatal à nu pour pouvoir ensuite marchander plus à son aise les services qu'elle voyait bien qu'on venait lui demander. Si elle-même avait laissé échapper une partie des siens, c'avait été par imprudence ou peut-être par une habileté cruelle. En faisant pénétrer la duchesse dans les désordres de sa vie et en la forçant ensuite à agir comme elle avait agi, elle se l'assimilait, elle se l'attachait. Et une fois ce lien établi entre elles, la terrible Phœdora n'était point embarrassée de l'usage qu'elle en ferait et de tout le profit qu'elle en pourrait tirer. Mais on se rappelle comment fut interrompue cette honteuse confidence par le billet de Valvins.

Mais quel incident avait donc amené ce billet?

Malgré lui, le commandant avait compris que les hésitations de la duchesse ne lui donnaient plus d'espoir, et, malgré l'espèce de menace qu'il avait laissé planer sur sa tête, il avait pris aussi son parti, et ce parti était celui de la fuite et de la fuite immédiate. A ses yeux, les torts qu'il avait eus jadis vis-à-vis de la duchesse l'absolvaient de tous ceux qu'elle pouvait avoir envers lui. Mais en se sentant le courage de lui pardonner et ne se sentant pas celui de tenir sa résolution en face d'elle, il avait donc fait ses préparatifs de départ pour le soir de ce jour-là même, et, au moment de quitter Paris pour long-temps, il avait été faire ses adieux au vieux Grégorio Massoni.

Il s'était donc rendu d'assez bonne heure à l'hôtel des Invalides, et, grâce à cette précaution, il avait trouvé l'ex-serpent dans un état de raison que les libations journalières n'avaient pas encore altérée.

Lorsque Valvins lui eut raconté qu'il désirait s'éloigner pour quelque temps, le vieillard lui dit :

— Ecoute, Grégoire, je ne t'ai jamais dit comment je t'ai trouvé. Tu sais seulement que tu es un orphelin que j'ai recueilli et élevé ; mais puisque tu pars et que tu te sépares de moi qui n'ai pas l'espérance de te revoir en ce monde, il faut que je te donne les moyens de retrouver ta famille, qui doit être probablement d'un grand rang, si j'en crois les indices bien vagues que j'ai pu recueillir à l'époque de ta naissance.

Cette confidence, après tant d'années passées, surprit Valvins ; il ne put s'expliquer le silence de Grégorio Massoni, et il le témoigna au vieillard ; mais presque aussitôt il y vit en lui-même l'espérance d'une position perdue qu'il pourrait reprendre, et qui, en le rapprochant de la duchesse, rendrait possible cette alliance à laquelle il avait fini par comprendre qu'elle ne se refusait que par des considérations de rang et de position. Alors il pressa le vieillard de tout lui découvrir, en lui disant que l'espoir de retrouver une noble famille le retiendrait peut-être en France.

Grégorio l'écouta froidement et reprit un moment après :

— Ah ! tu es ambitieux, Grégoire, tu ne te contentes pas d'avoir été un brave soldat, et il te faut un rang et des titres ; mais ne te fie pas trop sur ce que tu vas apprendre, il n'y a rien qui puisse te guider ; mais un hasard peut faire ce que tes recherches ne feraient point, et alors tu pourras renier ton bienfaiteur de plus haut.

— Ah ! fit Valvins, ce n'est pas là ma pensée, ce n'est pas pour moi que je désire ce titre, ce rang : c'est pour elle.

— Pour elle ! fit Massoni en fronçant le sourcil ; elle en a donc besoin ?

— Non, mon père, dit Valvins, mais c'est moi qui en ai besoin pour parvenir jusqu'à elle.

— Ah ! reprit Massoni, tu en es donc là malgré mes leçons, tu es amoureux de quelque grande dame, et, comme je te l'avais prédit, probablement qu'elle te crache au visage et te traite comme un laquais.

— Non, mon père, non, mais elle a des ménagemens à garder.

— Cependant, dit le vieillard, tu avais bien commencé, et lorsque tu avais rencontré cette duchesse, et que, grâce à mes avis, tu t'en étais fait aimer, tu l'avais traitée comme le méritent toutes les femmes de ce rang, en l'abandonnant le lendemain, pour ne pas être mis à la porte comme un fou, huit jours après.

— Ah! dit Valvins, voilà ce qui a fait mon malheur.

— Pourquoi?

— Parce que je l'ai revue.

— Et que tu es redevenu amoureux?

— Oui.

— Et maintenant elle te rend ce que tu lui as fait; celle-là du moins est juste... Mais moi... moi, qu'est-ce que j'avais fais à cette...

— Mon père, dit Valvins, qui n'avait aucune envie d'apprendre en ce moment l'histoire des rancunes de Grégorio, ah! dites-moi quels sont ces indices dont vous me parliez tout à l'heure.

Grégorio se gratta la tête et lui commença un récit assez incohérent de ce qu'il avait fait vingt-cinq ans avant, puis il termina en lui disant : — Du reste, tous les indices que j'ai rassemblés le matin du jour où je te trouvai dans ma chaumière, je les ai consignés dans un acte signé de plusieurs témoins et qui est déposé chez un notaire.

— Le nom de ce notaire?

— Il s'appelait Balbi.

Ce nom rassura Valvins, qui craignait qu'après vingt-cinq ans passés cet homme ne fût mort ou disparu.

— Toutefois, ajouta le vieillard, il ne te remettra ces papiers que si tu lui dis les deux mots gravés sur le cachet qui a servi à les sceller. Ces deux mots sont : *Cara vendetta*.

Valvins n'en écouta pas davantage. Il quitta Grégorio en promettant de venir le revoir et courut chez M. Balbi; mais il ne le trouva pas, et ce fut cette espérance vague qu'il avait conçue d'appartenir à une grande famille et de pouvoir offrir à Léonie un nom égal au sien qui lui fit écrire ce petit billet qui était venu interrompre l'entretien de la duchesse et de madame de Kadicoff.

Léonie s'était rendue près de lui, et Valvins ne fut pas peu surpris de l'entendre écouter son récit avec une étrange anxiété, et comme si elle en avait quelque connaissance.

En effet, à ce moment elle se rappelait cette petite anecdote de son vieux notaire qu'elle avait si peu écoutée; elle se rappelait ce dépôt fait par une grande dame et scellé du même mot que celui de Grégorio : *Cara vendetta* ; et, sans que rien pût la justifier, elle se laissa aller comme Valvins à une espérance folle ; ce fut pour elle une consolation : Valvins, devenu un homme de son rang, était encore le seul qu'elle eût aimé. Elle voulait donc à toute force qu'il retournât chez le notaire, mais il était absent pour toute la journée, et le mot *cara vendetta* ne pouvait être entendu et compris que de lui seul.

Ce fut seulement alors que ce mot rappela à Léonie l'étrange coïncidence de la devise des deux paquets déposés chez le notaire, et elle demanda à Valvins s'il connaissait l'origine de cette devise. Valvins ne s'en était pas informé, mais il pensa, avec la duchesse, que, si Grégorio voulait l'expliquer, ils pourraient s'en aider dans cette importante découverte, et ils retournèrent ensemble à l'hôtel des Invalides. En ce moment, ces deux existences séparées depuis si long-temps s'étaient rapprochées, tout leur amour était revenu, ils faisaient ensemble les plus beaux rêves d'avenir : Léonie avait oublié les confidences de la princesse pour ne s'occuper que de Valvins, et lorsqu'ils entrèrent aux Invalides, ils croyaient enfin s'appartenir pour jamais.

VI

Demi-jour.

Lorsque Valvins et la duchesse arrivèrent aux Invalides, le cœur plein d'espérance, ils trouvèrent Grégorio Massoni se promenant d'un pas lent, mais encore assez assuré, dans la cour qui précède l'église.

— Grâce au ciel, dit Valvins à Léonie, il n'est pas encore dans un état où nous ne puissions en rien apprendre.

La duchesse demanda l'explication de ces paroles, et Valvins la lui ayant donnée, elle s'aperçut pour la première fois jusqu'où elle s'était laissé emporter par le désir d'obtenir sur le sort de Valvins une lumière qui l'aidât à sortir des cruelles perplexités où elle vivait depuis quelque temps. Elle, duchesse de Fosenzac, s'était exposée à se trouver en face d'un homme ivre, et pour en attendre la solution de sa vie. Mais il était trop tard pour reculer, et elle suivit Valvins, qui l'avait précédée de quelques pas pour prévenir Grégorio Massoni du motif de la visite qu'il allait recevoir. Le vieil invalide l'écouta sans sourciller, sans laisser échapper un de ces aigres sourires qui agitaient ses lèvres toutes les fois qu'il entendait parler de grandes dames. Il s'avança même vers la duchesse, la salua en homme qui a su comment on abordait les femmes les mieux nées, et lui dit avec un ton de courtoisie :

— Madame la duchesse, je comptais sur votre visite ; mais je vous avoue que je ne l'attendais pas si tôt.

Léonie rougit de honte et jeta à Valvins un regard qui voulait lui dire : « Quoi ! vous avez confié notre secret à cet homme ? »

Valvins ne croyait avoir rien confié. En effet, lors de ses premières amours avec Léonie, il s'était vanté à Grégorio Massoni du grossier abandon dont il avait frappé une belle duchesse dont il ne lui avait pas dit le nom, et, sans s'en douter aussi, il avait dit au rusé Italien, dans leur entretien du matin, que c'était la même femme dont il était épris, et que c'était pour elle qu'il espérait retrouver une famille et un nom qui le rendissent son égal.

C'était assez pour que Grégorio eût pu dire à tout hasard la phrase qu'il venait de prononcer, et le trouble qu'il remarqua sur le visage de Léonie lui apprit qu'il ne s'était point trompé. En voyant ce trouble, le vieux musicien laissa percer une lueur de joie cruelle et méchante ; mais reprenant aussitôt son air de mielleuse hypocrisie, il dit à Léonie :

— Chère madame (permettez au père adoptif de celui que vous aimez de vous donner ce nom), ne vous alarmez point de savoir votre secret entre mes mains. Je possède depuis de bien longues années celui de l'honneur d'une dame aussi noble et qui a été aussi belle que vous, et jamais il n'est sorti de mon cœur.

Léonie se souvint alors de la confidence interrompue de la princesse Kadicoff, et de la menace qu'elle-même lui avait faite en partant d'apprendre son secret, afin d'avoir une arme contre l'indiscrétion haineuse de cette femme, et faisant alors un signe à Valvins, elle s'approcha du vieil invalide et lui dit en l'amadouant du sourire et du regard :

— Ne me dites pas, monsieur, que vous êtes si discret, car c'est peut-être ce secret que votre fils et moi venons vous demander.

L'invalide fut étonné et Valvins ne parut pas comprendre où la duchesse voulait en venir. Mais Grégorio reprit aussitôt, et avec autant de fausseté, dans l'air solennel qu'il affecta, que la duchesse avait pu en mettre dans l'air caressant qu'elle avait pris vis-à-vis de lui :

— Ce secret ne sortira de mon cœur qu'avec le vôtre, madame.

Valvins voulut parler ; mais la duchesse s'interposa et répartit doucement :

— Eh ! si cependant notre bonheur à tous deux dépendait de ce secret, ne nous le confieriez-vous pas ?

— Madame la duchesse, dit le vieil Italien en souriant, me pardonneriez-vous de dire le vôtre, même pour assurer le bonheur d'un autre ?

— Mais, mon père, dit rapidement Valvins, madame de Fosenzac et moi nous sommes incapables d'abuser d'une pareille confiance.

A ce nom, l'œil du vieillard brilla de cette joie cruelle qu'il avait d'abord laissé percer à l'aspect du trouble de Léonie. Mais ni elle ni Valvins ne s'en aperçurent. Ils étaient bien loin de se douter l'un et l'autre que ce nom était la seule chose que Grégorio attendît de cette conversation, et qu'il l'eût sans doute promenée long-temps à travers des réparties et des répliques sans but, jusqu'au moment où le hasard eût amené ce nom qu'il voulait savoir avant toutes choses. Aussi, dès qu'il l'eut entendu, il reprit d'un air plus rassuré :

— Si j'étais sûr que vous ne serez point indiscrets, et puisqu'il s'agit de votre bonheur, je pourrais bien vous dire ce secret; mais je dois vous prévenir qu'il ne se rattache en rien à la découverte que vous espérez faire de la naissance de Valvins.

— Qui sait? dit Léonie, qui demanda par un regard furtif à Valvins la permission de la laisser agir à sa guise. Qui sait? D'ailleurs, rassurez-vous, monsieur, ce n'est ni tout votre secret ni le nom de celle qu'il intéresse que nous venons vous demander.

L'invalide fronça le sourcil et répliqua assez brusquement :

— Que voulez-vous donc savoir?

— Bien peu de chose. Que signifie cette devise : *Cara vendetta*, gravée sur le cachet dont sont scellés les papiers concernant la naissance de M. Valvins?

— Ces mots, dit Grégorio avec amertume, signifient juste ce qu'ils disent : « Vengeance, chère vengeance! » Et en parlant ainsi il serrait les poings et les levait au ciel.

— Mais, reprit Léonie, ils n'ont pas toujours été l'expression des sentimens de votre cœur.

— S'ils ne l'ont pas toujours été, madame, ils le sont devenus à jamais.

— Et n'étaient-ils la devise de personne avant d'être la vôtre?

— Oh! oui, madame, ils l'étaient, dit Grégorio d'un ton de mépris; mais ils n'avaient pas pour elle le même sens que pour moi.

— Ah! fit Léonie en prenant le bras du vieillard et marchant doucement près de lui, tandis que d'un signe elle priait Valvins de se tenir à l'écart; ah! fit-elle; il semble cependant que ces mots ne puissent guère exprimer qu'un sentiment de haine voué à quelqu'un.

— Sans doute, dit Grégorio, pour celui qui éprouve des sentimens vrais, la vengeance la plus chère est celle que l'on voue à un ennemi et qui veut se satisfaire par sa ruine; mais dans une âme où l'effronterie et la dissolution ont perverti non seulement les sentimens les plus naïfs, mais leur ont prêté un langage ignoblement torturé, ces mots de haine peuvent devenir des expressions d'amour.

— Ah! mon Dieu! fit la duchesse avec une espèce d'effroi d'enfant, que me dites-vous là? ce n'est pas possible!

Tout fin qu'il était, le vieux Grégorio se laissa prendre à cette incrédulité provocatrice, et il répartit, emporté par le désir de prouver ce qu'il avait avancé :

— Ce n'est pas possible, dites-vous, madame! et c'est pourtant cela. Le jour où je demandai le sens de ce mot qui me servait de passe pour me faire ouvrir la porte secrète des jardins de cette grande dame, elle n'eut pas honte de me l'avouer. Elle avait aimé un pauvre musicien comme moi ; un mari jaloux avait tué cet amant, et cette femme, en donnant son amour à un homme qui lui rappelait si bien celui qu'elle avait perdu, s'était écriée : « *Cara vendetta !* »

Léonie tressaillit à cette honteuse révélation, car c'était la conclusion ignoble des théories passionnées de la sensible Phœdora. C'était le trait le plus achevé de cette dépravation dissolue qu'elle avait si effrontément étalée dans son récit à la duchesse. Mais Léonie fut arrachée à ce premier mouvement de dégoût en se rappelant pourquoi elle était venue demander l'origine de cette devise, et elle frémit en pensant que la princesse de Kadicoff n'était pas étrangère au secret de la naissance de Valvins, que peut-être c'était elle qui avait déposé les papiers et l'argent qui étaient entre les mains du notaire Balbi. Mais elle n'accepta pas sur-le-champ l'idée complète de la coïncidence extraordinaire qui eût pu amener la princesse dans la misérable cabane de Grégorio, et elle voulut alors aller plus loin dans les confidences du vieillard.

— Ce n'était donc pas, lui dit-elle, par souvenir de cette femme que vous avez posé ce cachet sur les papiers qui sont dans les mains de M. Balbi?

— C'était au contraire au souvenir de la manière dont elle m'avait traité que j'y apposai ce cachet; car, ajouta Grégorio en s'animant, cette femme m'avait pris comme un jouet qui amusait mieux qu'un autre la dépravation de ses pensées par le souvenir que je lui rappelais. Et lorsqu'elle en fut lasse, elle voulut le briser. Et cependant il y avait entre nous un lien qu'une femme ne brise pas, à moins qu'elle ne soit un monstre; et celle-là qui a voulu faire enfermer comme un fou celui qu'elle avait appelé le père de son enfant, celle-là qui avait voulu le faire disparaître du monde, parce qu'il réclamait ce titre, celle-là devait être un monstre.

Chaque mot de cet homme devenait un commentaire effrayant des demi-confidences de la princesse; il expliquait surtout cette exclamation de terreur qu'elle avait laissé échapper au moment où la duchesse l'avait quittée.

— Quoi! avait-elle dit en entendant Léonie lui dire qu'elle allait chercher son secret près de Grégorio Massoni, quoi! il n'est pas mort fou!

Ce fut donc en tremblant que Léonie dit au vieil invalide :

— Mais cet enfant, qu'est-il devenu ?

— Je l'ignore, et je n'ose croire qu'il vive ; un crime n'a pas dû coûter à cette femme pour mettre à couvert ce qu'elle appelait l'honneur de son nom.

Cette réponse fit retomber Léonie dans ses perplexités. L'idée dont nous avons parlé plus haut ne se présenta point à elle ; pour admettre un hasard aussi extraordinaire que celui qui eût dû présider à la naissance de Valvins dans la maison de son père, il eût fallu mille preuves convaincantes pour y croire, même après l'avoir appris ; il était donc bien difficile de le supposer. D'ailleurs, le hasard pouvait l'expliquer autrement en envoyant chez Balbi la princesse au nom d'une amie que le hasard eût déjà conduite chez Valvins. C'était un dédale inextricable où la duchesse cherchait vainement à se reconnaître, et, supposant alors que le vieillard lui cachait encore quelque chose, elle lui dit :

— Mais c'est bien singulier que vous ayez appliqué cette devise à cet enfant que vous aviez recueilli, lorsqu'il était si étranger à l'aventure qui vous l'avait fait prendre.

— Ah! répartit Grégorio en ricanant, c'est que j'avais pris au sérieux cette devise honteuse, et cette chère vengeance, dont j'avais été l'instrument bafoué, devenait pour moi une chère vengeance dont cet enfant devait être l'instrument impitoyable.

La duchesse regarda Grégorio avec terreur, car le vieux musicien ne se mettait plus en peine de cacher la satisfaction intérieure qu'il éprouvait ; mais tandis qu'elle le contemplait pour saisir le sens de cette joie méchante qui brillait dans ses yeux, il appela Valvins et lui dit :

— N'est-ce pas, Grégoire, que je t'ai bien élevé à cela? n'est-ce pas que je t'ai bien appris qu'il fallait mépriser et fouler aux pieds toute femme qui porte un grand nom, et la traîner dans la fange ?

— Mon père... mon père, s'écria Valvins ; ah! que dites-vous !

— Tu as suivi mes conseils pour celle-ci, reprit Grégorio en montrant la duchesse avec un sourire insolent ; tu as traité, toi, misérable orphelin, la noble duchesse de Fosenzac comme une de ses pareilles m'avait traité ; mais tu n'as pas eu le courage d'achever ton œuvre : eh bien! je m'en charge, moi.

— Grand Dieu! s'écria Léonie avec un cri, que voulez-vous dire ?

— Prenez donc garde, lui répliqua Grégorio en ricanant, on s'étonne déjà assez de voir une aussi belle dame que vous causer avec un pauvre invalide ; ne montrez pas qu'elle tremble et pâlit devant ce misérable. Vous vous feriez peut-être plus de tort que je ne pourrais vous en faire, si je disais tout haut que vous êtes la maîtresse garçon cede que voilà.

— Ah! mon Dieu, mon Dieu! dit la duchesse en se tournant vers Valvins, à quoi m'avez-vous réduite!

— Ah! s'écria Valvins, ne craignez rien, Léonie, ne craignez rien, il se taira, je vous le jure, je vous le jure...

— Et qui me fera taire? s'écria le vieillard avec fureur; sera-ce toi, et me menaceras-tu de me tuer, toi que j'ai ramassé sur la paille de mon lit de misère où m'avait jeté l'amour adultère d'une grande dame, et où t'avait déposé aussi sans doute l'amour adultère de quelque autre grande dame? Pour t'avoir élevé, nourri; pour t'avoir fait ce que tu es, me tueras-tu? car il n'y a que la mort qui puisse me faire taire; me tueras-tu pour avoir, pendant tant d'années, sacrifié ma fortune à la tienne? car, tu le sais bien, Grégoire, toutes les fois qu'on offrait une récompense à ce que j'avais montré de courage dans nos grandes guerres, je répondais toujours: Rien pour moi... tout pour lui. T'en souviens-tu? comme dit la chanson, reprit le musicien, et il se mit à fredonner en riant aigrement ce refrain alors à la mode.

— Mon père! mon père! mais elle n'est pas coupable? et ce n'est pas elle de qui vous devez vous venger.

— Mais que vous ai-je fait, moi, pour vouloir me perdre? s'écria Léonie.

— Oh! rassurez-vous, dit le musicien, vous serez en belle et noble compagnie, et le nom que je mettrai à côté du vôtre ne le déshonorera pas. L'infamie frappera haut des deux côtés.

La duchesse était anéantie; Valvins aussi désespéré qu'elle, s'écria:

— Quoi! vous voulez déshonorer celle qui doit être la femme de votre fils?

Grégorio s'arrêta et reprit :

— Quoi! y a-t-elle consenti?

— Ah! s'écria la duchesse emportée par la terreur, j'y ai consenti, j'y consens.

Le musicien baissa la tête et répartit sourdement :

— En ce cas, en quoi puis-je la perdre? Si elle t'épouse, qu'ai-je à dire?

— C'est vrai, dit Valvins, et nous sommes bien fous l'un et l'autre de nous alarmer ainsi de la pensée cruelle qui vous a passé par la tête.

Pendant ce temps, Grégorio attachait ses yeux de serpent sur la duchesse et semblait lire dans son âme l'effroi et la répugnance que lui inspirait ce mariage. Ce fut après ce froid et ironique examen qu'il répondit :

— Eh bien! peut-être vaut-il mieux qu'elle t'épouse, la *cara vendetta* n'en sera que mieux accomplie.

— Que voulez-vous dire? s'écria Valvins.

— Que cette femme te hait et te méprise, mon cher fils, reprit cruellement Grégorio, et qu'elle en est réduite à choisir entre son déshonneur si elle t'abandonne et le malheur de sa vie si elle t'épouse. Ceci vaut mieux peut-être, car ces belles dames se consolent souvent d'une atteinte à leur réputation d'honnêtes femmes, mais non pas de la perte de leur titre de grandes dames.

Grégorio frappa si juste au cœur de la duchesse, qu'elle en devint pâle et faillit tomber; elle chancela et s'appuya sur un pilier de la cour.

— Ah! ah! s'écria Grégorio, voilà que ça commence!

— Emmenez-moi, emmenez-moi! lui dit-elle, je sens que je me meurs.

Valvins lui obéit et dit à Grégorio en s'éloignant :

— Ah! vous m'entendrez avant.

— Quand tu voudras, reprit froidement l'invalide.

Valvins avait reconduit Léonie jusqu'à sa voiture, et lui avait dit pendant le temps de ce trajet :

— Oh! rassurez-vous, Léonie, permettez-moi de retourner près de Massoni; je vous réponds de son silence.

— Je n'en ai plus besoin, dit Léonie d'une voix saccadée par le tremblement nerveux qui s'était emparé d'elle.

— Ah! lui dit rapidement Valvins, vous ai-je bien comprise, et notre union fera-t-elle disparaître tous ces vains dangers dont il nous menace?

— Allez, allez le retrouver, lui dit-elle en le repoussant doucement et en s'élançant dans sa voiture.

Il s'éloigna pour retourner près de Grégorio, et à peine la portière du carrosse fut-elle fermée, que la résolution de la duchesse s'échappa de sa poitrine en paroles prononcées à voix haute, quoiqu'elle fût seule.

— Ah! s'écria-t-elle, ce ne sera pas notre union qui me sauvera, c'est ma mort!

La voiture partit et ramena la duchesse à son hôtel. Durant la route, elle calcula les moyens d'exécuter ce suicide qui lui paraissait son dernier refuge, et elle n'était pas arrivée chez elle, que déjà son parti était pris et son exécution arrêtée. Elle se fit descendre à l'office d'un pharmacien de sa maison, et là, souriante et pleine de grâce, elle se fit donner une assez forte dose d'opium pour en mourir. Elle fit au bon apothicaire le petit conte le plus charmant sur l'usage qu'elle voulait faire de cet opium, pour se procurer cette extase ravissante des Orientaux; elle se le fit diviser en une quantité considérable de doses très minimes; puis, lorsqu'elle en eut assez pour qu'en les réunissant la mort fût infaillible, elle regagna son hôtel.

Comme elle y entrait, on lui apprit que la princesse de Kadicoff l'attendait depuis une heure dans son appartement.

VII

Princesse et Duchesse.

En apprenant que la princesse de Kadicoff était dans son appartement, Léonie hésita à y entrer. Il lui sembla que cette femme, qui se trouvait là pour se placer entre elle et sa funeste résolution, était un mauvais génie qui la pousserait à quelque malheur plus terrible encore que celui auquel elle voulait échapper. Le cœur a des instincts de répulsion qui ne se trompent pas, mais auxquels ce qu'on appelle la raison nous empêche de nous livrer ; donc Léonie se demanda s'il était possible qu'elle pût être perdue par la princesse de Kadicoff plus qu'elle ne l'était, et elle pensa que peut-être pouvait-elle la sauver.

La résolution de suicide de Léonie n'était point une de ces pensées permanentes qui se sont emparées peu à peu de l'esprit et du cœur d'une femme, qui les occupent tout entiers et à tous les moments : c'était un aveugle mouvement de désespoir ; et, dès qu'une lueur d'espérance venait se glisser dans cette sombre nuit, dès qu'un obstacle venait barrer ce chemin funeste, la clarté douteuse qu'y jetait cette espérance, l'instant d'arrêt que faisait naître cet obstacle, suffisaient à tout remettre en question.

Toutefois, avant de consentir à voir la princesse de Kadicoff, bien des scrupules murmurèrent encore dans le cœur de Léonie. Par un hasard inouï, le danger qu'elles couraient toutes deux était le même, et c'était la même main qui les en menaçait, et cependant Léonie avait honte d'associer sa défense à celle de la princesse de Kadicoff ; il lui semblait que c'était avilir sa faute et déshonorer son malheur que d'agir ainsi. Mais l'espoir de ne pas mourir était rentré dans l'âme de la duchesse, dans l'abîme de malheur où elle tombait, comme jadis y était tombé Valvins, elle voyait aussi un appui où se retenir, et comme lui elle allait s'y attacher, quelque honteux et fragile qu'il fût.

Léonie entra donc dans son appartement et y vit la princesse roulée dans un vaste fauteuil.

L'aspect de Phœdora fit peur à Léonie. Cet être si chétif, si dolent d'ordinaire, semblait intérieurement animé d'une vie de feu qui jaillissait par ses yeux ardemment fixés sur la duchesse. En la voyant si mièvre et la sentant si forte, Léonie éprouva cette sensation que doit donner la rencontre d'un chat-tigre amaigri et rendu plus féroce à la fois par la faim et la soif. Dans le regard qu'elles échangèrent ensemble, il n'y eut de la part de la princesse qu'un examen cruel de Léonie, comme pour chercher l'endroit par où elle pourrait saisir sa proie et la déchirer. Dans le regard de la duchesse, ce fut une froide et menaçante acceptation du combat qui allait se livrer. La princesse le comprit ainsi, et, par une transition subite, elle rentra ses griffes, et, faisant aussitôt œil et voix de velours, elle dit doucereusement à Léonie :

— Eh bien! chère belle, sommes-nous toujours fâchées, et vous souvenez-vous encore de ces folies auxquelles nous nous sommes laissé emporter l'une et l'autre?

Mais la duchesse n'entendait pas engager la lutte dans une escrime de ruse et d'hypocrisie où l'astucieuse souplesse de madame de Kadicoff aurait eu trop d'avantages sur le caractère véhément et fort de Léonie, et elle répondit à cette attaque faite en retraite, non pas en suivant avec précaution la princesse, mais en se jetant hardiment à son encontre, et elle répondit sans hésiter :

— Je n'ai rien oublié, madame; je viens de voir Grégorio Massoni, qui n'est point mort fou, qui vit et qui n'a rien oublié non plus.

La princesse se leva tout d'un coup, et, regardant Léonie en face avec un sourire d'effronterie railleuse, elle repartit :

— Qu'est-ce que ça, Grégorio Massoni? je ne le connais pas.

A son tour la duchesse mesura Phœdora de l'œil, mais sans que cette étrange déclaration parût lui causer la moindre surprise. Entre ces deux femmes, les transitions et les commentaires explicatifs de leurs paroles étaient tout à fait inutiles. Léonie avait compris que ce n'était pas à l'entretien présent que s'adressait cette insolente négation de la princesse, mais au cas où Léonie voudrait se servir de ce qu'elle avait pu apprendre de Grégorio. Elle répondit donc à Phœdora par un regard de pitié dédaigneuse d'abord, et ensuite par ces paroles froidement prononcées :

— Cette ruse n'est plus possible, madame; il y a d'autres preuves que les paroles de Grégorio Massoni.

— Quelles preuves? dit la princesse avec le même dédain qu'on venait de lui infliger, et en se repliant sur elle-même.

La duchesse l'examina et se tint sur ses gardes. Elle se mit à réfléchir longuement, en marchant dans son appartement; madame de Kadicoff la suivait de l'œil, cherchant à deviner si c'était l'impossibilité de produire ces preuves dont on la menaçait, sans qu'elles existassent, qui faisait hésiter la duchesse, ou si son silence venait de ce qu'elle cherchait une sûre combinaison pour en accabler son ennemie; elle s'arrêta à cette dernière opinion, car Léonie ne semblait ni alarmée ni embarrassée vis-à-vis de son adversaire, mais plutôt en face de ses propres réflexions. Madame de Kadicoff les interrompit en lui disant :

— Eh bien! quelles sont ces preuves?

Si ces paroles avaient été adressées à un homme, le ton de mépris dont elles furent prononcées, le petit ricanement de défi dont elles furent accompagnées, lui eussent pu faire croire que celle qui lui parlait se croyait à l'abri de tout danger. Mais ce n'était pas assez pour tromper une autre femme, et le regard qui les suivit pour étudier l'effet qu'elles avaient produit montra à Léonie qu'elles n'étaient qu'une vaine bravade.

— Quelles sont ces preuves? lui dit Léonie. Je vais vous les dire; mais veuillez me permettre d'écrire un mot pour une affaire extrêmement pressante et que j'ai oublié de régler.

La princesse ne douta pas que ce billet, intervenu tout à coup au milieu de la conversation, n'eût rapport au sujet même qui les occupait toutes deux; mais il n'y avait pas moyen de savoir en quoi il s'y rattachait, et il fallait absolument laisser faire et laisser creuser une embûche, sans cependant découvrir de quel côté la terre manquerait sous ses pieds.

Toutefois, un léger signe d'assentiment avait répondu à Léonie, qui se mit à écrire. Mais pour écrire, il lui avait fallu trouver la clé ciselée d'un petit secrétaire, et comme cette clé ne la quittait pas (les femmes ont toujours une clé qui ne les quitte jamais), elle l'avait mise en sortant le matin dans le petit sac de velours à fermoir que toutes les femmes portaient alors et qu'on appelait *ridicule*. Léonie, en ouvrant ce sac, en avait vivement tiré tous les objets qui s'y trouvaient et les avait laissés sur la table où était posé le sac, et qui étaient à portée de la main de la princesse. Celle-ci les avait rapidement examinés pour y découvrir quelque chose qui pût lui venir en aide, quelque lettre qu'elle n'eût pas craint de soustraire, la moindre chose enfin. Mais il n'était sorti du sac qu'une bourse, un mouchoir et un petit paquet soigneusement plié et portant une étiquette.

Cependant Léonie écrivait. La princesse, qui avait avisé ce petit paquet, le laissa d'abord de côté; mais, ne découvrant rien dont elle pût prendre avantage, elle examina mieux ce pli étiqueté, et ouvrit des yeux pleins de joie en lisant sur l'étiquette le mot *opium*.

— Oh! pensa-t-elle, elle en est là, à mourir... ou peut-être à tuer, ajouta-t-elle dans le plus profond de sa pensée.

Quoi qu'il en pût être, la princesse tenait un de ces fils qu'elle cherchait, et elle attendit plus patiemment que Léonie eût fini son billet. Lorsqu'elle l'eut achevé, la duchesse se leva, et, ayant sonné, elle le remit au domestique qui se présenta, en lui disant d'un ton qui semblait provoquer l'attention de la duchesse :

— Chez M. Balbi, mon notaire.

Le nom de Balbi, oublié sans doute depuis vingt-quatre ans, ne parut pas frapper madame de Kadicoff, qui reprit en riant et en montrant le petit paquet du bout du doigt :

— Est-ce pour faire votre testament, ma chère ?

La duchesse, ramenée par ce mot railleur à son projet de suicide, éprouva un frisson de terreur, comme quelqu'un qui se trouve tout à coup en face d'un précipice où il a failli tomber; mais elle ne voulut pas laisser long-temps à la princesse la joie maligne que lui donna ce mouvement d'effroi; et elle lui répondit en lui décochant chacun de ses mots, pour qu'ils portassent coup, syllabe à syllabe :

— Un notaire est bon à toute autre chose qu'à faire un testament : ainsi on peut lui confier un dépôt cacheté et qui doit assurer la fortune d'un enfant qu'on a abandonné.

La princesse devint pâle à cette phrase, et ses yeux, fixés sur Léonie, semblaient regarder avec terreur une apparition menaçante.

— Que voulez-vous dire? murmura-t-elle sourdement.

La duchesse comprit tous ses avantages, et continua en disant :

— Seulement, comme j'ai dans le mien une grande confiance, je lui écris pour lui dire de m'attendre; au lieu d'y aller dans une voiture sans armes ni livrée, je me présenterai à lui le visage découvert et non pas soigneusement dérobé sous un voile.

La princesse tremblait de tous ses membres pendant que Léonie énumérait ainsi toutes les circonstances de sa visite à Balbi.

Enfin Léonie ajouta, sans pitié pour la terreur glacée de Phœdora :

— Et si j'ai une devise pour sceller ce précieux dépôt, ce ne sera pas celle qui dit : *Cara vendetta*, car je n'ai pas à venger, par l'amour du musicien Grégorio Massoni, la mort du musicien Messinger,

A ce moment, la princesse était effrayante à voir. Tout son corps frémissait; ses lèvres pâles et tremblantes s'ouvraient convulsivement sur ses dents serrées; ses yeux vibraient comme s'ils eussent pu lancer la mort, et semblaient chercher à quel endroit elle pourrait frapper plus sûrement la duchesse, qui se tenait fièrement devant elle, comme la femme qui a posé le pied sur la tête du serpent, selon les promesses de la Genèse.

Mais le serpent chercha à se dégager, la princesse, après un moment de silence effrayant, dit ironiquement à Léonie :

— Est-ce M. Valains qui vous a fait ce conte-là?

Si on se rappelle avec quel soin Léonie avait évité de prononcer ce nom devant madame de Kadicoff, qui avait tenté de le lui surprendre, on comprendra aisément l'étonnement dont elle dut être frappée. L'imprudente leva le pied et s'écria :

— Valvins! qui vous a dit son nom?

La vipère s'échappa, et les deux femmes se retrouvèrent en présence avec l'assurance de tenir complétement le secret l'une de l'autre, et la princesse s'écria :

— Ah! c'est donc son nom?

Mais Léonie venait pour la première fois de réunir dans sa tête tous les fils épars de cette histoire; elle avait rapproché les circonstances avouées par la femme voilée à Balbi, sur la naissance de cet enfant qu'il devait chercher dans un rayon de quinze lieues des circonstances qu'elle avait apprises de Valvins sur l'étrange manière dont il avait été trouvé dans la cabane de Grégorio Massoni, et elle répondit à madame de Kadicoff avec un accent de triomphe :

— C'est le nom qu'il porte aujourd'hui, mais il a droit à un bien plus illustre, madame, ou à un bien plus humble, et, lorsqu'il le voudra, il pourra réclamer celui de Kadicoff ou celui de Massoni, selon qu'il lui plaira de porter celui de sa mère ou celui de son père.

— Ce n'est pas possible ! s'écria la princesse avec épouvante... lui !...

— Nous avons les preuves, madame, reprit Léonie ironiquement ; vous en demandiez... en voilà...

La princesse était accablée ; Léonie triomphait encore et se croyait assurée de tenir son ennemie ; mais celle-ci n'était pas femme à se laisser ainsi abattre, et, s'il lui fallait périr, elle voulait ne pas périr seule. Alors, au lieu de se dégager et de se défendre, elle s'attacha corps à corps à celle qui la frappait sans pitié et lui répondit comme quelqu'un qui accepte sa destinée :

— Soit ! toute chose vient à son terme. Le fils de Grégorio Massoni est né ; le fils de M. Valvins naîtra, et celui-là aura aussi à choisir entre deux noms.

— Ah ! madame !... s'écria Léonie qui vit toute la portée d'une pareille menace.

Après cette exclamation, la duchesse cacha la tête dans ses mains, tandis que la princesse s'approchait d'elle et lui disait tout bas, en l'attirant à elle :

— Eh bien ! maintenant il faut choisir... perdues ensemble, ou bien sauvées ensemble.

La duchesse se dégagea avec effroi de cette étreinte ; car elle était arrivée là où elle avait tant craint de descendre, à voir son malheur lié aux indignes actions de la princesse.

— Ah ! s'écria-t-elle, plutôt ma perte que de vous devoir mon salut !

Mais ceci ne parut point blesser la fière Phœdora ; elle sourit dédaigneusement et reprit sans s'émouvoir :

— Non, Léonie, non, ce n'est pas là ce que vous voudrez quand vous y aurez mieux réfléchi.

— Mais vous oubliez, répliqua la duchesse, que moi du moins je puis me sauver en épousant Valvins.

— Mais je suis libre comme vous, dit madame de Kadicoff, et il m'est permis d'épouser Grégorio Massoni.

La duchesse haussa les épaules et dit ironiquement :

— La princesse de Kadicoff épouser l'invalide Grégorio Massoni !

— La princesse de Kadicoff peut épouser le père du mari de la duchesse de Fosenzac.

— Mais, madame, un mariage aussi extravagant que celui-là vous perdrait.

— Pas plus que ne vous perdra le vôtre avec M. Valvins.

Léonie laissa échapper un geste d'impatience et de désespoir; mais l'horreur que lui inspirait la pensée d'une complicité avec madame de Kadicoff l'emporta encore, et elle répartit :

— Il en sera ce qui en sera, madame, mais j'y suis résignée... j'y ai même consenti.

La princesse se tut d'abord; mais elle alla prendre sur la table e petit paquet d'opium, et, le montrant à Léonie, elle lui dit doucereusement :

— Pour qui donc ceci ?

La duchesse regarda le paquet et se détourna avec désespoir. La princesse reprit :

— Un mariage ne s'accomplit pas en quelques heures, mais un empoisonnement se fait en quelques minutes.

— Madame! s'écria la duchesse en reculant épouvantée de l'accusation qui venait d'être portée contre elle.

— Ce n'est pas pour un empoisonnement? reprit froidement la princesse; c'est donc pour un suicide ?

— Eh bien! oui, madame, s'écria la duchesse en éclatant tout à fait... oui, je préfère la mort, et je l'ai choisie.

— Plutôt que ce mariage? fit la princesse.

— Plutôt que cette honte ! répartit fièrement la duchesse.

— Ah! fit madame de Kadicoff d'un ton ironique. Mais moi qui vous aime, ajouta-t-elle avec un semblant de pitié cruelle, je ne veux pas permettre l'accomplissement d'un si funeste dessein, puisque je l'ai découvert. Vous ne mourrez pas, Léonie.

— Madame! s'écria la duchesse en s'avançant vers madame de Kadicoff.

— Vous ne pouvez mourir, ajouta Phœdora en cachant le paquet d'opium dans son sein.

— Madame! répéta la duchesse en s'avançant, et avec un tel geste de colère qu'il fut presque certain qu'entre ces deux femmes si haut placées il pourrait s'engager une lutte de force comme entre deux harangères. Mais la princesse s'était reculée de Léonie, et, s'étant saisie d'un cordon de sonnette, elle lui dit :

— Prenez garde, je tiens le beau rôle. Je sonne, j'appelle; je suis chez vous, c'est vrai. Je crierai à un valet avec un accent de désordre et de désespoir : « Courez avertir M. de Lesly, qu'il vienne ; allez chercher un médecin, madame de Fosenzac vient de s'empoisonner! »

— Vous aurez menti !

— Oui, dit la princesse d'un air railleur; mais le valet aura obéi, votre père sera accouru, l'esclandre sera faite; et lorsqu'on verra vos yeux en pleurs, votre désespoir, et que je montrerai ce paquet d'opium, j'aurai peut-être mal dit en criant : « Madame de Fosenzac vient de s'empoisonner, » ou le valet aura mal entendu... c'est « veut s'empoisonner » que j'aurai dit; et alors on me remerciera, et toute violence de votre part ne sera qu'une preuve de plus que je n'ai eu que ce moyen de vous sauver.

La duchesse demeura immobile : elle était à la merci de cette femme dont l'audace ne redoutait rien. Elle se laissa tomber sur un canapé en s'écriant :

— Ah! mon Dieu! que faire... que faire?...

— Me dire tout, répliqua la princesse, et me laisser faire.

— Mais que prétendez-vous enfin?

— Vous sauver et moi aussi.

Léonie baissa la tête; c'était le seul consentement qu'elle eût la force de donner, et madame de Kadicoff n'en exigea pas davantage et reprit en s'asseyant près de la duchesse :

— Maintenant, voyons, dans quelles mains sont ces preuves dont vous me parliez tout à l'heure?... Est-ce Valvins... est-ce Grégorio Massoni qui les possède?

— Ni l'un ni l'autre, dit la duchesse; mais Valvins sait leur existence.

— Mais sait-il ce qu'elles renferment?

La duchesse chercha à rajuster ses idées et ses souvenirs, à repassa en sa mémoire tous les indices qui l'avaient conduite, la conclusion que Valvins était le fils de la princesse.

— Je ne sais, dit la duchesse... Je l'ai laissé près de Grégorio Massoni. A ce moment il ignorait encore vos relations avec cet homme; mais un mot a pu les lui apprendre, et ce que j'ai deviné, moi, il peut l'avoir compris aussi.

— Ce que vous me dites est une énigme, dit la princesse est-ce encore une ruse?

— Non, dit la duchesse; mais voici ce qui est arrivé.

Alors elle lui expliqua comment Grégorio Massoni avait dit à Valvins qu'il pouvait bien être le fils d'une grande dame, par les circonstances de son abandon dans la cabane.

— Mais, lui dit la princesse, comment se fait-il que lorsque mon père m'emmena de Paris, et que les douleurs me forcèrent à m'arrêter dans cette cabane, comment se fait-il que Grégorio n'ait pas reconnu mes gens et moi-même à la voix?

— Il paraît qu'il était plongé dans un profond sommeil causé par son état d'ivresse.

— C'est un vice que je ne lui savais pas, dit la princesse.

— Et qu'il a conservé, dit Léonie.

— Ah!... fit madame de Kadicoff en réfléchissant, c'est bien; mais cela ne m'explique pas comment vous avez su le reste.

Léonie continua son récit et rappela l'anecdote du notaire, les deux paquets scellés de la même devise, et enfin la conversation du matin avec Massoni, qui avait rapproché les élémens épars de cette aventure et leur avait donné un corps. Léonie acheva en répétant à madame de Kadicoff les menaces de Grégorio. Mais celle-ci ne l'écoutait plus et semblait en proie à l'enfantement de quelque terrible projet. Enfin elle dit à la duchesse :

— Et c'est M. Balbi, votre notaire, qui possède encore ces deux dépôts ?

— C'est lui.

— Et sans doute vous lui avez écrit pour qu'il vous les remette ?

— C'est une chose qu'il ne fera pas.

— Mais pourquoi lui avez-vous écrit? fit la princesse, que cette assurance de Léonie parut alarmer.

— Pour qu'il ne s'en dessaisisse pas avant que je ne l'aie vu.

— Il est donc absent? dit la princesse.

— Oui; il ne sera sans doute de retour que demain.

— D'ici là, dit Phœdora en regardant sa montre, nous avons le temps.

La princesse se reprit à réfléchir, et dit, après un de ces silences où de bien sombres pensées devaient traverser son esprit, si on en devait juger par l'expression cruelle de son visage :

— Qu'avez-vous précisément écrit?

Léonie hésita à répondre; mais elle s'y décida cependant.

— Voici à peu près ma lettre, dit-elle : « Qui que ce soit qui se présente pour réclamer les deux dépôts qui sont chez vous, scellés avec la devise *Cara vendetta*, ne les remettez pas avant de m'avoir vue, car j'ai de singuliers renseignemens à vous donner à ce sujet... »

— Mais à quoi bon cette précaution, dit la princesse, puisque vous vouliez mourir, et contre qui la preniez-vous?

Léonie ne répondit pas.

— Contre moi, n'est-ce pas? dit la princesse.

— Eh bien, oui... et non, fit la duchesse : contre vous, si le hasard vous avait fait découvrir ces preuves ou que vous vous fussiez rappelé qu'une d'elles du moins devait exister, et que vous eussiez été la reprendre là où vous l'aviez déposée.

— Ce sont ces preuves qui nous sauveront, dit la princesse. Envoyez rechercher votre billet, ou plutôt écrivez à votre notaire de le considérer comme non avenu. La découverte de ces papiers ne regarde que moi, et il m'est fort indifférent que Valvins sache qu'il est mon fils, et cela est peut-être nécessaire.

— Et Grégorio?

— Oh! celui-là, il se taira, fit la princesse.

— Comment? dit Léonie.

— Venez chez moi, je vous l'expliquerai.
— Et pourquoi pas ici?
— C'est que vous n'avez rien de ce qu'il me faut pour accomplir notre projet... excepté...
— Excepté quoi? fit Léonie.
— Rien! rien! dit la princesse. Il faut que nous soyons aux Invalides avant que les grilles en soient fermées. Venez! venez!

Les deux grandes dames sortirent ensemble et se rendirent à l'hôtel de la princesse, après que Léonie eut écrit le billet en question à M. Balbi.

VIII

Grand jour.

Cependant, tandis que Léonie rentrait à son hôtel et y trouvait madame de Kadicoff, et que la scène que nous venons de rapporter avait lieu, Valvins était retourné en toute hâte auprès de Grégorio ; celui-ci l'attendait d'un air froid et railleur ; il ne laissa pas son fils adoptif lui adresser la parole.

— Ah! ah! lui dit-il, tu en as voulu; eh bien! on t'en donne, mon garçon. Comment! te voilà? je te croyais monté derrière le carrosse de la duchesse.

— Mon père! fit Valvins avec impatience.

— Ah! probablement, reprit Grégorio, la place est prise par quelque laquais de meilleure mine que toi et d'allure plus solide. Ce n'est pas aussi amusant qu'un homme d'esprit ou un musicien qu'on fait babiller ou chanter, mais on ne cause pas toujours.

— Ah! taisez-vous! reprit Valvins avec plus de violence et en essayant de l'interrompre.

L'invalide se mit à rire en haussant les épaules.

— Eh! eh! fit-il, tu as profité dans leur société, mon garçon ; elles t'ont enseigné à parler à celui qui t'a servi de père comme à un charretier.

— Mais enfin, lui dit Valvins en se contenant, que voulez-vous que je fasse?

— Tu ne m'as pas consulté pour t'amouracher de cette femme.

— Mais vous-même, que voulez-vous donc faire contre elle?

— Une petite esclandre de rien, mon garçon, ainsi que pour sa bonne amie, la princesse de Kadicoff.

— La princesse de Kadicoff... dit Valvins ; mais en quoi se trouve-t-elle mêlée à cette affaire?

On doit se rappeler que, pendant une partie de l'entretien de Léonie et de Massoni, Valvins s'était tenu à l'écart: aussi fut-il très surpris de la réponse de Grégorio :

— Je me serais bien gardé de la lui nommer, à elle.

— Mais à quoi bon la lui nommer?

— Hum! fit Massoni, crois-tu que je ne l'ai pas devinée, a duchesse, lorsqu'elle me demandait si malicieusement de qui me venait cette devise, *cara vendetta?* Ce devait être pour quelque trahison.

— Mais, mon père, dit Valvins, votre haine contre toute femme qui porte un grand nom vous égare. Elle était venue vous demander de qui vous teniez cette devise, parce qu'à la même époque à peu près où vous déposiez chez le notaire Balbi les papiers qui constatent les singuliers détails de ma naissance, une femme déposait chez ce même notaire des papiers concernant aussi un enfant qu'on lui avait enlevé, et que ce dépôt était scellé comme le vôtre de la devise *cara vendetta.*

— Es-tu sûr de ce que tu dis là, Grégoire? s'écria Massoni. Elle aurait fait cela... elle aurait pensé à son enfant! Et, pendant que je dormais, le hasard l'aurait amenée précisément dans ma maison...

Grégorio s'arrêta pour réfléchir à cette étrange coïncidence, puis il reprit :

— Non, ce n'est pas possible... c'est une comédie arrangée entre elles.

Il s'arrêta encore, et dit à Valvins :

— Ta duchesse connaît-elle la princesse de Kadicoff?

— Oui, dit Valvins, puisqu'elle sortait de chez elle quand nous sommes venus ici.

— C'est ça, fit Grégorio, Phœdora a inventé le conte d'un dépôt fait par elle chez le notaire Balbi.

— Mais qui ça, Phœdora? dit Valvins.

— Mais la princesse de Kadicoff! s'écria Massoni.

— En vérité, dit Valvins, il y a l'un de nous deux qui est fou, car je ne vous comprends pas.

— Comment, lui dit Grégorio, tu ne comprends pas que cette devise, *cara vendetta,* était celle de la princesse de Kadicoff?

Valvins ouvrit de grands yeux.

— Et c'est d'elle que vous la tenez?

— Sans doute.

— Mais ce serait donc elle qui aurait fait, il y a plus de vingt ans, ce dépôt chez le notaire Balbi?

— Ou bien qui l'a fait il y a quelques jours, reprit Grégorio.

— Mais pourquoi?

— Pourquoi? Est-ce que ta madame de Fosenzac ne savait pas mon nom?

— Sans doute; je lui ai souvent parlé de vous.

— Eh bien! ce nom, n'a-t-elle pas pu le prononcer devant la princesse?

— Et quand cela serait?

— Ne comprends-tu pas qu'alors la Russe ait arrangé cette petite comédie.

— Dans quel but?

— Dans quel but? C'est que, comme je prétends l'accuser d'avoir tué le malheureux enfant qu'elle m'avait menacé de faire disparaître; comme je lui ai juré qu'à telle époque de sa vie que je pusse la retrouver, je lui reprocherais ce crime, elle a imaginé l'histoire de ces papiers et de cet argent déposé pour faire croire qu'elle lui avait assuré un sort.

Valvins se frappa le front et s'écria en interrompant le vieillard:

— En vérité, c'est un dédale où je me perds!

— Mais où ces deux grandes dames sauront bien se retrouver, je t'en réponds, dit Grégorio.

— Voyons, voyons, mon père, dit Valvins, expliquons-nous. Il y a dans tout ceci un mystère qui me fait peur et que vos paroles ne font qu'embarrasser et rendre plus impénétrable. Vous connaissez la princesse de Kadicoff?

Le vieil invalide se mit à rire, et répartit:

— Elle était assez belle autrefois; mais, si ce n'eût été son titre de princesse, il y avait vingt choristes à l'Opéra qui valaient mieux qu'elle.

— Ce n'est pas cela que je vous demande, mon père; mais où l'avez-vous vue? où l'avez-vous connue?

— Au jardin des Tuileries pour la première fois.

— A quelle époque?

— Vers la fin de 1787.

— Et c'est alors que vous avez juré de vous venger d'elle?

— Juge si j'en ai le droit, dit Grégorio.

Valvins vit s'avancer un récit complet des aventures de Massoni et de la princesse de Kadicoff; mais, quelque impatience qu'il éprouvât, il comprit que c'était pour lui le seul moyen de se reconnaître dans cette complication de souvenirs, de faits qui se croisaient devant lui sans qu'il pût les lier les uns aux autres. Il se disposa donc à écouter Grégorio; mais celui-ci n'était pas homme à se mettre en route sans provisions, lorsque le chemin menaçait d'être long. Il dit donc à Valvins:

— Nous ne sommes pas à notre aise ici pour causer, viens là, au coin de l'Esplanade chez le marchand de vin, nous causerons plus sûrement que dans cette cour, où l'on tourne sans cesse près de nous.

Valvins suivit Grégorio, qui dit en passant à l'un de ses camarades:

— Hé! si on venait me demander, tu sais où je suis.

— Ah! fit l'invalide à qui Grégorio parlait, tu es donc en fonds?

— C'est mon fils le commandant qui paie, dit Massoni.

— C'est d'un bon fils, dit l'autre invalide d'un air d'envie, les pères qui n'ont pas d'enfans n'ont pas de ces chances-là.

Malgré cette sentimentale réflexion, l'invitation provoquée n'arriva point, et Grégorio crut devoir le consoler en lui disant :

— C'est pour affaires, mais la journée n'est pas finie, et je repasserai par ici, et, si tu es aux environs, nous verrons.

Valvins et Grégorio s'éloignèrent et gagnèrent le cabaret désigné. Ils allaient y entrer, lorsqu'une voiture qui passait au coin de l'Esplanade les força à se ranger, et Valvins reconnut M. Balbi. Il fit signe au cocher d'arrêter, et il pria le notaire de vouloir descendre.

— Monsieur, lui dit-il quand celui-ci fut près de Grégorio, reconnaissez-vous cet homme ?

Le notaire le regarda et répondit :

— Pas le moins du monde.

L'invalide l'examina et lui dit :

— Mais je vous reconnais, moi, vous êtes M. Balbi.

— Sans doute... Mais vous ?

— Oh ! moi, je ne suis pas resté comme vous dans un bon fauteuil, bien tranquille, bien heureux, et il n'est pas étonnant que ma figure ait changé, tandis que la vôtre n'a que vieilli.

Ces mots firent faire la grimace au notaire, qui reprit cependant :

— Dites-moi vite ce que vous avez à me dire, car je suis pressé, je reviens de la campagne pour chercher des papiers que j'avais oubliés, et je repars à l'instant.

— Quoi ! fit l'invalide, vous ne connaissez pas un homme qui se présenta chez vous il y a vingt-cinq ans avec un paquet cacheté ?

Le notaire l'examina, et, lui enlevant son chapeau, il posa son doigt sur son front, et lui dit :

— Oui ! c'est vous.

— Ah ! fit l'invalide, vous aviez remarqué la cicatrice qui est là ?

— Oui, répondit M. Balbi, et je ne pense pas avoir à vous rappeler le mot d'ordre que vous m'avez donné.

— *Cara vendetta*, dit l'Italien.

— C'est cela, dit le notaire, et ce sont vos papiers que vous demandez ?

— Non, dit l'invalide, mais voilà un garçon qui s'imagine qu'il en a besoin, et je vous autorise à les lui donner.

— Voulez-vous monter dans ma voiture, monsieur Valvins ? dit le notaire ; je vous les remettrai immédiatement.

— Venez-vous, mon père ? dit Valvins.

— Non, je t'attendrai ici, répartit l'invalide en jetant un coup d'œil passionné vers le cabaret.

Valvins fut ravi de ce refus de son père, car il comptait pouvoir s'expliquer plus librement avec le notaire. C'est ce qui eut lieu ; il lui raconta les circonstances de sa naissance, lui fit confidence de ce que Léonie lui avait rapporté, et la conclusion toute simple fut pour l'un et pour l'autre que ces deux dépôts devaient avoir trait à la naissance du même enfant.

L'instant approchait où il semblait que cette intrigue si profondément cachée dût enfin se découvrir à ses yeux. En rentrant, le notaire trouva le premier billet de Léonie, mais il ne s'y arrêta point.

— C'est probablement une précaution qu'elle avait prise dans votre intérêt, dit-il... Voyons ces papiers.

M. Balbi les tira du coffre de fer où ils étaient enfermés depuis de longues années, et tous deux commencèrent par en prendre connaissance. Voici en résumé quel était le contenu de l'acte déposé par Grégorio :

« Ce 18 septembre 1788, il a été trouvé dans la maison du nommé Grégorio Massoni, située à l'angle de la forêt de Fontainebleau, près Valvins, un enfant qui a dû y naître pendant le sommeil dudit Grégorio.

» Aucun indice n'ayant été découvert qui pût aider à reconnaître cet enfant, nous avons dû constater les circonstances suivantes qui pourront aider un jour à sa reconnaissance. Nous avons remarqué sur la route, à cent pas de la maison, la trace d'une voiture à quatre roues. Cette voiture était attelée de trois chevaux de front ; l'empreinte des fers était parfaitement visible et distincte. De cette voiture sont descendus deux hommes ; l'empreinte des pieds, élégamment chaussés, l'attestent suffisamment. Du haut du siége et de derrière la voiture ont dû descendre deux domestiques ; de nouvelles empreintes, les unes commençant à la roue de droite du devant de la voiture, les autres derrière, en sont aussi la preuve. Toutes ces traces se sont réunies au même point et se sont ensuite dirigées vers la maison de Grégorio Massoni. Il en résulte qu'on y a transporté sans doute la femme qui a mis au monde cet enfant, car on n'apercevait pas de trace de pieds de femme sur le sol. »

Ensuite de ces détails venaient ceux qui devaient attester que l'accouchement avait eu lieu dans la cabane. Le tout reconnu véritable et signé de plusieurs témoins.

Cette lecture achevée, le notaire brisa le cachet de l'autre paquet en disant :

— En vérité, en voilà beaucoup plus qu'il n'en faut pour m'autoriser à pénétrer enfin ce mystère, car celle qui m'a remis ces papiers demandait moins d'indices.

L'anxiété de Valvins était à son comble, et il voulait lire lui-même ces papiers. Mais le prudent notaire les retint.

— Mais sont-ils signés ? s'écria Valvins.

Le notaire retourna la page.

— Non, dit-il ; mais voilà un billet cacheté...

Le notaire le prit et lut :

— A mon fils, à lui seul.

— Pour moi ! s'écria Valvins.

— Non, reprit le notaire : que vous soyez l'enfant recueilli par Grégorio Massoni, ce n'est pas douteux ; mais, pour que ceci vous regarde, il faut que les renseignemens que nous allons trouver ici concordent avec ceux que nous venons de lire.

Le notaire prit le papier et lut :

« Le 18 septembre 1788, vers le soir, mon père entra dans ma chambre. J'éprouvais déjà des douleurs assez vives. Il me força à me lever et à m'habiller ; il me couvrit la tête d'un voile. Ainsi vêtue, il me fit traverser à pied les jardins de mon hôtel. Nous sortîmes par une petite porte qui donnait sur un sentier écarté.

» Au bout de ce sentier, je trouvai une voiture de place qui nous mena l'un et l'autre jusqu'aux abords de l'hôtel de Richelieu, autant que j'en pus juger. Là nous quittâmes notre voiture et je montai dans une autre qui m'attendait ; il s'y trouvait un médecin. Elle était attelée de trois chevaux de front et conduite par un cocher, un domestique était placé derrière. A peine y fûmes-nous montés, que mon père donna l'ordre de partir.

» Je ne pus distinguer la route que nous suivions, mais nous marchâmes pendant près de quatre heures avec une rapidité extraordinaire. Cependant mes douleurs étaient devenues si vives, que le médecin déclara à mon père que persister à me faire voyager plus long-temps, c'était me tuer. Ce ne fut qu'après la menace que fit le médecin d'appeler du secours dans le premier village que nous traverserions, que mon père se décida à arrêter. Il descendit seul et fut quelque temps absent. Il revint un instant après ; les deux domestiques descendirent, me prirent dans leurs bras et me transportèrent dans une maison, à la fenêtre de laquelle brillait une lumière.

» Malgré mon voile et l'obscurité de la nuit, je reconnus que nous étions auprès d'un bois, et que cette maison était parfaitement isolée. Mon père avait exigé du médecin qu'il se laissât bander les yeux. Nous pénétrâmes ainsi dans cette maison jusque dans une chambre où se trouvait un lit, et je restai entre les mains du médecin. Une seule chandelle éclairait cette chambre, et, dans les angoisses de ma position, je ne pus distinguer qu'un objet qui pût me faire reconnaître un jour cette chambre : c'était un instrument d'église, un serpent pendu au mur.

» Il pouvait être trois heures du matin quand mon père et le médecin m'enlevèrent de ce lit sans qu'il me fût permis de voir ni d'embrasser mon enfant. Je remontai en voiture et les chevaux repartirent au galop. Trois heures après, mon père fit descendre le médecin et lui remit une bourse pleine d'or, et nous repartîmes encore, en l'abandonnant au milieu d'un vaste carrefour où se croisaient plusieurs routes. Quand le jour parut, nous rentrions à Paris et nous nous arrêtions à l'entrée du faubourg Saint-Jacques, où je descendis, toujours voilée. Mon père renvoya sa voiture, et nous reprîmes une voiture de place. Mon père me reconduisit à la porte du jardin de mon hôtel, et j'y étais rentrée avant qu'aucun de mes gens eût pu soupçonner mon absence.

» Si le notaire à qui je remets ce dépôt découvre un enfant né dans cette nuit du 18 septembre 1788, avec des circonstances qui rappellent celles que je viens de dire, ce doit être *mon fils*. Le médecin a pu me dire que c'était un garçon; et c'est à lui qu'appartiennent les 60,000 livres que j'ai remises avec ces papiers. »

— C'est bien cela, fit M. Balbi, et ces soixante mille livres et tout ce qu'elles ont rapporté vous appartiennent, monsieur. C'est bien la même date, ajouta-t-il en comparant les deux écrits : 18 septembre 1788. Quatre hommes, une voiture à quatre roues, trois chevaux... Il n'y a pas à en douter.

Valvins étouffait; ce récit l'avait épouvanté, et ce ne fut qu'en tremblant qu'il prit des mains du notaire le billet portant ces mots : *A mon fils, à lui seul*. Il devait renfermer sans doute le secret de cette énigme extraordinaire. Voici ce qu'il y trouva :

« Mon fils, en quittant la France pour toujours, votre mère vous supplie de ne jamais chercher à apprendre son nom. Votre naissance est un crime. »

Il n'y avait pas de signature.

Il n'y avait plus à douter pour Valvins que la femme qui avait déposé ces papiers et cet argent ne fût sa mère. Mais quelle était cette femme? Quelques mots de Grégorio semblaient lui dire que c'était la princesse de Kadicoff. En effet, il avait dit tenir la devise *cara vendetta* de cette étrangère. Il l'avait connue autrefois; mais comment? à quel titre? Il l'ignorait. Léonie était-elle mieux informée que lui? Car Grégorio ne venait-il pas de dire qu'il avait refusé de lui nommer la femme dont il tenait cette devise; et Valvins, qui ignorait les confidences de madame de Kadicoff à Léonie, ne pouvait pas porter plus loin ses suppositions. Madame de Kadicoff elle-même savait-elle tout ce qui se passait? Il semblait à Valvins que tout dût être obscur pour elles comme pour lui.

Dans l'incertitude où le laissait la lecture de ces deux renseignemens, il commentait chacune des paroles de Grégorio. Peu à peu elles se représentèrent à lui. Il revint alors sur ce reproche que Grégorio avait fait à la princesse de l'avoir menacé de faire disparaître son enfant, puis sur la supposition qu'elle avait pu penser à lui et lui assurer une existence, et de tout cela il conclut comme Léonie qu'il devait être le fils de la princesse Kadicoff, et une nouvelle réflexion l'amena à croire que Massoni n'était pas seulement son père adoptif.

Mais, à supposer que tout cela fût vrai, restait la défense de celle qui était certainement sa mère, et qui lui demandait de ne pas chercher à la connaître. D'ailleurs, quoi qu'il en eût, Valvins n'accueillit qu'avec effroi les suppositions qui se présentaient à son esprit. En présence du but vers lequel il s'était élancé avec tant d'ardeur, il reculait en le voyant de plus près. Ce sentiment de joie ineffable qui prend le cœur d'un orphelin auquel une voix dit : « Là est peut-être ta mère, » cette émotion si douce n'était pour lui qu'une crainte douloureuse. Il hésitait sur ce qu'il devait faire ; il ne savait s'il devait retourner vers Léonie ou vers Grégorio. Un nouvel incident le détermina à prendre ce premier parti. En effet, au moment où M. Balbi allait repartir, on apporta le second billet de Léonie. Il était ainsi conçu :

« Mon ami, les suppositions que j'avais faites relativement aux papiers déposés chez vous n'avaient aucun fondement. Regardez donc ce que je vous ai écrit comme non avenu. » Tout en regagnant sa voiture, le notaire lut ce billet et le communiqua à Valvins. Celui-ci voulut savoir quelles étaient ces suppositions qu'avait pu faire Léonie, et, pour s'en assurer, il se rendit à son hôtel. On lui répondit que la duchesse était sortie, et, à force d'insistance, il parvint à apprendre qu'elle était sortie avec la princesse de Kadicoff et dans sa voiture. Valvins y courut ; mais ici, quelles que fussent ses menaces, ses prières, il ne put franchir la barrière de valets qui lui répondaient avec une tranquillité imperturbable :

« Madame a défendu de laisser entrer qui que ce soit. »

— Mais madame de Fosenzac n'est-elle pas chez madame la princesse ?

— Sans doute, monsieur.

— Eh bien, c'est elle à qui je désire parler.

— Madame a défendu qu'on entrât dans son appartement avant qu'elle ne sonnât.

Valvins, autant que cela se pouvait convenablement, essaya de persuader à l'un de ces domestiques qu'il s'agissait d'une affaire imprévue, d'une nécessité très impérative qui le forçait à insister, et que, loin d'être blâmé, il serait remercié d'avoir enfreint les ordres de sa maîtresse. Mais ces ordres étaient, à ce qu'il paraît, si positifs, que rien n'en put faire démordre aucun de ceux à qui il s'adressa. Ces refus obstinés firent croire à Valvins qu'il pouvait être l'objet spécial de ces ordres. En effet, la duchesse n'avait-elle pas pu s'absenter de chez elle pour ne pas y être rencontrée par lui, et ne s'était-elle pas enfermée chez madame Kadicoff pour être plus sûre que Valvins ne pourrait pénétrer jusqu'à elle ? Cette supposition, jointe à la circonstance des deux billets écrits par Léonie à son notaire, le persuada facilement qu'il y avait entre elles un complot pour l'empêcher de pénétrer le mystère de sa naissance.

Valvins croyait assez bien connaître le cœur de Léonie pour être convaincu qu'elle ne pourrait prêter la main à un pareil porjet qu'autant qu'elle agirait sous l'influence malfaisante d'une femme comme madame de Kadicoff. Il pensa donc que ce qu'il avait de plus pressé à faire était d'arracher Léonie à cette influence, et pour cela il se résolut d'apprendre de Massoni tout ce qui pourrait servir à l'éclairer sur le compte de cette femme; il reprit donc le chemin des Invalides.

IX

Mise en scène.

Nos lecteurs ont pu s'étonner du hasard qui avait amené précisément Balbi au moment où Valvins eût pu recevoir ces confidences qu'il avait cherchées. Mais nous avons déjà dit, ce nous semble, que le hasard était le dieu de cette aventure, et c'est pour prouver quelles combinaisons extravagantes il arrange quelquefois, que nous avons écrit cette histoire. C'est pour prouver aussi ce que nous avons souvent soutenu, que la vie réelle est bien autrement invraisemblable et immorale que toutes les inventions des romanciers, que nous publions ce récit que nous déclarons être vrai dans toutes ses parties.

C'est au moment où nous approchons de la dernière scène de ce drame si embrouillé, que nous sentons le besoin de renvoyer au dieu hasard et au vice humain la responsabilité de tout ceci. Un jour viendra où nous pourrons peut-être expliquer comment tous ces faits sont venus à notre connaissance; et alors, quoique les noms propres ne doivent pas plus y être attachés qu'ils ne le sont aujourd'hui, on pourra mieux juger de notre véracité. Jusque-là nous prions nos lecteurs de vouloir bien nous en croire sur parole.

Donc Valvins était retourné aux Invalides, ou plutôt au cabaret à la porte duquel il avait laissé Massoni. Ne le voyant pas dans la salle commune, il demanda si un vieil invalide n'était point là depuis deux heures. Le cabaretier lui répondit :

— Vous voulez parler du vieux Massoni, n'est-ce pas?
— Oui.
— Eh bien! il n'y a pas cinq minutes qu'il est parti.
— Est-il rentré à l'hôtel, que vous sachiez?
— Je ne crois pas, dit le cabaretier, et je ne pense pas que ce soit là que l'aient mené les deux gaillardes qui sont venues le chercher.
— Comment, deux femmes sont venues chercher Grégorio?
— Oui, dit un invalide qui était dans un coin : une grande brune assez réjouie, et puis une vieille petite blême qui a l'air d'une figure de cire passée de chez M. Curtius.

Ceci ressemblait fort à la duchesse et à madame de Kadicoff, et Valvins se remit à s'empêtrer dans une foule de suppositions qui ne le menaient à rien.

— Mais, dit-il, quelle espèce de toilette avaient ces deux dames?

— Des dames? dit le cabaretier, vous voulez dire des coureuses, de vieilles robes passées avec des tabliers et de méchans bonnets sales qui ont pu appartenir à des dames, mais qu'elles ont achetés à quelques fripières, enfin de ces airs, vous savez...

Ceci n'éclaircissait pas les doutes de Valvins. Il se refusait encore à croire que madame de Kadicoff et la duchesse eussent pu descendre à un pareil déguisement; mais, en tous cas, dans quel but, et qu'étaient-elles devenues? Il courut à l'hôtel et trouva sur la porte l'invalide à qui Grégorio avait donné une espèce de rendez-vous. Celui-ci lui répéta que véritablement deux femmes étaient venues demander Grégorio, et que c'était lui qui leur avait indiqué l'endroit où elles le trouveraient. Mais cet homme confirma les soupçons de Valvins en lui disant :

— Si j'osais, je parierais que l'une de ces femmes, la plus jeune, était celle qui est venue avec vous ce matin.

Valvins ne pouvait plus douter, et, malgré lui, il frémit du motif qui avait pu décider deux femmes de si haut rang à une pareille démarche. Il voulait savoir de l'invalide s'il ne pourrait pas le renseigner sur ce qu'elles avaient pu devenir; mais il n'en savait pas plus que le cabaretier, et Valvins fut réduit à supposer qu'elles avaient enlevé Massoni, et que peut-être il était disparu à jamais.

Cependant il s'orienta, retourna au cabaret de la place de l'Esplanade, et de là, de pas en pas, interrogeant chaque commissionnaire, chaque boutiquier, les enfans qui jouaient devant les portes, il parvint à savoir que trois personnes en tout semblables à celles qu'il désignait avaient pris le chemin du boulevart des Invalides. La nuit était venue, et sur ce boulevart désert, il ne savait où retrouver leur trace, lorsqu'en passant sous la fenêtre d'un cabaret il entendit une voix qui criait, et crut reconnaître celle de Grégorio. Dans le premier moment, il voulut monter et entrer soudainement dans cette chambre; mais, après un peu de réflexion, il jugea plus prudent de surprendre le secret de cette réunion, et il demanda au cabaretier s'il ne pourrait pas lui procurer un cabinet attenant à celui où devait être un vieil invalide avec deux femmes. Le cabaretier hésita et regarda attentivement Valvins.

— C'est drôle! murmura-t-il.

Valvins lui mit un napoléon dans la main.

— Hum! fit le cabaretier, c'est bien drôle!

— En quoi? fit Valvins.

— C'est qu'on m'en a donné autant pour ne laisser monter personne. Deux femmes à invalide, qui donnent un napoléon, ça m'a déjà semblé louche. Et voilà que vous, un officier, sans doute, vous m'en donnez autant. Merci, ajouta-t-il en rendant le napoléon ; je n'en veux pas ; il y a quelque chose là-dessous qui n'est pas clair.

— Je connais Grégorio Massoni, dit Valvins.

— Je le connais bien aussi, dit le cabaretier ; mais je ne vous connais pas, ni ces femmes non plus.

En ce moment, on entendit le rire bruyant de Grégorio et une voix de femme.

— Vous voyez bien, dit Valvins, c'est une plaisanterie qu'on veut faire à ce pauvre Grégorio, qui était autrefois dans mon régiment, et que je ne voudrais pas qu'on poussât trop loin.

— Ah ! si c'est ça, dit le cabaretier je puis vous placer dans un endroit d'où vous pourrez tout entendre, sinon tout voir.

Valvins monta dans un cabinet séparé par une simple cloison, et dès qu'il y fut installé, il se mit en devoir d'écouter ce qui se passait près de lui.

X

Dénoûment.

Valvins se plaça donc contre la cloison qui le séparait de Grégorio et des deux femmes qui avaient entraîné l'invalide en cet endroit. Le vieux musicien riait du rire bruyant et hébété des ivrognes. Valvins entendit au choc des verres qu'on le poussait à boire, et une voix qui n'était point celle de la duchesse lui dit :

— Eh bien ! monsieur Massoni, elle est charmante, votre histoire, et si elle finit aussi bien qu'elle a commencé, vous feriez bien de la publier.

— Oui, repartit l'invalide en frappant du poing sur la table, je la publierai et j'y mettrai les noms en toutes lettres ; je l'intitulerai : *Histoire d'une princesse russe, histoire véridique, avec les preuves à l'appui.*

— Vous ne ferez pas cela, dit une voix que Valvins reconnut pour être celle de Léonie.

— Je le ferai aussi vrai que je m'appelle Grégorio Massoni, aussi vrai que vous vous appelez duchesse de Fozensac et que la vieille que voilà est votre chambrière. Quant à vous, la belle de mon Valvins, je me tairai, je respecte son épouse... Mais quant à l'autre...

A ce moment, Grégorio reprit son rire hébété et s'écria :

— N'est-ce pas, ma vieille, que c'était une grande coquine que cette princesse de Kadicoff ?

— Contez-nous donc votre histoire, reprit la voix inconnue à Valvins, mais qui se trahit par l'accent de rage concentrée avec lequel elle interrompit le vieux musicien.

— J'en étais donc quand j'étais heureux, dit Grégorio, dont la langue et les phrases commençaient à s'embrouiller. C'était cependant un bonheur bien monotone : tous les soirs entrer par la même porte secrète, tous les matins sortir comme un voleur. Mais enfin j'étais amoureux. A vrai dire, je ne sais pas de quoi, car ma Phœdora était bien la plus maigre, la plus décharnée des princesses.

— Buvez donc, dit la même voix sèche et colère qui l'avait déjà interrompu.

Il y eut un silence qui dura juste le temps d'un verre versé et bu. Il s'y mêla un sourd gémissement qui fit tressaillir Valvins, car il sembla que c'était Léonie qui le poussait ; mais la voix criarde de la princesse couvrit tout cela, et elle dit :

— Continuez donc, mon beau musicien ; continuez.

— Oui, oui, fit l'autre, elle n'en valait guère la peine ; mais toute cette maison était de soie, de velours, de cuivres dorés, et puis elle était princesse... J'en étais fou... J'aurais coupé la gorge au Grand-Turc s'il m'avait dit qu'elle n'était pas jolie... Et puis, comme je vous l'ai dit, l'idée d'avoir pour fils un petit prince m'a fait tourner la tête. Cependant, un matin, en sortant par la porte du jardin, je crus m'apercevoir que j'étais suivi, mais je n'y fis pas autrement attention ; ni moi ni elle ne dépendions de personne, elle n'avait ni père, ni mari, ni frère qui eussent droit d'inspecter sa conduite ; et, comme je me croyais l'amant, je ne voyais personne à suspecter : je pris donc cela pour un hasard, et ce ne fut que par manière de conversation que le soir même j'en parlai à ma Phœdora. J'étais si *entêté* de cette femme que je crus que la crainte qu'elle me montra était pour moi et non pour elle. En effet, il y avait quelque danger de passer régulièrement et à des heures si indues dans des ruelles si désertes, et si quelque détrousseur de bourses s'en fût aperçu, il n'y avait rien de plus facile que de m'attendre le long du mur, de m'assommer à coups de bâton et de me dépouiller. Mais bast ! le comte de Chastenux ne se souciait pas de moi pour si peu. A quoi ça lui aurait-il servi de se défaire de moi ? Ça ne l'aurait pas vengé de sa Phœdora.

— Buvez donc, reprit encore la même femme, et encore cette fois Léonie laissa échapper un sourd gémissement.

— Vous comprenez bien, dit Grégorio, que sa Phœdora et la mienne c'est absolument la même chose. Donc que voulait-il, le grand seigneur ? Se venger d'avoir été trompé pour un misérable comme moi ? Mais se venger de moi, c'eût été trop peu de chose. Quand un laquais de grande maison insulte un seigneur, celui-ci en demande raison à son maître ; or, au sens du comte de Chastenux, je jouais le rôle de laquais d'amour, et c'était à mon maître féminin qu'il voulait en demander raison. Voici donc ce qu'il imagina.

Une nouvelle interruption eut lieu. Mais Valvins ne put se rendre compte de ce qui poussait la princesse à faire boire ainsi Grégorio, si ce n'est pour le faire parler; car il semblait qu'il n'y eût pas besoin de le presser pour cela. Le vieil invalide reprit :

— Nous étions en hiver, et j'avais passé par extraordinaire cette nuit au bal de l'Opéra. Le comte de Chastenux, que j'y avais rencontré et que je connaissais comme un des plus fermes soutiens des coulisses, me fit mille agaceries, et, entre autres, il m'invita à souper.

— Bon ! lui dis-je, je ne hante plus la mauvaise société.

— Oui, me dit-il en riant, je sais qu'on t'accuse d'être amoureux d'une grande dame de la cour. Eh bien ! viens, Grégorio, et, foi de gentilhomme, je te fais souper avec les plus huppées de Versailles... Tu nous conteras tes amours, et tu sais, les femmes, il suffit qu'on ait eu une bonne fortune un peu marquante pour qu'elles vous en offrent à plaisir.

J'étais assez de l'avis du comte, et je dis que je verrais.

— Bah ! me dit-il, si tu ne viens pas, tu es un fou ; c'est ta fortune que tu manques. Nous aurons la femme du surintendant, qui est tout-puissant à l'Opéra, et si tu lui plais, on te jouera ton opéra de *Calypso*.

— Vrai ? lui dis-je.

— Oui ; mais je t'en préviens, plus tu en diras, plus tu seras sûr de ton affaire ; car, je te le répète, une femme préfère un bossu qu'elle enlève à une autre femme qui vaut mieux qu'elle à Apollon en personne, et notre surintendante est de cette pâte.

— Ma foi, s'il en est ainsi, lui dis-je, j'irai.

— En outre, dit le comte, je te préviens que ces dames seront masquées ; elles ne sont pas fâchées de pouvoir tout entendre sans se donner la peine de rougir : ainsi tu peux t'aventurer sans crainte. Le rendez-vous fut pris.

— Buvez donc ! dit la voix toujours émue qui répétait à chaque instant cette invitation.

Ces mots prononcés de loin en loin avaient quelque chose d'effrayant dont Valvins ne pouvait se rendre compte ; un moment il fut sur le point de se lever et d'entrer dans le cabinet, mais c'était s'exposer à perdre le récit qu'il était venu pour écouter, et que Grégorio ne voudrait peut-être pas continuer devant lui : il demeura donc et écouta plus attentivement. Le musicien reprit :

— Nous étions une douzaine à souper, autant de femmes que d'hommes. Il n'y avait que moi qui faisais un mauvais compte : j'étais un treizième. Avant qu'on se mît à table, je remarquai une femme en domino bleu flottant qui parut très surprise de me voir.

— C'est la surintendante, me dit tout bas le comte de Chastenux; votre vue paraît lui faire beaucoup d'impression.

En effet, pendant que le comte me donnait de nouveaux conseils sur la manière dont je devais en user pour réussir auprès d'elle, je remarquai qu'elle parlait bas à tout le monde en me montrant du doigt. J'entendis de petits murmures sourds. Le souper commença. En ce temps-là, je ne résistais pas, comme aujoud'hui, à quelques bouteilles de champagne.

— Buvez, buvez donc! reprit la même voix.

— Non, fit Grégorio, ce vin me trouble et me monte à la tête.

— Bah! dit la même voix, ce sont vos souvenirs de jeunesse.

— Pas mal! pas mal! la vieille, reprit l'invalide. Tant il est vrai que j'avais bien résolu de n'en dire que tout juste assez pour amuser les dames et piquer un peu la surintendante; mais je ne sais comment cela se fit, j'entrai dans tant de détails qui avaient tant de vérité, que le masque en question se mit à crier d'une voix aiguë, tenez, absolument comme quand la vieille me dit de boire.

— Je donnerais tout au monde pour connaître l'héroïne de l'aventure.

— Vous la connaissez, dit le comte de Chastenux d'un air méchant.

— Oui, reprit la dame masquée, et je parierais que c'est la princesse de Kadicoff.

— Ma foi, m'écriai-je, puisque vous avez si bien deviné, c'est la vérité.

Un grand éclat de rire partit de tous côtés.

La surintendante riait plus fort que les autres.

— Eh bien! reprit-elle, discret amant, votre belle est ici; tâchez de la reconnaître.

Cette fois, la voix n'était plus déguisée et je sautai sur ma chaise en m'imaginant avoir entendu la voix de Phœdora.

— Allons, allons, madame, cria le comte de Chastenux, aidez un peu le pauvre Massoni, qui n'y voit déjà pas trop clair, et montrez-lui vos visages pour qu'il reconnaisse sa belle.

Tous les masques tombèrent; je ne m'étais pas trompé; la prétendue surintendante n'était autre que ma Phœdora; mais j'y voyais encore plus clair que ne croyait le comte de Chastenux: j'avais remarqué sa pâleur et son regard menaçant en parlant. Aussi, et pour tromper la vengeance qu'il voulait sans doute tirer de la princesse, qui m'avait souvent parlé d'un grand seigneur qui la poursuivait de ses hommages, je désignai une toute autre femme que Phœdora.

A ce moment, les rires retentirent de tous côtés, femmes et hommes se roulaient; enfin, un de ces messieurs put parvenir à dire:

— Ce pauvre Chastenux, il est admirable! il a cru à toutes les sottises de ce fou de Massoni.

— Lui, fou !

— Eh pardieu, dit l'autre, nous le savions tous, la princesse nous a avertis : c'est le même conte qu'il fait à tous les soupers, et si on lui avait dit que c'était la reine dont il était l'amant, il l'aurait répété et affirmé.

— Je crus deviner alors la ruse de ma Phœdora pour se disculper vis-à-vis du comte dont on parlait comme de son amant, et dans un premier moment de fureur je m'écriai :

— Je l'ai dit et je l'affirme !

Les rires recommencèrent de plus belle.

— Le voilà parti, dit la princesse, et vous avouerez qu'il y a de la générosité à moi à m'être sacrifiée ainsi pour vous amuser des lubies de ce fou.

— Mais c'est la vérité ! m'écriai-je.

— Bon, s'écria-t-on de tous côtés; cherche ta princesse ; tu t'es trompé, Massoni.

— Mais je ne me tromperai pas cette fois, m'écriai-je en allant vers Phœdora.

— Ah ! fit-elle en me riant au nez, depuis que je vous ai dit que c'était moi, vous me reconnaissez !

— Quoi ! m'écriai-je, vous osez...

Elle se mit à rire.

Je voulus lui parler de bien des choses que seul je pouvais savoir; ses éclats de rire et ceux qu'elle excitait ainsi couvraient mes paroles. Plus je m'irritais, plus ils riaient tous... Je devins exaspéré; furieux... je menaçai tout le monde, je menaçai Phœdora : ils riaient à se tordre. A ce moment, un de ces messieurs sonna : deux grands laquais parurent :

— Emportez ce malheureux, dit-il, il nous a assez amusés comme ça.

On s'empara de moi, on m'enleva, on me jeta dans la rue.

Le fatal « Buvez donc ! » fut encore prononcé, et un assez long silence suivit pour que Valvins jugeât que Grégorio avait cédé à l'invitation.

Un moment après, il reprit d'une voix plus sourde.

— Le lendemain, j'entrai chez madame de Kadicoff par la grande porte ; mais contre mon attente, on me reçut sans obstacle. Dans un premier retour de passion, je voulais aller lui demander grâce et pardon, et je lui dis, quand nous fûmes ensemble, que je consentais, s'il le fallait, à passer pour fou, à donner toute la vraisemblance possible à la fable qu'elle avait inventée... Elle accepta avec reconnaissance, et me promit mon pardon tout entier... Et moi, véritablement fou, ne voilà-t-il pas que, le soir même, dans le foyer de l'Opéra, je parle, je gesticule comme un homme dont la raison était dérangée. On me suivait, on m'observait, on riait. Mais une espérance me soutenait... Je devais revoir Phœdora dans quelques heures, Phœdora qui m'avait avoué son état et que je voulais sauver à tout prix... Mais, la nuit venue, les portes étaient closes... Je me présentai de nouveau à l'hôtel le matin; elle était avec un gentilhomme que je reconnus pour avoir soupé avec nous; il sortait, mais je pus entendre ces mots qu'elle lui dit :

— En vérité, la plaisanterie devient trop longue ; tâchez de m'en débarrasser.

Le gentilhomme s'approcha de moi et me dit :

— Mon ami, si vous ne voulez pas que je sois forcé à demander un ordre à M. le lieutenant de police pour vous enfermer, ayez soin de ne plus vous montrer ici.

— Non, fit la princesse, je tâcherai de lui faire entendre raison.

Ce monsieur nous laissa. C'est alors seulement que je connus cette femme ; elle se montra à moi sans voile, dans toute son effronterie, et osa me dire en face qu'elle était décidée à tout pour couvrir ce qu'elle appelait son honneur. Je la suppliai au nom de cet enfant qui était le mien, je la menaçai en son nom ; mais rien n'y fit... Elle me fit chasser par ses laquais, et, deux jours après, au moment où, le soir, je me présentais encore à son hôtel, quatre estafiers me saisirent au nom du roi... Je parvins à leur échapper, et c'est alors que j'allai me cacher dans ce village... où quelque temps après naquit cet enfant.

— Qui était le vôtre et le sien, dit Léonie.

— Buvez donc ! reprit la voix inconnue à Valvins, et dont l'accent était devenu plus rauque et plus impératif.

— Oui... oui, dit Grégorio, à boire, à boire !... Que ce soit le sien, peu m'importe... car qui peut m'assurer que c'est le mien?

— Quoi !... fit Léonie.

— Buvez donc! reprit la voix.

— Et le comte de Chastenux, dit Grégorio en balbutiant tout à fait, et quelque autre que je ne connais pas...

— Buvez donc ! reprit toujours la même voix.

Un verre tomba, et puis après un corps lourd. Valvins se leva ; mais à ce bruit on quitta subitement le cabinet, et Valvins entendit descendre les deux femmes. Le cabaretier les arrêta en leur disant :

— Et Grégorio?

— Il est là-haut, dit Phœdora.

— Ivre, sans doute?

— Oui, reprit cette terrible voix qui avait quelque chose de plus satanique, oui, ivre-mort.

Valvins et le cabaretier entrèrent en même temps dans la chambre. Grégorio était par terre, respirant péniblement comme un homme qui étouffe. Valvins aperçut sur la table un petit papier : il s'en empara et vit l'étiquette d'un pharmacien. Un soupçon épouvantable s'empara de lui ; mais en se souvenant de celle qu'il devait atteindre, il se tut et envoya chercher un médecin ; mais, avant qu'on en eût trouvé un, Grégorio avait expiré.

Le cabaretier se contenta de dire :

— Ce n'est pas étonnant, il devait mourir comme ça.

Le médecin dit que l'ivrogne était mort d'apoplexie, et on l'emporta.

Le lendemain, Valvins était chez le pharmacien, dont il avait trouvé l'adresse, et il apprenait que l'opium avait été vendu par lui à la duchesse de Fosenzac.

C'était donc elle qui avait conçu le crime et qui l'avait prémédité. Et quelle femme lui avait servi de complice ?... La mère de Valvins. Il fallait donc que Valvins laissât impunie la mort de Grégorio, ou qu'il accusât sa mère et celle qui serait la mère de son enfant d'empoisonnement. Tant d'horreur, tant de désespoir lui donnèrent une fièvre ardente, qui bientôt dégénéra en une maladie à laquelle il faillit succomber.

A mesure que Noël lisait cette affreuse histoire de Valvins, il lui prenait une singulière terreur ; il se demandait si cet assemblage de récits où se montraient tant de vices n'était pas un rêve. Cependant le manuscrit qu'il tenait n'était point achevé, et il hésita un moment à le continuer ; mais, au milieu même de son effroi, il subissait déjà cet empire tout-puissant de spectacles forcenés et hideux. Ils révoltent le cœur et l'esprit, ils épouvantent, mais on en détourne vainement les yeux : les regards y reviennent par un attrait inouï, comme une aiguille aimantée à son pôle. Or, ce qui rendait surtout cette terreur poignante, c'était la pensée que bientôt il aurait une semblable lecture à faire pour son compte, et que peut-être elle lui révèlerait des secrets aussi honteux que ceux auxquels il venait d'être initié. D'un autre côté, il était partagé entre le désir d'achever l'histoire de Carmélite et celui de connaître la vie de Lucien, dont il avait déjà vu le nom dans les amours de madame Cantel ; ce dernier désir l'emporta, et Noël continua le manuscrit qu'il tenait.

XI

Un nouveau Personnage.

Après cette horrible découverte et la maladie qui faillit le tuer, Valvins quitta Paris. Il donna sa démission et voulut se retirer dans quelque village éloigné de Paris, pour y cacher ce désespoir amer qui n'est pas tant le résultat d'une douleur agissante que celui de la torpeur où vous jette la perte de tout ce qui fait la vie. Quelque invariable que fût cette résolution, Valvins se trouva fort embarrassé dès qu'il voulut la mettre à exécution.

En effet, il est bien rare qu'un homme, alors même qu'il déserte le monde, n'ait pas un abri, un coin où il puisse aller se cacher : c'est quelque vieux parent resté dans sa province, un ami en qui l'on croit encore, un endroit où l'on a vécu plus longtemps qu'ailleurs, et dont on sait les habitudes. Mais Valvins n'avait point de famille, Valvins n'avait point d'amis, il n'avait pas même cette seconde patrie dans la patrie, qui est au lieu où l'on a été jeune, où l'on a été heureux : cela même manquait à Valvins, sorti presque enfant de l'école militaire, et devenu homme en courant avec les armées de l'empereur. Il résulta de cette situation qu'il abandonna au hasard le choix de l'endroit où il irait s'enfouir.

Comme, d'un autre côté, il ne voulait pas apporter le moindre délai à son départ, il réalisa tout ce qu'il possédait, confia à son notaire la gestion des affaires qu'il laissait derrière lui, et se rendit un matin avec une malle dans la cour des messageries.

Avant d'y pénétrer, il arrêta un des aspirans conducteurs qu'il reconnut à sa veste brodée, et lui demanda quelle était la première voiture qui allait partir. C'était celle de Brest.

— J'irai à Brest, se dit Valvins.

Il prit une place, monta en voiture, et se mit en route pour Brest. Il lui sembla même que le hasard qui l'avait poussé vers ce côt de la France avait heureusement servi son désir.

— En Bretagne, se dit-il, ce pays si arriéré en fait de civilisation, c'est-à-dire en fait de corruption, je n'entendrai plus parler de cette vie gangrenée au dedans, fardée au dehors, et qui, lorsu'on pénètre dans ses arcanes, n'a que rides décrépites et ulcères hideux. Là je serai sans doute encore en contact avec les vices humains, car ils sont partout, mais ces vices on peut s'en défendre, car on y manque d'art pour les cacher, et mieux vaut encore le crime cynique que le crime hypocrite.

D'ailleurs, se disait Valvins, que m'importe le vice et sa forme; je vivrai seul dans quelque maison bien solitaire, jusqu'à ce que l'ennui me tue ou que je tue l'ennui et moi-même dans un moment d'extrême désespoir.

Sous l'empire de cette pensée et de cette résolution, Valvins s'était accoté dans un angle de la caisse où il était emballé, sans échanger un seul mot avec les autres voyageurs, sans se donner même la peine de les regarder ni de les écouter. Cependant cette sombre indifférence l'avait rendu un sujet de curiosité pour ses compagnons de voyage, et parmi ceux-ci s'en trouvait un qui semblait l'examiner avec un intérêt tout particulier; celui-là était un jeune homme d'un visage frais et content et d'une tournure nonchalante ; sa physionomie avait quelque chose d'ouvert et de réjoui qui semblait au premier moment appartenir à un caractère heureux et facile.

Mais un sourire sardonique et une parole moqueuse arrêtaient la familiarité avec laquelle on pouvait être tenté d'aborder ce personnage. Parmi tous ceux qui meublaient la voiture, c'était lui qui avait fait le plus d'avances à Valvins ; entre autres choses, il lui avait offert sa place qui était sur le derrière de la berline, supposant que la taciturnité de Valvins venait de ce qu'il était malade de marcher à reculons. Valvins avait refusé en disant qu'il ne voulait déranger personne, et le jeune homme lui avait répondu d'un ton singulier :

— Ne vous alarmez point de cette proposition et ne m'en ayez nulle reconnaissance ; il m'est fort indifférent d'aller en avant ou en arrière. Je ne me gênais pas pour vous.

Cette manière assez brutale de retirer à l'offre de service qu'il avait faite ce qu'elle pouvait avoir d'obligeant exerça un moment l'attention de Valvins. Il se dit que ce monsieur était un butor qui avait voulu faire le complaisant, et qui s'en était bien vite repenti. Le voyage continua sans qu'on fît davantage attention à Valvins, et les autres personnes lièrent facilement conversation entre elles, et, quoi qu'il en eût, Valvins dut remarquer la tournure d'esprit de son vis-à-vis.

Il parlait de toutes choses avec une imperturbable assurance, et jetait sur toutes une raillerie froide et presque méprisante. Quoique ses interlocuteurs ne fussent pas absolument des imbéciles, il les poussait si aisément à bout de leurs raisons, qu'il finissait toujours par l'emporter. Au moment où Valvins était monté dans cette voiture, il se croyait le cœur le plus désillusionné de la terre, parce qu'il en était le plus désespéré ; et voilà qu'il rencontrait un homme qui niait toute foi, toute vertu, tout sentiment, et cela avec une froideur impassible.

Au déplaisir que Valvins sentit des opinions de cet homme, tout autre que lui-même eût aisément compris qu'il n'avait pas si complétement renié toute espérance qu'il le croyait. On ne s'indigne pas de voir mépriser ce qu'on méprise, d'entendre insulter ce qu'on a maudit, quand véritablement on n'y tient plus. Mais Valvins ne s'expliqua pas ainsi l'indignation que lui fit éprouver cet étranger ; il le trouva presque insolent, lui si paisible, si bien en chaire, si prompt en babil, de tenir le langage qui n'appartient qu'aux âmes ulcérées et aux cœurs dévastés, et plus d'une fois il fut sur le point de le prendre à partie.

C'est du reste une vérité assez remarquable, que les gens malheureux regardent comme une impertinente usurpation les plaintes de ceux qui ne souffrent pas comme eux.

L'étranger devint donc peu à peu un être insupportable à Valvins, et si ce n'eût été la résolution qu'il avait prise d'être le spectateur indifférent de tous les vices, de tous les ridicules, il lui eût probablement cherché querelle. Cependant les voyageurs qui emplissaient l'intérieur de la diligence l'abandonnèrent peu à peu ; l'un descendit à Mayenne, un autre à Laval, deux autres à Vitré, si bien que Valvins et ce monsieur restèrent seuls.

Mais ils n'échangèrent pas une parole jusqu'à Rennes, où la voiture devait s'arrêter une demi-journée. A peine Valvins l'eût-il quittée, que, pour occuper les quelques heures qu'il avait devant lui, il se rendit chez un libraire de cette ville, ancien lieutenant dans le bataillon de Valvins, et qui était venu reprendre la maison de commerce de son père. Valvins fut reçu à bras ouverts, tous les trésors de la boutique lui furent ouverts pour lui faire une bibliothèque dans la retraite où il allait vivre, et l'on ne voulut pas permettre qu'il allât dîner à l'auberge. La famille de ce libraire, qu'on nommait Legrigois, se composait de sa mère, de son père, et d'une sœur bossue et déjà sur la trentaine ; on l'appelait Gulnare. Dans les quelques heures qui précédèrent le dîner, Valvins eut pour la première fois sous les yeux le spectacle d'une vie occupée d'intérêts mercantiles et de soins d'intérieur.

C'étaient de bons et braves gens, d'un esprit fort médiocre, d'une ambition très bornée, et qui se complaisaient si bien dans leur vie, que Valvins se mit à les envier. Il ne se demanda pas si ce paisible contentement qui s'épanouissait à chaque phrase, à chaque geste de leur existence, tenait à leur caractère et à l'humilité de leurs désirs. A son compte, ils étaient heureux, parce qu'ils étaient une famille, parce que c'était un fils qui avait un père, une mère, une sœur, parce que chacun d'eux enfin trouvait autour de lui les affections naturelles qui sont la base du bonheur humain.

Ces réflexions faisaient faire à Valvins un triste retour sur lui-même, et il se demandait par quelle injustice du sort lui seul se trouvait déshérité dans ce monde des soins qui rattachent tous les hommes à la vie : il enviait le sort de son ancien lieutenant, et pensait que s'il eût pu faire comme lui et se retirer au milieu d'une si excellente famille, il se serait peut-être consolé de l'abandon de la duchesse.

Voilà donc un désespoir qui croyait ne devoir jamais finir, et qui se plaint de n'avoir rien en sa possession qui puisse le consoler. Valvins, à ce qu'on voit, était encore un tout jeune homme ; il croyait à l'éternité du malheur et enviait le bonheur des autres. Cependant l'heure du dîner était venue, lorsqu'au moment de se mettre à table, la porte vitrée qui séparait le magasin de la salle à manger s'ouvre, et Valvins voit entrer son compagnon de voyage.

— Ah ! s'écria la sœur bossue, c'est M. Deville.

— C'est toi, Lucien, dit le vieux Legrigois.

Le fils seul ne prononça pas une parole, mais à la façon dont ils se regardèrent avec le nouveau venu, au serrement de mains qu'ils échangèrent entre eux, Valvins reconnut qu'il y avait entre ces deux hommes une amitié solide et grave.

Lucien, qui avait reconnu Valvins, s'arrêta un moment, le salua légèrement, et répondit par ces mots aux questions dont on le pressait :

— Je viens vous demander à dîner.

— Ah! dit Thomas Legrigois, (c'était le fils), tu ne t'arrêtes pas à Rennes?

— Vois, lui dit Lucien en lui tendant un billet.

Thomas le prit et le lut, puis il le rendit à Lucien en disant avec un soupir :

— Pauvre femme!

— Eh bien! s'écria gaîment la bossue en mettant un couvert de plus, êtes-vous toujours le même méchant homme que l'année dernière?

— C'est à peu près la même chose, ma divine Gulnare, dit Lucien en l'embrassant.

— Oh! fit-elle en secouant la tête, si je n'étais vieille, laide et bossue, je voudrais vous rendre amoureux fou de moi, pour vous faire demander pardon à deux genoux de tout le mal que vous dites des femmes.

— Je suis prêt à faire amende honorable en votre faveur, lui répondit Lucien.

— Parce que vous ne me considérez pas comme une femme, répartit la bossue tout en continuant à s'occuper des soins du couvert. Et le reste de la conversation se fit de même, pendant qu'elle allait et venait, et que Deville brossait son chapeau et époussetait ses manches.

— Ah! que dites-vous là? reprit Lucien.

— Est-ce qu'une femme qui ne peut pas être aimée d'amour est une femme? répartit la bossue.

— Est-ce donc là le seul sentiment que vous prétendiez inspirer? lui dit Lucien.

— Il n'y a que celui-là qui, pendant quelques années, nous rende vos égales, messieurs, répartit Gulnare ; vous nous gouvernez tant en vertu de vos lois, de vos privilèges, de vos préjugés, que c'est bien le moins que nous puissions quelquefois vous gouverner par vos folies.

— Vous êtes donc d'avis que c'est folie que l'amour? et dès lors c'est un sentiment bien peu regrettable, dit Lucien.

— Vous jouez sur les mots, répliqua la bossue. C'est tout ce que vous faites pour obtenir cet amour que j'appelle folies ; mais la passion en elle-même doit être bien puissante, puisqu'au moment où vous la croyez éteinte, vous vous trouvez le plus malheureux des hommes.

— Pas moi, du moins, s'écria Lucien en riant.

— Ah ! vous, reprit Gulnare du même ton, vous n'êtes pas plus un homme que je ne suis une femme ; rien ne vous émeut, rien ne vous touche, vous disséquez les sensations des autres et les autres même avec un sang-froid de bourreau.

— Avec la prévoyance d'un homme qui ne veut pas être dupe.

— Et qui est la dupe la plus complète du monde, car il est dupe de lui-même.

— Vous trouvez ?

— Tenez, Lucien, l'homme qui se boucherait le nez pour ne plus sentir, parce qu'il peut rencontrer une odeur fétide ; celui qui se crèverait les yeux pour ne plus voir, de peur de rencontrer sous ses regards un spectacle de sang ; enfin celui qui se rendrait sourd et insensible en crainte de ce qui peut le blesser, celui-là serait un fou stupide, et...

Gulnare s'arrêta devant la conclusion, et Lucien fronça le sourcil un moment ; mais il reprit bientôt assez gaîment :

— Et je suis ce fou stupide ?

Gulnare hésita encore, et répliqua enfin :

— A peu près.

Thomas, qui était sorti un moment, rentra alors, et dit en s'asseyant à table :

— Toujours la même querelle !

— Toujours, dit Gulnare.

— Vous voyez, mon commandant, dit Thomas en s'adressant à Valvins, vous voyez deux ennemis irréconciliables.

A ce nom de commandant, Lucien regarda Valvins comme un homme dont il connaissait déjà l'existence. On s'assit, et la guerre continua, très vive et très acharnée, entre Gulnare et Lucien ; celui-ci cruellement caustique, et celle-là tout enthousiasme.

Valvins admirait les singuliers contrastes que la nature avait faits dans la personne de chacun de ces individus : l'un, jeune, beau et doté de tous les avantages qui doivent parer la vie d'illusions dorées, d'espérances splendides, et la considérant d'un œil triste, désenchanté, n'y voyant que déceptions, mensonges et douleurs ; l'autre, une femme déshéritée, de son aveu, de ce qui est l'âme de la vie pour une femme, laide et probablement en butte à la stupide et lâche plaisanterie des gens droits contre les bossus, et cependant donnant un noble but à l'espèce humaine et la revêtant des plus doux attraits. Il se demanda si dans tout cela il n'y avait pas une difformité morale pour l'un de ces êtres, et si elle ne se rencontrait pas chez le beau jeune homme. Restait la question de savoir si cet esprit et ce cœur étaient venus au monde mal conformés et de travers, ou si un malheur, un accident, les avaient faussés et fait dévier de la ligne droite.

Valvins écouta pendant tout le reste du dîner, sans prendre une part active à la conversation. Comme d'ordinaire, elle parcourut une foule d'objets, mais toujours avec le même caractère d'enthousiasme de la part de la bossue, et le même dénigrement de la part de Lucien.

Le dîner s'acheva au milieu des généralités d'une pareille conversation, et sans que rien pût avertir Valvins de l'état de M. Deville. L'heure du départ vint, et il fallut que les deux voyageurs regagnassent ensemble l'hôtel des messageries. Cependant, quoique leur admission à la même table dût nécessairement amener entre eux une sorte de liaison, Valvins ne sembla pas plus curieux qu'il ne l'était avant d'entrer en rapport avec son compagnon de voyage, et celui-ci parut avoir perdu cette espèce d'entrain facile qui se familiarisait avec le premier venu.

Ils se retrouvèrent donc seuls dans la voiture; mais il n'y avait plus moyen de s'observer l'un l'autre dans ce qu'ils pourraient faire ou dire en dehors d'eux-mêmes, et chacun se posa dans un coin, comme si l'autre eût été un pestiféré. Le voyage se continua avec une si singulière retenue des deux parts, que l'on eût pu penser que ces deux hommes avaient peur l'un de l'autre. Cependant, à mesure que l'on approchait de Brest, Lucien Deville devenait plus soucieux, et parfois il semblait être fort mal à son aise. Il jetait de temps à autre un regard inquiet sur Valvins. Enfin, une demi-heure à peu près avant d'arriver à Brest, cette inquiétude éclata, et Lucien dit à Valvins :

— Votre passeport est-il bien en règle?

— Mon passeport?... dit Valvins qui se souvint en ce moment que, dans la précipitation de son départ, il avait négligé cette sage précaution.

Par un hasard assez rare à cette époque, il avait pu parcourir toute la route de Paris à Brest sans être forcé de produire ce laisser-passer de la police générale.

— Mon passeport? répéta Valvins; ma foi! j'ai oublié d'en prendre un à Paris.

— En ce cas, lui répartit très froidement Lucien, vous pouvez vous attendre à passer deux ou trois semaines en prison, et si vous avez quelques papiers suspects, vous n'avez qu'à les détruire, ou bien vous seriez certainement découvert, car vous serez fouillé à fond comme un forçat échappé.

— Je n'ai point de papiers suspects et je ne crains point d'être fouillé à fond, répondit brusquement Valvins, et je vous prie de croire que je trouve votre supposition fort déplacée. Si je ne vous avais rencontré chez Legrigois, je me servirais même d'une expression qui vous dirait mieux ma pensée.

Lucien regarda Valvins d'un air fort ébahi, puis il tourna le dos sans répondre; mais au bout de quelques minutes il s'adressa de nouveau à Valvins, comme un homme qui parle à un aveugle qui court tête baissée vers un trou.

— Ah çà! lui dit-il, je ne veux pas me fâcher, mais je vous dis que nous allons entrer dans une ville de guerre, que l'on nous demandera nos passeports, et que, si vous n'en avez pas, fussiez-vous du reste innocent comme l'enfant à la mamelle, on vous mettra en prison jusqu'à ce que l'on ait écrit à Paris pour savoir qui vous êtes, quels projets ont pu vous amener à Brest, comment il se fait que vous êtes parti sans passeport; et je vous préviens qu'en votre qualité de commandant de l'ex-garde impériale, vous trouverez fort peu d'empressement à réparer votre négligence; que dès l'abord on ne sera pas fâché de vous considérer comme un des agens conspirateurs qui courent secrètement les départemens, et que ce n'est peut-être pas pour trois semaines, mais pour trois mois qu'on vous mettra dans un cabanon, faute de ce chiffon de papier que vous avez si bénévolement oublié.

Lucien avait raison, et Valvins le comprenait à merveille, mais il lui répugnait de l'avouer à cet homme, et surtout d'avoir l'air de lui demander un service ou un avis en lui faisant cet aveu; aussi lui répondit-il assez brusquement:

— Il en sera ce qu'il en sera, dans un cabanon ou ailleurs, peu m'importe.

Lucien considéra Valvins d'un air encore plus ébahi, et répondit comme involontairement:

— Est-ce que c'est pour ça que vous êtes venu dans ce pays?

La question parut fort impertinente à Valvins, et il la rendit vertement à Deville, en lui disant:

— Et pourquoi y êtes-vous venu, vous?

— Moi, reprit Lucien d'un air qui prit tout à coup un caractère plus sérieux, j'y suis venu chercher ma mère.

Le mouvement de la conversation, ou, si nous pouvons nous exprimer ainsi, l'engrenage des mots emporta Valvins, et il répartit vivement:

— Moi, j'y suis venu fuir la mienne.

A cette réplique, les deux interlocuteurs, se regardèrent en face d'un air tout particulier, comme des gens qui viennent de se reconnaître.

Mais, cette fois, ce fut Valvins qui le premier reprit la conversation.

— Cependant, lui dit-il, vous avez un nom; vous vous appelez Lucien Deville.

— Je le crois.

— Vous êtes de ce pays?

— Je puis le supposer.

— Vous le croyez, vous pouvez le supposer? lui dit Valvins.

— Oui, répartit Lucien, et ces expressions sont tout ce qu'elles peuvent être. Le nom de Lucien Deville m'appartient par prescription, comme toute chose possédée depuis long-temps, mais je n'ai aucun titre qui me l'assure légalement. Je crois que je suis de ce pays, parce que les gens qui ont pris soin de mon enfance l'habitaient autrefois et l'ont toujours habité, et que le nom que je porte est celui d'un domaine situé près de leur cabane; mais jusqu'à présent je ne sais rien de plus sur ce que je suis.

— Et vous êtes en mesure de le découvrir? lui dit Valvins.

— Oui, dit Lucien; je me crois enfin arrivé au moment où tout va se dévoiler.

— Eh bien! en ce cas, lui dit Valvins, d'un ton amer, descendez de voiture, montez dans la première charrette qui vous éloignera de ce pays, et n'y remettez jamais les pieds.

— Et pourquoi cela? lui dit Lucien.

— Parce que vous découvrirez quelque infamie qui vous déchirera le cœur, vous humiliera et fera de vos espérances la déception la plus honteuse et la plus désespérante.

— Mais je n'ai point d'espérances, répondit Lucien. Je vais savoir, parce que je veux savoir, et si quelque espoir se mêle à la curiosité qui me pousse, ce n'est pas l'espoir d'une bonne et heureuse découverte, mais de quelques infamie, comme vous dites, qui me justifie vis-à-vis de moi-même et des autres du rôle de censeur méprisant que j'y joue.

A cette déclaration, Valvins demeura un moment silencieux; puis il reprit:

— Vous avez dû bien souffrir pour en arriver là.

— Pas trop, dit Lucien, mais assez pour ne pas vouloir souffrir davantage. La première épreuve a été rude, et lorsque je suis revenu de l'étourdissement que cela m'a causé, je me suis demandé si je voulais dans ce monde jouer le rôle de dupe, et je me suis répondu que non.

— Mais, comme vous dites, il a fallu que cette épreuve fût bien rude, reprit Valvins, pour vous mettre ainsi du premier coup sur vos gardes.

— C'est une histoire trop longue à vous dire, pour le peu de temps qu'il nous reste jusqu'à ce que nous arrivions à Brest. Pensons plutôt à vous. Ce n'est pas sérieusement que vous m'avez répondu que peu vous importait d'être dans un cabanon ou ailleurs.

— Non certes, dit Valvins; mais je vous avoue que je ne sais trop comment me tirer de cet embarras.

— Je m'en charge, reprit Lucien.

Et presque aussitôt la voiture s'étant arrêtée, le conducteur vint ouvrir la portière en disant:

— Vous voilà arrivé, mo

— Allons, descendons, répartit Lucien en s'adressant à son compagnon de voyage.

— Mais, dit le conducteur, j'ai cru que ce monsieur venait jusqu'à Brest, et j'ai mis ses effets dans le fond de l'impériale.

— Ça ne fait rien, dit Lucien, nous les enverrons chercher à Brest ce soir par Dominique. Tiens, voilà pour boire : tu connais Dominique?

— Oui, monsieur, le domestique de madame Poyer.

— Juste, il sera à Rennes dans une heure, tu lui remettras la malle inscrite sous le nom du commandant Valvins.

— Ah! fit le conducteur en regardant Valvins, il y avait un commandant de ce nom dans l'ex-garde ; mais c'était un vieux dur à cuire.

— C'est moi, dit Valvins, si ce n'est que le dur à cuire est jeune. Le conducteur réfléchit.

— Non, dit-il j'aime mieux décharger ici, c'est plus aisé. Les effets du commandant ne sont pas écrits sur la feuille, et si on me demande ce qu'il est devenu lui-même, je dirai que je ne puis pas empêcher un voyageur de descendre pour quelque chose de pressé et de s'aller promener à droite et à gauche de la route.

— Merci, lui dit Valvins en glissant un nouveau pour-boire au conducteur.

Aussitôt on se mit en devoir de décharger, et au bout de quelques minutes les deux nouveaux amis étaient sur la grande route, tandis que la diligence s'éloignait au grand trot.

— Et maintenant, qu'allons-nous faire là tout seuls avec ces malles? dit Valvins.

Lucien se retourna de côté et d'autre pour voir s'il n'y avait personne, et tout à coup il lança un coup de sifflet très aigu auquel un autre sifflet répondit immédiatement.

Dans un autre siècle et avec un autre personnage, Valvins eût pu croire qu'il s'était laissé attirer dans quelque bande de brigands qui voulaient sinon le dévaliser, du moins le recruter. Mais en ce moment il s'imagina qu'il était tombé dans une association de conspirateurs politiques, et il en éprouva une sorte de joie. Privé de famille, déshérité d'affections, n'ayant plus de carrière à parcourir, il accepta comme une diversion à son désespoir l'espérance de se mêler à un complot et peut-être d'en devenir le chef, car il se sentait toute l'énergie et toute la volonté nécessaires pour cela.

Pendant qu'il faisait ces réflexions, deux paysans sortirent d'un petit sentier qui aboutissait à la grande route, et, sur un geste de Lucien, ils prirent les deux malles, les chargèrent sur leurs épaules et disparurent dans le sentier.

— Maintenant, dit Lucien, nous pouvons partir.

— Mais où allons-nous?

— Chez un ami qui vous donnera l'hospitalité à ma recommandation, jusqu'à ce que vous vous soyez mis en règle pour pouvoir établir votre séjour dans ce pays, si telle est votre intention.

— Qu'est-ce qui peut vous faire supposer que j'en aie d'autre?

— Mais, lui dit Lucien, un militaire de l'empire qui part sans pouvoir donner un but apparent à son voyage ; qui n'a ni famille ni amis dans ce pays, doit avoir des raisons importantes pour s'y rendre, et comme d'une part je connais sa réputation de probité et de bonne conduite, et que je suis sûr qu'il ne fuit pas devant des affaires embarrassées ; comme je sais d'une autre part quels sont ses sentimens politiques, je puis penser qu'il est venu en Bretagne pour y tenter un mouvement.

— Qu'il est presque impossible d'essayer, dit Valvins en interrompant Lucien, quand on n'a ni famille ni amis, comme vous dites, dans ce pays, mais qui serait peut-être plus facile à un homme attendu si exactement et qui fait sortir des agens mystérieux du bord des routes au premier coup de sifflet.

— Sur l'honneur, lui dit Lucien, je ne suis ici dans aucun intérêt politique, quoique je ne veuille pas qu'on y sache ma présence. Ce que je vous ai dit tout à l'heure est la vérité. Pourriez-vous jurer de même que vous ne m'avez rien caché ?

— Je vous le jure ; je suis parti parce que je voulais fuir Paris à tout prix. Et une heure plus tôt ou une heure plus tard, je serais sur la route de Marseille ou de Bordeaux. Je suis monté dans la première voiture qui s'est trouvée prête à partir : voilà tout.

— Et c'est une mère que vous fuyez ainsi ?

— Oui, ma mère.

Valvins s'arrêta, et après un profond soupir il reprit :

— Et peut-être aussi la mère de mon enfant.

— Ceci se complique, dit Lucien.

— Oh! oui, c'est une étrange complication de crimes.

— Eh bien, dit Lucien en essayant de garder à sa parole le ton de légèreté indifférente qu'il affectait d'ordinaire, mais avec une expression de rage qui se trahit malgré lui, eh bien ! peut-être mon histoire pourra-t-elle faire pendant à la vôtre. Du reste, vous la saurez, si je l'apprends jamais, car j'ai besoin d'un témoin sûr de tout ce qui va se passer.

Quelle que fût l'insouciance de Valvins sur tout ce qui pouvait lui arriver, et bien qu'il se laissât aller sans résistance à tout ce que cet homme qu'il avait fortuitement rencontré voulait faire de lui, cependant cette dernière proposition l'étonna, et il dit à Lucien :

— Mais, si vous ne m'aviez pas rencontré, vous vous seriez donc passé de témoin ?

— Non, monsieur, non, lui répartit assez sèchement Lucien, je ne m'en serais point passé. J'en ai un qui m'attend, un cœur fort, une âme pleine de générosité, un dévoûment sans calculs, mais peut-être lui manque-t-il une juste appréciation des choses de ce monde, peut-être la violence de son caractère ne lui permettra-t-elle pas d'arriver à la verité en me suivant patiemment par es mille détours d'une ruse obséquieuse ; mais à tout prendre, je préfère sa bonne volonté à vos soupçons, ainsi donc n'en parlons plus.

— Il me semble, lui répliqua Valvins du même ton sec, que mon hésitation n'a rien d'étonnant vis-à-vis d'un homme que je ne connais pas.

— En ce cas, la promptitude sans hésitation avec laquelle je vous ai offert de vous tirer d'embarras a dû fort vous surprendre.

— Est-ce un reproche? En ce cas, j'ai bien l'honneur de vous saluer, dit Valvins en s'arrêtant.

— Et je vous aurai volé votre malle et vos habits, dit en riant Deville. Tenez, mon cher monsieur Valvins, n'en parlons plus. La maison où je vais vous conduire vous en dira plus que tout mes discours, et une fois là vous jugerez si vous voulez être de moitié dans ce que j'ai tenté.

— Soit, dit Valvins en reprenant sa marche près de Lucien.

Bientôt ils arrivèrent dans une petite vallée au fond de laquelle coulait un petit ruisseau qui, retenu au débouché de cette vallée par une chaussée, y formait une espèce de grand étang, et s'échappait ensuite par les berges de deux moulins posés à chacune des extrémités de la chaussée.

— Voilà, dit Lucien en montrant ces deux maisons à Valvins, voilà où gît le secret de ma destinée ; mais est-ce à ce toit ou à celui-ci ? c'est ce que je n'ai pas encore pu découvrir, et, lorsque je saurai sous lequel des deux est caché le secret de naissance, Dieu sait si je pourrai en obtenir l'aveu.

Ce mot, en rappelant à Valvins la singulière connexité qui existait entre lui et Lucien, effaça de son esprit un reste d'appréhension qui y demeurait encore. Cependant ils gardèrent tous deux le silence et se mirent à gravir rapidement un sentier couvert qui montait jusqu'à pic sur la colline qui bordait la vallée dont nous venons de parler.

Après minutes de marche, ils arrivèrent en face d'un petit castel sur le seuil duquel une femme et deux jeunes gens paraissaient les attendre.

XII

Vieilles connaissances.

Bien que ce récit repousse dans son but la description minutieuse des lieux où se passèrent les événemens qui en font sinon l'intérêt, du moins le fond, il est peut-être nécessaire de nous arrêter un moment pour dire quel était l'aspect de cette maison et des personnages qui l'habitaient.

Cette maison avait une façade assez étendue et terminée à ses deux extrémités par deux tourelles surmontées de toits en cône et de girouettes énormes qui lui donnaient un air féodal. Le long des fenêtres étroites et hautes, on voyait de longues meurtrières percées à chaque côté des croisées, et les tourelles en étaient pour ainsi dire cannelées ; elles avaient été bouchées par une espèce de torchis composé de terre glaise et de foin qui, au besoin, eût pu être enlevé en quelques heures et les eût rendues praticables. En arrière de cette façade s'étendaient de nouveaux bâtimens assez misérables, qui paraissaient servir de granges et d'étable à la maison ; mais ils étaient élevés sur des fondations sortant encore à deux pieds de terre et bâties dans le même système que la façade, et qui annonçaient que cette habitation avait dû être jadis un parallélogramme régulier et présenter une défense assez redoutable.

Jamais Valvins ne s'était guère occupé de ces idées de féodalité, vieilles habitudes complétement oubliées sous l'empire ; mais en apercevant cette maison, et en jugeant de ce qu'elle avait pu être par ce qui en restait, il se figura que le possesseur d'un pareil manoir devait se croire quelque chose, et que la force du maître de ce lieu avait une bien plus haute portée que la prétendue aristocratie des officiers de l'empire, qui se bornaient à tapager plus haut que les autres dans les cafés ou les spectacles, à réduire lestement les filles de bonne maison, et à rosser quelquefois un tailleur impatient ou un huissier trop pressé.

Il comprit qu'avec de pareilles demeures, dans un pays si inabordable au déploiement d'une grande force armée, l'esprit de rébellion eût quelque chance de succès, et que le rayonnement du pouvoir qui part du centre pour arriver aux extrémités de la France sans rencontrer d'obstacle, pût se briser contre de si nombreuses résistances.

Quant aux personnes qui étaient sur la porte principale, c'étaient une femme et deux jeunes gens.

Cette femme pouvait avoir de quarante-cinq à cinquante ans. Elle était d'une taille élevée et semblait avoir été pour ainsi dire construite dans les larges proportions d'une forte nature, mais une maigreur excessive et une pâleur maladive lui donnaient un air de faiblesse et de mélancolie touchante, malgré la majesté de son visage et l'élévation de sa taille. L'un des jeunes gens sur lesquels elle s'appuyait était, comme elle, d'une stature élevée et d'une beauté remarquable.

L'autre était un enfant.

Ces trois personnes parurent fort surprises de voir Lucien accompagné d'un étranger ; toutefois, elles l'accueillirent avec une franche cordialité, et madame Poyer, après les premiers momens, se retira pour donner des ordres afin de loger Valvins. Elle emmena Fabien, qui, bien qu'il ne fût pas son fils, semblait en avoir les droits, et Poyer, Lucien et Valvins restèrent ensemble. A peine furent-ils seuls, que Poyer dit à Lucien :

— Puis-je parler devant monsieur ?

Lucien se tourna vers Valvins, et lui dit :

— C'est à vous de répondre. Vous allez savoir tout ce que je sais de mon histoire, voulez-vous être le confident de ce qui va m'être révélé. Avant de me répondre, écoutez-moi. Je sais qui vous êtes. Je sais de vous tout ce que le monde en sait : que vous êtes sans famille connue, que vous ne devez ce que vous êtes qu'à l'attachement d'un vieux soldat, et ensuite à vous-même; Legrigois me l'a dit. Comme ma position est pareille à la vôtre, j'ai tout de suite pensé à vous demander votre confiance en vous donnant a mienne. Le hasard m'a servi, en vous forçant à me suivre dans cette maison ; mais, avant d'aller plus loin, je crois devoir vous prévenir que ma règle en cette vie est un partage égal entre amis.

— C'est un titre bien sacré, et qu'on ne jette pas ainsi au premier venu, dit Valvins.

— Vous avez raison, répartit Lucien, et d'ailleurs nous ne partirions pas du même point pour le devenir. Pour que vous acceptiez la proposition que je vous fais, il faut que vous sachiez de moi ce que sais de vous ; c'est-à-dire ce qui est au soleil, ce que tout le monde en a pu voir, et puis, une fois cela fait, vous qui avez sans doute pénétré dans le secret de votre existence, vous resterez le maître d'accepter ou de refuser ce que je vous propose.

— Comme il vous plaira, répartit Valvins.

Tout aussitôt Lucien commença ainsi.

XIII

Encore un.

Long-temps avant la révolution, le moulin qui est au pied de cette colline, sur le côté gauche de la chaussée, et qu'on nomme encore le moulin des Colombiers, appartenait à la famille de Chastenux. Le meunier qui le tenait à ferme des comtes de ce nom y était établi depuis longues années, et, grâce au prix peu élevé de son fermage et à une conduite régulière, il y avait gagné une sorte d'aisance qui en faisait un homme assez considérable; il se nommait Antoine Firon.

Ni Firon ni les autres fermiers du comte ne connaissaient l'héritier de M. de Chastenux, qui avait été élevé à Paris, et qui ne venait presque jamais chez son père. Mais ils avaient appris par les confidences des serviteurs du château que le vieux comte ne recevait guère de son fils que des sujets de mécontentement. Aussi reçurent-ils du comte comme un bienfait providentiel le renouvellement du bail que leur maître fit à tous ses fermiers, quelques semaines avant mort. Le vieux comte ne leur cacha point que les dispositions de son fils l'épouvantaient sur les exigences qu'il pourrait exercer contre eux, et il voulut assurer leur avenir pour de longues années.

— Je vous demande pardon, dit Lucien en l'interrompant, de reprendre mon histoire de si loin, mais sans cela vous ne pourriez guère la comprendre.

— Et peut-être sans cela, repartit Valvins, n'y prendrais-je pas déjà l'intérêt que j'éprouve, car vous avez prononcé un nom qui ne m'est pas tout à fait étranger.

— Lequel?

— Je vous le dirai, mais continuez.

— M. Chastenux le père était mort depuis trois mois, lorsque son fils arriva dans le pays. C'était un fort mauvais sujet qui, après avoir dévoré sa fortune, avait épousé une juive hollandaise contre le gré de son père : il l'avait également ruinée, et personne n'avait jamais bien expliqué la mort rapide et prématurée de cette malheureuse.

Du reste, ceci n'est point de notre histoire, et il ne s'agit que des rapports du jeune comte avec ses fermiers.

Le père avait bien jugé le fils. A peine fut-il établi dans son château, qu'il fit venir tous ses fermiers. Alors par des menaces auxquelles son crédit et sa méchanceté bien reconnus donnaient une grande portée, il les amena presque tous à faire ce que son père avait voulu empêcher. La plupart des baux furent résiliés ou augmentés, de manière à être une charge presque impossible à supporter pour ceux qui les avaient acceptés. Un seul des tenans du comte de Chastenux résista aux volontés et aux menaces de son maître : ce fut le vieux Antoine Firon, le meunier dont je vous ai parlé.

Le jeune comte essaya d'abord toutes les manières possibles de le troubler dans son exploitation; malheureusement pour lui, il ne put employer les moyens violens qu'il croyait souverains contre les fermiers, qu'en blessant des intérêts très puissans aussi.

Plus d'une fois, le comte de Chastenux fit passer sa chasse à meute à travers les champs et les moissons d'Antoine Firon, et les ravagea de fond en comble. Dans sa colère, il ne fit point attention que, pour pénétrer jusqu'aux propriétés de Firon, il lui fallait traverser celle du vicomte Poyer. Il s'imagina qu'en prévenant celui-ci de ses mauvais desseins, il le mettrait de son parti, et qu'il suffirait, pour le faire taire, de l'indemniser de la perte matérielle que pourrait lui causer le passage de la chasse. Le comte de Chastenux s'était trompé. M. Poyer était avant tout un homme juste et un homme d'honneur, qui ne voulut point se rendre complice d'une pareille persécution.

— D'ailleurs, fit Lucien en continuant son récit et en désignant Poyer, je puis le dire devant son fils, M. Poyer, indépendamment des sentimens généreux qui l'eussent empêché de se prêter aux violences du comte de Chastenux, M. Poyer, dis-je, avait épousé la fille d'un autre fermier, et ses inclinations n'étaient pas pour les petites tyrannies de la noblesse. Il porta donc devant les tribunaux des plaintes qui, de la part de Firon, fussent peut-être restées sans effet, et le comte de Chastenux se dégoûta bientôt d'une guerre dont il payait les frais beaucoup plus cher qu'elle n'eût jamais pu lui rapporter. M. Poyer n'était pas un homme à intimider d'aucunce façon, et M. de Chastenux comprit, dans une entrevue qu'ils eurent ensemble, qu'une provocation eût compromis plus que sa fortune, et que sa personne eût pu à son tour répondre de son impertinence.

— Mon père l'eût éventré comme un poulet, dit à ce moment le jeune Poyer d'une voix si rude, que Valvins pensa que, s'il fallait juger du père par le fils, l'expression était parfaitement juste. Cependant Lucien continua ainsi :

— A ce moment, ce qui n'avait été chez le comte de Chastenux qu'une persécution avide devint une vengeance de vanité blessée. Il était furieux de ce qu'un manant lui échappait, et il chercha un nouveau moyen de lui nuire. Il fut long et difficile à trouver ; mais un certain procureur, qui n'est rien moins que député aujourd'hui, finit, à force de tourner et de retourner le bail de Firon, par y découvrir une manière possible de ruiner cet honnête homme.

Il vous est probablement fort indifférent de savoir textuellement l'article du bail sur lequel le comte de Chastenux établit ses nouvelles prétentions ; mais, un beau matin, des maçons et un charpentier s'établirent à l'autre extrémité de la chaussée qui barre la petite rivière que Firon croyait lui appartenir, et ils se mirent en devoir de construire un nouveau moulin.

Ceci fit un procès ; mais, dans ce procès, Firon dut plaider contre son maître, et bien que M. Poyer lui eût prêté l'appui de sa recommandation, Firon perdit sa cause, et le comte fut autorisé à construire un nouveau moulin, en divisant la force des eaux d'une manière égale entre les deux établissemens. Le comte n'avait fait cela que pour forcer Firon à abandonner son moulin, espérant que le meunier n'oserait ou ne pourrait soutenir une pareille concurrence. Mais Firon ne se tint pas pour battu, et, sûr de conserver à peu près toutes ses pratiques, il garda son exploitation, et laissa s'installer dans le moulin nouveau un meunier que le comte avait été chercher assez loin, car personne n'avait voulu dans le pays se charger de ce nouveau bail. Cet homme s'appelait Jacques Varneuil.

Nous avons vu tout à l'heure Valvins s'étonner en entendant dans le récit de Lucien le nom du marquis de Chastenux ; ce fut le tour de Noël d'être surpris, en trouvant dans le manuscrit de Valvins le nom de son père. Quoique ce nom pût appartenir à une autre famille que la sienne, il prêta cependant un intérêt plus vif à la lecture qu'il faisait, et il la reprit avec ardeur.

— Ceci se passait quelques années avant la révolution. Le comte de Chastenux, satisfait du mal qu'il croyait avoir fait, était retourné à Paris, où il courait après une espèce de princesse russe dont il espérait attraper les roubles.

A ce moment du récit de Lucien, Valvins tressaillit, car il prévoyait qu'il pouvait y avoir plus qu'une ressemblance entre son histoire et celle de Deville, et que peut-être elles se rattachaient l'une à l'autre par quelque fait encore non aperçu. Lucien continua :

— Le départ du comte avait laissé la lutte s'établir entre le meunier Firon et le meunier Varneuil. Il est probable que si celui-ci eût été le méchant homme que s'était imaginé M. de Chastenux, il eût vite été ruiné ; mais au bout d'un an Firon s'aperçut que son concurrent était un brave et honnête homme que M. de Chastenux avait trompé, et qui luttait avec courage et probité contre la charge qu'il s'était malheureusement imposée. Il en arriva que Firon ne fit point de démarches pour empêcher quelques pratiques d'aller chez Varneuil, de façon que tous deux vécurent sinon en amis, du moins sans se faire la guerre acharnée sur laquelle avait compté le comte de Chastenux.

Il faut vous dire aussi, pour que vous compreniez bien le doute où je suis, reprit Lucien, que le comte de Chastenux, qui n'avait obtenu de la princesse de Kadicoff que ce qu'elle donnait volontiers à tout le monde, s'était lassé d'être le rival d'un si nombreux personnel, et avait épousé une demoiselle de Nantes, fort riche et de très bonne famille.

Quelque horreur que Valvins éprouvât pour ce qu'il avait appris de sa mère, il ne put s'empêcher d'être cruellement blessé du mépris avec lequel il en entendait parler, et cette émotion parut sur son visage.

— Ce nom, le connaissez-vous donc aussi ? lui dit Lucien.

— Il est naturel, répondit Valvins, que, connaissant celui de M. de Chastenux, je n'ignore pas celui de la princesse de Kadicoff.

— C'est juste, répartit Deville. Je continue donc.

Cette existence paisible, mais peu amicale, des deux rivaux meuniers éclata cependant en une animosité implacable, par un événement imprévu et tout à fait en dehors de leurs relations. Jacques Varneuil avait un fils nommé Pierre.

Ce nom, c'était celui de son père, et Noël ne douta plus qu'il ne trouvât dans la lecture qu'il faisait des renseignemens sur sa famille, et dès ce moment il poursuivit sa lecture avec une vive anxiété. Du reste, nous croyons devoir prévenir nos lecteurs que nous supprimerons désormais les surprises que Noël dut souvent éprouver en continuant le manuscrit de Valvins, et celle que Valvins avait dû ressentir autrefois en écoutant le récit qui continuait ainsi :

En 1790, Pierre Varneuil avait dix-huit ans et beaucoup d'amour pour la fille d'un fermier voisin. Louise Leroëx avait aussi dix-huit ans et un commencement d'amour pour la personne de Pierre Varneuil. Mais elle n'était pas non plus sans quelques momens d'attention pour Martial Firon, le fils du vieux Antoine.

Louise aimait dans Pierre un bon et gai garçon, leste, déterminé, travailleur, et qui pour elle eût sauté dans le feu. Mais elle estimait dans Martial un bon lot de terre en plein rapport, et une facilité de caractère qui devait en faire un mari comme en rêvent les filles un peu entendues à devenir femmes.

Pierre Varneuil n'était ni assez poétique ni assez vaniteux pour s'imaginer que Louise ne savait pas compter, et pour supposer que lui, Pierre, valait un bon pré à deux coupes. Pierre détestait donc Martial de toute son âme, et Martial méprisait Pierre de toute sa sottise. Cependant cette haine n'arriva jamais jusqu'à des querelles trop violentes ; la prudence de Martial les évitait encore plus lestement que la vivacité de Pierre ne les commençait. Toutefois, les choses restaient encore en suspens, lorsque les parens s'en mêlèrent, et dès ce moment tout fut dit. Les hésitations de Louise furent aisément décidées par la volonté de son père, et Martial fut proclamé le fiancé de la fille du meunier Firon. Pierre Varneuil se tint pour battu quant au mariage, et, en vrai et bon paysan qu'il était, il se crut battu pour l'amour. Un autre moins sincère ne s'y fût point trompé et eût reconnu que Louise, satisfaite d'avoir le mari et les prés, était d'humeur à compléter son mariage en y ajoutant un joli garçon pour amant.

A cet endroit du récit de Lucien, Poyer laissa échapper un geste de mécontentement et interrompit son ami en lui criant brusquement :

— Lucien !... Lucien !...

— Eh bien ! répartit celui-ci, qu'est-ce donc qui te prend ?

— Ce n'est pas bien ce que tu dis là, fit Poyer. Cette femme, à l'heure où tu parles d'elle, est couchée sur son lit de mort, et cette femme est peut-être...

— Tu as raison, reprit Lucien, peut-être !... et il ne faut médire de personne.

Deville comprima un sentiment de rage intérieure, et reprit ensuite son récit :

Ce mariage était accompli depuis un an, lorsque arrivèrent à la fois dans le pays le comte de Chastenux avec sa nouvelle épouse et l'un de leurs intimes amis, le vicomte d'Assimbret. M. de Chastenux, décidé à suivre les princes dans leur émigration, était venu pour régler ses affaires, et se munir d'autant d'argent qu'il pourrait en tirer de ses fermiers. Il réussit auprès de tous, et surtout auprès d'Antoine Firon, qui, dans cette circonstance, ne vit plus en lui le maître avide qui avait voulu le ruiner, mais le gentilhomme qui se dévouait à une cause qui a été toujours populaire dans ce pays.

Il y eut un véritable retour vers le comte ; si bien que Martial, tenté par des offres brillantes, le suivit, afin de servir d'intermédiaire entre lui et le vieux Firon, auquel M. de Chastenux remit la gestion de toutes ses propriétés. Ils partirent donc avec le vicomte d'Assimbret.

Mais, quelques jours après, celui-ci reparut dans le pays. Probablement ce retour avait des motifs dans lesquels on ne voulait laisser pénétrer personne, car il s'empressa de l'expliquer à des gens qui ne lui en demandaient pas compte. Ces motifs tenaient, disait-il, à de graves intérêts politiques qui lui avaient été confiés et qui l'avaient forcé de se séparer du comte de Chastenux.

Il se disait caché dans le pays, et cependant tout le monde savait qu'il était logé chez Varneuil, le meunier rival de Firon. Ce choix n'avait rien que de très simple, car le vicomte d'Assimbret avait été nourri par la femme de Varneuil, et quoiqu'il fût de dix ans plus âgé que Pierre, il le regardait comme son frère de lait.

Ce fut de Pierre que le vicomte apprit sa passion pour Louise et toute l'histoire de cet amour malheureux. Le naïf jeune homme était tombé en de bonnes mains, s'il eût voulu profiter des leçons qu'on lui donnait ; mais le vicomte eut beau lui prêcher la vengeance, le paysan ne comprenait pas qu'en poursuivant Louise, qu'en la faisant manquer à ses devoirs de femme et en la déshonorant, il se vengeait de son mari. Pour que Pierre eût eu cette intelligence, il eût fallu qu'il détestât également Louise et Martial ; mais Pierre aimait encore Louise, et c'est pour cela qu'il ne profita pas de la préférence qu'elle avait pour lui.

— Le vicomte le trouva le plus sot imbécile de la terre, et, ne pouvant le déterminer à agir, il se décida à le faire lui-même. Cela était d'autant plus facile que Martial était toujours à l'étranger avec le comte de Chastenux.

En qualité d'ami du comte de Chastenux, il lui était facile de pénétrer chez Firon. Il y entra, et, sans qu'on ait su jamais les détails des entrevues qu'il avait eues avec Louise, il est certain qu'au bout de quelques semaines il était son amant. Il fallut que le vicomte fût bien adroit pour mener de front ses intrigues avec

Louise et ses liaisons avec madame de Chastenux, car Séraphine (c'était le nom de ta comtesse) était fort jalouse. La position très équivoque du vicomte dans le pays le servit probablement; elle justifiait auprès de chacune de ces femmes l'emploi des jours et surtout des nuits qu'il ne passait pas près d'elle. Il travaillait le pays, disait-il, et, pour donner quelque poids à ses assertions, il compromettait le vieux Firon, à qui il faisait faire les démarches les plus dangereuses.

Le vieillard allait la nuit chez les fermiers des environs, tandis que le vicomte restait au moulin. Quand le vieux Antoine était de retour, c'était le beau temps de la comtesse, à qui il venait raconter toutes les belles choses qu'il était censé avoir faites, et qui s'imaginait follement s'être donnée à un brave ennemi de la révolution. Un an se passa ainsi, lorsque arriva l'événement que je vais vous raconter.

Le père Antoine était absent depuis plusieurs jours, lorsqu'un soir Pierre Varneuil, qui se promenait tristement sur le bord de l'étang, crut voir de l'autre côté, et sortant d'une petite cabane située à une portée de fusil de la maison où nous sommes, une ombre blanche qui se mit à descendre le versant de la colline avec une effrayante rapidité. Pierre s'arrêta pour voir quelle était cette étrange apparition. Bientôt il crut reconnaître une femme qui se précipitait avec cette violence.

Il ne pouvait comprendre quelle pensée pouvait la pousser ainsi, lorsqu'il la vit arriver au bord de l'étang et s'y précipiter comme si elle avait été emportée malgré elle par la rapidité de sa course.

Aussitôt Pierre Varneuil se jeta à l'eau, et, voyant quelque chose qui surnageait, il se dirigea de ce côté et demeura fort surpris en trouvant un berceau où reposaient deux enfans. Il le ramena d'abord et le déposa au rivage. Il chercha alors la femme qui avait dû apporter le berceau, et, après avoir plongé deux fois, la sauva, la porta près du berceau, et reconnut alors Louise Firon.

Tout cela ne s'était point passé sans que Pierre ait appelé au secours, de façon qu'au moment où il amenait Louise sur le rivage, déjà M. d'Assimbert, le vieux meunier et quelques domestiques s'y trouvaient. On porta Louise chez Varneuil; elle était encore évanouie, et on livra les deux enfans à une servante pour les débarrasser de leurs langes.

Louise revint à elle, et la première personne qu'elle vit fut M. d'Assimbret; elle jeta tout autour d'elle un regard égaré et curieux, et s'écria avec désespoir :

— Eh bien! c'est bon, je les ai tués tous les deux.

— Tous les deux! s'écria Pierre; mais moi je les ai sauvés.

— Je te dis, Pierre, que je les ai noyés ensemble, le mien et celui de la comtesse...

Et tout aussitôt elle se reprit à crier :

— Ils sont morts tous deux... tant mieux ! tant mieux !...

La servante dont je tiens ces détails n'en put entendre davantage ; Louise fut prise d'une attaque de nerfs qui dura une partie de la nuit, et pendant laquelle elle ne laissa échapper que des mots entrecoupés qui ne pouvaient rien expliquer. Lorsqu'elle revint à elle, M. d'Assimbret resta seul dans sa chambre avec les Varneuil et le vieux Firon, arrivé durant la nuit. Le lendemain il partit, emmenant les deux enfans dans sa carriole, et l'un d'eux fut déposé à cinq lieues d'ici, dans le petit village de Deville. C'était moi. On n'a jamais su ce qu'était devenu l'autre enfant.

Lucien s'arrêta, et Valvins qui l'avait écouté avec intérêt, lui dit :

— Mais lorsque Louise descendait de la colline, d'où venait-elle ?

— Voici ce que le bruit public put apprendre à mon père, dit alors Poyer qui prit la parole à la place de Deville. Il paraît que Louise Firon avait été accouchée secrètement dans la petite maison d'où Varneuil l'avait vue sortir. Il s'était à peine écoulé huit jours depuis cet accouchement, lorsqu'un domestique du château vint dire à Louise Firon de se rendre chez la comtesse.

Louise, qui devait croire que cette entrevue n'avait d'autre but que de lui transmettre des nouvelles de son mari, Louise se rendit aux ordres de madame de Chastenux. C'était le soir. Le médecin de madame la comtesse de Chastenux était au château, car celle-ci, enfermée depuis deux jours dans son appartement, était, disait-on, gravement malade. On n'introduisit pas Louise auprès de la comtesse ; mais elle fut reçue par le médecin. On ignore ce qui se passa entre eux ; mais le concierge du château raconta avoir vu sortir Louise avec un paquet caché sous son bras. Ce devait être l'autre enfant retrouvé dans le berceau, et ce fut probablement alors qu'égarée par la nouvelle qu'elle venait d'apprendre, elle alla chercher son propre enfant, et les plaçant tous deux dans le même berceau, elle courut se précipiter dans l'étang.

Tout cela, vous devez le comprendre, n'est qu'un rapprochement de petites circonstances détachées et ramassées de côté et d'autre par mon père, qui alors ne mettait aucun intérêt à être bien informé.

— Mais reprit Valvins, la femme chez qui Louise a été accouchée devait savoir quel était son enfant.

— Sans doute, dit Poyer, elle le savait, mais elle partit le lendemain avec le vieux Firon.

— Ce fut celui-ci qui me porta chez les paysans qui m'ont nourri tant qu'il a vécu et payé ma pension, dit Lucien en reprenant la parole. Mais cette pension cessa quelques années après, à l'époque de la mort du vieux Firon. Ce fut alors que M. Deville, à qui appartenait la ferme sur laquelle j'ai été déposé, me voyant sur le point d'être abandonné, me prit en pitié d'abord, puis en amitié, m'éleva, m'adopta pour son fils et me légua toute sa fortune, sans m'apprendre autre chose du secret de ma naissance que ce qu'il en savait lui-même, c'est-à-dire que c'était un vieux meunier de ce pays qui m'avait placé chez le fermier où j'étais.

Dès que j'eus appris cette circonstance, je vins dans ce pays, où j'étais sûr de trouver un ami qui m'aiderait dans mes recherches; cet ami était Poyer, avec qui j'avais été élevé au lycée de Brest.

Après vingt-trois ans passés, je n'ai trouvé d'autres traces de ma naissance que ce que je viens de vous raconter. Depuis longtemps le père Varneuil était mort, et peu après la catastrophe que je vous ai racontée, Pierre s'était engagé comme soldat et avait quitté le pays avec le vicomte d'Assimbret.

— Il ne reste donc plus personne qui sache ce secret? demanda Valvins.

— Je ne sais, dit Lucien, si Martial Firon le savait; il est mort peu de temps après son retour en France. Mais il reste la comtesse de Chastenux et Louise Firon.

— Louise Firon? dit Valvins.

— Oui, répondit Lucien; mais Louise arrivée à un état d'idiotisme qui fait que, lorsque j'ai voulu l'interroger, il y a un an, je n'ai pu réveiller en elle aucun souvenir du passé. Je retournai à Paris, car je venais de lire sur les journaux que le vicomte d'Assimbret, rentré avec les Bourbons, venait d'être promu au grade de maréchal-de-camp.

Le crime, à ce qu'il paraît, est un mauvais compagnon de la vie; car, de même que j'avais trouvé Louise privée de la raison, de même je rencontrai dans M. d'Assimbret un vieillard que le remords ou peut-être la débauche avait encore plus dégradé que sa victime.

Je m'étais à peu près résigné à ne plus m'occuper du secret de ma naissance, lorsqu'il y a huit jours, cette lettre que vous m'avez vu montrer à Legrigois est venue me chercher. Elle m'apprend que madame de Chastenux est ici, et que Louise, frappée d'une maladie mortelle, semble reprendre la raison à mesure qu'elle approche de la mort. On dirait que le corps s'est emparé des souffrances de l'esprit pour lui laisser le pouvoir de se souvenir, et je veux profiter de la dernière lueur qu'il jettera.

A ces dernières paroles de Lucien, Valvins fronça le sourcil.

— Je vous comprends, dit Deville, vous me trouvez cruel pour une pauvre femme dont je vais torturer l'heure suprême. Mais, pour comprendre ce qui me pousse avec tant d'acharnement à cette découvert il faut que vous sachiez une circonstance très particulière de ma vie. Cette circonstance, vous la trouverez dans cet écrit.

Il vous expliquera peut-être aussi ce qui vous semble étrange dans mon caractère et vous montrera si je puis encore avoir de la pitié pour ceux qui m'ont tant fait souffrir. Ce n'est pas pour Louise Firon que je serai implacable, croyez-moi, quand je saurai ce que je suis, et s'il est vrai que vous ayez eu à subir les tortures qu'on m'a infligées, vous comprendrez sans doute dans quel but je veux tout savoir.

— Mais madame de Chastenux? lui dit Valvins.

— Lisez, lisez, repartit Deville, que ce nom fit tressaillir.

A ces mots, Lucien remit un petit cahier à Valvins, et, s'éloignant avec Poyer, il le laissa seul. Voici ce que lut Valvins.

XIV

Les Eaux.

Je ne sais si jamais vous avez été aux eaux, et si vous trouvez raisonnable d'aller vous guérir de l'ennui de n'être pas assez malade pour qu'on s'intéresse à vous, mais, quelle que soit votre opinion à ce sujet, je trouve que les eaux sont une merveilleuse invention. Toutefois entendons-nous bien. Quand je dis les eaux, je ne prétends point parler du liquide plus ou moins ferrugineux ou sulfureux qu'on boit ou dans lequel on se plonge. Pour moi, les eaux sont un endroit où l'on va pour aller quelque part. C'est un terrain neutre qui a ses priviléges charmans. D'abord, à l'argent près, tout le monde y est à peu près de même race; vous n'avez pas besoin d'être de famille princière pour y danser avec des duchesses et faire la partie de wisth d'un secrétaire d'ambassade allemand.

La tolérance sur la convenance des relations est même poussée à un point excessif : on accepte très aisément les gens pour ce qu'ils disent être, même lorsqu'on sait qu'ils ne sont pas ce qu'ils disent. Les contrats de mariage n'y semblent pas de première nécessité pour qu'un homme et une femme y soient reçus comme de légitimes époux. Personne n'étant chez soi, on ne songe pas à y défendre la dignité de sa maison, et ce sont souvent les plus huppés qui recherchent la société des plus petits, heureux qu'ils sont d'échapper à l'étiquette, comme une jeune Andalouse à une vieille duègne. D'ailleurs, on est aux eaux pour se distraire, quand ce n'est pas pour s'amuser; on y met du soin, on s'en occupe, on s'y acharne et on y arrive quelquefois, tant la volonté de l'homme est puissante.

Du reste, ce petit préambule a deux buts : le premier est d'expliquer comment les personnages de cette histoire ont pu se rencontrer dans une sorte de familiarité journalière; le second, de ne pas expliquer pourquoi tous ceux qui y jouent un rôle se portaient à merveille. Je puis donc commencer et dire que ceci se passait à Boulogne. Ne me faites pas observer qu'il n'y a point d'eaux à Boulogne, et qu'on y prend des bains de mer. Je me suis mis en garde contre cette objection ; interne ou externe, le médicament supposé n'est qu'un prétexte à une vie différente de celle qu'on mène d'ordinaire, et il n'y a plus que les incurables et les bourgeois qui cultivent des pots de fleurs avec le *Parfait Jardinier* qui croient encore aux eaux.

Donc c'était à Boulogne-sur-Mer. Dans le salon où le soir se réunissaient tous les baigneurs, se trouvait, vers sept heures de l'après-midi un femme seule. Elle était vêtue d'une robe de mousseline blanche qui dessinait une taille plus que svelte : de fins brodequins emboîtaient un pied d'une ténuité remarquable, elle était coiffée de riches cheveux blonds tombant en longues anglaises le long de ses joues amaigries et d'un cou blanc comme neige dont un velours noir attaché par un petit nœud de rubis dissimulait la longueur. Une pâleur à peine rosée, une pose abandonnée lui donnaient un air mélancolique que démentaient des yeux d'une vivacité perçante, un nez retroussé avec la plus gracieuse impertinence, et des lèvres si minces, que le sourire en devait être plus sardonique que gracieux ; elle tenait à la main un billet sur lequel elle paraissait méditer, mais cette main blanche jusqu'à être diaphane n'avait pas ce doux potelé qu'adorent les hommes qui ont des mollets et qui regrettent les culottes courtes ; elle était maigre, longue, et semblait forte et nerveuse ; cette femme pouvait avoir vingt-cinq ans, et son air ne mentait pas à la vérité.

Toutefois, tous les détails de sa personne, quoique assez ordinaires, se fondaient dans un ensemble d'élégance particulière ; bien qu'elle fût immobile, on comprenait que l'allure de cette femme devait être légère, rapide, décidée, et que la souplesse de son corps devait avoir une élasticité résistante plutôt qu'une mollesse abandonnée. Comme elle s'apprêtait à lire une seconde fois ce billet qu'elle avait déjà lu, on entra dans le salon, et elle cacha vivement le papier satiné comme quelqu'un qui a peur d'être surpris. C'était un homme qui venait d'entrer. Une chevelure rousse, un habit-veste en velours bleu à boutons d'argent, une casquette en maroquin, un pantalon gris plus que collant, des bottes maintenant avec force un pied de boucher, un portefeuille et une cravate rouge formaient sa parure.

Lorsqu'il entra dans le salon en criant à tue-tête à un garçon de l'auberge de porter ses caisses dans sa chambre, la solitaire se retourna et regarda l'arrivant avec un petit mouvement de tête assez railleur. Le monsieur, apercevant une femme, ôta sa casquette ; mais, après le premier coup d'œil, il la remit, et s'avança en s'écriant :

— Tiens! c'est vous, Minot, je suis ravi de vous rencontrer ici. Comment ça va?

Ils se serrèrent la main, sinon comme des amis, du moins comme d'anciennes connaissances, et la femme nommée Minot répondit :

— Que venez-vous donc faire à Boulogne, Létrillet?

— Mon pauvre état, ma chère, mon pauvre état, répondit Létrillet en prenant une intonation à la Brunet.

— Ah! le portrait bourgeois ne va donc plus à Paris?

— Au contraire, répliqua M. Létrillet qui, à ce qu'on voit, n'était rien moins qu'un peintre, le portrait donne très bien, mais c'est le bourgeois qui ne donne pas assez.

Létrillet accompagna ce mot d'un geste du pouce et de l'index qui expliqua ce que voulait dire donner.

— Et vous venez chercher de la pratique à Boulogne? reprit la femme d'un ton dédaigneux.

— Oui, ma belle Sophie, lui dit l'artiste la cajolant du regard; je veux faire comme vous, je veux me lancer dans le grand monde. C'est là que les vrais artistes comme nous trouvent de l'argent et des protecteurs. J'ai déjà commencé.

— Ah!

— Oui, à Paris, l'année a été bonne, je me suis mis aux chevaux et aux fleurs, et maintenant, ma chère, j'enfonce Vernet pour les Arabes et Redouté pour les roses. C'est une frénésie dont vous n'avez pas d'idée; mais ça n'a qu'un temps. Lord Fastaff m'a bien commandé une chasse que je compte mettre à la prochaine exposition, et dans laquelle j'aurai les plus beaux noms de chevaux de toute l'Europe; et si, avec cela, je pouvais attraper celui de quelque femme un peu duchesse, je serais sûr de mon affaire.

— Et vous venez à Boulogne dans cet espoir... dit l'artiste femelle, car, d'après ce qu'avait dit Létrillet, on ne pouvait douter que son interlocutrice ne fût vouée comme lui au culte spéculateur des arts.

— Vous me dites cela d'un ton bien triste, Minot, reprit le peintre; est-ce qu'il n'y a rien à gratter ici?

— C'est selon, il y a des chiens et des chevaux, mais des figures!...

— Bon! dit Létrillet en pirouettant sur son talon, vous n'avez pas fait d'argent à vos trois concerts, et vous êtes furieuse contre Boulogne; mais, en tous cas, je ne demande pas de belles figures, je me charge de la beauté, je veux des noms, et il y en a ici. Je ne suis pas venu sans informations ni recommandations.

— Soit, dit la musicienne, essayez.

— Ah ça! est-ce que la reine du piano a été détrônée à Boulogne? reprit Létrillet d'un air goguenard. Vous avez l'air d'une bénéficiaire qui n'a pas fait ses frais.

— Pensez-vous donc que l'argent soit tout pour le cœur d'une... artiste?

Le mot artiste n'était venu qu'après un moment d'hésitation et avait été accompagné d'un profond soupir. Létrillet n'était pas d'une nature à comprendre qu'il n'avait été prononcé qu'à la place d'un autre qui eût peut-être dit la cause de la morosité de la pianiste; il l'accepta donc pour vrai, et répliqua d'un air d'étonnement:

— Je ne sais pas si l'argent est tout pour le cœur d'un artiste, mais le bruit court qu'il est quelque chose pour vous.

— Vous croyez? dit Sophie d'un ton froid et railleur.

— Mais... on ne vous a pas pour rien, et il n'y a pas un salon du faubourg Saint-Germain ou de la Chaussée-d'Antin qui n'ait payé en bons louis sonnans le bonheur de vous entendre.

— Eh bien! qu'y a-t-il d'étonnant à cela? Ils veulent de moi par vanité: je les amuse, ils me paient, c'est un marché bien naturel.

Ici le peintre se posa d'une façon doctorale et répliqua en donnant à sa voix des intonations d'orateur:

— Ce n'est pas bien, ce que vous dites là, Sophie; il faut voir l'art de plus haut, et il ne faut pas faire de son talent une marchandise.

— Qu'est-ce que vous faites de votre peinture? lui dit sèchement Sophie.

— Je la vends le mieux que je peux. Mais je la donne quelquefois.

— Pour amorcer le chaland.

— Non, ma chère, non. Ainsi, si ce que l'on m'a dit est vrai, je trouverai ici Lucien Deville.

— Vous le connaissez?

— Non. Mais, s'il le veut, je lui fais son portrait pour rien.

— Je le crois, dit Sophie, ce serait une bonne enseigne.

Létrillet devint rouge de colère.

— Qu'appelez-vous une enseigne, est-ce que je suis un peintre d'enseignes?

— Je dis qu'un jeune homme de vingt-cinq ans dont les premières poésies ont fait éclat dans les salons, dans les journaux, partout, est une bonne enseigne pour le premier qui fera connaître sa figure au public; ajoutez à cela qu'il est joli homme, et que vous êtes capable de le faire passable, et vous êtes sûr qu'au prochain salon la foule se pressera autour du portrait. « C'est Lucien Deville, se dira-t-on, c'est le poète du siècle; qu'il est charmant! quel air rêveur! comme on devine son génie sur son visage!... De qui est donc ce portrait? voyons le numéro du livret. — Ah, bien! portrait de Lucien Deville, Létrillet, rue de

Madame, 50. Je suis bien aise de connaître ce peintre... c'est que c'est très bien, si je me fais peindre, j'irai chez lui, etc. »

— Si c'est comme ça, dit Létrillet en riant, je ne dis pas.

— Mettez-y donc un peu de franchise, dit brusquement Sophie, et si vous vouliez y mettre un peu de probité, vous devriez donner cinquante louis à Lucien pour qu'il vous prête sa figure.

— Il me semble, répartit aigrement le peintre, que ce n'est pas vous qui devriez me reprocher de tâcher de faire ma fortune, vous avez assez bien poussé la vôtre, et aujourd'hui que vous êtes posée, vous écorchez assez bien ceux qui ont la prétention de vous avoir chez eux. Eh bien! je vous dirai franchement, ajouta Létrillet en reprenant l'air sentencieux qu'il avait déjà affecté, que c'est manquer à sa renommée que d'exploiter son talent comme un usurier ses écus, dans un siècle où les artistes entrent dans tous les salons de plain pied avec les nobles et les plus riches.

— Oui, dit dédaigneusement la pianiste, comme les petits chiens que vous peignez si bien et dont vous n'avez pas parlé.

— Sophie! s'écria vertement le peintre.

— Tenez, dit la pianiste, laissons ce chapitre: nous ne nous entendrions jamais.

— C'est qu'en vérité, fit Létrillet, vous êtes aujourd'hui d'une humeur...

— C'est vrai, Létrillet, reprit Sophie d'un ton plus amical, mais je n'ai pas seulement de l'humeur, j'ai des chagrins.

— Des chagrins?... dit Létrillet avec un intérêt véritable; qu'est-ce qui vous fait donc des chagrins?

— C'est ce petit Lucien Deville, qui joue ici un rôle de dupe.

— Est-ce qu'il joue? répartit Létrillet pour qui dupé et volé était synonyme, tant il avait réduit le but de la vie à l'art de faire fortune: qu'il y prenne garde, ajouta-t-il, c'est surtout aux eaux qu'on trouve des aigrefins qui font sauter les espèces!

— Oh! ce n'est pas cela, dit la pianiste en soupirant.

— Ah ça! mais, dit Létrillet, est-ce que par hasard... hein... il est gentil?

Sophie haussa les épaules et répondit:

— Il a une femme qu'il adore et qui est plus jeune et plus jolie que moi.

— Eh bien! alors, en quoi est-il dupe?

— Vous ne me comprendriez pas plus que tout à l'heure; n'en parlons pas davantage, répliqua Sophie Minot d'un ton triste.

— Vous êtes furieusement mystérieuse, dit Létrillet. Ne parlons donc plus de rien, à moins que vous ne consentiez à me dire quels sont les personnages un peu importans que je trouverai ici.

La pianiste ne répondit pas et reprit sa place, tandis que Létrillet continuait en consultant un carnet:

— D'abord le comte de Marvis... connu; et puis... le marquis...

Il s'arrêta comme stupéfié, regarda la pianiste du coin de l'œil, et se mit à se frapper le front d'un air inspiré en s'écriant:

— Ah! mon Dieu, que je suis bête!

— Plaît-il?... fit la pianiste que la violence et la vérité de cette exclamation arrachèrent à sa rêverie.

— Mais c'est vrai, on n'est pas bête comme ça, continua Létrillet en tournant sur lui-même et en frappant du pied, ma parole d'honneur, je suis bête comme un pot.

— C'est possible, dit la pianiste.

— Me voyez-vous, depuis un quart d'heure, vous demandant ce que vous avez à être triste et de mauvaise humeur, et oubliant que le marquis de Favières est ici.

— Eh bien? dit Sophie en se relevant et en regardant le peintre en face.

— Allons donc, dit Létrillet en détournant la tête, incapable qu'il était de supporter la fixité de ce regard perçant, allons donc, ne faites pas de manières avec moi, vous l'avez aimé?

— C'est vrai.

— Vous avez voulu l'épouser?

— Je ne l'ai pas voulu; j'y ai consenti.

— Et cependant?

— Cependant...

— Il en a épousé une autre.

— C'est toujours vrai, qu'en concluez-vous?

— Dame, dame, fit Létrillet... que le marquis n'a pas voulu.

— C'est moi, Létrillet, qui n'ai pas voulu.

— Vous! fit Létrillet épouvanté. M. de Favières, un marquis, cent mille livres de rente! Vous l'avez refusé, et pourquoi?

— Tenez, dit Sophie en lui montrant plusieurs groupes qui se dirigeaient vers le salon.

— Je comprends, dit Létrillet; cette femme si jolie qui donne le bras au marquis, c'est sa femme?

— Oui.

— Et vous vous êtes retirée devant cette beauté appuyée d'un million de dot.

— Non, ce n'est pas pour cela, et vous ne regardez pas du côté qu'il faut; voilà là-bas la femme qui m'a empêchée d'épouser le marquis de Favières.

— Tiens! dit Létrillet, c'est Virginie Lopin, notre belle chanteuse de l'Opéra.

— Maintenant comtesse de Marvis.

— Je le sais. Mais en quoi Virginie, qui était de vos amies, a-t-elle pu s'opposer à votre mariage avec M. de Favières?

— Regardez et tâchez de comprendre, répartit Sophie.

XV

Le Salon des Eaux.

Nous ne pouvons dire si le peintre avait envie d'essayer de comprendre, mais, dès que les nouveau-venus parurent dans le salon, il quitta Sophie, se rajusta du mieux qu'il put et parut attendre le moment où il pourrait aborder ces nobles personnages. Le comte de Marvis était un homme de quarante ans, d'un visage sévère, d'une tournure raide et hautaine, d'une taille élevée, boutonné jusqu'au menton, sanglé dans ses vêtemens, exactement coiffé et décoré d'un double ruban rouge qui sortait bien carrément de l'une de ses boutonnières ; il avait l'aspect triste et régulier d'un if parfaitement taillé.

Quant à madame de Marvis, celle que Létrillet avait nommée Virginie Lopin, c'était une belle personne brune, d'une taille, d'une figure, d'un pied, d'une main irréprochables, mais froidement belle, et si une légère pâleur n'eût prêté à son visage quelque peu de tristesse pensive, on eût été fort embarrassé de dire quel air elle avait.

Amable de Favières était un tout autre homme que M. de Marvis ; ses traits, sa personne, son habillement avaient une grâce dégagée et pleine d'aisance ; de beaux cheveux noirs flottaient autour d'un visage capricieusement beau, son regard bleu était vif et curieux, sa voix doucement sonore était pleine d'inflexions diverses, son geste souple, rapide et facile ; ses habits paraissaient comme sa personne, d'une élégance aisée ; il en était paré sans y être emprisonné, il savait s'y remuer, sans craindre de leur donner un mauvais pli, et il portait dans sa démarche une sorte de nonchalance leste et naturelle qui semblait tenir à l'indifférence avec laquelle il marchait devant lui, s'arrêtant à toutes choses qu'il rencontrait sur sa route, et n'allant pas droit et sec au but qu'il voulait atteindre, comme eût fait M. de Marvis. Somme toute, c'était un homme d'une tournure charmante, mais dont un tailleur ni un dessinateur de modes n'eussent pas compris le charme.

Si sa femme, madame Louise de Favières, n'avait pas eu la prétention d'être mieux que la nature ne l'avait faite, elle eût été aussi séduisante que lui ; car la nature lui avait donné un doux visage blond et animé, de grands yeux bruns, une finesse de traits qui devait la laisser long-temps jolie et un corps dessiné d'après ces modèles suaves que l'imagination des peintres donne à la divinité aérienne des sylphides. Si cette femme n'eût été rien, elle eût pris les yeux comme une vision, et le cœur comme une espérance ; mais, en sa qualité de marquise, elle avait cru devoir armer ses yeux d'un regard hautain et sa bouche d'enfant d'un sourire dédaigneux ; elle avait sacrifié la noble gracieuseté de sa taille à la mode d'une tournure fulminante et marchait mal pou avoir l'air de ne pouvoir marcher ; elle était penchée au bras de son mari, les mains réunies et penchées en avant, la tête penchée sur l'épaule, tout le corps penché sur lui-même, et d'une voix qui devait être nette et précise quand elle ne la traînait pas, elle dit :

— Bonjour, monsieur de Marvis, vous n'êtes pas venus sur la jetée ? (Ici elle coupa sa phrase par un salut pincé, droit et cérémonieux qu'elle adressa à madame de Marvis qui la saluait en révérences, et continua comme si elle ne parlait pas pour la comtesse) ; vous avez eu tort, monsieur, nous avons eu un admirable coucher du soleil.

Elle quitta le bras de son mari, promena autour d'elle un regard à demi fermé, et reprit encore :

— M. Deville a été charmant, il s'est enthousiasmé sur ces beaux reflets de la mer et du ciel avec une chaleur, une verve qui nous a ravis au point que je ne sentais pas le froid du soir qui me gagnait.

— C'est un beau triomphe pour ce jeune homme, dit M. de Marvis, tandis que sa femme causait avec Amable de Favières, qui lui parlait d'un air souriant, mais qui avait quelque chose de protecteur.

En ce moment, la marquise aperçut Sophie qui l'examinait d'un regard au moins assuré, et elle ajouta de la même voix affectée, mais d'un autre air :

— C'est qu'il y a de la jeunesse, de la poésie dans le cœur de ce jeune homme, c'est une émotion vraie que celle qu'il éprouve, ce n'est pas un enthousiasme mécanique, calculé comme il y en a tant !

Sur ce mot, elle se détourna après avoir bien appliqué sa phrase à la pianiste par un dernier regard ; ce fut alors qu'elle aperçut son mari causant avec madame de Marvis, et tout aussitôt son visage changea encore une fois d'expression ; il s'y répandit une teinte très marquée de pruderie humaine, et elle dit d'un ton d'ironie :

— N'est-ce pas, mon ami, que M. Deville est un de ces artistes de nature élevée qui ne feront jamais de leur talent un moyen de parvenir à une place et dans un monde où...

La phrase allait devenir si impertinente pour madame de Marvis, dont le mari fronçait déjà le sourcil, que M. de Favières se hâta d'interrompre sa femme en lui disant :

— Mais je ne vois pas qu'il puisse en faire autre chose.

Et comme il s'était approché de sa femme, elle lui dit tout bas :

— Vous savez bien comme je l'entends.

— Et c'est pour cela, Louise, que je ne vous ai pas laissé dire une chose désobligeante pour madame de Marvis.

— Pour mademoiselle Virginie Lopin, répliqua madame de Favières à voix basse et du bout des lèvres ; mais, ajouta-t-elle en haussant les épaules, tout ce monde-là vous tient encore au cœur.

— Hé ! s'écria le marquis qui ne demandait pas mieux que de trouver une occasion d'échapper aux petites apostrophes de sa femme, hé ! c'est Létrillet.

— Oui, monsieur le marquis, c'est moi, plus heureux que vous ne pouvez croire de vous rencontrer ici, où je ne venais chercher qu'un peu de repos, car je me suis si imprudemment laissé accabler de travaux, que je me suis rendu malade pour pouvoir tenir toutes mes promesses.

— Tant mieux, lui dit Amable ; la fatigue qui vient du travail tourne au profit de la gloire et de la fortune. — Ma chère amie, reprit-il en se retournant vers sa femme, permettez-moi de vous présentez M. Létrillet, un de nos jeunes peintres les plus féconds.

Létrillet fit son salut de cœur, et la marquise lui rendit le sourire le plus gracieux.

— Je remercie toujours mon mari, monsieur, lui dit-elle, lorsqu'il me présente des hommes de talent. C'est une faiblesse qu'il a pour une de mes prétentions, car j'aime la société des hommes éminens dans tous les arts, et je me crois digne d'y être admise par l'admiration que je professe pour eux.

Létrillet saluait avec une humilité radieuse. En effet, ceci ne ressemblait guère à l'intention malveillante des phrases précédentes, et Létrillet dut le croire : il fallait être femme pour comprendre dans l'inflexion donnée au mot *hommes* que la marquise les séparait très nettement des femmes.

Létrillet répondit art en parlant de ses œuvres ; madame de Favières répartit art en parlant d'elle, ce qui fit que, comme ils ne s'écoutaient ni l'un ni l'autre, ils furent charmés de leur présentation.

Pendant ce petit dialogue, le marquis s'était approché de Sophie et lui avait dit tout bas :

— N'avez-vous rien à me répondre ?

— Rien.

— Mais je puis vous revoir ?

— Jamais.

Quelque rapide qu'eût été cet aparté, madame de Favières l'avait surveillé, et elle adressa à son mari un coup d'œil à le terrasser ; mais Amable s'esquiva en courant offrir un petit service à madame de Marvis qui se débarrassait de son châle et de son chapeau, et à laquelle il dit tout bas :

— Sophie est implacable, priez-la pour moi.

— Je vous prierais plutôt pour elle, lui dit madame de Marvis, car vous êtes sans pitié à son égard.

— Moi ! dit Amable.

— Votre femme nous regarde, ayez pitié de moi, reprit Virginie.

La voix qui prononça ces paroles, la voix de madame de Marvis avait quelque chose de pénétrant, de grave, et de solennel ; autant cette femme semblait insignifiante quand elle se taisait, autant le seul accent de sa voix prêtait de ton à sa beauté. C'était pour ainsi dire sa physionomie, on ne doutait plus qu'il n'y eût une âme et une pensée sous ce visage impassible, dès qu'on avait entendu non pas ce qu'elle disait, mais la large sonorité de son organe.

Toutefois, madame de Favières s'était aussi dépouillée de son châle et de son chapeau, et les avait remis à Létrillet avec une grâce et une coquetterie dont le peintre fut si bouleversé, qu'en passant près de Sophie, il lui dit :

— Mais cette femme est ravissante ; quel portrait à faire, ma chère, quel portrait !

Pendant ce temps le salon s'était garni peu à peu de baigneurs des deux sexes qui se saluaient, s'abordaient, se parlaient et arrangeaient le temps qui leur restait à passer ensemble jusqu'au moment de la retraite, de la façon la plus convenable à leurs goûts ; les uns passèrent au jeu, d'autres s'établirent aux journaux, quelques femmes se penchèrent mélancoliquement sur des romans, et deux ou trois filles à marier firent semblant de broder ; le groupe des personnages que nous avons nommés dans ce récit paraissait devoir seul rester inoccupé, lorsque madame de Favières s'écria :

— Eh bien ! comment passons-nous notre soirée ?

— Si nous faisions de la musique, dit le marquis de Favières.

— Ah ! fit sa femme, je comprends, nous aurons le bonheur d'entendre mademoiselle Sophie Minot.

— Non, madame, reprit Sophie avec une politesse affectée, vous n'aurez pas ce bonheur.

La marquise se pinça les lèvres, et, les agitant de son sourire le plus insolent, elle répartit :

— Je suis désolée d'en être privée ; heureusement que je l'ai payé hier et que je pourrai l'acheter demain.

— Oui, madame, lui dit Sophie en riant, cela coûte dix francs à tout le monde, à une marquise comme à une marchande de modes.

— Et vous les mettez sur la même ligne ?

— Elles y sont pour moi quand elles s'assoient sur la même banquette.

— Mais ici, mademoiselle ? lui dit la marquise en prenant un air d'impératrice.

— Ici, madame, vous êtes la marquise de Favières et moi Sophie Minot, c'est pour cela que je ne fais pas pour elle ce qu'elle ne pourrait faire pour moi ; je ne pense pas que madame la marquise consentît à m'amuser.

— Ce n'est pas mon état.

— Mais c'est le mien, et c'est pour cela que j'en tire le meilleur parti possible.

Probablement la marquise allait répondre quelque impertinence qui eût fait éclater une querelle plus qu'inconvenante, lorsque Létrillet s'approcha sur un signe que lui fit le marquis de Favières, et dit à la pianiste :

— Je vous ai vue plus complaisante autrefois, ma chère.

— Où donc? lui dit Sophie.

— Mais, chez nos amis.

— Oui, dit Sophie Minot, chez nos amis, qui me rendent mes efforts en bon accueil, en amitié, en égalité.

Amable était sur les charbons ardens : l'interruption de Létrillet n'avait rien changé à la tournure de la discussion ; il voulut la rompre absolument à tout prix, et il s'avança donc d'un air galant vers madame de Marvis :

— Ce sera donc vous, madame, que nous implorerons.

Virginie allait répondre, lorsque son mari le fit pour elle, en disant très sèchement :

— Madame la comtesse ne chante plus.

Le marquis salua sans répondre, mais Létrillet dit tout bas à Sophie :

— Ah ça! qu'est-ce qu'il a donc?

— Il a, lui répartit Sophie, il a... Mais vous ne me comprendriez pas, reprit-elle en s'éloignant.

— Ni vous ni personne, je vous le jure, dit Létrillet qui fut au même instant interpellé par M. de Favières qui, fort embarrassé de l'humeur de sa femme, voulait la distraire à tout prix.

— Mais vous, lui dit-il, Létrillet, vous nous direz bien une de vos bonnes charges d'atelier.

— Merci, dit Létrillet en se rengorgeant... devant madame la marquise...

— Oh! elle vous excusera.

— Qu'est-ce donc qu'une charge d'atelier? dit la marquise en se remettant en bonne grâce.

— C'est une bêtise, dit Létrillet, quelque chose de bête... de très bête...

— Mais de fort amusant, dit le marquis, et Létrillet en a une qui est prodigieuse.

— Laquelle, monsieur le marquis?

— Mais vous l'appelez, je crois, la conquête d'une *pomme cuite*.

— Ah, celle-là! c'est vrai, dit Létrillet en riant, c'est une bonne charge... Je veux bien vous la dire.

— Nous vous écoutons, dit la marquise en s'asseyant dans un coin du salon où tout le monde la suivit, excepté Sophie Minot, qui se retira dans un autre coin. Quant à Létrillet, il était superbe et se posait en homme qui est sûr son fait. On fit cercle autour de lui et il commença l'histoire suivante :

XVI

Conquête d'une pomme cuite.

« En ce temps-là il y avait un meunier champenois qui avait un fils. Le fils promettait de devenir un des plus grands savans de l'endroit : il était plein d'intelligence ; quand il avait faim, il mangeait, et une fois qu'il avait voulu se repasser une chemise, il mit du feu dans un sabot. Le feu prit au sabot, et incendia la grange où il avait tenté cette sublime invention, mais Loupin ne roussit pas sa chemise, comme ceux qui se servent de fers trop chauds. Il faut vous dire que Loupin, c'est le nom de notre héros, s'était particulièrement lié avec un astronome qui vendait des souricières, et des pagnes pour les femmes sauvages de la rue Bertin-Poirée. Comme il était aveugle, l'astronome portait des lunettes de peur de se gâter le teint, il logeait dans la peau d'un éléphant empaillé qu'il avait pris dans une des souricières dont il faisait un commerce considérable avec la Perse, et principalement avec la ville d'Hérat. » (des rats.)

Jusqu'à ce calembourg, madame de Favières avait gravement écouté Létrillet. En effet, il faut être convenu entre soi que ces sortes de bêtises sont amusantes pour s'y amuser. Une fois cela passé, on en rit à se tordre, mais si jamais cette histoire arrive à la postérité, peut-être qu'en la lisant nos neveux à venir trouveront que nous étions un peuple stupide de nous plaire à ces sottises. L'ignorance de madame de Favières en pareille matière lui avait jusque-là tenu lieu du bon sens que nous supposons à l'avenir, et déjà elle avait regardé deux ou trois fois son mari comme pour lui demander ce que cela voulait dire. Mais comme elle avait une envie excessive de paraître s'amuser, elle laissa échapper un léger rire au calembourg d'Hérat (des rats), et Létrillet, qui commençait à s'intimider, reprit confiance. D'un autre côté, Sophie Minot n'avait pu retenir un vif mouvement d'impatience et de dédain, et ce mouvement avait été aperçu par madame de Favières ; c'était assez pour que la grande dame fût décidée à trouver charmant ce qui semblait déplaire à la grande artiste, et la marquise se mit à écouter Létrillet avec une attention presque admirative. Létrillet poursuivit ainsi son audacieuse narration :

« Un soir que Loupin avait soupé chez l'astronome avec des beefsteaks de fourmis au beurre d'anchois et des pieds de hanneton à la sainte-menehould, l'astronome, qui était un gastronome des plus recherchés, s'écria : Je voudrais bien manger une pomme cuite. Loupin, qui était fort obligeant, lui offrit d'en aller chercher chez la fruitière du coin. Pour cela il prit une pièce de vingt francs chez l'astronome, et descendit dans la rue; il va droit au magasin de la fruitière; celle-ci, comme font tous les marchands, lui proposa d'abord tout ce dont il ne voulait pas. Elle lui offrit des cachemires de l'Inde, des affûts de canon, un merle qui sifflait le *Dies iræ*, et des bâches pour faire pousser les melons. Ce n'est pas ça, lui dit Loupin, je veux une pomme cuite.

— J'en ai beaucoup de crues, lui dit la fruitière.

— J'en aime mieux une qu'huit crues, répartit Loupin.

Ce calembourg porta la fureur de la fruitière aux combles; en effet, du haut de son grenier, elle jeta sur la tête de l'infortuné Loupin une voiture de plâtre qui passait dans la rue, en lui criant:

— Comment trouves-tu cette pomme?

Loupin, qui n'avait eu de cassé que trois cheveux, dont une paire de sabots, ramassa le projectile en disant:

— Je la trouve bonne pour en faire une en plâtre (une emplâtre).

Cette scène se passait dans une rue déserte, ce qui fit rire beaucoup tous les passans. »

Ceci fit aussi rire beaucoup la belle marquise. En ces sortes de bêtises, le plus difficile est d'entamer le sérieux des gens qui les écoutent; mais une fois que ceux-ci ont permis à ces coq-à-l'âne de les chatouiller, ils se laissent aller à en rire avec excès. L'élan était donné; quelques personnes, qui s'étaient approchées du groupe pour écouter l'histoire de Létrillet, furent atteintes de la même gaîté: Létrillet triompha et continua intrépidement:

« Après ces paroles, Loupin alla chez une autre fruitière à qui il demanda tout d'abord une pomme cuite en lui présentant son napoléon; la fruitière lui répondit qu'elle n'avait pas de monnaie. Loupin courut à la Banque de France pour en avoir, mais comme il arrivait place des Victoires, au pied de la statue de Louis XIV, il tomba dans l'étang qui faisait tourner le moulin de son père. La première personne qu'il rencontra fut un goujon auquel il dit d'une voix flatteuse: — Pourriez-vous me donner la monnaie de vingt francs?

— Très volontiers, lui dit le goujon, mais montrez-moi d'abord votre napoléon.

Loupin, trop confiant, montra sa pièce au goujon; mais celui-ci, qui était un repris de justice, habitué à toutes sortes d'escroqueries, voit à peine le napoléon, qu'il se jette dessus, l'avale et se sauve en nageant à toutes jambes.

Tout autre que Loupin se serait désespéré, mais il se ressouvint qu'il y avait dans l'étang un vaisseau de ligne venu là pour la pêche des harengs; il se dit alors: Il n'y a pas de ligne sans hameçon, je vais repêcher mon goujon. Sitôt dit sitôt fait; il prend une ancre du poids de trente-six milliers, l'attache à un crin au bout du grand mât, met un asticot à chaque bout de l'ancre pour le bien amorcer et s'asseoit tranquillement sur le rivage avec sa ligne à la main.

L'heureuse invention de Loupin réussit complétement; le goujon mordit à l'ancre et l'avala presque tout entière. Loupin le retira et le mit dans sa bourse. Fier de sa capture, il courut chez l'astronome et lui dit :

— Je n'ai pas de pomme cuite; mais voici un goujon de vingt livres.

L'astronome l'examina et déclara qu'il ne pesait pas une once.

— Je te parie, dit Loupin, que c'est un goujon de vingt livres.

— Que veux-tu parier? fit l'astronome : une queue de rat contre une rivière de diamans, ou bien une maison de campagne contre une omelette au lard?

— Je ne veux parier que la pomme cuite que je n'ai pas apportée. Si tu perds, c'est toi qui iras la chercher.

— Soit, dit l'astronome. Voilà des balances, pèse ton goujon.

Au lieu de balances, Loupin prit un sabre turc qui avait appartenu à l'archange Michel, éventra le goujon et en fit sortir le napoléon en s'écriant :

— N'est-ce pas là un goujon de vingt livres?

L'astronome se trouva vaincu et se décida à partir sur-le-champ en chaise de poste pour aller chercher la pomme cuite.

— Comme cette séparation peut durer plusieurs années, dit-il en embrassant Loupin, voici un petit verre d'eau-de-vie et un croquet aux amandes de concombre, pour que tu puisses m'attendre sans trop t'ennuyer.

Ils se firent les plus tendres adieux, et à l'instant l'astronome rentra dans la chambre, qu'il n'avait pas quittée, en disant :

— J'ai trouvé un moyen d'avoir une pomme cuite sans quitter la France.

— Voyons, dit Loupin.

— Pour avoir une pomme cuite, dit sentencieusement l'astronome, il faut acheter un cheval noir.

— Après?

— Si le cheval est tout noir, il n'aura pas d'étoile au front.

— Après?

— Tu diras que tu veux qu'il ait une étoile au front.

— Après?

— Alors le maquignon emmènera son cheval à l'écurie; car tu sais qu'on fait une étoile blanche aux chevaux en leur appliquant une pomme cuite brûlante.

— Je commence à comprendre.

— Nous suivons le maquignon à pas de loup, et pendant qu'il se baisse pour prendre la pomme cuite, tu lui coupes la tête d'un coup de tranchet, je m'empare de la pomme cuite et nous la mangeons à l'huile et au vinaigre.

— Avec un peu de moutarde, dit Loupin que l'idée de l'astronome avait séduit.

Cela convenu, ils s'habillent tous deux et se rendent immédiatement au marché aux chevaux. Alors Loupin dit à l'astronome, qui, comme on le sait, était aveugle :

— Vois-tu par hasard un cheval noir?

— Je ne vois que des veaux, lui dit l'astronome.

En effet, ils s'étaient trompés de chemin et étaient entrés dans une église; ce qui faisait que l'astronome ne voyait que dévots autour de lui.

Déjà, à cette partie du récit de Létrillet, les rires avaient pris un caractère si désordonné, qu'ils avaient troublé les joueurs et qu'on se demandait de tous les coins des divers salons qui est-ce qui causait une si turbulente gaîté. A ce moment, Sophie Minot se leva, et, comme elle sortait, un joueur l'arrêta en lui disant :

— Mais qu'y a-t-il donc là-bas?

— Il y a, s'écria Sophie assez haut pour que ses paroles retentissent dans les salons, il y a un homme, un homme qui se fait le bouffon de gens qui].....

Sophie s'arrêta; mais l'expression qu'elle donna au mot homme était une réponse à la manière dont la marquise l'avait prononcé.

Létrillet entendit et se leva en s'écriant :

— Sophie, c'est une femme, et ce n'est qu'une femme qui vient de parler ainsi; sans cela...

Sophie haussa les épaules et lui tourna le dos, et sans doute elle allait tout à fait quitter le salon, quand Lucien Deville entra avec sa femme.

A l'instant même madame de Favières prit un air languissant et abandonna le coin où elle s'était réfugiée, en disant :

— Ah! j'ai assez ri; je suis brisée comme si j'avais fait une longue course.

Puis, sans faire attention à Létrillet qui brûlait d'envie de continuer son histoire, elle s'avança vers Lucien et lui dit d'un ton plein de coquetterie :

— Oh! que ce serait aimable à vous de nous reposer de cette extravagante gaîté en nous disant quelques uns de ces beaux vers qui sont si charmans à lire et qui doivent être bien plus charmans à entendre.

— Ah! oui, fit Sophie d'un ton amer, la tragédie et la comédie, comme au Théâtre-Français; seulement ici la petite pièce a été jouée avant la grande.

Lucien regarda Sophie d'un air fort étonné, et celle-ci lui fit un signe de tête comme pour l'engager à refuser; mais aussitôt sa femme, la gracieuse Denise, reprit :

— Oh! si, mon ami, dis-nous quelques vers; tu sais, ceux que j'aime tant.

— Oui, lui dit Lucien, parce qu'ils sont faits pour toi.

— Oui, ceux-là, dit Denise.

— Oh! du moins, reprit Sophie d'un air triste, pas ceux-là.

— Mais qu'est-ce que vous avez donc, Sophie? lui dit Denise d'un air presque fâché; on dirait que vous êtes fâchée du succès de mon mari.

— Pauvre femme! lui dit Sophie.

Et, sans ajouter une parole de plus, elle reprit sa place à l'écart, tandis que Lucien était presque entraîné par la marquise à la place que Létrillet venait d'occuper. Celui-ci la céda de bonne grâce, tout en observant Deville et le dessinant dans sa pensée, comme pour mesurer l'effet qu'un portrait de lui pourrait produire au salon prochain. Lucien se recueillit un moment pour repasser dans sa mémoire les vers qu'il allait réciter, et pendant qu'il faisait ce rapide retour vers son passé, son regard s'éclaira d'une sorte d'enthousiasme réfléchi et douloureux qui prêta un charme indicible à son visage. La marquise en fut frappée et Létrillet se dit à part soi : — Voilà comment je le peindrai.

Quant à Sophie et à la comtesse de Marvis, elles échangèrent de loin un regard de pitié : on eût dit qu'elles plaignaient ce jeune homme; de quoi pouvaient-elles le plaindre? D'être jeune, beau, d'avoir du succès, d'être accueilli avec empressement; peut-être avaient-elles droit de le plaindre de tout cela. Cependant Lucien commença ainsi :

> Je suis un orphelin, enfant de quelque faute,
> Qui sans doute en naissant eût mieux fait de mourir,
> Car sous mon premier toit, où je n'étais qu'un hôte
> Et qui vendait le pain payé pour me nourrir,
>
> Le salaire manqua : le maître du vieux chaume
> Un jour, au dur moment de l'arrière-saison,
> Me dit : « J'ai quatre enfans à moi, le travail chôme,
> Vous êtes maintenant de trop dans la maison. »
>
> Il me donna du pain pour deux jours, et sur l'heure
> Il me jeta pieds nus et seul sur le chemin.
> Un vieillard, qui souvent venait dans sa demeure,
> M'aperçut tout pleurant, et me prit par la main.
>
> Béni soyez, ô vous, vieillard saint et modeste,
> Qui m'avez ramassé dans ma mendicité!
> Ai-je bien reconnu votre bonté céleste
> Qui m'a donné fortune, état, nom, liberté?
>
> N'ai-je pas été froid en ma reconnaissance?
> Ai-je assez adoré ce que vous m'avez fait?
> Car vous étiez si noble en votre bienfaisance
> Que je ne savais pas que c'était un bienfait.
>
> Ce ne fut qu'au moment où la mort vint nous prendre,
> Quand j'héritai vos biens, que des neveux jaloux,
> Supputant mon bonheur, vinrent enfin m'apprendre
> Que je vous devais tout et n'étais rien pour vous.

> Rien qu'un pauvre, opulent de votre riche aumône,
> Quelque bâtard sans nom, que vous aviez nommé,
> Enfant répudié que ne voulait personne ;
> Que, comme votre enfant, vous, vous aviez aimé.

Comme Lucien achevait cette strophe d'une voix émue et où perçait une émotion véritable et profondément sentie, la marquise, dont les yeux étaient mouillés de larmes, s'écria :

— Ah ! c'est délicieux, c'est délicieux, continuez, monsieur Lucien ; n'est-ce pas monsieur de Marvis, reprit-elle en se tournant vers lui, c'est délicieux ?

— Oui, cela me rappelle l'élégie de la *Pauvre fille*, de Soumet, répondit froidement le comte.

— Ce n'est pas une élégie, reprit vivement la jeune madame Deville, car ce titre lui paraissait classer cette pièce de vers parmi les fantaisies auxquelles s'abandonne l'imagination des poètes ; non, ce n'est pas une élégie, monsieur, c'est l'histoire de Lucien.

— Comment ! reprit madame de Favières d'un ton de pitié charmante, c'est le récit vrai de votre enfance, monsieur ?

— Oui, madame, reprit Lucien Deville.

— Et la suite, ajouta Denise, c'est notre histoire à tous deux, aussi c'est pour moi qu'il a fait ces vers.

— Et voilà pourquoi, dit Sophie Minot en s'avançant vivement, il aurait dû les garder pour vous et pour quelques uns de ceux qui l'aiment.

— Ce sont des vers qui le feront aimer de tous ceux qui les entendront, dit la marquise, car ils annoncent des sentimens d'une noblesse bien rare aujourd'hui.

Je crains cependant que la suite ne paraisse pas si aimable à tout le monde, reprit Sophie en prenant place dans le cercle ; mais puisqu'il a commencé, qu'il finisse.

Lucien avait à peine entendu ce que venait de dire Sophie Minot ; car dans ce moment il regardait la marquise comme quelqu'un à qui se révèle soudainement un monde nouveau. Elle était si gracieusement penchée sur le bras de son fauteuil, ce visage d'ange qu'on ne soupçonnait pas sous le masque de dédain que la marquise portait presque toujours, s'était animé d'une si douce expression de compassion et de tendresse, il y avait dans le regard de Louise une si bonne intelligence de la douleur qu'on lui contait, que Lucien sentit en lui-même un étonnement délicieux. Il lui sembla qu'il ignorait encore la femme dans sa forme la plus élégante et la plus sympathique, et il continua sans penser à ce qu'il disait, les yeux fixés sur la marquise et dans une sorte d'extase inconnue.

Cette pièce de vers, qu'il est inutile de répéter ici tout entière, racontait ensuite comment Lucien, demeuré seul au monde, sans amis et sans famille, avait été frappé d'une maladie affreuse ;

elle peignait les angoisses de cet homme livré à des soins salariés et qui ajoutaient la pensée de sa solitude à la douleur de sa maladie. Ce fut alors qu'une jeune fille vint s'asseoir à son chevet, et changer ces soins arides en une attention pleine d'une douce pitié d'abord, puis d'une tendresse charmante, et enfin d'un dévoûment absolu; cette jeune fille, c'était Denise, un ange que le ciel avait mis sur la terre, une réalisation des plus doux rêves du cœur humain. Les vers qui concernaient Denise étaient empreints d'une poésie chaste, pure et si heureusement sortie du cœur, que Lucien était parvenu à dire avec un rare bonheur que cette enfant du ciel, si célestement descendue des célestes demeures pour le sauver, était la fille de sa portière.

Quelle que fût la délicatesse et la franchise hautaine de cette déclaration, Lucien ne put s'empêcher de remarquer sur le visage de la marquise une ombre de sourire dédaigneux, un éclair de regard jeté furtivement sur l'héroïne de ces vers si bien sentis, et pour la première fois de sa vie Deville éprouva une sorte d'embarras de l'aveu qu'il venait de faire, et lorsqu'il lui fallut continuer, ce fut en balbutiant qu'il reprit les dernières strophes qui achevaient cette pièce de vers.

La marquise devina qu'elle avait été comprise, et d'un ton dont il eût été difficile de bien apprécier l'intention, elle reprit :

— Est-ce que la mémoire vous manque? Ah ! ce serait fâcheux.

— Cela pourrait lui arriver, reprit Sophie Minot avec un accent et un regard presque menaçans, mais alors il se trouverait près de lui des amis qui se rappelleraient pour lui. Voici, madame, ces dernières strophes que vous désirez entendre :

> Par toi je vis, par toi mon avenir se dore,
> Des plus nobles espoirs, de l'amour le plus pur ;
> A l'homme, au monde, à Dieu, par toi je crois encore ;
> Prends mon nom, qui toujours ne sera pas obscur ;
>
> Il ne peut te payer, car si jamais mon âme
> Trouvait un autre amour plus noble que le tien,
> Si je ne t'aimais plus, je serais un infâme,
> Tu m'aurais donné tout et ne me devais rien.

De tous ceux qui écoutèrent ces derniers vers récités d'une voix ferme et accompagnés d'un regard fixé sur la marquise, Denise fut peut-être la seule qui ne comprit pas la leçon et l'avertissement que Sophie Minot en avait faits. Létrillet lui-même ne douta plus de ce que voulait dire Sophie en parlant du rôle de dupe que devait jouer Deville. On se regarda pour s'assurer qu'on était du même avis, et M. de Favières ne put s'empêcher de cacher l'humeur que lui donna l'assurance de Sophie. Quant à la marquise, elle fut seule impassible, et, voulant rendre avec usure la leçon qu'elle venait de recevoir, elle se leva et alla vers Lucien pour lui dire de la manière la plus gracieuse :

— Nous quittons Boulogne demain, monsieur Deville, je n'aurai pas le plaisir de vous revoir, mais j'espère qu'à votre retour à Paris vous voudrez bien nous accorder quelques unes de vos soirées : nous recevons tous les vendredis. Si M. Létrillet, que je crois de vos amis, veut bien vous accompagner, nous lui montrerons une galerie de tableaux où les amateurs plus éclairés que moi disent qu'il y a quelques toiles précieuses.

Aussitôt elle prit son châle, son chapeau, et, se tournant vers le comte, elle ajouta du même ton gracieux :

— M. de Marvis, je l'espère, est trop de nos amis pour avoir besoin que je le prie de ne pas nous oublier.

Elle n'attendit pas la réponse du comte, et, s'adressant à Sophie, elle lui dit en sortant :

— J'ai votre adresse, mademoiselle, et je vous écrirai quand j'aurai besoin de vous.

Cette sortie produisit des effets bien divers : Létrillet, qui ne rêvait qu'un portrait à faire, resta dans une espèce d'extase, courbé comme pour remercier la marquise de la grâce infinie qu'elle daignait lui accorder, et Lucien, qui déjà ne voyait plus autour de lui, tant le charme aristocratique de cette femme le préoccupait, Lucien lui-même ne comprit rien au delà de ce qu'on lui avait adressé à lui-même, et se dit tout bas :

— Je la reverrai.

Quant à Sophie, l'injure qui venait de lui être faite ne la toucha point ; elle avait pris son parti sur l'impertinence de la marquise, et elle ne fit que rire, en se tournant vers Denise qui se tenait calme et souriante près de son mari, comme si rien d'extraordinaire ne venait de se passer. Mais il n'en fut pas de même de M. de Marvis et de sa femme : celle-ci regardait son mari avec l'expression d'un dédain et d'une colère qu'elle avait peine à contenir. Le comte était pâle et ses lèvres tremblaient. Madame de Marvis ne dit pas un mot ; mais elle se dirigea vers Sophie, et, lui prenant la main, elle lui dit avec un profond soupir :

— Adieu, Sophie, je pars aussi, viens me voir.

Sophie lui serra la main et répartit :

— Je ne sais si M. le comte...

Mais la comtesse reprit d'une voix où l'on sentit éclater ses larmes :

— Oh ! viens me voir, toi, je t'en prie.

Aussitôt elle s'enfuit, et M. de Marvis se rapprochant du marquis, lui dit d'une voix saccadée :

— Vous comprenez, monsieur de Favières, que je ne puis accepter...

— L'invitation que vous a faite la marquise, pour vous et madame de Marvis ? reprit Amable qui espéra prévenir ainsi l'explication que le comte allait demander.

Celui-ci le regarda en face et répéta froidement sa phrase.

— Vous comprenez, dit-il, que je puis accepter l'insulte que madame de Favières vient de faire à la comtesse.

— Une insulte, bon Dieu ! fit M. de Favières comme s'il n'avait rien entendu.

— Une insulte dont je ne veux pas vous demander compte à vous, mais qui, vous devez le comprendre, doit rompre toute relation entre nous.

— Comme il vous plaira, répondit de Favières en se mordant les lèvres.

Le comte sortit, et Favières aperçut Sophie qui l'examinait, pendant que Lucien et Létrillet, réunis à leur insu dans l'invitation de la marquise, faisaient connaissance.

Le marquis aborda Sophie, et lui dit avec plus de respect qu'il semblait ne devoir en professer pour elle :

— Je vous demande pardon pour la marquise, Sophie, elle a été cruelle.

— Oh ! pas pour moi, lui répondit la pianiste ; moi, je n'ai pas voulu et je ne veux pas être de votre monde, si ce n'est comme un instrument qu'on paie ; mais Virginie a été assez folle pour y vouloir pénétrer, et il est difficile d'en être exclue avec plus d'insolence.

— Mais c'est qu'en vérité, madame de Marvis... dit Amable embarrassé.

— Allons, Amable, lui dit Sophie d'un ton amical, vous la plaignez ; car supposez que je sois madame de Favières, et que madame de Favières, de noble maison, soit madame de Marvis, voilà ce qui serait arrivé.

— Mais ce que je n'aurais pas souffert, répliqua Amable vivement.

— C'est-à-dire, reprit Sophie, que vous trouvez que M. de Marvis a manqué de courage en ne vous demandant pas un compte sanglant de l'insolence que votre femme a faite tout à l'heure à la sienne ?

— Je ne dis pas cela.

— Vous savez pourtant que ce n'est pas le courage qui manque à M. de Marvis ; mais il a fait, lui, la faute que je vous ai empêché de faire : il faut qu'il la subisse toute sa vie. Vous avez beau faire, messieurs, vous n'êtes pas assez forts pour élever une femme jusqu'à vous ; car elle a beau porter votre nom, si elle n'est pas traitée comme votre femme, elle est encore plus bas qu'elle n'était.

— Laissons cela Sophie, dit le marquis en reprenant un air dégagé, et répondez-moi : avez-vous lu ma lettre ?

— Oui.

— Et m'accordez-vous le rendez-vous que je vous demande ?

— Non.

— Et pourquoi ?

— Parce que je vous aime encore, Amable, et parce que je ne veux pas devenir votre maîtresse, après avoir refusé d'être votre femme.

— Doutez-vous de mon amour, de ma discrétion ?

— Je crois à la générosité de votre cœur, et je vous en demande deux preuves : la première, c'est de cesser vos poursuites ; la seconde, c'est de faire comprendre à Lucien Deville que l'invitation de la marquise n'est qu'une parole banale, et que ce n'est pas sérieusement qu'il doit se croire admis dans votre monde, où sa femme ne saurait l'accompagner.

— Je ne puis vous accorder ni l'une ni l'autre de vos demandes, répliqua le marquis. C'est vous qui m'avez forcé à renoncer à votre main, mais je ne renoncerai pas aussi aisément à votre amour; quant à M. Deville, je crois comprendre vos craintes pour lui... et, ajouta le marquis avec un sourire dédaigneux, et peut-être pour moi ; mais je ne fais à ce monsieur l'honneur de les partager.

— Vous mériteriez une bonne leçon, Amable, lui dit Sophie; mais je suis plus juste que vous : je crois votre femme incapable de vous la donner ; et quant à ce pauvre Lucien, il ne fera qu'y perdre son repos et son honneur.

— Eh bien ! reprit le marquis en souriant, je suis homme à le sauver de ses illusions poétiques : permettez-moi de vous revoir à Paris, et j'empêche M. Deville de jamais revoir la marquise.

Sophie Minot regarda sérieusement M. de Favières, et lui dit gravement :

— Vous mettez de trop dures conditions à votre générosité. Jamais vous ne me reverrez que là où le hasard nous réunira.

— Soit, dit Amable.

Il salua Sophie d'un air triomphant et moqueur, et, se tournant vers Lucien, il ajouta :

— J'espère que monsieur Deville n'oubliera pas l'invitation de madame de Favières ; quant à madame Deville, je la prie de vouloir bien me permettre d'aller lui présenter mes hommages à Paris. Bonjour Létrillet, nous nous reverrons ; je veux avoir un bon portrait de la marquise, et je compte sur vous.

Le marquis sortit à son tour, et il ne resta en présence que Lucien, sa femme, Létrillet et Sophie. Celle-ci alla vers Denise, qui paraissait ravie et qui lui dit d'un air joyeux :

— Comprenez-vous, ma chère ? Lucien sera reçu dans le grand monde, et moi aussi, bientôt, je l'espère.

— Voilà ce que c'est que d'avoir un mari qui a un nom, dit Létrillet.

— Mais, lui dit Sophie, vous avez vu, madame de Marvis n'a pas été invitée.

— Ah! dame, dit Denise, une femme de théâtre.

Sophie lui tourna le dos; elle souhaita le bonsoir à ses amis et bientôt tout le monde se sépara.

XVII

A Paris.

A deux mois de là, dans un petit salon du faubourg Saint-Germain, étaient assises deux femmes; quoique la différence de leur âge n'admît pas la possibilité d'une intime confiance entre elles, elles se parlaient cependant à voix basse avec cette inquiétude qui annonce qu'elles en sont à des confidences très secrètes. L'une était la belle marquise de Favières, l'autre était la comtesse de Chastenux.

— Faites attention, disait-elle à la marquise de Favières, votre mari finira par s'apercevoir de vos coquetteries pour ce jeune homme, et quoiqu'elles ne soient qu'un jeu, il est homme à s'en fâcher sérieusement.

— Il y mettrait donc moins d'indulgence que moi, à qui il ne cache pas ses intentions pour mademoiselle Sophie Minot.

— Ma chère enfant, reprit la comtesse, la légèreté d'un mari n'excuse pas celle de sa femme. Ces messieurs sont sûrs du pardon.

— Est-ce vous qui me dites cela, reprit madame de Favières, vous qui vous êtes séparée de M. de Chastenux pour une infidélité qui ne pouvait véritablement pas vous atteindre?

La comtesse rougit, et reprit presque aussitôt:

— Ce que j'ai fait dans un moment de folle jalousie m'a coûté assez cher pour que j'aie précisément le droit de vous adresser des remontrances; ne recevez plus ce jeune homme.

— C'est ce que je déciderai plus tard, car aujourd'hui même il vient à notre soirée.

— Il vaudrait mieux faire dire que vous êtes malade, et remettre cette réunion.

— Oh! non, dit la marquise, car j'ai beaucoup à apprendre ce soir, et M. de Favières ne s'attend point à la surprise que je lui ménage.

— Quelle surprise?

— Nous avons mademoiselle Sophie Minot, cela m'a coûté cinquante louis, mais elle viendra.

— Vous jouez un jeu où vous n'avez qu'à perdre.

— Cela se peut, mais j'ai déjà avancé des enjeux trop forts pour reculer. J'ai été jusqu'à envoyer une lettre d'invitation à madame de Marvis. J'ai voulu réparer l'injure que M. de Favières prétendait que j'avais faite à cette femme. Vous comprenez bien que je ne me serai pas humiliée jusque-là, que je n'aurai pas subi toutes les volontés d'Amable, que je ne me serai pas sacrifiée ainsi à ses exigences, pour ne pas lui infliger la leçon qu'il mérite.

— Mais quelle est cette leçon?

— Ah! ceci est mon secret, et vous n'êtes pas en disposition de me seconder. Je ne veux pas vous le confier, vous feriez manquer l'effet de ma scène.

— Louise, Louise, dit madame de Chastenux, ne soyez pas aussi résolue. Je ne sais quel chemin vous voulez prendre, mais je vois où vous allez, et il y a un abîme au bout de toute vengeance.

— J'espère n'y pas tomber.

— J'ai aperçu ce jeune homme dans votre salon : il est assez beau pour justifier une préférence.

— Un homme de rien, dit la marquise en haussant les épaules.

— Il a une réputation assez brillante pour expliquer une passion.

— Le mari de la fille d'une portière! reprit madame de Favières.

— Mais il peut se tromper à l'accueil que vous lui faites, et...

— Mais je crois qu'il s'y trompe, dit madame de Favières avec cette fatuité féminine qui a quelque chose de la cruauté du chat qui se sent sûr de sa proie.

— Mais, s'il se trompe de bonne foi, c'est le faire souffrir à plaisir.

— Ah! sur ce chapitre, dit en riant madame de Favières, les tourmens de messieurs les poètes sont, je crois, de très courte durée. Je suis convaincue qu'ils pensent ce qu'ils disent, parce que la pensée vient de la tête, mais je crois également qu'ils n'en sentent rien.

— Qui vous l'a assuré?

— Oh! mon Dieu, ce que je sais de lui, l'extravagance qu'il a faite en épousant sa portière, dont maintenant il ne se soucie plus. Il s'est cru amoureux alors comme il se croit amoureux aujourd'hui; seulement je ne le pousserai pas à une si grosse sottise que celle qu'il a faite.

— Mais... reprit madame de Chastenux.

— Mais, dit la marquise, mon parti est pris, et rien au monde ne me fera changer d'avis.

— Comme vous voudrez, dit la comtesse; mais moi qui suis venue pour refuser votre invitation, je l'accepte maintenant.

— Ah! vous êtes envieuse de voir ce qui va se passer.

— Non, mais alarmée; Favières est mon neveu, et je ne suis pas sans autorité sur lui comme sur vous; je veux être là pour prévenir ce qui peut arriver, et que votre passion vous empêche de prévoir.

— A mon tour, je vous répondrai : comme vous voudrez, dit la marquise ; mais j'espère que votre médiation sera inutile.

Madame de Chastenux se retira, et madame de Favières alla sans doute préparer les derniers incidens de la grande scène qu'elle comptait faire représenter le soir dans son salon.

Pendant ce temps, dans une maison de la rue Saint-Lazare, il se passait une toute autre scène.

Lucien Deville se promenait activement dans son cabinet, dans cet état ridicule du poète en ébullition que personne ne doit jamais voir, pour que le dieu n'ait pas l'air d'un maniaque. De temps en temps il s'arrêtait devant sa table et écrivait quelques vers qu'il griffonnait furtivement sur un morceau de papier. Toutefois, dans cette exaltation singulière qui s'empare de certains poètes au moment où ils écrivent, il y avait chez Deville un air d'inquiétude et d'agitation qui ne tenait pas seulement à l'inspiration poétique ; en ce moment, il faisait plus que d'écrire, il agissait ; ses vers n'étaient pas seulement une production de son esprit, qui devait compter dans ses œuvres, c'était un acte de son cœur qui devait compter dans sa vie. D'ailleurs, pour qui pouvaient être ces vers qu'il cachait avec tant d'anxiété ? si bien que Denise ayant passé deux ou trois fois sa jolie tête d'enfant à l'angle de la porte pour dire de sa douce voix :

— Lucien, as-tu fini ta scène ?

Deville lui répondit durement et lui ordonna de ne pas le troubler.

Ces vers, ils étaient adressés à la marquise de Favières, peut-être devaient-ils servir à la scène qu'elle préparait pour le soir. Quant à Lucien, s'il était destiné à être le principal acteur de cette scène, c'était certainement à son insu. Au point où il en était arrivé, il marchait en aveugle devant lui sans rien voir que l'astre éblouissant vers lequel il tendait sans cesse.

Enfin ces vers furent achevés, il les relut, et aux larmes qui lui vinrent dans les yeux, au soulèvement tumultueux de sa poitrine, on eût pu voir qu'ils exprimaient une passion qui le tenait tout entier.

Après cette lecture, Lucien tomba dans une sorte de rêverie agitée, où ce n'étaient déjà plus ces vers en eux-mêmes qui le préoccupaient, mais l'usage qu'il en pourrait faire. Cependant cet usage lui avait été si bien indiqué, qu'en les commençant il le connaissait, mais au moment de l'exécution de ce projet audacieux il reculait. Il lui prenait des frayeurs glacées de déplaire à celle qui absorbait dans sa pensée toutes les facultés de son âme et de son esprit.

En effet, il aimait la marquise de cet amour insensé dont l'ardeur ressemble à ces flammes alcooliques qui brûlent et enivrent.

Madame de Favières avait été pour Lucien, non pas une espérance, mais un repentir, car, après son mariage avec Denise, l'amour d'une femme comme Louise lui était apparu comme un lieu fermé, qui ne pouvait plus s'ouvrir pour lui. Cependant il l'aimait, mais il l'aimait surtout de ce qu'elle était dans le monde plutôt que de ce qu'elle était de son cœur et de sa personne ; son nom, son état, sa coquetterie, ces mille hommages qui l'entouraient, cette voiture de soie qui l'emportait au loin, ces parures étincelantes qui la nommaient la riche héritière, ces armoiries qui la disaient marquise, cet hôtel où marchaient les plus nobles noms de la France, ce luxe, cet apparat, tout ce qui la défendait contre lui était ce qui la lui rendait le plus attrayante. Briser tout cela, y pénétrer de vive force, lui, pauvre enfant obscur et abandonné, arriver au cœur de toutes ces splendeurs et se blottir dans le sanctuaire ; arracher à la divinité tous ses voiles, toutes ses pierreries, toutes ses couronnes nobles, et prendre dans ses bras cette grande dame, toute palpitante, toute nue, comme une femme qui n'était plus qu'à lui, c'était pour Lucien un rêve qui le rendait fou.

Était-ce là de l'amour? Non, certes, car lorsque la brûlante imagination de Lucien arrivait au dénouement de ce rêve, il ne se sentait pas saisi de ces frissons ardens que donne la pensée d'un baiser, il ne voyait pas ces yeux doux et bleus se noyer d'amour sous son regard, il ne sentait pas ce corps flexible et frais palpiter sous ses étreintes, ce n'était toujours pour lui que la marquise de Favières, que lui, bâtard sans nom, tiendrait à sa merci, c'était le monde le plus haut et le plus insolent qu'il aurait vaincu dans sa plus belle personnification.

Il ne faut pas croire que, parce qu'un pareil amour ne tient pas au cœur, il ne le trouble profondément, et que celui qui le ressent puisse assez bien le juger pour en faire une lutte froide et calculée.

Non certes, cet amour est plus commun qu'on ne pense : c'est le délire qui égare presque toujours les premières effervescences de la jeunesse. C'est lui qui jette tant de cœurs d'enfans à ces filles flétries par le théâtre et la débauche, et à qui un peu de talent a fait une renommée qui leur tient lieu de grandeur. Ne demandez pas à d'autres sentimens l'explication de ces étranges amours et de ces succès qui irritent tant les femmes du monde. Toutefois, Lucien subissait ce délire dans ce qu'il avait de plus élevé, mais en même temps de plus dangereux ; seulement la vanité qui l'emportait ne descendait pas.

Mais un pareil amour, qu'il s'adresse à une position élevée ou à une célébrité tarée, n'en est pas moins un amour qui n'a pas sa base dans le cœur. C'est cet amour qui se change en haine implacable, le jour où il a cessé d'être une passion prête à tout sacrifier, et peut-être la suite de cette histoire le prouvera-t-elle.

Cependant Lucien avait achevé ces vers qui lui donnaient de si vives anxiétés, et, plongé dans les réflexions agitées qui le dominaient, il n'avait pas entendu Denise qui était entrée sur la pointe du pied, et qui regardait par dessus son épaule la feuille de papier qu'il tenait à la main et qui posait sur son genou.

Ce brouillon écrit au crayon était illisible, et Denise n'en put déchiffrer un mot; mais sans qu'elle en pût saisir une seule lettre, la forme matérielle des lignes la surprit : ces lignes se divisaient quatre par quatre, elles étaient entièrement pleines, elles n'étaient ni coupées par les intermittences du dialogue, ni séparées par des noms de personnages : ce n'était donc pas la scène de tragédie que Lucien prétendait achever pour la lecture qu'il devait faire le soir chez madame de Favières : c'étaient des strophes. Denise n'était pas une femme douée d'un de ces esprits subtils qui pénètrent aisément dans les replis de toute intrigue qui passe à leur portée, mais elle avait cette perspicacité rapide du cœur qui saisit le moindre indice d'un malheur qui peut l'atteindre.

En une seconde, elle s'était demandé pourquoi son mari lui cachait l'objet de son travail; en une autre seconde, la forme extérieure de ces strophes lui rappela qu'à peu près de même était le brouillon de ces vers que Lucien avait jadis faits pour elle; et comme si un sens moral pareil devait suivre une apparence pareille, il entra dans l'esprit de Denise que ces vers qu'on lui cachait devaient être faits aussi pour une femme et devaient aussi parler d'amour.

Quels que fussent la distinction du cœur de Denise, son abnégation, son dévoûment, elle n'avait pas cette retenue difficile du cœur qui s'apprend dans l'habitude du monde. Si gracieuse qu'elle parût être, si suave que fût son visage, Denise avait encore cette rudesse de manières qui avait entouré son enfance. En effet, le peuple ignorant qu'il est des lois des convenances, et peu confiant aussi aux secours qui peuvent lui venir d'autrui, le peuple, disons-nous, ne confie guère qu'à lui-même la défense de ses droits individuels. Un homme du peuple jaloux bat sa femme, une femme jalouse poursuit partout son mari. Ainsi Denise entrée, le sourire sur les lèvres et la joie au front, suspendit, à l'aspect du papier que tenait Lucien, le doux baiser qu'elle lui apportait; et, en moins d'une minute, toutes les suppositions que nous avons dites lui ayant passé par la tête, elle se jeta sur la main de Lucien, et lui arracha le brouillon.

Lucien s'éveilla violemment à cette attaque imprévue et que d'abord il ne comprit pas.

— Qu'est-ce donc? dit-il en regardant Denise comme un homme qui n'est pas tout à fait revenu à lui.

Denise lui répondit sur-le-champ :

— Je veux voir ces vers !

Mais, si rapide qu'eût été cette réponse, Lucien avait compris les pensées de Denise avant qu'elle eût parlé.

Son visage était contracté, ses lèvres tremblaient d'une façon convulsive, et ses yeux égarés sortaient de leur orbite.

Quand ces soudaines attaques ne frappent pas de stupeur celui à qui elles s'adressent, elles allument en lui de ces fureurs soudaines qui l'emportent avant qu'il ait vu où elles peuvent le mener. C'est ce qui arriva à Lucien, et il s'ensuivit que, d'un coup, en une minute, sans discussion préalable, sans provocation obstinée, sans querelle, tous deux se trouvaient vis-à-vis l'un de l'autre dans un état d'exaspération où la raison ne pouvait plus se faire entendre. Ainsi Lucien, par un mouvement aussi irréfléchi que celui qui avait poussé Denise, voulut-il arracher ce papier à sa femme, mais elle s'enfuit à l'autre extrémité de la chambre en lui disant :

— Tu ne les auras pas.

A ce moment et par un seul mot se montra toute la différence qu'il y avait entre Deville et sa femme, mais elle n'était pas en état de le comprendre.

— Denise, lui dit-il, rendez-moi ce papier.

Dans l'éducation de Lucien, l'abandon du tutoiement lui semblait marquer suffisamment tout ce qu'il voulait imposer d'autorité, mais la jeune femme n'y fit nulle attention, et répondit :

— Je te le rendrai si je veux?

— Rendez-le-moi sur-le-champ, je vous l'ordonne.

— Ah ! monsieur donne des ordres, fit-elle avec colère ; prenez garde que je n'obéisse.

— J'aurai ce papier, dit Lucien furieux et s'avançant lentement vers sa femme.

— Je te dis, moi, que tu ne l'auras pas, s'écria Denise l'œil enflammé et comme prête à se défendre par la force contre une tentative de violence.

Lucien fut pris d'un frémissement de rage indicible; mais il s'arrêta et reprit plus froidement :

— Denise, songez à ce que vous faites ; je vous en prie, rendez-moi ce papier.

— Ah ! tu me pries maintenant, monsieur qui ordonnait tout à l'heure.

— Denise! reprit Lucien avec impatience.

Lucien, à ce moment, avait vu d'un coup d'œil jusqu'où pouvait aller une pareille scène, et il avait voulu l'arrêter avant qu'elle ne les compromît l'un vis-à-vis de l'autre. Malheureusement Denise n'avait vu dans cette retenue que la faiblesse d'un coupable qui a peur, et elle s'écria avec un accent de triomphe :

— C'est que tu ne sais pas à qui tu as affaire, fit-elle en lui montrant le papier avec un air de défi matériel.

— C'est vrai, dit Lucien en étouffant à moitié ses paroles, qui cependant lui échappèrent malgré lui ; c'est vrai, je ne croyais pas avoir affaire à une poissarde.

Ce mot tomba comme la foudre sur Denise ; elle n'avait pas dans l'habitude de son être les calmes manières du monde ; mais elle les savait, et au premier mot qui l'en avertit, elle s'épouvanta de ce qu'elle avait fait ; le papier lui échappa des mains, une humiliation cruelle, profonde, irréparable l'anéantit, et elle sortit de la chambre en éclatant en larmes.

La pauvre Denise n'avait pas eu de dignité dans sa colère ; mais elle en eut dans sa douleur, tant cette douleur fut grande. Aussi, lorsque Lucien, étonné de l'effet de cette injure, et reconnaissant qu'il avait été plus cruel qu'elle n'avait été emportée, retourna près d'elle pour lui demander pardon de sa brutalité, elle ne le laissa pas achever et lui répondit doucement :

— Pas un mot de plus à ce sujet, Lucien ; j'ai eu tort, vous m'avez punie : c'est tout ce qu'un homme comme il faut peut vouloir.

— Non, Denise, lui dit Lucien, j'ai été brutal envers toi, et ces vers, je suis prêt à te les montrer.

Denise aimait Lucien, et elle eut la faiblesse d'accepter une justification qui devait la condamner. Elle prit le papier qu'il lui tendait ; mais l'apparence de ces vers, écrits à la hâte, n'était pas celle des vers qu'elle avait surpris ; le papier chiffonné aussi n'avait pas les mêmes ratures qu'elle avait vues. Denise ne lut qu'une ligne : c'étaient des vers qu'elle connaissait depuis long-temps. Son visage prit une expression d'amertume et de désespoir qui peut-être eût éclaté un instant avant, mais qu'elle sut contenir, et elle rendit le papier à Lucien en lui disant d'une voix altérée :

— C'est bien, je suis convaincue de tout.

Elle venait de se convaincre qu'elle était trompée ; mais pourquoi et pour qui, voilà ce dont elle ne se doutait pas.

Lucien comprit bien qu'il avait blessé profondément cette âme qui se résignait ainsi ; mais il ne crut pas à la découverte de sa tromperie, et il s'imagina qu'il aurait tout le temps de calmer cette cuisante blessure ; et comme le soir était venu, il pensa à s'habiller.

Il y a dans la pureté de certains amours un charme qui embellit tout ce qu'il fait. Ainsi, lorsque d'ordinaire Lucien se préparait à sortir pour aller dans ce monde où Denise n'avait pas encore pensé à pénétrer, c'était un bonheur pour elle de présider à la toilette de son mari, de le faire gentil, comme elle disait, de lui choisir son plus beau linge, ses habits les plus élégans, ses chaussures les plus étroites et les plus luisantes. Comme les autres jours, Denise voulut s'occuper de ce soin ; mais la pensée lui en répugna, et lorsqu'elle fut à l'exécution, les détails lui en parurent odieux et vils. Un mot fatal lui dégradait tout ce qu'elle avait de bonne volonté en lui en faisant une occupation basse. Son cœur murmurait toujours en lui-même :

— Poissarde faisant le métier de servante, c'est tout simple.

Pendant tout le temps que dura cette pénible situation, il s'éleva mille révoltes dans l'âme de Denise, et elle discuta en elle-même son infériorité vis-à-vis d'un homme qui, après tout, n'était qu'un enfant perdu et sans nom ; mais elle faisait taire ces révoltes, soit en les comprimant par la force de sa volonté, soit sous une de ces pensées d'amour qui couvrent tous les murmures du cœur sous leur voix puissante.

Quant à Lucien, ses pensées étaient loin de celle qui souffrait si cruellement près de lui, et il recevait tous ses soins avec une indifférence qui les rendait encore plus poignans. Denise le sentait ; mais au fond de la douleur certaine qui la tenait il y avait les incertitudes les plus tumultueuses, et dans ce moment elle eût donné beaucoup pour savoir à qui s'adressait cette profonde préoccupation de Lucien, qu'elle avait toujours mise sur le compte de ses rêveries poétiques.

Comme son esprit s'égarait dans un dédale de suppositions contradictoires, un petit événement sembla devoir venir diriger ses soupçons. Elle entendit sonner chez elle, et bientôt sa femme de chambre vint annoncer que mademoiselle Sophie Minot attendait Lucien dans le salon pour se rendre avec lui chez madame de Favières.

— Ah ! dit Denise à son mari, Sophie va chez madame de Favières, et vous y allez ensemble ?

Il avait oublié de parler de ce petit incident à Denise, tant il était absorbé par son aveugle passion pour la marquise, et il répondit très indifféremment, comme il le devait. Mais Denise n'avait vu dans cette réunion qu'une complicité cachée, et Sophie Minot lui apparut comme la rivale à laquelle on la sacrifiait.

Denise ne laissa échapper ni un geste ni une parole qui pussent trahir un nouveau soupçon ; mais à peine Sophie et Lucien furent-ils partis, qu'elle s'écria avec un amer désespoir :

— Ils partent, et moi je reste ! Elle, une misérable, la maîtresse de mon mari, on la reçoit ; et moi, sa femme, on me chasserait. Que suis-je pour ce monde ?

L'écho de cette voix qui l'avait insultée retentit dans son cœur et lui répéta :

— Une poissarde !

CINQUIÈME PARTIE.

I

Discours préliminaire.

Une femme belle, jeune, heureuse, ne prémédite pas une scène de vengeance comme celle dont madame de Favières avait parlé à madame de Chastenux sans qu'elle soit poussée par un motif bien puissant. Le mal est si commun dans le monde, qu'il est facile de le croire naturel à l'homme; toutefois, en y regardant de plus près, il serait peut-être aussi facile de reconnaître que la forme de la société humaine en est la cause créatrice. La société peut-elle être faite autrement qu'elle ne l'est? c'est à quoi nous ne répondrons pas dans ce récit; mais tant qu'il y aura des puissans et des faibles, des gens qui ont tout et d'autres qui n'ont rien, il y aura antagonisme, guerre, combat, et tout ce qui dérive par conséquent de l'excitation des mauvaises passions.

Cette grande division des forts et des faibles explique, en général, les grands événemens qui révolutionnent les peuples et provoquent les crimes sanglans qui occupent les cours d'assises.

Quant aux petites infamies, aux lâchetés de détail, aux intrigues intestines qui font de la société un champ de bataille perpétuel, tout cela dépend de subdivisions qui se multiplient à l'infini dans notre société telle qu'elle est constituée.

Ainsi à son tour la division se glisse entre les puissans, si bien que les uns s'appellent nobles et les autres bourgeois.

Ainsi il y a l'antagonisme résultant des idées; c'est celui qui sépare les philosophes quêteurs de vérités nouvelles des ministres d'une religion, quelle qu'elle soit, qui a posé une limite infranchissable à ce que l'humanité doit apprendre.

Ainsi, et presque partout, vous rencontrez la rivalité haineuse du soldat et du citoyen qui ne l'est pas.

Mais sans vouloir poursuivre dans tous leurs aspects ces mille causes d'animosité et de division qui font, comme je l'ai dit, que la société vit dans un perpétuel état d'escarmouche, cherchons si la colère de madame de Favières ne venait point de l'une de ces rivalités de classes plus communes qu'on ne pense.

Pour me faire comprendre, j'ai besoin de quelques explications, et je les commence tout de suite.

Lorsqu'une femme est née noble, belle, riche et assez passablement spirituelle pour qu'on lui ait dit souvent qu'elle était supérieure, elle entre dans la vie avec la confiance la plus extrême. Quel cœur pourra lui résister, quel hommage lui faillir ? Elle cherche en vain quelle rivalité peut venir troubler la quiétude de son triomphe, le jour où elle se sera donné la peine d'accepter la main d'un vaincu. Sans doute, le monde où elle vit peut renfermer des femmes de sa valeur, et elle se tient en garde contre celles-là.

Mais en dehors de ce cercle, elle n'imagine pas des femmes qui puissent lutter avec elle.

Cette femme sait peut-être par quelques récits que de très grands seigneurs ont dévoré leur fortune et compromis leur nom avec des filles d'Opéra. Mais ces exemples sont mis par elle au rang de ces originalités qui font qu'un homme se ruine à faire courir de chevaux ou à entasser des curiosités. Une fille d'Opéra, pour les grandes dames, est une fantaisie coûteuse, comme celle des tableaux ou celle des petits chiens. Elles ne se sentent pas blessées dans leur orgueil, parce qu'elles pensent qu'un homme bien né ne dépense que son argent avec de pareilles créatures, et que son cœur n'y entre pour rien.

Mais, à côté de ces femmes, il s'est élevé, depuis quelque temps, une classe à part, que la femme d'en haut voudrait considérer comme un hochet dont s'amusent les hommes, mais qu'au fond elle redoute comme une puissance qui menace de la détrôner : cette classe, c'est celle des artistes.

Revenons à madame de Favières.

Elle aimait son mari, elle en était fière. Il était beau, spirituel, brave, élégant, elle lui avait donné tout son cœur, tout son esprit, et dans les premiers temps de son mariage, elle avait cru avoir tout le cœur et tout l'esprit de son mari.

Mais bientôt elle s'était aperçue que l'esprit, d'abord, ne lui appartenait pas tout, non point dans les choses graves de la politique, dont elle avait le bon sens de ne point s'occuper, mais dans un certain ordre d'idées auxquelles elle se croyait le droit d'être admise.

Madame de Favières était une femme trop bien élevée et d'une instruction trop convenable, pour n'avoir pas sur toutes les choses de l'art des opinions formées ; mais ces opinions, il faut le dire, étaient, comme toutes les opinions apprises, des généralités vulgaires et ignorantes. Il en résulta que, lorsque la conversation abordait de pareils sujets, elle fut très étonnée de se trouver en dissentiment avec son mari.

Louise ne comprenait pas que, lorsqu'elle était de l'opinion de tout le monde en fait de peinture, de musique ou de littérature, elle excitât chez Amable un sourire qui, malgré sa retenue, voulait parfaitement dire qu'elle parlait de choses auxquelles elle n'entendait rien. Alors elle l'écoutait, et s'étonnait du mépris qu'il faisait de certaines renommées, de l'indignation qu'il éprouvait contre certains succès, et de son enthousiasme pour des noms inconnus, pour des œuvres généralement bafouées. Il faut une grande supériorité et un grand courage pour avoir une opinion contraire à celle de tout le monde, en fait d'art surtout, quand on l'attaque par le ridicule. Mais il faut un courage et une supériorité encore plus grands, pour qu'en pareille circonstance une femme se range de l'opinion de son mari; car, pour elle, c'est ajouter au ridicule de cette opinion le ridicule d'obéir à son seigneur et maître.

Madame de Favières resta donc dans la vulgarité de ses jugemens. Elle avait de l'esprit, et voulait faire prévaloir sa façon de voir.

Il en résulta des discussions qu'Amable ne voulut point soutenir.

Dès que sa femme s'aventurait dans le domaine des arts, il se renfermait dans un silence qui laissait voir trop aisément un léger dédain. Louise, irritée, le poursuivait en vain. Soit indifférence, soit qu'il ne voulût point faire de conversion, le marquis, poussé à bout, se contentait toujours de répondre:

— Nous ne pourrions nous comprendre.

Mais la retenue qu'il avait vis-à-vis de sa femme, M. de Favières ne la gardait pas envers tout le monde. Alors madame de Favières écoutait, alors elle voyait clairement qu'il y avait un dieu inconnu pour elle, auquel Amable vouait la plus large part de ses adorations: ce dieu inconnu, c'était l'art. Mais ce dieu a ses prêtres: ce sont les artistes; et nul homme n'est profondément religieux s'il n'accorde son respect aux prêtres du dieu qu'il adore.

Ainsi M. de Favières avait pour certains artistes des admirations passionnées qui stupéfiaient sa femme. Parmi ces artistes se trouvait Sophie Minot, cantatrice et pianiste. Pour madame de Favières, chanter et jouer du piano était un métier qu'on fait avec plus ou moins d'habileté; pour M. de Favières, c'était une magnifique expression d'un sentiment profond ou d'une large pensée.

Les enthousiasmes de M. de Favières irritaient Louise par cela seul qu'elle ne les comprenait pas. Mais ces enthousiasmes lui parurent bien autrement ridicules et coupables, lorsqu'elle apprit enfin à qui ils s'adressaient.

Elle demanda si souvent quelle était cette artiste d'un talent si supérieur qu'on appelait Sophie Minot, qu'une de ses bonnes amies finit par lui répondre *primo*:

« Qu'elle passait pour avoir été la maîtresse de M. de Favières. » A ce *primo*, toute la jalousie de madame de Favières se révolta, et, comme toutes les femmes exigeantes, elle trouva qu'elle avait été trahie, même avant d'être connue d'Amable : ceci est exactement vrai.

La plupart des femmes seraient très fâchées d'épouser un homme de trente ans qui en serait à sa première passion : elles croiraient se donner à un niais ; et cependant elles ne lui pardonnent pas les aventures qu'il peut avoir eues avant de les connaître, dès que ces aventures ont un nom propre.

Il est donc facile de concevoir la colère de madame de Favières en apprenant que mademoiselle Sophie Minot, l'artiste admirée, avait été la maîtresse de son mari.

Le cœur souffrit beaucoup de cette découverte : mais le cœur pardonne, tandis qu'il y a dans la nature humaine un côté implacable : c'est celui de l'orgueil ; et l'orgueil de madame de Favières fut horriblement blessé par un *secundo* qui arriva presque aussitôt.

Le voici :

« *Secundo*, disait-on, mademoiselle Minot n'avait été nullement la maîtresse de M. de Favières. Ni la fortune, ni la grâce, ni l'esprit, ni la passion du marquis n'avaient pu triompher de la vertu de l'artiste ; et ce qu'il y avait de plus incroyable, assurait-on, c'est que M. de Favières, emporté par sa passion, avait offert à mademoiselle Minot sa main, sa fortune, son titre, et que mademoiselle Minot les avait refusés nettement. »

Cela peut paraître invraisemblable, mais cela n'en est pas moins vrai : madame de Favières pâlit de rage à cette révélation. Elle eût pu pardonner à Sophie d'avoir aimé son mari et d'en avoir été aimée ; elle eût pu ne pas faire un crime à Amable d'avoir éprouvé un amour qu'elle eût considéré comme un caprice passager ; mais elle ne put se faire à la pensée d'avoir accepté comme un bonheur, comme un triomphe, la main d'un homme qui avait été refusé par mademoiselle Sophie Minot.

Il y avait donc une femme, une femme de rien qui avait dédaigné celui dont elle était si fière. Amable n'était venu à elle qu'après avoir été repoussé par une femme de rien. On l'avait choisie à défaut d'une autre.

Non seulement Louise n'avait pas les premiers battemens du cœur de son mari, elle n'avait pas même eu ce premier grand et sérieux sentiment qui fait qu'un homme donne à une femme son nom, son honneur, sa vie.

Le coup fut terrible, la douleur profonde, la colère cruelle, et ce qui en redoubla l'intensité, c'est qu'elle demeura muette.

En effet, dès le premier jour, elle rêva une vengeance.

Madame de Favières était une femme trop bien élevée pour ne pas savoir mentir, elle était trop sèche pour ne pas être maîtresse d'elle-même : elle put donc combiner sa vengeance et la poursuivre lentement. Ce n'était pas une tête sans capacité, un esprit sans volonté, que celui de Louise ; et la meilleure preuve qu'elle en put donner, c'est qu'elle cacha à tous les yeux sa colère et ses projets, c'est qu'elle ne se hâta point dans l'exécution du plan qu'elle s'était fait.

Peu à peu, et sans qu'on pût accuser ses nouvelles opinions d'être un parti pris aveuglément, elle essaya de parler dans le même sens qu'Amable ; elle s'y trompait quelquefois, mais Favières ravi de cette conversion qu'il croyait devoir à l'amour plus encore qu'aux lumières dont s'était éclairé l'esprit de sa femme, Favières, disons-nous, l'encouragea dans cette nouvelle voie, et s'imagina avoir initié sa femme aux mystères de sa religion, parce qu'elle acceptait sans résistance toutes les croyances qu'il lui voulait donner.

Madame de Favières ne daigna pas s'occuper une seule fois de la valeur des opinions qu'elle acceptait, elle marchait froidement à son but, qui était de persuader à son mari qu'elle était digne de comprendre aussi ces grands artistes, ces natures élevées, ces esprits supérieurs, qu'il proclamait les rois du monde moderne.

Une fois arrivée là, madame de Favières n'eut pas grand'peine à faire comprendre à Amable qu'il devait ouvrir son salon à ce monde d'artistes dont elle et lui faisaient si grand cas. Le marquis, dont cette proposition flattait les goûts et les souvenirs, accueillit ce projet avec empressement, et la maison de M. de Favières passait déjà pour offrir une charmante hospitalité aux artistes, que rien n'avait encore révélé à Amable que sa femme jouait une comédie.

Souvent elle l'avait prié d'attirer chez elle la belle Sophie Minot : mais Amable, sans se douter que sa femme eût aucune connaissance de ses anciennes relations avec l'artiste, avait adroitement écarté toute occasion offerte au monde de faire quelques plaisanteries à ce sujet. D'ailleurs, comme on a pu le voir, il avait gardé pour Sophie un reste de passion qu'il n'eût peut-être pas suffisamment caché.

Ce fut après un hiver passé au milieu de ce monde, tout nouveau pour madame de Favières, qu'elle rencontra Sophie Minot aux bains de Boulogne, et près de Sophie, ce Lucien Deville, jeune poète qui commençait une *révélation,* dans la littérature.

Ce fut cet enfant naïf que madame de Favières condamna à servir ses projets. Il est inutile de dire par quels moyens elle avait amené Lucien à cette passion désordonnée, qui le rendait ingrat et cruel envers celle qui l'avait sauvé, et à laquelle il avait juré un culte éternel.

Il faut le dire, les amours des poètes sont presque toujours un démenti donné à leurs œuvres : pour qui les a observés, sans désir d'en faire des dieux, sans envie de les tourner en ridicule, cette contradiction entre ce qu'ils disent et ce qu'ils font s'explique assez naturellement. Le poète vit presque toujours par sa pensée au delà du monde réel qui l'entoure ; il s'adresse presque toujours à des êtres de sa création qu'il façonne à sa fantaisie, auxquels il impose les sentimens capricieux de son imagination. Cette habitude de l'esprit et du cœur ne s'arrête pas malheureusement aux personnages d'une œuvre poétique, elle se prend aux individus qui se mêlent à la vie réelle du poète.

Prenons par exemple les deux grandes passions de Lucien Deville.

La première s'était adressée à Denise, la fille d'une portière. Si Lucien ne l'avait considérée que sous cet aspect, comme l'eût fait à sa place tout homme positif, il eût pu reconnaître le dévoûment et les bonnes qualités de cette charmante fille, mais elle n'en fût pas moins demeurée Denise Laurençot, assez grossièrement élevée, rude dans sa bonté, brutale dans sa parole, portière enfin.

Il n'en fut pas ainsi pour Lucien : Denise devint l'ange sauveur de sa vie, l'âme supérieure qui l'avait deviné.

En présence des bons sentimens de ce cœur candide, il eût trouvé honteux de s'apercevoir de quelques défauts de caractère ou plutôt d'éducation.

Il ne pensa qu'à ce noble dévoûment, qu'à cette piété virginale, qu'à cet amour absolu qu'il avait rencontré si heureusement. Il en fit l'idole de ses rêves, et ne pouvant lui reconnaître, dans le présent, toutes les grâces parfaites qu'il lui désirait, il les lui supposa dans un avenir rapproché; il la vit comme il la voulait; il l'aima comme il la vit alors, et commença ce qu'il appelait la révélation de cet ange inconnu au monde, il l'épousa.

Pauvre fou! il l'adorait encore qu'il avait déjà eu à souffrir des vices de cette éducation qu'il croyait si faciles à extirper.

Denise fut quelquefois violente et plus souvent ridicule. Or, on ne peut guère nier que le plus mortel ennemi de l'amour ne soit le ridicule. Lucien souffrit d'abord sans se plaindre : puis vinrent les remontrances, d'abord bien accueillies, mais bientôt aigrement repoussées lorsqu'elles s'adressèrent à tous les actes de la vie.

Voici comment raisonnait Denise :

« Ne suis-je pas bonne, douce, vigilante, économe, dévouée, pleine de tendresse et de soins? Peut-on élever un soupçon sur ma conduite, sur mon amour, sur mon dévoûment? Non, certes : j'ai donc toutes les qualités qui constituent l'honnête femme et la femme dévouée. Cela ne vaut-il pas un peu d'indulgence pour quelques légers défauts de prononciation, et pour quelques mots qui ne sont pas dans le dictionnaire des puristes? Qu'est-ce donc que la vertu si elle ne vaut pas au moins cela? »

Denise avait raison selon la morale, mais elle se trompait selon le monde, qui est bien autrement fait que la morale. Sa raillerie (celle du monde) sapa tout doucement dans le cœur de Lucien la reconnaissance, l'orgueil factice, mais honnête, qu'il tirait des vertus de Denise. Lucien l'aimait encore, mais il ne la mettait plus en montre comme une conquête qu'il avait faite sur l'ignorance où Denise était plongée, il commençait à la cacher.

Ce fut Sophie Minot qui la première lui fit honte de sa lâcheté. La liaison de Sophie et de Lucien était une de ces amitiés franches et enthousiastes qui s'établissent en vingt-quatre heures, entre artistes, pour durer éternellement. Ce sont là les mystères des âmes poétiques; c'est par des liens inaperçus qu'ils s'attachent les uns aux autres. C'est par une intelligence sympathique de la grandeur et de la délicatesse de l'art qu'ils se sentent bien vivre, et seulement ensemble.

Que la rivalité, le succès ou toute autre raison les désunissent souvent, c'est malheureusement trop vrai; mais demandez-le à l'intimité de leur pensée, les grands artistes ne se sentent dignement compris que les uns par les autres.

Or, Lucien comprenait Sophie, et Sophie avait deviné Lucien : ils s'aimaient comme frères.

Que le monde eût jeté ses propos sur cette intimité qu'il ne comprenait pas, que Denise eût eu des velléités de jalousie que les allures franches de Sophie calmaient rapidement, c'est ce qui n'était pas douteux.

Toutefois, malgré les petits chagrins de Deville, son bonheur et son amour étaient encore les plus forts, lorsque arriva ce voyage à Boulogne dont nous avons parlé, et durant lequel il fut présenté par Amable, qu'il voyait souvent dans les ateliers des grands artistes, à sa femme, la belle Louise de Favières.

Ce fut là ce qui commença ce second amour factice que nous avons vu éclater si cruellement contre l'infortunée Denise.

De même que l'imagination de Lucien avait prêté à la fille de la portière les grâces, l'élégance qui manquaient à la noblesse de ses sentimens, de même il avait prêté à la grâce et à l'élégance de la marquise l'âme qui lui manquait tout à fait.

Il avait voulu faire monter de la foule jusqu'à lui l'ange méconnu qu'il y avait découvert, et maintenant il voulait faire descendre de la hauteur de l'aristocratie jusqu'à lui l'ange qui l'avait distingué.

Quoique bercé sur des sentimens creux, cet amour pour madame de Favières était sincère, ardent, passionné, comme avait été celui que Lucien avait éprouvé pour Denise. C'était une autre idole qu'il avait élevée aux rêves de son âme, et cette idole, il y croyait avec la foi d'un cœur chaste; car c'est encore là une des bizarreries du cœur des poètes, que la bonne foi de leurs trahisons, l'enthousiasme de leurs infamies.

J'ai dit, je crois, que madame de Favières avait choisi Lucien comme victime d'un projet de vengeance; mais je ne pense pas avoir dit jusqu'à quel point elle avait porté la haine pour cette espèce de gens qui, sans être rien qu'eux-mêmes, remplissent le monde de leur nom ; qu'on regarde, s'ils paraissent ; que l'on cherche, s'ils sont absens ; qu'on déchire, mais qu'on admire ; qui s'imposent aux plus dédaigneux, ne fût-ce que par la colère qu'ils leur inspirent. Madame de Favières était insolente et ambitieuse ; le désir d'être une reine de salon et le dépit de n'y pas arriver l'avaient aveuglée au point de lui faire concevoir l'horrible projet qu'elle exécuta dans la soirée où nous avons laissé Lucien se rendre chez elle en compagnie de Sophie Minot.

Maintenant que nous avons fait connaître la position respective des personnages de cette scène, nous allons la raconter.

II

Une Soirée triomphale.

Les salons étaient magnifiques, et les invités nombreux. Les femmes les plus belles et les plus renommées, les hommes les plus élégans et les plus spirituels, presque tous ayant, par leur nom, leur position ou leur talent, un titre à la considération publique ; des fleurs, des diamans, des croix, des meubles d'or, des uniformes splendides, des lumières à profusion, ce bruissement discret d'une multitude de bonne compagnie, ce frôlement gracieux des robes de soie, ces passages rapides et élégans de femmes qui allaient se mentir les unes aux autres, le sourire aux lèvres : tout cela faisait du salon de madame de Favières un de ces paradis enchantés qui éblouissent, enivrent et donnent le vertige.

Cependant, au milieu de tout ce monde, remarquons la physionomie et l'allure de quelques personnages. Madame de Favières, rayonnante, toute fière, heureuse peut-être au delà des bornes d'une stricte convenance, mais si jeune, si gracieuse, si belle, qu'on lui permettait facilement de jouir avec un peu d'excès de sa fortune, de son bonheur, de sa beauté ; madame de Chastenux, soucieuse, attentive, et la suivant du regard comme on fait d'un enfant qui joue au bord d'un précipice ; Sophie Minot, calme, froide, superbe, attendant impassiblement son heure : elle avait vendu cette heure. Elle s'apprêtait à acquitter sa dette, sans émotion, pas même celle de l'artiste. Un succès ou une chute ne l'eût pas émue : elle s'attendait à une cabale.

Quant au marquis, l'aisance charmante de ses manières, ce grand tact, qu'il possédait au suprême degré, de savoir parler à tout le monde, voir tout le monde, saluer tout le monde, de manière à ce que chacun trouvât qu'on s'était occupé de lui ; ce savoir-vivre excellent sans lequel la maison la mieux choisie est un rassemblement sans unité : tout cela se montrait encore et faisait dire qu'Amable était un homme charmant.

Mais, pour un regard aussi exercé que celui de Sophie Minot, par exemple, il y avait une sombre préoccupation au fond de cette bonne grâce. Était-ce le résultat d'une explication avec sa femme? était-ce la suite d'un avis qui lui avait été donné par madame de Chastenux sur les projets inconnus de madame de Favières? c'est ce que l'on verra dans la suite de ce récit. Quant à Lucien, il semblait vivre hors de lui ; ses yeux regardaient sans voir, son âme était dans une région où tout ce monde si brillant, quel qu'il fût, se dorait des reflets de son ardente imagination : c'était pour lui un monde de fées et d'enchantemens sur lequel il se sentait planer.

Cependant voici l'historique de cette soirée :

On entendit d'abord quelques artistes : ceux-là sont destinés à préparer la compagnie à cette attention qui, pour ne pas être de longue durée, a cependant besoin d'être appelée hors des conversations et des saluts de toutes sortes, qui commencent et animent toute nombreuse réunion.

Sophie Minot parut enfin; on lui avait réservé la troisième place. On avait fait précéder le caprice brillant qu'elle devait jouer par un concerto de violon qui n'avait été que parfaitement exécuté. On ne pouvait pas être plus galant. En effet, dès les premières notes de cette main ferme et agile, les auditeurs écoutèrent avec étonnement. On entendit chanter le piano avec passion, lorsque le violon, le roi du chant, avait été si timidement expressif.

Sophie Minot était une de ces artistes qui jettent dans la musique un langage qui étonne, qui serre le cœur, qui le dilate. Les gens qui ne l'avaient jamais entendue se demandaient si c'était bien là le même instrument froid qui venait d'accompagner le violon. Où donc ces touches d'ivoire, ces cordes de laiton avaient-elles pris cette expression, cette douleur, cette profonde exaltation? N'était-ce pas dans l'entrain et dans l'âme de l'artiste? Puis, lorsqu'elle passa de cette mélancolique chanson, si gravement, si pieusement dite, à ces caprices brillans, rapides, gracieux, fugitifs, pleins de terribles accords et d'échos presque insaisissables, éblouissans et légers, ce fut un délire, un enivrement, un enthousiasme frénétique, c'était toute la fête de ce jour racontée, pour ainsi dire, d'avance.

Enfin, quand Sophie Minot se leva, il n'y avait pas une main qui ne battît d'aise et de ravissement, pas une, même celle de madame de Favières. La cruelle, malgré sa bonne envie de rendre ses éloges ridicules par l'exagération, ne put y arriver, tant elle était dépassée par les gens qui pensaient véritablement ce qu'ils disaient.

Une seule chose fut remarquée : c'est que, contrairement à ses habitudes, Sophie ne quitta point les salons, dès qu'elle eut fait son métier, comme elle le disait elle-même.

Favières y comptait sans doute, car il ne put dissimuler sa contrariété en la voyant demeurer, et sa mauvaise humeur prit un air d'inquiétude véritable en voyant l'impatience avec laquelle Sophie vit Lucien se poser élégamment, le dos à la cheminée, pour réciter des vers flatteusement annoncés par la maîtresse de la maison comme inédits, et si l'on voulait bien en croire les petites mines confidentielles adressées à quelques intimes, comme faits expressément pour la circonstance. Le poète à la mode après la grande musicienne, c'était une fête splendide.

Soit que M. de Favières trouvât dans l'impatience manifeste de Sophie Minot la confirmation de soupçons qu'il avait conçus relativement à Lucien, soit que le déplaisir qu'il éprouvait s'adressât à Sophie seulement, il ne put le maîtriser ; il alla rapidement vers Sophie, et lui dit assez sèchement :

— Que va-t-il donc se passer de nouveau, que vous nous fassiez l'honneur de demeurer ?

— Il va se passer quelque chose d'infâme, répondit-elle froidement.

— Chez moi ?

— Chez vous, sans que vous osiez l'empêcher.

— Mais, qu'est-ce donc ?

— Écoutez et vous verrez.

On appelait le silence de tous côtés ; et Lucien, pâle d'une émotion qui serre le cœur, et qui, aux yeux du vulgaire, prenait le faux semblant d'une inspiration puissante, se préparait à parler. Un moment il parut prêt à manquer de force, ses yeux cherchèrent madame de Favières qui dissimulait mal la rage jalouse qu'elle éprouvait de voir son mari près de Sophie.

Lucien sembla demander à la marquise un encouragement et une autorisation, et madame de Favières les lui envoya avec le plus gracieux sourire et le regard le plus confidentiel. Enfin Lucien commença.

Qu'était-ce donc que ces vers attendus avec tant d'inquiétude par quelques personnes ?

Rien, sinon la confidence d'un cœur qui a cru avoir trouvé l'amour dans l'humble condition où il est né ; qui a pris la reconnaissance, le devoir, l'amitié, le dévoûment, pour cette passion terrible, ambitieuse, dévorante, folle ; et qui tout à coup a vu l'amour se révéler à lui sous les traits d'un ange qui planait au dessus de lui dans les régions d'or et d'azur d'un ciel vers lequel il n'avait jamais élevé ses regards.

Tout est permis aux poètes, et grâce à Dieu le monde ne croit à rien qu'au talent qui éclate dans ces rêves imaginés.

Cependant les vers de Lucien avaient un enivrement de passion réelle, un sentiment de douleur et d'espérance si brûlant, qu'ils émurent assez l'assemblée pour qu'elle se demandât si l'ange de ce rêve ne se trouvait pas dans un coin du salon.

Une malheureuse strophe qui montrait l'ange et Vénus sortant du sein des ondes rappela à quelques personnes la rencontre de Lucien et de madame de Favières aux bains de Boulogne, et voilà les regards qui interrogeaient Louise sur ce qu'elle pensait de cette déclaration publique. La marquise soutint assez bien l'assaut, quoiqu'elle éprouvât une crainte visible, maintenant qu'elle s'était lancée imprudemment dans le danger.

Mais ce qui restait douteux sous le sourire affecté de madame de Favières se lisait en toutes lettres sur le visage pâle et contracté du marquis. Ce qu'il souffrait était une de ces vives tortures qu'on ne compte point au nombre des grands malheurs, et qui cependant dévorent souvent la vie plus cruellement que de terribles catastrophes.

En effet, le marquis était crucifié et ridicule. Ridicule, s'il laissait dire jusqu'au bout cette impertinence poétique, plus ridicule encore s'il l'interrompait.

Fallait-il qu'il la comprît? en ce cas c'était un scandale, et un scandale sanglant à faire éclater au milieu de son salon. Fallait-il ne point paraître comprendre ce que tout le monde comprenait si bien?

Ce rôle de mari qui voit et qui ferme les yeux était d'une trop affreuse longanimité pour un homme de son nom et de son âge.

Heureusement que l'inspiration du poète n'avait pas été longue, et que la fin arriva avant que les incertitudes de Favières eussent cessé.

Un long et tumultueux murmure succéda à la déclamation accentuée de Deville.

Quelques personnes d'un salon voisin, qui n'avaient pas entendu un mot de ce qui avait été dit, ou qui n'en avaient pas compris le sens, envoyèrent au poète quelques maigres applaudissemens. Lucien, qui s'était enivré de sa propre voix tant qu'il avait récité, comprit enfin tout l'effet qu'il avait produit, et prévoyant une esclandre, il releva la tête et se posa fièrement en Ajax qui brave le tonnerre.

Cependant Sophie retenait Favières pendant que la marquise s'avançait gravement vers Deville et lui prenait le bras.

Ce fut un universel étonnement: tous les regards s'attachèrent sur la marquise qui traversa le salon avec Deville pour marcher vers son mari qui murmurait sourdement:

— Oui, vous avez raison, c'est infâme.

— Vous vous trompez, lui dit Sophie, l'infamie n'est pas faite: vous allez voir.

En effet, madame de Favières s'approcha de Sophie et de son mari, et s'adressant à l'artiste, elle lui dit :

— Aucun compliment ne peut payer le plaisir que vous nous avez fait, mademoiselle, aussi m'empressé-je de vous offrir le prix convenu entre nous.

Et madame de Favières jeta insolemment sur le giron de Sophie une bourse pleine d'or.

Sophie pâlit, mais elle se contint aussitôt, pendant que madame de Favières se retournant vers Lucien Deville, lui dit :

— Quant à vous, monsieur, nous n'étions convenus de rien ; mais veuillez prendre ce souvenir, je pense que vous serez satisfait.

Deville avait été horriblement blessé de l'affront fait à Sophie ; mais il n'avait pas pensé qu'on pût le lui adresser ; aveuglé par sa passion, il crut que le petit portefeuille parfumé qui lui était remis était un gage de l'indulgence avec laquelle on avait reçu sa déclaration. Il oublia Sophie pour ne penser qu'à son propre bonheur. Favières hésita à croire à tant d'audace de la part de sa femme ; cependant il ne pouvait laisser passer tout cela sans paraître y faire attention, lorsque madame de Chastenux, qui avait suivi la marquise, rompit tout à coup la glace, et sauva au marquis le ridicule de prendre l'initiative en disant elle-même à Deville :

— C'est trop d'égoïsme, monsieur, faites-nous voir le charmant souvenir de ma nièce.

Lucien hésita ; mais il fallait céder, sous peine de paraître cacher un secret ; il tendit le souvenir à madame de Chastenux qui l'examina, puis l'ouvrit. Lucien ne put retenir un mouvement de crainte.

Un mot mystérieux, un billet portant un aveu, ne pouvait-il pas s'échapper de ce souvenir ouvert ? En effet, un léger papier s'échappa et tomba à terre.

Favières le ramassa avec un mouvement où se montra toute sa fureur ; il le regarda : c'était un billet de cinq cents francs.

S'il l'eût osé, en ce moment Favières eût soufflété sa femme. Tout ce qu'il avait pu imaginer venait d'être dissipé ; mais il lui sut peut-être encore plus mauvais gré de la brutalité de ce procédé, qu'il ne l'eût été de la coquetterie ou de la faute de sa femme. Il ne put s'empêcher de la regarder avec un air de mépris et de colère. Louise n'y prit point garde et lui dit de l'air le plus naïf et le plus étonné :

— Trouvez-vous que ce soit point assez ?

À ce moment, Favières eut de ces mouvemens de gentilhomme qui ne partent que d'un noble cœur, qui sait noblement faire les choses. Il se tourna vers Lucien et lui dit tout haut :

— Monsieur Deville, ma femme vient de vous insulter ; je vous en demande pardon et je suis à vos ordres.

Lucien était incapable de répondre ; son amour, son génie, son cœur, sa vie, tout cela venait de lui être payé cinq cents francs ! Il serait tombé, si Sophie Minot ne se fût levée, et ne lui eût pris le bras en lui disant :

— Haut la tête ! on dirait que vous avez peur.

Lucien regarda le marquis en face et lui dit d'une voix brève et sèche :

— Demain, à sept heures.

Sophie l'entraîna, et jetant insolemment la bourse à un domestique qui apportait un plateau de glaces, elle lui cria :

— Voilà pour boire.

III

Deux Artistes.

Avant que personne se fût remis de l'émotion qu'avait causée cette scène aussi rapide qu'étrange, Sophie avait quitté le salon avec Lucien, et tous deux étaient montés dans le remise qui devait les conduire chez eux.

Mais Sophie comprit qu'elle ne pouvait pas laisser rentrer Lucien dans l'état où il se trouvait, et elle cria au cocher : « A la barrière de l'Etoile ! » sans s'apercevoir qu'une femme voilée et enveloppée d'un manteau avait entendu cet ordre, et s'était enfuie en poussant un cri de désespoir. C'était Denise, Denise jalouse, et qui, fort peu soucieuse des convenances d'un monde dans lequel elle était mal à l'aise, était venue elle-même s'assurer si c'était bien à cette soirée de madame de Favières que Sophie et Lucien étaient allés ensemble, et qui les voyant s'éloigner, avait entendu cet ordre qui les emmenait loin de la maison où ils devaient rentrer.

Quel mystère pouvait cacher cette course nocturne ?

Pour un esprit jaloux, la réponse était facile : c'était une trahison, un crime, un amour coupable.

Denise s'échappa en poussant des cris de colère et de douleur, et regagna sa maison.

Cependant Lucien était tombé dans la voiture, se débattant dans d'affreuses convulsions, jusqu'à ce qu'il restât accablé, la tête appuyée sur les genoux de Sophie, en pleurant et en sanglotant.

Tant que la douleur de Lucien ne fut pas arrivée aux larmes, Sophie n'essaya point de la calmer ; mais, lorsqu'elle vit son délire s'éteindre dans les pleurs, elle dut enfin lui faire entendre sa parole sévère.

— Eh bien ! Lucien, lui dit-elle, comprenez-vous enfin que je ne suis point une folle aigrie par le dépit; que je n'ai pas vu à travers un désespoir chagrin et jaloux ce monde dont nous sortons? Comprenez-vous que s'il y avait des préventions dans les jugemens très différens que nous en portions chacun de notre côté, elles étaient toutes dans votre esprit?

Lucien ne répondit point; la raison qui lui parlait était trop rude pour un cœur si cruellement brisé.

— La leçon a été cruelle, reprit Sophie, mais peut-être la fallait-il aussi terrible qu'elle l'a été, pour vous guérir de vos illusions. Du reste, s'il vous faut une consolation au mal que vous éprouvez, vous pouvez la chercher dans votre orgueil : on vous a frappé d'autant plus violemment qu'on vous redoutait davantage ; on n'a voulu vous rabaisser que parce qu'on vous sentait trop haut.

— On m'a traité comme un laquais... dit Lucien en grinçant les dents. Ah! ils me le paieront...

— On vous a traité comme moi, comme on eût traité tout homme qui ne vaut que par lui-même et son génie, dans un monde qui ne vaut que par le hasard de sa fortune et de sa naissance.

— Mais je ne lui ai fait aucun mal, à cette femme... Pourquoi donc cette insulte?...

— Vous avez payé la haine qu'elle me porte, Lucien, lui dit Sophie Minot ; vous savez qu'Amable m'a aimée, vous savez aussi que si son cœur s'est détaché de moi, son esprit nous est resté. Ils ont beau faire, tous ces grands seigneurs, reprit-elle avec exaltation, ils comprennent bien qu'ils ne nous valent pas... Malheur à ceux qui, comme Favières, ont touché du bord des lèvres la coupe enivrante de notre monde ; qui se sont envolés avec nous sur les ailes libres de la pensée, dans l'idéal de notre culte, de nos admirations, de nos joies, de nos délices ; qui ont entrevu la lumière de notre dieu ; qui ont senti s'allumer en eux l'amour du beau, du grand, sous quelque forme qu'il se produise ; malheur à ceux qui, comme Favières, ont été nos camarades, et qui, retournant s'enfermer dans un monde borné par les préjugés, par l'étiquette, par les mille sottises de l'aristocratie, culte passé, dieux détrônés et ridicules, comme l'olympe des païens quand le christianisme eut éclairé leurs rides de sa foudroyante lumière ; ceux-là souffrent, et ceux-là sont les martyrs d'une foi qu'ils n'osent pas confesser!

Lucien écoutait Sophie avec un étonnement stupide, tandis qu'elle continuait avec exaltation :

— Croyez-vous, Lucien, que madame de Favières ait voulu vous humilier seul? Non, ce sont les opinions, les pensées intimes, le culte secret par lequel son mari lui échappe, qu'elle a voulu humilier en vous et en moi. « Ah! s'est-elle dit, monsieur le marquis, vous aimez une pauvre artiste qui vous a dédaigné... Vous n'êtes qu'un niais. Je vous montrerai, moi, comment on joue avec des êtres de cette espèce. » Alors elle a coqueté avec vous, elle vous a rendu fou d'amour ; et comme votre passion était sincère, et par conséquent respectueuse, elle l'a conduite jusqu'à se montrer avec éclat, jusqu'à se poser sur un piédestal ; puis elle a dit à tout ce monde qui vous écoutait, et surtout à son mari qui vous regardait, et qui vous eût tué sur place, si la crainte du ridicule ne l'eût retenu, elle lui a dit :

« Tenez, marquis, vous êtes un sot. Tout cela ce sont de tristes saltimbanques dont on s'amuse ; et, quand la parade est finie, on les paie et on les chasse. »

— Ah ! s'écria Lucien, je me vengerai sur lui de l'insulte de sa femme.

— Je n'ai point à vous dicter votre conduite à cet égard, lui répondit Marie Minot ; mais Amable a été sublime pour vous ; et ce mot n'est pas trop grand, car le marquis a été noble et spirituel : noble, car en vous offrant de vous rendre raison de l'insulte de sa femme, il vous a remis à votre place, à la hauteur d'un des plus grands noms de France ; il a été spirituel en vous considérant comme l'insulté, et en se débarrassant du ridicule que vous lui aviez imposé pendant un quart d'heure d'un siècle.

— Ah ! fit Lucien avec rage, vous le trouvez sublime ; mais moi je le trouve un insolent...

— Vous êtes fou, reprit sévèrement Sophie, et M. de Favières a sur vous un avantage que vous ne comprenez pas encore : c'est celui du savoir-vivre ; et je n'entends pas par là les petites façons intérieures avec lesquelles on passe vis-à-vis des sots pour un homme bien élevé ; j'entends par savoir-vivre l'art avec lequel un homme sait donner à une parole maladroite, à une action folle, un aspect, une tournure qui les justifient.

Ainsi, en cette occasion, en vous considérant comme l'insulté, non seulement il vous a absous de la plus insolente sottise que puisse faire un homme...

— Moi ! fit Lucien... j'ai fait...

— La sottise la plus insolente, répartit froidement Sophie Minot. Comment, vous venez dans le salon d'un homme faire une déclaration publique à sa femme, et vous ne trouvez pas cela une insolence !

Je sais d'où vient votre folie, Lucien : vous êtes poète, et comme tous les esprits exaltés, vous ne voyez que le point juste vers lequel vous tournez vos regards... Louise de Favières vous a rendu amoureux d'elle, et Louise est devenue tout aussitôt votre ange, votre divinité, votre soleil ; l'adorer, l'encenser, lui plaire, vous sacrifier à l'un de ses désirs, voilà tout ce que vous avez rêvé, oubliant qu'il y avait un mari, un galant homme, à qui vous veniez gaîment jeter le ridicule au visage.

Un plus brutal vous eût fait prendre par ses gens et jeter par la fenêtre. Mais Amable a eu pitié de vous, il a compris que la plus coupable dans ce scandale, c'était la marquise de Favières, et c'est elle qu'il a punie.

Ah! reprit Sophie en s'exaltant, c'est là un homme qui eût pu peut-être faire accepter à ce monde vaniteux la femme qu'il eût choisie.

— Pourquoi donc ne l'avez-vous pas épousé? reprit Lucien avec amertume.

— Parce que je l'aimais trop pour l'exposer aux chagrins de cette lutte, dût-il en sortir vainqueur.

— Et c'est sans doute cet amour, fit Lucien, qui vous le fait voir si sublime qu'il serait indigne à moi de lui demander compte de l'infamie de madame de Favières!

— En êtes-vous déjà venu là de parler de ce ton de la femme qui n'avait pas d'égale dans votre cœur il y a deux heures?

— Vous semble-t-il que je doive aussi la ménager après l'insulte gratuite qu'elle m'a faite?

— Non certes, je ne prétends pas justifier son infamie; mais je crois pouvoir vous dire que vous devriez être plus indulgent que personne dans ce jugement que vous portez d'elle.

— Moi? s'écria Deville au comble de l'étonnement. Et quel mal lui avais-je fait, à cette femme, pour qu'elle me traitât ainsi? Ai-je eu des espérances qu'elle ne me les ait données? Et lorsque je cherchais à étouffer un amour dont je sentais la folie, ne m'a-t-elle pas excité jusqu'à me rendre ridicule comme je l'ai été?

— Et quel mal vous a fait la pauvre femme que vous avez si maltraitée ce soir?

— Quelle femme? dit Lucien.

— Quelle femme? s'écria vivement Sophie. La vôtre. Quel mal vous a-t-elle fait?

A-t-elle eu des espérances que vous ne les lui ayez données? et lorsqu'elle essayait d'étouffer en son cœur un amour dont elle sentait la folie, n'avez-vous pas excité cet amour jusqu'à ce qu'il se soit livré à vous sans retour! Et cependant, que fait-elle à présent? Elle pleure, elle se désespère sans doute. Madame de Favières vous a sacrifié à sa vengeance, vous avez sacrifié Denise à l'orgueil de votre nouvelle passion. Ne vous montrez donc pas si inflexible, si sévère.

— Certes, voilà de la belle morale, reprit Lucien en ricanant; mais Denise ne pensera plus demain à la scène de ce soir.

Le mot que je lui ai dit eût peut-être été trop dur, adressé à une autre qu'elle. Mais les vices de l'éducation ont leur avantage. Ils rendent moins sensible à certains procédés, parce que la délicatesse qui peut en souffrir n'existe pas dans un pareil esprit.

— L'homme est une méchante bête, dit Sophie Minot. Denise a plus de délicatesse et de grandeur que vous, Lucien.

Ah! c'est que l'exercice des facultés de l'esprit a cela d'odieux qu'il finit par mettre les formes à la place du fond, la phrase à la place du cœur. Vous êtes gens, messieurs les écrivains, à nier l'amour d'une mère, parce qu'elle fera un solécisme en sauvant son enfant; et vous voilà, vous, Lucien, niant le cœur le plus noble, le plus désintéressé, parce qu'il n'a pas la même langue que le vôtre : c'est affreux.

Lucien était trop irrité pour avoir la conscience du mal qu'il avait fait. On dit que le malheur rend pitoyable. Cela est vrai sans doute pour ceux qui ont beaucoup souffert; cela n'est pas vrai pour ceux qui souffrent. Quand le cœur de l'homme est sorti de l'action de la douleur, il a, je le crois du moins, de la pitié par réflexion ; mais lorsqu'il saigne actuellement, il n'a guère de sensibilité que pour lui-même.

Quoi qu'il en soit, Sophie ne put arriver à toucher le cœur de Lucien au sujet de Denise. Par un raisonnement dont le principe était dans son orgueil, il attribuait à Denise tout son malheur. Il se disait tout bas que s'il n'avait pas été le mari d'une fille de portière, on n'eût pas osé lui faire l'insulte qu'il venait de recevoir.

En effet, l'homme qui s'était estimé assez peu pour donner son nom à une grisette de loge méritait-il qu'on le respectât beaucoup ?

Sophie, voyant son impuissance, pensa à ramener Lucien dans sa maison. Lorsqu'ils y arrivèrent, Lucien la remercia plus que froidement du soin qu'elle avait pris de lui. Mais Sophie demanda à voir Denise.

Lucien s'y opposa; et comme Sophie insistait, il lui fit entendre très clairement que sa présence ne serait point agréable à Denise. Sophie avait une trop haute raison pour s'irriter contre les impolitesses d'un homme qu'elle voyait dans un état d'exaspération véritable. Elle déclara sa ferme volonté de voir Denise ; et, soit pressentiment véritable d'un malheur, soit qu'elle cherchât dans une supposition gratuite une raison à son insistance, elle ajouta assez vivement qu'elle ne se retirerait point sans s'être assurée de la présence de Denise dans la maison de son mari, et surtout du bon état de sa santé.

Lorsque l'homme s'est *butté* à certaines pensées, rien ne l'en détourne. Lucien était malheureux; bien plus, il était mécontent. La morale de Sophie l'avait peut-être plus irrité que l'insulte de madame de Favières. En cette occurrence, ne sachant comment repousser l'insistance obstinée de son amie, il s'écria :

— Eh! mon Dieu, si c'est un malheur que vous redoutez, ne le hâtez point par votre présence. Oui, Denise est malheureuse parce qu'elle sent que mon amour s'est retiré d'elle; elle est plus que malheureuse, elle est jalouse; et savez-vous à qui s'en prend sa jalousie?

— A moi peut-être? dit Sophie.

— A vous, répartit Lucien.

Un sourire de dédain glissa sur les lèvres de Sophie qui reprit aussitôt :

— Et vous, monsieur Deville, vous ne l'avez pas détrompée, n'est-ce pas? Heureux que vous étiez de cacher votre véritable passion sous l'erreur de Denise, vous ne m'avez pas justifiée; vous avez profité de cette position équivoque pour jurer sur l'honneur à votre femme qu'elle se trompait lorsqu'elle vous accusait de m'aimer.

Et ces beaux sermens, vous les avez faits en toute sûreté de conscience, et de ce ton qui peut-être l'encourageait dans son erreur. Oh! monsieur, monsieur, vous n'avez de cœur que dans la tête; vous ne méritez ni une femme dévouée, ni un ami, ni même une maîtresse. Adieu.

IV

Retour à la maison.

Cette fin d'entretien avait eu lieu dans la voiture de Sophie, arrêtée devant la porte de Lucien. Celui-ci essaya de quelques paroles pour ramener Sophie à des sentimens moins irrités; mais, voyant qu'elle s'obstinait à ne pas lui répondre, il la quitta avec ce mot à l'usage de ceux qui s'enfoncent tête basse dans la voie où ils doivent se perdre :

— Eh bien! s'écria-t-il en la quittant, comme il vous plaira!

Lucien remonta chez lui. D'ordinaire quelqu'un l'attendait; c'était la femme de chambre de sa femme lorsque ce n'était pas Denise elle-même. Lucien sonna vainement à la porte, personne ne vint lui ouvrir. Il n'était pas en état de se montrer patient; après avoir brisé la sonnette, il heurta si violemment à sa porte qu'il finit par éveiller ses voisins; on entr'ouvrit les portes en le priant assez aigrement de ne pas troubler le repos de toute la maison. Il se trouva là un de ces hommes qui ont toujours le mot de la position.

— Pardieu! lui dit cet homme, quand on rentre à une pareille heure, on a sa clé dans sa poche.

— Il faut pourtant que je rentre chez moi.

— N'avez-vous pas des domestiques qui ont la clé de votre appartement?

— Certainement.

— Eh! du diable, lui cria-t-on de tous côtés, allez les éveiller, et ne faites pas des esclandres comme ça.

Lucien fut honni, blâmé, injurié, et sa fureur ne fit que s'accroître. Il monta rapidement les quatre ou cinq étages qui le séparaient de la chambre de ses domestiques et finit par trouver la porte de la chambrière de sa femme, et après l'avoir assez brutalement éveillée, il commença à la quereller de ce qu'elle ne l'avait pas attendu; ce fut alors que la chambrière lui répondit:

— Ma foi, monsieur, madame n'a pas été plus tôt rentrée, qu'elle m'a, pour ainsi dire, mise à la porte de l'appartement, en me disant qu'elle attendrait elle-même.

— Comment, dit Lucien, madame est sortie?

— Oui, monsieur, elle est sortie sur vos talons.

— Et quand est-elle rentrée?

— Il était onze heures.

Cette heure se rapportait exactement à celle à laquelle il avait lui-même quitté le salon de madame de Favières. Denise était donc sortie pour l'espionner. Si donc elle l'avait espionné, elle avait dû le voir s'éloigner avec Sophie Minot. Probablement, sa jalousie avait donné à cette promenade nocturne un sens coupable, et la jalouse, rentrée chez elle, avait voulu infliger à son époux un châtiment à la façon de ceux qu'elle avait appris dans la loge de sa mère, elle voulait faire coucher son mari à la porte.

Lucien prit la clé de son appartement, et défendit à la domestique de l'accompagner. Il descendit, entra chez lui, et, dans l'état de colère où il était, il marcha droit à la chambre commune; il voulut en ouvrir la porte, il la trouva fermée. Son premier mouvement fut de l'enfoncer. Mais bien qu'il fût chez lui, il comprit que le bruit qu'il serait obligé de faire arriverait encore aux oreilles des voisins, et que ce serait une nouvelle esclandre.

Il commença donc à frapper discrètement, puis à appeler à voix basse, puis à voix plus haute. Mais rien ne lui répondit. Lucien était si persuadé que c'était une scène préparée par sa femme, qu'il voulut voir jusqu'où elle pousserait l'entêtement. Il continua à frapper à la porte qui ouvrait sur le salon. Le même silence continua à régner dans la chambre. Lucien, irrité au dernier point de cette obstination, tourna l'appartement par les couloirs de service; pour frapper plus vivement à une porte qui ouvrait sur un cabinet de toilette. Mais à peine eut-il mis le pied dans ce cabinet, qu'il se sentit suffoqué par une affreuse odeur de charbon.

Alors, seulement, la pensée d'un malheur et d'un suicide lui vint à l'esprit. D'un effort violent, il fit sauter la porte, et entra dans la chambre: un vaste brasier de charbon à moitié éteint était allumé au centre. L'obscurité était profonde. Il s'élança vers le lit, et trouva le corps encore chaud de Denise. Un cri terrible s'échappa de sa poitrine. Il courut à la fenêtre et l'ouvrit; l'air pur s'engouffra dans la chambre et ranima le brasier, qui jeta une lueur sinistre dans la chambre.

Lucien alluma une bougie, et retourna vers Denise. Elle était couchée sur son lit; elle était tout habillée; mais ce n'était point avec ses vêtemens ordinaires. Elle avait repris la pauvre robe de toile qu'elle portait quand Lucien l'avait vue au chevet de son lit, ange bienfaisant dont les soins assidus lui avaient sauvé la vie. De tous les reproches qui pouvaient percer le cœur de Lucien, ce costume était le plus éloquent et le plus terrible.

Lucien prit dans ses bras ce corps inerte et le porta près de la fenêtre; mais l'air pur du dehors glissa vainement sur ses lèvres légèrement entr'ouvertes. Lucien chercha alors à faire pénétrer dans cette poitrine immobile le souffle de sa propre vie. Il ne put arracher à ce corps un tressaillement.

Alors il cria, il appela, il brisa les sonnettes qui appelaient les domestiques, qui descendirent en toute hâte, et qui le trouvèrent à genoux, éperdu, criant, sanglotant près du corps de Denise étendu sur le tapis. On courut chercher un médecin. Ah! quand on aime! et Lucien aimait la pauvre enfant qu'il avait si durement trahie; quand on aime, on ne se persuade pas aisément que la mort soit inexorable. Ce désir commun de voir vivre celle à qui l'on jure en soi-même un bonheur ineffable; ce désir est si puissant, qu'il nous semble qu'il va redonner la vie à celle qui n'est plus. Le médecin arriva, et l'horrible certitude avec lui. Denise était morte : presque aussitôt parut Sophie Minot. A la façon dont l'accueillirent les domestiques, on pouvait voir qu'ils avaient été avertis des soupçons de leur maîtresse à son égard. Ils parurent indignés de sa présence. Quant à Lucien, dès qu'il la vit, il courut à elle et tomba à genoux en lui demandant pardon.

— Ah! je n'ai pas voulu vous croire, lui dit-il!... Ah! je l'ai tuée!... je l'ai tuée!...

Sophie confia Lucien au médecin, et resta seule avec le cadavre et les domestiques. Alors seulement elle pleura, s'agenouilla au pied du lit, et pria sur cette pauvre enfant, qui, sans doute, l'avait maudite à l'heure de la mort.

Ce ne fut qu'à ce moment qu'un domestique aperçut sur la cheminée une lettre à l'adresse de Lucien. Sophie Minot s'en empara. Elle ne voulait pas la remettre à Lucien, dans l'état de désespoir où il était; mais l'un des domestiques, qui considérait toujours Sophie Minot comme la cause première de la mort de sa maîtresse, la lui arracha insolemment, et courut la porter à son maître. Cependant le bruit de cet événement s'était peu à peu répandu dans la maison. Qu'on nous permette de revenir un peu sur nos pas, pour expliquer comment put arriver la scène déplorable qui suivit l'épouvantable scène que nous venons de raconter.

V

Mal mariée.

Denise éprouvait depuis long-temps le malheur des femmes qui ont voulu sortir de leur sphère; ce malheur n'avait pas encore pénétré dans le vif de son âme, qu'elle en était déjà gênée dans les habitudes de sa vie. Lorsque par hasard des hommes du monde littéraire où vivait Lucien venaient lui faire visite, elle assistait, de la meilleure volonté du monde, à la conversation, tâchant de la comprendre, de la saisir, de s'y mêler; mais elle n'y parvenait que bien rarement, et, comme il lui arrivait de laisser trop souvent échapper des naïvetés qui faisaient sourire les amis de Lucien, il la voyait avec plaisir prétexter les affaires de sa maison pour quitter le salon. Alors Denise, enfermée dans sa chambre, se dépitait, s'ennuyait. Elle s'ennuyait encore plus lorsque Deville travaillait; elle s'ennuyait à périr lorsqu'il sortait; alors elle appelait sa femme de chambre pour travailler près d'elle, et il était difficile que, durant ces longues heures, Denise ne parlât pas. Hélas! la pauvre femme se trouvait là, juste à la hauteur du monde et du langage où elle avait vécu. Quand c'était dans la soirée que Denise rompait sa solitude en admettant sa femme de chambre dans son intimité, il arrivait que la cuisinière s'y mêlait aussi. Alors ce furent de petits conciliabules où l'on parlait à cœur ouvert.

Lucien s'était aperçu de ces entretiens, et il avait doucement représenté à sa femme que cela n'était pas convenable. Denise avait obéi sans murmurer, mais l'ennui était revenu; la chambrière, qui tirait profit de son intimité avec sa maîtresse, se glissa assez souvent près d'elle sous prétexte de lui offrir ses services, pour que Denise la laissât des heures entières dans sa chambre. Peu à peu les petits conciliabules, les causeries réglées recommencèrent; seulement on en fit mystère à *monsieur*. Et Denise eut un secret avec ses domestiques.

De toutes les positions de la vie, c'est la plus commune et la plus odieuse. Elle ne le fut point pour Denise, en ce sens qu'aucune des deux femmes avec qui elle vivait familièrement ne put s'en servir contre elle; mais enfin il en arriva que, lorsque les douleurs réelles de la jalousie naquirent, elles durent avoir nécessairement pour confidens les interlocuteurs habituels de Denise. Elle les interrogea sur Sophie Minot, et trouva que ceux à qui elle parlait avaient d'assez mauvaises pensées au sujet de cette fille de vingt-cinq ans, qui vivait comme un garçon.

Les domestiques, cette race qui a une merveilleuse intelligence du mal, n'avaient pas grand'peine à deviner la raison de ces questions.

Madame est jalouse, donc madame, qui est la meilleure femme du monde, pas fière, et qui se laisse piller à bouche que veux-tu, madame a raison; monsieur est un monstre, et mademoiselle Sophie Minot est une catin, qui met le désordre dans un jeune et charmant ménage.

Ces propos de cuisine étaient passés de la cuisine de Deville dans les cuisines du voisinage, et, il faut le dire à la honte de nos mœurs, ils étaient passés de ces cuisines dans les salons de presque tous les locataires de la maison.

De cette façon, il était parfaitement établi que M. Deville était un mauvais mari qui abandonnait sa femme, et qui l'abandonnait pour mademoiselle Sophie Minot, sa maîtresse.

Cela admis, et sans que personne daignât en douter, qu'on juge de l'effet que dut produire, dans cette maison, la présence de Sophie Minot, au moment où Denise venait de se tuer, victime des intrigues coupables de cette femme. Ce fut une rumeur qui grandit et grossit d'étage en étage, jusqu'au moment de la lettre découverte.

Cette circonstance fut racontée dans les termes suivans :

La gueuse (textuel) s'en était emparée et avait voulu la soustraire; mais un brave et vaillant valet la lui avait arrachée et avait été la porter à son maître. Et ce qu'il y a de certain, c'est que, dans cette lettre, il y avait, dit-on, positivement que madame ne s'était tuée que parce que monsieur l'abandonnait pour Sophie Minot.

VI

Scène.

On conçoit que cette opinion s'étant établie avec une rapidité dont le télégraphe lui-même ne peut donner d'idée, on conçoit, disons-nous, quel acte d'impudence ce dut être, pour les voisins, que le fait de la présence de Sophie Minot près du corps de sa victime. On s'émut; et la valetaille assemblée se chargea d'ameuter les maîtres; quelques voisins échauffés de morale se rendirent chez un greffier du juge de paix, logeant au cinquième de la maison; on le consulta comme honnête homme, on le poussa comme magistrat, on lui déféra l'indignation de la maison, et le brave homme, tout gonflé de sentences d'excommunications sociales, descendit chez Lucien Deville au moment où le marquis Amable de Favières s'y présentait.

Le marquis avait été de très grand matin chez Sophie Minot, pour savoir quelles étaient les intentions de Lucien. Là, il avait appris qu'on était venu la chercher au sujet d'un très grand malheur arrivé chez M. Deville. sible à Favières que ce très grand malheur n'eût pas une relation directe avec ce qui s'était passé la veille dans son salon. Il courut chez Deville, et demanda si mademoiselle Sophie Minot n'était point là. On lui répondit assez impoliment que, malheureusement, elle y était encore.

L'air effaré des domestiques lui prouva que les nouvelles qu'on lui avait dites d'un grand malheur, arrivé chez Deville, devaient être vraies. Il allait s'en informer, lorsque Sophie Minot parut. Elle avait reconnu la voix d'Amable, et l'entraîna rapidement dans la chambre où reposait le corps de la malheureuse Denise.

Favières, épouvanté de ce spectacle, interrogea Sophie, qui lui répondit :

— Voilà probablement où je serais si j'avais fait comme elle, si j'avais épousé un homme d'un monde au dessus du mien, si j'avais eu à souffrir l'humiliation de me sentir dédaignée comme cette pauvre enfant.

A peine Sophie avait-elle dit ces paroles que le greffier ambassadeur pénétra dans la chambre. La présence d'un étranger embarrassa un moment le Caton improvisé (il s'agit de Caton le censeur). Mais ce premier mouvement passé, le monsieur en question pensa qu'il devait accomplir sa mission d'une manière d'autant plus large qu'il avait pour témoin un homme qui paraissait être d'un rang assez distingué. L'ambassadeur s'avança donc vers Sophie Minot, le sourcil froncé, la bouche pincée, et il débuta par ces mots :

— Mademoiselle, je voudrais ne pas avoir à vous dire des choses désagréables ; mais le vœu unanime des habitans de cette maison, leur indignation universelle m'y force.

Sophie regarda l'orateur d'un air fort surpris.

— Vous feignez de ne pas me comprendre, n'est-ce pas, mademoiselle ? Mais... (et, à ce mot, l'orateur grossit sa voix, roula ses yeux, inclina sa tête) mais comment voulez-vous que l'on puisse supporter l'audace avec laquelle vous venez vous repaître de l'aspect du cadavre de celle qui a été la victime de vos intrigues ?

A cette apostrophe, le marquis voulut s'interposer ; mais, avant qu'il n'eût pu parler, Sophie Minot interrompit l'orateur en lui disant :

— Et c'est au nom des habitans de cette maison que vous venez me dire de pareilles choses ?

— Oui, mademoiselle.

— Et quelle est la conclusion de votre message ? reprit dédaigneusement Sophie.

— Ma conclusion, dit l'orateur, que le ton de Sophie avait piqué au vif, la conclusion, c'est de vous prier de sortir de cette maison, où vous avez apporté le deuil.

— Savez-vous bien, monsieur, répartit Sophie, que si quelqu'un a le droit de chasser qui que soit de cette maison, c'est moi... et savez-vous que si, au lieu d'être une femme, j'étais un homme, je vous aurais déjà jeté à la porte !

Cependant la valetaille attendait dans l'antichambre le résultat de l'ambassade qu'elle avait excitée. On se préparait à faire haie à la sortie de Sophie, et chacun mâchait l'injure qu'il devait lui jeter au passage ; la porte de la chambre avait été tenue entr'ouverte par l'un des plus hardis, et l'on entendait, de l'autre chambre, les paroles des deux interlocuteurs. A la menace de Sophie, un murmure d'indignation se fit entendre, et l'on entendit quelques épithètes de celles qui sont à l'usage de la canaille contre les femmes perdues.

L'orateur, se sentant soutenu par cette force grondante, s'écria, dans un accès d'éloquence stupide :

— Sortez, misérable, sortez ! ou je ne réponds pas des excès auxquels peut se porter l'indignation publique.

A peine ces mots furent-ils achevés, que la chambre fut envahie par une douzaine de personnes, parmi lesquelles trois ou quatre chambrières qui se mirent à crier :

— A la porte la maîtresse de M. Deville !
— La gueuse qui a fait mourir cette pauvre dame !...
— Chassez-la cette...
— Cette... etc...

Il y en eut de trente sortes. Malgré son audace habituelle, Sophie pâlit. Elle était femme à lutter avec le monde et ses plus infâmes calomnies ; mais elle eut peur de cette lutte manuelle avec des laquais en ivresse de morale, et recula derrière le marquis de Favières. Amable s'avança vers l'orateur et, s'adressant à lui, il lui dit vertement :

— Votre nom, monsieur ?

L'air, la tournure et la façon dont parla le marquis calmèrent assez subitement les fumées d'indignation omnipotente du greffier.

— Mon nom, monsieur, mon nom... de quel droit me demandez-vous mon nom ?

— Pour savoir à qui j'ai affaire, voilà tout.

— Qu'est-ce que c'est que celui-là ?... murmura la valetaille.

— Je n'ai point de réponse à vous faire, je ne vous connais pas, reprit le greffier en gagnant du côté de la porte.

— Ah ! vous n'avez pas de réponse à me faire, dit Amable, et vous venez insulter ici mademoiselle...

Amable traversa rapidement la chambre, appela un laquais en grande livrée qui se tenait sur le palier, en lui criant :

— Va me chercher un commissaire de police, et qu'il vienne sur-le-champ... Tu lui diras que c'est le marquis de Favières qui le demande.

Et il ferma la porte de l'antichambre.

Ce furent tout aussitôt des plaintes, des menaces, des gémissemens, des récriminations : c'était celui-ci qui avait poussé celui-là ; c'était celui-là qui avait excité cet autre... Quant à l'orateur, personne ne le connaissait, personne ne l'avait vu.

Amable allait laisser s'écouler toute cette canaille tremblante, lorsque tout à coup reparut Lucien, qui, retiré dans une pièce de son appartement, n'avait aucun soupçon de ce qui se passait. Sophie était restée seule dans la chambre où entra Deville qui, sans s'apercevoir que la porte qui communiquait à l'antichambre était restée ouverte, et que cette antichambre était peuplée d'étrangers, s'écria :

— Oh ! grâce, grâce ! Sophie... elle est morte en vous accusant, vous qui vouliez la sauver !... vous qui aviez tout fait pour me détourner de ce fol amour que j'éprouvais pour cette indigne marquise de Favières.

Qu'on juge du pavé qui tomba sur la tête d'Amable, en entendant prononcer ainsi le nom de sa femme devant toute cette valetaille dont il surprit les regards furtifs. Il oublia qu'il tenait captifs tous les auditeurs de cette scène qui eût été plus que ridicule, si elle ne se fût passée à côté d'un cadavre : il s'élança dans la chambre, et, emporté par la colère, il s'écria :

— Quel nom avez-vous prononcé, monsieur ?

Lucien oublia sa douleur à l'aspect du marquis.

— Quel nom ? reprit-il avec fureur. Le vôtre, celui de votre femme. Ah ! vous m'avez demandé raison de ma conduite envers elle...

— Vous vous trompez, s'écria violemment M. de Favières, je vous ai fait réparation de l'insulte que je pensais qu'elle vous avait faite en vous chassant de chez elle comme un laquais ; maintenant, je vois qu'elle a eu raison d'agir ainsi.

— Oh ! taisez-vous... s'écria Sophie Minot, on vous entend.

— Et c'est parce qu'on m'entend que je parle comme je le fais, dit le marquis en montrant Lucien, pour rejeter enfin sur ce monsieur toute la responsabilité du malheur qui est arrivé.

— Ah ! reprit Deville, monsieur le marquis, le laquais est maître chez lui, vous m'avez insulté chez moi, j'en aurai raison, ou bien...

Il s'était armé d'une lourde pincette, dont il eût brisé la tête du marquis, si celui-ci ne se fût hâté de reprendre :

— C'est un tort que je reconnais, et pour celui-là, monsieur, pour celui-là seulement, je me mets à vos ordres.

— Soit, dit Deville en lui montrant la porte. Suivez-le, Sophie, ajouta-t-il, j'ai besoin d'être seul. Je n'ai point d'amis, moi, je n'en veux pas... Suivez-le.

Le marquis sortit avec Sophie, et la valetaille s'écoula à leur suite. Un moment après, Sophie reprochait au marquis la dureté avec laquelle il avait traité Deville.

— Ma chère enfant, lui dit le marquis, si j'avais pensé que pour effacer les propos ignobles que la colère de votre ami fera tenir sur le compte de ma femme, si j'avais pensé, dis-je, que pour cela il eût fallu le tuer sur place, je l'eusse fait.

La femme qui a accepté mon nom, quelque tort qu'elle ait envers moi, sera respectable aux yeux du monde, tant qu'elle ne sera qu'égarée à mes yeux. Le jour où elle irait plus loin, je ne laisserais pas à la médisance le soin de la punir, je m'en chargerais moi-même.

Sophie se tut. Cette façon absolue, despotique, violente, de décider de sa destinée et de celle des autres était peut-être ce qui l'avait le plus charmée dans le marquis. Les femmes aiment d'ordinaire les hommes qui les dominent ; et à un caractère aussi indépendant que celui de Sophie, il fallait une nature de la trempe de celle du marquis de Favières. C'était l'acier qui entamait le fer.

Mais dans cette circonstance, une des plus misérables faiblesses de la femme vint en aide à Sophie.

Malgré son héroïsme, l'artiste n'avait pas étouffé toutes les petites passions de son cœur. Il est assez ordinaire et très juste qu'une femme déteste la femme à laquelle elle a été sacrifiée, et en même temps, il est aussi très ordinaire, sinon également juste, qu'elle déteste la femme près de laquelle l'amant repoussé a été chercher une consolation. Or, Sophie, qui n'avait pas voulu être marquise de Favières, détestait Louise, non pas à cause de son impertinence personnelle, mais parce qu'elle avait accepté ce titre dédaigné par l'artiste. Sophie aimait le caractère d'Amable, mais du moment qu'il s'appliquait au soutien de la bonne réputation de celle qu'elle détestait, elle ne put s'empêcher de jeter un mot aigre dans cette noble résolution.

— Voilà cependant, dit-elle, où vous a conduit votre femme par une méchanceté et une insolence qui montrent évidemment la sécheresse de son cœur

Favières sourit tristement et garda le silence. Sophie continua :

— Et si, dans ce duel inévitable désormais, vous succombiez, vous ou Lucien, ce sera la marquise de Favières qui aura amené cette catastrophe.

— Elle n'est pas seule coupable, reprit Amable, et si je n'avais pas cru la marquise tellement au dessus d'une passion romanesque pour un assez pauvre poète, j'aurais mis bon ordre à tous ces hommages poétiques avant qu'ils ne fussent arrivés au scandale d'hier soir.

— Mais vous n'aviez pas trop présumé de la hauteur des sentimens de votre femme, reprit Sophie, et il me semble que la conclusion qu'elle a faite à ce roman doit vous rassurer sur la folie qu'elle pourrait avoir d'aimer un homme de génie.

— Non, dit le marquis, elle n'est pas si méchante que vous le croyez. Elle a joué avec moi le rôle d'une femme qui veut ramener son mari en l'alarmant sur sa propre sûreté; elle a joué ce rôle étourdiment, elle y a mis l'inexpérience aventureuse d'un enfant gâté, en autorisant votre ami à concevoir des espérances folles, en provoquant une espèce de confidence publique; mais le billet de cinq cents francs n'est pas de son invention.

— Ah! fit Sophie très piquée de la façon amicale dont Favières blâmait sa femme, l'invention des cinq cents francs vient de vous, peut-être, et celle des cinquante louis aussi.

— Il faut que vous soyez bien irritée pour me dire de pareilles choses. Il a été un temps où vous ne m'auriez pas soupçonné capable de pareilles infamies; et je ne veux pas que vous pensiez que la marquise en soit plus capable que moi. Ç'a été une inspiration de ma tante, de madame de Chastenux. Elle avait vu venir l'orage et a profité d'un moment d'hésitation de Louise qui avait vu combien elle s'était compromise : c'est elle qui lui a glissé la bourse et le souvenir, et qui l'a décidée à se justifier à mes yeux et aux yeux du monde par une scène, pénible sans doute, mais qui laissait sa réputation à l'abri de tout soupçon.

— Scène où elle sacrifiait impitoyablement une femme qu'elle a grand tort de haïr, car je ne dois guère lui porter ombrage, et où elle blessait le cœur d'un pauvre enfant après l'avoir égaré. Ah! monsieur le marquis, vous êtes plus de votre race que vous ne croyez; l'honneur de votre nom doit rester intact avant tout, dût-il en coûter la vie à un jeune homme que vous avouez avoir laissé se fourvoyer, dût-il en coûter l'injure la plus grossière à subir par une femme qui vous a assez aimé pour renoncer à vous.

— Si elle m'avait assez aimé, reprit froidement le marquis, pour vaincre l'orgueil qui lui a fait refuser, non pas ma main, mais la lutte avec un monde dont elle a craint les dédains, cette femme porterait aujourd'hui ce nom, et je le tiendrais hors d'atteinte de tout soupçon et de tout blâme pour elle, comme je le fais pour une autre. Je suis de ma race, Sophie, et je m'en vante. J'ai l'orgueil de mon nom, et c'est là la vertu qui fait quelque chose de la noblesse. Le nom qui n'appartient qu'à l'individu est rarement respecté par celui qui le porte; mais celui qu'on a reçu de ses ancêtres, on veut le transmettre sans tache à ses descendans. Noblesse oblige, vous le savez.

— Oui, reprit amèrement Sophie, surtout quand on ne lui a pas jeté une première maculature. Qui sait, si vous m'aviez épousée, peut-être n'eussiez-vous pas eu un soin si exact d'un nom qui n'eût plus été irréprochable.

— Vous êtes plus femme que je ne croyais, dit doucement Favières. Vous m'en voulez parce que c'est pour Louise que j'ai pris soin de mon honneur.

Un mouvement convulsif agita Sophie, qui s'écria d'une voix étouffée :

— Eh bien ! si j'étais jalouse...

— Vous ? fit Favières avec plus d'étonnement que de joie. Puis il ajouta en souriant : Ce serait avouer que vous m'aimez encore.

— Et si c'était vrai ?

— Que dites-vous ?...

— Ah ! vous commencez à aimer votre femme, fit Sophie avec amertume. Ah ! tenez, monsieur, c'est affreux.

Ceci demande explication.

Nous pensons avoir assez bien expliqué pourquoi et dans quelle prévision de malheur Sophie avait refusé d'épouser M. de Favières. L'héroïsme avait été complet en apparence ; mais affirmer qu'il n'était pas resté au plus profond de l'âme de Sophie une espérance folle, impossible, ce serait mal connaître les femmes.

Sophie, en prenant la résolution de ne pas être au marquis, s'était condamnée au célibat, et avait rêvé que Favières en ferait autant. Qu'on ne s'imagine pas que le mariage du marquis eût tué cette espérance. Il y a dans les esprits des artistes, surtout quand ce sont des femmes, il y a, disons-nous, des distinctions d'une rare subtilité. Ainsi, Sophie admettait la nécessité du mariage pour le marquis de Favières. On ne porte pas un pareil nom pour le laisser s'éteindre dans le célibat. Mais elle avait rêvé qu'il épouserait une noble fille pour en avoir des héritiers, qu'il lui donnerait sa fortune, son nom, ses respects, tout, excepté son amour. Elle avait cru au célibat du cœur ; et voilà que tout à coup elle croyait découvrir qu'en lui devenant infidèle, Amable se passionnait pour sa femme. Enfin, pour comble de malheur, c'était par ses défauts que la marquise s'emparait du cœur de son mari ; il commençait à l'aimer parce qu'elle s'était montrée jalouse, folle, emportée. Or, il est notoire qu'on n'aime long-temps une femme que par ses défauts ; leur charme ne fait guère que s'accroître à l'encontre de celui des vertus.

Mais revenons à l'entretien de Sophie et du marquis de Favières.

Celui-ci comprit le regret qui venait de s'élever dans le cœur de Sophie. Il hésita à dire ce mot si admirablement dit par Clitandre à Armande : « Madame, il est trop tard ! » mais son silence, son embarras, son trouble, apprirent à Sophie que l'empire qu'elle exerçait peut-être encore la veille sur Amable était à tout jamais détruit.

Chez les hommes comme le marquis de Favières, l'amour est surtout une lutte. La résistance de Sophie avait donc excité au dernier degré la passion d'Amable. Indifférent pour sa femme tant qu'elle était restée une esclave soumise et empressée à lui complaire, il la prenait en considération du moment qu'elle voulait lui échapper. Sophie avait beaucoup trop vécu hors de ses propres sentimens, en les combattant sans cesse, pour ne pas avoir beaucoup observé comment ils naissent, s'exaltent et s'éteignent. Elle se sentit *désaimée*. Le coup fut terrible, la douleur profonde; mais elle la dissimula. Cependant, tout en cachant ce qu'elle souffrait, elle ne voulut pas qu'Amable crût qu'elle ne l'avait point deviné. Elle était montée dans la voiture du marquis où la conversation que nous venons de rapporter avait eu lieu. Elle la fit arrêter, et dit à M. de Favières :

— Et maintenant, monsieur, recevez mes adieux.
— Vos adieux ? Partez-vous ? Quittez-vous la France ?
— Non ; mais je viens de finir ma carrière d'artiste.
— Vous ?
— Oui, reprit Sophie en riant avec effort ; et si jamais vous vous égarez du côté de Port-Royal, si, dans une petite maison blanche cachée dans la feuillée du vallon, vous tenez à voir une bonne grosse fermière, un peu maîtresse d'école, un peu dame de charité, un peu garde-malade, venez, vous y trouverez une vieille connaissance.

— Sophie, Sophie, s'écria vivement Favières, est-ce donc l'injure que vous a faite la marquise qui vous a fait prendre cette résolution désespérée ?

Sophie sourit avec un dédain profond et répartit aussitôt :

— Non, monsieur, non ; c'est un tort que vous n'aurez point à reprocher à votre épouse adorée. Sophie Minot, ajouta-t-elle avec toute la superbe de son talent, ne quitte pas le monde parce qu'elle a été insultée par une personne sans éducation et sans esprit.

— Sophie, de pareilles expressions ! fit le marquis avec humeur.

— Assez, assez, dit Sophie en s'élançant de la voiture ; tout est fini.

Elle remonta chez elle, et ce fut alors qu'éclata cette colère désespérée qui lui remplissait le cœur. Quand elle fut seule, elle pleura, elle répéta les paroles qu'elle avait dites, l'engagement insensé qu'elle avait pris ; mais comme tous les caractères absolus, elle se dit :

— Je mourrai à la peine ; mais je tiendrai mon serment.

Cependant deux jours se passèrent pendant lesquels Sophie Minot ne voulut voir personne. Elle comprenait que si elle se trouvait encore mêlée au débat pendant entre Deville et le marquis de Favières, elle voudrait prévenir un malheur, et que probablement ce serait une douleur de plus qu'elle se préparerait. Quant à Deville, ces deux jours furent par lui employés aux tristes et suprêmes devoirs à rendre à Denise. Puis, quand il l'eut déposée dans la tombe, il rentra chez lui et écrivit au marquis :

« Monsieur, ma femme est dans sa dernière demeure depuis
» cinq minutes. Maintenant je suis à vos ordres. Mes témoins se-
» ront M. Eugène de Fremery et M. Beauvois ; ils attendront les
» vôtres chez moi demain. »

Le lendemain, M. de Favières, accompagné de M. de Lesly et du jeune Chastenux, se rendit chez Deville... On se battit une heure après, et Deville fut rapporté chez lui avec un coup d'épée qui fit douter un instant de son existence.

Du reste, la solution de cette aventure, solution fort ordinaire, fut marquée par un événement ou plutôt une révélation qui rattache les uns aux autres les intérêts des divers personnages de cette histoire.

Sophie Minot apprit le danger de Deville une heure après qu'il eut été rapporté chez lui ; et, oubliant alors et les torts de Lucien à son égard et ses propres résolutions, elle alla s'établir au chevet de son lit. Favières, dès le lendemain de ce jour, envoya savoir des nouvelles de Deville, et ce fut Melchior de Lesly qu'il choisit pour cette mission. Melchior trouva Sophie chez Deville. Il la connaissait de réputation pour l'avoir vue, mais sans y faire beaucoup d'attention ; cependant, soit que les confidences de Favières eussent prêté un nouveau piquant à Sophie, soit que Lesly, très inoccupé en ce moment, se prît aisément à la première femme qu'il rencontrait, toujours est-il qu'il trouva Sophie délicieuse et qu'il s'établit le courrier habituel de Favières pour venir demander des nouvelles du pauvre blessé.

Sophie, à la troisième visite, savait les desseins de Melchior ; comme il était fort bavard et fort étourdi, elle l'interrogeait sans qu'il s'en aperçût sur le compte de Favières, tandis que le jeune homme s'imaginait qu'elle l'écoutait pour le plaisir de l'entendre. Ce fut dans une de ces conversations que furent dites les paroles suivantes, qui furent écoutées par des oreilles qui les recueillirent dans un sens tout à fait différent.

Melchior et Sophie étaient assis près du lit de Lucien, qui semblait endormi d'un profond sommeil et qui écoutait d'abord fort indifféremment une conversation fort indifférente, lorsqu'un nom prononcé appela son attention, et lui fit suivre avec anxiété un entretien auquel il paraissait parfaitement étranger.

— Ainsi donc, dit Sophie, le marquis est en adoration devant sa femme ?

— Elle le mènera où elle voudra, répartit Melchior. La comtesse de Chastenux s'est mêlée de l'affaire, et elle est femme à rendre Favières idiot d'amour.

— Quelle est donc cette habile personne ? dit Sophie en ricanant.

— Une maîtresse femme, qui a fait passer par un trou d'aiguille un mari qui passait pour un des plus habiles libertins de France.

— Vrai ! et maintenant elle s'adonne à la morale. C'est juste.

— Vous vous trompez, reprit Melchior, en supposant que madame de Chastenux soit une coquette retirée. Je ne sais même si on a la moindre galanterie à lui reprocher, et à l'exception d'une grosse histoire que j'ai entendu raconter par mon père, qui l'a apprise, je crois, en Bretagne, on n'a rien à dire sur son compte.

— Vraiment ! fit Sophie. Et quelle est cette grosse histoire?

— C'est fort embrouillé. Il s'agit d'un M. d'Assembret qui se cachait alors chez un meunier nommé Varneuil, et qui fit si bien que, pendant que le comte et un autre de ses meuniers, nommé Firon, étaient à l'étranger, il devint l'amant de la comtesse et de la meunière ; il en résulta, à ce qu'il paraît, deux enfans qu'on dit ma foi très vivans.

Si l'on veut bien se rappeler ce que Lucien savait de cet événement, on doit comprendre qu'il écoutât de toutes ses oreilles. Tant que M. Deville, son père adoptif, avait vécu, Lucien eût cru manquer à la reconnaissance qu'il lui devait en cherchant à découvrir sa mère et son véritable père. De même, tant qu'il avait été heureux avec Denise, il eût craint de jeter un trouble quelconque dans sa vie en l'exposant à des inimitiés puissantes. Mais à l'heure où il était malheureux, à l'heure où il entendait mêler à ce nom l'aventure qui lui avait coûté la vie de sa pauvre femme, il se sentit pris d'un vague désir de savoir si par hasard la femme qui avait aidé à son humiliation ne serait pas précisément sa mère. Il prêta donc une oreille plus attentive, pendant que Melchior de Lesly continuait ainsi :

— Toutefois, jamais personne n'a été assuré de la vérité de cette histoire, car le comte d'Assembret émigra à son tour peu de temps après la naissance des deux enfans. Mais il est revenu avec les Bourbons, et ç'a été, à ce qu'il paraît, l'occasion d'un grand émoi pour madame de Chastenux, qui venait de se séparer de son mari à propos de je ne sais plus quelle aventure. Elle a quitté Nantes, où elle s'était retirée dans sa famille; elle est venue à Paris, et a voulu voir ce M. d'Assembret; ce fut alors...

VII

Récit.

Valvins en était là du manuscrit que lui avait remis Lucien Deville, lorsqu'il fut arrêté dans sa lecture par un domestique qui lui apprit que le dîner était servi.

Comme on a pu en juger, indépendamment de l'intérêt particulier que cette histoire pouvait emporter avec elle, elle avait dû appeler l'attention de Valvins par plusieurs des noms qu'elle lui rappelait ; c'était non seulement M. de Chastenux, mais encore Melchior de Lesly. Il se rendit dans la salle à manger, et, malgré sa défiance naturelle, il se montra plus amical vis-à-vis de Deville, dont le caractère sec et tranchant lui déplaisait naturellement, tandis qu'il se sentait plus naturellement attiré vers Poyer (1), ce beau jeune homme à la figure franche, ouverte, où se lisait la fière bonté de son âme.

Valvins pensa qu'il n'était pas convenable de parler devant madame Poyer d'une histoire qu'elle ignorait sans doute : mais il crut pouvoir prononcer un nom qui le préoccupait vivement, et il dit à Deville :

— Savez-vous ce qu'est devenu le jeune Lesly?

A ce nom, Deville parut embarrassé, Poyer rougit, et sa mère se troubla vivement. Cependant ce fut elle qui répondit à Deville.

— Vous connaissez donc ce jeune homme? lui dit-elle.

— Il a servi sous mes ordres, dit Valvins.

— Est-ce un galant homme?

— Oui, madame, un cœur loyal ; trop d'étourderie peut-être, mais de l'honneur.

— Ah! fit madame Poyer en jetant un regard à la dérobée sur Fabien, je le vois, les fils ne ressemblent pas toujours à leur père.

— Ces paroles n'étaient pas prononcées que Poyer s'écria brusquement :

— Chassez-vous, commandant?

— C'est un plaisir que je n'ai pas eu le temps de prendre pendant la guerre, et auquel je n'ai pas pensé depuis la paix.

— Eh bien, nous vous le donnerons ici. Oh! la chasse est une admirable chose. Elle tue les fâcheux souvenirs ; elle fatigue assez le corps pour que l'âme s'endorme avec lui. Nous chasserons beaucoup.

Le reste de la conversation porta sur des choses indifférentes. Cependant Valvins put remarquer le soin plus que maternel avec lequel madame Poyer épiait les moindres désirs de Fabien pour les satisfaire. Poyer n'avait point l'air jaloux de cette attenttion accordée à un étranger ; quelquefois seulement il paraissait s'irriter du peu de reconnaissance que Fabien témoignait pour une protection si empressée. Cependant il était difficile de se défendre

(1) Les premiers volumes de cette histoire étaient publiés lorsque l'on m'annonça M. Poyer. Je retrouvai, après vingt ans de séparation, ce noble Breton que je croyais mort. Il était à quarante ans ce que promettait le jeune homme de vingt ans : le cœur le plus généreux, le plus excellent. Mais la vie s'était usée vite dans cette formidable nature. Il était mourant. Le dernier souvenir que j'ai reçu de lui fut l'envoi d'une branche de cerisier chargée de ses fruits et emballée dans une bourriche pleine de feuilles de roses. Ce cerisier, nous l'avions quelquefois dépouillé ensemble ; ces roses, il les avait cultivées lui-même. Pauvre Poyer ! *(Frédéric Soulié.)*

de la séduction qu'exerçait cet enfant qui semblait porter dans sa frêle constitution toutes les qualités de courage, de force et de résolution de Poyer. Mais la franchise manquait à ce regard caressant et inquisiteur; et la douceur de cette voix avait quelque chose d'apprêté qui eût pu faire croire à de la fausseté, si elle eût été compatible avec tant de jeunesse.

Cependant le dîner s'acheva, et madame Poyer emmena Fabien, de façon à ce que les trois jeunes gens demeurèrent seuls.

— Vous m'avez demandé, dit Deville, ce qu'est devenu Melchior Lesly. Il paraît alors que vous n'avez pas lu mon histoire jusqu'au bout. Sans cela vous sauriez ce qu'il a fait, et vous sauriez surtout pourquoi je vous ai pris pour confident. Car il y a long-temps que je vous connais, commandant, et d'après ce que je sais de vous, j'ai pensé que pour un service que je vous rendrais, vous ne m'en refuseriez pas un autre.

— Parlez, lui dit Valvins.

— Où en étiez-vous de mon manuscrit?

— J'en étais aux confidences de Lesly à Sophie Minot.

Aussitôt Deville continua de vive voix le récit dont la lecture avait été interrompue par le dîner.

— Sans me lier avec Melchior de Lesly, je causai avec lui dès que ma santé put me le permettre. Mais je ne pus apprendre que fort peu de chose de ce jeune homme : d'abord parce qu'il ne savait que ce que son père avait laissé échapper d'une aventure qui ne lui était point personnelle; d'un autre côté, parce que les visites furent beaucoup moins assidues lorsque Sophie ne vint plus passer la meilleure partie de ses journées au pied de mon lit. J'appris cependant, durant nos entretiens, que M. de Lesly tenait tous ses renseignemens de M. Poyer le père. Or, comme je vous l'ai dit, Poyer était un de mes camarades de collége, et sitôt que je fus rétabli, je vins en Bretagne. C'est ici que j'appris d'une façon certaine que j'étais le fils de la meunière Louise Firon, ou de madame de Chastenux. Or, c'était aux bons conseils de celle-ci que je devais l'insolence de madame de Favières qui m'avait coûté la vie de Denise, qui m'avait failli coûter la mienne.

Je demandai une entrevue à madame de Chastenux, elle me fit répondre qu'elle n'avait rien de commun à traiter avec un homme de mon espèce. Je ne me tins pas pour battu, et je lui envoyai le petit historique des événemens arrivés au moulin Firon. Toutefois, par un reste de ce respect que l'on doit à celle qui peut être notre mère, je déguisai l'aventure sous des noms supposés, mais qu'elle ne pouvait méconnaître. Savez-vous ce qu'elle me répondit? Quelques jours après je reçus un billet ainsi conçu :

« Monsieur, lorsque vous aurez fait imprimer le roman dont vous m'avez envoyé le manuscrit, je souscrirai à quelques exemplaires : je regrette beaucoup de ne pouvoir venir à votre aide d'une manière plus efficace. »

— Ce billet, ajouta Deville, je le possède... Je ne sais quel instinct secret m'avait fait croire jusque-là que madame de Chastenux était ma mère. Ce billet détruisit tout mon espoir. Cependant je retrouvai Melchior de Lesly, je le pressai de questions, je l'entourai de tant de petites prévenances que je pus arriver à savoir quelle avait été la vie tout entière de madame de Chastenux.

Ce fut alors que j'appris comment elle s'était séparée de son mari :

Parmi les femmes de ce pays, il se trouvait une jeune fille nommée Carmélite, d'une beauté rare, et qui travaillait en qualité de repasseuse chez la comtesse de Chastenux. Cette jeune fille appartenait à la famille des Leroëx, fermiers qui, disait-on, étaient devenus fort riches à la naissance de cet enfant. Cette date se rapportait exactement à celle de la disparition des deux enfans repêchés par Varneuil. Il arriva que le vieux comte de Chastenux et son fils trouvèrent la fille chacun de son goût. Fut-ce un hasard, fut-ce un tour de la jeune fille, toujours est-il que le père et le fils se rencontrèrent dans la nuit, juste à la même heure, au moment où l'un ouvrait la porte de Carmélite, tandis que l'autre forçait la fenêtre.

L'obscurité était profonde. Ces deux hommes, en se rencontrant ainsi, se prirent pour des voleurs ; ou plutôt chacun d'eux supposa qu'il avait affaire à quelque valet de chambre préféré ; et en vertu de sa vanité qui ne lui permettait pas de supporter la présence d'un pareil rival, chacun se mit en mesure de rosser d'importance le prétendu laquais qui lui disputait la place. Il en résulta une lutte violente à laquelle se mêlèrent les cris de la jeune fille. Carmélite était logée assez près de la comtesse, qui tenait à surveiller une si remarquable beauté ; elle accourut dans la chambre et se trouva dans l'obscurité entre deux hommes qui se flanquaient des coups de poing dans le silence le plus discret. Aucun d'eux ne voulait être connu.

Il résulta de cette circonstance burlesque un horrible malheur. Il se trouva que la comtesse fut assez grièvement blessée. Le père et le fils, qui avaient reconnu sa voix, allaient se retirer, lorsque accoururent d'assez nombreux domestiques, apportant de la lumière. Jugez de l'effet de cette apparition : la comtesse frappée à la figure et dont le sang coulait, le père et le fils les habits déchirés, les cheveux épars, les yeux en fureur, le visage noirci de coups, et Carmélite blottie dans son lit poussant des cris affreux.

Le scandale de cette scène donna à madame de Chastenux le droit de se séparer de son mari, droit dont elle usa avec la plus extrême rigueur. Toutefois, vous devez comprendre que ce n'était pas là précisément ce qui m'intéressait ; dans le désordre de cette scène, il arriva que la comtesse jeta à la tête de Carmélite le mot de misérable, de fille de manant ; de sorte que Carmélite s'écria :

— Mon nom est peut-être plus noble que le vôtre. Et si le père Firon, celui qui m'a remise aux mains de Leroëx, vivait encore, peut-être vous trouveriez-vous honorée de faire votre bru de celle dont votre mari et votre fils ont voulu faire leur maîtresse.

A cette apostrophe, la comtesse s'évanouit. La scène qui venait de se passer avait été beaucoup trop violente, pour qu'on ne mît pas sur le compte de l'émotion qu'elle avait dû lui causer, l'évanouissement de la comtesse.

Melchior de Lesly, en me racontant tout cela, n'y voyait pas autre chose que ce qu'on lui avait dit : c'est-à-dire une scène burlesque et honteuse, à laquelle s'était mêlé un incident romanesque. Il y avait là, me disait-il, le sujet d'un roman.

Moi, j'y vis autre chose : l'évanouissement de la comtesse eut pour moi une signification puissante. Peut-être avait-elle reconnu, dans Carmélite, l'enfant confiée à Louise Firon : donc elle n'était pas ma mère.

J'hésitais à poursuivre la découverte de ce mystère terrible, lorsqu'une lettre de Poyer vint m'apprendre que la raison de la pauvre Louise Firon semblait lui revenir ; qu'on l'avait entendue parler de la fille qu'elle avait perdue. C'était un nouveau doute. En effet, je pouvais supposer que le nom seul du vieux meunier qui avait fait disparaître les deux enfans, avait suffi pour provoquer l'évanouissement de madame de Chastenux. Je me suis décidé à partir, d'après la lettre de Poyer, pour savoir enfin qui je suis, et à laquelle de ces deux femmes je dois donner le nom de mère.

Le hasard m'a fait vous rencontrer dans la voiture qui me conduisait ; j'ai entendu prononcer votre nom par le conducteur. J'avais trop souvent causé avec Melchior de Lesly pour qu'il ne me parlât pas de mille choses qui ne m'intéressaient nullement, mais qu'il me fallait écouter pour arriver à celles que je voulais découvrir.

Parmi toutes ces choses indifférentes, votre nom revint assez souvent pour me frapper. Je m'intéressai à votre histoire que Lesly me raconta en partie, c'est-à-dire dans tout ce qui a rapport à votre enfance.

Entre l'enfant déposé chez le pauvre Grégorio et l'enfant déposé chez de pauvres paysans, j'ai trouvé qu'il existait une telle similitude de malheurs, que j'ai supposé qu'il pourrait exister une vive sympathie entre nous si jamais nous nous rencontrions. Or, le hasard m'a mis à même d'éprouver si mes pressentimens étaient justes. En vous voyant, j'ai cru deviner que vous sortiez d'un nouveau malheur, peut-être venant, comme le mien, de la main même qui eût dû vous protéger. Voilà pourquoi je me suis senti porté à être votre ami, voilà pourquoi je vous ai demandé d'être le mien.

Valvins tendit la main à Deville et, sans protestation d'un côté ni de l'autre, il y eut entre ces deux hommes un lien formé d'une manière sacrée et indissoluble.

Nous pensons qu'il est inutile de dire comment la confiance de Valvins suivit celle de Deville. Il faut que nous racontions les événemens qui doivent nous ramener à la suite de cette histoire. Nous pensons que nos lecteurs n'oublient pas que Noël Varneuil lisait le manuscrit qui lui avait été remis par les nouveaux amis, et ceci rappelé, nous allons continuer de leur donner les dernières pages de ce manuscrit.

Valvins, Poyer et Deville avaient atteint, en causant ainsi, la misérable cabane où vivait la pauvre Louise Firon. Au grand étonnement de Valvins, Poyer s'arrêta à quelque mots échangés à voix basse avec Deville.

— Votre ami ne vous accompagne pas? dit Valvins à Deville.

— Non, reprit Deville, et le service important que j'avais à vous demander, c'est de le remplacer.

Valvins parut surpris de ce qu'on le mêlait à une affaire d'où se retirait le camarade de collége, l'ami dévoué de celui qu'elle intéressait.

— Je vous dois compte de cette circonstance, lui dit Deville, et vous comprendrez parfaitement la crainte qui retient Poyer. S'il ne s'agissait que de risquer sa vie, il n'eût pas hésité un moment; mais il s'agit d'un chagrin qui pourrait en résulter pour sa mère, et je suis heureux de pouvoir lui épargner jusqu'à l'appréhension de ce chagrin.

Comme je vous l'ai dit, madame de Chastenux est dans le pays, il est impossible qu'elle n'apprenne pas mon arrivée et l'entrevue que je vais avoir. Je n'en prévois point le résultat; mais, s'il était tel que je le crains, et que je l'espère à la fois, madame de Chastenux ne pardonnerait pas à Poyer de m'avoir prêté la main dans cette circonstance, et comme elle ne pourrait se venger sur le fils, elle s'adresserait à la mère.

— A la mère? répéta Valvins.

— Le secret que je vais te confier, Poyer te l'eût dit lui-même, fit Deville, en établissant par ce tutoiement l'intimité qui devait exister entre lui et Valvins; il te l'eût dit, si ce n'était une chose triste, que d'avoir à révéler la faute de sa mère.

— Ah! fit Valvins, je crois comprendre : ce jeune Fabien est le fils de madame Poyer.

— Oui.

— Et madame de Chastenux le sait.

— De même que Melchior Lesly savait les secrets de madame

de Chastenux, de même que la comtesse savait les secrets du marquis de Lesly.

— Quoi ! ce jeune homme serait le fils du marquis de Lesly ?

— Le frère de Melchior, qui, à ce qu'il paraît, connaît son existence. D'après ce qu'il m'a dit de toi, Poyer a jugé prudent de t'informer de la vérité. Tu connais le marquis de Lesly, tu connais Melchior : ces noms eussent pu souvent t'échapper devant madame Poyer, et tu as pu remarquer quel effet cruel ils font sur elle.

— Tu as raison, dit Valvins, devenu tout à coup pensif; mais ces rencontres sont inouïes.

— Sans doute, dit Deville, et peut-être deviendront-elles plus étranges; car je sais que ce Pierre Varneuil, parti comme soldat, est devenu comte, lieutenant-général.

— Quoi ! fit Valvins, serait-ce le mari de cette comtesse de Varneuil, que j'ai connue à Poitiers, et qui a un fils charmant?...

— Lui-même, fit Deville... Écoute, Valvins, il y a dans ma vie, dans la tienne, dans celle de ce jeune homme, dans la vie de Fabien aussi, une prédestination qui doit amener quelque terrible catastrophe. J'en ai le pressentiment; il me semble voir tout cela arriver à un abominable dénouement. Ce sera sans doute un malheur. Mais le malheur est comme toutes les sensations qui ne tuent pas, mais qui altèrent. Je suis entré dans la voie où je souffre sans le vouloir, maintenant, j'irai jusqu'au bout, dussé-je y périr. Mais nous avons à nous occuper d'autre chose pour le moment.

VIII

Le Remords.

Ils étaient tout à fait arrivés à la porte de la cabane où habitait Louise Firon. Ils frappèrent, une voix mourante leur dit d'entrer. Ils pénétrèrent dans la cabane. Une chandelle à moitié consumée l'éclairait. Sur un lit à colonnes à moitié brisé, sur une paillasse béante d'où la paille s'échappait, reposait une femme plus usée que vieille. C'était, à vrai dire, un squelette animé. Deville s'approcha du lit et contempla la mourante. Ce fut à ce moment que Valvins put comprendre que cette raideur de manières, cette brusquerie de paroles, ce cynisme de dureté, étaient chez Deville un masque dont il couvrait les blessures, toujours prêtes à saigner, d'une âme qui a horriblement souffert. De grosses larmes sortirent des yeux de Lucien ; il prit la main de la pauvre femme dans les siennes, et après avoir vainement tenté de surmonter son émotion, il tomba à genoux au pied du lit, et se laissa aller à éclater en sanglots.

La mourante le regarda d'un air fort surpris, et tournant ses yeux vers Valvins qui demeurait immobile, elle lui dit d'une voix faible :

— Qui êtes-vous, mes bons messieurs... et que voulez-vous ?

Deville ne put parler ; ce fut Valvins qui répondit alors :

— Nous sommes des voisins qui, ayant appris le malheureux état où vous vous trouviez, sommes venus pour vous apporter quelque soulagement.

— Ah ! fit la moribonde, et comment vous nomme-t-on ?

— Mon ami se nomme Deville, et moi je me nomme Valvins.

— Valvins, Deville, reprit la pauvre femme, je ne connais personne qui porte ces noms-là ; et vous êtes mes voisins ?

Elle parut chercher dans sa mémoire, et reprit après un moment de silence :

— C'est possible ; le pays a tellement changé depuis, que j'ai oublié... Hélas! mon Dieu ! il n'y a plus personne de ceux qui vivaient autrefois... autrefois quand je vivais aussi.

A ces mots, Deville se leva ; il avait pu se remettre ; il regarda attentivement la vieille femme pour mesurer l'effet de ses paroles, et il reprit doucement :

— Vous vous trompez, la bonne mère ; il y a encore dans le pays des gens que vous connaissez et qui vous aiment. Ne vous a-t-on pas dit que la comtesse de Chastenux était arrivée ?

— La comtesse de Chastenux ! s'écria la pauvre moribonde... Fermez les portes ! qu'elle ne vienne pas, qu'elle n'entre pas ! C'est encore un crime qu'elle a à me proposer. Je ne veux pas la voir. Laissez-moi mourir en paix.

— Eh bien ! dit Valvins, elle n'entrera pas... mais il est peut-être d'autres personnes que vous voudriez voir et embrasser avant de mourir.

— Non... non, reprit la pauvre femme, je n'ai personne à voir. Ils sont tous morts... tous.

— Peut-être... reprit Deville.

La vieille femme le regarda, et lui dit froidement :

— Avez-vous connu le père Firon ?

— Non, lui dit Deville.

— Eh bien ! reprit la malade... il était là au pied de mon lit comme vous y êtes... Pierre Varneuil y était aussi... ce qu'il me dit fut terrible... Non... non... ils sont morts ; à quoi bon parler de tout ça... Je ne veux pas... je ne veux pas...

— Mais ceux que vous croyez morts ont été peut-être miraculeusement sauvés.

— Non... reprit la mourante, en secouant la tête.

Puis, se remettant à considérer Valvins et Deville l'un après l'autre, elle reprit tout à coup :

— Mais qui êtes-vous pour venir m'interroger comme ça ?

Deville fut sur le point de s'écrier : « Mais je suis un de ceux que vous croyez morts. » Valvins lui fit un signe. Il craignait qu'une si brusque déclaration ne brisât le peu de forces de la pauvre Louise.

— Nous sommes des amis, dit Valvins... et voici pourquoi nous vous interrogeons. A l'époque du malheur dont vous parlez, je sais qu'un pauvre enfant fut confié par un paysan de ce pays à une femme qui en prit soin.

— Bah! bah! dit la moribonde, voilà le même conte que madame de Chastenux m'a fait hier, pour savoir lequel des deux lui appartenait... mais elle ne le saura pas, elle le tuerait... Oh! je la connais.

Cette déclaration plongea Valvins et Deville dans la plus extrême surprise. Comment se faisait-il que la mère ignorât le sexe de l'enfant né d'elle?

— Comment! dit Valvins, elle ne sait pas lequel des deux enfans sauvés par Varneuil était le sien?

— Et elle ne le saura jamais.

— Mais, reprit Valvins, si c'était pour reconnaître son enfant, pour assurer son bonheur, son avenir?...

— Pour faire son bonheur? dit-elle... Louise sourit amèrement à cette supposition comme à une chose impossible; mais, se ravisant tout à coup, elle dit avec colère :

— Eh bien ! s'il était vrai que Dieu lui eût rendu de bons sentimens, elle sera punie... car elle ne saura rien...

— Est-ce donc à l'heure où il va peut-être vous rappeler à lui, reprit Valvins, que vous nourrissez de pareils sentimens de vengeance ! Et s'il a inspiré le repentir à la comtesse, est-ce au moment où Dieu pardonne que vous devriez vous montrer implacable ?

La mourante baissa les yeux, et parut se recueillir, puis elle reprit :

— Vous avez raison, c'est en pardonnant aux autres qu'on est pardonné à son tour... Eh bien! jurez-moi que la comtesse veut prendre en pitié et en protection l'enfant qu'elle a voulu faire tuer, et je vous dirai la vérité.

Quelque intérêt que Deville eût à faire ce serment, il n'osa pas mentir à la pauvre femme qui s'en remettait si solennellement à sa bonne foi, et à son tour il baissa les yeux.

Louise le regarda, ainsi que Valvins, et reprit :

— Vous voyez bien que vous me trompez.

Elle s'arrêta et s'écria presque aussitôt :

— Mais je suis folle ! Ne l'ai-je pas vue hier ici, me menaçant, si j'osais dire un seul mot à un autre qu'elle... et lorsque je lui déclarai que ni elle ni d'autres ne sauraient jamais ce secret, n'ai-je pas vu qu'elle m'eût écrasée si quelqu'un n'eût été à la porte prêt à accourir à mes cris ?... Non... non... ce n'est pas là le désespoir d'une pauvre mère qui redemande son enfant, c'est celui d'une mégère qui eût voulu pouvoir se débarrasser de moi et de lui.

— Mais, reprit Deville, l'un des deux enfans vous appartient; n'avez-vous pas, vous, le désir de le revoir, ne pensez-vous pas qu'il vous serait doux de l'entendre ici, à genoux, vous demandant votre bénédiction, et vous promettant ses prières?

En parlant ainsi, Deville s'était approché du lit et s'était mis à genoux devant la pauvre femme, et s'était emparé de sa main. Louise le regarda long-temps, et son visage prit peu à peu une profonde expression d'attendrissement. Deux larmes coulèrent de ses yeux arides: puis, secouant doucement la tête, elle reprit:

— Elle m'a dit aussi, comme vous, que mon enfant vivait. Mais s'il vit, ce n'est pas pour chercher la pauvre paysanne sur son lit de mort qu'il pense à sa mère, c'est qu'il espère que sa mère est une grande dame riche, à laquelle il arrachera de l'argent.

— Ah! s'écria Deville, elle a calomnié votre enfant, et moi je puis vous jurer que s'il savait qu'il a le droit de vous appeler sa mère, ce serait pour vous bénir.

La vieille retira brusquement sa main et reprit:

— Non... non... ce n'est pas vrai.

— Je vous le jure, dit Valvins... Regardez ce jeune homme; est-ce que rien ne vous parle pour celui qui vous implore ainsi à genoux?

— Lui... dit la moribonde en le regardant... que peut-il me vouloir... lui?... Oh! non, reprit-elle, mon enfant ne serait pas ainsi à mes genoux...

Les larmes revinrent aux yeux de la pauvre femme qui s'écria, sans comprendre la portée de ses paroles:

— Est-ce qu'elle est ici?

A ce mot, Deville se releva. *Elle* ne pouvait se rapporter qu'à Carmélite. Il voulut en avoir une nouvelle assurance, et reprit:

— Mais *elle* ne sait peut-être pas qu'elle est votre fille?

— Ma fille... répéta la vieille. Qui vous a dit?... Ce n'est pas vrai... ce n'est pas vrai!

La pauvre Louise se prit alors à trembler et à murmurer:

— Mon Dieu! le curé n'arrive pas... mourrai-je sans avoir reçu l'absolution?... Et voilà qu'on vient me tourmenter... et me tordre le cœur... mais j'ai juré de me taire... Je l'ai juré! Faut-il que je paraisse devant vous, mon Dieu, après avoir commis un sacrilége!... Laissez-moi... vous êtes des méchans... vous venez vous battre sur mon lit de mort... Eh bien! allez... il y a un homme qui peut tout vous dire: c'est Pierre Varneuil... il y était... Il était là... il m'a dit... il a eu pitié de moi...

Puis ce furent des mots entrecoupés, jusqu'à ce que le peu de force qui restait à la malheureuse femme s'affaiblît encore, et qu'elle tombât dans une atonie presque complète.

— Elle a raison, dit Valvins ; nous sommes des bourreaux... Sortons d'ici.

Presque aussitôt, ils entendirent des pas qui se rapprochaient rapidement de la cabane. Bientôt parut une petite fille d'une douzaine d'années, tout essoufflée. Au bruit de son entrée, la pauvre malade parut revenir à elle.

L'enfant, qui avait été effrayée de l'aspect de ces deux étrangers, s'approcha alors du lit.

— Eh bien ? lui dit Louise Firon.

— J'ai été chez le curé, répondit-elle. On m'a dit qu'il avait été demandé au château...

La vieille rouvrit les yeux, et une sorte de colère se montra dans ses regards.

— Et puis ? dit-elle.

— Je suis allée au château... J'ai tant sonné à la grille du parc, que l'on a fini par m'ouvrir... J'ai demandé le curé... Le concierge m'a accompagnée à travers le parc, pour que je pusse aller le faire avertir... Mais au moment où j'arrivais à la porte, il y a quelqu'un qui a ouvert une fenêtre et qui a demandé ce qu'on voulait. Le concierge l'a expliqué ; alors cette dame lui a crié :

— Chassez cette misérable mendiante !... Monsieur le curé est malade ; il est inutile de l'éveiller.

— Mais quelle était cette personne ? dit Valvins.

— Le concierge l'a appelée madame la comtesse.

— O mon Dieu ! fit la malheureuse Louise Firon en joignant les mains. Elle m'a fait faire le mal et elle me vole le pardon !... Le bon Dieu n'appartient donc qu'aux riches ?...

— Ah ! s'écria Deville c'est infâme !... Attendez et espérez, bonne femme... je vous amènerai le curé, moi... Suis-moi, Valvins... suis-moi.

Et tout aussitôt, ils sortirent ensemble de la cabane de la pauvre mourante.

IX

Une grande Dame.

La nuit était des plus sombres, et, quoique Deville eût déjà visité ce pays, il lui était difficile de se reconnaître, dans ces sentiers bordés de haies vives et touffues, et qui se croisaient à tous pas.

Ils errèrent ainsi durant de longues heures, jusqu'à ce que le jour commençât à poindre. A ce moment, ils se trouvèrent à une assez grande distance du château, et cependant Deville reconnut bientôt la route au bord de laquelle aboutissait la grande avenue du parc de Chastenux. Les deux amis avaient près de deux lieues à faire pour s'y rendre. Mais le courage et la force ne manquaient ni à l'un ni à l'autre, et ils reprirent vivement leur marche de ce côté, en laissant derrière eux un petit village où se trouvait le relais de la poste. Ils avaient à peu près fait la moitié du chemin qui conduisait chez madame de Chastenux, lorsqu'ils furent croisés sur la route par une berline de poste courant à grand trot.

Un singulier pressentiment fit que Deville s'arrêta en disant à Valvins :

— Cette voiture doit appartenir à la comtesse...

Il avait à peine prononcé ces paroles que la voiture passa devant eux : le fond en était occupé par une femme voilée et un prêtre.

— C'est elle ! dit Deville.

Aussitôt il se mit à courir après la voiture en criant de toutes ses forces.

Mais, soit que le bruit des roues empêchât les postillons d'entendre, soit qu'ils eussent reçu des ordres exprès, la voiture continua de courir avec une singulière rapidité. Elle allait échapper à Deville, malgré son agilité, lorsque tout à coup un homme armé d'un fusil, sortant d'un champ voisin, s'élance après la voiture, la devance d'une course qu'aucun cheval n'eût pu suivre, et, s'élançant à la tête des chevaux, les arrête.

Valvins et Deville reconnurent Poyer, et se hâtèrent de le rejoindre. Au moment où ils arrivèrent, madame de Chastenux se plaignait avec colère de la violence de Poyer, le menaçant de la gendarmerie ; menace à laquelle Poyer répondait :

— Vous ne ferez croire à personne que je vous ai arrêtée en plein jour pour vous dévaliser... J'ai cru vous rendre service en vous avertissant que l'on vous appelait ; et, à la façon dont on cherche à vous atteindre, il est probable que c'est pour une affaire d'une haute importance.

— Voyons, dit le curé, de quoi s'agit-il ?

— Il s'agit, dit Deville qui arrivait en ce moment, d'une pauvre femme mourante qui vous a envoyé chercher cette nuit. L'enfant qu'elle vous a envoyée ne vous a pas trouvé chez vous ; elle est allée au château ; mais on l'a empêchée de vous avertir...

— C'est impossible ! reprit la comtesse ; aucun de mes gens n'aurait osé se permettre un tel oubli de ses devoirs.

— Vous avez raison, reprit Deville avec sévérité ; aucun de vos gens n'eût osé se le permettre ; mais vous l'avez osé, vous, madame !

— Qui dit cela ?

— L'enfant qui avait été chargée de ce message... Mais c'est un fait qui s'éclaircira plus tard... Il faut d'abord que M. le curé sache que la malheureuse Louise Firon l'attend sur son lit de mort !

— Ouvrez la portière ! s'écria le curé à cette parole.

Il allait descendre, lorsque Poyer l'arrêta en disant :

— Si c'est pour Louise Firon que vous voulez interrompre votre voyage, c'est inutile ; je viens de chez elle, où j'avais été vous chercher, vous autres, et quand je suis arrivé, c'était fini : la pauvre femme est morte !

— En route donc, s'écria madame de Chastenux, sans que cette nouvelle parût l'émouvoir le moins du monde.

Et, comme le curé paraissait hésiter, elle ajouta rapidement :

— Je vous l'ai dit, monsieur le curé, la place de grand-vicaire appartiendra à celui qui arrivera le premier à Nantes.

Les trois jeunes gens se regardèrent, comme pour se communiquer leurs pensées au sujet de l'enlèvement du curé, et, avant qu'ils eussent pu faire la moindre observation, la voiture se remit en marche et disparut bientôt à leurs regards.

La suite de ce récit montrera comment Deville essaya de se servir du vague renseignement qu'il avait obtenu de Louise Firon. Mais il nous faut revenir maintenant (pour que nos lecteurs puissent suivre cette histoire dans ses nombreuses complications) au manuscrit précédent, dont la lecture avait été interrompue par Valvins lui-même.

X

Fatal pressentiment.

On n'a pas oublié que Noël avait connu Valvins à Poitiers. C'était après les diverses rencontres que l'on vient de voir que Valvins arriva dans cette ville.

Voici comment cela arriva.

Lucien, comme on doit se le rappeler, avait un procès à Poitiers. On se rappelle aussi l'histoire de Frémery, celle de madame Cantel, le mariage d'Amélie avec Eugène, et la conclusion de cette misérable histoire ; mais cette conclusion n'avait point terminé le procès entre Lucien Deville et M. de Graverend.

On doit comprendre, après ce qui s'était passé, qu'il fût difficile à ces deux hommes de plaider l'un contre l'autre ; on doit comprendre encore mieux qu'il leur fût impossible de traiter face à face d'un arrangement amiable. Ce fut donc Valvins qui fut chargé par Deville du soin de ses intérêts, et ce fut à cette époque qu'il rencontra, ou plutôt qu'il chercha à connaître Noël, qu'il supposa, comme de raison, devoir être le fils de ce Pierre Varneuil, devenu comte de Varneuil, lequel, d'après les paroles de Louise Firon, était le seul témoin vivant qui pût affirmer lequel des deux enfans emportés par Firon appartenait à madame de Chastenux.

Maintenant que nous avons donné cette explication à nos lecteurs, nous leur ferons continuer le manuscrit renfermant l'histoire de Poyer. Nous reviendrons au moment où Valvins venait de révéler à Fabien qu'il était le fils de madame Poyer et du marquis de Lesly, en lui disant aussi que Poyer ne savait que la moitié de ce secret, et ignorait ou avait fait semblant d'ignorer le nom du séducteur de sa mère.

D'après les conseils de Valvins, ou plutôt d'après ses ordres, Fabien devait partir à quatre heures du matin pour aller rejoindre sa mère. Charles, averti par Valvins, garderait le secret sur la proposition qui lui avait été faite, par Fabien, d'aller chercher querelle au lieutenant Lesly. Mais nous l'avons dit aussi, toutes ces précautions ne devaient aboutir à rien, et un hasard misérable les fit toutes échouer.

Ce jour-là même, et à l'heure où Fabien devait quitter Rennes, de grandes manœuvres de cavalerie devaient s'exécuter au Champ-de-Mars. Poyer et quelques uns des plus intrépides parmi les étudians avaient fait la partie d'aller voir ces manœuvres, moins par curiosité que dans l'espoir d'y rencontrer l'occasion de quelque querelle. Ce n'était pas, à vrai dire, un parti pris ; seulement il ne fallait pas que les jeunes officiers du nouveau régiment de cavalerie pussent dire qu'aucun étudiant n'avait osé paraître à l'endroit où ils étaient.

Poyer qui connaissait l'antipathie de Valvins pour ces querelles, et qui, malgré son amitié pour lui, ne pouvait oublier qu'il avait été aussi un traîneur de sabre, ne l'avait point averti de cette résolution, il n'en avait pas non plus prévenu Fabien, ne voulant pas l'engager dans une démarche qui pouvait se terminer par une rencontre dangereuse.

Il arriva donc qu'à l'heure où Fabien et Valvins se levaient doucement pour pouvoir échapper à la surveillance de Poyer, celui-ci s'habillait aussi de son côté, de façon que tous les trois sortirent presqu'au même instant de leur chambre et se rencontrèrent.

— Bien, dit Poyer, je parie que vous avez fait, de votre côté, la même partie que moi.

— Ce n'est pas probable, reprit Valvins.

— Où allez-vous donc de si bon matin... tous deux... en cachette, avec cet air embarrassé?

— Mais, dit Fabien, j'ai bien le droit de sortir à quatre heures du matin, comme toi.

— Ah! dit Poyer, vous le prenez sur ce ton-là! Voyons, réponds-moi, toi Valvins, où allez-vous?

Valvins craignant avant toutes choses une explication qui eût amené la découverte des relations de Carmélite et de Fabien, répondit à tout hasard :

— Eh bien! nous allions où tu vas probablement.

— Au Champ-de-Mars? répartit Poyer.

— Oui, dit Valvins.

— Et qu'y allez-vous faire?

— Mais... voir les manœuvres.

— Rien que ça? dit Poyer d'un air soupçonneux.

— Rien que ça.

— En ce cas, vous êtes de trop, car il y aura probablement du grabuge.

— Et c'est parce qu'il y aura probablement du grabuge que nous devons y être, puisque tu y seras.

Poyer hésita un moment; puis, tendant tout à coup la main à Valvins et à Fabien :

— Merci, dit-il au premier, nous allons partir ensemble. Merci, petit, ajouta-t-il en s'adressant à Fabien; mais toi, tu vas rester. C'est trop gras pour toi, il y aura peut-être des sabres de tirés... *et cætera*. Reste.

— Non... non... dit Fabien avec une exaltation attendrie, j'en veux être.

Puis, il ajouta avec colère :

— Et pourvu que j'en tue un dans la bagarre, tant mieux si je suis tué.

Valvins pensa que Fabien avait peut-être raison, et, obéissant à cette facilité avec laquelle les jeunes têtes de ce temps-là jouaient leur vie et celle des autres, il s'écria :

— Il a raison, il est temps d'en faire un homme.

— Peste! fit Poyer étonné, comme tu y vas aujourd'hui! Du reste, tu es le sage de la troupe, ce qui est dit est dit; allons... Mais je veillerai sur le petit.

Ils partirent, et trouvèrent sur la route des groupes d'étudians par trois ou quatre, se dirigeant, comme eux, vers le Champ-de-Mars.

— Hé! se disait-on d'un groupe à l'autre, vous êtes curieux!

— Je veux voir la couleur de leurs sabres au soleil.

— Les épaulettes vont faire la parade, et il n'y en a pas de gaies, des parades, sans quelques soufflets ou coups de pied au cul.

— Et nous fournirons l'esprit.

L'un d'eux, sortant d'une orgie, paraissait ivre. Un de ses camarades lui cria :

— Va te coucher.

— Je ne me coucherai que dans ma bière, ou sur le cadavre d'un monsieur galonné, répondit l'étudiant.

Le malheureux avait prédit sa double destinée... Quelques jours après, dans deux rencontres successives, il avait tué un des meilleurs officiers du régiment, et il avait été tué par un enfant qui avait à peine l'âge requis pour porter l'uniforme.

Mais il ne faut pas anticiper sur les événemens de cette triste journée. Le Champ-de-Mars était beaucoup plus peuplé qu'on n'eût dû s'y attendre, vu l'heure matinale ; il y avait un grand nombre de curieux, outre les étudians qui se promenaient en ricanant ; les plus jolies filles de Rennes, les petites ouvrières, les grisettes, etc., se trouvaient là. Beaucoup de femmes du monde, curieuses de voir ce nouveau régiment, s'étaient mêlées à la foule en charmans négligés. La curiosité était énorme. En effet, c'était pour ainsi dire pour le régiment comme un jour de début.

Dans les villes de garnison, on se pique d'être connaisseur, et c'est chose fort usuelle que d'entendre juger la tenue et l'habileté d'un régiment par des personnes qui devraient n'y rien comprendre. Les officiers qui ont tenu garnison en province savent si bien que la bonne renommée d'un régiment tient au jugement qu'en portent les bourgeois, que, tout en méprisant les pékins, ils se donnent une énorme peine pour qu'ils ne trouvent rien à blâmer. Le colonel du régiment dont nous parlons était fort convaincu de cette vérité, et il avait été jusqu'à dire à ses officiers qu'il y allait de l'honneur du régiment.

Toute la population était dans l'attente, lorsque enfin arriva le régiment ; il défila en bon ordre, et se rangea en bataille. Il y eut un singulier moment de silence à son apparition. Puis, à mesure que les escadrons passaient devant le talus sur lequel étaient pêle-mêle les étudians, les femmes et les grisettes, les chuchottemens commencèrent. Par une sorte de déférence pour la force et le courage de Poyer, on lui avait fait place tout à fait au bord du talus, de façon qu'il était en avant d'un groupe nombreux d'étudians qui le cachaient à tous ceux qui se trouvaient un peu en arrière.

Le défilé avait lieu dans le plus grand ordre, les étudians dévorant de l'œil les officiers ; ceux-ci regardant les étudians par dessus l'épaule ; les observations commençaient à se croiser et à se jeter d'un groupe à l'autre, lorsque parut Melchior de Lesly.

C'était un beau et brave jeune homme fièrement campé sur un magnifique cheval anglais, qu'il tenait serré, tandis que le noble animal, piaffant sous la main qui le conduisait, jetait son ardeur et sa vie par ses naseaux ouverts et transparens ; un murmure d'admiration, parmi les femmes, éclata à la vue du beau jeune homme, et les étudians répondirent à ce murmure par un ricanement bruyant, au milieu duquel quelques voix firent entendre le cri :

— Silence ! silence !

Puis, on se dit tout bas à l'oreille :

— C'est le recommandé de Valvins.

Cependant, au milieu de ce mouvement général, il se passa une petite scène particulière, rapide comme l'éclair. Au moment où Melchior de Lesly arriva devant le groupe où se trouvaient ensemble, et sur le premier plan, Poyer, Valvins et Fabien, Lesly envoya un léger salut de la tête. Valvins le prit pour lui et le lui rendit.

— Oh! ce n'est pas toi qu'on salue, dit Poyer.

Au même instant, Melchior de Lesly s'aperçut du mouvement de Valvins, il le reconnut et le salua avec une sorte de déférence affectueuse, qui montrait que ce n'était pas à lui que s'était adressé le premier petit signe familier. En ce moment, Poyer, emporté par la haine qu'il éprouvait pour Lesly, se retourna assez vivement en disant :

— Qui diable est-ce donc qu'a salué ce marquis galonné ?

Aussitôt il aperçut une tête de femme se glissant entre les épaules de quelques étudians, et suivant, d'un œil ardent et amoureux, la marche du bel officier. Cette femme, c'était Carmélite.

Y eut-il en Poyer un premier mouvement d'aveugle fureur, ou plutôt le mystère de cette tristesse qui le tourmentait depuis quelques jours se révéla-t-il à lui?...

La raison de l'homme a cela d'admirable et de misérable à la fois, c'est qu'en cherchant à tout expliquer, elle a pénétré si avant dans les secrets de la nature, qu'il a le droit de croire qu'il participe à l'intelligence éternelle qui gouverne l'univers; et à mon sens, le plus magnifique témoignage de la grandeur de l'homme, c'est d'avoir compris sa petitesse devant Dieu. Mais ce don inappréciable a son fâcheux revers. L'homme, parce qu'il a trouvé la raison de beaucoup de choses, nie volontiers toutes celles dont la raison lui échappe. Ainsi, il n'admet pas ces vagues instincts qui, au milieu de la sécurité la plus profonde, vous montrent le fantôme d'un malheur passant à l'horizon de l'âme, images indéfinissables qui épouvantent les plus intrépides. Pas plus que ces étranges avertissemens, les raisonneurs n'admettent ces vives illuminations qui, d'un éclair rapide, montrent à un homme tous les dangers, tous les écueils, toutes les trahisons où il marche en aveugle.

Ainsi Poyer, en reconnaissant Carmélite, en voyant la direction de son regard qui suivait ardemment la marche du beau Melchior de Lesly, de ce jeune officier dont le premier aspect avait épouvanté sa farouche intrépidité, Poyer, dis-je, se sentit comme frappé au cœur, il chancela, et dit en s'appuyant sur Valvins :

— Carmélite est une gueuse, et demain tu iras dire à ma mère que je suis mort.

Ces paroles avaient l'air d'une folie ; mais elles firent pâlir Fabien.

La violence de la nature de Poyer domina cependant et presque aussitôt ce mouvement de terreur ; il écarta violemment tous ceux qui pouvaient lui faire obstacle et s'élança vers Carmélite. A sa vue, la jeune fille poussa un cri, et voulut s'échapper comme si elle eût lu son arrêt de mort dans le regard de Poyer. Mais il l'atteignit à son premier pas et l'arrêta.

Carmélite, hors d'elle, perdant toute raison et oubliant qu'un mot pouvait la justifier, s'écria :

— Que me voulez-vous ? je ne vous connais pas !

— Tu ne me connais pas ! reprit Poyer, dont la colère semblait chercher un ennemi qu'il pût anéantir.

— Poyer !... Poyer, dit Fabien en s'élançant entre lui et la jeune fille... toucher une femme, frapper une femme, c'est une lâcheté.

Poyer leva le poing sur Fabien, qui resta impassible, tandis que Carmélite, se prenant à la protection qui s'offrait à elle, s'écria, en se plaçant derrière le jeune homme :

— Ah ! Fabien, sauve-moi !

La menace de Poyer, lorsqu'il avait levé le poing, ne s'était adressée qu'à l'homme, quel qu'il fût, qui l'accusait d'une lâcheté. Mais, lorsqu'il eut entendu le cri de Carmélite, ce cri qui lui apprenait d'un côté que Fabien la connaissait, et qui lui révélait d'un autre l'intimité de leurs relations, Poyer resta immobile, il jeta sur Valvins un regard éperdu : sa main se baissa lentement, et il dit d'une voix sourde :

— Emmène-le, emmène-le...

— Viens, Fabien, dit Valvins en l'entraînant.

Fabien hésita, mais Carmélite avait disparu, et il suivit Valvins.

XI

Le Champ-de-Mars.

Les étudians qui avaient été témoins de cette scène connaissaient, pour la plupart, la position apparente de Poyer et de Fabien.

Tous savaient que celui-ci était un enfant élevé par madame Poyer, et, sans chercher au delà d'un sentiment de bienfaisance l'affection profonde que Poyer portait à Fabien, ils comprirent ce qui les avait arrêtés tous deux dans une querelle qui eût été mortelle, si elle avait eu d'autres acteurs.

Poyer resta seul et se mit à remonter rapidement le Champ-de-Mars. Il est impossible de dire ce qui se passait dans son âme. Mais il semblait qu'il eût voulu se heurter à quelque obstacle puissant pour pouvoir lutter avec lui. Son regard effaré cherchait une issue à cette sourde colère, lorsqu'il se sentit tirer par le pan de son habit. Il se retourna, et se retrouva, lui, le colosse terrible, en face du petit Charles Joulu, le roquet hargneux qui l'importunait d'ordinaire de ses criailleries.

Il prit fantaisie à Poyer de le prendre par la peau du ventre, et de le jeter au milieu du Champ-de-Mars, parmi les escadrons de cavalerie qui commençaient leurs évolutions.

Le hasard des premières paroles de Joulu arrêta la colère de Poyer.

— Valvins m'a chargé de te dire qu'à six heures il t'attendrait à la Barraque.

— Tu as donc rencontré Valvins?

— J'étais à côté de toi quand tu lui as dit d'emmener Fabien.

— Connais-tu Carmélite? lui demanda Poyer.

— C'est la première fois que je l'entends nommer, mais je l'ai vue souvent.

— Où ça?

— Ma foi, partout, à la messe, à la promenade.

— Ah! la misérable!... dit Poyer d'une voix brisée.

Charles Joulu était vivement ému, car il avait deviné la cause du désespoir de Poyer, et il s'écria avec colère :

— Ah! sacrebleu, Valvins aurait bien mieux fait de laisser Fabien se couper la gorge avec ce grand dadais de lieutenant.

— Que veux-tu dire? s'écria Poyer en entraînant Charles hors des groupes.

— Eh! au risque de ce qui peut en arriver, et fallût-il me couper la gorge avec Valvins, je te dirai tout.

— Il y a donc quelque chose que sait Valvins et qu'il me cache? dit Poyer, qui frémit à la pensée de se voir trahi aussi par Valvins.

— Après tout, reprit Charles Joulu, ce n'est pas un enfant du pays, et, sans vouloir l'accuser de te tromper, il me semble qu'on ne fait pas une chose loyale, lorsqu'on n'ose pas la dire en face à celui qu'elle intéresse.

— Va donc! reprit Poyer qui bouillait d'impatience.

— Eh bien! répartit Charles Joulu, hier, une demi-heure après que j'étais rentré chez moi, j'ai vu arriver Valvins; il m'a demandé s'il n'était pas vrai que Fabien voulût aller chercher querelle, ce matin, à un officier du régiment de cavalerie. C'était vrai, et comme je ne trouvais pas que Fabien eût raison de chercher un duel sans que tu en fusses averti, j'avouai la vérité à Valvins.

— Et quel est cet officier? reprit Poyer.

— Je ne puis te le dire, car je n'en suis pas sûr; cependant je soupçonne beaucoup que c'est celui qui a été recommandé par Valvins.

— Te l'a-t-il dit?

— Non; mais Valvins connaît ce monsieur de Lesly, puisqu'ils se saluent, et je ne vois pas qu'il puisse y en avoir d'autre sur lequel il en sache autant qu'il a l'air d'en savoir sur celui-là.

— Ah!... fit Poyer en examinant Charles avec intention. Et que t'a-t-il dit sur cet officier?

— Rien de bien précis, mais des choses dont on peut aisément tirer la conséquence, quand on sait que Fabien n'a ni père ni mère, et qu'il a été élevé par la charité de ta famille.

Quoique aucune des paroles de Charles Joulu n'apportât une lumière certaine au milieu des doutes qui se croisaient dans l'esprit de Poyer, elles l'épouvantaient cependant comme les vagues pronostics d'un orage qui allait éclater sur lui. Ce souvenir de la naissance de Fabien et la découverte qu'il venait de faire de ses relations avec Carmélite lui serra tellement le cœur qu'il s'écria :

— Parle donc, malheureux ! tu me fais mourir.

— Eh bien ! reprit Charles Joulu, il m'a dit d'un air mystérieux qu'un duel était aussi impossible entre Fabien et M. de Lesly, qu'entre toi et Fabien. Pour toi, dit Charles, qui ne remarqua pas le tressaillement qui agita Poyer à cette révélation, pour toi, ça se comprend : on le chasserait de l'école si jamais il osait lever la main contre celui qui l'a nourri. Mais pour M. de Lesly, il doit y avoir d'autres raisons.

— Et Valvins te les a-t-il dites ? demanda Poyer d'une voix altérée.

— Il ne lui est échappé qu'un mot qui me les a fait deviner.

— « Laisserais-tu se battre, m'a dit Valvins, un père et un fils qui ne se connaissent pas ? »

Puis il a changé tout de suite de conversation. Mais comme le lieutenant Lesly et Fabien sont presque du même âge, je me suis dit : Si ce n'est pas un combat entre un père et un fils que Valvins veut prévenir, c'est peut-être un combat entre deux frères.

Pendant que Charles parlait ainsi, Poyer l'écoutait, l'œil fixé devant lui. Pénétrant enfin dans ce mystère qui l'enveloppait depuis quelque temps, devinant tout, rattachant les unes aux autres toutes les circonstances, toutes les paroles qui jusqu'à ce moment étaient demeurées pour lui sans signification. Charles le considérait, et telle était la profonde expression de désespoir de Poyer, qu'elle arrêta le babil du jeune étudiant. Enfin il sembla que la poursuite acharnée que faisait Poyer se heurtât tout à coup à un obstacle qu'il ne pouvait franchir. Il s'arrêta dans le silence où tant de voix lui parlaient ensemble, et il dit tout à coup à Charles Joulu :

— Mais te doutes-tu de la raison qui poussait Fabien à se battre avec M. de Lesly ?

Charles Joulu baissa la tête et parut embarrassé.

— Ne parlons pas de cela, reprit-il ; si je ne me trompe, Fabien n'est pas le seul qui ait été trahi dans toute cette affaire.

— Que veux-tu dire ? dit violemment Poyer en l'interrompant.

— Tiens, reprit Joulu, les femmes sont d'atroces gueuses, et pas une, pas même la belle Carmélite, ne vaut la peine que deux hommes se battent pour elle.

— Qui t'a dit que je voulais me battre pour Carmélite ?

— Pas toi, dit Joulu, mais Fabien.

— Avec qui ?

— Eh bien ! avec M. de Lesly, qui la lui a enlevée, à ce qu'il paraît ; car j'ai entendu Fabien qui, en s'en allant, a dit à Valvins :

— Elle l'aime... as-tu vu comme elle le suivait des yeux ?...

— Eh mon Dieu ! lui a répondu Valvins, madame Proserpine m'a dit toute l'histoire.

Enfin toute la vérité avait apparu à Poyer. Il resta un moment silencieux ; puis il dit du ton le plus calme à Charles Joulu :

— Va dire, je t'en prie, à Valvins que je serai à la Barraque à six heures ; viens-y aussi, Charles, je t'en prie, et si tu trouves quelques uns de nos camarades, amène-les. C'est moi qui les invite.

— Poyer... lui dit Charles... tu ne veux pas faire un malheur?

— Non, mon ami, reprit Poyer qui n'avait jamais parlé à Charles avec cette douceur, non... Tu es bon et brave garçon, toi... tu n'es pas beau et gracieux comme d'autres, tu ne parles pas d'une voix douce et hypocrite, mais tu as le cœur franc, et ouvert, et brave. Va, Charles, soyez tous à six heures à la Barraque, et si j'étais un peu en retard, attendez-moi.

Aussitôt il laissa Charles Joulu stupéfait de cette tristesse poignante qui respirait dans l'accent de sa voix plus encore que dans ses paroles.

Tandis que Poyer s'éloignait, Charles fut rappelé du côté du Champ-de-Mars, par un immense houra qui s'éleva au loin.

Voici quel était le sujet de ce houra :

Pendant quelque temps l'incident inexplicable pour la plupart des étudians, qui avait fait s'éloigner à la fois Valvins, Fabien, puis Poyer et Charles, avait détourné leur attention des manœuvres de la cavalerie. Cependant on en revint à examiner le régiment, et il arriva un moment où les escadrons défilèrent au grand trot le long des talus. Le premier peloton passa ; mais au second il se trouva qu'un jeune officier se mit à trotter à l'anglaise.

A peine fut-il aperçu par les étudians, que des sifflets et des huées partirent de tous côtés. L'officier qui les avait excités était déjà loin de l'endroit où avait eu lieu le tumulte, que le vacarme continuait encore ; de façon que cette manifestation injurieuse parut s'adresser aux pelotons suivans et aux officiers qui les commandaient ; quelques uns des derniers, entendant de loin ces cris et ces rires, montrèrent le sabre en passant devant les étudians, qui alors se mirent à les applaudir railleusement.

Le régiment avait été se ranger en bataille en face du talus, de façon que les habitans de Rennes et le régiment se trouvaient face à face.

On pouvait voir sur le talus un mouvement rapide d'hommes,

courant de l'un à l'autre, des femmes inquiètes se retirant avec effroi, tandis que deux ou trois officiers couraient au galop sur la ligne du régiment, s'arrêtant en tête de chaque escadron et portant sans doute des ordres qui étaient répétés aussitôt aux officiers inférieurs. Cependant, malgré l'immobilité de tous ces cavaliers, on voyait aussi l'agitation rider, pour ainsi dire, cette longue ligne d'hommes. Les soldats se parlaient les uns aux autres, quelques uns se penchaient en avant comme pour épier la contenance des officiers.

La cause de ces divers mouvemens était claire pour chacun. Les étudians se donnaient rendez-vous pour se rencontrer avec les officiers, qui, de leur côté, brûlaient de voir les manœuvres s'achever, pour pouvoir aller souffleter ceux qui les avaient sifflés. Mais le colonel venait d'ordonner que, sous aucun prétexte, aucun officier ne se dispensât de reconduire le régiment jusqu'à la caserne.

Il était difficile, après ce qui s'était passé, de prévenir des collisions particulières ; mais si un certain nombre d'officiers eussent pu immédiatement monter sur le talus, il n'était pas douteux qu'il n'en résultât immédiatement une lutte sanglante, entre des militaires exaspérés et des jeunes gens qui ne demandaient pas mieux qu'une bataille, de quelque façon qu'elle se présentât. Toutefois, on murmurait dans les rangs, on accusait le colonel de faire fuir ses officiers devant un rassemblement de pékins. Mais la discipline l'emportait sur la colère des insultés, et le bon droit eût été de leur côté, sans un incident qui faillit devenir un malheur public.

Le colonel, comprenant le mécontentement qui allait grossissant, voulut occuper les esprits à des manœuvres qui pussent les détourner un moment de la pensée qui les agitait. Il se mit au centre de son régiment, et commanda une charge sur toute la ligne.

Alors on vit s'avancer en face de la population ce régiment entier, le sabre au poing, le colonel en avant. Celui-ci, en commandant cette manœuvre, n'avait pas sans doute réfléchi à l'effet qu'elle pouvait produire ; d'ailleurs, c'était une manœuvre tellement usitée qu'il est concevable qu'il n'y eût point pensé. Ce qu'il y a de sûr, c'est que les étudians crurent y voir une menace, et qu'au moment où le régiment s'approchait, ils renouvelèrent leurs huées : les officiers menacèrent de leurs sabres, tandis qu'on les sifflait avec acharnement. Le colonel arrêta la charge à peine à quelque pas du talus, tandis que la plupart des femmes s'enfuyaient avec épouvante, croyant qu'on allait sabrer les curieux. Malheureusement l'exaspération de quelques jeunes têtes les empêcha d'obéir à l'ordre du colonel ; quelques uns des officiers vinrent jusqu'au pied du talus et crièrent aux étudians :

— Nous vous corrigerons tout à l'heure, canaille!

Et enfin l'un d'eux, emporté par la fureur que lui avait causée l'action d'un étudiant, qui avait craché devant lui, sans cependant l'atteindre, poussa son cheval sur le talus, le gravit et se jeta dans la foule le sabre levé.

Ce fut un tumulte horrible parmi les étudians; l'officier entouré, se débattait au milieu de la foule, faisant une large place autour de lui, tandis que le colonel et les chefs d'escadrons parcouraient la ligne du régiment, pour contenir la fureur des soldats, qui à leur tour prenaient parti pour leurs officiers. La situation devenait terrible, les étudians, armés de cannes, cherchaient à atteindre l'officier auquel le colonel criait d'une voix tonnante :

— A votre rang, monsieur!

Tout à coup un cri se fait entendre : un jeune homme, atteint par l'officier, venait de tomber à terre. On s'élance sur le cheval, on le serre de près, et l'officier désarçonné disparaît dans la foule.

Ses camarades, bouillant d'impatience sous le frein d'obéissance militaire qui les retenait à leur place, criaient cependant de tous côtés :

— On assassine un de nos camarades!

Lorsque tout à coup on voit les rangs des étudians s'ouvrir, et l'officier, se débattant au milieu d'eux, désarmé et sans épaulettes, repoussé au pied du talus, où il roula sans pouvoir faire face à ses ennemis.

A ce moment, quelques étudians s'arrêtèrent sur le bord du talus, montrant, l'un le sabre, l'autre les épaulettes de l'officier, et criant :

— Qui veut venir les chercher?

C'en était fait de toute subordination devant une pareille provocation, et le régiment tout entier eût peut-être gravi le talus, malgré les ordres des officiers supérieurs, lorsque tout à coup on vit arriver, devant le front du régiment, le lieutenant-général commandant la division, suivi de son état-major. Sa seule présence maintint toute la colère qui courait d'un bout à l'autre de cette longue ligne d'hommes armés, et la faisait vibrer comme une corde tendue, sous le souffle d'un vent impétueux. Le général D'.... était un homme jeune encore, à la figure sévère, têtue. Il était borgne; mais l'œil qui lui restait luisait comme une escarboucle.

Quoiqu'il eût beaucoup de cet esprit militaire de l'empire, qui faisait état de mépriser les pékins, le général D'.... était assez aimé à Rennes.

D'abord, c'était un vieux soldat de l'empire, on ne le croyait pas très amoureux de tous les jeunes officiers que lui envoyait le nouveau gouvernement; on savait parfaitement sa vie militaire toute pleine de ces actes héroïques qui fourmillent dans l'histoire de nos campagnes impériales, comme font les magnifiques détails en reliefs du sublime monument de la place Vendôme, perdus dans la grandeur de l'œuvre quand on la regarde dans son ensemble, splendidement admirables quand on la regarde ligne à ligne.

L'arrivée du général produisit donc sur les étudians, par l'estime qu'ils avaient de lui, le même effet qu'il produisit sur les officiers, par le respect et la subordination qu'ils lui devaient. Un silence profond succéda au tumulte qui régnait dans le Champ-de-Mars ; le général, après avoir passé devant le régiment, s'arrêta au centre et se tourna vers la population.

Il était pâle, et Dieu sait quelles forces il fallut à cet homme en qui l'honneur de l'uniforme était une religion, pour qu'il ne se laissât pas aller à punir ceux qui venaient de l'insulter. Heureusement les étudians voulurent lui prouver qu'ils ne le confondaient point avec les officiers de chasseurs ; la plupart le saluèrent en agitant leurs chapeaux et en criant : Vive le général!

Il est probable que cette marque de considération personnelle ne lui fut point désagréable, et lui rendit moins pénible le parti pris d'avance qu'il venait mettre à exécution ; aux ordres donnés par lui, le régiment se reforma par escadron ; on fit encore quelques évolutions ; puis le régiment rentra dans ses quartiers, sans qu'il y eût de nouvelles manifestations ni d'un côté ni de l'autre.

Aussitôt, les étudians se répandirent dans la ville ; les uns gagnèrent la promenade du Mail ; d'autres montèrent au Thabor ; on s'établit dans certains cafés ; dans tous les endroits, enfin, où il y avait chance de rencontrer des officiers ; mais aucun ne parut dans les rues ; le régiment tout entier avait été consigné dans ses quartiers.

Avant de raconter les suites de cette affaire, nous devons revenir à l'instant où nous avons laissé Poyer se séparant de Charles Joulu.

XII

Colère.

A peine fut-il hors de la vue de son jeune camarade, que Poyer se mit à courir du côté de la Prévalée. Rien ne saurait donner une idée de l'effrayante rapidité de cette course. Nous l'avons dit souvent : en fait de force et d'agilité, Poyer dépassait tout ce qu'on pouvait imaginer, lorsqu'il s'amusait à faire preuve, en jouant, de son énorme puissance physique ; mais, au moment dont nous parlons, il y avait dans la course de Poyer quelque chose de frénétique et d'éperdu, qui épouvantait tous ceux qui le virent passer pâle comme un cadavre, rapide comme s'il eût été lancé par un instrument de guerre. Ce fut ainsi qu'il arriva dans la cabane de la mère Leleu, en moins de temps qu'il n'en eût fallu au cheval de course le plus nerveux et le mieux monté.

La bonne femme, en le voyant entrer dans cet état, devina qu'un grand malheur était arrivé ou allait arriver. Elle resta immobile et muette devant Poyer, qui lui-même demeura un moment sans pouvoir parler. Enfin un cri s'échappa de sa poitrine haletante.

— La vérité, la vérité ! dit-il en prenant la mère Leleu par le bras.

Celle-ci devina bien de quoi il s'agissait, mais elle ne l'osa pas montrer sur-le-champ.

— La vérité sur quoi? dit-elle en tremblant.

— Sur elle, sur lui... reprit Poyer.

— Elle, lui? fit la mère Leleu, qui faisait tous ses efforts pour avoir l'air de ne pas comprendre.

— Carmélite, Fabien, le marquis de Lesly... reprit Poyer.

— Et que voulez-vous que je vous dise, moi ! reprit la vieille en reculant devant l'effrayante expression qu'avait prise la figure de Poyer en prononçant ces noms maudits.

— Carmélite connaissait Fabien?

— Oui.

— Et tu ne me l'as pas dit, malheureuse !

— Mais qu'est-il donc arrivé? dit la mère Leleu.

Poyer ne répondit pas; d'autres pensées le détournaient de l'interrogatoire qu'il venait de faire subir à la vieille femme.

— Carmélite va-t-elle venir? reprit l'étudiant après ce silence.

— Je ne le crois pas, répondit la mère Leleu.

— Où est-elle?

— Je ne sais pas.

— Comment ! tu ne sais pas où va travailler ta meilleure ouvrière?

— Voilà huit jours qu'elle demeure chez son père, et je ne sais ce qui lui est arrivé à elle aussi ; car lorsqu'elle me quitta la semaine dernière, elle avait terriblement pleuré.

— Quel jour?

— Lundi.

— Ah! fit Poyer en baissant la tête... et qu'a-t-elle dit?...

— Qu'elle avait été trompée.

Poyer se tut.

— Qu'est-ce qui l'a trompée? fit la mère Leleu, en reprenant courage.

— Je ne le sais pas.

— Mais probablement elle avait raison de dire : « Malheur aux pauvres filles qui croient aux sermens des hommes!... »

La date de cette scène se rapportait exactement au jour où Poyer avait fait entendre clairement à Carmélite qu'il ne consentirait point à l'épouser. Un remords se glissa dans sa colère; n'était-ce pas sa trahison à lui qui avait amené la trahison de Carmélite? Il avait raison en ce point, que c'était le même jour, comme nous l'avons dit, qu'elle s'était laissé emporter à un sentiment de vengeance, et avait cédé aux sollicitations de Melchior de Lesly.

Mais il y avait aussi le mystère de sa liaison avec Fabien; et à cette pensée la fureur de Poyer le reprit, et il s'écria:

— Tu dis qu'elle est chez son père? Eh bien! j'y vais.

Quelques minutes après, Poyer était chez le vieux Leroëx. S'il eût rencontré le père ou l'un des frères de Carmélite, il est probable qu'il eût perdu beaucoup de temps avant d'oser les interroger sur la jeune fille, et il est probable qu'il n'eût point obtenu de renseignemens à ce sujet. Mais, comme d'habitude, les fermiers se trouvaient dans les champs, et Poyer ne rencontra qu'une petite servante de ferme à laquelle il dit en lui glissant quelque monnaie dans la main:

— Eh! Manette, la mère Leleu a besoin de Carmélite; et comme je vais repasser chez la vieille, elle m'a prié de lui apporter la réponse, pour qu'elle aille trouver Carmélite où elle est.

— Eh bien! reprit la petite fille, elle doit bien le savoir; elle est chez la nouvelle pratique qui a acheté une petite maison, là-bas, à droite, sur la route.

— Très bien, très bien, dit Poyer; et comment s'appelle cette pratique?

— Ah! dame, dit la petite fille, ce n'est pas un nom du pays; c'est un drôle de nom... c'est une madame Maco, Marco... Tout ce que je puis vous dire, c'est qu'il y a une dame du pays qui prétend que c'est une femme qu'on ne mettrait pas en terre chrétienne si elle mourait. Mademoiselle Carmélite m'a défendu de le dire à maître Leroëx; mais je crois que c'est une vieille dame de la comédie de Rennes.

Cette désignation, jointe au nom, tout estropié qu'il était, qu'avait prononcé la jeune fille, éclaira Poyer, et il ne douta pas qu'il ne s'agît de madame Maricot.

S'il ne se trompait pas, si c'était bien chez la vieille comédienne que se trouvait la jeune fille, Poyer ne douta pas qu'elle ne fût plus perdue qu'elle ne le croyait encore.

Par une assez rare exception, Poyer dédaignait profondément les femmes de théâtre. Quoique, par vanité, il eût essayé, comme la plupart des jeunes étudians de Rennes, de compter une maîtresse parmi les actrices de la troupe, il avait été bientôt dégoûté de ce monde où il avait à peine mis le pied. La nature de Poyer était trop haute, trop large, trop sauvage, trop ardente, trop passionnée et trop positive à la fois pour se laisser séduire, de l'autre côté du rideau, par ces poupées dont il voyait le fard et les oripeaux.

Indépendamment du peu de sympathie que lui avait inspirée celle qui avait obtenu son attention, il avait jugé l'étrange moralité de ce monde dont la vanité est la première passion, dont la vénalité est le premier moyen de la satisfaire. Il appréciait à son exacte turpitude le métier qu'une femme comme madame Maricot pouvait faire en appelant dans sa maison une fille comme Carmélite, et il appelait ce métier du nom qui lui est propre. Poyer ne doutait plus de son malheur, et cependant il voulait en avoir, à ce qu'il semble, des preuves irrécusables, pour pouvoir sans doute justifier la résolution qu'il avait prise. Il ne marchait plus avec la violence des premiers momens; mais son attitude dénotait cependant la volonté irrévocable d'un homme qu'aucun obstacle ne devait arrêter.

Il arriva ainsi devant la petite maison de madame Maricot. Il frappa avec force, et un nègre vint lui ouvrir.

On se rappelle ce Philopémen, valet de chambre de M. de Lesly, et dont les mains avaient déteint dans le savonnage qu'il avait fait du linge de son maître. C'était, sous une couche de noir, le valet de grand seigneur le mieux conditionné. Le nez en l'air, l'œil railleur, les dents blanches, la taille bien prise, l'air impertinent, la voix haute et accentuée, parlant vite et sec, et n'attentendant pas une seconde question lorsqu'il avait répondu à la première.

— Madame Maricot? dit Poyer en voyant le nègre.

— Elle n'y est pas.

Et Philopémen poussa la porte pour la fermer.

Poyer plaça son pied devant la porte et répartit :

— Si elle n'y est pas, je l'attendrai.

— Attendez-la sur la route, dit Philopémen en essayant de pousser la porte.

— Un moment, reprit Poyer, comme s'il eût voulu prévenir une querelle. Ce n'est pas précisément à madame Maricot que j'ai affaire, mais à une repasseuse qui s'appelle Carmélite. N'est-elle pas ici?

Au nom de Carmélite, Philopémen avait dressé l'oreille, et, malgré l'impertinente indifférence avec laquelle il répondit :

— Je ne connais pas ça!

Poyer comprit, sinon qu'elle était dans la maison, du moins qu'elle y était très connue. Il garda un moment le silence.

Philopémen voulut essayer de fermer la porte, et se mit à dire assez brutalement :

— Allons donc, ôtez votre pied de là, animal, et laissez-moi fermer la porte.

— Je la fermerai bien moi-même, dit Poyer : et avant que Philopémen eût eu le temps de faire la moindre résistance, Poyer était dans la maison et avait refermé la porte derrière lui.

Le laquais, furieux d'avoir été si lestement repoussé, se mit à jurer sur tous les tons, et, s'emparant enfin d'un énorme gourdin, il se mit à dire, en le brandissant au dessus de la tête de Poyer :

— Savez-vous bien, mauvaise canaille, que si vous ne vous en allez pas tout de suite, je vais vous casser les reins !

— Si la Maricot ou Carmélite sont ici, dit l'étudiant, va leur dire que c'est Poyer qui demande à leur parler, et ni l'une ni l'autre ne te conseillera de résister.

— Ah ça ! est-ce que tu crois me faire peur ? dit Philopémen. Va-t'en, ou je tape !

— Eh bien ! ose donc, répondit Poyer d'un air indifférent.

Le laquais, emporté par la colère et aussi sans doute par son bon droit, leva le bâton et en adressa un coup terrible à Poyer; mais celui-ci leva légèrement le bras au dessus de sa tête, reçut le bâton dans sa main ouverte, l'arracha à Philopémen, et, le jetant dédaigneusement à l'autre bout du vestibule où il se trouvait, il reprit avec une certaine impatience, et avec la hauteur d'un homme qui, ayant déclaré ses qualités, s'irrite de les voir méconnues :

— Je t'ai dit que j'étais Poyer et que j'en tuerais dix comme toi. Va dire à madame Maricot et à Carmélite qu' faut que je leur parle absolument.

Philopémen ne se tint pas pour battu et crut trouver un obstacle à la persistance de Poyer en lui disant :

— Mais vous ne savez donc pas que vous n'êtes pas chez madame Maricot? Vous êtes ici chez le marquis de Lesly.

— Oh ! s'écria Poyer à ce nom, si le marquis de Lesly est ici, va lui dire que c'est le vicomte Berbins de Karadec qui le demande; il viendra, lui, j'en suis sûr.

Ce que n'avait pas pu la certitude que Poyer avait donnée à Philopémen de la supériorité de sa force, le titre de vicomte le fit à l'instant même.

— Pardon, monsieur dit-il plus poliment; mais monsieur le marquis n'est point ici, et je dois avertir monsieur que mon maître m'a défendu de laisser entrer qui que ce soit en son absence.

Poyer n'avait rien à dire à la raison du domestique. Alors, se jetant dans une de ces résolutions soudaines et violentes par lesquelles il sortait d'ordinaire des cas embarrassans où il se trouvait, il écarta vivement Philopémen en lui disant :

— Eh bien ! tu lui diras que je suis entré par force, et, s'il te chasse, je te prendrai à mon service.

Aussitôt, et sans attendre la réponse du nègre, Poyer traversa le vestibule du rez-de-chaussée et gagna l'escalier. L'altercation que l'étudiant venait d'avoir avec le faux nègre avait été entendue dans la maison, et Poyer fut cruellement désappointé en trouvan fermées les portes qui donnaient sur les paliers du premier et du second. A ce moment, il était de fait le maître de la maison, et il pouvait briser ces portes sans que personne lui fît obstacle. Cependant il s'arrêta. Un léger bruit lui apprit que quelqu'un était dans une des chambres du premier.

Il s'approcha de la porte et prêta l'oreille.

Tout était muet. Alors il usa de ruse et fit semblant de descendre, ouvrit la porte de la rue, la referma avec violence, et remonta avec la légèreté et la rapidité d'un chat. Il arriva juste au moment où madame Maricot entr'ouvrait la porte, tandis que Carmélite regardait sur la route, à travers le rideau de mousseline de la fenêtre, et s'écriait :

— Prenez garde, il n'est pas sorti.

Mais la Maricot avait été repoussée par Poyer au milieu de la chambre, à l'instant même où elle recevait cet avis de Carmélite.

La jeune fille se retourna au cri que poussa la vieille Dugazon, et resta anéantie en se trouvant en présence de son premier amant.

— Prends ton châle et ton bonnet et suis-moi, lui dit Poyer.

— Moi ?... fit Carmélite.

Madame Maricot, revenue de sa surprise, pensa à une scène d'opéra-comique et, se posant en *tante Aurore*, elle s'écria :

— Qu'est-ce que c'est que ça ? Monsieur, d'où vous vient cette impertinence ?

Poyer se tourna de son côté, et, au lieu de menaces et de paroles, il laissa échapper un sifflet aigu.

La Maricot resta abasourdie. Elle connaissait ce bruit, il lui avait bien souvent écorché les oreilles ; mais jamais il ne lui avait dit si directement et avec tant de force : Tu es mauvaise.

Carmélite, qui n'était pas très savante dans les choses du théâtre, resta à son tour toute stupéfaite de l'abasourdissement de madame Maricot pour un méchant sifflet qui ne signifiait rien.

— Prends ton bonnet, et suis-moi, répéta Poyer.

Carmélite ne pouvait supposer dans Poyer d'autre projet que celui d'une vengeance brutale, matérielle ; aussi se prit-elle à crier de toutes ses forces :

— Au secours !... au secours !...

— On ne tue pas des filles de ton espèce, lui dit Poyer. Prends ton bonnet et suis-moi. N'aie pas peur, je ne te ferai pas de mal. Il faut que nous ayons ensemble une explication.

Carmélite jeta autour d'elle un regard éperdu, et voyant, au silence qui régnait dans la maison, que personne ne viendrait à son aide, elle préféra sortir avec Poyer.

En effet, la présence des passans devait prévenir tout acte de violence. D'un autre côté, une idée, que son danger lui inspira sans doute, lui fit prendre cette résolution. Elle avait trouvé, à ce qu'il semble, un moyen d'arrêter ou de désarmer la vengeance de Poyer.

En un instant Carmélite fut prête, et elle dit à Poyer :
— Je suis prête à vous suivre : où allons-nous?
— A Rennes.
— Chez qui ?
— Vous le verrez.

Carmélite ne douta point que ce ne fût chez le marquis de Lesly.

En sortant, et tandis que Poyer, préoccupé du projet qu'il méditait depuis le matin, prenait la route de Rennes, Carmélite aperçut à l'angle d'un bouquet d'arbres la mère Leleu qui semblait guetter les événemens.

— Va chercher mon père et mes frères, lui cria-t-elle.

Poyer la saisit brusquement par le bras, et regarda autour de lui. La mère Leleu s'était blottie derrière un buisson.

Après ce premier mouvement de violence, Poyer retomba dans la sombre résolution qu'il avait prise, et entraîna Carmélite en lui disant :

— Ton père, ni tes frères n'y feront rien. Qu'ils viennent, s'ils veulent... ils sauront ce que tu es; il n'y a pas de mal à cela.

Carmélite, très décidée en apparence, sentit cependant son courage faiblir à mesure qu'elle approchait de Rennes. S'il n'y avait pas de pudeur timide dans son âme, il y avait un orgueil extrême qui arriva au même résultat. Elle n'avait pas cette terreur tremblante d'une pauvre fille qui sait qu'on va proclamer sa honte; mais elle éprouvait la colère d'une femme qui ne reconnaît à personne le droit de l'insulter.

Aussi s'arrêta-t-elle tout à coup, et dit à Poyer :
— Je n'entrerai pas à Rennes avec vous.

Poyer se mit à rire.

— Vous êtes assez fort pour m'y porter, lui dit Carmélite; vous êtes assez brutal pour me battre... Mais je ne marcherai pas.

Et elle s'assit au bord d'un fossé.

— Il faut pourtant que tu viennes, dit Poyer que cette résistance surprit.

— J'irai où vous voudrez... je ne vous crains pas... Mais j'irai seule... vous d'un côté, moi de l'autre... comme si nous ne nous connaissions pas.

— Tu veux m'échapper... n'y compte pas... je suis résolu à tout. Allons, prends mon bras et suis-moi.

— Je ne veux pas... je ne veux pas passer dans les rues de Rennes comme une fille perdue.

Poyer la regarda avec stupéfaction.

— Non, reprit Carmélite, je ne veux pas être perdue de réputation.

— Toi, lui dit Poyer en ricanant, c'est par trop plaisant!

— Écoute, Poyer, lui dit Carmélite, tu es fou... tu ne sais pas ce que tu vas faire ; mais tu vas jouer un jeu où tu perdras plus que moi. Prends garde.

— Oh! dit Poyer, avec une sombre amertume... ce que j'ai à perdre est perdu. Que puis-je risquer encore ? d'être tué!... Eh ! mon Dieu, je ne demande pas mieux.

En prononçant cette dernière parole, une larme s'échappa de l'œil de Poyer : Carmélite la vit.

— Où veux-tu que j'aille ? lui dit-elle ; j'irai...

La faiblesse qui s'était emparée du cœur de Poyer fit place à un mouvement de rage extravagante.

— Viens... viens, lui dit-il, il faut que ce soit comme ça... Je le veux... je le veux !

Carmélite savait que la volonté de Poyer deviendrait d'autant plus implacable qu'elle y opposerait plus de résistance.

La force de Poyer, comme toutes les forces excessives, était de celles qu'on fatigue en leur cédant.

Carmélite se leva d'un air tremblant et soumis, et se reprit à marcher à côté de Poyer, mais sans prendre son bras cette fois.

Elle-même accéléra la marche; si bien qu'au bout de quelques instants, ce fut elle qui devança Poyer. L'étudiant la considéra marchant ainsi devant lui, le visage au ciel, essuyant avec colère les larmes qui l'inondaient, belle de toute la splendide beauté de la jeunesse, avec sa taille flexible, déliée, son allure assurée, ses membres fluides et délicats, sa haute stature, et mille pensées venaient à l'esprit du terrible jeune homme.

— Oh! se disait-il, c'est moi qui ai pris cette jolie fille dans son innocence! c'est à moi qu'a appartenu cette beauté accomplie dans sa virginité! J'ai senti frémir dans mes bras, bondir sous mes baisers cette enfant s'enivrant de mon amour ; et c'est maintenant à un autre qu'appartiennent ces transports, ces caresses, ces enivremens.

Et alors il prenait à Poyer de ces mouvemens de rage qui font qu'on tue sur place la femme qu'on aime et qui vous trompe.

Puis un moment après, lorsqu'il songeait au malheur qu'il allait jeter sur cette jeune fille sans défense, et dont le premier tort était de l'avoir aimé et d'avoir cru à ses sermens, il se sentit arrêté par un remords qui l'irritait contre lui-même.

Mais Poyer souffrait trop pour que ce retour sur lui-même fût de longue durée.

XIII

A la Barraque.

Cependant ils approchaient déjà des portes de la ville, et Carmélite continuait à marcher seule en avant. Poyer, malgré toute sa colère, ne se sentit pas le courage de la traîner devant tous les passans comme une fille perdue; car une ouvrière, au bras d'un étudiant, c'était tout dire :

— Nous allons à la Barraque, lui dit-il d'un voix brève... Songe que je ne te perds pas de vue.

Carmélite répondit en disant :

— C'est bien.

Elle prit résolument le chemin de la Barraque. Etait-ce son projet d'y entrer et d'obéir à Poyer? c'est ce qui est fort douteux.

Peut-être Carmélite, arrivée aux environs du célèbre restaurant de Rennes, se fût-elle prise à fuir, et, certes, si elle eût agi ainsi, elle eût amené une esclandre qui n'eût probablement pas tourné à l'honneur de Poyer.

Mais si, d'un côté, Carmélite avait toute la résolution d'une femme qui veut se défendre par tous les moyens; d'un autre, elle avait la crainte que, dans un premier accès de fureur, Poyer ne se laissât aller aux dernières violences pour la faire obéir. Quoi qu'il en soit du parti qu'allait prendre Carmélite, et lorsqu'un regard rapide jeté autour d'elle semblait montrer qu'elle hésitait sur ce qu'elle allait faire, un homme parut à la porte de la Barraque; cet homme, c'était Valvins, et à côté de lui, un autre jeune homme, qu'au désordre de sa toilette on reconnaissait pour un voyageur arrivé à peine depuis quelques instans, celui-ci était Lucien Deville.

A peine Carmélite les eut-elle aperçus, qu'elle marcha rapidement à leur rencontre.

Poyer les rejoignit presque aussitôt.

Avant que ni les uns ni les autres n'eussent pu prononcer une parole, Carmélite dit à Lucien et à Valvins :

— M. Poyer m'a forcée à venir ici, empêchez-le de m'assassiner, c'est tout ce que je demande, je saurai me défendre du reste.

— Je te remercie d'être venu, dit Poyer à Valvins, et toi, Deville, je te remercie d'être arrivé. Nos camarades sont-ils nombreux?

— Joulu en a amené une vingtaine... Mais que veux-tu faire?...

— Allons, c'est bien, vous le verrez, suivez-moi.

— Tu n'es pas assez calme, dit Deville, pour que nous te suivions, sans savoir quels sont tes projets.

— Il a raison, reprit Valvins.

Poyer les considéra l'un après l'autre d'un air triste et abattu, mais cette faiblesse fit encore place à un nouveau mouvement de colère, et il leur dit avec une extrême amertume :

— Oh! vous aussi! Trahi par tout le monde, abandonné par tous... c'est juste... je devais m'y attendre...

— Que dis-tu ? s'écria vivement Valvins.

— Oh! ne vous dérangez pas, messieurs, reprit Poyer avec hauteur... nous n'avons rien à nous dire.

— Doutes-tu de notre amitié? fit Deville.

— Je ne doute plus de rien, fit Poyer avec un accent déchirant : je suis sûr qu'il n'y a ici bas ni amour, ni amitié, ni famille... Non, non, je ne doute pas... Viens... viens, Carmélite, toi, au moins, tu as le courage du mal que tu as fait.

— Écoute, Poyer, reprit Valvins avec cette autorité à laquelle il avait vu souvent céder le terrible étudiant : nous ne souffrirons pas que tu fasses une action dont plus tard tu pourrais te repentir.

— Et comment m'empêcherez-vous de la faire? dit Poyer en se croisant les bras.

— En te priant de nous écouter, lui dit doucement Deville.

Poyer hésita; mais la vengeance qu'il méditait allait l'emporter encore, lorsque Carmélite, qui avait trouvé dans les amis de son amant un secours inattendu, prit alors la parole :

— Je vous suivrai partout où vous voudrez ; mais, avant cela, voulez-vous que nous nous expliquions devant vos amis?

Poyer hésita encore, mais comme s'il avait paru craindre que cette explication ne le détournât du projet qu'il avait conçu, il répondit brusquement :

— Non... non... qu'ils viennent ou qu'ils ne viennent pas... il faut que justice se fasse.

C'en était fait, et la terrible résolution de Poyer allait s'accomplir. Valvins et Deville se regardèrent d'un air fort embarrassé. Tout à coup un tumulte assez violent se fit entendre, et une voix de jeune homme cria à Valvins et à Deville :

— Ah ça ! vous autres, vient-il ou ne vient-il pas, ce grand Poyer? Nous allons nous mettre à table sans lui.

Celui qui parlait ainsi aperçut Poyer à l'instant même, et se mit à crier :

— Le voilà... le voilà... à table ! et qu'on serve chaud!.... et du vin.... du vin !...

— Suis-moi, Carmélite, lui dit Poyer.

Carmélite se recula, et après un moment de silence, elle dit avec émotion :

— Oh ! ne fais pas cela, Poyer... ne le fais pas...

— Que veux-tu dire?

— Oh ! reprit-elle d'une voix brève et basse... je vois où tu veux en venir... On ne tue pas des filles comme moi, as-tu dit...

C'est donc que tu veux me déshonorer... N'est-ce pas, c'est vrai, que tu vas dire à tous tes camarades : Voilà ma maîtresse et celle de Fabien, et celle du marquis de Lesly ? Qu'est-ce qui en veut ?... Je la lui donne... Ne fais pas cela, vois-tu... tue-moi ici,.. mais prends garde... si tu le fais, tu ne seras pas à moitié de ce repas infâme, que tu voudrais pouvoir te mettre à genoux devant moi pour ne pas avoir parlé...

— Tu me menaces, toi... s'écria Poyer... pauvre fille, et que peux-tu faire ?... Viens...

— Eh bien ! soit, fit Carmélite avec une résolution terrible... Vous l'entendez, messieurs, je l'ai bien averti, je me défendrai comme je pourrai... et si je ne peux pas me défendre... je me vengerai... Viens donc, Poyer... viens ! reprit Carmélite exaspérée... viens, et prends garde à ta mère.

Un cri sourd, terrible, épouvanté, sortit de la poitrine de Poyer...

Il arrêta Carmélite qui avait déjà gravi quelques marches de l'escalier.

— Que veux-tu dire ?

— Que si tu me reproches d'avoir été la maîtresse de Fabien, eh bien ! je dirai que j'ai pu être la maîtresse du bâtard, après avoir été celle du fils légitime... Si tu dis que je suis la maîtresse du marquis de Lesly, je dirai que je puis bien appartenir au fils de celui qui a eu ta mère.

Ce fut un nouveau cri terrible, insensé, furieux, qui ébranla la maison et appela tous les étudians au sommet de l'escalier. Poyer tourna sur lui-même comme un homme frappé au cœur d'un coup mortel... il fit un pas vers Carmélite, et s'il eût pu l'atteindre, certes, à ce moment, il l'eût brisée et tordue dans ses mains... mais il chancela, et, pour ne pas tomber, il fut forcé de s'appuyer à la rampe de l'escalier. Comme si le contact d'un objet étranger eût donné une issue au délire furieux qui l'enivrait, ainsi qu'une machine électrique chargée outre mesure, et qui se décharge sur le premier corps qui est mis en communication avec elle, Poyer s'attacha de ses mains de fer à cette forte rampe, et la secouant avec de sourds rugissemens, il l'arracha, la brisa, et en fit voler les éclats autour de lui.

Pendant ce temps, Carmélite s'était échappée sur un signe de Valvins, et Deville laissait la fureur de Poyer s'user en transports insensés, en cris désordonnés. Pendant ce temps, les étudians, fort alarmés de cet accès de rage forcenée, s'écrièrent :

— Hé ! dis donc ? Ah ça ! est-ce que tu vas démolir la maison ?

Heureusement que Poyer ne les entendit pas, car sans cela il eût tourné contre eux la rage qui le dominait. Cependant toute colère a un terme, surtout lorsqu'elle est excessive. Poyer se fatigua de briser sans raison des morceaux de bois qui n'en pouvaient mais; et il finit par regarder autour de lui comme un homme effaré qui s'éveille d'un rêve affreux, et dit d'une voix brisée :

— Eh bien! qu'y a-t-il? que se passe-t-il? pourquoi me regarder ainsi? que se passe-t-il?...

Charles Joulu eut le premier une inspiration heureuse. Il soupçonnait trop bien d'où venait la douleur de Poyer, pour ne pas vouloir l'en détourner; alors il lui dit :

— Comment, ce qui se passe!... Tu ne sais donc pas que le régiment de cavalerie a voulu sabrer les étudians; qu'il y a un officier à qui on a arraché les épaulettes, et que ce soir... on se battra partout...

— Ah! fit Poyer d'un ton indifférent.

— Certainement, reprit un autre étudiant, et toi qui étais venu ce matin au Champ-de-Mars pour être des premiers dans l'affaire, on ne t'a pas vu.

— Et vous vous passerez de moi, dit Poyer. Que les officiers de cavalerie vous sabrent et vous tuent, ça m'est égal...

Valvins, qui avait compté sur la diversion que le récit de cet événement devait produire sur Poyer, reprit assez vivement :

— C'est notre cause à tous, et tu ne peux pas l'abandonner.

Poyer secoua lentement la tête et répartit :

— Je ne suis plus des vôtres, je suis seul maintenant... J'ai mon affaire... Seulement, ajouta-t-il en se tournant vers les étudians, seulement, si quelqu'un de vous m'a aimé... vous viendrez à mon enterrement, n'est-ce pas?... Ce n'est pas pour un jour où je vous aurai manqué que vous m'abandonneriez?

On descendit en tumulte, chacun prenant les mains de Poyer, lui protestant de son attachement, de son amitié.

Quelques larmes vinrent aux yeux de Poyer, et Deville s'écria :

— Tu vois que tu as ici des amis... tu vois qu'il y a des cœurs qui t'aiment.

Poyer serra la main à quelques uns d'entre eux.

— Oui... oui, leur dit-il, vous autres qui ne m'êtes rien... vous m'aimez... mais lui... lui...

A ces mots, il s'arracha à tous ceux qui l'entouraient, Valvins et Deville le suivirent, pendant que Charles Joulu retenait les autres en leur disant :

— Laissez-le, laissez-le, c'est ce misérable Fabien qui lui aura fait quelque tour infâme.

XIV

Nouvelle scène.

Nous ne suivrons pas Poyer et ses amis dans la longue marche qu'ils firent ensemble errant aux environs de la ville. Il est inutile de raconter toute cette journée de tristesse, où ce cœur désolé jeta toutes ses larmes, tous ses cris de désespoir aux amis patiens qui l'escortaient et qui le plaignaient. Arrivons au soir de ce jour.

Valvins, Deville et Poyer étaient entrés dans un petit cabaret des environs de la ville, et y avaient pris un frugal repas.

La nuit était venue, sans qu'ils eussent pu savoir ce qui s'était passé dans la ville.

En rentrant le soir, ils trouvèrent quelques étudians : l'un d'eux, à qui le vin avait donné assez d'audace ou de folie pour qu'il osât montrer à Poyer un doute sur son courage, lui dit :

— Oh! tu n'avais pas besoin d'aller te promener toute la journée hors de la ville ; on n'a pas vu un traîneur de sabre dans les rues ; le général les a prudemment consignés dans le quartier... Mais, demain, il fera jour, et probablement on en rencontrera quelques uns... ce sera le cas d'aller siffler des romances dans le bois.

Poyer regarda l'étudiant avec un triste dédain, et lui dit avec une voix douce :

— Pourquoi, puisque tu es brave, te fais-tu fanfaron?... Tu vois bien que je ne veux pas me battre avec les officiers. J'ai tort ; mais il y en a un avec qui je me battrai ; mais ce n'est pas parce qu'ils nous ont insultés... c'est pour autre chose, entends-tu?... C'est pour autre chose...

L'étudiant voulut répliquer ; mais Charles, qui se trouvait là, s'écria :

— Si tu ajoutes une parole, c'est à moi que tu auras à faire!

C'était une chose bizarre que de voir la retraite de Poyer ; le terrible étudiant, protégé, pour ainsi dire, par ce petit bout d'homme qu'il eût brisé entre deux doigts de sa main. On prévint aisément la querelle qui eût pu s'élever entre Charles Joulu et son camarade. Les étudians sentaient trop le besoin qu'ils avaient d'être unis contre l'ennemi commun, pour ne pas se pardonner, à ce moment, des paroles et des menaces qui, en toute autre circonstance, leur eussent certainement mis l'épée à la main. Aussitôt après cette rencontre, Poyer, Valvins et Deville gagnèrent leur logement.

Soit qu'il fût odieux à Poyer de rentrer chez lui près de la chambre vide de Fabien, soit triste pressentiment de ce qui pouvait l'attendre chez lui, Poyer s'arrêta, et dit à ses amis :

— Tenez, rentrez, vous autres : laissez-moi... je passerai la nuit à me promener; et demain matin, à l'heure convenue, j'irai vous prendre.

Valvins insista pour que Poyer rentrât chez lui.

— Tu le veux, lui dit le malheureux; allons! il est dit que je n'éviterai pas une des douleurs de mon agonie.

— Et que veux-tu donc qui t'arrive chez toi?

— Je ne le sais pas, dit Poyer; mais je le sens. Tiens, c'est comme lorsque j'ai vu entrer ce jeune homme le jour de l'arrivée du régiment... Je t'ai dit que j'avais vu reluire sur son sabre l'éclair de ma mort.

— Comment un homme comme toi peut-il se laisser aller à de pareilles superstitions?

— Ça sera comme je te le dis.

— C'est que tu le voudras, reprit Deville.

— Non... non, fit Poyer: et jamais je ne me serai si bien battu que je ne me battrai demain... Mais ce garçon me tuera... comment?... je n'en sais rien... le hasard, le bon Dieu, enfin, c'est sûr... et la meilleure preuve que je ne me trompe pas, dit-il en ouvrant la porte de la maison où il demeurait, c'est que nous allons trouver ici quelque chose de triste, et qui me rendra la mort plus douloureuse que je ne l'aurais voulu.

Cependant les trois amis entrèrent dans la maison, et montèrent jusque dans leur chambre sans que rien d'extraordinaire parût justifier les tristes pressentimens de Poyer.

Lorsqu'il arrivait une lettre à l'adresse d'un des étudians qui habitaient la maison, on avait l'habitude de la déposer, soit sur sa commode, soit sur la cheminé de sa chambre. Poyer regarda aux deux endroits, et dit d'une voix sombre :

— Rien... pas de lettre.... Et cependant, reprit-il en levant les yeux au ciel et en appuyant ses deux mains sur son cœur, je le sens, il y a un malheur qui m'attend ici.

A ces mots, un léger bruit se fit entendre dans le cabinet qui attenait à la chambre de Poyer, et une voix éperdue lui cria :

— Il y a ta mère.

Poyer se retourna avec épouvante : mais à l'aspect de cette noble tête souffrante qu'il aimait et qu'il vénérait, il ouvrit ses bras et serra sa mère sur son cœur en s'écriant à son tour :

— Oh! venez, venez! j'aurai besoin de votre bénédiction!

Après les premiers embrassemens, madame Poyer s'assit près de son fils, qui ne s'était pas aperçu que Valvins avait pénétré dans le petit cabinet et en avait soigneusement fermé la porte.

— Ecoute-moi, mon enfant, lui dit-elle, tu as du chagrin, je le sais, je venais à Rennes parce que...

La pauvre femme hésita et reprit aussitôt :

— J'avais peur, ce nouveau régiment qui vient d'arriver... Vous êtes si terribles, vous autres étudians, ça va être encore des querelles, et tu es toujours le premier dans ces horribles affaires...

Elle s'arrêta et reprit avec embarras :

— Quoi qu'il en soit, je venais, lorsque à deux ou trois lieues d'ici, j'ai rencontré Fabien...

A ce nom, Poyer tressaillit et devint pâle.

— Oh! il ne s'est pas bien conduit avec toi, reprit sa mère, il t'a fait du chagrin, c'est ce que je ne veux pas, c'est ce que je ne souffrirai pas... mais il est si jeune, si étourdi, que tu lui pardonneras, n'est-ce pas?

Poyer se détourna, de grosses larmes coulaient sur son visage, il prit les mains de sa mère, et lui dit d'une voix entrecoupée :

— Oui, oui, ma mère, je lui pardonnerai si vous le voulez.

— Oh! reprit la mère avec vivacité, et comme heureuse du triomphe qu'elle venait de remporter, oh! je veux qu'il te demande pardon, à genoux, entends-tu; car lui, un enfant, te faire du mal à ce point-là, à toi, à mon fils!

Rien ne peut rendre l'expression de tendresse et d'orgueil maternel qu'il y avait dans le nom si noble, et si noblement porté qu'elle donnait à son fils.

— Assez, assez, ma mère, dit Poyer tout ému, vous avez raison, c'est un enfant qui ne sait ce qu'il fait : n'en parlons plus, je lui pardonne.

— Ecoute, Poyer, reprit sa mère, je peux parler devant tes amis, ils savent mon secret : eh bien! il ne faut pas que la colère dorme dans le cœur d'un frère contre son frère, il faut que tu pardonnes tout de suite à Fabien.

— Tout de suite... dit Poyer en se reculant avec effroi, non, demain, plus tard...

Madame Poyer, emportée par le désir qu'elle avait de voir se faire la réconciliation de ses deux enfans adorés, ne voulut pas s'apercevoir ou ne s'aperçut pas du mouvement de répulsion de Poyer. Elle se leva soudainement, courut vers le petit cabinet où elle s'était cachée un moment, et appela Fabien. Le malheureux parut, sa mère l'entraîna vivement vers Poyer, et le poussa dans ses bras. Mais Poyer baissa les yeux, resta immobile, et Fabien se recula, de son côté, avec un mouvement de rage. A cet aspect, madame Poyer resta anéantie, regardant tour à tour ses deux enfans, n'osant parler ni à l'un à l'autre; enfin un éclair de justice instinctive pénétra dans le cœur de cette mère désolée, elle comprit que la raison, le droit étaient du côté de ce noble et bon Poyer; elle s'élança vers Fabien et lui dit avec une tendresse emportée :

— Mais demande-lui donc pardon, malheureux! demande-lui donc pardon...

Soit que la voix de celle qu'il savait être sa mère fût toute-puissante sur Fabien, soit qu'il sentît réellement toute l'étendue de ses torts envers Poyer, Fabien tomba à genoux devant lui, en criant :

— Pardonne-moi, frère, pardonne-moi !

A ce moment, Poyer s'avança vivement vers Fabien, et, le relevant brusquement, il lui dit :

— Je vous ai pardonné, monsieur, j'ai dit à ma mère que je vous avais pardonné ; et je le lui jure encore, dussé-je vivre cent ans, jamais il ne sera question, entre nous de ce qui s'est passé, jamais cela n'apportera le moindre changement à notre position respective... Jamais cela n'altérera l'amour et le respect que je vous dois, ma mère... ma sainte et bonne mère.

En achevant sa phrase, le jeune homme s'était tourné vers sa mère et lui avait tendu les bras ; elle s'y était précipitée, et son fils, pleurant et sanglotant, la tenait embrassée avec force. A ce moment, madame Poyer dégagea une de ses mains, et la tendit à son autre enfant, en lui disant :

— Mais viens donc, Fabien... viens donc.

Si, à cet instant, Fabien eût cédé à cet appel de sa mère, s'il était venu se mêler à ses embrassemens pleins de larmes et de faiblesse, il est probable que Poyer n'eût pas résisté à cet entraînement ; il lui eût ouvert les bras, et une fois que sa main eût pressé celle de son frère, tout eût été oublié. Mais l'orgueil de Fabien, qui s'était mis à genoux devant Poyer, et qui ne l'avait pas touché par cet acte de soumission, se refusa à une nouvelle tentative qui pouvait être également infructueuse.

— Non, ma mère, reprit-il, je ne veux pas lui arracher un pardon qu'il n'a pas dans le cœur.

Cette froide réponse glaça les transports de madame Poyer, qui se retira doucement des étreintes de son fils.

Il y eut un moment de silence et de tristesse presque solennel. Enfin la pauvre mère, qui ne pouvait abandonner aisément la pensée de voir ses deux fils se réconcilier, reprit ainsi la parole en s'adressant à Fabien :

— Mais, mon Dieu, que lui as-tu donc fait, que lui, si bon, si généreux, ne puisse te pardonner ?...

— J'ai eu tort, ma mère je le sens ; j'ai eu tort, reprit Fabien, de cette voix douce et mélodieuse qui flattait avec tant d'art les oreilles d'une femme et surtout celles d'une mère, et cependant, s'il savait comment tout cela s'est passé, il verrait peut-être que je ne suis pas si coupable, et il ne se montrerait pas si rigoureux... et s'il voulait m'écouter...

— Tais-toi, lui dit gravement Poyer, le mal est fait, et pour le peu de temps que j'ai à en souffrir, ce n'est pas la peine de s'irriter par des explications.

Valvins et Deville furent seuls à comprendre sans doute le sens de cette dernière phrase ; madame Poyer ne savait pas les tristes pressentimens dont était frappée l'imagination de son fils ; aussi, sans s'arrêter à l'expression de cette mélancolique espérance, qui semblait prévoir la fin prochaine de ses douleurs, madame Poyer reprit avec une sorte d'autorité suppliante :

— Eh bien ! moi, je veux savoir ce qui s'est passé, je veux tout savoir, et je jugerai si les torts de Fabien sont impardonnables, et si toi, Poyer, tu dois te montrer si inflexible.

Poyer s'approcha de Valvins et de Deville, et leur serrant douloureusement la main, il leur dit d'une voix lente et désespérée :

— Je vous disais bien qu'un affreux malheur m'attendait ici.

Madame Poyer, voyant que son fils s'éloignait d'elle, lui dit alors avec un tendre reproche :

— Ne me veux-tu pas pour juge entre vous deux ; te défies-tu de la tendresse de ta mère ?

— Non, non, s'écria vivement Poyer, tout ce que vous voudrez, quel que soit votre désir, je le respecterai ; quelle que soit votre volonté, je veux qu'elle s'accomplisse, quel que soit votre jugement je l'accepterai avec reconnaissance. Oh ! ma mère, ma mère, ajouta-t-il, en essayant vainement de vaincre l'émotion qui le dominait, je suis arrivé à une heure de ma vie où j'ai besoin que vous compreniez à quel point je vous aime et je vous respecte.

Par une fatalité inouïe, il semblait que le cœur et les yeux de madame Poyer ne fussent tournés que du côté de Fabien ; elle ne voyait que l'enfant chétif et suppliant que la sévérité de son frère repoussait, pour ainsi dire, du sein de la famille ; elle ne voyait pas la profonde douleur de l'homme fort, et dont les droits incontestables la laissaient sans alarmes sur l'avenir de sa destinée.

— Eh bien ! reprit-elle, parle, Fabien, parle.

Poyer s'assit froidement sur le bord de son lit, la tête basse, les bras croisés sur sa poitrine. Il avait toute la position d'un homme qui sent qu'il va être mis à une horrible torture, et qui se jure à lui-même de ne montrer, par aucun tressaillement, les affreuses douleurs qu'il s'apprête à subir.

Valvins le comprit ainsi, car il s'approcha de madame Poyer, et il lui dit doucement :

— Il vaudrait peut-être mieux remettre cette explication à un moment plus éloigné ; puis il ajouta tout bas : Il vaudrait peut-être mieux que Poyer n'en fût pas témoin...

Nous l'avons dit, une fatalité inexplicable poussait la malheureuse mère, elle ne laissa pas achever Valvins, et l'interrompit vivement en disant :

— Oh ! non, non, je ne veux pas que Fabien puisse me tromper, je ne veux pas que, s'il ne me disait pas la vérité, mon fils ne fût pas là pour le démentir.

Le parti de Poyer était pris, et il dit doucement à Valvins :

— Ma mère a raison, laisse-le parler.

XV

Désespoir.

Deville examinait Fabien; il semblait se demander comment ce jeune homme oserait aborder devant sa mère et devant son frère un sujet aussi étrange et aussi délicat que celui dont il avait à parler.

Mais dans cette attention de Deville il n'y avait pas la crainte d'un homme qui prévoit un embarras dont le coupable ne saurait se tirer; il y avait la curiosité de l'observateur qui sent qu'il a affaire à une dextérité merveilleuse et qui s'apprête à la voir manœuvrer.

Cependant Fabien, soit embarras réel, soit admirable artifice, hésita pendant quelques instants.

— Maintenant, dit-il, que vous m'avez ordonné de parler, ma mère, et que mon frère a bien voulu consentir à m'entendre, j'avoue que je ne sais comment vous dire ce qui a amené sa colère contre moi.

Il garda un moment le silence, et se tournant vers Valvins, comme pour implorer son assistance, il lui dit avec prière :

— Raconte ce qui s'est passé, toi; je n'en ai pas le courage, et en vérité je ne sais pas si un fils peut parler de pareilles choses devant sa mère.

— Puisque tu as eu le courage de faire le mal, dit Valvins, aie le courage de l'avouer. En tout cas, ta mère te pardonnera, si tes expressions ne sont pas ce qu'elles devraient être.

Deville sourit dédaigneusement en regardant Fabien; il avait déjà deviné avec quelle adresse ce jeune serpent avait préparé son aveu : il avait déjà considéré sa faute, et par conséquent le chagrin qu'en éprouvait Poyer, en disant qu'il s'agissait de choses dont un fils ne pouvait guère parler devant sa mère.

Celle-ci lui dit à son tour :

— Parle, Fabien, une mère doit tout savoir, une mère peut tout entendre.

— Eh bien ! reprit Fabien d'une voix faible et en baissant les yeux, il y a à Rennes une jeune fille que Poyer aimait.

La mère jeta un regard rapide sur son fils aîné; mais le visage de Poyer était impassible.

— Eh bien ! après ? dit madame Poyer d'une voix altérée.

— C'est une pauvre ouvrière, dit Fabien; je ne savais pas que Poyer l'aimait au point de lui avoir promis de l'épouser.

Madame Poyer, cette fois, jeta encore sur son fils un regard triste et presque sévère.

Le noble jeune homme resta encore impassible.

— Continue, Fabien, dit vivement la mère.

— Quand je la rencontrai, bien par hasard, dit Fabien, toujours les yeux baissés, je ne savais pas même qu'elle connût Poyer.

Fabien s'arrêta encore; il semblait qu'il voulût laisser à chacune de ses paroles le temps de faire l'effet qu'il en attendait.

— Achève donc! dit madame Poyer avec impatience.

— Vous savez combien mon frère m'aimait, reprit Fabien d'une voix larmoyante; vous m'aviez confié à lui, et, je vous le jure, ma mère, jamais tendresse plus paternelle ne veilla sur un pauvre enfant.

— J'en étais sûre, reprit madame Poyer, heureuse de trouver un mot de tendresse à son fils, qui semblait être de marbre devant la justification de son frère.

— Eh bien? ajouta-t-elle en se tournant vers Fabien.

— Eh bien! reprit celui-ci, vous comprenez qu'alors il ne voulait pas me laisser aller, avec les autres étudians, au café, au billard, partout enfin où ils allaient ensemble le soir.

Valvins écoutait sans comprendre autre chose que le sens pour ainsi dire extérieur de ces paroles; mais l'infâme insinuation qu'elles contenaient n'échappa pas à la froide observation de Deville; il tressaillit et fut sur le point d'interrompre Fabien. Mais madame Poyer reprit d'un ton douloureux, car elle aussi avait compris la portée des paroles de son second fils :

— Poyer avait raison de t'empêcher de le suivre dans des plaisirs qui peuvent convenir à son âge, mais qui seraient trop dangereux pour le tien.

La pauvre mère avait beau faire, le blâme était pour Poyer au fond de l'approbation qu'elle lui accordait, l'excuse était pour Fabien dans le blâme qu'elle paraissait vouloir lui jeter.

— Vous comprenez, ma mère, reprit Fabien, que je me trouvais bien souvent tout seul et très ennuyé; c'est ce qui fit que, sans le vouloir et sans y penser, et bien malgré moi, je me laissai aller à l'entraînement de voir souvent cette jeune fille.

Malgré son audace, le coupable hésitait. Il avait bien senti que le jugement de sa mère l'absoudrait aisément d'une faute pareille, il comprenait en même temps, au silence de Valvins et de Deville, qu'il avait devant lui des juges qui lui pardonneraient peut-être encore moins sa justification que son crime.

Tout vient en aide aux mauvaises natures : l'aveu que Fabien n'eût pas peut-être osé prononcer, sa mère le fit pour lui, et, venant au secours de son embarras, elle lui dit vivement :

— Eh bien! cette jeune fille, tu l'as aimée?

— Oui, ma mère, répondit Fabien d'une voix sourde, je l'ai aimée sachant que Poyer l'aimait. Mais, ajouta-t-il en tombant à genoux devant sa mère, si l'un de nous deux l'a trahi, si quelqu'un a oublié le premier ce qu'il devait à Poyer, je vous le jure, ma mère, ce n'est pas moi, c'est cette malheureuse; car, après avoir trahi Poyer pour moi, elle m'a trompé pour un autre.

C'était là le comble de la duplicité. D'après ce récit, Poyer était ridicule d'avoir été trompé par un enfant, ridicule de montrer une si violente colère et une si vive douleur pour une pareille créature.

Fabien était coupable, il est vrai, mais d'une de ces fautes légères que l'entraînement de son âge devait excuser, d'une de ces fautes enfin dont la source était peut-être dans l'ignorante innocence de son extrême jeunesse.

Et cependant il n'y avait pas un mot qui ne fût vrai dans ce récit; si bien que lorsque madame Poyer se tourna vers son fils en lui disant:

— Ne me cache-t-il rien?

Poyer lui répondit:

— Non, ma mère, tout est vrai, exactement vrai; c'est moi qui ai tort, tort d'avoir aimé avec excès une indigne créature, tort d'en vouloir à Fabien d'avoir cédé à un amour qui a pu m'égarer moi-même: ainsi donc, je vous en supplie, ma mère, n'en parlons plus.

— Eh bien! puisqu'il en est ainsi, reprit madame Poyer d'une voix caressante, puisque tu comprends que c'est un malheur pour tous deux, oubliez l'un et l'autre cette misérable... et...

— Oui, oui, ma mère, reprit Poyer, dont la voix frémissait et dont le corps tremblait, tout sera bientôt fini et oublié; mais, au nom du ciel, au nom de mon père, ajouta-t-il d'une voix sombre, ne m'en parlez plus. Je suis fou, j'ai tort, je le sens; mais je souffre, je souffre, je souffre horriblement.

Madame Poyer regardait son fils; quelque chose l'avertissait qu'une si profonde douleur, si cruellement sentie, tenait à un ordre de sentimens étrangers à ce qui avait été dit par Fabien; mais elle n'osait l'interroger, et, l'esprit tout préoccupé de la révélation qu'elle venait d'entendre, elle se disait à elle-même:

« La colère de Poyer ressemble au désespoir d'un premier amour trompé; ce désespoir a chez lui toute la violence de son caractère; mais il s'effacera vite, comme font de pareilles douleurs dans le cœur de la plupart des hommes. »

— Eh bien! soit, dit-elle doucement à son fils, n'en parlons plus... Personne ne peut être dans le cœur d'un homme pour savoir jusqu'à quel point il souffre d'un malheur que d'autres peuvent regarder comme bien futile. N'en parlons plus; je ne veux pas irriter ta souffrance en la discutant... je ne veux pas calmer ton ressentiment en te disant que l'affection d'un frère vaut mieux que l'amour d'une femme qui a si peu compris ce que tu valais. Nous nous reverrons demain, nous causerons ensemble. Jusque-là, comme je comprends que la présence de ton frère doive renouveler ton chagrin, je vais l'emmener dans la maison où j'ai habitude de demeurer quand je viens à Rennes.

Toute la force de Poyer parut près de succomber à cette proposition de sa mère; un sourd gémissement s'échappa de sa poitrine, madame Poyer en parut épouvantée.

— Oh! mais, s'écria-t-elle vivement, pourquoi donc crois-tu que je l'emmène? C'est pour t'épargner sa présence, c'est pour le gronder de ce qu'il a fait, c'est pour lui dire que jamais il ne trouvera dans ce monde un cœur plus noble, plus sensible, plus dévoué, plus sublime que le tien...

Madame Poyer, en parlant ainsi, pressait la tête de son fils sur sa poitrine. Poyer pleurait; mais il n'embrassait pas sa mère.

Deville et Valvins assistaient avec désespoir et stupéfaction aux déchiremens de ce noble cœur. Enfin Poyer trouva assez de force pour articuler quelques paroles.

— Oui... dit-il d'une voix éteinte, allez, ma mère... demain, nous nous comprendrons mieux... demain, tout sera fini.

— A demain, à demain, mon enfant!... reprit madame Poyer en embrassant son fils.

Et tout aussitôt, entraînant Fabien hors de la chambre où se passait cette scène douloureuse, elle dit à Deville et à Valvins :

— A demain... Je vous le confie.

Elle sortit; et les deux amis de Poyer se retournèrent vers lui.

Il était resté assis sur son lit, les deux poings fermés sur ses genoux, l'œil fixe et immobile devant lui, ramenant pour ainsi dire au fond de son cœur les larmes involontaires qui coulaient de ses yeux. Valvins et Deville le considérèrent avec terreur, n'osant toucher à cette douleur, de peur de la voir éclater en transports furieux qui briseraient le cœur et la poitrine de cet homme, comme la poudre fait éclater l'arme qui la contient, lorsque l'arme est trop chargée et qu'on l'allume imprudemment.

Peu à peu Poyer parut maîtriser toute la violence qui bouillonnait en lui; il leva les yeux sur ses amis, et, les voyant immobiles et muets, il leur dit en leur tendant la main :

— Il m'a pris jusqu'au cœur de ma mère! Je vous l'avais bien dit qu'un horrible malheur m'attendait ici... Oh! j'avais raison, ajouta-t-il d'un ton profondément mélancolique, je serais mort avec un désespoir de moins dans le cœur.

— Doutes-tu de l'amour de ta mère? lui dit Valvins avec un accent de reproche.

— Non, dit Poyer en souriant. Elle m'aime, et donnerait pour moi sa vie et tout ce qu'un être humain peut donner en ce monde. Mais, croyez-moi, quel qu'il soit, l'amour d'une mère est toujours petit pour le cœur d'un fils, du jour où cet amour est plus grand pour un autre que pour lui.

Valvins et Déville voulaient en vain consoler Poyer ; il les fit taire, en leur disant :

— Vous n'avez pas de mère, vous autres, vous ne me comprenez pas. Vous n'avez pas éprouvé les joies de cette pure et sainte confiance avec laquelle le cœur d'un fils s'endort dans le cœur de sa mère comme un pauvre oiseau frileux dans le nid où il est né. Vous ne savez pas ce que c'est que cette religion qu'on a pour cette sainte d'ici bas à laquelle on ose tout demander, et qui a toujours dans le cœur un pardon pour nos fautes, et dans la main une satisfaction pour nos désirs. Vous ne savez pas qu'une mère c'est l'espérance et la consolation, que c'est le refuge toujours ouvert où il y a toujours place pour l'enfant qui vient y frapper ; vous n'avez pas eu ces joies, ces félicités, vous ne pouvez donc comprendre le désespoir que j'éprouve de les avoir perdues.

En parlant ainsi, Poyer pleurait, et c'était pitié de voir tant de larmes s'épandre en si peu d'heures sur ce noble et mâle visage ; tant de douleurs étreindre, jusqu'à le faire saigner, ce cœur si robuste sous une si puissante enveloppe.

Déville et Valvins essayèrent encore de ces vaines paroles qui ne consolent pas, mais qui ouvrent une issue aux plaintes et qui permettent à l'âme de se décharger du poids qui l'oppresse.

— Fous que vous êtes, leur dit Poyer, regardez-vous donc vous-mêmes ; pour une maîtresse qui vous a trahis l'un et l'autre, n'es-tu pas arrivé, toi, Valvins, au mépris de l'humanité tout entière ; n'es-tu pas arrivé, toi, Déville, à la haine et au besoin de la vengeance ? Mais qu'était cependant cette trahison près de celle que j'ai eu à subir ? Est-ce un pauvre enfant abandonné que vous avez été ramasser dans la misère où on le cachait, pour le porter tout grelottant sur le lit de votre mère en lui disant :

— Tenez, voilà l'enfant de votre faute et de votre amour, vous pleuriez de ne pas le voir, vous le verrez tous les jours ; vous aviez peur de l'avenir que lui ferait l'abandon où il était destiné à vivre, eh bien, moi, je protégerai cet avenir ; il était condamné à l'isolement, il aura une mère et un frère. Ne pleurez plus, et aimez-moi un peu pour le bonheur que je vous donne et que lui donne aussi.

Car voilà ce que j'ai dit à ma mère, et lorsque j'avais le cœur pris dans une affection insensée peut-être, mais respectable pour l'enfant que j'avais gardé sous ma main ; lorsque j'hésitais encore à donner mon nom à celle que j'aimais avec tant d'excès, cet ingrat sera venu, et m'aura pris ce cœur qui était à moi ; il m'aura trahi sans pitié, il m'aura déchiré ma joie dans le cœur, et vous ne voulez pas que je crie et que je maudisse... Et lorsque ma mère vient se faire juger entre nous, et que je vois son indulgence pour le coupable étouffer la pitié qu'elle éprouve pour le malheureux, vous ne voulez pas que je trouve que c'est assez de la vie... Non, non, voyez-vous, une telle lutte est au dessus de ma force, je n'ai pas votre courage, mes amis, je n'ai pas le courage de vivre pour haïr et mépriser... Pour que je pusse vivre, moi, il fallait que je pusse croire, aimer, protéger... Oh! oui, pour cet enfant qui m'a si lâchement trahi, j'aurais souffert l'humiliation, si j'avais senti qu'il me rendait en amour ce que je lui avais donné en dévoûment ; oui, pour ma mère, je ne sais de quoi j'eusse été capable pour lui plaire...

— Il faudrait être capable de vivre pour elle, dit Valvins.

— Je l'eusse été peut-être si je ne l'avais pas revue, dit tristement Poyer ; maintenant, c'est impossible... dans son dernier adieu, elle a emporté toute ma force et tout mon courage.

— Mais, crois-tu, dit Deville, que ta mère puisse hésiter un instant entre Fabien et toi, entre l'homme chétif dont elle a pitié, et l'homme noble et puissant qu'elle estime et qu'elle respecte ?

A ce moment, Poyer se leva avec un singulier sentiment de hauteur, et répartit d'une voix sévère, mais calme :

— Ma mère a de trop nobles sentimens pour ne pas me rendre justice ; elle m'estime plus que Fabien, je le sais, mais elle l'aime plus que moi, je le sens.

Valvins voulut encore parler, mais Poyer l'interrompit froidement en lui disant :

— En voilà assez sur ce sujet ; n'oublions pas que demain nous avons une affaire de sang à régler avec M. de Lesly ; n'oublions pas que je dois à ma mère cette tardive réparation d'essayer de punir dans le fils l'homme qui l'a si indignement trompée.

Après ces dernières paroles, Valvins et Deville se retirèrent.

Quoique alarmés des sombres pressentimens de Poyer, ils espéraient que la présence de l'ennemi qu'ils allaient chercher, que le danger du combat, que le contact électrique du fer contre le fer, qui tant de fois avaient transporté de joie cette âme belliqueuse ; ils espéraient, dis-je, que quelques circonstances enfin rendraient à Poyer l'énergie qu'il avait montrée jusqu'à ce jour, et ils le laissèrent seul, croyant que la douleur qu'il éprouvait de la froideur de sa mère le détournerait de la pensée de mort qui avait paru le préoccuper toute la journée.

Et maintenant, quittons cette modeste chambre d'étudiant et racontons ce qui se passait à pareille heure dans l'appartement du beau et jeune marquis de Lesly.

XVI

La Grisette chez le Marquis.

On doit se rappeler que, pendant que Poyer montait dans la maison de madame Maricot, Philopémen avait quitté la maison et que Poyer ne l'avait point retrouvé dans le vestibule lorsqu'il était redescendu pour tenter la ruse qui l'avait fait pénétrer jusqu'à Carmélite. Or, le valet de chambre de M. Melchior de Lesly n'avait eu rien de plus pressé que de venir avertir son maître de ce qui se passait à sa petite maison du faubourg.

Ledit laquais était arrivé au moment où le régiment rentrait dans ses quartiers et où les officiers recevaient l'ordre précis de ne les point quitter. Comme tous les jeunes officiers du régiment, Melchior était fort peu satisfait de la mesure qui les empêchait d'aller châtier l'insolence des étudians de Rennes, mais cette humeur, qu'il partageait avec tous ses camarades, devint d'autant plus violente lorsqu'il apprit qu'indépendamment de l'injure commune, il avait eu à subir de la part de l'un de ces messieurs une insulte particulière.

Melchior de Lesly était trop brave pour faire le rodomont, aussi n'avait-il montré jusque-là qu'une impatience modérée par la pensée qu'on ferait plus tard ce qui ne pourrait s'accomplir le jour même.

Mais quant à la colère commune il eut à ajouter sa propre colère, Melchior se prit à crier plus haut que personne, et comme il ne voulait point avouer les motifs particuliers qui l'excitaient, il prit pour texte l'injure que le corps des officiers avait reçue au Champ-de-Mars, et dit à ce sujet des choses qui étonnèrent ses camarades eux-mêmes et particulièrement ses chefs. Ceux-ci avaient reconnu en lui un esprit trop élevé et un courage trop ferme pour ne pas espérer qu'il se montrerait plutôt parmi les conciliateurs que parmi les brouillons emportés. Le général, qui le vit parler au milieu d'un groupe de ses camarades, s'avança de ce côté et fut très étonné de l'entendre dire que c'était un parti pris par le général de déshonorer le régiment de cavalerie, non seulement aux yeux de la population de Rennes, mais encore aux yeux des régimens d'infanterie et d'artillerie qui tenaient garnison dans cette ville. Le général admonesta sévèrement le jeune officier, qui, emporté par sa colère, ne resta pas dans les bornes du respect qu'il devait à son supérieur.

Le général, voulant faire un exemple, ordonna au marquis de Lesly de se rendre aux arrêts forcés pour quarante-huit heures, et, en homme prudent et qui ne voulait pas être témoin des nouveaux torts du jeune lieutenant, il s'éloigna pour ne pas entendre les protestations énergiques avec lesquelles Lesly accueillit cet ordre si mal venu.

Les représentations de ses camarades finirent par calmer Melchior qui, heureusement pour lui, n'avait pas de logement dans la caserne, et qui demanda à être conduit immédiatement chez lui.

Le but du général était de ne laisser sortir aucun officier durant le jour, et Lesly fut plus particulièrement consigné; il devait, comme tous les autres officiers, sortir à minuit pour rentrer chez lui, et garder ensuite les arrêts avec un factionnaire à sa porte. Quelle que fût la colère de Lesly, il se décida à obéir précisément parce que son nom et sa position personnelle le mettaient au dessus des dangers que la désobéissance aurait eus pour tout autre.

Comme on a pu le voir dans l'histoire de Valvins, Melchior ne voulait pas que son nom et le crédit dont son père jouissait à la cour lui servissent d'excuse pour manquer à ses devoirs. Il eût été désolé que de pareils motifs le sauvassent d'une punition ou lui valussent de l'avancement. Il obéit donc par les raisons qui en eussent poussé d'autres à braver les ordres du général. Cependant il emmena Philopémen dans un coin, lui donna l'ordre de chercher Carmélite, et s'il la retrouvait, de la conduire dans son appartement de Rennes. Philopémen quitta son maître sans trop savoir comment il pourrait s'acquitter de la commission qu'il venait de recevoir.

D'un autre côté, nous avons laissé Carmélite s'échappant de la Baraque pendant que Poyer faisait cette esclandre qui avait si fort étonné les autres étudians.

La jeune fille avait été alors fort embarrassée du parti qu'elle allait prendre; elle n'osait retourner dans la maison de madame Maricot, de peur que Poyer, exaspéré par la menace qu'elle lui avait faite, ne vînt l'y poursuivre.

On se souvient que, dans un premier mouvement de terreur, elle avait prié la mère Leleu d'aller prévenir ses frères de ce qui lui arrivait. A l'instant où elle avait pris ce parti, il n'y a rien qu'elle n'eût bravé pour échapper à la colère de Poyer; mais à présent qu'elle se trouvait à l'abri de cette colère, elle se demandait comment elle pourrait expliquer à son père et à ses frères quel événement l'avait mise dans les mains du terrible étudiant. Ainsi Carmélite n'osait pas plus retourner chez elle ou chez la mère Leleu, qu'elle n'osait rentrer dans la maison de madame Maricot.

En quittait la Barraque, elle avait donc pris la première rue qui s'était rencontrée devant elle, et sans s'en apercevoir, elle s'était peu à peu rapprochée de la caserne où devait se trouver le marquis de Lesly, comme si un instinct secret l'eût avertie que là était la seule protection qu'elle pût encore espérer en ce monde.

Elle arrivait presque en face de la grande porte des quartiers de la cavalerie, lorsque Philopémen en sortait. Il l'aperçut, et courut à elle. Il voulut lui expliquer ce que son maître venait de lui dire ; mais la jeune fille avait déjà remarqué que les regards de quelques étudiants l'observaient, et elle comprit rapidement qu'on ne commenterait pas à son avantage l'entretien qu'elle avait avec un domestique appartenant à un des officiers du régiment proscrit. Elle dit tout bas à Philopémen :

— Marchez devant, je vais vous suivre.

Oh ! c'était une fille experte que Carmélite, elle avait bien plus que l'expérience qui donne tant d'audace et de présence d'esprit aux femmes qui vivent perpétuellement au milieu des intrigues. Elle avait ce don de coquinisme naturel, qui met au service de certaines natures féminines le mensonge, l'effronterie, la résolution, les larmes, et au besoin les attaques de nerfs et les désespoirs furieux.

Philopémen lui obéit, et quoiqu'elle n'eût pas tourné la tête du côté où il s'était éloigné, elle l'avait vu prendre une petite rue à gauche, et, un moment après, elle était sur ses traces. Philopémen la vit et continua à marcher ; puis, arrivé à la maison de son maître, il y entra sans détourner la tête, et il avait à peine ouvert la porte de l'appartement du marquis de Lesly, que déjà Carmélite était près de lui, et que, toute haletante et tout effarée, elle se jetait sur un divan, en poussant une profonde exclamation de joie.

En effet, elle était à bout de force, et elle sembla jouir un moment du bonheur qu'elle éprouvait de se sentir à l'abri des persécutions de Poyer.

Ce fut alors qu'elle se fit expliquer par Philopémen les ordres qu'il avait reçus du marquis. Pourquoi il n'était pas chez lui, et pourquoi il ne pouvait pas venir avant minuit. Philopémen voulut absolument retourner près de son maître pour le rassurer sur le compte de Carmélite ; mais la jeune fille ne voulut point le lui permettre, et elle lui dit de la laisser seule un moment, parce qu'elle voulait écrire elle-même au marquis.

Quel était le projet de Carmélite, et pourquoi voulait-elle écrire au marquis ? Peut-être n'en savait-elle rien elle-même, peut-être n'avait-elle, en ce moment, aucun projet d'arrêté ; seulement elle sentait que sa vie était perdue, elle sentait que l'emportement de son caractère et de ses sens lui avait fait manquer le but qu'elle pouvait atteindre.

Après avoir vu la colère et le désespoir de Poyer, elle ne doutait pas qu'elle ne l'eût décidé à l'épouser, malgré ce qu'il avait pu lui dire, en ménageant habilement à cette passion insensée les refus et les espérances. Mais maintenant qu'il savait sa faiblesse pour Fabien, sa liaison avec Lesly, elle raya résolument des chances de son avenir la possibilité de tromper encore Poyer.

Quant à Fabien, qu'il sût ou qu'il ne sût pas qu'elle l'avait trompé avec le marquis de Lesly, peu importait à Carmélite, elle ne comptait point sur lui ; elle avait compris d'instinct ce caractère mielleux, égoïste et plein de vanité ; elle méprisait Fabien, mais elle l'aimait de même que Fabien aimait Carmélite, sans l'avoir jamais estimée.

Ce sont presque toujours de pareils êtres qui, nés pour le malheur des bonnes natures qui les entourent, se servent de châtiment l'un à l'autre. Carmélite, qui trompait sans remords la grave et profonde passion de Poyer, qui jouait impertinemment avec les désirs amoureux de M. de Lesly, cette belle fille si résolue, si forte, si impérieuse envers ces deux hommes de quelque valeur, se serait laissé battre par le petit Fabien et lui eût volontiers jeté le cœur de Poyer qu'elle avait déchiré, et la fortune de M. de Lesly, dont elle comptait bien se faire une fortune personnelle.

Comme nous l'avons dit, Carmélite s'était résolument mise en face de sa position, et reconnaissant qu'elle ne pouvait plus être la femme légitime du vicomte Poyer de Berbins, elle voulut au moins être la splendide maîtresse du marquis Melchior de Lesly.

Jeune fille encore pure, son ambition avait eu un but sinon honnête, du moins légitime dans la forme. Carmélite ne voulait, à aucun prix, rester une pauvre paysanne ; elle avait espéré sortir de cette misérable position avec un nom et un titre ; elle ne le pouvait plus, elle voulut au moins en sortir avec une fortune.

Pour cela, il fallait étourdir le marquis de Lesly sur la valeur de l'avenir qu'il lui avait fait perdre. La comédie à jouer n'eût pas été difficile, s'il eût pu revenir près de Carmélite au moment même où il eût été averti qu'elle se trouvait chez lui, alors il eût trouvé l'infortunée abîmée dans sa douleur, perdue dans son désespoir...

Il eût laissé échapper quelque promesse folle pour calmer ce cœur déchiré, pour arrêter le suicide dont on l'eût menacé, et Carmélite croyait assez connaître Melchior de Lesly pour être assurée que, du moment qu'il aurait fait un serment, quel qu'il fût, il tiendrait à honneur de le remplir, quelque sacrifice qu'il dût lui coûter. Mais l'attente qu'il fallait subir rendait ce moyen impossible. Ce n'est pas après douze heures de réflexions qu'on peut faire croire à ces transports soudains, à ces cris désespérés.

C'était pour cela que Carmélite s'était réservé le droit d'écrire, afin de calculer ses moyens de succès.

Une fois seule, elle se mit à réfléchir ; mais, au milieu de ses réflexions, elle se prit à regarder autour d'elle. Il y avait, dans l'examen qu'elle fit, quelque chose de l'habileté native du sauvage qui cherche si quelque chose de ce qui l'entoure ne peut pas venir en aide au projet qu'il va exécuter.

Le résultat de cet examen sur l'esprit de Carmélite mérite d'être étudié.

Cette fille, qui avait vécu dans la cabane de Leroëx et de la mère Leleu, acceptant sans dégoût la rusticité de ces demeures, ne s'était point étonnée du comfort qu'elle avait vu chez madame de Chastenux, lorsqu'elle avait été appelée à y travailler. Ce comfort provincial ne lui avait représenté qu'un peu plus d'argent à la disposition des maîtres de la maison.

Plus tard, lorsqu'elle avait été amenée dans la maison de madame Maricot, elle y avait trouvé la simplicité mesquine, convenable à une femme de cette espèce, car le marquis de Lesly n'avait point voulu effaroucher les yeux de la jeune fille par un luxe qui lui eût peut-être révélé qu'elle entrait dans une maison dangereuse.

Ce fut donc une chose toute nouvelle pour elle que l'aspect des délicieux appartemens du marquis de Lesly; les tapis épais, les meubles de soie, les riches portières, les bronzes précieux, les mille futilités que donne l'argent élégamment dépensé, ce parfum exquis qui s'exhale de la richesse coquette, tout cela fit ouvrir les yeux à la belle Carmélite, qui se jeta négligemment sur un canapé, en poussant un profond soupir.

Ce soupir, traduit en paroles, signifiait exactement :
— Enfin me voilà où je voulais arriver !

SIXIÈME PARTIE.

I

Le Portefeuille armorié.

Il y avait dans la nature de Carmélite quelque chose de la grande et fière courtisane qui joue avec l'existence, la fortune et l'honneur des hommes comme ferait une reine absolue. Cette fille sentait qu'elle valait tout ce qu'on pouvait faire de folies pour elle.

Comme si une soudaine révélation lui eût montré tout l'avenir qu'elle avait à parcourir, elle se vit dans un splendide hôtel, nonchalamment souveraine d'une foule d'adorateurs élégans, suspendant au bord de leurs lèvres avides les trésors de volupté qu'elle portait en elle-même, et les voyant jeter à ses pieds les présens, le luxe, les plaisirs; ce fut un rêve d'une heure, une ivresse qui troubla ou plutôt qui excita si ardemment la tête de la jeune fille, qu'elle se leva tout à coup avec l'emportement d'une résolution qu'il était temps de mettre à exécution.

Carmélite jeta autour d'elle un regard avide et superbe et s'écria d'une voix altérée :

— Oui, ce sera comme ça !...

Puis, tout à coup, et comme poussée par une inquiétude bizarre ou un pressentiment impérieux, elle se mit à fureter dans tous les coins de cet appartement.

On eût dit qu'elle sentait dans cet appartement l'existence d'un trésor ou d'un secret qui devait lui servir à accomplir ses projets. Elle retourna les livres, les ouvrit, parcourut tous les papiers, fouilla tous les tiroirs avec l'impatience d'une personne qui est sûre d'avoir laissé un objet quelconque dans un endroit donné, et qui s'étonne de ne pas le trouver.

Enfin elle finit par découvrir, au milieu de papiers fort peu intéressans, un portefeuille parfumé et orné d'armes.

Elle supposa que c'étaient celles du marquis de Lesly : un savant eût reconnu qu'un marquis ne porte pas une couronne de prince souverain. Ces armes étaient celles des Kadicoff qui, bien que les esclaves de sa majesté le tzar de toutes les Russies, n'en étaient pas moins les descendans d'un de ces nombreux petits princes souverains qui se sont absorbés peu à peu dans le grand empire russe.

Si nous faisons nous-mêmes cette réflexion, c'est que ce portefeuille fut plus tard un indice flagrant pour un autre personnage que pour Carmélite.

Quant à la jeune fille, elle ne chercha dans le portefeuille que ce qu'il pouvait renfermer. La première chose qu'elle trouva fut une lettre de femme adressée à Melchior et cachetée d'un cachet armorié.

La première pensée de Carmélite fut que c'était la lettre d'une maîtresse laissée à Paris par Melchior.

Carmélite en éprouva un violent mouvement de dépit, elle crut qu'elle allait avoir à combattre un amour élevé, sérieux. Mais elle ne se crut pas battue par cela même qu'elle se découvrait une rivale si haut placée.

Carmélite avait eu trop soin de fuir toute révélation qui lui eût fait perdre la bonne réputation dont elle jouissait au milieu de ses désordres, pour ne pas savoir qu'une femme d'un nom et d'un rang élevés ferait beaucoup de sacrifices pour prévenir un éclat qui pourrait la perdre.

Carmélite, maîtresse du secret de cette grande dame qu'elle ne connaissait pas, pourrait beaucoup obtenir de Melchior de Lesly pour le salut de la réputation de cette femme. Ce fut avec cette pensée de chercher des armes contre cette prétendue rivale, que Carmélite commença la lecture de cette lettre.

Ceux qui connaissent ce récit comprendront beaucoup mieux l'importance de cette lettre en la lisant eux-mêmes que si nous voulions faire ressortir les circonstances étranges qu'elle révéla à Carmélite, soit sur son propre compte, soit sur le compte de quelques uns des personnages qui étaient mêlés à sa propre histoire.

Voici cette lettre.

II

D'une Sœur à un Frère.

Mon cher Melchior,

Si je n'avais été malade, je serais à côté de toi, car j'ai à te dire des choses qui ne devraient jamais s'écrire : mais je suis horriblement souffrante, mon père ne me laisserait point partir. Et alors même que j'échapperais à sa surveillance, je ne sais si j'arriverais vivante à Rennes.

Il faut donc que je t'écrive. Hélas! que vais-je t'écrire?

Je ne sais comment m'y prendre; mais le danger est imminent, terrible, il peut me frapper dans quelques jours, non seulement moi, mais la princesse de Kadicoff et madame de Chastenux.

C'est une histoire effrayante, triste, bizarre, extravagante, qui t'épouvantera, toi si noble, si grand, si généreux... Oui, je dis bien! généreux, indulgent... bon! aussi je me confie à toi. Il y va de mon salut, entends-tu? car, quoique je ne sois pas la plus coupable, une fatalité inouïe a lié mon existence à celle de deux crimes dont rien ne peut te donner l'idée.

Mais que vais-je te dire là et comment te faire comprendre que ce qui peut perdre madame Kadicoff et madame de Chastenux puisse m'atteindre aussi?

Laisse-moi donc te raconter cela aussi rapidement et aussi clairement que je le pourrai; seulement, sois bien sûr d'une chose, c'est que nous ne pouvons être sauvées toutes trois, que si les hommes dont je vais te parler sont réduits à la plus complète impuissance.

Je suis folle, Melchior, mais encore une fois, comprends-moi bien, il n'y a d'impuissance pour de pareils hommes que dans la tombe...

Je vois ta figure épouvantée à la lecture de cette phrase. Tu cherches à deviner si c'est moi qui t'écris; tu en doutes, tu examines mon écriture, ma signature... Oui, c'est moi, c'est bien moi; je ne sais où j'en suis, je ne sais par où commencer, et cependant j'avais préparé ce récit dans ma tête, je l'avais arrangé avec tous les incidens qui peuvent t'éclairer, mais ma main se refuse à écrire ce que j'avais si froidement conçu...

Oh! ce doit être une chose affreuse que d'en être réduite à faire un public aveu de sa faute, lorsque j'éprouve tant d'effroi à te 'avouer, à toi, mon frère, si bon, si indulgent, si généreux...

Eh bien, c'est précisément cet effroi du monde qui doit me donner du courage vis-à-vis de toi ; c'est pour prévenir un hideux scandale public que je ne dois pas craindre de tout t'avouer.

Du reste, en te racontant les scènes étranges qui se sont passées ici, depuis quelques jours, tu comprendras tout, tu devineras tout, et, j'en ai la conviction, tu pourvoieras à tout.

Tu sais que depuis quelque temps j'habite Fontainebleau ; je m'y trouvais seule et très ennuyée. Dans la petite maison qui se trouve à l'extrémité du parc, était venue se loger une jeune femme qu'on m'a dit être veuve.

Je ne sais quels arrangemens cette dame avait pris avec le jardinier du château, auquel mon père abandonne une partie du potager ; mais toujours est-il que je l'ai rencontrée trois ou quatre fois dans le parc. A chaque fois elle me salua avec une grâce charmante et une retenue parfaite.

Je l'examinai : c'est une femme encore jeune, d'une beauté distinguée, et qui me parut appartenir à un monde de bonne compagnie.

Par désœuvrement, plutôt que par curiosité, je désirai savoir quelle était cette dame, et comment il se faisait qu'elle vécût ainsi parfaitement seule, dans une maison de campagne assez isolée.

J'appris qu'elle se nommait madame Cantel, qu'elle était veuve d'un chef de bataillon de l'ancienne armée, qu'elle vivait d'une très modeste fortune, et qu'à l'exception du lieutenant-général comte Varneuil, qui venait quelquefois lui rendre visite en qualité de voisin de campagne, elle ne recevait absolument personne.

Le général est un homme de quarante-cinq ans, d'une assez belle tournure militaire, et qui me sembla un protecteur prédestiné pour cette veuve intéressante ; j'expliquai ainsi la solitude de madame Cantel et les visites du général ; mais à mon grand désappointement, la femme de chambre à qui je faisais part de mes suppositions, n'eut pas assez de protestations pour m'affirmer que je me trompais, et que jamais vertu plus pure, douleur plus sincère, n'avaient été cachées sous un voile noir.

Cela me fit regarder cette femme avec beaucoup plus de curiosité que je ne l'avais fait jusque-là, et malgré les extases de tous mes gens, à propos de la belle veuve, je crus remarquer en elle quelque chose de hardi et de décidé qui me fit penser qu'elle jouait un rôle dont elle espérait tirer parti.

N'oublie pas, mon cher Melchior, que j'étais seule, que je m'ennuyais, et que le petit roman que je bâtissais au sujet de cette femme était une distraction pour moi.

Une fois que je me fus fait une opinion exacte sur son compte, je fus curieuse d'apprendre si je ne m'étais pas trompée ; j'avais la vanité de croire à ma perspicacité, et je voulus avoir la preuve de la supériorité de ma clairvoyance.

Je retrouvai cette dame dans le potager ; un jour et à une heure où elle ne devait pas m'y attendre, je l'aperçus de loin, causant avec le jardinier du château ; et je me demandai ce qu'une femme comme elle pouvait avoir à dire à un pareil homme, à moins qu'en lui parlant beaucoup, elle essayât de le faire parler un peu.

Cette réflexion me mit d'assez mauvaise humeur, de façon que, lorsque je me trouvai près de madame Cantel, je la saluai d'une façon qui voulait dire clairement :

« Il me semble, madame, que vous venez bien souvent ici. »

Madame Cantel est fort intelligente ; elle me comprit, se montra confuse et triste de l'avertissement muet que je venais de lui donner, et sembla prête à se retirer.

Cependant elle hésita un moment, puis tout à coup elle s'avança vivement vers moi.

De mon côté, j'avais réfléchi que je n'étais là que pour rencontrer madame Cantel, et je me trouvai très maladroite de l'avoir ainsi repoussée au moment où se présentait l'occasion de satisfaire ma curiosité.

Je l'accueillis donc d'une manière plus gracieuse, lorsqu'elle m'aborda les yeux baissés et toute tremblante.

— Pardon, madame la duchesse, me dit-elle d'une voix émue ; veuillez me permettre de justifier ma présence chez vous, car, si une raison bien puissante ne m'avait souvent amenée ici, je comprends que ma conduite serait inqualifiable.

— Votre présence n'a pas besoin de justification, madame, lui répondis-je, et si la promenade du parc peut vous être agréable, il vous sera toujours ouvert.

— L'on ne m'avait pas trompée, reprit-elle, en me disant que vous étiez bonne et indulgente ; je vous remercie de votre offre gracieuse, madame la duchesse, mais je ne dois pas moins vous donner l'explication de ce qui m'a amenée si souvent chez vous, lorsque je n'avais pas encore l'obligeante permission que vous venez de m'accorder.

Je fis signe à madame Cantel de me suivre ; nous gagnâmes doucement la longue allée de tilleuls qui joint le potager au parc.

Je te dis les choses comme elles se sont passées, mon cher Melchior, et je suis sûre de te rapporter les paroles textuelles de cette femme ; je ne sais pourquoi elles se sont gravées dans ma mémoire, comme si un secret pressentiment m'eût dit que chacun des mots qu'elle prononçait était important pour moi.

— J'ai eu le malheur de perdre mon mari, me dit madame Cantel. Il m'a laissée veuve sans enfans ; il avait une fortune dont la modicité suffit cependant à mes modestes désirs. Il paraîtrait donc que je sois absolument libre, et que je n'aie aucun devoir important à remplir ; mais il est arrivé que mon mari, en mourant, m'a laissé une mission sacrée, celle de payer envers un de ses anciens frères d'armes une dette qu'il eût voulu acquitter lui-même; mon mari avait été empêché de le faire par des circonstances qui l'avaient tenu éloigné de la capitale, à l'époque où son créancier s'y trouvait, tandis que celui-ci était absent de Paris lorsque M. Cantel y vint à l'époque de notre mariage.

Cette dette, à vrai dire, est une dette d'argent, mais elle avait été contractée par mon mari dans des circonstances qui ne lui permettaient pas de l'oublier et qui en faisaient une dette d'honneur.

Mais, ajouta madame Cantel, je vous parle de choses qui vous sont fort indifférentes, madame, et, comme il arrive souvent, je les crois intéressantes parce que j'y porte beaucoup d'intérêt.

La voix de cette femme, le langage de cette femme m'avaient singulièrement frappée; il y avait dans sa parole et dans ses manières un charme qui s'emparait de moi, quoique je ne me sentisse nullement disposée à avoir une bonne opinion d'une personne qui me plaisait à ce point.

— Continuez, madame, lui dis-je; puisque vous avez bien voulu m'expliquer l'assiduité de vos visites dans ma maison, il faut bien que j'en apprenne les raisons, quoiqu'à vrai dire je ne les exige pas.

— Vous êtes trop bonne, me répondit-elle sans s'arrêter à la phrase, moitié bienveillante, moitié caustique, que je venais de lui adresser.

Elle reprit aussitôt :

— Un jour, dans une ville d'Allemagne, c'était à Francfort, je crois, mon mari se trouva engagé dans une partie de jeu et il perdit beaucoup plus qu'il ne possédait. Il jouait, je crois, contre un M. de Chastenux qui voyageait, disait-il, pour son plaisir, mais qui, dès lors, avait, je crois, des relations avec la famille royale.

Tu dois comprendre, mon cher Melchior, la surprise que je dus éprouver en entendant le nom de M. de Chastenux, le vieil ami de mon père, arrivant tout à coup dans cette confidence.

Mais d'après tout ce que tu sais de la mauvaise réputation et des mauvais antécédens du comte, tu dois comprendre que je ne fus pas prise d'un grand étonnement, lorsque madame Cantel ajouta :

— Ce ne fut que lorsque la perte que mon mari avait faite au jeu, devint presque irréparable, qu'il crut s'apercevoir que le jeu n'avait pas été loyal.

Je laissai glisser cette accusation sur le manteau d'impassibilité dont j'avais résolu de m'envelopper au sujet des confidences de cette dame; je lui fis un léger signe de tête pour l'avertir que je l'écoutais avec attention et que je n'avais aucune observation à faire sur ce qu'elle me disait.

Elle continua donc de la même voix douce, posée et pénétrante :

— Ce soupçon ne fut pas plus tôt venu à mon mari, qu'il le montra à son adversaire, avec l'imprudence d'un homme qui n'est plus maître de lui, et avec la rudesse d'un vieux soldat.

Un outrage mortel et impardonnable fut la réponse du comte de Chastenux, et mon mari dut en demander sur-le-champ une réparation sanglante.

Mais M. de Chastenux, tout en la lui offrant, laissa échapper quelques sarcasmes dans lesquels il disait clairement à M. Cantel qu'il n'avait cherché dans son indigne accusation et dans la querelle qui devait en résulter, qu'un moyen de s'affranchir d'une dette sacrée.

Ces propos furent répétés par plusieurs des personnes qui avaient été témoins de cette partie, et qui assistaient à cette querelle, de façon que mon mari se trouva avoir l'air d'un spadassin qui met sa probité à l'abri sous la pointe de son épée. Quelques personnes même s'écrièrent que le comte de Chastenux ne devait point se battre avant d'avoir été payé, et mon mari se trouva pour ainsi dire privé du droit qu'a tout homme d'honneur de venger son injure.

Il était en pays étranger, à la tête d'un bataillon qui ne devait rester que vingt-quatre heures dans la ville, sans ressources et sans amis, et il cherchait vainement par quel moyen il pourrait acquitter sa dette pour accomplir sa vengeance, lorsqu'un jeune officier français entra dans le salon de l'*hôtel des Empereurs*, où cette scène se passait.

Le jeune officier s'enquit du motif de la violente émotion qui préoccupait toute l'assemblée, et l'ayant appris, il présenta une bourse pleine d'or à M. Cantel en lui disant :

— Tenez, commandant, payez votre dette, tuez cet homme et allez faire assembler votre bataillon, car ce n'est pas demain, mais dans une heure, qu'il faut que vous ayez quitté Francfort.

La dette fut payée, le jeune officier prêta son épée à M. de Chastenux, on passa dans le jardin de l'hôtel, et, après quelques coups d'épée vivement échangés, mon mari tomba assez grièvement blessé pour qu'il ne lui fût pas possible de prendre le commandement de son bataillon et de le conduire à sa nouvelle destination.

Le jeune officier, qui ne faisait que traverser Francfort à la tête d'un assez nombreux détachement, remit M. Cantel aux soins du maître de l'hôtel, et ce ne fut qu'au moment où il allait monter à cheval que mon mari lui dit qu'il voulait connaître le nom de celui qui lui avait rendu un si éminent service.

— Je m'appelle le capitaine Valvins.

Le récit de la rencontre de MM. Cantel et Chastenux m'avait, à vrai dire, fort peu intéressée ; mais tu dois comprendre combien le nom de M. Valvins, jeté au bout de ce récit, dut me causer d'effroi.

Oui, le mot est juste, Melchior, c'est de l'effroi que j'ai éprouvé; et lorsque je t'aurai fait pénétrer plus avant dans le mystère et dans le malheur de mon existence, tu comprendras encore mieux la puissance de cet effroi, lorsque je remarquai l'œil ardent de cette femme fixé sur mon visage et cherchant à y lire l'effet que ce nom avait dû produire sur moi.

Cette inspection froide et résolue me fit croire que cette femme savait quelque chose du terrible secret que tu ignores, mais que tu vas apprendre.

Je me sentis rougir et trembler tout ensemble, tandis que madame Cantel, ramenant sur son visage l'humble et caressant sourire avec lequel elle avait parlé jusque-là, continua ainsi :

— C'est cette dette que mon mari m'a chargée d'acquitter, j'ai appris à Paris que M. Valvins était né dans ce pays, près de Fontainebleau, et y avait été recueilli par un vieillard qui était retiré aux Invalides.

Je suis allée y chercher l'infortuné Grégorio, et j'ai appris qu'il était mort depuis quelque temps, à la suite d'un excès, m'ont dit ses camarades... à la suite d'un empoisonnement exécuté avec la plus extrême audace, si je dois en croire les révélations qui m'ont été faites.

Oh! Melchior, Melchior! à ces mots terribles je chancelai, je me sentis prête à mourir, car ce crime était vrai!.. ce crime, faut-il te le dire, j'en ai été le témoin!... Pourquoi? comment cela se fait-il? Tu ne peux le comprendre... je vais te le dire.

. . . .

Ici se trouvait, dans cette lettre inouïe, l'histoire abrégée de madame de Kadicoff, l'aveu de madame de Fosenzac et le récit de ses relations intimes avec Valvins, enfin tout ce qui devait faire comprendre à Melchior l'épouvantable situation où s'était mise sa sœur.

Après ces longues explications qu'il est parfaitement inutile, nous le supposons du moins, de remettre sous les yeux du lecteur, la lettre continuait en ces termes :

Et maintenant tu dois comprendre, Melchior, l'effroi que j'éprouvais en entendant parler cette femme qui, pour la seconde fois, attacha sur moi son regard de vipère, et me surprit dans mon trouble et mon épouvante.

Je n'avais plus la force d'avancer, je m'assis sur l'un des bancs de pierre qui bordent la grande allée de tilleuls où nous nous promenions. Madame Cantel sentait les avantages qu'elle avait déjà sur moi, car elle s'assit à mes côtés sans que je l'y eusse invitée.

Cependant rien, à l'exception de l'assurance qui avait remplacé la timidité si bien jouée de cette femme, rien, dis-je, ne me montra qu'elle voulût paraître instruite de la vérité, et elle continua avec une nouvelle affectation de douceur et de modestie en disant :

— En même temps que j'apprenais la mort du pauvre Grégorio, je parvins à savoir que M. Valvins avait habité quelque temps Fontainebleau ; je vins dans ce pays dont la solitude me plut, je me décidai à y demeurer.

C'est depuis que j'y suis que j'ai entendu dire, bien par hasard, que M. Valvins avait passé quelque temps dans le château de M. le marquis de Lesly.

Il y a à peine deux ou trois jours que j'ai fait cette découverte. Avant de tenter une démarche importune auprès de vous, madame, ou auprès de M. votre père, j'ai voulu m'assurer qu'on ne m'avait pas trompée, et c'est ce que je cherchais à savoir auprès du jardinier du château. Au moment où vous m'avez surprise avec lui, madame, je lui demandais s'il savait que vous connussiez M. Valvins.

Que te dirai-je, mon frère? Certes, il y avait là de quoi chasser cette femme qui venait interroger les gens de ma maison sur ce qui s'y passait. Heureusement que le trouble où j'étais plongée me tint lieu de réflexion.

En effet, et plus tard, j'ai compris que j'eusse dû raisonner ainsi; en effet, d'après le récit de cette dame, elle n'avait été poussée à cette recherche que par une raison qui lui était toute personnelle ; et s'il y avait au fond de sa pensée un désir de pénétrer dans les secrets de ma vie, il était plus prudent et plus digne à la fois de ne pas paraître le comprendre.

Du reste, comme je te l'ai dit, l'embarras que j'éprouvai me tint lieu de la raison que je n'avais plus et je répondis à madame Cantel :

— En effet, madame, M. Valvins est un ami de mon frère : à ce titre, je l'ai reçu chez moi et il est venu quelquefois dans ce château ; mais depuis la mort de son père, il a complétement disparu ; personne ne sait ce qu'il est devenu.

Madame Cantel parut accepter ma réponse comme étant véritablement tout ce que je savais au sujet de M. Valvins.

Après s'être excusée de son importunité, elle me quitta. Toutefois, elle me demanda la permission de venir me présenter ses devoirs.

Je ne crus pas pouvoir la refuser ; mais je me ménageai une retraite en lui annonçant que sous peu de jours je comptais retourner à Paris, et que probablement de Paris je partirais pour un long voyage.

Madame Cantel regretta que cette circonstance l'empêchât de profiter long-temps de l'excellent accueil que je lui avais fait, de la bonne grâce de mes entretiens... Cette femme couvrait de paroles doucereuses la blessure qu'elle m'avait faite.

Enfin que te dirai-je ? elle s'y prit si adroitement que j'oubliai ce regard scrutateur dont elle avait suivi sur mon visage l'effet de ses paroles.

Je me tins pour assurée que ce n'était qu'un hasard qui avait fait prononcer à cette dame des noms qui m'intéressaient si cruellement, et je me résolus à l'éviter.

Quelques jours se passèrent sans que j'entendisse parler d'elle. Madame Cantel ne venait plus dans le parc ; c'était ce que je désirais : quoi que j'en eusse, cette femme me faisait peur.

Mais vois, mon cher Melchior, ce que c'est que le trouble d'une conscience coupable ! quand je ne rencontrai plus madame Cantel, je désirai la revoir ; il me sembla que cette retraite absolue était une menace qui voulait dire :

« Je vous ai prévenue ; maintenant que vous savez qu'il existe quelqu'un qui a pénétré dans vos secrets, c'est à vous de venir et de me demander la discrétion. »

C'est ainsi que, dans mes alarmes, je traduisais la démarche de cette dame et son absence. Que te dirai-je ? cette pensée me tourmenta si vivement que je me résolus à aller chez elle.

Cependant je ne pus m'y décider tout de suite.

J'essayai de la rencontrer. Je quittai le parc et j'allai me promener dans la forêt, dans les parties les plus solitaires qui avoisinent la maison de madame Cantel.

Je m'y rendis trois jours de suite, et la dernière fois, ne la rencontrant pas, j'étais presque décidée à me présenter chez elle, car je savais qu'elle n'avait pas quitté Fontainebleau, lorsqu'il me sembla l'apercevoir tout à coup à l'extrémité d'une allée.

Le deuil exact dont elle était vêtue ne me laissa point de doute à ce sujet ; elle n'était point seule et marchait la tête baissée à côté d'un homme qui me parut d'une tournure trop jeune pour être le comte de Varneuil, qui, je le savais aussi, lui rendait des visites de plus en plus assidues.

Je jugeai, au chemin que prenaient madame Cantel et son compagnon, qu'ils arriveraient nécessairement du côté où je me trouvais. Je me cachai pour les bien voir l'un et l'autre et pour surprendre quelqu'une de leurs paroles.

J'avais une sorte de vague espérance que je trouverais dans cet espionnage des armes qui me serviraient contre cette femme que je sentais armée contre moi.

Autant que je pouvais en juger par le silence profond que paraissait garder madame Cantel, et par la manière vive dont ce monsieur lui parlait, je jugeai qu'il la priait et la menaçait alternativement.

Déjà madame Cantel et son compagnon s'étaient assez rapprochés de moi pour que je pusse les entendre, lorsque je fus détournée de l'attention que je voulais prêter à leurs paroles par la surprise que j'éprouvai en reconnaissant son interlocuteur.

En effet, c'était un jeune homme que j'avais vu quelquefois dans le monde, et que tu connais, je crois, assez particulièrement; c'était ce jeune poète, ce Lucien Deville, qui fit, un certain soir, une scène si scandaleuse chez M. de Favières. N'étais-tu pas le témoin de M. de Favières dans le duel qui s'ensuivit? n'es-tu pas allé souvent chez ce M. Deville à la suite de ce duel, et n'est-ce pas chez lui que tu as rencontré cette belle Sophie Minot pour laquelle tu as fait tant de folies inutiles?

Quoi qu'il en soit, c'était bien lui, c'était bien Lucien Deville qui parlait à madame Cantel.

Ils passèrent assez lentement devant moi; cependant j'étais si troublée par la découverte que je venais de faire, que je ne pus entendre que ces paroles, prononcées par Lucien Deville :

— Vous obtiendrez cette déclaration de M. de Varneuil, ou je lui dirai toute l'aventure d'Eugène de Frémery.

C'étaient là des noms parfaitement inconnus pour moi. Il s'agissait probablement d'une affaire à laquelle je devais être tout à fait étrangère.

Je me sentis dégagée d'un pesant fardeau, et je m'éloignai fort rassurée sur la cessation des visites de madame Cantel; elle me parut devoir être assez vivement alarmée sur ses propres intérêts pour ne pas avoir à s'occuper des miens.

Je continuai ma promenade avec une espérance folle dans le cœur. Tout ce que j'avais craint me parut alors une terreur chimérique.

Juge de ma surprise, lorsqu'en rentrant au château j'appris que madame Cantel y était venue, et que, malgré mon absence, elle s'y trouvait encore.

Elle avait demandé avec instance la permission de m'attendre. Elle avait l'air fort troublé, me disait-on, et s'était plusieurs fois enquise de mon retour. Toutes mes craintes me reprirent; mais j'avais heureusement le temps de réfléchir avant de me trouver en sa présence, et je me promis de me tenir sur mes gardes.

Je me dis surtout que ce que j'avais de mieux à faire, c'était de montrer la plus parfaite indifférence à propos des choses qui pourraient m'être révélées. Ce parti pris, je fis prévenir madame Cantel qu'on venait de me voir entrer dans la grande allée des tilleuls.

Je voulus lui laisser croire qu'elle me surprenait.

En effet, au bout de quelques minutes je la vis venir rapidement au devant de moi. Elle m'aborda toujours avec cette déférence qui devait exister entre elle et moi, mais elle me parut sérieusement alarmée. Son agitation me sembla même ne pas lui permettre de mettre dans ses paroles cette habile discrétion que j'avais remarquée la première fois.

Je me croyais, par conséquent, en bonne position pour observer à mon tour madame Cantel. Hélas! mon bon Melchior, j'étais encore la dupe d'une comédie supérieurement jouée.

— Pardonnez-moi, madame, me dit-elle, de venir encore vous importuner de choses qui ne vous concernent nullement.

— Je vous ai dit, madame, que j'étais tout à fait à votre service. Parlez, je vous écoute.

— Pardon, reprit encore madame Cantel, mais il ne s'agit nullement de moi; il s'agit d'une personne avec laquelle je vous crois liée d'une amitié assez vive.

— De M. Valvins, sans doute? dis-je à madame Cantel du ton le plus indifférent.

Je pensais avoir fait un coup de maître en allant au devant d'un nom qu'on espérait sans doute me jeter à l'oreille pour me troubler et me surprendre. Je m'étais trompée.

— Non, madame, il ne s'agit point de M. Valvins. Je crois avoir fait, pour m'acquitter envers lui, toutes les démarches que me commandaient l'honneur et le respect que je porte à la mémoire de M. Cantel, et j'attends qu'une occasion favorable me mette sur les traces de M. Valvins.

Retiens bien ces paroles, Melchior; à l'heure où madame Cantel me parlait ainsi, elle savait où était Valvins; elle me mentait donc; elle me tendait un piége : j'y suis tombée.

Tu verras ce que peut l'astuce d'une femme... je ne me le figurais pas...

— Je veux vous parler, reprit madame Cantel, je veux vous parler de madame la comtesse de Chastenux.

— Du comte? lui dis-je, en me rappelant la rencontre de M. Cantel avec lui.

— Non, reprit-elle; il s'agit de madame de Chastenux... Vous la connaissez?

— Elle est l'amie de mon père, et a toujours été très bonne pour moi.

Je croyais, je dois te le dire, qu'il s'agissait de l'affaire de M. de Favières avec Lucien Deville, affaire dans laquelle je savais que madame de Chastenux, tante du marquis, avait été mêlée. Je me trompais encore.

Madame Cantel reprit :

— Je vous prie de remarquer que je ne fais que répéter ce qu'on m'a dit; je ne crois pas un mot de ce que l'on m'a rapporté; mais, vous le savez, une calomnie blesse souvent aussi cruellement qu'une révélation, et je désirerais que vous pussiez me servir d'intermédiaire pour apprendre à madame de Chastenux le malheur qui la menace.

Je ne sais, je me sentais engluée par cette femme dans une foule d'histoires obscures, de demi-révélations qui me liaient à sa volonté.

Je voulus couper court à des confidences qui me paraissaient autant de piéges, et je répondis à madame Cantel :

— Madame de Chastenux n'est pas à Paris ; je la crois en Bretagne ; je ne pourrais donc lui transmettre votre confidence que par une lettre. Cette lettre, vous pourriez la lui écrire vous-même.

Madame Cantel fut vivement piquée d'un refus si formel ; je fus ravie de mon succès, et je continuai :

— Si ce que vous avez à dire à madame de Chastenux touche en quoi que ce soit à une susceptibilité de femme ou à une question d'honneur, vous devez comprendre qu'elle vous saura beaucoup plus de gré d'avoir enfermé cette question entre elle et vous, que de l'avoir confiée à une tierce personne, si dévouée que cette personne lui soit.

Madame Cantel me salua assez froidement, quoique avec une politesse toujours obséquieuse, et me dit :

— Maintenant, madame, je ne me crois plus responsable du scandale et des catastrophes qui peuvent arriver.

A ces paroles, je fus sur le point de retenir madame Cantel, à lui demander compte de ces mots étranges.

Mais je m'étais trop formellement prononcée, et d'ailleurs, madame Cantel se hâta de s'éloigner.

Chaque apparition de cette femme étrange me laissait dans un trouble cruel. Je ne l'eus pas plus tôt perdue de vue, que je redoutai des malheurs dont je n'avais pas d'idée.

Pas un mot n'avait été prononcé qui pût me faire croire que j'étais mêlée en quoi que ce fût aux affaires de madame de Chastenux ; et cependant je tremblais ; j'aurais voulu pouvoir demander une explication à madame Cantel ; mais, tu dois le comprendre, Melchior, il n'est pas de position plus affreuse que la mienne.

J'étais dans cette perplexité qui fait qu'on n'ose avancer, de peur de livrer son secret, et qui vous fait une imprudence de cette peur, par la retenue même qu'elle nous impose.

Du reste, mon pauvre frère, je raisonne dans le vide ; je ne sais avec quelles intentions sérieuses cette femme était venue chez moi. Peut-être les choses eussent-elles plus mal tourné si j'avais eu, dès l'abord, la curiosité qui me prit plus tard. Toutefois, il est douteux que le malheur pût être plus menaçant qu'il ne l'est maintenant, tu vas en juger.

J'étais depuis deux jours dans l'anxiété la plus vive sur ce qui avait pu se passer au sujet de madame de Chastenux, lorsque je reçus un billet de madame Cantel.

Elle me disait qu'un coup terrible venait de la frapper,

qu'elle n'y résisterait pas; qu'elle était probablement sur son lit de mort, et qu'avant de rendre le dernier soupir, elle voulait me voir pour me confier des secrets qui touchaient à l'honneur et au repos de ma vie.

Je te l'avoue, j'étais trop alarmée de tout le mystère dont s'entourait cette femme, pour ne pas me décider à le percer à tout prix.

Je me rendis chez elle. J'entrai dans la petite maison du bout du parc.

Tu sais ce que c'est, une chaumière assez propre, voilà tout; c'est ainsi au dehors, et je m'attendais à un intérieur analogue.

J'eus à peine franchi le seuil de cette maison, que je restai stupéfaite de l'élégance, du soin, du je ne sais quoi qui avait présidé à l'arrangement de cet intérieur.

Je croyais savoir que le luxe n'est pas toujours l'ornement qui donne le plus de grâce à une habitation; mais je ne me serais jamais imaginée qu'avec les étoffes les plus simples, les bois les plus communs, on pût arriver à une si gracieuse élégance. Partout des mousselines croisées, les unes peintes, les autres blanches, les murs cachés par des serges unies, des planchers couverts de tapis communs, des jardinières en bois rustique, des statuettes de plâtre, des cadres de bois, des siéges de toile de Perse; point d'or, point de bronzes, point de soies... rien que de très modeste et presque de très commun; mais une main habile, une main de fée, avait disposé tout cela.

L'air de cette petite maison était embaumé, frais et vif à la fois, la lumière douce, discrète, tendre; partout où l'œil se posait, c'était sur quelque chose de gracieux, d'exquis, de parfait dans sa simplicité.

Je ne sais comment t'expliquer tout cela, mais en entrant chez madame Cantel, je compris que je me trouvais chez une femme qui savait toutes les ressources de cet art de plaire que la plupart des femmes ne mettent qu'en elles-mêmes, et qui, pour être tout-puissant, doit être également dans tout ce qui les entoure.

On ne peut pas attendre une femme dans un petit salon pareil à celui où je me trouvais, sans y rêver. Tout y est sourd, discret, mystérieux, et en même temps tout y est modeste et chaste.

Il y a dans ce réduit une volupté jeune et innocente qui enivre.

Que te dirai-je? je me pris à me demander comment je vivais dans les vastes salons de mon hôtel, lorsqu'on peut avoir de si gracieux réduits.

Il me semblait que là on devait aimer mieux, plus intimement que dans nos riches appartemens; car il y a plus ou moins d'intimité jusque dans l'intimité la plus complète.

Je parle à mon ami aussi bien qu'à mon frère... Eh bien! te le dirai-je... il me semble que la femme qui se donne dans un lieu pareil, se donne plus absolument et plus chastement à la fois.

Mais que t'importe tout cela, tu ne me comprends peut-être pas, tu ne comprends pas que l'aspect de cette maison m'imposa, et que sans me rendre compte de l'impression qu'elle produisit sur moi, j'entrai chez madame Cantel avec la persuasion que j'avais affaire à une femme parfaitement supérieure, dont chaque parole, chaque geste avait une signification.

Une grosse servante en grand deuil alla avertir madame Cantel que je m'étais rendue à son invitation.

On me fit attendre quelque temps, et je pus faire alors toutes les observations que je viens de te communiquer. Je vis dans le salon l'admirable portrait d'un militaire. Je pensai que c'était celui de M. Cantel.

J'étais à l'examiner, lorsque madame Cantel, enveloppée d'un long peignoir blanc, entra dans le salon. Je ne l'avais encore vue que sous son chapeau et ses voiles noirs; tu ne peux te faire d'idée de la ravissante tête de cette femme tout embéguinée de dentelles blanches d'où s'échappaient des flots de cheveux dont le désordre montrait la magnificence, beaucoup mieux que n'eût pu le faire la coiffure la mieux apprêtée. Elle était légèrement pâle, et le bleu de ses yeux ardens rayonnait d'un éclat fiévreux.

Je n'avais que mal vu la souplesse de cette taille sous le châle qui l'enveloppait; je ne puis te dire tout ce qu'elle avait de séduisant, d'enivrant, dans ce délicieux deshabillé.

Moi, femme, je fus forcée de reconnaître qu'il était impossible qu'un homme fût soumis à un charme si complet, sans en subir l'empire, sans se mettre aux genoux de cette femme, sans lui dire :

« Pour toi, pour un de tes regards, pour un de tes sourires, je te donnerai mon âme, mon honneur, ma vie. »

Il en est un cependant qui a eu ce courage.

Écoute bien, Melchior, lis avec attention chacune des choses que je vais te révéler.

Mets-toi dans ma position et comprends comment il se fait que moi, la fille du marquis de Lesly, la duchesse de Fozensac, je me laissai dire en face, par une femme de rien, tout ce que madame Cantel osa me dire.

Au moment où elle entra, je lui dis, je ne sais trop pourquoi :

— J'admirais ce portrait, madame, c'est celui de M. Cantel, sans doute?

— Non, me répondit-elle froidement, c'est le portrait de mon père.

Je m'inclinai, elle continua avec un accent plein d'amertume :

— Il y a des comédies que je ne jouerai jamais; je n'aimais point M. Cantel; je l'ai offensé; je ne veux pas que son image me soit toujours présente comme un remords de ce que j'ai fait.

Je ne veux pas non plus faire croire que je porte dans mon cœur une douleur qui n'y est pas.

— Je vous demande pardon de ma supposition, lui dis-je, et le soin que vous aviez mis à rechercher M. Valvins, pour payer une dette de M. Cantel, me semblait une preuve de bon souvenir.

— Je m'appelle madame Cantel, reprit-elle doucement, c'est mon nom que je respecte.

Mais, ajouta-t-elle, il est inutile de vous faire entrer dans les idées fort bizarres que je puis avoir au sujet de l'honneur, nous avons à nous occuper de choses beaucoup plus graves. Il y va, pour moi, de tout mon avenir; pour vous, de toute votre existence.

Bien que la voix avec laquelle tout cela m'était dit fût d'une parfaite douceur, bien que les façons qui accompagnaient ces paroles fussent toujours modestes et caressantes, je me sentais cependant enveloppée dans un intérêt commun avec madame Cantel. Nous étions à parler de *nous*; j'étais de moitié dans ce *nous*; j'y étais plus que de moitié; car, au dire de madame Cantel, il y allait pour elle de son avenir seulement, pour moi de toute mon existence.

Ce n'était point sans desseins que cette femme m'avait fait venir chez elle, elle comprenait tout l'avantage qu'elle avait sur moi dans cette position.

Ce qu'elle n'eût pas osé me dire dans ma maison, ce que je n'eusse peut-être pas souffert, elle me forçait à l'entendre, à moins que je me retirasse et que je rompisse une explication où il s'agissait (on avait eu soin de me le dire), où il s'agissait de toute mon existence.

Madame Cantel me fit asseoir près d'elle, et avec une familiarité dont sa bonne grâce fit une séduction, elle me prit les mains, se mit à me regarder avec un charmant sourire, et me dit d'une voix pleine de caresses :

— Vous êtes jeune, vous êtes belle, vous êtes riche, vous avez un grand nom, et certes les hommages les plus empressés et les plus séduisans n'ont pas dû vous manquer.

Cependant, il y a dans l'éclat humide de vos yeux, dans la douce âpreté de votre sourire, dans l'élévation de votre cœur, il y a dans tout cela le rayonnement d'un cœur qui croit à la passion, il y a la révélation d'une intelligence qui ne s'arrête point aux préjugés vulgaires du monde. Si vous avez jamais aimé, ce n'a point été parce que l'homme qui vous a touchée était ou noble, ou riche, ou puissant; vous avez dû l'aimer pour la noblesse de son caractère, pour la puissance de ses sentimens.

— En vérité, madame, dis-je à madame Cantel, je ne sais de quel droit vous prétendez pénétrer ici dans mes sentimens.

— Ecoutez, me dit-elle avec une brusquerie charmante, nous

sommes deux femmes en face l'une de l'autre, nous pouvons donc tout nous dire.

J'étais confondue de tant d'assurance ; mais si l'audace des paroles m'irritait, le charme singulier, étrange avec lequel elles étaient dites, arrêtait soudainement ma colère.

— Parlez donc, madame, lui dis-je, je vous écoute.

— Eh bien, me dit madame Cantel, en se plaçant en face de moi, comprenez-moi bien. Peut-être me trompais-je sur ce que je pense de vous, je ne veux pas que vous vous trompiez sur ce que vous devez penser de moi.

Je suis née pauvre, obscure et ambitieuse : ce sont là trois grands vices ; mais je suis née patiente, et c'est là une grande vertu. Cependant, comme toutes les femmes, j'ai eu mes heures d'illusions, j'ai cru que beaucoup d'amour et beaucoup de dévoûment valait du dévoûment et de l'amour.

Bien jeune encore, je rencontrai dans le monde deux hommes qui eussent pu faire de moi la femme honnête et sincère qui associe loyalement sa vie à celle de son mari.

L'un de ces hommes était M. Eugène de Frémery, un de ces riches fils de famille, ayant à la fois assez de noblesse, assez de talent et assez de fortune pour arriver à tout, s'il avait été mené par une main habile. Au bout de quelques jours, je reconnus que la vanité de ce monsieur ne voyait en moi que l'occasion d'une aventure amusante. Je lui ai fait payer plus tard sa présomption.

— Je vous crois capable, dis-je à madame Cantel, de faire d'un homme tout ce qu'on peut en faire, mais je ne vois pas encore quel intérêt je puis avoir à votre confidence.

— Cela viendra à son temps, me dit madame Cantel en souriant, la journée entière nous appartient, je vous la demande, et peut-être me regretterez-vous pas de me l'avoir consacrée.

— Continuez, madame, lui dis-je.

Madame Cantel reprit :

— Le second de ces hommes sur lequel j'avais jeté les yeux, était un nommé Lucien Deville. Quoiqu'il eût quelque fortune, ce n'était point sur cela que je comptais pour le voir arriver à une grande position.

Deville est une des têtes les mieux organisées que je connaisse ; il se croit un poète parce qu'il fait passablement les vers. Il se trompe sur son propre compte : la poésie est une issue par laquelle s'échappe volontiers dans la jeunesse l'activité des esprits éminens. Cherchez et vous trouverez bien peu d'hommes arrivés aux premiers rangs de la société qui n'aient perdu leurs premières années à rimer.

Je me trompai encore : un fol amour qui l'a conduit au malheur, l'a empêché de comprendre ce que je rêvais pour lui.

J'écoutais madame Cantel avec un étonnement qui tenait de

l'admiration. En vérité, mon frère, ne nous abusons-nous point sur le pouvoir de ces êtres que nous croyons servis par des hasards heureux? Dans la position où nous sommes, servis par la fortune, par la naissance, nous sommes trop enclins à croire que chacun vit au courant des événemens qui laissent le plus grand nombre dans l'obscurité et en fait arriver quelques uns.

Pour ma part, je ne me faisais point d'idée d'une femme qui, au départ de la jeunesse, pose un but à son existence et tend à ce but de toute la force de ses calculs. Telle était cependant madame Cantel.

Mais j'aime mieux laisser parler cette femme que te l'expliquer; tu la comprendras mieux.

Elle continua ainsi :

— Je fis une grande faute : le dépit me fit épouser M. Cantel. Une aventure bien triste me mit alors dans les mains de M. Deville.

. . . .

Nous supprimons ici la partie de la lettre de madame de Fosenza où elle répétait le récit que lui faisait madame Cantel de ses amours avec M. de Graverend. Mais nous enlèverions les traits les plus extraordinaires du portrait de cette femme si nous supprimions aussi ce qui suivit cet audacieux aveu.

Voici donc la suite de cette lettre :

Après ce que venait de m'avouer madame Cantel, je restai dans une étrange confusion, je pressentais qu'une femme n'ose ainsi dévoiler à une autre la faute qui la déshonore, qu'autant qu'elle se sent assez forte contre sa confidente, pour la forcer au silence.

Cependant je m'écriai avec plus d'embarras que d'indignation :

— Mais, madame, je n'ai que faire de tous ces secrets.

Au lieu de s'irriter, madame Cantel me sourit de la façon la plus gracieuse.

— Allez donc, me dit-elle, grande enfant que vous êtes, y a-t-il là de quoi s'épouvanter? Eh! mon Dieu, les hommes méritent-ils qu'on leur garde plus de foi qu'ils n'en ont pour nous. Ces messieurs ont établi un gros principe : c'est qu'une femme qui a un amant est déshonorée. Puis cela dit, ils se tiennent en repos. Ils nous ont fait de ce précepte un lien, selon eux, tout-puissant.

Si vous aimez et si vous cédez à votre amour, vous êtes déshonorée; voilà donc la grande maxime qu'ils opposent à l'ennui, aux désirs de la jeunesse, aux charmes d'être adorée. De nous plaire, ils ne s'en occupent plus, de nous occuper le cœur et l'esprit, ils n'en prennent aucun souci.

Allons, ne me regardez pas d'un air si étonné, et dites-moi sérieusement si vous connaissez quelque femme qui n'ait puni son mari de son oubli, de son dédain, et surtout de cette insolente quiétude avec laquelle les hommes disent aux femmes : Vous avez été honorée de mon amour, c'est assez pour toute votre existence.

— Mais, madame, lui dis-je, je puis vous affirmer que parmi les femmes que je connais...

— Chut... chut, reprit madame Cantel, avec son éternel et implacable sourire, nous sommes seules, toutes seules, nulle oreille ne nous entend, il faut tout nous dire...

Mais, reprit-elle, n'êtes-vous pas belle à faire mourir d'amour les plus galans gentilshommes de France, et tout cela eût été pour un mari, un vieux mari grondeur et ennuyeux !... non... non...

Je voulus l'interrompre, elle répondit :

— Je ne veux pas vous écouter ; vous me répondrez lorsque j'aurai fini, alors nous pourrons nous entendre.

Tu vois qu'à chaque parole je m'enfonçais de plus en plus dans la complicité de cette femme.

D'où me venait cette faiblesse? Hélas !... elle n'était pas seulement dans le charme inouï de cette femme qui souriait si légèrement au vice ; elle était dans le trouble de ma conscience qui me livrait tout entière à sa volonté.

— Enfin, me dit-elle, voici où nous en sommes. Ce Deville est venu me voir, il y a quelques jours, et voici ce qu'il m'a dit :

« — Vous êtes sur le point de réussir dans un plan fort habilement formé. Après avoir été madame Cantel, vous voulez devenir la comtesse de Varneuil.

» — Et j'y arriverai.

» — Si je ne m'y oppose pas.

» — Quel intérêt avez-vous à me traverser dans ce dessein ?

» — Aucun ; mais j'attends du général un service : ce service, il faut que vous le décidiez à me le rendre, ou je lui apprends toute votre histoire avec Eugène de Fremery et M. de Graverend. »

Je demandai à Deville quel était ce service, et alors il me dévoila le mystère qui entourait sa naissance.

O Melchior, mon frère, que cette femme a raison, et qu'on découvre d'abominables choses lorsqu'on veut pénétrer dans la vie de chacun !

Le croirais-tu? madame de Chastenux, oubliant tous ses devoirs pendant que son mari était émigré, accepta l'amour d'un certain vicomte d'Assimbret, qui la trompait pour une misérable meunière.

Il résulta un double malheur de cette double intrigue.

Madame de Chastenux et la meunière accouchèrent à peu près à la même époque, et lorsque leurs maris étaient absens depuis plus de deux ans.

Madame de Chastenux ignorait que la meunière fût sa rivale, et comme la famille de cette femme appartenait depuis des siècles aux Chastenux, ce fut précisément à la pauvre femme, dont elle ignorait l'état, qu'elle confia le soin de faire disparaître son enfant. Ce fut alors que toutes deux apprirent qu'elles avaient été dupes du même misérable.

La meunière (on l'appelait Louise Firon), la meunière, qui croyait à l'amour du vicomte, désespérée, folle, éperdue, emporta les deux enfans et se jeta dans l'étang du moulin.

Elle fut arrachée à la mort ainsi que les deux faibles créatures, par un nommé Pierre Varneuil. Ce Pierre Varneuil fut présent lorsque Louise déclara à quelle mère appartenait chacun des deux enfans. Cette révélation ne fut faite que devant lui et devant le beau-père de Louise, qui se chargea du soin de placer les enfans loin du pays où cela se passait.

Or, ce Deville sait qu'il est un de ces enfans; mais jamais il n'a pu découvrir à quelle mère il appartenait.

Un seul homme vivant sait de qui était née la fille, et par conséquent de qui était né le garçon. Cet homme, c'était Pierre Varneuil, qui avait solennellement juré au vieux Firon de ne pas révéler ce secret. Or, sais-tu ce que c'est que ce Pierre Varneuil? c'est tout simplement le lieutenant-général comte de Varneuil qui, après cette aventure, était parti comme soldat en compagnie de ce même vicomte d'Assimbret qui, à ce qu'il me semble, a continué ses peccadilles à Toulon; mais ceci est de peu d'importance.

Oui, mon cher Melchior, voilà l'étrange concours de circonstances qui met en présence des gens qui paraissent si éloignés les uns des autres.

Mais ce qui dépasse toute croyance, ce qui est une fatalité à laquelle il semble impossible de croire, c'est ce qui est arrivé de cette étrange situation.

Ce Lucien Deville si lestement joué par la marquise de Favières et si profondément humilié, grâce aux conseils de madame de Chastenux, a juré de se venger. Il a voulu savoir à tout prix laquelle des deux femmes coupables était sa mère, si c'était Louise Firon ou la comtesse de Chastenux.

Pour cela il fallait obtenir une déclaration du comte de Varneuil. Il est venu le chercher à Fontainebleau.

Il ne s'agissait de rien moins que de le faire manquer (M. de Varneuil) à un serment, et le général a des principes à ce sujet contre lesquels M. Deville n'eût pas tenté de lutter, s'il n'avait eu entre les mains un pouvoir qu'il suppose capable d'ébranler la conscience la plus robuste, de dissoudre les scrupules les plus tenaces. Ce pouvoir, tu le devines, c'est celui de madame Cantel.

« — Servez-moi dans ma vengeance, lui a-t-il dit, et je garde le plus absolu silence sur vos aventures de Poitiers; sinon... je dis tout; et alors plus de mariage, plus de comtesse de Varneuil, plus de grand monde, plus de mari; et quel mari! un homme déjà pair de France, en passe d'être maréchal, de devenir ministre de la guerre, etc., etc. »

— Me comprenez-vous maintenant? me dit madame Cantel: comprenez-vous que pour le plaisir de ménager madame de Chastenux, je ne me soucie pas de perdre tout cet avenir!

— Je le comprends, dis-je à madame Cantel; mais ce M. Lucien a donc dans les mains le moyen de vous perdre?

— S'il ne l'a pas, il le trouvera. D'ailleurs, reprit-elle, il suffirait d'un soupçon jeté dans l'oreille du général pour le faire hésiter. Il est veuf comme moi, et l'histoire de sa première femme est si bizarre, si inouïe, que c'est à ne pas le croire.

J'attendais toujours la suprême raison qui me faisait le but des confidences de madame Cantel.

Elle s'aperçut de mon impatience et s'approcha tout à fait de moi et me dit:

— Et maintenant, *ma chère*, arrivons au but de tout ceci. Ce n'est pas seulement madame de Chastenux qui est menacée, c'est vous, c'est madame de Kadicoff, c'est le marquis votre frère.

J'écoutai de toute mon attention.

— Il faut vous dire que, par un hasard inouï, deux ou trois jeunes gens se sont rencontrés dans cette position commune d'avoir été abandonnés par leurs parens. Ils ont fait entre eux une société appelée:

La bande des enfans perdus.

Là se trouvent réunis M. Deville et le commandant Valvins; celui-ci à un double titre: comme enfant abandonné d'une part; comme père d'un enfant qu'on a fait disparaître d'une autre part. Ils se sont juré entre eux de se prêter secours en toute occasion.

A l'heure qu'il est, on veut perdre madame de Chastenux, puis viendra le tour de la princesse de Kadicoff.

On hésite à mettre votre père dans la liste, relativement à un certain Fabien qui habite Rennes; c'est le fils d'une certaine madame Poyer qui, toute coupable qu'elle a été, n'a pas oublié ses devoirs de mère.

Mais il paraîtrait que le marquis de Lesly s'est conduit à son égard de la façon la plus honteuse.

Enfin, et comme dernière victime de ces messieurs, il s'agirait, pour M. Valvins de savoir ce qu'est devenu un enfant qui a dû naître il y a un an à peu près.

Vous connaissez M. Valvins, vous connaissez peut-être la mère de cet enfant. S'il en est ainsi, je vous demande de l'avertir du danger qu'elle court.

Madame Cantel s'arrêta après ces paroles.

Toi qui sais maintenant mon secret, mon cher Melchior, tu dois juger de l'épouvante que je ressentis. J'avais la tête perdue. Je me sentais complétement à la merci de cette femme; je fus prise d'une terreur folle, et, sans calculer la portée de mes paroles, je m'écriai:

— Ah! sauvez-moi, sauvez-moi, madame!

Elle en était venue à ses fins; je le vis au sourire triomphant qui lui échappa.

C'est alors qu'elle osa me dire :

— Eh bien! écoutez-moi : un seul homme peut vous sauver... c'est votre frère.

Dans quelques jours Deville sera à Rennes. J'ai le secret de sa naissance : le général m'a tout dit. Il n'est point le fils de madame de Chastenux ; l'enfant de la comtesse est une fille qui a dû être confiée, sous le nom de Carmélite, à un cultivateur des environs de Rennes, nommé Leroëx.

Il est, quant à lui, le fils de Louise Firon. Je lui ai dit la vérité; mais je me suis bien gardée de lui en fournir la preuve. Cette preuve, je la lui ai promise; et, en attendant, armé de ce renseignement, il retourne à Rennes pour s'assurer de la vérité de ce que je lui ai appris.

J'écoutais... j'écoutais sans prévoir où voulait en arriver cette femme au génie infernal. Elle continua :

— Nos ennemis communs sont tous à Rennes. Ou je suis mal informée, ou j'ai mal compris Lucien, ou bien il craint que quelque collision sanglante n'éclate entre les étudians de Rennes et les officiers du régiment de cavalerie auquel appartient votre frère.

Il faut que dans cette collision ces trois hommes disparaissent, ou deux seulement, Valvins et Deville : le jeune Fabien est inoffensif.

Allez chercher votre frère, ou écrivez-lui... Inventez quelque chose, dites-lui ce que vous voudrez... Mais on ne fait pas taire de pareils hommes, on les tue!...

Que te dirai-je, Melchior? Je ne sais par quels argumens impitoyables, sanglans, odieux, cette femme m'entraîna ; mais je promis de t'écrire ou plutôt d'aller sur-le-champ près de toi.

Une heure après que je fus rentrée au château, j'étais en proie au délire d'une fièvre mortelle... Après trois jours où j'ai appelé la mort de tout mon pouvoir, je me lève pour t'écrire... Je l'ai fait; c'est fini...

Je n'ose pas relire ma lettre... je ne te l'enverrais pas...

Que feras-tu? que décideras-tu?

Songe qu'il y va de l'honneur de notre père, du mien... Mais que vais-je te dire là!... Oh! mon Dieu! mon Dieu! que je voudrais être morte!

III
Déception.

Voilà la lettre étrange, inouïe, qui tomba dans les mains de Carmélite.

Lorsqu'elle l'eut lue, ou plutôt pendant qu'elle la lisait, son œil se dilata, ses narines se gonflèrent d'aise, il semblait qu'elle se trouvait enfin dans l'atmosphère qui convenait à sa nature.

Elle rêvait à madame Cantel, cette femme lui faisait envie; elle l'admirait, elle trouvait qu'elle seule, parmi toutes ces coupables, fût digne du nom de femme; elle se sentait pétrie de la même pâte; elles étaient sœurs d'esprit et d'âme.

Ce que Carmélite avait tant cherché, elle le tenait enfin. Sans plus de réflexions, sans savoir comment elle tirerait parti de ces renseignemens extraordinaires que le hasard lui avait donnés, elle écrivit à Melchior de Lesly :

« Vous m'avez perdue... Je suis chez vous... Je vous attends, aurez-vous le courage de me sauver ? »

Le billet fut remis à Philopémen, qui alla le porter à son maître qui l'attendait impatiemment à la caserne.

Carmélite, demeurée seule, eut le temps de réfléchir à ce qu'elle avait à faire.

A tout hasard, elle se mit à copier la lettre de la duchesse de Fozensac. S'il fallait qu'elle restituât l'original, elle ne voulait pas perdre une des circonstances nombreuses relatées dans cette lettre.

Philopémen, revenu de la caserne, la trouva occupée à écrire, mais ne devina point qu'elle copiait une lettre. Au premier bruit, Carmélite l'avait soigneusement cachée.

Le soir venu, Melchior arriva.

Nous l'avons vu au Champ-de-Mars saluant Valvins avec une déférence pleine d'amitié; nous l'avons vu plus tard assez peu animé de cet esprit de corps qui poussait les officiers de son régiment contre les étudians. Ce ne fut que l'histoire de Carmélite qui le jeta hors des bornes.

Ignorait-il donc le contenu de la lettre de sa sœur; s'il l'avait lue, cette lettre le laissait-elle donc si parfaitement indifférent ? c'étaient là de graves questions que doivent se faire ceux qui lisent ce récit. La suite des événemens en amènera probablement la solution.

Lorsque Melchior revint chez lui à minuit, il y trouva Carmélite. Elle était plongée dans un admirable abattement factice.

Melchior l'examina, fronça le sourcil et parut mécontent.

— Eh bien! lui dit-il, raconte-moi donc, mon enfant, ce qui s'est passé.

— Il s'est passé dit sèchement Carmélite, ce qui devait arriver, monsieur le marquis : celui à qui j'avais promis ma main a fini par découvrir ma faute, et a voulu m'en punir.

— Ce grand butor d'étudiant? fit Melchior avec un dédain affecté.

— Ce grand butor d'étudiant, répondit Carmélite avec hauteur, appartient à une famille que la vôtre n'a pas le droit de mépriser.

Melchior jeta un regard perçant sur Carmélite.

— Ecoute, lui dit-il : pour des raisons que je ne puis te dire, il est probable que je quitterai mon régiment d'ici à peu de jours. Tu me suivras à Paris et je te mettrai à l'abri de la colère de ce Poyer.

— Est-ce là tout ce que vous pouvez pour la pauvre fille que vous avez perdue? lui dit Carmélite en se levant soudainement.

— Mais que diable, mon enfant, veux-tu que je fasse de plus?... Ah! je comprends, tu veux parler de ta fortune. Ne crains rien, ma fille : je te placerai à Paris de façon à ce que ton avenir soit assuré.

La femme qui avait rêvé qu'elle serait la vicomtesse Poyer de Caradec, qui après cela venait de remplacer cette espérance perdue par le projet bien arrêté de devenir marquise de Lesly ; cette femme ne pouvait pas être plus brutalement renversée du faîte des illusions où elle s'était placée.

Quelque décidée, quelque résolue que fût Carmélite, elle ne résista point à la douleur d'une pareille chute et demeura un moment muette et immobile.

Elle avait raison d'admirer madame Cantel : son instinct ambitieux lui faisait comprendre la valeur de cette femme; mais elle était à mille lieues d'avoir cette supérieure habileté qu'elle admirait si sincèrement.

Avec un esprit rapide, une intelligence vive, une grâce, une allure, une séduction personnelles qui ne le cédaient en rien aux avantages de madame Cantel, Carmélite devait périr où Victorine eût réussi.

D'abord Carmélite avait de la passion pour aimer et pour haïr. Elle avait aimé Poyer, elle avait aimé Fabien et elle l'aimait encore.

Le premier l'avait prise par ses ardens désirs de jeune fille et ses projets ambitieux. Le second l'avait enivrée de cette douce volupté qui plaît aux natures puissantes : celle de jeter du bonheur à pleines mains à un être chétif et soumis. La vanité seule l'avait livrée à Lesly.

Mais enfin, si misérable que fût Carmélite, il y avait quelque chose qui battait dans sa poitrine, quelque chose de resté assez fier, assez susceptible, pour s'indigner devant une humiliation. Elle était emportée.

Chez madame Cantel, il n'y avait rien de sensible que l'ambition. Dans une position pareille à celle de Carmélite, elle eût gardé le silence, elle eût attendu, elle eût peut-être demandé à l'habileté de ses refus, à l'enivrement de ses caresses, un serment dont elle eût plus tard tiré parti, surtout si elle eût possédé les secrets que le hasard venait de livrer à Carmélite.

Mais celle-ci ne put résister à l'ardeur de ce sang orgueilleux qu'elle tenait de sa mère. Elle se leva soudainement et dit à Lesly :

— Voilà donc tout ce que vous pouvez faire pour la pauvre fille que vous avez perdue ? me mettre à l'abri de la colère de Poyer. J'y ai été exposée ce matin sans protection, et j'ai su lui échapper. Me donner à Paris une position qui me mette au dessus du besoin, je n'ai pas besoin de vous pour cela, monsieur le marquis : le jour où il me plaira de travailler pour devenir riche, je le deviendrai.

Adieu donc et que Dieu vous protége, vous et tous ceux que vous aimez, si toutefois vous aimez quelqu'un.

Après ces paroles, Carmélite se dirigea du côté de la porte et voulut sortir.

Melchior l'arrêta.

— Vous m'avez mal compris, lui dit-il, si vous croyez que ce que je veux faire pour vous soit si peu.

— Je vous ai parfaitement compris... Si libéral que vous soyez, monsieur le marquis, il y a une chose que vous ne pouvez pas payer : c'est mon honneur que je vous ai donné. Quelque prix que vous m'en offriez, je me serais vendue si je l'acceptais. J'aime mieux m'être donnée...

Melchior devint tout pensif ; il leva les yeux au ciel et s'écria avec un sérieux mouvement de colère:

— Oh ! les femmes, les femmes !... Et comme pour compléter sa pensée, son regard se tourna du côté du secrétaire où il avait renfermé la lettre de sa sœur.

— Adieu, monsieur, lui dit Carmélite, adieu !

— Mais je ne puis vous laisser sortir ainsi au milieu de la nuit. Où irez-vous ? où prétendez-vous aller ?

— Oh ! ne vous inquiétez pas pour moi, dit Carmélite, ce n'est pas une nuit passée à la belle étoile qui peut m'épouvanter. Adieu, monsieur le marquis de Lesly. Souvenez-vous du jour où vous avez si insolemment repoussé du pied la pauvre paysanne que vous aviez si habilement attirée dans vos piéges.

— Mais, lui dit Melchior qui voulait avoir vis-à-vis d'elle le moins de torts qu'il pourrait, que voulez-vous que je fasse ? que prétendez-vous ? qu'exigez-vous ?

— Puisque vous ne l'avez pas compris, je n'ai pas besoin de vous le dire. Adieu.

— Mais vous ne pouvez me quitter ainsi, dit Melchior en l'arrêtant encore.

— Ah ! fit Carmélite en se reculant, prétendez-vous me retenir par la violence ? Prenez garde... J'appelle, on entendra mes cris :

ce sera un grand honneur pour vous de montrer à tout le quartier que c'est à coups de poing que vous payez vos maîtresses. Le brutal Poyer n'est pas de votre force en ce genre, monsieur le marquis !

— Allez donc, dit Melchior, en haussant les épaules : de par tous les diables, j'ai assez de soucis pour ne pas ajouter celui-ci à d'autres...

— Adieu donc, marquis, lui dit Carmélite, Et elle sortit.

Rien ne peut dire quelle était la tempête qui bouillonnait dans le cœur de Carmélite.

Elle se prit à courir devant elle comme une folle ; mais elle emportait avec elle sa vengeance ; elle avait la lettre de madame de Fosenzac.

Carmélite n'hésita pas sur le chemin qu'elle voulait prendre. Elle alla droit chez celui qu'elle avait nommé son père jusqu'à ce moment.

Une heure avant la découverte inespérée qu'elle venait de faire, Carmélite, n'eût osé à aucun prix rentrer dans cette chaumière. Mais maintenant qu'elle savait n'être pas la fille de Leroëx, la colère du paysan lui importait peu ; elle gagna donc rapidement du côté de la porte de la ville qui menait à la ferme.

IV

Complicité.

Elle était déjà hors des murs, la nuit était brillante d'étoiles, et le silence profond de la campagne n'était troublé que par ces légers frémissemens qui courent au front des arbres comme le vol léger des sylphes et des lutins.

Tout à coup Carmélite entendit derrière elle la course rapide d'un homme. Elle se crut poursuivie, se jeta derrière un des buissons qui bordaient la route, et attendit que celui qu'elle entendait fût passé.

Mais bientôt elle écouta plus attentivement ces pas précipités ; elle crut les reconnaître, et glissa sa tête à travers le feuillage.

Celui qui marchait avec cette rapidité passait à ce moment. A l'élégance ténue de sa taille, à cette allure leste et souple, Carmélite reconnut Fabien.

— Fabien ! cria-t-elle doucement.

Fabien s'arrêta et répondit en appelant :

— Carmélite !

Aussitôt ils s'élancèrent dans les bras l'un de l'autre, et tous deux en pleurant.

C'était là un des mystères de ces deux âmes égoïstes et passionnées, qui se défiaient l'une de l'autre et qui ne pouvaient se passer l'une de l'autre.

Chacun d'eux en présence de son complice pleurait sur ses fautes, et tous deux étaient prêts à les recommencer. Ces deux êtres pervers s'aimaient de la passion la plus étrange et la plus complète.

Cela est inexplicable, mais cela est ainsi. Un jour pouvait venir où ils se fussent séparés en se détestant ; deux jours après, ils se fussent mutuellement recherchés avec ardeur, retrouvés et pardonnés.

Les passions féroces des filles perdues pour les derniers misérables dont elles savent les crimes, les passions également féroces de ces misérables pour ces filles dont ils savent le honteux métier, est l'expression la plus brutale de ces natures étranges et cependant plus communes qu'on ne pense.

Comment Carmélite se trouvait-elle là ? voilà ce que demanda Fabien.

Elle lui dit tout. Et lorsqu'elle osa expliquer à Fabien qu'elle avait espéré devenir marquise de Lesly, son jeune amant sembla trouver dans sa folle espérance une excuse à sa trahison.

D'ailleurs, Carmélite lui avait laissé entrevoir quelque chose des découvertes qu'elle avait faites chez Melchior ; et Fabien ne pensa pas qu'elle eût payé trop cher des armes qu'elle offrait de partager avec lui.

Comment Fabien était-il venu là ? voilà ce que demanda à son tour Carmélite.

Fabien avait reconduit sa mère à la maison où elle demeurait seule. Lorsqu'elle s'était retirée pour se reposer, il s'était échappé de la maison pour aller voir Carmélite, qu'il croyait chez son père, et qu'un signal convenu amenait près de lui, lorsqu'il voulait la voir.

Au milieu du désespoir de Poyer, du désespoir de sa mère, l'image de Carmélite était toujours restée présente à l'esprit de Fabien. Cette femme lui était nécessaire comme l'air, comme la lumière, comme la vie. N'était-ce pas elle qui avait créé ces premiers enivremens de l'amour dont le désir était sans cesse renaissant dans le cœur de Fabien ?

Il dit tout à Carmélite, et tous deux se firent le serment de rester unis et éternellement fidèles l'un à l'autre.

Mais, chose étrange, dans tous ces sermens qu'ils échangèrent, Fabien n'eut pas un moment l'idée d'offrir à Carmélite son nom et sa main ; elle ne pensa pas à le lui demander. D'ailleurs, s'il lui avait offert ce mariage, elle l'eût refusé.

Ils s'aimaient assez d'un amour passionné pour ne pas vouloir se séparer et se priver l'un l'autre de la passion qu'ils s'inspiraient ; mais tous deux ne s'estimaient pas assez pour penser à une union légitime.

La corruption naturelle de leur cœur pouvait se plaire à cette complicité de désordre où ils vivaient, mais l'ambition de chacun rêvait un avenir appuyé sur des garanties plus solides qu'ils ne pouvaient s'en offrir.

Carmélite n'eût point voulu d'un mari qui lui eût échappé du jour où il lui eût légitimement appartenu. Fabien n'eût pas voulu d'une femme dont il connaissait les fautes.

Quoi qu'il en soit de leurs dispositions intérieures, voici ce qu'ils résolurent tous deux.

Fabien devait écrire à sa mère et lui dire qu'il pensait qu'il n'était plus digne d'habiter dans sa maison. Il lui devait demander une somme d'argent, et avec cette somme d'argent, tous deux, Fabien et Carmélite, devaient aller à Paris.

Voilà quels étaient les projets que formaient les deux coupables. Il s'agissait de mettre ces beaux projets à exécution, chose qui semblait la plus facile du monde, et qui, cependant, les embarrassait fort.

Comment écrire, par qui faire parvenir la lettre, comment obtenir la réponse? et jusque-là où se cacher?

Toute l'astuce, toute la résolution de ces deux esprits si habiles à combiner de faux sentimens s'arrêtaient devant cet obstacle matériel; le reste de la nuit se passa en incertitudes. Déjà le jour commençait à se lever; ils restaient dans ce misérable embarras, lorsqu'ils entendirent un bruit lointain de pas précipités. Ils se retirèrent brusquement dans un petit taillis qui bordait la route.

Mais avant de dire quels étaient les personnages qui arrivaient dans ce moment, il faut reprendre notre récit de plus haut.

V

Solitude.

Comme on se le rappelle, Carmélite avait quitté l'appartement de Lesly, emportant avec elle la lettre de madame de Fosenzac, dont elle avait fait une copie qu'elle avait emportée aussi.

Melchior, que nous avons vu si calme au commencement de la revue, saluant Valvins avec cette amitié sérieuse qu'il lui avait toujours portée, Melchior était, depuis qu'il avait reçu la lettre de sa sœur, en proie aux plus affreuses perplexités.

A la première lecture de la lettre de la duchesse, il avait dix fois tourné la page, consulté la signature, examiné l'écriture.

Ce qu'il lisait lui paraissait un de ces contes absurdes, impossibles, abominables, inventés par le cerveau malade d'un romancier frénétique. C'avait été pour lui une lettre anonyme, à laquelle on avait ajouté une adroite imitation de l'écriture de la duchesse et de sa signature.

Rien ne semblait justifier à ses yeux aucune des imputations dont cette lettre était pleine.

Melchior, jeune, ardent, plein d'honneur et de loyauté, avait vécu jusqu'à ce moment sur les apparences de la vie de chacun. Jamais il n'avait cherché à pénétrer le secret de certains actes, de certaines paroles qui ne lui paraissaient point d'accord avec les sentimens de ceux qui faisaient ces actes ou qui disaient ces paroles. Il savait bien que madame de Chastenux s'était séparée de son mari à propos d'une intrigue d'assez bas étage, où s'étaient trouvés mêlés son fils et son mari.

Il savait qu'à cette intrigue s'était trouvée mêlée Carmélite; mais il était à mille lieues de penser que cette déplorable rencontre eût touché de si près à l'inceste, et d'ailleurs, il se demandait comment il eût pu se faire que madame de Chastenux, qui, à vrai dire, était la plus coupable dans cette circonstance, eût pu se montrer assez rigoureuse pour exiger une séparation.

Indépendamment de tous ces raisonnemens qui n'étaient pas d'une logique exacte, selon les règles du vice, quelque chose de plus pressant avait conduit Melchior à considérer cette lettre comme une odieuse supercherie pour l'écriture et la signature, et comme une infâme calomnie quant aux faits qu'elle rapportait, ce quelque chose qui fit rejeter à Melchior la possibilité de tout ce qu'il venait de lire, c'était cette innocence du cœur, cette loyauté de la première jeunesse, cette pureté qui se révolte aux premières atteintes du vice, et qui le nie, à moins de le surprendre et de le voir en flagrant délit d'exécution.

Melchior n'eût point cru le récit qu'il venait de lire s'il eût concerné des gens de la plus basse extraction et qui lui eussent été étrangers, comment pouvait-il y ajouter foi, lorsque c'était la condamnation de femmes qu'il voyait entourées des hommages et du respect du monde; lorsque surtout ils flétrissaient sa sœur qu'il aimait avec une vraie passion fraternelle?

Cette lettre avait été remise fort tard dans la soirée à Melchior de Lesly. Appelé de très grand matin au Champ-de-Mars, il s'était dispensé de relire cette lettre pour qu'elle ne vînt pas détruire l'opinion qu'il s'était faite à son sujet; puis on se rappelle les événemens du Champ-de-Mars, puis le rapport de Philopémen, puis les arrêts imposés au jeune officier. Ce fut lorsqu'il fut seul que Lesly se remit en mémoire cette lettre extraordinaire.

Melchior ne pouvait ni ne voulait admettre que ce pût être là un récit véridique d'événemens possibles, et toute la force de ses réflexions ne tendit qu'à lui prouver qu'il était la dupe de quelque infâme invention; il finit par se dire que cette lettre n'était peut-être pas étrangère à la collision sanglante qui avait failli éclater entre les étudians et les officiers de cavalerie.

— Qui sait, se disait-il, si des hommes intéressés à voir éclater une sorte de guerre civile, n'ont pas employé tous les moyens pour exciter les uns contre les autres les jeunes gens de ce pays et les officiers de ce régiment?

Qui sait si tous mes camarades n'ont point reçu quelque lettre qui leur montre un ou plusieurs ennemis parmi les étudians de cette ville?

Certes, c'était là une étrange façon de voir; mais l'esprit humain est ainsi fait, qu'il invente des impossibilités absurdes pour ne point admettre la vérité qui le blesse.

Puis revint Philopémen, et Lesly s'occupa d'autre chose.

Mais, quoi qu'il en eût, la révélation que renfermait la lettre qu'il accusait de fausseté, était trop extraordinaire pour ne pas lui revenir sans cesse en mémoire, et l'incertitude à laquelle il ne pouvait échapper, malgré tous ses efforts, lui donna une humeur qui se manifesta plus qu'il ne l'eût voulu dans la manière dont il parla à Carmélite, car il se laissa aller à ces impressions fâcheuses qui montrent les femmes sous un aspect général de duplicité, et il ne trouva plus en lui, vis-à-vis de Carmélite, ces paroles caressantes, ces promesses amoureuses, ces tendres reproches avec lesquels il endormait à sa guise les exigences de la eune fille.

Aussi, dès qu'elle fut partie, il se reprocha sa froideur et sa dureté à son égard.

Puis peu à peu sa pensée revint à la fatale lettre qui lui avait inspiré ces fâcheuses dispositions. Il la chercha, mais il ne la trouva point où il l'avait laissée.

Un frisson glacé le saisit. On s'était emparé de cette lettre!

Qui avait pu s'en emparer?

Carmélite, sans doute. Carmélite, une fille qu'il venait de traiter comme il l'avait fait, une fille qui n'avait sans doute puisé la fierté qu'elle lui avait montrée que dans la possession de cette lettre.

Un affreux désespoir s'empara de Melchior. Une pareille lettre, fût-elle une invention, fût-elle une calomnie, portait un coup terrible à l'honneur de sa famille.

S'il plaisait à Carmélite de la faire lire, cette histoire serait bientôt la fable de toute la ville, fable accueillie et répétée tout haut avec joie par les étudians, accueillie et répétée tout bas par les officiers même de son régiment, dont un grand nombre était jaloux du luxe affiché par le lieutenant Lesly.

Au milieu du désordre où l'avait jeté la disparition de cette lettre, Lesly appela Philopémen pour l'interroger. Il apprit de lui que Carmélite était demeurée seule dans l'appartement, il apprit de lui qu'il l'avait vue écrire.

Pour comble de malheur, Philopémen dit de ces mots qui assassinent le cœur d'un homme.

— Est-ce que la petite a volé M. le marquis?...
— Oui...
— Monsieur a-t-il bien compté son argent?... Car il n'y a qu'elle et moi qui ayons pu commettre le vol : et je prie monsieur de croire que je suis incapable... etc., etc...
— Mais je ne dis pas cela.
— Ah! on a donc volé autre chose à monsieur?

Melchior, sans répondre, retournait tous les papiers.
— Mais il me semble qu'il ne manque rien à monsieur.

Enfin Melchior, exaspéré, s'écria qu'il fallait rattraper Carmélite à tout prix et la ramener dans la maison de gré ou de force.

Mais le temps perdu à la recherche de la lettre, à l'explication donnée à Philopémen, avait dû donner de l'avance à Carmélite.

A côté de l'horrible inquiétude qu'éprouvait Melchior, il y avait encore un ennui qui le tourmentait; il était aux arrêts. S'il n'était pas rentré chez lui avant le jour, il manquait gravement à son devoir.

Certes, s'il eût pu dire la vérité, il eût eu une excuse trop légitime : mais on ne fait à personne l'aveu qu'il lui eût fallu faire pour s'excuser.

Après de longues et inutiles recherches, il se décida à rester chez lui, espérant que Carmélite y reviendrait, que si elle voulait se servir de la lettre qu'elle possédait, elle enverrait quelque émissaire pour faire ses conditions.

Il faisait à peine jour lorsque Philopémen, qui était parti à tout hasard, rentra dans la maison sans avoir découvert aucune trace de Carmélite.

A peine Lesly était-il seul, tout disposé maintenant à croire à la vérité des faits rapportés dans la lettre de madame de Fosenzac, au moment où il se disposait à écrire au général pour demander, comme une grâce exceptionnelle, que ses arrêts fussent levés, on lui annonça l'arrivée de trois personnes, parmi lesquelles, au dire de Philopémen, se trouvait le brutal étudiant qui avait enlevé Carmélite.

Lesly n'eut pas le temps de réfléchir au motif qui pouvait les amener chez lui. Il n'y vit qu'une chance de retrouver la trace de Carmélite, et par conséquent la lettre dont elle s'était emparée.

Melchior ordonna qu'on introduisît immédiatement ces trois hommes, et il ne fut pas peu surpris de reconnaître, dans ceux qui accompagnaient Poyer, d'abord Valvins, celui qui lui était signalé comme l'amant heureux de sa sœur, ; puis ce Lucien Deville, celui qui s'était fait, selon cette lettre, le chef du complot qui devait mettre au jour les fautes et les crimes de madame de Chastenux et de la princesse de Kadicoff.

Lesly crut voir dans cette réunion la confirmation du soupçon qui lui était déjà venu à l'esprit, et il se dit qu'il devait y avoir une main ennemie qui, après l'avoir poussé entre ces trois hommes, les excitait contre lui.

Il se résolut donc, par une rapide réflexion, à écouter froidement les explications qu'ils venaient lui demander, et à n'accepter une rencontre qu'autant qu'il leur en aurait fait déduire catégoriquement les motifs.

Valvins avait l'air profondément attristé, et Lucien Deville semblait amené plutôt par un sentiment de condescendance au dessein de son ami Poyer, que par la conviction qu'il lui prêtait une assistance convenable dans une affaire digne et juste.

Quant à Poyer, il avait dans tous ses traits et dans sa tenue une impassibilité glacée. On eût dit qu'il était sous le pouvoir d'une fatalité qui le poussait invinciblement à sa perte. Ce n'était plus le fier et joyeux étudiant pour qui le danger était un bonheur, pour qui le combat était une fête : c'était un fantôme qui vivait, la mort dans le cœur.

VI

Provocations.

Il y eut un moment de silence pendant lequel les trois amis refusèrent d'un geste froid les siéges que leur avait avancés le marquis de Lesly. Celui-ci, malgré sa résolution d'être calme, prit un air de hauteur et dit d'un ton sec :

— J'attends, messieurs.

— Monsieur de Lesly, dit Valvins avec un effort qui montrait combien il regrettait d'être forcé de remplir la mission dont il était chargé ; monsieur de Lesly, hier, M. Poyer a pénétré de vive force dans votre maison ; il en a fait sortir par la menace une femme qui vous intéresse vivement. C'est une injure qu'il vous a faite : il vient vous en offrir la réparation.

Melchior qui, dans toute autre circonstance, eût trouvé une pareille démarche assez impertinente pour mériter une correction immédiate, Melchior se contint et répondit assez froidement :

— Mais si je ne me trouve point offensé de la conduite de monsieur, si je ne lui en demande pas réparation, dois-je accepter un combat qu'on m'offre si bénévolement ?

Valvins et ses amis étaient loin de s'attendre à une réponse aussi calme de la part de Melchior ; et Poyer, prenant aussitôt la parole, dit avec un léger accent de colère :

— Si M. le marquis de Lesly ne se trouve point offensé de ce que j'ai forcé sa maison, de ce que j'en ai chassé sa maîtresse, moi je me trouve offensé de ce qu'il m'a pris une femme qui m'appartenait, et je lui demande raison de sa conduite.

— Je le comprends de cette façon, répartit Lesly ; mais je pourrais dire à M. Poyer que j'ignorais complétement ses relations avec cette fille, et que si je les avais connues, rien n'eût pu me déterminer à lui faire gratuitement l'affront qu'il me reproche.

A cette réponse, Poyer regarda Valvins d'un air stupéfait et lui dit :

— C'est là le jeune homme impétueux dont tu m'avais parlé ?

— Monsieur Poyer, dit Melchior d'une voix grave, nous n'avons pas, entre nous, l'habitude de douter du courage de nos adversaires.

Melchior était visiblement embarrassé et s'arrêta un moment.

— Je serai prêt, quand il en sera temps, à vous rendre raison des torts que j'ai pu avoir avec vous; mais je vous le demande comme à un homme d'honneur, ma conduite envers cette misérable fille est-elle la seule cause de la rencontre où vous venez m'appeler ?

— Ne la trouvez-vous pas suffisante ?

— Sans doute... Mais, pour l'honneur de ma famille, dit Melchior d'une voix tremblante, j'ai besoin de savoir si vous ne cédez pas à quelque suggestion tout à fait étrangère à Carmélite.

A ces paroles de Melchior, la figure de Poyer devint livide; une haine implacable se peignit un moment sur son noble visage et lui donna une expression de férocité.

— L'honneur de votre famille... murmura Poyer d'une voix sourde ; l'honneur de votre famille!... répéta-t-il avec un violent mouvement de rage.

Il jeta un regard interrogateur sur Lucien et Valvins, et reprit avec une expression d'ironie cruelle :

— Le marquis de Lesly parle de l'honneur de sa famille ! Mais ne savez-vous pas, reprit Poyer en attachant sur Melchior ses yeux ardens, ne savez-vous pas que votre père a touché à l'honneur de la mienne ?

Melchior baissa les yeux.

— Ne savez-vous pas, reprit Poyer dont la colère s'exaltait de moment en moment, ne savez-vous pas qu'à défaut du père, j'ai soif de tuer le fils ?... Il me parle de l'honneur de sa famille, lui, le fils du marquis de Lesly qui a déshonoré la maison où on lui donnait asile... lui, le frère de cette femme perdue...

— Silence, Poyer ! s'écria Valvins.

Melchior écoutait, la pâleur sur le front.

— Laissez-le parler, commandant, s'écria-t-il d'une voix sombre, laissez-le parler... Il faut que je sache la vérité tout entière, il le faut.

Melchior resta un moment silencieux ; puis il reprit d'une voix entrecoupée par l'effort violent qu'il faisait sur lui-même pour aborder un pareil sujet :

— N'avez-vous pas appelé ma sœur une femme perdue, et n'y a-t-il pas un de vous qui pourrait au besoin attester que c'est la vérité?

En parlant ainsi, Melchior regarda Valvins, qui rougit et baissa les yeux.

Melchior continua en s'adressant à Deville :

— Et vous, monsieur, n'êtes-vous point d'avis qu'il est temps de mettre en pleine lumière les crimes de ces mères qui jettent leurs enfans à l'abandon et à la misère?

— Que dites-vous? s'écria Valvins, et d'où savez-vous?...

— Ah! fit Melchior, d'où je sais vos projets...

Il s'arrêta, et tirant de sa poitrine un soupir profond et désespéré, il s'écria :

— Oh! tout ce que m'annonçait cette lettre était donc vrai!...

— Quelle lettre?

— Quelle lettre? reprit Melchior ; une lettre qui n'est plus en mon pouvoir...

Il s'arrêta encore et reprit :

— Oh! c'est épouvantable!...

Puis avec un désordre extrême :

— Merci, messieurs, merci de votre présence. Eh bien, à vous d'abord, monsieur Poyer, et si le sort vous favorise, tant mieux... je ne vivrai point pour voir éclater sur mon nom cet orage de délations et d'infamies... Si c'est moi qui suis le vainqueur, ce sera à nous deux ensuite, monsieur Valvins... et à vous après, monsieur Deville ; car il faut que je meure, ou que tout homme qui possède l'horrible secret de tous ces crimes meure aussi.

Valvins et Deville se regardèrent.

— Je ne vous comprends pas, dit Valvins.

— Je vous dis que je sais tout, reprit Melchior. Une femme à qui vous avez dit vos projets les a confiés à ma sœur, qui me les a écrits...

Lucien et Valvins restèrent confondus.

— C'est madame Cantel, murmura Deville.

— Oui, oui... reprit Melchior, c'est bien le nom de cette femme.

Puis il reprit avec rage :

— Et cette lettre est entre les mains de Carmélite !

Les trois amis reculèrent avec étonnement.

— Écoutez, écoutez, leur dit Melchior avec désespoir ; voulez-vous m'aider à retrouver cette fille, à lui arracher une arme avec laquelle elle peut perdre et ma sœur et votre mère aussi, monsieur Poyer, car le crime de mon père s'y trouve expliqué aussi bien que les fautes de ma sœur? Voulez-vous m'aider à retrouver cette lettre, et puis après je serai à vos ordres... le voulez-vous?

— Oui, dit Poyer... je le veux... Mais après cela vous m'appartenez...

— A l'heure que vous voudrez et comme il vous plaira.

Cette conversation était à peine finie que Melchior écrivit au lieutenant-général le billet suivant :

« Mon général,

» Je me fie à votre honneur de soldat, et je viens vous dire : Sur l'honneur de mes épaulettes, une affaire complétement étrangère aux événemens qui se sont passés hier au Champ-de-Mars, une affaire où il y va de l'honneur, de la vie de toute une famille, cette affaire m'oblige à quitter les arrêts que vous avez prononcés contre moi.

» Je vous le demande comme une grâce, si l'on me rencontre déguisé par la ville ou dans la campagne, faites qu'on ne me recherche point... Il faut tout vous dire. J'ai besoin de ma liberté pour sauver l'honneur de...

» Mais à quoi bon vous dire des noms qui me feraient rougir un jour devant vous? »

Ce billet écrit, Melchior s'habilla en bourgeois et s'apprêta à sortir avec ses trois ennemis.

— De quel côté pouvons-nous trouver Carmélite? dit Valvins.

— Du côté de la ferme de Leroëx ou de la maison où je l'ai trouvée.

— Mon domestique y est allé, dit Melchior.

— Et n'a rien trouvé, dit Poyer. Oh! il faut connaître le pays mieux qu'il ne le connaît, pour trouver quelqu'un qui se cache parmi les haies, les buissons et les chemins creux de nos campagnes. Venez avec moi.

Ce fut ainsi qu'ils sortirent tous les quatre sous la direction de Poyer.

Notre héros, avec cet instinct de chasseur qui lui avait appris quel attrait invincible ramène toujours toute créature aux environs de l'endroit où est son nid et sa vie; Poyer, disons-nous, les conduisit du côté de la ferme de Leroëx. C'était le bruit des pas précipités de ces quatre hommes qu'avaient entendu Carmélite et Fabien.

VII

Un Meurtre.

A travers le feuillage derrière lequel ils s'étaient abrités, Fabien et Carmélite aperçurent de loin ceux qui étaient à leur poursuite, et se retirèrent au plus profond du taillis où ils s'étaient cachés.

Bientôt les quatre jeunes gens arrivèrent; leur marche était rapide, et ils paraissaient aller à un but déterminé, sans chercher aucun indice qui dût les arrêter sur le chemin qu'ils parcouraient; aussi passèrent-ils rapidement devant le taillis où se tenaient blottis Fabien et Carmélite.

Mais au moment où ils allaient s'éloigner dans la direction de la ferme de Léroëx, Poyer s'arrêta tout à coup. Il parut prêter l'oreille à un bruit qui avait traversé l'air; il jeta autour de lui un regard rapide et investigateur. On eût dit qu'il était doué de l'instinct prodigieux du chien de chasse, qui sent au loin la présence de la victime qu'il poursuit.

Soit que ce fût une inspiration soudaine qui montrait à Poyer cet endroit comme plus propre qu'un autre à cacher les coupables, soit qu'un indice inaperçu de tous ses compagnons lui eût révélé leur présence, il tourna vers le taillis un regard qui semblait pénétrer dans son ombre.

Puis, tout à coup, bondissant comme un lévrier qui a aperçu sa proie, il franchit en quelques bonds les haies, les fossés et les buissons qui le séparaient de l'endroit où étaient cachés Carmélite et Fabien, et avant que ceux-ci eussent pu faire un mouvement pour échapper à cette poursuite soudaine, il était près d'eux et appelait à lui ses compagnons qui l'avaient si soudainement vu disparaître à leurs yeux.

Lorsqu'ils arrivèrent, Carmélite et Fabien étaient l'un près de l'autre, la main dans la main, tremblans et épouvantés tous deux, mais tous deux cependant bravant du regard les ennemis qu'on leur annonçait.

Quant à Poyer, il était debout, immobile en face d'eux, promenant son regard désespéré sur ces deux êtres qu'il avait tant aimés, et qui l'avaient si indignement trahi.

Ce fut alors que Poyer, montrant Carmélite à Melchior de Lesly qui arrivait, lui dit d'une voix sourde:

— Tenez, voilà la femme que vous cherchez; dépêchez-vous, j'attends.

En parlant ainsi, Poyer s'assit sur une pierre et cacha sa tête dans ses mains comme pour rester étranger à tout ce qui allait se passer.

Melchior s'avança vivement vers Carmélite, et lui dit d'une voix menaçante :

— Vous avez pris chez moi une lettre qu'il faut me rendre à l'instant même.

Avant que Carmélite n'eût le temps de répondre, Fabien s'avança vers Melchior et lui dit avec la colère d'un cœur qui ne sait d'autre excuse à ses fautes que de les pousser jusqu'au bout :

— Prenez garde ; il y a ici quelqu'un qui ne vous laissera pas insulter et menacer cette jeune fille.

— Et qui cela ? dit le marquis de Lesly avec hauteur.

— Moi ! répliqua Fabien.

Melchior, que le ton de son nouvel ennemi avait exaspéré, fut sur le point de répondre à cette bravade par l'insulte la plus violente ; mais, en voyant la tournure frêle de cet enfant, il s'arrêta et demanda à ceux qui l'entouraient :

— Mais quel est donc ce jeune homme qui vient se mêler de choses qui ne doivent ni ne peuvent le regarder ?

— Il vous importe peu de savoir qui je suis, reprit Fabien en pâlissant ; laissez là cette jeune fille, ajouta-t-il d'un ton moins impérieux, c'est tout ce que je demande.

— Et moi, reprit Melchior en se détournant de Fabien comme d'un ennemi indigne de lui, pour s'adresser à Carmélite, je demande, j'exige, je veux cette lettre que vous m'avez volée.

— Vous ne l'aurez pas, répartit Carmélite résolument.

Melchior se retourna vers les deux témoins de Poyer, et, la pâleur sur le visage, frémissant de colère, il s'écria :

— Vous le voyez, messieurs, vous voyez à quoi l'on me réduit ; vous témoignerez que si j'ai jamais porté la main sur cette femme, c'est qu'elle l'a voulu.

— Oh ! s'écria Carmélite en reculant de quelques pas, n'en appelez à personne ici, monsieur le marquis de Lesly ; car vous me protégerez, vous, monsieur Deville, et vous aussi, monsieur Valvins, reprit-elle en élevant encore la voix, c'est votre vengeance qu'on veut m'arracher ; c'est la preuve des crimes de la sœur de cet homme, c'est la preuve de votre naissance, monsieur Deville, c'est la preuve que nous sommes nés du même père ; car vous êtes mon frère, j'en ai la preuve maintenant.

— Misérable ! s'écria Lesly en s'élançant vers Carmélite qui se recula encore, pendant que Fabien se jeta à la rencontre de Lesly, et tous deux se prirent à lutter ensemble.

Valvins et Deville étaient demeurés immobiles, stupéfaits de ce qu'ils venaient d'entendre ; mais Poyer s'était levé tout à coup, et à l'aspect de Fabien et de Melchior qui, après avoir lutté un moment ensemble, s'étaient séparés pour se saisir chacun d'une épée et s'attaquer avec plus de fureur, Poyer avait poussé comme un cri de joie sauvage ; puis tout à coup, en les voyant s'avancer l'un sur l'autre, les yeux enflammés de colère, les lèvres frémissantes de rage, il se précipita entre eux au moment où ils se lançaient en aveugles l'un contre l'autre, et les deux épées, poussées par ces mains furieuses, frappèrent à la fois le brave Poyer et se croisèrent pour ainsi dire dans sa poitrine.

En ce moment, un cri d'épouvante et de douleur s'échappa de toutes les bouches; mais Poyer resta debout, les deux mains appuyées sur ses blessures, et regardant tour à tour Melchior et Fabien, il leur dit d'une voix haletante:

— Oh! vous êtes bien tous les deux les fils de l'homme qui a déshonoré ma mère... votre père a tué le mien par la honte... vous m'avez tous deux assassiné avec l'épée!... C'était juste...

A peine avait-il prononcé ces paroles que l'infortuné Poyer détacha ses mains de sa poitrine, les tendit à Valvins et à Deville qui s'étaient approchés, et tomba en murmurant ces derniers mots:

— Ne dites rien à ma mère... et ne me vengez pas.

Rien ne peut rendre le désespoir de Melchior en voyant ainsi tomber ce brave jeune homme qui n'avait pas eu un mot pour maudire ceux qui, après avoir porté le désespoir dans son cœur, venaient d'y plonger le fer.

Quant à Fabien, il était tombé à genoux, et pas un cri, pas un murmure n'étaient sortis de sa bouche, pas une larme de ses yeux.

Il regardait fixement le visage de Poyer, il semblait absent de tout ce qui se passait autour de lui, lorsque Carmélite, voulant profiter de la stupeur universelle, fit un mouvement pour s'enfuir.

— Tout à coup, et avant qu'elle n'eût pu faire un pas, Fabien l'atteignit, et la traînant jusque auprès du corps de Poyer avec une force invincible, il la jeta à genoux auprès de ce corps inanimé en lui criant:

— Regarde celui que tu as tué!

A son tour, Carmélite se mit à contempler Poyer, et comme si l'aspect de ce corps insensible lui rendait le souvenir de tout ce qu'il y avait de grand et de noble dans ce cœur qui ne battait plus, elle s'écria après un moment de silence:

— Il n'y avait que lui de bon!

Puis elle se pencha sur le cadavre, déposa un baiser sur ses lèvres glacées, se releva, et jetant à terre la lettre de madame de Fosenzac et la copie qu'elle en avait faite, elle s'écria:

— Tenez, videz entre vous toutes vos honteuses querelles, je ne vous connais plus.

Lesly ramassa les papiers, et ayant reconnu l'écriture de sa sœur, il garda la lettre et rejeta la copie qui en avait été faite comme un papier qu'il ne lui importait pas de connaître.

Fabien s'en empara sans autre motif que ne pas laisser à l'abandon une lettre dont il avait reconnu l'écriture pour être celle de Carmélite, et celle-ci s'éloigna rapidement.

Pendant ce temps, Valvins et Deville s'étaient approchés de Poyer et s'étaient agenouillés près de lui.

Quelque écergie qu'il y eût dans le cœur de ces deux hommes, elle paraissait avoir complétement succombé sous le coup douloureux qu'ils venaient de recevoir l'un et l'autre.

Ce fut Melchior qui leur adressa le premier la parole.

— Eh! bien, messieurs, leur dit-il, que décidez-vous?

— Oh! dit Valvins, c'est effroyable; et comment pourrons-nous annoncer à madame Poyer que son fils est mort frappé de la main de Fabien, de la main de son autre enfant?...

— Ecoutez, dit alors Melchior d'une voix entrecoupée, un duel n'a-t-il pas pu avoir lieu, un duel entre moi et M. Poyer, duel qui peut s'expliquer par trop de raisons fatales pour qu'on n'y croie pas?

Deville montra du doigt les deux blessures ouvertes à chaque côté de la poitrine.

— Un duel, dit-il, n'admet pas deux épées qui frappent et qui tuent à la fois. Il faut dire la vérité.

Valvins se leva alors et reprit avec une vivacité désespérée:

— La vérité, oui, il la faut aux magistrats, il la faut à nos camarades, mais nous ne pouvons pas assassiner la mère, après avoir tué le fils, en disant la vérité. Pour elle ce sera dans un duel que le brave Poyer sera mort. Tu m'entends, Fabien? et pour que ta mère ne sache jamais que ta main est une de celles qui ont fait couler le sang de ton frère, tu rempliras jusqu'au bout tous les devoirs que tu dois au fils de celle qui t'a nourri et élevé.

— Je le ferai, répartit Fabien.

Alors Valvins tendant la main à Deville, lui dit d'une voix sourde :

— Voilà donc le sort que Dieu a réservé à la mère qui n'avait pas abandonné son enfant; n'y aurait-il pas un châtiment pour celles qui les ont jetés à la misère et à l'abandon?

Ces paroles ramenèrent Lesly au souvenir du motif qui l'avait conduit à la poursuite de Carmélite, et croyant que c'était à lui que s'adressait la menace de Valvins, il dit d'une voix calme et résolue :

— Et maintenant, messieurs, quand vous voudrez, je serai à vos ordres.

— Pas encore, monsieur le marquis, lui répondit Valvins, Poyer nous a défendu de le venger.

VIII

Tristes honneurs.

Deux heures après cette rencontre, deux paysans rapportaient sur une civière le corps de l'infortuné Poyer.

C'étaient les fils de ce vieux Leroëx qui avaient fait avec Poyer une si rude connaissance. Le père marchait derrière ses enfans, son bonnet à la main, pleurant comme si c'eût été un de ses enfans dont il suivait le cadavre.

Derrière lui venaient tous les paysans qui avaient rencontré ce cortége funèbre, de même que ceux qui l'avaient aperçu du champ où ils travaillaient, les uns revenant sur leurs pas, les autres quittant et abandonnant au milieu de leurs champs leurs instrumens de labourage, tous la tête basse et le visage morne, aussi étonnés que désespérés de cette mort qui leur semblait un rêve.

D'où venait donc à ce jeune homme cet hommage universel? C'est que là, sur cette civière, était couché le beau Poyer, le noble Poyer, le brave Poyer, l'honneur de la jeunesse bretonne, le cœur loyal, sincère, enthousiaste; l'ami du faible et du pauvre, l'ennemi de l'insolent et du persécuteur, le pur et rude enfant de la Bretagne, celui que la voix publique opposait avec fierté à tout ennemi, qu'on pouvait citer pour sa force, pour son adresse ou pour son courage, le jeune héros enfin de ces luttes intérieures sur lequel la ville de Rennes s'appuyait fièrement en disant:

— S'il arrivait que dans une rencontre générale on tuât tous nos braves étudians, il nous resterait Poyer, Poyer qui suffirait seul à les venger tous.

En tête de ce cortége lugubre marchait Fabien entre Valvins et Deville.

Dès qu'ils eurent franchi les portes de la ville, dès que quelques passans eurent rencontré ce triste convoi, la nouvelle de la mort de Poyer se répandit de maison en maison, de rue en rue, avec une effrayante rapidité, et une heure ne s'était pas écoulée depuis que Poyer avait été déposé dans sa modeste chambre d'étudiant, que toute la jeunesse de Rennes et une partie de la population était amassée dans la rue, dans les environs de sa demeure.

Pendant ce temps, Lucien avait été chez madame Poyer, et Valvins s'était rendu chez le général et chez les magistrats pour les avertir de cet événement et leur en apprendre les funestes circonstances.

Fabien était resté près du corps de Poyer, Charles Joulu et quelques autres de l'intimité de Poyer avaient reçu de Valvins et de Deville la confidence des dernières paroles de leur ami, et ceux-ci parcouraient la foule des étudians en calmant les murmures menaçans et les projets de vengeance qui fermentaient dans les esprits exaspérés par cette mort soudaine.

Enfin Deville revint de la mission douloureuse qu'il avait acceptée; puis Valvins, qui avait obtenu des magistrats la promesse de laisser aux étudians le droit de rendre à Poyer l'hommage qu'ils croiraient devoir à sa mémoire.

Ce fut alors qu'on annonça à toute cette foule que les funérailles de Poyer auraient lieu le lendemain, et que son corps serait transporté à Berbins dans le château de sa famille.

Cette annonce éloigna une grande partie des curieux rassemblés autour de la maison, mais la plupart des étudians demeurèrent.

On demanda en leur nom qu'il leur fût permis de voir une dernière fois le corps de leur ami, et tous montèrent les uns après les autres pour saluer d'un suprême adieu ce noble jeune homme qu'ils avaient tous aimé, dont tous avaient été fiers d'être les compagnons.

Puis quand le soir fut venu, sans qu'aucun ordre de la police empêchât cette calme et sévère démonstration, quelques étudians se placèrent devant la salle de spectacle, pour dire aux rares habitans de Rennes qui se présentaient pour entrer au théâtre, ces seules paroles:

— Vous savez sans doute que Poyer a été tué.

Et tout aussitôt chacun s'en retournait, comprenant et respectant ce deuil public, s'il ne le partageait pas.

Les officiers du régiment de cavalerie étaient encore consignés, et aucun des officiers des autres régimens ne pensa ce soir-là à se présenter au spectacle.

Le lendemain, le corps de Poyer fut enlevé par les étudians eux-mêmes: tout s'était organisé dans la nuit.

Après les étudians venait un certain nombre d'ouvriers qui devaient porter le corps de Poyer, puis les paysans des environs de Rennes. Les relais étaient marqués pour arriver jusqu'à la demeure de madame Poyer. Ce fut ainsi qu'on partit de la maison mortuaire.

La foule était immense dans les rues que le cortége devait traverser.

La plupart des filles du peuple, et toutes ces pauvres filles à la vie joyeuse pour qui Poyer était un héros, suivaient le cortége en habit de deuil. Les fenêtres étaient encombrées de curieux, et c'était une chose bizarre que de voir les têtes blanches des vieillards qui avaient blâmé hautement la vie qu'avait menée ce jeune homme, se courber pieusement et tristement devant ce cercueil qui passait; c'est que la Bretagne est toujours la Bretagne, et que ces vieux Bretons venaient de voir tomber un de ces hommes taillés à la hauteur de ces hommes de fer qui ont illustré leur histoire.

Les mères de famille elles-mêmes laissaient tomber sur ce cercueil un regard de pitié, et cette pitié allait, par la pensée, à sa pauvre mère, la noble victime. Enfin, les jeunes filles de ce monde dont les portes eussent été fermées à Poyer, se demandaient curieusement pourquoi cette douleur universelle, pourquoi ce respect profond en face du cercueil de celui dont elles avaient entendu souvent accuser sévèrement les folies et les excès.

C'est que bien au dessus de tous ces défauts qui avaient rendu la jeunesse de Poyer si redoutable et si blâmable, planaient trois vertus qui appartiennent plus particulièrement à la Bretagne. Il était brave, loyal et bon. Nulle misère ne l'avait trouvé indifférent, nulle parole donnée ne l'avait trouvé infidèle, nul danger ne l'avait fait reculer.

Cependant le cortége funèbre, après avoir parcouru la ville, se dirigea sur la route qui menait à Berbins.

C'était plus de six heures d'une marche même rapide. Beaucoup de ceux qui étaient venus pour rendre un dernier hommage à la mémoire de Poyer et se joindre à la douleur publique, beaucoup de ceux-là, dis-je, quittèrent le convoi aux portes de la ville; mais aucun de ceux qui si décidèrent à l'accompagner plus loin ne l'abandonna à mesure que la fatigue ou l'ennui les prenait sur la route.

On ne vit pas ce cortége funèbre, comme celui de tant d'hommes illustres, s'amoindrir peu à peu et se réduire à quelques fidèles au moment où il atteignait le but.

Tous ceux qui étaient partis avec Valvins, Deville et Fabien, étaient encore avec eux au moment où le cortége arriva en vue du château de Berbins.

Là aussi était une autre réunion : c'étaient tous les paysans des environs; c'étaient les serviteurs de la maison, tous en grand deuil, hommes, femmes et enfans, agenouillés et priant, tandis qu'une femme restait debout, immobile, sur la porte de cette maison désolée.

C'était madame Poyer, qui regarda s'avancer le cortége qui lui rapportait son fils, sans que rien vînt altérer l'immobilité de son visage.

Enfin le cortége arriva dans la cour qui précédait la maison; madame Poyer restait toujours immobile.

Lucien et Deville s'avancèrent vers elle, tandis que Fabien, la tête baissée, attendait un signe, un regard qui lui permît d'aller se jeter aux genoux de sa mère.

— Merci, messieurs, dit madame Poyer aux deux amis qui s'étaient inclinés devant elle, faites ce que je vous ai demandé.

Sur un signe de Valvins et de Deville, les étudians qui avaient repris le corps de Poyer entrèrent dans la maison, et la traversant lentement, pénétrèrent dans un petit jardin, au milieu duquel une fosse avait été creusée.

Tous ceux qui les suivaient entrèrent avec eux, passant devant madame Poyer qui était toujours immobile à la porte, entre Valvins et Deville, et saluant avec respect ce sublime et courageux désespoir.

Ils entrèrent tous, pendant que Fabien, écrasé sous le poids de son remords, restait anéanti à la même place.

Puis enfin, lorsqu'il se trouva seul en face de sa mère et de ses amis, il se précipita vers elle avec un mouvement désespéré; mais la noble femme se recula, et pendant que Deville et Valvins allaient se réunir aux amis assemblés auprès de la tombe de Poyer, pendant qu'ils s'éloignaient pour laisser à ce remords et à cette douleur la liberté de leurs larmes, pendant que Fabien, tombé à genoux, tendait vers sa mère des mains suppliantes et levait sur elle des yeux remplis de pleurs, madame Poyer se recula, et prenant des deux mains les deux battans de cette porte ouverte, elle les ferma elle-même sur l'enfant maudit, sans lui adresser un regard et sans prononcer une parole.

IX

Réflexions.

Là s'arrêtaient les manuscrits dont Noël avait entrepris la lecture.

Il est difficile de dire quels furent les sentimens que lui inspira la révélation de pareils événemens.

L'homme a une singulière faculté; est-elle mauvaise, est-elle bonne? Je vais tâcher de la faire comprendre à mes lecteurs. Qu'on me permette à ce sujet une assez longue digression dans le champ de la moralité humaine; la question en vaut la peine.

Quel est celui qui, dans sa vie, n'a pas éprouvé un vif étonnement et souvent une profonde indignation, en entendant blâmer certains vices, précisément par ceux qui en sont le plus entachés? Ainsi, point de plus grands pourfendeurs de la friponnerie que les escrocs commerciaux; ainsi, point de plus dédaigneux moqueurs de la poltronnerie, que les drôles que l'on peut souffleter à main que veux-tu; point de juges plus cruels de la faiblesse des femmes, que les catins bien avérées.

Est-ce donc, de la part des vicieux, un vice de plus? Est-ce un calcul par lequel ils espèrent cacher au monde leur propre conduite? Le blâme qu'ils jettent sur les autres est-il un masque derrière lequel ils prétendent se cacher? Bien long-temps je l'ai cru; mais en observant la nature de l'homme de plus près, en renonçant à donner aux méchans plus d'esprit et de subtilité qu'ils n'en ont véritablement, on arrive à reconnaître qu'il y a une sorte de bonne foi, dans cette façon d'être si sévère pour les autres, si indulgent pour soi.

Cette bonne foi tient-elle seulement à l'aveuglement qui fait que chacun voit très clair dans la conduite des autres et ne distingue rien dans la sienne? Est-ce enfin ce résultat inévitable de la faiblesse humaine qui, selon l'Évangile, nous fait voir la paille dans l'œil du voisin et nous cache la poutre qui est dans notre œil? Je ne pense pas que cela soit, aussi complètement qu'on le pense dans cette hypothèse, le résultat de notre cécité primitive. Je pense que l'homme n'est pas si aveugle qu'on le dit, qu'il n'est pas absolument privé du droit de se juger lui-même. Seulement il se juge en général en connaissance de cause, et il condamne les autres sur les apparences.

Il est peu d'êtres humains pour qui le mal soit une nécessité de nature; il n'en existe pas à qui une éducation quelconque n'ait imposé un frein quel qu'il soit; cependant ce frein, on le brise. Eh bien! c'est qu'on a toujours une raison de le briser; raison mauvaise, détestable, insuffisante, je le sais; n'importe : elle existe. On la porte en soi, on en a la conscience, on la subit, et, en vertu de cette raison, on pallie à ses propres yeux ses mauvaises actions.

Il n'en est pas de même des mauvaises actions des autres; on en ignore le motif, on n'en voit que le résultat; résultat sans excuse à nos yeux et que nous condamnons sans ménagement. Ainsi, à mon sens, l'homme est souvent égoïste et méchant; mais, plus souvent encore, il est ignorant et léger.

Si je fais précéder la fin de ce récit de ces réflexions, c'est que nous sommes arrivés à une époque où il est nécessaire aux hommes de lettres de se défendre contre leurs lecteurs.

Voyons, entendons-nous bien, s'il vous plaît.

Je suppose que ce livre soit dans les mains d'un homme, avocat, juge, médecin ou prêtre : le premier mouvement de son cœur et de son esprit sera de se révolter, de s'écrier que c'est un odieux tissu de suppositions et d'inventions immorales.

Eh bien! je lui dirai, moi :

Juge ou avocat, interrogez vos souvenirs, regardez bien dans ces épais dossiers de papiers timbrés qui vous ont passé dans les mains, et dites-moi si vous n'avez pas lu depuis long-temps des romans bien autrement cruels, et terribles et honteux, que ceux que je vous livre.

Si vous êtes médecin, comptez, je vous prie, ce que vous avez rencontré de jeunes filles flétries, de femmes risquant leur vie pour effacer la trace d'une faute ; comptez les hommes dont la débauche vous a pris pour confident ; comptez les enfans morts de l'inconduite de leur père... ayez le courage de votre science, et vous verrez que ceci est de beaucoup au dessous de la vérité.

Si vous êtes prêtre... mais les prêtres ne lisent pas de romans, ou bien ils n'en disent rien...

Mais je vais plus loin : ce qui est vrai pour les hommes spéciaux, que leur état fait pénétrer plus avant que d'autres dans les secrets des infirmités humaines, est vrai pour les hommes de toute classe, pour les femmes de toute position. Il n'en est pas un ni une qui ne sache, des siens, ou de ses voisins, ou de ses amis, ou de ses connaissances, plus d'histoires scandaleuses que nous n'en pouvons raconter ; et cependant tous ces gens, avocats, médecins, prêtres, bourgeois, diront à qui voudra les entendre : Tout cela est faux, extravagant, et cela après avoir rencontré des vices plus inouïs, accusant le livre et le condamnant avec la même légèreté qu'on accuse et qu'on condamne dans les autres ce qu'on se pardonne aisément.

Ces considérations me ramènent au point de départ de ce chapitre, et je dis que si un homme d'un âge expérimenté, d'une éducation faite à l'usage du monde, eût lu les manuscrits qui avaient été remis à Noël, il se fût révolté, il eût crié au mensonge, à l'infamie, à l'invention ; et cela, je le répète encore, lorsqu'il eût vu, dans son expérience, de bien plus tristes événemens, de bien plus coupables actions.

Tout au contraire, Noël était un enfant qui avait vécu, jusqu'au moment de cette lecture, dans la plus profonde ignorance du monde.

Abrité jusque-là dans le nid maternel, il ne s'en était pas doucement échappé, comme l'oiseau qui s'essaie aux branches voisines, et qui rentre tout tremblant et tout épouvanté à la première douleur qu'il souffre en heurtant à une feuille son aile mal emplumée. L'oiseau ainsi élevé va et revient, rapportant au nid maternel une douleur de plus et aussi une expérience de plus, protégé par sa faiblesse même, qui l'empêche de se blesser trop cruellement ; de façon que, lorsqu'il a toute sa force et qu'il prend l'essor qui lui ouvre le ciel, l'air et la liberté, il a déjà assez souffert pour être prudent, pour éviter certains dangers.

Il n'en est pas de même du passereau qui arriverait à toute sa croissance sans avoir quitté l'abri de mousse où il est né. Du moment où il ouvre ses ailes pour l'espace, il est libre et fort, et s'il lui arrive de s'élancer d'un vol rapide et joyeux, il y mettra tant de force, par cela même qu'il n'aura pas appris à la modérer, qu'au premier obstacle qu'il rencontrera, il se cassera les ailes et se brisera la tête.

Tel était Noël : la tendresse inquiète de sa mère l'avait mis à l'abri de toutes ces cruelles expériences qui donnent à l'homme ses premiers doutes et ses premières prudences. Il était arrivé à l'âge de vingt-deux ans sans savoir rien, ni de la vie habituelle des autres, ni du passé de sa mère, ni de l'existence de sa famille, et lorsqu'il eût fallu à sa jeunesse une main ferme et prévoyante pour diriger l'élan vigoureux par lequel il entrait dans la vie, sa mère lui manquait, sa mère était morte.

Par un hasard non moins bizarre, Noël ne pénétrait pas dans les mystères de la vie sociale par une expérience personnelle ; ce n'était point un amour trompé, une amitié trahie, qui lui apprenaient la souffrance et les misères de notre existence ; c'étaient des révélations étranges, étrangement arrivées à sa connaissance, venant d'hommes qui lui étaient pour ainsi dire étrangers, et lui apprenant des événemens dont il ne voyait point qu'il eût à se préoccuper pour lui-même.

Cependant à ces révélations et à ces événemens se mêlaient des noms qui avaient pour lui quelque intérêt, puisque c'était aux hommes qui portaient ces noms que sa mère mourante l'avait recommandé.

N'avait-il pas retrouvé dans tous ses récits le nom de son père, M. de Varneuil, de nom du vicomte d'Assimbret, celui de M. d'Arvilliers ? Et lorsqu'il avait essayé de remettre les lettres dont sa mère l'avait chargé, ne s'était-il pas trouvé en contact et même en opposition avec quelques uns des personnages de ce récit ? Carmélite n'était-elle pas une amie intime de ce Gabarrou, qui l'avait si singulièrement reçu ? Madame Cantel ne tenait-elle pas sous sa domination le général Varneuil, qui l'avait si durement repoussé ?

D'un autre côté, n'était-il pas entre les mains des hommes qui avaient été victimes de toutes les infamies qu'il venait d'apprendre, et ne devait-il pas croire que c'était parmi des hommes qui avaient si cruellement souffert de l'abandon de leur famille qu'il trouverait des sympathies, lui, pauvre orphelin ?

En effet, il comprenait qu'avec la tendresse de sa mère, il avait perdu tout ce qui fait qu'un homme n'est pas seul en ce monde. Qu'importe, en effet, qu'un père vive, lorsqu'il se détourne de son enfant ? C'est un malheur de plus ; et Noël en était là.

Si les réflexions que nous faisons en ce moment paraissent incohérentes et mal se rattacher les unes aux autres, c'est que, dans une position pareille à celle de Noël, il n'est pas de puissance qui puisse dire les milles pensées tumultueuses et désespérées qui se pressèrent dans son cœur après cette lecture.

Que devait-il faire ? où devait-il aller ? Certes, s'il eût trouvé, parmi ceux à qui sa mère l'avait recommandé, un seul cœur qui l'eût accueilli avec indulgence, Noël eût couru près de lui en lui criant :

— Prenez-moi sous votre protection, je vous apporte mon âme et ma vie; dirigez l'une et l'autre; enseignez-moi les rudes sentiers de l'existence et, par pitié, écartez de moi les buissons aigus où on laisse des lambeaux de son cœur, détournez mes pas des cloaques fangeux où l'on salit la chasteté de sa pensée.

Mais il n'en était point ainsi.

Il n'avait trouvé d'amitié que parmi des hommes qui, tout en lui tendant la main, lui avaient dit :

— Lève la tête, ouvre les yeux, et regarde : la vie est un tissu de crimes, de lâchetés et d'hypocrisie. Il n'y a que deux rôles à prendre dans le monde tel qu'il est fait : celui de victime ou celui de sacrificateur. Nous avons été victimes, c'est à notre tour d'immoler les autres à nos ressentimens. Sois à nous, viens avec nous, fais comme nous.

Après ce qu'il avait lu de la vie de ces hommes, Noël ne se sentait pas le courage de les blâmer; mais il ne se sentait pas non plus le droit de crier, comme eux, révolte et vengeance; car, à vrai dire, il n'avait eu personnellement à souffrir aucun des affronts, aucune des cruelles déceptions dont ils avaient été frappés. Ce fut à ce moment qu'il lui prit un de ces dégoûts profonds, un de ces désespoirs sans courage, parce qu'ils sont sans irritation, qui mènent rapidement au suicide.

Si, au lieu de se passer en 1816, l'histoire que nous racontons était arrivée vingt ans plus tard; si Noël avait vécu dans cette atmosphère funeste qui a moissonné tant de jeunes existences, il y a quelques années, il est probable qu'il eût reculé devant la lutte qui s'offrait à lui; il eût succombé à la contagion morale qui détruisait dans le cœur des jeunes gens non seulement l'idée du devoir, non seulement la puissance des affections, mais encore le sentiment le plus vivace de l'homme, l'espérance.

A une époque postérieure à celle où il vivait, Noël se fût brûlé la cervelle ; quarante ans plus tôt, il se fût enfermé dans un monastère, pour se séparer à jamais des passions et des turpitudes humaines. Heureusement pour lui que, si le désespoir d'exister pénétra jusqu'à son cœur, la pensée de se soustraire à ce désespoir par une mort volontaire ne se présenta pas à lui.

D'ailleurs, sa mère ne lui avait-elle pas laissé un devoir à remplir? ne lui avait-elle pas dit :

Si l'un des quatre hommes auxquels je t'adresse t'accueille avec bonté, t'offre son affection et se fait ton guide et ton protecteur, aime-le, respecte-le, et garde à ta mère un souvenir pieux et tendre; mais s'il arrive qu'aucun de ces hommes ne prenne en pitié ton abandon, s'ils te repoussent tous, rassemble-les le même jour, à ta même heure, dans le même lieu ; puis, quand tu les tiendras tous sous ta main, tu leur liras le manuscrit que je te remets !

Noël avait reçu cette dernière recommandation de sa mère sans en comprendre la portée, et s'était mis à l'œuvre pour accomplir cette suprême volonté, sans savoir ni comment il allait ni où il arriverait. Il avait été repoussé, comme sa mère avait dû le prévoir, et s'il n'eût rencontré Valvins, Deville et Fabien, il eût continué la mission qu'on lui avait donnée, sans crainte comme sans espérance.

Mais à l'heure où il était arrivé, après ce qu'il venait d'apprendre, après ces tristes et honteux exemples de la démoralisation sociale, une instinctive terreur le faisait reculer devant l'accomplissement du devoir qui lui avait été imposé. Ce manuscrit légué par sa mère lui faisait peur. Etait-ce un aveu, une justification ou une vengeance?

Pauvre femme mêlée à la vie de ces hommes dont il avait appris tant d'odieuses menées, avait-elle été la victime de l'un d'eux? ou bien lui-même, Noël, si durement repoussé par celui dont elle portait le nom, était-il un de ces enfans abandonnés, comme Valvins, comme Deville, comme Fabien? Allait-il apprendre qu'il devait sa haine et son mépris à quelques uns de ces hommes; allait-il apprendre qu'il avait aussi à rougir de sa mère?

Cette dernière pensée lui était affreuse. Une seule affection avait existé pour lui sur cette terre, un seul cœur lui avait été ouvert, et peut-être la lecture de ce manuscrit allait-elle détruire toute cette affection et lui montrer l'indignité de ce cœur.

Noël en était arrivé à cet affreux désespoir de se défier non seulement de tout ce qui vivait autour de lui, mais de douter encore de sa mère morte. Ainsi plongé dans la plus affreuse incertitude, il redoutait les conseils que pouvaient lui donner ses amis, et redoutait peut-être encore plus d'obéir à l'ordre qu'il avait reçu de sa mère.

X

Sophie Minot.

La nuit qui suivit cette lecture fut la première de ces nuits horribles où l'insomnie ajoute aux douleurs réelles toutes les fantastiques douleurs qu'elle amène à sa suite. C'est durant des nuits pareilles, que les vices et les crimes prennent des figures de fantômes inconnus, ou s'incarnent dans la personne des gens qui vous entourent.

Ainsi, Noël vit tour à tour passer dans ses rêves éveillés, madame de Kadicoff, souple, caressante, avec des yeux pleins de langueur, une voix presque enfantine, se jetant tout à coup sur lui, tirant de son gant parfumé sa main blanche armée de griffes d'acier, lui déchirant et lui fouillant les entrailles.

Puis, c'était Carmélite avec sa rude beauté, son ardente jeunesse, obéissant aux élancemens de ses désirs et de sa passion.

D'autre fois, il voyait madame Cantel, fantôme insaisissable, femme frêle et gracieuse, que la volupté jetait dans ses bras et qui bientôt se trouvait le tenir sous le charme d'un regard faux, d'une parole mielleuse; l'insultant le sourire aux lèvres, le dépouillant avec des caresses, comme fait le doucereux usurier qui arrache tout doucement à un jeune dissipateur les riches lambeaux de sa fortune.

Indépendamment de toutes ces femmes dont les images passaient devant ses yeux ouverts, Noël croyait assister, tantôt aux violentes orgies des étudians, tantôt à leurs sanglans duels. La fatigue finit par l'emporter; il s'endormit et ne s'éveilla que fort tard dans son petit logement solitaire.

Il s'informa d'abord si personne ne s'était présenté chez lui; mais à son grand étonnement, il apprit que ni Deville, ni Fabien, ni Valvins n'avaient paru. Il sembla à Noël qu'après l'avoir initié à de pareils mystères, ses nouveaux amis lui eussent dû l'explication de leur confidence; il supposa qu'ils allaient venir et les attendit, car il ne savait où les trouver.

Le bruit et le mouvement, les émotions et la curiosité deviennent facilement des besoins de notre nature, aussi bien que le calme et la solitude. De même qu'il faut à un homme habitué à la régularité d'une vie paisible une grande force de volonté pour s'arracher à cette inactivité de tous les jours, de même, lorsqu'il a été emporté violemment dans un tourbillon rapide d'événemens ou d'idées, il faut une force égale pour ne pas céder au besoin d'agitation qui le dévore.

Ainsi, après la lecture des divers manuscrits qui lui avaient été remis, Noël avait éprouvé une telle lassitude, qu'il en avait conclu en lui-même qu'il n'était point fait pour subir deux fois de pareilles émotions; mais quelques heures de repos avaient suffi à faire disparaître cette fatigue inconnue, et au lieu de se complaire dans le repos qu'il désirait si ardemment la veille, il supportait avec impatience l'attente qui suspendait ce mouvement fébrile auquel il avait été en proie.

Comme un enfant qui attend l'heure de sa récréation, il allait et venait dans son appartement, consultant à chaque minute la pendule qui, à son gré, ne marchait pas assez vite, s'arrêtant au moindre bruit qui lui annonçait l'approche de quelqu'un.

Enfin ce fut à ce point, que le bruit de la sonnette s'étant fait entendre, il ne laissa point à la femme qui le servait le soin d'aller ouvrir la porte, et y courut lui-même. Il s'attendait à rencontrer un de ceux qui s'étaient mêlés si inopinément, et si activement à sa vie, mais sa surprise fut extrême, en voyant entrer chez lui une femme qu'il ne connaissait point.

Elle était d'une beauté peut-être contestable pour ceux qui entendent par ce mot une pureté irréprochable dans les lignes, et qui, selon le langage du temps, mettaient comme condition *sine qua non* d'un beau visage, *l'heureux mélange de l'incarnat et de la neige, de la rose et du lys.*

Mais pour ceux qui admettent que la beauté n'atteint son plus beau type que lorsque les traits du visage formulent pour ainsi dire à l'œil les plus nobles qualités de l'âme, pour ceux-là, dis-je, la femme qui venait d'entrer était une des plus belles qu'on pût voir.

Le front trop vaste annonçait une intelligence hardie et résolue, l'œil, enfoncé sous l'abri de deux épais sourcils, devait peut-être à ce défaut même l'éclat saisissant de ses regards, et soit qu'il fût enflammé par la colère, soit qu'il fût allangui par une tendre émotion, l'éclair qui jaillissait de ces yeux devait sa puissance et son charme à la pénombre du fond de laquelle il s'élançait.

La bouche était grande, les lèvres épaisses, les dents étincelantes; le contour du visage manquait de mollesse, le menton était fortement accusé; et de tout cela ressortait une expression de puissance, d'énergie et de passion qui frappa Noël d'une sorte de crainte.

Par un contraste bizarre, la voix de cette femme était d'une sonorité enfantine, et lorsqu'elle adressa la parole à Varneuil, il la regarda avec un nouvel étonnement, comme s'il doutait que la femme qui lui parlait fût la même que celle qu'il voyait.

— M. Valvins est-il ici? lui avait-elle dit.

Il hésita à répondre et la laissa répéter deux fois sa question.

— Non, madame, lui dit-il enfin.

— Et M. Lucien Deville?

— Je ne l'ai point vu, répartit Noël.

— Vous êtes bien cependant monsieur de Varneuil? lui dit cette dame.

— Oui, madame.

— Je viens de chez Valvins et de chez Lucien, lui dit-elle en paraissant réfléchir, et chacun de ces messieurs avait fait dire chez lui qu'on le trouverait dans votre maison.

Elle s'arrêta, entra vivement dans l'appartement et dit à Noël :

— Puisqu'ils ne sont pas venus, permettez-moi de leur écrire un mot; je n'ai pas le temps de les attendre.

Noël donna à l'inconnue tout ce qu'il fallait pour écrire.

Elle traça à la hâte quelques lignes, et les remit tout ouvertes à Varneuil, avec un cahier assez épais, et que rien ne défendait contre la curiosité de celui à qui on le confiait.

Sans vouloir en faire l'observation formelle à cette inconnue, Noël essaya de l'avertir de sa distraction, en lui présentant un cachet et de la cire.

Cette dame le regarda un moment avec une vive attention, puis elle jeta un regard rapide autour d'elle, et ajouta, avec un triste sourire :

— Ils ne m'ont point trompée, dit-elle, en désignant du doigt les divers manuscrits qui avaient été remis à Noël, et qu'il avait laissés sur son bureau.

Ils vous ont fait lire toutes ces hideuses histoires. Quel résultat en espèrent-ils ? Celui de vous attirer sans doute dans leur funeste association, folie de désespérés, qui réussira peut-être vis-à-vis de vous ; et cependant vous êtes bien jeune, monsieur, pour qu'on tue sans pitié tous les bons sentimens dans votre âme, pour qu'on y coupe dans leur bouton les espérances et les illusions, destinées sans doute à se flétrir et à s'effeuiller, mais qu'il fallait du moins laisser vivre et s'épanouir, et jeter sur votre existence l'éclat qui passe, et le parfum qui reste quelquefois. Si je vous avais connu, monsieur, jeune comme vous l'êtes, candide comme votre regard me le prouve, je les eusse peut-être empêchés de faire cette mauvaise action. Mais puisque le mal est arrivé, j'y apporterai, autant que possible, un remède, insuffisant peut-être à le guérir complétement, mais qui du moins jettera quelque baume sur les blessures qu'on vous a faites.

Puisque vous êtes en train de lecture, ajouta cette dame en souriant, lisez le manuscrit que je vous remets pour ces messieurs, vous en avez le temps ; car je commence à comprendre comment ils ne sont pas encore chez vous, malgré le rendez-vous qu'ils s'y étaient donné, et, si mes soupçons sont justes, vous ne les verrez guère que demain ; ou bien, si c'est aujourd'hui, ce sera à une heure fort avancée de la journée.

— Mais, madame, lui dit Noël, puis-je savoir à qui j'ai l'honneur de parler?

L'inconnue remit à Noël le billet ouvert qu'elle venait d'écrire, et sortit rapidement après lui avoir dit :

— Lisez, monsieur.

Noël pouvait, avec raison, être fatigué de ces confidences incessantes qui lui avaient été, pour ainsi dire, imposées, et certes, si celle qu'on venait de lui offrir encore eût été présentée par l'un de ses amis de la veille, il l'eût refusée ; mais la femme qui lui avait remis le billet et le manuscrit l'avait frappé au cœur d'un sentiment inexplicable de curiosité et d'admiration.

Il lut rapidement le billet, et la signature qu'il portait lui apprit que cette femme ne lui était pas aussi inconnue qu'il le croyait.

Voici ce billet :

« Je pars à l'instant avec Amélie ; nous serons aux eaux de Bagnères dans quelques jours.

» Il faut que vous fassiez accepter par Eugène ce départ précipité, et comme une jeune femme ne serait pas suffisamment protégée par ma présence, au milieu du monde qui, d'ici à un mois, envahira la petite ville où nous nous rendons, il faut que, d'ici là, Eugène soit venu rejoindre sa femme.

» Vous êtes deux hommes forts, à ce que vous dites, je vous remets le récit des événemens et des raisons qui ont rendu ce départ nécessaire. Quand vous aurez fait de ce récit un usage qui, je l'espère, sera convenable, vous m'avertirez immédiatement du prétexte que vous aurez donné à notre départ.

» Je compte assez sur votre expérience pour espérer qu'il aura le sens commun : vous verrez dans ce manuscrit que les mauvais exemples sont pernicieux.

» Cela ressort non seulement du fond de l'histoire, mais aussi de la forme que je lui ai prêtée, car j'ai fait comme vous, j'ai fait un petit roman avec les choses qui se passaient autour de moi et sous mes yeux ; il est probablement indigne d'entrer dans votre collection : il n'y a dans tout cela, ni sang, ni crime, ni enfant abandonné, il y a tout simplement l'histoire de quelques cœurs désunis, et elle ne peut vous servir en rien aux projets de vengeance que vous avez formés contre la société tout entière.

» Je charge M. Noël de Varneuil de remettre ce manuscrit à l'un des deux chefs de l'*association des enfans maudits*, soit Valvins, soit Lucien Deville.

» Adieu, à bientôt. Votre amie toujours,

» SOPHIE MINOT. »

XI

Il était temps, ou à quelque chose malheur est bon.

Un soir, dans un pavillon qui se rattachait à une assez belle habitation par une longue allée de tilleuls, était assise une jeune femme qui paraissait à peine avoir vingt ans, et qui, arrivée déjà à tout le développement de sa beauté, avait cependant conservé dans ses traits la candide ingénuité d'une enfant de seize ans.

Le pavillon où elle se trouvait faisait face à une grande route qui se divisait au pied de la terrasse sur laquelle il était assis, de façon que de cet endroit on pouvait apercevoir de très loin la voiture et les voyageurs qui venaient de Paris. Ce pavillon ainsi placé, existait encore il y a quelques années à une petite distance de la Cour de France.

Dans le mur même de la terrasse qui dominait la grande route, était pratiquée une porte qui donnait entrée à la propriété. Cette porte ouvrait sur un petit escalier qui lui-même aboutissait à ce petit pavillon.

La jeune femme qui l'occupait était assise près d'une table, sur cette table se trouvaient quelques légers ouvrages de broderies qu'elle paraissait avoir abandonnés.

Son coude s'appuyait sur le marbre et sa tête reposait sur l'une de ses mains. Son regard attaché au plus lointain de la longue route qui se déroulait devant elle semblait y chercher quelqu'un. De l'autre main, elle tenait une clé qui devait sans doute être destinée à ouvrir la porte de la terrasse.

Cette femme attendait quelqu'un, et celui qu'elle attendait avait probablement le droit, à quelque titre que ce fût, d'arriver immédiatement jusqu'à elle.

Plus d'une fois un léger tressaillement avait semblé dire que la longue attente de la jeune femme allait être satisfaite. Un point imperceptible se montrait à peine au bout lointain de cette route déserte, que l'œil constamment fixé dans cette direction s'ouvrait plus animé et plus inquiet. Mais ce point n'avait pas encore pris une forme, que le regard avait déjà perdu ce rayonnement d'espérance; il se resserrait pour ainsi dire dans son immobilité et dans son attente; ce n'était pas là celui ou celle que cette belle jeune femme attendait.

Mais pour deviner si bien et si vite que son espoir était une erreur, il fallait que le regard de cette femme fût bien perçant, car tout autre à sa place eût eu peine à distinguer si c'était un homme ou une voiture à l'extrémité de la route. Hélas! ce n'était point parce que ses yeux étaient armés d'un regard plus pénétrant que cette femme voyait si bien, c'est que depuis trois mois assise, chaque soir, à la même place, attendant chaque soir le même cavalier, elle avait appris à reconnaître à des signes imperceptibles l'apparition de celui qu'elle attendait encore ce soir-là. Et puis le cœur a sa clairvoyance comme les yeux, son ouïe comme l'oreille, sens cachés que n'émeuvent qu'un seul aspect et une seule voix. A la même distance où une autre n'oserait affirmer qu'elle aperçoit une voiture, une mère reconnaîtra son enfant trop penché à la portière, et elle entendra les cris plaintifs ou joyeux de sa voix, lorsque le bruit de la roue sur le pavé ne lui arrive pas encore.

Pour voir si bien, il fallait donc que cette femme aimât beaucoup.

Déjà son attente avait été plusieurs fois trompée; et cependant, patiente et résignée, elle n'avait témoigné par aucun geste qu'elle fût douloureusement affectée de ces espérances à chaque instant déçues. Le regard brillait un moment et s'éteignait aussitôt.

Voilà tout ce qui montrait que cette femme ne fût pas une blanche statue.

Toute sa vie et toute son âme étaient dans son regard, et couraient sur ce rayon lumineux jusqu'au bout de l'horizon, comme pour y donner le baiser de bienvenue à celui qu'elle attendait, mais elles revenaient aussi rapides, mais plus tristes à chaque désillusion.

La lumière était encore resplendissante au ciel, mais déjà un rayon oblique glissant sur la terre, s'y réfléchissait avec moins d'éclat, lorsqu'un nouveau point presque imperceptible parut au loin. L'œil se dilata, le regard avait déjà atteint le but et y resta attaché.

Cependant la douce espérance qui l'avait éclairé au départ s'effaça rapidement et fit place à une sorte d'inquiétude mécontente. Le sourcil se fronça légèrement. Ce n'était pas encore celui qu'on attendait.

Toutefois, on devait connaître aussi celui qui arrivait, car avant que personne eût pu distinguer si c'était un homme ou une femme, un piéton ou un cavalier, la jeune femme se leva, ramassa rapidement les bandes de mousselines déposées près d'elle et s'apprêta à s'éloigner.

Presque aussitôt, elle parut avoir honte du sentiment de colère ou de terreur qui l'avait poussée à se retirer. Elle reprit sa place à la vaste fenêtre qui ouvrait en face de la route et attendit avec une apparente tranquillité l'importun ou l'ennemi qui arrivait.

Quelque longue que fût la distance qu'avait à parcourir le nouveau venu, elle fut bientôt franchie. Du bout de l'horizon il semblait aussi avoir reconnu la femme assise dans le pavillon, et il avait lancé à toute sa vitesse l'ardent coursier qui le portait.

Quoiqu'elle eût paru vivement contrariée de l'arrivée de cet homme, la jeune femme ne le perdit pas de vue; la crainte et le déplaisir qui s'étaient d'abord montrés dans son regard firent place en moment à un triste et doux embarras; et bien que cet homme fût encore trop loin pour lire dans son regard le sentiment qui venait de s'y peindre, elle baissa subitement les yeux plutôt devant sa propre pensée que devant l'œil de cet homme. A ce moment encore un imperceptible mouvement lui échappa, et il est probable qu'elle se fût éloignée si elle ne s'était pas sentie aperçue, reconnue, et si elle n'avait pas craint de donner à sa retraite un sens trop significatif. Laisser voir à un homme qu'on le craint est presque aussi dangereux que de lui laisser voir qu'on l'aime. Cela pouvait aussi dire qu'il déplaisait; mais elle ne le pensa pas.

Eût-il pu croire qu'il déplaisait, lui si jeune, si beau, si brave, si bon et si indulgent; lui qui à l'âge où les hommes sont tout flamme, tout bruit, tout mouvement, se pliait si doucement aux sévères exigences d'un vieux père, ou bien aux lents amusemens d'une sœur malade; lui qui, à l'âge où l'on implore avec tant d'ardeur, où l'on demande avec tant de larmes, semblait ne plus rien désirer; lui que l'on connaissait pour commander avec tant d'autorité à ses soldats, et qui n'avait plus auprès d'une femme qu'une voix douce et un sourire mélancolique pour lui donner de doux et tristes conseils, lui jusque-là renommé par l'éclat turbulent de ses amours, et qui maintenant semblait protéger d'un regard de frère la femme prête à chanceler dans ses devoirs. Non, Melchior de Lesly ne pouvait s'imaginer qu'il déplaisait. D'ailleurs, qu'avait-il dit? qu'avait-il fait? N'était-ce pas un voisin, bon, précieux, aimable, obligeant, sans prétentions à rien ; pourquoi paraître lui montrer qu'il déplaisait, pourquoi lui mentir?

D'un autre côté, fallait-il qu'il pût comprendre que sa vue n'était pas indifférente, que... Pourquoi lui dire la vérité? c'est alors qu'elle avait baissé les yeux.

Amélie de Frémery demeura donc pour laisser passer le jeune marquis Melchior de Lesly, comme elle fût restée pour le paysan rentrant au village, pour le voyageur qui se hâtait, attendant toujours derrière eux celui auquel elle gardait sa joie et son sourire, celui qui ne venait pas. Cependant le cavalier s'approchait et déjà Amélie s'apprêtait, à grand'peine, à lui adresser le salut le plus naturel et le plus indifférent, lorsque Melchior de Lesly arrêta son cheval blanc d'écume, palpitant à la fois d'ardeur et de fatigue, au pied de la fenêtre près de laquelle madame de Frémery était assise.

Melchior la salua, et ses longs et beaux cheveux noirs, soulevés par un léger vent, découvrirent ce noble front si candide et firent mieux ressortir la pâleur de son fier et gracieux visage, flagellé de quelques teintes pourpres que la rapidité de la course avait imprimées à ses joues légèrement amaigries.

Madame de Frémery s'avança sur le balcon, s'y appuya gracieusement, s'inclinant avec le sourire froid d'une exacte politesse.

— Vous arrivez bien tard aujourd'hui, monsieur de Lesly, lui dit-elle, M. votre père vous grondera, et madame la duchesse se plaindra de ce que vous l'abandonnez.

— Algibeck, répartit le marquis en montrant son cheval, a donc profité de ma distraction habituelle pour venir au pas, car je suis parti de Paris de très bonne heure et j'étais plus pressé d'arriver qu'à l'ordinaire.

— S'est-il passé quelque chose de fâcheux au château? dit madame de Frémery, qui tenait à prouver à Melchior qu'elle ne se mettait pour rien dans le reproche qu'elle venait de lui faire, reproche d'autant plus maladroit que l'on était encore loin de l'heure à laquelle il avait coutume de passer. Madame votre sœur, continua-t-elle, serait-elle plus gravement indisposée?

— J'espère qu'il n'en sera rien, dit Melchior. Ce qui me pressait, madame, c'est un message dont je suis chargé.

— Pour M. votre père... fit madame de Frémery en s'inclinant comme pour dire à Melchior : Allez, continuez votre route.

— Non, madame, lui dit Lesly, ce message est pour vous.

— Pour moi ! s'écria-t-elle en se penchant vivement au balcon. De la part de M. de Frémery, n'est-ce pas ?

— De sa part, dit Melchior en tirant une lettre de la poche de son habit.

— Ah! mon Dieu! fit Amélie, que lui est-il donc arrivé ?

— Rien, madame, qu'un surcroît de travail dans l'instruction de l'affaire des conspirateurs bonapartistes, affaire dont il a été chargé de diriger l'instruction.

Une légère teinte de mécontentement se peignit sur le visage d'Amélie, et il parut à Melchior qu'il s'y mêlait un peu de tristesse.

— Du reste, ajouta-t-il en se levant sur ses étriers et en tendant la lettre à madame de Frémery, il vous explique dans ce billet les causes qui le retiennent à Paris.

Ainsi, le message était d'abord une lettre, la lettre n'était plus qu'un billet. Amélie ne put contenir un triste soupir.

Melchior devina sa pensée, car il ajouta :

— Je l'ai rencontré dans sa voiture, tellement encombré de papiers, d'interrogatoires, qu'en vérité je ne sais comment il peut suffire à tous les travaux qu'il s'impose. Je crois vraiment qu'il travaille dans sa calèche, pendant ses visites.

— Il a donc le temps de faire des visites, pensa Amélie.

Cependant madame de Frémery se penchait vainement sur le balcon, Melchior se haussait vainement sur ses étriers : ils ne pouvaient se rapprocher assez pour qu'Amélie pût saisir la lettre que lui tendait M. de Lesly.

— Pardon, lui dit-il tout à coup, je vais courir jusqu'à la grille, je remettrai ce billet à un de vos gens, qui va vous l'apporter à l'instant.

— C'est moi qui suis une étourdie, reprit vivement madame de Frémery : je tiens la clé de cette porte, et j'oublie que je puis descendre pour prendre sur-le-champ cette lettre.

Elle avait à peine disparu du balcon pour gagner l'escalier qui conduisait à la porte extérieure, que Melchior était descendu de son cheval. Ce n'était chez lui qu'un simple sentiment des convenances qui lui interdisait de tendre une lettre à une femme du haut de son cheval.

Il s'approcha tout à fait de la porte, de façon que lorsque madame de Frémery l'ouvrit, elle se trouva face à face avec lui.

Elle ne put s'empêcher de rougir, et prit d'une main tremblante le billet que lui présentait Melchior ; et telle était son anxiété qu'elle l'ouvrit avant d'avoir remercié M. de Lesly.

Si la lecture de ce message eût été longue, Melchior eût eu le temps de se retirer avant qu'Amélie se fût aperçue de la maladresse presque impolie de son empressement. Mais ce billet, qui devait être si explicatif, ne renfermait que ces quelques mots :

« Ma chère Amélie, ne m'attendez pas ce soir, de nombreuses affaires me retiennent. »

A peine eut-elle lu ces mots qu'elle reporta ses yeux sur Melchior, comme pour lui demander s'il n'avait rien à ajouter à ce billet si laconique et si sec.

Melchior baissa les yeux.

— Merci, monsieur de Lesly, lui dit-elle d'une voix dont elle ne put dissimuler l'altération... merci.

Melchior la salua silencieusement, et il était déjà monté à cheval et s'éloignait lentement, qu'Amélie était encore sur la porte de la terrasse, debout, immobile et les yeux fixés sur ce papier. De grosses larmes coulaient sur ses joues, ce léger tremblement qui précède les sanglots agitait ses lèvres devenues blanches; elle porta ses mains à son visage, essuya avec douleur les larmes qui obscurcissaient sa vue, relut encore une fois cette ligne glacée que son mari lui envoyait, et rentra précipitamment en s'écriant :

— Ah! mon Dieu! il ne m'aime plus !...

XII

Entre Voisins.

Une demi-heure après, Amélie était retirée dans sa chambre. Elle avait déjà commencé et déchiré vingt lettres, les unes pleines de reproches amers, les autres affectant une indifférence mal jouée, quand elle reçut le billet suivant :

« Chère madame,

» Mon frère, qui nous arrive à l'instant, m'apprend que vous restez seule ce soir chez vous.

» Je sais que vous avez en vous-même toutes les charmantes ressources qui ne permettent pas de redouter l'ennui, mais je sais aussi que la solitude change l'ennui en chagrin; n'avez-vous pas peur de cela, et ne voulez-vous pas tâcher d'éviter ce danger en venant la passer avec nous ? Si vous ne le voulez pas pour vous, faites-le pour nous. Vous ne trouverez que mon frère, mon père et moi.

» Peut-être dans la soirée M. Balbi, notre notaire, arrivera-t-il de Paris. C'est le plus aimable et le plus excellent homme du monde; il a de l'esprit et du cœur, chose rare toujours, chose encore plus rare chez un notaire, chose inappréciable avec des cheveux blancs.

» Je serais charmée que vous fissiez connaissance avec lui et qu'il vous prît en affection. C'est un homme qu'on peut consulter comme un père.

» Mais de quoi vais-je vous parler là? Venez, nous ne vous aimerons pas plus, mais nous pourrons vous le dire.

» Toute à vous, LÉONIE DE FOSENZAC. »

Cette invitation contraria madame de Frémery; il fallait refuser et se montrer désobligeante, et on en veut toujours aux gens dont la bonne amitié vous force à ne pas être aussi aimable qu'ils le sont. Quant à accepter, Amélie n'y avait point pensé.

Cependant, pour répondre au billet de la duchesse de Fosenzac, madame de Frémery dut relire son billet, et, cette fois, elle s'étonna de sa forme, de ses expressions. Que voulaient dire ces idées : « N'avez-vous pas peur que votre ennui ne devienne du chagrin ? » On savait donc, ou du moins on supposait qu'elle avait du chagrin. L'avait-elle laissé voir à Melchior de Lesly ?

D'une autre part, à quel propos cet éloge de son notaire fait par la duchesse; qu'importait à madame de Frémery que M. Balbi fût aimable et bon ? Pourquoi cette phrase : « C'est un homme qu'on peut consulter comme un père ? » On ne donne guère l'adresse du médecin qu'aux gens malades.

Madame de Fosenzac pensait-elle donc que madame de Frémery fût en position d'avoir besoin de consulter un homme du caractère et de la position de M. Balbi ?

Ces pensées une fois entrées dans l'esprit d'Amélie, elle oublia complétement le billet qui les avait fait naître. Les doutes vagues prirent une forme, les regrets devinrent des accusations. Elle en arriva à ne plus douter de l'abandon de son mari.

Elle en était à pleurer de cette crainte supposée comme d'une réalité, lorsque sa femme de chambre vint lui dire soudainement que le domestique qui avait apporté le billet de madame de Fosenzac demandait s'il y avait une réponse.

Cette question arriva juste au moment où madame de Frémery se posait cette question banale qui se présente dans toutes les douleurs conjugales :

— Faut-il que je meure dans la solitude et l'ennui, pendant qu'il passe sa vie dans les plaisirs ?

Voilà ce que madame de Frémery se demandait, lorsqu'on vint s'enquérir de la réponse à faire au billet apporté.

Dites que je me rendrai à l'invitation de madame de Fosenzac, répartit vivement Amélie.

Une minute plus tôt, une minute plus tard, cette réponse eût été toute différente, tant il est vrai que les grandes résolutions de la vie tiennent à des fils plus légers, plus imperceptibles que la soie la plus fine, dévidée par la plus habile Arachné.

Mais en quoi la résolution d'aller voir madame de Fosenzac

était-elle un grand événement et presque une révolution dans la vie de madame de Frémery ? Nous allons le dire.

Lorsque Eugène de Frémery avait quitté Poitiers pour devenir avocat général à Paris, il avait appris avec un vif plaisir que le marquis de Lesly avait acheté une habitation près de la sienne. Eugène, trompé dans la première passion sérieuse qu'il eût éprouvée, s'était juré de fermer son cœur à l'amour. Il avait épousé Amélie presque sans la connaître, sous l'empire de l'enthousiasme que lui avait causé son dévoûment lorsqu'elle s'était offerte à lui, qui se trouvait l'avoir compromise à son insu, et qu'elle avait ainsi prévenu un horrible duel entre Eugène et son père.

Aucun homme ne devient le mari d'une femme jeune et belle, douce, aimante, spirituelle, sans éprouver pour elle un sentiment assez vif pour qu'il croie à l'amour; mais cette passion bizarre ne naît point en raison des choses qui semblent devoir être l'essence même de son existence. Le plus souvent, ce sont les circonstances qui semblent devoir tuer l'amour, qui le font vivre. Et de même, il arrive souvent que ce qui semble devoir le rendre éternel, l'éteint rapidement.

Ainsi, Eugène, esprit mobile, enthousiaste, ardent, amoureux de la discussion et du mouvement, ne put être satisfait par la douceur constante, le calme sérieux de l'âme d'Amélie.

La modestie qui interdisait à sa femme d'avoir des opinions qu'elle osât opposer à celles de son mari, le mettait incessamment dans la position d'un homme qui joue à la balle sans adversaire devant lui. Elle ne lui renvoyait pas la pensée, elle laissait tout passer comme bon, comme excellent, comme bien dit. Ce triomphe sur le vide fatiguait Eugène sans l'amuser.

D'un autre côté, s'il arrivait, bien rarement, que madame de Frémery émît son opinion sur quoi que ce soit, c'était d'une façon si simple, si lucide, si exactement pleine de bon sens, qu'Eugène n'avait guère à faire triompher que des opinions fausses et exagérées; il les enveloppait souvent des théories les plus spirituelles, il parlait, il s'animait, il s'exaltait, il voyait la lutte s'engager... il espérait une discussion, mais point : Amélie se rendait au premier mot, et Eugène la sentait obéissante, mais non pas convaincue.

Sans se rendre un compte exact de sa désillusion, Frémery avait compris qu'il n'aimait point sa femme. Il en était fier devant le monde, parce qu'elle était belle, distinguée, et que la pureté de son âme rayonnait si bien autour d'elle, que personne n'eût jamais songé à suspecter la pureté de sa conduite. Aussi, pour le monde, Eugène n'eût préféré aucune autre femme à la sienne; mais, pour lui seul, pour cette vie intime à laquelle il faut des émotions, des craintes, des espérances, des douleurs et des joies qui remuent le cœur, Amélie n'était, en aucune façon, la femme de ses rêves.

Ce fut lorsque Eugène eut reconnu cette triste vérité, qu'il prit la grande résolution de ne plus aimer, et de se vouer tout à fait à l'ambition.

Cette décision était un hommage aux vertus de madame de Frémery. Il fallait une occupation ardente à l'esprit du jeune avocat général; il ne voulut point donner une rivale dans son cœur à celle qui n'en avait pas dans son opinion d'honnête homme; il se fit donc ambitieux.

Ce fut ce parti résolument pris avec lui-même qui avait fait considérer, sinon comme un bonheur, du moins comme un hasard favorable à ses projets, le voisinage du vieux marquis de Lesly. C'était un homme très actif, très haut placé, fort bien en cour, exerçant à la Chambre des pairs une influence qui faisait compter avec lui les ministres les plus puissans.

Ce qui n'eût pas été supposable à Paris, c'est-à-dire une liaison entre M. de Frémery, petit avocat général, et le marquis de Lesly, devenait possible à la campagne. Dès son arrivée, Eugène avait donc été faire sa visite au château.

Il s'y trouvait précédé d'une excellente recommandation ; il avait porté la parole dans une affaire politique, avec cette passion cruelle qui, née de l'irritabilité de l'esprit, n'a ni mesure, ni pitié.

Le marquis de Lesly (on était en 1816) était fort imbu de cette politique qui a pour épigraphe : « Il n'y a que les morts qui ne reviennent pas. » Il savait donc très bon gré à M. de Frémery d'avoir obtenu la condamnation des coupables. Il lui en fit ses complimens. Madame de Frémery était présente à la visite ; madame de Frémery était la fille d'un vieux militaire de l'empire ; ce fut donc avec un sentiment pénible qu'elle assista à une conversation où furent traités avec le dernier mépris des hommes qui avaient rêvé le rétablissement d'un ordre de choses qui avait fait la fortune et la gloire de son père.

A cette visite assistait aussi Melchior de Lesly, jeune officier de la restauration, qui écoutait sans rien dire les déblatérations de son père et de l'avocat général: les deux orateurs renchérissaient d'injures, lorque Eugène se laissa aller jusqu'à dire que tout ce qui avait tenu de loin ou de près à l'armée de l'*usurpateur* était un ramassis de gens sans honneur et même sans courage.

Amélie avait eu peine à contenir sa douleur à ce mot cruel, et elle allait peut-être essayer une observation, lorsque Melchior de Lesly dit, avec le ton de la politesse la plus parfaite et, en même temps, de la conviction la plus profonde :

— Je crois que les misérables auxquels vous avez eu affaire vous ont donné une fausse opinion des anciens officiers de l'empire. Nos régimens en sont encore peuplés, monsieur, et si nous avions à faire une guerre nouvelle, il n'est pas un de nous, qui détestons leur opinion, qui ne fût heureux de marcher avec eux, et qui ne comptât sur leur honneur comme sur leur courage.

— N'est-ce pas, monsieur? avait dit vivement Amélie, qui couvrait Melchior de Lesly d'un regard reconnaissant.

Melchior s'inclina devant madame de Frémery.

Ce cri échappé à Amélie, le regard reconnaissant avec lequel elle l'avait remercié, lui avaient dit qu'elle n'était pas de moitié dans les sottes accusations de son mari.

C'est un énorme avantage, pour un jeune homme beau, de savoir qu'une femme est en contradiction quelconque avec son mari; cependant celui-ci, averti par l'exclamation de sa femme, avait repris :

— Ce n'est pas que je veuille dire qu'il n'en est pas quelques uns de dignes de l'estime de tous les partis : tel était votre père, Amélie.

La visite n'eut pas d'autre portée.

Les relations entre voisins furent rares.

M. de Lesly était d'un âge et d'un rang à faire peu de visites. Melchior venait quelquefois chez madame de Frémery; mais, à l'encontre de ce qu'on eût pu attendre d'un beau jeune homme inoccupé, il ne profitait jamais de l'absence du mari pour venir chez la femme.

Quelque temps après, madame de Fosenzac, fille du marquis, et dont on avait à peine prononcé le nom jusque-là, vint s'établir chez son père.

Elle arrivait des eaux de Carlsbad, et lorsque madame de Frémery la vit, elle jugea que cette femme avait dû être admirablement belle: et elle l'était encore véritablement. Des traits d'une parfaite correction, une taille d'une grâce achevée avaient survécu à la vie; car, à vrai dire, madame de Fosenzac était morte, ou, pour parler plus catégoriquement, elle était l'exacte image de la mort.

Une blancheur d'ivoire couvrait son visage et ses mains. Supposez la plus belle personne de vingt-cinq ans, morte de la perte de tout son sang; voyez-la une minute après sa mort, et vous aurez une idée de madame de Fosenzac. Rien n'était ni flétri, ni altéré dans ses traits.

Une légère maigreur, qui n'avait point de rides, eût pu seule prouver que la souffrance avait passé par là.

Du reste, on ne pouvait se rendre compte de l'effet mystérieux que faisait éprouver à ceux qui la connaissaient cette statue blanche et belle, allant, venant, parlant, sans que jamais une teinte rosée vînt animer son visage. Avec la blancheur de la mort, ses traits en avaient pris l'immobilité. Jamais le sourire ne glissait sur les lèvres pâles; jamais l'expression de la joie ni de la douleur ne s'y peignait.

Rien enfin n'annonçait la vie dans ce fantôme, si ce n'eût été l'éclat éblouissant de ses yeux.

A partir de ce moment, les rapports de madame de Frémery devinrent plus fréquens avec la famille Lesly. Il est bon toutefois de dire qu'Eugène de Frémery était absent lors de l'arrivée de madame de Fosenzac; de façon qu'un commencement de liaison était établi entre ces deux dames, lorsque celui-ci, revenu d'un voyage à Rennes, apprit l'arrivée de la duchesse.

Eugène de Frémery respectait trop sa femme pour lui dire de certaines choses; mais il lui fit comprendre qu'il désirait que sa liaison avec madame de Fosenzac ne fût pas poussée jusqu'à l'intimité.

Il est inutile de dire, pour l'intelligence de ce récit, comment et par quels moyens Eugène avait été instruit de quelques aventures relatives à madame de Fosenzac.

Ces aventures, où le crime avait été jusqu'au meurtre, lui faisaient considérer cette femme comme un monstre. Sa haute position et le silence de ses complices et de ses victimes avaient laissé ces aventures dans la plus profonde obscurité; mais, à voir cette femme qui avait fait l'amour et l'admiration des plus riches salons de Paris, on devinait cependant que le châtiment n'avait pas manqué à la faute.

Ce fut à cette époque que commença pour Amélie une de ces fausses positions où les hommes expérimentés savent quelquefois se conduire, mais où les femmes de la jeunesse et du caractère d'Amélie doivent souvent faire fausse route.

Eugène de Fremery, sous la double influence de son ambition et de son respect pour sa femme, lui commandait en même temps les attentions les plus empressées pour le vieux marquis de Lesly et, au besoin, pour Melchior, et une excessive retenue vis-à-vis la duchesse de Fosenzac.

Si Eugène eût eu le courage de dire à sa femme les raisons qui le faisaient parler ainsi, peut-être n'eût-elle pas approuvé ces raisons; mais, du moins, elle les eût comprises; peut-être se fût-elle refusée nettement à entrer dans les vues de son mari; mais peut-être eût-elle pris en amour l'ambition qu'il éprouvait.

En effet, il est si facile à un homme de reporter à la femme qui l'aime tous les efforts qu'il ne fait que pour lui-même; cet hommage de l'ambition qui dit :

— C'est pour toi que je veux être riche! pour toi que je veux être puissant! pour toi que je veux être célèbre!

Cet hommage, dis-je, n'est pas un de ceux qui touchent le moins le cœur des femmes.

Amélie était un esprit d'un ordre trop élevé pour ne pas s'associer à de pareils désirs, s'ils lui avaient été franchement exprimés. Mais la vanité de l'homme ne se soumet guère à mettre ainsi à nu ses projets, surtout quand la voie qu'il veut suivre n'est pas exactement la droite voie, surtout quand il faut avouer à la femme qu'on respecte des moyens qui ne sont pas d'une loyauté irréprochable.

Ainsi, Eugène de Frémery ne disait point à Amélie : Flattez MM. de Lesly, parce que ce sont des hommes puissans; évitez madame de Fosenzac, parce que c'est une femme perdue. Il se contentait de lui dire : Flattez MM. de Lesly; évitez madame de Fosenzac.

La vanité d'homme lui faisait regarder comme inutile d'initier sa femme aux mystères de sa pensée, et l'idée qu'il avait de ses droits de mari le persuadait qu'un conseil, ou un ordre émané de lui, devenait pour sa femme un devoir dont elle n'avait point à discuter le but et la portée...

Voilà donc Amélie de Frémery dans cette nécessité d'avoir à ménager le vieux marquis, d'avoir à agréer les visites de Melchior, et d'avoir à éviter la familiarité de madame de Fosenzac, et cela sans qu'elle en connût la raison.

Il était résulté de cette fausse position qu'Amélie, qui n'avait point discuté les prescriptions de son mari vis-à-vis de lui, les avait discutées vis-à-vis d'elle-même. Il en était résulté que, n'ayant pas découvert la raison de cette conduite, elle avait accusé son mari d'inconséquence.

Quoi qu'elle eût pu faire, elle n'avait pu se défendre de l'empire que madame de Fosenzac avait exercé sur elle. Cette résignation calme et triste à un malheur inconnu, ce détachement de tous les intérêts présens, cette facilité de caractère, cette triste appréciation des choses du monde, ce charme enfin de la douleur qui ne se plaint pas, tout cela avait agi puissamment sur l'imagination de madame de Frémery; et comme elle ne voulait ni ne savait cacher ses pensées, elle avait souvent laissé voir à son mari l'affection que lui inspirait la duchesse.

A ce sujet, celui-ci avait renouvelé ses remontrances; et Amélie, toujours obéissante, parce qu'elle aimait, avait, pour ainsi dire, cessé toutes ses relations avec sa nouvelle amie.

Peut-être n'était-ce pas son obéissance seule qui l'avait fait agir ainsi; peut-être avait-elle compris qu'elle se plaisait trop à ces entretiens auxquels Melchior assistait le plus souvent; peut-être s'était-elle aperçue que ces entretiens ne l'intéressaient jamais plus vivement que les jours où Léonie lui parlait de son frère dans les termes les plus exaltés. Jamais homme ne fut plus brave, ni plus dévoué, ni plus généreux; et jamais femme ne serait mieux partagée du ciel que celle qui inspirerait à Melchior le véritable et sincère amour qui devait disposer de sa vie.

XIII

L'amour à l'horizon.

Voilà où en était Amélie au commencement de ce récit, et voilà pourquoi nous avons dit que le fait d'avoir accepté l'invitation de la duchesse était pour elle un grand événement et presque une révolution.

Ce n'est pas, qu'après avoir fait à la femme de chambre, qui l'avait interrompue dans ses réflexions, la réponse irréfléchie par laquelle elle avait accepté l'invitation de la duchesse; ce n'est pas, dis-je, qu'Amélie ne la regrettât, et qu'elle n'eût voulu la reprendre; mais le mal était fait, et il était irréparable.

Amélie avait à ses ordres, comme tout le monde, une indisposition à prétexter; mais elle avait déjà usé de ce moyen jusqu'à l'abus, et elle se décida à se rendre chez le marquis de Lesly.

Lorsqu'elle arriva dans le salon, elle interrompit une discussion assez vive, si vive même, que le vieux marquis se donna à peine le temps de faire à la nouvelle arrivée les politesses d'usage, pour reprendre immédiatement cette discussion.

— Pardieu! dit-il avec vivacité, je veux en faire juge madame de Frémery; elle est bonne, charmante, modeste, et quoiqu'elle soit assurément faite pour réussir mieux que personne dans le monde, elle préfère, nous le savons mieux que personne, la retraite et le calme de sa maison, au bruit et à l'éclat des salons de Paris.

Mais madame de Frémery a un mari plein d'ardeur, de talent et d'avenir, et elle sacrifie, de la meilleure grâce du monde, ses goûts personnels aux exigences de la carrière de son mari.

— Mon père, dit Melchior avec une douceur impatiente, ce dont nous parlons est une affaire de famille qui intéresse fort peu madame de Frémery.

— C'est une affaire de raison, reprit vivement le marquis, et je veux que quelqu'un décide entre nous.

Voyons, madame, reprit M. de Lesly en se tournant vers Amélie, supposons que votre mari vienne vous dire :

— J'ai vingt-trois ans, j'ai une immense fortune, j'ai un grand nom, j'ai du courage, de la loyauté, de l'esprit...

Melchior frappa du pied avec impatience.

— Vous avez tout cela, dit vivement le marquis; ne faisons pas ici de fausse modestie. Eh bien! reprit-il en se tournant vers madame de Frémery, supposez que votre mari vous dise tout cela, et qu'il ajoute ensuite :

— Malgré tous ces avantages, je viens vous annoncer que je donne ma démission, que j'entends vivre dans la plus parfaite obscurité, enfermé dans un vieux château, et complétement étranger à tout intérêt de fortune et de politique.

— Que répondriez-vous à votre mari, s'il vous disait de pareilles choses ?

— Si je pensais que mon mari fît cela pour abriter notre bonheur dans la retraite, j'avoue, reprit madame de Frémery en souriant, que je serais peut-être assez égoïste pour accepter le sacrifice...

— Vous voyez, mon père, dit Melchior.

— Un moment! reprit le marquis. Supposez qu'au lieu d'être votre mari, ce soit un jeune homme libre, sans engagement d'aucune espèce, dont la famille, tout au contraire, désire le voir arriver le plus haut possible, que diriez-vous d'une pareille résolution?

— Mais, reprit madame de Frémery, qui devina enfin qu'il s'agissait de Melchior, et à qui cette découverte donna un embarras inexplicable, non pas tant pour avoir à dire son opinion devant celui qu'elle concernait, mais parce qu'elle sentit instinctivement qu'elle n'était pas étrangère à cette résolution ; mais, reprit-elle, je penserais que quelque malheur caché, quelque déception fâcheuse a pu inspirer à ce jeune homme un profond dégoût du monde, et qu'il en redoute le contact.

Pendant qu'Amélie parlait ainsi, la duchesse avait fixé sur elle des yeux inquiets et ardens, et à peine avait-elle fini de parler, que Melchior s'écria avec vivacité :

— Madame a parfaitement compris la raison qui me détermine.

A ces paroles, la duchesse, qui écoutait avec une extrême attention, baissa les yeux et sembla s'affaisser au fond du fauteuil dans lequel elle était à moitié couchée.

Cependant le vieux marquis de Lesly, sans prendre garde à ce mouvement de la duchesse, reprit avec une extrême vivacité :

— Eh bien ! monsieur, nous direz-vous d'où vous vient ce dégoût profond des choses et des hommes ?... Il s'agit probablement de quelque amour trompé !...

— Sur mon honneur, répartit Melchior avec empressement, sur mon honneur ! je vous jure qu'il n'en est rien...

— En ce cas, s'écria son père en haussant les épaules, il s'agit de quelque amour sans espoir, de quelque passion platonique et rêveuse qui n'a pas le sens commun.

— Mon père, fit Melchior avec un embarras visible, peut-être ma détermination tient-elle à des raisons qu'il ne m'est pas possible de vous dire. Ne mettez donc pas des suppositions à la place de la vérité, et...

— Mais quelles sont donc ces raisons? s'écria le marquis exaspéré.

Melchior jeta un regard triste et désespéré sur sa sœur, et répondit avec une émotion douloureuse :

— Mon père, je vous en supplie, mettons un terme à cette discussion, du moins pour le moment; nous la reprendrons plus tard, lorsque nous serons seuls.

Ce mot qui, dans la pensée de Melchior, excluait sa sœur aussi bien que madame de Frémery, parut à celle-ci ne s'adresser qu'à elle seule; elle éprouva le plus vif embarras de se croire, en quoi que ce soit, mêlée à une discussion où il s'agissait d'un amour quelconque, et peut-être se fût-elle retirée immédiatement, si le vieux marquis ne se fût écrié :

— Eh bien! puisque vous craignez de me dire vos raisons devant ces dames, faites-moi le plaisir de me suivre jusque chez moi; car demain matin je serai chez le ministre, et, en vérité, je ne puis pas laisser signer l'ordonnance qui vous confère un nouveau grade, si vous devez le refuser.

— Votre présence est inutile chez le ministre, mon père, répartit Melchior avec la timidité d'un homme qui prévoit la violence de l'éclat que vont faire naître ses paroles; votre présence est inutile chez le ministre : vous trouveriez ma démission entre ses mains.

— Votre démission! s'écria M. de Lesly avec un transport furieux.

— Venez, mon père, venez, reprit Melchior en l'entraînant hors du salon; il faut que je vous parle à vous seul.

Amélie, fort embarrassée d'avoir été le témoin inopportun de cette explication, se tourna vers la duchesse, qui n'avait pas prononcé une seule parole.

C'était toujours la même pâleur, la même immobilité, la même absence de vie sur le visage de Léonie; seulement, quelques larmes s'échappaient des yeux fermés de madame de Fosenzac et roulaient comme des gouttes de rosée sur le marbre de sa joue.

— Oh! mon Dieu! qu'y a-t-il? fit vivement Amélie en lui prenant la main, tant elle fut épouvantée de cette douleur muette qui, pour la première fois qu'elle parlait devant elle, parlait par des larmes.

— Pauvre frère!... murmura madame de Fosenzac.

Puis elle se prit à regarder madame de Frémery; son œil, longtemps attaché sur la jeune femme, semblait chercher un chemin par où elle pût arriver à son cœur ou à son esprit.

Enfin elle lui dit tout à coup :

— Amélie, voulez-vous faire une bonne action? voulez-vous me rendre un bon service?

— Assurément, répondit madame de Frémery avec l'hésitation d'une femme qui a peur de l'engagement qu'elle va prendre.

— Eh bien! reprit Léonie sans tenir compte de la crainte que paraissait éprouver son amie, dites à mon frère de retirer sa démission, de céder aux sollicitations de mon père; il le fera pour vous, j'en suis sûre.

— Comment pensez-vous, reprit Amélie avec un extrême embarras, que M. Melchior de Lesly puisse faire pour moi ce qu'il refuse à son père, ce qu'il vous a peut-être refusé à vous-même; car je pense que vous lui avez demandé ce sacrifice?

A mesure qu'Amélie parlait, la confiance que madame de Fosenzac semblait avoir eue dans l'intervention de madame de Frémery paraissait l'abandonner.

Elle la regarda encore en silence ; une expression de douce pitié se montra dans ses yeux, et elle finit par dire :

— Vous avez raison, je ne puis pas vous demander un pareil service.

Puis elle retomba dans l'abattement profond d'où elle était sortie un moment.

Amélie, qui s'attendait à une discussion, fut surprise de la facilité avec laquelle madame de Fosenzac avait abandonné son espérance, lorsqu'elle venait de lui déclarer qu'elle seule avait le pouvoir d'obtenir de Melchior ce qu'on exigeait de lui.

L'esprit d'une femme qui cherche manque rarement de trouver la trace lorsqu'il y a une question d'amour, si cachée qu'elle soit.

A peine Amélie s'était-elle demandé pourquoi madame de Fosenzac lui avait dit d'abord :

« Il le fera pour vous; »

Et pourquoi elle avait ajouté presque aussitôt :

« Je ne puis pas vous demander un pareil service ; »

Que ce rapide instinct du cœur des femmes pour qui l'amour est une émanation qu'il sent à des distances incroyables, l'amena à cette conclusion : — Il le fera pour vous parce qu'il vous aime ; je ne puis pas vous demander ce service, parce que ce serait vous engager à user d'un pouvoir que vous ne devez pas connaître.

Elle était donc aimée de Melchior, et madame de Fosenzac la respectait cependant assez pour ne pas oser l'engager à se servir d'un amour qu'elle ne voulait pas sans doute récompenser.

L'amour qui se présente à une honnête femme, tout armé de ses désirs et de ses exigences, la flatte presque toujours dans sa vanité; mais l'épouvante assez souvent dans sa vertu pour qu'elle le repousse avec indignation. Mais celui qui vient, ou plutôt qui ne vient pas ; celui qu'on vous montre, ou plutôt qu'on vous laisse apercevoir ; celui qu'on dévoile un moment d'une main imprudente, et qu'on cache presque aussitôt, en ayant l'air de vous dire :

« Vous ne devez pas voir cela, vous ne devez pas le connaître, personne ici ne veut alarmer vos regards ; » cet amour, on ne peut ni l'accuser ni le repousser ; il devient à la fois un hommage à la beauté et à la vertu ; son existence et son silence sont une double flatterie pour la vanité et pour l'orgueil ; il est impossible à une femme de ne pas en être touchée ; et pour peu qu'un pareil amour pousse celui qui le ressent à un grand sacrifice, il est presque impossible de ne pas en être reconnaissante.

Ce soir-là, pendant une heure, rien ne se passa qui eût la moindre importance pour Amélie, du moins le crut-elle ainsi.

En effet, madame de Fosenzac ne revint pas sur le sujet si rapidement abandonné par elle, et lorsque Melchior rentra dans le salon, il semblait être à mille lieues de la discussion dont Amélie avait été témoin.

Cependant peut-être examina-t-elle avec plus d'attention celui dont on lui avait pour ainsi dire déclaré l'amour ; et ce fut pour elle un grand sujet d'admiration et, qui pis est, de comparaison avec son mari, que ces soins persévérans, ces attentions que Melchior avait pour sa sœur malade, que cette charmante bonhomie d'un très jeune homme qui a la paternelle affection d'un vieillard.

Et puis il y avait tant de reconnaissance dans le regard de madame de Fosenzac ; chacune de ses moindres paroles, chacun de ses moindres gestes disait si bien à Melchior :

— Oh! tu es bon, tu es noble, tu es généreux !

Que madame de Fremery ne pouvait s'empêcher d'entendre dans son cœur cet éloge muet de l'homme qui l'aimait sans doute.

M. de Lesly était revenu quelques instans après son fils ; il n'avait pas non plus ramené la conversation sur le sujet qui s'agitait entre lui et son fils ; mais, malgré la bonne volonté qu'il mettait à cacher son dépit à des gens étrangers, il était facile de deviner qu'il n'avait rien obtenu de Melchior.

XIV

Un Jeu du Hasard.

La soirée se passait au milieu d'une de ces conversations que tout le monde suit, mais à laquelle personne n'est présent, chacun répondant au bruit des paroles qu'il entend, avec une préoccupation secrète dans l'esprit. Quand deux puissances de cette espèce luttent ensemble, soit l'usage du monde et la pensée personnelle, une des deux finit par remporter l'avantage. La conversation fait taire la pensée, ou la pensée fait taire la conversation.

Dans cette circonstance, ce fut la pensée qui eut la victoire, et ce fut dans un moment de profond silence qu'on annonça l'arrivée de M. Balbi, le notaire de la famille.

Comme une circonstance fort explicable, personne n'avait songé qu'on éclairât le salon, de façon qu'il y régnait une sorte d'obscurité lorsque le notaire entra.

M. de Lesly et Melchior allèrent au devant de lui avec un empressement qui témoignait ou de l'extrême considération qu'ils avaient pour cet homme, ou du vif intérêt qu'ils attachaient à son arrivée.

Les premières paroles de M. de Balbi furent dites d'un ton brusque, et cependant pleines de cette amitié bienveillante qui ne garde l'extrême politesse que pour les indifférens.

— Tenez, dit-il à Melchior, qu'il entraîna rapidement dans un coin du salon où se trouvait précisément Amélie, voilà votre démission. J'ai vu tout le monde, c'est une affaire arrangée. Je vous ai dit que j'avais dans ma manche quelqu'un qui pouvait amener tous ces messieurs à se montrer moins sévères, et je pense que tout est fini. Tout le monde, ajouta-t-il d'un ton plus bas, a sa petite part des faiblesses humaines. C'est en alarmant chacun sur ses propres secrets, qu'on lui impose silence sur les secrets des autres. Heureusement pour nous que M. de Frémery serait très fâché que je divulguasse tout ce que je sais sur son compte; et c'est à lui que je dois, sinon la promesse d'un silence absolu, du moins la restitution de pièces qui prouvaient des faits qu'on peut maintenant traiter de calomnie.

Amélie n'avait rien compris et ne pouvait rien comprendre à la phrase de M. de Balbi par rapport à ce qu'elle apprenait à Melchior de Lesly; mais elle avait un sens qui la concernait personnellement : elle venait d'apprendre que son mari avait des secrets en vertu desquels on le faisait agir peut-être malgré lui.

Elle ne s'aperçut pas que Melchior eût interrompu le notaire, quoiqu'en lui serrant vivement le bras, il eût fini par lui imposer silence.

Presque aussitôt, ils s'éloignèrent et disparurent dans le jardin avec le vieux marquis; madame de Fosenzac et Amélie demeurèrent encore une fois seules ensemble.

Madame de Frémery éprouvait la plus vive curiosité; si elle l'eût osé, elle eût interrogé Léonie; mais, indépendamment de la timidité naturelle à son caractère, Amélie éprouvait la crainte instinctive de découvrir quelque chose qui lui causerait un vif chagrin. Il est donc probable qu'elle eût gardé pour elle l'anxiété qu'elle éprouvait, si la duchesse ne l'avait interrogée.

— Savez-vous, lui dit-elle d'une voix brève et pleine d'émotion, savez-vous ce que M. Balbi vient d'annoncer à mon frère?

Amélie, ainsi sollicitée sur des paroles qui la tourmentaient vivement, les répéta à la duchesse.

— Oh! bon et excellent homme, s'écria madame de Fosenzac, je savais bien qu'il nous sauverait, lui...

Amélie, qui s'attendait à ce que le nom de son mari appelât l'attention de madame de Fosenzac, répartit d'un ton un peu froid :

— Je suis charmée madame, que M. de Frémery ait pu être pour quelque chose dans un service pour lequel vous montrez tant de reconnaissance.

La duchesse, qui, à vrai dire, n'avait compris de la phrase de M. Balbi que ce qui probablement la concernait personnellement, c'est-à-dire que la démission de Melchior était retirée, que l'affaire était arrangée, répartit aussitôt, et comme quelqu'un qui cherche ses souvenirs :

— Oui, oui, je comprends comment M. de Frémery a pu obtenir la remise de cette lettre.

Puis, comme si une nouvelle idée se montrait tout à coup à son esprit, elle ajouta vivement :

— Et je comprends comment M. Balbi a pu forcer M. de Frémery à agir comme il l'a fait.

— A pu *forcer?* dit Amélie d'un ton fier.

La duchesse comprit qu'elle venait de blesser l'orgueil de son amie, et lui dit aussitôt :

— Pardon, M. de Frémery aura cédé aux prières de M. Balbi. En parlant ainsi, la duchesse prit la main d'Amélie. Cette main était glacée et tremblante.

— Mais qu'avez-vous donc? dit vivement madame de Fosenzac.

— Rien, répartit Amélie. Pardon, ajouta-t-elle aussitôt en se levant, pardon si je me retire, c'est que je souffre horriblement.

Madame de Frémery traversa vivement le salon pour prendre son chapeau et son écharpe, et elle entendit madame de Fosenzac qui murmura d'une voix triste :

— Pauvre femme!

Ce mot de pitié la fit arrêter soudainement.

Elle était donc à plaindre? Dans sa position, de quoi pouvait-on la plaindre? Le doute ne fut pas d'un instant.

La pensée, rapide comme la foudre, parcourut en une seconde tous les élémens du bonheur vulgaire ; jeunesse, fortune, beauté, considération, rien ne lui manquait, excepté une seule chose peut-être, l'amour de son mari.

Elle n'en douta plus, elle était trahie.

C'est ainsi que, le plus souvent, le malheur arrive au cœur des femmes : ce sont des murmures lointains, un mot qui passe dans l'air, un nuage qui assombrit le front d'un ami, un rien, qui lui disent :

— Voilà le malheur qui vient, aussi sûrement que le tremblement de la feuille dit à l'oiseau : Voici l'orage qui arrive.

Si bientôt après elle apprit d'une façon certaine l'infidélité de son époux, c'est que l'alarme était dans son cœur, c'est que la douleur qu'elle éprouvait déjà, lui fit faire une action dont elle n'eût jamais été capable, si elle était restée dans une parfaite sécurité. Ainsi, celui qui n'éprouve aucune crainte sur sa santé, voit causer avec indifférence le médecin qui parle mystérieusement à l'un de ses amis ; mais si un mot est venu l'avertir que sa vie peut être mise en danger par un mal caché, il n'a plus qu'une pensée : celle d'épier et de surprendre les moindres paroles qui se disent autour de lui.

Madame de Frémery avait dit à Léonie qu'elle désirait se retirer. Comme elle avait demandé sa voiture pour une heure beaucoup plus avancée de la soirée, elle prit le parti de traverser tout le parc de M. de Lesly, pour regagner celui de sa propre maison qui n'en était séparé que par un étroit sentier.

Léonie ne retint pas sa voisine ; elle-même avait trop de hâte d'avoir une explication avec son frère et M. Balbi pour ne pas désirer être seule.

Amélie s'éloigna donc et gagna rapidement une sombre allée de marronniers bordée de hautes charmilles, par laquelle elle devait gagner plus promptement sa maison.

A peine arrivée au milieu de cette allée, elle entendit parler avec chaleur, à quelques pas d'elle.

Ce bruit de voix, qui en toute autre circonstance l'eussent éloignée de sa route, ce bruit de voix l'appela comme le vertige appelle du fond de l'abîme le malheureux suspendu sur ses bords. Elle s'arrêta subitement, puis s'approcha avec précaution et entendit les paroles suivantes :

— Non, mon cher Balbi (c'était Melchior qui parlait), je ne retirerai point ma démission : c'est précisément parce que vous avez mis l'honneur de la duchesse à l'abri d'une affreuse révélation, que je veux m'éloigner avec elle de la France. Si une accusation s'était élevée, je serais resté pour la combattre ; aujourd'hui que j'espère le silence de tous ceux qui savent ces horribles secrets, je ne veux pas qu'une rencontre fortuite puisse les exciter à dire un mot qui amènerait probablement un cruel scandale.

La disparition de la duchesse et la mienne laisseront à tous ces ressentimens le temps de se calmer ; et quand nous reviendrons en France, dans quelques années, quand d'autres intérêts, quand d'autres événemens auront occupé et occuperont l'attention du monde, on ne pensera plus à nous.

Ce que venait d'entendre madame de Frémery lui était si parfaitement étranger, qu'elle éprouva une honte soudaine de l'action qu'elle venait de faire, et probablement elle se fût éloignée à l'instant même, si les paroles suivantes n'avaient réveillé sa curiosité et son inquiétude :

— Mais comment ferez-vous comprendre votre départ à votre père ? avait dit M. Balbi.

— Je prendrai tout sur moi, dit Melchior ; il ne soupçonnera pas que j'agis pour ma sœur autant que pour moi-même. Je ne lui dirai pas les raisons qui ordonnent à Léonie de quitter la France ; mais je lui dirai celles qui me forcent à fuir ce pays.

— Mais, reprit le notaire, il les traitera de folie.

— Je le sais, dit Melchior, il ne comprendra pas que je ne puisse me guérir de mon amour, et s'il finit par me comprendre, il ne comprendra pas que je renonce à l'espoir de le faire triompher.

— Ah ça ! dit le notaire, vous êtes donc bien amoureux de madame de Frémery.

A ces mots, Amélie tressaillit et sentit le rouge lui monter au visage, comme si l'aveu de cet amour lui eût été fait en face.

Elle fut sur le point de s'échapper, mais la curiosité de la femme l'emporta sur la pudeur, et elle resta pour écouter la réponse de Melchior.

— Oui, dit celui-ci, je l'aime, je l'aime comme quelque chose de saint, de noble, de naïf, et je considérerais comme un crime d'altérer la pureté de cette âme, en lui apprenant qu'elle peut inspirer un désir et une passion qui ne sont pas avouables devant Dieu.

— C'est bien, ce que vous faites là, dit vivement le notaire ; c'est d'autant mieux que vous auriez, dans ce moment, de puissants auxiliaires auprès de cette pauvre enfant : le chagrin qui perd les âmes les plus pures, la vengeance qui égare les esprits les plus distingués.

Si quelqu'un eût été près de madame de Frémery, il eût entendu son cœur battre dans sa poitrine. Elle avait soupçonné cet amour, elle l'avait compris timide et respectueux, et c'est précisément pour cela qu'elle l'avait redouté. Et voilà que tout à coup elle acquiert l'assurance de cette passion, et cette passion se montre à elle bien plus comme un culte à sa vertu, que comme un hommage à sa beauté.

Amélie en éprouva une joie charmante, et à l'instant même elle eut peur de sa joie.

Puis sa pensée fut immédiatement détournée de ces vives émotions par les dernières paroles de M. Balbi. Elle avait donc le chagrin à craindre, elle pouvait donc être en droit de se venger...

Les nouvelles douloureuses donnent à l'âme la même soif ardente que donnent à la bouche les liqueurs alcooliques ; elle voulut savoir jusqu'au bout ce dont elle allait avoir à souffrir, ce dont elle pouvait se venger.

Cependant Melchior avait repris :

— C'est donc vrai que M. de Frémery est tout à fait tombé sous l'empire de madame de Favières ? l'exemple de son ami Lucien Deville eût dû cependant lui apprendre qu'il n'y a ni cœur, ni honneur chez cette femme. C'est l'esprit le plus froid, la vanité la plus excessive, le calcul le plus odieux qui la dirigent.

— Ta, ta, ta, fit vivement le notaire, ce n'est pas madame de

Favières qui est le plus à blâmer dans cette circonstance ; vous savez, mieux que personne, que si elle écoute les paroles d'amour de tous les bruyans jeunes gens qui sont autour d'elle, c'est parce que son mari l'a fort sevrée de pareille nourriture. Quand madame de Favières s'est mariée, elle aimait son mari, elle l'aimait à sa manière, c'est vrai, mais elle l'aimait. Lui, au contraire, il ne l'aimait pas.

— Mais il me semble... fit Melchior.

— Je sais ce que vous allez me dire, reprit le notaire : il s'est parfaitement conduit avec sa femme, jamais galant homme n'a couvert de soins plus empressés, de plus gracieuse galanterie, le peu de sympathie qu'il éprouvait pour sa femme. Mais le cœur ne se trompe jamais à ces faux semblans ; voilà pourquoi il arrive si souvent que la femme qui sent l'amour sous les mauvais traitemens de son mari, lui reste fidèle ; tandis que celle qui sent son indifférence au milieu des procédés irréprochables dont il l'entoure, le trompe quelquefois.

Madame de Favières a rencontré un homme qui l'aime comme un fou, avec l'exagération d'un esprit sans jugement, elle se laisse aller au charme d'une pareille passion, et à toute force, cela se conçoit ; mais je ne vois aucune excuse à la passion de M. de Frémery. Sa femme a mille fois plus de charmes, plus de beauté que madame de Favières ; sa femme a été pour lui un ange de vertu et de dévoûment ; il est coupable, et il le sent, il est véritablement coupable.

Nous n'avons pas besoin de dire la douleur cruelle que chacune de ces paroles portait dans l'âme de madame de Frémery ; mais il faut expliquer le sentiment qui entra dans son âme en même temps que la souffrance, ce sentiment qu'elle n'eût jamais éprouvé si elle avait appris la trahison de son mari d'une autre façon : c'était l'odieuse indignité de M. de Frémery.

La vertu modeste d'Amélie eût cherché une excuse à son mari ; elle se fût cherché des torts avant de le condamner complétement. Mais en l'entendant juger aussi sévèrement par un homme dont elle avait entendu souvent louer le sens droit et l'indulgence, elle ne put se dissimuler qu'elle était lâchement et indignement abandonnée.

Il en résulta qu'elle éprouva peut-être autant de colère que de souffrance, et que l'idée de vengeance, qu'elle n'eût pu concevoir en toute autre circonstance, lui passa dans l'esprit, non comme une chose possible pour elle, mais comme une chose qui pouvait servir à expliquer les faiblesses de beaucoup de femmes.

— Oui, reprit Melchior, il est coupable, et plus que vous ne le pensez, et, ajouta-t-il à voix basse, il ajoute à sa faute l'impudence d'une sévérité hypocrite. Entre nous, et je puis vous dire cela tout bas, je suis convaincu que s'il n'a rien dit de précis à sa femme sur les malheurs de ma pauvre sœur, il lui a fait entendre que ce n'était point une femme dont elle pût faire son amie.

— Drôle!... murmura sourdement le notaire.

— C'est le même homme qui veut séduire madame de Favières, qui se montre si rigide envers d'autres.

— Laissons cela, dit vivement M. Balbi, décidément vous voulez partir?

— Quel conseil me donnez-vous?

— Votre père sera au désespoir...

— Quel conseil me donnez-vous?

— Je comprends que la santé de votre sœur peut expliquer cette disparition, mais...

— Quel conseil me donnez-vous?

— Eh bien! de partir... Oui, reprit vivement le notaire... parce... vous aimez madame de Frémery... et elle vous aimerait.

— Jamais! dit Melchior... sa vertu...

— Elle vous aimerait et ajouterait le désespoir de vous aimer et de vous refuser, à celui d'être abandonnée. Ce serait trop de douleur pour une âme pareille... sauvez-la-lui.

— Je partirai donc, dit tristement Melchior... Je partirai pour m'arracher au charme enivrant d'une passion qui me tue; mais, croyez-moi... ce n'est que moi que je protége... Jamais madame de Frémery ne m'aimerait.

— Mon ami, reprit sentencieusement le notaire, la vérité arrive au cœur des femmes par des voies inconnues. Eh bien! s'il arrivait que madame de Frémery devinât, je ne sais comment, de quel amour respectueux et religieux vous l'aimez... s'il arrivait... Tenez, ajouta-t-il, je suppose que quelqu'un lui redit notre conversation, je suppose qu'elle l'eût entendue, elle vous aimerait... ou si elle ne vous aimait pas, c'est qu'elle n'aurait ni cœur ni dignité, et elle en a.

Qu'on juge de l'effet de ces paroles sur madame de Frémery.

Jamais clarté plus vive ne pénétra plus soudainement dans le cœur d'une femme pour lui montrer le véritable sens des douleurs, des doutes, des incertitudes qui la déchiraient depuis quelque temps. Elle ne put supporter la révélation qui lui venait si brusquement, la force lui manqua et elle tomba évanouie à la place où elle se tenait cachée.

XV

L'Amour médecin.

Lorsqu'elle revint à elle, Amélie se trouva couchée dans une chambre étrangère. Elle reconnut celle de la duchesse et se vit entourée de femmes, parmi lesquelles se trouvait Léonie.

Ce lit était tout taché de sang... on venait de la saigner, et c'était cette opération qui l'avait fait revenir de son évanouissement. Elle ne reconnut pas d'abord le médecin qui lui avait donné ses soins, quoiqu'elle vît un homme qui essuyait une lancette et qui examinait le sang qui avait coulé.

Cet homme se retourna, c'était Melchior.

— La voilà qui revient, murmura Léonie.

Melchior s'éloigna aussitôt et M. Balbi le suivit.

Tout cela n'expliquait point à madame de Frémery pourquoi elle se trouvait dans cette chambre. Elle fit une question à madame de Fosenzac, qui, craignant devant ses gens l'explosion d'une douleur qu'elle avait devinée, se hâta de lui dire :

— Une heure après que vous avez été partie, votre voiture est arrivée. J'ai fait dire au cocher que vous étiez rentrée et qu'on avait sans doute oublié de l'en prévenir. Il est reparti ; mais presque aussitôt votre femme de chambre est revenue tout alarmée, en disant que vous n'aviez pas reparu. Cela nous a mis tout en émoi, on a parcouru tout le parc, enfin Melchior vous a trouvée évanouie au pied d'une charmille, et c'est lui qui vous a rapportée dans ses bras, au moment où nous désespérions de retrouver votre trace.

Ce récit rappela à madame de Frémery comment elle avait écouté, comment elle avait entendu, ce qu'elle avait entendu, et de profonds sanglots s'échappèrent de sa poitrine.

La duchesse fit éloigner toutes les femmes qui se trouvaient dans la chambre et resta seule avec Amélie. Celle-ci était dans un véritable désespoir, elle prévoyait les questions qu'on allait lui faire sur la cause de son évanouissement.

Mais elle fut immédiatement rassurée sur cette crainte.

— Il faisait une chaleur horrible dans le salon, lui dit la duchesse, vous avez été saisie par le froid du soir... c'est cela qui vous a causé cet évanouissement.

— Merci, répondit Amélie, en lui tendant la main.

Ce mot remerciait la duchesse, non pas des soins qu'elle lui avait donnés, mais de sa délicatesse à l'avertir qu'elle ne voulait rien savoir des causes de cet évanouissement. Ces deux femmes s'étaient parfaitement comprises.

— Mais, reprit Amélie, ne puis-je pas rentrer chez moi, maintenant ?

— Oh ! dit Léonie, mon frère l'a bien défendu.

— Votre frère ?... dit madame de Frémery.

La duchesse parut embarrassée et reprit bientôt :

— Oh ! vous ne connaissez pas Melchior, un officier de cavalerie, un beau danseur de salon, un élégant gentilhomme qui a étudié la médecine et qui sait assez bien manier les instrumens de chirurgie pour faire au besoin une saignée... c'est une chose rare... C'est en qualité de docteur que mon frère a défendu qu'on vous transportât chez vous avant qu'il ne fût rassuré sur votre état.

Amélie ne s'était donc pas trompée, c'était Melchior qui l'avait saignée, et c'était lui qui l'avait transportée dans ses bras jusqu'au château ; elle avait donc été dans les bras de cet homme qui l'aimait et dont elle redoutait tant l'amour ; il lui avait donc donné ses soins, dans cette chambre, sur ce lit où on l'avait déposée après l'avoir déshabillée...

Madame de Frémery poussa une sourde exclamation. Un vif sentiment de pudeur fit remonter le sang à son visage, et elle éprouva une nouvelle faiblesse, sa tête se pencha sur l'oreiller, pendant qu'elle murmurait :

— Ah ! c'est affreux... c'est affreux.

La duchesse se pendit à la sonnette du lit.

Melchior et les femmes de service reparurent. Quelques aspersions d'eau glacée firent cesser cette pamoison, et lorsque Amélie rouvrit les yeux, elle vit Melchior penché sur elle et suivant d'un œil inquiet le mouvement de la vie qui se ranimait ; il lui tenait la main en lui tâtant le pouls. Elle vit Melchior comme tout le monde le voyait ; mais ce qu'elle vit seule, ce furent de grosses larmes s'échappant des yeux de Melchior.

Une de ces larmes se détacha du visage de Melchior penché sur celui d'Amélie, et tomba sur les lèvres de la malade.

Tout le corps d'Amélie frissonna, la larme glissa entre ses lèvres... sa raison sembla la quitter, et elle murmura sourdement :

— Oh ! c'est amer.

Cependant la vie revint doucement ; mais Amélie, qui avait détourné la tête, n'osa plus regarder du côté de la chambre.

Quelqu'un présenta à Melchior une potion qu'il avait fait préparer, mais il répondit tout bas :

— Si elle pouvait s'endormir, ce serait ce qu'il y aurait de mieux pour elle.

Amélie resta immobile, elle voulait faire croire à son sommeil, pour éviter et les paroles de madame de Fosenzac et la présence de Melchior.

En effet, au bout de quelques instants, elle entendit s'éloigner légèrement les pas de plusieurs personnes, et elle resta dans un silence qui lui fit croire qu'elle était seule.

Cependant elle ne changea point de place. Elle voulut faire croire à son sommeil, et Dieu sait si elle dormait !... Les dents serrées pour réprimer les sanglots qui l'étouffaient, elle repassait en elle-même tout ce qu'elle avait appris, tout ce qu'elle avait entendu : et l'infidélité de son mari, et l'amour de Melchior, et surtout ces paroles si funestement vraies de M. Balbi, qui avait dit : « Mais si elle savait votre amour, elle vous aimerait, » et elle le savait, et elle n'osait pas se dire que M. Balbi eût menti.

Car maintenant qu'elle était seule, qu'aucun regard ne la troublait dans sa pensée, elle comprenait bien pourquoi elle avait été si profondément émue en apprenant qu'elle avait été dans les bras de Melchior. Elle comprenait que nul autre, fût-il plus beau, plus charmant qu'il ne l'était, ne lui eût fait éprouver cette honte; c'est qu'elle sentait que ce hasard était comme une image de ce que l'amour peut accorder.

Et puis, n'avait-elle pas senti couler sur ses lèvres une larme de lui, larme qui l'avait brûlée comme un baiser, larme dont elle cherchait la trace amère sur ses lèvres?

Quel tumulte dans cette âme! quelles pensées diverses! Elle eût payé cher en ce moment la liberté de pouvoir se lever, marcher, courir, crier, que sais-je?

On s'étonne souvent dans le monde de ces brusques mouvemens de corps et d'esprit, par lesquels on se lève soudainement pour fuir, ou bien par lesquels on jette tout à coup la conversation à mille lieues du sujet qu'elle traite. On dit assez volontiers de ces brusques sorties, que celui qui les éprouve est fou. Jamais on ne fut plus sage. Il arrive une heure où l'on ne peut plus combattre sa pensée qu'en la fuyant.

Ainsi était madame de Frémery, elle se sentait emportée à se faire des aveux qu'elle-même ne voulait pas entendre, comme si son cœur eût tenu à ses lèvres par des fibres puissantes, elle se sentait prête à murmurer les mots qui parlaient en elle-même.

Je ne puis dire, je ne saurais comment expliquer cet inconcevable bonheur qu'éprouve un cœur déchiré à se dire ce qu'il ne dira jamais à personne. Mais la femme qui a aimé comprendra Amélie, lorsque forcée de rester en face d'elle-même, la tête perdue, le cœur gonflé, elle se laissa aller à murmurer, mais si bas, si bas, qu'elle-même ne pouvait l'entendre.

— Eh! bien, oui, je l'aime... je l'aime...

Nul son ne s'échappait de ses lèvres, mais elles disaient, sans voix, ce mot qu'elle ne devait jamais dire... Elles s'agitaient, comme si elle eût parlé, et elles dessinaient pour ainsi dire à l'œil, ce mot qui lui remplissait le cœur :

— Je l'aime... je l'aime... je l'aime!...

Et tout aussitôt, comme si l'aveu qu'elle venait de se faire à elle-même eût été entendu par celui à qui il s'adressait, elle repoussa cette folle exaltation, et oubliant qu'elle n'était pas aussi seule qu'elle le pensait, elle s'écria :

— Oh! malheureuse que je suis!

Et elle se retourna vivement.

Alors elle s'aperçut que deux personnes étaient restées près d'elle; madame de Fosenzac et Melchior. Elle ferma soudainement les yeux comme si ce cri était échappé durant quelque rêve cruel, et feignit encore de dormir.

Mais elle avait le visage tourné du côté de Melchior, et bientôt elle comprit que le regard de ce jeune homme était fixé sur son visage, qu'il en suivait les émotions, qu'il devait se complaire dans cette vue, s'abandonner à sa muette contemplation, elle trouva qu'elle aurait tort de s'y prêter ainsi, et un nouveau combat s'éleva dans l'âme d'Amélie. Il lui sembla qu'elle était en faute, et prit la résolution de s'arracher le plus tôt possible à la position détestable où elle se trouvait.

XVI

Illusion perdue.

On accuse souvent les faiseurs de romans d'inventer des circonstances pour aider au développement et à la marche des passions.

En général, on se trompe complétement, on ne voit que le résultat de ces circonstances, et parce qu'elles profitent à la passion qu'ils veulent peindre, on les accuse d'invraisemblance.

Dans la marche ordinaire du monde, l'amour... et nous ne parlons que de cette passion, parce que celle-là seule est en jeu, l'amour n'a pas besoin d'événemens extraordinaires pour naître dans le cœur, il n'a pas besoin de circonstances habilement arrangées pour y grandir et s'en emparer complétement; seulement, lorsque la passion est éclose, tout lui profite, tout lui vient en aide, les choses les plus indifférentes deviennent des énormités, elles acquièrent un sens particulier, une portée dangereuse.

Qu'est-ce, je vous prie, qu'une femme qui s'évanouit, qu'un jeune homme soulève, emporte et dépose sur le lit de sa sœur, qu'il soigne et regarde dormir, est-il rien de plus vulgaire, et combien de fois cela n'est-il pas arrivé sans que personne ait songé qu'un pareil événement pût avoir la moindre importance? Et cependant toutes ces petites circonstances étaient presque un malheur pour madame de Frémery.

Enchaînée sous le regard de Melchior qu'elle sentait brûler sur son visage, elle souffrait horriblement, et de se sentir ainsi regardée et de la contrainte qu'elle éprouvait; elle eût pu passer quelques momens à feindre encore le sommeil, mais elle en était incapable; elle se décida donc à faire tout au monde pour quitter la maison.

Elle parut s'éveiller et appela.

A sa voix, la duchesse qui était restée immobile dans un grand fauteuil, s'approcha du lit, et Melchior disparut.

— En vérité, dit Amélie, je suis honteuse de tout l'embarras que je vous cause, permettez-moi de rentrer chez moi.

— Vous n'y pensez pas, dit la duchesse; et avez-vous besoin avec moi d'excuses qui en vérité sont des enfantillages? Comment pouvez-vous parler de l'embarras que vous me causez?

— Mais, reprit Amélie, n'occupais-je pas votre chambre?

La duchesse sourit tristement.

— Ma chambre, dit-elle, oui... et vous ne vous y trouvez pas bien?

— Ne vous ai-je pas forcée à rester levée?

— Ah! fit madame de Fosenzac, vous savez qu'il ne manque pas de chambres dans le château... ce n'est pas parce que vous occupez la mienne que je suis restée levée, ajouta-t-elle avec un gros soupir, c'est... (elle hésita) c'était pour vous donner des soins.

— Vous voyez bien, dit Amélie.

La duchesse secoua tristement la tête et reprit :

— Hélas! il y avait peut-être plus d'égoïsme que vous ne pensez dans ce devoir... Si vous saviez ce que sont mes nuits, vous ne m'envieriez pas celle que je peux passer au chevet de votre lit. Etre près de vous pour veiller sur vous, était un prétexte à mon insomnie; depuis une heure que je suis là, je m'ingénie à me prouver que je ne dors pas parce que vous êtes là; si j'étais seule au contraire, comme hier, comme toujours, il faudrait bien reconnaître que c'est le désespoir qui a chassé le sommeil de mes longues nuits.

Amélie regarda cette figure de marbre, debout au pied de son lit. Ce n'était pas là une de ces douleurs dont on doute. La mort vivait dans cette femme.

Elle ne sut que lui répondre. La question, telle qu'elle l'avait posée d'abord, n'était plus discutable, elle le devint encore moins quand la duchesse ajouta :

— Vous voyez bien, Amélie, que ce n'est pas vous, mais moi, qui suis peut-être importune, en demeurant à vos côtés, et je vais me retirer.

Amélie prit les mains de Léonie et la retint.

La duchesse s'assit machinalement sur le lit de la malade. Amélie l'examina.

Madame de Fosenzac n'était plus présente, pour ainsi dire, à ce qui se passait autour d'elle. Elle rêvait... à quoi?

Madame de Frémery n'était point curieuse de l'apprendre, mais elle ne pouvait s'empêcher d'être troublée.

Tout à coup la duchesse se laissa aller à pencher la tête, comme si elle eût regardé quelqu'un assis ou à genoux en face d'elle; puis après avoir contemplé doucement cette vision, après lui avoir souri plus doucement encore, elle se laissa aller à dire avec un gros soupir :

— Pauvre frère!
Amélie tressaillit.

Ce léger mouvement tira Lnéoie de sa contemplation. Elle regarda Amélie, qui baissa les yeux avec confusion.

— Vous avez raison, dit la duchesse, j'ai tort, je ne vous parlerai pas de lui.

Quelles sont donc ces intelligences de l'âme qui font qu'on se comprend si bien avec des paroles qui n'emportent avec elles aucun sens précis? Je les raconte, sans prétendre les expliquer.

Rien ne s'était dit entre ces deux femmes, et cependant madame de Frémery sentit redoubler son embarras. Il lui sembla qu'elle avait une confidente.

En effet, d'où la duchesse savait-elle qu'il était dangereux pour Amélie qu'on lui parlât de Melchior?

Madame de Frémery eut peur de répondre. Nouvelle faute, c'était comprendre et approuver la retenue de la duchesse.

Oh! c'est que le jour où l'on ne peut plus dire tout haut ce que l'on a au fond du cœur, chaque effort qu'on fait pour le cacher sert le plus souvent à dévoiler le sentiment qu'on n'ose avouer. Un silence profond s'établit entre la duchesse et madame de Frémery, chacune poursuivant sa pensée... Et peut-être rien ne fût venu de long-temps interrompre ce silence, si un bruit extraordinaire n'eût retenti tout à coup à la grille du château.

On sonnait avec vivacité.

La grille fut ouverte, et bientôt après on entendit des pas précipités s'approcher de la chambre où était Amélie. Elle reconnut le pas de son mari, elle reconnut sa voix qui disait dans la chambre voisine :

— Mais elle est donc bien malade, que vous restiez ainsi à veiller?

La voix de Melchior répondit :

Ç'a été un long évanouissement, et je désirais, avant de me retirer, que ma sœur me vînt dire si madame de Frémery dormait. Le sommeil lui ferait grand bien.

A la voix de son mari, Amélie s'était soulevée sur son lit; le premier mouvement de son cœur avait été pour le souvenir des torts que lui avait révélés l'entretien de M. Balbi et de Melchior ; le second fut pour se dire qu'on s'était trompé, ou qu'elle avait mal entendu, et que l'empressement de son mari était une preuve de son amour.

Ceci était immense ; l'ordre dans lequel ces idées s'étaient présentées à madame de Frémery était toute une révélation.

Dans le cœur de celui qui aime, le premier mouvement est pour celui qui est aimé lorsqu'il reparaît, on ne pense à ses torts que lorsque vient la réflexion. Chez Amélie, la colère avait parlé la première; c'étaient la réflexion et la raison qui avaient cherché dans ce retour une preuve d'affection.

Comprenait-elle ce sentiment? non, sans doute; mais elle fit comme tous ceux qui ont besoin de se maintenir dans une bonne pensée qui ne les commande pas assez impérieusement; elle voulut que son mari lui vînt en aide, elle lui ouvrit la voie à une justification, et, pour qu'elle ne se fît pas attendre, elle dit assez haut :

— Je ne dors pas, Eugène... je ne dors pas.

M. de Frémery entra; et tout autre qu'un cœur blessé eût pu se tromper à l'empressement de ses questions, de ses caresses, à l'expression de son inquiétude et de son chagrin.

Ce n'est pas que tout cela ne fût vrai, ne fût sincèrement senti; mais le cœur est comme un antre mystérieux et profond : les mêmes paroles, dites du bord de cet antre ou de sa profondeur la plus éloignée, ont un son différent.

Ainsi les mêmes paroles changent de sens, d'expression et de portée selon qu'elles partent de ces affections qui sont à la superficie de l'âme ou de celles qui viennent de ces profondeurs intimes où l'amour seul réside. Ainsi, rien ne manqua aux tendresses de M. de Frémery, rien, si ce n'est ce qui est tout : c'est-à-dire la conviction qui enfante la passion.

Amélie ne fut pas contente.

J'ai dit quelle était sa résolution de quitter le château, mais cette résolution elle l'avait abandonnée du moment que son mari était arrivé. Toute peur s'était enfuie à son approche. On les avait laissés seuls.

Amélie, mécontente, attendait une parole de son mari qui la rassurât. Elle crut remarquer qu'il avait l'air inquiet et préoccupé. Tout ce charmant empressement si vivement étalé en présence de la duchesse, s'était enfui avec elle. Eugène, rassuré, trop rassuré sur la santé de sa femme, se promenait activement dans la chambre. Amélie le suivait d'un regard triste et curieux.

Des mouvemens d'impatience échappèrent à M. de Frémery.

Amélie fut encore plus alarmée qu'irritée.

— Qu'avez-vous donc? lui dit-elle.

— J'ai, répartit Eugène, qu'il faut absolument que vous quittiez le château.

Les femmes, et les meilleures sont ainsi faites, les femmes, dis-je, n'acceptent pas aisément qu'on leur impose sans raison ce qu'elles avaient résolu de faire par raison.

Amélie avait au fond du cœur d'excellens motifs pour vouloir quitter le château, mais elle ne comprit pas que son mari pût en avoir, à moins que ce ne fût par un soupçon contre sa femme. A cette supposition, toute la dignité d'Amélie se révolta. Elle se reprochait sévèrement ce qu'elle éprouvait, mais elle n'en était comptable qu'à elle-même.

En effet, si sévère que soit une femme, ce n'est que par ses actions qu'elle manque à ses devoirs ; et c'est même parce que l'honnêteté de ses actions est souvent le résultat de la victoire qu'elle remporte sur des sentimens involontaires, qu'elle est parfaitement vertueuse. Amélie fut donc indignée de se sentir soupçonnée et demanda assez vivement à son mari quelle nécessité si pressante le poussait à la faire transporter immédiatement chez elle.

Eugène, très préoccupé, ne remarqua point la manière dont cette question lui fut faite, et répondit :

— C'est que nous avons à causer d'affaires sérieuses.

— Mais de quelles affaires?

— Mon Dieu! ma chère Amélie, dit Eugène, j'ai une signature à vous demander. Vous savez que je vous ai parlé de la nécessité qu'il y a, pour votre intérêt, de vous défaire de la ferme que vous a laissée votre père, pour en placer le capital d'une manière avantageuse. Eh bien! j'ai trouvé, aujourd'hui même, un acheteur excellent, un placement de premier ordre; et pour cela...

— Pour cela?... dit Amélie.

— Pour cela, il me faudrait votre signature.

— Cette nuit?

— Cette nuit... car j'ai promis une réponse pour demain matin... Je suis venu en toute hâte... La voiture qui m'a amené, m'attend, et je comptais repartir sur-le-champ, mais...

Amélie regardait son mari qui lui parlait, sans oser pour ainsi dire lui adresser directement la parole... La douleur qu'éprouvait Amélie était affreuse.

Ce n'est pas qu'elle doutât en rien de ce que M. de Frémery lui disait. C'était parce qu'elle le croyait, qu'elle était malheureuse. Ce soin de sa fortune lui paraissait si misérable, lorsqu'elle était en danger... cette humeur de ne pouvoir pas conclure une affaire, lorsqu'il n'eût dû souffrir que de voir sa femme malade, la désolait.

Amélie sentit qu'elle n'était plus aimée. La pensée de tout ce qu'avait dit M. Balbi lui revint soudainement.

Elle fut sur le point d'éclater.

Mais presque aussitôt elle prit une de ces résolutions soudaines par lesquelles les femmes avancent si vite dans le malheur.

Elle sonna. Une femme de chambre parut.

— Je voudrais avoir de quoi écrire.

— Ah! que tu es bonne et charmante... s'écria M. de Frémery, je n'attendais pas moins de ton cœur.

Que venait faire là ce mot sacré?... madame de Frémery ne répondit pas.

— Vous avez sans doute apporté l'acte qu'il faut que je signe? dit-elle d'une voix altérée.

— Le voilà, dit Eugène, en le lui présentant avec une plume.

Elle signa.

— Oh! merci... merci, mon Amélie, s'écria-t-il avec le plus tendre épanchement.

— Et maintenant, reprit madame de Frémery en se soulevant, il est convenable, comme vous me l'avez fait observer, que je quitte ce château.

— Mais point du tout! dit Eugène... t'exposer... au milieu de la nuit... Non, non, reste... je retourne à Paris... et demain... demain, de très bonne heure, je serai ici avec le médecin... Je veux être là quand tu rentreras chez toi... Je pars vite, pour être plus tôt de retour... Adieu... à demain, à demain.

Et sans que madame de Frémery eût répondu par une parole ou par un geste à cet épanchement soudain, Eugène quitta le château où était sa femme.

A peine la porte fut-elle fermée, qu'Amélie retomba sur le lit en fondant en larmes. Son mari ne l'avait pas soupçonnée, son mari n'avait pas trouvé que sa présence au château fût inconvenante ou dangereuse, son mari n'avait pensé qu'à une affaire d'argent.

Jamais douleur plus vive et plus humiliante à la fois ne fut infligée à un pauvre cœur désespéré.

Et les maris s'étonnent et se récrient, lorsqu'ils voient s'enfuir loin d'eux cet amour qui les protége contre les séductions dont les femmes sont entourées, et cela parce qu'ils ont sur la fragilité, l'inconstance, le caprice des femmes, des phrases toutes faites, horriblement sottes et plates, et qui cependant ont cours dans le monde.

M. de Frémery venait de faire une faute énorme, bien plus énorme qu'une infidélité.

Demandez-le à une femme, et elle vous dira que la révélation de l'amour de M. de Frémery pour madame de Favières avait peut-être été une douleur plus poignante, pour madame de Frémery, que la scène qui venait de se passer; mais elle n'avait pas autant ruiné Eugène dans le cœur d'Amélie, que ce qu'il venait de dire et de faire.

L'amour vit de luttes, et madame de Frémery, désolée, eût peut-être aimé son mari avec d'autant plus d'ardeur qu'il eût été sur le point de lui échapper. D'ailleurs, il y a des rivalités qui désespèrent, mais qui n'humilient pas. L'amour de madame de Favières pour Eugène le rehaussait aux yeux de sa femme, en le lui enlevant. Lui-même ne perdait rien comme valeur en amour. C'était toujours le héros qu'elle avait adoré, marchant à d'autres conquêtes.

Mais celui qui oublie la pure passion de l'amour pour une passion de calcul, celui dont la tendresse est étouffée sous un sac d'argent, celui qui enfin abandonne sa femme non pas pour courir auprès d'une maîtresse, mais pour aller chez un notaire gagner quelques milliers d'écus ; mais celui-là est perdu, dépoétisé, anéanti comme amour. On ne hait plus la rivale qui vous l'enlève, on le lui abandonne volontiers, et l'on cherche sa vengeance dans cette pensée :

— Elle apprendra un jour que celui qu'elle aime ne valait pas la peine que je lui disputasse son cœur.

Assurément la logique de la passion est loin d'être aussi rapide et aussi précise ; mais ajoutez à ces phrases de longs silences, de longues méditations, de soudains retours par lesquels une femme cherche à se rattacher de tout son pouvoir à cet amour qui s'en va.... tenez compte de ces momens où elle cherche à se refuser de tout son pouvoir à la vérité qui l'accable, pour se persuader qu'elle voit mal, et pesez ce qui reste dans l'âme après cela ; c'est le sentiment que j'ai dit plus haut : une funeste désillusion, un dédain pénible de l'amour qu'on a éprouvé, dédain qui frappe surtout celui qui tue ainsi les douces extases du cœur.

Toujours est-il que, le matin de cette nuit que nous venons de raconter, madame de Frémery en était arrivée à un profond découragement.

Il faut le dire, l'amour de Melchior avait eu peu de place dans ce long débat ; Amélie n'avait guère pensé qu'à son malheur, et lorsque le souvenir de M. de Lesly s'était présenté, elle l'avait écarté sans terreur. Et cependant cet amour avait pris un immense avantage, sans avoir fait un progrès. C'est l'ennemi qui veut pénétrer dans un fort : il n'attaque point ; mais pendant qu'il repose, une division intestine décime la garnison, qui déserte ; l'ennemi n'a pas fait un pas et cependant il a gagné la moitié de la victoire, pour l'heure à laquelle il se présentera.

SEPTIÈME PARTIE.

I

Le Mouchoir.

Le lendemain, dès que le jour parut, madame de Frémery se décida à rentrer chez elle.

En choisissant une heure si matinale, elle voulut s'épargner les excuses à faire, les prétextes à donner. Elle descendit le plus doucement possible, accompagnée d'une femme de son service.

Tous les gens du château étaient encore couchés. Madame de Frémery, se sentant plus faible qu'elle ne pensait, envoya sa chambrière afin qu'elle éveillât le concierge et pût aller chez elle faire venir une voiture.

En attendant, elle entra dans un petit salon du rez-de-chaussée, dont les persiennes fermées ne laissaient pénétrer qu'un jour douteux. Elle allait s'asseoir, lorsqu'elle vit une homme étendu sur un divan; elle reconnut Melchior. Il dormait.

Elle voulut se retirer, mais un objet étrange frappa ses regards : Melchior tenait dans une de ses mains un mouchoir ensanglanté. Était-il blessé ? Elle le regarda mieux. Ses traits étaient calmes, quoique profondément abattus.

Puis, tout à coup, à la dentelle, à la broderie, elle reconnut le mouchoir qu'il tenait entre ses doigts convulsivement fermés. Ce mouchoir lui appartenait.

Comment se trouvait-il entre les mains de Melchior ? comment était-il ensanglanté ?... pourquoi l'avait-il gardé ?... Ces questions qui se présentèrent rapidement à son esprit l'arrêtèrent un moment. Elle se sentit malheureuse de ce qu'elle venait de découvrir.

— Pourquoi faut-il, se disait-elle, que j'aie appris que M. de Lesly s'est emparé de ce mouchoir, j'aurais cru l'avoir perdu, et il n'en eût jamais été question !... Mais maintenant que je sais qu'il l'a, je ne puis le laisser, ce serait le lui donner. Oui, sans doute, s'il apprenait que je le sais ; mais en me retirant doucement, il ignorera que je l'ai vu, et il pourra le garder. Eh bien ! s'il y tient... cela lui sera une consolation.

Oh ! le cœur des femmes ! quel chemin il a fait, quand il est sur une certaine pente ! Voilà madame de Frémery qui veut bien laisser des consolations à M. de Lesly, pourvu qu'il n'apprenne pas qu'elle y consent.

Ah! le plus grand malheur, c'est d'y consentir, car c'est le premier. Et, si petit qu'il soit, le premier malheur, c'est-à-dire la plus petite faveur qu'une femme accorde à celui qui l'aime, est le moment précis où elle commence sa perte. Le reste n'est qu'une conséquence plus ou moins grave, plus ou moins rapide. Mais dès ce moment c'en est fait, le cœur est entamé, l'amour y a prise, et il est rare qu'il lâche *sa proie* quand il a pu y mettre la dent.

Madame de Frémery se retira après cette aimable composition entre sa vertu et sa pitié pour Melchior. Mais elle emporta avec elle toutes les questions qu'elle s'était faites d'abord.

— Comment a-t-il eu ce mouchoir? Il a pu le trouver près de moi, quand j'étais évanouie... Pourquoi est-il ensanglanté? est-ce son sang?... est-ce le mien?...

En effet, n'était-ce pas Melchior qui avait saigné madame de Frémery; ce mouchoir ne pouvait-il pas avoir été ensanglanté dans ce moment; et alors, c'était son sang à elle dont il s'était emparé.

Je ne puis dire, je ne puis expliquer l'étrange sentiment d'effroi qui saisit madame de Frémery à cette pensée. L'homme qui prend à une femme la fleur qu'elle a portée, celui qui s'empare furtivement d'un bout de ruban qui a touché ses cheveux, celui même qui volerait une boucle de ses cheveux, ils n'emportent, comme des larrons, que ce qu'on eût pu leur donner; mais celui qui prend comme souvenir d'amour le sang d'une femme... c'est si étrange... si impossible... Que voulez-vous que je vous dise? madame de Frémery eut peur. Cet amour lui apparut comme un fantôme terrible, fatal, ayant du sang sur sa robe.

Sans doute on criera que c'est une folie de l'imagination. On aura probablement raison; mais il n'en est pas moins vrai que, par cet incident bizarre, l'amour de Melchior prit aux yeux de madame de Frémery l'aspect de quelque chose de grave, de triste, de redoutable.

Et c'était là un nouveau danger pour une âme comme celle d'Amélie. Quand on souffre, l'amour qui peut devenir un nouveau désespoir, effraie souvent moins que celui qui parle de consolation et de bonheur. Il trouve dans l'âme une voix qui lui répond; et si plus tard il change de langage, il est bien difficile de le faire taire, habituée que l'on est à l'écouter.

Madame de Frémery, lorsqu'elle se retrouva seule chez elle, se crut plus forte contre l'obsession de sa pensée. La pauvre femme y trouva de nouveaux ennemis, et le plus cruel, le plus implacable contre le cœur d'une femme, c'est la solitude.

Personne auprès d'elle pour lui parler d'autre chose, personne pour la distraire, personne pour la blâmer ou l'encourager. Ce fut encore un de ces moments où l'amant ne gagne rien, mais où le mari perd beaucoup. Où était Eugène? que faisait-il? à quoi pensait-il? Il pensait à ses affaires ou peut-être à madame de Favières.

Madame de Frémery était dans sa chambre, cherchant une occupation physique à défaut d'occupation morale, prenant et jetant avec impatience tous les objets qui se trouvaient sous ma main.

Tout à coup, elle aperçoit sur un guéridon un petit souvenir qu'elle avait donné à son mari et qui ne devait jamais le quitter. Il l'avait oublié. Quel tort aux yeux d'une femme qui est irritée !

Elle prend ce souvenir, l'examine et finit par l'ouvrir.

Il renfermait des cartes de visites et un billet; billet fort innocent à la première lecture; billet terrible, commenté par un cœur ulcéré.

Le voici :

« Mon cher Eugène,

» Laisse là ta soirée chez ton président, et viens chez la comtesse. Malgré ta robe noire ou rouge, tu n'es pas d'un monde à vivre long-temps parmi tous ces pédans de parquet ; tu es des nôtres, et il ne faut pas mésallier au moins tes manières et ton esprit. »

Madame de Frémery lut d'abord ces quelques lignes sans y voir autre chose que les occasions de plaisir qu'on offrait à son mari, tandis qu'elle demeurait seule et abandonnée dans sa maison de campagne. Mais ce billet, elle le relut, et la dernière phrase s'illumina tout à coup d'un sens terrible.

« Il ne faut pas mésallier au moins tes manières et ton esprit, » disait-on.

Eugène avait donc mésallié quelque chose de lui-même ?... qu'était-ce donc? son nom peut-être...

En effet, il avait épousé la pauvre fille d'un pauvre officier de l'empire. Plus de doute, c'était là ce qu'on voulait dire, et on lui faisait honte de sa femme, et il l'acceptait. Il avait dû l'accepter, car sans cela personne ne se fût permis une pareille indignité.

— Il rougit de moi !... s'écria madame de Frémery.

Et tout aussitôt l'amour de son mari pour madame de Favières prend un nouvel aspect aux yeux d'Amélie : c'est la vanité du gentilhomme qui s'adresse à une femme de son rang et de sa caste.

Il dédaigne probablement la femme qui ne lui a apporté qu'un nom obscur; elle n'est pas digne d'enchaîner le cœur d'un homme de sa naissance.

Laissez aller la colère d'une femme dans une pareille voie, et la conclusion inévitable de tous les raisonnemens qu'elle pourra faire sera celle-ci :

« Eh ! mon Dieu, si je voulais, je lui prouverais que je puis nspirer un amour sincère et profond à des hommes qui valent mieux que lui à mille titres. »

Une pareille conclusion est fâcheuse, alors même qu'elle reste dans la généralité de son expression ; mais lorsque cette conclusion a, pour ainsi dire, un choix fait d'avance, un nom à donner à la preuve qu'elle invoque, le danger est cent mille fois plus grand.

Ainsi, pour Amélie, la supposition menaçante qu'elle venait de faire s'appelait Melchior de Lesly ; c'était l'homme qui valait mieux que M. Eugène de Frémery à mille titres, et qui l'aimait de la passion la plus sincère et la plus respectueuse.

Oh ! l'amour est un dédale assez semblable à celui où était caché le Minotaure auquel les Athéniens envoyaient leurs plus belles vierges : il y a mille routes par où on espère sortir ; et toutes ces routes, qu'on les prenne au hasard ou après de longues réflexions, vous conduisent toujours au même point, là où se tient le monstre toujours prêt à dévorer ses victimes.

Ainsi était madame de Frémery : elle essayait de fuir de toutes parts, et toujours elle se trouvait ramenée à la pensée de Melchior de Lesly.

Elle y rêvait encore, lorsque le bruit qui se faisait dans la maison l'avertit qu'elle avait laissé depuis long-temps passer l'heure où elle avait coutume d'appeler près d'elle. Elle sonna sa femme de chambre.

Cette fille était en général insupportable à madame de Frémery, non parce qu'elle manquait des qualités essentielles à un bon domestique : elle était laborieuse, intelligente, dévouée, fidèle ; mais tous ces avantages étaient compensés par un défaut antipathique à la nature vive et réservée de madame de Frémery. Cécile était la bavarde la plus obstinée qu'on pût rencontrer. Il en était résulté qu'Amélie l'avait toujours tenue plus éloignée d'elle qu'elle n'eût fait vis-à-vis de toute autre moins indiscrète.

Par un contraste facile à expliquer, Amélie compta ce jour-là sur le bavardage de sa chambrière pour être forcée à entendre autre chose que les mille voix incessantes qui lui parlaient de Melchior.

Il en fut ainsi pendant quelques momens. Cécile obligea sa maîtresse de s'occuper de ce qui se faisait à l'office et de ce qui se faisait au jardin, et de ce qui se faisait dans les quelques maisons qui composaient le petit village qu'elle habitait.

Amélie suivait les paroles et les mouvemens de sa chambrière, lorsque celle-ci s'écria tout à coup :

— A propos, madame, en rangeant ce matin, je n'ai pas retrouvé le mouchoir que madame avait emporté hier.

C'était comme un parti pris de la destinée de ramener Amélie à la pensée qu'elle voulait fuir.

Elle répondit donc avec humeur :

— Eh bien ! ce mouchoir est perdu, n'en parlons plus.

— Non, non, non, reprit la chambrière, il n'est pas perdu, et puisque madame ne l'a pas, je sais qui est-ce qui l'a.

Madame de Frémery le savait aussi, et à ce moment elle se repentit cruellement d'avoir autorisé le bavardage de cette fille : mais, en y réfléchissant mieux, elle comprit qu'un moment serait arrivé nécessairement où il eût été question entre elle et sa femme de chambre de ce mouchoir disparu, et elle accepta l'occasion d'en finir.

— Eh bien ! répondit-elle, puisque vous savez où il est, vous l'aurez bientôt retrouvé.

— Oui, oui, dit Cécile, j'irai aujourd'hui le demander à M. le marquis de Lesly.

Il y a de ces phrases qui se présentent d'une manière à ce qu'il soit impossible de ne pas y répondre quand on les a entendues.

Madame de Frémery trouva bon de ne pas avoir entendu la phrase de sa chambrière, pour n'avoir pas à demander à Cécile ce que venait faire là le nom de M. de Lesly.

Heureusement pour Amélie, la femme de chambre n'insista pas sur la disparition du mouchoir, et madame de Frémery ne fut plus obligée d'en entendre parler.

Seulement, Amélie resta en face de cette question qu'elle dut se faire à elle-même :

« Comment Cécile est-elle instruite que M. de Lesly s'est emparé de ce mouchoir ? »

De là venaient encore une foule de petits inconvéniens. Cette fille ne manquerait pas de redemander le mouchoir ; probablement M. de Lesly, pour ne pas le rendre, prétendrait ne pas savoir ce qu'il était devenu.

Or, Cécile, bavarde, entêtée, ne manquerait pas d'affirmer qu'elle l'avait vu entre les mains du marquis ; et comment affirmerait-elle cela ? à qui l'affirmerait-elle ? Aux gens de la maison, sans doute, qui commenteraient ce petit événement et toutes les petites circonstances qui l'avaient précédé ; et qui sait si on ne devinerait pas juste pourquoi Melchior s'était emparé de ce mouchoir et pourquoi Melchior avait refusé de le rendre ?

Or, que d'ennuis, que de malheurs, que d'embarras pour une si petite chose ! C'est que, nous l'avons dit, les choses n'ont de valeur qu'en raison du milieu où elles se trouvent.

L'évanouissement d'Amélie, les soins que lui avait donnés Melchior, le mouchoir volé, tout cela n'était rien, absolument rien, entre gens qui n'eussent eu que des rapports de bon voisinage ; mais il y avait de l'amour sous chacun de ces petits incidens, et sur ce terrain brûlant, le moindre germe grandit et se développe d'une façon démesurée.

Au grand chagrin de son cœur, madame de Frémery voyait s'ajouter mille petits chagrins insupportables.

Elle en était même à s'irriter contre la destinée, contre elle-même, contre ses gens, contre tout le monde enfin, lorsqu'un domestique entra tout à coup dans le salon où s'était retirée Amélie et annonça M. Melchior de Lesly.

II

Découragement.

Cette visite de Melchior eût suffi pour troubler madame de Frémery ; mais le hasard ne voulut lui épargner aucun des coups d'épingle qu'elle pouvait recevoir.

En effet, à peine Melchior avait-il mis les pieds dans le salon, que le domestique ajouta d'une de ces voix niaises qui étalent si lourdement une bêtise à l'oreille :

— Madame, Cécile m'a dit de vous dire de ne pas oublier le mouchoir.

Amélie eût donné tout au monde pour ne pas regarder Melchior ; mais lorsqu'elle y pensa, elle l'avait déjà vu rougir et se troubler.

Si Melchior eût été un de ces timides adolescens que les femmes expérimentées estiment tant, ce trouble, cette rougeur, eussent paru ridicules à madame de Frémery ; mais quelque innocente qu'elle fût, Amélie savait que Melchior, sans passer pour un conquérant impitoyable, avait cependant appelé l'attention du monde sur quelques aventures où il n'avait manqué ni de hardiesse ni de succès. Elle lui sut bon gré de la peur qu'il montrait, mais tout aussitôt elle lui en voulut de la bonne opinion qu'elle avait eue de lui. Cependant Melchior salua Amélie en lui disant :

— Je viens, madame, vous apporter les excuses de ma sœur.

— Des excuses ! fit Amélie fort surprise, et pourquoi ?

— C'est que ma sœur a compris que vous n'aviez pu quitter ainsi le château au risque de votre santé, que parce que vous avez manqué des soins qui vous étaient nécessaires.

Madame de Frémery ne comprit point ce que lui disait Melchior dans le sens assez bizarre du reste que ces paroles semblaient avoir ; elle crut y voir un reproche, ou, pour mieux dire, elle chercha à l'y voir, et elle reprit aussitôt :

— Je vous comprends, monsieur, et si je n'avais été plus indisposée que je ne le pensais, j'aurais déjà fait présenter mes excuses à M. de Lesly et à madame votre sœur sur la manière dont j'ai déserté leur hospitalité.

Melchior la regarda d'un air fort surpris.

— Que vous ai-je donc dit ? madame.

— Mais si je ne me trompe, reprit madame de Frémery, en m'apportant des excuses de madame de Fosenzac qui a été parfaite pour moi, vous me faites apercevoir que j'ai fort mal répondu à tant de bienveillance.

Melchior eut l'air d'un enfant qui a fait une gaucherie, et qui ne sait absolument comment la réparer. Il essaya de parler sans le pouvoir, puis il dit après un moment d'hésitation :

— Ma sœur avait raison.

Il n'avait pas dit ces paroles que madame de Fosenzac parut, accompagnée de M. Balbi. Elle regarda l'air piqué de madame de Frémery, l'embarras de Melchior, et s'approcha d'Amélie.

— Eh bien! lui dit-elle, comment vous trouvez-vous?

— Beaucoup mieux, reprit madame de Frémery d'un ton sec.

— J'en était sûr, dit la duchesse à M. Balbi.

— Impossible! reprit celui-ci.

— Mais qu'est-ce donc, madame? fit Amélie.

— Le voici : Il y a deux heures que Melchior me fait une affreuse querelle sur votre départ précipité. Il prétend que nous avons tous manqué de soins et d'égards envers vous; que sans cela vous n'eussiez pas quitté le château comme vous l'avez fait.

— Il est vrai que j'aurais dû... fit Amélie.

— Il est vrai que je lui ai dit que je ne pensais pas que c'était cela qui vous a fait nous quitter; il est vrai que j'ai ajouté que, pour mille raisons dont nous n'avons pas à nous informer, il pouvait vous convenir d'être ce matin chez vous, Melchior n'a voulu rien entendre, et m'a quittée fort courroucé, en m'annonçant qu'il venait vous faire des excuses en mon nom.

— Assurément M. de Lesly a eu tort envers...

— Il a eu tort envers vous, dit la duchesse... car ce que j'ai prévu est arrivé. Je l'en ai prévenu; vous avez pris mes prétendues excuses pour une épigramme.

Madame de Frémery hésita; et quoiqu'elle fût très mal à l'aise dans cette conversation, elle ne voulut pas mentir et répliqua :

— C'est un peu vrai.

— Mais alors pourquoi madame a-t-elle quitté le château? dit Melchior à sa sœur.

— Voilà qui est prodigieusement indiscret, dit la duchesse. Je ne sais pas ce qu'il a aujourd'hui, ce pauvre Melchior, mais il ne sort pas de ce raisonnement.

Vous n'avez pu quitter le château que parce que vous y étiez mal, attendu qu'il ne voit pas quelle autre raison vous auriez de le quitter.

Melchior fronça le sourcil.

— Laissons cela, reprit madame de Frémery, et gardons nos excuses pour des torts plus graves, si nous en avons jamais. Vous vous préparez sans doute à faire une longue promenade?

— Non, je ne songe point à une longue promenade ; mais je pars, et je n'ai pas voulu quitter le château sans vous dire adieu, fit la duchesse d'un ton triste.

— Adieu jusqu'à demain, sans doute ?

— Adieu pour long-temps, si ce n'est pour toujours! reprit madame de Fosenzac.

— Comment, pour toujours? dit Amélie.

— Les médecins me font aller en Italie : vous savez que c'est là qu'on envoie ceux dont on désespère.

— Ah! que dites-vous là ?...

— Si Dieu veut que je vive... je vivrai!... mais c'est décidé... je pars!...

— Mais hier il n'en était pas question.

— Bien des choses se sont décidées depuis hier. Mon frère, qui voulait quitter le service pour m'accompagner, reste en France, et mon père vient me rejoindre dans un ou deux mois.

Elle se retourna vers Melchior et lui dit :

— Le plus tard possible, n'est-ce pas?

Melchior regardait sa sœur d'un air éperdu.

— Madame, s'écria-t-il tout à coup, en s'adressant à Amélie, madame, elle veut aller mourir loin de nous, dit-il. Ah! par pitié, obtenez d'elle qu'elle demeure !...

M. Balbi, qui jusque-là avait gardé le silence, s'écria tout à coup :

— A mon tour de vous faire la leçon. Je vous le disais, il fallait partir sans voir votre frère, et puisque vous avez voulu absolument le revoir, il ne fallait pas lui dire de pareilles choses.

— J'ai agi comme je le devais, dit la duchesse. Je désire que Melchior m'accompagne jusqu'à Paris... Il le faut... Je le veux!...

Madame de Frémery restait fort étonnée de cette scène de famille dont on la faisait témoin.

La duchesse se tourna vers elle en disant :

— Vous me pardonnerez, n'est-ce pas? Mon père croit que je ne vais faire qu'un voyage de quelques jours ; il croit mon départ pour l'Italie ajourné pour long-temps! j'ai eu la force de le quitter sans lui rien dire, mais quand je suis passée devant votre porte, je ne me suis pas senti le courage de ne pas revoir mon frère, et je suis entrée.

— Ah! véritablement vous partez!... dit Amélie.

— Oui... reprit la duchesse...

— Adieu, ajouta-t-elle après un assez long silence... Donnez-moi votre bras, monsieur Balbi... Vous m'accompagnerez jusqu'à Paris... n'est-ce pas, Melchior ?...

Amélie voulut embrasser madame de Fosenzac, mais celle-ci se détourna. Amélie laissa échapper un léger cri de surprise.

Léonie se retourna; des larmes abondantes coulaient de ses yeux.

Elle prit la tête d'Amélie dans ses mains, la baisa sur le front, et lui dit tout bas :

— Enfant, soyez forte contre votre cœur !

Et tout aussitôt elle quitta le salon.

Madame de Frémery était à peine revenue de l'étrangeté de cette scène, qu'elle entendit rouler au loin le bruit d'une voiture.

Elle courut à une fenêtre. Madame de Fosenzac était couchée dans le fond d'une calèche découverte. M. Balbi et Melchior étaient sur le devant.

Il fallait être accoutumé à voir souvent madame de Fosenzac pour ne pas la croire morte en la voyant ainsi. Ils passèrent sans l'apercevoir.

Amélie, demeurée seule, chercha vainement à s'expliquer tout ce qui venait de se passer devant elle. Elle n'y put parvenir.

Cependant un sentiment secret lui disait qu'elle n'était pas étrangère à ce départ.

Enfin sa pensée se lassa à poursuivre une chose qui lui échappait sans cesse, et bientôt elle en revint à se souvenir qu'elle avait des soucis plus importans.

Elle se rappela tout ce qui avait été dit devant elle de l'amour d'Eugène pour madame de Favières ; elle se rappela la singulière indifférence qu'il lui avait laissé voir une fois qu'il avait obtenu la signature qu'il était venu chercher.

Ces pensées eurent un singulier résultat. Elles rendirent madame de Frémery plus impatiente que colère, plus ennuyée que triste. Elle ne se plaignit pas tant en elle-même de la trahison de son mari que de la solitude où il la laissait; et cette solitude qu'elle eût invoquée elle-même quelques heures avant contre le trouble que lui causait la présence de Melchior, cette solitude lui parut insupportable; elle ne sut que faire, que devenir, à quoi s'occuper.

Assurément, si madame de Fosenzac fût restée au château, elle n'y serait pas allée, mais elle se serait défendue du désir d'y aller: pour une femme, résister, c'est une occupation. Jamais sa maison ne lui avait paru si vide, si inoccupée. Cette journée fut affreuse; mais enfin l'heure où son mari pouvait revenir de Paris arriva.

Elle compta sur son retour. Il lui sembla que quelque chose devait le prévenir qu'il perdait le cœur de sa femme, et qu'il viendrait se justifier ou se repentir. Amélie retourna dans ce même pavillon où nous l'avons vue au commencement de ce récit; elle attendit d'abord avec patience, ensuite avec colère, enfin avec désespoir.

— Il m'abandonne, se dit-elle.

Mais ce mot, il m'abandonne, n'avait pas trait à la trahison de son mari ; ce mot voulait dire :

— Il me laisse sans force, sans courage contre les mauvaises pensées qui me poursuivent.

Et pourquoi disait-elle cela? Parce que sur cette route où elle était venue attendre son mari, elle se rappelait souvent avoir vu arriver Melchior, et qu'au fond de l'âme elle était aussi triste de penser qu'elle ne le verrait pas, que de reconnaître que son mari l'oubliait tout à fait.

III

Un rayon d'espoir.

La nuit la surprit dans cette attente, quoiqu'on fût venu l'avertir plusieurs fois que l'heure du dîner était passée.

De toutes les solitudes, celle de la table est peut-être la plus cruelle à supporter. Amélie la redoutait. Elle savait que le couvert de son mari serait mis comme à l'ordinaire en face du sien ; et elle craignait l'aspect de cette place vide.

On vint une dernière fois la prévenir, elle répondit qu'elle ne dînerait pas.

La nuit était tout à fait close. Alors elle se mit à pleurer.

C'est un état affreux que celui où le cœur ne raisonne plus, ne combat plus, et se livre avec excès à sa douleur. Toutes les suppositions, toutes les pensées y pénètrent. On ne prend pas de résolutions sérieuses dans de pareils momens, mais on s'écoute se dire des choses qu'une femme n'aurait jamais osé penser.

La pure et innocente Amélie se demanda si la vie qu'on lui faisait était acceptable ; elle chercha dans ses souvenirs et trouva que les égards, le plaisir, le bonheur, étaient le plus souvent pour les femmes qui manquent à leurs devoirs.

La nuit s'écoula comme le jour dans une cruelle anxiété. Madame de Frémery quitta le pavillon et resta long-temps dans son parc ; puis elle y retourna encore, car elle ne pouvait se résoudre à la solitude de sa chambre.

Enfin le jour trouva madame de Frémery debout.

Cependant la fatigue et le froid allaient l'emporter sur sa douleur, lorsque dans les premiers bruits du matin elle reconnut le roulement lointain d'une voiture. Ce pouvait être Eugène ! Cet espoir lui rendit toute sa force, sa confiance.

Ah! s'il était arrivé à ce moment, Amélie se fût jetée à lui comme à un sauveur, comme à un ami. Elle attendit. Mais avec cet œil perçant de la femme qui lutte, elle reconnut que ce n'était point Eugène ; c'était la calèche de la duchesse qui revenait, et dans cette calèche, Melchior.

Aussitôt et comme si elle eût été menacée d'un danger terrible, elle se mit à fuir et rentra chez elle.

La porte de sa maison était restée ouverte, mais elle ne trouva aucun domestique qui l'attendît. Elle ne prit pas garde à cette circonstance; mais lorsqu'elle voulut se mettre au lit, elle sonna, et sa femme de chambre ne descendit pas.

Elle sonna encore, enfin Cécile parut.

— Dame! fit-elle en entrant, il faut bien le temps de se lever.

Le ton de cette fille était de la dernière insolence.

— Pourquoi ne m'avez-vous pas attendue?

— J'ai été chercher madame dans le pavillon, elle n'y était pas, et...

— J'étais dans le parc...

— Je ne dis pas non... mais je ne suis pas de ces domestiques qui, sous prétexte de leur service, espionnent les pas de leurs maîtres. Madame était où elle voulait...

Madame de Frémery se demanda si c'était à elle que parlait sa femme de chambre, mais elle hésita à croire que ces paroles eussent le sens que le ton dont elles étaient dites pouvaient faire supposer.

Elle ne répondit pas et se laissa déshabiller. Elle était déjà bien loin de Cécile lorsque la chambrière se prit à dire :

— Il paraît que madame n'a pas pensé au mouchoir.

— Que voulez-vous que je m'occupe de pareilles choses ! fit Amélie avec impatience. D'ailleurs, est-il sûr que M. de Lesly ait ce mouchoir?

— Ça, j'en suis sûre...

— Eh bien! il l'aura remis à quelqu'un du château.

— Non, madame, non, fit la femme de chambre, car je viens de le voir arriver en calèche découverte au moment où madame m'a sonné, et il tenait encore ce mouchoir à la main. Il n'est pas gêné... il s'en servait comme s'il était à lui, et s'essuyait les yeux comme s'il eût pleuré.

Amélie fut servie par l'excès même de son émotion. Elle ne répondit pas un mot. Comme les volets de sa chambre étaient fermés, il y avait des bougies allumées; elle les éteignit rapidement et dit d'une voix brève :

— Laissez-moi dormir !...

La chambrière sortit; mais avant de quitter la chambre elle murmura :

— C'est un genre de service qui ne me va pas!...

Lorsque Amélie se retrouva encore seule, un nouvel orage s'éleva dans son cœur. Elle ne pouvait plus en douter, cette fille la croyait d'intelligence avec M. de Lesly... et quelle intelligence, juste ciel !... toute une nuit passée hors de la maison!... mais c'était là quelque chose d'affreux, d'abominable, d'impossible!... ce n'était plus de la colère... ce fut de la haine, de la haine contre le mari qui la laissait exposée à de pareils soupçons et dont l'absence faisait qu'ils pouvaient naître; de la haine aussi contre l'homme qui les faisait naître.

Amélie comprit qu'elle ne pouvait rester dans une pareille position; elle prit un parti. Melchior était de retour au château, elle ne voulut pas rester. Elle laissa passer quelques heures et puis elle sonna.

— Dites qu'on attèle... je vais à Paris!...
— Ah! fit la chambrière.
Elle disparut.

Madame de Frémery, que l'accent de *ah!* avait indignée, se leva pour savoir comment cet ordre allait être répété.

— Monsieur Joseph, dit la chambrière, dites au cocher d'atteler, on va à Paris...

Puis d'une voix plus basse :

— Hein! qu'est-ce que je vous disais?... M. de Lesly vient d'y retourner... J'étais bien sûre qu'on ne resterait pas long-temps ici!...

Et sur cette parole, la caméristre rentra dans l'appartement de sa maîtresse, qu'elle trouva pâle, immobile, l'œil enflammé de colère, debout derrière la porte.

— Ah! mon Dieu! qu'avez-vous, madame? lui dit Cécile d'un ton véritablement alarmé.

— Ce que j'ai!... lui dit madame de Frémery avec colère. Ah! vos paroles de tout à l'heure viennent de m'expliquer vos insolences de ce matin... Quoi!... vous avez supposé, et vous avez dit... Ah! mais vous êtes une infâme!... une misérable... mais où suis-je tombée?... Grand Dieu! où suis-je tombée?

— Mais, fit la femme de chambre avec une naïveté si brutale, qu'Amélie ne put douter de sa bonne foi?... mais ce n'est donc pas vrai ?

— Vrai!... quoi?... malheureuse! fit madame de Frémery d'un ton si égaré qu'il épouvanta Cécile.

— Ah! s'écria cette fille en tombant à genoux... Joseph avait raison... Pardonnez-moi, madame, pardonnez-moi!...

Amélie regarda Cécile qui pleurait à ses genoux.

— Dame! reprit-elle en sanglotant... madame est si malheureuse!... un mari joueur qui la trompe! et M. de Lesly l'aime tant! il est si bon, si aimable!...

L'amour de Melchior pour elle revenait à Amélie de tous côtés, et avec cet amour, les griefs qu'elle pouvait avoir contre son mari. Cependant le repentir de Cécile ne la touchait point. Elle avait été trop indignement outragée.

— Sortez! lui dit-elle... et que dans deux heures je ne vous retrouve pas chez moi!...

La chambrière se retira anéantie; mais madame de Frémery

était trop violemment agitée pour prendre, dans cette circonstance, toutes les petites précautions par lesquelles on échappe à de nouveaux tourmens. Elle avait complétement oublié l'ordre qu'elle avait donné, lorsque le domestique vint la prévenir que la voiture était attelée.

— C'est inutile! répartit madame de Frémery... je ne pars pas!

Quoi qu'en eût Amélie, les paroles de la chambrière agissaient sur elle. Ce n'était point parce qu'elle craignait l'effet des paroles de cette fille, qu'Amélie n'allait pas à Paris, c'est parce qu'elle ne voulait pas paraître quitter la maison du moment que la duchesse et Melchior étaient partis.

Ce fut encore une grande faute d'Amélie.

Elle se condamna à une journée entière de solitude et de réflexions. En apparence, elles profitèrent à une foule de bonnes résolutions. La première, de ne plus revoir M. Melchior de Lesly; la seconde, de confier à son mari tout ce qui s'était passé; la troisième, de lui montrer tant d'indulgence pour sa faute, si par hasard elle existait, qu'il revînt avec reconnaissance à son devoir.

Tout cela était fort bien; mais ce dernier mot gâtait tout... un mari qui revient à son devoir, aime ou fait semblant d'aimer sa femme de par la loi. Ainsi, elle, Amélie, à vingt ans, n'avait plus d'amour à espérer. Le lien qui l'attachait à son époux, ou plutôt qui attachait son mari, était un lien sacré sans doute, mais commandé et subi.

Ceci était affreux à penser... et soit qu'une femme ait beaucoup de cœur ou un peu de vanité, le résultat d'une telle pensée, c'est qu'elle est horriblement malheureuse... c'est que son avenir est perdu... Et quand cet avenir est si long, quand il pourrait être plein de si charmantes espérances, on ne le condamne pas aisément à la solitude, au désespoir.

Le soir revint, et avec lui l'attente de l'arrivée de M. de Frémery.

Amélie voulut retourner au pavillon pour l'attendre, mais on avait calomnié cette attente. Car enfin, si Melchior revenait, elle le verrait passer... et ne pourrait-on pas dire que c'était pour lui qu'elle était là?

Encore une fois, ce ne fut pas la crainte de ce qu'on pourrait dire, ce fut la crainte de voir Melchior qui la retint. Mais elle n'y eût peut-être pas pensé, si elle n'eût été sous l'impression des paroles de la chambrière. Madame de Frémery n'avait pas dîné la veille. Elle avait passé une nuit entière sans sommeil. La journée avait été remplie d'agitations pénibles. La soirée se passa dans une attente affreuse, et cela après un coup assez violent pour la jeter évanouie sur la terre.

Au milieu de la nuit, une horrible fièvre se déclara...

La cuisinière, qui remplaçait provisoirement la chambrière

près de sa maîtresse, fut épouvantée de son agitation, et après l'avoir mise dans son lit, courut chercher les autres domestiques. Le valet de chambre et le cocher se glissèrent sans bruit jusque auprès de la porte de la chambre... ils entendirent de profonds gémissemens, des plaintes douloureuses, puis de temps en temps des paroles comme celles-ci :

— Oh! ne vaut-il pas mieux mourir?... trompée... insultée... et mon père... oh! les infâmes!...

Et mille de ces mots incohérens qui répondent juste à la pensée qui court dans le cerveau, brûlans, mais qui paraissent des signes de folie à ceux qui les entendent.

Le résultat du conciliabule des trois serviteurs fut d'aller chercher M. de Frémery à Paris.

Le cocher prit la voiture pour ramener à la fois Eugène et un médecin. Il était minuit, ils pouvaient être de retour à cinq heures du matin au plus tard.

Il partit.

On veilla près d'Amélie.

La nuit fut horriblement agitée, et le sommeil qu'amena la lassitude épouvanta encore plus les domestiques. A leur tour ils attendaient dans la plus vive anxiété. Cinq heures, six heures arrivèrent.

Amélie s'arracha tout à coup de son lit et déclara qu'elle voulait partir. Le visage était d'un rouge cuivré, l'œil brûlait, la voix était brève et saccadée. C'était un délire complet. On la retint à grand'peine.

Tout à coup un bruit de roues se fait entendre. C'était la voiture de M. de Frémery qui revenait. Deux hommes en descendent. Le premier c'était Melchior, le second un inconnu. Ils montent rapidement dans la chambre de madame de Frémery. Le mal était grand; elle ne reconnut pas Melchior, elle ne s'étonna pas de la présence de cet inconnu.

Cependant le médecin saigna immédiatement madame de Frémery et le délire tomba bientôt. Puis, lorsque l'on eut ainsi sauvé le corps de l'envahissement du mal, le docteur quitta la chambre de la malade et alla rejoindre Melchior dans une pièce séparée.

— La connaissance est presque revenue, et dans quelques instans elle sera complète. J'ai fait ma tâche, c'est à vous de faire la vôtre. C'est à vous d'expliquer à cette jeune dame pourquoi son mari n'est pas venu, pourquoi son propre médecin n'est pas venu... car elle va s'inquiéter horriblement, et l'inquiétude est la première cause de son mal.

— Sans doute, dit Melchior; mais pensez-vous que ce ne soit pas un coup plus dangereux que celui que je lui porterais en disant la vérité?

— Si elle est telle que je le suppose, il faut la lui cacher à tout prix.

Melchior se leva et dit au médecin, après quelques momens de réflexion :

— Non, je ne puis me charger d'un pareil soin.

— Mais moi qu'elle ne connaît pas, fit le docteur... Il s'arrêta et reprit tout à coup... Pardieu! ce qui m'est arrivé une fois peut bien m'être arrivé deux...

Un jour que j'étais parti à quatre heures du matin pour la chasse, je rencontrai une voiture dont le cocher dit à un paysan qui passait qu'il allait chercher un médecin pour sa maîtresse qui se mourait. Il fallait une heure à cet homme pour aller à Paris, une heure, peut-être deux, pour trouver le médecin, et deux heures pour retourner... Cinq heures! et la femme pouvait être morte!... Je montai dans la voiture et j'arrivai.

Le docteur disait cela d'un ton fort léger, tandis que Melchior l'écoutait avec une sorte d'effroi.

— Quand cela vous est-il arrivé?

— Mais voilà quinze mois... à peu près...

— Sur la route de Fontainebleau?

— Précisément, dit le docteur.

— On vous conduisit dans une maison de garde où était une femme voilée?

— D'où savez-vous cela?

— Et qu'est devenu l'enfant que l'on vous confia?

— Il est à une lieue d'ici, chez une bonne cousine à moi qui l'a fait nourrir et qui l'élève.

— Oh! s'écria Melchior, merci! mon Dieu!... je la sauverai! Venez, docteur, venez... repartons pour Paris...

— Je le veux bien!... mais, madame de Frémery?

— Eh bien! dit Melchior, restez près d'elle... attendez-moi ici... attendez-moi...

— Mais, expliquez-moi quel intérêt vous prenez à cet enfant?

— Vous le saurez, docteur... attendez-moi...

IV

Le Docteur.

Le médecin n'eut pas le temps de se récrier, que déjà Melchior avait quitté le salon... Le docteur se trouva donc tout seul dans cette maison, près d'une malade qui ne le connaissait pas.

On vint l'avertir que madame de Frémery interrogeait les domestiques et qu'ils étaient fort embarrassés de lui répondre. On priait le médecin de vouloir bien lui parler pour la calmer.

Le médecin se gratta l'oreille et se décida à entrer. Il s'approcha du lit de madame de Frémery qui l'examina et lui dit d'une voix encore agitée :

— Pardon, monsieur... mais comment se fait-il?...

— Ne parlez point, madame, fit le docteur... Voici ce qui est arrivé...

Le docteur commença le récit de la rencontre fortuite qu'il avait faite de la voiture et du cocher de madame de Frémery, et il dit qu'ayant appris qu'il y avait dans une maison peu éloignée une jeune dame malade, il était accouru.

A la façon dont on l'écoutait, le docteur comprit que son récit n'obtenait pas grande créance.

— Comment se fait-il alors que vous soyez arrivé avec M. de Lesly?

Le docteur essaya de mentir, mais madame de Frémery répondit avec un accent si animé qu'il épouvanta le médecin :

— Vous me trompez, monsieur, lui dit-elle... Pourquoi mon mari n'est-il pas ici?... pourquoi son médecin n'est-il pas venu?

— Je vous expliquerai tout cela plus tard.

— Je veux tout savoir, monsieur... fit Amélie; ou bien... je pars à l'instant!...

— Voilà qui est impossible!... voilà ce que j'empêcherai bien, tout étranger que je sois, dit le docteur.

— Alors, dit madame de Frémery, priez M. de Lesly de vouloir bien venir me dire...

— M. de Lesly est parti, madame, et...

Madame de Frémery se recula avec épouvante, jeta autour d'elle un regard égaré et s'écria :

— Mais, où suis-je donc? ne suis-je pas ici chez moi? Est-ce que je suis folle?... et m'a-t-on livrée aux soins d'un étranger, parce que...

— Mes enfans, leur dit le docteur, vous aimez votre maîtresse?

— Assurément...

— Eh bien! dites-lui que je suis ici pour la soigner, la guérir.

— Sans doute... firent les domestiques.

— Et maintenant, dit le docteur en s'adressant au cocher, restez, Julien... et racontez à madame où vous m'avez trouvé et comment vous m'avez trouvé...

Le cocher ouvrit de grands yeux.

— Je ne puis dire ça...

— Eh bien! alors, je vous le dirai moi-même, madame...

— Parlez donc, monsieur...

— Avant tout, comprenez bien ce que je vous affirme sur l'honneur... c'est que vous n'avez aucune alarme sérieuse à concevoir pour votre mari...

— Il est malade!...

— Oui, madame... et c'est pour cela qu'il n'est pas ici... c'est pour cela que le docteur B..., votre médecin, m'a prié de venir à sa place...

— Ah! je vais le rejoindre, le soigner...

— Laissez-nous, Julien, dit le docteur en faisant signe à Amélie de se calmer.

Il s'assit près d'elle, lui prit la main et dit :

— Maintenant vous savez tout le secret... Votre mari n'a pu venir parce qu'il est blessé...

— Blessé!...

— Et vous ne pouvez aller le rejoindre, parce que vous êtes malade...

— Vous avez dit... blessé!...

— Oui, madame... et comme vous il voudrait partir malgré sa blessure, s'il savait que vous êtes souffrante, et il ne serait pas plus raisonnable que vous ne l'êtes...

— Mais quelle est cette blessure, monsieur?...

— Une blessure légère...

— Mais comment a-t-il été blessé?

— En duel!...

— En duel!... Et par qui?... et pourquoi?...

— Par qui? par le baron de Gabarrou... Pourquoi?... je l'ignore!...

— Oh! vous le savez... j'en suis sûre... fit Amélie.

— Eh bien! madame, c'est pour une querelle de jeu.

Cette dernière découverte humilia Amélie.

Elle eût peut-être souffert davantage d'apprendre que son mari avait été blessé pour une querelle à propos de madame de Favières; mais elle n'eût pas trouvé le motif de la querelle dégradant.

Elle ne répondit pas d'abord.

Le médecin, qui l'avait attentivement observée pendant qu'il lui faisait ce récit, parut satisfait du résultat qu'il avait obtenu.

Amélie gardait le silence, mais bientôt elle reprit :

— M. de Frémery sait que vous êtes ici?...

— Je crois vous avoir dit qu'il ignorait que vous fussiez malade...

— Mais comment alors avez-vous été informé?

— Je vais vous le raconter de point en point... et croyez bien à tout ce que je vais vous dire, madame...

Vous voilà capable de m'entendre, maintenant, mais vous m'avez fait une affreuse peur tout à l'heure; on ne voulait rien vous apprendre, madame, et moi-même, ignorant ce que vous aviez de courage, je pensais qu'il était imprudent de vous causer de trop vives émotions; maintenant que vous savez ce qui pouvait vous agiter trop violemment, je vais vous dire commment et pourquoi je suis venu.

Ce matin, votre cocher est arrivé chez M. de Frémery au moment où celui-ci venait de sortir pour se rendre chez M. de Lesly pour le prier de lui servir de témoin. Le cocher le suivit sans savoir quel était le motif de cette visite matinale.

Arrivé chez M. de Lesly, il apprit que ces messieurs étaient allés chez votre médecin. Le cocher s'imagina que votre mari savait que vous étiez indisposée, et le suivit chez M. B... pour se mettre encore à ses ordres; ce fut là seulement qu'il apprit que son maître s'était rendu à Vincennes; alors seulement il comprit la cause de cette absence matinale; il le suivit et arriva au moment où M. de Frémery venait d'être frappé d'une balle...

Amélie poussa un cri d'effroi.

— Ah! monsieur! mon mari est mort!...

— Je vous ai dit qu'il était blessé... je vous ai dit que vous pouviez être sans inquiétude.

Toutefois, votre médecin, ayant appris la cause de l'arrivée du cocher, ne crut pas prudent de devoir en faire part à votre mari; il ne voulut pas non plus le quitter, non seulement pour pouvoir lui donner ses soins, mais encore pour que son absence ne fût pas un sujet de questions pour M. de Frémery; questions qui pouvaient l'amener à la découverte de la vérité.

Amélie, au lieu de se récrier comme le médecin s'y attendait, resta silencieuse, et le docteur continua :

— Ce fut alors, reprit-il, que M. de Lesly me pria de remplacer M. B.... Il m'entraîna, monta avec moi dans votre voiture, et m'accompagna jusqu'ici.

Amélie garda encore le silence.

Elle était absorbée par une pensée, injuste peut-être, mais qui ne lui fût pas venue trois mois avant ce jour. Elle se disait que l'on avait eu pour son mari des précautions bien tendres, et que si M. de Lesly n'avait pas eu la bonté de s'occuper d'elle, il est probable qu'on l'eût complétement abandonnée et oubliée.

Tout à coup, et comme si elle eût voulu mettre un terme à l'incertitude qui la tenait, elle dit vivement au médecin :

— M. de Lesly est sans doute encore ici?

— M. de Lesly, madame, vient de quitter votre maison. Je vous l'ai déjà dit.

— Et... dit Amélie amèrement, il ne doit pas revenir, sans doute?

— Il m'a prié de l'attendre ici...

— C'est bien, dit Amélie; quand il sera de retour, vous lui direz que je désire lui parler.

Ceci parut au docteur une chose fort simple; mais il s'en fallait beaucoup que cette résolution et la manière dont Amélie avait reçu la confidence du docteur, ne fussent pas des faits très graves dans la position d'esprit de madame de Frémery.

Appeler l'entretien d'un homme dont elle savait l'amour, d'un homme qui avait été le sujet de propos odieux et qui l'avaient si vivement blessée, c'était de la part d'Amélie une grande faute, ou un grand acte de vertu.

Quoi qu'il en fût du motif qui l'avait poussée à rechercher cette entrevue, elle parut se calmer, et bientôt assez profondément pour que le médecin crût pouvoir la quitter.

Dans le désœuvrement que lui laissait le sommeil de sa malade et l'absence de Melchior, il alla se promener dans le parc, et arriva à ce pavillon dont nous avons déjà tant parlé et qui dominait la route de Paris.

En le traversant, il fit rouler sous ses pieds une pierre ; il la ramassa, car à cette pierre était attaché un papier. Le docteur jugea tout simplement que ceci était un moyen de correspondance probablement usité entre quelque personne de la maison et quelqu'un qui sans doute n'y pouvait pas pénétrer. Il examina plus attentivement le papier, il ne portait pour suscription que ces mots :

« Pour Amélie. »

Amélie, c'était madame de Frémery ; Melchior avait assez souvent prononcé ce nom durant la route, pour que le docteur fût assuré de la personne à qui était adressé ce billet.

Il le tenait dans ses mains et le retournait en tous sens, en se disant qu'il faut que les amoureux soient bien imprudens pour jeter ainsi des lettres au hasard de les voir tomber en mains sûres : car le docteur n'avait pas un doute.

Qui diable écrit à une femme en l'appelant par son nom de baptême ? qui diable écrit par des fenêtres de pavillon avec des pierres pour messager, si ce n'est un amoureux ?

Le médecin était un homme discret ; mais il avait grande envie de savoir ce que contenait cette lettre, et peut-être eût-il cédé à ce désir si Melchior ne fût survenu.

— Docteur, lui dit-il, il faut que vous demeuriez ici deux ou trois jours...

— Mais ma clientèle... mes malades...

— Il le faut pour une affaire d'une extrême importance... il le faut...

Le docteur n'était pas un de ces praticiens accablés de besogne, auxquels un jour perdu enlève une somme de visites hautement chiffrées... Il calcula que deux jours passés chez madame de Frémery et par les prières du marquis de Lesly seraient pour lui d'un bon résultat, et après quelques simagrées usuraires, il consentit à rester.

Il donna aussi pour prétexte à sa bonne volonté la santé de madame de Frémery, et finit par dire d'un ton confidentiel, qu'il était fort heureux pour tout le monde qu'il ne fût pas reparti. Il raconta alors comment, entrant dans le pavillon, il avait trouvé le billet qu'il tenait à la main.

Melchior le regarda et parut confondu.

— Vous avez fait une imprudence bien grave, lui dit le docteur.

— Moi, monsieur!... fit Melchior avec hauteur.

— Si ce n'est pas vous, c'est donc celui qui a écrit; car lorsqu'on a le droit de mettre sur une lettre : « Pour Amélie, » c'est que cette lettre est de quelqu'un de bien intime; et quand cet intime ne peut pas remettre sa lettre directement et qu'il est obligé de l'envoyer par des fenêtres, c'est que cet intime est un amant!

Le raisonnement du docteur ne manquait pas de justesse; cependant, si Melchior n'avait pas été amoureux, il l'eût repoussé avec indignation. L'estime qu'il avait pour madame de Frémery n'eût pas suffi à lui faire repousser la supposition du docteur, que les faits eussent parlé assez ouvertement.

La vie d'Amélie était tellement claire, tellement à jour, qu'il ne pouvait pas y avoir place pour une intrigue. Il était le seul homme qui fût admis dans la maison et qui pût avoir des relations suivies avec Amélie.

Malheureusement, ce que pense un amoureux est juste le contraire de ce que pense un homme impartial. Melchior ne crut pas que madame de Frémery eût un amant; mais il se demanda tant et si bien de qui pouvait venir un pareil message, qu'il finit par se répondre selon l'opinion du docteur.

Au trouble que montra Melchior, le docteur eut pour certain que le billet n'était pas de lui; mais il se crut également assuré que Melchior avait le droit de trouver à redire à cette correspondance, et il accorda sa première opinion avec la seconde en se déclarant à lui-même qu'au lieu d'un, il y avait deux amans.

Notre bon docteur crut être parfaitement spirituel en disant à Melchior :

— Vous connaissez madame de Frémery beaucoup plus particulièrement que moi... chargez-vous de lui remettre ce billet...

— Mais je n'ai point à voir madame de Frémery...

— Je ne sais; mais il paraît qu'elle a, tout au contraire, besoin de vous voir, car elle m'a prié de vous dire, aussitôt après votre retour, qu'elle désirait vous entretenir.

Nouvelle surprise de Melchior, qui hésita un moment et qui se décida à se rendre près d'Amélie, après avoir dit au médecin qu'il comptait sur lui pour le soir et une partie de la nuit, et après l'avoir prié de prendre ses précautions pour que madame de Frémery pût se passer de lui.

V

Une Lettre anonyme.

Une fois que Melchior fut décidé à se rendre à l'invitation d'Amélie, il fit comme tous ceux qui se rendent à une explication solennelle : il en chercha le motif, il en prévit le but, il en imagina les incidens, et il finit par croire qu'il était destiné à l'un des rôles les plus désagréables et les plus nobles à la fois de la comédie d'amour : c'est celui de confident et de protecteur de la passion de la femme qu'on aime. Amélie, selon ses suppositions avait fait une faute, elle était compromise, et elle s'adressait à lui pour qu'il la sauvât.

C'était là une grande preuve d'estime, une noble confiance dont il eût été fier, si elle lui était venue de toute autre; mais qui, de la part d'Amélie, était un supplice et peut-être une raillerie.

Il était dans ces dispositions lorsqu'on vint le prévenir que madame de Frémery était prête à le recevoir.

Il la trouva levée, belle de sa beauté, plus belle encore de cette grâce charmante que donne la pâleur d'une souffrance récente, lorsque les veilles et les larmes n'ont pas encore creusé les traits, flétri le visage, et que cependant on sent qu'elles ont passé sur la jeunesse et la vie.

Elle reçut Melchior avec froideur et le salua d'un air glacé.

— Monsieur, lui dit-elle, je ne vous connais que bien imparfaitement; mais vous portez un noble nom, vous êtes militaire. Mon père l'était, monsieur, et il me disait souvent que la générosité, l'honneur, étaient les qualités communes d'un soldat. Vous aimez avec tendresse votre sœur, qui vous aime avec un transport que vos bonnes qualités doivent justifier... Que vous dirai-je enfin? Je vous crois un galant homme, et c'est pour cela que je vous ai fait demander cet entretien.

— Je vous remercie de votre bonne opinion, dit Melchior d'un ton peiné; car il croyait voir s'approcher la confidence qu'il avait prévue, je la mériterai, je vous le jure.

— J'y compte, dit Amélie avec une froideur qui contrastait singulièrement avec ses paroles. D'ailleurs, quel intérêt auriez-vous à me tromper? Je ne vous ai jamais, je le pense du moins, blessé dans aucun de vos sentimens; je vous suis fort indifférente.

La voix d'Amélie trembla à cette phrase. Un autre moins prévenu que Melchior eût compris qu'elle ne pensait pas ce qu'elle disait; il se tint immobile.

Amélie continua :

— Eh bien! monsieur, expliquez-moi... dites-moi ce qui se passe... quelle est la cause de la querelle de mon mari avec un certain baron de... Pourquoi se sont-ils battus? Que s'est-il véritablement passé au moment où mon cocher est arrivé sur le lieu du combat?

— J'ai vu le docteur, madame, il m'a dit ce qu'il vous avait raconté; c'est l'exacte vérité.

— Sur votre honneur?

— Sur mon honneur!

— Quand mon mari a été vous chercher pour lui servir de témoin, il ne vous a rien dit qui pût vous faire soupçonner...

— Pardon, madame; mais je ne cherche point à pénétrer dans les secrets qu'on ne veut point me confier, et je n'ai point épié les paroles de M. de Frémery pour y découvrir autre chose que ce qu'il lui convenait de me dire...

Amélie regarda Melchior avec un profond étonnement. Elle s'attendait à plus d'empressement ; elle espérait trouver au moins un ami dans celui dont elle savait que le cœur lui appartenait... Elle baissa la tête et parut accablée.

On eût dit qu'elle avait oublié que Melchior était là. En effet, après un moment de silence, elle dit avec une tristesse profonde :

— Quel mauvais esprit plane donc sur moi ? quel malheur me menace donc, que de quelque côté que je me tourne, je ne trouve que des ennemis ?

— Des ennemis ! s'écria Melchior dont toute la froideur jouée fut brisée par ces paroles; des ennemis !... Oh ! parlez !... parlez, madame, et vous verrez que vous trouverez près de vous des cœurs dignes de vous comprendre, des âmes prêtes à tout entreprendre, et même, ajouta-t-il avec tristesse, à tout sacrifier pour vous servir.

Amélie le comprit et fut heureuse de ce dévoûment. Quel sacrifice pouvait-il faire pour elle, si ce n'était celui de son amour?

— Eh bien ! monsieur, lui dit-elle, ce médecin que vous m'avez amené m'a expliqué comment vous l'aviez amené... Je vous remercie d'avoir pensé à moi... mais, permettez-moi de vous le dire... vous seul y avez pensé...

Melchior baissa les yeux.

— Je comprends que mon mari n'ait pas été instruit de mon indisposition; mais mon médecin n'a-t-il pas hésité?...

Melchior se tut.

— Il faut que vous sachiez que le docteur B... est un vieil ami de mon père; qu'il y a six mois, je crois qu'entre sa fille malade et moi, il eût hésité vers laquelle des deux il devait courir, et aujourd'hui il m'envoie un médecin étranger, sans un mot, sans un regret.

Melchior ne répondit rien.

— Ou mon mari est en danger de mort...

— Non, madame... non, je vous le jure...

— Ou bien il y a quelque chose qui a empêché le docteur de venir...

Melchior réfléchit.

Un souvenir vague parut se réveiller en lui, il sembla le poser devant lui, le considérer pour le bien le reconnaître, et parut épouvanté de ce qu'il y découvrait.

Madame de Frémery, qui cherchait dans l'expression du visage de Melchior à deviner le secret qu'elle poursuivait, lui dit vivement :

— Parlez, monsieur... parlez... ne craignez rien... songez qu'il y va pour moi du bonheur de ma vie entière...

A ce moment, Melchior se résolut à jouer franchement le rôle auquel il se croyait réservé, et il répliqua d'un air embarrassé :

— Je ne sais, madame, quelle conséquence vous voulez tirer des renseignemens que vous me demandez; mais je vous dirai tout ce qui peut vous éclairer, et vous m'excuserez si, en vous redisant ce que j'ai entendu, les paroles que je serai forcé de vous répéter manquent quelquefois de convenance.

— Parlez, monsieur, je suis prête à tout entendre.

— Eh bien, madame, reprit Melchior, au moment où nous nous trouvions sur le terrain avec les témoins de M. le baron de Gabarrou, nous tentâmes d'arranger l'affaire, et pendant que je causais avec l'un d'eux, j'entendis le baron qui disait à votre médecin :

— «Je vous préviens que je ne lâche pas (pardon de l'expression), que je ne lâche pas l'écrit de madame de Frémery. »

Amélie ouvrit les yeux à cette parole, et Melchior continua :

— A cette menace de son adversaire, votre mari répondit d'une voix fort irritée :

— «Cet écrit, monsieur, je vous forcerai bien à me le restituer, car... »

— Achevez, dit Amélie qui vit l'hésitation de Melchior.

— «...Car je ne veux rien devoir à cette femme ! » fit Melchior en baissant les yeux.

— A cette femme !... répondit madame de Frémery.

— Je puis avoir mal entendu, dit Lesly.

— C'est impossible ! fit madame de Frémery. Que mon mari me trompe... mais pourquoi ces termes de mépris ?... C'est impossible !...

A ce moment, une pensée soudaine sembla illuminer les doutes de madame de Frémery, qui s'écria :

— A moins que la calomnie qu'on a osé me dire en face...

Puis elle regarda Melchior, se contint et ajouta :

— Vous étiez donc le témoin de M. de Frémery ?...

— Oui, madame...

— En ce cas, je m'y perds...

La lettre que Melchior s'était chargé de remettre à Amélie le brûlait depuis le commencement de cet entretien. Il crut avoir trouvé l'instant favorable pour la remettre, et il dit avec un tremblement dans la voix qui n'échappa point à Amélie :

— Il y a une circonstance tout à fait étrangère, je le pense du moins, au duel d'hier matin, et qui peut-être jettera quelque jour sur ce que vous cherchiez à savoir tout à l'heure. J'ai trouvé le docteur dans le pavillon de votre parc, au moment où il venait de ramasser la lettre que voici et qui vous est destinée.

Amélie examina long-temps cette lettre, elle examina Melchior... Elle paraissait ne pas comprendre ce que signifiait cet envoi.

Mais Melchior avait les yeux baissés, tant il était confus du trouble qu'il pensait causer.

Amélie prit la pierre, défit la corde qui retenait la lettre, et lut tout haut la suscription :

« Pour Amélie. »

L'étonnement de sa voix fit lever les yeux à Melchior, qui put examiner madame de Frémery pendant qu'elle lisait la missive si étrangement arrivée.

La colère, l'indignation, le désespoir se peignaient tour à tour sur son visage.

Enfin elle poussa un cri et parut anéantie.

— Qu'est-ce cela ? s'écria Melchior.

Amélie lui fit signe de sortir.

— Mais, madame, veuillez m'expliquer...

— Sortez !... lui dit-elle d'une voix brève.

— Mais, madame, s'écria vivement Melchior, sur l'honneur, je ne sais de cette lettre que ce que je viens de vous en dire...

— Ah ! monsieur... fit Amélie avec un regard de mépris, après l'outrage, le mensonge !...

— Madame !... encore une fois... je ne sais... mais vous pensez que cette lettre est de moi ?...

— Et de qui peut-elle être... si ce n'est de vous ?...

— De moi !...

— Voyons, monsieur... voyons... et ne soutenez pas plus long-temps un mensonge honteux...

Melchior prit la lettre et la lut à haute voix :

« — Amélie... »

Il s'arrêta à ce premier mot.

— Pardon, madame... mais comment avez-vous supposé que si jamais j'avais osé vous écrire, j'eusse pu commencer ainsi une lettre... Ceci doit être une infamie... un crime...

— Le pensez-vous ?... dit Amélie. Mais alors qui peut savoir tout ce qu'il y a dans cette lettre, si ce n'est vous ?...

— Mais qu'est-ce donc ?... fit Melchior. Et il continua sa lecture :

« — Amélie... Je vous aime et vous l'avez deviné... et lorsque je vous ai relevée mourante à la place où vous êtes tombée... lorsque je vous ai emportée dans mes bras... je ne puis vous dire quel désir insensé m'a pris de vous emporter ainsi loin de tous les yeux, loin du monde... A ce moment j'ai pensé au bonheur de la vie libre des forêts, où l'on peut ravir ainsi celle qu'on aime... »

Melchior pâlit en lisant cette phrase... sa voix hésita et baissa lentement pendant qu'il continuait :

« — Et puis, lorsque je vous ai vue sur ce lit, et qu'il m'a fallu percer ce bras blanc et pur... ma main tremblait... je n'y voyais plus... mais il y allait de votre vie... j'ai eu un éclair de courage...

» Mais quand j'ai vu couler votre sang, il m'a semblé que ma vie s'en allait avec lui, et il m'a fallu toute ma raison pour ne pas fermer sous mes baisers cette blessure que je venais d'ouvrir... Un mouchoir qui vous appartenait était là... tout inondé de ce sang précieux... »

A ce moment la voix de Melchior s'éteignit tout à fait, et ce ne fut plus que du regard qu'il acheva cette lettre qui continuait à exprimer un amour sans raison, sans retenue, et qui finissait par ces mots :

« Ah ! dans cette nuit que vous avez passée tout entière hors de votre maison, j'ai compris à mon tour que votre cœur avait besoin d'un amour qui vous fît oublier la trahison de votre mari. J'ai entendu votre cœur parler, dans le désespoir qui vous tenait éveillée...

» Amélie !... le bonheur appartient à qui sait le prendre... Amélie !... cette nuit encore je serai près de vous... si vous osiez pour vous-même ce que vous avez osé pour pleurer sur vos douleurs... »

Melchior s'était remis pendant la fin de cette lecture ; il dit à madame de Prémery :

— Comment la dernière partie de cette lettre ne vous a-t-elle pas démontré que c'est une invention infâme ?... Que signifie cette nuit passée hors de chez vous ?...

— C'est que c'est vrai, monsieur... dit madame de Frémery.

— Comment ?

— Oui, reprit Amélie... j'attendais mon mari... je l'ai attendu toute la nuit... folle, désespérée... car je sais qu'il me trahit...

— Oh ! madame, ne le croyez pas !...

— Monsieur de Lesly, j'ai entendu votre entretien avec M. Balbi, cet entretien où vous avez dit...

Amélie, que l'étrangeté de cette situation avait emportée, s'arrêta en se rappelant que dans cet entretien où elle avait appris la trahison de son mari, elle avait appris aussi l'amour de Melchior.

A son tour, elle rougit, baissa les yeux, et se laissa aller à pleurer.

Melchior la contemplait avec une anxiété pleine d'assurance.

Amélie pleurait, son cœur était plein. Melchior n'eut pas le courage de se taire plus long-temps.

— Pardonnez-moi tout ce que vous avez entendu, madame, lui

dit-il, pardonnez à un amour que vous n'auriez jamais appris sans cette déplorable circonstance...

— Assez, monsieur... assez... murmura madame de Frémery.

— Cet amour... je ne vous en parlerai jamais... mais... oh! je vous en supplie, laissez-moi vous remercier... laissez-moi être heureux... laissez-moi être fier de ce que le sachant... vous m'avez assez estimé pour vous fier à moi, comme à un ami... pour me demander mon dévoûment... mon appui... mon zèle... lorsque vous êtes malheureuse...

Oh! madame, madame!... ce n'est qu'à l'âme la plus noble que peut appartenir une pareille confiance... et cette confiance, je veux la mériter... Ah! jamais cet amour dont vous ne devez plus entendre parler, n'a cessé d'être uni au plus profond respect, et maintenant ce respect étouffera dans mon âme toute douleur... toute plainte... Ne serai-je pas resté votre ami?... que puis-je désirer de plus!...

Amélie avait écouté Melchior les yeux baissés, le cœur oppressé, les larmes aux bords des paupières... il lui avait fallu entendre un aveu qu'elle eût repoussé avec indignation s'il s'était pour ainsi dire présenté de lui-même ; et cet aveu, elle ne l'avait pas écouté sans terreur, mais elle l'avait entendu sans colère.

Elle se disait que la circonstance seule faisait qu'elle n'avait pu lui imposer silence ; mais la circonstance n'entrait pour rien dans la joie secrète qu'elle éprouvait à être aimée ainsi...

Joie dangereuse, fatale, car elle était calme ; car madame de Frémery était si souverainement convaincue du respect qui enveloppait cet amour, qu'elle ne le redoutait pas.

— Eh bien! oui, monsieur, dit-elle à Melchior, je veux me confier à vous... je veux vous demander vos conseils, votre appui, votre protection dans le malheur qui me frappe... Et maintenant, dites-moi tout... Il le faut... je le veux!...

— Soit! madame, lui dit Melchior. Je vous appartiens... ordonnez...

— Non, dit Amélie... je n'ordonne pas... je prie...

— Eh bien! madame, que désirez-vous savoir?...

— Mon mari aime madame de Favières?...

— Non, madame, dit Melchior... Votre mari se trompe sur le sentiment qu'il éprouve.

Madame de Favières est une jolie femme, mais elle ne saurait vous être comparée... Elle a un jargon qui passe pour de l'esprit... mais non de l'esprit charmant, naïf, vrai... comme celui que M. de Frémery doit avoir appris à apprécier près de vous... Cet esprit où le cœur parle souvent... elle n'en a pas!...

— Mais il l'aime!... reprit Amélie qui voulait interrompre cet éloge d'elle-même qui surgissait à côté de la critique de madame de Favières.

— C'est-à-dire, madame, reprit M. de Lesly, que l'éclat du nom de madame de Favières a séduit M. de Frémery. Le monde brillant où on l'accueille comme une des espérances du parti royaliste, l'enivre, l'entraîne, l'éblouit... Madame de Favières, qui veut absolument jouer un rôle dans ce monde, s'est mis en tête de patroner les débuts de M. de Frémery... Ce sont deux jeunes têtes qui se sont montées sur des idées qui ne tiennent en rien à l'amour, car l'amour puise son ardeur dans des espérances plus nobles, plus saintes, plus pures...

— Quel que soit le sentiment qui égare M. de Frémery, dit Amélie froidement, il n'en est pas moins assez puissant pour l'éloigner de moi... et pour lui faire croire à une calomnie... car cette lettre...

— Cette lettre, reprit Melchior, est l'œuvre d'un ennemi bien habile et que vous seule pouvez connaître...

— Mais à qui donc ai-je fait du mal?... A moins, reprit-elle tout à coup, que cette servante que j'ai chassée...

— Une servante!... reprit Melchior d'un air d'incrédulité... Ce n'est pas une servante qui a écrit cette lettre.

— Sans doute... mais elle a pu donner à celle qui l'a écrite les renseignemens nécessaires... car elle était là lorsque vous vous êtes emparé de ce mouchoir.

Amélie s'arrêta encore.

Elle marchait sur un terrain brûlant; elle voulait s'éclairer sur sa position et ne pouvait faire un pas dans ce dédale sans se heurter à cet amour dont il ne devait plus être parlé.

Melchior vint à son aide et reprit :

— N'avez-vous pas dit *celle* qui écrit cette lettre?... Vous pensez donc que c'est une femme?...

Amélie, ravie de sortir de cette question, s'empressa de répondre :

— Et quelle autre que madame Cantel, quelle autre que ma belle-mère, quelle autre que celle qui a fait mourir mon père de chagrin, peut avoir contre moi une haine aussi profonde?... Quelle autre peut imaginer des moyens aussi bas pour me perdre?... Oh! elle ne me pardonnera jamais de l'avoir sauvée; elle ne me pardonnera jamais d'avoir épousé M. de Frémery...

Melchior ignorait l'histoire d'Amélie.

— Je connais madame Cantel, lui dit-il ; je sais qu'elle est la plus dangereuse femme du monde, et je ne m'étonne pas qu'elle soit votre ennemie.

— Eh bien! monsieur, reprit Amélie, sachez que cette servante que j'ai chassée a appartenu à madame Cantel... j'ai découvert cela depuis que je l'ai à mon service... mais je ne pensais pas que madame Cantel eût pu la placer près de moi comme un espion...

— Madame Cantel est capable de tout... et vous n'en pouvez

douter... c'est de là que partent les coups qu'on veut vous porter... c'est d'elle... mais je saurai bien la faire taire...

— Oh! merci, monsieur !... s'écria vivement Amélie... Et cependant, reprit-elle tout à coup, prenons garde, monsieur... si cette femme possède un secret qui vous appartienne...

Melchior parut frappé de cette crainte. Puis après un moment, il reprit :

— Si cette femme sait des secrets qui me touchent ou qui touchent quelqu'un de la famille, j'en sais assez pour qu'elle se taise... Mais oublions un moment cette femme, madame, car j'ai un aveu peut-être plus cruel à vous faire... et cet aveu, je vous le dois...

Le ton de Melchior annonçait une confidence sérieuse, et madame de Frémery lui dit avec la plus entière confiance :

— Parlez, monsieur... parlez...

— Eh bien ! madame... l'amour de M. de Frémery pour madame de Favières n'est pas sa faute la plus grande...

— Comment, monsieur !... dit Amélie tout alarmée.

— C'est déjà beaucoup... Mais enfin, reprit Lesly, le monde excuse chez un homme des faiblesses qu'il condamne sans pitié chez les femmes...

En parlant ainsi, Melchior oubliait qu'il s'adressait à une femme dont il armait le cœur contre la tendresse qu'il eût voulu lui inspirer.

Madame de Frémery oublia aussi qu'elle parlait à l'homme dont elle avait presque accepté l'amour en s'adressant à lui pour lui demander conseil, et elle répartit assez vivement :

— Et trouvez-vous cela juste, monsieur ?...

Melchior la regarda.

Amélie devint toute confuse... elle se détourna en ajoutant avec un accent de reproche :

— Ah ! monsieur...

— Vous parlez à un ami, madame; à un ami qui vous a juré dévoûment et respect... Je conçois votre réponse... c'est celle qui vient aux lèvres de toutes les femmes... c'est la juste révolte des nobles cœurs contre des préjugés cruels... Honte à celui qui pourrait y voir autre chose !...

Non, madame, non... ce regret de votre cœur, je ne le blâme pas... je le conçois...

Melchior, qui voulait rassurer madame de Frémery, et qui pour rien au monde n'eût voulu avoir l'air de lui prêcher l'oubli de ses devoirs ni aucun des principes qui y conduisent, ne faisait cependant rien autre chose, et Amélie l'écoutait sans s'apercevoir qu'elle lui donnait raison.

Melchior continua :

— Quoi qu'il en soit, dit-il, M. de Frémery, en faisant étalage d'un amour qui excite la risée de ceux qui le connaissent peut irriter la susceptibilité des graves magistrats dont il est le collègue; mais enfin ce n'est là qu'un malheur qui ne peut porter atteinte à sa considération.

VI

Abnégation dangereuse.

Melchior s'était posé en homme généreux, et si on l'eût supposé capable de profiter des sottises de M. de Frémery pour chercher à le perdre dans l'esprit de sa femme, il eût repoussé cette supposition comme une injure à sa loyauté, et cependant il ne faisait pas autre chose, et il le faisait avec d'autant plus de cruauté qu'il le faisait avec bonne foi.

Non seulement il l'avouait coupable, bien plus, il le montrait ridicule; ce qui est le plus grand mal qu'on puisse faire à un mari.

— Mais qu'y a-t-il de plus? dit Amélie d'un ton piqué; car aucune femme n'aime à voir dédaigner l'homme qu'elle aime ou qu'elle a aimé.

— Il y a, répliqua Melchior, que votre mari, pour se mettre au niveau de ce monde plus haut placé que lui et plus opulent, a exagéré les dépenses de sa maison.

— Quoi! monsieur, lui dit Amélie... ce luxe qui m'entoure...

— Ce luxe n'est que l'aisance qu'un homme comme lui devait à une femme comme vous; mais ce n'est pas ici qu'est le luxe: c'est à Paris, dans un train de maison plus complet que vous ne l'avez vous-même, dans de magnifiques chevaux...

— Mais j'ignore tout cela...

— Non, madame.. et permettez-moi de parler sincèrement... on vous a tout dit...

— A moi, monsieur?

— A vous... madame... je l'ai entendu...

— C'est-à-dire que mon mari m'a dit...

— Pardonnez-moi de descendre dans de pareils détails, votre mari vous a dit:

« — Pour les quelques mois que vous allez à la campagne, il faudra que je vous prive de votre voiture ou que j'aille à pied... je louerai un modeste remise... »

Ce modeste remise est une des plus élégantes voitures de Paris, attelée de chevaux tels, que nos plus jeunes fous ne se le permettent pas....

Votre mari vous a dit encore:

« — Vous comprenez qu'il ne serait pas convenable qu'un

magistrat allât tous les jours chez un restaurateur... Je mangerai chez moi... »

Quand on dîne seul chez soi, madame, on s'ennuie, on invite un ami, puis deux... puis dix... puis... les dîners de M. de Frémery sont renommés à Paris...

— C'est impossible, monsieur.

— Croyez qu'il m'en coûte de vous révéler de pareilles choses, que le premier venu eût, du reste, pu vous apprendre...

— Mais c'est affreux !...

— Non, madame... tout cela n'est rien...

— Quoi, monsieur ?...

— M. de Frémery a cherché à couvrir par des ressources loyales, sans doute, mais hasardeuses, des dépenses qui ne l'avaient pas encore obéré.

Ainsi, au lieu d'être forcé d'engager d'abord l'une de ses propriétés au paiement d'une dette contractée par lui, il a trouvé dans le jeu un secours inattendu. Un soir, il a gagné trente mille francs chez madame de Favières.

Cela lui a semblé une chose facile ; à une exigence nouvelle il a cru pouvoir satisfaire par un gain nouveau, et il a joué. Ce jour-là, il a ajouté une nouvelle dette à la dette qui le tourmentait...

Que vous dirais-je, madame? ce gain, cette perte, ont fait scandale... Madame de Favières elle-même a exigé de votre mari qu'il ne jouât plus, dans son salon du moins...

Mais, en obéissant en apparence, M. de Frémery n'a pas dépouillé la passion qui l'égarait ; ne pouvant jouer dans un monde où les convenances lui imposaient une certaine retenue, il a joué dans un monde où les fripons trouvent place ; et, la veille même du jour où vous avez été si cruellement malade, il avait perdu une somme qu'il est parvenu à payer, vous savez comment...

— Comment?... s'écria madame de Frémery... Puis elle ajouta : Ah! cette signature qu'il m'a demandée... cette prétendue vente qu'il voulait faire... Ah! quelle horreur!

Melchior baissa la tête devant l'expression de mépris et de désespoir que madame de Frémery mit dans ses dernières paroles... mais il n'eut aucun regret de ce qu'il venait de dire ; il avait été loyalement en avant, il avait accompli un devoir rigoureux d'amitié ; il lui en avait beaucoup coûté de faire tant de mal à madame de Frémery ; mais il avait juré d'être son ami, et il avait agi en cette qualité.

Melchior oubliait qu'à côté de ce rôle consciencieux, il en avait un autre auquel devait profiter tout ce qu'il venait de dire contre M. de Frémery.

Il est certain que si Lesly eût été le frère de madame de Frémery, il lui eût dit tout ce qu'il venait de lui dire, et cependant, si ce frère eût pu croire que sa sœur eût dans le cœur un sentiment qui déjà la troublait, il est certain, dis-je, qu'il eût hésité à faire de pareilles confidences, ou bien qu'il y eût mis plus de ménagemens.

Cependant madame de Frémery gardait le silence, et Melchior reprit :

— Vous êtes avertie, madame, c'est à vous de vous armer de courage pour garantir votre fortune des désordres de M. de Frémery.

— Ma fortune, monsieur, dit Amélie... mais M. de Frémery a disposé de tout le modeste héritage de mon père.

— Quoi ! il a pu...

— Oh ! monsieur... lui dit Amélie, c'était bien peu de chose... je suis la fille d'un pauvre soldat qui n'avait qu'un bien misérable patrimoine.

— Quoi ! s'écria Melchior... et M. de Frémery a oublié que, si le hasard ne rétablit pas sa fortune, vous n'aurez d'autre avenir...

— Que la pauvreté ! reprit Amélie.

Oh ! monsieur, ce n'est pas cela qui me désespère... Il faut si peu de chose à la vie d'une femme qui a été élevée modestement. Ce qu'il y a d'affreux dans de pareils malheurs, c'est de perdre sa confiance dans les nobles sentimens de ceux qu'on a aimés... c'est de se sentir seule au monde... c'est de n'avoir plus un ami !...

— Oubliez-vous que vous m'avez permis d'être le vôtre ?

— Vous ! lui dit Amélie... vous !...

Elle poussa un long soupir et reprit :

— Mais que pouvez-vous pour moi... vous !...

— Amélie, reprit Melchior les larmes aux yeux... oubliez que je vous aime... oubliez que le hasard vous a appris cet amour insensé qui jamais n'aurait osé vous parler.

Ne voyez en moi qu'un frère dont tout vous appartient... la vie, le cœur, la fortune. N'auriez-vous rien à demander à votre frère si un malheur horrible vous frappait ?

En parlant ainsi à madame de Frémery, Melchior était sincère et Amélie le sentait... Elle était charmée de cette abnégation, mais elle sentait aussi qu'elle ne pouvait l'accepter.

Amélie se sentait trop reconnaissante de cette prétendue amitié pour ne pas la payer d'un autre sentiment. Plus franche et plus prudente que Lesly, elle sentait qu'elle l'aimait déjà, quand, à vrai dire, elle n'avait aucune raison sérieuse de l'aimer. Que serait-ce donc s'il se faisait le soutien, le protecteur de sa vie ?...

Elle réfléchit long-temps, et finit par dire à Melchior, avec un véritable courage, car il faut être bien courageux pour être vrai en pareille circonstance :

— Monsieur de Lesly, vous m'avez parlé tout à l'heure des lois du monde ; elles sont implacables pour les femmes... elles sont justes... Laissez-moi achever... Jamais personne ne pensera que l'amitié soit l'unique sentiment qui existe entre un homme comme vous et une femme dans ma position... Je vous en supplie, ne m'interrompez pas... Je ne veux pas discuter si cela est possible; il suffit que le monde ne le croie pas... Qu'arriverait-il? c'est qu'on me calomnierait...

— Madame!... s'écria Melchior qui prévoyait la conclusion de ces considérans.

— Oh! soyez généreux, monsieur de Lesly... laissez-moi avoir de la raison pour tous deux... car vous n'en avez pas lorsque vous me dites que vous n'aurez pour moi que de l'amitié.

— Je vous le jure...

— Oh! ne jurez pas!... dit Amélie avec impatience. Mais, mon Dieu, je sais bien ce que j'éprouve, moi... je sais que c'est impossible!...

Melchior poussa un cri timide et prit la main d'Amélie.

— Tenez, lui dit-elle en se laissant aller à pleurer, vous voyez... Oh! monsieur... monsieur... soyez bon, soyez généreux... Voyons, soyez juste... que pouvez-vous faire pour moi?...

Aller faire des représentations à mon mari... mais de quel droit?... Comme ami?... Mais aucun homme n'accepte l'amitié de celui qu'il sait aimer sa femme, et votre amour a été dénoncé à mon mari... Et puis, lorsque vous réussiriez à vous faire écouter, ne savez-vous pas que l'orgueil d'un homme se révolte à certaines leçons? Non, monsieur, non... il n'y a que moi qui puisse ramener M. de Frémery... et si mes efforts sont inutiles, eh bien! alors je subirai ma destinée tout entière... si horrible qu'elle soit... fût-ce la misère!...

— Et vous pensez que je le souffrirai!... s'écria Melchior.

Amélie se releva de toute sa fierté et répondit :

— Monsieur de Lesly... je ne reçois la charité de personne!... et je ne suis pas femme à payer les bienfaits de qui que ce soit...

— Ah! madame... quelle horrible pensée vous est venue là!... s'écria Melchior. Quoi! vous ne croyez donc pas qu'un homme puisse vous aimer sans espérances coupables?...

Mais parmi quel monde avez-vous donc vécu, pour que vous ne sachiez pas qu'il y a eu de ces amours éternels, et éternellement purs, qui ont soutenu deux âmes dans la vie contre toutes les infortunes, contre toutes les disgrâces?...

Ne savez-vous pas que l'amour est une religion qui s'agenouille devant son idole sans lever les yeux jusqu'à elle?... O Amélie!... vous ne connaissez pas l'amour!...

— Hélas! mon Dieu!... dit-elle.

— Amélie, ne me chassez pas... Amélie, le malheur vous menace... il vous faut un ami...

— Mais vous ne pouvez être mon ami... mais vous m'aimez, monsieur... dit Amélie que reprenaient ses larmes.

— Eh qu'importe! puisque cet amour vous ne le redoutez pas... puisqu'il vous semble une folie... puisqu'il vous semble indifférent!...

— Qui sait, monsieur? dit Amélie.

— Oh! qu'avez-vous dit?...

— Vous n'êtes pas bon, monsieur!... fit Amélie en pleurant. Vous voyez bien que je suis malade, malheureuse... vous voyez bien que ma tête brûle... que je ne sais que devenir, que faire, que décider... et vous me poursuivez sans pitié de vos aveux... de vos prières... de votre amour...

Oh! les hommes sont cruels!... ils tordent un cœur jusqu'à ce qu'ils en aient épuisé la dernière douleur!... Eh bien, monsieur, serez-vous plus heureux parce que je vous aurai dit tout?... Eh bien! j'ai peur de votre amour... je n'en veux pas... je le repousse... je le hais... emportez-le... il me perdrait... je le sens!... il me perdrait!...

Et en parlant ainsi elle cacha sa tête dans ses mains et se laissa aller à ses larmes, à ses sanglots.

Melchior restait immobile, éperdu, ravi, craignant d'irriter cette douleur, cherchant comment il pourrait consoler cette âme endolorie... Il se mit doucement à genoux devant madame de Frémery et lui dit :

— Eh bien! Amélie, ne craignez rien... Ah! n'ai-je pas à présent tout ce que je pouvais désirer dans ce monde?... Confiez-moi votre âme... laissez-la se reposer dans mon cœur... elle y sera comme dans un sanctuaire infranchissable... vos peines deviendront les miennes... votre bonheur est devenu mon seul but!...

Amélie, ne vous détournez pas ainsi... ajouta-t-il en lui prenant la main; ce n'est pas un amant qui vous implore... c'est un un ami, c'est un frère, c'est un serviteur dévoué, c'est un esclave!...

Amélie, ne me dites rien... laissez-moi vous protéger, vous sauver!... Oh! j'y arriverai, je vous le jure!... je ramènerai M. de Frémery... il vous aimera encore... il rentrera dans les voies du devoir... de l'honneur...

— Ah! c'est là tout ce que je vous demande!... répartit Amélie en serrant la main qui serrait la sienne.

Ah! c'était là le plus fatal des aveux que pouvait faire Amélie. Elle acceptait l'appui de celui qui lui disait : Je ramènerai votre mari à l'honneur; mais elle n'avait rien répondu quand il lui avait dit : Je vous rendrai son amour!...

Cet amour, elle n'en était donc plus soucieuse, un autre avait donc pris dans son cœur la place qu'il occupait autrefois... ou plutôt n'était-ce pas seulement à ce moment qu'elle commençait à aimer?

Le mariage d'Amélie avait été de sa part un acte de dévoûment. Eugène de Frémery avait accepté ce dévoûment avec l'ardeur d'un esprit qui bâtit des espérances pour tout l'avenir sur l'enthousiasme d'un moment.

Quoi qu'il en soit, Amélie, confiante en Melchior, confiante en elle-même, lui dit :

— Allons, mon ami... allons, mon frère... sauvez mon mari... sauvez-le... mon cœur vous paiera de votre générosité.

VII

Incertitude.

Tel fut cet entretien où, d'une part, madame de Frémery apportait la ferme résolution de montrer à M. de Lesly qu'elle ne le considérait que comme un galant homme auquel elle s'adressait sans crainte, et de l'autre, Melchior commençait à découvrir les traces d'une intrigue qui devait mettre à jamais toutes ses espérances au néant.

On y avait parlé de beaucoup d'intérêt, mais on y avait surtout parlé d'amour, on l'avait condamné au silence, on l'avait réduit à n'être qu'une amitié dévouée ; on avait pris de très excellentes résolutions ; on avait fait des sermens de prudence, de sagesse, de résignation : folie qui prouvait parfaitement que c'étaient là des cœurs honnêtes et de bonne foi, des cœurs qui ne savaient encore rien de l'amour.

Peut-être s'étonnera-t-on que j'applique ces réflexions à Lesly aussi bien qu'à madame de Frémery ; que celle-ci, dira-t-on, qui ignorait encore que nulle femme ne se laisse dire impunément qu'elle est aimée ; que nulle femme n'éprouve la joie de cet amour sans éprouver le désir de lui céder ; qu'il arrive une heure où une femme, si chaste qu'elle soit, a autant de peine à se défendre contre elle-même que contre les transports de son amant ; que madame de Frémery ignorât tout cela, et qu'elle se crût assez forte pour aimer, pour être aimée, et pour rester cependant innocente, cela se conçoit.

Mais Melchior de Lesly, un jeune homme qui avait eu des succès assez éclatans pour que les femmes eussent à honneur d'attirer son attention, Lesly qui avait pris et quitté plus d'une liaison avec la facilité d'un homme sans cœur ; que ce jeune homme enfin jurât de bonne foi qu'il aimerait en frère avec l'amour d'un amant, cela n'est pas croyable, et assurément il mentait.

Non, Lesly ne mentait pas ; car il en était à sa première et sincère, et véritable passion.

La tendresse, l'admiration, le culte, le respect que lui avait inspiré Amélie, ressemblait si peu à ce qu'il avait éprouvé jusque-là, qu'il ne pouvait s'imaginer qu'un pareil amour pût le conduire aux mêmes désirs que lui avaient donnés ses fantaisies passées.

Hélas! le noble enfant, et qu'on nous pardonne ce mot, il est juste... le noble enfant ne savait pas que l'amour a cela de divin et de misérable, qu'il veut tout de la femme aimée : son âme, son corps, sa pensée, ses veilles, ses rêves, tout son être; rien ne le satisfait, tant qu'il peut obtenir quelque chose de plus que ce qu'il a rêvé.

L'amour est comme tous les conquérans : il détruit, il ravage, il abîme : repos, honneur, considération, fortune, il foule aux pieds pour arriver; il fait tout cela ou il n'est pas de l'amour.

Demandez-le plutôt aux femmes expérimentées; qu'elles vous disent ce qu'elles pensent de l'homme qui respecte leur repos, qui reculent devant le malheur qu'il peut leur apporter; elles vous diront qu'il n'aime pas.

Quoi qu'il en soit, Melchior partit heureux de cet entretien; Amélie était heureuse aussi. En le voyant s'éloigner, elle avait bien au fond de l'âme quelque regret de ce qu'elle avait dit... mais elle était si heureuse de l'avoir dit à un homme qui était incapable d'en abuser, que le remords parlait à peine assez haut pour qu'on reconnût sa voix.

Cependant Melchior avait rejoint le médecin, qui, sur son instruction, se rendit à son tour près d'Amélie; c'était le désespoir qui l'avait rendue malade; l'espérance l'avait guérie... Il prescrivit encore quelques calmans et annonça qu'il allait rejoindre Melchior qui l'attendait dans le château de son père.

Madame de Frémery était bien plus avancée qu'elle ne pensait dans son amour pour Melchior : en effet, elle fit alors ce qu'elle n'eût jamais osé, ou plutôt ce qu'elle n'eût jamais pensé à faire quelques jours avant. Elle s'informa près du médecin de la cause de son rendez-vous avec Melchior. Elle le fit d'un ton fort indifférent... (curieuse! elle jouait déjà la comédie). Le docteur, comme on a pu le voir, aimait assez à faire et à raconter des histoires. Il répéta à madame de Frémery ce qui s'était dit entre lui et M. de Lesly sur la femme voilée, près de laquelle il avait été appelé.

Amélie l'écoutait avec l'intérêt apparent qu'une si étrange histoire pouvait inspirer à tout indifférent; mais au fond de l'âme elle se demandait comment et pourquoi Melchior pouvait être mêlé à cette rencontre.

Déjà elle se disait que Melchior avait aimé avant de la connaître, que cet amour avait été heureux... qu'il avait eu des dangers et des mystères. Elle se demandait si cet enfant perdu et retrouvé n'appartenait pas à Melchior, et si l'amour froid et glacé qu'elle lui avait voué pourrait remplacer dans son cœur l'amour qui avait couru pour lui de si grands périls, osé de pareils malheurs.

Oh! les femmes! les honnêtes femmes surtout, vont vite dans leur cœur.

Il n'y a que les coquettes qui savent, après expérience, que l'amour de l'homme, à l'encontre de toutes les choses vivantes de ce monde, se nourrit encore plus de ce qu'on lui refuse que de ce qu'on lui donne.

Le docteur quitta bientôt Amélie, et la laissa sous l'impression d'un sentiment de jalousie rétrospective tout à fait inouï et nouveau pour elle. En effet, madame de Frémery avait connu l'une des passions de son mari, elle l'avait vue dans toute son ardeur, dans toute sa folie... c'était l'amour qu'Eugène avait eu pour la belle madame Cantel, la femme du père d'Amélie ; elle avait été témoin des douleurs et des transports d'Eugène, et depuis qu'elle était devenue la femme de l'amant de sa belle-mère, pour sauver l'honneur de son père, jamais elle n'avait éprouvé la moindre jalousie de ce passé si complétement donné à une autre.

Elle pensait encore à Melchior, lorsqu'on lui annonça une visite, celle de son propre médecin. Il entra d'un air assez mécontent, examina madame de Frémery, et lui dit brusquement :

— Pardieu, ce n'était pas la peine de me faire faire huit lieues pour un petit mal de nerfs ou autre indisposition féminine qui vous a prise par hasard.

— D'abord, docteur, ce n'est pas moi qui vous ai envoyé chercher ; et lorsque mes gens ont été vous trouver, j'étais dans un état assez fâcheux pour qu'un de vos confrères ait trouvé que des accidens graves eussent pu s'en suivre si j'étais restée sans secours jusqu'à l'heure où vous arrivez.

— Ah! fit M. B... en fronçant le sourcil, le docteur Morel est donc venu comme on me l'a dit?...

— Vous m'apprenez son nom, monsieur ; mais je croyais que vous saviez qu'il était venu lorsque vous avez cru devoir rester près de mon mari pour soigner sa blessure.

— Quoi! fit M. B... vous savez...

— Que mon mari s'est battu!... qu'il a été blessé!...

— Et vous ne m'en demandez pas plus de nouvelles que ça?...

— Veuillez observer, monsieur, que vous êtes entré pour m'accuser, et je n'ai pas eu le temps de me justifier.

— On ne se justifie pas, madame, et on demande des nouvelles de son mari...

— Veuillez donc m'en donner, reprit madame de Frémery d'un ton sec et glacé.

Le docteur la regarda.

Elle était pâle d'indignation.

— Allons, voyons, qu'est-ce que c'est?... voilà que vous pâlissez... Voilà... Eh bien ! il va bien... très bien... une égratignure... un cœur de poulet... Il s'est évanoui à la vue de son sang et il a recommencé toutes les fois que je lui ai approché ma lancette du bras...

Ah ! pardieu ! il a bien fait de se faire magistrat... Ce n'est pas qu'il manque de courage... mais la vue du sang lui fait un effet horrible... c'est nerveux... et maintenant il va à ravir... Et vous, mon enfant... vous ?...

— Je suis tout à fait guérie, reprit madame de Frémery d'un ton glacé, grâce aux bons soins du docteur Morel... Je n'ai pas eu à m'évanouir parce qu'on m'a saignée, car, en ce moment, j'avais le délire.

— Et, reprit M. B.... qui fut très blessé d'avoir fait à madame de Frémery des avances si froidement repoussées, et le docteur Morel vous a guérie ainsi en vingt-quatre heures?...

— Vous voyez, monsieur...

— Hum ! fit M. B..., il était probablement accompagné d'un confrère plus habile que lui pour le traitement des femmes...

A cette insulte, qu'Amélie ne pouvait pas se refuser à comprendre, elle attacha un regard si indigné et si méprisant sur le docteur, que celui-ci baissa la tête et rougit.

— Docteur, lui dit madame de Frémery, on m'a calomniée près de mon mari, on m'a calomniée... je le sais... on a même été plus loin... on a osé fabriquer contre moi des preuves qui pourraient me compromettre gravement...

Cependant, monsieur, je ne veux me justifier ni vis-à-vis de lui, et encore moins vis-à-vis de vous. Je sais d'où partent ces calomnies... je sais quelle voix a parlé... je sais quelle personne l'a fait parler. J'avoue que j'aurais cru mon mari incapable d'asseoir un soupçon sur de pareilles autorités, s'il n'avait été dans la position de ceux qui, ayant des torts graves à se reprocher, en cherchent aux autres pour pouvoir s'excuser.

— Quoi ! reprit le docteur, vous pensez que votre mari ?...

— Monsieur, reprit Amélie, je n'accuse pas sur des dénonciations de laquais ; j'accuse sur des faits certains.

— Quelqu'un, laquais ou marquis, dit amèrement le docteur, vous les a cependant dénoncés...

— J'ai tout appris, monsieur, sans que personne ait cherché à m'instruire.

— C'est impossible !...

— Cela est... Et maintenant, docteur, si vous voulez me servir de protecteur jusqu'à Paris, je serai bientôt près de mon mari.

— Je suis venu précisément pour vous empêcher de faire cette démarche.

— Et qui peut m'empêcher d'aller près de mon mari ?...

— Parce que... dit le docteur, parce qu'il n'est pas en disposition de vous voir...

— Et pourquoi?

— Parce que ces prétendus torts dont vous ne voulez pas vous justifier... il y croit peut-être ; et que si les vôtres n'excusent pas les siens, les siens n'excusent pas les vôtres...

— Les miens !... dit madame de Frémery; voudriez-vous me les apprendre ?

— Mais... ce mouchoir donné à M. de Lesly... cette nuit passée hors de chez vous...

— Ah ça !... dit Amélie avec hauteur, oubliez-vous que vous êtes chez moi... et que c'est à moi que vous parlez ?...

— Non, madame... reprit M. B..., je ne l'oublie pas ; mais souvenez-vous, de votre côté, que c'est un vieil ami de votre père qui vous parle ainsi... souvenez-vous que c'est au nom de votre mari que je vous parle...

— Je suis folle assurément... ce n'est pas vous qui me parlez de ce ton... Voyons, docteur, qu'y a-t-il ?...

Madame de Frémery s'arrêta tout à coup et s'écria :

— Mais c'est une comédie, monsieur, une indigne comédie !... car, j'y pense maintenant, M. de Frémery avait reçu cette dénonciation quand il s'est battu, et il serait allé prendre M. de Lesly pour témoin ! Mais tout cela est un mensonge... ou bien que devrais-je penser de M. de Frémery ?...

Le docteur se mordit les lèvres en détournant la tête.

— En vérité, continua Amélie, vous venez de me dire un mot que je ne comprends plus dans votre bouche... Vous êtes le vieux camarade de mon père, avez-vous dit ? Mais mon père était l'honneur, la loyauté, la franchise en personne, et je vous ai connu ces sentimens... Quel rôle vous a-t-on donc imposé ?... Avec quelle mission venez-vous ici ?...

Le docteur B... hésita un moment, puis il finit par dire :

— Eh bien ! je viens avec une très vilaine mission... celle de vous arracher par la menace un secret auquel votre mari fait semblant de croire...

— Pourquoi donc alors s'adresser à M. de Lesly ?

— Je vous avoue, ma chère enfant, que je n'y comprends rien que je n'y avais pas pensé, et que c'est votre observation qui commence à m'avertir que je joue ici un rôle de dupe...

— Pardon, docteur... reprit Amélie ; mais connaissez-vous la position de mon mari ?...

— Je vous ai dit qu'elle était excellente ; un peu de fièvre... trop cependant pour une pareille blessure... ce qui m'a fait croire qu'il était réellement agité par d'autres motifs... par des peines morales ; et j'avoue que je ne lui en connais pas d'autres que celles que vous pouvez lui causer...

— Mais ne me parliez-vous pas tout à l'heure des torts qu'il pouvait avoir ?...

— Quels torts ?

— Ne disiez-vous pas que, si les miens n'excusaient pas les siens, les siens non plus ne pouvaient justifier les miens ?

— Je répondais dans le sens de votre phrase... voilà tout... D'ailleurs, ses torts, et je comprends que vous les trouviez énormes, c'est de vous laisser trop souvent seule... c'est de vous négliger pour le soin de ses affaires et de son ambition... c'est d'avoir une autre passion que vous. Ah ! l'ambition est une maîtresse exigeante !...

— Mais si cette maîtresse, au lieu d'avoir un nom général, avait un nom propre... si, au lieu d'être un personnage allégorique, c'était une femme... jeune... belle... riche et puissante !...

— Que me dites-vous là !... s'écria le docteur.

— Connaissez-vous la marquise de Favières ? dit madame de Frémery.

— Comment, si je la connais !... mais j'ai vu Eugène dix fois avec elle... Et vous pensez que c'est...

Amélie fit un signe de tête affirmatif.

— Impossible, ma chère... impossible !... Mais si le marquis se doutait que Frémery ose regarder sa femme, il le tuerait en un quart d'heure... Il a déjà laissé pour mort un certain de vos amis un Lucien Deville, qui s'était permis de lui faire les doux yeux... C'est impossible, vous dis-je.

— Comment se fait-il que vous ignoriez ce dont tout Paris est informé ?

— Mais, j'y pense, fit le docteur, M. de Favières a accepté, il y a trois mois, une mission diplomatique... C'est possible... c'est possible...

— Et c'est pour cacher ses torts que M. de Frémery m'en suppose ?...

— Peut-être, fit le docteur ; mais, en ce cas même, je ne vois pas quelle peut être la raison qui a poussé Frémery à demander M. de Lesly dans une affaire pareille.

Madame de Frémery réfléchit long-temps, et peu à peu sa figure s'altéra. Soit qu'elle découvrît le vrai sens de la conduite de son mari, soit qu'elle se laissât aller à son ressentiment et qu'elle supposât à sa conduite des motifs révoltans, elle s'écria tout à coup :

— Non, je ne veux pas savoir ce qui le pousse... Il me suffit du témoignage de mon innocence... J'attendrai la décision de M. de Frémery.

— Mais, lui dit le docteur B..., retournez-vous près de lui ?

— Cela dépendra de ce que vous m'écrirez, quand vous l'aurez revu.

La santé de madame de Frémery n'exigeait plus de soins assidus de la part de son médecin ; il retourna à Paris, et laissa Amélie seule dans sa maison.

Quant au médecin amené par Lesly et qui s'était éloigné avec lui, il ne reparut plus.

VIII

Jalousie.

Deux jours se passèrent sans que madame de Frémery entendît parler de Melchior. Après ce qu'il lui avait dit, après ce qu'elle lui avait dit surtout, elle ne sut comment expliquer cette absence. C'était une injure sans nom, si Lesly se tenait éloigné volontairement ; s'il y était forcé, ce ne pouvait être que par un motif bien puissant et bien cruel à la fois.

Amélie ne savait que penser ; mais le doute où elle était plongée amena à sa suite de tristes réflexions sur l'entraînement auquel elle s'était laissé aller. Elle se sentit coupable et crut voir dans l'indifférence de Lesly le châtiment de la faute qu'elle avait commise. Ces réflexions la plongèrent dans une tristesse morne, désespérée, et à laquelle elle n'essayait pas de s'arracher.

En ce moment elle avait tourné ses pensées du côté de son mari ; mais une lettre qu'elle reçut de lui arrêta cet élan. La lettre était convenable, et les expressions affectaient même une tendresse empressée ; mais la conclusion de la lettre démentait tout cela ; et d'ailleurs les expressions du cœur ne se remplacent pas.

Un homme comme Eugène, habitué à faire parler la fausse indignation du magistrat orateur, pouvait aisément trouver des phrases où l'amour parût avoir un langage passionné ; mais de là à la véritable émotion, à celle qui se communique aisément de celui qui l'éprouve à celui à qui elle s'adresse, il y a un abîme, un abîme que le véritable amour comble avec un mot, avec une réticence, avec ce je ne sais quoi qui n'a pas de nom, mais qui fait la croyance d'un côté, parce que la sincérité a parlé de l'autre.

En définitive, Amélie fut attristée par cette lettre et blessée par la conclusion.

Pour toutes sortes de raisons qui n'étaient pas même spécieuses, Eugène priait sa femme de ne pas venir à Paris. Il ne fallait pas, disait-il, que le secret qu'il avait fait de son duel fût ébruité. Sa blessure était assez légère pour qu'il pût nier cette rencontre. L'absence d'Amélie en cette circonstance devenait une preuve en faveur de ce mensonge.

— Je ne me suis point battu en duel, devait dire Eugène, je

n'ai point été blessé, car s'il en eût été autrement, assurément ma femme serait accourue près de moi... etc., etc...

Ce fut un nouveau chagrin pour madame de Frémery, qui se sentit plus seule, plus abandonnée que jamais. Mais ce chagrin n'eut pas cette violence qui fait qu'une femme se révolte et prend une décision. C'était un abattement, une fatigue sans émotion, sans désir d'autre sensation que celle qu'on éprouve.

C'est à ces heures de lassitude que le cœur ne se donne pas, mais se laisse ravir. C'est en de pareils momens qu'une femme ferme quelquefois les yeux pour ne pas voir où on l'entraîne, parce qu'elle n'a plus le courage de résister.

Frémery avait demandé une réponse à Amélie; mais tel était l'état de prostration où elle se trouvait, qu'elle lui répondit comme il lui avait écrit, avec une affectation maladroite de sentimens tendres. Elle n'articula pas un des griefs nombreux qu'elle avait dans le cœur. Il eût fallu les prouver, les discuter; elle ne s'en trouvait plus capable, et elle garda le silence. Cependant madame de Frémery ne put méconnaître qu'elle n'agissait pas comme elle le devait. C'était lassitude, fatigue, avons-nous dit.

C'était autre chose encore, c'était indifférence.

Les torts de son mari ne l'irritaient plus. Le désespoir a de la force, et c'était bien plus encore... c'était remords... elle avait perdu le droit d'être sévère.

Amélie obéissait à tous ces sentimens sans les reconnaître parfaitement.

Un jour entier se passa encore sans que rien vînt l'avertir que sa vie intéressât personne autour d'elle. A la fatigue morale qu'elle éprouvait s'ajouta le dégoût de tout ce qu'elle avait aimé... dessin, lecture, musique, soins de maison... tout lui paraissait insupportable.

— A quoi bon, se disait-elle, à quoi bon? Mot terrible qui dit plus que tout autre le vide actuel de l'âme et son aspiration à être occupée.

Madame de Frémery, triste, inoccupée, indolente, s'était traînée jusqu'au pavillon où elle avait coutume d'attendre son mari.

Pourquoi à cet endroit? parce qu'il était là... Rien ne l'y appelait, rien ne l'y ramenait, ni espoir, ni désir, ni même le besoin cruel d'aller se heurter aux lieux où on a le plus souffert.

Elle était si éloignée d'y attendre quelque chose ou quelqu'un, que c'est à peine si elle entendit le bruit d'une voiture qui s'avançait avec rapidité.

Par un reste d'habitude curieuse qui finit par être un mouvement machinal du corps plutôt qu'un effet de la volonté, elle tourna la tête et reconnut Melchior de Lesly et la duchesse de Fosenzac.

Il était trop tard pour feindre de ne pas les avoir aperçus... Elle salua, et son salut lui fut rendu par la duchesse avec un air de contentement qu'Amélie n'avait jamais vu sur son visage. Quant à Melchior, il s'inclina sans regarder, et l'œil perçant de la femme qui examine celui qu'elle aime le vit rougir.

La voiture passa, et elle put alors voir sur le devant un bel enfant endormi sur les genoux d'une chambrière. Quel était cet enfant... cet enfant qui revenait après l'absence de Melchior et en même temps que lui ?

Ce qu'elle avait pensé d'après le dire du médecin, cette liaison antérieure, cet enfant perdu et tout à coup retrouvé ; tout ce qui n'avait été qu'une supposition devint tout à coup pour elle une certitude.

Mais la crainte que lui avait inspirée ce petit roman qu'elle s'était fait à elle-même, fit place à un autre sentiment. Elle ne se demanda plus si l'amour qu'elle pouvait offrir à Melchior supporterait la comparaison avec celui qu'il avait dû inspirer à la femme qui lui avait donné de pareils gages de tendresse ; elle se sentit humiliée, trahie.

On l'avait abandonnée après les plus solennelles promesses, on l'avait laissée seule après son aveu ; et pourquoi ? pour s'occuper des souvenirs vivans d'une passion éteinte. Et qui pouvait dire qu'elle était éteinte ? Peut-être Melchior venait-il de la rallumer dans quelque touchante entrevue, sur le berceau où dormait ce fruit adoré de ses amours !

Pour la première fois de sa vie, Amélie éprouva une colère cruelle, terrible, implacable. Jamais elle n'avait tant haï qu'elle ne haïssait Melchior de Lesly à ce moment.

Elle n'hésita pas, elle se décida à partir sur l'heure. Elle voulait à tout prix montrer à Melchior qu'elle ne voulait plus le voir.

Elle quitta le pavillon pour rentrer chez elle et donner les ordres nécessaires. Elle traversait son parc lorsqu'elle vit Melchior venir à sa rencontre.

Elle eût voulu l'éviter ; mais c'eût été dire trop bien qu'elle craignait sa rencontre : elle le laissa approcher.

— Madame, lui dit Melchior avec un gracieux empressement, j'espère que j'ai de bonnes nouvelles à apprendre de votre santé ; car, ainsi que le malheur, un bonheur ne doit pas venir sans un autre, et j'ai de bonnes nouvelles à vous annoncer.

— Vous avez raison, reprit froidement Amélie, ma santé va à merveille. La solitude m'a guérie de tout ce que j'éprouvais de fâcheux.

Melchior ne put se méprendre au ton dont furent prononcées ces paroles ; il resta un moment interdit ; mais il espéra sans doute que ce qu'il avait à dire ferait cesser cette colère dont il soupçonnait la cause, car il continua :

— J'ai vu M. de Frémery, madame ; on l'avait calomnié...

Cette prétendue passion pour madame de Favières n'était que beaucoup d'ambition mêlée de très peu d'amour.

— Je sais cela, dit madame de Frémery.

— Et quant à cette gêne dont je vous avais parlé...

— C'est encore une calomnie, je le sais, dit madame de Frémery d'un ton si blessant que Melchior la regarda fixement.

Amélie soutint ce regard sans se déconcerter et continua :

— Je vous remercie de vos bons soins qui, j'en suis sûre, n'ont pas peu contribué à ramener M. de Frémery à ses devoirs.

— Je lui ai fait entendre la voix de l'honneur, répartit Melchior avec dignité.

— Et vous lui avez sans doute fait comprendre les dangers d'une liaison coupable ?

Cette phrase avait été dite d'une voix stridente et saccadée.

— C'était mon devoir, dit Melchior, et je pensais que c'était votre désir.

— Et vous pouviez l'édifier à ce sujet mieux que personne.

— Moi? dit Melchior au comble de l'étonnement.

Amélie, irritée de n'avoir pu se soustraire à l'entretien de Melchior, était arrivée à cet état d'exaspération où les femmes oublient toute leur prudence habituelle pour rendre un peu du mal qu'elles éprouvent.

Elle répartit :

— Une femme mariée comme madame de Favières, qui s'expose à être forcée de cacher la naissance d'un enfant...

— Que dites-vous? dit Melchior en pâlissant.

— Je sais que l'enfant perdu peut se retrouver, et que son père parti...

— Madame, s'écria tout à coup Melchior hors de lui, M. de Frémery est un lâche!

— Monsieur!... fit madame de Frémery avec toute la hauteur d'un noble cœur qui entend insulter son nom dans la personne d'un autre.

— Madame, monsieur de Frémery est le maître d'un secret qu'il m'a juré sur l'honneur de garder toujours et vis-à-vis de qui que ce soit. Ce secret, il vous l'a dit.

— Et moi, je vous jure sur l'honneur que M. de Frémery ne m'a rien dit à ce sujet.

— Mais qui donc a menti à sa parole?... madame Cantel?... Elle n'oserait plus...

Il s'arrêta, leva les yeux au ciel avec désespoir et s'écria :

— Ma pauvre sœur, ils la tueront!...

Amélie resta anéantie.

Ce mot avait été un de ces traits de lumière qui éclairent d'un jour resplendissant les ténèbres où l'on s'égare... La tristesse de madame de Fosenzac, son départ, son retour, cet air de joie qu'elle portait sur son visage, tout était expliqué.

— Votre sœur, dit madame de Fremery, votre sœur!...

— Ne le saviez-vous pas? dit Melchior frappé à son tour de la surprise d'Amélie.

— Je l'ignorais, je vous le jure...

— Ah! fit Melchior avec désespoir... et c'est moi qui le premier ai laissé échapper un secret...

— Qui mourra dans mon sein, dit tendrement Amélie... Je vous le jure, je ne sais rien, je n'ai rien appris, vous ne m'avez rien dit...

— Mais, reprit Melchior, qui ne pouvait s'arracher à la pensée de ce qui venait d'être dit, si vous ne saviez rien, pourquoi ces paroles, pourquoi ces allusions à un événement?...

Amélie rougit.

— Ne me le demandez pas... c'est une folie... une niaiserie...

— Non, Amélie, dit tristement Melchior, aucune de vos paroles ne peut être pour moi une niaiserie, une folie... Que votre bonté revienne sur un premier mouvement de colère, je le crois, car vous êtes généreuse... vous ne voulez pas blâmer ma sœur devant moi... mais vous vous êtes exprimée avec trop de vivacité, trop d'amertume, pour ne pas savoir quelque chose, pour ne pas croire qu'il y a eu dans ce malheur des circonstances fatales... et qui vous ont fait porter contre ma sœur... un jugement...

— Je vous l'ai dit, et vous pouvez en être assuré, je ne pensais pas à elle.

— A qui pensiez-vous donc?

— Que vous importe? Mon Dieu, ne suis-je pas assez malheureuse pour que vous me pardonniez un mouvement d'impatience?...

— Mais contre qui?... Ah! pardonnez mon insistance... mais tout ce qui touche à cette déplorable histoire m'épouvante... Vous ne savez pas quel ange de bonté Léonie a été pour moi; vous ne savez pas que pour la sauver je viens de faire un acte bien étrange. Cet enfant, pour qu'il reste près d'elle et pour que cependant il n'excite la curiosité de personne, je l'ai reconnu, il passera pour m'appartenir.

— C'est étrange, en effet, dit Amélie.

— Eh bien! dit Melchior, si tant de précautions n'ont pas encore fermé toutes les issues par où ce secret peut s'échapper, jugez si je dois craindre... car enfin... vous aviez des doutes... des soupçons... contre ma sœur...

— Ce n'était pas contre elle, je vous l'ai dit.

— Mais contre qui?

— Contre vous.

— Contre moi?... mais saviez-vous donc déjà la fable que nous avions inventée?

— Mais non, fit Amélie avec une tristesse impatiente, je ne savais rien... mais j'avais cru... je m'étais imaginé que c'était... car je savais votre entretien avec le docteur Morel... j'ai pensé que vous étiez reparti pour retrouver cet enfant... j'ai cru... Tenez, je vous dis que j'ai été folle!

— Et c'est pour cela que tout à l'heure vous m'avez accueilli avec cette froideur?

— Ah! cela m'a fait bien du mal... fit Amélie sans répondre.

— Et pourquoi? dit Melchior qui depuis un instant l'écoutait dans un ravissement inexprimable...

— C'est que je suis jalouse, dit Amélie avec un long soupir.

— Jalouse... dit Melchior en lui prenant la main.

Amélie s'arrêta, le regarda long-temps; ses yeux rayonnaient d'amour; elle ne se détourna pas de lui; mais elle se laissa gagner à sa tristesse et lui dit avec un doux reproche :

— Vous n'êtes pas bon... vous me torturez le cœur... et parce que je vous dis... ce que je ne devrais pas vous dire... vous êtes heureux... Tenez, c'est mal, je vous en veux.

— Ne me deviez-vous pas cela pour la douleur que vous m'avez faite quand je suis arrivé?

— Vous oubliez, dit tristement Amélie, qu'il y a trois grands jours que je suis seule ici.

— Ne saviez-vous pas que je m'occupais de vous?

— Et de votre sœur?

— M'en voulez-vous de l'aimer?

— Ah! reprit Amélie en souriant, je ne suis pas jalouse à ce point-là.

Oh! l'imprudente! l'imprudente! qui déjà jouait avec son amour, qui en parlait comme d'une chose qu'elle ne se cachait plus à elle-même!

— M. de Frémery ne vous a-t-il pas écrit?

— Oui.

— Il m'a tenu sa promesse.

— Vous l'avez donc vu?

— C'est la première chose que je vous ai dite.

— C'est vrai.

Elle l'avait oublié.

Ah! M. de Frémery avait tenu bien peu de place dans cet entretien où il ne devait être question que de lui.

Cependant on daigna s'en occuper. Melchior raconta avec la retenue la plus modeste les conseils qu'il avait fait entendre à M. de Frémery.

— Mais sa fortune est-elle aussi gravement compromise que vous me l'avez fait entendre?

Les atteintes portées à la considération sont seules dangereuses, dit Lesly, parce que seules elles sont irréparables; quant aux atteintes portées à la fortune, un homme les a bientôt effacées, surtout quand il a des amis prêts à l'aider dans ses bonnes résolutions.

Amélie comprit Melchior, et dans un premier mouvement de reconnaissance, elle lui dit :

— Ah! merci, monsieur, merci!... vous êtes un noble cœur... je le savais...

La suite de cet entretien n'eut aucune de ces paroles imprudentes qui font avancer l'amour. Mais le danger ne fut pas moins grand.

Amélie et Melchior s'entretinrent des affaires de M. de Frémery, comme on s'entretient des affaires d'un ami commun. Ils étaient déjà d'un côté et lui de l'autre. Ils s'entendaient pour son honneur et pour son bonheur ; mais ils s'entendaient en dehors de lui.

IX

Une Fleur.

A partir de ce jour, les relations d'Amélie et de Lesly devinrent fréquentes, assidues.

L'amour qu'ils éprouvaient l'un pour l'autre s'était arrêté dans un calme heureux, confiant. Ils se sentaient s'aimer, sans que cependant leur amour fût le sujet constant de leurs entretiens. Peut-être s'ils avaient été constamment sur ce terrain brûlant, peut-être madame de Frémery eût-elle été avertie du danger auquel elle s'exposait; mais c'était de la part de Melchior une affection si respectueuse, si dévouée, si tendre, si prévoyante de ses intérêts, si active à ramener M. de Frémery aux bons sentimens qu'il devait à sa femme, qu'Amélie ne s'alarmait point.

Amélie ne se croyait pas plus avancée que le premier jour où elle avait laissé Melchior lire dans son cœur, et déjà elle en était à s'être fait une habitude, un besoin, une nécessité de la présence de Lesly.

Elle l'avait aimé d'abord par la puissance mystérieuse de l'amour; maintenant elle l'aimait pour son gracieux esprit, ses nobles sentimens, ce tact exquis de toutes choses qu'il avait et qu'elle sentait s'éveiller en elle par son commerce avec Melchior. Elle l'aimait pour ce dévoûment toujours présent, toujours infatigable qu'elle lui trouvait à chaque minute.

Elle l'aimait parce que tout le monde l'aimait, parce qu'elle le voyait sans gêne, sans efforts, rester supérieur à ses égaux en leur montrant de la déférence, parce qu'il gardait le respect de ses inférieurs en les traitant souvent avec une indulgence qui allait jusqu'à la faiblesse. Elle l'aimait, parce que Melchior savait tout, aimait tout; parce qu'il avait le courage des plus braves soldats et les petites terreurs superstitieuses qui occupent les cœurs aimans.

Elle l'aimait parce qu'il lui parlait le langage le plus sérieux et le plus digne en lui tenant sans façon un écheveau de soie qu'elle dévidait; elle l'aimait par mille raisons qui ne font pas l'amour, mais qui le rendent plus complet, plus entier lorsqu'il existe.

Melchior n'occupait plus seulement son âme, il occupait tous les instans de sa vie.

Elle eût pu l'aimer avec une passion peut-être plus violente, si elle eût été séparée de lui par le hasard ou par la volonté de son époux; elle eût estimé comme un bonheur bien plus grand l'instant où elle eût pu l'apercevoir; mais elle ne se fût pas accoutumée à ce bonheur au point de ne plus pouvoir s'en passer.

Amélie oubliait quelquefois qu'elle avait un mari; et lorsque ce souvenir lui venait, ce n'était pas comme un remords; car entre elle et Melchior il n'y avait encore aucune de ces fautes qui ont un nom et que l'on peut vous reprocher. Donc quand elle pensait au retour de son mari, c'était comme à un ennui.

Elle et Melchior ne se disaient rien le plus souvent que tout le monde ne pût l'entendre, mais ils n'auraient pas osé se le dire avec la même confiance, ou avec la même gaîté.

Quinze jours se passèrent ainsi sans que M. de Frémery vînt à la campagne, sans qu'il permît à sa femme de se rendre près de lui.

En toute autre circonstance, Amélie eût voulu pénétrer à toute force le mystère d'une pareille conduite, mais elle acceptait comme convenable, comme possible un fait si extraordinaire, parce qu'au fond ses sentimens y trouvaient leur compte.

Jamais la vie ne lui avait paru si douce. Eugène écrivait plus assidument à sa femme et se félicitait avec elle de l'amitié dévouée qu'il trouvait chez M. de Lesly. Mais il se gardait bien de dire quelle était l'étendue des services qu'il en avait reçus et qu'il en attendait encore; et comme Melchior avait trop de délicatesse pour en parler, Amélie ne croyait pas qu'il fût question d'intérêts pour lesquels il est rare qu'on trouve même dans sa famille les sacrifices que Lesly voulait s'imposer.

Madame de Frémery vivait dans la plus entière sécurité, et peut-être rien ne fût venu la troubler de long-temps, sans un de ces hasards que l'amour rencontre indubitablement sur son chemin et dont il profite, et sans une de ces infamies que le bonheur appelle, et qui trouvent toujours des curieux pour les commettre.

Un soir, arrivant chez madame de Frémery, Melchior trouva Amélie en grande conférence avec son cocher, et lui recommandant une exacte surveillance. Comme toute la maison écoutait avec une sorte de respect incrédule les ordres d'Amélie, qui paraissait agitée, Melchior demanda de quoi il s'agissait.

— Il s'agit, dit madame de Frémery, de trois ou quatre hommes de mauvaise mine que j'ai vu rôder toute la journée autour de la maison.

— Ce ne sont pas des voleurs, madame, dit le cocher en ricanant.

— Il suffit que leur présence alarme votre maîtresse, dit Lesly, pour que vous les surveilliez.

Le regard dont il accompagna ces paroles fit taire les observations qui semblaient vouloir s'élever.

Tout le monde se retira, et Amélie resta seule avec Melchior dans le salon.

— Vous pensez donc que ce sont des gens malintentionnés? dit Amélie.

— Non, assurément, des voleurs ne s'introduisent guère dans une maison habitée, lorsqu'il s'y trouve deux ou trois hommes. N'avez-vous pas un cocher, un valet de pied, un jardinier? Il n'y a pas la moindre crainte.

Amélie ne parut pas persuadée, et Melchior s'informa de la mine de ces hommes suspects.

Lorsque Amélie lui eut expliqué qu'elle avait été d'autant plus effrayée de leur présence, que ce n'étaient pas des paysans, mais de ces hommes à vêtemens délabrés, qui appartiennent aux classes corrompues de la plèbe parisienne; lorsque, disons-nous, Amélie eut dépeint ces hommes à Melchior, il parut à son tour vivement alarmé de leur présence. Il laissa échapper une exclamation de mécontentement qui n'échappa point à Amélie, et qui redoubla sa terreur.

Melchior chercha à la rassurer par les affirmations les plus formelles, et crut y être parvenu, lorsque la conversation, peu à peu écartée de ce sujet, ne laissa plus de place à ce souvenir. Une bonne partie de la soirée se passa dans ce facile entretien de deux cœurs qui s'entendent et pour lesquels tout est un sujet charmant.

La nuit était venue; Melchior et Amélie étaient assis l'un près de l'autre aux abords de la maison; la conversation s'était éteinte peu à peu dans le silence universel qui s'étendait sur toute la campagne. L'air était chaud, parfumé, enivrant; et chacun s'était retiré dans sa rêverie, n'osant peut-être plus dire ce qu'il éprouvait.

Tout à coup madame de Frémery tressaille, jette un cri et se rapproche vivement de Melchior, qui lui demande le motif de sa frayeur.

— Ah! dit Amélie toute tremblante et sans s'apercevoir qu'elle est presque dans les bras de Lesly, là-bas... tenez... dans ce bosquet... j'en suis sûre... j'ai vu passer quelqu'un...

— C'est impossible, lorsque tout le monde est encore levé chez vous... quand nous sommes dans le parc...

— Je vous jure que j'ai vu passer quelqu'un.

— Eh bien! pour vous rassurer, je vais aller jusque-là... restez ici...

— Non... si en effet c'est un voleur, il est peut-être armé...

— Qu'à cela ne tienne, dit Melchior en riant et en arrachant un bâton... me voilà armé de façon à mettre en déroute tous les Mandrins du pays.

— En vérité, vous iriez avec ce bâton?...

— Mais j'irais sans bâton...

— Je suis donc bien ridicule?

— Non, certes... vous avez peur... cela se conçoit...

— Mais si je voulais être brave, dit Amélie moitié riant, moitié tremblant.

— Ah! je ne connais qu'un moyen : c'est d'aller droit au danger; le plus souvent on reconnaît qu'il n'y en a aucun; et si, par hasard, il en existait, il y a cent chances contre une qu'on le fait fuir en l'abordant.

— Ainsi donc, reprit Amélie, le meilleur moyen de me rassurer...

— Serait de faire le tour du parc...

— Seule?

— Non pas seule...

— Vous voyez bien qu'il y a du danger.

— Non, certes... mais le danger serait en vous-même... je n'aurais pas peur d'une attaque étrangère pour vous; mais j'aurais peur de la peur que vous pourriez éprouver... Une fois que la terreur a pris le dessus, rien ne la calme, ne l'arrête... mais il me semble qu'avec moi vous ne craindriez rien.

— Eh bien! soit, dit Amélie en se levant résolument, je veux me guérir de ces frayeurs ridicules; car si je me laissais gagner par ces appréhensions, je ne pourrais plus demeurer ici.

Aussitôt ils se mirent en marche : leur départ fut gai; madame de Frémery babillait pour ne pas paraître avoir conservé la moindre émotion.

Ils arrivèrent ainsi à l'entrée d'un bois assez sombre... Amélie hésita.

— Ah! lui dit Melchior, il faut continuer : si vous vous arrêtez maintenant, vous aurez cent fois plus peur que si vous n'aviez pas entrepris cette promenade.

— Soit, dit Amélie.

Et, par un mouvement instinctif, elle prit le bras de Melchior. Ils avancèrent ainsi en silence; mais, à chaque feuille qui frémissait, à chaque branche sèche qui criait dans les arbres ou se brisait sous leurs pas, elle se serrait plus vivement contre Melchior.

Lesly, malheureusement, n'avait pas peur, et il se laissait aller à l'émotion que lui donnait cet abandon involontaire, et entendait le cœur d'Amélie battre dans sa poitrine... Il l'écoutait... il souriait tout bas...

A ce moment, Amélie pousse encore un cri et se recule si vivement, que Melchior est forcé de la retenir pour l'empêcher de tomber.

— Mais qu'avez-vous donc?... lui dit-il.

— Là... là!... lui dit-elle d'une voix tremblante.

— Eh bien! ce sont deux très beaux vers luisans.

Amélie était trop émue pour revenir sur-le-champ de sa terreur.

— Ah! je suis folle... murmura-t-elle... le cœur me manque.

En effet, Melchior la sentit prête à lui échapper, il la porta presque sur un petit tertre de gazon au pied d'un arbre, et se mit à genoux devant elle, tenant une de ses mains dans les siennes.

— Amélie, lui dit-il, c'est moi qui suis un fou d'avoir voulu vous faire tenter une épreuve au dessus de vos forces... j'ai oublié que vous sortiez d'une maladie qui vous avait laissée plus faible, plus impressionable que vous ne l'êtes d'ordinaire.

— Vraiment, reprit Amélie d'une voix entrecoupée, je suis d'une poltronnerie sans exemple... le cœur me bat à m'étouffer... sentez...

Elle appuya la main de Melchior sur son cœur... il s'était penché sur elle de manière que sa poitrine s'appuyait à son tour contre les genoux d'Amélie.

— Mais, en vérité, s'écria-t-elle, je crois que vous n'êtes pas plus brave que moi... votre cœur bat encore plus vite que le mien.

Melchior prit les deux mains d'Amélie dans ses mains jointes...

— Oh! oui, lui dit-il, j'ai peur... j'ai peur de perdre mon bonheur...

Amélie se recula et se tut.

Pour la première fois l'amour qu'elle inspirait lui parlait le langage du désir... elle resta immobile et sentit l'oppression de son cœur s'accroître... elle se leva tout à coup... Melchior était resté à genoux.

— Rentrons... lui dit-elle d'une voix brève et tremblante.

Melchior tenait toujours ses mains et les couvrait de baisers... elle retomba assise...

— Oh! restez ainsi, lui dit Lesly, Amélie...

— Melchior, lui répondit-elle, il ne faut pas me punir de ma faiblesse... j'ai eu peur... mais je suis rassurée... rentrons... rentrons...

— Amélie, vous m'avez dit que vous m'aimiez...

— Oui... je vous l'ai dit... ne le savez-vous pas?...

Melchior appuya sa tête sur les genoux d'Amélie et y demeura immobile... elle avait dégagé une de ses mains et l'avait posée sur la tête de Melchior... elle jouait avec les soyeux cheveux du beau jeune homme.

Ils restèrent ainsi immobiles et silencieux.

Peu à peu Melchior releva doucement la tête... leurs regards se rencontrèrent et, malgré l'obscurité, ils se voyaient.

— Ah! dit Melchior d'une voix qui vibrait, je t'aime, Amélie, je t'aime...

Et il crut entendre comme le murmure d'un sylphe lui renvoyer ces mots :

— Je t'aime!...

— Amélie!... toute belle Amélie!...

Et la même voix presque insaisissable lui répond :

— Oh! tu me trouves belle!...

Il y eut un moment de silence pendant lequel Melchior se pencha vers le front d'Amélie...

Elle restait immobile...

Tout à coup elle se leva une seconde fois, repoussa Melchior, s'élança rapidement dans l'allée et ne s'arrêta que lorsqu'elle fut arrivée au bord du bois. C'était encore la nuit, mais ce n'était plus l'obscurité profonde. Melchior l'atteignit :

— Ah! vous m'avez fui... lui dit-il.

— Ne savez-vous pas que je vous aime... lui dit-elle. Ah! tenez... il ne faut plus nous exposer ainsi... je vous en prie.

Elle prit le bras de Melchior et ils rentrèrent lentement et sans se parler.

Une horloge sonna dix heures : c'était le moment où ils avaient coutume de se quitter.

— Voilà dix heures, lui dit-il.

Melchior prit son chapeau et revint tristement vers madame de Frémery.

— Adieu, madame... lui dit-il.

— Vous m'en voulez?

— Oh! non... mais je souffre...

Amélie ne répondit pas.

D'abord elle tendit la main à Melchior :

— A demain! lui dit-elle.

Il s'inclina pour baiser sa main... elle y sentit une larme...

— Melchior, lui dit-elle d'une voix tremblante, vous m'en voulez...

— Non, sur mon âme, non... mais je souffre... je souffre beaucoup...

Amélie tenait la main de Melchior, elle l'attira doucement vers elle : leurs cœurs s'appuyèrent un moment l'un contre l'autre, et elle s'enfuit.

Mélchior s'éloigna. Madame de Favières remonta rapidement dans sa chambre. Elle n'eût osé paraître devant personne après ce qu'elle venait de faire.

La route par laquelle devait passer Melchior passait sous les fenêtres de sa chambre. Elle les entr'ouvrit et voulut le voir passer à travers les lames penchées de sa persienne. Il n'y avait pas de lumière dans la chambre; elle ne pouvait être trahie.

Bientôt elle entendit son pas... il arriva jusque sous sa fenêtre... elle respirait à peine... Il s'arrêta... elle fut heureuse...

Il resta un moment immobile à contempler la croisée.

Il portait à sa boutonnière une fleur rare qu'elle lui avait donnée : il l'en ôta, elle ne sut ce qu'il en voulait faire... Melchior se recula jusque de l'autre côté de la route... s'élança avec la légèreté d'un écureuil.

Amélie le vit accourir et se recula ; un cri lui échappa, et elle ne savait encore ce que Melchior voulait faire, qu'elle vit qu'il avait atteint jusqu'au balcon. Il y restait suspendu d'une main, tandis que de l'autre, il glissait la fleur entre les lames de la persienne...

Amélie n'osait respirer... elle eût voulu le remercier, mais elle craignait qu'un mot, qu'un mouvement ne lui fît perdre l'équilibre ; elle resta immobile et muette.

Un moment après Melchior sauta légèrement sur le sol, et, après avoir jeté un dernier regard sur la fenêtre, il allait s'éloigner.

La fenêtre s'ouvrit :

— Merci... merci !... lui dit-elle en lui montrant la fleur qu'elle venait de ramasser.

— Vous étiez là ?

— Oui.

— Oh ! rendez-la-moi maintenant !

— Oh ! non, je l'aime !

— Eh bien ! donnez-m'en une autre...

Elle entendit monter.

— On vient ; fuyez.

— Sans rien ?

— Tenez... s'écria-t-elle.

Et elle lui jeta un cordon de ses cheveux auquel pendait une petite croix qu'elle tenait de sa mère.

Melchior le reçut et disparut.

Elle resta à la fenêtre. On entra.

— Je ne savais pas ce qu'était devenue madame, dit la chambrière en entrant.

Amélie ne répondit pas.

— Madame veut-elle se reposer ?

— Oui, dit Amélie.

Elle déposa sa précieuse fleur sur la cheminée et se livra aux soins de sa femme de chambre, sans la quitter de l'œil.

Il lui fallut se coucher : elle n'osa prendre sa fleur ; mais elle ne la perdit pas de vue.

La chambrière tourna, retourna, et dix fois, en rangeant sur la cheminée, elle poussa cette fleur précieuse... Enfin, elle finit par la prendre...

Amélie crut qu'elle allait l'emporter... Elle demanda un mouchoir...

La chambrière donna le mouchoir sans quitter la fleur.

— Faites-moi un verre d'eau sucrée, dit Amélie.

Il fallut quitter la fleur pour obéir...

La chambrière apporta bientôt le verre d'eau.

— Maintenant, laissez-moi.

La chambrière retourna vers la table où elle avait déposé les chiffons et la fleur qu'elle voulait emporter.

— Mais, mon Dieu ! dit Amélie, laissez tout cela... Laissez, vous dis-je... vous n'en finissez jamais.

La camériste s'éloigna.

A peine la porte était-elle fermée, à peine le bruit des pas de la chambrière s'était-il éteint dans le long couloir qui précédait la chambre de madame de Frémery, qu'Amélie s'était levée ; elle avait couru à sa fleur, elle l'avait emportée triomphalement dans son lit, elle la tenait appuyée sur son cœur, elle la couvrait de baisers !

Ah ! madame ! madame !... que cette fleur ainsi emportée, ainsi caressée était une grande faute ! Melchior l'ignorait... Mais vous, lorsque vous vous endormîtes le sourire aux lèvres, avec cette fleur cachée dans votre sein, vous saviez qu'il n'y avait plus entre vous et Melchior que l'honneur pour vous défendre.

Oui, c'était là une grande faute !

X

Une Infamie.

Le lendemain, à son réveil, Amélie retrouva près d'elle cette fleur et la cacha soigneusement. Ce ne fut qu'alors qu'elle s'aperçut qu'elle n'avait plus cette croix qu'elle n'avait jamais quittée. Comment expliquer sa disparition ? Il fallait un mensonge ; elle n'hésita pas à le faire s'il le fallait. Elle était heureuse, et cependant elle redoutait la présence de Melchior. Elle eût voulu le voir sans être vue.

Elle ne savait que faire. Enfin, elle sonna. Sa chambrière en entrant lui remit une lettre.

Elle était de Melchior, elle lut :
  « Madame,

» Une affaire importante et qui a rapport aux intérêts de M. Frémery, m'appelle à Paris.

» Tous ces soucis finiront, je pense; et vous n'aurez plus à avoir peur de ces curieux qui vous ont si fort alarmée. »

La lettre finissait par les témoignages usités de respect.

Cette lettre glaça madame de Frémery.

— Qui a apporté cette lettre ?

— M. de Lesly l'a laissée ce matin, en passant devant la grille, au jardinier qui l'a donnée au valet de pied qui me l'a remise.

Cette missive devait passer par trop de mains pour qu'il n'eût pas été très prudent de l'écrire de façon à ce que les indiscrets les plus malveillans pussent la lire.

Cependant ce départ fit mal à Amélie. D'ailleurs, pourquoi cette absence? C'était la seconde fois que Melchior partait après une faveur nouvelle.

Madame de Frémery se leva triste, et prévit une journée d'ennui.

— M. de Lesly, le père, dit-elle en allant et venant dans sa chambre, était-il avec son fils? ou bien madame de Fosenzac?...

— Non, madame, il était seul... il a même traversé le parc pour aller y rejoindre ses chevaux, que son domestique avait conduits à la porte du pavillon qui donne sur la route.

— Ah! fit madame de Frémery.

Elle avait déclaré qu'elle était souffrante, que la matinée était froide, qu'elle ne sortirait pas.

Elle prit aussitôt un chapeau et descendit rapidement dans le parc : elle courut au pavillon, elle souleva tous les coussins, ouvrit tous les albums, elle ne trouva rien.

Elle fut honteuse et désolée. Elle quita le pavillon en pleurant.

Elle se trouva bientôt en face de l'allée où la veille elle avait écouté battre le cœur de Melchior. elle voulut s'en détourner... Cependant une sorte d'espoir vint luire à ses yeux... Elle le repoussa... elle eût été trop malheureuse de s'être trompée.

Enfin elle arriva à ce banc... elle l'examina rapidement.

Au dessus de ce banc l'écorce était entamée... elle s'approcha... la blessure était verte encore.

Il était venu là et avait marqué son passage.

N'avait-il laissé que cela ?... Elle regarda, examina les profondeurs de l'herbe et ne vit rien.

Elle s'assit sur le banc... Il lui sembla que le sable avait été ramené en monticule à un endroit, elle crut voir qu'il se mêlait à la terre.

Elle l'écarta avec le bout de son ombrelle... Après le sable était une pierre... sous cette pierre, un peu de mousse... sous cette mousse, un papier... Elle le prit : c'était de Melchior.

Oh ! comme ils s'étaient devinés !... Elle lut :

« Amélie, si vous m'aimez... vous reviendrez ici ; si vous m'aimez, vous devinerez la marque que j'ai faite à cet arbre... vous trouverez cette lettre. »

Ces lignes avaient été ajoutées en tête de la lettre après qu'elle avait été écrite ; il était facile de le voir à la place qu'elles occupaient.

Cette lettre, Amélie la lut. C'était le langage ardent, insensé de l'amour ; langage qu'elle n'eût osé écouter, mais dont elle s'abreuvait le cœur avec joie.

Cette lettre, elle la lut tout entière, puis ligne à ligne ; puis elle la reprit à certains endroits où elle se sentait mieux aimée.

Jamais femme n'eut dans l'âme un transport d'amour plus grand, plus fier, plus naïf.

Elle rentra chez elle deux heures après sa sortie, heureuse de ce qu'elle venait d'éprouver, plus heureuse peut-être encore de ce que l'absence de Melchior lui laissait le loisir de le sentir sans crainte.

A peine était-elle chez elle, que l'on remit à madame de Frémery plusieurs lettres.

L'une était de son mari : elle trembla en l'ouvrant. Elle ne contenait rien d'extraordinaire, si ce n'est qu'il annonçait son arrivée comme certaine sous deux ou trois jours.

Amélie fut frappée de cette nouvelle comme d'une menace. Elle se troubla, elle eut peur de son mari. Elle n'y vit point que c'était le salut qui revenait avec lui.

Elle demeura long-temps triste et pensive, et prit machinalement une autre lettre d'une main inconnue.

Elle l'ouvrit.

« M. de Lesly, disait cette lettre, se croit un habile homme : il paie les dettes du mari pour avoir accès près de la femme.

» Cela s'est vu souvent ; mais on doute que madame de Frémery vaille cent mille écus. »

La lettre, comme on doit le penser, était sans signature.

On ne manque jamais de dire, dans le monde, qu'une lettre anonyme doit être indifférente à celui qui la reçoit. On traite des noms les plus humilians l'homme ou la femme qui, en vertu d'une lettre anonyme, changerait quelque chose à sa conduite ou à ses résolutions. Un pareil écrit est digne du dernier mépris et ne doit pas troubler un moment le repos des honnêtes gens.

Ces principes de sagesse appartiennent à cet immense arsenal de phrases toutes faites à l'usage de tout le monde, et dont personne ne se sert. On dit cela, on a raison de le dire, cela devrait être comme on le dit, et cela n'est pas.

Une lettre anonyme blesse au cœur plus profondément qu'on ne pense. Elle alarme... elle appelle le soupçon... Elle a d'ailleurs cela de vrai et de puissant, qu'elle vous avertit qu'on a les yeux sur vous, qu'on vous observe.

Amélie savait aussi bien que personne ces axiomes de sagesse écrite qui disent qu'il faut mépriser une lettre anonyme, et cependant elle fut cruellement blessée.

Et d'abord quelqu'un s'occupait de son amour et de celui de Melchior. Elle n'en souffrit pas moins de voir se renouveler une accusation qui, cette fois, reposait sur la vérité.

Mais ce ne fut pas la seule atteinte que lui porta cette lettre; elle oublia même assez vite cette pensée pour s'occuper de l'accusation qu'on portait contre Melchior.

Cette lettre disait-elle vrai?

Etait-ce là véritablement le dessein de Lesly?

Avait-il compté sur la reconnaissance qu'inspirait un service rendu pour obtenir de l'amour d'Amélie ce qu'elle lui eût refusé?... ou peut-être ce qu'il eût obtenu de ce seul amour?...

Ce fut une horrible supposition, une humiliation profonde. Tout était défloré dans cet amour si pur; une main infâme y avait touché! Tout ce qu'Amélie avait rêvé, tout ce qu'on lui avait dit était un mensonge... On l'avait estimée à prix d'or!...

Quel que fût ce prix, eût-il dépassé tous les trésors imaginables, il était une insulte sans nom. L'homme qui aime paie seul assez cher l'amour qu'il obtient.

Sans doute, madame de Frémery n'accepta pas cette accusation sans chercher à y répondre; mais la raison est aussi bien sans force pour combattre en faveur de l'amour, que pour combattre contre lui. Tout ce qu'elle pensait de bon de Melchior le justifiait, mais ne consolait pas Amélie.

Imaginez un sanctuaire où l'on a pénétré seul, où l'on a rêvé seul, où l'on a aimé seul... tout vous y appartient par une sorte d'enchantement, tout, jusqu'à l'air qu'on y repire... qu'un pas indiscret y pénètre, qu'un regard curieux s'y glisse, tout son charme est détruit, rien n'y est changé et ce n'est plus cependant le même lieu; on n'y est plus seul et il vous semble qu'on vous y voit toujours, parce qu'on vous y a regardé une fois.

Les incertitudes, les tourmens, le désespoir qui suivent de pareils coups rendirent cette journée horriblement fatigante pour Amélie.

Le soir venu, elle se trouva sans force, sans courage; elle redoutait également l'arrivée de son mari et celle de Melchior. Elle éprouvait une sorte de dégoût à se trouver soit devant Eugène, dont l'inconduite avait autorisé M. de Lesly à avoir de pareilles espérances; soit devant Melchior, qui faisait valoir les droits de son amour avec toute la fatuité d'un créancier.

Le bruit d'une voiture avertit madame de Frémery de l'arrivée de quelqu'un ; elle attendit dans son salon, bien décidée à faire à son mari et à Melchior, qu'elle supposait ensemble, un accueil glacial.

Melchior parut seul : Amélie n'en témoigna aucun étonnement. Elle lui trouva juste l'air qu'elle lui avait supposé, l'air d'un triomphateur qui n'a plus qu'à imposer des conditions. Qu'Amélie se trompât sur le sentiment qu'éprouvait Melchior, ou qu'elle eût deviné juste, toujours est-il certain qu'il avait une façon d'être toute particulière.

Au touchant et tendre respect avec lequel il avait coutume d'aborder Amélie, avait succédé une sorte de raideur dédaigneuse. Cependant il s'informa comme à l'ordinaire de la santé de madame de Frémery ; mais c'est à peine s'il écoutait les réponses qui lui étaient faites.

Il regardait Amélie avec une persistance singulière et qui finit par paraître impertinente à celle qui en était l'objet : Amélie se prit à son tour à regarder Melchior, mais d'un regard si haut, si dédaigneux, qu'il baissa la tête.

Enfin, il fit un effort sur lui-même et dit avec une tristesse pleine d'amertume :

— Je devais deviner qu'il en serait ainsi.

N'importe, madame, j'ai voulu être votre ami ; je me trompe, j'ai voulu être l'ami de M. de Frémery. J'en remplirai les devoirs jusqu'au bout.

— Mon Dieu ! monsieur, dit Amélie, je ne vous impose rien, et si de nouveaux sacrifices vous étaient trop pénibles...

— Je n'ai fait aucun sacrifice, madame, dit M. de Lesly avec fierté... et si j'en ai à faire, ceux-là ne coûteront qu'à mon cœur. Mais ce n'est pas de pareilles choses dont j'ai à vous entretenir. Je suis ici de la part de M. de Frémery.

— De sa part ? repartit Amélie d'un ton sardonique.

— Oui, madame ; il devait venir vous apprendre une nouvelle fort heureuse... mais il a été retenu par des devoirs importans. La place que M. de Frémery rêvait plutôt qu'il ne l'espérait, vient de lui être accordée.

Amélie demeura stupéfaite, mais elle reprit presque aussitôt :

— C'est m'apprendre que votre crédit est immense.

— Mon crédit n'est pour rien dans cette affaire, madame, c'est un hasard qui a servi M. de Frémery.

Le ton de Lesly était si digne et si sincère, que madame de Frémery fut curieuse d'apprendre comment son mari avait obtenu de l'avancement, au moment même où il semblait menacé de destitution.

Elle interrogea Melchior, qui répondit :

— La destitution de M. de Frémery était signée et sa place

donnée. Cette mesure avait pour motif le déplorable état des affaires de M. de Frémery. Au moment même où il venait de les arranger de la façon la plus complète et la plus honorable, il apprend la décision qui le frappe, court au ministère, persuade, prouve même qu'il a été victime de bruits calomnieux; il défie qu'on produise contre lui aucune réclamation. Il avait raison en effet, il avait payé toutes ses dettes.

Le ministre, embarrassé de l'injure faite à un homme de talent et dont le dévouement appartient aux idées du gouvernement, cherche à révoquer la mesure qu'il a prise. Mais le nouveau titulaire était averti; il eût fallu le déposséder : cela donnait lieu à de violentes réclamations. Une place au parquet de la cour royale était vacante, et M. de Frémery y a été appelé.

Amélie accueillit cette nouvelle avec une répugnance manifeste.

— Voilà comment se rend la justice, dit-elle.

— Ah! madame, fit Lesly vivement, le ministre qui a cru réparer une injustice, me semble au moins excusable, et ce n'est pas à ceux qui profitent de son erreur à le blâmer de sa générosité.

— Qui donc profite de son erreur, monsieur? dit vivement Amélie.

— Mais, repartit Melchior en raillant, M. de Frémery du moins, si toutefois ce qui concerne votre mari ne vous concerne pas.

Madame de Frémery se mordit les lèvres, et ne voulant pas laisser sans réponse une observation trop juste pour ne pas être très piquante, elle repartit :

— Vous avez raison, monsieur, et je comprends que ceux qui sont menacés de ne pas tirer profit des peines qu'ils se sont données et des services qu'ils ont rendus, ne soient pas bien disposés en faveur de ceux qui obtiennent plus qu'ils ne méritent.

Melchior regarda madame de Frémery avec un étonnement inouï, un éclair de colère brilla dans ses yeux; mais il se contint presque aussitôt et répondit :

— Ceux dont vous parlez, madame, seraient de grands niais, s'ils avaient le moindre dépit de leur peu de succès; quand on rêve, pour récompense, un noble remercîment, une franche reconnaissance, un peu d'affection, on est fou, et quand on s'aperçoit qu'on a été un fou, on devient un sot de se préoccuper de l'ingratitude qu'on rencontre.

Madame de Frémery devint pâle de colère.

— Vous m'insultez, monsieur!

— En quoi, madame? reprit Melchior froidement; oubliez-vous que je ne suis qu'un messager de M. de Frémery, que je n'ai ni à demander de la reconnaissance, ni...

— Assez, monsieur, assez; ne me faites pas descendre au rôle qu'il vous convient de jouer... nous nous comprenons à merveille. Je vous connais, monsieur : vous vous attendiez, en revenant ici, à un autre accueil que celui que vous y trouvez.

— Moi, madame? vous vous trompez tout à fait : je savais d'avance la scène qui a eu lieu... et même si vous vouliez, je vous dirais l'incident qui va arriver.

— Peut-être n'avez-vous pas prévu celui-ci, lui dit madame de Frémery, en lui tendant la lettre anonyme qu'elle avait reçue.

— Ah! fit Melchior, sans la prendre, la lettre où l'on vous dit que je suis un misérable, et que je n'ai secouru M. de Frémery de ma fortune que pour avoir le droit de vous en demander le prix !

— Quoi! s'écria Amélie terrifiée, vous connaissiez cette lettre?

— Oui, madame, et je savais tout le parti qu'on peut en tirer ; je savais avec quelle indignation on devait accueillir un homme qui avait conçu de telles espérances, basées sur d'aussi lâches calculs. Cet homme, on le méprise, on le chasse, on en a le droit, surtout quand on n'a plus besoin de lui.

— Horreur! s'écria madame de Frémery. Monsieur, monsieur, que voulez-vous dire? que signifient ces paroles... expliquez-vous !

— Tenez, madame, dit Melchior avec un dédain mal déguisé, cela signifie qu'un ami m'a enfin ouvert les yeux.

— Un ami! que vous a-t-il dit?

— Mon Dieu, il m'a dit tout ce qui est arrivé; il a fait mieux, il m'a prédit tout ce qui m'arriverait :

« Ah! vous êtes tombé en bonnes mains : on vous charmera, on vous laissera croire, espérer, on aura même de ces soudains transports et de ces moments d'abandon qui font croire à l'amour ; cela durera tant que dureront les mauvaises affaires de M. de Frémery ; mais, une fois tout arrangé, on se défendra, on résistera, on vous fuira; qui sait même si on ne mettra pas à exécution un plan depuis long-temps médité : une retraite est souvent difficile, une rupture ne l'est jamais. On recevra une lettre où l'on sera avertie de la bassesse de vos calculs, on vous la jettera avec indignation à la face, et l'on se retirera superbement dans son dédain : non seulement vous serez dupe, mais vous serez encore indigne et infâme. »

Amélie regardait Melchior de Lesly d'un œil effaré ; elle semblait anéantie.

— Un homme vous a dit cela? murmura-t-elle sourdement.

— Oh! je ne veux mentir en rien, fit Melchior : c'est une femme, c'est...

— Madame Cantel, ma belle-mère, n'est-ce pas?

— Oui, madame.

Madame de Frémery poussa un soupir désespéré.

Melchior parut vouloir se retirer.

— Attendez un moment, lui dit Amélie, attendez.

Elle sortit.

Melchior resta seul pendant près d'une demi-heure.

La douleur de madame de Frémery avait été si vive, qu'il hésitait à croire que ce fût un jeu ; et, cependant, il avait été si bien averti qu'il était en face de la plus habile comédienne, qu'il se demandait si on ne préparait pas contre lui quelque nouvelle trahison.

L'abscence d'Amélie commençait à l'inquiéter, lorsqu'elle reparut tout à coup.

Elle tenait une lettre ; elle s'approcha de Melchior et la lui remit.

— Lisez, lui dit-elle, et décidez.

Amélie était dans un état d'agitation incroyable ; une fièvre ardente semblait la dévorer.

Melchior prit la lettre et voulut l'ouvrir.

— Pas devant moi, lui dit Amélie d'une voix brève et sèche, pas devant moi...

Elle fit signe à Melchior de sortir.

Il quitta le salon, et en s'éloignant, il put la voir, à travers les fenêtres éclairées, tomber sur un divan et se cacher la tête dans un coussin, pour étouffer le bruit de ses larmes et de ses sanglots.

XI

Dénouement imprévu.

Melchior brûlait du désir de lire cette lettre, mais il était dans la nuit ; il lui fallait ou demander de la lumière à quelqu'un de la maison, ou retourner au château. Il prit ce dernier parti.

Il est difficile de dire par quel art infernal une femme avait eu le pouvoir de changer en doute la foi de Melchior, comment elle avait transformé en une comédie habilement jouée toutes les naïves émotions d'Amélie.

Melchior était une de ces natures vives, exaltées, qui se donnent tout entières, mais qui se retirent avec autant d'empressement qu'elles ont mis d'élan à se livrer.

En retournant au château, Melchior voulut se mettre en garde contre un mouvement qui avait failli l'entraîner aux pieds d'Amélie. A peine fut-il arrivé chez lui, qu'il ouvrit le billet d'Amélie.

Voici ce billet étrange :

« Melchior,

» Sur mon âme et devant le regard de Dieu, j'ai reçu la lettre que je vous ai montrée ; celle qui me l'a écrite n'a pas eu grand mérite à prévoir que je vous la montrerais ; car c'est madame Cantel qui l'a écrite, j'en suis sûre.

» Sur mon âme, Melchior, je vous aimais...

» Qu'en serait-il arrivé ? je l'ignore ; mais j'aime à croire que Dieu m'eût préservée des suites d'un amour coupable.

» Aujourd'hui, mon sort est fixé... Melchior, je vous attends à minuit, par cette même fenêtre où... »

Ce billet laissa Melchior immobile d'étonnement et de joie... puis tout à coup son visage s'assombrit, un sourire amer glissa sur ses lèvres... Il prit une plume et répondit :

« Madame,

» J'ai oublié de vous dire (mais je suppose que vous le saviez d'ailleurs), que M. de Frémery doit arriver à minuit. »

Aussitôt, et sans se donner le temps de réfléchir, il envoya cette insultante réponse à Amélie.

Lorsque madame de Frémery la reçut, elle se sentit frappée d'une atteinte si douloureuse, qu'elle demeura un instant sans avoir la conscience de son être. Jamais humiliation plus poignante n'avait été adressée à une femme.

— Il le croit, se dit-elle... il le croit !...

Et sur cette pensée, elle s'indigna contre Melchior; mais bientôt elle se demanda si elle-même n'avait pas prêté confiance à la lettre qui lui montrait Melchior comme un misérable.

Amélie était folle, désespérée; à ce moment, elle eût acheté sa justification au prix de sa vie. Elle ne l'eût plus payée de son honneur... Le mouvement de délire qui lui avait fait écrire à Melchior le billet auquel il avait si brutalement répondu, était passé. Mais cette réponse de Melchior lui apprenait que son mari allait arriver, et elle envisageait avec autant d'effroi que d'horreur la nécessité où elle allait se trouver de revoir Eugène.

Elle sentait les reproches, l'insulte, la menace lui venir aux lèvres, contre cet homme dont l'abandon l'avait livrée à cet amour qui l'avait égarée, dont l'inconduite l'avait livrée aux calomnies, et qui, peut-être, avait eu la lâcheté d'accepter les secours de M. de Lesly, avec un soupçon contre lui dans le cœur.

A cette pensée, sa tête se perdit ; Amélie pensa à une amie qu'elle avait laissée à Paris, et à qui sa position indépendante permettait d'oser la protéger. Elle ordonna qu'on mît ses chevaux, et annonça qu'elle partait à l'instant même pour Paris.

Une demi-heure après, Amélie quittait sa maison. Il était alors dix heures du soir.

Deux heures après, Melchior entendait sonner avec violence à la grille du château, et bientôt après, il voyait entrer chez lui M. de Frémery.

Celui-ci était dans un état d'agitation extrême.

— Je vous croyais parti, dit-il à Melchior.

— Vous voyez, monsieur, qu'il n'en est rien.

— J'étais charmé de m'en assurer...

— Quel intérêt avez-vous que je sois ici ou ailleurs?

— Je sais tout, monsieur, dit Frémery en éclatant... Mais vous ne partirez pas...

— Faites attention, reprit Melchior, à qui vous parlez. J'irai où bon me semblera.

— Vous n'irez pas la rejoindre.
— Ah ça! dit Melchior, de qui parlez-vous, vous?
— De madame de Frémery, vous le savez bien.
— Partie! s'écria Melchior.
— Vous l'ignoriez...
— Je vous jure...
— Allons donc, monsieur, c'est trop vouloir me prendre pour dupe!

Melchior resta stupéfait, puis il reprit tout à coup :
— Vous avez vu aujourd'hui madame Cantel.
— Oui.
— Ah! s'écria Melchior, c'est elle qui vous a dit...
— Elle ne m'a rien dit qui ne soit vrai, monsieur!
— Oh! l'infâme, l'infâme! dit Melchior.
— A moins, reprit Eugène amèrement, qu'elle n'ait écrit elle-même cette lettre que m'a laissée madame de Frémery. Lisez, monsieur, lisez.

Melchior prit la lettre et lut ce qui suit :

« Monsieur, mon cœur n'est plus à vous, vous devez comprendre pourquoi.

» Quand vous recevrez cette lettre, je serai à l'abri de vos poursuites; ne cherchez jamais à me revoir, je ne vous aime plus... j'en aimais un autre, il m'a méprisée assez pour que j'en meure.

» Vous qui m'avez valu tous ces malheurs, laissez-moi mourir en paix. »

— Malheureuse Amélie! s'écria Melchior.
— Ah! madame de Frémery s'appelle Amélie pour vous! s'écria Eugène : c'est une insulte!
— Monsieur de Frémery, reprit Melchior... sur mon honneur, madame de Frémery est pure de toute faute... Allez... et ne songez qu'à la sauver.

Sans doute Eugène ne se fût pas contenté d'un pareil serment de la part de Melchior, s'il eût été le maître d'agir en toute liberté contre celui qui venait de le sauver de la ruine et du déshonneur.

Il se retira donc, laissant Melchior à son désespoir.

Ce désespoir ne venait point d'avoir perdu Amélie, d'avoir repoussé cette femme qui se jetait à lui dans un moment de folle exaltation : c'était de l'avoir méconnue, c'était d'avoir blessé ce cœur si fier, si noble, si pur.

Il partit immédiatement. Un pressentiment lui dit à qui madame de Frémery avait été demander protection. En effet, deux heures après, il était près d'elle; il était à ses genoux et il lui disait :

— Ne craignez rien de moi, Amélie, jamais, jamais mon amour ne vous demandera aucune de ces faveurs pour lesquelles j'eusse donné ma vie. Vous m'avez dit que vous ne croyez plus à l'infâme calcul qu'on m'avait supposé. C'est assez, Amélie.

Mais, quoi que vous puissiez faire, des paroles infâmes ont été dites entre nous. A aucune heure vous ne pourriez les oublier; et moi-même, je me sentirais glacé en me les rappelant.

Nous sommes à jamais séparés. Je ne vous demande qu'une grâce, c'est de me permettre de ne plus vous revoir. Oh ! je ne me sentirais pas le courage de demeurer ainsi près de vous, et de faire taire sans cesse l'amour qui me dévore.

— Melchior, lui répondit Amélie, je suis à vous de mon âme, je vous appartiens. Ce que je vous ai écrit, je l'eusse fait pour me sauver de vos mépris; je le ferais encore si vous doutiez de mon amour : mais vous n'en doutez pas... pourquoi donc me fuir, pourquoi ne pas avoir le courage de n'être que mon ami ?

Melchior ne répondit pas, et reprit, après un moment de silence :
— J'ai encore une grâce à vous demander.
— Parlez.
— Vous retournerez avec votre mari.
— Jamais ! je pars dans une heure, je quitte Paris.
— Quittez Paris pour quelques mois, soit ; ce temps est nécessaire à ramener le calme dans vos résolutions; mais, croyez-moi, la vie d'une femme n'est possible que dans la maison de son mari ; ailleurs, si pûre qu'elle soit, elle est calomniée. Vous ne pouvez quitter M. de Frémery, sans dire au monde les raisons de votre retraite.
— Je les dirai.
— Ce serait le perdre.
— Eh bien ! je me tairai.
— Ce serait vous perdre; et si je ne vous sais pas heureuse, je veux du moins vous savoir honorée.

Amélie, croyez-moi, la considération est le premier bonheur d'une femme ; et s'il faut tout vous dire, quand je sauvais M. de Frémery, ce n'était pas lui que je sauvais, ce n'était pas mon amour que je servais, c'était l'honneur du nom que vous portez que je voulais sauver.

Achevez mon ouvrage, oubliez une injure qui était plus dans la vanité que dans le cœur de M. de Frémery. Revenez à lui.
— Oui... plus tard.
— Et pas trop tard.
— Quand vous voudrez.
— Dans un mois... me le promettez-vous ?
— Je vous le jure !

Une heure après, madame de Frémery quittait Paris ; un mois après, elle y rentrait, tandis que Melchior s'en éloignait à la même heure.

L'amie d'Amélie la ramena chez Eugène ; elle savait tous les détails de cette histoire.

— Que pensez-vous qu'il fût arrivé, si, par hasard, je n'avais pas eu des torts envers Amélie, par mon amour avec madame de Favières? lui demanda Eugène.

— Elle aurait aimé Melchior, elle se fût défendue avec désespoir, elle eût succombé avec remords... mais elle eût succombé.

— Et si, ayant eu ces torts, je n'avais pas eu celui d'être ruiné?

— Ils se seraient aimés comme ils se sont aimés ; ni l'un ni l'autre n'eût éprouvé la noble susceptibilité qui les a séparés, et vous seriez comme tant d'autres.

— Ah! fit Eugène, voilà ce qui m'attendait?

— Oui, dans l'ordre ordinaire des choses.

— En ce cas, répartit gaîment M. de Frémery, l'un des honorables magistrats de la restauration, on peut dire : A quelque chose malheur est bon.

Cet homme n'a jamais été trompé : est-ce que le ciel est juste?

XII

Assemblée de Famille.

Noël avait fini la lecture de ce nouveau manuscrit, et il était retombé dans la plus profonde perplexité au sujet de sa position personnelle et des rapports qu'il avait avec ses nouveaux amis, lorsqu'il vit rentrer à la fois Valvins, Deville et Fabien.

— Eh bien! lui dit Valvins, as-tu lu tous les manuscrits que nous t'avons confiés?

— Tous.

— Qu'en as-tu conclu?

— Que vous avez tous été voués à des malheurs exceptionnels, et je comprends la colère qu'ils ont dû vous donner contre l'humanité entière.

— Tu penses donc que nous avons raison de nous venger? dit Deville, en examinant attentivement Noël.

Celui-ci se tut un moment, et, après s'être recueilli, il leur dit :

— Je ne veux juger la conduite d'aucun de vous, je ne veux ni la condamner, car vous avez beaucoup souffert; ni l'absoudre, car c'est vous qui avez été, le plus souvent, la cause première de tous vos malheurs.

— Aucun de nous trois, dit Fabien, est-il coupable du crime de sa naissance, et ne sommes-nous pas autorisés à tenir enfin le serment de *la Confession générale*, et de révéler au monde les turpitudes des hypocrites qui le trompent?

— Est-ce là véritablement le but de votre association, leur dit Noël, est-ce dans une société pareille que vous avez voulu me faire entrer?

— Sans doute, dit Valvins, d'un ton grave.

— Ah! s'il en est ainsi, dit vivement Noël, je refuse... N'avez-vous donc pas pensé que les premières de toutes ces femmes que vous auriez à déshonorer, seraient vos mères?

— Crois-tu qu'elles méritent beaucoup de pitié? dit Fabien.

— La tienne, à toi, lui dit Noël, méritait plus : c'était ton respect et ton admiration.

Fabien baissa la tête.

— Mais que penses-tu de la comtesse de Chastenux? dit Deville.

— Sais-tu donc qu'elle soit ta mère?

— Le comte de Varneuil me l'a affirmé.

— Eh bien! dit Noël, s'il en est ainsi, as-tu calculé ce qu'a pu lui coûter de douleur la conduite de son mari, qui, si j'en crois l'histoire de madame de Kadicoff, était un misérable vendu à la fortune que pouvait lui apporter une bonne alliance. Sais-tu comment elle a succombé? abandonnée par son mari qui avait fui à l'étranger; en face d'un homme qui, peut-être, a obtenu par la menace ce qu'on refusait à ses prières. La tête de madame de Chastenux n'était-elle pas à la merci du premier misérable qui oserait la dénoncer, et M. d'Assimbret n'a-t-il pas montré qu'il était capable de tout?

Valvins et Deville se regardèrent d'un air surpris et cependant satisfait, puis Valvins ajouta :

— Mais la princesse de Kadicoff, qu'en dis-tu?

— Je ne juge pas les sentimens qui peuvent naître dans un pays basé sur l'esclavage des hommes. Les passions excessives de celui qui commande me semblent aussi naturelles que la bassesse de celui qui obéit; surtout quand on est, comme ta mère, dans ce monde moyen où il y a un maître et des esclaves. Oublies-tu d'ailleurs que, dans ce pays où le souverain fait, pour ainsi dire, la loi morale aussi bien que la loi politique, régnait, à l'époque où la princesse est née, une des femmes les plus honteusement dépravées, et penses-tu que lorsque les philosophes du dix-huitième siècle s'agenouillaient devant le génie de Catherine II, une femme sans expérience, comme était alors la princesse de Kadicoff, n'ait pas pu se dire que ce qui n'arrêtait pas l'admiration des plus grands esprits du monde, peut-être n'était que préjugés dont un esprit supérieur devait s'affranchir?

— Voilà, dit Deville, un jugement avec lequel on peut absoudre tous les crimes.

— Pardon, fit Noël, je ne juge pas, je ne veux pas juger...

Vous m'en faites dire plus que je ne voulais... et certes, il est possible que si nous entamions la discussion, je fusse parfaitement battu logiquement par tous; mais il y a en moi quelque chose de plus fort que la logique, qui se révolte à la pensée de voir un fils traîner au pilori le nom de sa mère, quoi qu'elle ait fait, qu'elle soit...

Quant à moi... je le jure devant Dieu qui a recueilli la mienne : [je] me croirais digne de tous les opprobres, si jamais je jetais le [m]oindre soupçon sur elle, alors même qu'elle serait plus coupa[bl]e que ne l'ont été vos mères.

— Mais du moins, dit Deville, ta mère t'a aimé, soigné, élevé.
— Ainsi donc, si les vôtres eussent été bonnes pour vous, [vo]us les excuseriez ?
— Sans doute.
— Alors, il faut que je vous dise, vous seriez des fils recon[na]issans ; mais vous ne seriez pas d'honnêtes gens.
— Qu'est-ce à dire ?
— Que si ce que vous avez juré de faire est juste, ce n'est pas [po]ur quelques soins reçus que vous devez vous détourner de [vo]tre but.

Mais si au contraire c'est un acte abominable que de cracher [su]r la renommée de sa mère, l'abandon où elles vous ont laissé [ne] peut jamais justifier cet acte et le rendre honorable.

Je vous le répète donc, messieurs, ne comptez pas sur moi [po]ur vous aider dans de pareilles révélations. Non, reprit Noël, [en] levant les yeux au ciel et avec une véritable exaltation ; non, [je] ne m'associerai jamais à un tel crime, et, pour ma part, j'ai[me]rais mieux ignorer toute ma vie ce qui a forcé ma mère à [vi]vre ainsi séparée de son mari, que d'apprendre quelque chose [qu]i pût flétrir sa mémoire devant le monde ; mais jamais dans [m]on cœur.

Valvins parut consulter du regard ses deux amis ; puis, comme [s']il eût recueilli leur avis de ce muet interrogatoire, il dit à Noël :
— En ce cas, tu feras bien, peut-être, de ne pas lire le manu[sc]rit qu'elle t'a confié en mourant.
— Pensez-vous donc qu'elle soit coupable ? dit Noël avec une [vi]ve indignation, où perçait cependant une douloureuse anxiété.
— Non pas coupable, reprit vivement Valvins ; mais malheu[re]use peut-être... comme...
— Il suffit, dit vivement Noël, j'ai reçu de ma mère une mis[si]on sacrée, je ne mentirai pas à sa dernière volonté.
— Soit, dit Valvins ; en ce cas, tu n'as plus qu'à prier chacun [d]e ceux qui doivent écouter la lecture de ce manuscrit, de venir [te] rejoindre, car je te préviens qu'aucun d'eux n'est disposé à te [se]rvir d'appui ou de conseil dans la vie que tu vas commencer.
— Je m'en passerai, dit Noël. Mais, vous-mêmes, quelle dé[te]rmination avez-vous prise ?
— Tu peux nous la dicter, répondit Valvins.
— Lorsque tu auras lu ce manuscrit, tu prendras un parti, et [ce] que tu feras, nous le ferons.
— Mais ces quatre hommes viendront-ils ? dit Noël.
— Ils viendront.

— D'où le savez-vous ?

— Parce qu'ils nous l'ont promis.

— Et comment avez-vous obtenu cette promesse ?

— Par le fléau que Dieu a infligé à ces quatre hommes pour les punir de leur infamie.

— Et quel est ce fléau ?

— Pour le comte de Varneuil, dont tu portes le nom, Deville a forcé madame Cantel à faire ici venir le général. Elle a obéi à Deville, et le comte a obéi à madame Cantel, qu'il épouse dans trois mois.

— Quoi ! cette femme remplacera ma mère ?

— Le comte de Varneuil l'a bien mérité, dit Deville en ricanant.

— Quant à monseigneur l'évêque, notre influence a été non moins directe : je me suis adressé à madame Proserpine, qui a bien voulu ordonner à monseigneur d'Arvillier de venir, et i viendra.

— Quoi ! madame Dulong, la gouvernante de M. d'Arvillier...

— C'est cette accorte aubergiste, jadis danseuse, actuellement toute confite en l'évêque, qui ne voit que par ses yeux, n'entend que par ses oreilles, et qui ne prêche que par ses lèvres... saintes prédications qui ordonnent l'amour du prochain.

Noël sourit avec dédain.

— Et c'est sans doute, ajouta-t-il, Carmélite qui a décidé M. de Gabarrou ?

— En qualité de future épouse. Le vieux matelot provençal, devenu baron, épouse l'ex-blanchisseuse de Rennes. Ce n'est pas aussi haut qu'elle avait rêvé, mais c'est beaucoup plus riche.

— Et M. d'Assimbret ? fit Noël.

— Deux louis à Cécile en ont fait l'affaire.

— Et quand viennent-ils ?

— Demain.

— A demain soit, dit Noël.

A demain ce que nous avons à faire, dit Valvins, et puisses-tu...

— Silence ! dirent à la fois Deville et Fabien. C'est toi qui nous a poussés à faire le serment qui nous lie ; ce n'est pas parce que la femme qui t'avait trahi s'est repentie, ce n'est pas parce qu'elle t'a rendu l'enfant qu'elle t'avait d'abord soustrait, que tu dois influencer le jugement de Noël.

— Quoi ! dit Noël, madame de Fosenzac...

Puis, se ravisant tout à coup, il ajouta :

— Je comprends maintenant ; cet enfant ramené chez M. de Lesly et que Melchior a si généreusement couvert de son nom... c'est ton fils ?...

Valvins répondit par un signe de tête douloureux.

— Et il te faudrait déshonorer la duchesse, n'est-ce pas?

Il lui fit un petit signe d'intelligence amical, comme pour lui affirmer que si cela dépendait de lui, il ne le forcerait point à cette horrible extrémité.

Mais presque aussitôt Deville, secouant la tête, dit avec ce ton de sarcasme qui le caractérisait :

— Il n'a pas encore lu... il ne sait encore rien...

Cette réflexion fit peur à Noël ; mais il n'en témoigna rien. Ses amis le quittèrent.

La nuit que passa Verneuil fut affreuse ; vingt fois il lui prit l'envie de déchirer l'enveloppe du manuscrit que sa mère lui avait confié ; mais Noël n'en était pas encore à se jouer des devoirs sacrés de la conscience, parce que personne n'est témoin du crime que l'on commet.

Il attendit, le lendemain, avec un horrible effroi dans le cœur, l'heure où devaient venir ces hommes parmi lesquels il s'en trouvait un dont il portait le nom.

Enfin l'heure arriva, et chacun de ces messieurs se présenta. M. de Varneuil avait la tête haute et l'assurance d'un homme qui se donne le courage de faire une mauvaise action, mais qui sent au fond qu'elle est indigne de lui. Monseigneur d'Arvillier avait un air tout à fait paterne ; il arriva le second et salua M. de Varneuil comme s'il se disait :

« Pourquoi suis-je ici, et que peut-il s'y passer qui puisse me concerner? »

M. de Gabarrou vint ensuite : c'était la forfanterie grossière et brutale d'un portefaix, plus le suprême et monstrueux contentement de soi, qui appartient assez souvent aux manans doués de beauté, et qui ne manque jamais à un goujat provençal enrichi. Il salua l'évêque et le général d'une façon tout amicale et familière qui parut leur déplaire également à tous les deux.

Puis enfin arriva M. le vicomte d'Assimbret.

Il paraît que la Cécile qui s'était chargée d'exploiter et de diriger les derniers jours de ce brave gentilhomme avait veillé avec soin sur lui, car il n'était point ivre et parut propre à Noël, comparativement à l'horrible état de saleté dans lequel il l'avait vu quelques jours avant.

Toutefois, il avait conservé l'air étonné d'un homme à qui sa raison est importune, qui s'épouvante des souvenirs que sa mémoire lui rappelle, et qui se hâterait de les oublier dans le vin, s'il en avait la liberté.

Du reste, ce danger n'était pas à craindre, car Cécile avait amené son maître jusqu'à la porte et lui avait annoncé qu'elle restait dans l'antichambre pour le guetter, s'il essayait de s'en aller.

Lorsque ces quatre hommes furent assemblés dans le petit salon de Noël, il les pria de passer dans une chambre qui n'avai pas été ouverte depuis assez long-temps.

Là, il les fit asseoir tous les quatre et leur dit alors :

— Messieurs, vous êtes dans la chambre où est morte ma mère; c'est ici que je veux vous lire le manuscrit qu'elle m'a confié et qui vous concerne tous les quatre.

— Est-ce pour cela que vous m'avez fait venir? dit le comte de Varneuil.

— Oui, mon père.

— Votre père?... dit le général; je ne le suis pas.

— Vous n'êtes pas mon père?... s'écria Noël.

— Non, monsieur, non... Le misérable que vous voyez devant vous... M. le vicomte d'Assimbret, jadis mon capitaine, m'a fait épouser sa maîtresse pour la sauver de l'échafaud... Je n'ai jamais voulu rompre ce mariage, par respect pour mon nom... Mais si vous cherchez votre père, monsieur, c'est à lui que vous pouvez vous adresser.

Le vicomte regarda les autres personnages... ses souvenirs parurent lui revenir... et montrant Noël du doigt, il dit avec une sorte de ricanement odieux :

— Est-ce que c'est là le fils de la demoiselle du premier, de celle que je t'ai fait épouser, Pierre?

Le soldat, devenu comte et général, ne permettait pas à son ancien capitaine ce ton de familiarité, et il répondit assez brusquement :

— Oui, misérable idiot, c'est là le fils de cette fille perdue, et le vôtre sans doute.

— Un moment... s'écria M. d'Assimbret; je pense que monseigneur d'Arvillier doit passer avant moi... car...

L'évêque fit un geste d'indignation, pendant que Gabarrou, se dandinant sur sa chaise, s'écria avec son gros ricanement :

— Mais si c'est l'affaire du champ des Batailles, à Toulon, il me semble que je dois y être pour quelque chose.

Noël demeura confondu en entendant ces infâmes paroles : il avait trop d'indignation pour pouvoir parler, et en même temps un horrible désespoir s'était emparé de lui.

Le général voulut profiter le premier de cet état d'anéantissement, et se leva en disant :

— Adieu, messieurs; je ne sais ni ne veux savoir quelles sont les raisons que peut donner une pareille femme pour mettre cet enfant sous ma protection. Il porte mon nom, je ne veux pas le lui contester... c'est déjà trop... d'ailleurs, il doit être content de l'aumône que je lui ai faite.

— Et à combien se monte cette aumône?

— Vous avez dû la trouver dans la lettre.

— N'importe... veuillez le dire tout haut...

— Quinze mille francs.

— En ce cas, fit Noël, elle me coûtera dix mille francs; demain je ferai remettre cet argent chez vous. Votre lettre, ouverte par moi dans un cabriolet, renfermait sans doute cette somme; mais le cocher, arrêté par ordre de M. de Fremery, ne possédait plus que cinq mille francs... il jure qu'il n'y avait que cette somme...

— Me croyez-vous capable de mentir?

— Non, général... mais le cocher affirme que la lettre n'enfermait que cinq billets de banque... et peut-être Valvins a-t-il raison en affirmant que votre future épouse aura trouvé que vous étiez trop généreux envers un étranger, et aura-t-elle voulu augmenter son douaire de la somme qui m'a été volée.

— Misérable! s'écria le général.

— Pas d'injures, monsieur, dit Noël, et apprêtez-vous à m'entendre.

— Jamais! dirent les quatre hommes en se levant.

— Messieurs, dit Noël, je vous préviens qu'il y a ici, dans le salon à côté, trois hommes prêts à attester que vous avez refusé d'écouter les dernières volontés d'une femme qui, du moins de votre aveu à tous...

Noël s'arrêta et reprit avec violence :

— Oh! misère! misère!... J'aurais dû suivre le conseil de Valvins et brûler ce manuscrit.

— Faites-le donc, dit M. d'Arvillier.

— Maintenant, il n'est plus temps, fit Noël en brisant l'enveloppe.

— Arrêtez... fit l'évêque, pendant que Noël restait immobile, les yeux fixés sur la suscription de cette étrange missive.

— Sortons, dit le général.

— Restez, dit Noël avec une joie sauvage, et écoutez... ceci est à votre adresse, messieurs!

Et il continua en élevant la voix :

« A M. d'Arvillier, évêque de... à M. le vicomte d'Assimbret,
» à M. le baron de Gabarrou, à M. le comte de Varneuil... à vous
» quatre, lâches et assassins! »

A cette terrible apostrophe, tous demeurèrent immobiles, tandis que Noël parcourait des yeux le manuscrit qu'il avait dans les mains.

— Que veut dire cela? s'écria Gabarrou; est-ce à nous que ce blanc-bec tient ce langage?

— Partons, partons, fit M. d'Arvillier.

— Partez! Maintenant, dit Noël, vous pouvez ne plus m'écouter... Ce récit ne vous arrivera pas par ma bouche, puisque vous refusez de l'entendre; mais je jure sur la tombe de ma mère que vous le connaîtrez par la voix publique. Je le livrerai à la connaissance du monde, et vous verrez alors quelle estime vous en retirerez !

— De quoi s'agit-il donc ? fit le général en se rasseyant. Hâtez-vous, car il est temps d'en finir avec cette déplorable scène.

— Je suis de l'avis du général, fit l'évêque. Lisez, monsieur, lisez...

— Ça m'est bien égal, reprit le baron de Gabarrou, en imitant les autres.

— Pourrai-je m'en aller après cette lecture? fit M. d'Assimbret.
— Sans doute, lui fit Gabarrou.

— Eh bien! lisez donc, monsieur, firent-ils tous les quatre ensemble.

Noël, pâle, tremblant, éperdu, commença la lecture de ce manuscrit.

XIII

Horrible Mystère.

. . . .
. . . .

XIV

Dévoûment filial.

Cette lecture dura près d'une heure ; lorsqu'elle fut achevée, les quatre hommes qui l'avaient écoutée dans un morne silence, restèrent immobiles, la tête basse, et n'osant ni regarder Noël, ni se regarder entre eux. Noël, de son côté, avait caché sa tête dans ses mains et semblait anéanti.

Enfin, M. de Gabarrou se leva le premier, et reprenant l'insolence éhontée qu'il avait montrée d'abord, il s'éloigna en s'écriant du ton d'un marquis des parades de la foire Saint-Germain :

— Bast !

A peine fut-il sorti, que M. d'Assimbret s'élança vers la porte en s'écriant :

— Enfin !

Quant à MM. de Varneuil et d'Arvillier, ils se levèrent silencieusement et sortirent la tête basse et dans un profond silence.

Ni l'un ni l'autre ne purent retrouver leur assurance, en passant dans le salon où se trouvaient à la fois Lucien Deville, Valvins et Fabien.

Ils passèrent rapidement sans même rendre aux trois jeunes gens le salut muet que ceux-ci leur adressèrent.

Valvins, Deville et Fabien attendirent un moment que Noël vînt leur faire part du résultat de cette étrange épreuve.

Après quelques instans d'attente, ils entrèrent dans la chambre où était resté Noël, et le trouvèrent dans la même position.

Noël ne parut pas les entendre.

Enfin Valvins s'approcha de lui et l'appelant doucement, il lui dit :

— Eh! bien, Noël, qu'as-tu décidé?

Noël releva la tête, et ses amis reculèrent d'effroi en voyant le regard égaré du malheureux. Ils supposèrent que c'était là le paroxisme d'un violent sentiment de désespoir et de colère, et ils lui parlèrent avec douceur.

Noël leur répondit par un rire hébété.

Valvins l'interrogea avec sollicitude et sur des objets indifférens, afin d'appeler son intention en dehors des idées qui l'avaient si fatalement frappé.

Mais Noël ne répondit à aucune de ces questions.

Valvins, qui s'était placé à ses côtés, consulta ses amis.

— Il n'y a qu'un moyen, dit Deville, de ramener sa raison, c'est de frapper sa pensée là où elle a été blessée ; si la sensibilité existe encore, elle s'éveillera au nom de sa mère.

A peine Deville eut-il prononcé ces paroles, que Noël tourna brusquement ses yeux du côté de Lucien, en s'écriant :

— Ma mère! ma mère... qui ose l'accuser? qui ose dire qu'elle a été coupable?

— Personne, dit avec vivacité Valvins.

Noël alors porta rapidement ses regards sur ses amis, les reconnut enfin, et se jeta dans les bras de Valvins en s'écriant avec une douleur terrible :

— Oh! les lâches et les assassins!

Puis il se mit à pleurer.

On laissa à sa douleur le temps de se calmer; puis, lorsque, revenu à lui, Valvins lui répéta la question qu'il lui avait faite d'abord, en lui disant :

— Eh! bien, qu'as-tu décidé?

Noël lui répondit :

— Demain, mes amis, je vous le dirai.

— Mais jusque-là?...

— Jusque-là, laissez-moi seul, dit-il.

Les amis de Noël voulurent insister pour qu'il consentît à leur permettre de rester avec lui ; mais Noël opposa à leurs désirs une volonté si ferme et cependant si calme en apparence, qu'il fallut bien céder à ses désirs.

Le lendemain, tous trois revinrent de grand matin chez Noël.

Ils sonnèrent vainement à sa porte, personne ne répondit.

Alors il leur vint une affreuse appréhension.

Ils coururent chez le concierge, qui leur déclara n'avoir pas vu sortir M. Varneuil, et qui remit en même temps à Valvins quatre lettres, toutes à l'adresse de M. Noël, sans que le nom de Varneuil y fût joint.

Les trois amis remontèrent après avoir envoyé chercher un commissaire, qui fit forcer la porte de Noël. On pénétra dans son appartement, il n'était point dans sa chambre, mais dans la chambre de sa mère. Sur le lit où elle était morte, on trouva Noël étendu.

Il était mort.

Sur le réchaud dont il s'était servi pour s'asphyxier, était un manuscrit à moitié brûlé et dont Valvins s'empressa de soustraire les restes aux perquisitions des gens de justice, convaincu que c'était le manuscrit confié par madame de Varneuil à son fils, et que celui-ci avait voulu détruire. Sur la table de cette chambre étaient quatre lettres à l'adresse de MM. de Varneuil, de Gabarrou, d'Arvillier et d'Assimbret. Dans le papier qui enveloppait ces quatre lettres étaient écrits ces mots :

« Confiées aux soins de Valvins. »

Valvins prit les lettres et se chargea de les porter lui-même à ceux à qui elles étaient adressées.

Une cinquième lettre à l'adresse de Deville était sur cette table. Lucien se réserva de la lire lorsque les gens appelés pour constater la mort de Noël seraient partis.

Lorsque les trois amis eurent rempli tous les devoirs que leur imposait cette triste circonstance, ils demeurèrent seuls et se consultèrent. Ils cherchèrent d'abord ce qu'ils avaient à faire des lettres adressées à Noël. Ils pensèrent que le meilleur parti à prendre serait de les renvoyer à ceux qui les avaient écrites ; mais pour cela il fallait savoir de qui venaient ces lettres.

Il eût donc été nécessaire de les ouvrir, et c'est ce qu'aucun d'eux ne se crut permis.

En attendant qu'ils prissent une décision à ce sujet, ils résolurent de lire la lettre adressée à Lucien Deville, dans laquelle peut-être trouveraient-ils quelques volontés au sujet de ce qu'ils devaient faire.

Voici cette lettre :

« Mes amis,

» Je n'ai point à vous dicter votre conduite.

» Chaque homme a suffisamment de responsabilité en gardant celle de ses propres actions. Faites donc comme vous le jugerez juste. Moi-même j'ai hésité un moment entre le serment que j'avais fait de ne jamais révéler un mot qui pût porter atteinte à la renommée de ma mère, et le désir de montrer jusqu'où peut descendre la turpitude de certains hommes. C'est parce que je ne sais si j'eusse résisté au besoin de vengeance dont je me suis senti agité, que j'ai voulu mourir.

» D'ailleurs, ignorant de la vie comme je l'étais, j'ai reculé devant ce que j'en ai appris par vos révélations. A quoi bon vivre pour subir les déceptions et les tourmens que vous avez subis? Je ne m'en suis pas senti le courage.

» Je vais retrouver ma mère, car je meurs innocent, comme elle a vécu innocente.

» Je prie Valvins de faire remettre à leur adresse les lettres qu'il trouvera sur ma table. Toutefois, il ne les fera remettre que le lendemain de ma mort, et après s'être assuré qu'aucune lettre ne m'a été adressée à moi-même par aucun de ceux à qui j'écris.

» Du reste, quoi que ce soit que puisse contenir la lettre qui me sera adressée, on enverra la mienne; mais Valvins la mettra sous pli, avec ces mots :

« Monsieur, je vous envoie la réponse de M. Noël à la lettre » que vous lui avez écrite. »

Le reste de la lettre renfermait des protestations de regrets et d'amitié pour ses amis.

Mais, soit que ces tristes et derniers adieux eussent été écrits sous l'empire d'une résolution froide et inébranlable, soit que le désespoir eût tué toute sensibilité dans le cœur du malheureux Noël, aucune des dernières paroles qu'il adressait à ses amis n'avait cette empreinte touchante d'un cœur aimant, qui se sépare avec regret de la vie et de ceux qu'il y laisse.

Valvins cependant, afin d'accomplir les suprêmes volontés de son ami, ouvrit l'une après l'autre les quatre lettres qui lui avaient été remises par Noël. Ces lettres étaient précisément signées des mêmes noms auxquels étaient adressées les lettres de Noël.

Toutes les quatre, en styles différens, et écrites en vertu de la position et du caractère de ceux qui les avaient signées, exprimaient cependant les mêmes pensées et renfermaient les mêmes offres de services; toutes les quatre, malgré les phrases plus ou moins adroites qu'elles renfermaient, pouvaient se réduire à ceci :

« Monsieur,

» Quelque injuste qu'ait été votre mère à mon égard, je ne veux pas oublier que vous êtes mon fils, et si mon secours peut vous être utile pour votre fortune, vous pouvez y compter.

» Toutefois, monsieur, je pense que vous êtes convaincu, comme moi, que le plus grand témoignage de respect et d'affection que vous puissiez donner à la mémoire de votre mère, c'est de taire à tout jamais les malheureuses circonstances qu'elle a cru voir vous révéler. »

Au moment où Valvins voulut mettre sous enveloppe les lettres adressées par Noël aux quatre personnages qui avaient été appelés à la lecture du manuscrit laissé par madame de Varneuil, il s'aperçut que ces lettres n'étaient point cachetées, et se crut autorisé à les lire, puisqu'il devait y joindre un envoi de sa main.

Il fut très étonné de voir qu'elles n'enfermaient toutes qu'une seule phrase, et que pour toutes, cette phrase était la même.

« Je suis mort, vivez en paix dans votre infamie. »

XV

Conclusion.

Bien des années après, quand celui qui publie ces manuscrits et qui les a mis en ordre voulut savoir de celui qui les lui confia quel pouvait être le mystère que renfermait le dernier manuscrit de madame de Varneuil, voici ce qui lui fut répondu :

— Comme je vous l'ai dit, j'ai connu Valvins, Fabien et Deville, dans les États de l'Amérique du Nord ; ils habitaient tous trois une magnifique ferme qu'ils faisaient valoir. Ils passaient pour les plus riches propriétaires du canton, et leur existence solitaire avait donné lieu aux plus étranges suppositions.

Les uns disaient que c'étaient de grands criminels, qui cachaient leurs véritables noms pour éviter l'exécration universelle qui les eût frappés, même dans ces contrées éloignées, si on les avait connus ; d'autres prétendaient que c'étaient des hommes politiques qui voulaient fonder un parti pour amener une révolution dans le pays.

Enfin, il n'est sorte de propos auxquels les trois solitaires ne fussent en butte.

Cependant la régularité de leur conduite ramena bientôt les esprits ; quelques familles notables essayèrent d'établir des relations suivies avec eux. On disait même que quelques unes des plus belles et des plus riches héritières des environs avaient souvent laissé croire à ces messieurs qu'une visite de leur part serait favorablement accueillie ; mais la coquetterie des jeunes filles les avait trouvés aussi insensibles que les avances des grands parens, et on avait enfin renoncé à l'espoir de les arracher à leurs habitudes taciturnes et solitaires.

Vingt ans s'étaient écoulés depuis que Fabien, Valvins, Deville s'étaient établis en Amérique ; j'étais devenu leur ami, après avoir été appelé près d'eux comme leur médecin.

Une maladie contagieuse s'était déclarée : Fabien succomba le premier, Deville le suivit quelques jours après, et Valvins, atteint à son tour, vit approcher la mort avec une sorte de joie.

Depuis long-temps je savais le secret de l'existence de ces trois hommes ; depuis long-temps je savais pourquoi ils s'étaient condamnés à cette complète séparation du monde. Ce fut alors que Valvins, sentant venir ses derniers momens, me remit ces manuscrits que je vous confie à mon tour ; et c'est alors que je lui adressai à lui-même la question que vous venez de me faire.

Voici quelle fut sa réponse :

— Croyez-vous qu'il y ait quatre hommes capables d'avoir dit à une femme :

« Ta tête est proscrite ; il suffit que je prononce ton nom, et tu monteras sur l'échafaud. Veux-tu que je te sauve? Si tu le veux, donne-moi le prix de mon silence. »

Pensez-vous qu'une pauvre fille tremblante, sans courage, sans conseil, sans appui, ait pu succomber devant une pareille menace?

Pensez-vous qu'il ait pu se présenter une réunion de circonstances si extraordinaires, que ces quatre hommes aient pu faire subir à la même femme le même outrage, dans un espace de temps qui comprend à peine deux jours? Croyez-vous cela possible?

Les suppositions que me soumettait Valvins étaient si extraordinaires, que je lui répondis immédiatement :

— Non, je ne puis croire à de pareils crimes et à de si bizarres évènemens.

— En ce cas, me répondit Valvins, si ce n'est pas ce que je viens de vous dire ; si Noël ne s'est pas trouvé dans cette horrible position, de ne savoir auquel de ces quatre hommes il devait le malheur de vivre, si cela n'est pas ainsi, personne au monde ne pourra écrire le véritable dénouement de cette histoire.

Voilà ce qui fut répondu par Valvins au docteur... voilà ce que le docteur L... a répété au collecteur de ces manuscrits, et voilà la seule conclusion que celui-ci puisse donner à ses lecteurs.

FRÉDÉRIC SOULIÉ.

FIN.

TABLE DES MATIÈRES.

CONFESSION GÉNÉRALE.

PREMIÈRE PARTIE.

I. Le Champ des Batailles.	8
II. Le Sergent.	11
III. Le Matelot.	17
IV. Une Mère.	35
V. Visite.	42
VI. Le Baron.	47
VII. Rencontre.	59
VIII. Une Femme.	70
IX. Coquine.	97
X. Transaction impossible.	104
XI. Un Paravent.	107
XII. Trompés.	113

DEUXIÈME PARTIE.

I. Commentaires.	119
II. Le Mari.	122
III. Un Ange.	133
IV. Encore un.	142
V. Décoration.	146
VI. Madame Proserpine.	151
VII. Les Étudians.	157
VIII. Conversation.	164
IX. Les Amis.	174
X. Carmélite.	180
XI. Rencontre.	184
XII. Explication.	191
XIII. Rêve éveillé.	193
XIV. Niaiseries d'amour.	198
XV. Adresses d'amour.	206
XVI. Dénouement inévitable.	212
XVII. A un autre.	216
XVIII. Séductions.	224

TROISIÈME PARTIE.

I. Révélation... 2
II. Une Duègne de province... .
III. Secret... 2
IV. Le Musicien... 25
V. Événement... 26
VI. Une Princesse russe... 26
VII. Une Histoire... 27
VIII. Encore une Histoire... 27
IX. Commentaires... 28
X. Scène militaire... 28
XI. Souvenirs... 2
XII. Amour tardif... 30
XIII. Flatteries... 30.
XIV. Premier succès... 314
XV. Ils se revoient... 31
XVI. Contradictions... 324
XVII. Hameçon... 330
XVIII. Rapprochement... 334
XIX. Insomnie... 340
XX. Tête-à-Tête... 345
XXI. Imprudence... 347

QUATRIÈME PARTIE.

I. Un bon Notaire... 354
II. Épisode... 359
III. Enfin... 361
IV. Désenchantement... 367
V. Dédale... 373
VI. Demi-jour... 378
VII. Princesse et Duchesse... 385
VIII. Grand jour... 393
IX. Mise en scène... 401
X. Dénouement... 403
XI. Un nouveau Personnage... 409
XII. Vieilles connaissances... 420
XIII. Encore un... 422
XIV. Les Eaux... 431
XV. Le Salon des Eaux... 437
XVI. Conquête d'une pomme cuite... 452
XVII. A Paris... 454

CINQUIÈME PARTIE.

I. Discours préliminaire... 460
II. Une soirée triomphale... 467
III. Deux Artistes... 472
IV. Retour à la Maison... 477
V. Mal mariée... 480
VI. Scène... 481
VII. Récit... 490
VIII. Le remords... 496
IX. Une grande Dame... 499
X. Fatal pressentiment... 502
XI. Le Champ-de-Mars... 507

TABLE DES MATIÈRES.

XII. Colère.	513
XIII. À la Barraque.	521
XIV. Nouvelle scène.	525
XV. Désespoir.	530
XVI. La Gazette chez le Marquis.	536

SIXIÈME PARTIE.

I. Le Portefeuille armorié.	540
II. D'une Sœur à un Frère.	542
III. Déception.	562
IV. Complicité.	565
V. Solitude.	567
VI. Provocations.	571
VII. Un Meurtre.	575
VIII. Tristes honneurs.	579
IX. Réflexions.	582
X. Sophie Minot.	587
XI. Il était temps, ou à quelque chose malheur est bon.	591
XII. Entre Voisins.	596
XIII. L'amour à l'horizon.	603
XIV. Un Jeu du hasard.	607
XV. L'Amour médecin.	613
XVI. Illusion perdue.	617

SEPTIÈME PARTIE.

I. Le Mouchoir.	624
II. Découragement.	629
III. Un rayon d'espoir.	633
IV. Le Docteur.	638
V. Une Lettre anonyme.	643
VI. Abnégation dangereuse.	652
VII. Incertitude.	657
VIII. Jalousie.	663
IX. Une Fleur.	669
X. Une Infamie.	676
XI. Dénoûment imprévu.	683
XII. Assemblée de Famille.	687
XIII. Horrible Mystère.	694
XIV. Dévoûment filial.	Ib
XV. Conclusion.	698

Paris. — Imprimerie de BOULÉ, rue Coq-Héron, 3.

www.ingramcontent.com/pod-product-compliance
Lightning Source LLC
Chambersburg PA
CBHW050321020526
44117CB00031B/1323